KB217631

국어 어원사전

김무림

지식과교양

머리말

언어는 인류문화의 열쇠이다. 모든 문화는 언어로부터 시작되고, 표현되어 축적되면서 면면히 후세로 이어진다. 우리는 개별 언어인 국어 속에서 우리를 표현하고 우리를 성장시키고 다른 이웃들과 소통하면서 우리의 문화를 이룩하였다. 우리의 말 하나하나는 마치 세포처럼 우리의 정신과 결부되어 삶을 구성하고 있다. 국어는 유구한 역사 속에서 신생과 소멸을 거듭하여 오늘에 이른 존재이다. 오늘의 말 속에는 대대로 이어진 유전자처럼 우리를 표현하고 규정하는 언어의 모습과 흔적이 남아 있다. 어떤 것은 풀 수 없는 암호처럼 알기 어려운 것도 있지만, 어떤 것은 옛 모습을 간직한 채 온고지신(溫故知新)의 순간을 기다리는 것도 있다.

세종대왕에 의한 훈민정음(訓民正音)의 창제에 의하여 국어의 어원에 대한 탐구는 중세국어라는 든든한 중간 발판을 마련하게 되었다. 15세기 무렵의 중세국어 형태가 훈민정음이라는 음소문자(音素文字)에 의하여 선명하게 드러나면서, 이를 바탕으로 고대국어로 소급하고, 근대국어 및 현대국어를 전망하는 역사적 시야를 얻게 된 것이다. 국어 변화의 역사적 시야가 일정한 방향을 확보하면서, 변화 원리의 가능한 법칙이 수립되고, 아울러 중세국어 이전의 고대국어 형태에 대한 재구(再構)도 시도되었다. 이러한 노력과 성과에 의하여 국어의 어원은 그 천착의 깊이를 더하면서, 풍부한 역사적 언어 정보에 대한 모색이 가능하게 되었다.

본인은 국어 대사전(금성출판사 1991)의 어원란 집필에 참여하였고, 우리말 語源辭典(태학사 1997)의 편찬에 참여하였으며, 새국어생활(국립국어원)의 어원탐구를 정기적으로 집필하였다. 이러한 일련의 작업을 통하여 국어의 어원에 대한 안목을 기르면서, 국어의 어원이 지닌 가치에 주목하였다. 본인이 직접 한국어 어원사전(지식과교양 2012, 개정판 2015)을 집필하게 된 것은 이러한 일련의 연구 과정이 가시적으로 드러난 것이다. 그러나 집필의 결과는 독자의 관심과 비판이라는 본인의 책무로 돌아왔다. 독자의 관심과 비판이라는 책무 속에서 '사전(辭典)'이 요구하는 정확성과 규범성을 염두에 두면서, 다시 검토하여 내용을 새롭게 고치고, 연구의 진전에 따라 표제어도 대폭 추가하였다. 기존의 표제어에 대한 설명이 수정되고 보완되면서 풀이의 내용은 늘어났고, 어원 연구의 진전에 의하여 수록된 표제어의 수도 1,556으로 대폭 증가하였다. 이제 마지막 표제어의 어원 풀이에 마침표를 찍으면서, 책의 체제도 새롭게 정비하여 국어 어원사전』으로 면모를 일신하는 것이다.

뒤를 돌아보며 자신의 존재를 묻는 우리의 자세는 언어를 가진 인간만의 속성이다. 언어의 근원에 대한 물음이 곧 어원(語源)에 대한 의식이다. 국어의 근원에 대한 저자의 물음은 앞으로도 계속되겠지만, 기존에 집필한 내용을 고치고 새로운 표제어를 더하면서는 자신의 부족함에 대한 반성이 앞섰다. 부끄러운 반성이 행간에 스미어 있지만, 그래도 번듯한 책으로 꾸며 주신 지식과교양의 편집부, 그리고 윤석산 사장님께 감사를 드린다.

2020년 1월
김무림

범례 //////

1. 표제어

1.1. 선정 범위
어원 설명이 가능한 국어의 고유어, 한자어, 외래어 등을 표제어로 삼았다. 어원 설명의 가능성은 객관성과 실증성이 기준이다.

1.2. 배열
표제어는 다음과 같은 자모(字母)의 차례에 의하여 배열하였다.

가. 자음

  ㄱ ㄲ ㄴ ㄷ ㄸ ㄹ ㅁ ㅂ ㅃ ㅅ ㅆ ㅇ ㅈ ㅉ ㅊ ㅋ ㅌ ㅍ ㅎ

나. 모음

  ㅏ ㅐ ㅑ ㅒ ㅓ ㅔ ㅕ ㅖ ㅗ ㅘ ㅙ ㅚ ㅛ ㅜ ㅝ ㅞ ㅟ ㅠ ㅡ ㅢ ㅣ

1.3. 발음
국립국어원에서 제시한 표준어 규정의 표준 발음법에 따르되, 국어의 순수한 음운 현상에 의한 것은 발음 표시를 생략하고, 예외적인 음운 현상에 의한 것만 [　]로 싸서 보였다. 그러므로 표제어 '가깝다'는 [가갑따]로 발음되지만, 이 경우에는 불파음화에 의한 경음화라는 순수한 음운 현상에 의한 것이므로 발음 표시를 생략하였고, '가다듬다[가다듬따], 눈곱[눈꼽]' 등과 같은 경우는 형태음운 현상에 의한 경음화이므로 발음을 표시하였다.

2. 주석

표제어에 대한 주석은 표제어 정의, 어원 설명, 어원 분석, 형태 변화, 사료 문헌의 용례, 참조 등으로 전개하였다. 표제어 '가장'을 예로 들어 보이면 다음과 같다.

표제어 정의

가장 [부] 여럿 가운데 어느 것보다 더. 제일.

어원 설명

[一] '가장'의 중세국어 형태는 'ᄀᆞ장'이다. 어원적으로는 'ᄀᆞᆺ/ᄀᆞᇫ[邊]+앙(접사)'으로 분석하는 것이 일반적이며, 중세국어의 'ᄀᆞ장'의 의미를 참조할 때도 이러한 분석은 최선인 것으로 생각된다.

[二] 중세국어의 'ᄀᆞ장'은 현대국어와는 달리 명사, 부사, 조사의 세 품사로 쓰였을 뿐만 아니라, 'ᄀᆞ장ᄃᆞ외다, ᄀᆞ장ᄒᆞ다' 등과 같은 파생어로도 사용되어 현대국어보다 용법이 다양하였다. '그 나랏 ᄀᆞ자ᅌᆞᆫ 낫ᄀᆞ티 ᄇᆞᆰᄂᆞ니라(월인석보 1-26)'의 'ᄀᆞ장'은 명사로서 '끝'이라는 뜻이며, 'ᄯᅩ 집과 一切 쳔량ᄀᆞ장 얻고(법화경언해 2-245)'에서의 'ᄀᆞ장'은 조사로서 '까지'라는 의미이다. 파생어 'ᄀᆞ장ᄃᆞ외다'는 '완전하다, 만족스럽다'의 뜻이며, 'ᄀᆞ장ᄒᆞ다'는 '다하다, 마음껏 하다'의 의미이다.

[원] ᄀᆞᆺ/ᄀᆞᇫ[邊]+앙(접사) ← 형태 분석

[변] *ᄀᆞᅀᅡᆼ> ᄀᆞ장> 가장 ← 형태 변화

[예] • 旋嵐風ᄋᆞᆫ ᄀᆞ장 ᄆᆡᄫᆞᆫ ᄇᆞᄅᆞ미라(석보상절 6-30) ← 사료문헌의 용례

☞ 가, 갓 ← 참조

2.1. 표제어 정의

표제어의 정의는 기존의 국어사전을 참고하였다. 주로 『표준국어대사전』(국립국어원), 『국어대사전』(민중서림), 『한국어대사전』(고려대학교 민족문화연구원) 등을 참고하였다.

2.2. 어원 설명

어원에 대한 설명은 ☐ ☐ ☐ ☐ 등의 번호 항목에 따라 전개하였으며, 번호 항목은 설명의 논리적 전개와 서술의 편의를 위한 절차에 의한 것이다. 표제어에 대한 어원은 확실하다고 생각되는 것만을 다루었으므로, 실증되지 않은 다양한 어원설은 본 사전에서 소개하지 않는 것을 원칙으로 하였다.

2.3. 어원적 형태 분석

어원에 따른 표제어의 형태 분석은 ⑩에 제시하였다. 본 사전의 형태 분석은 어원적 구조에 따른 것이므로, 현대국어의 형태 분석과 일치하지 않는 경우가 많다.

2.4. 형태 변화

표제어의 형태 변화는 주로 문헌상에 나타나는 역사적인 어형 변화가 근거가 되지만, 논리적인 추리에 의하여 재구형(再構形)을 설정할 때는 재구형(*)에 의한 어형도 표시하였다. 형태 변화는 ⑪에 제시하였다.

2.5. 사료 문헌의 용례

표제어의 역사적인 형태 변화를 사료 문헌의 용례에 의하여 제시하였다. 용례는 ⑩에 제시하였다.

2.6. 사료 문헌의 제시 및 외국어 표시

사료 문헌 및 외국어 표시는 약호를 사용하지 않았다. 사료 문헌은 본 사전의 뒤에 간행된 연도 순서에 따라 제시하였으므로, 해당 형태의 시대적 출처 상황을 확인할 수 있다. 외국어 표시에서 중국어는 '한어(漢語)'란 용어도 함께 사용하였으며, 한어(漢語)의 역사적 시대 구분은 중고 한어(中古 漢語: 2세기~10세기)를 기준으로 하여, 그 이전은 상고 한어(上古漢語), 그 이후는 근대 한어(近代漢語)로 간략하게 구분하였다.

2.7. 참조
어원 설명의 중복을 피하기 위하여 필요한 경우에 참조할 표제어를 제시하였으며,
참조할 표제어는 ☞에 제시하였다.

3. 약호 및 기호
3.1. 9품사
감 감탄사   관 관형사   대 대명사
동 동사   명 명사   부 부사
수 수사   조 조사   형 형용사

3.2. 기타 약호
의 의존 명사
접 접사(접두사 및 접미사)
속 속담

3.3. 기호
[ ] 발음, 활용형, 의미
 +   어원적 형태 경계
 >   역사적인 형태 변화
 /   공시적인 변이
 *   재구 형태
 ☞   참조 표제어

목차 //////

가[가:] [명] 어떤 것이 끝나는 한계선이 되는 부분이나 또는 그 부근.

[一] '가'는 중세국어의 'ᄀᆞᆺ/ᄀᆞᇫ'으로부터 변화한 형태이다. 중세국어에서는 'ᄀᆞᆺ'과 'ᄀᆞᇫ'이 공시적으로 함께 쓰였지만, 반치음 'ㅿ'은 'ㅅ'의 약화에 의해 생긴 형태이기 때문에 'ᄀᆞᆺ'이 'ᄀᆞᇫ'보다는 기원적인 형태라고 할 수 있다. 중세국어 'ᄀᆞᆺ'은 근대국어에서 받침이 탈락하여 'ᄀᆞ'가 되고, 모음 'ᆞ'가 '아'로 변하여 '가'가 되었다.

[二] 현대국어에서 '방금, 이제, 막'의 뜻으로 사용되는 부사 또는 접두사 '갓'은 중세국어 'ᄀᆞᆺ'에서 모음만 변화한 형태이기 때문에, 현대어 '갓'과 '가'는 동일한 어원이면서 형태 변화에 따른 의미의 분화가 이루어진 것이다.

[원] ᄀᆞᆺ[邊]

[변] ᄀᆞᆺ> ᄀᆞᇫ> ᄀᆞ> 가

[예] • 더부러 恒河ㅅ ᄀᆞ새 가(월인석보 23-90)

• 西水ㅅ ᄀᆞᅀᅵ 져재 ᄀᆞᆮᄒᆞ니(용비어천가 6장)

• 용ᄉᆞ로 ᄀᆞ 두론 胸背(박통사언해-중간 상-25)

☞ 갓

가게[가:게] [명] 자그마한 규모로 물건을 벌여 놓고 파는 집. 길가나 장터 같은 데서 임시로 물건을 벌여 놓고 파는 집.

[一] '가게'는 국어에서 조어(造語)된 한자어 '가가(假家)'에서 온 말이다. 중세국어나 근대국어에서 '가가(假家)'는 물건을 파는 점포(店鋪)의 뜻이 아니라, '시렁[棚/붕]'

이나 '여막(廬幕)'을 뜻하는 말이었다. 한자어 '가가(假家)'는 한어(漢語)에서 사용된 말이 아니었으므로, 국어에서 조어(造語)된 것임이 분명하다. 『속대전(續大典)』에 '假家'란 말이 나오고, 『공사항용록(公私恒用錄)』의 '동언해(東言解)'에 '假家柱立春'이란 말이 실려 있다. '假家柱立春(가가주입춘)'이란 말은 '가게 기둥에 입춘'이란 말로서, 잘 지은 집에나 어울리는 입춘첩(立春帖)을 임시로 지은 허름한 집에 붙였다는 것이니, 격에 맞지 않은 행실이나 상황을 일컫는 관용 표현이다. '가개, 가게'가 온전히 현대국어의 의미인 '점포(店鋪)'를 뜻하게 된 것은 20세기 이후의 일로 생각된다. 19세기 말의 『한불자전(韓佛字典)』(1880)에도 '가가 假家 棚'이라고 하였으므로, '시렁'을 뜻하는 '가가'의 원래의 뜻이 유지되고 있기 때문이다.

[三] 15세기 문헌인 『삼강행실도(三綱行實圖)』(1481)의 '문 밧긔 가개 짓고(문 밖에 가게 짓고)'에서 '가개'의 형태로 처음 나타난다. '가개'라는 형태는 16세기와 17세기에 그대로 계속 쓰였으며, 18세기와 19세기에 오히려 '가가'가 나타나는 것은 한자어 '假家'에 대한 어원적 인식에서 비롯된 것이다. 20세기까지도 '가개'란 형태가 쓰였지만, 비어두 음절에서 '애'와 '에'의 혼동에 의해 '가게'가 나타난 것도 20세기이다. 중세국어에서 '가개'의 발음은 마지막 'ㅣ'가 반모음으로 발음되는 [kagaj]이다. 단모음화된 형태인 현대어 '가게[kage]'가 된 것은 국어사에서 '애[aj], 에[əj]'가 '애[ɛ], 에[e]'로 단모음화된 이후에 가능한 변화인 것이다.

[원] 假家(가가)

[변] 假家(가가)> 가개> 가게

[예] • 門 밧긔 가개 짓고(삼강행실도 효-7)
• 가개 붕(棚, 훈몽자회 중-5)
• 가가 붕(棚, 왜어유해 상-32)
• 가개(涼棚, 역어유해 상-17)

가까스로 [부] 애를 써서 겨우. 어떤 기준에 빠듯하게.

[一] '가까스로'의 중세국어 형태는 '갓가ᄉᆞ로'이다. 흔히 '가까스로'의 어원을 '갓[邊]+갓[邊]+ᄋᆞ로(조사)'에서 찾고 있으나, 이것은 재고할 필요가 있다. 왜냐하면 어원적 어근(語根)인 '갓[邊]'의 중세국어 형태는 'ᄀᆞᆺ[邊]'이기 때문이다. 그러므로 '갓'

과 'ᄀᆞᆽ'의 모음 차이를 해결하지 않고서는 '가까스로'의 어원을 '갓[邊]+갓[邊]+ᄋᆞ로(조사)'에서 찾는 것은 보류해야 할 것이다.

[三] '갓가ᄉᆞ로'와 어원적으로 연관시킬 수 있는 중세국어 어휘를 찾으면 '갓갑다[近]'나 'ᄀᆞᆽ다[勞]'이다. 의미로 본다면 '갓가ᄉᆞ로'는 'ᄀᆞᆽ다'와 유연성(有緣性)이 있는 듯하고, 형태의 측면에서는 '갓갑다'에 가깝다. '가깝다'의 중세국어 형태인 '갓갑다'는 우선 '갓+갑다(접사)'로 분석될 수 있는데, 여기에서도 어근 '갓'의 어원이 문제가 된다. '갓'의 어원을 중세국어 'ᄀᆞᆺ[邊]'에 바로 연결시킬 수 없다는 것은 역시 모음 차이를 해결할 수 없는 음운론적 한계가 있는 까닭이다.

[원] 갓갓+ᄋᆞ로(조사)

[변] 갓가ᄉᆞ로> 가까스로

[예] • 섧고 애왇븐 ᄠᅳ들 머거 갓가ᄉᆞ로 사니노니(석보상절 6-5)

• 갓가ᄉᆞ로 길러 내시니(艱難養育, 경민편언해 1)

가까이 [부] 가깝게

[一] '가까이'의 중세국어 형태는 '갓가ᄫᅵ'로서, 일차적인 어원 분석은 '갓갑[近]+이(접사)'이다. 어원 설명은 '가깝다'를 참조.

[원] 갓갑[近]+이(접사)

[변] *갓갑이> 갓가ᄫᅵ/가ᄭᅡᄫᅵ> 갓가이> 가까이

[예] • 王이 맛드러 갓가ᄫᅵ ᄒᆞ거시ᄂᆞᆯ(월인석보 2-5)

• 가ᄭᅡᄫᅵ 완 몬 보ᄉᆞᄫᆞ리러라(월인석보 7-55)

• 모ᄆᆞ로 갓가이 ᄒᆞ야(以身逼近, 능엄경언해 1-37)

☞ 가깝다

가깝다[가까우니, 가까워] [형] (어떤 곳에서 다른 곳까지의 거리가) 보통의 경우보다 짧다. (현재의 시점에서 미래의 어느 시점까지의 동안이) 보통의 경우보다 짧다.

[一] '가깝다'의 중세국어 형태는 '갓갑다'이므로, 중세국어 형태를 기준으로 어원 분석을 하면 '갓+갑다(접사)'가 될 것이다. 그러므로 '가깝다'의 어원을 찾는 요점은 어근 '갓'의 정체를 파악하는 데에 있다. 흔히 어근 '갓'의 정체를 중세국어 'ᄀᆞᆺ[邊, 始]'

과 동일시하는 경우가 있으나, 이것은 모음 'ㆍ'와 '아'의 변별을 소홀히 여긴 결과로서 현대적 편견이라는 비판을 받을 것이다. '갓'과 'ᄀᆞᆺ[邊, 始]'의 관계를 음운사적으로 해결할 수 없는 현재의 상황에서, '갓갑다'의 어근 '갓'은 미상(未詳)으로 남겨 두고 견강부회하지 않는 것이 좋다.

[원] 갓(未詳)+갑(접사)+다(어미)

[변] 갓갑다> 갇갑다> 가깝다

[예] • 近은 갓가ᄫᆞᆯ 씨라(석보상절 13-15)

• 갇가온 디경의 머므러시라 ᄒᆞ니 듣디 아니타(留近境不聽聞, 동국신속삼강행실도 충-1-54)

☞ 가까스로

가께소바 [명] 일본식 메밀국수.

[一] '가께소바'는 일본어 'かけそば[kakesoba, 掛蕎麥]'에서 온 말이다.

[二] '가께'는 '掛汁(かけしる, 음식 위에 뿌리는 소스)'를 국수 위에 뿌려 먹는 데에서 생긴 말이며, '소바[soba]'는 소바를 만드는 재료인 'そばむぎ[sobamugi, 稜麥]'에서 온 말이다. 음식 위에 소스를 뿌리거나 끼얹는 것을 일본어로 'かける[kakeru]'라고 한다.

[원] (일본어)かけそば[kakesoba, 掛蕎麥]

[변] かけそば[kakesoba]> 가께소바

☞ 소바

가께우동 [명] 일본식 가락국수.

[一] '가께우동'은 일본어 'かけうどん[kakeudon, 掛饂飩]'에서 온 말이다.

[원] (일본어)かけうどん[kakeudon, 掛饂飩]

[변] かけうどん[kakeudon]> 가께우동

☞ 가께소바, 우동

가꾸러지다 [동] 가꾸로 엎어지다. '거꾸러지다'의 작은말.

⊟ '가꾸러지다'의 중세국어 형태는 '갓고로디다, 갓ᄀᆞ라디다' 등이다. 중세국어에서는 동사 '갓ᄀᆞᆯ다[倒], 갓골다[倒]' 등이 단독 형태로 쓰였는데, 현대국어의 '가꾸로 되다, 거꾸로 되다'의 의미였다. 그러므로 중세국어의 '갓ᄀᆞ라디다, 갓고로디다'는 '갓ᄀᆞᆯ+아(어미)+디[落]+다(어미), 갓골[倒]+오(어미)+디[落]+다(어미)'로 각각 분석된다.

[원] 갓ᄀᆞᆯ+아(어미)+디[落]+다(어미), 갓골[倒]+오(어미)+디[落]+다(어미)

[변] 갓ᄀᆞ라디다/갓고로디다> 가꾸러지다, 거꾸러지다

[예] • 곧 갓ᄀᆞ라듀ᄆᆞᆯ 보리라(선가귀감언해 상-16)

• 네헨 구슬로 ᄌᆞ문 幢이 갓고로디며(석보상절 23-26)

가꾸로 [부] 차례나 방향, 처지나 이치 등이 반대로 되게. '거꾸로'의 작은말.

⊟ '가꾸로'의 중세국어 형태는 '갓ᄀᆞ로, 갓고로' 등이다. 이 말은 '갓ᄀᆞᆯ/갓골[倒]+오(접사)'로 분석된다. 중세국어에서는 동사 '갓ᄀᆞᆯ다[倒], 갓골다[倒]' 등이 단독 형태로 쓰였는데, 현대국어의 '가꾸로 되다, 거꾸로 되다'의 의미였다.

[원] 갓ᄀᆞᆯ/갓골[倒]+오(접사)

[변] 갓ᄀᆞ로/갓고로> 가꾸로, 거꾸로

[예] • 盂蘭盆은 갓ᄀᆞ로 ᄆᆡ요ᄃᆞᆯ요ᄆᆞᆯ 救ᄒᆞᄂᆞ다(월인석보 23-96)

• 邪曲ᄋᆞᆯ 信ᄒᆞ야 갓고로 볼ᄊᆡ(월인석보 9-57)

가꾸목(—木) [명] 각목(角木)

⊟ '가꾸목'은 일본어 'かくもく[kakumoku, 角木]'에서 왔다. 다만 '木'의 한자음은 일본식이 아닌 국어 한자음으로 대체되었다.

[원] (일본어)かくもく[kakumoku, 角木]

[변] かくもく[kakumoku, 角木]> 가꾸목

가끔 [부] 시간적으로 사이가 뜨게 한 번씩. 드문드문. 때때로.

⊟ '가끔'의 중세국어 형태는 'ᄀᆞᆽ곰'이므로, 이 말은 어근 'ᄀᆞᆽ'에 접미사 '곰'이 연결되어 이루어진 것으로 생각된다. 그러나 어근으로 추정되는 'ᄀᆞᆽ'의 정체를 알 수 없다.

ⓦ ᄌᆞᆨ(未詳)+곰(접사)

ⓗ ᄌᆞᆨ곰> ᄌᆞᆨ금> 가끔

ⓔ • 우리도 ᄌᆞᆨ곰 밧고아 ᄌᆞᆨ곰 먹으니(노걸대언해 상-48)

　• ᄌᆞᆨ금 후비(后妃)의 말을 미미히 말ᄉᆞᆷᄒᆞ셔(한중록 324)

가나 ⓝ 일본 고유의 표음 문자. 한자의 일부를 빌려서 만든 가타카나(片仮名)와 한자의 초서체(草書體)를 이용해서 만든 히라카나(平仮名)의 두 종류가 있음.

⊟ 일본어 'かな'는 '仮(假/가, 거짓)'의 한자음 [ka]와 '名'을 뜻하는 일본어 'な[na]'가 합쳐진 말이다. 일본어에서 한자(漢字)는 'まな[mana, 眞名]'라고 한다는 것을 참조하면, '임시의 글, 거짓 글'을 뜻하는 'かな[kana, 仮名]'의 명칭이 '진짜의 글'이라고 여겨진 한자(漢字)와의 대비에서 명명되었다는 것을 알 수 있다. 훈민정음을 창제한 조선에서도 훈민정음을 언문(諺文)이라고 하면서, 한자 및 한문을 진서(眞書)라고 하였다.

ⓦ (일본어)かな[kana, 仮名]

ⓗ かな[kana]> 가나

가난 ⓝ 살림살이가 넉넉하지 못한 것.

⊟ '가난'은 한자어 '간난(艱難)'에서 동음 생략 현상에 의해 'ㄴ'이 탈락하여 된 말이다. 15세기 중세국어에서부터 이미 '가난'이란 형태가 나타나므로, 'ㄴ' 탈락은 이른 시기에 있었음을 알 수 있다.

⊟ 중세국어에서 한자어 '간난(艱難)'이란 말은 고유어화한 '가난'과 함께 쓰였는데, '간난(艱難)'의 의미도 둘로 나뉜다. 즉 '王業 艱難이 이러ᄒᆞ시니(용비어천가 5장)'에서는 한자어 의미 그대로인 '어려움'을 뜻하지만, '천량 업슨 艱難이 아니라(석보상절 13-57)'에서는 '가난'의 의미이다.

ⓦ 艱難(간난)

ⓗ 艱難(간난)> 가난

ⓔ • 간난ᄒᆞᆫ 견ᄎᆞ로(번역노걸대 상-27)

　• 옰 가난이ᅀᅡ 實로 가난토다(남명집언해 상-8)

가냘프다[가냘프니, 가냘퍼] 휑 (몸매가) 호리호리하고 연약하다. (소리가) 가늘고 약하다.

▣ '가냘프다'에 해당하는 중세국어 형태는 찾을 수 없으므로, 근대국어의 'ᄀᆞᄂᆞ브다'가 '가냘프다'의 가장 이른 형태이다. 비록 근대국어 형태이지만, 'ᄀᆞᄂᆞ브다'는 중세국어 'ᄀᆞᄂᆞᆯ다[細]'의 어간 'ᄀᆞᄂᆞᆯ'에 접미사 '브다'가 연결되어 이루어진 말임이 분명하다. 특히 『가례언해(家禮諺解)』(1632)의 한문과의 대역에서 'ᄀᆞᄂᆞ브다'가 '細(세, 가늘다)'에 해당하므로, 이러한 어원 파악에는 의심의 여지가 없다.

▣ 현대국어 '가냘프다'의 형태적 변화 과정을 파악하기는 힘들다. 혹자는 'ᄀᆞᄂᆞᆯ[細]+얇[薄]+ㅂ(접사)+다(어미)'의 어원적 구성을 제시하여 '가냘프다'의 어원을 설명하기도 하지만, 이것 역시 실증성이 부족하다. 아마도 중세국어에 있었을 '*ᄀᆞᄂᆞᆯㅂ다'의 변화 과정에서 '알프다[病, 痛, 아프다]'의 의미가 유추에 의해 통합되어 '가냘프다'라는 형태로 발전된 것이 아닌가 생각된다. 그러나 이것도 단지 추측에 불과하므로 강변할 일은 아니다.

㉿ ᄀᆞᄂᆞᆯ[細]+ㅂ(접사)+다(어미)

㉥ *ᄀᆞᄂᆞᆯㅂ다> *ᄀᆞᄂᆞᆯ브다> ᄀᆞᄂᆞ브다> 가냘프다

㉙ • 여외여 ᄀᆞᄂᆞ브거든 幅을 조차 좁게 홀디니(瘦細則幅隨而狹, 가례언해 1-43)

가느다랗다[가느다라타][가느다라니, 가느다래] 휑 꽤 또는 퍽 가늘다.

▣ '가느다랗다'는 'ᄀᆞᄂᆞᆯ[細]+다랗(접사)+다(어미)'의 구조에서 'ㄹ'이 탈락한 것이다.

▣ 형태소 경계를 두고 'ㄷ(>ㅈ)' 앞에서 'ㄹ'이 탈락하는 것은 현대국어에서는 일어나지 않는 음운 현상이지만, 중세국어나 근대국어에서는 활발하게 일어났다. 즉 '울다[泣]'의 활용을 예로 들면, 중세국어라면 '울오(울+고), 우디(울+디), 우니(울+니), 우르샤(울+샤)' 등이지만, 현대국어라면 '울고, 울지, 우니, 우시어' 등으로 활용하는 것이다. 이러한 형태 음운 현상의 역사적 추이를 참고하면, 어원 형태인 'ᄀᆞᄂᆞᆯ다랗다'에서 'ㄹ'이 탈락하여 '가느다랗다'가 된 것은 현대국어 이전에 이루어진 것임을 알 수 있다. 'ᄀᆞᄂᆞᆯ다랗다'에서 'ㄹ'이 탈락하여 'ᄀᆞᄂᆞ다랗다'된 다음에 제2 음절 이하에서 'ᄋᆞ'가 '으'로 바뀌고, 다시 제1 음절에서 'ᄋᆞ'가 '아'로 바뀌어 '가느다랗다'가 된

것이다.

[원] ᄀᆞᄂᆞᆯ[細]+다랗(접사)+다(어미)

[변] *ᄀᆞᄂᆞᆯ다랗다> *ᄀᆞᄂᆞ다랗다> 가느다랗다

☞ 가늘다

가느스름하다 [형] 조금 가늘다.

[一] '가느스름하다'는 어원적으로 'ᄀᆞᄂᆞᆯ[細]+스름ᄒᆞ(접사)+다(어미)'의 구조에서 'ㄹ'이 탈락한 것이다.

[원] ᄀᆞᄂᆞᆯ[細]+스름ᄒᆞ(접사)+다(어미)

[변] *ᄀᆞᄂᆞᆯ스름ᄒᆞ다> 가느스름하다

☞ 가늘다

가늘다[가느니, 가늘어] [형] 길이에 비하여 굵기나 너비가 작다.

[一] '가늘다'의 중세국어 형태는 'ᄀᆞᄂᆞᆯ다'이다.

[二] 국어 음운사에서 'ㆍ'의 소실 과정은 16세기 이후에 일어난 제1 단계 변화에 이어, 18세기 이후에 일어난 제2 단계 변화로 마무리된다. 제1 단계는 제2 음절 이하에서 'ㆍ> 으'의 변화이고, 제2 단계는 제1 음절에서 'ㆍ> 아'의 변화이다. 그러므로 'ᄀᆞᄂᆞᆯ다'는 먼저 'ᄀᆞ늘다'가 된 후에 '가늘다'가 되는 변화 과정을 거쳤다.

[원] ᄀᆞᄂᆞᆯ[細]+다(어미)

[변] ᄀᆞᄂᆞᆯ다> ᄀᆞ늘다> 가늘다

[예] • 솑가라기 ᄀᆞᄂᆞᆯ오 기르시며(월인석보 2-40)

• 닙흘 빠 ᄆᆞᆯ뢰여 ᄀᆞ늘게 ᄀᆞᄅᆞ(벽온신방 14)

가다듬다[가다듬따] [동] 정신이나 기운을 바로 차리거나 마음을 다잡다.

[一] '가다듬다'의 중세국어 형태는 'ᄀᆞ다ᄃᆞᆷ다'로서 이 말은 'ᄀᆞᆯ[硏]+다ᄃᆞᆷ[修]+다(어미)'의 어원적 구조로 분석된다. 중세국어 'ᄀᆞᆯ다'와 '다ᄃᆞᆷ다'는 각각 현대국어의 '갈다[硏]'와 '다듬다[修]'에 해당한다.

[二] 형태소 경계를 사이에 두고 'ㄷ' 앞에서 'ㄹ'이 탈락하는 것은 현대국어에서는 일

어나지 않는 음운 현상이지만, 중세국어나 근대국어에서는 활발하게 일어났다. 그러므로 '놀-[遊]'에 선어말어미 '더'가 연결되면 중세국어에서는 '노더니이다(월인석보 21-190)'와 같이 'ㄹ'이 탈락하게 되지만, 현대국어에서는 '놀더라'와 같이 탈락이 생기지 않는다. 아울러 국어 음운사에서 'ᆞ'의 소실 과정은 16세기 이후에 일어난 제1 단계 변화에 이어, 18세기 이후에 일어난 제2 단계 변화로 마무리된다. 제1 단계는 제2 음절 이하에서 'ᆞ > 으'의 변화이고, 제2 단계는 제1 음절에서 'ᆞ > 아'의 변화이다. 그러므로 어원적 형태인 '*ᄀᆞᆯ다ᄃᆞᆷ다'는 'ㄹ' 탈락이라는 중세국어의 공시적 현상에 의해 'ᄀᆞ다ᄃᆞᆷ다'가 되고, 16세기 이후의 통시적 변화에 의해 'ᄀᆞ다듬다'가 되며, 다시 18세기 이후에 '가다듬다'가 된 것이다.

[원] ᄀᆞᆯ[硏]+다ᄃᆞᆷ[修]+다(어미)

[변] *ᄀᆞᆯ다ᄃᆞᆷ다> ᄀᆞ다ᄃᆞᆷ다> ᄀᆞ다듬다> 가다듬다

[예] • 微細히 혜아려 ᄀᆞ다ᄃᆞᄆᆞ라(능엄경언해 1-90)
• 졍신 ᄀᆞ다듬다(勵精, 동문유해 상-31)

가다루다[가:다루다] [동] 논밭을 갈아서 다루다.

[一] '가다루다'는 '갈[耕]+달호[操]+다(어미)'의 구조에서 먼저 '갈'의 종성 'ㄹ'이 탈락하고, 이어서 '달호'의 'ㅎ'이 탈락한 것이다. 형태소 경계를 사이에 두고 'ㄷ' 앞에서 'ㄹ'이 탈락하는 것은 현대국어에서는 일어나지 않는 음운 현상이지만, 중세국어나 근대국어에서는 활발하게 일어났다.

[二] '다루다'의 중세국어 및 근대국어 형태는 '달호다'이다. 문헌 용례를 찾을 수는 없지만, 'ㄹ' 탈락이라는 음운 현상을 참고하면, 중세국어나 근대국어에서 '가다루다'의 역사적 소급 형태인 '가달호다'가 사용되었다고 추측할 수 있다.

[원] 갈[耕]+달호[操]+다(어미)

[변] *갈달호다> *가달호다> 가다루다

가닥 [명] 한군데에 딸린 낱낱의 줄이나 갈래.

[一] '가닥'의 근대국어 형태는 '가닭'이다. 그런데 중세국어나 근대국어에서 '가락톱[爪], ᄉᆞᆫ가락[指], 가락[釘竿子]' 등의 '가락'은 '가닥'과 같은 어원(語源)으로 생각되

기 때문에, 현대국어 '가닥'이 바로 근대국어 '가닭'에서 변화된 것이라고 하기는 어려운 점이 있다.

三 중세국어의 '가ᄅᆞ다[分], 가ᄅᆞ[分岐]'는 현대국어의 '가르다, 갈래'에 해당하는 말이다. 만약 '가닥'이란 어휘가 중세국어로 소급될 수 있다면, '가닥, 가락, 가ᄅᆞ다, 가ᄅᆞ'의 어원은 기본 어근 *간[支/지, 가르다]'에서 찾는 것이 가장 합리적이다. '간[支]+악(접사)'에서 바로 '가닥'이 나오기도 하겠지만, 모음 사이에서 'ㄷ'이 'ㄹ'로 바뀌는 손쉬운 음운 현상에 의해 '가락, 가ᄅᆞ' 등이 형성될 수도 있기 때문이다. 그러나 중세국어 형태를 '가닥'으로 추정할 경우에, 근대국어 형태인 '가닭'의 형성에 대해서는 'ㄹ'의 우연한 첨가로밖에 설명할 수 없다는 난점이 있다.

三 국어 음운사에서 '흘다[散]'와 '흐르다[散]'의 어휘 분화에서 보는 바와 같이, 'ㄷ'과 'ㄹ'의 교체는 자주 목격되지만, 중세국어를 기준으로 할 경우에 'ㄷ'이 'ㄹ'로 바뀌는 방향으로 설명하는 것이 일반적이다. 다만 "*섨돌> 섯돌> 섣달'과 같은 경우에서는 언뜻 보기에 'ㄹ'이 'ㄷ'으로 교체된 듯이 보이지만, 사실은 사잇소리 'ㅅ' 앞에서 'ㄹ'이 탈락한 것이므로 반례가 되지는 않는다. 한편 중세국어에서 쓰인 '흐르다[散]'와 '흐르다[流]'가 동원(同源)인지의 여부는 숙고할 문제이다. 중세국어에서 '흐르다'는 '흐르-'의 성조가 '평거(平去)'이면 [散/산, 흘다]의 뜻이고, '평평(平平)'이면 [流/류, 흐르다]의 뜻이다.

㉿ 간[支]+악(접사)

㉡ *간악> 가닭> 가닥

㉔ • 실 ᄒᆞ 가닭(線一縷, 동문유해 하-24)

☞ 가락, 갈래, 까닭

가두다 䀡 (사람이나 동물을) 일정한 곳에 넣어 마음대로 나들지 못하게 하다. (물을) 일정한 곳에 괴어 있게 하다.

三 '가두다'의 중세국어의 형태는 모음조화 형태인 '가도다'로서, 이 말은 '갇[收藏]+오(사동접사)+다'로 분석된다.

三 중세국어에는 모음 교체 형태인 '갇다'와 '걷다'가 문맥상의 차이는 있으나, 거의 같은 뜻으로 사용되었다. '구루미 갇고(雲收, 금강경삼가해 4-29), 한 法이 두려이

업스며 두려이 거두믈 對ᄒᆞ샤(對諸法圓泯圓收, 원각경언해 상2-2-52)' 등을 참고할 수 있다. 그러므로 중세국어 '가도다'는 현대국어로 옮기면 '가두다[藏, 囚]'와 '거두다[收]'의 두 가지 의미에 두루 쓰인 것이다. 이러한 경향은 근대국어에도 이어지다가, 현대국어에 이르러 형태에 따른 의미 분화가 확실해졌다.

[원] 갇[收藏]+오(사동접사)+다(어미)

[변] 가도다> 가두다

[예] • 눉므를 ᄡᅳ려 能히 가도디 몯호니(涕灑不能收, 두시언해-초간 24-47)
• 獄ᄋᆞᆫ 罪 지ᅀᅳᆫ 사ᄅᆞᆷ 가도ᄂᆞᆫ ᄯᅡ히니(월인석보 1-28)
• 어린 아ᄒᆡᄅᆞᆯ 어ᄃᆡ다 가두리잇가(서궁일기 21)

☞ 거두다

가득 [부] 가득하게.

[一] '가득[滿]'의 근대국어 형태는 'ᄀᆞᄃᆞᆨ, ᄀᆞ덕, ᄀᆞ득' 등이다. 중세국어에서 '가득'에 해당하는 부사는 'ᄀᆞᄃᆞ기'이지만, 아마도 접사가 붙지 않은 'ᄀᆞᄃᆞᆨ'이라는 형태도 사용되었을 것으로 생각된다.

[二] 현대국어의 '가득하다'에 해당하는 중세국어 형태는 'ᄀᆞᄃᆞᆨᄒᆞ다/ᄀᆞᄃᆞᆨ다'이다. 이 형용사를 기본으로 하여 어간이 바로 부사화하였는지, 아니면 'ᄀᆞᄃᆞᆨ'이란 어근에서 바로 부사로 형성되었는지는 알 수 없다. 여기에서는 중세국어의 파생법에서 부사가 어간에서 바로 파생되기도 하는 형태론적 경향을 바탕으로 하여, 형용사 어간에서 부사로 파생된 것으로 해석해 둔다. 중세국어에서 'ᄀᆞᇀ다[如/여, 같다]'에서 부사 'ᄀᆞᆮ', '그르다[誤/오]'에서 부사 '그르', '하다[多, 大]'에서 부사 '하' 등이 되는 것은 형용사 어간이 바로 부사로 파생된 것이다. 이러한 조어법을 영파생(零派生)이라고 한다.

[원] ᄀᆞᄃᆞᆨ[滿](ᄒᆞ다)

[변] ᄀᆞᄃᆞᆨ> ᄀᆞ덕~ᄀᆞ득> 가득

[예] • 이 잔 ᄀᆞᄃᆞᆨ 부어 이 시름 닛쟈 ᄒᆞ니(曺友人의 出塞曲)
• 그 밤이 ᄎᆞ고 별이 하ᄂᆞᆯ에 ᄀᆞ덕 도닷더니(삼역총해 6-3)
• ᄀᆞ득(多多的, 동문유해 하-49)

가득하다 휑 (물건이나 물질 등이 어떤 범위 안에) 꽉 차 있다.

⊟ '가득하다'의 중세국어 형태는 'ᄀᆞᄃᆞᆨᄒᆞ다'인데, 'ᄒᆞ'가 생략된 'ᄀᆞᄃᆞᆨ다'의 형태로 쓰인 경우도 많다. 어근으로 추정되는 'ᄀᆞᄃᆞᆨ'은 단독 형태로는 부사로 쓰였다. 국어 음운사에서 'ᄋᆞ'의 소실 과정은 16세기 이후에 일어난 제1 단계 변화에 이어, 18세기 이후에 일어난 제2 단계 변화로 마무리된다. 제1 단계는 제2 음절 이하에서 'ᄋᆞ > 으'의 변화이고, 제2 단계는 제1 음절에서 'ᄋᆞ > 아'의 변화이다. 그러므로 '가득하다'는 먼저 'ᄀᆞ득하다'가 되고, 이어서 '가득하다'로 변화되었다.

㉠ ᄀᆞᄃᆞᆨ[滿]+ᄒᆞ[爲]+다(어미)

㉠ ᄀᆞᄃᆞᆨᄒᆞ다> ᄀᆞ득ᄒᆞ다> 가득하다

㉠ • 道上애 ᄀᆞᄃᆞᆨᄒᆞ니(道上洋溢, 용비어천가 41장)
　• 뽁 ᄀᆞᄐᆞᆫ 머리예 니 ᄀᆞ득ᄒᆞ엿더라(蓬頭滿蝨, 동국신속삼강행실도 효-3-82)

가뜩 휑 '가득'의 센말.

⊟ 근대국어에서 'ᄀᆞ득'의 센말인 'ᄭᆞ득'이 나타난다. 부사 'ᄀᆞ득'이 나타내는 의미를 강조하기 위하여 평음을 경음화시킨 형태인 'ᄭᆞ득[ᄀᆞ쓱]'을 만들어 낸 것이다. 'ᄀᆞ득'의 중세국어 형태는 'ᄀᆞᄃᆞᆨ'이다.

㉠ ᄀᆞᄃᆞᆨ[滿]

㉠ ᄀᆞᄃᆞᆨ> ᄀᆞ득> ᄭᆞ득> 가뜩

㉠ • 이 잔 ᄀᆞᄃᆞᆨ 부어 이 시름 닛댜 ᄒᆞ니(曺友人의 出塞曲)
　• ᄀᆞ득(多多的, 동문유해 하-49)
　• ᄭᆞ득 怒ᄒᆞᆫ 고래 뉘라셔 놀내관대(松江, 관동별곡)

☞ 가득

가라 휑접 가짜. 헛.

⊟ '가라'는 일본어 'から[kara, 空]'에서 온 말이다. 일본어 'から'는 명사로서, '빔, 허공, 거짓' 등의 의미이지만, 'からえずき(헛구역질), からて(空手, 맨손)' 등에서와 같이 접두적 용법으로도 많이 쓰인다.

㉠ (일본어)から[kara, 空]

働 から[kara]> 가라

가라오케 뗑 녹음 반주.
囯 '가라오케'는 일본어 '空オケ[karaoke]'에서 온 말이다. 'オケ[oke]'는 영어 'orchestra'를 줄인 일본식 외래어이다. 그러므로 '가라오케'의 의미를 국어로 풀면 '가짜 관현악단'이 된다.
웬 (일본어)空オケ[karaoke]
働 空オケ[karaoke]> 가라오케
☞ 가라

가락 뗑 가느스름하고 기름하게 토막진 물건의 낱개. 물레로 실을 자을 때, 견면(繭綿)에서 풀려 나오는 실을 감는 쇠꼬챙이.
囯 중세국어의 형태도 '가락'이다. 그런데 중세국어에는 '가ᄅᆞ다[分], 가ᄅᆞ[分岐]' 등의 말이 있고, 국어에서 '-악'이란 접미사는 '뽀각, 솟가락, 바닥' 등에서 알 수 있는 바와 같이 비교적 생산적이기 때문에, '가락'의 어원은 일차적으로 '갈/가ᄅᆞ[分岐]+악(접사)'의 구조로 분석하여 이론(異論)이 없을 것이다. '가ᄅᆞ다[分], 가ᄅᆞ[分岐]' 등의 말에 있어서 제2 음절의 'ᄋᆞ'는 매개 모음일 가능성이 있기 때문에 그 어근을 '갈/가ᄅᆞ[分岐]'로 설정한 것이다.
囯 한편 '가락'이란 말은 '가닥[縷]'과 동원(同源)으로 생각된다. 만약 '가닥'과 그 어원이 같다면, '가락'은 '갇+악'의 구조에서 모음 사이의 'ㄷ'이 'ㄹ'로 변해 이루어진 말이 될 것이다.
웬 ① 갈/가ᄅᆞ[分岐]+악(접사) ② 갇[分岐]+악(접사)
働 ① 가락 ② 갇악> 가락
예 • 밧가락ㄱ로 짜홀 누르시니(석보상절 6-39)
☞ 가닥

가람(伽藍) 뗑 (불교) 승가람마(僧伽藍摩)의 준말. 중이 살면서 불도를 닦는 곳.
囯 승가람마(僧伽藍摩)는 줄여서 '승가람' 또는 '가람'이라고도 하는데, 산스크리트

어의 'saṃghārāma'를 한어(漢語)로 음역한 말이다.
[원] (산스크리트어)saṃghārāma[佛敎僧院]
[변] saṃghārāma> (漢語)僧伽羅磨/僧伽藍摩> 伽藍(가람)
[예] • 시혹 伽藍 內예 젼ᄎᆞ 淫欲ᄋᆞᆯ 行커나(월인석보 21-39)
• 가람 토디ᄂᆞᆫ 신명히 알외믈 글웃ᄒᆞ므로(경신록언석 22)

가랑머리 [명] 두 가랑이로 갈라 땋아 늘인 머리.
[一] '가랑머리'는 어원적으로 '가락+머리'나 '가랑+머리'에서 온 말이다. 다만 '가랑비, 가랑이' 등의 비음 동화와 관련이 없는 어휘를 고려하면 후자의 가능성이 더 높다.
[二] '가락머리'를 기본 형태로 할 경우에는 '가랑머리'를 비음 동화 형태가 굳어진 것이라고 하게 되며, 어원적 분석은 '갈/가ᄅᆞ+악(접사)+머리'로 하게 된다. '가랑머리'를 그대로 기본 형태로 하게 되면 어원적 분석은 '갈/가ᄅᆞ+앙(접사)+머리'로 하게 된다. 국어 어휘의 역사에서 명사를 만드는 접사 '-악'과 '-앙'은 비교적 생산적이다. '가락'의 분석은 '가락'을 참조할 것.
[원] 갈/가ᄅᆞ[分岐]+악/앙(접사)+머리[頭髮]
[변] 가락머리/가랑머리> 가랑머리
☞ 가락, 머리

가랑무 [명] 밑동이 두셋으로 가랑이진 무.
[一] '가랑무'의 '가랑'은 중세국어에 '가ᄅᆞ다[分]'란 말이 있으므로, '가ᄅᆞ[分岐]+앙(접사)'의 어원적 구조를 갖는 것으로 생각된다.
[二] '가랑무'의 어원을 '가락+무'로 설정하고서, 비음동화에 의해 '가랑무'가 된 것으로 풀이하기도 하지만, 국어에 '가랑이'라는 말이 있으며, 아울러 비교적 생산적인 접미사인 '-앙'이 있으므로, '가랑'은 바로 '갈/가ᄅᆞ+앙'으로 이해하는 것이 간편할 것으로 생각된다. 몇 예를 더 들면 '고랑[畎], 노랑[黃], 도랑[溝], 바탕[場]' 등은 모두 접미사 '-앙'이 결합되어 형성된 어휘들이다.
[원] 갈/가ᄅᆞ[分岐]+앙(접사)+무수[菁]
[변] *가랑무수> 가랑무

☞ 무

가랑비 [명] 가늘게 내리는 비. 안개비. 세우(細雨).

[一] '가랑비'의 중세국어 형태는 'ᄀᆞᄅᆞᄫᅵ'이다. 이 말은 어원적으로 'ᄀᆞᄅᆞ[粉]+비[雨]'로 분석되므로, '가랑비'란 말은 '가루처럼 가늘게 흩뿌려 내리는 비'에서 착상(着想)되어 조어(造語)되었다는 것을 알 수 있다.

[二] 중세국어 형태인 'ᄀᆞᄅᆞᄫᅵ'에서 근대국어 형태인 'ᄀᆞ랑비'가 된 것은 단순한 'ㅇ[ŋ]'의 첨가에 의한 음운 변화로 설명하기 어렵다. 왜냐하면 'ᄀᆞᄅᆞ'의 둘째 음절이 'ᄋᆞ'가 아닌 '아'로 변하여 'ᄀᆞ라'로 바뀌어 있기 때문이다. 따라서 근대국어의 'ᄀᆞ랑비'는 접사가 첨가된 'ᄀᆞᄅᆞ[粉]+앙(접사)+비[雨]'의 구조로 해석하는 것이 적당할 것으로 생각된다. 'ᄀᆞᄅᆞ'에 접사 '-앙'이 첨가되면 제2 음절의 'ᆞ'가 탈락되어 'ᄀᆞ랑'으로 되는 것이 국어의 조어법에 맞기 때문이다.

[三] 중세국어의 'ᄀᆞᄅᆞᄫᅵ'가 국어 음운사에서 형태적 연속성을 잃고, 근대국어에서 'ᄀᆞ랑비'가 된 것은 'ㅸ'의 음운 변화에 그 원인이 있다. '가ᄅᆞᄫᅵ'가 정상적인 음운 변화를 겪었다면, 'ᄀᆞᄅᆞᄫᅵ'는 'ㅸ'이 탈락한 '가르이'가 되어 '비[雨]'를 연상시키기 어려운 형태가 되었을 것이기 때문이다.

[원] ① (중세국어)ᄀᆞᄅᆞ[粉]+비[雨] ② (근대국어)ᄀᆞᄅᆞ[粉]+앙(접사)+비[雨]

[변] ᄀᆞᄅᆞ비> ᄀᆞᄅᆞᄫᅵ> ᄀᆞ랑비> 가랑비

[예] • 無色界옛 눉므리 ᄀᆞᄅᆞᄫᅵᄀᆞ티 ᄂᆞ리다(월인석보 1-36)
• ᄀᆞ랑비(濛鬆雨, 역어유해 상-2)

가랑잎[가랑닙] [명] 활엽수의 마른 잎. 떡갈잎.

[一] '떡갈나무'의 준말은 '갈나무' 또는 '갈'이며, 다른 이름으로서 '가락나무, 가랑나무'라고도 한다. 그러므로 '가랑잎'의 어원은 '갈[櫟, 柞]+악/앙(접사)+닢[葉]'으로 푸는 것이 적당하다. 현대국어에서 '갈잎'은 '가랑잎'의 준말로 처리되지만, 어원적으로 이것은 '가랑잎'이 줄어서 된 말이 아니라, 접사가 첨가되지 않은 '갈[櫟, 柞]+닢[葉]'에서 바로 형성된 말이다.

[二] 현대국어 '떡갈나무'에 해당하는 중세국어 어휘는 '가랍나모(柞, 훈몽자회

상-10)'와 '덥갈나모(櫟, 훈몽자회 상-10)'이다. 따라서 후부 요소 '나모'를 제외한 어형에서 공통 형태인 '갈'을 추출하여 어근으로 삼는 것이다.

[원] 갈[櫟, 柞]+악/앙(접사)+닢[葉]

[변] 갈앙닢> 가랑잎

가래 [명] 흙을 파헤치거나 떠서 던지는 기구.

[一] 중세국어의 형태도 '가래[枚]'이다. 이 '가래'는 '갈[耕]+애(접사)'의 구조로 분석된다. 그런데 현대국어에서는 '갈다[耕]'와 '갈다[磨]'의 형태가 같으므로, '가래'를 '흙을 잘게 부수는 기구'라는 뜻에서 생긴 말로 생각하여 '갈다[磨]'와 연관시킬 수도 있을 것이다. 그러나 중세국어에서는 '갈다[耕]'와 'ᄀᆞᆯ다[磨]'가 형태적으로 구분되므로, '갈다[耕]'와 'ᄀᆞᆯ다[磨]'의 어원이 같지 않다는 것을 알 수 있다. 그러므로 '가래'는 '갈다[耕]'에서 온 말이며, 'ᄀᆞᆯ다[磨]'와 연관시킬 수는 없다.

[원] 갈[耕]+애(접사)

[변] 갈애> 가래

[예] • 가래(木枚, 사성통해 하-85)

• 가래 흠(枚, 훈몽자회 중-17)

가래침 [명] 가래가 섞인 침. 담연(痰涎).

[一] '가래침'의 중세국어 형태는 'ᄀᆞ래춤'이므로, 'ᄀᆞ래[痰]+춤[涎]'으로 분석된다. 'ᄀᆞ래'가 '가래'가 된 것은 18세기 이후에 일어난 'ᆞ> 아'의 변화에 의한 것이며, 역시 18세기에 '춤'에서 변한 '침'이란 형태가 처음 나타난다.

[二] 근대국어 시기에 '춤'에서 '침' 된 것은 '춤'과 '츰'의 변별성이 약화되면서, 'ㅊ' 뒤에서의 전설모음화가 작용한 까닭이다. 전설모음화는 '아ᄎᆞᆷ> 아츰> 아침, ᄌᆞᆺ> 짓, 슳다> 싫다' 등에서 보는 바와 같이 선행하는 'ㅅ, ㅈ, ㅊ'의 영향을 받아 후설모음의 조음위치가 앞으로 이동하는 현상이다.

[원] ᄀᆞ래[痰]+춤[涎]

[변] ᄀᆞ래춤> 가래침

[예] • ᄀᆞ래춤과 곳믈와 고롬과(唾涕膿, 원각경언해 상2-2-27)

☞ 침

가래톳 명 허벅다리 윗부분의 림프샘이 부어 켱기고 아픈 멍울.

➀ '가래톳'의 중세국어 형태는 '가룻톳'이므로, 어원적으로는 우선 '가루[分岐]+ㅅ(조사)+톳'으로 분석된다. 그런데 중세국어 '가루'의 원래 형태는 '가롤'이므로, 어원적 분석은 '가롤+ㅅ+톳'으로 소급되며, 치경음 'ㅅ' 앞에서 'ㄹ'이 탈락한 형태가 '가룻톳'인 것이다.

➁ 치경음 'ㅅ' 앞에서 'ㄹ'이 탈락하는 것은 '섨돌[臘月]'이 '섯돌(구급방언해 하-58)'이 되는 데에서도 찾을 수 있다. '섯돌'은 현대국어 '섣달'로 이어진다. 중세국어 '가롤'은 기본적으로 현대국어 '갈래'에 해당하는 말이며, 나아가 '가랑이, 다리' 등의 뜻으로도 쓰였다. '가롤+ㅅ+톳'의 'ㅅ'은 중세국어에서 관형격 조사로 쓰이는 것이 기본 용법이며, 현대국어 사이시옷의 원형이다.

➂ '톳'의 어원은 확실하진 않지만, '실뭉치'를 뜻하는 '실톳'의 '톳'과 같은 말로서 '한 덩어리의 물건'을 뜻하는 것으로 이해된다. 그러므로 '가래톳'은 다리가 둘로 갈라진 허벅지의 윗부분에 단단하게 뭉친 것을 뜻하여 만들어진 말이라고 하겠다. 근대국어에서 '톳(綌維, 물보)'이란 말이 '실톳'의 뜻으로 사용되었다.

㉦ 가롤[分岐]+ㅅ(조사)+톳[團]

㉧ *가롤ㅅ톳> 가룻톳> 가래톳

㉠ • 가룻토시 굿 나거든(便毒初發, 구급간이방 3-55)

☞ 실톳

가렵다[가려우니, 가려워] 형 (피부가) 근질근질하여 긁고 싶은 느낌이 있다.

➀ '가렵다'의 중세국어 형태는 16세기 문헌에 나타나는 'ᄀᆞ랍다, ᄀᆞ럅다'인데, 이 중에서 어느 형태가 원형인지 알기는 어렵다. 다만 근대국어 'ᄀᆞ렵다'에 이은 현대국어의 '가렵다'는 중세국어 'ᄀᆞ럅다'로 소급된다.

➁ 확실하진 않지만, 중세국어 'ᄀᆞ랍다'는 동사 '골다[磨/마, 갈다]'에서 형용사로 파생된 것으로 생각된다. 즉 '골[磨]+압(접사)+다(어미)'의 어원적 구조로 파악된다. 피부가 가렵다는 것은 가려운 피부를 박박 문지르고 싶은 욕구가 생기기 때문이다.

'글다'에서 바로 파생된 말이 'ᄀᆞ랍다'라고 한다면, 'ᄀᆞ랿다'는 '글다'의 피동사 형태인 '글이다'에서 파생된 말로서 '글이+압(접사)+다(어미)'로 처리된다. '글다'에 의한 어원은 분명한 것은 아니므로 잠정적인 의견으로 제시한다.

㉞ ① ᄀᆞ랍/ᄀᆞ랿[癢]+다(어미)

② 글[磨]+압(접사)+다(어미), 글[磨]+이(접사)+압(접사)+다(어미)

㉤ ᄀᆞ랍다/ᄀᆞ랿다> ᄀᆞ렵다> 가렵다

㉠ • 알파 ᄒᆞ시며 ᄀᆞ라와 ᄒᆞ심애(疾痛苛癢, 소학언해-선조 2-3)

   • ᄀᆞ랴와도 敢히 긁디 아니ᄒᆞ며(痒不敢搔, 내훈-선조 1-40)

   • ᄀᆞ려움을 당티 못ᄒᆞ니(박통사언해 하-6)

가로 图 좌우나 옆으로 된 방향. 胎 좌우의 방향을 따라.

□ '가로'의 중세국어 형태는 'ᄀᆞᄅᆞ[橫]'이다. 또한 중세국어에는 동사 'ᄀᆞᄅᆞ다[橫]'도 있으므로, 중세국어 'ᄀᆞᄅᆞ'는 명사, 동사어간, 부사라는 세 가지 문법 범주에 속하는 특수한 용법을 지닌 어휘이다. 다만 중세국어에서 'ᄀᆞᄅᆞ'는 'ᄀᆞᄅᆞ 횡(橫)'의 경우 명사로 처리되지만, 'ᄀᆞᄅᆞ ᄢᅦ여, ᄀᆞᄅᆞ ᄧᅱ고' 등과 같이 거의 용언 앞에서 부사적 용법으로 쓰이기 때문에 '명사'라는 품사 범주를 부여할 수 있을지 의문이다.

□ 일반적으로 '신[履]-신다, 씌[帶]-씌다, 품[懷]-품다' 등과 같이 명사와 동사 어간이 같을 경우에는 명사에서 동사로 파생되었다고 설명하며, 동사 어간이 부사와 같을 경우에는 동사 어간에서 바로 부사로 파생되었다고 설명하게 된다. 그러므로 중세국어의 부사 'ᄀᆞᄅᆞ'는 동사 'ᄀᆞᄅᆞ다'의 어간에서 직접 부사로 파생했다고 설명하게 된다. 이와 같이 용언 어간에서 파생 접사의 연결이 없는 영파생에 의한 부사는 중세국어에서 드문 일이 아닌데, 'ᄂᆞ외다[再]-ᄂᆞ외, 바ᄅᆞ다[直]-바ᄅᆞ, 일다[早]-일, 하다[多]-하' 등의 예를 들 수 있다. 다만 명사와 동사의 영파생 관계에서 명사 어근과 동사 어간의 성조가 일치하지 않는 경우가 있다.

□ 'ᄀᆞᄅᆞ'를 명사로 처리하게 되면 명사 'ᄀᆞᄅᆞ'에서 동사 'ᄀᆞᄅᆞ다'가 파생되었다고 하겠지만, 중세국어에서 명사 'ᄀᆞᄅᆞ'의 용법이 불안정하기 때문에 이러한 논의는 주장기 어렵다. 그렇다면 현대국어의 명사 '가로'는 기원적인 부사적 용법에서 파생하여 명사적 용법을 얻었다고 해야 할 것이다.

四 중세국어의 'ᄀᆞᄅᆞ'가 근대근어에 'ᄀᆞ로'로 변한 것은 단순한 모음 변화로 설명되지 않는다. 'ᄀᆞᄅᆞ'가 'ᄀᆞ로'로 변한 것은 부사 파생의 접미사 '-오/-우'에 유추된 것으로 설명하는 것이 옳다. 부사 파생의 접미사 '-오/-우'는 '비르소(비릇+오), 오ᅌᆞ로(오ᄋᆞᆯ+오), 너무(넘+우)' 등의 중세국어 형태에서 알 수 있는 바와 같이 국어의 조어법에서 생산적인 접사인 때문이다.

㉔ ᄀᆞᄅᆞ[橫]

㉗ ᄀᆞᄅᆞ> ᄀᆞᄅᆞ+(오)> ᄀᆞ로> 가로

㉔ • 南北으로 ᄀᆞᄅᆞ ᄣᅦ여 잇더니(석보상절 23-22)

　• ᄀᆞᄅᆞ 횡(橫, 신증유합 하-62)

　• 橫 ᄀᆞ르(동문유해 하-54)

　• ᄀᆞ로 지나 셰로 지나(고시조-시가요곡)

가로되 ☞ '말하되' 또는 '말하기를'의 뜻을 나타내는 데 쓰는 말.

㊀ '가로되'의 중세국어 형태는 'ᄀᆞ로ᄃᆡ/ᄀᆞᆯ오ᄃᆡ'이다. 이 말은 어원적으로 'ᄀᆞᆮ[曰]+오(선어말어미)+ᄃᆡ(종결어미)'로 분석되며, 'ᄃ' 불규칙 활용에 의하여 'ᄀᆞ로ᄃᆡ'가 되는 것이다.

㊁ 중세국어에서 어간 'ᄀᆞᆮ-[曰]'은 'ᄀᆞᆯ-[曰]'과 공시적인 雙形(쌍형) 관계에 있다. 쌍형 관계에 있다는 것은 두 형태 가운데, 어느 하나만을 기본 형태로 잡을 수 없으므로, 두 형태가 모두 기본 형태의 자격이 있다는 뜻이다. 『월인석보』에 나오는 'ᄀᆞᆮᄂᆞ니'로부터 어간 'ᄀᆞᆮ-'을 얻을 수 있지만, 『신증유합』(상-14)이나 『천자문』(11)에 나오는 'ᄀᆞᆯ 왈(曰)'로부터는 어간 'ᄀᆞᆯ-'이 추출되기 때문이다. 만약에 어간이 'ᄀᆞᆮ-[曰]'이라고 한다면 'ᄀᆞᆯ 왈'이 아니라 'ᄀᆞᄃᆞᆯ 왈'이 되어야 한다. 그러나 비록 중세국어에서 'ᄀᆞᆮ-'과 'ᄀᆞᆯ-'이 공시적 雙形(쌍형) 관계에 있다고 하더라도, 어원적으로는 'ᄀᆞᆮ-'에서 'ᄀᆞᆯ-'이 나왔다고 해야 하므로 'ᄀᆞᆮ-'을 어원적 어간으로 잡는 것이다.

㉔ ᄀᆞᆮ[曰]+오(선어말어미)+ᄃᆡ(종결어미)

㉗ ᄀᆞ로ᄃᆡ/ᄀᆞᆯ오ᄃᆡ> 가로되

㉔ • 曰은 ᄀᆞ로ᄃᆡ ᄒᆞᄂᆞᆫ ᄠᅳ디라(석보상절 서-4)

　• 王制예 ᄀᆞᆯ오ᄃᆡ(王制曰, 소학언해-선조 1-12)

☞ 일컫다

가로막다 图 (앞을) 가로질러 막다.

囯 '가로막다'의 중세국어 형태는 'ᄀᄅᆞ막다'이다. 'ᄀᄅᆞ'의 변화에 대해서는 '가로' 참조.

㉚ ᄀᄅᆞ[橫]+막[防]+다(어미)

㉖ ᄀᄅᆞ막다> ᄀᄅ로막다> 가로막다

㉕ • ᄀᄅᆞ마글 알(遏, 신증유합 하-31)

　• ᄀᄅ로막다(攔住, 역어유해보 26)

☞ 가로

가로서다 图 가로의 방향으로 나란히 서다.

囯 근대국어 문헌인 『두시언해』(중간본)에 'ᄀᄅᆞ셔다'가 나오므로, 'ᄀᄅᆞ셔다'라는 형태는 중세국어에 소급시킬 수 있다. 아울러 중세국어의 부사 'ᄀᄅᆞ'에서 변화된 근대국어 형태가 'ᄀᄅ로'이므로, 근대국어 후기의 형태로서 'ᄀᄅ로셔다'를 설정해도 문제될 것이 없다. 'ᄀᄅᆞ'의 변화에 대해서는 '가로' 참조.

㉚ ᄀᄅᆞ[橫]+셔[立]+다(어미)

㉖ ᄀᄅᆞ셔다> ᄀᄅ로셔다> 가로서다

㉕ • 옷 브티들며 발 구르고 길헤 ᄀᄅᆞ셔셔 우ᄂᆞ니(두시언해-중간 4-1)

☞ 가로

가로지르다[가로지르니, 가로질러] 图 가로 건너 지르다.

囯 '가로지르다'의 중세국어 형태는 'ᄀᄅᆞ디ᄅᆞ다/ᄀᄅᆞ디르다'이다. '디ᄅᆞ다/디르다' 는 현대국어 '지르다'나 '찌르다'의 중세국어 형태이다. 'ᄀᄅᆞ'의 변화에 대해서는 '가로' 참조.

㉚ ᄀᄅᆞ[橫]+디ᄅᆞ/디르[刺]+다(어미)

㉖ ᄀᄅᆞ디ᄅᆞ다/ᄀᄅᆞ디르다> ᄀᄅᆞ지르다> 가로지르다

㉕ • 關은 門의 ᄀᄅᆞ디ᄅᆞᄂᆞᆫ 남기오(법화경언해 4-130)

• 너를 依藉ᄒᆞ야 져근 울헤 ᄀᆞᄅᆞ디르고(두시언해-초간 25-2)
☞ 가로

가뢰 [명] 딱정벌레목 가뢰과에 속하는 곤충의 총칭. 농작물의 해충임.
[一] '가뢰'의 중세국어 형태는 '갈외'이다. 『향약채취월령』(1431)의 향명(鄕名) 표기로는 '加乙畏'이므로 '갈외'라는 형태가 중세국어 이전으로 소급된다는 것을 알 수 있다.
[二] 그런데 '갈외'의 한자명은 '斑猫(반묘)'라는 점에서 '갈외'의 어원을 헤아릴 수 있다. 즉 이 곤충의 표면은 '얼룩덜룩한 무늬의 고양이'를 연상시키기 때문에 한자어 '斑猫(반묘)'로 명명되었다고 하겠는데, 이렇게 되면 '갈외'의 어원은 '갈[斑/반, 얼룩]+괴[猫/묘, 고양이]'에 있다고 하겠으며, 다시 '*갈괴'에서 'ㄱ'이 탈락하여 '갈외'가 된 것이다. 한편 '갈범'을 '칡범'이라고도 한다는 것을 참조하면, '갈외'의 '갈'은 한자 '葛(갈, 칡)'이나 '褐(갈, 갈색)'에서 찾을 수도 있을 것이다.
[원] ① 갈[斑]+괴[猫] ② 葛(갈)+괴[猫]
[변] *갈괴> 갈외> 가뢰
[예] • 갈외 반(盤, 훈몽자회 상-23)
• 갈외(斑猫, 동문유해 하-42)
☞ 갈범, 고양이

가루 [명] 딱딱한 물질이 아주 잘게 부스러진 것. 분말(粉末).
[一] '가루'의 중세국어 형태는 'ᄀᆞᆯ, ᄀᆞᄅᆞ'이므로, 명사 'ᄀᆞᆯ[粉]'을 기원적 어근으로 잡을 수 있으며, 'ᄀᆞᄅᆞ'는 'ᄀᆞᆯ[粉]+ᄋᆞ(접사/첨가음)'로 분석된다. 이렇게 명사 어근으로 'ᄀᆞᆯ[粉末]'을 설정하게 되면, 동사 'ᄀᆞᆯ다[磨]'는 명사 'ᄀᆞᆯ[粉]'에서 직접 동사로 파생된 것이다.
[二] 15세기 문헌인 『석보상절(釋譜詳節)』(1447)의 '栴檀香ㄱ ᄀᆞᆯᄋᆞ로 ᄇᆞᄅᆞ고(栴檀香의 가루로 바르고)'에서 'ᄀᆞᆯ(또는 ᄀᆞᆯㅇ)'의 형태로 처음 나타난다. 다른 문헌에서는 'ᄀᆞᄅᆞ'로도 나타난다. 15세기와 16세기 국어에서 모음으로 시작되는 조사 앞에서는 'ᄀᆞᆯ(또는 ᄀᆞᆯㅇ)'이 나타나고, 자음으로 시작되는 조사나 단독형으로는 'ᄀᆞᄅᆞ'가

나타난다. '골(또는 골ㅇ)'은 17세기 후반기가 되면 자음으로 시작되는 조사 앞에서도 'ᄀᆞᄅᆞ'가 나타남으로써 어형이 통일되었다. 그리고 같은 시기의 'ᄀᆞ로/가루'는 체언이 'ᄋᆞ/으'로 끝나는 것을 회피하기 위하여 비어두 음절의 'ᄋᆞ/으'가 '오/우'로 바뀐 것이다. 이러한 형태 변화는 '앗> 아ᅀᆞ> 아ᄋᆞ> 아우[弟]'의 변화, 그리고 '엿> 여ᅀᆞ> 여ᄋᆞ> 여우[狐]'의 변화에서도 확인할 수 있다.

[三] 15세기 어형 '골ㄹ'은 모음으로 시작되는 조사 앞에서 '골ㄹ'로 실현되는 유일한 예이지만 당시의 표기법으로 볼 때 정상적인 것은 아니다. '골(또는 골ㅇ)'은 17세기가 되면 '골ㄹ'로 바뀐 후, 17세기 후반기가 되면 자음으로 시작되는 조사 앞에서도 'ᄀᆞᄅᆞ'가 나타남으로써 어형이 통일되었다. 'ᄀᆞᄅᆞ'의 제 2음절 모음은 17세기부터 그 음가가 '으'와 같았다. 왜냐하면 16세기에 비어두 음절의 'ᄋᆞ'는 '으'로 바뀌었기 때문이다. 18세기에 나타나는 'ᄀᆞ르'가 'ᄋᆞ> 으'의 변화를 직접적으로 반영한 표기이다. 그리고 같은 시기의 'ᄀᆞ로'는 체언이 '으'로 끝나는 것을 회피하기 위하여 비어두 음절의 '으'가 '오'로 바뀐 예이다. 그러나 이 시기에 나타나는 '가루'는 일반적인 음운 변화로는 설명할 수 없는 형태이다. 'ᄀᆞ로'는 다시 18세기부터 일어나기 시작한 어두 음절에서의 'ᄋᆞ> 아'의 변화를 반영하여 19세기에 '가로' 혹은 '갈오'로 나타난다. '가로'는 다시 '오> 우'의 변화에 의해 같은 시기에 '가루' 혹은 '갈우'로 나타나는데, 이 두 어형은 발음이 같으므로 형태적 차이가 있는 것은 아니다.

[四] 명사 '골(또는 골ㅇ)[粉]'과 동사 '골다[磨]'는 같은 어원임이 분명하다. 다만 명사 '골(또는 골ㅇ)'에서 동사 '골다'가 파생되었는지, 아니면 동사 '골다'에서 명사 '골(또는 골ㅇ)'이 파생되었는지 확인할 수는 없지만, 명사에서 동사로 파생되었다고 하는 것이 순리적이다. 명사 '골(또는 골ㅇ)'은 성조가 평성이고, 동사 '골다'의 어간은 거성이다. 이러한 성조의 불일치는 명사 '빅[腹]'가 거성이고 동사 '빅다'의 어간이 평성이며, '신[履]'이 거성이고 동사 '신다'의 어간이 상성이며, 명사 '품[懷]'이 평성이고 동사 '품다'의 어간이 거성인 것 등에서도 일관되게 일어나는 현상이다.

[원] 골[粉]+(ᄋᆞ)

[변] 골> ᄀᆞᄅᆞ> ᄀᆞ로> 가루

[예] • 栴檀末ᄋᆞᆫ 栴檀香ㅅ 골이라(월인석보 10-54)

• 모ᄆᆞᆯ ᄇᆞᅀᆞ며 命을 ᄀᆞᄅᆞ 곧히 ᄒᆞ야도(碎身粉命, 법화경언해 1-223)

• 감초 ᄀ로(甘草末, 두창경험방 19)

가르다[가르니, 갈라] 동 따로따로 나누다.
⬚ '가르다'의 중세국어 형태는 '가ᄅᆞ다'이다. 그런데 중세국어에는 현대국어의 '갈래'에 해당하는 '가ᄅᆞ'가 있으므로, 동사 '가ᄅᆞ다'는 명사 '가ᄅᆞ[分]'에서 직접 파생된 것으로 설명된다. 제2 음절 이하에서 'ᄋᆞ'는 '으'로 변하는 것이 원칙이다.
⬚ 중세국어에서 동사 '가ᄅᆞ다'는 '가ᄅᆞ고, 가ᄅᆞ니, 갈아' 등으로 활용하겠지만, 문헌에 나타나는 활용형은 '갈아'뿐이다.
㊅ 가ᄅᆞ[分]+다(어미)
㊅ 가ᄅᆞ다> 가르다
㊅ • 가ᄅᆞ마다 七寶 비치오(월인석보 8-13)
  • 세 가ᄅᆞ 돌ᄃᆞ리 잇ᄂᆞ니(有三叉石橋, 번역박통사 상-68)
  • 空과 覺괘 갈아(능엄경언해 6-52)
☞ 갈래

가르치다 동 (누구에게 지식, 기술, 방법, 예절 따위를) 깨닫거나 익히게 만들다. 알도록 일러 주다.
⬚ '가르치다'의 중세국어 형태는 'ᄀᆞᄅᆞ치다'이다. 다만 16세기 문헌에 '글ᄋᆞ치다'가 나타나지만 'ᄀᆞ르치다'의 다른 표기에 불과하다. 'ᄀᆞᄅᆞ치다'의 어원에 대해서는 일차적으로 'ᄀᆞᄅᆞ+치다'로 분석하여 'ᄀᆞᄅᆞ'와 '치다'의 어원적 의미를 모색하게 된다. '글/ᄀᆞᄅᆞ'에 대해서는 [분석(分析)]이나 [경(耕)]의 의미로 풀기도 하지만 분명하지 않고, '치다'에 대해서는 [養育(양육)]의 뜻으로 푸는 것이 가능할 것으로 생각된다.
⬚ '치다[育]'는 '기르다, 사육하다'의 뜻으로서, '닭이나 돼지를 치다'와 같이 현대국어에서는 주로 가축(家畜)에 대해 사용되고 있으나, '하숙생을 치다, 손님을 치다'와 같이 사람에 대한 용법도 있다. 그러나 중세국어에서는 '늘근 어미ᄅᆞᆯ 치다가(삼강행실도 효-5)'와 같이 '봉양(奉養)하다'라는 의미도 있어서 현대의 용법과 차이를 보인다.
⬚ 중세국어의 'ᄀᆞᄅᆞ치다'는 현대국어 '가르치다[敎]'와 '가르키다[指]'의 두 가지 의미로 쓰였으나, 현대국어에 이르러 형태 분화와 함께 의미의 기능 분담이 이루어졌다.

[원] ᄀᆞᄅᆞ+치[育]+다(어미)

[변] ᄀᆞᄅᆞ치다> ᄀᆞᆯ으치다> 가르치다

[예] • 子孫ᄋᆞᆯ ᄀᆞᄅᆞ치신ᄃᆞᆯ(訓嗣, 용비어천가 15장)

• 젹은 아ᄒᆡᄅᆞᆯ ᄀᆞᆯᄋᆞ치되(教小兒, 소학언해-선조 5-2)

• 내 이믜 ᄡᅥ 子孫을 ᄀᆞᆯ으쳐 되게 홈이 업ᄉᆞᆫ디라(吾既無以教化子孫, 소학언해-선조 6-83)

☞ 가르키다, 치다

가리끼다 [동] 사이에 가려 거리끼다.

⊟ '가리끼다'의 중세국어 형태는 'ᄀᆞ리ᄢᅵ다'이다. 이 말은 'ᄀᆞ리[蔽]+ᄢᅵ[挾]+다(어미)'로 분석되므로, 동사 'ᄀᆞ리다'와 'ᄢᅵ다'의 비통사적 구성에 의한 합성어이다.

[원] ᄀᆞ리[蔽]+ᄢᅵ[挾]+다(어미)

[변] ᄀᆞ리ᄢᅵ다> 가리끼다

[예] • 피 흘려 ᄂᆞᄎᆡ ᄀᆞ리ᄢᅧ늘(流血被面, 삼강행실도 충-21)

가리다[1] [동] 보이지 않게 무엇이 막히다.

⊟ '가리다'의 중세국어 형태는 'ᄀᆞ리다'이다.

[원] ᄀᆞ리[蔽]+다(어미)

[변] ᄀᆞ리다> 가리다

[예] • 煩惱障이 ᄆᆞᅀᆞᄆᆞᆯ ᄀᆞ려(월인석보 9-6)

가리다[2] [동] (여럿 가운데서 어떤 것을) 구별하여 고르다.

⊟ '가리다'의 중세국어 형태는 'ᄀᆞᆯᄒᆡ다'나 'ᄀᆞᆯᄒᆞ다'이지만, 'ᄀᆞᆯᄒᆡ다'가 널리 쓰인 형태이다. 'ᄀᆞᆯᄒᆡ다'는 'ᄀᆞᆯᄒᆞ다'에 접사가 붙은 형태이므로, 어원적 기저형은 'ᄀᆞᆯᄒᆞ다'로 생각하는 것이 좋을 듯하지만, 'ᄀᆞᆯᄒᆞ다'는 'ᄀᆞᆯᄒᆡ야'와 같은 구성에서 반모음 [j]가 중복되어 드러나지 않는 특성으로 인하여 반모음 [j]가 생략된 형태로 이해하는 것이 중세국어의 관점에서 합리적이다. 그러면 'ᄀᆞᆯᄒᆡ다'는 'ᄀᆞᆯ+ᄒᆞ[爲]+ㅣ(접사)+다(어미)'로 분석될 성격이므로, 'ᄀᆞᆯ'의 어원을 찾는 것이 요점이다. 'ᄀᆞᆯ'은 중세국어의 동

사 '굴다[替/체, 갈다, 바꾸다]'의 어간과 관련이 있을 것이므로, 어근 '굴'을 [擇/택, 가리다]이나 [替/체, 갈다]의 뜻으로 설정하기로 하겠다.

㊂ 중세국어에는 'ᄀ리다[割/할, 베다], 가리다[分/분, 갈리다]' 등의 말이 있으나, 이러한 말들이 현대국어 '가리다'에 이어지는 것은 아니다. 'ᄀ리다'는 '굴[割]+이(접사)+다(어미)'의 구조로, '가리다'는 '갈[分]+이(접사)+다(어미)'의 구조로 분석된다.

㉝ 굴[擇]+ᄒ[爲]+ㅣ(접사)+다(어미)

㉪ 굴희다> 굴이다~굴희다> 굴히다> 가리다

㉣ • 하ᄂᆞᆯ히 굴희샤(維天擇兮, 용비어천가 8장)

  • 귀ᄂᆞᆫ 왼 올흔 일 굴이야 드르라 주시고(칠대만법 10)

  • 父母ㅣ 다시 굴희고져 ᄒ거늘(여사서언해 4-21)

  • 질고를 ᄆᆞᆯ을지니 원슙을 굴힐소냐(고시조)

가리맛 ㊂ 가리맛조개.

㊂ '가리맛'의 중세국어 형태는 '가리맏'이므로, 현대국어 '가리맛'의 '맛'이 '맛[味]'과는 관계가 없음을 알 수 있다.

㉝ 가리맏[蟶]

㉪ 가리맏> 가리맛

㉣ • 가리맏 뎡(蟶, 훈몽자회 상-20)

  • 가리맛(蟶腸, 역어유해 하-37)

가리온 ㊂ 몸은 희고 갈기가 검은 말.

㊂ '가리온'의 근대국어 형태는 '가리운'이나 '가리온'이다. 이 말은 중세몽골어 'qali'un[黑鬃尾馬]'에서 온 말이며, 중세몽골어에서 온 말이므로 근대국어 이전에 이미 사용되었음이 분명하지만, 중세국어의 문헌에는 나타나지 않는다.

㉝ (몽골어)qali'un[黑鬃尾馬]

㉪ qali'un> 가리운/가리온> 가리온

㉣ • 가리운몰(번역노걸대 하-9)

  • 가리운몰(黑鬃馬, 노걸대언해 하-8)

• 가리온총이 몰(黑鬘靑馬, 박통사언해 상-55)

가리키다 동 (손가락이나 길이를 가진 물체 따위로 어떤 방향이나 대상을) 다른 사람의 시선이나 주의를 끌도록 향하다. 지적하다.

一 '가리키다'의 중세국어 형태는 'ᄀᆞᄅᆞ치다'이다. 현대국어에는 '가르치다[敎]'와 '가리키다[指]'가 각각 다른 형태와 의미로서 분화되어 있으나, 중세국어에서는 'ᄀᆞᄅᆞ치다'가 두 가지 의미를 모두 가지고 있었다. 어원에 대한 설명은 '가르치다'를 참조.

二 'ᄀᆞᄅᆞ다, ᄀᆞ르치다'에서 '가리키다'로 변화된 것은 논리적인 변화라기보다는, '가르치다'와 구분하고자 하는 심리에 얽힌 일종의 유추에 의한 변화와 함께, '치다'를 '키다'로 잘못 되돌리는 역구개음화라는 오류 작용에도 그 원인이 있다.

원 ᄀᆞᄅᆞ+치[育]+다(어미)

변 ᄀᆞᄅᆞ치다> ᄀᆞᆯ으치다> 가리키다

예 • 右手 左手로 天地 ᄀᆞᄅᆞ치샤(월인석보 상-8)
   • 表ㅣ ᄀᆞᆯ으치고 무러 ᄀᆞᆯ오ᄃᆡ(表指而問曰, 소학언해-선조 6-84)

☞ 가르치다

가마니 명 (곡식이나 소금 등을 담기 위하여) 짚으로 쳐서 섬처럼 만든 용기. 세는 단위는 닢.

一 '가마니'는 일본어 'かます(叺/입, 가마니)'에서 온 말이다. 그러나 일본어 'かます[kamasu]'에서 '가마니'가 된 음운적 변용에는 어떤 일반적 원리가 작용한 것은 아니다.

二 '비료를 가마니에 넣다'라는 말을 일본어로 옮기면 '肥料(ひりょう)를 かますに いれる'가 된다. 즉 조사 '에'에 해당하는 일본어 조사가 'に[ni]'이므로 '가마니에'에 해당하는 일본어 'かますに'가 줄어서 '가마니'가 된 것으로 볼 수도 있겠으나 확실하지는 않다.

원 (일본어)かます(叺)

변 かます[kamasu]> 가마니

가마솥 [명] 크고 우묵한 솥.
[一] 중세국어나 근대국어에서 '가마솥'이란 말은 쓰이지 않았고, 대신에 '가마[釜]'와 '솥[鼎]'이 각각 따로 쓰였다. 중세국어의 '가마'가 현대국어의 '가마, 가마솥'에 해당한다.
[원] 가마[釜]+솥[鼎]
[변] 가마+솥> 가마솥
[예] • 가마 부(釜, 신증유합 상-24)
• 소톨 버려 먹더니(솥을 벌려 먹더니, 삼강행실도 효-2)

가마우지 [명] 가마우짓과에 속하는 물새의 총칭. 몸빛은 검고 청록색이 돌며, 부리는 긴데 끝이 굽었음. 발가락 사이에 물갈퀴가 있으며, 주로 물고기를 잡아먹고 삶.
[一] '가마우지'의 중세국어 형태는 '가마오디'이다. 아마도 '가마오디'의 '가마'는 '감/검[黑]'과 관련이 있을 것이다.
[二] 『향약집성방(鄕藥集成方)』(82-11)의 차자표기로는 '加亇五知'로서 중세국어 형태와 일치한다. '加亇五知'를 중세국어 한자음으로 읽으면 '가마오디'이다.
[원] 가마오디[鸕]
[변] 가마오디> 가마오지> 가마우지
[예] • 가마오디 로(鸕, 훈몽자회 상-17)
• 가마오지(水鸛, 역어유해보 47)

가막조개 [명] 백합과의 조개. 몸의 길이는 25mm 정도이고 둥근 모양이며, 껍데기는 갈색이고 가장자리는 자색이다. 식용하며 개펄의 진흙에 사는데 한국, 일본, 중국, 대만 등지에 분포한다. 가무락조개.
[一] 『훈몽자회(訓蒙字會)』(1527)에 나오는 '가막죠개'가 가장 이른 형태이다. 근대국어 시기에 'ㅈ'이 경구개음이 되면서 '죠'는 '조'와 발음 차이가 없어졌으며, 이에 따라 '가막죠개'는 '가막조개'가 된다. 이 말은 '감+악+죠개'의 구조로 분석된다. '감다[黑]'는 '검다'와 모음 교체 관계에 있으며, '악'은 접미사이다. 그러므로 '가막죠개'는 '검은 조개'란 뜻이다. 현대국어에서 '가막조개'는 '가무락조개, 가무락, 강각, 깜바

구, 모시조개, 재첩' 등의 다양한 이름으로 불리고 있다.

⊟ 현대국어에서 '감다'는 '석탄의 빛깔과 같이 다소 밝고 짙다'로 풀이되지만 잘 쓰이지는 않는다. 그러나 중세국어에서는 비록 '검다'보다는 잘 쓰이지 않았지만, 15세기의 『월인천강지곡(月印千江之曲)』(1447)의 '四千里 감온 龍이 道士ㅣ ᄃᆞ외야', 16세기 『훈몽자회(訓蒙字會)』(1527)의 '가몰 현(玄)' 등과 같이 일상적으로 사용되는 어휘였다. '가막죠개'는 진흙 속에 사는 검은 조개란 뜻에서 그 이름이 붙여진 것이며, 한자어로 '흑첩(←黑蛤), 흑합(黑蛤)'이라고 하는 것은 이 '가막죠개'의 어원을 잘 보여 준다.

⊟ 접미사 '-악'은 모음 교체 형태인 '-억'과 함께 명사를 만드는 역할을 하며, 주로 '작은 것'을 뜻할 때 사용된다. 『분류두공부시언해(중간본)』(1632)에 나오는 '가막가치'는 '가막죠개'의 형태 구성과 같으며, '주먹(줌+억), 터럭(털+억), 쪼각(쪽+악)' 등에서도 접미사 '-악/-억'의 쓰임을 찾을 수 있다. '가막죠개'의 '가막'은 현대국어에서는 '까막과부, 까막관자, 까막눈, 까막잡기' 등에서 알 수 있는 것처럼 경음화하여 '까막'으로 나타나는 것이 보통이다.

⊟ 현대국어 '조개'의 15세기 형태는 '죠개'와 '조개'이다. 『능엄경언해(楞嚴經諺解)』(1461)에는 '죠개'와 '조개'가 함께 쓰이고 있으므로 당시에 이 표기에 대한 혼란이 있었다고 생각된다. 그러나 어휘집이라고 할 수 있는 『훈몽자회(訓蒙字會)』(1527)나 『신증유합(新增類合)』(1576) 등에는 한결같이 '죠개'로 표기되어 있으므로, '죠개'가 어원적 형태에 가까운 것으로 파악된다.

㉮ 감[黑]+악(접사)+죠개[蛤/합]

㉯ 감악죠개> 가막죠개> 가막조개

㉰ • 가막죠개 현(蜆, 훈몽자회 상-20)

가만하다 [형] 움직임이 드러나지 않을 만큼 조용하다.

⊟ '가만하다'의 중세국어 형태는 'ᄀᆞ만ᄒᆞ다'와 'ᄀᆞ믄ᄒᆞ다'의 두 가지가 있다. 여기에서 파생된 부사 'ᄀᆞ마니'와 'ᄀᆞ마니'는 같은 문헌에서도 두 형태가 함께 나타나므로, 'ᄀᆞ만ᄒᆞ다'와 'ᄀᆞ믄ᄒᆞ다'의 어느 형태가 역사적으로 선행하는 것인지 알기 어렵다.

⊟ 후접하는 'ᄒᆞ다'를 제외한 어근 'ᄀᆞ만'은 동사 '굼다[閉]'와 어원적 연관성이 있어

보이지만 단언하기 어렵다.

(원) ㄱ만/ㄱ몬[潛密]+ㅎ[爲]+다(어미)

(변) ㄱ몬ᄒ다/ㄱ만ᄒ다> ㄱ만ᄒ다> 가만ᄒ다> 가만하다

(예) • ㄱ몬ᄒᆫ ᄇ르미 부니(석보상절 11-16)

   • 닐오디 ㄱ만ᄒ며 그윽다 ᄒ니라(원각경언해 상-1-2-15)

   • 엇지 가만ᄒᆫ 갑ᄒ미 업스리오(경신록언석 25)

가말다[가:말다][가마니, 가말아] 屠 (일을) 재량껏 처리하다.

㊀ '가말다'의 중세국어 형태는 'ㄱ숨알다'이며, 그 의미는 '관리하다'이다. 중세국어에 'ㄱ숨[材料]'이란 말이 있으므로, 'ㄱ숨알다'는 'ㄱ숨+알다'로 분석될 것이 확실하며, 후부 요소 '알다'는 '알다[知]'와 같은 것으로 파악되므로, 이 말은 어원적으로 'ㄱ숨[材料]+알[知]+다'로 분석된다.

㊁ 15세기 문헌인 『월인석보(月印釋譜)』(1459)의 '사ᄅ믜 목수믈 ㄱ숨알며(사람의 목숨을 주관하며)'에서 'ㄱ숨알다'의 형태로 처음 나타난다. 'ㄱ숨알다'는 'ㅿ' 탈락을 거치면서 'ㄱ옴알다> ㄱ음알다> 가음알다> 가말다'의 변화를 겪었다. 18세기에 'ㄱ음알다, ㄱ옴알다, 가음알다' 등의 여러 표기가 섞여 있는 것은 이 시기에 어두 음절의 'ᄋ'와 '아'가 구별되지 않았고, 비어두 음절의 'ᄋ'와 '으'가 구별되지 않은 까닭이다. 15세기에 이미 분철 표기인 'ㄱ숨알다'와 연철 표기인 'ㄱᄉ말다'가 함께 나타나는 것은 이 시기에 하나의 단어가 되었다는 것을 말해 준다. 현대국어 형태 '가말다'는 'ㄱᄋ말다'에서 동음 생략에 의한 것이다. 근대국어 형태인 'ㄱ으말다'는 제2 음절에서 'ᄋ'가 '으'로 변한 것이므로, 역사적인 관점에서 'ㄱᄋ말다'의 정상적인 변화이다.

㊂ 'ㄱ숨알다'가 어원적 의미에서 벗어나 '주관하다'의 뜻으로 쓰이게 된 것은 'ㄱ숨알다'의 이두 표기인 '次知'의 용법과 관련이 있다. 어떤 일의 행위자 혹은 주관자를 나타내는 '次知'는 이두에서 'ㄱ숨알이'로 읽는다. 이두에서 '재료, 감'의 뜻으로 쓰이는 '次'는 'ㄱ숨'으로 읽고, '知'는 '알다'의 어간 '알-'에 사람을 나타내는 접미사 '-이'를 붙여 '아리'로 읽는다. 15세기의 'ㄱ숨알다/ㄱᄉ말다'가 이미 현대국어와 마찬가지로 '관리하다, 주관하다'의 뜻으로 사용되었다. 15세기의 상황이라면 '재료를

알다'의 어원적 의미가 남아 있을 것이 예상되지만. 15세기에 이미 이와 같은 의미의 전이를 이룬 것은 역시 이두(吏讀)의 용법에서 그 원인을 찾아야 한다. '次知'라는 이두 어휘가 14세기에 완성된 것으로 추정되는 『대명률직해(大明律直解)』에서 사용되었을 뿐만 아니라, 그 이전의 고려의 이두 문헌에서도 사용되었기 때문이다. 오늘날 '次知'는 한자음대로 '차지'로 읽히면서 하나의 한자어가 되었다.

㉮ ᄀᆞ숨[材料]+알[知]+다(어미)

㉯ ᄀᆞ숨알다/ᄀᆞᅀᆞ말다> ᄀᆞ옴알다/ᄀᆞᄋᆞ말다> (ᄀᆞ으말다)> 가말다

㉞ • 世界ᄅᆞᆯ ᄀᆞ숨아ᄂᆞ니라(석보상절 13-6)

　• 亭 ᄀᆞᅀᆞ만 사ᄅᆞ믄(掌亭人, 능엄경언해 2-24)

　• 진지 ᄀᆞ옴안 사ᄅᆞᆷ ᄃᆞ려 命ᄒᆞ야 ᄀᆞᄋᆞ샤ᄃᆡ(命膳宰曰, 소학언해-선조 4-12)

　• 馬草 ᄀᆞ으마ᄂᆞᆫ 이(管草的, 역어유해보 18)

가맣다[가:마타][가마니, 가매] 혱 밝고 연하게 감다. 너무 멀어서 아득하다.

▱ '가맣다'는 '거멓다'와 모음 교체에 의한 변이 형태이다. 양성 모음은 밝고 작은 모습을, 음성 모음은 어둡고 큰 모습을 나타낸다. 중세국어 문헌에 '거머ᄒᆞ다'만 나오지만, 모음조화에 의한 교체 형태인 '가마ᄒᆞ다'가 이른 시기부터 쓰였을 가능성은 충분하다.

㉮ 감[黑]+아(어미)+ᄒᆞ[爲]+다(어미)

㉯ *가마ᄒᆞ다> 가맣다

☞ 거멓다

가멸다[가:멸다][가며니, 가멸어] 혱 재산이 많다.

▱ '가멸다'의 중세국어 형태는 '가ᅀᆞ멸다'이다. 반치음이 탈락하여 '가ᄋᆞ멸다'가 되고, 이어서 '가멸다'가 되었다.

㉮ 가ᅀᆞ멸[富]+다(어미)

㉯ 가ᅀᆞ멸다> 가ᄋᆞ멸다> 가멸다

㉞ • 가ᅀᆞ머러 布施도 만히 ᄒᆞ더니(석보상절 6-12)

　• 그 가ᄋᆞ멸며 貴홈을(其富貴, 소학언해-선조 5-64)

가물 몡 오래도록 비가 오지 않는 날씨.

囗 '가물'의 중세국어 형태는 'ᄀᆞ몰'이다. 동사 'ᄀᆞ몰다'는 명사 'ᄀᆞ몰'에서 바로 파생된 것이다. 16세기 이후에 제2 음절 이하에서 'ᄋᆞ'가 '으'로 바뀌고, 이어서 양순음 'ㅁ' 아래에서 '으'가 원순모음화하여 '우'로 변하였으며, 18세기 이후에 제1 음절의 'ᄋᆞ'가 '아'로 바뀌었다. '가물'과 같은 뜻으로 쓰이는 '가뭄'은 동사 '가물다'의 명사형 '가묾'에서 변화된 형태이다.

웬 ᄀᆞ몰[旱]

옌 ᄀᆞ몰> ᄀᆞ믈> 가물

옌 • ᄀᆞ ᄆᆞ래 아니 그츨씨(旱亦不竭, 용비어천가 2장)

  • ᄀᆞ믈 한(旱, 왜어유해 상-2)

☞ 가뭄

가물가물 뷔 가물거리는 모양. 거물거물(큰말).

囗 국어의 표현에서 아득하게 먼 모양이나 심오한 것을 나타낼 때는 '감다/검다[黑, 玄]'란 말을 이용하는 경우가 많다. '가물가물'은 '감[黑]+을(접사)'의 중첩에 의하여 구성된 말이다. '감다'는 '검다'의 작은말이다.

웬 감[黑]+을(접사)+감[黑]+을(접사)

옌 *가믈가믈> 가물가물

가물거리다 툉 (불빛 따위가) 희미하여 자꾸 사라질 듯 말 듯하다. 거물거리다 (큰말).

囗 '가물거리다'는 '감[黑]+을(접사)+거리(접사)+다(어미)'에 의하여 구성된 말이다. '감다'는 '검다'의 작은말이다.

웬 감[黑]+을(접사)+거리(접사)+다(어미)

옌 *감을거리다> 가물거리다

가물다[가무니, 가물어] 툉 오랫동안 비가 오지 않다.

囗 '가물다'의 중세국어 형태는 'ᄀᆞ몰다'이다. 이 말은 명사 'ᄀᆞ몰'에서 바로 동사로

파생된 것이다. 16세기 이후에 제2 음절 이하에서 'ᄋ'가 '으'로 바뀌고, 이어서 양순음 'ㅁ' 아래에서 '으'가 원순모음화하여 '우'로 변하였으며, 18세기 이후에 제1 음절의 'ᄋ'가 '아'로 바뀌었다.

㉮ ᄀᆞ믈[旱]+다(어미)

㉯ ᄀᆞ믈다> ᄀᆞ믈다> 가믈다

㉭ • 여러 ᄒᆡ 닛위여 ᄀᆞ ᄆᆞ니 모시 흘기 ᄃᆞ외어늘(월인석보 2-50)

　　 • 우리 여긔 올 녀름의 하ᄂᆞ리 ᄀᆞ믈고(노걸대언해 상-47)

☞ 가물

가물치 圏 가물칫과의 민물고기. 몸이 가늘고 등 쪽은 암갈색, 배 쪽은 회백색이며, 옆구리에는 흑갈색의 얼룩무늬가 있음.

▢ 중세국어 형태는 '가모티'이며, 근대국어 형태는 '가믈티, 가몰티, 가물티, 가몰치, 가물치' 등이다. 중세국어 '가모티'는 어원적으로 '감[黑]+올(관형사형 어미)+티(접사)'의 구조로 분석되며, 치경음 'ㅌ' 앞에서 'ㄹ'이 탈락하여 '가ᄆᆞ티'가 되고, 다시 양순음 'ㅁ' 다음에서 'ᄋ'가 원순모음화하여 '가모티'가 된 것이다. 그러므로 '가모티'의 어원적 의미는 '검은 고기[黑魚]'란 뜻이다. '감다'는 '석탄의 빛깔과 같이 다소 밝고 짙다.'의 뜻이며, 모음 교체의 관계 에 있는 '검다[黑]'와 어원이 같은 말이다.

▢ 16세기 문헌인 『훈몽자회(訓蒙字會)』(1527)에 '가모티'의 형태로 처음 나타난다. 이 말은 '감+올+티'에서 'ㅌ' 앞의 'ㄹ'이 탈락하고, 제2 음절에서 원순모음화가 일어난 것이다. 중세국어 형태 '가모티'에서 근대국어 형태 '가몰티, 가믈티' 등이 되는 것은 설명하기가 어렵다. 그러므로 현대국어 '가물치'는 'ㄷ'이나 'ㅌ' 앞에서 'ㄹ'이 탈락하지 않게 된 근대국어의 형태를 바탕으로 어원적 설명을 하는 것이 이치에 맞다. '감-+-올+-티'에서 'ㅁ' 뒤의 '으'가 '우'로 원순모음화가 되고, '이' 모음 앞의 'ㅌ'이 'ㅊ'으로 구개음화가 되어 되면서 '가물치'가 된 것이다. 17세기 문헌에 '가모티'와 '가믈티'가 나타나는데, '가모티'가 중세국어 형태를 이어 받은 것이라면, '가믈티'는 'ㅌ' 앞에서 'ㄹ'이 탈락하지 않은 근대국어의 상황을 반영한 것이다. 18세기에는 '가몰치'와 '가물티'가 나타나는데, 'ㅁ' 다음에서 '으'가 '오/우'로 바뀌는 원순

모음화, 그리고 ‘이’ 모음 앞에서 ‘ㅌ’의 구개음화 여부 등이 형태의 변화에 작용하고 있음을 알 수 있다. 19세기부터 ‘가물치’로 형태가 굳어져서 현대에 이르고 있다.

[三] 현대국어에서 ‘감다’는 ‘석탄의 빛깔과 같이 다소 밝고 짙다’로 풀이되지만 잘 쓰이지는 않는다. 그러나 중세국어에서는 비록 ‘검다’보다는 잘 쓰이지 않았지만 15세기 문헌인 『월인천강지곡(月印千江之曲)』의 ‘四千里 감ᄋᆞᆫ 龍이 道士ㅣ ᄃᆞ외야’, 16세기 문헌인 『훈몽자회(訓蒙字會)』의 ‘가ᄆᆞᆯ 현(玄)’ 등과 같이 일상적으로 사용되는 어휘였다. 검은 빛깔을 띠고 있어서 ‘검은색의 물고기’란 뜻의 이름을 가진 ‘가믈티’는 한자어로는 ‘흑어(黑魚)’ 또는 ‘오어(烏魚)’라고 한다. 접미사 ‘-티’는 ‘갈티(갈치), 넙티(넙치), 준티(준치)’ 등에서 알 수 있는 바와 같이 주로 비늘이 없는 물고기에 붙는 말이다.

[원] 감[黑]+ᄋᆞᆯ/을(어미)+티(접사)

[변] *감ᄋᆞᆯ티/감을티> 가ᄆᆞᆯ티/가물티> 가ᄆᆞᆯ치/가물치> 가물치

[예] • 가모티(火頭魚, 사성통해 상-28)
• 가믈티(鱧, 시경언해-물명 15)
• 가물티(鱧, 유씨물명고)
• 가물치(黑魚, 한청문감 14-42)

가뭄 [명] 가물

[一] 중세국어의 명사 ‘ᄀᆞᄆᆞᆯ’에서 동사 ‘ᄀᆞᄆᆞᆯ다’가 파생되었으며, 동사 ‘ᄀᆞᄆᆞᆯ다’는 현대국어에 ‘가물다’로 변하였다. ‘가물다’의 명사형은 ‘가물+ㅁ’에 의하여 ‘가묾’이 되는 것인데, ‘가묾’에서 ‘ㄹ’이 탈락하여 ‘가뭄’이 된 것이다. 이렇게 되어 현대국어에서는 중세국어의 명사 ‘ᄀᆞᄆᆞᆯ’을 이어받은 ‘가물’과 동사 ‘가물다’에서 파생한 명사 ‘가뭄’이 함께 존재하게 되었다.

[二] 중세국어나 근대국어에서 ‘ᄀᆞᄆᆞᆯ다’의 파생 명사가 보이지 않으므로, ‘가뭄’은 현대국어를 기반으로 하여 형성된 것으로 기술하는 것이 적절하다.

[원] 가물[旱]+ㅁ(접사)

[변] *가묾> 가뭄

☞ 가물

가방 📖 물건을 넣어 들고 다니기에 편하도록 만든 용구. 흔히 가죽이나 두꺼운 천 따위로 만듦.

▱ 19세기 문헌에 '가방'이 처음 나타나서 현대로 그대로 이어졌다. 이 말은 일본어 'かばん(kaban, 鞄)'을 차용한 것이며, 일본어 'かばん(kaban)'은 중국어 '夾板(キャバン)'에서 왔다고 한다. 중국어 '夾板(협판)'은 책이나 짐을 끼어 두는 널빤지를 말한다. 일본어에서는 '夾板'을 'キャバン'으로 발음하면서, '궤(櫃, 목제의 함)'의 뜻으로 사용하였고, 이후에 형태와 뜻이 약간 바뀐 'かばん(kaban, 鞄)'이 되었다는 것이다.

▱ 일설에는 네덜란드어 'kabas'가 일본으로 들어가 'かばん[kaban, 鞄]'이 되었다고 하는 경우가 있으나 발음의 차이를 설명하기 힘들다.

㉢ (漢語)夾板/夾櫋

㉺ 夾板/夾櫋 > (일본어)きゃばん > かばん[kaban, 鞄] > 가방

가볍다[가벼우니, 가벼워] 📖 (물건이나 물체의 무게가) 보통의 정도나 기준 대상의 것보다 적다.

▱ '가볍다'의 중세국어 형태는 '가비얍다, 가비압다'이다. 중세국어에서 '의'는 부음 [-j]를 가지는 하향 이중모음이기 때문에, 뒤에 따르는 모음은 상향 부음 [j-]를 가지는 모음으로 동화되기 쉽다. 따라서 '가비얍다'와 '가비압다'는 실제의 발음에서 거의 구분되지 않으며, 이로써 중세국어 두 변이 형태의 존재를 설명할 수 있는 것이다. '가비얍다'가 '가비압다'보다 좀 더 이른 시기의 문헌에 나타나지만, '압'이라는 접사와 모음동화를 염두에 두면 논리적으로는 '가비압다'를 이른 시기의 형태로 잡을 수 있다.

▱ 국어에서 접사 '-압/-업'은 형용사 파생에 곧잘 쓰이므로, '가비압다'는 '가비+압+다'의 구조로 분석될 여지가 충분하다. 다만 어근으로 추출되는 '가비'가 문헌에 나타나지는 않으므로 확인할 수는 없다.

㉢ *가비[輕]+압(접사)+다(어미)

㉺ 가비압다 > 가비얍다 > 가븨얍다/가븨압다 > 가븨엽다 > 가볍다

㉣ • 가비아오미 그려긔 터리 곧고(선종영가집언해 하-67)

• 비록 그 病이 가비얍고도(석보상절 9-35)
• 가븨야온 듣틀이 보드라온 플에 븓터숌 ᄀᆞᄐᆞ니(번역소학 9-63)
• 무릅을 은근히 ᄒᆞ야 가븨압게 말ᄒᆞ고(여사서언해 3-6)

☞ 무겁다

가보 [명] 화투 따위의 노름에서 아홉 끗을 이르는 말.

[一] '가보'는 일본어 'かぶ[kabu, 株]'에서 온 말이다. 'かぶ[kabu, 株]'는 본래의 뜻이 '그루터기'이지만, 문맥에 따라 '우두머리, 특권' 등의 뜻을 갖기도 하기 때문에 화투에서 가장 높은 끗수를 지칭하게 된 것으로 생각된다.

[원] (일본어)かぶ[kabu, 株]

[변] かぶ[kabu]> 가보

가쁘다[가쁘니, 가빠] [형] 몹시 숨차다.

[一] '가쁘다'의 중세국어 형태는 'ᄀᆞᆺᄇᆞ다'이다. 이 말은 동사 'ᄀᆞᆽ다[勞]'에서 파생된 형용사이다. 즉 'ᄀᆞᆽ[勞]+ᄇᆞ(형용사화 접사)+다(어미)'의 어원적 구조를 갖는다.

[二] 중세국어의 동사 'ᄀᆞᆽ다[勞]'는 근대국어까지 쓰이다가 없어졌다. 중세국어의 '브즈러니 ᄀᆞᆺᄀᆞ며 分別ᄒᆞ야 두려호미(勤勞憂懼, 내훈 3-24)'를 현대국어로 풀면 '부지런히 애쓰며 근심하여 두려워함이'가 된다.

[원] ᄀᆞᆽ[勞]+ᄇᆞ(형용사화 접사)+다(어미)

[변] *ᄀᆞᆽᄇᆞ다> ᄀᆞᆺᄇᆞ다> ᄀᆞᆺ브다/ᄀᆞᆺ부다> 가쁘다

[예] • 즉자히 도로 니저 ᄀᆞᆺᄇᆞᆯ 쌔니니(석보상절 6-11)
• ᄯᅩ 해 ᄀᆞᆺ브게 말오(亦勿苦勞之, 구급간이방 1-60)
• 네 나모ᄒᆞ며 믈 길이예 ᄀᆞᆺ부믈 돕노니(助汝薪水之勞, 소학언해-선조 6-85)

가사(袈裟) [명] 중이 장삼 위에 왼쪽 어깨에서 오른쪽 겨드랑이 밑으로 걸쳐 입는 법의(法衣).

[一] '가사'는 산스크리트어 'kasaya'를 한어(漢語)에서 '袈裟'로 음역한 것이다.

[원] (산스크리트어)kasaya

ⓟ kasaya> (漢語)袈裟> 가사

ⓔ •太子ㅅ 몸애 袈裟 니피ᅀᆞᄫᆞ니(월인천강지곡 상-21)

　•가사 닙고(披着袈裟, 번역박통사 상-36)

가스펠(gospel) ⓜ 복음(福音). 기쁜 소식.

ⓓ '가스펠'은 영어 'gospel'에서 왔으며, 'gospel'은 고대영어 'godspell'로 소급된다. 고대영어 'godspell'은 그리스어 'eu-angélion'을 번역한 말이며, '좋은(eu) 소식(angélion)'이란 뜻이다.

ⓦ (영어)gospel

ⓟ gospel> 가스펠

가슴 ⓜ 목과 배 사이에 해당하는 부분. 몸의 앞 부분. 흉부(胸部).

ⓓ '가슴'의 중세국어 형태는 '가ᄉᆞᆷ'이다. 제2 음절 이하에서 'ᄋᆞ'는 '으'로 변하는 것이 원칙이므로, '가ᄉᆞᆷ'은 근대국어 이후 '가슴'이 되었다.

ⓔ 중세국어 '가ᄉᆞᆷ'은 근대국어 이후에 '가슴'으로 변화하는 것이 일반적 경향이지만, 모음 사이의 'ㅅ'이 유성음화한 '가ᅀᆞᆷ'이란 형태도 문헌에 나오며, 제2 음절의 'ᄋᆞ'가 제1 음절에서와 같이 '아'로 변하여 '가삼'으로 된 경우도 있다. '가ᅀᆞᆷ'이나 '가삼'은 음운사적 측면에서 일탈된 형태이다. 한편 방언 형태 '가심'은 '가슴'에서 변한 말로서, 치경음 'ㅅ'에 의해 '으'가 '이'로 변하는 전설모음화에 의한 것이다.

ⓦ 가ᄉᆞᆷ[胸]

ⓟ 가ᄉᆞᆷ> 가슴

ⓔ •天人大衆들히 가슴 두드려 울며(석보상절 23-25)

　•눈므리 가ᅀᆞ매 ᄀᆞ득ᄒᆞ엿도다(淚滿胸襟, 은중경언해 7)

　•가삼이 막히거든 듸답이 나올소냐(만언사)

가시 ⓜ 일부 식물의 줄기나 잎, 또는 열매 껍질에 바늘처럼 뾰족하게 돋아난 것. 극침(棘針). 일부 동물의 몸에 바늘처럼 뾰족하게 돋친 것. 생선의 잔뼈.

ⓓ '가시'의 중세국어 형태는 '가ᄉᆡ'이다. 근대국어에 '가싀'로 변하였다가, 이후 단

모음화하여 현대국어의 '가시'가 되었다.

㉠ 가시[棘, 莿]

㉤ 가싀 > 가싀 > 가시

㉣ • 소른 고드며 가싀는 구브며(능엄경언해 5-25)

　• 가싀 형(荊, 왜어유해 하-28)

가시내 명 계집아이의 남부 방언.

▣ '가시내'란 말이 중세국어의 '갓[女, 妻]'을 기본으로 하여 형성되었음은 분명하지만, '내'의 어원에 대해서는 논란이 많다. 중세국어 '갓'은 '-이'가 부가되어 '가시'가 되기도 하였다.

▣ '가시내'의 옛 형태는 중세국어의 '갓나히'와 근대국어의 '가스나히'이다. 이 형태를 기준으로 한 어원 분석은 '갓[女, 妻]+ㄴ/은(첨가음)+아히[兒]'로 하는 것이 가장 이치에 맞는 것으로 알려져 있으나, 첨가음으로 처리한 'ㄴ/은'에 대한 설명이 궁색한 것이 약점이다.

▣ '가스나히'의 어형성에는 아마도 의미적으로 대응하는 어휘인 '스나히[男兒]'란 형태에 의해 유추 작용이 있었던 것으로 생각된다. 이러한 추리가 옳은 것이라면, '가시내'의 어원은 원래 '순[男, 丁]+아히[兒]'의 구조와 마찬가지로 '갓/가시[女, 妻]+아히[兒]'였던 것이 '스나히'에 유추되어 '가스나히'가 되었다고 할 수 있다. 중세국어에서 '스나히'는 '순아히(구급간이방 1-105)'나 '싸히(석보상절 19-14)'로 표기되기도 하였다.

㉠ 갓/가시[女, 妻]+아히[兒]

㉤ *갓아히/가시아히 > 가스나히 > 가시나이 > 가시내, 가시나(남부 방언)

㉣ • 싸히 소리 갓나히 소리(석보상절 19-14)

　• 少女는 ᄀᆞᆺ난 가스나히라(칠대만법 15)

　• 가시나이(경북 방언)

　• 가시나(충청, 전남, 경남 방언)

☞ 가시어미, 사나이

가시버시 [명] '부부(夫婦)'의 낮잡아 이르는 말.

[一] '가시버시'는 '가시밧'에 접미사 '-이'가 부가되어 변화된 형태이다. 최초의 형태인 '가시밧'은 '내외(內外), 부부(夫婦)'를 뜻하는 말이며, 어원적으로 '가시[女, 妻]+밝[外]'으로 분석된다. '가시밧'의 '밧'은 중세국어 '밝[外]'에서 'ㄱ'이 탈락한 형태이며, 현대국어 '밖'에 이어진다. 그러므로 '가시밧'의 '밧'은 '바깥 사람'의 의미로서 남편(男便)을 뜻하는 말로 쓰인 것이다.

[二] '가시밧'에 접미사 '-이'가 연결되어 '가시바시'가 되며, 다시 모음 교체에 의하여 '가시버시'가 된 것이다.

[원] 가시[女, 妻]+밝[外]+이(접사)

[변] *가시밝> 가시밧> *가시바시> 가시버시

[예] • 가시밧(조선어사전)
• 가시버시(조선어사전)

가시아비 [명] 장인(丈人)을 낮추어 이르는 말.

[一] 중세국어에서 '갓'이란 말은 '여자(女子), 아내[妻]'를 이르는 말이었다. 이후 '갓'에서 '-이'가 부가되어 '가시'가 된 것은 조사(주격이나 서술격)의 연결형이 굳어졌거나, 아니면 단순한 명사화 접사의 연결로 처리될 성격이다.

[二] 중세국어에서 '가싀엄[丈母]'이란 말이 쓰였으므로, 이에 평행한 '*가싀압[丈人]'이란 말이 사용되었을 가능성이 있으며, 이 말은 '갓[妻]+의(조사)+압[父]'으로 분석될 것이다. 그러나 근대국어 이후에는 '갓'보다는 '가시'란 형태가 일반화되었으므로, 그냥 '가시[妻]+아비[父]'로 처리하는 것도 가능하다.

[원] 갓[妻]+의(조사)+압[父]

[변] *가싀압> 가시아비

☞ 가시어미, 아비, 아빠

가시어미 [명] 장모(丈母)를 낮추어 이르는 말.

[一] 중세국어나 근대국어에서 현대국어 '가시어미'에 해당하는 말은 '가싀엄'이었다. 이 말은 '갓[妻]+의(조사)+엄[母]'으로 분석된다. 그러나 근대국어 이후 '갓'보다는

'가시[妻]'라는 형태가, '엄[母]'보다는 '어미[母]'란 형태가 일반화되었으므로, '가시'와 '어미'를 기본으로 한 어원 분석, 즉 '가시[妻]+어미[母]'로 하여도 문제가 없을 것이다.

[원] 갓[妻]+의(조사)+엄[母]

[변] 갓싀엄> 가시어미

[예] • 가싀엄이 뵈는 녜도롤 뭇고(번역소학 9-59)

• 쏘 가싀엄의 쑴에 목경이 보여 닐오딕(염불보권문 18)

☞ 가시아비, 어미, 엄마

가야금(伽倻琴) [명] 우리나라 고유의 현악기. 오동나무로 길게 공명관(共鳴管)을 만들어 바탕을 삼고, 그 위에 12줄을 맸음. 손가락으로 줄을 튕겨 소리를 냄.

[一] 가야(伽倻)의 가실왕(嘉實王)이 악사 우륵(于勒)에게 처음으로 만들게 했다고 하여 '가야금'이라고 부르게 된 것이다. '가얏고'라고도 한다. '伽倻'는 한자를 이용한 취음 표기이다. 한자로 '加羅, 加耶, 駕洛' 등의 다양한 이표기(異表記)가 있다. 20세기에 비로소 '가야금'이 나오며, 19세기 문헌인 『국한회어(國漢會語)』(1895)에서는 '가약고 伽倻琴'이라고 하였다. 19세기 다른 문헌에서는 '개약고, 개악고' 등도 나타난다. 이 말들은 어원적으로 '가야(伽倻)+ㅅ(조사)+고[琴]'에서 온 것이다. '가약고'는 '가얏고'의 'ㅅ'이 '고'에 의해 자음이 동화된 형태이며, '개약고, 개악고'는 '가약고'에 모음동화('이' 모음 역행동화)가 더 일어난 형태이다. 따라서 어원적 형태인 '가얏고'란 단어의 유래는 19세기 이전으로 소급시켜도 문제가 없다.

[二] 『삼국사기(三國史記)』에 의하면 '가야금'은 가야국의 가실왕이 만들었다고 하므로, 이러한 악기의 유래가 '가야금(伽倻琴)'의 어원이 됨을 알 수 있다. 즉 '가야(伽倻)의 금(琴)'이라는 의미로 '가야'와 '금'이 결합하여 이루어진 말이다. 이 말은 19세기의 문헌 자료에 처음 나타난다. 이 당시에도 '가야금'보다는 '가약고, 개약고, 개악고' 등의 '고'가 연결된 형태가 자주 보인다. '고'는 『훈몽자회(訓蒙字會)』(1527)의 '고 금(琴)'에서 알 수 있는 바와 같이 한자 '금(琴)'에 해당하는 고유어이다. 18세기 이전에는 이 악기를 지시하는 말로 '단금(短琴), 필금(畢琴), 방포명금(放砲鳴琴)' 등의 어휘로만 나타날 뿐이므로, '가야금'이란 말의 유래는 '가얏고'보다는 깊지 않

을 것으로 판단된다.

[三] 가야금은 거문고와 함께 우리나라 대표적인 현악기로 쌍벽을 이룬다. 사부(絲部) 또는 현명악기(絃鳴樂器)로 분류되는 가야금은 중국의 쟁(箏)이나 일본의 고토(箏) 계통의 현악기이다. 6세기 무렵 가야국의 가실왕(嘉實王)이 가야금을 처음으로 만들었다고 『삼국사기』의 '악지(樂志)'에 기술되어 있지만, 고고학 자료에 의하면 가야금의 모체가 되는 고대 현악기가 삼한시대부터 존재했다고 한다. 아마도 가야(伽倻)에서 어떤 종류의 현악기를 개량하여 지금의 가야금이 되었을 것으로 생각된다.

[원] 가야(伽倻, 국명)+琴

[변] 伽倻琴> 가야금

☞ 거문고

가얏고(伽倻—) [명] '가야금'을 달리 이르는 말.

[一] '가얏고'의 근대국어 형태는 '伽倻ㄱ고'이다. 이 말을 중세국어 형태를 기준으로 어원적으로 분석하면 '가야(伽倻)+ㅅ(조사)+고[琴]'가 된다. '고'는 현악기를 뜻하는 고유어로서 중세 및 근대국어에서 사용되었으나, 현대국어에서는 단일 형태로는 쓰이지 않는다. 근대국어에서 '伽倻ㄱ고'로 나오는 것은 'ㅅ'이 'ㄱ' 앞에서 조음위치가 동화되어 'ㄱ'으로 표기된 것이므로, 형태의 변화가 생긴 것은 아니다.

[원] 가야(伽倻)+ㅅ(조사)+고[琴]

[변] 가얏고> 伽倻ㄱ고/가약고> 가얏고

[예] • 고 금(琴, 훈몽자회 중-32)
  • 伽倻ㄱ고 검은고에 가즌 稽笛(고시조)
  • 가약고 伽倻琴(국한회어)

☞ 가야금, 거문고

가엽다 [형] 가엾다.

☞ 가엾다

가엾다[가엽따] 형 불쌍하고 딱하다. 가엽다.

一 '가엾다'의 중세국어 형태는 'ㄱ이없다'이다. 이 말은 어원적으로 'ㄱ/ㄹ[邊]+이(조사)+없[無]+다(어미)'로 분석되므로, '끝이 없다, 제한(制限)이 없다'와 같은 의미로서 조어된 것이다. 'ㄱ시 없다'의 통사 구조에서 변화되어 한 단어가 된 'ㄱ이없다'란 말은 주로 '흔(恨), 섭섭혼 모숨, 죄(罪)' 등에 연결되어 좋지 못한 상황을 나타내게 됨에 따라 현대국어에 이르면서 그 의미의 전환이 이루어진 것이다.

二 15세기 문헌인 『능엄경언해(楞嚴經諺解)』(1461)의 '法身이 虛空 근호야 ㄱ시 업스나(法身이 虛空 같아 가없으나)', 『분류두공부시언해(초간본)』에 '滄海 어위여 ㄱ시 업슨 듯도다(滄海가 넓어 가없는 듯하도다)' 등에서 알 수 있는 것처럼 구절의 뜻 그대로 '끝이 없다'라는 뜻이었다. 'ㄱ시 없다'는 16세기에 'ㅿ'이 탈락하여 'ㄱ이 없다'가 된다. 이 'ㄱ이 없다'가 한 단어가 되면서 어두 음절의 'ㅇ'가 '아'로 바뀌고, 조사 '이'와 '없-'이 축약하여 '엾-'이 되면서 하나의 단어 '가엾다'가 생긴 것이다.

三 16세기 후반의 문헌인 『순천김씨간찰』(1565)에 '내 모디러 이리 오고는 아히드리 다 그립고 ㄱ이업스니(내가 모질어 이리 오고는 아이들이 다 그립고 가엾으니)'에서는 '불쌍하다'는 새로운 뜻이 나타나게 되었다. 물론 16세기 후반의 다른 문헌에서는 '끝이 없다'라는 뜻으로 사용된 예가 더 많다. 『칠대만법(七大萬法)』(1569)의 '虛空이 ㄱ시 업슬시(虛空이 가없으므로)'에서는 그대로 '끝이 없다'라는 뜻으로 쓰였다. 이와 같이 'ㄱ이없다'가 두 가지 뜻을 동시에 지니는 상태는 19세기까지 계속되었지만, 문장 구성이 아닌 하나의 단어가 된 19세기의 '가엾다'는 '불쌍하다'는 뜻만 지니게 되어 어원적 의미에서 멀어지게 되었다.

四 현대국어에서 이 말과 같은 뜻으로 쓰이는 '가엽다'가 있다. 이 말은 '가여워, 가여운' 등으로 활용하여 'ㅂ' 불규칙 용언으로 이해되면서, '가엾다'의 'ㅅ'이 탈락한 형태인 '가엽다'로 어간의 재구조화가 이루어진 말이다. 현대국어에서 '가엾다'는 '가엽다'로 쓰기도 한다. '가엽다'는 '가엾다'가 어원적 후부 요소인 '없다[無]'와의 의미적 관련성을 잃으면서 'ㅂ' 불규칙 접미사인 '-업'에 유추된 결과로 생긴 형태이다.

원 ㄱ/ㄹ[邊]+이(조사)+없[無]+다(어미)

변 ㄱ이없다/ㄹ이없다 > ㄱ시없다 > ㄱ이없다 > 가이없다 > 가엾다, 가엽다

예 • ㄱ이업서(無疆, 소학언해-선조 3-20)

• ᄒᆞᆫ이 ᄀᆞ이업도다(恨無極只, 동국신속삼강행실도 열-1-92)

• 망극천은 가이업서(만언사)

☞ 가

가운데 [명] 일정한 공간이나 길이를 갖는 사물에서, 가장자리 또는 양 끝으로부터 거의 같은 거리가 떨어져 있는 부분.

[一] '가운데'에 해당하는 중세국어의 가장 이른 형태는 '가ᄫᆞᆫᄃᆡ'이며, 이로부터의 변화 형태인 '가온ᄃᆡ, 가온대' 등이 역시 중세국어에서 사용되었다. '가ᄫᆞᆫᄃᆡ'는 '갑[中]+ᄋᆞᆫ(어미)+ᄃᆡ[處所]'로 분석하는 것이 보통이나, 어근(또는 어간)으로 설정한 '갑'의 의미나 용례를 실증적으로 확인할 수 없다는 것이 난점이다.

[二] 어원적으로 '갑'의 의미를 추측할 수 있는 어휘로는 '갑'을 기반으로 파생되었다고 생각되는 '가옫/가옷[半], 가외[仲秋]' 등을 들 수 있다. '가옫(간이벽온방언해 7), 가옷(태산집요 40)'은 '반(半)'이라는 의미지만, 어떤 것의 중간은 절반의 기준점이 되는 것이며, '가외(中秋, 역어유해 상-4)'는 가을의 가운데인 중추(仲秋)인 까닭이다. 이러한 추측을 바탕으로 '갑[中]'을 어원적 어근으로 설정하는 것이지만, 실증성이 충분하지는 않다. '한가위'를 뜻하는 '가외'는 한자를 이용한 차음 표기(借音表記)로는 '嘉俳(가ᄫᅵ/중세국어 한자음)'이므로, 역사적 소급 형태에서 'ㅂ'의 존재를 확인할 수 있다.

[원] 갑[中]+ᄋᆞᆫ(어미)+ᄃᆡ[處所]

[변] *갑ᄋᆞᆫᄃᆡ> 가ᄫᆞᆫᄃᆡ> 가온ᄃᆡ> 가온대> 가운데

[예] • 긼 가ᄫᆞᆫᄃᆡᄂᆞᆫ 大小乘ㅅ ᄉᆞᅀᅵ라(월인석보 14-80)

• 가온ᄃᆡ 種種 고지 펫더니(석보상절 6-31)

• 가온대 앉ᄂᆞᆫᄃᆡ 臨ᄒᆞ얏고(두시언해-초간 16-42)

☞ 가웃, 가위, 한가위

가웃 [접] 되, 말, 자 등의 수를 셀 때, 그 단위의 약 반에 해당하는 분량이 더 있음을 나타내는 접미사.

[一] '가웃'의 중세국어 형태는 '가옫'이다. 이 말은 어원적으로 '가운데'와 관련이 있

을 것으로 생각되며, 어원의 출발점은 '*갑[中]'에 있다고 생각된다. '가운데'는 어떤 것의 절반을 가르는 기준이 되기 때문이다. 16세기 문헌인 『간이벽온방언해(簡易辟瘟方諺解)』(1525)의 '믈 ᄒᆞᆫ 사발가옫과 ᄉᆡᇰ강 다ᄉᆞᆺ 편 녀허 달히니(물 한 사발 가웃과 생강 다섯 편 넣어 달이니)'에서 '가옫'의 형태로 처음 나타난다. 17세기에 '가옷'으로 바뀌었고, 20세기에 '가웃'이 되어 현대로 이어졌다. 여기에는 음절 말에서 'ㄷ > ㅅ' 변화와 함께 비어두 음절의 '오> 우'의 변화가 적용된 것이다.

[三] '가옫'은 '가운데'의 15세기 형태인 '가ᄫᆞᆫᄃᆡ'와 어원적인 관련이 있다. '가ᄫᆞᆫᄃᆡ'는 '갑+ᄋᆞᆫ+ᄃᆡ'로 분석되므로, 여기에서 어원의 중심 어근에 해당하는 '갑'을 추출할 수 있다. '갑'의 의미는 명확하진 않지만, '중심(中心)'에 가까울 것으로 생각된다. '한가위'와 같은 말인 '가위'의 고려가요(악학궤범의 동동)의 한자음 표기가 '嘉俳'인데, 중세국어 한자음으로 읽으면 '가ᄫᆡ'이다. '가ᄫᆡ'는 '갑+ᄋᆡ'로 분석될 수 있으므로, 여기에서도 어근 '갑'을 추출할 수 있다. '가ᄫᆡ'는 이후 'ㅂ'이 약화되어 근대국어의 '가외'가 되며, 다시 현대국어 '가위'로 바뀌었다. 16세기 '가옫'은 '갑+ᄋᆞᆮ'에서 'ㅂ'이 약화되어 'ㅸ'이 되고, 다시 'ㅸ'은 원순 반모음으로 약화되면서 'ᄋᆞ'와 축약하여 '오'가 된 것으로 이해되지만, 접미사로 보이는 'ᄋᆞᆮ'의 정체에 대해서는 용법이나 의미를 확인하기 힘들다.

[원] 갑[中]+ᄋᆞᆮ(접사)

[변] *갑ᄋᆞᆮ> *가ᄫᆞᆮ> *가ᄫᅩᆮ> 가옫> 가옷> 가웃

[예] • 믈 ᄒᆞᆫ 사발가옫과(간이벽온방언해 7)
• ᄒᆞᆫ 되가옷(태산집요 40)

☞ 가운데, 가위, 한가위

가위[1] [명] 옷감이나 종이 등을 베는, 두 개의 날로 된 도구. 날 반대쪽 끝에 달린 고리 모양의 손잡이에 손가락을 끼우고 두 날을 벌렸다 오므렸다 하면서 물건을 자름.

[一] '가위'의 15세기 형태인 'ᄀᆞᇫ애'는 어원적으로 'ᄀᆞᇫ+애'로 분석되며 의미는 '끊는 것, 또는 자르는 것'에 해당한다. 동사 어간 'ᄀᆞᇫ-'은 15세기 문헌의 '牛頭栴檀 種種香木ᄋᆞᆯ ᄀᆞᅀᅡ 오라(우두전단 종종 향목을 잘라 오라, 월인석보 10-13)'에서 알 수 있는 것처럼 '끊다, 자르다'의 의미이다. 접미사 '-애'는 동사 뒤에 붙어서 그 동작을 행

하는 도구를 나타내는 접사이며, 중세국어에서 '-개/-애, -게/-에' 등으로 형태가 분화되어 나타난다. 이 접미사는 중세국어 문헌의 '베개, 집게, 놀개/놀애, 부체' 등에서 알 수 있는 것처럼 파생어 형성에 생산적이었다.

三 15세기 문헌인 『분류두공부시언해(초간본)』(1481)의 'ᄀᆞᆯ애와 자콰로 지소ᄆᆞᆯ 뵈아ᄂᆞ니(가위와 자로 지음을 재촉하니)'에서 'ᄀᆞᆯ애'의 형태로 처음 나타난다. 16세기에 나타나는 'ᄀᆞᅀᅢ'는 받침 'ㅿ'이 연철된 표기이다. 'ᄀᆞᅀᅢ'가 17세기에는 'ᄀᆞ애, 가위'로 바뀌어 나타나며, 이후 19세기에는 '가외, 가위'로 변화되어 현대국어 '가위'로 이어진다. 'ᄀᆞ애'가 'ᄀᆞ위'가 되는 것은 이후 '가외, 가위'로의 형태 변화를 야기하는 것이다. 즉 'ᄀᆞ애'의 '아'는 주요 모음인 반면에 'ᄀᆞ위'의 '우'는 음가가 '으'가 되면서 후행하는 '이'에 음절 주음으로서의 자리를 내줄 수 있기 때문이다. 이러한 결과에 의해서 '으'가 원순 반모음이 될 수 있는 구조적 환경이 마련된 것이다. 그렇지만 '가위[가의]'가 '가외, 가위'가 되는 음운 과정은 필연적인 원리에 의한 것은 아니다. 주로 남부 방언에 흔히 나타나는 형태인 '가시개'나 '가새'는 어원적인 어간 'ᄀᆞᆯ-'의 'ㅿ'이 강화되었거나, 아니면 'ᄀᆞᆯ-'보다 더 기원적인 어간으로서 '*ᄀᆞᆺ-'의 존재를 말해 주는 형태이다.

ᄋᆫ (ᄀᆞᆺ)/ᄀᆞᆯ[切]+개(접사)

ᄇᆫ *(ᄀᆞᆺ개)/ᄀᆞᆯ개> ᄀᆞᆯ애/ᄀᆞᅀᅢ> ᄀᆞ애> 가위

ᄋᆌ • 치운 젯 오ᄉᆞᆯ 곧마다 ᄀᆞᆯ애와 자콰로 지소ᄆᆞᆯ 뵈아ᄂᆞ니(寒衣處處催刀尺, 두시언해-초간 10-33)

 • 세잿 형은 ᄀᆞᅀᅢ오(三哥是剪子, 번역박통사 상-39)

 • ᄀᆞ애 일빅 ᄌᆞ릭(剪子一百把, 노걸대언해 하-62)

가위² 몜 음력 팔월 보름 명절. 중추절(仲秋節). 한가위.

二 '가위'의 근대국어 형태는 '가외'이다. 이 말은 어원적으로 '갑[中]+익(접사)'로 이해되고 있다. 어근 '갑[中]'의 설정에 대해서는 '가운데' 참조.

三 옛 문헌의 취음에 의한 한자 표기로는 '嘉俳(삼국사기, 고려가요-동동, 동환록)'라고 하였으므로, 이로부터 '가외'가 '가ᄇᆡ, 가ᄫᅵ'에서 변화된 것임을 알 수 있다. '嘉俳'의 중세국어 한자음은 '가ᄇᆡ'이다.

㊂ 新羅以八月望日 謂之嘉俳 今俗謂之嘉優者 嘉俳之轉變也(東寰錄).

㊊ 갑[中]+이(조사/접사)

㊋ *갑이> *가ᄫᅵ> 가외> 가위

㊌ • 八月ㅅ 보로ᄆᆡ 아으 嘉俳 나리마ᄅᆞᆫ 니믈 뫼셔 녀곤 오ᄂᆞᆯ낤 嘉俳샷다 아으 動動
　　다리(악학궤범-동동)
　• 가외(中秋, 역어유해 상-4)

☞ 가운데, 가웃, 한가위

가을 ㊅ 한 해의 네 철 가운데 셋째 철. 여름과 겨울 사이에 오며, 북반구에서는 보통 양력 9, 10, 11월에 해당함.

㊀ '가을'의 중세국어 형태는 'ᄀᆞᅀᆞᆶ'이다. 『월인석보(月印釋譜)』(1459)에서 'ᄀᆞᅀᆞᆶ'의 형태로 처음 나타난다. 'ㅿ'과 'ㅎ'이 소실되면서 16세기에 'ᄀᆞ올'이 되고, 이어서 'ᄋᆞ'가 '으'로 변하여 'ᄀᆞ을'이 되었다. 18세기 이후에 어두에서 'ᄋᆞ'가 '아'로 바뀌는 제2 단계 변화에 의하여 현대국어 형태인 '가을'이 되었다. 이 말은 식물의 열매를 채취하는 계절이라는 의미에서 조어된 것으로 생각되지만 확실하지 않다. 식물의 열매를 채취하는 계절이란 의미에서 조어된 것이라면, 'ᄀᆞᅀᆞᆶ'은 'ᄀᆞᆾ[切]+ᄋᆞᆶ(접사)'로 분석될 것이다. 어간 'ᄀᆞᆾ-[切]'은 15세기 문헌에서 확인할 수 있으며, 그 의미는 '자르다/끊다[切]'이다. 주로 남부 방언에 나타나는 '가실'이라는 형태는 'ᄀᆞᅀᆞᆯ> 가슬> 가실'의 변화 과정으로 설명된다.

㊁ 『능엄경언해(楞嚴經諺解)』(1461)의 'ᄒᆞ마 法華ᄂᆞᆫ ᄀᆞᅀᆞᆯ 거두우미오 涅槃ᄋᆞᆫ 주수미라(이미 법화는 가을 거둠이고 열반은 주움이다)'의 용례를 보면 'ᄀᆞᅀᆞᆶ(ㅎ)'과 동사 '거두다'가 연결되어 있어서 흥미롭다. 이것은 '추수(秋收)'의 의미가 15세기의 문맥에 구현되어 있는 것이므로, 현대국어의 '가을걷이'란 말의 쓰임이 오래되었음을 의미하는 것이다. 그런데 『표준국어대사전』을 보면 '가을'을 두 가지 뜻으로 풀이하고 있다. 첫 번째의 '가을'은 계절의 명칭으로서 중세국어 'ᄀᆞᅀᆞᆶ'에서 온 것이라고 하였고, 두 번째의 '가을'은 '농작물을 거두어들임'을 의미하는 '추수(秋收)'의 의미로서 중세국어 'ᄀᆞᅀᆞᆯ'에서 온 것으로 풀이하고 있다. 그러나 중세국어에서 'ᄀᆞᅀᆞᆶ'과 'ᄀᆞᅀᆞᆯ'이 어원적으로 다른 단어가 될 수는 없다. '추수(秋收)'의 의미로 쓰일 때

는 대개의 경우 'ᄀᆞᅀᆞᆯ 거두다, ᄀᆞᅀᆞᆯᄒᆞ다' 등과 같이 실사가 연결되어 종성의 'ㅎ'이 탈락하여 나타나기 때문이다.

[원] ᄀᆞᆺ/ᄀᆞᇫ[切]+ᄋᆞᆯㅎ(접사)

[변] ᄀᆞᅀᆞᆯㅎ> ᄀᆞᅀᆞᆯ> ᄀᆞᄋᆞᆯ> 가을

[예] • ᄀᆞᅀᆞᆯᄒᆡ 霜露ㅣ와 草木이 이울어든 슬픈 ᄆᆞᅀᆞ미 나ᄂᆞ니(월인석보 서-16)
- ᄀᆞᅀᆞᆯ 츄(秋, 훈몽자회 상-1)
- ᄀᆞᄋᆞᆯ 츄(秋, 신증유합 상-2)

가장 [부] 여럿 가운데 어느 것보다 더. 제일.

[一] '가장'의 중세국어 형태는 'ᄀᆞ장'이다. 어원적으로는 'ᄀᆞᆺ/ᄀᆞᇫ[邊]+앙(접사)'으로 분석하는 것이 일반적이며, 중세국어의 'ᄀᆞ장'의 의미를 참조할 때도 이러한 분석은 최선인 것으로 생각된다.

[二] 중세국어의 'ᄀᆞ장'은 현대국어와는 달리 명사, 부사, 조사의 세 품사로 쓰였을 뿐만 아니라, 'ᄀᆞ장ᄃᆞ외다, ᄀᆞ장ᄒᆞ다' 등과 같은 파생어로도 사용되어 현대국어보다 용법이 다양하였다. '그 나랏 ᄀᆞ자ᅌᆞᆫ 낫ᄀᆞ티 ᄇᆞᆰᄂᆞ니라(월인석보 1-26)'의 'ᄀᆞ장'은 명사로서 '끝'이라는 뜻이며, '또 집과 一切 쳔량ᄀᆞ장 얻고(법화경언해 2-245)'에서의 'ᄀᆞ장'은 조사로서 '까지'라는 의미이다. 파생어 'ᄀᆞ장ᄃᆞ외다'는 '완전하다, 만족스럽다'의 뜻이며, 'ᄀᆞ장ᄒᆞ다'는 '다하다, 마음껏 하다'의 의미이다.

[원] ᄀᆞᆺ/ᄀᆞᇫ[邊]+앙(접사)

[변] *ᄀᆞᅀᅡᆼ> ᄀᆞ장> 가장

[예] • 旋嵐風ᄋᆞᆫ ᄀᆞ장 ᄆᆡᄫᆞᆫ ᄇᆞᄅᆞ미라(석보상절 6-30)

☞ 가, 갓

가죽 [명] 동물의 몸의 껍질을 이룬 질긴 물질. 짐승의 몸의 껍질을 다루어서 정제(精製)한 것. 피혁(皮革).

[一] '가죽'의 중세국어 형태는 『칠대만법(七大萬法)』(1569)에서 '가족'으로 처음 나타난다. 이 형태는 19세기까지도 이어졌으나, 17세기에 '가죽'이란 형태가 나타나서 현대로 이어졌다. '가족'을 뜻하는 15세기 형태는 '갗'이었으므로, '가족'은 '갗'과 같

은 말인 '갗'에 접사 '-옥'이 결합되어 생긴 말이다. '갗'에서 '갗'이 된 과정을 설명하기는 어렵다.

[三] 중세국어의 '가족'은 '갗'에 접미사 '-옥'이 결합한 것이다. '가족'이라는 뜻의 15세기 형태는 '갗'이었다. 그러나 '갗'과 '갗'의 서로 다른 형태에서 어떤 것이 기원적인 것인지 알 수는 없다. 받침에서 'ㅊ'과 'ㅈ'이 넘나드는 경우는 다른 어휘의 경우도 15세기 문헌에서 확인할 수 있다. 『월인석보(月印釋譜)』(1459)의 '之ᄂᆞᆫ 입겨지라(之는 어조사이다), 哉ᄂᆞᆫ 입겨체 ᄡᅳᄂᆞᆫ 字ㅣ라(哉는 어조사로 쓰는 字이다)' 등에서 알 수 있는 바와 같이 '입겾'과 '입겿'이 같은 문헌에서 함께 나타난다. 이렇게 본다면 '갗'과 '갗'도 함께 공존했다고 짐작할 수 있다.

[三] 15세기에 '가죽'을 뜻하는 '갗'에 상대하여 모음 교체 형태인 '겇'은 주로 식물이나 무생물의 '거죽'을 의미하였다. 여기에서도 '겇'과 '겇'의 변화가 마찬가지로 일어나고 있음을 찾을 수 있다. '가죽'의 중세국어 형태는 '가족'이며, 근대국어에서는 '가족, 가죽'의 두 가지 형태가 나타나므로, '가족> 가죽'의 변화가 있었던 셈이다. 모음조화의 측면에서도 '가족> 가죽'의 변화가 이치에 맞다. 중세국어에 엄격히 지켜지던 모음조화가 근대국어에 들어 'ᆞ'가 소실되면서 잘 지켜지지 않았기 때문이다. '가족'이나 '가죽'은 중세국어 '갗[表皮]'을 기본 어원으로 하므로, '*가촉, *가축'으로 나타날 것이 예상되지만, 중세국어에서는 '가족'으로 되어 있다. 이러한 점에 대해서는 두 가지 해석이 가능하다. 하나는 '갗[表皮]'의 어원적 형태를 '*갗'으로 보는 것이고, 다른 하나는 '갗[表皮]+옥(接辭)'의 구조에서 '가족'으로 바뀌었다고 보는 것이다.

[원] 갗/갗[表皮]+옥(접사)

[변] *갗옥/갗옥> 가족> 가죽

[예] • 가족 피(皮, 신증유합 상-26)
• 가족(皮子, 동문유해 상-17)
• 블근 ᄆᆞᆯ 가족을(태산집요 31)

가지[1] [명] 가짓과의 한해살이 풀. 전체에 털이 있고 높이 60~100센티미터임. 잎은 어긋나며, 6~9월에 꽃이 피고 자줏빛 열매를 맺음. 인도 원산임.

☐ '가지'는 한자어 '茄子'에서 온 말이지만, 이 말의 시대성에 대해서는 의견이 엇갈린다. 즉 한자 '子'의 음가가 중세국어로는 'ᄌᆞ(훈몽자회 상-16)'이기 때문에 '지'의 음가에 대한 해석이 관건인 것이다. 흔히 '子'를 '지'로 받아들인 것에 대해서 근대 한어음(近代漢語音)으로 이해하는 경우가 있으나, 이것은 타당하지 않다. 왜냐하면 지섭 치두음자(止攝 齒頭音字)인 '子'는 중세국어 한자음이 'ᄌᆞ'이지만, 오히려 이것이 중고음 이후의 한어음(漢語音)을 반영한 것이며, 고대국어 한자음으로는 '지'가 되어야 하기 때문이다. 그러므로 한어(漢語) '茄子'를 '가지'로 받아들인 상황은 국어 한자음의 역사에서 중세국어 이전의 시대가 되는 것이며, 한어 중고음(漢語中古音)에 기반을 두었다고 하는 것이 이치에 맞다.

☐ 지섭 치두음자(止攝 齒頭音字)는 『운경(韻鏡)』에서는 4등에 들어 있으나, 후대의 운서(韻書)인 『절운지장도(切韻指掌圖)』에서는 1등에 속해 있다. 이것은 요음성 운모(拗音性 韻母)가 직음성 운모(直音性 韻母)로 바뀐 것을 반영한 것이다. 『운경(韻鏡)』이 반영한 음계는 후기 중고음(後期 中古音)이다.

㉿ (漢語)茄子

㉿ 茄子> 가지

㉿ • 가지 가(茄, 훈몽자회 상-13)

　　• 가지(茄子, 물보)

가지² 閔 특성에 따라 구별되는 사물의 갈래나 종류를 헤아리는 말.

☐ 중세국어에는 '갓[物]'이라는 말이 있다. 이 말은 모음 교체를 거쳐 현대국어 '것[物]'에 이어진다. 어원적으로 '가지'는 '갓[物]+이(접사)'로 분석되므로, '*가시> *가ᄉᆞ> 가지'로 변화했다고 할 수 있다.

☐ 중세국어의 '갓[物]'의 기원적 형태가 '갖'이라면, '가지'는 바로 '갖[物]+이(접사)'로 분석될 것이다. 기원적 형태로 추정한 '*갖[物]'의 존재는 동사 '가지다/갖다[持]'에서 그 가능성을 모색할 수 있겠으나 단언하기는 힘들다.

㉿ 갓[物]+이(접사)

㉿ *갓이> *가ᄉᆞ> 가지

㉿ • 千萬 가지 어울운 香(석보상절 19-17)

☞ 가지가지, 것

가지가지 몡 이런저런 여러 가지.

囗 '가지[種]'의 중첩 형태이다. 그런데 중세국어에는 '가지가지'와 같은 의미로서 '갓갓'이 있으며, 이 '갓갓'은 또한 '갓[物]'의 중첩 형태이다. 그러므로 '가지가지'는 어원적으로 '갓[物]+이(접사)+갓[物]+이(접사)'로 구성되어 있다는 것을 알 수 있다.

웬 갓[物]+이(접사)+갓[物]+이(접사)

볜 *갓이갓이> *가ᄉᆡ가ᄉᆡ> 가지가지

예 • 가지가지 겨샤미시니(有種種, 법화경언해 5-137)

☞ 가지, 것

가지기 몡 정식 결혼을 하지 않고 다른 남자와 사는 과부나 이혼한 여자. 가직(家直).

囗 한자어 '家直'은 '집을 지키다'의 뜻이며, 여기에서 '직(直)'은 '번(番)을 들다. 숙직이나 당직을 서다.'라는 의미이다. 그러므로 '가지기'는 결혼하지 않고 단지 집을 지키고 사는 여인이라는 뜻에서 사용된 말이란 것을 알 수 있다.

囙 중세국어와 근대국어에서 '直'의 한자음은 '딕'이므로, '가딕이'를 원형으로 잡는다.

웬 家直(가딕)+이(접사)

볜 家直(가딕)이> 가지기

가타(伽陀) 몡 ☞ 게(偈)

가톨릭(Catholic) 몡 ① 정통 교의(教義)를 믿는 기독교(로마 가톨릭교와 그리스 정교로 나뉨). ② 특히, 로마 가톨릭교의 일컬음. 천주교.

囗 영어에서 'catholic'은 '보편적인, 치우치지 않는, 공번된' 등의 의미를 가진 형용사이다. 원래 이 말의 어원은 직접적으로는 라틴어 'catholic(us)'에 있으며, 라틴어 'catholic(us)'는 영어 'general'에 해당하는 그리스어 'katholiós'에서 온 것이다.

囙 그리스도교회가 1054년 동서로 분열되기 이전에는 그리스도교회는 보편적(가톨

릭적)이었다고 할 수 있다. 그러나 동서 분열 이후 가톨릭은 지역에 따라 동방과 서방으로 갈리게 되면서, 동방에는 초대 교회의 주요 관구 거의 전부가 포함된 반면, 서방에는 로마만이 남았다. 따라서 서방의 교회를 '로마 가톨릭'이라고 하게 되었다. 그러나 이후 동방 가톨릭교회가 스스로를 '올바른'이라는 뜻의 'orthodox'를 붙여 '정교회(Orthodox Church)'라고 칭하게 되면서, 서방 가톨릭은 '가톨릭'이라는 말 앞에 굳이 '로마'라는 지역명을 붙일 필요가 없어졌다. 따라서 현재는 '가톨릭교회(Catholic Church)'라고 하면 일반적으로 로마를 중심으로 하여 주교들이 연합한 교회를 가리킨다.

㉮ (그리스어)katholiós[一般的/general]

㉯ katholiós> (라틴어)catholic(us)> (영어)catholic> Catholic

☞ 기독교

가회톱 圐 포도과의 낙엽 활엽 덩굴나무. 뿌리는 '백렴(白蘞)'이라 하여 약재로 쓴다. 가위톱.

□ '가회톱'의 중세국어 형태는 '가희톱, 가희톱플'이며,『향약구급방』(13세기)의 향명 표기로는 '犬伊刀叱草'이다. 이 차자 표기를 중세국어 형태로 읽으면 '가히돗플'이 된다. '*가히돗플'이 어원적 형태에 가까운 것이라면, 받침의 'ㅅ'은 후행하는 'ㅍ'에 동화되어 'ㅂ'으로 바뀌었다고 하겠으며, 이러한 조음위치 동화에 의한 변화가 15세기 이전에 이루어졌음을 알 수 있다. '*가히돗플'은 어원적으로 '가히도[白蘞]+ㅅ(조사)+플[草]'로 분석된다.

㉮ *가히도[白蘞]+ㅅ(조사)+플[草]

㉯ *가히돗플(犬伊刀叱草)> 가희톱(플)> 가희톱, 가위톱

㉱ • 犬伊刀叱草(향약구급방)
  • 가히톱(白蘞, 향약집성방)
  • 가희톱플(白蘞, 사성통해 하-86)

각광(脚光) 圐 ① 무대 앞 아래쪽에서 배우를 비추는 광선. 풋라이트(footlight). ② 사회의 주목을 끄는 일.

㊂ '각광(脚光)'은 연극 무대의 용어인 영어의 'footlight'를 한자어로 번역한 것이다. '脚光'이란 한자어는 일본어에서 조어된 것이며, 한어(漢語)에서는 쓰이지 않는다. 국어에서는 '각광을 받다'라는 관용구로 흔히 쓰인다. 영어의 'foot'의 뜻은 '발[足/脚]'로서 '복사뼈 밑 부분'에 해당하며, 'light'는 '빛[光]'이다.

㊃ 한어(漢語)에서 '脚'은 두 가지의 뜻으로 쓰인다. 하나는 전통적인 용법의 '발[足]'이란 뜻이며, 병음자모로 '脚[jiǎo]'이다. 다른 하나는 '(연극의) 역(役)'을 가리키며, 병음자모로 '脚/角[jué]'이다. 전자의 파생어에 '脚本'이란 말이 있고, 후자의 파생어에 '脚色'이란 말이 있다. 그런데 한어(漢語)에서 '脚本'은 '① 어떤 글이나 책의 저본. ② 각본(연극이나 영화의 시나리오)' 등의 뜻이며, '脚色'은 '배역(配役), 이력(履歷), 인물(人物)' 등의 뜻을 지니고 있다. 이러한 까닭으로 일본어에서 'footlight'를 번역하면서 연극 용어로 쓰이는 '脚'을 택한 것이다. 국어에서 사용되는 '각본(脚本), 각색(脚色)'의 뜻은 일본어의 용법을 물려받은 것이다.

㉠ (영어)foot[足]+light[光]

㉤ footlight> (일본어)脚光[きゃっこう]> 각광(脚光)

각본(脚本) 圏 ① 연극의 꾸밈새, 무대 모양, 배우의 대사 따위를 적은 글. 극본. ② '영화 각본'의 준말. ③ 어떤 일을 하려고 미리 짠 계획.

☞ 각광(脚光)

각색(脚色) 圏 ① 소설이나 서사시 등을 각본으로 고쳐 씀. ② 사실을 과장하여 재미있게 꾸미는 일.

☞ 각광(脚光)

각설이(却說—) 圏 예전에, 장이나 길거리로 돌아다니면서 장타령을 부르던 동냥아치. '장타령꾼'을 낮추어 이르는 말.

㊀ '각설(却說)'은 화제를 돌려 다른 말을 꺼낼 때 말머리에 쓰는 말로서, 고소설이나 옛날 이야기에서 화제가 바뀔 때 흔히 상투적으로 사용된다. 그래서 시장이나 거리에서 장타령(場打令)을 하며 다니는 거지를 '각설이'라고 하게 된 것이다.

웬 却說(각설)+이(접사)
몐 却說이 > 각설이

각시 뗑 새색시나 또는 새색시 모양으로 조그맣게 만든 인형.
⊟ '각시'란 말은 중세국어에서부터 쓰였으나, 원래의 의미는 '어리고 젊은 계집'이
었다.
⊟ '각시'의 어원을 '갓/가시[女, 妻]'에서 찾는 경우가 있으나, 중세국어에 이미 '각
시'와 '갓/가시'가 따로 사용되었으므로, 이 어원설은 성립하기 힘들다. 한자로 '閣
氏'라 하는 것은 취음 표기이다.
웬 각시[少女]
몐 각시
예 • 婆羅門이 보고 깃거 이 각시사 내 얻니논 ᄆᅀᆞ매 맛도다 ᄒᆞ야(석보상절 6-14)
　• 각시(姬, 신증유합 하-21)
　• 閣氏者 東語女子也(동국세시기)

간 뗑 소금 성분이 있는 물질. 짠맛의 정도.
⊟ '간'의 중세국어 형태는 'ᄀᆞᆫ'이다.
웬 ᄀᆞᆫ[鹽分]
몐 ᄀᆞᆫ > 간
예 • ᄀᆞᆫ 틴 외 잇ᄂᆞ니(有塩瓜兒, 번역노걸대 상-63)
　• ᄀᆞᆫ저릴 엄(醃, 훈몽자회 하-12)
☞ 간수, 간장

간대로 뿐 그다지 쉽게.
⊟ 현대국어에서 '간대로'의 '간'은 독립적으로 쓰이지 않고, 주로 '제 깐에는'의 관
용적 용법에서 경음화된 형태인 '깐'으로 사용된다. '깐'의 중세국어 형태가 '간'이
며, 그 의미는 '분수(分數, 자기 신분에 맞는 한도)'이다. 중세국어를 기준으로 '간대
로'는 '간[分數]+대로(조사)'로 분석되며, 중세국어에서는 '함부로, 되는 대로'의 의

미로 사용되었다.

㉜ 간[分數]+대로(조사)

㉝ 간대로

㉖ • 간대로 주디 아니ᄒᆞ샤믈 가줄비고(월인석보 13-16)

　　• 내 엇디 敢히 간대로 니ᄅᆞ리오(노걸대언해 상-16)

☞ 깐

간두다 图 하던 일을 그 정도에서 그치다. '그만두다'의 준말.

▭ '간두다'는 '그만두다'의 준말이며, '관두다'는 '고만두다'의 준말이다. '그'와 '고', 그리고 '그만'과 '고만'은 큰말과 작은말의 관계에 있지만, '간두다'와 '관두다'에서는 큰말과 작은말의 어감 차이가 드러나지 않는다.

㉜ 그[其]+만(조사)+두[置]+다(어미)

㉝ 그만두다> 간두다

간도(間島)[간:도] 图 ① 중국 길림성(吉林省)의 동남부 지역. 두만강 유역의 동간도와 압록강 유역의 서간도를 통틀어 이른다. 일제 강점기에 우리나라 사람이 많이 살았다. ② 두만강과 마주한 간도 지방의 동부. 전형적인 대륙성 기후로, 경지는 적고 임업이 활발하며 광물 자원이 많다. 북간도(北間島).

▭ 간도(間島)라는 지명은 병자호란 뒤에 청나라 측이 이 지역을 봉금지역(封禁地域 : 이주 금지 지역)으로 정하고 청국인이나 조선인 모두의 입주를 불허하는 지역으로 삼았다. 이로 인하여 청나라와 조선의 사이[間]에 놓인 섬[島]과 같은 땅이라는 데서 '간도(間島)'라는 명칭이 유래된 것으로 보인다.

▣ 한편으로는 조선 후기에 우리 농민들이 이 지역을 새로 개간한 땅이라는 뜻에서 '간도(墾島)'라고 적기도 하였으며, 또 조선의 정북(正北)과 정동(正東) 사이에 위치한 방향인 간방(艮方)에 있는 땅이라 하여 '간도(艮島)'라고 적었다는 견해도 있다.

㉜ 間島

㉝ 間島(간도)> 간도

간부(間夫)[간:부] 톙 ☞ 샛서방

간석지(干潟地) 톙 밀물과 썰물이 드나드는 개펄.
⊟ '간석지(干潟地)'의 어원적 의미는 '간조가 되어 바닷가에 드러난 개펄'이다. 그
러므로 '간석지(干潟地)'의 '干(간)'은 '간조(干潮)'의 '干'과 그 의미가 같으며, '潟
(석)'의 뜻은 '개펄'이다. 개펄을 개간한 땅인 '간척지(干拓地)'의 '干(간)'도 '간조(干
潮)'에서 온 것이다.
☞ 간조(干潮)

간수(一水) 톙 소금이 습기를 빨아들여 녹아 나오는 쓰고 짠 물. 두부를 만들 때 씀.
고염(苦鹽). 노수(滷水).
⊟ '간수'의 중세국어 형태는 'ᄀᆞᆫ슈'이다. 'ᄀᆞᆫ[鹽分]+水(슈)'로 분석된다. '水'의 중세
국어 한자음은 '슈'이다.
㉿ ᄀᆞᆫ[鹽分]+水(슈)
㉴ ᄀᆞᆫ슈> 간수
㉤•ᄀᆞᆫ슈 로(滷, 훈몽자회 중-22)
　•ᄀᆞᆫ슈(滷水, 역어유해 상-52)
☞ 간

간자말 톙 이마와 뺨이 흰 말.
⊟ '간자말'의 중세국어 형태는 '간쟈ᄆᆞᆯ'이다. 이 말은 '간쟈+ᄆᆞᆯ[馬]'로 분석되는데,
'간쟈'는 만주어 'Kalja[星紋, 별무늬]'에서 온 말이다.
㉿ (만주어)Kalja[星紋]+ᄆᆞᆯ[馬]
㉴ Kaljaᄆᆞᆯ> 간쟈ᄆᆞᆯ> 간자말
㉤•ᄒᆞᆫ ᄀᆞ장 술진 뎔쳥 총광 간쟈ᄆᆞᆯ 탓고(騎着一箇十分表脿鐵靑玉面馬, 번역박통
　사 상-29)
　•간쟈ᄆᆞᆯ(破臉馬, 번역노걸대 하-9)
　•간쟈ᄆᆞᆯ(線臉馬, 역어유해-보 48)

☞ 말

간자장면 阅 중국식 된장에 고기와 야채를 넣고 신선하게 볶아 국수에 비빈 자장면의 한 종류. 자장면보다 물기가 적게 볶아서 만든다. 간자장. 간짜장.

⊟ '간자장면'에서 '간자장'까지는 중국식 발음에 의한 것이지만, '면'은 국어 한자음으로 읽은 것이다. '간자장면'의 '간'은 '마르다'의 뜻인 '乾'의 중국식 발음이다.

㉮ (漢語)乾炸醬麵[kan-tʂa-tɕjaŋ-mjɛn]

㉤ 乾炸醬[kan-tʂa-tɕjaŋ]+麵(면) > 간자장면, 간자장

☞ 자장면

간장(—醬) 阅 음식의 간을 맞추는 데 쓰는 짜고 특유한 맛이 있는 검붉은 액체. 메주를 소금물에 담가 우려낸 뒤 그 국물을 떠내어 솥에 붓고 달여서 만듦. 장유(醬油).

⊟ '간장'의 중세국어 형태는 'ᄀᆞᆫ쟝'이다. 이 말은 'ᄀᆞᆫ[鹽分]+醬(쟝)'으로 분석된다. '醬'의 중세국어 한자음은 '쟝'이다.

㉮ ᄀᆞᆫ[鹽分]+醬(쟝)

㉤ ᄀᆞᆫ쟝 > 간장

㉠ • ᄀᆞᆫ쟝(醬油, 훈몽자회 중-21)
   • ᄀᆞᆫ쟝(淸醬, 동문유해 상-61)

☞ 간

간조(干潮) 阅 조수가 빠져 바다의 수면이 가장 낮게 된 상태. ↔만조(滿潮).

⊟ 국어에서 사용하는 '간조(干潮)'와 '만조(滿潮)'란 한자어는 일본에서 만들어진 말이며, 이 때의 '간(干)'은 '마르다'의 의미이다. 한자로는 '건(乾)'의 뜻과 같다. 일본 한자음에서 '干'과 '乾'의 음은 [かん/kan]으로서 같다. 일본어에서 '干る[ひる]'는 '마르다'의 뜻이며, '干す[ほす]'는 '말리다'의 뜻이다.

⊟ 한어(漢語)에서 국어의 '썰물'에 해당하는 말은 '落潮, 退潮'이며, '밀물'에 해당하는 말은 '漲潮'이다. 한어(漢語)에서도 '干'은 '乾'과 통용하여 쓰는 경우가 있다.

㉮ (일본어)干潮[かんちょう]

ⓥ 干潮[かんちょう]＞ 간조

☞ 간석지, 밀물, 썰물

간증(干證) 몡 ① 소송 사건의 증인이 되거나 또는 그 증인. ② 기독교에서 자신의

종교적 체험을 고백해서 신의 존재를 증명하는 일.

➀ '간증(干證)'의 '干'은 '(무슨 잘못을) 범하다'의 뜻이다. 기독교에서도 원래 '간증'

의 뜻은 지은 죄를 고백하는 것이었으나, 근래에는 자신의 신비한 종교적 체험을 고

백하여 신의 존재를 증언하는 것으로 그 쓰임이 바뀌었다.

간직 몡 잘 간수하여 둠.

➀ '간직'의 근대국어 형태는 '간딕'이다. '간직'은 고유어로 처리되고 있으나, 국어

에서 조어된 한자어 '看直'에서 온 것이 분명하다. '看直'을 중세 및 근대국어 한자

음으로 읽으면 '간딕'이다. 여기에서 한자 '看'과 '直'은 모두 '지키다, 번서다'의 뜻으

로 사용된 것이며, 국어에서 조어된 한자어로 이해된다. 조선왕조실록(태종 17년)에

'看直'이란 말이 나타나므로, 한자어로서 '看直'의 유래가 오래되었음을 알 수 있다.

ⓦ 看直

ⓥ 看直(간딕)＞ 간직

ⓔ • 홍젹이 죵시에 안고 간딕ᄒᆞ여(弘績終始抱持, 동국신속삼강행실도 효-6-30)

갈 몡 '갈대, 갈잎'의 준말.

➀ '갈'의 중세국어 형태는 'ᄀᆞᆯ[蘆]'이다.

ⓦ ᄀᆞᆯ[**蘆**]

ⓥ ᄀᆞᆯ＞ 갈

ⓔ • ᄀᆞᆯ ᄉᆞ츠로 미야(월인석보 9-35)

　• 뭇군 ᄀᆞᆯ릭(束蘆, 능엄경언해 5-8)

☞ 갈대

갈까마귀 몡 까마귓과의 새. 까마귀보다 약간 작으며, 몸빛은 검은데 목둘레와 배

가 휨.

[一] '갈까마귀'의 중세국어 형태는 'ᄀᆞᆯ가마괴'이다. 접두사 'ᄀᆞᆯ'은 일부 동물명에 붙어 작음을 나타내는 말이다.

[二] 현대국어에서 '갈까마귀'의 '갈'과 '갈범'의 '갈'은 형태상으로 구분이 안 되지만, 중세국어로 소급하면 전자는 'ᄀᆞᆯ'이고, 후자는 '갈'로서 구분된다. 전자의 'ᄀᆞᆯ'은 '작음[小]'을 나타내지만, '갈범'의 '갈'은 '칡덩굴 같은 어룽어룽한 얼룩'을 나타내는 말로서 '칡'을 뜻하는 한자 '갈(葛)'에서 온 것이다.

[원] ᄀᆞᆯ[小](접사)+가마괴[烏]

[변] ᄀᆞᆯ가마괴> ᄀᆞᆯ가마귀> 갈까마귀

[예] • ᄀᆞᆯ가마괴 아(鴉, 훈몽자회 상-16)

• 深意山 ᄀᆞᆯ가마귀(고시조)

☞ 갈범, 까마귀

갈다[1][가니, 갈아] [동] 날을 세우거나 매끄럽게 하기 위하여 문지르다. 문질러 잘게 부수거나 으깨다.

[一] '갈다'의 중세국어 형태는 'ᄀᆞᆯ다[磨]'이다. 이 'ᄀᆞᆯ다'는 'ᄀᆞᆯ/ᄀᆞᄅᆞ[粉]'에서 동사로 직접 파생된 것으로 생각된다.

[二] 중세국어 'ᄀᆞᆯ다[磨]'의 어원을 '갈ㅎ[刀]'에서 찾는 경우가 있으나, 이것은 모음 차이를 설명할 수 없기 때문에 바른 견해가 아니다. 또 현대국어에서 '갈다[磨]'와 '갈다[耕]'의 어원을 같은 것으로 보려는 경우가 있으나, 중세국어로는 'ᄀᆞᆯ다[磨]'와 '갈다[耕]'이기 때문에 이러한 어원설도 성립할 수 없다.

[三] 중세국어의 'ᄀᆞᆯ다[磨]'는 'ᄀᆞᆯ다[改, 替]'와 성조도 같기 때문에 이 두 어휘가 어원적으로 관련이 있을 가능성이 높다. 비록 의미적 관련성이 어느 정도 있다고 생각되나 속단할 일은 아니므로, 동음이의어(同音異義語)로 처리해 둔다.

[원] ᄀᆞᆯ[粉, 磨]+다(어미)

[변] ᄀᆞᆯ다> 갈다

[예] • 두 山이 어우러 ᄀᆞ라(월인석보 1-29)

• 악을 ᄒᆡᆼᄒᆞᄂᆞᆫ 사ᄅᆞᄆᆞᆫ 칼 가ᄂᆞᆫ 돌 ᄀᆞᆮᄒᆞ여(경신록언석 26)

갈다²[가니, 갈아] 图 대신하여 그 자리에 있게 하다. 바꾸다.

囯 '갈다'의 중세국어 형태는 'ᄀᆞᆯ다[改, 替]'이다.

囯 중세국어에서 'ᄀᆞᆯ다[磨]'와는 성조도 같기 때문에 이 두 어휘가 어원적으로 관련이 있을 가능성이 높으나 속단할 일은 아니다.

웬 ᄀᆞᆯ[改, 替]+다(어미)

웬 ᄀᆞᆯ다> 갈다

예 • 새 옷 ᄀᆞ라 닙고(석보상절 6-27)

갈대[갈때] 图 볏과의 여러해살이 풀. 습지나 물가에 남. 줄기는 곧고 단단하며 속이 비었음. 잎은 긴 피침형이며, 가을에 흰 털이 많은 회백색 잔 꽃이 핌.

囯 '갈대'의 중세국어 형태는 'ᄀᆞᆯ대'이다. 그러나 중세국어에서는 'ᄀᆞᆯ대'란 말보다는 'ᄀᆞᆯ 스츠로 ᄆᆡ야(월인석보 9-35), 묏군 ᄀᆞ릭(束蘆, 능엄경언해 5-8)' 등에서와 같이 단독형 'ᄀᆞᆯ[蘆]'로 쓰는 것이 일반적이었다. 현대국어에서는 '갈대'란 말이 주로 쓰이고, '갈'은 '갈대'나 '갈잎'의 준말로 처리되고 있다.

웬 ᄀᆞᆯ[蘆]+ㅅ(조사/사잇소리)+대[竹]

웬 ᄀᆞᆯㅅ대> ᄀᆞᆯ대> 갈대

예 • ᄀᆞᆯ대(蘆管, 구급간이방 1-59)

갈래 图 하나에서 둘 이상으로 갈라져 나간 낱낱의 부분이나 가닥.

囯 현대국어 '갈래[分派]'에 해당하는 중세국어는 '가ᄅᆞ, 가롤'이 일반적이다. 중세국어 후반이나 근대국어 전반기에 '가래'가 나타나며, 근대국어 후기에 '가릐'가 나타난다. '가릐'는 'ᄋᆞ'가 소실된 근대국어 후기의 형태이므로, 그 음가는 '가래'와 다르지 않다.

웬 가ᄅᆞ[分派]+애(접사)

웬 (가ᄅᆞ/가롤)> 가래> 갈래

예 • 믈가래 패(派, 신증유합 하-59)
　• 믈의 비컨대 근원이 ᄒᆞᆫ 가지오 가래 다름이니(比如水同源而異派, 경민편언해 6)
　• 믈가릐(水派, 동문유해 상-8)

☞ 가르다

갈리다 图 '가르다[分]'의 피동사.
囗 피동사인 '갈리다'의 중세국어 형태는 '가리다'이다. 타동사 '가르다'의 중세국어 형태는 '갈다/가ᄅᆞ다'이므로, 피동사 '가리다'는 '갈/가ᄅᆞ[分]+이(피동접사)+다(어미)'로 분석된다.
원 갈/가ᄅᆞ[分]+이(접사)+다(어미)
변 가리다> 갈리다
예 • 가린 여흘(岐灘, 용비어천가 1-44)
　　• 우리 兄弟의 몸이 비록 갈리여 이시나 ᄠᅳᆺ과 ᄆᆞ옴이 아조 갈리인 곳이 업ᄉᆞ니라 (첩해몽어 4-17)
☞ 가르다

갈림길[갈림낄] 명 여러 갈래로 갈린 길. 기로(岐路).
囗 '갈림길'의 중세국어 형태는 '가린길ㅎ'이다. 이 말은 중세국어 동사 '갈다/가ᄅᆞ다[分]'의 피동사인 '가리다'에서 생겨난 말이다. 그러므로 '가린길ㅎ'은 '갈/가ᄅᆞ[分岐]+이(피동접사)+ㄴ(관형사형 어미)+길ㅎ[路]'로 분석된다. 현대국어 '갈림길'은 '가르다'의 피동사 '갈리다'에서 생긴 것이며, 중세국어와 현대국어의 차이는 전자가 관형사형인 반면에 후자는 명사형이라는 점에 있다.
囗 중세국어 '가린길ㅎ'에서 현대국어 '갈림길'로의 변화는 음운론적 연속성은 없으며, 형태론적 구조의 차이가 개입되어 있다.
원 갈/가ᄅᆞ[分岐]+이(접사)+ㄴ(어미)+길ㅎ[路]
변 가린길ㅎ> 갈림길
예 • 淸淨ᄒᆞᆫ 比丘와 모ᄃᆞᆫ 菩薩이 가린길헤 行호매 生草ᄅᆞᆯ 넓디 아니커니(능엄경언해 6-96)
☞ 가르다, 갈리다

갈망 명 일을 감당하여 수습하고 처리함.

﹃ 중세국어에 사용된 '갊다'란 말은 '간직하다, 감추다'의 뜻이었다. 그러므로 '갈망'은 '갊[藏]+앙(접사)'의 구조로 분석된다는 것을 알 수 있다.

㉮ 갊[藏]+앙(접사)

㉯ *갊앙> 갈망

☞ 갈무리

갈매기살 ⟦명⟧ 돼지 갈비 양쪽의 기름이 없는 고기. 안창고기.

﹃ '갈매기살'은 돼지의 횡격막(橫膈膜)과 간(肝) 사이에 붙어 있는 살로서, '간막이살, 가로막살/가로막이살' 등으로 부르기도 한다. '간막기살> 간매기살> 갈매기살'이 된 것인지, 아니면 '가로막이살> 가로매기살> 갈매기살'이 된 것인지는 알 수 없으나, 어느 경우에도 가능성이 있다.

﹄ '간막이살'이면 '間(간)+막[塞]+이(접사)+살[肉]'로 분석되고, '가로막이살'이면 '가로[橫]+막[塞]+이(접사)+살[肉]'로 분석된다.

㉮ ① 間(간)+막[塞]+이(접사)+살[肉]

  ② 가로[橫]+막[塞]+이(접사)+살[肉]

㉯ ① 간막이살> 간매기살> 갈매기살

  ② 가로막이살> 가로매기살> 갈매기살

갈모(―帽) ⟦명⟧ 비가 올 때에 갓 위에 덮어쓰던 기름종이로 만든 물건. 입모(笠帽).

﹃ '갈모'의 중세국어 형태는 '갇모'이다. 그리고 한자어 '입모(笠帽)'라는 말도 있으므로, '갇모'는 '갇[笠]+帽(모)'에 의한 구성이라는 것을 알 수 있다.

﹄ 중세국어 '갇모'가 근대국어의 '갓모'가 된 것은 종성 위치에서 'ㄷ'과 'ㅅ'의 중화에 의한 것이다. '갓모'가 현대국어의 '갈모'가 된 것은 유음화 현상으로 설명되지만, 강제적인 규칙성이 있는 것은 아니다.

㉮ 갇[笠]+帽(모)

㉯ 갇모> 갓모> 갈모

㉲ • 젼산과 갇모와 가지라 가노라(取氈衫和油帽去, 번역박통사 상-65)

  • 갓모(雨籠, 역어유해 상-43)

갈무리 [명] 물건을 정돈하여 간수하는 것. 일을 처리하여 마무리하는 것.

[一] 17세기 문헌인 『계축일기(癸丑日記)』(또는 『서궁일기』)에서 '갈므리ᄒᆞ다, 갈모리ᄒᆞ다'의 형태로 나타나므로, 명사 '갈므리, 갈모리'를 확인할 수 있다. 이 말은 20세기에 양순음 'ㅁ' 다음에서 'ㅡ'가 원순모음이 된 '갈무리'가 되어 현대로 이어졌다. 중세국어에 '간직하다, 감추다, 염습하다'란 의미의 '갊다'란 동사가 있다. 그러므로 중세국어 형태를 기준으로 어원적으로 구성하면 '갊-+-ᄋᆞᆯ+이'가 된다. 연철하면 '갈ᄆᆞ리'가 되며, 원순16세기 이후에 제2 음절의 'ㆍ'가 'ㅡ'로 바뀌어 '갈므리'가 된 것이다. '갈ᄆᆞ리'의 형태에 원순모음화가 적용되면 '갈모리'가 되며, '갈므리'에 적용되면 '갈무리'가 된다.

[二] 15세기 문헌인 『능엄경언해(楞嚴經諺解)』(1461)의 '妙애 갈ᄆᆞ니(藏乎妙, 妙에 간직하니)', 『훈몽자회(訓蒙字會)』(1527)의 '갈믈 렴(殮)' 등에서 '간직하다, 감추다, 염습하다'란 의미의 '갊다'란 동사를 확인할 수 있다. 그러므로 근대국어의 '갈므리, 갈모리'는 중세국어 형태를 기준으로 모음조화를 고려하여 어원적으로 구성하면 '갊-+-ᄋᆞᆯ+이'가 된다. 이것을 연철하면 '갈ᄆᆞ리'가 되며, 원순16세기 이후에 제2 음절의 'ㆍ'가 'ㅡ'로 바뀌어 '갈므리'가 된 것이다. '갈ᄆᆞ리'의 형태에 원순모음화가 적용되면 '갈모리'가 되며, '갈므리'에 적용되면 '갈무리'가 된다. 중세국어 '갊다'는 근대국어에서도 잘 쓰였으나 현대국어로 이어지지는 못하였고, 현대국어에서는 '갈무리하다'로 사용되고 있다. 접사로 처리한 'ᄋᆞ리'는 다시 'ㆍ(매개모음)+ㄹ(관형사형 어미)+이(접사)'로 분석될 수 있다.

[원] 갊[藏]+ᄋᆞ리(접사)

[변] 갊ᄋᆞ리> *갈ᄆᆞ리> *갈므리> 갈무리

갈바람[갈:빠람] [명] '서풍'을 뱃사람이 일컫는 말. 가수알바람.

[一] '서풍(西風)'이라는 의미에 따라 '갈[西]+ᄇᆞ람[風]'으로 분석하게 되지만, '갈[西]'이라는 말이 단독 형태로 쓰인 적이 없기 때문에 그 유래에 대해서는 알기 어렵다.

[二] 터키어 'garb[西]'이 '갈'과 같은 어원이라는 설이 가장 유력하며, 혹자는 '가을[秋]'에서 '갈'이 왔다고도 하지만 믿기 어렵다.

[원] 갈[西]+ᄇᆞ람[風]

[변] *갈ᄇᆞ람> 갈바람

☞ 바람

갈범(葛—) [명] 몸에 칡덩굴 같은 어룽어룽한 줄이 있는 범. 칡범.

[一] 중세국어 형태는 '갈웜'이다. 이 말은 '葛(갈)+범[虎]'에서 'ㅂ'의 약화를 반영한 형태이다. 즉 '갈범> 갈ᄫᅥᆷ> 갈웜'에 의한 변화 과정으로 설명된다. 근대국어에서 '갈범'으로 복귀되기도 하였으나, 한편으로는 '가람'으로까지 단모음화된 형태가 나타나기도 한다. 한자 '葛'의 새김이 '칡'이다. 중세국어의 형태 '갈웜'이 근대국어에서 다시 '갈범'이 되어 현대국어에 이어진 것은 '범[虎]'의 형태와 의미를 회복하기 위한 언중의 의식이 작용한 것이다.

[원] 葛(갈)+범[虎]

[변] 갈범> *갈ᄫᅥᆷ> 갈웜> 가람, 갈범

[예] • 갈웜 호(虎, 훈몽자회 상-18)

• 갈범의 ᄲᅧ(虎骨, 동의보감-탕액 1)

• 가람의 허리를 ᄀᆞ르 무러(고시조)

갈치 [명] 갈칫과의 바닷물고기. 몸길이 약 1.5미터로 띠처럼 길고 얄팍함. 도어(刀魚).

[一] 근대의 문헌에 '갈치'가 나오지만, 중세국어에도 이 말은 쓰였을 것으로 생각된다. 이 물고기의 생김새나 한자어 '도어(刀魚)'에서 알 수 있는 바와 같이 이 말은 중세국어 '갈ㅎ[刀]'을 기반으로 생긴 말이다.

[二] 근대국어에는 '갈티'와 '갈치'가 함께 쓰였으므로, 구개음화를 염두에 두고 이 두 어휘를 비교하면 '갈티'가 역사적으로 선행하는 것처럼 보인다. 그러나 중세국어에 (의존) 명사 '치[者]'가 있으므로, '갈치'란 형태가 원형임이 분명하다. '갈티'란 형태는 구개음화가 이루어진 근대국어에서 '갈치'가 '갈티'에서 바뀐 형태라고 하는 인식, 즉 역구개음화 분석이라는 오류 작용에 의한 것이다.

[원] 갈ㅎ[刀]+치(접사)

[변] 갈ㅎ치> 갈치

[예] • 헐이 긴 갈치(고시조)

- 갈티(裙帶魚, 역어유해 하-37)

감[감:] 圐 물건을 만드는 데 바탕이 되는 재료.

□ '감'의 중세국어 형태는 'ㄱ숨'이다. 이 말은 어원적으로 'ㄱ/ㄱ[具備]+ㅁ(접사)'에 의해 형성된 것이다. 왜냐하면 '實로 블 닐위율 ㄱ숨미니(實致火之具, 법화경언해 2-99), 五無間이 ㄱㄴ니라(具五無間, 능엄경언해 8-110)' 등에서 알 수 있는 바와 같이 중세국어에서 'ㄱ숨'이나 어간 'ㄱ-/ㄱ-'이 모두 한자 '具'에 대응하기 때문이다. 중세국어 'ㄱ다/ㄱ다[具備]'는 현대국어 '갖다'에 이어진다. 'ㄱ숨'의 어원적 의미는 '(무엇을 하기 위한) 갖추어진 물건'이다.

□ 흔히 'ㄱ숨'을 'ㄱ[切斷]+ㅁ'에 의해 형성된 것으로 풀이하는 경우가 있으나, 이것은 현대국어 용법에 의한 의미론적 추리에 의한 것이며, 중세국어 용법에 의한 바른 해석이라고 하기 어렵다. 중세국어 'ㄱ다[切斷]'는 현대국어의 '끊다'에 해당한다.

㉮ ㄱ/ㄱ[具備]+ㅁ(접사)

㉯ *ㄱㅁ/ㄱㅁ > ㄱ숨 > ㄱ음 > 감

㉱ • 므스거스로 供養홀 ㄱ숨 사ᄆ리오(以何爲供養具, 금강경삼가해 3-51)

  • 소임이 ㄱㅈ면 ㄱ음이 ᄀᄂ니라(官備則具備, 소학언해-선조 2-25)

  • 이 비단 ᄒ 疋이 큰 옷 ㄱ음 두 볼이 넉넉ᄒ니(這段子一疋勾袍料二件, 박통사신석언해 1-16)

감자 圐 가짓과의 여러해살이풀. 높이 60~100센티미터. 잎은 겹잎이고, 여름이 흰빛 또는 자줏빛 꽃이 핌. 땅 속 줄기의 일부가 덩이 모양을 이룸. 우리나라에는 19세기에 들어옴.

□ '감자'는 한자어 '甘藷'에서 왔다. '甘藷'의 근대국어 한자음은 '감져'이므로, '감자'는 '감져'가 변한 말이다. '甘藷'는 처음에 '고구마'를 가리키는 말이었으나, 현대국어에 들어 '감자'와 '고구마'의 의미 분화가 이루어졌다. 아직도 방언(주로 중부 이남)에 따라서는 '감자'가 '고구마'를 가리키는 곳이 있다.

□ 감저(甘藷)는 중국의 책인 『본초강목』(本草綱目, 16세기)에 적혀 있으므로, 우리나라보다 먼저 중국에서 재배되고 있었다는 것을 알 수 있고, 조선 시대에는 『감

저보』(甘藷譜, 姜必履 지음, 1766년)가 간행되기도 하였다. 그런데 조선 시대의 '감저(甘藷)'는 처음에 지금의 '감자'가 아니라 '고구마'를 가리키는 말이었으므로, 지금의 '감자'는 표준어에서 의미 변화를 겪은 것이다. 지금의 감자는 한자어로는 '마령서(馬鈴薯)'이다. 19세기에 '마령서(馬鈴薯)'가 우리나라에 들어온 후 일반적인 통칭으로서는 '감저(甘藷)'에 속했던 것이므로, 통칭으로서의 '감저(甘藷)'는 고구마와 감자를 모두 아우르는 말이었으며, 그 품종의 다름에 따라서, 또는 지역에 따라서 다양하게 접두어를 붙여 호칭하게 되었다. 지역에 따른 '감자'와 '고구마'의 다양한 관련 어휘를 대체적으로 소개하면 다음과 같다.

- 고구마: 감제(제주도), 감자/무시감자/고구마(전라도), 감자/고구마/고구메(경상도), 감자/무시감자/지주감자/고구마(충청도), 호감자/고구마(경기도), 고구마(강원), 호감자/고구마(황해도), 일본감재/사탕감재/고구마(함경도), 왜감재/되감재/양감재/고구마/디과(평안도)
- 감자: 지실(제주도), 북감자/하지감자(전라도), 감자/감재/북감자/당감자(경상도), 감자/감재/북감자/하지감자(충청도), 감자/감재/가지감자(강원도), 감자/올감자/감지(황해도), 감자/감지/감재(함경도), 감지/감재(평안도)

'감자'에 붙는 이와 같은 접두어들은 '당(唐), 호(胡), 되[胡], 일본(日本), 양(洋), 무시('무'의 방언, 菁), 가지(茄子의 차용음), 지주(濟州의 변음), 북(北), 하지(夏至), 올[早]' 등으로서 해당 식물이 유래한 곳, 모양, 맛, 생육의 특성 등을 고려하여 명명한 것임을 알 수 있다. 반면에 다른 한자어 계통의 어휘인 '지실(地實), 디과(地瓜의 고음, 또는 방언음)' 등도 있다. 위의 방언 분포를 통해서 알 수 있는 바와 같이 '감자' 계열은 지금의 '감자, 고구마'를 통칭하는 말이며, '고구마'는 오직 지금의 '고구마'에 해당하는 말이라는 것을 알 수 있다.

三 한자어 '甘藷'는 원래 중국에서 쓰였고, 그대로 우리나라에도 들어왔지만, 한글 표기는 19세기에 '감자, 감ᄌ, 감져' 등으로 나타난다. 그리고 '고구마'의 한글 표기는 '고금아(물명고)'라고 하여 역시 19세기에 문헌에 나타난다. 19세기에 등장하는 '감자'와 '감ᄌ'는 당시에 이미 '아'와 'ᄋ'의 발음 차이가 없었기 때문에 서로 다른 형태라고 할 수 없다. 그리고 '감져'라는 형태는 '藷'의 근대국어 한자음이 '져'이기 때문에 한자어 '甘藷'를 당시의 한자음으로 그대로 적은 것이다. 그러므로 19세기에

이미 '감져'보다는 '감자/감ᄌ'가 생활 어휘로서 널리 쓰였다고 생각된다. 그렇다면 한자어 '甘藷(감져)'에서 '감자/감ᄌ'로의 변화가 어떻게 이루어졌는가 하는 것이 해명되어야 하겠으나, 이에 대해서는 정확한 단서가 없다. 아마도 한자에서 '藷(져/근대국어 한자음)'와 '蔗(쟈/근대국어 한자음)'가 서로 그 쓰임이 중복되고 호환되는 것에 연유한다고 하는 것이 유력한 단서이다. 한자에서 '藷(저), 蔗(자), 薯(서)'는 원래 '사탕수수'나 '마'를 의미하여 그 용법에 넘나듦이 있기 때문이다.

㉲ 甘藷(감져)

㉖ 감져> 감자

㉙ • 감져(물명고 3-13)

　• 남감ᄌ(南薯, 국한회어)

　• 감자(藷, 국한회어)

☞ 고구마

감추다 ⑧ (물건이나 신체를 어느 곳에) 남이 보거나 찾아내지 못하도록 숨겨 두거나 가리거나 하다.

㊀ '감추다'의 중세국어 형태는 'ᄀ초다'이다. 'ᄀ초다'는 다시 '곳[備, 藏]+호(접사)+다(어미)'로 분석되므로, 'ᄀ초다'는 '곳다[備, 藏]'에서 사동 접사에 의해 파생된 동사이다.

㊁ 중세국어의 'ᄀ초다'는 현대국어의 '갖추다[備]'와 '감추다[藏]'의 두 가지 뜻을 모두 가지고 있었다. 그러다가 16세기를 전후하여 '감추다'의 뜻을 가진 'ᄀ초다'가 음운의 첨가에 의해 'ᄀᆫ초다'에 이어 'ᄀᆷ초다'가 되면서, 의미의 차이에 따른 형태의 분화가 이루어졌다.

㉲ 곳[備, 藏]+호(접사)+다(어미)

㉖ ᄀ초다> ᄀᆫ초다> ᄀᆷ초다> ᄀᆷ추다> 감추다

㉙ • 얻ᄌ바 ᄀ초ᅀᆞᄫᅡ(得言藏之, 용비어천가 27장)

　• 한 모딘 이를 숨겨 ᄀᆫ촐씨 일후미 覆ㅣ오(법화경언해 6-175)

　• 後에 나니를 곧 ᄀᆷ초아 民間애 기르더니(後生者輒隱秘養於人間, 내훈-선조 2 하-16)

• 곰출 장(藏, 왜어유해 하-3)

☞ 갖추다

감투 몡 예전에 머리에 쓰던 의관의 하나. 말총, 가죽, 헝겊 따위로 탕건 비슷하게 만듦.

⊟ '감투'의 중세국어 형태는 '감토'이다. 이 말은 털모자를 뜻하는 만주어 'kamtu[毛織帽]'에 어원을 둔 외래어로서 중세국어에 이미 쓰였으므로 그 유래가 오래인 것은 분명하다.

⊟ 옛 한어(漢語)에서도 '坎頭(감두), 甘頭(감두)'라는 어휘가 문헌에 나오며, 고려 시대의 역사를 기록한 문헌에도 '坎頭(고려사 26, 1387년 6월)'라는 용어가 나온다. 그러므로 중세국어의 '감토'는 한어의 '坎頭'나 '甘頭'에 직접적인 유래가 있을 것이며, '頭'의 근대 한어음인 [tʰəu]에 영향을 받아 중세국어 '감토'가 된 것으로 이해된다.

⑧ (만주어)kamtu[毛織帽]

⑭ kamtu> (漢語)坎頭/甘頭> 감토> 감투

⑩ • 감토(小帽, 훈몽자회 중-22)

갑갑하다[갑까파다] 혱 (몸이) 옷을 잔뜩 껴입거나 무엇이 누르듯이 달라붙거나 하여 불유쾌한 압박을 느끼는 상태에 있다.

⊟ '갑갑하다'의 근대국어 형태는 '곱곱ᄒ다'이지만, 이 말은 중세국어에 '겹겹히'가 있으므로, '겹겹ᄒ다'를 어원적 형태로 세울 수 있다. 중세국어에서 명사 '겹'은 현대국어 '겹[重]'에 해당하고, 동사 '겹다'는 현대국어로 풀면 '함께 나란히 하다'의 뜻이다. 그러므로 중세국어 '겹겹ᄒ다[重疊]'에서 근대국어 '곱곱ᄒ다[鬱]'로의 변화는 형태와 의미의 두 측면에서 약간의 변화가 생긴 것이다.

⑧ 겹[重]+겹[重]+ᄒ[爲]+다(어미)

⑭ 겹겹ᄒ다> 곱곱ᄒ다> 갑갑ᄒ다> 갑갑하다

⑩ • 겹겹히 서르 비취여(남명집언해 상-75)

• 긔운이 올라 곱곱ᄒ고(上氣急, 언해두창집요 상-57)

• 갑갑ᄒᆞ고 ᄋᆡᄃᆞᆯ을손(한중록 110)

갑이별(—離別)[감니별] [명] 서로 사랑하다 갑자기 하는 이별.
[三] '갑이별'의 '갑'은 '갑자기'에서 온 것이므로, '갑'의 어원은 한자 '急(급)'에 있다.
[원] 急離別(급리별)
[변] 급리별> 갑이별
☞ 갑자기

갑자기 [부] 예상치 못하게 급히. 아무 조짐도 없이 돌연히.
[三] 근대국어에 'ᄀᆞᆸ작도이'란 말이 쓰였으므로 'ᄀᆞᆸ작'이란 어근을 추출할 수 있다. 근대국어 'ᄀᆞᆸ작도이'는 '갑자기'나 '갑작스레'의 뜻다. 이 'ᄀᆞᆸ작'이란 말은 한자어 '急作(급작)'에서 온 것이다. 현대국어에 '갑자기'의 큰말로 '급자기'가 있으므로, 어원적 형태인 '급작(急作)+이'를 확인할 수 있다. 즉 '급작'과 'ᄀᆞᆸ작'은 모음조화에 의해 모음 교체가 이루어진 말이므로, 큰말 '급작'과 작은말 'ᄀᆞᆸ작'이라는 의미 분화의 원리에 의해 'ᄀᆞᆸ작'이 생겨났다는 것을 알 수 있다.
[원] 急作(급작)+이(접사)
[변] 급작이> ᄀᆞᆸ작이> 갑자기
[예] • ᄇᆡᆨ셩이 ᄀᆞᆸ작도이 주그리 이시면(가례언해 5-3)

갓 [부][접] 이제 막. 금방
[三] '가'는 중세국어 'ᄀᆞᆺ'으로부터 변화한 형태이다. 중세국어에서 명사로 쓰일 때 'ᄀᆞᆺ'과 'ᄀᆞᇫ'은 서로 교체되지만, 부사로 쓰일 때는 항상 'ᄀᆞᆺ'이다. 명사로 쓰인 'ᄀᆞᇫ'은 뒤에 모음이 연결되므로, 'ᄀᆞᇫ'은 'ᄀᆞᆺ'의 'ㅅ'이 약화되어 생긴 형태이다. 그러므로 'ᄀᆞᆺ'이 'ᄀᆞᇫ'보다는 기원적인 형태라고 할 수 있다.
[원] ᄀᆞᆺ[邊]
[변] ᄀᆞᆺ> 갓
[예] • 그듸 精舍 지수려 터흘 ᄀᆞᆺ 始作ᄒᆞ야 되어늘(석보상절 6-35)
☞ 가

강낭콩 [명] 콩과의 한해살이풀. 남아메리카 원산의 재배 식물로, 줄기는 덩굴을 이루고, 여름에 흰빛 또는 자줏빛 꽃이 핌. 열매는 꼬투리로 맺힘.

[一] '강낭콩'의 중세국어 형태는 '강남콩'이다. '강남(江南)'은 중국의 양자강 이남을 일컫는 말이지만, 조선 시대에 중국을 지칭하는 말로 쓰였다. 따라서 '강남콩'은 '중국에서 들어온 콩'이란 의미에서 붙여진 이름이다.

[二] '강남콩'이 '강낭콩'이 된 것은 양순음 'ㅁ'이 연구개음 'ㅋ' 앞에서 연구개음으로 조음위치 동화를 입은 것이다.

[원] 江南(강남)+콩[豆]

[변] 강남콩> 강낭콩

[예] • 강남콩 완(豌, 훈몽자회 상-13)

강냉이 [명] 옥수수.

[一] 옥수수가 강남(江南)에서 전래된 것이라 하여 붙여진 이름이다. '강남(江南)'은 중국의 양자강(揚子江) 남쪽이라는 뜻이지만, 조선 시대에는 일반적으로 중국을 뜻하였다. 그러므로 '강냉이'는 '강남(江南)+이(접사)'에서 음운 변화를 거친 말이다.

[二] 19세기 문헌인 『국한회어(國漢會語)』(1895)에서 '강낭이'의 형태로 처음 나타난다. 20세기에 '강냉이'가 되어 현대로 이어졌다. 어원적 형태인 '강남(江南)이'가 먼저 '강낭이'가 된 것은 '강남콩'의 받침 'ㅁ'이 연구개음 'ㅋ'에 동화되어 'ㅇ'이 된 것에 영향을 받은 것이다. '강남콩'에서 변한 '강낭콩'에서 '강낭'이 분리되고, 여기에 접미사 '-이'가 연결된 것이 '강낭이'이다. '강낭이'가 '강냉이'가 된 것은 마지막 음절인 '이' 모음에 동화되어 '낭'이 '냉'이 된 것이다. 19세기 문헌에 '강낭이'가 나타나며, 아울러 '강낭콩'의 소급 형태인 '강남콩'을 한자어로 '江南太'라고 했으므로 '강남'이 한자어 '江南'임을 잘 보여 준다.

[三] 『훈민정음(언해본)』(1447) 서문의 주석에 '中國은 皇帝 겨신 나라히니 우리나랏 常談애 江南이라 ᄒᆞᄂᆞ니라(中國은 皇帝가 계신 나라이니 우리나라의 常談에 江南이라고 한다)'라고 했으므로, 일찍부터 일반인 사이에서는 중국의 양자강(揚子江) 이남을 가리키는 '강남(江南)'이란 말을 '중국(中國)'을 지칭하는 말로 사용하였음을 알 수 있다. '제비는 작아도 강남을 간다'라는 속담의 '강남'은 원래의 의미대로 중국

의 남쪽을 뜻한다고 해야 한다.

웬 강남(江南)+이(접사)

변 *강남이> 강냉이

예 • 강낭이(국한회어)

☞ 강낭콩, 옥수수

강아지 명 어린 개.

□ 이 말은 '가히[犬, 狗]+아지(접사)'에서 온 말이다. 지소 접사(指小接辭/작은 것을 가리키는 말)인 '-아지'는 초성이 연구개 비음 'ㆁ[ŋ]'이기 때문에 '강아지'의 받침 'ㅇ[ŋ]'은 '-아지'의 초성이 내려간 것이다. 작음을 나타내는 접사 '-아지'는 '송아지, 망아지' 등에서도 찾을 수 있다.

☰ 15세기 문헌인 『구급방언해(救急方諺解)』(1466)의 '또 강아지와 닭과를 아나 가슴 우희 다혀 熨ᄒ라(또 강아지와 닭을 안아 가슴 위에 대어 따뜻하게 하라)'에서 '강아지'의 형태로 처음 나타난다. '가히'에 접미사 '-아지'가 결합하면 '가히아지'가 되어야 하지만 이와 같은 형태는 문헌에 나타나지 않는다. 15세기의 문헌에 처음 나타나는 형태가 '강아지'이다. 19세기의 문헌에 '강아지, 개아지, 개야지, 개지, ᄀᆞ아지, ᄀᆞ야지' 등의 유사한 형태가 나타나므로, '강아지'와 어원이 같은 변이 형태가 많이 쓰였던 것을 알 수 있다. 19세기의 다양한 '강아지' 관련 형태를 관찰하면, 어원적 형태인 '가히아지'에서 다양한 변화의 과정이 개입했음을 알 수 있다. 15세기의 '가히'가 '가이'를 거쳐 '개'가 되면서 여기에 '-아지'가 결합된 형태가 '개아지'이다. 또한 '개'의 발음이 단모음화 이전에는 [kaj]였으므로, 음절의 끝에 오는 반모음 'ㅣ[j]'가 순행 동화를 일으켜 '개야지'가 되기도 했음을 확인할 수 있다.

웬 가히[犬, 狗]+아지(접사)

변 *가히아지> 강아지

예 • 또 강아지와 닭과를 아나(又方抱狗子若雞, 구급방언해 상-10)

☞ 개

강원도(江原道) 명 우리나라 중동부에 있는 도. 고구려의 땅이었으며, 조선 태조

때 지금의 이름이 되었다. 산악 지대로서 동해와 접하고 있으며, 꿀, 녹용, 인삼, 잣 따위의 특산물과 감자, 옥수수, 오징어, 명태 따위가 많이 난다. 명승지로 관동 팔경을 비롯하여 설악산, 월정사, 오죽헌 따위가 있다. 도청 소재지는 춘천이다.

[一] 1395년(조선 태조 4년)에 강릉(江陵)과 원주(原州)의 첫 글자를 따서 강원도라고 한 것이 정식 명칭의 시작이다.

[원] 강(강릉/江陵)+원(원주/原州)+도(道)

[변] 江原道> 강원도

갖바치 [명] 지난날 가죽신을 만드는 일을 업으로 삼던 사람.

[一] '갖바치'는 '갖[表皮, 皮革]+바치[匠人]'의 구조로 분석된다. 현대국어에서 '갖'은 단독으로 쓰이지는 않고, '갖옷, 갖신' 등과 같이 접두적인 용법으로만 쓰이지만, 중세국어에서는 '鹿皮는 사ᄉᆞᄆᆡ 가치라(월인석보 1-16), 갓 피(皮, 훈몽자회 하-9)' 등에서와 같이 '갗'이 단독으로 사용되었다. '갗'이 '갓'으로 표기된 것은 팔종성법(八終聲法)에 의한 것이므로 기본형은 '갗'이다. '바치'의 중세 및 근대국어 형태는 '흥정바지 舍衛國으로 가리(석보상절 6-15), 바지 공(工, 신증유합 하-60), 여러가짓 로릇바치들(박통사언해-초간 상-5), 바치 공(工, 천자문-석봉)' 등에서와 같이 '바지'와 '바치'가 있지만, '바지'란 형태가 중세국어 초기 문헌에 나타난 반면에, '바치'는 중세국어 후기 및 근대국어 문헌에 나타나므로, '바지> 바치'의 변화가 있었다고 하겠다.

[二] '갖바치'의 중세국어 형태는 '*갓바지'나 '*갓바치'일 것이지만, 옛 문헌에서 나타나지는 않는다. 그러나 중세국어 시기에 이러한 어휘가 쓰였을 가능성은 충분하다고 생각된다.

[三] 현대국어에서 '갓바치'나 '갗바치'로 쓰지 않고, '갖바치'로 표기하는 것은 '갖'을 '가죽[皮革]'의 형태에 기대어 처리하고 있기 때문이다.

[원] 갗[皮革]+바지[匠人]

[변] *갗바지> 갖바치

☞ 가죽

갗신 명 전날에 신던, 가죽으로 만든 재래식 신.

⊟ 중세국어 형태는 '갓신'이다. 현대국어 '가죽[皮革]'에 해당하는 중세국어 형태는 '갗'이므로, 팔종성법을 적용하지 않는 표기라면 '갓신'은 '갗신'이 될 것이다.

⊟ '갗신, 갓신, 갗신'의 발음은 역사적으로 다르지 않기 때문에 중세국어에서 현대 국어까지 '갗신'에 이르는 형태 변화는 없었던 셈이다. 단지 현대국어에서 '갗'을 '가죽'의 형태에 기대어 처리하고 있기 때문에 맞춤법이 '갗신'으로 된 것이다.

㉿ 갗[皮革]+신[履]

㉿ *갗신> 갓신> 갗신

㉿ • 오직 뷘 棺애 흔 짝 갓신이 잇더라(남명집언해 상-52)

갖옷[가돋] 명 모피로 안을 댄 옷. 모의(毛衣).

⊟ 중세국어 형태는 '갓옷'이다. 현대국어 '가죽[皮革]'에 해당하는 중세국어 형태는 '갗'이므로, '갗옷'에 팔종성법을 적용한 표기가 '갓옷'이다.

⊟ '갗옷, 갓옷, 갇옷, 갖옷'의 발음은 역사적으로 다르지 않기 때문에 중세국어에서 현대국어까지 '갖옷'에 이르는 형태 변화는 없었던 셈이다. 단지 현대국어에서 '갗'을 '가죽'의 형태에 기대어 처리하고 있기 때문에 맞춤법이 '갖옷'으로 된 것이다.

㉿ 갗[皮革]+옷[衣]

㉿ 갗옷> 갓옷> 갇옷> 갖옷

㉿ • 주근 ᄃ시 자다가 헌 갓옷 두퍼셔 놀라오라(尸寢驚弊裘, 두시언해-초간 22-1)

  • 갇옷 구(裘, 왜어유해 상-45)

갖추다 동 (있어야 할 것이나 필요한 것을) 마련하여 가지다.

⊟ 중세국어 형태는 'ᄀ초다'이다. 이 말은 'ᄀ[備]+호(사동접사)+다(어미)'로 분석 되므로, '구비되어 있다'의 뜻인 형용사 '갖다'에서 파생된 사동사인 것이다.

⊟ 중세국어의 'ᄀ초다'는 현대국어의 '갖추다[備], 감추다[藏]'의 두 가지 의미를 모 두 가지고 있었다. 그러다가 'ᄀ초다[藏]'가 음운 첨가에 의해 'ᄀᆫ초다'가 되고 이어 서 현대국어의 '감추다'가 되면서, '감추다'와 '갖추다'는 형태의 차이에 따른 의미 분화가 이루어졌다.

ⓥ 궂[備]+호(사동접사)+다(어미)

ⓥ ㄱ초다> 가초다> 갖추다

ⓥ • 棺올 둡습고 풍류 ㄱ초아(석보상절 23-24)

　　• 공과 잇ᄂᆞᆫ 이ᄅᆞᆯ 략간 가초아(경신록언석 13)

☞ 감추다

갖풀 ⓥ 쇠가죽을 끈끈하도록 고아서 말린 접착제. 아교(阿膠).

▣ 중세국어 형태는 '갓블, 갓플' 등이나 '갓블'이 좀 더 이른 형태로 생각된다. 현대
국어 '가죽[皮革]'에 해당하는 중세국어 형태는 '갗'이므로, '갓블'은 '갗블'에 팔종성
법을 적용한 표기이다. 접착제를 뜻하는 현대국어 '풀[糊]'의 중세국어 형태는 단독
으로 쓰일 때는 '膠ᄂᆞᆫ 프리오(법화경언해 1-219)'에서와 같이 '플'이지만, '갓블'에서
는 '블'로 나타난다. '플'과 '블'에서 어느 형태가 기원적 형태인지 알 수 없으나, '블'
에서 격음화를 거쳐 '플'이 되었다고 하는 것이 무난하다.

ⓥ 갗[皮革]+블[糊]

ⓥ *갗블> 갓블> 갓플/갓불> 갖풀

ⓥ • 갓블와 옷과 뵈와로(석보상절 13-52)

　　• 膠ᄂᆞᆫ 갓브리라(월인석보 21-85)

　　• 쇠 갓프를 ᄉᆞ라 ㄱᄂᆞ리 ㄱ라 ㄱ르 밍ㄱ라(牛皮膠燒細硏爲末, 구급방언해
　　상-7)

　　• 이바디ᄒᆞ야 즐겨셔 오ᄉᆞ로 갓부레 더딤 ᄀᆞᆮ고져 願ᄒᆞ노라(宴衍願投膠, 두시언
　　해-중간 14-9)

같다 ⓥ 서로 다른 것이 아니다. 서로 한 모양을 이루고 있다.

▣ 중세국어 형태는 'ᄀᆮ다, ᄀᆮᄒᆞ다'이므로, 이 형태를 기준으로 하면 'ᄀᆮ[如]+ᄒᆞ
[爲]+다(어미)'로 분석된다. 그리고 중세국어에서는 '거부븨 터리와 톳긔 쓸왜 ᄀᆮᄂᆞ
니(則同龜毛兔角, 능엄경언해 3-95)'에서 볼 수 있는 바와 같이 'ᄒᆞ[爲]'가 붙지 않는
'ᄀᆮ다[如]'도 사용되었는데, 'ᄀᆮᄒᆞ다'의 용법과 차이가 없다.

▤ 'ᄀᆮᄒᆞ다, ᄀᆮᄒᆞ니' 등을 소리나는 대로 쓰면 'ᄀᆞ타다, ᄀᆞ토니' 등이 되므로, 이러한

형태로부터 어간의 재구조화가 일어나 현대국어의 '같다'가 생긴 것이다.
[원] ᄀᆞᆮ[如]+ᄒᆞ[爲]+다(어미)
[변] ᄀᆞᆮᄒᆞ다/ᄀᆞ타다> 같다
[예] • 東海ㅅ ᄀᆞᅀᅵ 져재 ᄀᆞᆮᄒᆞ니(東海之濱如市之從, 용비어천가 6장)
• 始終이 ᄀᆞᄐᆞ실ᄊᆡ(始終如一, 용비어천가 79장)
• 琉璃 ᄀᆞᆮ더시니(월인천강지곡 상-15)

같은 값이면 다홍치마 [속] 같은 값이면 품질이 좋은 것을 가진다는 말. 동가홍상(同價紅裳).
[一] 다홍치마는 한자어로는 '홍상(紅裳)'이다. '홍상(紅裳)'은 일반적으로 '미녀(美女)'를 뜻하는 말이지만, '녹의홍상(綠衣紅裳)'이라고 하면 아직 시집가지 않은 젊은 여자의 곱게 치장한 복색(服色)을 의미한다. 그러므로 '다홍치마'는 '(시집가지 않은) 젊고 고운 여자'를 뜻한다. 그러므로 '같은 값이면 처녀'라는 말과도 의미가 통한다.
[二] '같은 값이면 다홍치마'를 한자 성어로 하면 '동가홍상(同價紅裳)'이다. 이 한자 성어는 한어(漢語)에서 쓰이던 것이 아니고, 우리나라의 속담인 '같은 값이면 다홍치마'를 한자로 옮긴 것이다.

개[개:] [명] 냄새를 잘 맡고 소리를 잘 들으며 사람을 잘 따라 집을 지키거나 사냥을 하기 위해, 또는 애완용 등으로 집에서 기르는 네발짐승. 포유류 갯과에 속함.
[一] 중세국어 형태는 '가히'이다. '가히'에서 'ㅎ'이 탈락하여 '가이'가 되고, 다시 단모음화하여 '개'가 되었다.
[二] 중세국어나 근대국어(초기 및 중기)에서도 '개'라는 형태가 사용되었으나, 이 경우의 발음은 하향 이중모음에 의한 '개[kaj]'이며, 근대국어 말기에 단모음화하여 '개[kɛ]'가 된 것이다. 비록 문헌에 '가이'라는 형태가 나타나지 않으나, 중세국어 후기에 이미 '가히'가 '개'로 바뀐 형태가 나타나므로, 'ㅎ'이 탈락한 '가이'라는 형태는 중세국어로 소급시켜도 무리가 없다.
[원] 가히[犬]

ⓤ 가히> *가이> 개[kaj]> 개[kε]

ⓔ • 狗ᄂᆫ 가히라(월인석보 21-42)

   • 개 견(犬, 신증유합 상-14)

개구리 ⓜ 양서류 개구리목에 딸린 동물의 총칭.

ⓓ '개구리'의 중세국어 형태는 '개고리'이다. 이 말은 '개골(의성어)+이(접사)'에 의하여 만들어진 것이다.

ⓓ 16세기 문헌인 『신증유합(新增類合)』(1576)에서 '개고리'의 형태로 처음 나타난다. 단모음화 여부를 떠나서 16세기의 형태 '개고리'는 계속 이어지지만, 17세기에 모음이 교체된 '개구리'가 나타나 '개고리'와 공존하게 된다. '개구리'가 현대로 이어졌다. 15세기 문헌에 '개고리'란 말은 나타나지 않지만, 대신에 같은 의미의 말은 '머구리'였다. '머구리'란 말은 15세와 16세기의 문헌에 많이 나타난다. 이 말은 의성어 '머굴'에 명사를 만드는 접미사 '-이'가 결합된 것이므로, '개고리'와 단어 형성의 원리가 같다. '개골개골'과 '머굴머굴'의 음상 차이는 커 보이지만, 실제 개구리의 울음 소리를 듣고 있으면 어느 것이라도 개구리의 울음소리에 가깝다는 것을 느낄 수 있다. 현대국어의 '참개구리'를 뜻하는 '악머구리'에 '머구리'란 말이 살아 있으며, '개구리'의 함경 방언도 '머구리'이다.

ⓦ 개골(의성어)+이(접사)

ⓤ 개골이> 개고리> 개구리

ⓔ • 개고리 와(蛙, 신증유합 상-15)

   • 만일 싱개골이ᄅᆞᆯ 얻디 몯ᄒᆞ면 가히 구티 몯ᄒᆞ리라(若不得生蛙不可救, 동국신속삼강행실도 효-1-12)

   • 개구리 와(蛙, 왜어유해 하-27)

개나리 ⓜ ('참나리'에 상대되는 말로) 야생하는 나리를 통틀어 일컫는 말. 물푸레나뭇과의 낙엽 관목. 높이 3미터 내외. 잎은 마주나며 이른 봄에 잎에 앞서 노란 꽃이 피고 9월에 열매를 맺음.

ⓓ 중세국어 문헌인 『구급간이방언해(救急簡易方諺解)』(1489)에서 현대국어와 형

태가 같은 '개나리'가 처음 나타나며, 한자에 의한 향명(鄕名) 표기에 '犬伊那里'라고 하였으므로, '개나리'는 '가히+나리'의 어원적 구조로 분석된다는 것을 알 수 있다. '가히'는 현대국어 '개[犬]'의 소급 형태이다.

▣ 『향약구급방』(13세기)의 '백합(百合)'에 대한 향명 표기가 '犬伊那里'이므로, '개나리'란 형태는 '가히나리'로 소급된다는 것을 알 수 있다. 15세기 문헌인 『구급간이방언해(救急簡易方諺解)』(1489)의 '개나릿 불휘(개나리의 뿌리)'에서 현대국어의 형태와 같은 '개나리'가 처음 나타난다. 이후의 문헌에서 '개너리, 개누리, 긔나리' 등의 다양한 변이 형태를 보이다가 결국 원래의 형태인 '개나리'로 통일되었다. 15세기의 '가히[犬]'가 'ㅎ' 탈락과 음절 축약을 거쳐 '개[kaj]'로 나타나는 것은 16세기의 일이므로, 15세기의 '개나리'의 '개'가 과연 '가히'에서 온 것인지 의문을 제기할 수 있다. 그러나 '개나리'의 '개'가 상성인 것이 16세기의 '개[犬]'가 상성인 것과 일치하여 서로 같은 말임을 짐작하게 한다. 아마도 파생어(또는 합성어)에 참여하는 경우와 단일어에 있어서의 어휘의 변화 양상이 다를 수 있다고 생각된다. 16세기의 문헌인 『번역소학(飜譯小學)』(1517)에서 단독 형태인 '가히'와 합성어인 '개삿기'가 함께 쓰였으므로 이러한 추정을 하게 된다.

㋻ 개[犬]+나리[百合]
㋫ 犬伊那里(가히나리)> 가이나리> 개나리[kajnaɾi]> 개나리[kɛnaɾi]
㋥ • 犬伊那里(향약구급방)
　• 개나릿 불휘(百合根, 구급간이방 3-31)

개다 图 (이부자리나 옷 따위를) 겹치거나 접어 포개다.

▣ '개다'의 중세국어나 근대국어 형태는 '가히다'이다. 이 말은 'ㅎ'이 탈락한 '가이다'를 거쳐 '개다'가 되었을 것이지만, 문헌에서 '가이다'가 나타나지는 않는다.

㋻ 가히[疊]+다(어미)
㋫ 가히다> 가이다> 개다
㋥ • 가힌 딕룰 다려 뿌케 ㅎ야(熨帖平, 두시언해-초간 25-50)

개떡 图 노깨, 메밀 나깨, 보릿겨 등을 반죽하여 둥글넓적하게 찐 떡.

ㄹ 원래는 '겨[糠]'로 만든 떡이라 하여 '겨떡'이라고 하였으나, 이 떡은 질이 낮은 까닭에 접두사 '개-[犬]'에 유추하여 '개떡'이 된 것이다. '떡'의 중세국어 및 근대국어 형태는 '쩍'이며, '겨'라는 말도 중세국어 문헌에서부터 나타나므로 '*겨쩍'으로 원형을 잡는다.

ㄹ 남한에서는 '개떡'이 표준어이지만, 북한에서는 '겨떡'이 문화어이다.

ⓦ 겨[糠]+쩍[餠]

ⓗ *겨쩍 > 겨떡 > 개떡

개미 ⑲ 벌목 개밋과 곤충의 총칭. 몸은 머리, 가슴, 배로 뚜렷이 구분되는데, 허리가 가늘며 몸빛은 검거나 붉은 갈색임.

ㄹ '개미'의 중세국어 형태는 '가야미, 가얌'이다. 그러므로 '가야미'는 '가얌[蟻]+이(접사)'로 분석되며, 이 형태가 변하여 '개미'가 된 것이다.

ⓦ 가얌[蟻]+이(접사)

ⓗ 가야미 > 개야미 > 개미

ⓔ • 가야미며 벌에를 그지업시 주기던 사르미니(월인석보 23-75)
  • 아래로 가야미예 니르리(下至螻蟻, 금강경삼가해 5-36)
  • 굼궛 개야밀 어엿비 너기고(憐穴蟻, 두시언해-초간 7-18)

개새끼[개:새끼] ⑲ 강아지. 어떤 사람(주로 남자)을 좋지 않게 여겨 욕하여 이르는 말. 개자식.

ㄹ 중세국어 후기의 형태로서 '개삿기'가 나오지만, 이 말은 좀 더 이른 시기라면 '가히삿기'로 소급될 것이 분명하다. '가히[犬]+삿기[子]'로 분석된다.

ㄹ 중세국어 '가히[犬]'는 '가히 > 가이 > 개[kaj] > 개[kɛ]'의 형태 변화를 거쳤으므로 음운 탈락, 음절 축약, 단모음화 등의 음운 과정이 개입되어 있다. '삿기'는 '삿기 > 사끼 > 새끼'의 형태 변화 과정을 거쳤으므로 경음화와 움라우트로 설명된다.

ⓦ 가히[犬]+삿기[子]

ⓗ 가히삿기 > 개삿기 > 개새끼

ⓔ • 집의 가히 삿기 나코 밥 어더 먹으라 나갓거늘 들기 와 그 개삿기를 머규디(家

有狗乳出求食雞來哺其兒, 번역소학 9-100)
☞ 강아지, 개

개수 ㉯ 개숫물

㉒ (漢語)家什/家事[器物]

㉻ 갸ᄉ> 갸샤> 개수

㉖ • 갸ᄉ를 몯다 설어졧더이다(월인석보 23-74)

　• 家갸事샤 一云家伙(이수신편)

☞ 개숫물

개숫물[개순물] ㉯ 설거지할 때 그릇을 씻는 물. 설거지물.

㊀ '개수'의 중세국어 형태는 '갸ᄉ'이다. 그러므로 중세국어 형태를 기준으로 한다면, '개숫물'은 그 형태가 '갸숫믈'로 소급되어야 한다. '갸ᄉ[食器]+ᄉ(조사/사잇소리)+믈[水]'로 분석된다.

㊂ 20세기 문헌에서 비로소 '개숫물'이 나타난다. 이 말은 '개수+ᄉ+물'로 분석되므로, '개수'의 어원을 밝히는 것이 관건이다. '개수'의 중세국어 형태는 '갸ᄉ'이다. 중세국어에서 '갸ᄉ'는 '식기류(食器類)'를 뜻하는 말이었으며, 이 말은 근대 중국어에서 차용한 말이다. 근대의 중국어에서 '기물(器物), 식기(食器)'를 뜻하는 말은 '家什, 家事, 家伙' 등인데, 중세국어 '갸ᄉ'와 음상(音相)이 비슷한 것은 '家伙[tɕja-xuo]'가 아니라, '家什[tɕja-ʂi]'나 '家事[tɕja-ʂi]'이다. 이 중에서도 순전히 기물(器物)을 뜻하는 말은 현대 중국어에서 '家事'보다는 '家什'이다. 특히 근대국어의 문헌인 『이수신편(理藪新編)』(1774)에 '家갸事샤 一云家伙'라고 기록되어 있어서 차용어라는 것을 확인할 수 있다. 중국어의 역사에서 '家'의 한자음은 '중고음[ka], 근대음[kja], 현대음[tɕja]'의 순서로 변화하였다. 그러므로 중세국어 '갸ᄉ'는 중고음 이후에 반모음 [j]가 덧생기고, 아직 구개음화가 되지 않은 근대 중국어음을 반영한 것이다.

㊂ 몇몇 국어사전에서는 '개수'의 '수'를 '水'로 처리하고 있으나 이것은 잘못이다. 중세국어 및 근대국어 형태인 '갸ᄉ, 갸샤'가 현대국어의 '개수'가 된 것은 '수(水)'와

관련되었을 것이라는 언중(言衆)의 잘못된 어원 의식이 작용한 것이다.

[원] 갸ᄉᆞ[食器]+ㅅ(조사/사잇소리)+믈[水]

[변] 갸ᄉᆞᆺ믈> 개숫물

개암 [명] 개암나무의 열매. 도토리 비슷하며 맛이 밤과 비슷함. 진자(榛子). 진율(秦栗).

[一] '개암'의 중세국어 형태는 '개옴'이며, 근대국어 형태는 '개암, 개얌' 등이다. '개옴, 개옴'은 어원적으로 '개(犬, 접두사)+밤[栗]'의 구조로 분석된다. 이 말은 '개밤> 개ᄫᅡᆷ> 개왐> 개옴/개암'의 변화 과정을 거친 것이다.

[二] '개(犬, 접두사)+밤[栗]'의 구조에서 'ㅂ'이 'ㅸ'으로 약화되면 '개ᄫᅡᆷ'이 되고, 'ㅸ'이 반모음 '오/우[w]'로 변화하면 '개왐'이 되며, 여기에서 단모음화가 일어나서 '개옴'이나 '개암'이 되는 것이다. '개얌'이란 형태는 접두사 '개'의 발음이 현대국어 이전에는 하향 이중모음 [kaj]로 발음되었으므로, 하향 반모음 [-j]가 뒷모음으로 이어져서 발음되면 '개암> 개얌'이 되기 때문이다. 그러므로 중세국어나 근대국어를 기준으로 하면 '개암'과 '개얌'은 음운론적으로 변이 관계에 있는 형태인 것이다.

[원] 개(犬, 접사)+밤[栗]

[변] 개밤[kaj+pam]> 개ᄫᅡᆷ> 개왐> 개옴/개암(개얌)> 개암

[예] • 개옴(榛, 훈몽자회 상-11)
- 개암 ᄑᆞ는 이아 이바(賣榛子的你來, 박통사언해 하-28)
- 개얌과 잣과 ᄆᆞ른 포도와(榛子松子乾葡萄, 박통사언해 중-4)

개차반[개:차반] [명] 개가 먹는 똥이라는 뜻으로, 말과 행동이 몹시 더러운 사람을 욕하는 말.

[一] '개차반'은 고유어로 취급되고 있으나, '차반'은 한자어 '茶飯'이므로, '개[犬]+茶飯(차반)'으로 분석된다. '차반'은 '음식'이란 뜻이므로, '개차반'은 '개가 먹는 음식인 똥'을 의미한다.

[원] 개[犬]+茶飯(차반)

[변] 개茶盤> 개차반

☞ 차반

개천(—川) [명] 개골창 물이 흘러 나가도록 길게 판 내.

[一] '개[浦]'는 '강이나 바닷물이 드나드는 곳'이다. '개천'의 '개'에는 이러한 어원적 의미가 구현되어 있지 않으며, 단지 '개울'의 의미로 쓰이고 있다. '川'의 중세국어 한자음은 '쳔'이다.

[원] 개[浦]+川(쳔)

[변] 개쳔> 개천

개펄 [명] 밀물 때는 물에 잠기고 썰물 때는 물 밖으로 드러나는 모래 점토질의 평탄한 땅. 갯벌. 간석지(干潟地). 해택(海澤).

[一] '개펄'은 '개[浦]+ㅎ(첨가음)+벌[原]'로 분석되지만, 첨가음 'ㅎ'에 대한 설명이 마땅하지 않다. 현대국어에서 '벌'의 거센말로 '펄'이 있기 때문에, 단순히 '개[浦]+펄[原]'로 분석할 수도 있기 때문이다. 그러나 어원적으로는 '벌'에서 '펄'로 변화했다고 하는 것이 옳다.

[원] 개[浦]+ㅎ(첨가음)+벌[原]

[변] 개ㅎ벌> 개펄

☞ 개천, 갯벌

개평 [명] 노름이나 내기 따위에서, 남의 몫에서 조금 얻어 가지는 공것.

[一] '개평'은 한자어 '個平'에서 왔다는 견해가 유력하다. '個(개)'는 '낱'이라는 뜻이며, '平(평)'은 조선 시대의 화폐인 '常平通寶(상평통보)'의 준말이라는 것이다. 현대국어 '개평'에 해당하는 말이 『조선어사전』(1938)에는 '가평'으로 나오므로, '개평'은 '가평'에서 변한 말이라는 것을 알 수 있다.

[二] 한자 '個'는 반절(反切)이 '古賀切'로서 '箇, 个' 등과는 같은 음이며, 운서(韻書)에서는 과섭(果攝)의 개운(箇韻)에 속한다. 한어 중고음(漢語中古音)의 재구음은 [kɑ]이므로, 조선 한자음에서는 '가'로 반영되어야 하는 것이 정상이다. 같은 운(韻)에 속하는 '我/아, 可/가, 歌/가, 賀/하, 多/다, 那/나, 磋/차, 左/자, 娑/사' 등의 중세

국어 한자음을 보면 중성(中聲)이 모두 '-아'인 것인데, 중세국어 한자음에서 오직 '箇'만이 '개'로서 예외적이다. 중세국어 한자음에서 '個, 个'는 확인되지 않지만, 근대국어 및 개화기 시대에서 '個'는 '개(가례언해 1-18), 가(전운옥편 상-5, 신자전 1-8)'의 두 음(音)이 있다. 특히 '個'의 한자음이 '가'로 된 것은 자전(字典)의 음이기 때문에 규범적인 측면에서 '가'를 올바른 음(音)으로 다루었음을 알 수 있다. '개평'의 어원이 한자어 '個平'에 있다면, 아마도 '個'의 한자음이 예외적인 '개'가 아니라 정상적인 '가'로 발음되었던 근대국어 시기의 한자음을 반영했다고 보아야 한다.

[원] 個平

[변] 個平(가평)> 개평

[예] • 가평(조선어사전 10)

개흙[개흑] [명] 갯바닥이나 늪바닥에 있는 거무스름하고 미끈미끈한 흙.

[一] 근대국어 문헌에 '개ᄒᆞᆰ'이 나오지만, 중세국어에 '개[浦]'와 'ᄒᆞᆰ[土]'이 사용되었으므로, '개ᄒᆞᆰ'이란 단어는 중세국어로 소급시키더라도 그 형태는 다름이 없다.

[二] 중세국어의 'ᄒᆞᆰ'이 '흙'으로 나타난 것은 '날이 ᄆᆞᆺ도록 단정히 안자 겨심애 흘그로 ᄆᆡᆼᄀᆞᆫ 사ᄅᆞᆷ ᄀᆞᆮ더시니(終日端坐如泥塑人, 소학언해-선조 6-122)'에서와 같이 근대국어 이전인 16세기이다. 15세기의 'ᄒᆞᆰ'과 16세기의 '흙'은 모음조화에 의한 교체 형태이다. 근대국어에서는 'ᄒᆞᆰ'과 '흙'의 두 형태가 공존하였지만, 이후 '흙'의 형태로 굳어진 것은 음운 변화에서 예외적이다. 제1 음절에서 'ᆞ'의 변화가 정상적으로 적용되었으면 '핡'이 되어야 하지만, 16세기 이후 '흙'의 형태가 세력을 얻은 것으로 보인다.

[원] 개[浦]+ᄒᆞᆰ[土]

[변] 개ᄒᆞᆰ> 개흙

[예] • 개ᄒᆞᆰ(淤泥, 동문유해 상-7)

갯벌 [명] 밀물 때는 물에 잠기고 썰물 때는 물 밖으로 드러나는 모래 점토질의 평탄한 땅. 개펄. 간석지(干潟地). 해택(海澤).

[一] '개[浦]+ㅅ(사잇소리)+벌[原]'로 분석된다.

[원] 개[浦]+ㅅ(사잇소리)+벌[原]

[변] 개ㅅ벌>갯벌

☞ 개펄

갸륵하다[갸:르카다] [형] (마음씨나 하는 일이) 착하고 장하다.

[一] 근대국어에 형용사 '갸륵ᄒᆞ다'가 나타나지만, 중세국어의 한자 학습서에는 한자의 뜻(새김)으로서 명사인 '갸ᄅᆞᆨ'이 나온다. 그러므로 중세국어에서는 '갸ᄅᆞᆨ'이 단독 형태로서 사용되었을 가능성이 있다.

[二] 중세국어에서 '갸ᄅᆞᆨ'의 의미는 한자로 '驕(교/교만함)'나 '傲(오/거만함)'에 해당하므로, 그 의미가 그렇게 긍정적인 것은 아니었다. 그러나 근대국어의 '갸륵ᄒᆞ다'는 현대국어의 용법과 차이가 없으므로, 근대국어에서 긍정적인 쪽으로 의미의 변화가 생겼다는 것을 알 수 있다. 제2 음절 이하에서 'ᆞ'는 'ㅡ'로 변화하는 것이 원칙이다.

[원] 갸ᄅᆞᆨ[驕傲]+ᄒᆞ[爲]+다(어미)

[변] 갸ᄅᆞᆨ(ᄒᆞ다)> 갸륵ᄒᆞ다> 갸륵하다

[예] • 갸ᄅᆞᆨ 교(驕, 신증유합 하-3)
• 갸ᄅᆞᆨ 오(傲, 신증유합 하-32)
• 져 사ᄅᆞᆷ은 才德을 兼全ᄒᆞ여 ᄀᆞ장 갸륵ᄒᆞᆫ 사ᄅᆞᆷ이란 말이 읻더니(인어대방 3-1)

거기 [대] (지시) 말하는 사람이 듣는 사람이 있는 장소나 그 가까운 장소를 가리켜 이르는 말.

[一] 중세국어 형태는 '그어긔'이다. 이 말은 어원적으로 '그[其]+억[所]+의(조사)'로 분석된다(劉昌惇 1971: 279~280). 다만 중세국어에서 '억[所]'이 단독 명사로 사용되지는 않았지만, '이어긔, 그어긔, 뎌긔(*뎌어긔)' 등에서 '억'이란 형태를 추출하는 데는 문제가 없다. 그러므로 '그어긔'의 어원적 의미는 '그곳의'에 해당한다.

[二] 중세국어에서는 '이어긔, 그어긔, 뎌긔' 등과 평행하여 조사 '의' 대신에 '에'가 덧붙은 '이에, 그에, 뎌에' 등도 사용되었다. 이 말들은 다시 축약되어 '예, 게, 뎨' 등이 되기도 한다.

원 그[其]+억[所]+의(조사)

변 그억의> 그어긔> 거기

예 • 耳根이 그어긔 本來ㅅ 相이 흘가질씨(석보상절 19-16)

☞ 여기

거꾸러지다 医 거꾸로 엎어지다. '가꾸러지다'의 큰말.

☞ 가꾸러지다

거꾸로 閉 차례나 방향, 처지나 이치 등이 반대로 되게. '가꾸로'의 큰말.

☞ 가꾸로

거닐다[거니니, 거닐어] 医 천천히 가까운 거리를 이리저리 한가히 걷다.

㊀ '거닐다'의 중세국어 형태는 '걷니다'이다. 이 말은 '걷[步]+니[行]+다(어미)'로 분석되는데, 중세국어의 '걷다[步]'와 '니다[行]'가 결합된 말이다. 중세국어에서 '니다'는 '가다[行]'의 뜻으로 쓰이는 동사이므로, '걷니다'는 어원적으로는 합성 동사이다. 그러나 '니'가 접미사 용법으로 전환되면서, '걷니다, 둔니다, ㅎ니다' 등의 의미는 '걷다, 둗다, ㅎ다' 등의 주된 의미에 행위의 지속을 뜻하게 되었다.

㊁ '걷니다'가 비음동화에 의해 '건니다'가 되고, 여기에서 동음인 'ㄴ'이 탈락하여 '거니다'가 된다. '거니다'에 'ㄹ'이 첨가되어 '거닐다'가 되는 것이지만, 'ㄹ' 첨가의 음운적 동기를 밝히기는 어렵다. 역시 중세국어 '노니다'가 근대국어 시기에 '노닐다'가 된 것도 같은 맥락인 것을 참조할 수 있다.

원 걷[步]+니[行]+다(어미)

변 걷니다> 건니다> 거닐다

예 • 안좀 걷뇨매 어마님 모르시니(월인석보 2-24)

   • 도라가몰 니저 둘 비췬 臺예셔 건니놋다(忘歸步月臺, 두시언해-초간 22-9)

   • 문 열고 밖에 나가 이리 저리 거닐다(배비장전 33)

☞ 노닐다

거두다 [동] (흩어져 있거나 널려 있는 것을) 한데 모아들이다.
[三] 이 말은 '걷[收]+우(접사)+다(어미)'로 분석된다. '걷다'는 '멍석을 걷다.'와 같이 타동사 용법도 있으나, '안개가 걷다. 비가 걷다.' 등에서와 같이 자동사 용법이 기본적이었다. 그러므로 '거두다'는 자동사 '걷다'에 사동접사 '우'가 첨가되어 타동사가 된 것이다.
[원] 걷[收]+우(접사)+다(어미)
[변] 걷우다> 거두다
[예] • 짐 거두는 거시라(월인석보 서-24)

거둥[거:둥] [명] 임금의 나들이. 거가(車駕). 동가(動駕).
[三] '거둥'은 한자어 '거동(擧動)'에서 온 말이다.
[원] 擧動
[변] 擧動(거동)> 거둥
[예] • 이 太子ᄋᆡ 擧動이 천천ᄒᆞ고 글도 잘ᄒᆞ며(석보상절 24-49)
• 말ᄉᆞᆷ과 거동이 가ᄇᆡ야오며 므거우며(번역소학 8-14)
• ᄇᆡᆨ셩들의 간난을 셜워ᄒᆞᄂᆞᆫ 거동이라(윤음언해 88)

거들다[거:들다][거드니, 거들어] [동] 남이 하는 일에 참여하여 도와 주다.
[三] '거들다'의 중세국어 형태는 '거두들다'이다. 이 말은 '걷[收]+우(접사)+들[擧]+다(어미)'로 분석되며, 그 뜻도 '거두어 들다, 걷어 들다'로서 어원적 의미를 그대로 지니고 있었다. 현대국어의 '거두다'는 이에 비하면 형태도 변했을 뿐만 아니라, 의미에 있어서도 추상적으로 바뀌었다.
[원] 걷[收]+우(접사)+들[擧]+다(어미)
[변] 걷우들다> 거두들다> 거들다
[예] • 오ᄉᆞᆯ 거두드러(褰裳, 두시언해-초간 15-35)
• 다시 거들 거시 어이 이시리오(한중록 586)

거란 [명] 5세기 이래 내몽고의 시라무렌강 유역에 출현한 유목 수렵 민족. 몽골계로 퉁구스와의 혼혈종이라고 함. 10세기 야율아보기(耶律阿保機)가 여러 부족을 통일하고, 뒤에 정복 왕조 요(遼)로 발전함. 글안. 키타이.
[어] '거란'은 한자로 '契丹'이라고 씀에서 유래한 말이다. 한자로 '契丹'이라고 쓰기 시작한 것은 중국에서 북위(北魏, 386~534) 시대라고 하며, '契丹'은 종족명인 'Kitan'을 한자로 음역하여 적은 것이다. 거란의 종족명은 단수로 'Kitai'라고 하고, 복수로 'Kitan'이라고 하므로, '契丹'은 이 종족의 복수 칭호인 것이다.
[二] 『광운(廣韻)』에서 '契'의 반절은 '苦計切, 去訖切, 苦結切' 등의 셋이다. 이에 따라 국어 한자음도 '계, 글, 결'의 셋이 되는데, 이 중에서 부족 이름에 해당하는 한자음은 '契(글)'로서, 자전(字典)에서도 '契丹'의 독음을 '글안'으로 달고 있다. '丹(단)'은 '牧丹(목단)'이 '모란'이 되는 것처럼 변음하여 '란'이 되기도 하는데, '契丹'을 국어 한자음으로 '글안'이라고 하게 된 것은 '글단> 글란> 글안'의 과정을 거친 것이다.
[원] Kitan(契丹)
[변] Kitan> (漢語)契丹> *글단> *글란> 글안> 거란
☞ 모란

거랑 [명] 광산 구덩이의 버력탕에서 광석을 고르는 일. 버력은 광석이나 석탄을 캘 때 나오는 잡석(雜石)을 말하며, 버력탕은 이러한 버력을 버리는 곳이다.
[어] 한자어 '걸량(乞糧)'에서 동음 생략에 의해 'ㄹ'이 탈락하고, 이어서 반모음 [j]의 탈락을 거쳐 '거랑'이 되었다. 이러한 음운 탈락에 음운적 동기가 있는 것은 아니다.
[원] 乞糧
[변] 乞糧(걸량)> 거랑

거량[거:량] [명] (불교) 설법할 때에 죽은 사람의 영혼을 부르는 것. 청혼(請魂).
[어] 한자어 '거양(擧揚)'에서 'ㄹ'이 첨가된 말이다. 아마도 사찰에서 '법거량'의 한자를 '法擧量(법거량)'이나 '法擧揚(법거양)'으로 표기하면서 생긴 혼동일 것으로 생각된다.
[원] 擧揚
[변] 擧揚(거양)> 거량

거룩하다[거:루카다] 〔형〕 신의 세계에 속하여 성스럽다. 훌륭하고 고귀하다.

⊟ '거룩하다'의 근대국어 형태는 '거륵ᄒ다'이다. 그리고 중세의 한자 학습서에 '거륵 위(偉, 신증유합 하-17)'라고 되어 있으므로, '거륵'이 명사로서 어근인 것을 알수 있다. 그런데 근대국어에 형용사 '갸륵ᄒ다'가 나타나며, 중세국어의 한자 학습서에는 한자의 뜻(새김)으로서 명사인 '갸륵'이 나오는데, 이것은 '거륵ᄒ다, 거륵'과는 모음 교체에 의한 변이 형태이다.

㉗ 거륵[偉]+ᄒ[爲]+다(어미)

㉖ 거륵ᄒ다> 거록ᄒ다> 거룩하다

㉕ • 거륵 위(偉, 신증유합 하-17)
  • 거륵ᄒ다(穆穆, 동문유해 상-18)
  • 대비의 념불 공븨 하 거록ᄒ시매 극낙국의 가 나시미로소이다(皇后業高神生彼國, 염불보권문 15)

☞ 갸륵하다

거룻배 〔명〕 돛을 달지 않은 작은 배. '거루'는 준말.

⊟ '거룻배'의 형태 구성은 '거루[?]+ㅅ(사잇소리)+배[船]'로 분석될 성격이므로, '거룻배'의 어원은 '거루'의 정체를 밝히는 데에 있다. 여기에는 두 가지 어원설이 있다. 하나는 '거루'를 중세국어 '걸[渠]'에서 왔다고 하여, '거룻배'가 '개천이나 도랑에서 사용하는 작은 배'라는 것이고(이탁 1967), 다른 하나는 '거루'가 '거위[鵝]'의 옛 형태라고 하여 '거위같이 생긴 배'라는 어원 풀이다(송하진 1993). 즉 신라의 옛 지명에서 '巨老'를 경덕왕 이후에 '鵝州'로 개칭하였으므로, 여기서 '鵝[거위]'의 고형인 '巨老'를 얻을 수 있기 때문이다. 그런데 근대국어 문헌에 '거르션(渡船, 한청문감 12-20)'이 있으므로, '거루'의 어원은 아무래도 중세국어의 '걸(/거르)[渠]'과 관련시키는 것이 이치에 맞을 것으로 생각되지만, 후자의 견해도 음미할 만한 가치가 있다고 생각된다.

㉗ 걸/거르[渠]+ㅅ(사잇소리)+배[船]

㉖ *거룻배> 거룻배

거름 圐 식물이 잘 자라도록 땅을 기름지게 하기 위하여 논밭에 주는 물질. 비료(肥料).

▣ 근대국어에 '거름'이란 말이 쓰였으며, 이 말은 중세국어 문헌에도 나타나는 '걸다[濃, 肥]'에서 파생된 것이다. 또한 근대국어에서는 '걸다'에 사동 접미사가 첨가된 '걸오다'란 파생어도 사용되었는데, '(땅을) 걸게 하다'란 의미였다.

㉭ 걸[濃, 肥]+음(접사)

㉱ *걸음> 거름

㉩ • 무일에 밧 갈며 거름 주어(경신록언석 66)

　　• 밧히 거름홀 제 물명을 샹치 말며(경신록언석 65)

거리 圐 도시 지역이나 번화한 곳에 이루어진 비교적 넓은 길. '길거리'의 준말.

▣ 중세국어 형태도 '거리'이다. 그런데 중세국어에는 '두 거리 ᄂᆞ호니라(分二岐也, 능엄경언해 9-15), 깂거리ᄅᆞᆯ 臨ᄒᆞ야셔(臨岐, 두시언해-초간 8-21)' 등의 용례에서 알 수 있는 바와 같이 '거리'는 단순히 한 방향으로 벋은 '길[道路]'이 아니라, 다른 방향으로 나아가는 시점인 '갈림길[岐]'이란 의미에서 생긴 말이란 것을 알 수 있다. 특히 이러한 '갈림길'은 여러 마을이 만나는 도시나 저자와 같은 번화한 곳에 생기게 마련이므로 현대국어와 같은 의미로 발전하게 된 것이다.

▤ 또한 중세국어에는 현대국어 '갈리다[分岐]'에 해당하는 말로서 '가리다, 거리다'의 두 가지 형태가 모음 교체로 변이되면서 사용되었다. '가리다, 거리다'는 '갈/걸[岐]+이(접사)+다(어미)'로 분석되므로, 명사 '거리[街]'도 결국은 파생 명사인 것이다.

㉭ 걸[岐]+이(접사)

㉱ 걸이> 거리

㉩ • 陌ᄋᆞᆫ 져잿 가온딧 거리라(석보상절 19-2)

　　• 두 거리 ᄂᆞ호니라(分二岐也, 능엄경언해 9-15)

　　• 깂거리ᄅᆞᆯ 臨ᄒᆞ야셔(臨岐, 두시언해-초간 8-21)

거멓다[거:머타][거머니, 거메] 圗 어둡고 연하게 검다.

□ '거멓다'의 중세국어 형태는 '거머ᄒ다'이다. '거머케 ᄒ다'와 같은 표기에서 '거머케'를 '거멓게'로 분석하면서 어간의 재구조화가 이루어진 것이다.

⟨웬⟩ 검[黑]+어(어미)+ᄒ[爲]+다(어미)

⟨벤⟩ 거머ᄒ다> 거멓다

⟨예⟩ • ᄂᆞᆾ출 마조 보아셔 거머호ᄆᆞᆯ 슬코(두시언해-초간 20-27)

• 거머ᄒ야 아디 몯ᄒᆞᆯ시(남명집언해 하-70)

• 봇가 거머케 ᄒ고(炒令褐色, 구급간이방언해 1-95)

거문고 ⟨명⟩ 국악기의 하나. 밤나무와 오동나무를 붙인 통 위에 6개의 줄을 걸어 놓은 현악기. 왼손으로 줄을 짚고 오른손으로 술대를 잡아 줄을 튕겨 연주함. 고구려의 왕산악이 진나라의 칠현금을 개량하여 만듦. 현금(玄琴). 현학금(玄鶴琴).

□ '거문고'의 중세국어 형태는 '거믄고'이다. 이 말은 '검[黑]+은(어미)+고[琴]'로 분석된다. 근대국어 시기에 양순음 'ㅁ' 다음에서 '으'가 원순모음화되어 '거문고'가 되었다.

⟨웬⟩ 검[黑]+은(어미)+고[琴]

⟨벤⟩ 거믄고> 거문고

⟨예⟩ • 홀ᄀᆞᆯ 므러 거믄고와 書冊 안해 더러이고(唧泥點汚琴書內, 두시언해-초간 7-10)

• 거문고 금(琴, 주해천자문 39)

☞ 가얏고

거물거리다 ⟨동⟩ 약한 불빛이 사라질 듯 말 듯하게 움직이다. 작은말은 '가물거리다'.

⟨웬⟩ 검[黑]+을(접사)+거리(접사)+다(어미)

⟨벤⟩ *거믈거리다> 거물거리다

☞ 가물거리다

거물거물 ⟨부⟩ 거물거리는 모양. 작은말은 '가물가물'.

ⓦ 검[黑]+을(접사)+검[黑]+을(접사)

ⓥ *검을검을> 거물거물

☞ 가물가물

거사[거ː사] 閱 ① 예전에, 노는계집을 데리고 돌아다니면서 노래와 춤을 팔아 돈을 벌던 사람. ② 걸사(乞士). 승려(僧侶).

㊀ '거사'는 한자어 '乞士(걸ᄉᆞ)'에서 치경음 'ㅅ' 앞에서 'ㄹ'이 탈락한 말이다. '乞士'를 중세국어 한자음으로 읽으면 '걸ᄉᆞ'이다.

㊂ '걸사(乞士)'는 불교에서 승려(僧侶)를 뜻하는 말이다. 위로는 제불(諸佛)에게 법(法)을 구걸하고, 아래로는 시주(施主)에게 밥을 구걸한다고 하여 붙여진 이름이다.

㊁ '거사(居士)'는 일반에서는 학식과 도덕이 높으면서 벼슬하지 않는 사람을 가리키며, 불교에서는 재가 불자(在家佛子)를 뜻한다.

ⓦ 乞士(걸ᄉᆞ)

ⓥ 걸ᄉᆞ> 거사

거울 閱 빛의 반사를 이용하여 사람의 모습이나 물체의 모양을 비추어 보는 물건. 보통, 평평한 유리 한 면에 아말감을 발라 만들었음. 경감(鏡鑑).

㊀ '거울'의 중세국어 형태는 '거우루, 거우로'이지만, '거우루'가 좀 더 이른 시기의 문헌에 나타난다.

㊁ 흔히 '거울'이란 것이 물체의 형상을 거꾸로 보이게 한다고 하여 그 어원을 '거슬다[逆]'에서 찾는 경우가 있으나, 형태 변화의 측면에서 볼 때 믿기 어렵다. 왜냐하면 '거슬/거스르> 거스르> 거으르> 거우루'와 같은 어형 변화를 상정해야 되지만, 이것은 음운 변화의 측면에서 설명하기 어렵기 때문이다.

㊂ 중세국어 '거우루'의 어원은 현대국어 '거우르다'와 관련시키는 것이 옳다. '거우르다'는 '속에 든 것이 쏟아지도록 기울어지게 하다.'의 뜻인데, 근대국어에 '거우리다'란 형태가 나타나므로, 중세국어 시기에 현대국어와 같은 '거우르다'란 동사가 사용되었을 가능성이 충분하다. 그러면 '거우루/거우로[鏡]'의 어원 분석은 '거우르[傾, 逆]+우(접사)'가 될 것이다. '거우르다'의 기본적인 뜻은 '(무엇을) 거꾸로 하다'

에 해당한다.

⑭ 거우르[傾, 逆]+우/오(접사)

⑭ 거우르+우/오> 거우루/거우로> 거울

㉡ • 흔 각시 아추미 粉 ㅂㄹ노라 ㅎ야 거우룰 보거늘(석보상절 24-20)
  • 늘거 ㅂ료ㅁ란 볼ㄱ 거우로애 아노니(老罷知明鏡, 두시언해-초간 21-41)
  • 功業으란 ㅈ조 거우룰 보노니(勳業頻看鏡, 두시언해-중간 3-39)
  • 거울(鏡子, 동문유해 상-54)

거의 ㈜ 어느 한도나 기준에 매우 가까운 정도로.

㉠ '거의'의 중세국어 형태는 '거싀'이다. 그런데 중세국어에는 '거싀다'란 동사가 있어서 그 의미는 '거의 되다'에 해당된다. 그러므로 부사인 '거싀'는 동사 '거싀다'의 어간이 그대로 부사로 사용된 것이다.

⑭ 거싀[庶幾]

⑭ 거싀> 거의

㉡ • 夫人이나ㅎ싫 돌 거싀어늘(월인석보 2-27)
  • 너비 濟渡호몰 거싀 ㅁㅊ면(석보상절 11-10)
  • 거윗 샹(尙, 신증유합 하-18)
  • 거의 긔(幾, 왜어유해 상-27)

거죽 ㈐ 물체의 겉 부분.

㉠ '거죽'의 근대국어 형태는 '거족'이다. 이 말은 우선 '겇[表]+옥(접사)'으로 분석된다. 그런데 현대국어 '겉[表]'에 해당하는 중세국어 형태는 '겇'이었으며, 근대국어 형태는 '것'이었으므로, 어근 '겇'의 단독형은 어느 시대의 문헌에도 나타나지 않는다. 아무튼 '거족'의 어근 '겇'은 '겇'과 같은 말로서 형태적 변이 관계에 있다는 것은 분명하다.

⑭ 겇/겆[表]+옥(접사)

⑭ 겇/겆+옥> 거족> 거죽

㉡ • 니블 거족과(박통사신석언해 2-14)

☞ 거짓

거지[거:지] 몡 제 힘으로 살 길이 없어 남에게 돈이나 음식을 구걸하여 먹고 사는 사람. 걸인(乞人).

一 '거지'의 중세국어 형태는 '것바ᅀᅵ'이다. 이 말은 어원적으로 '걸(乞)+ᄉ(사잇소리)+바지[匠人]'로 구성되었다고 하는 것이 일반적인 견해이다. 그러면 일차적으로 '겂바지'가 되어 'ᄉ' 앞에서 'ㄹ'이 탈락하고, 'ㅂ'과 'ㅈ'이 각각 'ㅸ'과 'ᅀ'으로 약화되는 음운 변화를 상정하게 된다. 여기에서 'ㄹ'의 탈락은 자연스런 음운 현상이지만, 다른 하나의 난점은 'ㅂ'과 'ㅈ'이 각각 'ㅸ'과 'ᅀ'으로 약화될 조건을 음운론적으로 설명하기 어렵다는 것이다.

二 그러므로 '것바ᅀᅵ'의 '바ᅀᅵ'는 '겂바지'에서 결합적 조건에 의하여 변화했다고 하기보다는 '바ᅀᅵ'를 단독 형태로 설정하는 것이 음운론적 원리로는 무난할 것으로 생각된다. 그러면 중세국어의 '바지, 바치'는 오히려 '바ᅀᅵ'에서 변화한 형태라고 할 수도 있겠으나, 우선은 단순한 변이 형태로 처리해 둔다. 어원적 구성에서 '바ᅀᅵ'를 어근으로 처리하게 되면 '것바ᅀᅵ'의 'ᄉ'이 'ᅀ'으로 약화되는 것도 유성음화 환경이 되어 자연스럽게 설명할 수 있는 이점이 있다. 그럼에도 불구하고 '바ᅀᅵ'를 기본 형태로 설정하는 것에 대해서는 수긍하기 어려운 느낌이 들 수 있을 것이다. 그렇다면 '것바ᅀᅵ'의 '것'을 '겂'에서 온 것이 아니라 애초에 '것'이라는 형태에서 출발했다고 할 수도 있을 것이다. 이러한 여러 문제가 있기 때문에 '거지'의 어원은 아직 해결된 것이라고 하기 어렵지만, 아직은 앞의 분석으로 마무리해 두겠다.

三 '것바ᅀᅵ'는 다시 '겄와ᅀᅵ> 겄워ᅀᅵ> 거어지> 거지'에 이르는 일련의 변화를 겪는데, 여기에는 음운의 약화와 탈락, 그리고 축약이 관여되어 있다. 그리고 앞에서 설명한 바와 같이 '것바ᅀᅵ'에서 먼저 '*겄바ᅀᅵ'가 되었을 것이나 이 형태는 문헌에 나타나지 않는다.

웬 걸(乞)+ᄉ(사잇소리)+바ᅀᅵ[匠人]

옌 *겂바ᅀᅵ> 것바ᅀᅵ> *겄바ᅀᅵ> 겄와ᅀᅵ> 겄워ᅀᅵ> 거어지/거ᅌᅳ지> 거지

엡 • 太子 l 것바ᅀᅵ ᄃᆞ외야 빌머거 사니다가(석보상절 24-52)
   • 蕩子ᄂᆞᆫ 겄와ᅀᅵ라(금강경삼가해 4-22)

- 獼獠ᄂ 겆워ᄉ이라(육조법보단경언해 상-7)
- 거어지(呌化子, 역어유해 상-30)
- 거ᅀᅵ지(乞丐, 한청문감 5-35)

거짓[거:짇] 몡 사실이 아닌 것을 사실인 것처럼 꾸미어 하는 말.

囯 '거짓'의 중세국어 형태는 주로 '거즛'이지만, 양성 모음 교체형인 '거ᄌᆞᆺ'도 간혹 쓰였다. 그리고 '말'과 결합한 형태는 '거즈말/거ᄌᆞ말, 거즛말/거ᄌᆞᆺ말' 등이므로, 우선 '거즛/거ᄌᆞᆺ'은 '거즈/거ᄌᆞ+ㅅ(조사/사잇소리)'에 의한 구성이라는 것을 알 수 있으며, 다시 '거즈/거ᄌᆞ'는 어근 '겇[僞]'에 매개모음이 결합한 형태라는 것도 알 수 있다. 아마도 어근으로 설정한 '겇[僞]'은 중세국어 '겇[表]'과 동원(同源) 관계에 있을 것으로 생각된다. 이렇게 되면 '거짓'이란 말은 '속[裏]'이 아닌 '겉[表]'이라는 의미에서 출발한 셈이다. '쌋 거치 업거늘(땅의 겉이 없거늘, 월인석보 1-42)'에서 '겇'은 현대국어 '겉'에 해당한다.

囯 '거즛/거ᄌᆞᆺ'이 '거짓'으로 된 것은 치음 'ㅈ'의 조음위치에 이끌린 전설모음화로서 근대국어 시기에 일어난 음운 변화이다.

웬 겇[表]+으/ᄋᆞ(매개모음)+ㅅ(조사/사잇소리)

벤 거즛/거ᄌᆞᆺ> 거짓

예 • 眞實와 거즛 이룰 ᄀᆞᆯ히시고(월인석보 2-71)
- 거즛 위(僞, 신증유합 하-18)
- 거짓 가(假, 아학편 하-9)

☞ 거죽

거푸집 몡 주물(鑄物)의 바탕으로 쓰이는 집. 주형(鑄型).

囯 중세국어에서 '거플'이란 단어는 현대국어의 '거푸집'에 해당하며, 이 말은 '겊[表皮]+을(접사)'로 분석된다. 현대국어의 '거푸집'은 중세국어의 '거플'에 '집[家]'이 바로 연결되어 생긴 말이다. 즉 '거플+집'에서 'ㅈ' 앞에서 'ㄹ'이 탈락하여 '거프집'이 되고, 다시 'ㅍ' 밑에서 '으'가 원순모음화하여 '거푸집'이 되는 자연스러운 변화 과정으로 설명할 수 있다. 현대국어와 달리 중세 및 근대국어에서는 'ㅈ' 앞에서 'ㄹ'이

탈락하는 음운 현상이 있었다.

㊂ 중세국어에서 어근(語根) '겊[表皮]'이 단독으로 쓰인 예를 확인할 수는 없으나, '거프리 뻐디며(껍질이 터지며, 석보상절 23-18), 거피 밧겨(껍질 벗겨, 구급방언해 상-41)' 등에서 어근 '겊'을 추출하는 데는 어려움이 없다.

㊅ 겊[表皮]+을(접사)+집[家]

㊇ *거플집> 거프집> 거푸집

㊉ • 模ᄂᆞᆫ 鑄物ᄒᆞᄂᆞᆫ 거플이오(선가귀감언해 상-30)

　　• 겁푸집(型, 유씨물명고)

☞ 껍질

거품 ㊐ 액체가 공기를 머금고 둥글게 부풀어 물 위에 뜬 잔 방울.

㊂ '거품'의 중세국어 형태는 '더품, 거픔, 거품' 등이지만, '더품'이 가장 이른 시기의 문헌에 나온다. '더품'을 어원적 형태로 잡는다면, 이 말은 '덮다[蓋]'에서 파생된 것으로 생각된다. '더품> 거품'에 나타나는 'ㄷ> ㄱ'의 변화는 어떤 필연적인 원리에 의한 것은 아니다. 그러나 중세 및 근대국어에서 '둗겁다 ~ 두텁다[厚]'의 변이, 그리고 '붚> 북[鼓]'의 변화 등을 참조하면 'ㅂ'과 'ㄱ'의 교체는 충분히 일어날 수 있다.

㊂ 접미사 '-움'을 고려한다면, 어원적 형태를 '거품'으로 잡는 것에 어려움이 있다. '-움'이 접미사라면 용언에 붙는 것이 자연스럽기 때문이다. 중세국어에서 '덮-'은 동사로 사용되었지만, '거품'의 '겊'은 용언 어간으로 쓰이지 않았다.

㊅ 덮[蓋]+움(접사)

㊇ 더품> 거품

㊉ • 더품 ᄀᆞᆮᄒᆞᆫ 모믈 아니 치시ᄂᆞ니라(월인석보 10-15)

　　• 혀를 시브며 거품을 토ᄒᆞ거든(嚼舌吐沫, 구급간이방언해 1-94)

걱정 ㊐ 일이 잘못되지 않을까 불안하여 속을 태우는 일. 근심.

㊂ '걱정'의 근대국어 형태는 '걱뎡, 걱정'이다.

㊂ '걱정'이란 말이 한자어 '刻情'이나 '極情'에서 왔다고 주장하는 경우도 있으나(梁柱東 1965: 504) 확인하기 어렵다.

㉯ 걱뎡[憂]

㉮ 걱뎡> 걱졍> 걱정

㉰ • 놈의 걱뎡 ᄃᆡ신ᄒᆞ다(替人耽憂, 역어유해보 60)

• 놈의 일은 걱졍 업다(隔壁心寬, 역어유해보 60)

건건이 명 변변하지 않은 반찬. 또는 간단한 반찬.

⊟ '건건이'는 '건건하다[鹽]'의 어간인 '건건'에 명사화 접사 '-이'가 붙어서 파생된 말이다. '건건하다'의 뜻은 '맛이 좀 짜다'이다.

㉯ 건건[鹽]+이(접사)

㉮ 건건이

건너다[건:너다] 동 사이에 있는 것을 넘거나 지나서 맞은편으로 가거나 오다.

⊟ 중세국어 형태는 '걷나다'이다. 이 말은 '걷[步]+나[出]+다(어미)'로 분석되므로, 어원적 의미는 '걸어서 나가거나 나오다'에 해당한다. 중세국어에 이미 '건나다, 건너다'와 같이 모음 교체에 의한 형태가 나타난다. '건나다'가 '건너다'로 변화되는 것은 모음조화에 의한 것이다.

㉯ 걷[步]+나[出]+다(어미)

㉮ 걷나다> 건나다> 건너다

㉰ • 病死ᄅᆞᆯ 걷나아(석보상절 19-27)

• 大水를 건나거나(월인석보 21-171)

• 셔븘 使者ᄅᆞᆯ ᄡᅥ리샤 바ᄅᆞᄅᆞᆯ 건너싫 제(憚京使者爰涉于海, 용비어천가 18장)

건네다[건:네다] 동 '건너다'의 사동사. 남에게 말을 붙이다. (돈이나 물건 등을 상대에게) 받으라는 뜻으로 내밀다.

⊟ 중세국어 형태는 '걷내다'이다. 이 말은 '걷나다'에 사동접사 '이'가 결합된 형태이다. 그러므로 어원적인 의미는 '건너게 하다'이다.

㉯ 걷[步]+나[出]+이(접사)+다(어미)

㉮ 걷내다> 건내다> 건네다

예 • 越은 걷낼 씨니(석보상절 23-3)

　• 뎌 ㄱ새 건내쇼셔(월인석보 8-99)

　• 受苦ㅅ 바롤 건네는 샌론 빅라(심경언해 8)

☞ 건너다

건달 몡 하는 일 없이 빈둥빈둥 놀거나 게으름을 부리는 짓. 또는 그러한 사람.

▣ 건달바(乾闥婆)에서 말음절이 줄어서 된 말이다. 『국한회어(國漢會語)』(1895)에서 '건달 乾達'로 처음 나타난다. 산스크리트어에서 '음악의 신'을 뜻하는 'Gandharva'를 중국에서 음역하여 '乾闥婆'라고 하였으며, 이 말이 줄여서 '건달'이라고 하게 되었다. 불교 용어인 '건달바'의 의미에서 벗어나 현대적 의미의 '건달'이 된 것은 19세기 이후의 문헌에서 확인되며, 그 이전의 문헌에서는 '건달바'와 '건달'이 같은 의미로 사용되었다.

▣ 산스크리트어 'Gandharva'는 관세음보살이 중생을 구제하기 위하여 서른두 가지 모습으로 나타나는 모습의 하나로서, 악신(樂神, 음악의 신)이다. 중국어 음역 '乾闥婆'는 중국의 문헌에서 '健闥縛, 犍闥婆' 등의 다른 표기가 있을 뿐이므로, '건달'을 '乾闥'로 표기하지 않고 '乾達'로 표기한 것은 국어에서 생긴 일이라고 생각된다. 대개의 국어사전에는 '건달(乾達)'이라고 되어 있어서 '건달바(乾闥婆)'의 한자와는 차이가 있으나, 한자 표기도 일치시키는 것이 바람직할 것이다.

㉞ 건달바(乾闥婆)

㉖ 건달바> 건달

☞ 건달바

건달바(乾闥婆) 몡 불교에서 팔부중(八部衆)의 하나. 수미산(須彌山) 남쪽의 금강굴에 살며, 제석천(帝釋天)의 아악을 맡아보는 신. 향(香)만 먹으며 공중으로 날아다닌다 함.

▣ 산스크리트어 'Gandharva'를 한어(漢語)에서 '乾闥婆'로 음역한 것이다. 당(唐)의 혜림(慧琳)이 편찬한 『일체경음의(一切經音義)』에 나온다.

㉞ (산스크리트어)Gandharva

ⓔ Gandharva> 乾闥婆> 건달바

☞ 건달

건성 몡 (주로 '건성으로'의 꼴로 쓰여) 성의 없이 대충 겉으로만 하는 태도.

ⓘ 국어사전에서 '건성'은 고유어로 처리되고 있으나, 이 말은 한자어 '乾性'에서 왔음이 분명하다. '건성'과 관계되는 단어에 부사 '건으로(乾—)'가 있으며, 이 말의 뜻은 '터무니없이, 턱없이'이다. 국어사전에서 '건으로'의 '건(乾)'은 한자어로 처리하고 있다. '乾性'을 중세국어 한자음으로 읽으면 '건성'이다.

ⓦ 乾性(건셩)

ⓗ 건셩> 건성

걸쇠[걸:쐬] 몡 문을 걸어 잠글 때 빗장으로 쓰는 'ㄱ'자 모양의 쇠.

ⓘ '걸쇠'의 중세국어 및 근대국어 형태는 '걸솨'나 '걸쇄'로서 '걸솨'가 기본 형태이며, 이 말은 어원적으로 '걸[掛/挂]+ㄹ(관형사형 어미)+솨(鎖)'로 분석된다. 과섭 과운(果攝 果韻)인 '鎖'의 중세국어 한자음은 '솨'가 정칙이기 때문에 '걸솨'가 어원적 형태이다. 그런데 '쇠사슬'을 뜻하는 한자 '鎖'는 중세국어 한자음이 '솨'였으나, 이후의 한자음에서 '쇄'가 되었다. '걸쇄'의 '쇄'를 '쇠[鐵]'로 인식하면서 '걸쇠'의 형태가 고정된 것이다. 여기에는 '열쇠, 자물쇠' 등의 어휘가 영향을 마쳤다.

ⓘ 15세기 문헌인 『내훈(內訓)』(1475)의 'ㄴᄌ기 ᄒᆞ며 이페 들 제 걸솨를 바ᄃᆞ며 보ᄆᆞᆯ 두ᄅᆞ디 말며(나직이 하며 문에 들 때에 걸쇠를 받들며 둘러보지 말며)'에서 '걸솨'의 형태로 처음 나타난다. 17세기에는 '걸쇄, 걸새' 등으로 바뀌어 19세기까지 계속되었으나, 18세기에 등장한 '걸쇠'가 이후 주도적인 형태가 되어 현대로 이어졌다. 중세국어의 '걸솨'는 '걸-+-ㄹ+鎖(솨)'의 구조로 분석된다. '쇠사슬'을 뜻하는 한자 '鎖'는 중세국어 한자음이 '솨'였으나, 이후의 한자음에서 '쇄'가 되었다. 그러므로 '걸솨'는 '거는 쇠사슬'이란 뜻이다. '걸솨'가 '걸쇄'가 된 것은 반모음 'ㅣ [j]'가 덧붙은 것인데, 여기에는 특별한 이유가 있는 것은 아니다. 『증수무원록언해』(1792)에 '鎖匠'을 '쇄장이'라고 한 것을 보면 '鎖'의 한자음이 근대국어에서 '쇄'로 바뀐 것을 알 수 있다. '걸쇄'에서 '왜'의 발음은 애초에는 [waj]였으나, 근대국어 말엽에는

[wɛ]로 바뀌어 '쇄'가 '쇠'의 발음과 비슷하게 되었다. 이에 따라 19세기 문헌인 『국한회어(國漢會語)』(1895)에서는 '걸쇄 掛鐵'이라고 하여 '쇠'를 뜻하는 한자 '鐵'과 관련시켰다. 이렇게 '걸쇄'의 '쇄'를 '쇠[鐵]'로 인식하면서 '걸쇠'의 형태가 고정된 것이다. 여기에는 '열쇠, 자물쇠' 등의 어휘가 영향을 마쳤을 가능성도 크다. 왜냐하면 『훈몽자회(訓蒙字會)』(1527)에 'ᄌ몰쇠 솨(鎖)'라고 하였고, 근대국어 여러 문헌에서는 '鎖子'를 'ᄌ몰쇠, ᄌ믈쇠' 등으로 풀이하고 있기 때문이다.

㉮ 걸[掛]+ㄹ(관형사형 어미)+솨(鎖)

㉯ 걸솨> 걸쇄> 걸쇠

㉰ • 이페 들 제 보믈 모로매 ㄴᄌ기 ᄒ며 이페 들 제 걸솨ᄅᆞᆯ 바ᄃ며(將入戶視必下 入戶奉扃, 내훈-선조 1-6)

　• 쇠 걸쇄ᄂᆞᆫ 門關을 열오저 ᄒ놋다(鐵鎖欲開關, 두시언해-중간 11-50)

　• 바독 걸쇠갓치 얽은 놈아(고시조)

걸앉다[거:란따] 图 높은 곳에 궁둥이를 붙이고 두 다리를 늘어뜨리고 앉다. 걸어 앉다.

⊟ 중세국어 형태는 '걸앉다/걸안따'이며, '걸안따'는 팔종성표기법에 의한 것이므로 '걸앉다'와 형태적 차이가 있는 것은 아니다. 현대국어에서 '걸앉다'는 '걸어앉다'와 같은 말이지만, 중세국어 및 근대국어에서 '걸어앉다'는 쓰이지 않았다. '걸앉다'는 '걸다[掛]'와 '앉다[坐]'의 비통사적 합성어이므로, 높은 곳에 몸을 걸어 두 다리를 늘어뜨리고 앉는다는 어원적 의미를 지닌 말이다.

㉮ 걸[掛]+앉[坐]+다(어미)

㉯ 걸앉다/걸안따> 걸앉다

㉰ • 홁무적에 줏구리 걸안자(법화경언해 2-118)

　• 師子床이 걸앉고(월인석보 13-11)

겁(劫) 图 천지가 한 번 개벽한 때부터 다음 개벽할 때까지의 동안이란 뜻으로, 계산할 수 없는 무한히 긴 시간. '겁파(劫簸), 겁파(劫波), 겁파(劫跛)' 등이 줄어든 말이다. ↔찰나.

[ㄱ]

[二] 산스크리트어의 'kalpa'를 한어(漢語)에서 '겁파(劫簸), 겁파(劫波), 겁파(劫跛)' 등으로 음역하였다. 이 '겁파(劫簸)'가 줄어서 '겁(劫)'이 되었다. 범어의 'kalpa'는 힌두교 용어라고 하며, 43억 2천만 년에 해당하는 시간이라고 한다.

[三] 한자 '劫'은 '겁탈하다, 위협하다'의 뜻이며, '簸'는 '(키로 곡식을) 까부르다', '波'는 '물결', '跛'는 '절뚝발이' 등의 뜻이므로, '겁파(劫簸), 겁파(劫波), 겁파(劫跛)' 등은 한자의 뜻과는 상관없이 산스크리트어 'kalpa'를 단순히 음역한 것임을 알 수 있다.

[원] (산스크리트어)kalpa

[변] kalpa> (漢語)劫簸/劫波/劫跛> 劫(겁)

[예] • 劫은 時節이라 ᄒᆞᆫ 쁘디라(월인석보 1-5)
• 이 ᄀᆞᆮᄒᆞᆫ 무리ᄂᆞᆫ 여러 겁을 지나도 샤치 못ᄒᆞ리니라(경신록언석 20)

겁파(劫簸, 劫波, 劫跛) [명] '겁(劫)'의 본딧말.

☞ 겁(劫)

것 [의] 어떤 사물을 낱낱의 이름 대신 포괄적으로 이르는 말.

[二] 중세국어 형태는 모음 교체에 의해 '것'과 '갓'이 있지만, '것'으로 쓰이는 경우가 일반적이었다. 그런데 중세국어의 '것'과 '갓'은 현대국어와 같은 의존명사 용법 외에 '물건(物件)'을 뜻하는 보통 명사의 용법도 있었으므로, 현대국어에 비하여 독립적인 말이었다.

[원] 것/갓[物]

[변] 것/갓> 것

[예] • 그지업슨 풍류 가ᄉᆞ로(월인석보 8-8)
• 갓 믈(物, 훈몽자회 하-2, 천자문-광주 17)
• ᄒᆞᆫ 것도 업스니(無一物, 남명집언해 상-5)
• 것 믈(物, 천자문-석봉 17)

겉 [명] 밖으로 드러나 보이는 쪽의 면. 겉면.

[二] '겉'에 해당하는 중세국어는 '갗[皮]'이나 '겇[皮]'이었다. '갗'은 주로 동물이나 사

람의 경우에 쓰이므로, 현대국어의 '가죽[皮], 피부(皮膚)'를 뜻하고, '겇'은 식물이나 땅과 같은 무생물의 경우에 쓰였으므로, 어느 정도 의미 기능의 분담이 있었다고 생각된다.

[三] 근대국어 후기에 나타나는 '것흐로(浮面上, 한청문감)'는 '겉으로'를 달리 적은 형태이므로, '겉'이란 형태가 나타난 것은 근대국어 후기이다. 이것은 '겇'의 받침이 'ㅊ'에서 'ㅌ'으로 바뀌어 새로운 형태 '겉'이 된 것을 뜻하는 것이다.

[원] 갗[皮]/겇[皮]

[변] 갗/겇> 겇> 겉

[예] • 거믄 가ᄎᆞ로 ᄆᆡᆼᄀᆞ론 几를(烏皮几, 두시언해-초간 15-4)
- 것 바ᄉᆞᆫ 조ᄡᆞᆯ(脫粟, 두시언해-초간 15-5)
- 느릅나모 거츠로(구급방언해 하-73)
- 것흐로(浮面上, 한청문감 197)

게(偈)[게:] [명] 부처의 공덕이나 가르침을 찬미하는 노래 글귀. 가타(伽陀).

[一] '가타(伽陀)'는 산스크리트어 'Gāthā'를 한어(漢語)에서 음역한 것이다. 국어에서 '伽(가)'와 '偈(게)'의 한자음은 서로 다르지만, 한어(漢語)에서 '가타(伽陀)'의 '伽'와 '偈'는 음이 유사하여 준말로 쓰이게 된 것이다. 한자 '偈(게)'의 원래의 뜻은 '쉬다'이다.

[二] 산스크리트어 'Gāthā'는 '노래'라는 뜻을 가진 어근 'gai'에서 파생된 말이며, 성가(聖歌)를 뜻한다. 대개 산문체로 된 경전의 끝에 읊을 수 있도록 붙인 신비로운 내용의 운문이다.

[원] (산스크리트어)Gāthā

[변] Gāthā> (漢語)伽陀> 偈(게)

겨누다 [동] (총, 활, 창 따위를) 명중이 되도록 거리를 가늠하여 목표물 쪽으로 향하다.

[一] '겨누다'의 중세국어 형태는 '견후다/견호다'이지만, 의미상으로는 현대국어의 '견주다, 겨누다, 재다' 등에 해당한다. 즉 중세국어에서 '견후다/견호다'의 주된 의

미는 '측량하다, 헤아리다, 비교하다' 등에 해당하므로, 현대국어 '겨누다'의 의미와는 약간의 차이가 있다.

囯 중세국어에는 '견후다/견호다'에 관련되는 '견주다/견조다, 견추다/견초다, 견지다' 등의 어휘도 있다. '견주다/견조다, 견추다/견초다' 등은 현대국어의 '견주다'에 해당하지만, '견지다'는 오히려 현대국어의 '겨누다'에 해당한다. '견주다/견조다, 견추다/견초다, 견지다' 등의 일련의 어휘는 '견후다/견호다'와 어원적으로 동원(同源) 관계에 있음이 분명하지만, 그 형태적 발달 과정을 파악하기는 힘들다.

㉿ 견후[測, 比, 擬]+다(어미)

㉿ 견후다> 겨누다

㉿ • 견홀 의(擬, 신증유합 하-15)
   • 안 시울에 견호아 버히고(화포식언해 8)

겨레 圐 같은 핏줄을 이어받은 민족.

囯 중세국어에서도 '겨레'란 말이 쓰였다. 이 말은 어원적으로 '결[編]+에(접사)'로 분석되며, '결다'는 'ㄷ' 불규칙 동사이므로 '결+에'는 '겨레'로 변이된다. 중세국어 및 현대국어에서 같은 형태로 사용되는 '결다'는 '엮어 짜다'란 뜻이므로, '겨레'는 '핏줄로 얽혀 맺어진 무리'라는 의미에서 조어(造語)된 것임을 알 수 있다. 다만 중세국어의 '겨레'는 주로 집안의 일가친척을 가리키는 경우가 많았으므로, 현대국어의 '겨레'보다는 지칭하는 범위가 좁았다.

㉿ 결[編]+에(접사)

㉿ *결에> 겨레

㉿ • 그 시절 녯 가문과 오란 겨레들히 다 能히 이ㄹ디 몯ㅎ더라(當時故家舊族皆不能若是, 소학언해-선조 6-75)

겨를 圐 (동사의 어미 '-ㄹ/을' 아래에 쓰여) 어떤 일 이외에 다른 일을 할 잠깐의 시간적인 여유.

囯 '겨를'의 중세국어 형태는 '겨를/겨롤'이 있는가 하면, '겨르/겨ᄅ'도 있다. 그리고 '겨를ㅎ다/겨롤ㅎ다, 겨르롭다/겨ᄅ롭다, 겨르ᄅ빅다/겨르ᄅ외다/겨ᄅᄅ외다' 등

과 같은 파생어도 쓰였다. 그런데 비록 잘 쓰이지는 않았지만, 중세국어나 근대국어에서 단독 형태 '결'이 현대국어 '겨를'의 의미로 쓰인 경우가 있고, 현대국어에서도 '잠결'과 같은 말이 있는 것을 보면 '겨를/겨를, 겨르/겨ᄅ'의 어원적인 형태는 '결'에 있다고 하겠다.

㈂ 南廣祐(1997)의 고어사전에는 '결'의 표제어가 둘이다. 첫 번째의 '결'은 '물결[波], 겨를[暇]' 등으로 뜻풀이를 하고, 두 번째의 '결'은 현대국어 '결[理]'로 풀이하였지만, 오히려 '물결[波], 겨를[暇], 결[理]' 등의 세 가지의 의미를 함께 묶는 것이 합당할 것으로 생각된다. 이 세 가지의 의미에서 '결[理]'이 가장 본질적이다. 어떤 사물이 일정한 켜를 지으면서 '결'을 형성하기 때문에, 이로부터 '사이, 틈, 동안' 등과 같은 추상적인 의미로 발전한 것으로 이해되기 때문이다. '결'을 어원적인 형태로 잡으면, 음운의 첨가에 의하여 '겨르/겨ᄅ'가 되고, 다시 '겨를/겨를'이 되었다고 하게 된다. '겨르/겨ᄅ'의 어말 모음이 매개모음 형태를 취하여 음성과 양성 모음으로 교체되는 것도 단독 형태 '결'에서 '겨르/겨ᄅ'가 나왔다고 하는 것을 뒷받침해 준다.

㈜ 결[理]

㈇ 결> 겨르/겨ᄅ> 겨를/겨를> 겨를

㈄ • 箕穎과 글와 이솔 겨릐 업더라(未遑等箕穎, 두시언해-초간 24-40)
　• 討賊이 겨를 업스샤ᄃᆡ 션ᄇᆡᄅᆞᆯ 아ᅀᆞ실씨(不遑討賊且愛儒士, 용비어천가 80장)
　• 비록 이리 겨를 업서도(동국신속삼강행실도 효-29)
　• 겨ᄅ 한(閑, 천자문-석봉 31)
　• 어와 盧事로다 이 님이 어ᄃᆡ 간고 결의 니러 안자 窓을 열고 ᄇᆞ라보니(송강 가사)

겨우 ㈜ 어렵게 힘들여. 가까스로.

㈐ '겨우'의 중세국어 형태는 '계우/계오'이다. 그런데 중세국어에는 동사로서 '계우다/계오다'가 있는데, 이 말은 '못 이기다[不勝]'의 뜻이었다. 그러므로 부사인 '계우/계오'는 '계우다/계오다'의 어간이 바로 부사로 파생된 것으로 이해된다.

㈂ 중세국어에서 용언의 어간이 접사의 첨가 없이 부사로 바로 파생되는 경우가 종종 있다. '비릇다[始] → 비릇, ᄉᆞᄆᆾ다[通] → ᄉᆞᄆᆾ, ᄂᆞ외다 → ᄂᆞ외' 등이 이러한 예

에 속한다. 현대국어에는 이러한 조어법이 사라졌다. 그러나 '계오/계우'의 경우는 '오/우'로 끝나기 때문에, '너무, 자주, 비로소' 등의 파생 부사의 형태와 같아서 형태 유지에 유리하게 작용한 것이다.

웬 계우(다)/계오(다)[不勝]

변 계우/계오> 계유/계요/겨유/겨요> 겨우

예 • 계우 안잣는 거셔(剛坐的, 번역박통사 상-41)

　　• 계오 열 설 머거서(甫十歲, 번역소학 9-2)

　　• 계유 쓰다(裁給, 어록해 30)

　　• 계요 ᄀᆞᅀᅵ 미니라(僅得泊岸, 동국신속삼강행실도 열-4-10)

　　• 나히 겨유 열둘헤(年纔十二, 동국신속삼강행실도 효-3-76)

　　• 겨요 면교ᄒᆞ오시고(계축일기 49)

겨우내 몡 겨울 동안 죽.

㊀ '겨우내'의 중세국어 형태는 '겨슬내'이므로, 당시에는 'ㄹ'이 아직 탈락하지 않았음을 알 수 있다. 접사 '-내'는 '처음부터 끝까지'의 의미를 더해 주는 말이다.

㊁ 그런데 현대국어 '겨울[冬]'에 해당하는 중세국어 형태는 '겨슬/겨ᅀᅳᆯ, 겨슬ㅎ/겨ᅀᆞᆯㅎ'이기 때문에 '겨ᅀᆞᆯ내'란 말도 쓰였을 것으로 생각된다.

웬 겨슬/겨ᅀᆞᆯ[冬]+내(접사)

변 겨슬내/겨ᅀᆞᆯ내> 겨우내

예 • 겨슬내 뎌기 ᄎᆞ며(一冬裏踢建子, 번역박통사 상-18)

겨우살이 몡 ① 겨우살잇과의 겨우살이, 꼬리겨우살이, 동백나무겨우살이, 참나무겨우살이 따위를 통틀어 이르는 말. ② 겨우살잇과의 상록 관목. 높이는 40~50cm이며, 잎은 마주나고 긴 타원형이다. 이른 봄에 작고 노란 꽃이 가지 끝에 피고 반투명한 공 모양의 열매는 가을에 누런 녹색으로 익는다. 줄기와 잎은 약용한다. 참나무 · 오리나무 · 버드나무 따위에 기생하는데 한국, 일본, 중국, 대만, 아프리카, 유럽 등지에 분포한다. 조라.

㊀ '겨우살이'는 중세국어 문헌에 '겨ᅀᅳ사리'로 나타나고, 근대국어 문헌에서는 '겨

으사리, 겨으살이, 겨으슬이, 겨ᅀᅡ사리, 겨ᅀᅮ스리' 등의 다양한 형태로 나타난다. 중세국어의 '겨스사리'는 '겨슬/겨울[冬]+살[生]+이(접사)'의 구조에서 치경음 'ㅅ' 앞에서 'ㄹ'이 탈락한 형태이다. 중세국어 문헌에서 '겨울'보다는 '겨슬'의 용례가 더 많다.

㉢ 중세국어 및 근대국어 문헌에서 '겨스사리, 겨으사리, 겨으살이, 겨으슬이, 겨ᅀᅮ사리, 겨ᅀᅮ스리' 등에 해당하는 한자어는 '蔦, 麥門冬, 冬靑, 冬靑子, 寄生, 寄生草, 寄生木, 忍冬' 등으로 다양하지만, '겨울에 사는 식물'이란 뜻의 어원적 공통점을 지닌 말들이다. '麥門冬'은 차자표기로 '冬兒沙里(촌가구급방)'라고 하였으므로, 중세국어의 '겨스사리/겨ᅀᅮ사리'에 해당함을 알 수 있다.

㉝ 겨슬/겨울[冬]+살[生]+이(접사)

㉻ 겨슬살이/겨울살이 > 겨스사리/겨ᅀᅮ사리 > 겨으사리 > 겨우살이

㉩ • 겨스사리(蔦, 사성통해 하-13)
  • 쏭나모 우희 겨으사리(桑上寄生, 동의보감 탕액-2)
  • 겨으살이(冬靑子, 역어유해보 51)
  • 겨으살이(冬靑, 유씨물명고 4)
  • 겨ᅀᅮ사리(寄生草, 동문유해 하-46)
  • 겨ᅀᅮ스리너츨(忍冬, 방약합편 25)

겨울 囝 한 해의 네 철 가운데 마지막 철.

㉢ '겨울'의 중세국어 형태는 '겨슬/겨울, 겨슬ㅎ/겨울ㅎ'이다. 'ㅎ' 종성의 여부는 문헌에 따라 엇갈리지만, 'ㅎ' 종성을 가진 것을 어원적 형태로 처리해 둔다.

㉢ 제2 음절 이하에서 'ㆍ'가 'ㅡ'로 바뀌는 것은 16세기부터 시작되며, 'ㅿ'의 탈락은 16세기 중엽에 일어난다. 'ㅿ'이 탈락한 '겨을'이란 형태는 이미 15세기에도 보이지만, 'ㅿ'이 소멸한 16세기 중엽부터 '겨을'이라는 형태가 일반화되었다고 할 수 있다. 그러나 16세기 문헌에서도 '겨올'이란 형태가 나타나고, 17세기부터는 '겨울'이란 형태가 나타나 현대국어로 이어졌다. '겨을'에서 '겨올/겨울'이 되는 음운적 과정에는 일정한 원리가 있는 것은 아니다.

㉤ '겨슬/겨울'의 어원을 '겨/겻[在]+을/ᄋᆞᆯ(접사)'의 구조에서 찾는 경우가 있으나(최

창렬 1986: 74), 어근 '겻'을 실증할 수 없으므로 신뢰하기 힘들다.
[원] 겨슬ㅎ/겨슬[冬]
[변] 겨슬/겨ᅀᆞᆯㅎ> 겨슬/겨ᅀᆞᆯ> 겨을/겨ᄋᆞᆯ> 겨올/겨울> 겨울
[예] • 겨슬헤 업고 보ᄆᆡ 퍼듀믈 보며(觀冬索而春敷, 선종영가집언해 하-44)
• 모미 겨스렌 덥고(월인석보 1-26)
• 고ᄫᆞᆫ 病으로 겨ᅀᆞᆯ와 보ᄆᆞᆯ ᄆᆞ초라(瘡癘終冬春, 두시언해-초간 19-31)
• 겨을 동(冬, 신증유합 상-2)
• 겨ᄋᆞᆯ헤 모욕ᄒᆞ고(冬沐浴, 동국신속삼강행실도 효-5-2)
• 나도 아마 올 겨올 ᄂᆡ년 보ᄆᆞᆯ 살면(순천김씨간찰)
• 봄의 지어 뎔워 둣다가 겨울흘 디내더라(서궁일기 69)

겨자 [명] 십자화과의 한해살이풀 또는 두해살이풀. 높이 약 1m. 밭에 재배함. 잎은 깃꼴로 갈라지고, 봄에 십자 모양의 노란 꽃이 핌. 씨는 맵고 향기로워 양념과 약재로 씀. 청개(青芥).
[一] '겨자'의 중세국어 형태는 '계ᄌᆞ'이다. 이 말은 한자어 '芥子'에서 온 것이다. 한어(漢語)에서 국어의 '겨자'에 해당하는 말은 '芥'이며, '芥子'는 '겨자씨'를 뜻하는 말이다. 현대 한어에서 '芥'의 발음은 [kaj]와 [tɕie]가 있으나, '겨자'의 뜻으로는 후자의 발음이 일반적으로 쓰이고 있다.
[二] '芥'의 중세국어 한자음은 '개(上聲, 去聲)'이지만, 이것은 한어 중고음(漢語中古音)을 반영한 것이며, '芥'가 '계'로 반영된 것은 한어 근대음(漢語近代音)을 반영한 것이다. '芥'의 한어음(漢語音)은 역사적으로 '상고[keat]> 중고[kɐi]> 근대[kiai]> 현대[tɕie]' 등과 같이 변화하였으므로 참조할 수 있다. 이에 따라 '계ᄌᆞ'란 말은 근대 한어(近代漢語)로부터 들어온 차용어라는 것을 알 수 있다. '芥子'의 '子'는 중세국어 한자음에 따라 'ᄌᆞ'로 읽은 것이다.
[원] (漢語)芥子
[변] 芥[kiai]子> 계ᄌᆞ> 겨ᄌᆞ> 겨자
[예] • 계ᄌᆞ ᄡᅡᆨ맛가미라도(석보상절 23-5)
• 겨ᄌᆞ(大芥, 유씨물명고)

견디다 图 (사람이나 생물이 어려움이나 괴로움에) 굴복하지 않고 버티다.

囗 '견디다'의 중세국어 형태는 '견듸다/견틔다'이다. 현대국어 형태가 구개음화를 겪지 않고 '견디다'로 되어 있는 것은 중세국어나 근대국어 형태에서 'ㄷ' 다음에 '이'가 바로 연결되지 않고 '으/ㅇ'가 개재되어 있었기 때문에 구개음화가 적용되지 않은 것이다.

⑳ 견듸/견틔[耐]+다(어미)

⑭ 견듸다/견틔다> 견디다

⑩ • 늘근 그려기는 보미 주류믈 견듸여(老鴈春忍飢, 두시언해-초간 8-21)

　• 호마 伶俜혼 열 히옛 이룰 견틔옛노니(已忍伶俜十年事, 두시언해-초간 6-16)

결따마(—馬) 图 붉은빛에 가까운 누른빛의 말.

囗 중세국어 형태는 '졀다물'이다. 중세몽골어에서 'je'erde'는 '붉은말[赤馬]'을 뜻하는 말로서, 중세국어에서 '졀다'로 표음되었고, 여기에 다시 '물[馬]'을 첨가하여 중세국어의 차용어 '졀다물'이 된 것이다. '졀다물'은 몽골어에서 차용한 말이므로, 고려 시대에 이미 사용되었을 것임이 분명하다.

囗 '졀다물'에서 '결따마'가 된 것은 '졀다물'의 '졀'이 '결'의 구개음화에 의해 형성되었을 것이라는 언중(言衆)의 오류작용에 의한 부정회귀(不正回歸), 그리고 '물'을 한자어 '마(馬)'로 교체한 결과에 의한 것이다.

⑳ (몽골어)je'erde[赤馬]+물[馬]

⑭ 졀다물> 졀쟈물> 결따마

⑩ • 졀다물(번역박통사 상-42)

　• 졀쟈물(동문유해 하-36)

☞ 말

결코(決—) 图 (아니다, 없다, 못하다 등과 함께 쓰이어) 어떠한 경우에라도. 절대로.

囗 중세국어에 '결ㅎ다'의 활용형인 '결티(소학언해 6-63)'가 사용되었고, 근대국어에는 '결ㅅ단코(한청문감 240)'와 같은 말이 쓰였으므로, 중세국어나 근대국어에서

'결ᄒᆞ고'의 축약 형태인 '결코'란 말이 사용되었을 가능성은 충분하다.
[원] 결(決)+ᄒᆞ[爲]+고(어미)
[변] 결ᄒᆞ고> 결코

겻불 [명] 겨를 태우는 불.
[一] '겻불'은 중세국어 형태를 기준으로 하면 '겨[糠/강]+ㅅ(사잇소리)+블[火]'로 분석된다.
[二] '겻불'은 겨를 태우는 불이기 때문에 불기운이 미약하다. 그래서 '나는 얼어 죽어도 겻불은 안 쬔다.'와 같은 표현이 사용되는 것이다.
[원] 겨[糠]+ㅅ(사잇소리)+블[火]
[변] *겨ㅅ블> 겻불

경기도(京畿道) [명] 우리나라의 중앙부에 있는 14도의 하나. 마한(馬韓)의 도읍지였고, 백제와 고구려가 각축을 벌이던 곳으로, 뒤에 신라의 땅이 됨.
[一] 경기(京畿)란 말은 경성(京城)과 기내(畿內)라는 뜻이다. 경성(京城)은 도읍(都邑)의 성(城)이란 말이며, 기내(畿內)는 왕도(王都) 주위의 오백 리 이내의 땅을 뜻한다. 1018년(고려 현종 9년) '경기도'라는 명칭이 처음 생겼을 때는 그 해당 지역이 개성을 중심으로 한 것이었으나, 그 후 수도의 이전에 따라 경기도의 중심은 개성에서 서울로 이동하게 되었다.
[원] 경(경성/京城)+기(기내/畿內)+도(道)
[변] 경기도

경마(—馬) [명] 남이 탄 말을 몰기 위하여 잡는 고삐. 또는 남이 탄 말의 고삐를 잡고 걸어가면서 말을 모는 일.
[一] '경마'는 '말을 끌다.'의 의미인 '견마(牽馬)'에서 변화된 말이다.
[원] 견마(牽馬)
[변] 견마> 경마
[예] • 죵 ᄒᆞ나ᄒᆞᆯ 견마ᄅᆞᆯ 잡혀(태평광기언해 1-17)

경상도(慶尙道) 🏷 경상남도와 경상북도를 두루 일컫는 말. 본래는 진한과 고구려의 땅이었으나 후에 신라의 땅이 되었다.

🔲 1314년(고려 충숙왕 원년)에 영동도의 경주(慶州)와 영남도의 상주(尙州)의 첫 글자를 따서 경상도라고 한 것이 정식 명칭의 시작이다.

㋒ 경(경주/慶州)+상(상주/尙州)+도(道)

㋫ 경상도

경치다(黥—) 🏷 혹독하게 벌을 받다.

🔲 '경치다'는 중세국어 형태를 기준으로 '黥(경)+티[點劃]+다(어미)'로 분석된다. '경을 치다'라는 통사 구조에서 목적격 조사 '을'이 생략된 후 '경치다'로 축약된 것이다. '경치다'의 '경'은 형벌의 하나인 한자어 '경(黥)'이며, '치다'는 '붓이나 연필 따위로 점을 찍거나 선이나 그림을 그리다'의 뜻이다. 경(黥)을 치는 형벌 제도가 없어지면서 '경(黥)을 치다'라는 단어의 본래의 뜻이 잊히고, 그 대신 본래의 뜻에서 파생된 '혹독한 꾸지람이나 벌을 받다'라는 새로운 의미가 남게 되었다.

🔲 이 말의 유래는 오래된 것이지만 문헌에 나타나는 것은 20세기 이후이다. '경(黥)'은 자자(刺字)하는 형벌로서 경면형(黥面刑), 삽면형(鈒面刑), 묵형(墨刑) 등으로 불리기도 한다. 즉, 죄인의 몸에 상처를 내고 먹물로 글자를 새겨 전과를 표시하는 표징형(表徵刑)으로서, 정형(正刑)인 장형(杖刑)이나 유형(流刑)에 부수되는 부가형이다. 이 형벌은 중국 주나라의 형서인 『여형(呂刑)』의 5형 중 묵형(墨刑)에 해당하므로 중국의 형벌 제도에서 유래되었다. 중세국어의 '티다'는 '繩은 먹 티는 노히라(능엄경언해 1-18)'에서와 같이 현대국어의 '(줄을) 치다, (난을) 치다'에 해당하는 말이다.

㋒ 黥(경)+티[點劃]+다(어미)

㋫ *경티다> 경치다

계(屆) 🏷 (일부 명사 뒤에 붙어) 어떤 사실을 신고하는 문서임을 나타내는 말.

🔲 '屆(계)'의 본래의 뜻은 '이르다, 다다르다'이다. '결석계(缺席屆), 결근계(缺勤屆)' 등에 사용하는 '屆'의 접미사 용법은 일본어에서 들어온 것이다.

[三] 일본어에서 ‘とどく(届く)’는 ‘닿다, 이르다’의 뜻이며, ‘とどける(届ける)’는 ‘보내다, 닿게 하다, 신고하다’의 뜻이다. 그리고 일본어에서 ‘届’를 접미한 말은 ‘死亡届[しぼうとどけ], 出生届[しゅっせいとどけ]’ 등에서와 같이 음(音)으로 읽지 않고, 훈(訓)으로 읽는다. 국어에서는 이러한 일본어 용법의 ‘届[とどけ]’를 받아들여 쓰면서 국어 한자음 ‘계’로 읽은 것이다.

[원] (일본어)届[とどけ/todoke]

[변] 届[とどけ/todoke]> 계

계시다[계:시다] [동][형] ‘있다’의 높임말.

[一] ‘계시다’의 중세국어 형태는 ‘겨시다’이다. ‘겨시다’는 다시 ‘겨[在]+시(주체존대어미)+다’로 분석되지만, 중세국어에서 ‘겨다’가 단독으로 쓰인 용례는 확인되지는 않고, 항상 주체존대 선어말어미를 통합한 ‘겨시다’로만 쓰였다. 그러나 이두(吏讀)의 용법을 참조하면 중세국어 이전에는 ‘있다’와 같은 의미인 ‘겨다’란 말이 단독 어휘로 존재했음을 충분히 짐작할 수 있다.

[三] 이두(吏讀)에서 ‘爲在乙良’은 ‘ᄒᆞ견을랑’으로 읽는 것이 전래(傳來)의 독법이다. 이러한 독법을 통하여 어근 ‘겨-’의 존재와 의미를 확인할 수 있다. ‘겨시다’가 ‘계시다’가 된 것은 ‘겨’의 뒤에 오는 ‘이’ 모음의 영향을 받아서 ‘계’가 된 것이다.

[원] 겨[在]+시(주체존대어미)+다(어미)

[변] 겨시다> 계시다

[예] • 便安히 몬 겨샤(용비어천가 110)

• 眞實로 照臨ᄒᆞ야 계시니라(두시언해-중간 3-18)

계집[계:집] [명] ‘여자’나 ‘아내’를 속되게 이르는 말.

[一] ‘계집’의 중세국어 형태는 ‘겨집’이다. ‘겨집’의 어원에 대해서는 ‘겨[在]+집[家]’이라는 견해가 유력하다(劉昌惇 1954. 2.). 이 견해가 옳다면 ‘계집’의 어원적 의미는 ‘집에 있는 사람’이라는 뜻이 된다. ‘아내[妻]’의 중세 어형은 ‘안해’이며 이 어휘는 ‘안ㅎ[內]+애(조사)’의 구조로 이루어진 말이므로, 고래(古來)로 여자에 대한 명칭은 ‘집안[家內]’과 관련시켰다는 것을 알 수 있다.

ⓔ 겨[在]+집[家]

ⓑ 겨집> 계집

ⓔ • 如來 太子 時節에 나룰 겨집 사ᄆᆞ시니(석보상절 6-4)

　　• 계집의 월슈(동의보감-탕액 1-32)

☞ 계시다

고 闾 ① 옷고름이나 노끈 따위의 매듭이 풀리지 않게 한 가닥을 고리처럼 맨 것. ②
상투를 틀 때 머리털을 고리처럼 감아 넘긴 것.

☐ '고'의 중세국어 형태는 '고ㅎ[結構]'이며, 이 말은 형태가 같은 '고ㅎ[鼻]'와 같은
어원임이 분명하다. 성조도 거성으로서 같다. 그러므로 중세국어에서 '고ㅎ'는 다의
어인 것이며, 의미의 분화는 '고ㅎ[鼻]'를 기본으로 하여 파생된 것으로 생각된다.

☐ '고ㅎ[鼻]'는 근대국어에 '코'로 형태가 바뀌었지만, '고ㅎ[結構]'는 종성(終聲)의
'ㅎ'만 탈락하였으므로, 근대국어 이후부터는 의미에 따른 형태의 분화가 생기게 되
었다.

ⓔ 고ㅎ[鼻]

ⓑ 고ㅎ> 고

ⓔ • 咫尺은 고 ᄉᆡ 머디 아니ᄒᆞᆯ 시니(두시언해-초간 20-17)

　　• ᄀᆞ외예 고히 업도다(금강경삼가해 5-6)

☞ 코

고고 闾 로큰롤에 맞추어 몸을 심하게 흔드는 야성적인 춤. 또는 그 음악.

☐ '고고'란 외래어는 영어로부터 들어온 말이지만, 영어의 'gogo'는 프랑스어 'á
gogo'에서 차용한 말이다. 프랑스어 'á gogo'는 '마음껏. 마음 내키는 대로. 충분히'
등의 뜻으로서, 특히 카바레의 이름에 덧붙여 쓰이는 경우가 있다.

ⓔ (프랑스어)á gogo

ⓑ á gogo> (영어)gogo> 고고

고구려(高句麗) 闾 만주 일대와 한반도 북부에 있던, 고대 국가의 하나(37 B.C. ~

A.D. 668). 시조는 동명왕 주몽(朱蒙).

⬜ 중국의 사서(史書)인 삼국지(三國志) 위지(魏志) 동이전(東夷傳)에 '溝漊者 句麗名城也'란 기록이 있다. 여기에서 '구루(溝漊)'의 음상과 '구려(句麗)'의 음상이 비슷하므로, 이 두 어휘를 같은 말에 대한 이문(異文)으로 간주할 수 있을 것으로 생각된다. 그렇다면 고구려(高句麗)란 국호는 본래 성(城)을 뜻하는 말인 '구려(句麗)'에 접두사적인 '고(高)'를 덧붙인 말로 해석할 수 있다.

ⓦ 高+句麗[城]

ⓗ 高句麗> 고구려

고구마[고:구마] 몡 메꽃과의 여러해살이풀. 줄기는 길게 뻗으며, 잎은 심장 모양임. 잎겨드랑이에서 나온 꽃자루 끝에 담홍색 꽃이 나팔꽃 모양으로 피며, 열매는 공 모양임. 타원형의 덩이뿌리는 식용하며, 잎이나 줄기도 나물로 먹음. 남아메리카 원산으로, 우리나라에는 근대에 들어옴.

⬜ '고구마'의 근대국어 형태는 『물명고(物名考)』(19세기)의 '고금아'이다. 이 말은 소창진평(小倉進平 1920, 1975 재록)에서 논의한 바와 같이 일본의 대마도(對馬島) 방언인 '코코이모(koukouimo/こうこういも, 孝行藷)'에서 온 것임이 확실해 보인다. 이와 관련하여 영조대의 통신사 조엄(趙曮, 1719~1777)이 쓴 『해사일기(海槎日記)』의 건륭 29년(1764) 6월 18일자에 '名曰甘藷 或云孝子麻 倭音古貴爲麻'라고 하였으므로, 소창진평(小倉進平 1920)의 견해는 타당한 것으로 생각된다.

⬜ '코코이모(koukouimo/こうこういも, 孝行藷)'에서 근대국어 '고금아'가 된 것을 설명하는 데 어려움이 있다. 우선 조엄의 일기에서도 왜음(倭音)으로 '고귀위마(古貴爲麻)'라고 한 것을 보면 수입 당시부터 말음(末音)은 '마(麻/ma)'였을 가능성이 크다. 아마도 이것은 고구마를 '감서(甘薯)'라고도 한다는 것을 참조하면, 고구마가 '마[薯]'의 일종으로 여겨졌던 것에 연유하여 말음의 변음(變音)에 작용한 것이 아닐까 생각된다.

ⓦ (일본어)こうこういも[koukouimo/孝行藷]

ⓗ こうこういも[koukouimo]+(마[薯])> 고금아> 고구마

ⓔ • 고금아(물명고)

☞ 감자

고금 圀 말라리아의 속칭. 학질(瘧疾).
⊟ '고금'의 중세국어 형태는 '고봄'이나 '고곰'이지만, 중세의 문헌에서 '고봄'이 더 일반적으로 쓰인 점, 그리고 음운 변화의 역사적 측면에서 'ㄱ> ㅂ'의 변화보다는 'ㅂ> ㄱ'의 변화가 더 일반적이라는 점을 고려할 때, '고봄'이 어원적 형태에 가까운 것이라고 할 수 있다.
⊟ '고봄'에서 '고곰'이 된 것은 필수적인 음운 변화의 양식은 아니지만, 국어의 역사에서 '더품[泡]'이 '거품'이 되고, '붊[鼓]'이 '북'이 되며, '거붑[龜]'이 '거북'이 되고, '솝[裏]'이 '속'이 되는 것 등에서 볼 수 있는 바와 같이 'ㅂ> ㄱ'의 변화는 종종 발견되는 음운 변화이다.
⊕ 고봄[瘧]
⊞ 고봄> 고곰> 고금
⊛ • 나롤 隔흔 고봄 ᄀᆞᄒᆞ니(隔日瘧, 능엄경언해 5-2)
　• 고곰 졈(痁, 훈몽자회 중-34)

고깔 圀 중이 쓰는 건(巾)의 한 가지. 무당이나 농악꾼이 머리에 쓰는 것.
⊟ '고깔'의 중세국어 형태는 '곳갈'이다. 이 말은 우선 '곳+갈'로 분석되며, 어원적으로는 '곳/곶[錐, 串]+갈/간[笠, 冠]'으로 풀이할 수 있다.
⊟ '곳/곶[錐, 串]'은 중세국어의 '곳골회(釵環, 구급방언해 상-53), 솔옷/솔옺(錐, 남명집언해 하-20, 박통사언해 상-42) 등에서, 그리고 근대국어의 '곳감(乾柿, 역어유해 상-31)'에서 그 형태를 확인할 수 있으며, 그 어원적 형태는 '곶'이다. '갈/간[笠, 冠]'은 '갈'과 '간'의 선후 관계에 대한 어원적 형태의 설정에 어려움이 있지만, 중세국어의 '간[冠, 笠]'이 단독 형태이므로, '간'을 어원적 형태로 잡는 것이 무방하다. 특히 현대국어 '갈모'의 중세국어 형태가 '간모'인 점을 참조할 수 있다.
⊕ 곶[錐, 串]+간[笠, 冠]
⊞ *곶간> 곳갈> 고깔
⊛ • 흰 곳가를(두시언해-초간 7-21)

• 곳갈 관(冠, 훈몽자회 중-22)
☞ 갈모, 송곳

고답(高踏) [명] 지위나 명리를 떠나 속세에 초연함.
[一] 원래 한어(漢語)에서는 '高踏'이란 말은 없고, '高蹈(고도)'란 말이 있다. 그런데 일본어에서는 한자 표기에서 '蹈'를 쓰지 않고 같은 뜻의 한자인 '踏'을 쓰면서도, 한자음으로 읽을 때는 '蹈'의 음인 [とう/to:]로 읽는다. 한어에서 '高蹈'의 뜻은 '먼 곳으로 떠나 은거함'이다. 국어에서는 일본어의 한자 표기를 받아들여 '고답(高踏), 고답적(高踏的), 고답파(高踏派)' 등의 어휘를 쓰고 있다.
[二] '고답파(高踏派)'란 말은 프랑스의 문예 용어인 'Parnassien(파르나시앵)'을 일본에서 번역한 것으로서, 일본어에서는 '高踏派[こうとうは/ko:to:ha]'로 읽는다. 원래의 한어(漢語) 용법이나, 일본어 발음에 맞는 원래의 한자어로 쓴다면 '高蹈派(고도파)'라고 해야 옳다. 프랑스 문예 용어인 'Parnassien(파르나시앵)'은 '파르나스(Parnasse) 산(山)의'란 뜻의 형용사 용법에서 명사적으로는 '고답파 시인'을 집합적으로 지칭하게 된 것이다. '파르나스(Parnasse)'는 고대 그리스 신화에서 아폴론과 뮤즈의 신이 살았다는 산이다.
[원] (프랑스어)Parnassien
[변] Parnassien> (일본어)高踏派[こうとうは/ko:to:ha]> 고답(파)

고답파(高踏派) [명] 1860년대 프랑스 근대시의 한 유파. 현실과 동떨어진 예술 지상주의를 주장함. 파르나시앵(Parnassien).
☞ 고답(高踏)

고도리 [명] 화투 놀이의 일종인 '고스톱'을 통칭하거나, 또는 고스톱에서 매화, 흑싸리, 공산명월의 열끗짜리 세 장으로 이루어지는 약을 일컬음.
[一] '고도리'는 일본어 'ご[go, 五]'와 'とり[tori, 鳥]'의 합성어이다. 고스톱의 약인 '고도리'는 석 장의 화투짝으로 구성되며, 여기에는 모두 합하여 다섯 마리의 새가 그려져 있다는 데서 유래한 것이다.

[원] (일본어)ご[go, 五]+(일본어)とり[tori, 鳥]
[변] ごとり[gotori]> 고도리

고두리 [명] ① 물건 끝이 뭉뚝한 곳. ② '고두리살'의 준말. ③ 고두리살을 갖춘 활.
[一] 중세국어 형태는 '고도리'이며, 이 말은 몽골어 'qodoli[樸頭, 骲頭]'를 차용한 것이다. 'qodoli[樸頭, 骲頭]'는 '화살촉'을 뜻하는 말로서, 나무나 뼈를 이용하여 만든다.
[원] (몽골어)qodoli[樸頭, 骲頭]
[변] qodoli> 고도리> 고두리
[예] • 鹿角오로 밍ᄀᆞᆫ 고도리(鹿角樸頭, 번역노걸대 하-29)
• 고도리(骲頭, 한청문감 5-7)

고드름 [명] 낙숫물 따위가 흘러 내리다가 길게 얼어붙은 얼음. 빙주(氷柱). 현빙(懸氷).
[一] '고드름'의 근대국어 형태는 '곳어름'이다. 이 말은 '곶[錐, 串]+얼[氷]+음(명사화 접사)'으로 분석된다고 하는 것이 이치에 맞다. 이에 따라 '곳어름'은 '꼬챙이같이 길게 생긴 얼음'이라는 의미에서 조어(造語)된 것이다.
[二] 18세기 문헌인 『역어유해(譯語類解)』(1690)의 '簷垂氷 곳어름'에서 '곳어름'의 형태로 처음 나타난다. 19세기의 '고도름, 고두름' 등을 거쳐 20세기의 '고드름'이 현대로 이어졌다. 이 말은 어원적으로 '곶[錐, 串]+얼[凍]+음(접사)'으로 분석되거나, '곧[直]+얼[凍]+음(접사)'으로 분석된다. 17세기의 문헌에 나오는 형태인 '곳어름'의 '곳'을 '곶'에서 온 것으로 보거나, 아니면 '곧-'에서 온 것으로 보는 두 가지 해석이 가능한 것이다. 근대국어의 형태인 '곳어름'의 '곳'이 '곶'에서 왔다면 '꼬챙이 같은 얼음'이란 뜻이 되고, '곧-'에서 왔다면 '곧은 얼음'이란 뜻이 된다. 그런데 '고드름'의 방언 형태로 '고조리(전남, 평북, 함남, 함북), 고지리(함남)' 등이 있다. 이러한 형태는 '곳어름'의 '곳'이 '곶'에서 왔을 가능성을 지지해 준다. 반면에 18세기 이후의 형태들인 '고도롬, 고두름, 고도름, 고도롬' 등은 두 번째 음절의 'ㄷ' 때문에 '곧-'에서 왔을 가능성을 제기한다. 그런데 '곶+얼음'의 구조라고 하더라도 '얼음'이라는 실사

앞에서 'ㅈ'은 말음법칙이 적용되어 'ㄷ'으로 발음되어야 한다. 이것은 '꽃잎'의 발음이 [꼬칩]이 아니라, [꼳입]을 거쳐 [꼰닙]으로 발음되는 것과 같은 이치이다. 그러므로 18세기 이후의 형태들에 나타나는 'ㄷ'이 반드시 '곧-'에서 온 것을 지지하는 것은 아니다. 따라서 방언 형태인 '고조리, 고지리' 등의 'ㅈ'을 어근의 받침으로 추정하면 '고드름'은 '꼬챙이같이 길게 생긴 얼음'이라는 의미의 '곶+얼+음'의 어원적 구조에서 만들어진 것이라고 할 수 있다.

㉮ 곶[錐, 串]+얼[氷]+음(접사)

㉯ *곶얼음> 곳어름> 고드름

㉰ • 곳어름(簷垂氷, 역어유해보 48)

고등어 圄 고등엇과의 바닷물고기. 몸은 기름하고 통통하며 등은 녹색에 흑색의 물결 무늬가 있고, 배는 은백색임. 청어(鯖魚).

㊀ '고등어'의 근대국어 형태는 '고동어'이며, '고도리(역어유해 하-37)'로 표기된 경우도 있다. 옛 문헌에서 한자로 '古刀魚, 高道魚, 高刀魚' 등으로 표기한 것은 일종의 취음 표기이겠지만, '古刀, 高道, 高刀' 등으로 표기한 본딧말의 어원을 알 수는 없다.

㊁ '古刀魚, 高道魚, 高刀魚' 등으로 표기한 형태가 국어 표기로 '고동어'가 된 것은 한어(漢語)에서 '魚'의 한자음 성모(聲母)가 의모(疑母)인 'ㅇ[ŋ]'이기 때문이다. 즉 '魚'의 초성 'ㅇ[ŋ]'이 앞 말의 종성이 되어 '고동어'가 된 것이다.

㉮ 고도(古刀/高道/高刀)+魚[어/ŋə]

㉯ *고도어> 고동어> 고등어

㉰ • 고동어(물명고 2-4)

고딕(Gothic) 圄 12~16세기에 유행한 중세 유럽의 건축이나 예술 양식. 건축에 있어서는 돔(dome)과 높은 첨탑(尖塔) 등이 특색이며 성당 건축에 많이 나타난다. 인쇄 용어로는 고딕체.

㊀ 영어에서 'Gothic'은 형용사로 쓰이면 '고딕양식의, 고트인의, 야만적인' 등의 뜻이며, 명사로는 '고딕 예술, 고트어, 고딕 활자' 등의 뜻으로 쓰인다.

[三] 'Gothic'이란 말은 '고트족(Goth)'에서 유래하였으며, 본래는 고트족에 대한 외부인의 느낌이 괴기적이고 야만적이었던 데에서 생긴 의미이다. 고트족은 3~5세기에 로마제국의 영내를 침입하여 정주한 게르만족의 한 부족이다.
[원] (라틴어)Gothic
[변] Gothic> (영어)Gothic> 고딕

고라말 [명] 등에 검은 털이 난 누른 말.
[三] '고라말'의 중세국어 형태는 '고라ᄆᆞᆯ'이다. 이 말은 '고라+ᄆᆞᆯ[馬]'로 이루어졌으며, '고라'는 몽골어 'qula[黃馬]'를 고려 시대에 차용한 말이다.
[원] (몽골어)qula[黃馬]+ᄆᆞᆯ[馬]
[변] qula+ᄆᆞᆯ> 고라ᄆᆞᆯ> 고라말
[예] • 고라ᄆᆞᆯ(土黃馬, 박통사언해 상-62)
☞ 말

고랑 [명] 두두룩한 두 땅의 사이에 좁고 길게 들어간 곳.
[三] 중세국어의 형태도 '고랑'이다. 이 말은 '골[谷]+앙(접사)'으로 분석되어 충분하다.
[원] 골[谷]+앙(접사)
[변] 골앙> 고랑
[예] • 고랑 견(畎, 훈몽자회 상-7)

고루 [부] 더하고 덜함이 없이 고르게.
[三] '고루'의 중세국어 형태는 '골오'이다. 이 말은 '고ᄅᆞ[均]+오(부사화 접미사)'의 구조로 분석되며, 접사의 통합 과정에서 어간 말음의 'ᄋᆞ'가 탈락한 것이다. '고ᄅᆞ다'는 현대국어 '고르다'의 중세국어 형태이다.
[원] 고ᄅᆞ[均]+오(접사)
[변] 골오> 고로> 고루
[예] • 아ᄃᆞ리 크니 글월 卷帙을 골오 가졧도다(男大卷書均, 두시언해-초간 20-28)

• 그 지믈을 고로 눈홀시(소학언해 6-20)

고르다[고르니, 골라] 圈 더하고 덜함이 없이 모두 한결같다.

一 '고르다'의 중세국어 형태는 '고ᄅᆞ다'이다. 국어 음운사에서 제2 음절 이하의 'ᄋᆞ'는 '으'로 변화하는 원칙에 따라 '고르다'가 된 것이다.

二 근대국어에 나타나는 '고로다'는 '고ᄅᆞ다'에서 모음동화에 의한 변화 형태이거나, 또는 '고ᄅᆞ[均]+오(사동접사)+다(어미)'로 분석되어 '고ᄅᆞ다'의 사동형으로 파악될 형태이다.

㉠ 고ᄅᆞ[均]+다(어미)

㉡ 고ᄅᆞ다> 고르다

㉢ • 고ᄅᆞ게 홀디니라(平均, 두시언해-초간 23-12)

고름 圈 종기가 곪아서 생기는 희고 누른 액체. 농(膿).

一 '고름'의 중세국어 형태는 '고롬'이다. 이 말은 우선 '골[膿]+옴(접사/어미)'으로 분석될 성격이므로, '골다[膿]'라는 동사를 생각하게 된다. 현대국어와 마찬가지로 중세국어에서는 '곪다'와 '곯다'가 모두 사용되었고, 근대국어에서는 '골다'라는 말도 쓰였다. 이들 '곪다, 곯다, 골다'가 약간씩의 의미 차이가 있지만, 어원적으로는 '골다'라는 형태가 기본이라고 할 수 있다.

二 중세국어에 '곱[膏]'을 뜻하는 명사로 '골(膏, 구급방언해 상-62)'이 있다. '골[膏]'과 '골다[膿]'가 어원적으로 관련이 있다고 할 수 있으며, 이렇게 되면 '골'과 '골다'는 'ᄀᆞᄆᆞᆯ[旱]-ᄀᆞᄆᆞᆯ다, 깃[巢]-깃다, 누비[衲]-누비다, 되[升]-되다, 빗[櫛]-빗다, 신[履]-신다, 품[懷]-품다' 등의 파생 관계와 같이 명사와 동사가 넘나드는 품사 전성으로 이해할 수 있을 것이다.

㉠ 골[膿]+옴(접사/어미)

㉡ 고롬> 고름

㉢ • 能히 고롬이 ᄃᆞ외며(能爲膿, 능엄경언해 8-99)

고리¹ 圈 쇠붙이나 끈 따위를 구부려서 두 끝을 맞붙여 만든 물건. 주로 둥근 모양을 이룸.

[一] '고리'의 중세국어 형태는 '골회'이다.

[원] 골회[環]

[변] 골회> 골희> 고리

[예] • 連環은 두 골회 서르 니슬 씨라(능엄경언해 1-22)
  • 골희(環子, 동문유해 하-17)

고리[2] [명] 껍질을 벗긴 고리버들의 가지. 고리나 대오리로 엮어 상자같이 만든 물건. 고리짝.

[一] 중세국어 형태도 '고리'이다. 이 말은 한자어 '栲栳(고로)'에서 온 말이다. '고로(栲栳)'는 '竹'을 부수로 하는 글자도 있다.

[원] (漢語)栲栳

[변] 栲栳(고로)> 고리

[예] • 고리(사성통해 하-18)
  • 고리(栲栳, 물보)

고맙다[고:맙따][고마우니, 고마워] [형] (남이 베푼 친절, 도움, 은혜 등에 대해) 마음속 깊이 은혜로움이나 따뜻한 정을 느껴 기쁘다.

[一] 중세국어 형태도 '고맙다'이지만, 현대국어와는 약간의 의미 차이가 있었다. 중세국어의 '고맙다'는 '존귀(尊貴)하다'의 의미로서, 이것은 중세국어의 명사 '고마[敬]'에서 형용사로 파생한 결과이다. 근대국어에 들어 '고맙다'는 현대국어와 같은 의미로 변하였다. 중세국어에서 '고마온 바를 보고 공경ᄒᆞ야(소학언해 3-11)'는 현대국어로 '존귀한 바를 보고 공경하여'로 풀이된다.

[二] 16세기 문헌인 『순천김씨간찰』(1565)의 '뉴ᄉᆡᆼ원 지븐 고마오니 오ᄂᆞᆯ 밥 머그라 가기 고마온 ᄃᆞᆺᄒᆞ니(유생원 집은 고마우니 오늘은 밥 먹으러 가기 고마운 듯하니)'에서의 '고맙다'는 현대의 의미에 가깝다. 그러나 『소학언해(小學諺解)』(1586)의 '禮記예 ᄀᆞ로ᄃᆡ 君子의 모양은 ᄌᆞᄂᆞᆨᄌᆞᄂᆞᆨᄒᆞ니 고마온 바를 보고 공경ᄒᆞ야 조심ᄒᆞᄂᆞ니라(禮記에 가로되 君子의 모양은 조용하게 존귀한 바를 보고 공경하여 조심

한다)'에서는 현대국어와는 약간의 의미 차이가 있었다. 어원적으로 '고맙다'는 '존귀(尊貴)하다'의 의미로서, 이것은 중세국어의 명사 '고마[敬]'에서 형용사로 파생된 것이다. 근대국어에 들어 '고맙다'는 현대국어와 같은 의미로 사용되었다. 즉 17세기 문헌인 『현풍곽씨언간』의 '날 보려코 ᄒᆞ니 더옥 고마워 ᄒᆞ뇌'에서는 현대국어와 같은 의미로 해석된다.

[三] 중세국어에서 성조가 '평성-거성'인 '고마'와 '상성-거성'인 '고마'는 성조의 차이가 있으며, 그 의미도 다르다. 전자는 '첩(妾)'을 의미하며, 후자는 '공경(恭敬)'을 뜻하는 말이다. 후자의 '고마'에 'ᄒᆞ다'를 붙인 중세국어 '고마ᄒᆞ다'는 『석보상절(釋譜詳節)』(1447)에서 '서르 고마ᄒᆞ야 드르샤 說法ᄒᆞ시니(서로 공경하여 드시어 說法하시니)'에서와 같이 '공경하다'의 뜻이 된다. 후자의 '고마'가 '고마ᄒᆞ다'와 같이 동사로 파생되어 쓰이게 되면서, 이어서 형용사 형태인 '고맙다'도 파생된 것이다. 중세국어의 '고마(平去/妾)'와 '고마(上去/敬)'는 동일한 어원으로 처리할 수 없다.

[원] 고마[敬]+ㅂ(접사)+다(어미)

[변] 고맙다[恭敬]> 고맙다[感謝]

[예] • 고마온 바를 보고 공경ᄒᆞ야(見所尊者, 소학언해 3-11)

• 고마와 ᄒᆞ시도록 말을 음흉히 ᄒᆞ니(한중록 202)

고명딸 [명] 아들 많은 집의 외딸.

[一] '고명딸'은 중세국어 형태를 기준으로 '고명[料]+ᄯᆞᆯ[女息]'으로 분석된다. '고명'은 '고명을 ᄆᆡᆫᄃᆞ라(作料, 노걸대언해 상-19)'에서와 같이 17세기의 근대국어 문헌에 나타나므로, 중세국어에서도 사용되었다고 추측할 수 있다. 현대국어 '딸'의 중세국어 형태는 'ᄯᆞᆯ'이다.

[二] '고명'은 '음식의 모양을 꾸미기 위하여 음식 위에 뿌리거나 얹는 양념'을 뜻하므로, '고명딸'의 원래의 뜻은 '음식의 고명처럼 집안의 모양을 내주는 딸'이다. 그러던 것이 현대국어에서는 '아들 많은 집의 외딸'로 약간 의미가 바뀌게 되었다.

[원] 고명[料]+ᄯᆞᆯ[女息]

[변] *고명ᄯᆞᆯ> 고명딸

고무 [명] 고무나무 껍질에서 나오는 액체를 굳혀서 만든 물질. 탄력성이 강하고 신축이 자유로우며 전기가 통하지 않아 공업 제품이나 생활용품의 원료로 널리 쓰임.

[一] 외래어 '고무'는 일본어 'ゴム[gomu]'에서 들어온 말이며, 일본어 'ゴム[gomu]'는 네덜란드어 'gom'에서 차용한 것이다. 영어로는 'gum'이며, 프랑스어로는 'gomme'인데 모두 라틴어 'cummi/gummi'에 직접적인 어원을 두고 있다. 라틴어 'cummi/gummi'는 그리스어 'kommi'로 소급되고, 이는 다시 이집트어 'qmyt'로 소급된다.

[二] '고무'와 '껌'의 어원은 같다. 다만 '고무'는 일본어를 통하였고, '껌'은 영어로부터 들어왔다.

[원] (이집트어)qmyt

[변] (이집트어)qmyt> (그리스어)kommi> (라틴어)cummi/gummi> (네덜란드어)gom> (일본어)ゴム> 고무

☞ 껌

고문관(顧問官) [명] ① 자문(諮問)에 응해 의견을 말하는 직에 있는 사람. ② 주로 군대에서, 어리숙한 사람을 농조로 이르는 말.

[一] 1949년 6월 주한미군의 철수가 완료되자 한국 정부의 요청에 의한 주한 미국 군사고문단(KMAG, The United States Military Advisory Group to the Republic of Korea)이 설치되었다. 미국 군사고문단의 효시는 1946년 1월 한국군 국방사령부에 파견된 미군 장교 2명과 사병 4명이 시초였으며, 한국전쟁 때도 미국 군사고문관이 배치되었다.

[二] 미군정(美軍政) 시기와 한국전쟁 때 미국 군사고문관(Military Advisor/Adviser)이 배치되었는데, 이들 고문관들은 한국말에 서투를 뿐만 아니라 한국 실정에도 어두웠기 때문에 여러 면에서 어리숙한 행동이나 실수를 많이 했으며, 한국인들이 이러한 점을 이용해 고문관을 속이고 자신의 잇속을 챙기는 일도 많았다. 이로부터 군대 내에서 어리숙한 행동을 하는 사람을 일러 '고문관'이라고 부르던 것이 사회 밖으로까지 나와 쓰이게 된 것이다

[원] (영어)Advisor/Adviser

㊞ Advisor/Adviser> 고문관(顧問官)

고물 [명] 배의 뒤쪽. 꽁지부리. 선미(船尾).

[一] '고물'의 근대국어 형태는 '고믈'이다. '고물'은 '배의 앞쪽'을 뜻하는 상대어인 '이물'과 함께 생각하는 것이 좋다. '이물'이란 말과 근대국어 형태 '고믈'을 참조하면 '고물'은 어원적으로 '곰[後]+을(접사)'로 이해하는 것이 가능하다.

[二] 근대의 문헌에 나오는 '곰ᄇᆡ님ᄇᆡ'라는 말은 '연거푸'라는 문맥적 의미로 이해되고 있으나, 어원적으로 '곰'과 '님'은 각각 '뒤[後]'와 '앞[前]'이라는 의미를 지닌 말이다.

[원] 곰[後]+을(접사)

[변] 곰을> 고믈> 고물

[예] • ᄇᆡᆺ고믈(舡稍, 역어유해 하-21)

☞ 이물

고비 [명] 사물의 가장 긴요한 기회나 막다른 절정.

[一] '고비'의 중세국어 형태는 '고ᄇᆡ'이다. 그러나 중세국어의 '고ᄇᆡ'는 단순히 현대국어 '굽이[曲]'에 해당하는 말로서, 음성 모음 형태인 '구븨[曲]'와는 어감의 차이로 구분되었다. '고ᄇᆡ'는 그 의미가 추상화하여 현대국어의 '고비'가 되고, '구븨'는 그 뜻이 그대로 이어져 현대국어의 '굽이'가 되었다.

[二] 중세국어에서 형용사 어간에 연결되는 접사인 '-ᄋᆡ/-의'는 명사를 파생시키는 접사이며, '-이'는 부사화 접사였다. 그러므로 중세국어에서 '고ᄇᆡ, 구븨'는 '곱다/굽다[曲]'에서 파생된 명사라는 것을 알 수 있다.

[원] 곱[曲]+ᄋᆡ(명사화 접사)

[변] 곱ᄋᆡ> 고ᄇᆡ> 고비

[예] • ᄆᆞᆯᄀᆞᆫ ᄀᆞᄅᆞᇝ ᄒᆞᆫ 고ᄇᆡ ᄆᆞᅀᆞᆯᄒᆞᆯ 아나 흐르ᄂᆞ니(淸江一曲抱村流, 두시언해-초간 7-3)

☞ 구비

고뿔 🏷 감기(感氣)를 뜻하는 고유어.

☐ '고뿔'의 중세국어 형태는 '곳블'이다. 'ㅂ' 뒤에서 원순모음화가 일어나 '으'가 '우'로 바뀌어 18세기에 '곳불'이 되고, 20세기에 '고뿔'이 되어 현대로 이어졌다. 이 말은 어원적으로 '고ㅎ[鼻]+ㅅ(조사/사잇소리)+블[火]'로 분석되어 '코의 불'이라는 뜻이다. '곳블'을 소리나는 대로 표기하여 굳어진 형태가 현대의 '고뿔'이다.

☰ 16세기 문헌인 『분문온역이해방(分門瘟疫易解方)』(1542)의 '사ᄅᆞᆷ돌히 다 그 ᄒᆡ 그모도록 곳블도 만나디 아니ᄒᆞ며(사람들이 그 해가 저물도록 고뿔도 만나지 아니하며)'에서 '곳블'의 형태로 처음 나타난다. 16세기의 '곳블'은 '고ㅎ+ㅅ+블'로 분석되며, 현대국어로 풀이하면 '코의 불'이다. '고ㅎ'의 'ㅎ'은 'ㅅ' 앞에서 탈락하여 '곳블'로 표기되며, '블'은 현대국어 '불'의 중세국어 형태이다. 15세기 문헌에서 '고ㅎ'의 성조는 거성이고 '블'의 성조도 거성인데, '곳블'의 성조 역시 '거성+거성'이라는 점도 이러한 분석을 뒷받침해 준다. 감기에 걸리면 열이 나면서 비염(鼻炎)에 의하여 코가 뜨겁게 느껴지기 때문이었는지 '곳블'이라는 말을 만들어 썼던 것으로 보인다. 중세국어 '고ㅎ'는 현대국어에서 '코'로 바뀌었지만 '고뿔'이라는 단어에는 격음화 이전의 '고'가 변하지 않고 살아 있다. 이것은 중세국어 '갈ㅎ[刀]'이 현대국어의 '칼'로 변하였지만, 파생어인 '갈치'에는 그대로 '갈'이 남아 있는 것과 같은 현상이다.

☱ 현대국어의 한자어 '감기(感氣)'는 18세기 문헌에 '감긔'로 나오며, 이 말은 중국어나 일본어에서 사용되지 않으므로, 국어에서 만들어진 것으로 생각된다. 20세기 초기 문헌까지 '고뿔'과 '감긔/감기'가 함께 사용되어 세력이 비슷하였다. 그러나 현대국어에서 이 말은 한자어 '감기(感氣)'에 밀려 거의 쓰이지 않으며, 노년층에서나 사용되는 예스러운 표현으로 남아 있다.

㋒ 고ㅎ[鼻]+ㅅ(조사/사잇소리)+블[火]

㋩ 곻ㅅ블> 곳블> 고뿔

㋡ • 그 ᄒᆡ 그므도록 곳블도 만나디 아니ᄒᆞ며(竟年不遭傷寒, 분문온역이해방 4)

고삐 🏷 마소의 재갈에 잡아매어 몰거나 부릴 때에 끄는 줄.

☐ '고삐'의 근대국어 형태는 '곳비'이다. 이 말은 '고ㅎ[鼻]+ㅅ(조사/사잇소리)+비

(轡)'로 분석되므로, 고유어에 한자가 결합된 구조이다. 한자 '비(轡)'는 그 자체로 '고삐'를 뜻하는 말인데, 소의 경우 '고삐'가 주로 '코[鼻]'를 뚫어 잡아매게 된 까닭으로 중세국어 형태 '곻[鼻]'와 합성어를 이룬 것이다.

㈁ 17세기 문헌인『마경언해(馬經諺解)』(1682)의 '고티ᄂᆞᆫ 법은 곳비로 뒷싸리ᄅᆞᆯ ᄆᆡ고 잇ᄭᅳ러 노ᄑᆞᆫ 언덕의 가(고치는 법은 고삐로 뒷다리를 매고 이끌어 높은 언덕에 가)'에서 '곳비'의 형태로 처음 나타난다. 19세기에 '곱비'라는 형태로 표기되다가, 20세기 이후에는 '고삐'가 되었다. '곳비'를 소리 나는 대로 쓰면 '곧삐'가 되겠으나, '곧삐'의 'ㄷ' 받침은 뒤에 오는 'ㅂ/ㅃ'의 영향으로 'ㅂ'으로 발음되기 쉽다. 이에 따라 19세기에 '곱비[고삐]'라는 형태가 나온 것이며, 다시 발음대로 표기하여 '고삐'가 된 것이다. '곳비'는 '곻+ㅅ+비(轡)'로 분석되므로, '코'를 의미하는 중세국어 '곻'에 사이 'ㅅ'과 한자어 '비(轡)'가 결합한 것이다. 한자어 '비(轡)'는 '고삐'라는 뜻이므로 '곳비'는 그대로 풀면 '코의 고삐'라는 중복 의미가 된다. 아마도 '고삐'는 주로 짐승의 '코'에 거는 '코뚜레'에 연결하는 줄이기 때문에 이러한 말이 생긴 것으로 생각된다.

㈂ '고삐'를 뜻하는 한자어 '비(轡)'는 조선 시대의 문헌에 쓰인 용례가 있다. 조선 순조 때에 조재삼(趙在三)이 편찬한『송남잡지(松南雜識)』에 '비장필천(轡長必踐)'이란 말이 있는데, 이 구절은 직역하면 '고삐가 길면 반드시 밟힌다.'라는 뜻이며, 자세히 풀면 '아무리 남 몰래 하는 일이라도 오래하면 남에게 들키고야 만다.'라는 의미이다. 또한『인조국장도감의궤(仁祖國葬都監儀軌)』에는 '고삐'를 한자어 '비자이(轡子耳)'로 표기하고 있어서 고삐를 뜻하는 한자어 '비(轡)'가 조선 시대에 잘 쓰였음을 알 수 있다.

㉣ 곻[鼻]+ㅅ(조사/사잇소리)+비(轡)

㉺ 곻ㅅ비> 곳비> 고삐

㉯ • 고티ᄂᆞᆫ 법은 곳비로 뒷싸리ᄅᆞᆯ ᄆᆡ고 잇ᄭᅳ러 노ᄑᆞᆫ 언덕의 가(마경언해 하-83)
  • 곳비 글러지다(溜繮, 역어유해보 48)

고샅 몡 마을의 좁은 골목길.

㈀ '고샅'은 '골[谷]+샅[間]'의 구조에서 치경음 'ㅅ' 앞의 'ㄹ'이 탈락하여 이루어진

말이다.
[二] '샅'은 '두 물건 사이의 틈'을 뜻하는 말이다. '샅'은 단독으로도 쓰이지만, '샅샅이, 샅바, 사타구니' 등과 같이 복합어를 이루어 쓰이는 경우가 더 많다.
[원] 골[谷]+샅[間]
[변] *골샅> 고샅

고소하다 [형] 향기로운 맛이 나거나 냄새가 나다.
[一] '고소하다'의 중세국어 형태는 '고ᄉᆞ다'이며, 그 의미는 '향기롭다'이다. 이와 관련된 파생어로 '곳답다'가 있으나, 역시 그 의미는 '향기롭다'이다.
[二] 어근 '곳'의 정체를 파악하기가 쉽지 않다. 흔히 중세국어 '곶[花]'과 같은 어원으로 생각하는 경우가 있으나, 중세국어에 이미 '고ᄉᆞᆫ 수리(香醪, 두시언해-초간 10-9)'에서 보는 바와 같이 어말의 종성이 'ㅈ'이 아닌 'ᄉᆞ'으로 확인되기 때문에 '곶'과 동일시할 수 없다. '곳'의 어원을 향기나는 풀인 '고ᄉᆡ(芫, 荽, 훈몽자회 상-7)'와 연결시킬 가능성도 있으나, 단언하기는 어렵다. '고ᄉᆡ'는 현대국어 '고수'의 중세국어 형태이다. 어근을 '곳/고ᄉᆞ[香]'으로 처리하면, '고ᄉᆞ다'는 '곳/고ᄉᆞ'에서 바로 형용사로 파생된 것으로 설명된다.
[원] 곳/고ᄉᆞ[香]+다(어미)
[변] 고ᄉᆞ다> 고소다> 고소하다
[예] • 회홧 고즐 디새 우희 고ᄉᆞ게 봇가(구급간이방 2-88)
• 香 고소다(역어유해 상-53)

고수 [명] 미나릿과의 한해살이풀. 줄기는 높이 30~60cm이고 속이 비어 있음. 잎은 빈대 냄새가 나고, 6~7월에 가지 끝에 흰 꽃이 핌. 잎과 줄기는 식용하며, 열매는 향료로 이용하거나 약용함. 향유(香荽), 호유(胡荽).
[一] '고수'의 중세국어 형태는 '고ᄉᆡ'이다.
[二] 『향약채취월령』에는 '高柴'로 차음 표기하였다. '高柴'의 중세국어 한자음이 '고ᄉᆡ'이므로 중세국어 형태에 잘 연결된다.
[원] 고ᄉᆡ[芫, 荽]

㉕ 고싀 > 고싀 > 고수
㉔ • 고싀 원(芫, 훈몽자회 상-7)
　• 고싀 슈(荽, 훈몽자회 상-7)
　• 고싀(芫荽, 역어유해 하-10)

고수부지(高水敷地) ㉙ 장마가 져서 물이 불을 때에만 잠기는 강가의 땅. 둔치.
㉠ '敷地'는 일본어에서 조어된 한자어로서 일본어에서는 동사 'しく(敷く)'에 의하여 '敷地/敷き地'를 [しきち]로 읽는다. 일본어의 동사 'しく(敷く)'는 '깔다, 부설하다, 널리 시행하다' 등의 뜻을 가지고 있다. '高水敷地'는 일본어에서 조어된 한자어로서, '홍수에 의하여 물이 높아졌을 때를 대비한 땅'의 의미이다. 국어의 '둔치'에 해당한다.
㉢ '高水'도 역시 일본어의 토목공사 용어이며, 일본어에서 '高水工事[こうすいこうじ]'라고 하면, '홍수를 대비한 하천의 개수 공사'를 말한다.
㉔ (일본어)高水敷地[こうすいしきち]
㉕ 高水敷地[こうすいしきち] > 고수부지(高水敷地)

고슴도치 ㉙ 포유류 고슴도칫과의 한 종. 몸빛은 암갈색에 주둥이가 뾰족하고 다리가 짧음. 등과 몸 양편에 가시가 돋쳐 있음. 자위(刺蝟).
㉠ '고슴도치'의 중세국어 형태는 '고솜돝'이다. 이 말은 '고솜+돝[猪]'으로 분석될 것이지만, '고솜'의 어원이나 뜻은 알 수 없다.
㉡ 근대국어에 접사 '-이'가 첨가되고, 구개음화에 의하여 '고솜도치'가 되었다가, 현대국어에 모음이화(母音異化)에 의하여 '고슴도치'로 바뀌었다.
㉢ 『향약채취월령』에서는 한자의 차음(借音) 및 차훈(借訓)에 의하여 '高所音猪'로 표기하였으며, 이 표기는 중세국어 형태를 잘 반영하고 있다.
㉔ 고솜[?]+돝[猪]+이(접사)
㉕ 고솜돝 > 고솜도치 > 고슴도치
㉔ • 머리터럭과 고솜도틱 가출 굳게 ᄂᆞ호아(구급방언해 하-66)
　• 고솜도치(刺蝟, 한청문감 14-8)

고양이 [명] 포유류 고양잇과의 동물. 살쾡이를 길들인 것으로 송곳니가 발달되어 있고, 발바닥에 살이 많아 소리를 내지 않고 걸을 수 있어 다른 동물에 접근하기가 쉬움. 밤눈이 밝아 쥐를 잘 잡음.

[一] '고양이'의 중세국어 형태는 '괴'이므로, '고양이'는 '괴[猫]+앙이(접사)'의 구조로 분석된다는 것을 알 수 있다. 접미사 '-앙이'는 '지팡이, 노랑이' 등에서 볼 수 있는 것처럼 주로 '작은 것'을 나타내는 의미를 가졌다. 중세국어 및 근대국어에서 '괴'의 '외'는 단모음이 아니라 이중모음이기 때문에 '괴'는 [koj]로 발음되어 현대국어와 음가가 다르다. 즉 어말의 'ㅣ'가 반모음 [j]으로 발음된다. 그러므로 '괴[koj]'에 접미사 '-앙이'가 결합되면 반모음 'ㅣ[j]'와 '아'가 결합되어 '야[ja]'가 되는 것이다. 이렇게 되면 중세국어 및 근대국어에서 '괴앙이, 고양이, 괴양이' 등으로 달리 표기하더라도 실제 귀로 들리는 소리에는 거의 차이가 없다. 이러한 이유에서 17세기 문헌에 '고양이'의 표기가 나타나며, 19세기에는 '괴양이'의 표기도 등장하는 것이다.

[三] 15세기 문헌인 『능엄경언해(楞嚴經諺解)』(1461)의 '녜 사ᄅᆞᄆᆞᆯ 븓던 젼ᄎᆞ로 사ᄅᆞᄆᆡ게 질드ᄂᆞ니 곧 괴 가히 ᄃᆞᆰ 돋 類라(옛날 사람에게 붙던 까닭으로 사람에게 길드니 곧 고양이 개 닭 돼지의 종류이다)'에서 '괴'의 형태로 처음 나타난다. 17세기 문헌에서부터 나타나기 시작하는 '고양이'는 '괴'에 접미사 '-앙이'가 결합하여 이루어진 것이다. 접미사 '-앙이'는 다시 접미사 '-앙'과 '-이'로 분석하는 것도 가능하다. '괴앙이, 괴양이' 등의 표기가 '고양이'보다 어원을 잘 보여주는 표기임에도 불구하고, 현대국어에서 '고양이'란 형태가 우세하게 된 것은 '괴'라는 단독 형태에 대한 인식이 희미해졌기 때문일 것이다. 아울러 '괴양이'란 형태는 '지팡이'를 '지팽이'로 발음하는 것처럼 'ㅣ' 모음 역행동화에 의한 변화된 형태로 오해하기 쉽다. 이러한 경우에 언중(言衆)은 원래의 형태로 되돌리려는 의식이 작용하면서 '고양이'가 원래의 형태라고 생각할 수 있는 것이다. '고양이'의 준말인 '괭이'는 역사적인 문헌에 나타나지는 않으므로 20세기를 전후한 시기에 사용되었을 것으로 추정된다. '고양이'의 준말인 '괭이'는 '살쾡이(삵+ㅎ+괭이)'에서도 찾을 수 있다.

[원] 괴[猫]+앙이(접사)

[변] 괴> 괴앙이> 괴양이> 고양이

[예] • 사ᄅᆞᄆᆡ게 질드ᄂᆞ니 곧 괴 가히 ᄃᆞᆰ 돋 類라(능엄경언해 8-122)

- 고양이(역어유해 하-51)
- 놀뷔 이 형상을 보고 식혜 먹은 괴양이 갓튼지라(홍부젼 15)

고요 몡 잠잠하고 조용한 상태. 주로 파생 형용사 '고요하다'로 사용된다.

□ '고요'의 중세국어 형태는 '괴외'이지만, 때때로 끝 음절의 반모음이 탈락한 '괴오'란 형태도 사용되었다.

□ 현대국어에서 '외'는 단모음이기 때문에 '괴외'는 [kø-ø]로 발음된다. 그러나 중세국어에서 '외'는 하향 이중모음이므로, '괴외'의 발음은 [koj-oj]로 발음된다. [koj-oj]는 음절 재구조화에 의하여 바로 '고외[ko-joj]로 발음된다고 하는 설명도 가능하겠지만, 이보다는 모음 순행 동화에 의하여 '괴외[koj-joj]'가 되고, 이어서 앞 음절의 반모음이 탈락했다고 설명하는 것이 문헌에 나타나는 변화 형태에 비추어 볼 때 자연스럽다. 아울러 반모음이 탈락한 중세국어 형태 '괴오[koj-o]'인 경우는 먼저 '괴요[koj-jo]'가 되었다가 다시 '고요[ko-jo]'가 되는 것이다. 실제로 근대국어 문헌에는 '괴요'란 형태가 나타난다. 그러므로 '괴외'를 어원적 기본 형태로 설정하게 되면, 현대국어의 '고요[ko-jo]'는 '괴외[koj-oj] > 괴오[koj-o] > 괴요[koj-jo] > 고요[ko-jo]'와 같은 발음의 변화 과정을 거친 것으로 설명하게 된다.

웬 괴외[寂]

뻔 괴외> 괴오> 괴요> 고요

몌 • 괴외 젹(寂, 신증유합 하-49)
  • 괴오 졍(靜, 천자문-광주 17)
  • 괴오흔 지븨(번역소학 8-35)
  • 괴요히 이셔(두시언해-중간 1-47)
  • 고요 졍(靜, 왜어유해 상-29)

고을 몡 조선 시대에 주(州), 부(府), 군(郡), 현(縣) 등을 두루 일컫던 말.

□ '고을'의 중세국어 형태는 'ᄀᆞ올ㅎ'이다. 그러나 현대국어 '시골[鄕]'의 중세국어 형태인 'ᄉᆞᄀᆞᄫᆞᆯ(鄕, 용비어천가 35)'이 바로 'ᄉᆞᄀᆞ올(금강경삼가해 3-37)'로 변한 것을 참조하면 'ᄀᆞ올ㅎ'의 앞 형태는 '*ᄀᆞᄫᆞᆯㅎ'이라는 것을 알 수 있다.

[三] 『용비어천가』의 지명에 '조ᄏᆞᄫᆞᆯ(粟村, 용비어천가 2-22)'이 있다. 한역(漢譯) 지명과 대조하면 '조ᄏᆞᄫᆞᆯ'은 '조ㅎ[粟]+ᄀᆞᄫᆞᆯ[村]'의 구조인 것이므로, 'ᄀᆞᄫᆞᆯ/ᄀᆞᄫᆞᆶ'은 그 의미가 '촌(村)'이라는 것을 알 수 있다. 그러면 '시골'의 중세국어 형태인 'ᄉᆞᄀᆞᄫᆞᆯ'은 'ᄉᆞ+ᄀᆞᄫᆞᆯ'로 분석될 것이므로, '시골'의 어원에서는 접두어처럼 사용된 'ᄉᆞ'에 대한 풀이가 과제로 남는다.

[三] 'ᄀᆞᄫᆞᆶ'에서 'ᄀᆞ올ㅎ'이 되는 것은 'ㅸ'이 반모음 '오/우[w]'로 변화되면서, '오/우[w]'가 모음 'ᆞ'와 결합하여 원순모음 '오[o]'가 되기 때문이다. 이러한 변화는 'ㅸ'이 소멸한 15세기 후반에 이루어졌다.

[四] 『용비어천가』에 'ᄇᆡ얌골(蛇洞, 용비어천가 6-43)'이란 고유 지명이 기록되어 있다. 한역(漢譯) 지명인 '蛇洞'과 비교할 때, 'ᄇᆡ얌골'은 'ᄇᆡ얌[蛇]+골[洞]'으로 분석되므로, 이 경우의 '골[洞, 谷]'은 'ᄀᆞᄫᆞᆶ/ᄀᆞ올ㅎ[村, 鄕]'과는 어원적으로 다른 말이라는 것을 알 수 있다. 중세국어 '골[洞, 谷]'은 현대국어 '골, 골짜기'로 이어지며, 'ᄀᆞᄫᆞᆶ/ᄀᆞ올ㅎ[村, 鄕]'은 '고을'로 이어진다는 것도 참고할 수 있다.

[원] ᄀᆞᄫᆞᆶ[村]

[변] ᄀᆞᄫᆞᆶ> ᄀᆞ올ㅎ> 골ㅎ> 고을

[예] • ᄉᆞᄀᆞᄫᆞᆳ 軍馬ᄅᆞᆯ 이길ᄊᆡ(克彼鄕兵, 용비어천가 35장)
- 아ᄆᆞ란 ᄆᆞᅀᆞᆶ히어나 자시어나 ᄀᆞ올히어나 나라히어나(석보상절 9-40)
- 東녁 ᄀᆞ올셔 時로 ᄇᆞᄅᆞ매 글 스고(東郡時題壁, 두시언해-초간 20-7)
- 골희 가 노니며(遊州, 계초심학인문 11)

☞ 시골

고이 [부] 곱게. 삼가 정성을 다하여. 편안하고 조용하게. 그대로 온전히.

[一] '고이'의 중세국어 형태는 '고ᄫᅵ, 고이'이다. 이 말은 '곱[麗]+이(접사)'의 구조에서 '곱다[麗]'가 'ㅂ' 불규칙 용언이므로, 중세국어 초기에 어간말의 'ㅂ'이 'ㅸ'으로 변이한 형태가 '고ᄫᅵ'이고, 중세국어 후기에 'ㅸ'이 소멸함에 따라 '고이'가 된 것이다.

[二] 'ㅸ'은 반모음 '오/우[w]'로 변화하는 것이 원칙이므로, '고ᄫᅵ'는 '*고외[ko-wi]'나 '*고위[ko-wi]'가 되는 것을 예상할 수도 있을 것이다. '오/우'가 반모음 [w]인 경우

에 상향 이중모음으로 발음될 경우의 '외, 위'는 표기는 다르지만, 그 발음이 [wi]로서 서로 같다. 그러나 중세국어의 이중모음 체계에서 '외, 위'는 반모음이 뒤따르는 하향 구조인 '외[oj], 위[uj]'이어야 하기 때문에, 'ㅸ'이 반모음으로 변화한 상향 이중모음의 형태인 '고외/고외[ko-wi]'가 될 수 없는 것이다. 따라서 '고ᄫᅵ'의 경우는 이러한 음절 구조의 제약으로 인하여 'ㅸ'이 완전히 탈락한 형태인 '고이'로 변화하게 된 것이다.

[원] 곱[麗]+이(접사)

[변] *곱이> 고ᄫᅵ> 고이

[예] • 곶 고ᄫᅵ 빙여(월인천강지곡 49)
• 고이 ᄒᆡ오 조ᄒᆞ니로 그 우희 둡고(법화경언해 2-140)

고자 [명] 생식기가 불완전한 사내. 엄인(閹人). 화자(火者).

[一] '고자'의 중세국어 형태는 '고쟈'이다. 흔히 한자어 '鼓子'로 쓰은 취음 표기이다. '鼓子'의 중세국어 한자음은 '고ᄌᆞ'이므로, 중세국어의 '고쟈'와 연결시킬 수는 없다. 아마도 '고쟈'는 한자어 '睾者'에 있을 것으로 생각되기도 하지만 확실치는 않다. 특히 중세국어 한자음으로는 서로 다른 '子(ᄌᆞ)'와 '者(쟈)'가 같은 한자음이 되는 근대국어 시기에 '鼓子'라는 취음 표기가 시작되었을 것으로 생각된다. '睾(고)'의 뜻은 '불알'이다.

[二] '고자'의 어원이 힌두어 'khoja'에 있다는 설도 있고, 한자어 '庫子'에 있다는 논의도 있다. 힌두어설은 실증하기 어려우며, 한자어 '庫子'의 경우는 역시 한자음의 차원에서 신뢰하기 어렵다. '庫子'의 중세국어 한자음은 '고ᄌᆞ'이기 때문이다.

[三] 국어의 '고자'에 해당하는 한어(漢語)는 주로 '엄인(閹人)'이며, '화자(火者)'라는 말도 청대(淸代)의 문헌에 나타난다.

[원] 고쟈[閹]

[변] 고쟈> 고자

[예] • 고쟈 환(宦, 훈몽자회 중-2)
• 고쟈(火者, 역어유해 상-30)

고주망태 〔명〕술을 많이 마셔 정신을 차릴 수 없는 상태.

▱ 이 말은 어원적으로 '고조[槽, 榨]+망탁(網橐)+이(접사)'의 구조로 분석된다. 중세국어에서 쓰인 '고조'는 '술을 거르는 틀'을 뜻하는 말이다.

▱ 20세기 문헌에서 비로소 '고주망태'가 나타나지만, '고주'의 옛 형태인 '고조'는 『사성통해(四聲通解)』(1517)에 나오며, '망태'는 근대국어 문헌인 『청구영언(靑丘永言)』의 시조에 쓰였다. '망태'는 한자어 '網橐(망탁)+-이'에서 온 말이다. '망타기'에서 '망태기'가 된 다음에, '망태+-기'로 잘못 분석하면서 준말인 '망태'가 생긴 것이다. '고주'와 '망태'를 합성하여 한 단어로 만든 것은 현대에 들어서의 일이라고 생각된다. 20세기 초엽의 국어사전에 이 단어가 등재되어 있지 않기 때문이다. 그러므로 옛 형태를 기준으로 이 말은 '고조[槽, 榨]+망탁(網橐)+-이(접사)'의 어원적 구조로 분석된다. '고조'는 '술을 거르는 틀'을 의미하는 말이며, '술주자'라고도 한다. '고주망태'는 본래 '술을 거르는 틀 위에 올려놓는 망태기'의 뜻이다. 술을 거르는 고주 위에 놓인 망태기는 술에 절어 있기 마련이므로, 술에 많이 취해 있는 모습을 '고주망태'로 비유한 것이다.

㋲ 고조[槽, 榨]+網橐(망탁)+이(접사)

㋩ 고조망탁이> 고주망태기> 고주망태

☞ 망태기

고추 〔명〕가짓과의 한해살이풀. 높이 60cm 정도로 잎은 어긋나고, 여름에 흰 꽃이 겨드랑이에 하나씩 달림. 길둥근 열매는 처음은 녹색이나 익으면 빨갛게 됨. 남아메리카 원산으로 우리나라에는 16세기 말에 들어옴.

▱ '고추'의 중세국어 형태는 '고쵸'이다. 17세기와 18세기에 '고쵸'가 계속 쓰이다가, 19세기에 '고초'로 바뀌고 20세기에 '고추'가 되어 현대로 이어졌다. 중세국어 '고쵸'는 한자어 '苦椒'에서 온 것이다. '苦椒'를 중세국어 한자음으로 읽으면 '고쵸'이다. 흔히 '고추'의 어원을 한자어 '苦草'에서 온 것으로 알고 있는 사람이 있으나, 이것은 잘못이다. 중세국어 한자음이 '椒'는 '쵸'인 반면에 '草'는 '초'이기 때문이다. 15세기의 '고쵸'는 단어의 형태적 유래로는 '고추'의 역사적 소급형이지만, 당시의 의미는 지금의 '고추'가 아니라 '후추'에 해당하는 말이었다. 16세기 말에 일본을 통

하여 '고추'가 수입되면서 '고쵸'란 말이 가리키는 대상이 지금의 '후추'에서 '고추'로 바뀌게 되었다.

[三] 15세기 문헌인 『구급간이방언해(救急簡易方諺解)』(1489)의 '고쵸ᄅᆞᆯ ᄀᆞ라 수레 머그라(고추를 갈아 술에 먹어라)'에서 '고쵸'의 형태로 처음 나타난다. 17세기와 18세기에 '고쵸'가 계속 쓰이다가, 19세기에 나타난 '고초'는 'ㅊ'이 경구개음이 되면서 '초'와 '쵸'의 발음 차이가 없어졌기 때문에 나타난 표기이다. 그리고 20세기에 나타나는 '고추'는 '고초'가 비어두 음절에서 불규칙하게 일어난 '오> 우'의 변화에 의한 형태이다. 중세국어 '고쵸'는 한자어 '苦椒'에서 온 것이다. 16세기 문헌인 『훈몽자회(訓蒙字會)』(1527)에 '苦'가 'ᄡᅳᆯ 고'로, '椒'가 '고쵸 쵸'로 올라 있으며, '고쵸'의 성조가 '평성+평성'이고, '고'와 '쵸'의 성조가 모두가 평성인 것이 '고쵸'가 '苦椒'에서 왔다는 것을 말해 증명해 준다. 중세국어(15~16세기)의 '고쵸'는 지금의 '고추'가 아니라 '후추'에 해당하는 말이었다. 외국에서 '고추'가 수입되면서 '고쵸'란 말이 가리키는 대상이 지금의 '후추'에서 '고추'로 바뀌게 되었다. 18세기에는 고추를 가리키는 '고쵸(苦椒)'와 후추를 가리키는 '호쵸(胡椒)'가 엄격히 구분되어 사용되었으므로, '고쵸'가 후추가 아닌 지금의 고추를 뜻하게 된 것은 엄밀히 말하여 18세기 이후라고 할 수 있다.

[三] 고추는 남아메리카 원산으로 아메리카 대륙에서는 오래전부터 재배하였다. 열대에서 온대에 걸쳐 널리 재배하며 열대지방에서는 여러해살이풀이다. 한국에는 16세기 말에 일본을 통하여 들어온 것으로 추정되므로, 담배가 들어온 시기와 거의 일치한다. '고추'는 비록 조선 후기에 들어왔으나, 한국인의 식생활에 막대한 영향을 끼치게 되면서 한국인의 음식을 상징하는 식물의 하나가 되었다. '고추'는 들어온 초기에는 '예고쵸(역어유해 상-52)'라고도 하였다. '예고쵸'의 '예'는 한자 '예 와(倭, 훈몽자회 중-2)'를 참조하면 '倭'의 새김으로서, '일본(日本)'을 뜻하는 말이다. 근대의 문헌인 『화성성역의궤(華城城役儀軌)』에 '苦椒'가 나오며, 『조선영조실록(朝鮮英祖實錄)』에는 '苦椒醬'이란 말이 나타난다.

[원] 苦椒(고쵸)

[변] 고쵸> 고초> 고추

[예] • 고쵸ᄅᆞᆯ ᄀᆞ라(구급간이방1-32)

- 고쵸 쵸(椒, 훈몽자회 상-12)
- 고초(番椒, 물명고 3-24)

☞ 후추

고치 阅 누에가 실을 토하여 제 몸을 싸서 만든 집. 명주실을 뽑아 내는 원료가 됨. 누에고치. 잠견(蠶繭).

☐ '고치'의 중세국어 형태는 '고티'이다. 근대국어 시기에 구개음화에 의하여 '고치'로 변화하였을 것이나, '고치'란 형태가 근대의 문헌에 나타나지는 않는다.

옌 고티[繭]

옌 고티> 고치

옝 • 고티 爲繭(훈민정음 해례-용자례)
  • 누에 고티예 잇돗ㅎ며(석보상절 11-35)

고치다 图 (고장이 나거나 못 쓰게 된 물건을) 손질을 하여 제 구실을 할 수 있게 만들다.

☐ '고치다'의 중세국어 형태는 '고티다'이다. 이 말은 '곧[直]+히(사동접사)+다(어미)'의 구조로 분석되므로, 어원적으로는 '(굽은 것이나 바르지 않은 것을) 곧게 하다'란 뜻이다.

옌 곧[直]+히(사동접사)+다(어미)

옌 곧히다> 고티다> 고치다

옝 • 田制를 고티시니(용비어천가 73)
  • 다 고쳐 商量티 몯ㅎ리로다(선가귀감언해 상-15)

고프다[고프니, 고파] 阅 뱃속이 비어 음식이 먹고 싶다. 시장하다.

☐ '고프다'의 중세국어 형태는 '골ᄑᆞ다'이다. 이 말은 '곯[飢]+ㅂᆞ(형용사화 접사)+다(어미)'로 분석되며, 16세기 이후에 제2 음절의 'ᆞ'가 '으'로 바뀌고, 이어서 'ㄹ'이 탈락하여 '고프다'가 되었다. 중세국어 형태인 '골ᄑᆞ다'는 18세기까지도 문헌에 나타난다.

웬 곯[飢]+ㅂ(접사)+다(어미)

옌 곯ᄇ다> 골ᄑ다> 골프다> 고프다

옝 • 빈 골ᄑ거든(남명집언해 상-10)

　• 골픈 제 ᄒ 입 어더 머구미 브른 제 ᄒ 말 어둠도곤 더으니(번역노걸대 상-43)

　• 빈 고프디 아니ᄒ니(신간구황촬요 3)

고희(古稀) 뎽 70세의 나이를 이르는 말.

□ '고희'라는 말은 당대(唐代)의 두보(杜甫, 712~770)의 시 '곡강(曲江)'에서 연유한 것이다. '조회일일전춘의/朝回日日典春衣 매일강두진취귀/每日江頭盡醉歸 주채심상행유처/酒債尋常行有處 인생칠십고래희/人生七十古來稀'에서 '酒債尋常行有處'는 '人生七十古來稀'와 댓구를 이룬다. 즉 '조회 마치고 돌아와 봄옷을 전당 잡히고, 매일 곡강 가에서 취토록 마시고 돌아온다. 술빚은 보통의 일이라 가는 곳마다 있지만, 사람이 칠십이 되도록 산다는 것은 예로부터 드물다.'라는 의미이다. '예로부터 드물다.'라는 의미인 '古來稀'를 줄여서 '古稀'라고 한 것이다.

웬 (人生七十)古來稀

옌 古來稀(고래희)> 고희

곤두 뎽 몸을 번드쳐서 재주를 넘는 짓.

□ '곤두'는 한자어 '근두(筋斗)'에서 변한 말이다. 한어(漢語)에서 사용되던 말로서 당대(唐代)의 문헌에 나온다. 한어(漢語)에서 '筋斗'는 잡기(雜技)의 한 가지로서 '머리를 땅에 대고 몸을 뒤집는 재주'를 가리키는 말이다.

□ 근대의 문헌에는 '근두질ᄒ다(역어유해 하-24, 한청문감 3-50)'란 말이 나타나는데, 이러한 문헌에서는 한자어 '跟陡, 觔斗' 등의 표기에 해당시키고 있다. 그러나 한어(漢語)의 문헌으로 고증한다면 '筋斗'가 가장 전통적인 표기이다.

웬 筋斗(근두)

옌 근두> 곤두

옝 • 근두질ᄒ다(역어유해 하-24, 한청문감 3-50)

곤두박질 [명] 몸을 번드쳐 갑자기 거꾸로 내리박이는 짓.

[一] 근대국어 문헌인 『역어유해(譯語類解)』(1690)에 '跟陡 근두질ᄒᆞ다'로 나타나므로, '근두'가 한자어 '跟陡'에 대응하고 있음을 알 수 있다. 그런데 19세기 문헌인 『광재물보』에는 '筋斗 근두박질'이라고 되어 있으므로, '근두'의 한자어가 '筋斗'이다. 중국어에서 고래로 '筋斗'란 말이 '곤두박질'의 의미로 쓰이고 있지만, '跟陡'는 사용되지 않는다. 그러므로 한자어 '근두'는 '筋斗'라고 하는 것이 이치에 맞다. 이 말은 '거꾸러짐'의 뜻을 가지는 한자어 '근두(筋斗)'에 '박'과 접미사 '-질'이 결합하여 이루어진 형태이다. 19세기 문헌에 '근두질'에 '박'이 결합한 '근두박질'이 나타나며, 약간 형태가 변한 '곤두박질'도 나타난다. '근두박질'이 '곤두박질'로 변한 이유를 설명하기는 어렵다. 20세기에는 '근두박질'과 '곤두박질'이 함께 쓰이다가 '곤두박질'이 세력을 얻어 널리 쓰이게 되었다.

[二] 접미사 '-질'은 국어의 역사에서 줄곧 생산적으로 사용되었지만, '박'의 정체를 파악하기는 힘들다. '달음박질, 뜀박질' 등의 '박'이 '곤두박질'의 '박'과 같은 것일 수도 있고, 20세기 문헌에 '곤두박히다'란 말이 나타나므로, '박다'의 어간에서 '박'의 정체를 찾을 수도 있다. 아니면 '달음박질'의 '박'도 어원적으로는 '박다'의 '박'에서 왔다고 하면 문제는 단순해진다. 역사적으로 19세기 이전에는 '박'이 접사로 사용된 용례를 찾을 수 없기 때문에, '박'의 어원은 동사 '박다'의 어간이라고 하는 것이 온당할 것으로 생각된다. '곤두박질'은 한자어 '근두박질(筋斗撲跌)'에서 왔다고 하는 경우가 있으나, '박질'이 한자어 '박질(撲跌)'에서 왔다고 하는 것은 재고되어야 한다. 무엇보다도 '撲跌'이란 한자어가 한어(漢語)에서 쓰이지 않을 뿐만 아니라, 비록 '撲跌'의 한자어 의미가 '넘어지다'로서 '곤두박질'의 동작을 연상시키기는 하지만, 한자어에 견강부회(牽强附會)한 표기로 생각되기 때문이다. '곤두박질'은 '곤두박다'의 어간 '곤두박-'에 접미사 '-질'이 결합된 말로 해석하는 것이 타당하다.

[원] 筋斗(근두)+박[釘]+질(접사)

[변] 근두박질> 곤두박질

[예] • 곤두박질(攧倒, 물보 박희)

☞ 곤두

곤색(—色) [명] 감색(紺色).
[一] '紺色'을 일본어로 읽으면 'こんいろ[kon-iro]'이다. 여기에서 '紺[kon]'은 일본어로 읽고, '色[iro]'은 국어 한자음 '색'으로 읽어서 일본어도 국어도 아닌 '곤색'이란 말이 생긴 것이다. 순화어는 '검남색'이다.
[원] (일본어)紺色[こんいろ]
[변] 紺色[こんいろ/koniro]> 곤색

곤조 [명] '근성(根性)'의 일본어 발음.
[一] '근성(根性)'의 일본어 발음은 'こんじょう[konzyô]'이다. 국어에서 '근성(根性)'은 '그 친구는 근성이 있다.'에서와 같이 주로 긍정적인 표현에 사용되지만, 일본어에서 들어온 '곤조'는 '그 사람은 곤조가 있다.' 또는 '그 사람은 곤조가 나쁘다.'와 같이 어떤 사람의 나쁜 성격을 말할 때 쓰인다.
[원] (일본어)根性[こんじょう/konzyô]
[변] 根性[こんじょう/konzyô]> 곤조

곧 [부] 시간적으로 사이를 두지 않고 바로. 다름 아닌 바로.
[一] 중세국어 형태도 '곧'이다. 이 말은 형용사 '곧다[直]'에서 어간 '곧-'이 바로 부사로 파생된 것으로 설명된다.
[二] 중세국어에서 용언의 어간이 부사로 바로 파생되어 쓰이는 경우는 종종 발견할 수 있다. '거싀다[庶幾] → 거싀, ᄂᆞ외다[再] → ᄂᆞ외, 비릇다[始] → 비릇, ᄉᆞᄆᆾ다[通] → ᄉᆞᄆᆾ' 등은 동사의 어간이 바로 부사로 쓰이는 경우이고, 'ᄀᆞᆮ다[如] → ᄀᆞᆮ, 그르다[誤] → 그르, 일다[早] → 일, 바ᄅᆞ다[正] → 바ᄅᆞ, 하다[大, 多] → 하' 등은 형용사 어간이 바로 부사화한 것이다.
[원] 곧[直]+(다)
[변] 곧-> 곧
[예] • 곧 阿羅漢ᄋᆞᆯ 아니라(석보상절 6-12)

곧추다 [동] 굽은 것을 곧게 하다.

ⓓ 이 말은 '곧[直]+추(사동접사)+다(어미)'로 분석된다.

ⓦ '곧[直]+추(접사)+다(어미)'

ⓗ 곧추다

골똘하다 ⓗ 한 가지 일에 온 정신을 쏟아 딴 생각이 없다.

ⓓ '골똘하다'의 '골똘'은 한자어 '골독(汨篤)'에서 온 말이다. 한자어 '汨篤'은 '한 가지 일에 정신을 다함'이라는 뜻이다. 『조선어사전』(1938, 문세영)에는 '골독(汨篤)하다'가 표제어로 올라 있으므로, 그 쓰임의 유래를 알 수 있다.

ⓦ (漢語)汨篤+ᄒ[爲]+다(어미)

ⓗ 汨篤ᄒ다> 골독ᄒ다> 골독하다> 골똘하다

골로 가다 (관용) '사람이 죽다'를 속되게 이르는 말.

ⓓ 중세국어에서 '골'이 '관(棺)'의 뜻으로 쓰인 용례가 있다. '바ᄅ 늘근 쥐 골 너흐로믈 ᄀ티 ᄒ야(直如老鼠ㅣ 咬棺材ᄒ야, 몽산화상법어약록언해 16)'에서 '골'은 '널[棺]'을 의미하는 말이다. 그러므로 '골로 가다.'란 표현은 '널 속으로 들어가다.'란 뜻으로서 바로 죽는 것을 의미한다.

골백번(一百番) ⓗ '여러 번'을 강조하거나 속되게 이르는 말.

ⓓ '골백번'의 '골'은 萬(만)'을 뜻하는 국어의 고유어였던 것으로 이해되고 있다. 이렇게 되면 '골백번'은 백 번을 만 번이나 한다는 '만백번(萬百番)'과 같은 말이므로, 수없이 많은 횟수를 지칭하는 것이다.

ⓦ 골[萬]+百番(백번)

ⓗ 골백번

곰[곰ː] ⓝ 고기나 생선을 푹 삶은 국. 흔히 '곰국'이나 '곰탕' 등의 합성어로 쓰인다.

ⓓ '곰'은 동사 '고다'에서 파생된 명사이지만, '고다'의 중세국어 형태는 '고으다(번역박통사 상-5)'였으므로, 중세국어를 기준으로 하면 '곰'은 '고음'에서 변화한 형태이다. 특히 '곰'이 장음(長音)으로 발음되는 것은 원래 2음절이었던 역사적 근거를

간직한 까닭이다.

㉯ 고으[烹]+ㅁ(접사)

㉰ *고음> 곰

곰팡이[곰:팡이] 𝕹 하등 균류의 총칭. 동식물에 기생하며 특히 습할 때 음식물, 의복, 기구 등에 남. 포자로 번식함. 곰팡.

㉠ 중세국어 및 근대국어에 '곰퓌다, 곰픠다, 곰탕픠다' 등의 말이 사용되었다. 이 말들은 '곰'이나 '곰탕'이란 말에 '퓌다, 픠다'가 연결된 말이며, '곰'과 '곰탕'은 현대국어 '곰팡이'에 해당한다. 현대국어에서 '곰'은 '곰팡이'의 준말로 처리되고 있으나, 어원적으로는 '곰[殕/썩다]'이 어근이다.

㉡ 중세 및 근대국어의 '퓌다, 픠다' 등은 중세국어 형태 '프다[發]'로 소급되므로, 현대국어 '곰팡이'를 중세국어 형태를 기준으로 어원적으로 분석하면 '곰[殕]+프[發]+앙이(접사)'로 분석된다. 접미사 '-앙이'는 동사 '짚다'의 어간 '짚-'에 '-앙이'가 연결된 '지팡이'에서도 찾을 수 있다.

㉢ 현대국어에 민꽃식물의 이름인 '팡이'라는 단어가 있으므로, '곰팡이'는 '곰+팡이'로 분석하는 것이 현대국어의 입장에서는 옳다. 그런데 명사 '팡이'는 중세국어 '프다[發]'에 접사 '-앙이'가 붙어서 파생된 말이므로, '곰팡이'의 어원 분석은 중세국어를 기준으로 하는 것이 이치에 맞다.

㉯ 곰[殕]+프[發]+앙이(접사)

㉰ *곰프앙이> 곰팡이

㉱ • 곰퓔 부(殕, 훈몽자회 하-12)

　　• 곰픠다(白殕, 역어유해 상-53)

☞ 지팡이

곱돌 𝕹 지방과 같은 광택과 양초와 같은 매끈매끈한 감촉이 있는 광물을 통틀어 이르는 말. 납석(蠟石).

㉠ '곱[膏]+돌[石]'로 분석된다. 중세국어 문헌에도 나타나는 '곱'이란 말은 '기름, 지방, 비계' 등을 뜻하는 고유어이다. 어원적으로 '곱돌'은 '기름기가 있는 돌'이란 뜻

이다.

[三] '거믄 곱(黑脂, 구급간이방언해 6-95), 곱 고(膏, 훈몽자회 중-25)' 등의 중세국어 용례를 통해서 '곱'의 의미를 파악할 수 있다.

[원] 곱[膏]+돌[石]

[변] 곱돌

[예] • 곱돌(滑石, 동의보감-탕액 3-46)

곱창 [명] 소의 소장(小腸).

[一] 이 말은 '곱[膏]+창[腸]'으로 분석된다. '곱'이란 말은 '기름, 지방, 비계'를 뜻하는 고유어이며, '창'은 한자 '腸'의 한어(漢語) 근대음 [tʂʰjaŋ]에서 온 것이다.

[三] 기름을 뜻하는 고유어 '곱'은 '곱돌, 눈곱' 등의 합성어에서도 찾을 수 있다.

[원] 곱[膏]+창[腸]

[변] 곱창

☞ 창자

공골말 [명] 털 빛깔이 누른 말. 황마(黃馬).

[一] '공골말'의 근대국어 형태는 '공골ᄆᆞᆯ'이다. '공골'이란 말은 몽골어 'qongqor[黃馬]'에서 온 것이며, 'ᄆᆞᆯ' 역시 몽골어 'morin[馬]'에 어원이 있으므로, '공골ᄆᆞᆯ'이란 말은 고려 시대부터 사용되었음이 분명하다.

[원] (몽골어)qongqor[黃馬]+ᄆᆞᆯ[馬]

[변] 공골ᄆᆞᆯ> 공골말

[예] • 공골ᄆᆞᆯ(노걸대언해 하-8)

☞ 말

공룡(恐龍)[공뇽] [명] 중생대의 쥐라기에서 백악기에 번성하였던 거대한 파충류의 총칭(화석에 의하여 400여 종이 알려져 있으며, 길이 5~25m, 흔히 뒷다리로 보행함). 디노사우르.

[一] '공룡(恐龍)'은 영어 'dinosaur'를 번역한 말이다. 'dino'는 그리스어에서 온 말

로 '무섭다'는 뜻이며, 'saur'도 그리스어에서 온 말로 '도마뱀'과 같은 파충류를 뜻하는 접미사이다.

㉝ (그리스어)dino[恐]+saur[龍]

㉑ dinosaur> 공룡(恐龍)

공부(工夫) 똉 학문이나 기술을 배우고 익힘.

㊀ 고대의 한어(漢語)에서 '工夫'는 ① 作事所費的精力和時間 ② 化費時間和精力后所獲得的某方面的造詣本領 ③ 工作 ④ 積功累行 涵蓄存養心性 ⑤ 役夫 등의 다양한 뜻으로 사용되었다. '工'의 뜻은 '장인, 벼슬아치, 기술, 악공, 일, 교묘함' 등이며, '夫'는 '지아비, 사내' 등의 근본적인 뜻 외에 '賦役'을 '夫役'으로도 씀에 따라 '賦'의 뜻도 가지고 있다. 그러므로 국어에서 취한 '工夫'의 뜻은 ②와 같은 '(무엇을 얻기 위한) 노력'이라는 기본적인 뜻과 함께 ④의 성리학적(性理學的) 의미인 '계속 노력하여 심성을 기름'에 있다고 할 수 있다.

㊁ 국어에서 '공부(工夫)'는 용법이 일반화되었지만, 한어(漢語)에서는 국어의 '공부'에 해당하는 말이 '學習'이며, 일본어에서는 '勉強[べんきょう]'이다. 한어(漢語)나 일본어에서도 '工夫'란 단어를 쓰고 있지만, 그 의미와 표현이 전통적이고 특수하여 국어에서와 같이 일반적으로 쓰이진 않는다.

㊝ (漢語)工夫

㉑ 工夫> 공부

㉮ • 엇디 다른 사룸 헤아려 검찰홀 공뷔 이시리오(豈有工夫點檢他人耶, 번역소학 8-15)

　• 공봇 공(功, 훈몽자회 하-31)

공주(公主) 똉 왕후가 낳은 임금의 딸.

㊀ 한어(漢語)에서 '公主'란 말이 쓰이게 된 것은 전국시대(戰國時代, B.C. 403~221)이며, 그 이전의 주대(周代)에는 '王姬(왕희)'라고 칭하였다. '임금의 딸'을 '公主'라고 하게 된 것은 임금의 딸을 제후(諸侯)에게 시집보낼 때, 삼공(三公)에게 혼사의 일을 맡긴 데서 유래한다. 즉 '삼공(三公)의 주인(主人)'이라는 의미에서 생

긴 말이다.

[三] 우리나라에서는 삼국시대 이전부터 '공주'라는 말을 사용하였다. 역사적인 문헌을 보면 호동왕자(好童王子)와 결혼한 낙랑공주(樂浪公主), 온달(溫達)에게 시집간 평강공주(平岡公主), 향가 '서동요(薯童謠)'에 나오는 선화공주(善花公主) 등이 오랜 역사 속의 우리의 공주들이다.

[원] (漢語)公主

[변] 公主> 공주

곶감 [명] 껍질을 벗기고 말린 감. 건시(乾柹). 관시(串柹). 백시(白柹).

[一] '곶감'의 근대국어 형태는 '곳감'이며, 이 형태는 19세기까지 그대로 쓰이다가, 20세기에 '곶감'으로 표기되어 현대로 이어졌다. 이 말은 '곶[串]+감[柹]'의 어원적 구조로 분석되며, '곶'은 '꽂다'의 옛말인 '곶다'의 어간 '곶-'이거나, 아니면 '꼬치, 꼬챙이'를 뜻하는 15세기의 명사 '곶'이다. 명사 '곶'에서 동사 '곶다'가 그대로 파생되었다고 생각되므로, '곶+감'의 '곶'은 동사 어간 '곶-'이 아닌 명사 '곶'으로 이해하게 되며, '곶감'은 '꼬치(또는 꼬챙이)에 꿰어 말린 감'이란 어원적 의미에서 만들어진 말이란 것을 알 수 있다. 근대국어 '곳감'의 표기는 팔종성 용법에 의한 표기이므로, '곶감'의 형태가 실제로 변한 것은 아니다.

[三] 17세기 문헌인 『구황보유방(救荒補遺方)』(1660)의 '황밤 대쵸 호도 곳감 네 실과롤 � 겁질 ᄇ리고(황밤 대추 호두 곶감 네 실과를 씨 껍질 버리고)'에서 '곳감'의 형태로 처음 나타난다. 17세기의 형태 '곳감'은 어원적 형태인 '곶감'에서 받침 'ㅈ'을 'ㅅ'으로 적는 중세국어 표기법에 의한 것이며, 19세기까지 계속 이어졌다. 20세기에 비로소 나타나는 '곶감'은 어원을 의식한 표기로서 어말이나 자음 앞에서 'ㅈ'을 그대로 표기하는 현대의 표기 의식을 보여 주고 있다. 중세국어의 문헌인 『월인석보(月印釋譜)』(1459)의 '고재 ᄢᅦ여 굽고'는 '꼬챙이에 꿰어 굽고'의 뜻이며, 『내훈(內訓)』(1475)의 '열다ᄉᆞ시어든 빈혀 고ᄌᆞ며'는 '열다섯이면 비녀 꽂고'의 뜻이다. 그러므로 명사 '곶'에서 동사 '곶다'가 그대로 파생되었다고 생각된다. 그러면 '곶+감'의 '곶'은 명사 '곶'으로 이해하게 되며, '꼬치(또는 꼬챙이)에 꿰어 말린 감'이란 어원적 의미에서 만들어진 말이란 것을 알 수 있다.

[三] 현대국어에서 '꼬챙이'의 옛말로 처리되는 '곶'은 '바다로 뻗어 나온 모양을 한 곶'이란 뜻을 더하는 접미사로 쓰이고 있어서 아직 명맥이 유지되고 있는 말이다. '장산곶'은 '황해도 장연군의 반도 남쪽 끝 지역'의 이름이며, 한자로 '長山串'으로 표기한다. 국어에서 한자 '串'은 '천, 찬, 관, 곶' 등의 다양한 한자음으로 읽힌다. '천'은 '꿰미'의 뜻으로, '찬'은 '꼬챙이'의 뜻으로, '관'은 '慣(관)'의 통용음으로 각각 사용되며 모두 중국식 용법에 의한 한자음이다. 그러나 '곶'은 국어의 고유어 '곶'을 '串'으로 표기하면서 그대로 국어의 고유한 한자음이 된 것이다. 그러므로 '串'의 한자음 '곶'은 국어에서 붙인 한자음이다. 중세국어에 사용된 명사 '곶[串]'은 바로 동사로 파생되어 중세국어 '곶다[插]'가 되었으며, 다시 경음화하여 현대국어의 '꽂다'가 되었다.

[원] 곶[串]+감[柹]

[변] 곶감> 곳감> 곶감

[예] • 황밤 대쵸 호도 곳감(구황보유방 20)
• 곳감(柹餠, 역어유해 상-54)

☞ 송곶

과녁 [명] 활이나 총 따위를 쏠 때의 표적으로 만들어 놓은 물건. 관적(貫的). 사적(射的).

[一] '과녁'의 근대국어 형태는 '관혁'으로서, 이 말은 한자어 '貫革(관혁)'이다. '관혁'에서 'ㅎ'이 탈락하여 '과녁'이 되었다.

[원] 貫革(관혁)

[변] 貫革(관혁)> 과녁

[예] • 관혁(箭把子, 동문유해 상-48)

과년(瓜年) [명] 결혼하기에 적당한 여자의 나이.

[一] 혼기(婚期)에 다다른 여자의 나이인 16세를 말한다. 진(晋)나라 손작(孫綽)이 『정인벽옥가(情人碧玉歌)』에서 "碧玉破瓜時 郎爲情顚倒"라고 하여 '파과(破瓜)'란 말을 처음으로 쓴 것이 '과년'이란 말이 생기게 된 연유이다. 이것은 '瓜'를 파자(破

字)하면 '八八'이 되어 '팔+팔'이면 여자의 나이 열여섯 살이 된다는 뜻이다. 그리고 남자의 경우에는 '팔×팔'이라고 하여 벼슬을 그만두는 시기인 예순네 살을 뜻하기도 한다. 서로 더하고 곱하는 것에 따라 남녀의 나이가 달라지는 것이지만, '과년(瓜年)'이라고 하면 요즘에는 주로 결혼하기에 적당한 여자의 나이를 가리키는 말이 되었다.

[원] (漢語)破瓜

[변] 破瓜> 瓜年(과년)

과매기 [명] 말린 청어(靑魚). 관목(貫目). 건청어(乾靑魚).

[一] '과매기'는 '관목(貫目)+이(접사)'에서 변한 말이다. 즉 '관모기'에서 움라우트 현상이 일어나면 '관뫼기'가 되는데, 다시 'ㅁ' 아래에서 원순모음이 중화되어 '과매기'가 된 것이다.

[二] 청어를 잡은 뒤에 눈이 나란히 놓이도록 꿰어서 말린다고 해서 '관목(貫目)'이라고 한 것이다.

[원] 관목(貫目)+이(접사)

[변] *관목이> *관뫼기> 과매기

과판[과:판] [명] 여자의 머리에 꽂는, 국화 모양의 장식이 달린 뒤꽂이. 국화 모양의 물건을 찍어 내는 데에 쓰는 쇠나 나무의 판. 구화판.

[一] '구화판'이 줄어서 '과판'이 된 것이다. '구화판'은 한자어 '국화판(菊花瓣)'에 그 어원이 있다.

[二] 중세국어에서부터 '菊花(국화)'의 'ㄱ' 탈락 형태인 '구화'라는 말이 있었다. 즉 '구화 국(菊, 훈몽자회 상-4, 신증유합 상-7)' 등을 참조하면, 한자어 '菊花'의 발음은 고유어화하여 '구화'라고 했음을 알 수 있다. '菊花'의 발음이 중세국어에서 '구화'가 된 것이 한어 근대음(漢語近代音) '菊花[kju-hwa]'의 영향인지, 아니면 국어 내부의 변화인지는 확인하기 어렵다.

[원] 菊花瓣

[변] 菊花瓣(국화판)> 구화판> 과판

관두다 [동] 하던 일을 고 정도에서 그치다. '고만두다'의 준말.
☞ 간두다

관디 [명] 옛날 벼슬아치의 공복(公服). 지금은 구식 혼례 때에 신랑이 입음. 관복(官服). 장복(章服).
[一] '관디'의 중세국어 형태는 '관ᄃᆡ'이며, 이 말은 한자어 '冠帶'이다. '冠帶'를 중세국어 한자음으로 읽으면 '관ᄃᆡ'이다.
[二] '관ᄃᆡ(冠帶)'가 한자어로서 그대로 변화한 것은 현대국어의 한자어 '관대(冠帶)'가 되는 것이지만, 그렇지 않고 '관ᄃᆡ'가 '관디'가 되는 경우는 이 말이 한자어라는 의식을 벗어나 고유어와 같은 변화 과정을 거쳤기 때문이다. 즉 '잔ᄃᆡ'가 '잔듸'를 거쳐 '잔디'가 되고, '부ᄃᆡ'가 '부듸'를 거쳐 '부디'가 된 것과 같은 변화 과정을 거친 것이다.
[원] 冠帶(관ᄃᆡ)
[변] 관ᄃᆡ> *관듸> 관디
[예] • 오시며 관ᄃᆡ를 모로매 싁싁고 졍졔히 ᄒᆞ며(번역소학 8-16)

관솔[관:솔] [명] 송진이 많이 엉긴 소나무의 가지나 옹이. 송명(松明).
[一] 근대국어에 '관솔'이란 말이 사용되었다. 이 말은 어원적으로 '괄[烈]+ㄴ(관형사형 어미)+솔[松]'의 구조로 분석된다. 어미 'ㄴ' 앞에서 어간의 'ㄹ'이 탈락한 것이다.
[二] 현대국어에서 잘 쓰이지 않는 형용사인 '괄다'는 '불길이 세다. 성미가 누긋한 맛이 없이 팔팔하다. 나무의 옹이 부분에 뭉쳐 엉긴 진이 많다.' 등의 뜻을 지니고 있으며, 첩어 형식인 '괄괄하다'로 쓰이는 경우가 보통이다. 그러므로 '관솔'은 '나무에 송진이 많아서 태우면 불길이 세게 일어나는 소나무'라는 뜻이다.
[원] 괄[烈]+ㄴ(어미)+솔[松]
[변] 관솔
[예] • 관솔(松明, 역어유해보 44)

관자놀이(貫子—) [명] 귀와 눈 사이의 맥박이 뛰는 곳.

▣ '관자(貫子)'는 '망건에 달아 망건의 당줄을 꿰는 작은 고리'이다. 이 '관자'가 위
치한 곳이 눈과 귀 사이이며, 맥박이 뛸 때 관자가 움직여 노는 자리라고 해서 '관자
놀이'라고 하게 된 것이다.

▣ '관자(貫子)'란 한자어는 한어(漢語)나 일본어에서 사용하지 않는 말이다. 우리
나라에서 쓰는 '갓[冠]'이나 '망건(網巾)'이 우리의 습속(習俗)에서 특성화되어 고유
한 성격을 지니게 되었다. '貫子'를 중세국어(또는 근대국어) 한자음으로 읽으면 '관
ᄌ'이다. 국어의 '관자(貫子)'에 해당하는 말을 굳이 한어(漢語)에서 찾자면 일반적
인 '고리[環]'를 뜻하는 '圈子(권자)'이다.

㉿ 貫子(관ᄌ)+놀[遊]+이(접사)

㉿ 관ᄌ놀이> 관자놀이

㉠ • 관ᄌ 圈子(역어유해 상-43)

광[광:] ㉠ 세간 따위를 넣어 두는 곳간.

▣ '광'의 중세국어 형태는 '고방'으로서, 이 말은 한자어 '庫房'이다.

▣ '고방'이 한자어라는 의식이 없어지면서 마치 고유어와 같은 변화를 입어 '고방
> 고방> 고왕> 광'의 어형 변화를 겪은 것이다.

㉿ 庫房(고방)

㉿ 고방> *고방> 고왕> 광

㉠ • 고방의 가 잡일 보고 의혹 내디 말롤 디니라(계초심학인문 11)
　• 고왕(동언고략 43)

광대[광:대] ㉠ ① '얼굴'을 속되게 이르는 말. ② 옛날에 가면극, 인형극, 판소리, 줄
타기 등과 같은 같은 공연을 하던 직업적인 예능인. 배창(俳倡). 창우(倡優). ③ 탈춤
을 출 때 얼굴에 쓰는 탈.

▣ 중세국어 형태도 '광대'이다. 이 말의 여러 뜻은 양주동(1947: 265)에서 언급한
바와 같이 '얼굴, 낯, 용모' 등의 뜻을 갖는 고유어 '광대'에서 의미 변화를 거쳐 생긴
말이라고 생각된다. 얼굴을 속되게 이르는 '광대'란 말은 단독으로는 잘 쓰이지 않
지만, '광대뼈'란 말에 남아 있다.

[三] 근대국어(특히 후기)에 있어서는 'ᄋᆞ'의 소멸로 인하여 '광대'와 '광ᄃᆡ'의 발음 차이는 없다.

[원] 광대[顔面]

[변] 광대> 광대/광ᄃᆡ> 광대

[예] • 광대 괴(傀, 훈몽자회 중-3)
• 광ᄃᆡ(박통사언해-중간 중-1)

광대뼈 [명] 뺨 위 눈초리 아래로 내민 뼈. 관골(顴骨).

[一] '광대뼈'의 근대국어 형태는 '광대ᄲᅧ, 광ᄃᆡᄲᅧ'이다. 이 말은 '광대[顔面]+ᄲᅧ[骨]'로 분석된다. 어원적으로는 '얼굴의 뼈'란 뜻이다.

[원] 광대[顔面]+ᄲᅧ[骨]

[변] 광대ᄲᅧ/광ᄃᆡᄲᅧ> 광대뼈

[예] • 광대ᄲᅧ(兩臉骨, 동문유해 상-14)
• 광ᄃᆡᄲᅧ(兩臉骨, 역어유해 상-33)

☞ 광대

광복(光復) [명] 빼앗긴 주권을 도로 찾음.

[一] '광복(光復)'이란 뜻은 '회복(恢復), 수복(收復)'의 뜻이며, 주로 소중했던 옛 터전이나 지난날의 좋은 문물(文物)을 다시 회복했을 때 사용하는 말이다. 중국의 문헌에서 '光復舊京(晉書 桓溫傳), 光復丕基(耆舊續聞), 今中國旣滅亡於逆胡 所當譲者光復也(革命軍)' 등에 나오는 '光復'의 용법은 모두 되찾는다는 뜻이다.

[二] '광복(光復)'에서 '광(光)'의 의미는 '복(復)'을 수식하는 부사로서 '영예롭게'라는 뜻이며, 명사로서 '빛'이 아니다. 그러므로 8월 15일 '광복절(光復節)'의 의미를 새기면서 '이날에야 비로소 우리는 빛을 회복하였다.'라고 풀이하는 것은 잘못이다.

[원] 光復

[변] 光復> 광복

[예] • 光復舊京 疆理華夏(晉書 桓溫傳)

광주리 閔 대, 싸리, 버들 등으로 바닥은 둥글고 울은 위쪽으로 약간 벌어지게 엮어 만든 그릇.

⊟ '광주리'의 중세국어 형태는 '광조리'이며, 근대국어에서는 '광조리, 광주리, 광ᄌ리, 광즈리' 등의 다양한 형태가 쓰였다.

⊟ '광조리'를 새김으로 갖는 한자 '광(筐)'이 있으며, 아울러 한자어 '조리(笊籬)'가 있으므로, 중세국어의 '광조리'는 한자어 '筐笊籬'라고 하는 것이 타당할 것이다.

⑳ 筐笊籬(광조리)

⑯ 광조리> 광주리

⑩ • 광조리 비(篚, 훈몽자회 중-19)

　• 광조리 광(筐, 왜어유해 하-15)

　• 광주리(노걸대언해 상-29)

　• 광ᄌ리며 속고리예(계축일기 40)

　• 광즈리(계축일기 41)

괘씸하다 혱 예절에 어긋난 행동을 당하여 밉살스럽고 분하다.

⊟ '괘씸하다'의 근대국어 형태는 '과심ᄒ다'이다. 어근 '과심'은 한자어 '過甚(과심)'에 어원이 있음이 분명하다.

⑳ 過甚(과심)+ᄒ[爲]+다(어미)

⑯ 과심ᄒ다> 과씸ᄒ다/괘심ᄒ다> 괘씸ᄒ다> 괘씸하다

⑩ • 과심ᄒ다(可惡, 역어유해 하-47)

　• 과씸ᄒ다(可惡, 동문유해 하-33)

　• 우히 하 괘심히 넉이오샤(계축일기 179)

　• 괘씸ᄒ다(可惡, 한청문감 247)

괜찮다 혱 과히 나쁘지 않고 무난하다. 탈이나 말썽이 될 것이 없다.

⊟ 이 말은 '공연(空然)하지 아니하다'가 줄어서 '공연찮다'가 되고, 다시 '괜찮다'로 축약된 것으로 보는 것이 가장 이치에 맞다. 왜냐하면 '공연(空然)하다'의 준말로 '괜하다'가 있는 까닭이다.

囯 '공연(空然)'이 줄어서 '괜'이 되었다고 하는 것은 일종의 수의적인 음운 현상으로서 어떤 필연성이 있는 것은 아니다. '괜'이 '괘념(掛念), 관계(關係)' 등에서 왔다고 하는 논의도 있으나, 음운론적으로는 '공연(空然)'에서 왔다고 하는 것이 가장 무난하다.

웬 空然(공연)+ㅎ[爲]+지(어미)+아니[否]+ㅎ[爲]+다(어미)

๒ 공연ㅎ지 아니ㅎ다> 공연치 아니하다> 괜치 아니하다> 괜찮다

괭이 몡 땅을 파는 농기구의 한 가지. 넓적한 쇠의 'ㄱ'자처럼 달린 괴통의 구멍에 긴 자루를 끼워 사용함.

囯 '괭이'의 중세 및 근대국어의 형태는 '광이'이다. 그런데 '광이'를 '鐵鑼'라고 한 것을 참조하면, 근대국어의 '광이'는 '鑼(과)+앙이(접사)'의 구조로 분석할 수 있다.

囯 접미사 '-앙이'는 '호맹이, 방망이, 지팡이' 등에서 볼 수 있는 바와 같이 '기구'를 나타내는 말에 잘 붙는 말인 까닭에 이러한 추정의 신빙성을 높여 준다. '광이'가 '괭이'가 되는 것은 움라우트 현상에 의한 것이다.

웬 鑼(과)+앙이(접사)

๒ *과앙이> 광이> 괭이

옝 • 삷과 광이를 가져다가(將鐵杴和鑼, 박통사언해 하-5)
　　• 광이(鐵鑼, 역어유해 하-8)

괴롭다[괴로우니, 괴로워] 혱 몸이나 마음이 아프거나 힘들다.

囯 '괴롭다'의 중세국어 형태는 '고롭다'이다. 이 말은 '苦(고)+롭(접사)+다(어미)'로 분석된다.

웬 苦(고)+롭(접사)+다(어미)

๒ 고롭다> 괴롭다

옝 • 여러가짓 고롭고 셜움을 받ᄂᆞ니라(소학언해 5-55)
　　• 괴롭고 브즈러니(경민편언해 7)

괴팍하다[괴파카다] 혱 성격이 까다롭고 별나다.

[三] 어근 '괴퍅'은 한자어 '乖愎(괴퍅)'에서 왔다. '괴(乖)'는 '성격이 어그러진 것'을 말하고, '퍅(愎)'은 '성질이 사나운 것'을 뜻한다.
[원] 乖愎(괴퍅)+ᄒᆞ[爲]+다(어미)
[변] 괴퍅ᄒᆞ다> 괴팍하다

구덩이 [명] 땅이 움푹하게 팬 곳. 또는 그렇게 파낸 곳.
[一] '구덩이'에 해당하는 중세국어는 '굳'이었다. 그러므로 19세기의 문헌에 나타나는 '구덩이'는 '굳[坑]+엉이(접사)'의 구조로 분석된다는 것을 알 수 있다. 접미사 '-엉이'는 어떤 것의 작은 것을 가리키면서 명사를 만드는 역할을 하는 말인데, 다시 '-엉'과 '-이'로 나눌 수 있다. 접미사 '-엉이'는 '-앙이'와 모음조화 교체 형태로서 문법적인 역할이 같다. 접미사 '-앙이'는 '방망이, 지팡이' 등에서 볼 수 있다.
[三] 19세기 문헌인 『태상감응편도설언해(太上感應篇圖說諺解)』(1852)의 '구덩이 를 만들고 불을 노흐니(구덩이를 만들고 불을 놓으니)'에서 현대와 같은 형태의 '구덩이'가 나타난다. 그런데 중세국어에서 현대국어의 '구덩이'에 해당하는 말은 '굳'이었다. 15세기 문헌인 『월인천강지곡(月印千江之曲)』(1447)의 '굳 ᄑᆞ고 블 퓌우니'는 '구덩이 파고 불 피우니'로 해석되며, 16세기 문헌인 『훈몽자회(訓蒙字會)』(1527)에도 '굳 깅(坑)'이라고 하여 '구덩이'에 해당하는 '굳'의 용법이 잘 나타나고 있다. 19세기 문헌인 『한불자전(韓佛字典)』(1880)에 '坑(갱)'의 뜻풀이를 '구덕이'로 하였는데, 이 말은 '굳'에 접미사 '-억이'가 붙은 것이다. 그러므로 '굳'에 다양한 접미사가 붙어 형태가 확장되는 것을 관찰할 수 있다. 특히 1음절 단어인 경우 접미사의 연결에 의하여 안정적인 다음절(多音節) 단어가 되는 것은 국어의 역사에서 흔히 관찰되는 현상이다. '구덩이'가 '구뎅이'로 되기도 하는 것은 음절 말음 '이'에 의하여 '덩'의 '어'가 전설 모음 '에'로 바뀌는 동화를 입었기 때문이다. 이러한 현상은 방언에서 '아기'가 '애기'로, 손잡이'가 '손잽이'로, '먹이'가 '멕이'로 발음되는 현상과 같은 이치이다.
[원] 굳[坑]+엉이(접사)
[변] 굳엉이> 구덩이
[예] • 굳 ᄑᆞ고 블 퓌우니(월인천강지곡 60)

• 굳 깅(坑, 훈몽자회 하-8)
• 구덩이롤 만들고 불을 노흐니(태상감응편도설언해 5-64)

구두 [명] 주로 가죽을 재료로 하여 만든 서양식 신. 우리나라에서는 19세기 후반부터 신기 시작함.

[一] '구두'는 일본어 'くつ[ku-tsu, 靴]'에서 왔다. 그러나 'くつ[ku-tsu]'를 국어로 받아들인다면 '구쓰'나 '구츠'라고 하는 것이 적당할 것이나, '구두'가 된 것은 설명하기 어려운 점이다.

[二] 『몽어유해』(상-45)에 '靴子'를 몽골어로 '구툴'이라고 한 것을 '구두'의 어원과 관련시키려는 경우도 있으나, 이것은 우연의 유사(類似)라고 하는 것이 옳다. 19세기 후반에 들어온 '구두'의 어원이 당시에 관련이 없었던 몽골어로부터 차용되었을 가능성은 없기 때문이다.

[원] (일본어)くつ[ku-tsu, 靴]

[변] くつ[ku-tsu]> 구두

구두쇠 [명] 돈이나 재물 따위를 쓰는 데에 몹시 인색한 사람. 구두. 굳짜.

[一] 근대국어 후기의 문헌인 『국한회어(國漢會語)』(1895)에서 '인색자(吝嗇者)'에 해당하는 '구두쇠'를 싣고 있다. '구두쇠'는 다른 말로 '구두' 또는 '굳짜'라고 하므로 '굳다'의 어간 '굳-'이 '구두쇠'에 관여하고 있다는 것을 알 수 있다. 특히 19세기의 문헌에 '굿다(鄙吝, 堅吝)'가 있다. '굿다'는 '굳다'를 달리 표기한 것이며, 이 말이 '인색하다'란 뜻으로도 사용되었으므로 '구두쇠'와 '굳-'과의 관계는 그 근거가 분명하다. '구두쇠'의 '쇠'는 '마당쇠, 돌쇠, 덜렁쇠, 밥쇠, 상쇠' 등에 나오는 접미사 '-쇠'이다. 이렇게 되면 '굳-+우+-쇠'의 구조에서 '우'에 대한 해명만 남게 된다. 아마도 '구두쇠'의 '우'는 '굳을쇠'의 구조에서 'ㅅ' 앞의 'ㄹ'이 탈락하여 '구드쇠'가 되고, 다시 '으'가 앞 모음의 동화를 입어 '우'가 되면서 '구두쇠'가 되었다고 할 수 있다.

[二] 민간에서 '구두쇠'의 어원에 대하여는 '구두의 굽 밑에 박는 쇠'로 생각하는 경우가 많이 있다. 구두에 쇠를 박아서 신으면 잘 닳지 않기 때문에, 그러한 노력을 하는 사람을 인색한 사람이라고 하여 이러한 해석을 하게 된 것으로 보인다. 그러나 '구

두'라는 물건은 1910년대에 우리나라에 처음으로 들어왔으며, '구두쇠'란 단어가 이미 『국한회어(國漢會語)』(1895)에 실려 있기 때문에 '구두'와 관련된 이러한 어원은 근거가 없다. 한편으로 '구두쇠'가 '고도쇠'에서 왔을 가능성이 있다고 하는 경우도 있다. '고도쇠'는 '작두나 협도 따위의 머리에 가로 끼는 것으로, 날과 기둥을 꿰뚫는 끝이 굽은 쇠'이다. 그러나 '구두쇠'는 19세기의 '굿다(굳다)'에 '인색하다'란 뜻이 있었다는 것을 참조하면, '굳다[堅]'에서 파생된 말임이 분명하다.

㉚ 굳[堅]+을(관형사형 어미)+쇠(접사)

㉪ 굳을쇠 > 굳으쇠 > 구두쇠

㉚ • 구두쇠 吝嗇者(국한회어 36)

구라파(歐羅巴) 閔 '유럽(Europe)'의 음역(音譯).

㊀ '구라파'는 한어(漢語)에서 'Europa'를 '歐羅巴'로 음역한 것이다.

㊁ 한자 '歐'의 반절(反切)은 '烏侯切'로서 중고음은 [əu]이며, 이것을 제대로 받아들인 국어 한자음이라면 '우'가 되는 것이 정상이다. 국어 한자음에서 '歐'가 '구'인 것은 성부(聲符)인 '區(구)'에 유추된 까닭이다. 현대 한어에서 '歐羅巴'의 병음 자모는 [ou-luo-ba]이다.

㉚ (라틴어/네덜란드어)Europa

㉪ Europa > (漢語)歐羅巴 > 구라파

구락부(俱樂部) 閔 취미나 친목 따위의 공통된 목적으로 모인 사람들이 조직한 단체. 클럽.

㊀ '구락부'는 영어 'club'을 일본어에서 'クラブ[kurabu, 俱樂部]'라고 표기한 것을 국어에서 받아들이면서 국어 한자음으로 읽은 것이다. 일본어에서 '俱樂部/クラブ'라고 한 것은 음역(音譯)에 의미를 가미한 차용이다.

㉚ (영어)club

㉪ club > (일본어)俱樂部[クラブ/kurabu] > 구락부

구랍(舊臘)[구:랍] 閔 지난해의 섣달. 객랍(客臘).

[一] '섣달'을 '납월(臘月)'이라고 하므로, '舊臘(구랍)'이면 '지난 섣달'의 뜻이다. '구랍'을 '객랍(客臘)'이라고도 하는 것은 '客'에 '지난 세월'이란 뜻이 있기 때문이다.
[二] '섣달'을 '납월(臘月)'이라고 하게 된 것은 고대의 중국에서 섣달에 '납제(臘祭)'를 지냈기 때문이다. '臘祭(납제)'는 한해를 마무리하면서 백신(百神)에게 지내는 농경 사회의 제사로서 중국의 주대(周代)에까지 소급된다.
[三] 조선에서는 동지 후 제삼(第三) 미일(未日)을 '납일(臘日)'로 정하여 제사를 지냈으며, 특히 이 제사를 '납향(臘享)'이라고 하였다.
[예] • 臘月은 섯ᄃᆞ리오(금강경삼가해 1-1)
• 그믐날과 랍향날 노래 부르며(경신록언석 6)

구렁말 [명] 털의 빛깔이 밤색인 말.
[一] '구렁말'의 근대국어 형태는 '구렁ᄆᆞᆯ'이다. 이 말은 몽골어 'küreng[栗色]'에 'ᄆᆞᆯ[馬]'이 합성된 것이다.
[원] (몽골어)küreng[栗色]+ᄆᆞᆯ[馬]
[변] küreng ᄆᆞᆯ > 구렁ᄆᆞᆯ > 구렁말
[예] • 구렁ᄆᆞᆯ(栗色馬, 노걸대언해 하-8)

구레나룻 [명] 귀 밑에서 턱에 걸쳐 난 수염.
[一] '구레나룻'의 근대국어 형태는 '구레나롯'이며, 이 말은 '굴에[勒]+날옺[鬚髯]'으로 분석된다. 이것은 '구레나룻'이 마치 마소의 '굴레'를 연상시키기 때문에 조어된 것으로 생각된다. 즉 '소나 말의 굴레처럼 길게 늘어진 수염'이란 뜻이다. 중세국어의 '날옺'은 현대국어의 '나룻'이며, '수염(鬚髯)'을 뜻하는 말이다. '굴에(두시언해-초간 21-28)'와 '날옺(번역소학 9-79)'은 현대국어 '굴레'와 '나룻'의 중세국어 형태이다.
[二] 17세기 문헌인 『역어유해(譯語類解)』(1690)에 '連鬢鬍子 구레나롯'이 처음 나타난다. 이후 18세기에는 '구레나룻'으로 약간 바뀐 표기가 나타난다. 비록 18세기의 '구레나룻'이 후대에 나타나기는 하지만 '구레나롯'보다 어원에 가까운 형태이다. 19세기에 '구레나룻'이 나타나며 이 말이 현대국어로 이어진다. 20세기에 나타나는

'구렛나루'는 '구레'와 '나루' 사이에 사이 'ㅅ'을 표기하고, '구레나룻'의 마지막 음절의 'ㅅ'을 다음 단어와의 연결에 사용되는 사이 'ㅅ'이라고 생각하여 표기에 반영하지 않은 것이다. 사이 'ㅅ'에 대한 오해가 작용한 표기이다. '구레나룻'은 우선 '구레'와 '나룻'으로 분석된다. '구레'는 현대국어의 '굴레'에 해당하는 말이다. '굴레'는 '말이나 소 따위를 부리기 위하여 머리와 목에서 고삐에 걸쳐 얽어매는 줄'이다. '굴레'의 15세기 형태는 '굴에'였으며, 17세기 이후에는 '굴에, 구레, 구릐, 굴레, 굴네' 등의 다양한 형태로 표기되었다. '나룻'은 현대국어 '나룻'에 해당하는 말이며, 가장 오래된 표기는 16세기 문헌에 나오는 '날옺'이다. '날옺'은 '수염'을 뜻하는 고유어이며, 근대국어의 '나롯'을 거쳐 '나룻'으로 그 형태가 바뀌었다. 그러므로 '구레나룻'을 어원적으로 풀이하면 '소나 말에 씌우는 굴레처럼 길게 이어진 수염'이란 뜻이다.

三 15세기의 표기에서 '굴에'와 '구레'의 발음은 같지 않다. 마치 영어의 [l]과 [r]처럼 '굴에'의 'ㄹ'은 [l]처럼 발음되고, '구레'의 'ㄹ'은 [r]처럼 발음되어 구분된다. '굴에'의 'ㄹ'이 [l]처럼 발음되는 것이 유지되면 '굴레'가 되고, 그렇지 못하고 다음 음절의 초성으로 발음되면 '구레'가 된다. 근대국어 시기의 문헌에 '굴레'와 '구레'가 모두 나타나는 것은 이러한 발음의 차이가 존재했기 때문이다. 17세기에 나타나는 '구레나룻'은 '구레나롯'의 마지막 음절 모음이 '오'에서 '으'로 바뀐 것인데, 이러한 형태 변화에는 어떤 원칙이 작용한 것은 아니다. 아마도 마지막 음절이기 때문에 변별성이 약화되어 표기에 반영된 것으로 생각된다. 19세기 문헌에 나타나는 '구레나룻'도 이러한 변별성의 약화를 반영한 표기이다.

㋲ 굴에[勒]+날옺[鬚髯]

㋸ *굴에날옺> 구레나롯> 구레나룻

㋞ • 구레나룻(역어유해 상-34)

　• 얽고 검고 킈 큰 구레나룻 그것조차 길고 넙다(청구영언)

구멍 ㊟ 뚫어졌거나 파낸 자리. 공혈(孔穴).

一 중세국어에서는 현대국어 '구멍'에 해당하는 말에 '굼'과 '구무'의 두 형태가 공존하였으며, 이 두 형태는 조사와의 결합에 있어서 상보적(相補的) 관계에 있었다. 즉 '굼기, 굼그로, 굼근, 굼긔' 등과 '구무와, 구무마다, 구무 혈(穴)' 등과 같이 조사에

따른 결합이 상보적이다.

三 현대국어의 '구멍'은 '굵, 구무'의 공통 요소인 '굼[穴]'에 접미사 '-엉'이 결합된 것으로 해석하는 것이 최선이다. '구멍'이란 형태가 문헌에 등장하는 것은 근대국어 초기이므로, 중세국어에서도 사용되었을 것으로 생각된다.

웬 굼[穴]+엉(접사)

벤 굼엉> 구멍

예 • 죠고만 구멍을 둛고(언해두창집요 상-8)

구메밥 명 죄수에게 벽의 구멍으로 몰래 들여보내는 밥.

三 '구메밥'은 '굼[穴]+에(조사)+밥[食]'으로 분석된다.

웬 굼[穴]+에(조사)+밥[食]

벤 굼에밥> 구메밥

☞ 구멍

구무도둑 명 좀도둑(남부 방언).

三 이 말은 '구무[穴]+도둑[盜]'으로 분석된다.

웬 구무[穴]+도둑[盜]

벤 구무도둑

☞ 구멍

구석 명 모퉁이진 곳의 안쪽.

三 중세국어에서도 '구석'이란 말이 사용되었다. 그런데 중세국어에는 '눈굿(眼角, 훈몽자회 상-25)'이란 말이 있으므로, '구석'이란 말은 어원적으로 '굿[隅]+억(접사)'으로 분석된다는 것을 알 수 있다. '눈굿'은 현대국어로 '눈구석'이다.

웬 굿[隅]+억(접사)

벤 굿억> 구석

예 • 구석(소학언해 2-10)

구실 명 어떤 자격의 사람으로서 마땅히 해야 할 일. 관아의 직무.

☐ '구실'의 중세국어 형태는 '그위실'이며, 이 밖에도 '구위실, 그우실, 구실' 등도 나타난다. '그위실'은 '그위+실'로 이루어진 말이며, 15세기에 '관직(官職), 관리(官吏)'를 뜻하는 말이었다. '그위'는 중세국어에서 '관청(官廳), 관아(官衙)'를 뜻하였으며, '그위'에 '실'을 붙여서 '관직'이나 '관리'를 나타내었다. '실'은 '직분, 직책' 또는 '직책을 맡은 사람'을 가리키기 위한 말이었음을 알 수 있겠는데, '실'이 명사인지 아니면 접사인지 그 정확한 정체를 알 수는 없다. '구실'은 현대국어에서 '자기가 마땅히 해야 할 맡은 바 책임'이란 뜻이므로 '관아의 임무, 또는 그러한 직책을 맡은 사람'이라는 본래의 뜻에서 약간 멀어져 있다.

☐ 15세기 문헌인 『능엄경언해(楞嚴經諺解)』(1461)의 '네 百姓은 그위실 ᄒ리와 녀름 지스리와 성냥바지와 흥정바지왜라(네 가지 百姓은 관리와 농부와 장인과 상인이다)'에서 '그위실'의 형태로 처음 나타난다. 15세기에는 이 밖에도 '구위실, 그우실, 구실' 등도 나타난다. '그위실'에서 첫 음절의 모음 '으'가 뒤에 오는 '우'의 영향으로 '우'가 되면 '구위실'이 된다. '구위실'의 두 번째 음절의 '위'는 [uj]로 발음되기 때문에 반모음인 'ㅣ [j]'가 탈락하기 쉽다. 반모음 'ㅣ [j]'가 탈락하면 '구우실'이 되면서, 이제 같은 모음 '우'가 하나로 축약하여 '구실'이 될 수 있는 것이다. 이러한 일련의 변화에서 17세기에 나타나는 '구우실'을 제외한다면 나머지 형태가 15세기 문헌에서 모두 나타난다. 16세기에 나타나는 '귀실'은 '구위실'에서 먼저 '구'와 '우'가 축약된 형태이므로 '그위실'에서 '구실'로 변하는 과정에는 다양한 경로가 있었음을 알 수 있다.

☐ '그위실'은 '그위+실'로 이루어진 말이며, 15세기에 '관직(官職)'을 뜻하는 말이었다. 현대국어의 감각으로는 생소한 단어인 '그위'는 중세국어에서 잘 쓰이던 말이며, '관청(官廳), 관아(官衙)'를 뜻하는 말이었다. '그위'에 '실'을 붙여서 '관직'이나 '관리'를 뜻하게 되었으므로, '실'은 '직분, 직책' 또는 '직책을 맡은 사람'을 가리키기 위한 말이었음을 알 수 있다. 그러나 '실'이 명사인지 아니면 접사인지 그 정확한 정체를 알 수는 없다. '구실'은 현대국어에서 '자기가 마땅히 해야 할 맡은 바 책임'이란 뜻이므로, '관아의 임무'라는 본래의 뜻에서 약간 멀어져 있다. '구실'은 16세기부터 본래의 뜻도 지니면서, '(어떤 사람의) 임무, 직무'라는 일반화된 뜻과 함께 '조세'

혹은 '부역'의 특수한 의미도 아울러 가지게 되었다. 이러한 중첩적인 여러 의미 중에서 현대국어의 '구실'은 가장 일반적인 의미로의 변화가 이루어진 것이다.

[원] 그위[官廳]+실(접사)

[변] 그위실> 그우실> 구우실> 구실

[예] • 네 百姓은 그위실 ᄒᆞ리와 녀름 지ᅀᅳ리와 셩냥바지와 흥졍바지왜라(능엄경언해 3-88)
• 名利 그우실에 時急히 ᄒᆞ야(내훈-초간 1-33)
• 구우실ᄒᆞ논 ᄠᅳ데(두시언해-초간 11-20)
• 그 집 구실을 영히 덜라 ᄒᆞ시니라(번역소학 9-66)

구유 [명] 마소의 먹이를 담아 주는 나무 그릇. 사조(飼槽).

[一] '구유'의 중세국어 형태는 '구ᅀᅵ'나 '구슈'이지만, '구ᅀᅵ'가 중세의 문헌에 일반적으로 사용되었다. '구슈'란 형태는 『훈몽자회(訓蒙字會)』(광문회판)에만 나오므로, 문헌의 출현 성격으로는 특수한 편이다.

[二] 근대국어 형태는 '귀요, 귀유'이므로, 이 형태는 '구슈'에서 변화한 것이라고 해야 한다. '구> 귀'의 변화는 움라우트에 의한 변화이다.

[원] 구ᅀᅵ(구슈)[槽]

[변] 구ᅀᅵ(귀슈)> 귀요/귀유> 구유

[예] • 구ᅀᅵ예 주ᅀᅥ 바리예 다ᄆᆞ니(남명집언해 하-63)
• ᄆᆞᆯ 구슈(馬槽, 훈몽자회 중-12)
• ᄯᅩ 귀요에 ᄧᅮ케 주어(노걸대언해 상-29)
• 내 앗가 이 귀유 안해 두 드렛 믈 기러시니(노걸대언해 상-31)
• 구유 박(槽盆, 한청문감 11-41)

구조개 [명] 굴과 조개.

[一] 중세국어 형태를 기준으로 하면, 이 말은 '굴[蠣]+죠개[蛤]'로 분석된다. 치음 'ㅈ' 앞에서 'ㄹ'이 탈락하고, 치경음 'ㅈ'이 근대에 경구개음이 되면서 반모음 [j]가 탈락하여 '구조개'가 되었다.

[三] 근대국어에 '굸죠개'란 말이 있다. 이 말은 '굴[蠣]+ㅅ(조사/사잇소리)+죠개[蛤]'로 분석되며, '굴과 조개'란 뜻이 아니고 '굴과에 딸린 조개'를 의미하는 말로서, 현대국어의 '굴조개[牡蠣]'에 해당한다.

[원] 굴[蠣]+죠개[蛤]

[변] *굴죠개> 구죠개> 구조개

[예] • ᄂᆞᄆᆞ자기 구조개랑 먹고(청산별곡)

구태여 [부] (주로 '없다, 않다' 등과 함께 쓰이거나 반어 의문문에 쓰여) 일부러 애써.

[一] '구태여'의 중세국어 형태는 '구틔여'이다. 아울러 중세국어에는 '구틔다'란 동사가 있는데, 이 말은 현대국어 '굳히다'에 해당한다. 그러므로 중세국어 '구틔다'는 본래 '굳[硬]+희(사동접사)+어(어미)'에서 비롯된 형태이며, 여기에 어미 '-어'가 연결되어 부사가 된 것이다. '구태여'의 어원적 의미는 '굳게 하여'에 해당한다.

[二] '굳희어(구틔어)'에서 접사 '-희-'는 중세국어에서 하향 이중모음인 [hɨj]로 발음된다. 이에 따라 반모음 [j]가 뒤에 영향을 미쳐 '구틔여'가 된다. 중세국어의 사동접사 '-희-'는 '지피다(집+희+다), 디킈다(딕+희+다), 글희다' 등에서도 사용되었으므로, 비교적 생산적인 접미사이다.

[원] 굳[硬]+희(사동접사)+어(어미)

[변] 굳희어> 구틔어> 구틔여> 구ᄐᆡ여> 구태여

[예] • 구틔여 닐오ᄃᆡ(월인석보 9-13)

• 구ᄐᆡ여 어려운 길흘(두시언해-중간 2-23)

국수 [명] 밀가루나 메밀가루를 반죽하여 가늘게 썰거나 국수틀로 가늘게 뺀 것.

[一] '국수'의 근대국어 형태는 '국슈'이다.

[二] 이의봉(李義鳳)이 1789년에 편찬한 『고금석림(古今釋林)』의 제8 편인 '동한역어(東韓譯語)'에서 '국수'의 어원이 '麴鬚'에 있다고 하였다. '麴鬚'의 중세국어 한자음이 '국슈'이며, 아울러 한자어의 의미를 고려할 때 이 어원설은 비교적 근거가 있다고 평가된다. 다만 한자어 '麴鬚'는 한어(漢語)에서는 사용되지 않았으므로, 국어에

서 조어(造語)된 것으로 생각된다.
[원] 麴鬚(국슈)
[변] 국슈> 국수
[예] • 국슈(麵, 역어유해 상-51)

국판(菊版) [명] 세로 93cm, 가로 63cm의 양지의 크기. 국판 전지(菊版全紙)를 16겹으로 접은 책의 크기(세로 21cm, 가로 14.8cm). 한자로는 '菊判'으로 쓰기도 한다.
[一] 이 말은 일본에서 처음 수입한 양지(57판 전지)의 포장지에 부착되었던 국화 상표에서 연유하였다.
[원] (일본어)菊版[kikuban]
[변] 菊版[kikuban]> 국판

군것[군:걷] [명] 없어도 좋은 것. 쓸데없는 것.
[원] 군(접사)+것[物]
[변] 군 것> 군것
☞ 군것질

군것질[군:걷찔] [명] 끼니 외에 과일이나 과자 따위의 군음식을 먹는 짓.
[一] 이 말은 '군(접사)+것[物]+질(접사)'로 분석된다. 접두사 '군-'은 '군것, 군글자, 군기침, 군더더기, 군돈, 군말, 군밥, 군서방, 군소리, 군식구, 군음식, 군입, 군짓, 군침, 군턱' 등에서 알 수 있는 바와 같이 '쓸데없는, 가외로 더한, 덧붙은' 등과 같은 의미를 어근에 첨가하는 말이다. 접두사 '군-'은 장음(長音)으로 발음된다.
[二] 접두사 '군-'의 어원이 한자 '窘(군)'에 있을 가능성이 있지만, 확인할 수는 없다. 중세국어에 '군ᄒᆞ다'란 말이 쓰였으며, 『신증유합(新增類合)』에 '군홀 군(窘, 하-29)'이라고 하였다. 접두사 '군-'이 근대국어에서 쓰인 어휘를 찾아보면 '군ᄆᆞ음/군마음, 군말, 군ᄠᅳᆷ, 군옷' 등을 열거할 수 있으며, 접두사 '군-'이 '쓸데없는'의 뜻으로 쓰인 것을 확인할 수 있다. 한자 '窘(군색할 군)'이 중세국어에서 상성(上聲)인 점도 장음

으로 발음되는 접두사 '군'과의 관련 가능성을 제기해 준다. 중세국어의 상성(上聲)은 대개 현대국어의 장음으로 이어지기 때문이다.

㉮ 군(접사)+것[物]+질(접사)

㉯ 군것질

㉰ • 나도 님을 미더 군쁘디 젼혀 업서(속미인곡)
  • 군ᄆᆞ음 업시 줌만 들면 엇더리(고시조, 청구영언)
  • 군옷 ᄒᆞᆫ 볼을 펴고(벽온신방 3)

굴뚝 圐 불을 땔 때 연기가 밖으로 빠져 나가도록 만든 장치로서 토관이나 벽돌 등으로 만든다. 연돌(煙突). 조돌(竈突).

⊟ '굴뚝'의 근대국어 형태는 '굴ㅅ독, 굴독'이며, 중세국어에는 '구들, 굴뚝'의 뜻으로 사용된 단일어 '굴(堗/囪, 훈몽자회 중-9)'이란 말이 있었다. 그러므로 '굴ㅅ독'은 '굴[堗, 囪]+ㅅ(사잇소리)+독[甕]'으로 분석하는 것이 가능하다. '독'은 오지그릇이나 질그릇을 뜻하는 말이므로, 옛날의 굴뚝은 주로 옹기를 사용하여 만들었다는 것을 짐작할 수 있다.

㉮ 굴[堗, 囪]+ㅅ(사잇소리)+독[甕]

㉯ 굴ㅅ독/굴독> 굴쑥> 굴뚝

㉰ • 굴ㅅ독(烟洞, 역어유해 상-18)
  • 굴독(堗, 왜어유해 상-33)
  • 굴쑥(烟洞, 동문유해 상-35)

굴레 圐 마소를 부리기 위하여 목에서 고삐에 걸쳐 얽어매는 줄.

⊟ '굴레'의 중세국어 형태는 '굴에'이다.

⊟ '굴에'라는 형태는 역사적 관점에서 보면 '굴+게(접사)'로 분석될 성격이므로, 어근 '굴'의 정체를 파악하는 것이 관건이다. 추측한다면 어근 '굴'은 동사 '굴다'의 어간일 가능성도 있으나 확인할 수 없으므로, 어원적 분석인 '굴+게(접사)'로 처리해 둔다. 중세국어에서 접사 '-게/-개'는 'ㄹ' 다음에서 '-에/-애'가 된다. '*울(<우르)+게'에서 '울에'가 되고, '*몰개'에서 '몰애'가 된다. 이 경우에 중세국어의 '울에, 몰애'

는 '우레, 모래'로 표기되지 않는다. 이것은 받침의 'ㄹ'이 탄설음(彈舌音) [ɾ]로 발음되지 않고, 설측음 [l]로 발음되는 것을 의미한다. 근대국어 이후 이러한 'ㄹ'은 탄설음화의 적용을 받아 '우레, 모래'가 되어 현대국어로 이어졌다.

[원] 굴+게(접사)

[변] *굴게> 굴에> 굴레/굴릐> 굴레

[예] • 굴 돌(堗, 훈몽자회 중-9), 굴 총(囱, 훈몽자회 중-9)
- 실로 뮝ᄀ론 굴에(絲鞚, 두시언해-초간 21-28)
- ᄆᆞᆯ 굴레(박통사언해 중-51)
- 굴릐 ᄢᅵ다(套轡頭, 역어유해 상-23)

굼닐다[굼니니, 굼닐어] [동] (몸을) 일으켰다 구부렸다 하다.

[一] '굼닐다'의 근대국어 형태는 '굽닐다'이다. 이 말은 '굽[曲]+닐[起]+다(어미)'로 분석된다. 중세국어 '닐다'는 현대국어 '일다, 일어나다'에 해당하는 말이다.

[원] 굽[曲]+닐[起]+다(어미)

[변] 굽닐다> 굼닐다

[예] • 口腹을 못 몌워 뎌다지 굽니ᄂᆞ다(청구영언 39)

☞ 일어나다

굽이 [명] 휘어서 구부러진 곳.

[一] '굽이'의 중세국어 형태는 '구븨'이다. 이 말은 '굽[曲]+의(명사화 접사)'로 분석된다.

[二] 중세국어에서 형용사를 명사로 파생시키는 접미사는 '-ᄋᆡ/-의'이며, 부사로 파생시키는 접미사는 '-이'로서 각각 그 형태에 차이가 있었으나, 근대국어에 들어서 '-이'로 단일화되었다.

[원] 굽[曲]+의(접사)

[변] 구븨> 굽이

[예] • 깊 구븨예 건니노라(두시언해-초간 22-38)

굿바이(good-bye/good-by) 뗑꽙 안녕. 작별의 인사.

🖅 '굿바이'는 영어의 'god be with ye(신이 당신과 함께 하기를)'의 단축형이다.

🖅 원래의 'god'이 'good'으로 바뀐 것은 'good morning, good afternoon, good evening' 등의 'good'에 유추된 까닭이다. 'ye'는 영어의 옛 문어에서 'thou'의 복수형으로 '너희, 그대들'의 뜻이다.

🕮 (영어)god be with ye

🕮 god be with ye> good-bye> 굿바이

굿뱀 뗑 뱀의 한 가지. 흙구덩이 속에 모여 살며 보통 뱀보다 작음. 토도사(土桃蛇).

🖅 '굿'의 중세국어 형태는 '굳[坑]'이며, '뱀'의 중세국어 형태는 '비얌[蛇]'이다. 현대국어에서 '굿'은 '구덩이'와 뜻이 같으면서도, 뫼를 쓸 때에 널이 들어갈 만큼 알맞게 파서 다듬은 속 구덩이를 뜻하기도 하므로 그 의미가 특수화되었다.

🕮 굳[坑]+비얌[蛇]

🕮 굳비얌> 굿바얌> 굿뱀

🕮 • 굳비얌(土桃蛇, 동의보감-탕액 2-蟲部)

　　• 굿바얌(土桃蛇, 유씨물명고 2-水族)

☞ 구덩이

굿옷[구돋] 뗑 광부가 갱 속에서 일할 때 입는 옷.

🖅 '굿'의 중세국어 형태는 '굳[坑]'이다. 현대국어에서 '굿'은 '구덩이'와 뜻이 같으면서도, 뫼를 쓸 때에 널이 들어갈 만큼 알맞게 파서 다듬은 속 구덩이를 뜻하기도 하므로 그 의미가 특수화되었다.

🕮 굿[坑]+옷[衣]

🕮 굿옷

☞ 구덩이, 굿뱀

궁노루 뗑 사향노루.

🖅 '궁노루'의 근대국어 형태는 '국놀/국노루'이므로, 접두사처럼 쓰인 '국'의 의미

를 찾는 것이 관건이다. '국놀/국노ᄅᆞ'의 '국'은 만주어 'kuku'나 몽골어 'koke'에서 온 것으로 이해되고 있다(金大植 1985). 만주어 'kuku'나 몽골어 'koke'는 '청색(青色), 청회색(青灰色)'의 뜻이다. 그러므로 '국놀/국노ᄅᆞ'는 누런빛의 일반 노루와 구별하여 청회색의 빛깔을 지닌 노루라는 뜻에서 붙여진 이름이다.
[三] 현대국어 '노루'의 중세국어 형태는 '놀/노ᄅᆞ'이지만 '놀'이 원형이다.
[원] (만주어)kuku/(몽골어)koke[青色]+놀/노ᄅᆞ[獐]
[변] kuku/koke+놀/노ᄅᆞ> 국놀/국노ᄅᆞ> 국노루> 궁노루
[예] • 국놀의 ᄇᆡᆨ(동의보감-탕액 1-獸部)

궐련 [명] 종이로 말아 놓은 담배. 권연초(卷煙草).
[一] '궐련'은 일본 한자어 '권연초(卷煙草)'에서 온 말이다. 한자 '卷(권)'은 '두루말다'의 뜻이므로, '권연초'는 (종이로) 두루말아서 만든 담배란 말이다.
[三] '卷煙草'에서 축약된 '권연(卷煙)'에 'ㄴ'이 첨가되어 '권년'이 되고 다시 유음화되어 '궐련'이 된 것이다.
[원] (일본어)卷煙草[makitabako]
[변] 卷煙草> 卷煙> 권연> *권년> 궐련

귀고리 [명] 귓불에 다는 장식품. 이식(耳飾). 이환(耳環).
[一] 중세국어 문헌에서 '귀엿골회'의 형태로 처음 나타난다. 그러나 어원적 형태를 잘 보여주는 것은 17세기 문헌인 『박통사언해』에 나오는 '귀옛골회'이다. '귀옛골회'는 '귀[耳]+에(조사)+ㅅ(조사/사잇소리)+골회[環]'로 이루어진 말이다. '골회'는 현대국어 '고리'의 옛말이다. '귀옛골회'는 그대로 풀면 '귀에의 고리'란 뜻이며, 의미에 맞게 풀면 '귀에 있는 고리' 또는 '귀에 사용하는 고리'란 뜻이다.
[三] 16세기 문헌인 『번역박통사(飜譯朴通事)』(1517)의 '칠보 금 빈혀 ᄒᆞ나콰 귀엿골회 ᄒᆞᆫ 솽과(칠보 금 비녀 하나와 귀고리 한 쌍과)'에서 '귀엿골회'의 형태로 처음 나타난다. 그러나 어원적 형태를 잘 보여주는 것은 17세기 문헌인 『박통사언해(朴通事諺解)』(1677)에 나오는 '귀옛골회'이다. '귀옛골회'는 '귀+-에+ㅅ+골회'로 이루어진 말이다. 중세국어에서 '귀'는 현대국어와는 달리 'ㅣ'가 반모음이므로 [kuj]로 발

음된다. 반모음 'ㅣ[j]'가 뒤에 오는 모음 '에'에 연결되면 '예'로 실현되며, 이것을 표기에 반영한 것이 '귀옛골회'이다. '골회'는 현대국어 '고리'의 옛말이다. 장소를 나타내는 조사 '에'는 현대국어의 용법과 차이가 없지만, 중세국어에서 'ㅅ'은 단순한 사잇소리가 아니라 관형격 조사이다. 그러므로 '귀옛골회'는 그대로 풀면 '귀에의 고리'란 뜻이며, 의미에 맞게 풀면 '귀에 있는 고리' 또는 '귀에 사용하는 고리'란 뜻이다. 조선총독부 편찬의 『조선어사전』(1920)이나 문세영 편찬의 『조선어사전』(1938), 그리고 조선어학회 편찬의 『큰사전』(1957) 등에 '귀엣고리'가 실려 있어서 '귀고리'의 중세국어 형태가 현대에까지 남아 있었다. 심지어 이희승 편찬의 『국어대사전』(1961)에는 표제어 '귀고리, 귀엣고리'를 모두 실었지만, '귀고리'의 풀이는 '귀엣고리'를 보라고 하였다. 이로써 보면 '귀고리'가 표준적인 자리를 차지하게 된 것은 최근의 일임을 알 수 있다. 아마도 '귀엣고리'가 쓰이지 않게 된 것은 현대국어에서 '엣'이라는 조사가 사용되지 않은 까닭일 것이다.

[三] '귀고리'와 관계되는 단어에 '귀걸이'가 있다. '귀걸이'는 '귀가 시리지 않도록 귀를 덮는 물건'이 본래의 뜻이며, 다른 뜻으로서 '귀고리'와 같은 것으로 풀이하고 있는 것은 현대의 용법을 참작한 것이다. '귀고리'는 원래 '귀에 다는 고리'였지만, 요즘에는 '귀에 거는 장신구'로 인식하여 '귀걸이'를 '귀고리'의 뜻으로 쓰게 된 것이다. 이에 따라 '귀걸이'는 '귀에 거는 장신구'란 뜻으로 편향되어 쓰이면서 '귀고리'의 영역을 거의 잠식하게 되었고, 원래의 귀를 덮는 물건이란 뜻은 '귀마개'에 넘겨주고 있다. 확실히 요즘의 '귀고리'는 '고리' 모양보다는 다양한 모양의 귀에 거는 형태의 장신구가 더 많은 것이 사실이다. '귀고리'에 대한 한자어로서 이식(耳飾, 귀의 장식)과 이환(耳環, 귀의 고리)이 있는 것은 이러한 언어 상황을 반영한 것이다.

[원] 귀[耳]+에(조사)+ㅅ(조사/사잇소리)+골회[環]

[변] 귀옛골회> 귀옛골회> 귀고리

[예] • 칠보 금 빈혀 ᄒᆞ나콰 귀엿골회 ᄒᆞᆫ 솽과(번역박통사 상-20)
• ᄒᆞᆫ 빵 귀옛골회과(박통사언해 상-20)
• 귀옛골(耳墜, 역어유해 상-44)

귀양 [명] 형벌의 하나. 죄인을 고향이 아닌 먼 시골이나 섬으로 보내어 일정 기간 동안 제한된 곳에서만 살게 하던 형벌.
[一] '귀양'의 중세국어 형태는 '귀향'이며, 이 말은 한자어 '歸鄕(귀향)'이다.
[二] 한어(漢語)에서 '귀향(歸鄕)'이란 한자어가 형벌의 명칭으로 사용된 것은 아니므로, 이 말은 국어에서 특수 용법으로 사용된 한자어이다.
[원] 歸鄕(귀향)
[변] 귀향> 귀양
[예] • 너를 일훔호ᄃᆡ 귀향왯ᄂᆞᆫ 仙人이라 ᄒᆞ더니라(號爾謫仙人, 두시언해-초간 16-5)
• 손가락질 가라치며 귀양다리 온다 ᄒᆞ니(만언사)

귀엽다[귀여우니, 귀여워] [형] (어떤 대상의 생김새가) 작고 세밀하면서 균형이 갖추어져 보기 좋은 상태에 있다.
[一] '귀엽다'는 '귀(貴)+업(접사)+다(어미)'로 분석하는 것이 타당할 것이다.
[二] 중세국어에서 '귀(貴)'는 하향 이중모음인 [kuj]로 발음되므로, '귀업다[kuj-əp-ta]'는 먼저 반모음 [j]가 뒤에 오는 모음에 영향을 주어 '귀엽다[kuj-jəp-ta]'가 되었다가, 다음에 '위'가 단모음화되어 '귀엽다[ky-jəp-ta]'가 된 것이다.
[원] 귀(貴)+업(접사)+다(어미)
[변] *귀업다[kuj-əp-ta]> 귀엽다[kuj-jəp-ta]> 귀엽다[ky-jəp-ta]

귀이개 [명] 귀지를 파내는 기구. 이자(耳子).
[一] 근대국어 문헌에서 '귀우개'의 형태로 처음 나타난다. 중세국어에 '우의다'란 동사가 있는데, 이 말은 현대국어 '우비다'에 해당하며, 그 뜻은 '틈이나 구멍 속을 긁어내거나 도려내다'이다. 그러므로 17세기의 '귀우개'는 '귀우의개'에서 바뀐 형태임을 알 수 있다. 15세기의 '우의다'는 17세기 후반에 '위우다'로 나타난다. 15세기의 '우의다'나 17세기의 '위우다'는 귓속의 귀지를 파내는 행위를 나타내는 동사였다. 이러한 '우의다, 위우다'의 용례를 참조하면, 17세기의 '귀우개'는 '귀[耳]+우의[刮]+개(접사)'에서 바뀐 형태임을 알 수 있다.
[二] 17세기 문헌인 『역어유해(譯語類解)』(1690)의 '耳挖子 귀우개'에서 '귀우개'의 형태로 처음 나타난다. '귀우개'에서 '귀'와 접미사 '-개'는 쉽게 파악이 되지만, 가운

데 낀 '우'의 정체를 쉽게 알 수 없다. 그런데 중세국어에 '우의다'란 동사가 있는데, 이 말은 현대국어 '우비다'에 해당하며, 그 뜻은 '틈이나 구멍 속을 긁어내거나 도려내다'이다. 그러므로 17세기의 '귀우개'는 '귀우의개'에서 바뀐 형태라고 말할 수 있다. 아마도 15세기 문헌이라면 '귀우의개'가 나타났을 법하지만, '우의다'의 형태가 변한 근대국어의 상황에서 '귀우개'의 형성을 짐작할 수 있을 뿐이다. 15세기의 '우의다'는 17세기 후반의 『역어유해(譯語類解)』(1690)에 '위우다'로 바뀐 형태로 나타난다. 그 용례도 '귓구무 위우다'이며 현대국어로 옮기면 '귓구멍 우비다'이다. 조선어학회에서 편찬한 『큰사전』(1947)에는 '귀이개, 귀우개, 귀우비개, 귀개' 등이 모두 표제어로 실려 있으면서 '귀이개'를 중심 표제어로 삼고 있다. 이 무렵부터 현대국어의 '귀이개'란 형태가 세력을 얻었음을 알 수 있다. 흥미로운 것은 '귀우비개'이다. 이 말의 등장은 '귀이개'의 역사적 형태인 '귀우개'보다도 확실한 어원적 형태를 보여 주고 있기 때문이다. 비록 '귀이개'에 밀려 사라진 말이 되었지만, '귀우비다'는 '귀우개'의 어원적 근거를 좀 더 명확하게 해 주는 후대의 형태이다.

☲ '귀우개(<귀우의개)'에서 비롯된 다양한 형태는 '우의다'란 동사에 대한 언중(言衆)의 인식이 흐려진 까닭이다. '우의다'는 이미 '우비다'로 바뀌어 쓰이는 상황에서 '귀우개'의 '우'에 대한 어원 의식은 희미해지고, 이에 따라 형태의 유지가 어렵게 되었다. 비록 늦게나마 '귀우비개'가 출현하여 권토중래를 노렸지만, 이미 세력을 얻은 '귀이개'를 막지는 못하였다. 근대국어 '귀우개'가 현대국어 '귀이개'가 된 것은 '귀'를 뜻하는 한자인 '이(耳)'에 유추된 것으로 생각된다.

㉿ 귀[耳]+우의[刮]+개(접사)

㉠ *귀우의개> 귀우개> 귀이개

㉢ • 귀우개(耳空子, 역어유해 상-44)

귀찮다 톙 (어떤 일이) 하기 싫거나 성가시다.

☐ '귀찮다'는 '귀(貴)+ᄒ[爲]+지(어미)+아니[否]+ᄒ[爲]+다(어미)'가 줄어서 된 것이다.

☲ '귀치않다'가 줄면 표기상으로는 '귀챦다'가 될 것이지만, 근대국어 이후 'ㅊ'이 경구개음이 되면서 후행하는 반모음 '이[j]'가 중화되어 발음됨에 따라 '귀찮다'가 된

것이다.

㉑ 귀(貴)+ᄒᆞ[爲]+지(어미)+아니[否]+ᄒᆞ[爲]+다(어미)

㉖ 귀ᄒᆞ지아니ᄒᆞ다> 귀치아니ᄒᆞ다> 귀찬ᄒᆞ다> 귀찮다

㉙ • 듯기의 즈즐ᄒᆞ고 보기의 귀찬ᄒᆞ다(만언사)

귀청 ㉆ 외이도(外耳道)와 중이강(中耳腔)의 경계에 있는 반투명하고 타원형인 막. 음파를 청소골(聽小骨)을 통하여 내이(內耳)에 전달함. 고막(鼓膜).

㉠ '귀청'의 중세국어 형태는 '귀쳥'이다. 이 말은 '귀[耳]+쳥[膜]'으로 분석된다.

㉢ 중세국어에서 고유어 '쳥'의 의미는 '膜ᄋᆞᆫ 누네 씬 쳥이라(원각경언해 하3의 1-17), 脈과 頭腦와 쳥과 누른 痰(脈頭腦膜黃痰, 선종영가집언해 상-35)' 등의 용법을 통해서 한자 '막(膜)'에 해당한다는 것을 확인할 수 있다.

㉑ 귀[耳]+쳥[膜]

㉖ 귀쳥> 귀청

㉙ • 쇠야지 귀쳥ᄋᆞᆯ(犢子耳中塞, 구급간이방 3-31)

귀퉁이 ㉆ 물건의 모퉁이나 삐죽 내민 부분. 마음속이나 사물의 한 구석이나 부분. 귀의 언저리.

㉠ 중세국어 형태를 기준으로 하여 이 말의 어원을 추정하면, '굿[隅]+퉁이(접사)'로 이루어진 것으로 생각된다(남광우 1957). 중세국어에서 '굿'은 현대국어 '구석'에 해당하는 말이다.

㉢ '*굿퉁이'에서 '귀퉁이'가 된 것은 근대국어 이후 '굿'이란 말이 쓰이지 않게 되면서, 의미적으로 연관지을 수 있는 '귀[耳]'에 유추되었기 때문이며, 이러한 형태의 변화에 따라 '귀의 언저리'라는 의미도 추가되었다.

㉑ 굿[隅]+퉁이(접사)

㉖ *굿퉁이> 귀퉁이

☞ 구석

그냥 ㉋ 어떠한 작용을 가하지 않고 그 모양대로.

[一] '그냥'은 어원적으로 '그[其]+ㄴ(첨가음)+양(樣)'으로 분석된다. 한자 '樣(양)'은 '모양'이란 뜻이므로, '그냥'의 어원적 의미는 '그 모양'이다.

[원] 그[其]+ㄴ(첨가음)+양(樣)

[변] *그양> 그냥

그네 [명] 큰 나무의 가로 뻗은 가지나, 두 기둥 위에 가로지른 쇠나 나무에 두 가닥의 동아줄을 매어 늘이고, 줄의 맨 아래에 밑신개를 걸쳐 놓은 놀이 기구. 추천(鞦韆).

[一] '그네'의 중세국어 형태는 '글위'이며, 근대국어 시기에 '그릐> 그늬'를 거쳐 현대국어 '그네'에 이르렀다.

[원] 글위[鞦韆]

[변] 글위> 그릐/그리> 그늬> 그네

[예] • 萬里옛 글위 ᄠᅳ긴 習俗이 ᄒᆞᆫ가지로다(萬里鞦韆習俗同, 두시언해-초간 11-15)

• 그릐(鞦韆, 역어유해 하-24)

• 그리(鞦韆, 동문유해 하-33)

• 그늬(鞦韆, 한청문감 9-18)

그늘 [명] 햇빛이 물체에 가려져 생기는, 시원하거나 선선한 어두운 공간. 빛이 한쪽에서 비칠 때 물체 자체에 생기는 어두운 부분.

[一] '그늘'의 15세기 중세국어 형태는 'ᄀᆞᄂᆞᆯㅎ/ᄀᆞᄂᆞᆯ'이지만, 16세기에는 'ᄀᆞᄂᆞᆯㅎ/ᄀᆞᄂᆞᆯ'과 함께 '그늘'이라는 형태도 사용되었으며, 근대국어에는 '그ᄂᆞᆯ'이라는 형태도 나타난다.

[二] 정상적인 음운 변화라면 'ᄀᆞᄂᆞᆯㅎ> ᄀᆞᄂᆞᆯ> ᄀᆞ늘> 가늘'의 과정을 거쳐야 하지만, 제1 음절의 'ᆞ'가 'ᅳ'로 변하는 과정을 16세기에 먼저 거치면서 '그늘'이라는 형태로 고정된 것이다. 그러므로 'ᄀᆞᄂᆞᆯㅎ> 그ᄂᆞᆯ> 그늘'의 변화 과정으로 이해하는 것이 논리적이다.

[원] ᄀᆞᄂᆞᆯㅎ[陰]

[변] ᄀᆞᄂᆞᆯㅎ> (그ᄂᆞᆯ)> 그늘

例 • 慈悲ㅅ ᄀᄂᆞᆯ 微妙ᄒᆞᆫ 구루믄(慈陰妙雲, 능엄경언해 8-50)

 • 긴 솘 ᄀᄂᆞᆯ해 도ᄐᆞ랏 디퍼 ᄃᆞ니고(杖藜長松陰, 두시언해-초간 7-24)

 • 그늘 서느러운 듸 ᄆᆡ여 두고(綆在陰凉處, 번역박통사 상-21)

 • 그늘애 ᄆᆞᆯ나 ᄂᆞᄂᆞᆫ 양을 보며(어제경민음 6)

그대 떼 (주로 편지와 같은 글에서) '너'라고 할 사람을 대접하여 일컫는 말.

□ 현대국어에서 '그대'라는 말은 일상에서는 잘 쓰지 않지만, 중세국어에서는 2인 칭 대명사 '너'의 높임말인 '그듸, 그ᄃᆡ'가 일상적인 문맥에서 사용되었다. 그러므로 중세국어 '그듸, 그ᄃᆡ'에서 온 현대국어의 2인칭 대명사 '그대'는 중세국어와 비교하 여 의미가 특수화된 것이다.

□ 중세국어의 '그듸, 그ᄃᆡ'는 어원적으로 '그[其]+ᄃᆡ[處所]'에서 온 것으로 이해되 고 있다(劉昌惇 1971: 267). 'ᄃᆡ'는 중세국어의 의존명사 'ᄃᆞ'의 처소격형(處所格形) 으로서 현대국어의 '데'에 이어진다. 이러한 어원 해석이 맞다면 '그ᄃᆡ'가 모음조화 에 맞추기 위하여 '그듸'로 변한 것이 된다. 그러나 중세국어의 초기 문헌을 기준으 로 한다면, '그듸'가 '그ᄃᆡ'에 앞서므로 이러한 변화는 중세국어 이전에 있었다고 생 각된다.

㉮ 그[其]+ᄃᆞ(의존명사)+이(조사)

㉯ 그듸/그ᄃᆡ > 그대

例 • ᄡᅳᄒᆞᆫ 그뒷 모기 두고(석보상절 6-26)

 • 그ᄃᆡᄂᆞᆫ 아니 보ᄂᆞᆫ다(남명집언해 상-2)

그리다 图 (어떤 모양을) 연필이나 붓 따위로 나타낸다. 사랑하는 마음이나 애틋한 마음을 가지고 상상하거나 회상하다.

□ 중세국어 형태도 '그리다'이다. 이 말은 '(어떤 형상을 연필이나 붓으로) 묘사하 다'가 원래의 뜻이다. 이로부터 마음속에 어떤 대상을 그리는 것으로써 '(어떤 대상 을) 그리워하다'로 의미가 확대된 것이다.

□ 중세국어에서 이미 '그리다'는 두 가지 의미로 쓰였다. 성조도 '거성-평성-거성'으 로 같다. 현대국어에서는 마음속에 어떤 사람을 애틋하게 생각하는 경우 '그리다'보

다는 '그리워하다'를 주로 사용한다. '그리워하다'는 '그리다'의 파생 형용사인 '그립다'에서 다시 '하다'를 연결하여 동사로 파생된 것이다. 즉 어원적으로 '그립+어+하다'로 분석된다. 근대국어 문헌에 '그리워하다'가 나타난다.

㋒ 그리[畵]+다(어미)

㋫ 그리다

㋐ • 天縱之才를 그려사 아슥 볼까(용비어천가 43장)

　• 서르 보옵지 몯하오니 그리워하옵더니(중간첩해신어 3-1)

그리스도 ᠍ 나사렛의 예수에 대한 칭호. 기독(基督).

㊀ 히브리어로 'meshiah(메시아)'는 '도유(塗油/기름을 칠하다)'란 의미인데, 그리스어에서 이 말을 번역하여 'christos'라고 하였다. 즉 '기름 부음을 받은 자'를 의미하는 말이다.

㊂ 그리스어 'christos'가 라틴어에서 'Christ(us)'가 되고, 영어에서는 'Christ'가 되는데, '그리스도'의 직접적인 어원은 그리스어에 있다.

㋒ (히브리어)meshiah[塗油]

㋫ (히브리어)meshiah> (그리스어)christos[塗油]> (포르투갈어)Christo> 그리스도

그리워하다 ᠍ 사랑하는 마음이나 애틋한 마음을 가지고 상상하거나 회상하다.

㊀ 현대국어 '그리워하다'에 해당하는 중세국어는 '그리다'이다. 이 말은 '(어떤 형상을 연필이나 붓으로) 묘사하다'가 원래의 뜻이다. 이로부터 마음속에 어떤 대상을 그리게 됨에 따라 '(어떤 대상을) 그리워하다'로 의미가 확대된 것이다.

㊂ 중세국어에서 이미 '그리다'는 두 가지 의미로 모두 쓰였다. 성조도 '거성-평성-거성'으로 같다. 현대국어에서는 마음속에 어떤 사람을 애틋하게 생각하는 경우 '그리다'보다는 '그리워하다'를 주로 사용한다. '그리워하다'는 '그리다'의 파생 형용사인 '그립다'에서 다시 '하다'를 연결하여 동사로 파생된 것이다. 즉 어원적으로 '그립+어+하다'로 분석된다. 근대국어 문헌에 '그리워하다'가 나타난다.

㋒ 그리[畵]+ㅂ(접사)+어(어미)+하[爲]+다(어미)

[변] *그리버ᄒᆞ다> 그리워ᄒᆞ다> 그리워하다
[예] • 서르 보ᅀᆞᆸ지 몯ᄒᆞ오니 그리워ᄒᆞᅀᆞᆸ더니(중간첩해신어 3-1)

그립다[그리우니, 그리워] [형] (사람이나 어떤 대상이) 애틋하게 보고 싶거나 가까이 대하고 싶다.

[目] 중세국어 형태도 '그립다'이며, 이 말은 '그리다'에서 파생된 형용사이다. 다만, 'ㅂ' 불규칙 활용에 있어서 중세국어에서는 '그립다~그리버', '그립다~그리워'로 'ㅂ~ㅸ'의 교체로 나타나는 초기형과 'ㅂ~오/우[w]'의 교체로 나타나는 후기형이 공존하였다.
[원] 그리[畵]+ㅂ(접사)+다(어미)
[변] 그립다
[예] • 가시 그리ᄫᅳᆯ씨 世尊 나신 ᄉᆞᅀᅵ로 녯 지븨 가리라 ᄒᆞ니(월인천강지곡 상-63)
• 다 그리우믈 머거(咸皆懷戀慕, 법화경언해 5-161)
☞ 그리다, 그리워하다

그믐 [명] 그 달의 마지막 날. 그믐날. 말일(末日). 회일(晦日).

[目] '그믐'의 중세국어 형태는 '그몸/그뭄/그믐'이며, 이 말은 '그모/(그무/그므)[晦]+ㅁ(접사)'으로 분석된다. 이 말이 '그물-/그몰-'에서 왔다고 한다면, 15세기에 '그뭄'과 '그몸'이 함께 나타나고, 16세기에 '그믐'이 나타나는 것은 국어의 일반적인 변화에 의해 설명하기 어렵다. 즉 'ㅁ' 다음에서 'ᆞ/으'가 '오/우'로 바뀌는 것은 17세기 이후의 일이기 때문이며, 또 '그물다/그몰다'의 어간 '그물-/그몰-'에 명사를 만드는 접미사 '-옴/-음'이 연결되면, '그무름/그모롬'이 되어야 하는데, '그뭄/그몸'이 15세기 형태로 나타나기 때문이다. 만약에 '그물-/그몰-'이 아닌 '그무-/그모-'에서 왔다고 한다면 문제는 쉽게 해결된다. 바로 명사를 만드는 접미사 '-ㅁ'이 바로 연결된 형태로 이해되기 때문이다. 무엇보다도 15세기의 파생 명사라고 할 수 있는 '그뭄, 그몸'이란 형태를 존중할 필요가 있다. 이 말들은 동사 '그모다, 그무다'의 어간 '그모-, 그무-'에 명사를 만드는 접미사 '-ㅁ'이 바로 연결된 것으로 이해하는 것이 가능할 것으로 생각된다. '그몰다'는 16세기에, '그물다'와 '그믈다'는 17세기에 출현한다.

☰ 15세기 문헌인『원각경언해(圓覺經諺解)』(1465)의 '그뭀 바믹 구룸 업수믈 두리라 일훔 아닌는 젼치라(그믐의 밤에 구름 없음을 달이라고 이름하지 아니하는 까닭이다)'에서 '그뭄'의 형태로 처음 나타나며, 다른 15세기 문헌에서는 '그몸'으로도 표기되었다. 15세기에 '그뭄'과 '그몸'이 함께 나타나고, 16세기에 '그믐'이 나타나는 것은 국어의 일반적인 변화에 의해 설명하기 어렵다. 만약에 15세기에 '그물다/그몰다'가 아닌 '그무다/그모다'라고 한다면 문제는 쉽게 해결된다. 바로 명사를 만드는 접미사 '-ㅁ'이 바로 연결된 형태로 이해되기 때문이다. 과연 근대국어의 문헌인『동문유해(同文類解)』(1748)에는 '둘 그무다(月盡)'란 표현이 있지만, 근대국어 문헌이라서 증거로 삼기는 어렵다. 15세기 문헌인『분문온역이해방(分門瘟疫易解方)』(1542)에는 '그히 그모도록(竟年)'이란 구절이 있다. 이 경우의 기본형은 '그모다'나 '그몰다'가 될 수 있는데,『이조어사전(李朝語辭典)』(劉昌惇, 1964)에서는 '그모다'를 기본형으로 잡았다. 무엇보다도 15세기의 파생 명사라고 할 수 있는 '그뭄, 그몸'이란 형태를 존중할 필요가 있다. 이 말들은 동사 '그모다, 그무다'의 어간 '그모-, 그무-'에 명사를 만드는 접미사 '-ㅁ'이 바로 연결된 것으로 이해하는 것이 가능할 것으로 생각된다. '그몰다'는 16세기에, '그물다'와 '그믈다'는 17세기에 출현한다. 문제는 여기에서 끝나지 않는다. 16세기 문헌에는 '그뭄, 그몸'과 함께 현대국어 형태와 같은 '그믐'이 나타나기 때문이다. 16세기의 문헌인『번역노걸대(飜譯老乞大)』(1517)에 '그믐씌'란 말이 등장하고,『훈몽자회(訓蒙字會)』(1527)에서는 '그믐 회(晦)'라고 하였다. 이들 문헌은 16세기 초기로서 아직 'ㅁ, ㅂ, ㅍ' 등의 다음에서 'ㅇ'나 '으'가 원순모음화를 겪지 않은 시기인 까닭이다. 원순모음화는 17세기 중기 이후에 일어난 현상이다. 아마도 '그몸, 그뭄'의 형태는 명사형 어미 '-옴/-움'이 연결된 것으로 착각하기 쉽고, '그믐'이라면 파생 명사를 만드는 접미사 '-음'이 연결된 형태로 보이는 것이 사실이다. 이러한 언중의 의식이 작용하여 '그믐'이라는 표기가 나타난 것으로 생각된다.

☰ '그믐'이라는 말의 어원적 해석은 일견 간단해 보이지만, 역사상의 문헌을 놓고 표기를 검토하면 위에 설명한 바와 같이 복잡한 문제가 얽혀 있다. '그믐'이라는 간단한 형태 내부에서도 문법과 형태, 음운 현상과 표기 등의 비밀이 시간의 흐름과 함께 숨어 있는 것이다. 현대국어 '저물다'에 해당하는 중세국어 형태는 '그모다/그

무다'이며, 근대국어에서는 '그몰다, 그물다, 그믈다, 그므다, 그무다' 등의 다양한 형태가 사용되었다고 하는 것이 옳다. 그러므로 어간말에 나타나는 'ㄹ'은 근대국어에서 덧생긴 것으로 파악되며, 'ㅁ' 다음의 '으'와 '오/우'의 교체는 원순모음화에 의한 변별성의 중화에 의해 표기상의 혼란이 있었던 것으로 보인다.

- 웬 그모/그무[晦]+ㅁ(접사)
- 옌 그몸/그뭄> 그믐
- 예 • 네 이 둘 그몸쎄(노걸대언해 상-1)
  - 그무메 가아 죽거늘(삼강행실도 효-21)
  - 그믐 회(晦, 훈몽자회 상-2)

그윽하다 혱 깊숙하고 고요하다. 잔잔하고 은근하다.

□ '그윽하다'의 중세국어 형태는 '그슥다, 그슥ᄒ다'이다. 이 말은 우선 '그슥[幽]+(ᄒ[爲])+다(어미)'로 분석된다. 비록 중세국어 후기의 문헌이기는 하지만 '그스기(선가귀감언해 하-51)'란 형태가 나타나므로, '그슥다/그슥ᄒ다'는 원래 'ㅅ'이 'ㅿ'으로 약화되지 않은 '그슥다/그슥ᄒ다'에서 변화된 형태임이 분명하다.

□ 중세국어 '그슥다'의 어간 '그슥'이 '그슴/그슴[限, 端]'이나 '그스다[劃]'와 어원적인 관련성이 있어 보이나 단언하기는 어렵다.

- 웬 그슥[幽]+(ᄒ[爲])+다(어미)
- 옌 *그슥ᄒ다> 그슥ᄒ다> 그윽ᄒ다> 그윽하다
- 예 • 그슥흔 띄멧 드트를 가줄비니라(譬幽隙之塵也, 능엄경언해 1-107)
  - 놈이 그윽흔 ᄃᆡ롤 엿보디 아니ᄒ며(不窺密, 소학언해-선조 3-12)

그을음 몡 어떤 물질이 불에 탈 때 불꽃과 함께 연기에 섞여 나오는 검은 가루. 연매(煉煤). 연재(煙滓).

□ '그을음'의 중세국어 형태는 '그스름'이다. 이 말은 '그슬[煙]+음(접사)'으로 분석된다.

□ 중세국어에서 '그슬다'가 단독 형태로 사용된 적은 없지만, 사동사 '그스리다(구급간이방 1-2)'가 나타나며, 이것은 '그슬[煙]+이(접사)+다(어미)'로 분석되므로, 기

본 동사인 '그슬다'의 존재를 확인할 수 있다. '그슬다'를 이어받은 현대국어 '그슬다'는 '불에 겉만 약간 타게 하다'의 뜻이다.

[원] 그슬[煙]+음(접사)

[변] 그슬음> 그스름> 그으름

[예] • 그스름 틔(炲, 훈몽자회 하-35)

• 그을음(煤炱, 유씨물명고 5-土)

그저께 [명] 어제의 전날. 거거일. 그제. 재작일.

[一] 근대국어 문헌에서 '그적긔'의 형태로 나타나며, 다른 문헌에서는 '그젓긔'로도 표기되었다. 이 말들은 우선 '그+적+긔'로 분석되므로, 어원적 의미는 '그때의 무렵' 또는 '그때의 시간'이 된다. '긔'는 원래 15세기의 시간을 뜻하는 '쁴'에서 온 말이지만, 같은 의미인 '때'에 밀려 의미와 용법이 특수화되었다. 접미사 '-긔'는 현대국어의 접미사 '-께'에 해당한다. 17세기와 18세기에 사용된 '그적긔, 그젓긔, 그적믜' 등은 한자어 '전일(前日)'에 해당하거나 '그때 무렵'이라는 의미로 파악된다. 그러던 것이 19세기의 문헌에서 '그져긔 再昨日'라고 하여 현대국어와 같은 의미로 쓰였음을 알 수 있다.

[二] 17세기 문헌인 『첩해신어(捷解新語)』(1676)의 '그적긔 여긔 ᄂᆞ려와(전일에 여기 내려와)'에서 '그적긔'의 형태로 처음 나타나며, 다른 문헌에서는 '그젓긔'로도 표기되었다. 20세기에 발음대로 표기한 '그저께'가 나타나 현대로 이어졌다. 중세국어의 '그저긔'는 '그때'를 의미하는 '그+적'에 조사 '의'가 연결된 것이므로 '그저께'의 직접적인 어원으로 삼을 수 없다. '그저께'에 해당하는 역사적인 형태는 17세기에 나타나는 '그젓긔'와 '그적긔'이다. 이 말들은 우선 '그+적+긔'로 분석되므로, 어원적 의미는 '그때의 무렵' 또는 '그때의 시간'이 된다. '긔'는 원래 15세기의 시간을 뜻하는 '쁴'에서 온 말이지만, 같은 의미인 '때'에 밀려 의미와 용법이 특수화되었다. 특히 『분류두공부시언해(초간본)』(1481)의 '뎌 주숨긔(저 즈음께)'나 『박통사언해(朴通事諺解)』(1677)』의 '보름긔(보름께)' 등의 용례는 '긔'가 '무렵'이라는 의미로 쓰인 접미사 용법을 잘 보여 준다. 접미사 '-긔'는 현대국어의 접미사 '-께'에 해당한다.

[三] 17세기와 18세기에 사용된 '그적긔, 그젓긔, 그적믜' 등은 한자어 '전일(前日)'에

해당하거나 '그때 무렵'이라는 의미로 파악된다. 그러던 것이 19세기의 문헌인 『한불자전(韓佛字典)』(1880)에서 '그져끠 再昨日'라고 하여 현대국어와 같은 의미로 쓰이고 있음을 보여 주고 있다. 그런데 좀 더 후대의 문헌인 『국한회어(國漢會語)』(1895)에는 '긋그젹끠 再昨日, 엇그졔 再昨日'이라고 되어 있으므로 현대국어의 용법과 차이가 있다. 이러한 상황을 감안하면 19세기 후반기에 있어서도 '재작일(再昨日)'을 지칭하는 말에 있어서 명확한 통일이 이루어지지 않았다는 것을 알 수 있다. '전일(前日)'을 가리키던 '그젹긔/그젓긔/그젹끠'가 '재작일(再昨日)'로 고정된 것은 '후일(後日)'을 가리키던 '모뢰/모릐'가 '명후일(明後日)'로 고정된 것과 잘 어울린다. 옛날에는 날짜에 있어서 '어제(작일/昨日), 오늘(금일/今日), ᄅᆡ실(명일/明日)'의 3분법은 명확하였다. 그러나 작일(昨日)의 이전 날은 '그젹긔/그젓긔/그젹끠'로서 '전일(前日)'을 지칭하고, 명일(明日)의 다음은 '모뢰/모릐'로서 후일(後日)을 지칭하여 날짜를 대충 아울러 불렀다는 것을 알 수 있다.

[원] 그[其]+젹[時]+의(조사)

[변] 그젹의[其時]> 그젹긔/그젓긔> 그저께

[예] • 그저긔 六師ㅣ 나라해 出令호ᄃᆡ(석보상절 6-27)
- 그젓긔 三更은 ᄒᆞ여 도적이 드러와(前日三更前後賊入來, 박통사언해 하-2)
- 그젹긔 여긔 ᄂᆞ려와 어제라도 오올 거ᄉᆞᆯ(첩해신어 1-1)

그지없다 [형] 끝이나 한량이 없다. 끝없다.

[一] 중세국어 형태도 '그지없다'이며, 이 말은 '그지[限]+없[無]+다(어미)'로 분석된다.

[二] 현대국어와는 달리 '그지'란 말은 중세국어에서 '짯 그지의 미추미며(법화경언해 3-156)'에서와 같이 명사로 사용되었다. 중세국어의 명사 '그지'는 거의 같은 의미인 '긑[端]'과는 일정한 어원적 관련이 있어 보이지만, 형태 변화의 선후 관계를 밝히기가 어렵다.

[원] 그지[限]+없[無]+다(어미)

[변] 그지없다

[예] • ᄒᆞᆫ가지로 그지업스며 ᄀᆞᆺ 업스리라(석보상절 23-4)

그치다 동 (움직임이) 멈추다, 또는 멈추게 하다.

ᄐ 자동사 용법의 '그치다'는 중세국어의 '긏다'에서 변화된 말이다. 중세국어의 '긏다'는 모음 삽입에 의해 '그츠다'가 되었다가, 근대국어의 시기에 치음 'ㅊ'의 영향으로 '으' 모음이 전설화되어 '그치다'가 되었다. 이러한 전설모음화는 '법측> 법칙, 아츰> 아침, 즛> 짓' 등과 같이 국어 음운사에서 흔히 볼 수 있는 자연스러운 음운 현상이다.

ᄐ 중세국어에서 사용된 타동사 '그치다'는 '긏다'의 사동사(使動詞)이므로, 사동사 '그치다'는 '긏[斷]+이(사동접사)+다'로 분석된다. 그런데 근대국어 시기에 '그츠다'에서 변화한 자동사 '그치다'와 사동사 '그치다'가 형태적으로 구분할 수 없게 되자, '그치다'는 자동사와 타동사의 두 용법을 함께 지닌 말이 된 것이다.

원 ① 긏[斷]+다(어미) ② 긏[斷]+이(사동접사)+다(어미)

변 ① 긏다> 그츠다> 그치다 ② 긏이다> 그치다

예 • 쎠를 그처(석보상절 11-21)

　• 功이 그츠니이다(용비어천가 79장)

　• 恩愛를 그쳐(석보상절 6-1)

글 명 어떤 생각을 일정한 형식에 따라 글자로 나타낸 것.

ᄐ 중세국어 형태도 '글'이며, 이 말에 대한 어원은 고유어 '긋/긎[劃]'에서 찾거나(이탁 1946), 아니면 한자 '契(결)'에서 왔다고(이기문 1991) 하는 등 여러 가지가 있다.

ᄐ 『삼국사기』(37)에 '文峴'에 대한 차음 표기로 '斤尸波兮'가 있고, 『용비어천가』(1-39)에 '文音 그슴山'이란 표기가 있으므로, '글[文, 書]'이란 말은 동사 '긋다[劃]'와 분명히 연관이 있다고 할 수 있다. 그러나 '글'과 '긋'의 형태 변화의 선후 관계를 설명하기 어렵다. 차음 표기 '斤尸'에서는 '尸'의 음가를 확인하는 것이 관건이다. 고대국어의 차음 표기 '尸'는 'ㄹ'을 나타낸 것과 'ㅅ/시'를 나타낸 것이 있다. '斤尸'는 '글'과 '긋'의 어느 쪽에도 해당할 수 있는 표기이므로, 형태를 확정하기가 쉽지 않다.

원 긋/글[文, 書]

변 긋/글> 글

예 • 두 글을 빅화사 알씨(월인천강지곡 상-13)

글씨 몡 써 놓은 글자의 모양. 글자. 글자를 쓰는 법.

㊀ '글씨'의 중세국어 형태는 '글시'이다. 이 말은 '글[文]+스[書]+이(접사)'에 의해 형성된 형태일 것이다. 현대국어에서 '글씨'의 의미는 '써 놓은 글자의 모양. 글자. 글자를 쓰는 법' 등의 셋이다. 이 중에서 어원적 의미에 가까운 것은 '글자를 쓰는 법'이다.

㊂ 중세국어 '스다[書]'는 중세 및 근대국어에서 '쓰다'와 공존하다가 '쓰다'로 통일되었다.

㉳ 글[文]+스[書]+이(접사)

㉯ *글싀> 글시> 글씨

예 • 글시며 유무에 니르러ᄂ(소학언해-선조 1-11)
　• 글씨 쓴 죠희ᄅᆯ 주으며(경신록언석 79)

글월 몡 글이나 문장.

㊀ '글월'의 중세국어 초기 형태는 '글발'이며, 곧이어 'ㅸ'이 반모음 '오/우[w]'로 변함에 따라 '글월/글왈'이 되었다. 초기 형태인 '글발'은 'ㄹ'과 모음 사이에서 'ㅂ'이 'ㅸ'으로 약화된 것이므로, 우선 '글[文]+발(접사)'로 분석된다. 접사 '-발'은 '발[足]'에서 온 것이 확실하므로, 어원적으로는 결국 '글[文]+발[足]'의 구조로 환원된다.

㊂ 접사 '-발'은 '빗발, 햇발, 눈발, 서릿발' 등에도 나타나며, 그 어원은 '발[足]'에 어원이 있다. 이것은 중세국어의 '빗바리 삼 낫 ᄀᆮᄒᆞ야 긋디 아니ᄒᆞᄂ다(雨脚如麻未斷絶, 두시언해-초간 6-42)'를 참조하면, '빗발'이 '雨脚(우각)'과 대응하는 것으로부터 확인할 수 있다.

㉳ 글[文]+발[足]

㉯ *글발> 글발> 글왈/글월> 글월

예 • 글발로 말이ᅀᆞ 볼 들(용비어천가 26장)
　• 編은 글월 ᄆᆡᆼ글 씨라(월인석보 서-11)
　• 譜ᄂ 平生앳 처섬 乃終 이룰 다 쑨 글와리라(석보상절 서-4)

금 몡 줄을 긋거나 접거나 한 자리.

囯 중세국어 형태도 '금'이다.

囯 의미를 고려한다면 중세국어 '금'은 '긋다[劃]'와 연관성이 있어 보이지만 속단하기는 어렵다. 왜냐하면 중세국어에는 '긋다'의 파생 명사라고 할 수 있는 '그슴'이란 말이 있기 때문이다. 중세국어의 '그슴'은 '끝, 한정(限定)'을 뜻하는 말이었다. 그리고 중세국어의 '금'이 '그슴'에서 변화된 형태라고 한다면, 성조가 상성일 것이 예상되나 거성이므로 이러한 추측도 어렵게 한다. 따라서 '금'을 단일 어근으로 처리해 둔다.

웬 금[線]

몐 금

옝 • 밠바닸 千輻輪相ㅅ 그미 짜해 分明호미 세히라(월인석보 2-38)

금실 몡 부부 사이의 화목한 즐거움을 뜻하는 '금슬지락(琴瑟之樂)'의 준말.

囯 중세국어에서 한자어 '琴瑟(금슬)'이 나오며, 근대국어 표기도 한자음대로 '금슬'이다. 중세국어의 '琴瑟'은 문자 그대로 악기를 뜻하는 용례만 보이며, 근대국어에서 부부의 즐거움을 뜻하는 용법이 나타난다. 근대국어의 현실 언어에서는 모음 '으'가 치경음 'ㅅ'의 영향을 받아 전설모음 '이'로 변하여 '금실'이 된 경우가 있었을 것이나, 근대의 문헌에 '금실'이란 형태가 나오지는 않는다.

囯 중국에서 '琴瑟'이란 말이 인간관계에 쓰일 때는 부부간이 아니라 친구 사이의 좋은 관계를 비유한다. 『王仲宣誄』(三國魏曹植)의 '吾與夫子 義貫丹靑 好和琴瑟'를 참조할 수 있다. 그러므로 '琴瑟'이 부부의 즐거움을 뜻하게 된 것은 국어의 용법이다.

웬 琴瑟(금슬)

몐 금슬> 금실

옝 • 가줄비건댄 琴瑟와 箜篌와 瑟琶왜 비록 微妙ᄒ 소리 이시나(능엄경언해 4-54)
　• 쟝ᄎᆺ 금슬이 화ᄒ야(태평광기언해 1-44)
　• 금슬 슬(瑟, 주해천자문)

금자탑(金字塔) [명] '金'자 모양의 탑. 곧, 피라미드 같은 것. 후세에 오래 남을 뛰어난 업적을 비유적으로 이르는 말.

[一] 피라미드(pyramid)의 삼각형 모양이 한자 '金'과 닮았으면서, 아울러 '金'의 좋은 의미 역시 이에 참조되어 영어 '피라미드(pyramid)'를 일본어에서 '金字塔'으로 번역하게 된 것이다.

[二] '금자탑(金字塔)'을 국어의 음운 연결에 맞게 발음한다면 [금짜탑]이 되어야 할 것이지만, 어원에 대한 의식이 없이 발음하여 [금자탑]이 된 것이다.

[원] (영어)pyramid

[변] pyramid> (일본어)金字塔> 금자탑

긋다[그으니, 그어] [동] 비가 잠시 그치다.

[一] '긋다'는 중세국어의 '긏다[斷]'에서 온 말이다. 중세국어에서 받침의 'ㅊ'은 어말이나 자음 앞에서 대표음 'ㅅ'으로 바뀌는데, 이것이 기본형으로 굳어지면서 의미도 '비[雨]가 긋다'에 한정하여 특수화되었다.

[원] 긏[斷]+다

[변] 긏다> 긋다

[예] • 쎠를 그처(석보상절 11-21)

• 빗바리 긋거든(두시언해-초간 15-4)

☞ 끊다

기꺼하다 [동] 기껍게 여기다. '기꺼워하다'의 준말.

[一] '기꺼하다'의 중세국어 형태는 '깃거ᄒᆞ다'이며, 이 말은 '깄[喜]+어(어미)+ᄒᆞ[爲]+다(어미)'로 분석된다. 그런데 중세국어에서 단일어 '깄다'가 그대로 동사이므로, '깃거ᄒᆞ다'는 '깄다'에서 문법적 차이가 없이 다시 동사로 파생된 것이다.

[二] 현대국어의 사전에서 '기꺼하다'를 '기꺼워하다'의 준말로 처리하여, 형용사 '기껍다'에서 파생된 동사로 풀이하고 있으나, 앞의 분석처럼 어원적으로는 중세국어의 동사 '깄다[喜]'에서 다시 동사로 바로 파생된 말이다.

[원] 깄[喜]+어(어미)+ᄒᆞ[爲]+다(어미)

⑪ 짓어하다> 깃거ᄒ다> 긷거ᄒ다> 기꺼하다

⑩ • 놀애를 블러 깃거ᄒ더니(월인천강지곡 상-9)

　• 지아비 能히 집 다ᄉ리믈 긷거ᄒ고(夫喜能家, 여사서언해 2-33)

☞ 기껍다, 기쁘다

기껍다[기꺼우니, 기꺼워] 휑 마음속으로 은근히 기쁘다.

▣ '기껍다'는 중세국어를 기준으로 하면, 동사 '짓다'에서 파생된 형용사이므로, '짓[喜]+업(접사)+다(어미)'로 분석된다.

⑭ 짓[喜]+업(접사)+다(어미)

⑪ *짓업다> 기껍다

☞ 기쁘다

기다랗다[기다라니, 기다래] 휑 퍽 길다.

▣ '기다랗다'는 '길[長]+다랗(접사)+다(어미)'의 구조에서 'ㄹ'이 탈락한 것이다.

▣ 'ㄷ' 앞에서 'ㄹ'이 탈락하는 것은 중세 및 근대국어에서 적용된 음운 현상이며, 현대국어에서는 'ㄹ'이 탈락하지 않는다. 그러므로 '기다랗다'는 현대국어 이전에 형성된 말임을 알 수 있다. 근대의 문헌에 '기다랗다'와 같은 의미의 '기다ᄒ다'가 쓰였다.

⑭ 길[長]+다랗(접사)+다(어미)

⑪ *길다랗다> 기다랗다

기독(基督) 阴 '그리스도'의 한자 음역(音譯).

▣ 포르투갈어의 'christo'를 16세기 후반에 중국에 주재한 서양 선교사가 한자음으로 옮겨 '契利斯督[kirisito]'나 '基利斯督[kirisito]'라고 하였고, '基利斯督[kirisito]'를 축약하여 '基督'이라고 하게 되었다.

▣ '基利斯督[kirisito]'나 축약 표기인 '基督'이 일본에 전래된 것은 17세기의 일이므로, 일본을 통하여 국어에 유입된 것으로 생각된다. 일본어에서는 '基督'이라고 표기하면서도 'キリスト[kirisuto]'라고 읽으므로, 표기는 'キリスト'와 基督으로

다를지라도 발화의 상황으로는 하나의 단어이다. 이것은 국어에서 '그리스도'와 '기독'이 같은 어원에서 온 말이지만, 형태상으로 두 단어가 된 점과 대비된다.
[원] (포르투갈어)christo
[변] christo> (漢語)基利斯督[kirisito]> (축약)基督> 기독
☞ 그리스도

기둥 [명] 주춧돌 위에 세워서 보나 도리 등을 받치는 나무. 물건을 받치거나 버티는 나무.
[一] 현대국어 '기둥'에 해당하는 중세국어의 어휘로는 '긷'과 '기도ᇰ'이 있으므로, '기도ᇰ'은 '긷[柱]+오ᇰ(접사)'에 의한 구조로 분석된다는 것을 알 수 있다.
[二] 15세기 문헌인 『훈민정음(해례본)』(1446)에 '긷 爲柱'라고 되어 있고, 『삼강행실도(三綱行實圖)』(1481)에 '기도ᇰ'이란 말이 나타나므로, '긷'에서 파생된 '기도ᇰ'이란 말이 15세기에 함께 사용되었음을 알 수 있다. 즉 '긷'에 접미사 '-오ᇰ'이 결합된 것이 '기도ᇰ'이다. 15세기의 '기도ᇰ'은 16세기에 'ㆁ' 표기가 'ㅇ'으로 바뀌어 '기동'이 된 것이므로 형태의 변화가 있었던 것은 아니다. 그런데 19세기 문헌에는 모음 '오'가 '우'로 바뀐 '기둥'이 처음으로 나타난다. 20세기 초의 조선총독부에서 편찬한 『조선어사전』(1920)에는 '기동'과 '기둥'을 함께 실었으나 '기동'을 중심 표제어로 삼았으며, 문세영 편찬한 『조선어사전』(1938)에는 '기동'을 싣지 않고 '기둥'만을 표제어로 올렸다. 이로써 '기둥'이 '기동'을 제치고 표준어가 되는 기반을 구축하였다.
[三] '긷'과 '기도ᇰ'의 의미 차이를 찾을 수 없으므로 접미사 '-오ᇰ'의 의미 파악에 어려움이 있다. 아마도 단음절인 '긷'의 음절 구조를 안정화시키는 역할을 하는 접미사로 이해되지만 확실하지는 않다. 접미사 '-오ᇰ'이 나타나는 다른 어휘의 용례가 많지 않으나, '마중'의 근대국어 형태인 '마죵'과 '살강'의 황해도 방언인 '사룽' 등에서 관련된 형태를 찾을 수 있다. 문법적으로는 명사를 만드는 접미사로 이해된다. 16세기의 초기까지 '긷'은 명맥을 유지하였으나, 16세기 중기 이후에는 '기동'이 세력을 얻어 쓰이면서 20세기까지 유지되었다. 의미 차이가 없는 1음절어와 2음절어의 경쟁에서 2음절 단어의 자세가 안정적이었던 것이 '기동, 기둥'을 선호한 이유가 될 것이다. '기동'은 중세 및 근대의 문헌에 두루 나타나지만, '긷[柱]'은 근대의 문헌에 나타

나지 않으므로, '긷'은 근대국어 이후 '기동'에 의해 대체되었다고 판단된다.

[원] 긷[柱]+옹(접사)

[변] 긷(옹)> 기동> 기둥

[예] • 긷 爲柱(훈민정음 합자해)

• 졔 머리ᄅᆞᆯ 기도애 다텨(월인석보 23-87)

• 나ᄅᆞᆯ 도라본ᄃᆡ 늘거 기동애 스ᄂᆞᆫ 客이 아니로니(顧我老非題柱客, 두시언해-초간 15-35)

기러기 [명] 조류 오릿과 기러기속의 물새의 총칭. 몸 모양이 오리와 비슷하나 목이 길고 다리가 짧음. 삭금(朔禽), 상신(霜信), 신금(信禽), 양조(陽鳥), 이계조(二季鳥).

[一] '기러기'의 중세국어 형태는 '그력' 또는 '그려기, 긔려기'이다. '그려기'는 '그력(의성어)+이(접사)'의 구조로 이루어진 말이다. 현대국어의 부사 '기럭기럭'은 기러기의 우는 소리를 나타내는 의성어인데, 이것을 중세국어로 옮기면 '그력그력'이 될 것이다.

[二] 중세국어 문헌에서 '그려기'가 '긔려기'보다 초기 문헌에 나오며, 『훈민정음』에 '그력 爲雁'이라고 되어 있으므로, '그력'이 어원의 출발점이 된다는 것을 알 수 있다.

[원] 그력(의성어)+이(접사)

[변] 그력> 그려기> 긔려기> 긔러기> 기러기

[예] • 그력 爲雁(훈민정음 해례-용자례)

• 치윗 그려기와 귓돌와미 類라(寒雁蟋蟀類也, 능엄경언해 8-121)

• 긔려기 홍(鴻, 훈몽자회 상-15)

• 긔려기 안(雁, 훈몽자회 상-15)

• 南山에 져 긔럭이 이 노래 가져다가(개암가)

기르다[기르니, 길러] [동] (어린 사람이나 동물, 식물 따위를) 보살펴 자라게 하다.

[一] '기르다'의 중세국어 형태는 '기르다/기ᄅᆞ다'이다. 이 말은 '길[長]+으/ᄋᆞ(사동접

사)+다(어미)'로 분석된다. 중세국어에서 '으/ᄋ'가 사동접사로 사용된 것은 자동사 '살다[生]'가 '사ᄅ다'가 되는 것에서도 찾을 수 있다. '사ᄅ다'는 현대국어 '살리다, 살게 하다'에 해당한다.

㊂ 중세국어에는 '기르다/기ᄅ다[養育]'도 있었지만, '길다'의 사동사인 '길우다/길오다'도 있었다. 중세국어에서 '길우다/길오다'는 '길게 하다'의 뜻으로 사용되는 것이 대개의 용법이었지만, 현대국어의 '기르다[養育]'에 해당하는 추상적인 의미로도 사용된 경우가 있다.

㊙ 길[長]+으/ᄋ(접사)+다(어미)

㊗ 기르다/기ᄅ다> 기르다

㊖ • 果實 ᄠᅡ 머겨 기르ᅀᆞᄫᅵ니(석보상절 11-26)

　　• 后를 기ᄅᅀᆞ오ᄃᆡ(育后, 내훈-선조 2하-34)

　　• 아비 어미 날 기ᄅᆯ 져긔 밤나ᄌᆡ 날로 ᄒᆡ여 ᄀᆞᆷ초더니(父母養我時日夜令我藏, 두시언해-초간 8-67)

기별(奇別/寄別) ⑲ ① 조선 때, 승정원(承政院)에서 처리한 일을 아침마다 적어서 널리 알리던 일. 또는 그것을 적은 종이. 조보(朝報). 조지(朝紙). ② 소식을 전함. 또는 소식을 적은 종이.

㊂ 고려 및 조선 시대에 조정에서 서울 및 지방의 관서(官署)에 보내는 일체의 통신문을 '기별'이라고 하였다. 여기에 해당하는 것으로는 '조보(朝報), 저보(邸報), 통문(通文)' 등이 있었으며, '조보'가 가장 일반적인 기별에 해당하였다. '조보'를 필사하는 서리를 '기별서리(寄別書吏)'라 하고, 그것을 전달하는 군사를 '기별군사'라고 하였다. '조보'는 승정원에서 매일 재가된 법령이나 교명, 기타 공지사항들을 수록하여 각 관아에 통지하는 일종의 관보(官報)였다. 이는 고려 시대부터 행하여졌으나 조선 시대에 더욱 발달하여 보편화되었다. 조선 초기에는 예문춘추관에서 작성하여 배부하였으나, 세조 때부터 승정원에서 담당하게 되었다. 지방에 보내는 조보는 대개 5일 치를 묶어 한 봉투에 넣어 발송하였다. 한편, '저보'는 경저리(京邸吏)들이 자신들의 고을 관아에 보내는 통지문으로 신관의 부임 소식 등을 알렸으며, '통문'은 서원, 향청, 문중(門中) 등에서 공동 관심사를 통지하는 문서였다. 그 뒤 통신제도가

발달하고 복잡해짐에 따라 여러 가지 형태의 통신문들도 ‘기별’로 불리게 되었다.

[三] ‘奇別/寄別’이란 말은 한어(漢語)에서는 쓰이지 않고, 국어에서 조어된 말이다. 원래의 한자의 뜻으로는 ‘寄別’이라고 하는 것이 옳으며, ‘奇’는 ‘寄’와 통용되는 한자이므로, ‘奇別’이라고도 쓰는 것이다. ‘寄別’의 의미는 ‘특별한 소식을 부침’이라는 의미이다. 한어(漢語)에서 ‘寄書, 寄信, 寄音’ 등은 모두 ‘(어떤 수단을 통하여) 소식을 전함’이라는 의미이다.

[三] ‘奇別/寄別’을 중세국어 한자음으로 읽으면 ‘긔별’이다.

[원] 寄別/奇別(긔별)

[변] 긔별> 기별

[예] • 셔ᄫᆞᆳ 긔벼를 알씨(용비어천가 35장)
• 그 긔별 드르시고(석보상절 6-2)

기쁘다[기쁘니, 기뻐] [형] 기분이 좋거나 마음이 만족스럽다.

[一] ‘기쁘다’의 중세국어 형태는 ‘깃브다’이다. 중세국어에는 현대국어의 ‘기뻐하다’에 해당하는 동사 ‘긳다’가 있으므로, ‘깃브다’는 ‘긳[喜]+브(형용사화 접사)+다(어미)’로 분석되며, 발음되지 않는 받침 ‘ㄱ’은 표기에 나타나지 않는다.

[원] 긳[喜]+브(접사)+다(어미)

[변] *긳브다> 깃브다/기ᄡᅳ다> 긷브다/긷부다> 기쁘다

[예] • 깃븐 ᄠᅳ디 이실씨(석보상절 6-16)
• 佛子ㅣ 이제 對答ᄒᆞ야 疑心을 決ᄒᆞ야 기ᄡᅳ긔 ᄒᆞ고라(석보상절 13-25)
• 긷븐 ᄃᆞ시 그 안해ᄃᆞ려 닐러 ᄀᆞ로ᄃᆡ(怡然謂其妻曰, 동국신속삼강행실도 충-1-56)
• 긷부기ᄂᆞᆫ 가이 업ᄉᆞ외다(인어대방 8-5)

☞ 기꺼하다

기쓰면(—麵) [명] 잘게 저민 닭고기를 얹은 국수.

[一] ‘기쓰면’은 한어(漢語)의 ‘雞絲面(또는 雞絲麵)’에서 왔다. 현대 한어에서 ‘雞絲面’의 발음은 [tɕisïmjɛn]이므로, 국어에서 이대로 발음하면 ‘지쓰맨’ 정도가 될 것이

다. 그러나 '鷄/雞'의 발음은 현대 중국어의 [ʨi]에 바로 앞서서 근대 중국어 발음이 [ki]였으며, '面/麵'은 국어 한자음인 '면'으로 읽은 까닭에 '기쓰면'이 된 것이다.

㉛ (漢語)雞絲面[ʨisïmjɛn]

㉚ 雞絲面[ʨisïmjɛn]＞ 기쓰면

기어코(期於—) ㉺ 어떠한 일이 있더라도 반드시. 기어이. 마침내.

㊀ 한자어 '期於'는 '期於+(?)'의 구조에서 '(?)에 기약하다'란 뜻이다. 그러므로 '期於ᄒ고'에서 줄어든 '기어코'는 어원적으로는 '기약하고'의 뜻이다.

㉛ 期於+ᄒ[爲]+고(어미)

㉚ 期於ᄒ고＞ 기어코

기와 ㉟ 찰흙 따위를 일정한 모양으로 굳히고 기왓가마에서 구워 낸 것. 지붕을 이는 데 쓰임.

㊀ '기와'의 중세국어 형태는 '디새[瓦]'이다. 중세국어의 '새[草]'는 '菴은 새 지비라(법화경언해 2-244), 새 니욘 菴子(남명집언해 상-72)' 등의 용례에서 알 수 있는 바와 같이 현대국어 '띠[茅]'나 '풀[草]'에 해당하며, 특히 지붕을 이는 재료를 지칭할 때 쓰인 점이 주목된다. 그러면 '디새'는 '디+새[茅, 草]'로 분석되는데, 앞 요소인 '디'는 '질그릇'을 의미하는 중세국어 '딜[陶]'에서 온 것이다. 중세 및 근대국어에서 '딜[陶]'은 '딜 부(缶, 훈몽자회 중-18), 딜것 도(陶, 석봉천자문 5), 딜그륵(두창경험방 3)' 등과 같이 단독 형태이거나 또는 복합어를 이루어 쓰였다. 한편, 중세국어에도 현대국어 '풀[草]'에 해당하는 '플'이 있다. 용례상으로만 본다면 '새[茅, 草]'는 '지붕을 만드는 재료'로 쓰인 경우가 대부분이고, '플[草]'은 나무에 상대하는 일반적인 초본 식물을 지칭할 때 쓰였으므로, '새[茅, 草]'의 용법은 '플'에 비하여 특수화된 것이다.

㊂ 15세기 문헌인 『석보상절(釋譜詳節)』(1447)의 '甓이며 디새며(벽돌이며 기와며)'에서 '디새'의 형태로 처음 나타난다. 18세기에 '디애, 지애, 기와' 등의 여러 형태가 나타나며, 20세기에 '기와'로 통일되어 현대로 이어졌다. '기와'의 어원적 형태인 '딜+새'는 'ㅅ' 앞에서 'ㄹ'이 탈락하여 중세국어의 '디새'가 되었다가 다시 구개

음화한 '지새'가 되기도 하였다. 반면에 일부 방언에서 발견되는 '지애'라는 형태는 'ㄹ'이 탈락하기에 앞서 'ㅅ'이 반치음 'ㅿ'으로 바뀌는 과정에 의해 '딜새> 딜ᅀᅢ> 디ᅀᅢ> 지애'의 변화 과정을 거친 것이다. 어원적 형태인 '딜새'에서 '디새'를 거쳐 '지새'나 '지애'가 되는 과정은 자연스러운 음운 과정이지만, '지애'에서 '지와'가 된 것은 한자 '瓦(와)'에 유추한 결과이며, '지와'가 '기와'가 된 것은 '지와'의 '지'가 '기'에서 왔다고 여긴 언중(言衆)이 '기'로 잘못 되돌린 결과이다. 그러므로 '지애'에서 '지와'가 되고, '지와'에서 '기와'가 되는 두 과정은 모두 언중(言衆)의 오류 작용에 의한 것이다.

[원] 딜[陶]+새[茅, 草]

[변] *딜새> *딜ᅀᅢ(/디새)> *디ᅀᅢ> 디애> 지애(/지새)> 지와> 기와

[예] • 甓이며 디새며(석보상절 13-51)
- 지새 ᄆᆞᄅᆞ(盖瓦壟, 역어유해보 13)
- 지와 가마(瓦窑, 물보)
- 기와(속명의록언해 1, 유씨물명고)

기우(杞憂) [명] 옛날 기(杞)나라 사람이 하늘이 무너질까 걱정했다는 고사에서 나온 말로서, 쓸데없는 걱정을 함. 또는 그 걱정.

[ㅡ] '杞(기)'는 주대(周代)의 제후국(諸侯國)이었다. '杞國有人 憂天地崩墜(기나라의 어떤 사람이 천지가 무너질까 근심하였다)'에서 '杞人憂天'이라는 한자성어가 나오고, 이것이 다시 줄어서 '杞憂'가 된 것이다. 『列子』에 '杞國有人 憂天地崩墜 身亡所寄 廢寢食者'이라는 내용이 있으며, 淸邵長蘅의 詩인 '守城行紀時事也'에서 '縱令消息未必眞, 杞人憂天獨苦辛'이라는 구절도 있다.

[원] (漢語)杞國有人 憂天地崩墜

[변] 杞國有人 憂天地崩墜> 杞人憂天> 杞憂> 기우

기저귀 [명] 어린아이의 대소변을 받아 내기 위하여 다리 사이에 채우는 천이나 종이.

[ㅡ] 근대국어 문헌에 '기저귀'란 단어가 처음 등장한다. 그 이전에 이 말에 해당하는

말은 '삿깃'이었다. '삿깃'은 '사타구니에 댄 깃'이란 뜻이므로, 어원적으로는 '샅'을 '삿'으로 표기한 '삿깃'이 원형에 가깝다. '삿깃'의 '깃'은 현대국어 '옷깃'의 '깃'과 같은 말이며, 중세국어 형태는 '깃'이다. 그러므로 '기저귀'는 어원적으로 '깃[褓]+어귀 (접사)'로 이루어진 말이라는 것을 알 수 있다. 접미사 '-어귀'는 '주먹'의 중세국어 형태인 '주머귀(줌+-어귀)'에서도 찾을 수 있고, 현대국어 '손아귀'의 '-아귀'와도 같은 말이다.

▣ 19세기 문헌인 『광재물보(廣才物譜)』에 '尿布 샷깃 卽 기저귀'라고 하여 '기저 귀'란 단어가 처음 등장한다. 여기에 나오는 '샷깃'은 이전의 문헌인 『역어유해보(譯 語類解補)』(1715)에는 '삿깃'으로 나오므로, '샷깃'은 '삿깃'이 변화된 형태라고 할 수 있다. 그런데 '기저귀(깃+-어귀)'의 '깃'의 의미를 단순히 중세국어의 '옷깃'과 동 일시할 수는 없을 것 같다. 중세국어에 이미 '깃'으로 표기되는 용법에서 『사성통해 (四聲通解)』(1517)에 '깃 褓褓'라 하였고, 『삼강행실도(三綱行實圖)』(1481)에는 '뭇 앗이 기세 잇더니(其季在褓褓)'라고 하였으므로, '깃'의 의미가 '포대기'를 뜻하는 '강보(襁褓)'임을 알 수 있다. 그런가 하면 『삼강행실도(三綱行實圖)』에 '기젯 그를 보고(見襁書)'라 하였고, 『법화경언해(法華經諺解)』(1463)에 '領은 옷기지오'라고 하였으므로 '깃'의 용법은 현대국어의 '옷깃'에 해당함을 알 수 있다. 이로써 보면 중 세국어에서 '깃(거성)'과 '깃(평성)'은 '포대기'의 뜻과 '옷깃'의 뜻으로 분화되어 있 었다. 그럼에도 불구하고 중세국어의 두 용법에 나타나는 '깃'과 '깃'의 의미적 연관 성이 충분하므로 같은 어원인 '깃'에서 출발했다고 해도 무리는 없을 것이다. 이것 은 특히 '기저귀'의 '깃'이 중세국어의 '깃'보다는 '깃'에 연결되고 있기 때문이다.

㉮ 깃[褓]+어귀(접사)

㉯ 깃어귀> 기저귀

㉰ • 기저귀(尿布, 광재물보)

기침 뗑 기도의 점막이 자극을 받아 반사적으로 일어나는 급격한 날숨 운동. 해수 (咳嗽). 수해(嗽咳).

▣ '기침'의 중세국어 형태는 '기츰, 기춤'이며, 이 말은 '깇[嗽]+ - 음/- 움(접사)'으로 분석된다. 동사 '깇다[嗽]'는 현대국어에서는 거의 쓰이지 않지만, 중세 및 근대국어

에서 일상 용어로 사용되었다. 단독 형태로도 사용되었지만, 흔히 '기츰깃다, 기춤 깃다' 등의 형태로 사용되는 경우가 일반적이었다. 중세국어에서 '음-/움-'은 파생 명사를 만드는 접사이고, '-움/-옴'은 명사형 어미이므로, 중세국어 상황에서 파생 명사라면 '기츰'이 올바른 형태일 것이다. 그러나 중세국어의 공시적 상황에서 두 형태가 파생 명사로서 공존하고 있으므로, '-음, -옴'을 함께 접사로 처리하게 된다.

㉢ 15세기 문헌인 『법화경언해(法華經諺解)』(1463)에 '諸佛 기츰 소리와(諸佛謦欬聲, 諸佛 기침 소리와)'라고 하였고, 역시 15세기 문헌인 『월인석보(月印釋譜)』(1459)에 '謦欬ᄂᆞᆫ 기추미라(謦欬는 기침이다)'라고 하여 '기츰'과 '기춤'이 나타난다. 중세국어의 '기츰'은 20세기까지, '기춤'은 18세기까지 계속 사용되었으나, 이 밖에도 16세기에 '기춤', 17세기와 18세기에 '기츰, 깃춤', 19세기에 '깃츰, 기참, 기침' 등의 다양한 변이 형태가 문헌에 나타난다. 20세기에는 '기츰'과 함께 여기에서 변화된 '기침'이 공존하다가, 치음 아래에서 '으'가 '이'로 바뀌는 전설모음화 현상의 확산에 따라 이 현상이 적용된 '기침'이 표준적인 지위를 얻게 되었다.

㉤ 깇[嗽]+음/움(접사)

㉥ 기츰/기춤> 기츰(기침)> 기침

㉦ • 諸佛 기츰 소리와(諸佛謦欬聲, 법화경언해 6-111)
   • 謦欬ᄂᆞᆫ 기추미라(월인석보 18-6)
   • 北向ᄒᆞ야 기츰 ᄒᆞ고(가례언해 9-6)

기틀 ㊅ 어떤 일의 가장 중요한 바탕이나 기초.

㉢ 근대국어 문헌에서 '긔틀'이 나타난다. 이 말은 한자와 고유어의 합성인 '긔(機)+틀[機]'로 이루어진 합성어이다. 그러므로 '긔틀'은 '틀'을 뜻하는 한자어 '긔(機)'와 이 한자의 새김인 고유어 '틀'이 결합된 동어반복 합성어인 것이다. 단음절어인 '틀'이 한자 '긔(機)'와 결합하여 2음절어 '긔틀'이 되면서, 이 말은 좀 더 안정적인 음운적 구조를 지니게 되었다. 그러면서 그 의미에 있어서도 그냥 구체적인 '틀'과는 다르게 '어떤 일의 가장 중요한 계기나 조건'이라는 추상적인 의미로 나아갔다. 이후 '機'의 한자음이 '기'가 되면서 현대어 '기틀'이 되었다. 국어사전에서는 고유어로 처리되고 있으나, 어원적으로는 '機(한자어)+틀(고유어)'로 이루어진 말이다. 현대국

어에서 '틀'은 '재봉틀, 베틀, 새끼틀' 등에서는 '기계'의 뜻으로 쓰이지만, '사진틀, 틀이 좋다, 틀에 박힌 말' 등에서는 '일정한 형태, 또는 그러한 물건' 등의 뜻으로 사용된다.

☱ 근대국어 문헌인 『한중록(閑中錄)』(1795~1805)에 '복의 징죄 아니오 화의 긔틀이니(복의 징조가 아니고 화의 기틀이니)'라고 하여 '긔틀'의 형태를 보여 준다. 한자 '機'는 현대국어 한자음이 '기'이지만, 『훈몽자회(訓蒙字會)』(1527)에 '틀 긔(機)'라 하였으므로, 중세국어 한자음은 '긔'임을 알 수 있다. 또한 '틀'은 『분류두공부시언해(초간본)』(1481)에 '우는 뵈트레 버혀 누리오니 비치 서르 쐣도다(裂下鳴機色相射, 우는 베틀에 베어 내려오니 빛이 서로 쏘아 있도다)'라고 하였으므로, 중세국어 시기에 한자 '機'의 새김으로서 '틀'이나 '뵈틀'이 사용되었음을 알 수 있다. 현대국어에서도 '틀'은 계속 사용되고 있지만, 신문명의 영향으로 '재봉틀'을 그냥 '틀'이라고 하는 정도로 의미의 추가가 있을 뿐이다. 현대국어에서는 '틀'이 하나의 기구로서는 '재봉틀'을 의미한다. 그러나 앞에서 인용한 『분류두공부시언해(초간본)』에서도 '機'를 '뵈틀'로 풀이하였고, 특히 『신증유합(新增類合)』(1576)에서는 '뵈틀 긔(機)'라고 하였으므로, 중세국어에서는 '뵈틀'이 하나의 기구로서 한자 '긔(機)'의 새김이 되기도 하였다.

㋻ 機(긔)+틀[機]

㋟ 긔틀> 기틀

㋚ • 틀 긔(機, 훈몽자회 중-9)
   • 복의 징죄 아니오 화의 긔틀이니(한중록 36)

긴가민가 ㋕ 그런지 그렇지 않은지 분명하지 않은 모양. 기연미연(其然未然).

☱ 부사 '긴가민가'는 '其然(기연)가 未然(미연)가'가 줄어서 된 말이며, '기연가미연가'는 근대국어 후기의 문헌에 나온다.

㋻ 其然(기연)+가(의문 조사) 未然(미연)+가(의문 조사)

㋟ 其然(기연)가 未然(미연)가> 긴가민가

㋚ • 기연가미연가(其然未然, 국한회어 49)

길들이다 图 ① 손질을 잘하여 윤기가 나게 하거나 쓰기에 좋은 물건을 만들다. ② 사람이나 짐승을 잘 가르쳐서 부리기 좋게 하거나 따르게 만들다. ③ 어떤 일에 익숙하게 하다.

ㄷ '길들이다'의 중세국어 형태는 '질드리다'이며, 이 말은 '질[馴]+들[入]+이(사동접사)+다(어미)'의 구조로 분석된다. 이 경우의 '질'은 '길[道]'과는 관계가 없다. 자세한 설명은 '길쌈'을 참조.

㉜ 질[馴]+들[入]+이(사동접사)+다(어미)

㉖ 질드리다〉길들이다

㉝ • 剛强衆生을 질드리샤(월인석보 21-8)

　　• 그 ᄆᅀᆞᄆᆞᆯ 질드려 굿블이시고ᅀᅡ(법화경언해 2-252)

☞ 길쌈

길라잡이 图 길을 인도하는 사람. 길잡이.

ㄷ 이 말은 '길[路]+라(羅)+잡[把]+이(접사)'의 구조로 분석된다.

ㄷ '라(羅)'는 '나장(羅將, 관아에서 심부름을 맡아보는 하급 관리)'에서 온 말이다. 그러므로 '길라잡이'는 '길나장이'와 '길잡이(또는 길앞잡이)'가 서로 합해져서 이루어진 말이라는 것을 알 수 있다. '길나장이'는 수령이 외출할 때 길을 인도하던 사령(使令)이다.

㉜ 길[路]+라(羅)+잡[把]+이(접사)

㉖ 길라잡이

길섶[길썹] 图 길의 가장자리.

ㄷ 이 말은 '길[路]+섶[側]'의 구조로 분석된다. '섶'은 표준어 '옆[側]'에 해당하는 방언(평안도, 함경도)이다.

㉜ 길[路]+섶[側]

㉖ 길섶

길쌈 图 실을 내어 옷감을 짜는 모든 일.

[一] '길쌈'의 중세국어 형태는 '질삼'이므로, '질삼'의 '질'이 '길[道]'과 관계 없다는 것을 알 수 있다. 중세국어에서는 'ㄱ'이나 'ㄷ'의 구개음화는 일어나지 않았기 때문이다. 아울러 현대국어 '길들이다'의 중세국어 형태도 '질드리다'이므로, 이 경우의 '질'도 '길[道]'과 어원적인 관계가 없다는 것을 알 수 있다.

[二] '질삼'의 '삼'은 식물의 이름인 '삼[麻]'이지만, '질'의 어원은 쉽게 확인이 되지 않는다. 그러나 '질드리다'의 '질'은 주로 '짐승이 부리기 좋게 된 성질'을 의미하므로, 여기에서 유추하여 '질[馴]'의 의미를 파악할 수 있다. 그러므로 '질삼'의 원래의 의미는 '삼의 껍질을 잘 다루어 사용하기 좋은 섬유로 만드는 일'이라고 하겠다.

[三] '질삼'이 '길쌈'이 되고, '질드리다'가 '길들이다'로 변하게 된 것은 '질'이 '길'에서 왔을 것이라는 음운 및 의미상의 유추 작용이 있었기 때문이다. 방언에서 '길[道], 기름[油], 길다[長]' 등이 '질, 지름, 질다' 등으로 발음되는 음운 현상을 여기에 유추하여 적용하고, '질드리다'의 의미가 '길[道]'과 관련이 있을 것이라는 의미상의 추측도 작용하였기 때문이다.

[원] 질[馴]+삼[麻]

[변] 질삼> 길쌈

[예] • 질삼ᄒᆞ며 뵈 ᄧᅡ ᄡᅧ 家業을 ᄒᆞ고(소학언해 6-57)
• 질삼 방(紡, 석봉천자문 35)
• 剛强衆生을 질드리샤(월인석보 21-8)

길짐승[길찜승] [명] 기어다니는 짐승. 주수(走獸).

[一] 근대국어 형태는 '긜즘싱'이다. 이 말은 일차적으로 '긔[匍走]+ㄹ(어미)+즘싱'으로 분석되며, '즘싱'은 다시 한자어 '衆生'으로 소급된다. '긔다'의 형태가 20세기까지 지속되었기 때문에 '긜즘싱'의 '긜'이 '길'로 바뀌는 것도 20세기에 들어서의 일이다. 20세기에는 '긜짐승, 긜즘생, 긜김승, 길김승, 길짐승' 등의 다양한 형태가 문헌에 등장하였지만, '긔다'가 '기다'로 바뀌고, '즘싱'이 '짐승'으로 변함에 따라 '길짐승'이 최후로 남게 되었다.

[二] 18세기 문헌인 『동문유해(同文類解)』(1748)에서 '긜즘싱'의 형태로 처음 나타난다. 근대국어 '긜즘싱'은 동사 '긔다'의 어간 '긔-'에 관형사형 어미 '-ㄹ'이 결합되고,

여기에 '즘성'이 연결된 것이다. 현대국어 '기다'에 해당하는 동사 '긔다'는 15세기 문헌인『월인석보(月印釋譜)』(1459)에 '긔는 거시며 느는 거시며(기는 것이며 나는 것이며)'에서 알 수 있는 바와 같이 동사 '눌다'와 함께 일찍부터 잘 쓰이던 말이었다. '즘성'은 현대국어 '짐승'의 옛말이므로 '긜짐성'은 '기어 다니는 짐승'이라는 뜻임을 알 수 있다. 15세기에 문헌에 이미 나타나는 '즘성'은 한자어 '衆生'에서 변화된 말이며, 15세기에 '衆生'을 한자음대로 읽은 '즁성'과 여기에서 변화된 '즘성'이 함께 사용된 것은 흥미로운 일이다. 현대국어에서는 한자어 '중생(衆生)'과 고유어처럼 바뀐 '짐승'의 의미 차이가 분명하지만, 중세국어에서 이들의 의미는 서로 중첩되어 사용되었다. '긜즘성'이나 '긜짐승'이 처음 문헌에 나타나는 것은 비교적 늦은 시기인 18세기이지만, 이 말에 상대되는 '눌즁성'이라는 말은 15세기 문헌에 이미 나타난다. 그런데『월인석보(月印釋譜)』(1459)에 '禽은 눓즁성이라, 獸는 긔는 즁성이라'라고 되어 있으므로, 당시에 '긜즁성'이란 합성어는 아직 사용되지 않은 것으로 보인다. 그럼에도 불구하고 18세기 이전에 '긜즘성'이나 어원적 형태인 '긜즁성'이 사용되었을 가능성은 충분하다. 조선총독부의『조선어사전』(1920)에서 '긜ㅅ즘생, 긜ㅅ김승'으로 사이 'ㅅ'을 표기한 것은 이 말들에서 '즘, 김'이 경음화되어 '쯤, 낌'으로 발음되기 때문이다. 문세영 편찬의『조선어사전』(1938)에서는 '긜즘생, 긜김승, 긜짐승'을 모두 실었지만, 세 형태 중 '긜짐승'을 중심 표제어로 취급하여 '긜짐승'이 세력을 얻었음을 보여 주고 있다.

㉟ 긔[跑走]+ㄹ(어미)+즘성[獸]

㉠ 긜즘성> 긜즘승> 긜짐승> 긜짐승

㉡ • 긜즘성(獸, 동문유해 하-36)

   • 눌즘승 긜짐승 다 雙雙ᄒ다마ᄂᆞᆫ(고시조)

☞ 짐승

김[김:] 몡 논밭에 난 잡풀.

▱ '김'의 중세국어 형태는 '기슴'이다. 중세국어 '노내 기스미 기어 나돌 ᄒᆞ야 ᄇᆞ리ᄃᆞᆺ ᄒᆞ니라(월인석보 10-19)'를 참조하면, '기슴'은 '깃다[莽]'에서 명사로 파생된 말이라는 것을 알 수 있다. 중세국어 '깃다'는 동사로 쓰일 때는 '(풀이 무성하게) 자라

다'의 뜻이며, 형용사로 쓰일 때는 '(풀이) 무성하다'의 뜻이다.

㊂ 중세국어 '기슴'에서 온 현대국어 '김'이 바다의 식용 식물인 '김'과 같은 어원인 것으로 생각되지만, 문헌상에서 실증되지는 않는다.

㊝ 깃[莽]+음(접사)

㊜ 기슴> 기음> 김

㊞ • 노내 기스미 기서 나둘 ᄒᆞ야 ᄇᆞ리ᄃᆞᆺ ᄒᆞ니라(월인석보 10-19)

　• 기음(莠子草, 역어유해 하-8)

김장 ㊅ 겨우내 먹기 위하여 늦가을에 김치, 깍두기, 동치미 등을 한목 담그는 일. 진장(陳藏). 침장(沈藏).

㊂ '김장'은 한자어 '沈藏(팀장)'에서 온 말이다. '沈'을 '김'으로 발음하게 된 것은 '김치'를 참조할 것. '沈藏'을 중세국어 한자음으로 읽으면 '팀장'이다.

㊝ 沈藏(팀장)

㊜ 팀장> 김장

☞ 김치

김치 ㊅ 무, 배추, 오이 같은 채소를 소금에 절였다가 고추, 파, 마늘, 젓 등의 양념을 버무려 넣고 담근 반찬.

㊂ 중세국어 '딤ᄎᆡ'는 한자어 '沈菜'에서 왔다. '沈菜'의 중세국어 한자음인 '팀ᄎᆡ'와 비교하여 '딤ᄎᆡ'는 평음과 격음의 차이가 있다. 이것은 '沈'의 국어 한자음이 시대에 따른 차이가 있었기 때문일 것이므로, '딤ᄎᆡ'란 말의 형성이 16세기보다 이전으로 소급될 수 있다는 것을 의미한다. 같은 16세기 문헌이라고 하더라도 『소학언해(小學諺解)』(1588)에 '팀ᄎᆡ(葅)'라고 되어 있는 것은 당시의 한자음에 맞춘 교정 형태이다. '沈菜'란 한자어는 중국의 문헌에서 찾기 어려우므로 국어에서, 조어(造語)된 한자어임이 분명하다.

㊂ 16세기 문헌인 『훈몽자회(訓蒙字會)』(1527)에 '딤ᄎᆡ 조(葅)'라고 하였고, 『신증유합(新增類合)』(1576)에 '딤ᄎᆡ 져(葅)'라고 하였으므로, 중세국어의 '딤ᄎᆡ'란 형태를 확인할 수 있다. '딤ᄎᆡ'가 근대국어 시기에 '짐ᄎᆡ'로 변하게 된 것은 구개음화에

의한 것이고, 다시 '짐ᄎᆡ'가 '김ᄎᆡ'로 되는 것은 '짐'을 '김'으로 잘못 되돌린 것으로서 근대국어에서 생긴 현상이다. 이것은 구개음화된 '짐ᄎᆡ/짐츼'의 원형이 '김ᄎᆡ/김츼'에 있다고 판단한 언중(言衆)의 오류 작용에 의한 것이다. 이러한 용례는 이 밖에도 '길쌈, 깃, 키' 등의 어휘가 원래 중세국어의 형태 '질삼(삼강행실도), 짗(분류두공부시언해-초간본), 치(훈몽자회)' 등에서 온 것을 더 들 수 있다. 근대국어 형태인 '짐ᄎᆡ'나 '김ᄎᆡ'는 제2 음절의 'ᄋᆞ'가 '으'로 바뀌었기 때문에 '짐츼, 김츼'와 같은 형태인 셈이다. 19세기에 구개음화의 역작용으로 인해 생긴 '김ᄎᆡ'에서 단모음화한 '김치'가 20세기에 이어져서 자리를 굳히게 되었다.

[三] 『소학언해(小學諺解)』에서 당시의 한자음대로 '沈菜'를 표기한 '팀ᄎᆡ'는 한자어로서의 지위를 가지고 이후에도 나름대로 사용되었다. 근대국어의 『동문유해(同文類解)』에서는 구개음화된 형태인 '침ᄎᆡ'로 바뀌어 나타나고, 『정몽유어(正蒙類語)』(1884)에는 한자 '菜'의 음가에 맞춘 '침채'로도 표기되어 있다. 그런가 하면 문세영 편찬의 『조선어사전』에는 표제어로서 '침채'를 올렸으나, 현대의 국어사전에서 '침채'는 사라졌다.

[四] '김치'를 뜻하는 고유어로는 중세국어에 '디히[菹]'가 있으며, 이 말은 현대국어의 '지'로 변하였다.

[원] 沈菜(딤ᄎᆡ/팀ᄎᆡ)

[변] 딤ᄎᆡ> 짐ᄎᆡ/짐츼> 김ᄎᆡ/김츼> 김치

[예] • 딤ᄎᆡ 조(菹, 훈몽자회 중-22)
   • 짐ᄎᆡ(두창경험방)
   • 짐츼(청구영언)
   • 김ᄎᆡ(유씨물명고 3-초)
   • 김츼(청구영언)

☞ 지

까마귀 [명] 조류 까마귓과 까마귀속에 속하는 종류의 총칭. 몸빛은 대개 검고 울음소리가 흉함. 식성은 잡식성. 반포조(反哺鳥). 효조(孝鳥). 자오(慈烏). 자조(慈鳥). 한아(寒鴉).

囯 '까마귀'의 중세국어 형태는 '가마괴'이다. 이 말은 우선 '감[黑]+아괴(접사)'로 분석될 것이지만, 어떤 실사일 가능성이 있는 '-아괴'를 접미사로 처리한 것은 잠정적이다.

웬 감[黑]+아괴(접사)

囲 가마괴> 가마귀> 까마귀

옌 • 다숫 가마괴 디고(용비어천가 86장)

　　• 가마귀 검다 ᄒ고 白鷺야 웃지 마라(고시조)

까지 죄 (체언이나 부사에 붙어) 어떤 움직이는 상태나 동작이 끝나는 한계를 뜻함. 시간이나 공간의 미치는 한도를 뜻함.

囯 조사로 쓰이는 '까지'의 용례를 중세국어에서 찾아보면 'ᄆ음ᄭ지 홈올(소학언해 3-4)'와 같이 'ᄭ지'로 나타난다. 어원적으로 'ᄭ지'는 'ㅅ(조사/사잇소리)+ᄀ[邊, 極]+이(접사)'로 분석된다.

囯 그런데 'ᄭ시'가 아니고 'ᄭ지'로 나타난 것은 받침 'ㅅ'이 'ㅈ'으로 바뀌었기 때문인데, 'ᄀ[邊, 極]'에서 파생된 'ᄀ장' 역시 중세국어에서 이미 'ㅈ'으로 바뀌어 있는 것을 보면, 이러한 변화는 중세국어 이전에 이미 이루어졌다고 생각된다.

웬 ㅅ(조사/사잇소리)+ᄀ[邊, 極]+이(접사)

囲 *ᄭ이> ᄭ지> 까지

옌 • ᄆ음ᄭ지 홈올(소학언해 3-4)

　　• 門ᄭ지 왓습ᄂᆡ(첩해신어 숫간이)

☞ 가, 갓

까치설[까:치설] 冏 설날의 전날. 섣달 그믐날.

囯 '까치설[歲暮]'에 해당하는 근대국어 형태는 '아촌설, 아촌셜'이다. 중세국어에 원단(元旦)을 뜻하는 말이 '설(삼강행실도 효-6)'이며, 조카를 뜻하는 말로 '아촌아ᄃᆞᆯ(두시언해-초간 22-38), 아촌ᄯᆞᆯ(소학언해 6-96)' 등이 있으므로, '아촌설'이란 단어를 중세국어로 소급시키는 데에는 무리가 없다. '아촌설'은 '앛[小]+ᄋᆞᆫ(관형사형어미)+설[元旦]'로 분석되며, 그 의미는 '작은 설'이란 뜻이다. '앛다'의 용례는 15세

기 문헌인 『내훈(內訓)』(1475)의 '물 사ᄅᆞ미 믜여 두리 아ᄎᆞ니라(群猜鮮有存者, 뭇 사람이 미워하여 둘 이가 적을 것이다)'에서 찾을 수 있다. 어근 '앛[小]'은 표제어 '아우'에서 설명한 어근 '앗[小]'과 어원이 같다.

[二] 17세기 문헌인 『역어유해(譯語類解)』(1690)에 '모세(暮歲)'에 해당하는 '아ᄎᆞᆫ설'로 처음 나타난다. '모세(暮歲)'는 '연말(年末), 세모(歲暮)' 등과 같은 말이다. '까치설'이 되기에 앞서서 '아ᄎᆞᆫ설'에서 '아치설'이 되는 과정을 이해할 필요가 있다. '아ᄎᆞᆫ설'에서 'ㅅ' 앞의 'ㄴ'이 탈락하여 '아ᄎᆞ설'이 되면, 두 번째 음절의 'ㆍ'는 'ㅡ'로 발음되기 때문에 '아츠설'이 된다. 'ㅊ' 다음에서 'ㅡ'가 전설모음화를 겪으면 '아치설'로 바뀌게 된다. 여기에서 '아치'가 '가치'를 거쳐 '까치'로 바뀌게 되는 과정은 언어적 유연성과 함께 민속의 영향이 작용했을 것으로 생각된다. '가치[鵲]'는 현대국어 '까치'의 중세국어 형태이다.

[三] 『국어 어원론(개정판)』(조항범, 2014)에 의하면 문익환 목사의 대담집에 '아치설'이란 말이 있다고 하면서, 이 말은 함경도 방언이라고 하였다. 이러한 근거로서 '아치설'이란 말이 현대에까지 사용되었다고 할 수 있으며, '아치설'의 '아치'가 어원적인 의미를 상실하면서 친숙한 길조(吉鳥)로 알려진 '까치'로의 변이가 가능하다고 생각된다.

[원] 앛[小]+ᄋᆞᆫ(관형사형 어미)+설[元旦]

[변] 아ᄎᆞᆫ설> 아츤설> 아츠설> 아치설> 가치설> 까치설

[예] • 아ᄎᆞᆫ설(大晦日, 역어유해 상-4)

• 아ᄎᆞᆫ셜날(歲暮, 분문온역이해방 4)

• 아ᄎᆞᆫ설날(벽온신방 15)

☞ 설, 아우

깐[깐:] [명] '그 나름의 생각, 짐작, 어림'을 나타냄.

[一] '깐'의 중세국어 형태는 '간'으로서, '분수(分數), 역량(力量)'을 뜻하는 말이다. '간'이 주로 관형어 뒤에서 쓰이면서 경음화되어 '깐'이 되었다.

[원] 간[分數]

[변] 간> 깐

예 • 제 간을 뎌리 모를씨(월인천강지곡 상-15)

☞ 간대로

깐풍기 명 중국 요리의 하나. 토막 친 닭고기에 녹말을 묻혀 튀긴 다음, 양념 초간장에 살짝 조린 음식. 간펑지.

囗 이 말은 현대 한어(現代漢語) '乾烹鷄[kanpʰəŋʨi]'에서 차용한 말이다. 그러나 '鷄'의 발음은 현대의 [ʨi]에 바로 앞서서 근대 한어 발음이 [ki]였으므로, '깐풍기'로 받아들인 것이다. 한어에서 '乾'은 '干'으로도 쓴다.

웹 (漢語)乾烹鷄[kanpʰəŋʨi]

변 乾烹鷄[kanpʰəŋʨi]> 깐풍기

☞ 기쓰면

깜냥 명 스스로 일을 헤아림. 또는 그런 능력.

囗 '깜냥'의 '깜'은 '옷감, 물감' 등에 쓰이는 '감[材料]'이며, '냥'은 '헤아리다'의 의미로 쓰이는 한자 '량(量)'에서 온 것이다.

囗 현대국어에서 단어로 쓰이는 '감'은 중세국어 'ᄀᆞᆷ'에서 온 말이며, 이에 대해서는 '감'을 참조할 것.

웹 감[材料]+量(량)

변 *감량> 깜냥

☞ 감

깡통 명 양철로 만든 통조림 따위의 빈 통.

囗 영어의 'can'을 일본어에서 뜻과 음을 고려하여 한자로 '罐'이라 하였는데, '罐'은 국어 한자음으로는 '관'이지만, 일본 한자음으로는 [kan]이어서 영어의 'can' 발음과 비슷하다. 여기에 '통(桶)'을 덧붙여 '깡통'이 된 것이다.

웹 (영어)can+통(桶)

변 can> (일본어)罐[kan]> 깡+통(桶)> 깡통

깨닫다[깨달으니, 깨달아] 图 (사물의 이치나 숨겨진 뜻을) 생각하거나 궁리하여 알게 되다.

曰 '깨닫다'의 중세국어 형태는 '씨둗다'이다. 이 말은 '씨[覺]+둗[走]+다(어미)'로 분석된다.

曰 중세국어의 동사 '둗다[走]'에서 온 어간 '둗'은 본래의 의미에서 벗어나, '어떤 지경에 이르다'의 뜻을 갖는 접미사적 용법으로 사용되었다.

웬 씨[覺]+둗[走]+다(어미)

몐 씨둗다> 씨둣다> 깨닫다

예 • 다시 씨두라 世尊ᄋᆞᆯ 念ᄒᆞᅀᆞᄫᆞ니 누니 도로 ᄇᆞᆰ거늘(석보상절 6-20)

　• 스스로 씨둣디 몯ᄒᆞ야(경민편언해 2)

깨우다 图 '깨다'의 사동사. 잠에서 깨게 하다.

曰 '깨우다'의 중세국어 형태는 '씨오다'이다. 이 말은 '씨[覺]+오(사동접사)+다(어미)'로 분석된다. 중세국어의 사동 접미사 '-오-/-우-'는 현대국어에서 '-우-'로 통합되었다.

웬 씨[覺]+오(사동접사)+다(어미)

몐 씨오다> 깨우다

예 • 츤 ᄆᆞ리 能히 씨오ᄆᆞᆫ 權教ㅣ 能히 煩惱 다ᄉᆞ료ᄆᆞᆯ 가ᄌᆞᆯ비니라(월인석보 13-19)

꺼지다 图 ① (불, 거품 따위가) 사라져 없어지다. ② 우묵하게 들어가다. 내려앉아 빠지다.

曰 '꺼지다'의 중세국어 형태는 '뼈디다'이다. 이 말은 'ᄢᅵ[滅]+어(어미)+디[落]+다(어미)'로 분석된다.

曰 현대국어의 '꺼지다'에는 '불이 사라져 없어지다'의 뜻 외에 '표면이 갈라져 내려 앉다'의 뜻도 있으므로, 동음이의어(同音異義語)이다. 이 말은 하나의 어원에서 의미가 분화된 것이다. 중세국어에서도 '뼈디다[滅]'와 '뼈디다[陷]'로서 두 가지 의미로 쓰였지만, 성조를 포함한 형태가 완전히 같기 때문이다.

웬 ᄢᅵ[滅]+어(어미)+디[落]+다(어미)

ⓑ 뻐디다> 쩌디다> 꺼지다

ⓔ • 브리 뻐디거늘(석보상절 23-47)

　• 衆生인 菩薩이 七趣예 뻐디여 잇ᄂᆞ니(능엄경언해 1-8)

　• 쩌딘 ᄆᆞᄅᆞᆯ 하늘히 내시니(용비어천가 37장)

　• 블 쩌딜 식(熄, 신증유합 하-51)

껌 뗑 고무에 설탕, 박하, 향료 따위를 섞어서 만든 씹는 과자.

▭ '껌'은 영어의 'gum'에서 온 말이다.

ⓦ (영어)gum

ⓑ gum> 껌

☞ 고무

껍질 뗑 물체의 거죽을 싸고 있는 딱딱하지 아니한 켜.

▭ '껍질'의 중세국어 형태는 경음화되지 않은 '겁질'이다. '겁질'은 '겊[表皮]+질(접사)'로 분석된다. 어근 '겊[表皮]'은 중세 및 근대국어 문헌에서 '나못 겁질조쳐 먹다가(삼강행실도 충-14), 나모 거플(樹皮, 동문유해 하-44), 벼 겁플 부(稃, 왜어유해 하-3)' 등의 용례를 통해서 확인할 수 있다.

ⓦ 겊[表皮]+질(접사)

ⓑ 겊질> 겁질> 껍질

ⓔ • 나못 겁질조쳐 먹다가(삼강행실도 충-14)

께 죄 조사 '에게'의 높임말.

▭ 현대국어의 조사 '께'에 해당하는 중세국어 형태는 'ㅅ그에, ㅅ긔, ㅅ게, 쯰' 등으로 다양하지만, 어원적으로는 'ㅅ(조사)+그[其]+에/예/의(조사)'로 분석된다.

▣ 중세국어에서 'ㅅ'은 관형격 조사로 사용되었다. 중세국어의 관형격 조사는 용법에 따라 '이/의'와 'ㅅ'의 두 가지로 분류되는데, '이/의'는 높임의 자질이 부여되지 않는 유정물에 붙고, 'ㅅ'은 무정물이거나 또는 높임의 자질이 부여되는 유정물에 붙는다.

⑪ ㅅ(조사)+그[其]+에/에/의(조사)

⑭ ㅅ그에> ㅅ게/ㅅ긔/쁴> 께

⑩ • 부텨와 즁괏그에 布施ㅎ며(석보상절 13-22)

　• 諸王이 부텻게 나ᅀᅡ가 無上道 묻ᄌᆞᆸ고(법화경언해 1-77)

　• ᄌᆞ걋긔 黃袍 니피ᅀᆞᄫᆞ니(용비어천가 25장)

　• 世尊이 金像쁴 니ᄅ샤ᄃᆡ(석보상절 11-14)

꼬마 ⑬ 어린아이를 귀엽게 이르는 말.

▣ '꼬마'는 중세국어의 '고마[妾]'에서 온 것이 확실하다. '고마'는 근대국어에서 '첩 (妾)'의 의미로 사용되었지만, '소낭자(小娘子)'의 뜻으로도 쓰였으므로, 현대국어의 '꼬마'에 이르는 의미의 변화를 미루어 추측할 수 있다. 즉 '작고 귀엽다'는 뜻이 강조되어 현대국어 '꼬마'가 된 것이다.

▣ 그런데 중세국어에는 '고마[妾]'와 성조가 다른 '고마[敬]'가 있었다. '고마[妾]'는 '평성-거성'이며, '고마[敬]'는 '상성-거성'이므로, 이 둘은 같은 어원에서 온 말이라고 할 수 없다. '고마[敬]'는 현대국어의 형용사 '고맙다'에 그 형태가 남아 있다.

⑪ 고마[妾]

⑭ 고마> 꼬마

⑩ • 臣下와 고마를 ᄇᆞ리고 머리 가까 法服을 니브리도 보며(석보상절 13-20)

☞ 고맙다

꼭두각시 ⑬ 꼭두각시놀음에 나오는 여러 가지 이상야릇한 탈을 씌운 인형. 남의 조종에 따라 주체성 없이 움직이는 사람의 비유.

▣ 근대국어 문헌에 '傀儡伎 郭禿 곡독각시'라고 하여 '곡독각시'의 형태로 처음 나타난다. 19세기에 '꼭두각시'가 등장하여 현대에 이어졌다. 15세기 문헌에서 '곡도' 는 '허깨비'를 뜻하는 한자어 '환(幻)'의 풀이로 쓰인 것이다. 그러므로 '꼭두각시' 의 어원은 중세국어를 기준으로 '허깨비 각시'나 '귀신 각시'에 해당한다. '꼭두각시' 의 근대국어 형태는 '곡독각시'이지만, 중세국어 형태로 소급시키면 '곡도[幻]+각시 [女]'로 분석된다.

㊂ 19세기 문헌인『물보(物譜)』(1802)에 '傀儡伎 郭禿 곡독각시'라고 하여 '곡독각시'의 형태로 처음 나타난다. 다른 19세기 문헌에는 '곡독각시' 이외에도『한불자전(韓佛字典)』(1880)에는 경음화된 '꼭독각시'가 나타나고,『국한회어(國漢會語)』(1895)에는 '幻娘'에 해당하는 '꼭두각시'가 등장하여 현대에 이어졌다. 15세기 문헌인『석보상절(釋譜詳節)』(1447)에 '곡도 곧 혼 얼구리오(허깨비 같은 형상이고)'라는 구절이 있는데, 이 경우의 '곡도'는 '허깨비'를 뜻하는 한자어 '幻'의 풀이로 쓰인 것이다. 근대국어의『역어유해(譯語類解)』(1690)에서는 '곡도'를 '面魁'라고 하였다. 이로써 보면 근대국어 문헌에 나오는 '곡독각시'의 '곡독'은 바로 '괴뢰의 얼굴 가면'인 '꼭두각시'에 해당하는 말이며, 근대의 '곡독'은 바로 중세국어의 '곡도'에서 온 말임을 알 수 있다.

㊂ 앞에서 보인 근대국어 문헌에 나오는 한자어 '郭禿'은 중국의 옛 문헌에 자주 등장하는 말이다. '郭禿'이란 한자어를 뜻풀이와 비교할 때, 이 말은 중국에서 사용한 고유의 한자어라기보다는 어떤 외래어를 음역한 말이 아닌가 생각된다. 중국어 사전의 풀이에 의하면 '郭禿: 傀儡子的 俗稱'이라고 하였으므로, 바로 '郭禿'이 우리말의 '꼭두각시'에 해당함을 알 수 있다. 근대국어 형태인 '곡독'이 중세국어 형태인 '곡도'에서 온 것임에도 불구하고 제2 음절이 '독'으로 되어 있는 것은 '郭禿(곽독)'의 '禿(독)'에 의한 영향일 것이다. 그런데 민속학 분야의 견해를 들으면, 중세국어의 '곡도'는 원래 몽골어에서 '괴뢰의 얼굴 가면'을 뜻하는 'godoɣ'에서 유래한다고 하면서, 이 말을 중국어에서 '郭禿'으로 음역하였다고 한다. 일본 육군성(陸軍省)에서 출판한『蒙古語大辭典』(1932/1971)에 보면 몽골어 'gotoguǒin'이 '가면(假面)'을 뜻하므로, 중세국어 '곡도'의 몽골어 기원은 충분히 검토할 가치가 있다.

㊌ 곡도[幻]+각시[女]

㊟ 곡도각시 > 곡독각시 > 꼭두각시

㊊ • 곡독각시(傀儡伎, 물보-박희)
　　• 꼭독각시(한불자전)

꼴 ⑮ 사물의 생김새나 됨됨이. '꼴이 말이 아니다, 꼴이 사납다, 꼴 좋다' 등과 같이 부정적(否定的)으로 쓰이는 경우가 많음.

[一] '꼴'의 중세국어 형태는 '골'이다. 현대국어의 '꼴'은 관용적 표현에 한정되어 쓰이는 경우가 보통이지만, 중세국어에서는 '면모(面貌)'나 '용모(容貌)'의 뜻으로서 일반적 용법으로 사용되었다.

[원] 골[貌]

[변] 골> ᄭᅩᆯ> 꼴

[예] • ᄂᆞᄎᆡ 고리 제 낟ᄃᆞᆺ ᄒᆞ니라(面像自現, 선종영가집언해 상-105)

• 그 볼 ᄭᅩᆯ 사오나오니(첩해신어 5-23)

꼽추 [명] 곱사등인 사람. 구루(佝僂). 곱사등이.

[一] '꼽추'의 근대국어 형태는 '곱츄'이며, 이 말은 '곱[曲]+츄(접사)'로 분석된다. 현대국어 '곱다'는 '바르지 않고 휘어 있다'의 뜻이며, 어감이 큰 말로는 모음 교체에 의한 형태인 '굽다'가 쓰인다.

[二] 근대국어에는 '곱츄'와 같은 뜻으로 사용된 '곱댱이(역어유해 상-29), 곱사등이(증수무원록언해 1-25)' 등이 있으며, 모두 '곱다[曲]'의 어간 '곱-'을 바탕으로 파생된 어휘이다.

[원] 곱[曲]+츄(접사)

[변] 곱츄> 꼽추

[예] • 곱츄(한영자전 270)

• 꼽추(조선어사전)

꼿꼿하다 [형] ① 휘 거나 구부려지지 않고 단단하다. ② 기개, 의지, 태도나 마음가짐 따위가 굳세다. (큰말) 꿋꿋하다.

[一] '꼿꼿하다'의 근대국어 형태는 '곧곧ᄒᆞ다'였으며, 이 말은 '곧[直]+곧[直]+ᄒᆞ[爲]+다(어미)'로 분석된다. 즉 '곧곧ᄒᆞ다'는 '곧다[直]'의 어간 '곧-'이 첩어화하여 생긴 말이다.

[二] '곧곧ᄒᆞ다'는 근대국어 시기에 'ㄷ' 종성을 쓰지 않는 표기상의 제약에 의하여 '곳곳ᄒᆞ다'가 되었다가 경음화에 의하여 'ᄭᅩᆺᄭᅩᆺᄒᆞ다'가 되었다.

[원] 곧[直]+곧[直]+ᄒᆞ[爲]+다(어미)

᠍변 곧곧ᄒ다> 곳곳ᄒ다> 꼿꼿ᄒ다> 꼿꼿하다

예 • 다리 곧곧ᄒ고(마경초집언해 상-37)

• ᄃᆞᆫᄃᆞᆫᄒ고 곳곳ᄒ면(증수무원록언해 2-24)

• 꼿꼿ᄒ야 죠흐니라(규합총서 27)

꽃달임 명 진달래꽃이 필 때에, 그 꽃을 따서 전을 부치거나 떡에 넣어 여럿이 모여 먹는 놀이. 음력 3월 3일에 하였다.

─ 근대국어 시조 문헌에 '꼿달힘'이나 '꼿ᄯᆞ림' 등으로 표기되어 있다. 중세국어 형태를 기준으로 하여 분석하면 '곶[花]+달히[煎]+ㅁ(접사)'이다. 중세국어 '달히다'는 현대국어 '달이다'의 소급 형태이며, 그 의미는 '액체 따위를 끓여서 진하게 만들다'이다. 그런데 '꽃달임'은 찹쌀가루를 반죽하여 진달래나 개나리, 국화 따위의 꽃잎이나 대추를 붙여서 기름에 지진 음식이므로, '꽃을 달인 음식'이라는 명칭은 이 음식에 잘 어울리지 않는 표현이다. 그러므로 근대국어 '꼿달힘, 꼿ᄯᆞ림'이나, 여기에서 변화된 현대국어 '꽃달임'은 한자어 '花煎(화젼)'을 그대로 고유어로 옮긴 형태라고 생각된다. '花煎'의 중세국어 및 근대국어 한자음은 '화젼'이다.

三 중세국어에서 '煎(젼)'의 새김은 '달이다'이도 있지만, '지지다'란 새김도 있다. 『신증유합(新增類合)』에는 '달힐 젼(煎, 하-41)'이지만, 『훈몽자회(訓蒙字會)』에는 '지질 젼(煎, 하-6)'이다. 그러므로 '꽃달임'보다는 '꽃지짐'이 '花煎(화젼)'이란 음식에 잘 어울리는 표현이다. 현대국어에 '꽃지짐'이란 말도 있다. 그러나 근대국어의 문헌에서는 한결같이 '달힐/달일 젼(煎)'으로 새김의 통일이 이루어졌으므로, '꼿달힘'이나 '꼿ᄯᆞ림'은 이러한 새김의 통일과도 관련이 있는 것이다.

원 곶[花]+달히[煎]+ㅁ(접사)

변 곶달힘> 꼿달힘> 꼿달임> 꽃달임

예 • 崔行首 쑥달힘ᄒ새 趙同甲 꼿달힘ᄒ새(고시조, 해동가요)

• 崔行首 쑥ᄯᆞ림ᄒᄉᆡ 趙同甲 꼿따림ᄒᄉᆡ(고시조, 청구영언)

꾀꼬리 명 까마귓과의 새. 몸의 길이는 약 25cm 정도이며 노랗다. 눈에서 뒷머리에 걸쳐 검은 띠가 있으며 꽁지와 날개 끝은 검다. 5~7월에 알을 낳고 울음소리가 매우 아름답다. 여름 철새로 한국, 우수리강, 미얀마 등지에 분포한다.

[一] 중세국어 문헌에서 '곳고리'의 형태로 처음 나타난다. 이 말은 의성어 '곳골'에 명사를 만드는 접미사 '-이'가 결합된 것이다.

[二] 15세기 문헌인 『월인석보(月印釋譜)』(1459)의 '舍利ᄂᆞᆫ 봆 곳고리라 ᄒᆞᆫ 마리라(舍利는 봄의 꾀꼬리라고 한 말이다)'에서 '곳고리'의 형태로 처음 나타난다. 16세기에는 '곳고리'가 이어지면서도 제1 음절에 반모음 'ㅣ[j]'가 첨가된 '굇고리'가 등장하여 형태의 변화가 보인다. 17세기에도 형태상의 근본적인 변화는 없지만, 받침의 'ㅅ'이 제2 음절의 초성으로 표기된 '괴꼬리'가 나타났다. 근대국어에서 'ㅺ'은 현대의 경음 표기인 'ㄲ'과 발음이 같다. 가장 중요한 변화는 18세기에 일어났다. 이 시기에는 '굗고리'도 있지만, 즉 제1 음절이 경음화된 '꾀ㅅ고리, 꾓꼬리'가 나타나서 현대의 '꾀꼬리'와 발음이 같아졌기 때문이다. 19세기에는 '꾀꼬리, 꾀고리, 꾓고리'의 표기가 이어진 가운데, 경음 표기의 변화에 따라 『배비장전』에서 '꾀꼬리'로 표기되었다. 19세기의 네 가지 형태는 비록 표기는 다르지만 발음이 다르지는 않다. 20세기에는 초기의 '꾀꼬리'에 이어서 1930년대 이후에는 '꾀꼬리'로 통일되었다.

[三] 중세국어의 '곳고리'는 의성어 '곳골'에 명사를 만드는 접미사 '-이'가 결합된 것이므로, 15세기의 사람들은 '꾀꼬리'의 울음소리를 '곳골'로 묘사했음을 알 수 있다. '꾀꼬리'의 울음소리는 15세기의 '곳골'에서 16세기의 '굇골'로 달라진 다음에 18세기에 이르러 '꾓꼴'이 됨으로써 소리의 변천이 전개되었다. 17세기의 '굇고리, 괴꼬리'가 18세기에 제1 음절의 경음화가 완성되어 '꾀ㅅ고리, 꾓꼬리'가 된 것은 제2 음절의 경음에 영향을 받았기 때문일 것으로 생각된다. '꾀꼬리'의 울음소리는 예나 지금이나 변함이 없겠으나, 새소리를 듣는 사람의 의식이 언어 환경에 따라 한결같지 않음을 알 수 있다.

[원] 곳골(의성어)+이(접사)

[변] 곳골이> 곳고리> 굇고리> 꾓고리> 꾀꼬리

[예] • 舍利ᄂᆞᆫ 봆 곳고리라 ᄒᆞᆫ 마리라(월인석보 7-66)
• 굇고리 잉(鶯, 신증유합 상-11)
• 괴꼬리(百舌鳥, 동의보감-탕액 1)
• 꾀꼬리(黃鸝, 동문유해 하-35)

꾀다 [동] 그럴듯하게 남을 속이거나 부추기어 자기의 뜻대로 하게 하다.
[一] '꾀다'의 중세국어 형태는 '꾀다'이다. 이 말은 명사 '꾀[謀]'에서 직접 동사로 파생된 것이다. 중세국어 '꾀'는 표기만 바뀐 현대국어 '꾀'이다.
[원] 꾀[謀]+다(어미)
[변] 꾀다> 꾀다
[예] • 각시 꾀노라 눛 고빙 빙여드라(월인천강지곡 상-18)

꾸중 [명] '꾸지람'의 높임말.
[一] '꾸중'의 중세국어 형태는 '구숑'이다.
[二] 劉昌惇(1971: 84)에서는 중세국어 '구숑'의 어원을 한자어 '口悚'에서 찾고자 하였다. 그런데 '口悚'은 한어(漢語)에서 사용하지 않는 말이며, 국어 문헌에도 나타나지 않으므로 '구숑'이 '口悚'이라는 것은 실증적인 논의는 아니다.
[三] 현대국어의 동사 '꾸짖다'는 중세국어 '구짇다/구짖다'에 소급되므로, '구숑'으로 소급되는 '꾸중'과는 별개의 어원으로 처리되어야 한다. 고유어 '구숑'으로 처리해 둔다.
[원] 구숑[叱]
[변] 구숑> 구죵> 꾸죵> 꾸중
[예] • 미리 구숑 니보믈 전ᄂᆞ니(預畏被呵, 선종영가집언해 하-126)
• 힌 갈홀 구죵ᄒᆞ야 헤티디 몯호롸(不叱白刃散, 두시언해-중간 2-51)
• 萬石君이 꾸죵ᄒᆞ여 굴오ᄃᆡ(소학언해 6-80)

꾸지람 [명] 아랫사람의 잘못을 꾸짖음, 또는 그 말. 지청구.
[一] '꾸지람'의 중세국어 형태는 '구지람'이며, 이 말은 '구짇[叱]+암(접사)'의 구조에서 'ㄷ'이 'ㄹ'로 바뀌어 이루어진 것이다.
[二] 중세국어 '구짇다'에서 파생된 명사로는 '구지람' 외에 접사의 차이에 의한 '구지돔, 구지럼' 등도 있다. 중세국어 '구짇다'는 현대국어 '꾸짖다'로 이어진다.
[원] 구짇[叱]+암(접사)
[변] *구지담> 구지람> 꾸지람> 꾸지람

예 • 샹녜 구지라들 드로디(월인석보 17-85)

　　• ᄢᅮ지람 듣다(喫罵, 역어유해 상-65)

꾸짖다 동 주로, 아랫사람의 잘못에 대하여 엄하게 나무라다.

一 '꾸짖다'의 중세국어 형태는 '구짇다'와 '구짖다'로서, 두 형태가 쌍형으로 공존하였다.

二 중세국어에서 '구짇다'를 기반으로 한 파생 명사인 '구지람, 구지럼' 등과 명사형인 '구지돔'이 모두 있는 반면에, '구짖다'를 기반으로 한 파생 명사는 중세국어에 발견되지 않고, 다만 '구지좀, 구지줌' 등의 동사의 명사형만 쓰였다. 그러므로 이러한 어휘 분포를 감안하면, '구짇다'가 기원적인 형태이며, '구짖다'는 '구짇다'에서 변화된 것으로 생각된다.

원 구짇[叱]+다(어미)

변 구짇다> 구짖다> ᄢᅮ짖다> 꾸짖다

예 • 모딘 이브로 구지드며 비우스면 큰 罪報 어두미 알ᄑᆡ 니르ᄃᆞᆺ ᄒᆞ며(월인석보 17-78)

　　• 이브로 구지저(석보상절 19-26)

　　• 그 아비 그 ᄯᅳ니ᄅᆞᆯ 구짓고(석보상절 11-26)

　　• ᄢᅮ지즐 즐(叱, 신증유합 하-26)

꾼 명접 어떤 일을 전문적으로, 또는 습관적으로 하는 사람임을 뜻함.

一 '꾼'의 근대국어 형태는 '군'으로서, 이 말은 한자 '軍(군)'이다.

二 원래는 군대(軍隊)와 같이 무리지어 함께하는 경우에 접미사 '-군(軍)'을 붙여 그러한 무리를 지칭하였으나, 현대국어에서는 그러한 무리의 개념은 없어지고, '전문적이고 습관적으로 무엇을 하는 사람'이란 뜻으로 바뀌었다.

三 '군'에서 'ᄭᅮᆫ'이 된 것은 '샹도ㅅ군'과 같이 '-군'이 접미사로 쓰이게 되면서, 앞에 오는 'ㅅ(조사/사잇소리)'과 결합한 까닭이다.

원 軍(군)

변 군> ᄭᅮᆫ> 꾼

예 • 믹장군(역어유해보 27)
  • 샹도ㅅ군(扛擡軍, 역어유해보 27)

꿀밤 몡 주먹 끝으로 가볍게 머리를 때리는 짓.

□ '꿀밤'의 사전 뜻풀이에서 알 수 있는 바와 같이 '꿀밤'은 '꿀처럼 단 밤'이 아니다.
즉 '꿀밤'의 '꿀'은 '꿀떡, 꿀물, 꿀수박' 등의 '꿀[蜜]'이 아니다. '꿀밤'은 졸참나무의
열매인 '굴밤'이 경음화하여 생긴 말이다.

□ '굴밤'은 '굴+밤[栗]'으로 분석되지만, 접두사처럼 쓰인 '굴'의 의미를 파악하기
힘들다. 아마도 '졸참나무'와 같은 참나뭇과 식물인 '굴참나무'의 '굴'인 듯하지만,
역시 '굴참나무'의 '굴'의 어원을 알기 어렵다.

웬 굴+밤[栗]
옌 굴밤> 꿀밤

꿋꿋하다 혱 ① 물건이 휘거나 구부려지지 않고 단단하다. ② 기개, 의지, 태도나
마음가짐 따위가 굳세다. (작은말) 꼿꼿하다.

□ 이 말과 비슷한 말에 '꼿꼿하다'가 있다. '꿋꿋하다'와 '꼿꼿하다'는 모음 교체에
의하여 어감이 분화되어 쓰이므로, 근본적으로 어원이 같다고 할 수 있다. 문헌에
나타나는 '꼿꼿하다'의 옛 형태는 '곧곧ᄒ다'이므로, 이 말은 '곧다[直]'의 어간 '곧-'
이 중첩된 구성임을 알 수 있다. 18세기에는 '곧곧ᄒ다'의 표기가 '곳곳ᄒ다'로 바뀌
게 된다. '곳곳ᄒ다'가 경음화되어 '꼿꼿ᄒ다'가 되고, 이어서 표기법의 변화로 '꼿꼿
하다'로 된 것은 모두 19세기의 일이다. '꿋꿋하다'의 이전 형태인 '꿋꿋ᄒ다'는 19
세기 말엽에야 나타나며, 이 말은 '꼿꼿ᄒ다'의 모음 교체에 의한 어감의 분화에 의
하여 19세기에 생긴 말이다.

□ 근대국어의 문헌에 나타나는 '꼿꼿하다'의 옛 형태는 17세기 『마경초집언해(馬
經抄集諺解』(1682)의 '곧곧ᄒ다'이므로, 이 말은 '곧다[直]'의 어간 '곧-'이 중첩된
구성임을 알 수 있다. 18세기에는 '곧곧ᄒ다'의 표기가 '곳곳ᄒ다'로 바뀌게 된다. 이
것은 어간의 받침으로 'ㄷ'을 쓰지 않는 근대국어 표기법에 의한 것이므로, 근본적
인 형태의 변화가 생긴 것은 아니다. 지금까지는 '꼿꼿하다'에 대한 것이었지만, 문

제는 '꿋꿋하다'이다. '꼿꼿하다'는 어간 '곧-'의 중첩 구성에 의한 파생이었음은 앞에서 말하였다. 그렇다면 '꿋꿋하다'는 '굳다[硬]'의 어간 '굳-'의 중첩형이라고 할 수 있지 않겠는가 하는 점이다. '꿋꿋하다'가 '굳다[硬]'의 어간 '굳-'의 중첩형에서 왔다고 할 수 없는 것은 역사적인 문헌에서 '굳굳ᄒ다'란 말의 쓰임이 발견되지 않기 때문이며, '꿋꿋하다'의 기본 의미가 '물건이 휘거나 구부러지지 아니하다'에 해당하기 때문이다. '꿋꿋하다'의 이전 형태인 '쑷쑷ᄒ다'는 19세기 말엽에야 나타나며, 이 말은 '꼿꼿ᄒ다'의 모음 교체에 의한 어감의 분화에 의하여 19세기에 생긴 것이라고 하는 것이 옳다. 현대의 국어사전에도 '꼿꼿하다'와 '꿋꿋하다'를 작은말과 큰말이라는 관련 어휘로서 서로 참조시키고 있는 것은 어원적인 동질성에 의한 해석인 것이다.

㉮ 곧[直]+곧[直]+ᄒ[爲]+다(어미)

㉯ 곧곧ᄒ다> 곳곳ᄒ다> 쑷쑷ᄒ다> 쑷쑷ᄒ다> 꿋꿋하다

㉱ • 다리 곧곧 ᄒ고(마경초집언해 상-37)
  • ᄃᆞᆫᄃᆞᆫ ᄒ고 곳곳ᄒ면(증수무원록언해 2-24)
  • 꼿꼿ᄒ야 죠흐니라(규합총서 27)
  • 쑷쑷ᄒ다(한불자전 212)
  • 꿋꿋하다(국한회어 43)

☞ 꿋꿋하다

끊다[끈타] 图 (길게 이어진 것을) 따로따로 떨어지게 하다.

⊟ '끊다'는 중세국어의 '긏다'에서 변화된 말이다. '긏다'에서 '그츠다'가 되었다가, 근대국어에서 'ㄴ' 첨가와 어두 경음화에 의해서 '근츠다, ᄭᅳᆫ츠다'가 되었는데, 다시 형태 분석의 착오로 인하여 'ᄭᅳᆭ다'가 형성되어, 결국 현대의 '끊다'에 이어졌다.

⊟ 중세국어의 '긏다'는 모음 삽입에 의해 '그츠다'가 되었다. 치음 'ㅊ'의 영향으로 '으' 모음이 전설화되어 '그치다'가 된 것은 국어 음운사에서 자연스러운 현상이다. 그러므로 현대국어의 '그치다'와 '끊다'는 동일한 어원에서 나온 말이지만, 형태 변화에 의해 다른 단어로 분화되었고, 의미 차이도 생기게 되었다. 한편 중세국어의 '긏다'는 현대국어의 '긋다(비가 잠시 그치다)'에도 이어지는 말이므로, 현대국어의

'긋다, 그치다, 끊다' 등의 일련의 어휘는 모두 중세국어의 'ᄀᆞᆾ다'에서 생겨난 동원어(同源語)이지만, 형태의 분화에 의해 조금씩의 의미 차이가 생긴 것이다.
[원] ᄀᆞᆾ[斷]+다(어미)
[변] ᄀᆞᆾ다> 그츠다> ᄭᅳᆫ츠다> 끊다
[예] • ᄡᅧ를 그처(석보상절 11-21)
• 功이 그츠니이다(용비어천가 79)
• 손가락을 근처 수ᄅᆡ 빠(동국신속삼강행실도 효-2-68)
• 견초와 ᄭᅳᆫ처(박통사언해-중간 상-35)
• ᄉᆡᆼ각을 ᄭᅳᆫ코져 ᄒᆞ노라(삼역총해 1-16)

끌다[끄니, 끌어] [동] 자리를 옮기도록 잡아당기다. 시간이나 일을 미루다. '이끌다'의 준말.
[ㅡ] '끌다'는 중세국어의 '긋다'에서 변화된 형태이다. 중세국어의 '긋다'는 'ㅅ' 불규칙 활용을 하기도 하기 때문에 관형사형 어미 '-을'과 결합하면 '그ᅀᅳᆯ'이 되고, 다시 'ㅿ'이 소멸된 16 세기 이후에는 '그을'이 된다. 여기에 근대국어에서 'ㄱ'의 경음화에 의해 'ᄭᅳ을'이 되었는데, 관형사형 형태인 'ᄭᅳ을'이 기본형으로 인식되면서 현대국어의 '끌다'가 형성된 것이다.
[원] 긋[引]+다(어미)
[변] 긋다> 그을다> ᄭᅳ을다> ᄭᅳᆯ다> 끌다
[예] • 무덦 서리예 긋어다가 두리라(월인석보 9-35)
• 그ᅀᅳᆯ 타(拖, 신증유합 하-46)
• ᄯᅡ해 옷 기슬글 그으고(曳裾地, 두시언해-중간 3-46)
• ᄭᅳ을 줄(撒繩, 박통사언해-중간 중-11)
• ᄭᅳᆯ올 예(曳, 왜어유해 하-19)

끼 [명] ① 끼니 ② (의존명사적 용법) 끼니를 셀 때 쓰는 단위.
[ㅡ] '끼니'를 뜻하는 '끼'는 중세국어에서 시간(時間)을 뜻하는 낱말 'ᄢᅳ[時]'에서 온 말이다. 중세국어에서 'ᄢᅳ'가 단독으로 쓰인 용례는 많이 찾을 수 있다. 'ᄢᅳ로 서르

보니(時相見, 杜初 9-12), 녜 처섬 보던 뜰 스랑호니(憶昔初見時, 두시언해-초간 8-6), 그 삑 四衆이 圍繞ᄒᅀᄫᅢᆺ더니(월인석보 21-5), 잢간도 ᄇ릴 삐 업스니라(無時 暫捨, 금강경언해 83)' 등을 들 수 있다. 기본 형태인 '삐'는 조사 '의, 이' 등과 결합하게 되면 모음 '으'가 탈락하게 된다. 그러므로 현대국어의 '끼'는 '삐'에 주격조사 'ㅣ'가 연결되면서 모음 '으'가 탈락되고, 어두 자음군(語頭子音群)이 경음화되어 생긴 말임을 알 수 있다. 중세국어의 '삐'는 단지 시간(時間)을 뜻하는 말이었으나, 근대국어에서는 시간(時間)의 의미에 더하여 식사(食事)의 뜻도 지니게 되었으며, 현대국어에서는 온전히 식사(食事)의 뜻으로만 쓰이고 있다.

㉲ 삑[時]+ㅣ(조사)

㉵ 삑+이> 삐> 끼> 끼

㉩ • 잢간도 ᄇ릴 삐 업스니라(無時暫捨, 금강경언해 83)

　　• 져믄 끼 아니로다(두시언해-중간 10-16)

　　• 훈 끼 밥 ᄢᆯ과(노걸대언해 상-47)

☞ 함께

끼니 圐 늘 일정한 때에 먹는 밥, 또는 그 밥을 먹는 일. 끼.

㉠ '끼니'는 중세국어의 형태 '끼니[時]'로 소급된다. 중세국어에서 '끼니'는 식사(食事)의 뜻이 아니라 시간(時間)의 뜻이었다. '끼니'의 '끼'는 '삑[時]+ㅣ(조사)'로 분석되지만, 후접(後接)하는 형태인 '니'의 어원은 알 수 없으므로, 단지 접사(接辭)로 처리해 둔다. '끼니'의 의미가 식사(食事)의 뜻으로 바뀌게 된 것은 근대국어에 생긴 의미 변화일 것이지만, 문헌 용례를 확인하기 어렵다.

㉲ 삑[時]+ㅣ(조사)+니(접사)

㉵ 끼니> 끼니> 끼니

㉩ • 祭ᄒᄂᆫ 끼니(남명집언해 상-24)

　　• 끼니 시(時, 훈몽자회 상-2)

☞ 끼

끼치다 圐 어떤 것을 남에게 주거나 남기다.

㊌ '끼치다'의 중세국어 형태는 '기티다'이다. 이 말은 '깉[遺]+이(사동접사)+다(어미)'로 분석되므로 어원적 의미는 '남게 하다'에 해당한다.

㊌ 15세기 문헌인 『석보상절(釋譜詳節)』(1447)의 '遺는 기틸씨라(遺는 남긴다는 것이다)'에서 '기티다'의 형태로 처음 나타난다. 중세국어 '기티다'는 19세기까지도 사용되었지만, 18세기와 19세기에는 여러 가지 변이 형태가 함께 등장하였다. 18세기의 중요한 형태의 변화는 두 가지이다. 첫째는 '이' 모음 앞에서 'ㅌ'이 'ㅊ'으로 변하는 구개음화에 의한 것이다. 이에 따라 '깃티다, 기치다'가 된다. 18세기에 나타난 다른 하나의 변화는 어두 경음화에 의한 '끼치다'의 등장이다. 이로써 현대국어에서 사용되는 '끼치다'의 형태가 완성된 셈이다. 다만 18세기에는 '기티다, 깃티다, 깃치다, 기치다, 끼치다' 등의 다양한 변이 형태가 문헌에 나타나고, 19세기에도 역시 '기티다, 기치다, 깃치다, 끼치다, 끼치다' 등의 표기가 문헌에 나타난다. 20세기에는 더 이상 '기티다'는 나타나지 않고, 경음화 여부에 따른 '기치다, 끼치다, 끼치다' 등이 쓰이다가 현대의 '끼치다'로 통일되었다.

㊋ 깉[遺]+이(사동접사)+다(어미)

㊊ 기티다> 기치다> 끼치다> 끼치다

㊍ • 부텻 기티논 긔걸이니(석보상절 23-13)
  • 은혜롤 만히 기쳐 두고(계축일기 125)
  • 반ᄃ시 ᄌ손의게 큰 업을 끼치리라(오륜전비언해 2-18)

끔새 圐 ① 일이 되어 가는 형편. 어떠한 일의 야릇한 기틀이나 눈치. ② 틈새.

㊌ '끔새'의 근대국어 형태는 '낌싀'이며, 이 말은 중세국어 형태를 기준으로 하면 '꼐[挾]+ㅁ(명사화 접사)+ᄉᆡ[間]'로 분석된다. 중세국어 '꼐다'는 현대국어 '끼다'로 이어진다.

㊌ '쁨'에서 어두의 'ㅂ'이 탈락한 형태인 '낌'은 중세국어에서 이미 나타나며, 파생 명사 '낌'의 의미는 '틈[隙]'과 거의 같았다. 그러므로 '창 끼메 히 드리비취어든(칠대만법 3)'의 '창 끼메'는 현대국어로 풀면 '창 틈에'가 된다. 'ᄉᆡ'는 'ᄉᆡ>ᄉ이>사이'로 변화하거나, 'ᄉᆡ> ᄉ이> 싀> 새'로 변화하여 현대국어 '사이'와 '새'가 되었다.

[三] 현대의 국어사전에서 '낌새'의 뜻풀이에 있는 '틈새'는 본래의 어원적 의미를 잘 보여 준다.

[원] ᄢᅵ[挾]+ㅁ(명사화 접사)+ᄉᆞᅀᅵ[間]

[변] *ᄢᅵᆷᄉᆞᅀᅵ> *ᄭᅵᆷᄉᆞ이> ᄭᅵᆷᄉᆡ> 낌새

[예] • ᄭᅵᆷᄉᆡᄅᆞᆯ 보니(춘향전 경판 32)

나가다 图 ① 안에서 밖으로, 속에서 겉으로 가다. ② 어떤 곳을 벗어나다. 떠나다.
㊀ '나가다'는 '나[出]+가[去]+다(어미)'로 분석된다. 중세국어에서는 '나다[出]'라는
말이 단독으로 흔히 쓰였으나, 현대국어에서는 '나가다, 나오다' 등과 같이 합성어
형태로 사용되고 있다.
㊂ 중세국어에서 '나다'는 '나다[出]'와 '나다[生]'의 두 가지 의미로 쓰였다.
㉮ 나[出]+가[去]+다(어미)
㉯ 나가다

나귀 图 당나귀의 준말.
㊀ '나귀'의 어원은 한자어 '騾駒(라구)'에서 찾고 있다(우리말어원사전: 171). 다만
'騾'의 의미는 '노새'라는 점을 참고할 필요가 있다. '나귀'를 뜻하는 한자는 '驢(려)'
이며, '驢'의 근대 한어음(近代漢語音)은 [lju]이다. '나귀'는 외형적 특징이 '노새'와
비슷할 뿐만 아니라, 노새와 나귀를 함께 일컬어 '나려(騾驢)'라고 한다는 점을 고려
하면, '나귀'의 어원을 '騾駒(라구)'에서 찾는 것이 온당해 보인다.
㊂ '나귀'가 '騾駒'에서 왔다면, '騾駒'의 중세국어 한자음이 '라구'이므로, '나귀'는
두음법칙에 이어 반모음 'ㅣ [j]'의 첨가가 이루어진 것이다. 반모음 'ㅣ [j]'는 단순한
첨가음이거나 아니면 조사로 해석할 수 있다. 중세국어 후기의 문헌에 '나괴'라는
형태도 나온다. 이것은 모음조화에 의한 동화 형태이다. '騾'의 중세국어 한자음은
'라' 외에 '로'(훈몽자회 상-19)도 있으나, 이것은 근대 한어음(近代漢語音)을 반영한

것으로 생각되므로 전래의 음이라고 할 수 없다.
[원] 騾駒(라구)
[변] 騾駒(라구)> 라귀> 나귀
[예] • 시혹 라귀 中에 나(或生驢中, 법화경언해 2-165)
• ᄀᆞᆺ ᄇᆞᆯ기예 나귀 타 나아(平明跨驢出, 두시언해-초간 8-32)
• 뎌 나괴 어러 나ᄒᆞᆫ 노미(那驢養下來的, 박통사언해-초간 상-34)
☞ 노새, 당나귀

나달 [명] 날과 달.
[一] '나달'의 중세국어 형태는 '날ᄃᆞᆯ'과 '나ᄃᆞᆯ'이 함께 나타난다. 이 말은 '날[日]+ᄃᆞᆯ[月]'로 분석된다.
[二] 'ㄹ' 탈락 형태인 '나ᄃᆞᆯ'이 좀더 후기의 문헌에 나타나므로, 합성어 내부에서 치경음 'ㄷ' 앞의 'ㄹ' 탈락 현상이 중세국어 시기에 진행되었음을 알 수 있다.
[원] 날[日]+ᄃᆞᆯ[月]
[변] 날ᄃᆞᆯ> 나ᄃᆞᆯ> 나달
[예] • 날ᄃᆞᆯ이 ᄎᆞ거늘 어마님이 毘藍園을 보라 가시니(월인천강지곡 상-7)
• 나ᄃᆞ리 길어다(日月長, 두시언해-초간 15-23)
• 나ᄃᆞᆯ을 조초 고티며(追改日月, 소학언해-선조 5-62)

나들이 [명] 집을 떠나 가까운 곳에 잠시 다녀오는 일.
[一] '나들이'는 '나[出]+들[入]+이(접사)'로 분석된다.
[원] 나[出]+들[入]+이(접사)
[변] 나들이
☞ 나가다

나락 [명] '벼'를 이르는 말.
[一] 근대국어의 문헌에 '나락'이 나타나므로, 일찍부터 국어에서 사용된 말이라는 것을 알 수 있다. 이 말은 '곡식'을 뜻하는 '낟'에 접미사 '-악'이 결합되어 만들어진 말

이다. '낟'은 15세기의 '낟 爲穀(훈민정음)'에서 확인할 수 있다. '낟[穀]+악(접사)'의 결합에서 'ㄷ'이 'ㄹ'로 바뀌어 '나락'이 되었다고 설명할 수 있는 것이다. 'ㄷ'이 모음 사이에서 'ㄹ'로 바뀌는 음운 현상은 국어의 역사에서 종종 찾을 수 있다.

☰ 17세기 문헌인 『시경언해(詩經諺解)』(光海君本, 1613)의 물명(物名)에 '稌두 나락○벼'라고 하였으므로, 일찍부터 국어에서 사용된 말이라는 것을 알 수 있다. 19세기의 『한불자전(韓佛字典)』(1880)에는 '나락 穀植'이 실려 있으므로, 국어의 역사에서 '나락'의 존재는 계속 이어졌다. 그런가 하면 속담으로 '귀신 씻나락 까먹는 소리'라는 표현이 있고, 현대의 방언에서 '나락'이란 말이 널리 쓰이고 있으므로, 국어에서 '나락'이란 말은 민간에 뿌리를 깊이 내린 어휘이다. 이 말은 강원, 경남, 전라, 충청 지역의 방언에서 '벼'에 해당하는 말로 사용된다. 『계림유사(鷄林類事)』에서 '頭曰 麻帝'라고 한 것은 아마도 '麻帝'가 '마디'를 표기한 것으로 보이는데, 이 말은 15세기에 '마리, 머리'로 나타나므로 'ㄷ'이 'ㄹ'로 바뀐 것이라고 할 수 있다. 특이하게도 15세기에는 '바다ㅎ'와 '바롤'이 공존하였는데, 여기에서도 'ㄷ'과 'ㄹ'의 교체가 일어나고 있다. 15세기 이후에 '츠뎨'가 '츠례'로 바뀐 것도 여기에 포함될 것이며, 한자어 '牧丹'을 '모란'이라고 하는 것도 역시 이러한 이치에 의한 것이다.

㉝ 낟[穀]+악(접사)

㉠ 낟악> 나락

㉢ • 낟 爲穀(훈민정음 해례)

　• 稌두 나락○벼(시경언해 물명)

　• 나락(한불자전 268)

나락[나:락] 圀 불교에서 지옥을 이르는 말.

☰ 지옥(地獄)을 뜻하는 산스크리트어 'Naraka'를 한어(漢語)에서 한자로 '邢落迦, 奈落, 那落' 등으로 음역하였는데, '邢落, 奈落' 등을 국어 한자음으로 읽은 것이 '나락'이다.

㉝ (산스크리트어)Naraka[地獄]

㉠ Naraka> 邢落/奈落> 나락

나리 몡 자기보다 지체 높은 사람을 높여 부르던 말.

㊀『순천김씨간찰』(1565)에 '나ㅇ리'로 나타난다. 일반적으로 '나ㅇ리'는 당하관(堂下官)을 높여 부르는 말이었다. 옛 문헌에 '宗親曰 進賜'라는 기록이 있고, 또 '進賜 俗稱 나ㅇ리'라고 하여 '나리'의 어원이 '進'의 새김인 '낫다'에서 비롯되었음을 말하고 있다. 15세기 국어에서 동사 '낫다'는 'ㅅ' 불규칙 활용을 하며, 현대국어 '나아가다'에 해당한다. 그러므로 '나ㅇ리'는 '낫-+-올+-이'로 분석되면서, 이 말이 '나ᅀ리'를 거쳐 16세기에는 'ㅿ'의 탈락으로 인하여 '나ㅇ리'로 바뀌었음을 알 수 있다. 축약형 '나리'는 20세기 문헌에 나타난다.

㊁ 16세기 문헌인『순천김씨간찰』(1565)에 '나ㅇ리'로 나오면서 '남편(男便)'을 가리키고 있다. 일반적으로 '나ㅇ리'는 당하관(堂下官)을 높여 부르는 말이었으므로, 간찰의 수신인인 '남편'이 이러한 지위에 해당하는 사람이었을 것으로 추정된다. '나ㅇ리'는 표기에 있어서는 18세기까지 그대로 사용되다가 19세기에는 '나으리'로 표기된다. '나으리'는 16세기부터 시작된 제2 음절 이하에서 'ㅇ'가 '으'로 바뀐 것을 반영한 것이다. 그러므로 이러한 발음을 반영한 표기인 '나으리'가 19세기에 나타난 것은 뒤늦은 감이 있는 것이다. 20세기에 들어 조선총독부에서 편찬한『조선어사전』(1920)에 '나으리'와 함께 축약형인 '나리'가 표제어로 올라 현대로 이어졌다.

㊂『조선왕조실록』(중종)에 '宗親曰 進賜'라는 기록이 있고,『동한역어(東韓譯語)』에는 '進賜 俗稱 나ㅇ리'라고 하여 '나ㅇ리'의 어원이 '進'의 새김인 '낫다'에서 비롯되었음을 증언하고 있다.『고어사전(古語辭典)』(교학사, 1997)에는 '進賜 나ᅀ리 堂下官尊稱也(이두편람)'의 용례를 들었는데, 어원적 형태를 잘 보여 준다. 현대의 국어사전에서 이두 한자어 '진사(進賜)'는 표제어로 다루지 않는 것이 보통이다. 반면에 고려나 조선 시대에 과거에 합격한 사람에게 주던 칭호인 '진사(進士)'가 있다. 한자 표기는 '賜'와 '士'로서 차이가 있지만, '나아가다'의 뜻인 '進'을 쓰는 것은 같다. 그러므로 '나ᅀ리, 나ㅇ리' 등의 형태가 '낫다[進]'에서 비롯되었다는 것은 분명하다.

㉿ 낫[進]+올(어미)+이(의존명사/접사)

㉵ 나ᅀ리> 나ㅇ리> 나으리> 나리

㉩ • 나ㅇ리(순천김씨간찰)

- 宗親曰 進賜(중종실록 7-54)
- 進賜 나ᅀᆞ리 堂下官尊稱也(이두편람)
- 進賜 俗稱 나ᄋᆞ리(동한역어)

나막신 冏 진땅에서 신기 위해 굽을 높게 하여 나무로 만든 신.

⊟ 근대국어의 문헌에 '나막신'이 나타난다. 그러나 중세국어의 문헌에는 형태가 다른 '나모신'이란 말이 나온다. 15세기 국어에 현대국어 '나무[木]'에 해당하는 말은 '나모'와 '낡'이 있어서 서로 상보적으로 사용되었다. 그러다가 근대국어에서 '낡'은 거의 쓰이지 않고, '나모'가 쓰이다가 18세기 이후에는 '나무'로 통일되어 갔다. '나모신'은 그대로 '나모+신'으로 이루어진 말임을 알 수 있지만, 19세기에 나타나는 '나막신'은 '나모/나무+악+신'에 의한 것인지, 아니면 '낡+악+신'에 의한 것인지 확실하지 않다. '나막신'이란 말이 19세기에 나타나는 점을 감안하여 당시의 언어로 풀이한다면 '나무+악+신'에서 모음 '우'가 탈락한 것이라고 해석하는 것이 가장 무난할 것으로 생각된다.

⊟ 19세기 문헌인 『국한회어(國漢會語)』(1895)에 '나막신'이 나타난다. 그러나 15세기 문헌인 『남명집언해(南明集諺解)』(1482)에는 형태가 다른 '나모신'이란 말이 나온다. 15세기 국어에 현대국어 '나무[木]'에 해당하는 말은 '나모'와 '낡'이 있어서 서로 상보적으로 사용되었다. 그러다가 근대국어에서 '낡'은 거의 쓰이지 않고, '나모'가 쓰이다가 18세기 이후에는 '나무'로 통일되어 갔다. 15세기에 사용된 '나모신'은 19세기의 '나무신, 나목신' 등으로 이어진다. '나목신'은 아마도 '나무'를 듯하는 한자 '목(木)'에 유추된 형태라고 생각된다. 이것은 특히 『한불자전(韓佛字典)』(1880)에 '목신 木履'이라고 하였으므로 간접적으로 확인할 수 있다. 16세기의 『사성통해(四聲通解)』(1517)에 '木履'를 '나모격지'라 하였고, 그 이전의 15세기 문헌에는 단일어 '격지'가 한자어 '극(屐)'에 해당하는 말로 사용되었다. 그러므로 '나막신'에 해당하는 말은 역사적으로 '나모신, 격지, 나모격지, 나무신, 나막신, 남악신, 나목신' 등의 다양한 형태를 열거할 수 있다. 현대국어 '나무[木]'의 중세국어 형태는 '남ㄱ'과 '나모'의 쌍형이므로, '나모신'과 '나막신'은 '나모[木]+신[履]'과 '남ㄱ[木]+악(접사)+신[履]'과 의 두 계열의 형태로 분석된다.

ⓦ 나모[木]+신[履], 남ㄱ[木]+악(접사)+신[履]

ⓥ 남악신> 나막신

ⓔ • 나모신 쓰스고(남명집언해 하-8)

　• 남악신을 주어(태평광기언해 1-56)

　• 나막신(국한회어 55)

나무아미타불 ⓝ 아미타불에게 귀의(歸依)한다는 뜻으로, 중이 염불할 때에 외는
소리.

ⓗ 산스크리트어 'Namas Amitabha'를 한어(漢語)에서 '南無阿彌陀佛'로 음역하
였으며, 이로부터 국어의 '나무아미타불'이란 말이 생겼다.

ⓗ 산스크리트어에서 'Namas'는 두 손을 마주 대고 머리를 조아려 경배한다는 뜻
이며, 'Amitabha'는 서방 정토에 있다는 부처의 이름이다.

ⓦ (산스크리트어)Namas Amitabha

ⓥ Namas Amitabha> (漢語)南無阿彌陀佛> 나무아미타불

나박김치 ⓝ 무를 얄팍하고 네모지게 썰어 절인 다음, 고추, 파, 마늘 따위를 넣고
국물을 부어 담근 김치.

ⓗ '나박김치'의 중세국어 형태는 '나박팀치'이며, 이 말은 한자어 '蘿蔔(라복)+沈菜
(팀치)'에서 온 말이다. 한어(漢語)에서 '蘿蔔(라복)'은 '무'를 뜻하는 말이므로, '나박
팀치'는 '무로 담근 김치'란 뜻에서 조어(造語)된 말이다.

ⓦ 蘿蔔(라복)+沈菜(팀치)

ⓥ 蘿蔔沈菜(라복팀치)> 나박팀치> 나박짐치> 나박김치> 나박김치

ⓔ • 또 쉰 무수 나박팀칫 구글(간이벽온방언해 15)

　• 나박짐치(진주하씨묘간찰)

　• 나박김치(물보)

☞ 김치

나발 ⓝ 우리나라 고유의 관악기의 한 가지. 놋쇠로 만들었는데, 부는 쪽이 빨고 끝

부분이 퍼진 긴 대롱 같은 모양임. 호적(號笛).

[一] '나발'의 근대국어 형태는 '라발'이며, 이 말은 한어(漢語) '喇叭'에서 온 것이다. '喇叭'의 국어 한자음은 '라팔'이지만, 한어 근대음(漢語近代音)은 [lapaʔ] 또는 [lapa]이므로, 이 발음을 그대로 받아들인 것이라면 '라바'가 된다. 여기에서 '叭'의 국어 한자음 '팔'에 이끌려 받침 '-ㄹ'이 첨가된 '라발'이 된 것이다. 근대국어의 문헌에는 '囉叭'로 표기된 경우도 있다.

[二] '喇叭'을 국어 한자음으로 표기한 '나팔'은 현대식 악기를 이르는 말이다.

[원] (漢語)喇叭

[변] 喇叭[lapaʔ/lapa]> 라발> 나발

[예] • 라발 부다(吹喇叭, 역어유해 상-20)

• 라발(囉叭, 동문유해 상-53)

나방 [명] 나비목 나방아목에 딸린 곤충을 통틀어 이르는 말. 모양은 나비와 비슷하나 몸통이 굵고, 앉아 쉴 때 날개를 수평으로 펴는 것이 다름.

[一] '나비'에서 분석한 방법에 따라 '납[飛揚]+앙(접사)'로 분석해 둔다.

[원] 납[飛揚]+앙(접사)

[변] 납앙> 나방

☞ 나비

나비 [명] 나비목의 곤충을 통틀어 이르는 말. 협접(蛺蝶). 호접(胡蝶).

[一] '나비'의 중세국어 형태는 '나빈'이다. 이후 16세기에 '나븨', 19세기에 '나비'가 되어 현대로 이어졌다. 중세국어에는 형용사 어간에 '-이/-의'를 붙여서 명사를 만드는 파생법이 있었으므로, '나빈'는 '납-'이라는 형용사 어간에 '-이'를 붙인 것이고, 현대국어의 '나방'은 역시 '납-'에 접미사 '-앙'을 붙였다는 것을 알 수 있다. 그러나 형용사 '납-'의 어간을 직접 확인할 수 없다는 것이 난점이다. 다만 16세기에 동사 '나붓기다'를 찾을 수 있으며, 여기에서 기본 어간 '납-'을 간접적으로 확인할 수 있다. 그러므로 '나비'는 어원적으로 '납[飛揚]+이(접사)'의 구조로 분석된다.

[二] 15세기 문헌인 『석보상절(釋譜詳節)』(1447)의 '나빈 브레 드돗 ᄒᆞ야(나비가 불

에 들듯 하여)'에서 '나ᄇᆡ'의 형태로 처음 나타난다. '나ᄇᆡ'는 이후 16세기의 '나ᄇᆡ, 나븨', 17세기의 '나ᄇᆡ, 나뵈, 나븨, 납ᄋᆡ', 18세기의 '나ᄇᆡ, 나븨, 납ᄋᆡ', 19세기의 '나뷔, 나븨, 나비', 20세기의 '나븨, 나비' 등으로 관련 형태가 이어진다. 'ㅂ' 아래에서 'ᄋᆞ/으'가 '오/우'로 바뀌는 변화와 이후의 단모음화에 의한 19세기의 '나비'가 변화의 두 방향이다. '나비'가 현대로 이어졌다.

[三] '나ᄇᆡ'와 관련하여 현대국어 '나방'을 떠올리면, '납'이란 공통 형태를 추출할 수 있으므로, 이로부터 '나ᄇᆡ'의 어원을 유추할 수 있다. 중세국어에는 형용사 어간에 '-ᄋᆡ/-의'를 붙여서 명사를 만드는 파생법이 있었다. 'ᄏᆡ, 노ᄑᆡ, 너븨, 고ᄇᆡ, 구븨, 기릐' 등의 명사는 형용사 '크-, 높-, 넙-, 곱-, 굽-, 길-' 등의 어간에 '-ᄋᆡ/-의'를 붙여 만들어진 것이다. 그렇다면 '나ᄇᆡ'는 '납-'이라는 형용사 어간에 '-ᄋᆡ'를 붙인 것이고, '나방'은 역시 '납-'에 접미사 '-앙'을 붙였다는 것을 알 수 있다. 그러나 형용사 '납-'의 어간을 직접 확인할 수는 없다. 다만 16세기의 『신증유합(新增類合)』(1576)에 '나봇길 표(飄)'라고 하여 동사 '나봇기다'를 찾을 수 있으며, 여기에서 기본 어간은 '납-'을 간접적으로 확인할 수 있다. '나비'와 '나방'은 유사함에도 불구하고 생물학적으로 구분된다. 한자로는 '접(蝶)'이 '나비'에 해당하고, '아(蛾)'가 '나방'에 해당한다. 그러나 『훈몽자회(訓蒙字會)』(1527)에는 '蝶 나ᄇᆡ 뎝, 蛾 나ᄇᆡ 아'라고 하여 '나ᄇᆡ'가 '나방'의 뜻도 가지고 있다. 20세기 문헌인 『초학요선(初學要選)』(1918)에도 '누에나븨 아(蛾)'라고 하여 '나방'의 뜻을 '나븨'로 풀이하고 있다.

[원] 납[飛揚]+ᄋᆡ(접사)

[변] 나ᄇᆡ> 나븨> 나비

[예] • 나ᄇᆡ 브레 드ᄃᆞᆺ ᄒᆞ야(석보상절 11-35)

• 누에 나븨(언해두창집요 상-49)

나쁘다[나쁘니, 나빠] [형] (도덕이나 윤리에서 벗어나) 옳지 않다. (됨됨이나 품질 따위가) 좋지 않다.

[一] '나쁘다'의 중세 어형은 '낟ᄇᆞ다'이다. 그러므로 '낟ᄇᆞ다'는 '낟+ᄇᆞ(형용사화 접사)+다'로 분석될 것이지만, '낟ᄇᆞ다'와 관련된 어근(語根) '낟-(또는 '낱-')의 단독 용례를 문헌에서 확인할 수 없으므로, 그 정확한 뜻은 알기 어렵다. 다만 '낟ᄇᆞ다'의 의

미를 어근에 적용하여 '낟/낱[不善]'으로 추정해 둔다.

㈂ 흔히 '나쁘다'의 어원을 현대적인 관점에서 '낮[低]+브(접사)+다'로 생각하는 경우가 있으나, 이것은 옳지 않다. 왜냐하면 현대국어 '낮다[低]'의 중세국어 형태는 '늦다'이기 때문이다. 중세국어에서 모음 'ᄋ'와 '아'의 음운론적 변이(또는 교체)는 성립되지 않으며, 받침에 있어서도 'ㅈ'과 'ㄷ'의 음운론적 교체 역시 성립되지 않는다.

㈜ 낟/낱[不善]+ㅂ(형용사화 접사)+다(어미)

㉠ 낟ㅂ다> 낟브다> 낫브다> 나쁘다

㈀ • 다 낟븐 줄 업긔 호리라(석보상절 9-6)
　• 곧 ᄆᆞᅀᆞ매 낟브리니(慊於心, 소학언해 5-94)
　• 낫브고 잘못ᄒᆞᄂ 줄만 아ᄅᆞ시니(한중록 174)

나사(羅紗) 閔 털이 배게 서 있어 발이 나타나지 않은, 두꺼운 모직물의 한 가지. 두꺼운 모직물을 통틀어 이르는 말.

㈂ '나사'는 한자로 표기하여 '羅紗'이지만, 포르투갈어 'raxa'를 일본어에서 외래어로 받아들이면서 '羅紗[ラシャ]'로 취음 표기한 것이다.

㈜ (포르투갈어)raxa[毛織]

㉠ raxa> (일본어)羅紗[ラシャ]> 나사

나수다 閔 내어서 드리다. 높은 자리로 나아가게 하다.

㈂ '나수다'의 중세국어 형태는 '나소다'이다. 이 말은 '낫[進]+오(사동접사)+다(어미)'로 분석된다. 중세국어에서 '낫다'는 현대국어 '나아가다'에 해당하는 말이다.

㈂ 국어 음운사에서 'ㅅ'의 약화에 의한 'ㅿ'은 이후에 탈락하는 것이 일반적이다. 그러므로 중세 후기 및 근대국어 형태인 '나오다[進上]'는 '나소다'에서 정칙으로 변화한 형태이지만, '나소다'가 '나수다'가 된 것은 방언에서나 나타날 수 있는 형태이므로, 표준어의 관점에서 보면 예외적인 형태이다.

㈜ 낫[進]+오(사동접사)+다(어미)

㉠ 나소다> 나슈다> 나수다

예 • 舍利ᄂᆞᆫ 몯 나소리어다(석보상절 23-54)

　• 왕손을 슬피 너겨 밥을 나슈니(여사서언해 4-44)

☞ 나으리

나아가다 동 앞으로 향하여 가다.

➟ '나아가다'의 중세국어 형태는 '나ᅀᅡ가다'이다. 이 말은 '낫[進]+아(어미)+가[去]+다(어미)'로 분석된다. 중세국어에서 '낫다'는 단독 형태로 쓰이면서, 현대국어 '나아가다'에 해당하는 의미를 지녔다.

원 낫[進]+아(어미)+가[去]+다(어미)

변 나ᅀᅡ가다> 나아가다

예 • ᄒᆞᄫᆞᅀᅡ 나ᅀᅡ가샤(용비어천가 35장)

　• 섈리 거러 나아가 바ᄅᆞ 셔(소학언해-선조 2-58)

나왕(羅王) 명 용뇌향과(龍腦香科)의 상록 교목, 또는 그 재목. 인도, 자바, 필리핀 등지에 분포하며, 그 재목은 빛깔이 곱고 가공하기가 쉬워 가구재로 널리 쓰임.

➟ '나왕'을 한자어 '羅王'으로 표기한 것은 타갈로그어 'lauaan'에 대한 취음 표기이다. 타갈로그어는 필리핀 타갈로그족의 언어이다.

원 (타갈로그어)lauaan[森]

변 lauaan> (영어)lauan> (漢語)羅王/(일본어)ラワン> 나왕

나우 부 좀 많게. 좀 낫게.

➟ 부사 '나우'는 '낫[勝]+오/우(부사화 접사)'의 구조에 의한 것이다. '낫다[勝]'가 'ㅅ' 불규칙 용언이므로, 중세국어 형태라면 '나소/나수'일 것이나 당시의 문헌에 나타나지는 않는다.

원 낫[勝]+오/우(부사화 접사)

변 *나소/나수> 나우

나이 명 사람이나 생물이 나서 자란 햇수.

[一] '나이'의 중세국어 형태는 '나ㅎ'이다. 15세기의 '나히'는 '나ㅎ'에 주격 조사 '이'가 결합된 형태이다. 현대국어의 '나이'는 형태적으로는 19세기의 문헌의 '나히'에 연결된다. 19세기에 이미 명사 '나ㅎ'은 쓰이지 않고, 동사 '낳다'만 사용되고 있었으므로, 19세기의 '나히'는 동사 어간 '낳-'에 명사를 만드는 접미사 '-이'의 결합으로 설명된다. '나히'에서 모음 사이의 'ㅎ'이 약화되어 탈락하는 것은 자연스러운 음운 현상이다. 19세기와 20세기 문헌에 '나히'와 '나이'가 함께 나오지만, 결국은 '나이'로 굳어졌다.

[二] 15세기 문헌인 『석보상절(釋譜詳節)』(1447)의 '부텻 나히 열히러시니(부처의 나이가 열이시더니)'와 『법화경언해(法華經諺解)』(1463)의 '내 나ᄒᆞᆫ 늙고 너는 져머 壯ᄒᆞ니(내 나이는 늙고 너는 젊어 壯하니)' 등을 참조하면, 현대국어의 '나이'에 해당하는 중세국어 단어는 '나히'가 아니라 '나ㅎ'임을 알 수 있다. 『석보상절』의 '나히'는 '나ㅎ'에 주격 조사 '이'가 결합된 형태이다.

[三] 『월인석보(月印釋譜)』(1459)에서 '아기 나히를 始作ᄒᆞ니'란 문구의 '나히'는 동사 어간 '낳-'에 명사형 어미 '-이'가 연결된 것이므로, 현대국어로 옮기면 '낳기'에 해당한다. 이렇게 되면 명사 '나ㅎ'과 동사 '낳다'가 각각 존재한 것이 중세국어이지만, 명사 '나ㅎ'과 동사 어간 '낳-'에서 어느 것이 어원적으로 먼저인지 결정하기는 어렵다. 현대국어의 '나이'의 바로 이전 형태는 19세기의 문헌의 '나히'이다. 19세기에 이미 명사 '나ㅎ'은 쓰이지 않고, 동사 '낳다'만 사용되고 있었으므로, '나히'는 동사 어간 '낳-'에 명사를 만드는 접미사 '-이'의 결합으로 설명된다. '나히'에서 모음 사이의 'ㅎ'이 약화되어 탈락하는 것은 자연스러운 음운 현상이다.

[원] 나ㅎ[年齡]+이(접사)

[변] 나ㅎ> 나히> 나이

[예] • 나히 ᄒᆞ마 아호빌씨(석보상절 6-3)
• 너희 무른 어루 나홀 닛고 사괴욜디로다(爾輩可忘年, 두시언해-초간 22-10)

나인 [명] 고려 시대나 조선 시대에 궁궐 안에서 대전(大殿) 및 내전(內殿)을 가까이 모시는 내명부를 통틀어 이르던 말.

[一] '나인'은 한자어 '內人'에서 온 말이며, 근대국어 형태는 'ᄂᆡ인'이다. 한어(漢語)에

서 '內人'의 의미는 '가족(家族), 처첩(妻妾), 궁중여관(宮中女官), 궁중여기(宮中女伎)' 등의 뜻이므로, '內人'은 중국에서 들어온 한자어임이 분명하다.
[三] '內人'을 중세국어 한자음으로 읽으면 'ᄂᆡᅀᅵᆫ', 또는 'ᅀ'이 탈락한 'ᄂᆡ인'이다. 'ᄂᆡ'의 중세국어 발음은 하향 이중모음인 [nʌj]이므로, '人'을 'ᅀᅵᆫ[zin]'이 아닌 '인[in]'으로 발음할 경우 반모음 [j]와 모음 [i]가 겹치는 [nʌjin]이 되어 실제 발음에서 'ᄂᆞ인[nʌin]'과 거의 구별되지 않는다. 그러므로 'ᄂᆡ인'에서 반모음이 탈락하여 'ᄂᆞ인'이 되었다가, 근대국어 시기에 '나인'이 된 것이다.
[원] 內人(ᄂᆡᅀᅵᆫ)
[변] *ᄂᆡᅀᅵᆫ> ᄂᆡ인> ᄂᆞ인> 나인
[예] • 익명 사ᄅᆞᆷ 사괴여 ᄂᆡ인 측간의 구멍 ᄯᅮᆲ고(서궁일기 상-1)

나일론(nylon) [명] 석탄, 물, 공기 따위를 원료로 하여 합성수지로 만든 인조 섬유의 하나(비단과 비슷하나 비단보다 가볍고 질김).
[一] '나일론'은 이 제품을 개발한 미국 듀폰사(E.I. du Pont de Nemours & Company)의 상품명이었다. 이 제품은 미국의 화학자인 캐러더스(Wallace H. Carothers)가 1930년대 초에 처음으로 개발에 성공하였고, 1938년에 양말을 시작으로 상품화하였다.
[三] '나일론'의 어원은 여러 가지가 있지만 정설은 없다. 정확한 것은 'Nylon'이 듀폰사의 상품명이었다가 이후에 물질명인 'nylon'이 되었다는 것뿐이다.
[원] (영어)Nylon(듀폰사의 상품명)
[변] Nylon> nylon(물질명)> 나일론

나중 [명] 얼마가 지난 뒤. 먼저의 일을 한 다음.
[一] '나중'의 중세국어 형태는 '내죵'이며, 이 말은 한자어 '乃終'이다. 한자어 '乃終(내죵)'은 한어(漢語)에서 사용하지 않는 말이므로, 국어에서 조어된 것으로 생각된다.
[원] 乃終(내죵)
[변] 내죵> 나죵> 나중

㉠ • 乃終에 便코 즐겁긔(석보상절 9-9)

　 • 내죵애 法華애 니르르샤(終至法華, 능엄경언해 1-20)

　 • 효도의 처엄이며 나죵이(경민편언해 33)

나치(Nazi) 圏 독일국가사회당. 독일국가사회당원.

㉠ 독일어 'National Sozialist'에서 'Nazi'로 줄인 말이다.

㉝ (독일어)National Sozialist

㉥ National Sozialist＞ Nazi＞ 나치

나침반(羅針盤) 圏 자침(磁針)이 남북을 가리키는 특성을 이용하여 방향을 알 수 있게 만든 기구. 나침의(羅針儀). 나반(羅盤). 나침판.

㉠ 고대의 중국에서 나침반을 처음 사용하였다고 전해지며, 자침을 가벼운 갈대 또는 나무 등에 붙여서 물에 띄워 주택의 방향을 보는 데 사용하였다고 한다. 중국인 심괄(沈括, 1031~1095)은 그의 저서『夢溪筆談』에서 명주실에 자침을 달아매어 사용하는 방법을 설명하면서, 자침이 대략 남북을 지시하고 그 남북 방향이 진남북(眞南北)과 약간 다르다는 것도 기술하였다. '羅針盤'이란 말은 '침을 진열한 쟁반'이란 뜻이다.

㉡ 나침반은 영어로 'compass'라고 하는데, 이 말의 어원은 라틴어의 'compassus'로 'com'은 '원(圓)'을 뜻하고, 'passus'는 '나눔[分]'을 나타낸다.

㉝ (漢語)羅針盤

㉥ 羅針盤＞ 라침반＞ 나침반

나타나다 圄 감추어졌거나 숨었던 것이 겉으로 드러나다.

㉠ '나타나다'의 중세국어 형태는 '나다나다, 나타나다'이며, 이 말은 '낟/낱[現]+아(어미)+나[出]+다(어미)'로 분석된다. 중세국어에서 '낟다'는 현대국어 '나타나다'에 해당하는 말이며, 가끔 기본형이 '낱다'로 나타나기도 한다. 그러나 어원적 기본 형태는 '낟다'이며, '낱다'는 '나토다(낟+호+다)'와 같은 사동 접미사가 연결된 형태로부터 기본형 '낱다'가 유추된 것으로 생각된다.

⑩ 낟/낱[現]+아(어미)+나[出]+다(어미)

⑭ 나다나다> 나타나다

⑩ • 妙行이 ㄱㄷ기 나다나아 億衆이 절로 化ㅎ야 恭敬ㅎ며(석보상절 19-37)

　• 色을 因ㅎ야 나타나미라(因色顯發也, 능엄경언해 3-88)

낙관(落款) 圐 글씨나 그림에 작가가 자기 이름이나 호를 쓰고 도장을 찍는 일. 또
는 그 이름이나 도장.

☐ '낙성관지(落成款識)'의 준말이다. '낙성(落成)'은 작품이 완성됨을 뜻하며, '관지
(款識)'는 원래 '새겨진 문자'라는 일반적인 뜻이었으나, 이후에는 서화(書畵)에서의
표제(標題)에 해당하는 제명(題名)을 뜻하게 되었다.

☐ '落'은 고대의 중국에서 궁실(宮室)을 지은 후에 지내던 제사의 명칭이며, 이로
부터 건축물의 준공을 '落成'이라고 하게 되었다. '款識'는 고대의 중국에서 '종, 솥,
술병' 등의 기물(器物)에 새겨진 문자를 의미하는데, '款(관)'은 음각자(陰刻字), '識
(지)'는 양각자(陽刻字)를 뜻한다고 한다. '款'은 기물의 바깥쪽에 새긴 것, '識'는 기
물의 안쪽에 새긴 것이라는 설도 있고, 또는 '款'은 '花紋(화문)'을 뜻하고, '識'는 '篆
刻(전각)'을 뜻한다는 해석도 있다.

⑩ (漢語)落成款識

⑭ 落成款識> 落款> 낙관

낚시 圐 미끼를 꿰어서 물고기를 낚는 작은 갈고랑이. 물고기를 낚는 일.

☐ '낚시'의 중세국어 형태는 '낛'이다. 그러므로 현대국어 '낚시'는 어원적으로는
'낛[釣]+이(접사)'로 분석된다.

☐ 그런데 현대국어의 동사 '낚다'에 해당하는 중세국어의 동사는 '낛다'로도 나타나
고, 또는 '낚다'로도 나타난다. 그러므로 명사 '낛'과 동사 어간 '낛-, 낚-'에서 어떤 형
태가 기원적인 것인지 알기 어렵지만, 명사인 '낛'을 기원적인 형태로 처리하는 것
이 무난할 것이다.

⑩ 낛[釣]+이(접사)

⑭ 낛> 낙시> 낚시

⑩ • 낛爲釣(훈민정음-해례)
• 고기의 낛 避호미 ㄹ 호야(如魚避鉤, 선종영가집언해 하-77)
• ᄀᆞᆫ 손으로 낙시ᄅᆞᆯ 드리오고(纖手垂鉤, 태평광기언해 1-2)

난벌 몡 나들이할 때 입는 옷이나 신발 따위. 나들잇벌. ↔든벌.
▢ '난벌'은 중세국어 형태를 기준으로 '나[出]+ㄴ(관형사형 어미)+볼[襲]'로 분석된다. 의존명사 '벌'의 중세국어 형태는 '볼'이었다.
웬 나[出]+ㄴ(관형사형 어미)+볼[襲]
옌 난볼> 난벌

난야 몡 불교에서 고요한 곳을 이르는 말로서 절을 뜻함.
▢ '난야'는 한자어 '蘭若'를 불교식 독법으로 읽은 것이며, 이것은 산스크리트어 'aranya'에 대한 음역 표기이다. 산스크리트어 'aranya'는 '깨끗하고 조용한 처소(處所)'라는 뜻이며, 한어(漢語)에서 '阿蘭若'로 음역하였고, 줄여서 '蘭若'라고도 한다.
웬 (산스크리트어)aranya
옌 aranya> (漢語)阿蘭若> 蘭若> 난야

난자완쓰 ☞ 난젠완쯔

난젠완쯔 몡 중국 완자 볶음 요리의 하나. 돼지고기 완자를 기름에 튀긴 남방식 요리.
▢ 현대 한어(漢語) '南煎丸子[nán-jiān-wán-zi]'의 중국식 발음에서 온 말이다.
웬 (漢語)南煎丸子[nánjiānwánzi]
옌 南煎丸子[nánjiānwánzi]> 난젠완쯔

난추니 몡 새매의 수컷. 아골(鴉鶻). ↔익더귀.
▢ '난추니'의 중세국어 형태는 '나친'이다. 이 말은 몽골어 'način'에서 왔으므로,

고려 시대에 들어온 말이라는 것을 짐작할 수 있다.

㊂ 근대국어 형태는 '나친이'이므로, 중세국어의 형태 '나친'에 접미사 '-이'가 첨가되어 형태가 부가되었음을 알 수 있다. 현대국어 '난추니'는 이로부터의 변화형이다.

㉿ (몽골어)način

㉾ način> 나친> 나친이> 난추니

㉠ • 나친(鴉鶻, 훈몽자회 하-15)
　• 나친이 쥰(隼, 시경언해 물명-16)

낟알 ㉤ 껍질을 벗기지 아니한 곡식의 알. 곡립(穀粒). 곡식알. 입미(粒米).

㊀ '낟'은 15세기 『훈민정음(해례본)』(1446)의 '낟 爲穀'에서 확인할 수 있는 바와 같이 '곡식'을 뜻하는 말이었는데, 한자어 '곡식(穀食)'에 밀려 사용되지 않는다. 현대의 국어사전에서도 '낟'을 찾을 수 있지만, '곡식의 알'로 풀이되어 있어서 오히려 '낟알'의 의미에 해당함을 알 수 있다. '낟알'은 '낟'과 '알'이 결합된 합성 형태이다. '낟'은 앞에서 설명한 바와 같고, '알'은 '알갱이'의 뜻이다. 그러므로 '낟알'은 '곡식 알갱이'라는 뜻이며, '곡식알'과 동의어이다.

㊁ '낟알'은 20세기 이전의 옛 문헌에서는 발견되지 않는다. 조선총독부에서 편찬한 『조선어사전』(1920)에 '낫알 粒米'로 등재되어 있으며, 문세영의 『조선어사전』(1938)에는 '낟알'로 표기되어 어원적 형태를 잘 보여 주고 있다. 중세국어와 현대국어를 비교하면 '낟'의 의미는 '곡식'이라는 넓은 의미에서 '낟알'이라는 뜻으로 축소되었다. 이외에 '낟가리, 낟밥('조밥'의 함경 방언)' 등에서 '낟'의 존재를 확인할 수 있다. '낟알 구경을 하다, 낟알은 익을수록 고개를 숙인다, 낟알 천대를 하면 볼기를 맞는다' 등과 같은 관용 표현에서 민간에 친숙한 '낟알'이란 말을 찾을 수 있으나, 현대국어에서는 점차 세력을 잃어가는 듯이 보인다.

㉿ 낟[穀]+알[粒]

㉾ 낟알

㉠ • 낫알(조선어사전, 조선총독부)
　• 낟알(조선어사전, 문세영)

날씨 圀 기압, 기온, 습도, 바람, 구름, 눈, 비 따위를 종합한 기상 상태.

☐ '날씨'는 현대국어의 관점에서 '날[日]+씨(접사)'로 분석되므로, 접사 '-씨'의 어원을 캐는 것이 관건이다.

☐ 접사 '-씨'는 '마음씨, 맵씨, 솜씨, 말씨' 등에 나타나는 '-씨'와 같은 것으로 이해되므로, 중세국어로 소급시키면, '-씨'는 '쓰[用]+ㅣ(접사)'의 어원적 구조로 소급된다.

㉿ 날[日]+쓰[用]+이(접사)

㉿ *날삐 > 날씨

☞ 솜씨

날짐승[날찜승] 圀 날아다니는 짐승. 곧 새 종류를 통틀어 이르는 말. 비금(飛禽).

☐ 중세국어 문헌에서 '놀즁싱'의 형태로 처음 나타난다. 이 말은 '놀+ㄹ/ᄚ+즁싱(衆生)'으로 이루어진 말이며, '놀다[飛]'의 어간 '놀-'의 'ㄹ'은 뒤에 오는 어미 '-ㄹ/ᄚ'에 의하여 탈락하므로, '놀즁싱'의 첫 음절의 'ㄹ'은 관형사형 어미이다. 15세기에 문헌에 이미 나타나는 '즘싱'은 한자어 '衆生'에서 변화된 말이다. '놀즁싱'은 18세기에 '놀즘싱'으로 바뀌었다가, 19세기에는 'ᄋ'가 '아'로 바뀐 '날즘싱'과 함께 치음 다음에서 전설모음화가 일어난 '날짐싱'도 나타난다. 20세기에는 새로운 어형인 '날짐승'이 등장하여 현대국어로 이어졌다.

☐ 15세기 문헌인 『월인석보(月印釋譜)』(1459)의 '禽은 놀즁싱이라, 獸는 긔는 즁싱이라(禽은 날짐승이다 獸는 기는 짐승이다)'에서 '놀즁싱'의 형태로 처음 나타난다. 재미있는 것은 '놀즁싱'이란 말이 있음에도 불구하고 '禽獸'의 '獸'에 대한 풀이에는 '긜즁싱'이란 말을 사용하지 않았다는 점이다. 이것은 '놀즁싱'이란 합성어가 '긜즁싱'보다 먼저 만들어졌다는 것을 말해 준다. 15세기에 문헌에 이미 나타나는 '즘싱'은 한자어 '衆生'에서 변화된 말이며, 15세기에 '衆生'을 한자음대로 읽은 '즁싱'과 여기에서 변화된 '즘싱'이 함께 사용된 것은 흥미로운 일이다. 현대국어에서는 한자어 '중생(衆生)'과 고유어처럼 바뀐 '짐승'의 의미 차이가 분명하지만, 중세국어에서 이들의 의미는 서로 중첩되어 사용되었다.

㉿ 놀[飛]+ㄹ/ᄚ(어미)+즁싱(衆生)

㉿ 놀즁싱 > 놀즘싱 > 놀즘승 > 날짐승

예 • 禽은 놀즘싱이라(월인석보 21-113)
　• 늘즘싱의 집(巢窩, 동문유해 하-36)
　• 늘즘승 길즘승 다 雙雙ᄒ다마ᄂ(고시조)
☞ 짐승

날짜 명 날의 수. 날의 차례.
ㅣ '날짜'는 현대국어의 관점에서 '날[日]+짜(접사)'로 분석되므로, 접사 '-짜'의 어원
적 해명이 관건이다.
ㅣ 접사 '-짜'는 한자 '자(字)'에서 온 것으로 생각하기가 쉬우나, 중세국어의 의존명
사 '차히/차'에서 왔다고 하는 것이 온당할 것으로 생각된다. 중세국어 의존명사 '차
히/차'는 현대국어 접미사 '-째'의 어원이다. '-째'는 중세국어 '차히'에서 변화된 형태
이므로, '-짜'는 중세국어 '차'에서 변화된 형태일 것이다. 중세국어 '차히/차'는 고유
어이다.
웬 날[日]+차/차히[次]
옌 *날차/날차히> 날짜

낡다[낙따] 형 물건이 오래되어 헐었거나 삭은 상태가 된다.
ㅣ '낡다'의 중세국어 형태는 '늙다'이다.
ㅣ 중세국어에서 '늙다'와 '늙다'는 'ᄋᆞ~으'의 모음조화에 의한 모음교체 관계에 있
다. '늙다[古]'와 '늙다[老]'의 두 관련 어휘에서 어느 것이 더 기원적인가 하는 것은
분간하기 힘들다. 모음교체에 의한 어휘의 분화는 이 밖에도 '남다[餘]~넘다[踰], 묽
다[淸]~믉다[淡], 붉다[明]~븕다[紅], 살[年齡]~설[元旦], 오목~우묵' 등을 열거할 수
있다.
웬 늙[古]+다(어미)
옌 늙다> 낡다
예 • 늘ᄀ 옷 니버(월인천강지곡 상-57)
　• 젼퇵 긔믈의 낡고 엇지 아닌 거ᄉ(오륜전비언해 4-42)

남바위 [명] 추울 때 머리에 쓰는 방한구(防寒具)의 하나. 앞은 이마를 덮고, 뒤는 목과 등을 내리 덮음.

[二] '남바위'는 한어(漢語) '腦包'의 근대음에서 온 말이다. '腦包'의 근대 및 현대 한어음은 [naupau]이므로, 여기에 'ㅁ[m]'의 음운첨가가 있었다는 것이 형태 전환의 특징임을 알 수 있다.

[원] (漢語)腦包[naupau]

[변] 腦包[naupau]> 남바위

남방셔츠(南方shirts) [명] 여름에 양복저고리 대신 입는 얇은 윗옷. 남방샤쓰. 남방.

[二] '남방셔츠'는 열대지방인 남방(南方)에서 입는 옷이라고 하여 붙여진 이름이다.

[원] (漢語)南方+(영어)shirts

[변] 南方shirts> 남방셔츠

남방아 [명] 제주도에 특유한 나무 방아통.

[二] '남방아'는 우선 '남[木]+방아[碓]'로 분석된다. '남[木]'은 중세국어 '낡[木]'에서 온 말이다. 중세국어에서 현대국어 '나무[木]'에 해당하는 말은 '낡'과 '나모'이다.

[원] 낡[木]+방아[碓]

[변] *낡방아> 남방아

남새 [명] 사람이 먹을 수 있는 풀. 채소(菜蔬)의 고유어.

[二] '남새'의 중세국어 형태는 'ᄂᆞᄆᆞ새'이다. 현대국어 '나물'에 해당하는 15세기 형태가 'ᄂᆞᄆᆞᆶ'이었다. 그러므로 'ᄂᆞᄆᆞ새'는 'ᄂᆞᄆᆞᆶ+새'의 구조에서 'ㅎ'이 자음 앞에서 자동적으로 탈락하고, 다시 치음 'ㅅ' 앞에서 'ㄹ'이 탈락하여 이루어진 것으로 설명된다. 'ᄂᆞᄆᆞ새'의 '새'는 현대국어에서는 '볏과의 식물'을 지칭하는 '새'이지만, 'ᄂᆞᄆᆞ새'의 '새'는 일반적인 식물의 뜻으로 파악된다. 16세기와 17세기 문헌에 'ᄂᆞᄆᆞ새'가 이어지고, 현대의 방언에도 3음절어 '나무새'가 쓰이고 있지만, 20세기에 등장한 2음절어 '남새'에 표준어의 자리를 내주게 되었다.

㊂ '느무새'의 '새'는 '억새, 속새' 등에 나타나는 '볏과의 식물'을 지칭하는 '새'이지만, '느무새'의 '새'는 일반적인 식물의 뜻으로 파악된다. 15세기 문헌에서도 '菴은 새 지비라(菴은 풀 집이다)'에서 알 수 있는 바와 같이 '새'는 주로 지붕을 이는 재료로서의 '풀[草]'을 뜻하였기 때문에 '느무새'의 '새'와는 약간의 의미 차이를 느끼게 된다. '느무새'의 어원적 구성을 '느뭃+새'로 보게 되면, '나물처럼 먹을 수 있는 풀'이라는 뜻에서 만들어진 말이라는 것을 알 수 있다. 조선어학회(한글학회)의 『큰사전』(1947)에 '남새'와 함께 표제어로 올린 '나무새'가 있다. '느무새'에서 첫음절의 'ᄋ'가 '아'로 바뀌고, 두 번째 음절의 'ᄋ'가 '으'로 바뀌면서, 다시 'ㅁ' 다음에서 원순모음화에 의하여 '우'로 바뀌는 과정을 거쳤다. 그러나 '느무새'에서 '남새'로의 변화를 체계적으로 설명하기는 어렵다. 다만 '느무새'에서 첫 번째 음절의 'ᄋ'는 '아'로 바뀌고, 두 번째 음절의 'ᄋ'는 '으'로 변함에 따라 두 번째 음절의 기능이 약화되면서 '남새'가 되었다고 설명할 수밖에 없다.

㋥ 느뭃[菜]+새[草]

㋰ *느뭃새> *느뭀새> 느무새> 남새

㋠ • 가난흔 희를 만나셔는 모든 ᄌ식이 다 느무새 ᄒ여 음식을 먹더니(번역소학 9-103)

　• 아므란 니근 느무새 잇거든(有甚麼熟菜蔬, 번역노걸대 상-40)

남생이 ㋲ 파충류 거북목 남생잇과의 한 종. 냇가나 연못에 사는데, 거북과 비슷하나 작음. 석귀(石龜).

㊂ '남생이'의 중세국어 형태는 '남샹'이다. 이후 근대국어 초기에는 '남셩'으로도 나오다가, 이후에 접미사 '-이'가 연결된 형태가 등장한다.

㋥ 남샹[龜]

㋰ 남샹> 남셩> 남샹이/남셩이> 남싱이> 남생이

㋠ • 남샹 爲龜(훈민정음 해례-용자례)

　• 남셩의 등겁질(龜甲, 동의보감 탕액편-2)

　• 남샹이(소아론 4)

　• 남셩이(龜, 유씨물명고 2)

• 남싱이(고시조)

남진 몡 남편. 남자.

☐ '남진'의 중세국어 형태는 '남진, 남신'이지만, '남신'은 당시의 한자음에 의한 규범적 표기이기 때문에 '남진'이 중세국어의 실제 형태이며, 이 말은 한자어 '男人'에서 온 것이다. 중세국어 한자음으로 읽으면, '男人'은 '남신' 또는 '남인'이지만, '남인'은 '남신'에서 'ㅿ'이 탈락한 형태이므로, '남인'은 '남신'으로 소급된다. 중세국어에서 이미 '남진'은 '남자'와 '남편'의 두 가지 뜻으로 모두 쓰였다.

☐ '人'은 성모(聲母)가 일모(日母)로서 조선 한자음으로는 '신'이 정상이다. 'ㅿ'은 중세국어 후기인 16세기 중엽을 전후하여 탈락하는 것이 통례이므로, 'ㅿ/신> 인'의 변화가 일반이지만, '남편(男便)'의 뜻으로 사용된 '男人/남신'은 일반의 변화에서 벗어나 '남진'인 것이 특징이다. 중세국어에 이미 '남진'이란 말이 두루 쓰였으므로, 'ㅿ'의 일반적인 변화에 해당되지는 않는다.

☰ 중세국어나 근대국어의 '남진'은 '남진겨집(부부), 남진붙다(시집가다), 남진어르다(시집가다), 남진어리ᄒ다(서방질하다), 남진얼이다(시집보내다), 남진ᄒ다(남편 얻다) 등과 같이 관용적 표현으로 많이 쓰였다.

⑧ (漢語)男人

⑭ 남진/남신> 남진

⑩ • 士ᄂᆞᆫ 어딘 남지니니(석보상절 9-3)
  • 寡婦ᄂᆞᆫ 남진 업슨 겨지비라(능엄경언해 6-111)
  • 어딘 남신인 양으로(번역노걸대 하-54)

남짓 몡 (분량, 수효, 무게 따위가) 일정한 기준보다 조금 더 되거나, 어떠한 한도에 차고 남음이 있음을 뜻하는 말.

☐ '남짓'의 중세국어 형태는 '남죽, 남즉, 남줒, 남줏' 등으로서, '남[餘]+죽/즉(접사)'이나 '남[餘]+줒/줏(접사)'으로 분석되므로, 접사의 받침이 'ㄱ'과 'ㅅ'에서 변동되고 있음을 알 수 있다.

☐ 중세국어에서는 대개 '남죽/남즉ᄒ다, 남줒/남줏ᄒ다'와 같이 '-ᄒ다'와 통합되어

형용사로 쓰였다.

[三] 근대국어 이후에 'ㅅ' 받침으로 통일되고, 치음 'ㅈ' 뒤에서 모음 'ㅡ'가 전설모음화하여 'ㅣ'가 됨에 따라 현대국어 '남짓'이 되었다.

[원] 남[餘]+ᄌᆞᆨ/즉/ᄌᆞᆺ/즛(접사)

[변] 남ᄌᆞᆨ/남즉/남ᄌᆞᆺ/남즛> 남즛> 남짓

[예] • ᄒᆞᆫ ᄒᆡ 남ᄌᆞᆨᄒᆞ거늘 王이 病을 호ᄃᆡ(석보상절 24-50)
• 반 ᄒᆡ 남즉ᄒᆞ다(半年有餘, 번역노걸대 상-6)
• 닐굽 돈 남ᄌᆞᆺᄒᆞ닐 炮ᄒᆞ야 니겨(구급방언해 상-38)
• 三十里 남즛ᄒᆞᆫ ᄯᅡ히 잇ᄂᆞᆫ ᄃᆞᆺᄒᆞ다(번역노걸대 상-59)

남편(男便) [명] 여자의 짝이 되어 사는 남자를 그 여자에 대하여 일컫는 말.

[一] '녀편(女便)'과 상대되는 말인 '남편(男便)'은 15세기 문헌에 나온다. 『월인석보(月印釋譜)』(1459)의 '鴛鴦夫人이 울며 比丘ᄭᅴ 닐오ᄃᆡ 王과 즁님과ᄂᆞᆫ 남편 氣韻 이 실ᄊᆡ 길흘 ᄀᆞᆺ디 아니커시니와(鴛鴦夫人이 울며 비구께 이르되 王과 스님은 남편의 氣韻이 있으므로 길을 힘들어 하지 않으시거니와)'에서 '남편'이 처음 나타나며, 여기에서의 뜻은 '남자'에 가깝다. 그러나 『내훈(內訓)』(1475)의 '오직 婦人의 남편 셤교ᄆᆞᆯ 삼가디 아니호미 몯ᄒᆞ리며(오직 부인이 남편 섬김은 삼가지 아니하지 못할 것이며)'에서의 '남편'은 자신의 '남편'이라는 뜻이다. 이로써 보면 애초의 '남편'은 그냥 '(성인) 남자'라는 뜻에서 출발하여, 결혼한 여자의 상대인 '남편'의 뜻으로 옮겨 간 것임을 알 수 있다. 특히 근대국어 초기 문헌에는 '남편'에 복수 접미사 '-내/-네'를 붙인 '남편내' 또는 '남편네'라는 말이 쓰였으므로, '녀편네, 녀편내'와 동일한 양상이다. 18세기 이후에 '남편네/남편내'의 표기는 보이지 않으며, 반대로 '녀편'이란 단어는 점차 사라지고, 역시 18세기 이후에는 '녀편네/녀편내'만 쓰였으므로, 복수 접미사 '-내/-네'의 연결에 있어서는 두 단어가 반대 방향으로 움직였다. 이러한 움직임으로 인하여 '남편'의 위상은 그대로 유지되었지만, '여편네'의 위상은 싸잡아 부르는 복수 접미사의 의미로 인하여 낮아지게 되었다.

[二] 중세국어 문헌에서 '녀편'이란 말도 나타난다. 이 경우의 '녀편'은 '아내'라고 풀어야 할지, 아니면 그냥 '여자'라고 풀어야 할지 애매하지만, '여자'로 보는 것이 무

난하다. 16세기 문헌에서 복수를 나타내는 접미사 '-네'가 연결된 '녀편네'가 나타난다. 이 경우의 '녀편네'는 한문의 '婦女(부녀)'를 언해한 것이므로, '결혼했거나 성숙한 여자들'을 가리키는 말임을 알 수 있다. '女'에 두음법칙을 적용하여 어두에서 '여편네'로 적게 된 것은 20세기에 들어서의 일이다. 애초의 '녀편'과 '남편'은 그냥 '(성인) 여자'와 '(성인) 남자'라는 뜻에서 출발하여, 각각 '아내'와 '남편'의 뜻으로 옮겨간 것이다.

ⓦ 男便(남편)

ⓗ 남편

ⓔ • 王과 즁님과는 남편 氣韻 이실씨(월인석보 8-93)

　• 婦人의 남편 셤교믄 삼가디 아니호미 몯ᄒ리며(내훈-선조 2-하-49)

☞ 여편네

남포 ⒤ 석유를 넣은 그릇의 심지에 불을 붙이고 유리로 만든 등피를 끼운 등(燈). 남포등. 양등(洋燈). 램프.

▯ '남포'는 네덜란드어의 'lamp'를 차용한 일본어의 'ランプ'를 다시 현대국어에서 차용한 말이다. 현대국어의 어두에 'ㄹ'이 오지 않기 때문에 어두의 'r/ㄹ'이 'ㄴ'으로 바뀌었고, 모음조화 때문에 제2 음절 모음이 '오'가 되었다.

▱ 20세기 초반의 현대국어의 문헌에서 '남포' 외에 '람포, 램프, 람푸, 람프' 등과 같은 형태도 나타난다. '람포'는 둘째 변화만 수용한 것이고, '람푸'는 일본어 형태를 그대로 받아들인 것이며, '램프'는 영어의 'lamp'를 받아들인 것이다. 한편 '람프'는 'ㅍ' 뒤에서 '으'와 '우'가 구별되지 않았기 때문에 나온 표기이다.

ⓦ (네덜란드어)lamp

ⓗ lamp> (일본어)ランプ[rampu]> 남포

낭떠러지 ⒤ 깎아지른 듯한 언덕. 현애(懸崖).

▯ 근대국어의 문헌에 '넝쩌러지 岸, 랑쩌러지 絶壁' 등으로 표기되어 있다. 17세기 문헌의 'ᄌᆞ식을 업고 낭의 ᄠᅥ러뎌 주그니라(자식을 업고 낭떠러지에 떨어져 죽었다)'를 참조하면, '낭떠러지'에 해당하는 옛말은 1음절 단어인 '낭'이며, 그 사용의 유

래가 깊다는 것을 알 수 있다. 그런데 20세기의 문헌에는 '낭써러지기'란 말이 등장하여 파생 명사를 만드는 접미사 '-기'의 존재를 알려 주고 있다. 그렇다면 '낭써러지기'에서 '-기'가 생략되어 '낭떠러지'가 되었다고 할 수 있다. 이에 따라 '낭떠러지'는 '낭[崖]+떠러지기'로 소급된다.

▣ 19세기 문헌인 『한불자전(韓佛字典)』(1880)에 '넝써러지 岸'이라고 되어 있고, 『국한회어(國漢會語)』(1895)에 '랑써러지 絶壁'으로 표기되어 있으므로, 어휘의 역사는 깊지 않다. 그러나 『동국신속삼강행실도』(1617)에 '조식을 업고 낭의 뻐러뎌 주그니라(자식을 업고 낭떠러지에 떨어져 죽었다)'를 참조하면 '낭떠러지'에 해당하는 옛말은 1음절 단어인 '낭'이며, 그 사용의 유래가 깊다는 것을 짐작할 수 있다. 현대국어 '낭떠러지'에 해당하는 중세국어의 '낭'은 이와 같이 '낭의 뻐러디다'와 같이 연결되어 쓰이면서, 아예 '낭떠러지'로 한 단어를 이루게 되었다. 앞에 인용한 예문의 '뻐러디다'는 15세기의 『석보상절(釋譜詳節)』(1447)에 '어려본 구데 뻐러디긔 호ᄂᆞ니'에서 알 수 있는 바와 같이, 17세기까지 형태의 변화가 없었다. 그러므로 '낭떠러지'는 우선 '낭+뻐러디'의 어원적 표기로 되돌릴 수 있다. 문제는 동사 어간 '뻐러디'가 '낭'과 함께 그대로 명사가 되었다는 점이다. 그런데 20세기 초기의 문헌인 『鬼의聲』에는 '낭써러지기'란 말이 등장하여 파생 명사를 만드는 접미사 '-기'의 존재를 알려 주고 있다. 그렇다면 '낭써러지기'에서 '-기'가 생략되어 '낭떠러지'가 되었다는 것을 알 수 있다. 아마도 '낭써러지기'에서 '-기'가 생략된 '낭써러지'가 되는 과정에는 두 가지 추측이 가능하다. 하나는 이 말의 음절 수가 5음절이나 되기 때문에 음절의 수를 줄이려는 의도가 있었을 것이며, 다른 하나는 '낭써러지'의 마지막 음절의 '지'를 한자어 '지(地)'로 유추하였을 가능성이다. 특히 '낭떠러지'는 일종의 지형(地形)을 가리키는 말이었기 때문에 이러한 오해가 작용했을 가능성이 있다. 19세기 문헌에 '넝써러지, 랑써러지'란 말이 비로소 나타난다. 그러므로, '낭'과 '써러지다'가 합한 합성어는 19세기를 전후하여 형성된 비교적 늦은 시기에 생긴 말이라고 생각된다. 15세기부터 사용된 '낭'이란 말은 방언(주로 전남)에서나 사용되고, 표준어의 지위를 잃었다.

㉣ 낭[崖]+뗠[振]+어(어미)+디[落]+기(접사)

㉤ 낭> *낭써러디기> 낭써러지/랑써러지/넝써러지> 낭떠러지

(예) • 낭의 뻐러뎌 주그니라(投崖而死, 동국신속삼강행실도 열-6-31)

　　• 넝쎠러지(岸, 한불자전 275)

　　• 랑쎠러지(絶壁, 국한회어 92)

　　• 낭쎠러지기(귀의성 하-58)

낭만(浪漫) ⑲ 주정적(主情的), 이상적(理想的)으로 사물을 파악하는 심리적 상태. 또는 그런 심리 상태로 인한 감미로운 분위기.

㊀ 이 말은 20세기에 들어 국어의 문헌에 나타나므로, 비록 한자어라고 하더라도 그 용법의 유래는 현대에 들어서의 일이다. 이 말은 프랑스어 '로망(roman)'에서 기원하였다. 프랑스어 'roman'은 원래 '로망어(roman, 로맨스어/Romance)로 쓰인 운율체로 된 이야기'를 뜻하는 말이며, 주로 중세 유럽의 애정과 무용담을 중심으로 한 모험적이고 공상적인 통속 소설이다. 이러한 문학적 특성에서 '로망'의 의미가 파생되었다. 일본에서 뜻을 고려하면서 프랑스어 '로망'과 비슷한 한자음을 찾아 적은 것이 '浪漫(ロマン)'이며, 이것을 차용하여 국어 한자음으로 읽은 것이 '낭만'이다. 그런데 중국어에서도 '임의(任意), 무구속(無拘束), 난만(爛漫)' 등의 의미로 송대(宋代)에 이미 '浪漫'이란 말이 사용된 문헌 기록이 있으므로, 일본어에서 프랑스어 'roman'을 한자로 음역하면서 이와 같은 중국어 용법을 참조한 것으로 생각된다.

㊁ 프랑스어 'roman'은 '로망어(roman, 로맨스어/Romance)로 쓰인 운율체로 된 이야기'를 뜻하는 말이며, 주로 중세 유럽의 애정과 무용담을 중심으로 한 모험적이고 공상적인 통속 소설이다. 이러한 문학적 특성에서 '로망'의 의미가 파생되었다. '로망어'는 로마제국이 무너진 뒤, 이 제국의 영역 각지에서 라틴어가 지방적으로 분화하여 이루어진 근대어의 총칭이다. 이탈리아어, 포르투갈어, 프랑스어, 루마니아어, 스페인어 등이 여기에 속한다. 이와 관련하여 18세기 말에서 19세기 전반에 걸쳐 서양에서 일어난 예술 사조(藝術思潮)에 '로맨티시즘(romanticism)'이란 것이 있다. 이것은 까다로운 고전주의 전통에 반대하여 자유, 개성, 공상, 모험 등의 감정을 소중하게 여기는 예술 경향이다. 이러한 '로맨티시즘(romanticism)'을 일본에서 '浪漫主義(낭만주의)'로 옮겼다.

웬 (프랑스어)roman

몐 roman> (일본어)浪漫(ロマン)> 낭만

내다[내:다] 图 '나다'의 사동사. 안에 있는 것을 밖으로 나오게 하다. 제출하거나 바치다.

曰 중세국어 형태도 '내다'이다. 이 말은 '나[出]+이(사동접사)+다(어미)'로 분석된다.

曰 중세국어에서 'ㅐ'는 하향이중모음인 [aj]로 발음되었으나, 근대국어 후기에 들어서 단모음화하여 [ɛ]가 되었다. 그러므로 '내다'는 중세국어와 현대국어에 있어서 표기에는 차이가 없을지라도 다른 형태이다.

웬 나[出]+이(사동접사)+다(어미)

몐 내다[naj-ta]> 내다[nɛ-ta]

예 • 누늬 보물 내ᄂ녀(生眼見, 능엄경언해 3-18)

내색(—色)[내:색] 圐 마음에 느낀 것을 얼굴에 드러내는 것. 또는 그 낯빛.

曰 '내색'은 '나[出]+이(사동접사)+색(色)'으로 분석된다.

웬 나[出]+이(사동접사)+색(色)

몐 내색

내숭[내:숭] 圐 겉으로는 부드러워 보이나 속은 엉큼함.

曰 '내숭'은 한자어 '내흉(內凶)'에서 온 것이다. '흉'이 '숭'이 된 것은 방언에서 '형'이 '셩'으로 되는 것과 같은 'ㅎ' 구개음화 현상에 의한 것이다.

웬 (漢語)內凶

몐 내흉(內凶)> 내숭

내처[내:처] 图 내친 바람에. 하는 김에 끝까지.

曰 '내처'를 중세국어 형태로 소급시킨다면 '내텨'이며, 이 말은 '나[出]+이(사동접사)+티[擊]+어(어미)'로 분석된다. 그러나 중세국어에서 '내텨'가 아직 부사화하진

않은 것으로 생각된다.
[三] 중세국어의 '내티다'는 근대국어에 구개음화하여 '내치다'가 되며, '내치다'에 어미 '-어'가 붙는 활용은 근대국어나 현대국어에서 '내쳐'이다. 그러나 근대국어 이후 'ㅊ'은 경구개음에 해당하므로, 발화 상황에서 '쳐'와 '처'의 음운론적 차이는 없다.
[三] '내티다/내치다'의 '티/치'는 현대국어 형태론에서는 '강세 접사'로 처리하고 있으나, 어원적으로는 '티다/치다[擊]'에서 온 것이다.
[원] 나[出]+이(사동접사)+티[擊]+어(어미)
[변] 내텨> 내쳐> 내처
[예] • ᄌᆞ조 내텨(數數見擯出, 법화경언해 4-199)
• 내텨 갯더니(내훈-선조 하-18)

냄비 [명] 음식을 끓이는 데 쓰는 솥보다 작은 기구. 운두가 낮고 뚜껑과 손잡이가 있음.
[一] '냄비'라는 단어는 일본어의 차용어로 알려져 있으며, 『조선어사전』(1938)에 '남비'라는 형태로 나타난다. 이 '남비'의 '이' 모음 역행 동화 형태가 '냄비'이다. '남비'의 어원에 대해서는 일본어 'なべ[鍋, nabe]'에서 왔다고 하는 것이 일반적이지만, '나베'가 '남비'로까지 변하는 과정에 대해서는 음운론적으로 설명하기가 쉽지 않다. '냄비'는 『큰사전』(1947)에서 확인된다. 이 사전에는 '냄비'와 더불어 '남비'도 실려 있는데, '남비'를 중심 표제어로 삼고 있다.
[二] 특히 『조선말큰사전』(1947)에 '남비'와 같은 의미의 단어로 '남와(南鍋)'를 제시하고 있다. 이 '남와'는 '남비'의 '남'과 '냄비'를 뜻하는 한자 '과(鍋)'가 결합된 '남과'에서 모음 사이의 'ㄱ'이 탈락한 어형임이 분명하다. 그러므로 '남비'라는 형태는 '남와'의 '남(南)'이 '나베'에 영향을 미쳐 형성된 것이 아닌가 추측된다.
[원] (일본어)なべ[鍋, nabe]
[변] なべ[nabe]> 남비> 냄비

냄새[냄:새] [명] 코로 맡을 수 있는 온갖 기운. 어떤 사물이나 분위기 등의 낌새.
[一] '냄새'의 역사적 소급 형태는 근대국어의 '내ᄋᆞᆷ새'이다. '내ᄋᆞᆷ새'는 중세국어 형태

'내[臭]'를 어원적 기본 형태로 삼으면, '내[臭]+ᄋᆞᆷ새(접사)'로 분석될 것이다. 이와 관련된 형태로 근대국어의 '내옴(박통사언해 중-50)'이 있다.

[원] 내[臭]+ᄋᆞᆷ새(접사)

[변] 내ᄋᆞᆷ새> 내암새/내음새(경상방언)> 냄새

[예] • 내ᄋᆞᆷ새(氣臭, 한청문감 12-59)

냅뛰다 [동] 몹시 빠르고 잰 동작으로 뛰다.

[一] 이 말을 중세국어 형태를 기준으로 분석하면 '내+ᄠᅱ다'이다. '내'는 '내다'의 어간이거나, '내어'에서 어미 '-어'가 생략된 형태라고 풀이해도 무방하다. 그러므로 '나[出]+이(사동접사)+(어)'로 분석된다. 현대국어 '뛰다'의 중세국어 형태는 'ᄠᅱ다'이다. 그러므로 '냅뛰다'의 받침 'ㅂ'은 'ᄠᅱ다'의 어두 초성 'ㅂ'이 받침으로 내려간 것이다.

[二] 현대국어 '냅뛰다'와 같은 형식인 말로 '냅뜨다'가 있다. '냅뜨다'의 의미는 '기운차게 앞질러 나서다'이다. '냅뜨다'의 근대국어 형태는 '냅드다, 냅ᄯᅳ다'이다. 비록 '냅뛰다, 냅뜨다' 등의 중세국어 소급 형태를 확인할 수는 없지만, 'ㅂ' 받침이 남아 있는 것은 이들 어휘가 중세국어에 형성되었다는 것을 의미한다.

[원] 나[出]+이(사동접사)+(어)+ᄠᅱ[跳]+다(어미)

[변] 내ᄠᅱ다> 냅뒤다> 냅뛰다

[예] • 世尊ᄋᆞᆫ 智慧 三界ᄅᆞᆯ ᄠᅱ여 디나샤(금강경언해 상-8)

냅뜨다 [동] 일에 기운차게 앞질러 나서다.

[一] 이 말을 중세국어 형태를 기준으로 분석하면 '내+ᄠᅳ다'이다. '내'는 '내다'의 어간이거나, '내어'에서 어미 '-어'가 생략된 형태라고 풀이해도 무방하다. 그러므로 '나[出]+이(사동접사)+(어)'로 분석된다. 현대국어 '뜨다[浮, 떼어 올리다]'의 중세국어 형태는 'ᄠᅳ다'이다. 그러므로 '냅뜨다'의 받침 'ㅂ'은 'ᄠᅳ다'의 어두 초성 'ㅂ'이 받침으로 내려간 것이다. 현대국어 '뜨다'는 자동사(위쪽으로 솟아오르다) 및 타동사(위로 들어 올리다) 용법이 모두 있으며, 이것은 중세국어 'ᄠᅳ다'도 마찬가지이다.

[二] 현대국어 '냅뜨다'의 의미는 '기운차게 앞질러 나서다'이지만, 근대국어 '냅드다/

냅쓰다'의 의미는 '기운차게 앞으로 들다'로 풀이된다. 그러므로 근대국어에서도 '쁘다[浮]'의 의미보다는 '들다[擧]'의 형태에 유추되어 의미의 전환이 있음을 알 수 있으며, 다시 현대국어에 들어서 '앞질러 나서다'로의 의미의 방향 전환이 이루어졌다. 비록 '냅뛰다, 냅뜨다' 등의 소급 형태를 중세국어 문헌에서 확인할 수는 없지만, 'ㅂ' 받침이 남아 있는 것은 이들 어휘가 중세국어에 형성되었다는 것을 의미한다.

ⓥ 나[出]+이(사동접사)+(어)+쁘[浮]+다(어미)

⓫ 내쁘다> 냅드다> 냅쓰다> 냅뜨다

ⓔ • 左足을 냅드며(무예도보통지언해 31)

　　• 냅쓰다(奪扯手, 한청문감 14-27)

너무 ⓟ 정도에 지나치게.

⊟ 중세국어 형태는 '너무, 너모, 너므' 등이 있으나, 모음조화와 접미사 형태를 고려하면 '너무'가 기원적인 형태이다. '넘[越]+우(부사화 접사)'로 분석된다.

ⓥ 넘[越]+우(접사)

⓫ 넘우> 너무

ⓔ • 두 하ᄂᆞᆫ 너무 게을이 便安ᄒᆞ고(석보상절 6-36)

너비 ⓝ 물건의 가로의 길이. 광(廣). 폭(幅).

⊟ '너비'의 중세국어 형태는 '너븨'이다. 현대국어 '넓다'에 해당하는 중세국어는 '넙다'이므로, '너븨'는 '넙[廣]+의(명사화 접사)'로 분석된다.

⊟ 중세국어에서 형용사 어간에 연결되는 접사인 '-익/-의'는 명사를 파생시키는 접사이며, '-이'는 부사화 접사이다. 그러므로 중세국어에서 '너븨'는 현대국어 '넓이, 너비'에 해당하는 명사이며, '너비'는 '넓게, 널리'에 해당하는 부사이다. 현대국어에서 '너비'는 명사로만 쓰인다.

ⓥ 넙[廣]+의(명사화 접사)

⓫ 넙의> 너븨> 너비

ⓔ • 노픠와 너븨왜 漸漸 져거(월인석보 17-37)

너와 [명] 지붕을 이는 데 쓰는, 나무토막을 쪼개 만든 널빤지.

[一] '너와'는 '널[板]+와(瓦)'의 구조에서 'ㄹ'이 탈락하여 이루어진 말이므로, 어원적 의미는 '판자로 된 기와'란 뜻이다. 현대국어에서 '널[板]'이란 말은 잘 쓰이지 않지만, 오히려 중세국어에서는 단일어로서 잘 쓰였다.

[원] 널[板]+와(瓦)

[변] *널와> 너와

[예] • 널 爲板(훈민정음)

너희[너히] [명] 이인칭 대명사 '너'의 복수(複數).

[一] 중세국어 형태도 '너희'이다. 이 말은 '너[汝]+희(복수 접사)'로 분석된다. 현대국어에서 '-희'는 접사로 인정하지 않는다.

[원] 너[汝]+희(접사)

[변] 너희

[예] • 舍利佛아 너희돌히 ᄒᆞᆫ ᄆᆞᅀᆞᄆᆞ로 信解ᄒᆞ야(석보상절 13-62)

넌출 [명] 길게 벋어나가 너덜너덜 늘어진 식물의 줄기.

[一] '넌출'의 중세국어 형태는 '너출'이다. 그러므로 현대국어 형태인 '넌출'은 '너출'에서 'ㄴ'이 첨가된 것이다.

[二] 중세국어에는 명사 '너출'과 동사 '너출다'가 있으므로, 중세국어에서는 명사 어근이 그대로 동사 어간으로 쓰인다. 중세국어의 동사 '너출다'는 현대국어의 '넌출지다'에 해당한다.

[원] 너출[蔓]

[변] 너출> 넌출

[예] • 명사: 너추렛 여르미 나니(월인석보 1-43)

• 동사: 災害옛 브리 너추러(災火蔓, 법화경언해 2-134)

널따랗다[널따라니, 널따래] [형] 꽤나 넓다. 퍽 넓다.

[一] 중세국어에 '너르다'란 말이 쓰였으므로, '널다랗다'는 중세국어 어간을 기준으로

'널/너르[廣]+다랗(접사)+다(어미)'로 분석할 수 있다.

㊂ 접사 '다랗'은 '다라(접사)+ᄒᆞ[爲]'의 구성으로 다시 분석할 수 있으나, 접사로 처리한 '다라'의 의미와 형태를 어원적으로 밝히기는 어렵다.

㊀ 널/너르[廣]+다라(접사)+ᄒᆞ[爲]+다(어미)

㊁ *널다라ᄒᆞ다> *널다랗다> 널따랗다

넓다[널따] ㊊ 평면의 면적이 크다. 너비가 크다. 도량이나 범위가 크다.

㊀ 현대국어의 '넓다'에 해당하는 중세국어 형태는 '너르다/너ᄅᆞ다'와 '넙다'가 있다. 중세국어에서 형용사를 만드는 접미사에 '-갑다/-겁다, -ᄇᆞ다/-브다, -ㅂ다, -답다, -롭다' 등이 있으므로, '넙다'는 형용사 '너르다/너ᄅᆞ다'에서 다시 형용사로 파생된 어휘로 처리하는 것이 옳을 것이다.

㊂ '너르다'와 '너ᄅᆞ다'는 두 번째 음절의 모음이 '으'와 'ᄋᆞ'의 모음조화에 의한 변이 관계에 있으므로, 어원적 어근은 '너르[廣]'라기보다는 '널[廣]'이라고 할 수 있다. 이렇게 되면 '넓다'는 '널[廣]+ㅂ(접사)+다(어미)'로 분석된다.

㊀ 널[廣]+ㅂ(접사)+다(어미)

㊁ *넓다> 넙다> 넓다

㊇ • 너르다: 너븐 혜ᄆᆞ로 멀터이 보미라(以寬數粗觀也, 능엄경언해 2-7)

• 너ᄅᆞ다: 너모 너ᄅᆞ니라 ᄒᆞ더라(번역소학 10-29)

• 넙다: 聲教ㅣ 너브실씨(聲教普及, 용비어천가 56장)

넓히다[널피다] ㊍ ('넓다'의 사동) 넓게 하다.

㊀ '넓히다'의 중세국어 형태는 '너피다'이다. 이 말은 '넙[廣]+히(사동접사)+다(어미)'로 분석되지만, 중세국어의 '넙다[廣]'는 어원적으로 '넓다[廣]'에서 온 것으로 보는 것이 옳다. 근대국어에 '넓히다/널피다'란 형태가 나온다.

㊀ 넓[廣]+히(접사)+다(어미)

㊁ *넓히다> 넙히다/너피다/넙피다> 넒히다/널피다> 넓히다

㊇ • 光明을 너피샤(월인천강지곡 상-69)

• 직조를 넙핌이 업고(소학언해-선조 5-15)

• 敎를 述ᄒᆞ야 뼈 넓혀(여사서언해 3-7)

• 關雎의 化를 널피니라(여사서언해 3-44)

☞ 넓다

넙치 [명] 넙칫과의 바닷물고기. 몸길이 60cm가량. 몸은 길동근꼴이며 넓적함. 눈은 두 개가 모두 왼쪽 머리에 쏠려 있고, 눈 있는 쪽의 비늘은 빗비늘임. 몸빛은 오른쪽이 암갈색, 왼쪽이 유백색(乳白色)임. 비목어(比目魚).

[一] 근대국어에 '넙치'란 말이 나온다. 이 말은 우선 '넙[廣]+치(접사)'로 분석되지만, 어원적으로는 '넓[廣]+치(접사)'에서 온 것이다.

[二] 접사 '-치'는 '갈치, 날치, 버들치, 삼치' 등에서와 같이 물고기 이름에 널리 쓰인다. 의존명사 '치'와 같은 어원일 것으로 생각된다.

[원] 넓[廣]+치(접사)

[변] *넓치> 넙치

[예] • 넙치의 ᄯᅩᆯ 가잠이(고시조, 해동가요)

넝쿨 [명] 벋어나가 다른 식물에 감기기도 하고 땅바닥에 퍼지기도 하는 식물의 줄기. 덩굴.

[一] '넝쿨'의 중세국어 형태는 '너출'이다.

[二] '너출'에서 'ㄴ'이 첨가되어 '넌출'이 되고, 이어서 'ㅊ'이 'ㅋ'으로 변하여 '넌쿨'이 된다. 'ㅊ'이 'ㅋ'으로 바뀌게 된 것은 'ㅊ'이 'ㅋ'에서 변화되었을 것이라는 언중(言衆)의 잘못된 인식에 의하여 원래의 형태로 되돌리려는 의식이 작용한 결과이다. 이것을 부정회귀(不正回歸)라고 한다. 다시 '넌쿨'에서 '넝쿨'이 되는 것은 연구개음 'ㅋ' 앞에서 'ㄴ'이 조음위치 동화에 의하여 연구개 비음인 'ㅇ'이 된 것으로서 자연스러운 음운 현상이다.

[원] 너출[蔓]

[변] 너출> 넌출> *넌쿨> 넝쿨

[예] • 픐 너추렌 ᄒᆞ마 이스리 해 왯도다(草蔓已多露, 두시언해-초간 9-13)

☞ 넌출

넥타 [명] 과일을 으깨어 만든 진한 주스. 과일즙.
[一] '넥타'는 영어 'nectar'를 그대로 차용한 말이다. 'nectar'는 그리스 신화에서 신(神)들이 마시는 '술[酒]'이다.
[원] (그리스어)néktar[神酒]
[변] néktar> (영어)nectar> 넥타

넨장맞을 [관][감] 못마땅할 때 욕으로 이르는 말.
[一] '넨장맞을'은 '네 난장(亂杖) 맞을'이 줄어서 된 말이다.
[二] '난장(亂杖)'은 조선 시대의 고문(拷問)의 하나로서, 신체의 부위를 가리지 않고 마구 치는 매이다.
[원] 너[汝]+ㅣ(주격 조사)+난장(亂杖)+맞[被打]+을(어미)
[변] 네 난장 맞을> 넨장맞을

년 [의] '여자'를 낮추어 이르는 말.
[一] '년'은 중세국어 '녀느/년ㄱ[他]'에서 온 말이다. 중세국어에서 '녀느/년ㄱ'은 관형사로서 현대국어 '다른' 또는 '여느'에 해당한다.
[二] 중세국어 '녀느/년ㄱ'은 근대국어에서 '년'과 '여느'의 두 어휘로 분화되어 현대국어에 이르고 있다. 두음법칙이 적용되어 형태가 바뀐 '여느'는 원래의 의미를 그대로 유지하고 있으나, '년'은 특수한 의미 바뀌었다.
[三] 중세국어에서 일반적으로 '녀느'가 사용되었으나, 약간 후대의 문헌에서는 간혹 '녀ᄂᆞ'로도 쓰였다.
[원] 녀느/년ㄱ[他]
[변] 녀느/년ㄱ> 년
[예] • 녀느 쉰 아ᄒᆡ도 다 出家ᄒᆞ니라(석보상절 6-10)
• 四海ᄅᆞᆯ 년글 주리여(용비어천가 20장)
• 녀ᄂᆞᆽ 일란 아ᄅᆡᆺ 法ᄀᆞ티 호ᄃᆡ(餘依前法, 구급방언해 하-72)
• 그 년들이 와셔 침실의 올나 안ᄌᆞ며 닐오ᄃᆡ(계축일기 94)

노가다 [명] ① 토목 공사에 종사하는 막벌이 노동자. ② 행동과 성질이 거칠고 불량한 사람.

[一] '노가다'는 일본어 'どかた[土方, dokata]'에서 온 말이다. 일본어에서 'どかた[土方, dokata]'는 '공사장의 노동자'를 의미하며, 어원에 가까운 직접적인 뜻은 '토목공사를 하는 사람'이다.

[원] (일본어)どかた[土方, dokata]

[변] どかた[土方, dokata]> 노가다

노닐다[노니니, 노닐어] [동] 한가롭게 이리저리 다니며 놀다.

[一] 중세국어 형태는 '노니다'이다. 이 말은 '놀[遊]+니[行]+다(어미)'로 분석되며, 'ㄴ' 앞에서 'ㄹ'이 탈락되어 '노니다'가 된 것이다.

[二] 중세국어에서 '니다'는 현대국어의 '가다, 지나다' 등에 해당하는 뜻을 지닌 어휘이며, '닐다, 녀다' 등의 변이 형태로도 바뀌어 사용되었다. 현대국어에서는 단독으로 사용되지 않으나, '다니다, 거닐다' 등의 어휘에 화석 형태로 남아 있다.

[원] 놀[遊]+니[行]+다(어미)

[변] 노니다> 노닐다

[예] • 샹녜 諸佛ㅅ 조코 微妙ᄒᆞᆫ 國土애 노니리니(월인석보 8-41)
• 일업시 노닐며서(고시조, 청구영언)

노다지 [명] 목적하는 광물이 많이 묻혀 있는 광맥.

[一] '노다지'의 정확한 어원은 알 수 없다. 한자어 '노두지(露頭地)'에서 온 것으로 생각되지만, 확실하지는 않다. 흔히 '노다지'가 영어 'no touch'에서 왔다고 하는 경우가 있으나, 이것은 민간어원으로서 근거가 없다.

[二] '노두(露頭)'는 광맥이 지표에 노출되어 있는 부분을 뜻하는 말이다. 그러므로 '노다지'의 어원이 '노두지(露頭地)'에 있다면, '노다지'는 노력하지 않고 쉽게 재물을 얻을 수 있다는 점에 본래의 뜻이 있는 것이다.

[원] 노두지(露頭地)

[변] 노두지(露頭地)> 노다지

노래 圆 가사에 곡조를 붙여 목소리로 부를 수 있게 만든 음악. 또는 그 음악을 목소리로 부름. 요영(謠詠).

㊀ 중세국어 문헌에서 '놀애'의 형태로 처음 나타난다. 17세기의 문헌에는 '놀애, 놀래, 롤애, 노래' 등의 다양한 표기가 나타나며, 18세기와 19세기에도 '놀애, 놀래, 놀릐, 노래, 노릐' 등의 다양한 표기가 나타난다. 20세기에 들어 '노래/노릐'로 발음이 단일화 되면서 현대의 '노래'가 되었다. '놀애'는 동사 '놀다[遊]'의 어간 '놀-'에 명사를 만드는 접미사 '-개'가 연결된 것이며, 'ㄹ' 다음에서 'ㄱ'이 탈락하는 중세국어의 음운 현상에 의하여 '놀애'가 된 것이다. 그러므로 '놀애'의 어원적 의미는 '노는 것'에 해당한다.

㊁ 15세기 문헌인 『용비어천가(龍飛御天歌)』(1447)의 '놀애롤 브르리 하디'는 한문 가사 '謳歌雖衆(구가수중)'에 해당하므로, '놀애'가 한자 '歌'에 해당함을 알 수 있다. 17세기의 문헌에는 '놀애, 놀래, 롤애, 노래' 등의 다양한 표기가 나타난다. 여기에서 주목되는 것은 현대국어와 같은 형태인 '노래'이다. 이것은 받침의 'ㄹ'이 다음 음절의 초성으로 발음되었다는 것을 의미하기 때문이다. 18세기에도 역시 '놀애, 놀래, 놀릐, 노래, 노릐' 등의 다양한 표기가 나타나며, 19세기에도 이러한 상황은 계속된다. 19세기까지도 '놀래, 놀릐' 등의 표기가 있었다는 것은 '노래/노릐'와 '놀래/놀릐'의 두 가지 서로 다른 발음이 공존하고 있었다는 것을 의미한다. 20세기에 들어 '노래/노릐'로 발음이 단일화 되면서 현대의 '노래'가 되었다. 15세기 중세국어에서 '놀애'의 발음은 '노래'로 표기하는 것과 다르다. '놀애'는 받침의 'ㄹ'을 다음 음절의 첫소리로 발음하지 않고, 그대로 음절 말음으로 발음하기 때문에 현대국어 상황이라면 그 발음이 오히려 '놀래'에 가깝다. 이러한 발음은 영어의 [l]과 [r]의 발음을 비교하는 것이 이해하기 쉽다. 영어에서 'bloom[blúːm]'과 'broom[brúːm]'은 'l'과 'r'의 차이가 변별적으로 작용하기 때문이다. 현대국어로 표기하면 영어 'bloom'은 '블름'이고, 'broom'은 '부름'이다. 15세기 중세국어 표기법이라면 'bloom'은 '블음'이고, 'broom'은 '부름'이다.

㋧ 놀[遊]+개(접사)

㋩ *놀개> 놀애> 노래/노릐> 노래

㋞ • 놀애롤 브르리 하디(용비어천가 13장)

- 노릐 가(歌, 왜어유해 상-42)
- 이윽고 노래 브르는 소릐 이셔(태평광기언해 1-27)

노른자위 명 ① 알의 흰자위에 둘러싸인 동글고 노란 부분. ② 어떤 사물의 가장 중요한 부분.

□ '노른자위'의 근대국어 형태는 '노른ᄌ의'이다. 이 말을 중세국어 형태를 기준으로 분석하면 '노르[黃]+(으)ㄴ(관형사형 어미)+ᄌᅀ[核]'이다. 현대국어의 '노르다[黃]'란 말은 '누르다[黃]'와 모음교체에 의해서 어감이 분화되어 있다.

□ '노른자위, 눈자위' 등에 나타나는 '자위'는 모두 중세국어 'ᄌᅀ[核]'로 소급된다. 그러나 '눈자위'의 '자위'는 뜻이 변하여 '언저리'의 뜻이 되었지만, '노른자위'의 '자위'는 중세국어의 용법인 '사물의 중심'이라는 의미를 그대로 유지하고 있다.

옌 노르[黃]+(으)ㄴ(관형사형 어미)+ᄌᅀ[核]

옌 노른ᄌᅀ> 노른ᄌ의> 노른자위

예 • 노른ᄌ의(역어유해-보 47)
   • 노른ᄌ의(蛋黃, 동문유해 하-35)

☞ 눈자위

노름 명 금품을 걸고 주사위, 화투, 투전, 트럼프 따위로 서로 내기하는 일. 도박(賭博).

□ '노름'의 중세국어 형태는 '놀옴/노롬'이며, '놀[遊]+옴/움(어미/접사)'으로 분석된다.

□ 중세국어나 근대국어에서는 '노롬노리, 놀옴노리' 등과 같이 '노리'와 함께 어울려 쓰이는 것이 보통이며, 이 경우의 '놀옴/노롬'의 의미는 '놀이, 유희(遊戲)' 등에 해당한다. 근대국어에서는 '놀이, 유희'의 의미에 '도박'의 의미가 추가되었고, 현대국어에 이르러 '도박'의 의미로만 쓰이게 되었다.

옌 놀[遊]+옴(어미/접사)

옌 놀옴/노롬/노름> 노름

예 • 노롬노리 즐기매 넘디 아니ᄒᆞ니라(번역소학 8-13)

• 孟子ㅣ 졈어 겨실 적의 놀옴노리예 무덤 ᄉ이 일을 ᄒ야(소학언해-선조 4-3)
• 노롬놀이 즐김애셔 넘디 아니ᄒ니라(소학언해-선조 5-92)
• 노롬터에 모이다(한청문감 9-15)

노릇 뗑 '직업'이나 '직책'을 속되게 이르는 말.
⊟ '노릇'의 중세국어의 초기 형태는 '노ᄅᆞᆺ'으로서 그 의미는 '놀이, 장난' 등에 해당
되며, 현대국어와 같은 부정적인 의미로 쓰이지는 않았다.
⊟ 중세국어의 '노ᄅᆞᆺ'은 '노ᄅᆞᆺ바치[才人], 노ᄅᆞᆺᄒ다, 노ᄅᆞᆺ노리, 노ᄅᆞᆺ도이' 등과 같이
다양하게 사용되었다.
⑳ 놀[遊]+ᄋᆞᆺ(접사)
⑭ 노ᄅᆞᆺ > 노릇
⑨ • 노ᄅᆞ샛 바오리실ᄊᆡ(용비어천가 44장)
  • 東岳場애 노ᄅᆞᆺ ᄒ던 이ᄅᆞᆯ ᄉ랑ᄒ노라(憶戲東岳場, 두시언해-초간 25-5)
  • 풍뤼며 노르시며 노롬노리 이바디예(소학언해-선조 6-121)

노새 뗑 말과의 포유동물. 수나귀와 암말 사이에서 난 잡종. 나귀를 닮았으나 몸빛
은 암갈색임. 힘이 세며 지구력과 부담력이 뛰어나 무거운 짐과 먼 길에 잘 견딤. 성
질은 온순하고 병에 잘 걸리지 않으나 생식 능력이 없음.
⊟ '노새'의 중세국어 형태는 '로새'이며, 두음법칙이 적용된 '노새'도 후기 문헌에
나타난다.
⊟ 중세국어 '로새'는 중세 몽골어 'lausa'(몽골 문어는 'luusa')에서 직접 차용한 것
이며, 다시 몽골어 'lausa, luusa'는 한어(漢語) '騾子[luo-tsï]'에 그 어원이 있다(李
基文 1991: 23).
⑳ (漢語)騾子[luo-tsï]
⑭ 騾子[luo-tsï] > (몽골어) > lausa/luusa > 로새 > 노새
⑨ • 쇠 로새를 티오ᄂᆞ니(월인석보 21-81)
  • 로새 라(騾, 신증유합 상-13)
  • 나귀 노새 메우ᄂᆞᆫ 큰 술위(驪騾大車, 번역노걸대 하-36)

노서아(露西亞) 圐 '러시아'의 한자 음역 표기. 노국(露國).

□ '노서아'는 '露西亞'를 국어 한자음으로 읽은 것이지만, '露西亞'는 일본어에서 음역한 일본식 한자어이며, 일본식 한자음으로 읽으면 [rosia]이다.

□ '러시아'를 한어(漢語)에서는 '俄羅斯[eluosi]'로 음역하며, 역시 국어에서는 '俄羅斯'를 국어 한자음으로 읽어서 '아라사'라고 한다.

㉔ (러시아어)Россия

㉺ Россия> (일본어)露西亞[rosia]> 노서아

노엽다[노여우니, 노여워] 圀 마음에 언짢고 분하다.

□ '노엽다'의 중세국어 형태는 '노ᅙᆞᆸ다'이며, 근대국어 형태는 '노홉다'이다. 중세국어 '노ᅙᆞᆸ다'는 '怒(노)+ᅙ[爲]+ㅂ(접사)+다(어미)'로 분석되므로, 이 말은 한자어 '怒(노)'에서 동사 '노ᅙᆞ다'로 파생되고, 다시 형용사 '노ᅙᆞᆸ다'로 파생된 것임을 알 수 있다. 접사 'ㅂ'은 '놀라다'의 파생 형용사인 '놀랍다'에서와 같이 형용사를 파생시키는 기능을 한다.

□ 중세국어 '노ᅙᆞᆸ다'나 근대국어 '노홉다'가 현대국어 '노엽다'로 변화된 것을 설명하기는 어렵다. 혹시 '가엽다'의 '-엽-'에 유추되었을 가능성이 있으나 확인할 수는 없다.

㉔ 怒(노)+ᅙ[爲]+ㅂ(접사)+다(어미)

㉺ 노ᅙᆞᆸ다> 노홉다> 노엽다

㉡ • 怒ᅙᆞᆫ 일 맛나샨 怒티 아니ᅙᆞ샤(월인석보 17-74)

    • 짓거도 크게 웃디 말며 노호와도 소리ᄅᆞᆯ 노피 말며(여사서언해 2-2)

노틀 圐 늙은이.

□ 이 말은 한어(漢語) '老頭兒[laotʰəur]'에서 차용된 말이다. '老'는 국어 한자음으로 읽고, 나머지는 한어음을 반영한 것이다. 한어에서 '老頭兒'는 '나이가 많은 남자'를 가리키는 말이다.

□ 방언에서 '노틸'이라고 하는 것은 '틸[毛]'에 견인된 어형인 것으로 추정된다.

㉔ (漢語)老頭兒[laotʰəur]

ᄇ 老頭兒[laotʰəur]> 노틀

노파심(老婆心)[노:파심] 圏 남의 일에 대하여 지나치게 염려하는 마음.
囗 한어(漢語)에서 '老婆心'은 일반 어휘가 아니라 불교 용어이다. 이 말은 한어(漢語)에서 선사(禪師)가 사람을 가르치려는 절실한 마음을 뜻한다. 『大慧普覺禪師語錄』에 '老僧二十年前有老婆心, 二十年後無老婆心'이라고 한 것을 참고할 수 있으며, 이러한 마음으로 가르치는 것을 불교에서 '老婆禪(노파선)'이라고 한다. 그러나 '노파심'이란 말은 국어에서는 불교적 색채를 잃고 일반 어휘가 되었으며, 의미도 약간 부정적으로 바뀌었다.
웜 (漢語)老婆心
ᄇ 老婆心> 노파심

녹비 圏 사슴의 가죽.
囗 '녹비'는 한자어 '鹿皮'에 그 어원이 있다. '鹿皮'는 조선의 현실 한자음으로 읽으면 '록피'이며 두음법칙을 적용하여 '녹피'가 된다. 그러므로 '鹿皮'의 '皮'를 '피'가 아닌 '비'로 읽는 것이 해명되어야 한다.
囯 중세국어 문헌에서 '鹿皮'란 말이 나타나며, 동국정운식 한자음으로 주음되어 '록삐'이다. 그러나 근대국어 문헌에서는 '녹피'로 되어 있으므로, 중세국어의 현실 언어에서 '鹿皮'가 어떻게 읽혔는지는 확실하지 않다. 그러나 현대국어에서 '녹비에 가로왈 자'란 속담이 있으므로, 중세국어의 현실 언어에서도 '鹿皮'는 '록비/녹비'로 발음되었을 것으로 생각된다.
囲 '皮'는 동국정운식 한자음에서도 알 수 있는 바와 같이 한어(漢語) 중고음(中古音)에서 [bi]이므로, 국어 한자음에서 '皮'가 '피[pʰ]'로 독음되는 것은 정상적인 반영이 아니다. 그러므로 '鹿皮'를 '록비/녹비'로 읽은 것은 조선 한자음보다 고음(古音)을 반영한 것으로 생각된다.
웜 鹿皮
ᄇ 鹿皮> 록비> 녹비/녹피> 녹비
예 • 鹿皮(록삐, 월인석보 1-16)

• 녹피로 신 짓기를(계축일기 216)

녹초 [명] 아주 맥이 풀려 늘어진 상태.

[一] '녹초'는 '녹은 초와 같은 상태'를 이르는 말일 것이므로, 어원적으로는 '녹[焇]+초[燭]'로 분석하는 것이 가능할 것이다.

[二] 다만 '녹다'의 어간 '녹'이 바로 명사에 연결되는 것이 자연스러운 단어 형성이 아니지만, 현대국어 이전에는 이러한 비통사적 단어 형성이 종종 나타난다. '초'의 어원은 한자 '燭(촉)'에 있다.

[원] 녹[焇]+초[燭]

[변] 녹초

☞ 초

논도랑[논또랑] [명] 논에 물을 대거나 논바닥의 물을 빼기 위하여 논의 가장자리에 낸 작은 도랑.

[一] 이 말은 우선 '논+도랑'으로 분석되므로, '도랑'의 어원을 밝히는 것이 관건이다. '도랑'이라는 말은 '매우 좁고 작은 개울'을 뜻하며, 18세기에 비로소 문헌에 나타난다. 그 이전의 형태는 '돌ㅎ'였으므로, '도랑'은 '돌ㅎ'에 접미사 '-앙'이 결합되어 만들어진 말이다. 접미사 '-앙/-엉'은 국어 어휘의 역사에서 상당히 생산적인 역할을 하였으며, '구멍, 두렁, 마당, 벼랑, 시렁, 이엉' 등에서도 이 접미사의 쓰임을 확인할 수 있다.

[二] '논도랑'은 '논에 물을 대거나 논바닥의 물을 빼기 위하여 논의 가장자리에 낸 작은 도랑'이며, '논두렁'은 '물이 괴어 있도록 논의 가장자리를 흙으로 둘러막은 두둑'이다. '논도랑'과 '논두렁'은 마치 모음조화에 의한 교체 형태로 오해할 수 있지만, 사전의 뜻풀이를 보더라도 두 말은 전혀 다른 말임을 알 수 있다. '도랑'은 '좁고 작은 개울'이므로 '논[畓]'에 있는 것은 그럴 듯하지만, '밭[田]'과는 어울리지 않아 보인다. 그럼에도 불구하고 '밭도랑'이란 말이 있으며, 이 말은 '비가 많이 올 적에 물이 빠지게 하려고 밭두렁 안쪽을 따라 고랑보다 깊게 판 도랑'으로 풀이되고 있다.

[원] 논[畓]+돌ㅎ[溝, 渠]+앙(접사)

® 논돌ㅎ앙> 논도랑

⑩ • 이웃 밧 도랑 경계롤 침졈ᄒ야 갈지 말며(경신록언석 65)
  • 도랑 渠(한불자전 493)

논두렁[논뚜렁] 圀 물이 괴어 있도록 논의 가장자리를 흙으로 둘러막은 두둑. 전반(田畔).

⊟ 이 말은 우선 '논+두렁'으로 분석되므로, '두렁'의 어원을 밝히는 것이 관건이다. 사전의 뜻풀이를 보면 '두렁'은 '두둑'과 같은 뜻이라고 하였다. 비록 첫 음절의 '두'는 같을지라도 '두렁'과 '두둑'의 어원이 같은지는 아직 의문이다. '두렁'을 동사 '두르다'의 어간 '두르-'에 접미사 '-엉'이 붙은 것으로 볼 수도 있겠고, 아니면 기원적인 어근 '둔'에 역시 접미사 '-엉'이 붙고, 여기에서 'ㄷ'이 'ㄹ'로 바뀌는 음운 변화를 생각할 수도 있다. '두렁'이란 말은 17세기 문헌에 처음으로 나타난다.

⊟ '논두렁'은 '물이 괴어 있도록 논의 가장자리를 흙으로 둘러막은 두둑'이며, '논도랑'은 '논에 물을 대거나 논바닥의 물을 빼기 위하여 논의 가장자리에 낸 작은 도랑'이다. '논두렁'과 '논도랑'은 마치 모음조화에 의한 교체 형태로 오해할 수 있지만, 사전의 뜻풀이를 보더라도 두 말은 전혀 다른 말임을 알 수 있다. 어간 '두르-'에 '-엉'이 붙는다고 하는 것은 접미사 '-엉'이 주로 명사 어근에 연결된다는 점에서 어려움이 있고, 명사 어근 '둔'을 설정하는 것은 이 어근이 문헌에서 실증되지 않는다는 난점이 있다. 만약 명사 어근 '둔'에서 '두렁'이 비롯되었다고 한다면, '두렁'과 '두둑'은 피를 나눈 형제간이 되는 것이지만, '두렁'이 '두르-'에서 시작되었다고 한다면 뜻을 나눈 의형제로 남아 있어야 한다. '두둑'의 뜻이 '논이나 밭 가장자리에 경계를 이룰 수 있도록 두두룩하게 만든 것'이므로, '논[畓]'이나 '밭[田]'과 잘 어울려 쓰인다. '논두렁'과 '밭두렁'이란 말은 마치 첩어처럼 서로의 존재에 기대어 국어에서 활용되고 있다.

⑧ 논[畓]+두렁[畔](두르+엉, 둔+엉)

⑩ 논두렁

⑩ • 논 오로 무티고 두렁 헤여디니(병자일기 226)
  • 두렁 岸(한불자전 503)

놀리다 [동] '놀다'의 사동. 놀게 하다. 빈정거리다. 조롱하다.

[一] '놀리다'의 중세국어 형태는 '놀이다'이며, 이 말은 '놀[遊]+이(사동접사)+다(어미)'로 분석된다.

[二] 중세국어에서 '놀이다'를 '노리다'로 표기하지 않는 것은 '놀이다'와 '노리다'의 발음이 다른 까닭이다. 즉 '놀이다'는 'ㄹ'이 설측음으로 발음되어 [nolida]가 되고, '노리다'는 'ㄹ'이 탄설음으로 발음되어 [norida]가 되기 때문이다. 그러므로 중세국어 '놀이다'는 이후에 '놀리다'로 표기가 바뀌게 되었다. 현대국어에서는 '놀이다'와 '노리다'의 발음이 다르지 않다.

[원] 놀[遊]+이(사동접사)+다(어미)

[변] 놀이다> 놀리다

[예] • 소리와 글왈와 놀요만(弄音文, 능엄경언해 6-59)
- 빅 놀요ᄆᆞᆯ 보노라 ᄒᆞ야(看弄舟, 두시언해-초간 22-7)
- 새 삿기ᄅᆞᆯ 어버싀 겨틔셔 놀려 어버이 깃거콰뎌 ᄒᆞ더라(소학언해-선조 4-16)

놈 [명] '사내'를 낮추어 이르는 말. 어떤 것을 홀하게 이르는 말.

[一] 중세국어 형태도 현대국어와 같이 '놈'이지만, 가끔 'ᄂᆞᆷ'도 쓰였다. 어원적으로 '놈'은 'ᄂᆞᆷ[他人]'과 같으며, 의미 및 형태 변화의 관점에서 '놈'은 'ᄂᆞᆷ'에서 변화된 것이라고 하는 것이 옳다. 그것은 'ᄂᆞᆷ'의 의미가 '놈'보다 일반적이고, 'ᄂᆞᆷ'에서 '놈'으로 변화되는 것이 모음 변화의 과정이 자연스럽기 때문이다.

[二] 중세국어에서 '놈'은 '보통 사람'을 뜻하며, 현대국어와 같은 낮춤의 의미는 없었다.

[원] ᄂᆞᆷ[他人]

[변] ᄂᆞᆷ> 놈

[예] • 게으른 ᄒᆞᆫ ᄂᆞ미 서르 가ᄅᆞ쳐(월인석보 1-45)
- 叛ᄒᆞᄂᆞᆫ 노ᄆᆞᆯ(용비어천가 64장)

놋 [명] '놋쇠'의 준말. 유철(鍮鐵). 황동(黃銅).

[一] 중세국어나 근대국어의 형태도 '놋'이며, 근대국어 문헌에서 '놋'으로 표기된 경

우가 있다. 이 말은 '놋, 놋쇠'의 의미를 고려할 때, '눋다, 누르다, 노르다, 누렇다, 노랗다' 등의 어원적 형태인'눋/녿[黃]'과 같은 어원인 것으로 파악된다. 아마도 '녿'에서 '놋'으로 변화되었을 것으로 생각된다.

[三] 어말에서 'ㄷ'과 'ㅅ'의 구별 표기가 비교적 엄격하였던 중세국어에서 '녿> 놋'의 변화를 설명하기는 쉽지 않으나, '놋'이 단독 형태보다는 '놋져, 놋술, 놋쥬게' 등과 같이 합성어를 이루어 사용되었기 때문에 '녿'과 '놋'의 표기 변화가 일찍부터 가능했던 것으로 생각된다.

[원] 녿[黃]

[변] *녿> 놋

[예] • 놋술(銅匙, 번역노걸대 하-33)

• 녿 유(鍮, 왜어유해 하-8)

☞ 눋다

농어 [명] 농엇과의 바닷물고기. 몸길이 90cm가량. 몸이 가늘고 길며, 몸빛은 등 쪽이 검푸른 녹색을 띠고 배는 은백색임. 노어(鱸魚).

[一] '농어'의 중세국어 형태는 '로어'로서 이 말은 한자어 '鱸魚'를 조선 한자음으로 읽은 것이다. 그러나 중세국어의 현실 언어에서 '로어'보다는 '롱어'란 말이 쓰였을 것으로 생각된다.

[三] 한어(漢語)의 중고음(中古音)으로는 '魚'가 [ŋjo]로서 초성이 연구개 비음 'ㆁ[ŋ]'이다. 그러므로 '鱸魚'를 중세국어 이전의 어느 시기에 '로어[lo-ŋə]'로 받아들였다면, '어[ŋə]'의 초성 'ㆁ[ŋ]'이 앞 음절의 말음으로 이동하여 '롱어'가 되며, 여기에 두음법칙이 적용되면 '농어'가 된다. '沙魚, 秀魚, 鯉魚' 등의 한자어에서 '상어, 숭어, 잉어' 등이 된 것도 모두 '魚'의 발음에 의한 것이다.

[원] 鱸魚

[변] 鱸魚> 로어[lo-ŋə]> 롱어[loŋ-ə]> 농어[noŋ-ə]

[예] • 로어 로(鱸, 훈몽자회 상-21)

• 롱어(鱸魚, 역어유해 하-37)

높새 [명] '북동풍'의 뱃사람 말. 녹새풍. 높새바람.

[一] '높새'는 '북동풍(北東風)'을 의미하므로, '높[北]+새[東]'로 분석된다. 근대의 문헌에 '東北風 謂之高沙 卽條風也'란 구절이 있어서 '높새'에 해당하는 한자 표기 '高沙'를 확인할 수 있다. 방위의 이름인 '새'가 '동(東)'을 의미한다는 것은 널리 알려진 일이다. '높새'의 '높'은 형용사 '높다'의 어간 '높-'임이 분명하지만, 방위로는 '북(北)'을 가리키는 용법으로 사용된다. 아마도 왕은 남면(南面)하고, 신하는 북면(北面)하는 유교적 질서, 그리고 지도에서 위쪽에 위치하는 '북쪽'을 '높다'와 관련시키는 것은 자연스러운 언어 감각이라고 생각된다.

[二] 조선 후기의 학자인 이익(李瀷, 1681~1763)이 쓴 『성호사설(星湖僿說)』에 '東北風 謂之高沙 卽條風也'란 구절이 있어서 '높새'에 해당하는 한자 표기 '高沙'를 18세기 문헌에서 확인할 수 있다. '조풍(條風)'이란 한자어는 중국에서 사용하던 말이며, 역시 '동북풍'을 가리킨다. '높새'의 '높'은 뜻으로 풀어 '고(高)'로 옮겼고, '높새'의 '새'는 음으로 옮겨 '沙'로 적었다. '애'의 발음은 중세국어에 [aj]이므로 이중모음이다. 그러던 것이 현대국어와 같이 단모음 '애[ɛ]'로 변화된 것은 18세기를 넘어선 시기이다. 그러므로 이익(李瀷)이 살았던 시기에 '애'의 단모음화는 한창 변화의 와중에 있었다고 하겠다. '애'에 대한 보수적 관점에서 뒤따르는 반모음 'ㅣ[j]'를 생략하고, '새'를 '沙[sa]'로 표기했다고 이해된다. 방위의 이름인 '새'가 '동(東)'을 의미한다는 것은 널리 알려진 일이다. '샛바람, 샛마, 샛별, 된새' 등의 고유어에서 '샛바람'은 '동풍(東風)'을, '샛마'는 '동남풍(東南風)'을, '샛별'은 새벽에 동쪽 하늘에 뜨는 '금성(金星)'을, '된새'는 '동북풍'을 각각 뜻하므로 '새'가 방위로는 '동(東)'임이 분명하다. 문세영이 편찬한 20세기의 『조선어사전』(1938)에 '놉새바람'을 싣고, '동북풍(東北風)'으로 풀이하면서, 여기에 해당하는 다른 한자어인 '녹새풍(綠塞風)'을 제시하였다. 그러므로 어원적 형태인 '높새'가 '놉새'로 표기되고, 어원 의식이 약화되면서 '녹새'로도 발음되었다는 것을 알 수 있다. 조선어학회(한글학회)의 『큰사전』(1947)에서 '높새'로 표기하여 오늘에 이르고 있다.

[원] 높[高/北]+새[東]

[변] 높새

[예] • 놉새바람(東北風, 綠塞風, 조선어사전)

누구 때명 그 사람이 어떤 사람인지 모를 때, 의문의 뜻으로 지칭하는 말.

田 현대국어의 대명사 '누구'에 해당하는 중세국어는 '누'이다. '누구'는 중세국어에서 '누[誰]+고(의문 조사)'로 쓰이던 것이 단독 형태화하여 '누구'로 변화된 말이다.

田 현대국어에서도 '누가 왔느냐?'와 같은 문장에서는 1음절인 '누'로 나타난다. 다만 현대국어에서는 이 경우의 '누'를 '누구'의 준말로 처리하고 있으나, 역사적인 관점에서는 '누'가 어원적 기본형이다.

目 '누고'가 의문형이 아닌 단독 형태의 대명사로 바뀌게 된 것은 근대국어에 들어서의 일이며, '누구'란 형태도 근대국어 문헌에 나타난다.

옌 누[誰]+고(의문 조사)

옌 누고> 누구

옌 • 이 사ᄅᆞ미 누고(월인석보 21-195)

　　• 이 벗은 누고고(노걸대언해 하-5)

　　• 누구 슈(誰, 천자문-석봉 31)

누님 명 '누나'를 높이어 부르는 말.

田 '누님'의 중세국어 형태는 '누의님'이다. 이 말은 '누의[姊/妹]+님(존칭접사)'으로 분석된다.

田 중세국어에서 '누의'는 손위와 손아래 여자 형제를 모두 지칭한다. 따라서 '물누의 ᄌᆞ(姊), 아ᅀᆞ누의 ᄆᆡ(妹)'와 같이 쓰였다. 중세국어에서는 대체로 '누의'가 쓰였으나, 간혹 '누위'도 나타난다. 현대국어에서는 일반적으로 손위의 경우는 '누나, 누님'이라고 하고, 손아래의 경우는 '누이'라고 한다.

옌 누의[姊/妹]+님(존칭 접사)

옌 누의님> 누으님> 누님

옌 • 누의님내 더브러 즉자히 나가니(월인석보 2-6)

　　• 누으님으란 어엿비 ᄒᆞ고(계축일기 34)

누룽지 명 솥 바닥에 눌어붙은 밥.

田 '누룽지'의 근대국어 형태는 '누룽기, 누룽이, 누룽지' 등이며, 이 말들은 동사 '눋

다'에서 파생된 말이다. '눋다'는 'ㄷ' 불규칙 동사이기 때문에 '눌으니, 눌어' 등으로 활용한다.

[三] 세 가지 형태 중에서 '누룽기'가 가장 기본적인 형태라고 할 수 있으며, 이것은 '누룽기'로부터 '누룽이, 누룽지'의 형태 변화를 설명하는 것이 이치에 맞기 때문이다. '누룽기'는 '눋[焦]+은(관형사형 어미)+기(접사)'의 어원적 구조로 이루어진 '*누른기'에서 받침의 'ㄴ'이 뒤에 오는 'ㄱ'에 조음 위치가 동화되어 '*누릉기'가 되고, 다시 모음 '으'가 앞에 오는 '우'에 동화되어 '누룽기'가 된다. '누룽기'에서 'ㄱ'이 탈락하면 '누룽이'가 되며, '이' 모음 앞에서 'ㄱ'이 구개음화를 입으면 '누룽지'가 되는 것이다. 이러한 음운 변화는 국어 음운사에서 모두 자연스러운 현상이기 때문에 형태 변화의 설명에 큰 무리가 없다.

[원] 눋[焦]+은(관형사형 어미)+기(접사)

[변] *누른기> *누릉기> 누룽기> 누룽이
 *누른기> *누릉기> 누룽기> 누룽지

[예] • 누룽기(한불자전 294)
 • 누룽이(한불자전 294)
 • 누룽지(국한회어 63)

누리다 [동] (일부 명사와 함께 쓰여) 그것의 좋은 점을 생활에서 즐기다.

[一] 중세국어 형태도 '누리다'이다. 이 말은 '세상'을 뜻하는 명사 '누리[世]'에서 동사로 직접 파생된 것이다.

[三] 중세국어에서는 '누리'와 '뉘'가 같은 뜻으로 쓰였으나, '누리'가 어원적 기본형이며, 여기에서 'ㄹ'이 탈락하고 음절이 축약되어 '뉘'가 된 것이다. 이것은 '나리[川]'가 '내[川]'로 되는 과정과 같다.

[원] 누리[世]+다(어미)

[변] 누리다

[예] • 太平을 누리싫 제(享此太平日, 용비어천가 110장)
 • 누릴 셰(世, 천자문-광주 22)

누비 명 천을 겹으로 포개 놓고 죽죽 줄이 지게 박는 바느질, 또는 그렇게 만든 것.

囯 중세국어 형태도 '누비'이다. 이 말은 한자어 '衲衣(납의)'에서 고유어화한 것이다.

囯 그러므로 어원적으로 '누비'는 '기워 입는 옷'이란 뜻에서 '승복(僧服)'을 가리킨 말이었음을 알 수 있다. 중세국어의 언해문에서 '누비'의 뜻에 해당하는 한자는 '衲(납)'이다.

옌 衲衣(납의)

옌 衲衣(납의) > 누비

예 • 比丘ㅣ 누비 닙고 錫杖 디퍼(월인석보 8-92)

 • 흔 옰 구룸 누비 이 生涯로다(一條雲衲是生涯, 남명집언해 상-59)

누비다 동 ① 두 겹의 천 사이에 솜을 두고 줄이 죽죽 지게 호다. ② 이리저리 거리낌 없이 다니다.

囯 근대국어 형태도 '누비다'이며, 이 말은 명사 '누비[衲衣]'에서 바로 동사로 파생된 것이다.

囯 '누비다'의 뜻이 '이리저리 거리낌 없이 다니다'가 된 것은 옷을 이리저리 누비는 모양에서 생긴 부차적인 의미이다.

옌 누비[衲衣]+다(어미)

옌 누비다

예 • 뎌른 오새 누비엿도다(두시언해-중간 1-6)

☞ 누비

눈곱[눈꼽] 명 눈에서 나오는 진득진득한 즙액. '매우 작은 것'을 비유하여 이르는 말.

囯 '눈곱'의 중세국어 형태는 '눉곱'이므로 '눈곱[눈꼽]'의 현대국어 발음과 비교하면 형태의 차이가 있는 것은 아니다. '눉곱'은 '눈[眼]+ㅅ(조사/사잇소리)+곱[膏]'으로 분석된다.

囯 '곱'이란 말은 '기름, 지방, 비계' 등을 뜻하는 고유어이다. '곱'이란 '곱이 끼다'에

서와 같이 단독으로도 쓰이지만, '곱돌, 곱창, 눈곱' 등의 합성어에서도 찾아볼 수 있다.

㉿ 눈[眼]+ㅅ(사잇소리)+곱[膏]

㉣ 눗곱> 눈곱

㉠ • 눗곱 치(眵, 훈몽자회 상-29)

　• 눈ㅅ곱(眼脂兒, 역어유해 상-32)

　• 눈곱을 스서(언해두창집요 하-34)

눈구석[눈꾸석] ㈑ 코 쪽으로 향한 눈의 구석.

㉤ '눈구석'의 중세국어 형태는 '눈굿'이다. 그러므로 '눈구석'은 '눈[眼]+굿[隅]+억(접사)'의 구조로 이루어진 말이라는 것을 알 수 있다.

㉿ 눈[眼]+굿[隅]+억(접사)

㉣ 눈굿> 눈굿+억> 눈구석

㉠ • 눈굿(眼角, 훈몽자회 상-25)

☞ 구석

눈살[눈쌀] ㈑ 양 눈썹 사이에 있는 주름.

㉤ 중세국어 문헌에는 용례가 나타나지 않고, 근대국어 문헌에 현대국어와 같은 형태인 '눈살'이 나타난다. 이 말은 '눈[眼]+살[箭, 條]'로 분석된다.

㉤ '눈살'의 '살'은 '화살[矢], 오리[條]' 등의 의미로서 단독 형태로 쓰이기도 하지만, '살별, 빗살, 창살, 햇살, 화살' 등과 같이 합성어(또는 파생어)를 이루어 쓰이는 경우가 많다.

㉿ 눈[眼]+살[箭, 條]

㉣ 눈살

㉠ • 근심ㅎ여 눈살 지픠다(愁的皺眉, 한청문감 7-2)

눈썹 ㈑ 눈두덩 위에 가로로 길게 모여 난 짧은 털. 미모(眉毛).

㉤ 이 말이 문헌에 나오는 형태는 15세기의 '눈섭'이며, '눈+섭'으로 분석되는 것이

분명하다. 여기에서 '눈(眼)'의 정체는 확실하지만, '섭'을 파악하는 것이 관건이다. 15세기 문헌에 '섭 爲薪'이라고 하였는데, 현대국어 '섶'에 해당하는 이 경우의 '섭'이 '눈섭'의 '섭'이다. 15세기에 '눈섭'이라고 표기된 것을 보면 당시에는 '눈섭'의 '섭'이 [썹]으로 발음되지 않았다는 것을 알 수 있다. 이후에도 '눈섭'의 표기는 16세기 이후에 등장하는 '눈썹, 눈ㅅ섭' 등과 더불어 20세기까지 계속되지만, 현대국어는 '눈썹'으로 통일되었다. 15세기의 '눈섭'에서 21세기의 '눈썹'에 이르는 경음화 과정에는 반세기에 걸친 조정 기간이 있었다.

[二] 15세기 문헌인 『석보상절(釋譜詳節)』(1447)의 '눈서비 놉고 길며(눈썹이 높고 길며)에서 '눈섭'의 형태로 처음 나타난다. '눈섭'이라고 표기된 것을 보면 당시에는 '눈섭'의 '섭'이 [썹]으로 발음되지 않았다는 것을 말해 준다. 이후에도 '눈섭'의 표기는 20세기까지 계속되지만, 16세기에 '눈썹', 17세기에 '눈ㅅ섭', 18세기에 '눈썹, 눈ㅅ섭', 19세기에 '눈썹' 등이 나타나서, '섭'의 경음화 여부에 따라 표기에 차이가 나타난다. 현대국어는 '눈썹'으로 통일되었다.

[三] 15세기 형태 '눈섭'의 '섭'에 대하여 지금까지 두 가지 견해가 유력하다. 하나는 '섭'을 '옆, 기슭, 가장자리' 등의 뜻으로 풀면서, 방언에 남아 있는 이러한 의미의 '섶'을 근거로 드는 것이다. 다른 하나는 현대국어에서 '잎나무, 풋나무, 물거리 따위의 땔나무를 통틀어 이르는 말'인 '섶'이 15세기 '눈섭'의 '섭'에 해당한다고 하는 것이다. 첫 번째의 견해에 따르면 15세기의 '눈섭'이란 말은 '눈 가장자리, 눈의 기슭, 눈의 옆' 등의 의미로서 만들어진 말이라고 해야 한다. 그러나 '눈썹'은 '두 눈두덩 위나 눈시울에 가로로 모여 난 짧은 털'을 뜻하므로, 기본적으로 '털'이라는 뜻을 가리키지 못하는 허점이 있다. 그러므로 15세기의 '눈섭'의 '섭'은 두 번째의 해석에 의하여 이해하는 것이 옳다. 특히 『훈민정음(해례본)』(1446)에 '섭 爲薪'이라고 하였고, 다른 문헌인 『월인석보(月印釋譜)』(1459)에 '서븨 띠려 쉬구에 ᄇᆞ리며(섶에 꾸려 시궁에 버리고)'라고 하였으므로, 현대국어 '섶'의 15세기 형태가 '섭'임을 보여 주고 있는 것도 유력한 증거가 되기 때문이다.

[원] 눈[眼]+섭[薪]

[변] 눈섭> 눈썹

[예] • 눈서비 놉고 길며(석보상절 19-7)

- 시름 ᄒᆞᄂᆞᆫ 눈썹은 즘기여 여디 아니ᄒᆞᄂᆞᆫ도다(여사서언해 4-27)
- 눈셥 미(眉, 왜어유해 상-16)
- 눈ㅅ섭(眉毛, 역어유해 상-32)

눈자위[눈짜위] 📖 눈알의 언저리. 안광(眼眶).

🖻 중세국어 문헌에서 '눈ᄌᆞᅀᆞ'의 형태로 처음 나타난다. 15세기 다른 문헌에는 '눉ᄌᆞᅀᆞ, 눈ᄍᆞᅀᆞ' 등으로도 표기되었다. 이들 표기는 사잇소리를 달리 표기한 것이므로, 음성 형태에 있어서 차이가 있는 것은 아니다. 중세국어의 '눈ᄌᆞᅀᆞ, 눉ᄌᆞᅀᆞ, 눈ᄍᆞᅀᆞ' 등은 '눈+ㅅ/ㄷ+ᄌᆞᅀᆞ'의 구성에 의하여 이루어진 말이다. 15세기 국어에서 'ᄌᆞᅀᆞ'는 한자어로는 '實(실), 核(핵)' 등에 해당하여, '사물의 핵심, 과일의 씨' 등을 의미하는 말이었다. 그러므로 15세기의 '눈ᄌᆞᅀᆞ, 눉ᄌᆞᅀᆞ'는 눈의 핵심인 '눈알'이나 '눈동자'를 의미하는 말이다. 그런데 현대국어의 '눈자위'는 '눈알의 언저리'를 뜻하게 되었으므로, 눈의 핵심에서 주변으로 향하는 의미의 전이가 있었다. 16세기에 'ᅀᆞ'이 탈락하면서 17세기에는 '눈ᄌᆞ이, 눈ᄌᆞ의' 등의 표기가 나타나, 반모음 'ㅣ [j]'가 연결된 16세기의 '눈ᄌᆞᅵ'란 형태가 계승되고 있음을 알 수 있다. 19세기에 드디어 '눈ᄌᆞ위'가 등장하여 현대의 '눈자위'로 이어진다.

🖻 15세기 문헌인 『석보상절(釋譜詳節)』(1447)의 '사ᄅᆞ미 눈ᄌᆞᅀᆞ와 骨髓왜니이다(사람의 눈동자와 骨髓입니다)'에서 '눈ᄌᆞᅀᆞ'의 형태로 처음 나타난다. 15세기 다른 문헌에는 '눉ᄌᆞᅀᆞ, 눈ᄍᆞᅀᆞ' 등으로도 표기되었다. 16세기에 'ᅀᆞ'이 탈락하면서 17세기에는 '눈ᄌᆞ이, 눈ᄌᆞ의' 등의 표기가 나타나, 반모음 'ㅣ [j]'가 연결된 16세기의 '눈ᄌᆞᅵ'란 형태가 계승되고 있음을 알 수 있다. 19세기에 드디어 '눈ᄌᆞ위'가 등장하여 현대의 '눈자위'가 되었다. '눈ᄌᆞ이'가 '눈ᄌᆞ의'가 되는 것은 비어두 음절에서 'ᄋᆞ'가 '으'로 변하는 음운 과정이므로 자연스럽다. 그러나 '눈ᄌᆞ의'에서 변화된 '눈ᄌᆞ위'는 '으'가 '우'로 바뀌는 변화이므로, 이에 대한 정확한 음운적 근거를 말하기 어렵다.

🖻 '눈자위'의 '자위'는 눈알의 핵심에서 주변으로 그 의미가 밀려났지만, 'ᄌᆞᅀᆞ'에서 변화된 '자위'가 현대국어에서 단일어로 쓰일 때는 사정이 다르다. 현대국어에서 '자위'는 '눈알이나 새 따위의 알에서 빛깔에 따라 구분된 부분. 눈알의 검은자위와 흰자위, 달걀의 노른자위와 흰자위 따위를 이른다.'라고 뜻풀이되고 있다. 이 경우에

'흰자위'는 좀 그렇지만, '검은자위, 노른자위' 등에는 여전히 '핵심(核心)'의 의미가 담겨 있어서 중세국어의 'ᄌᅀᆞ'의 의미가 살아 있음을 보게 된다.

㉖ 눈[眼]+ㅅ(조사/사잇소리)+ᄌᅀᆞ[核]

㉖ 눖ᄌᅀᆞ> 눈ᄌᅀᅵ> 눈ᄌᅀᅵ> 눈자위

㉖ • 눖ᄌᅀᅵ 감ᄑᆞᄅᆞ며 흰 ᄃᆡ 블근 ᄃᆡ 조히 分明ᄒᆞ시며(월인석보 2-41)
  • 사ᄅᆞᄆᆡ 눈ᄌᅀᆞ와 骨髓왜니이다(석보상절 11-19)
  • 눈쪼ᅀᆞᄅᆞᆯ 뮈우디 아니ᄒᆞ야(不動目睛, 능엄경언해 2-109)
  • 눈ᄌᅀᅵ 쳥(睛, 훈몽자회 상-13)
  • 金빈혀로 눈ᄌᅀᅵ예 ᄀᆞ리낀 거슬 거더 ᄇᆞ리면(金篦刮眼膜, 두시언해-중간 9-19)

눈초리 圏 귀 쪽으로 가늘게 좁혀진 눈의 구석. 목자(目眥).

囗 근대국어 형태도 현대국어와 같은 '눈초리'이다. 이 말은 '눈[眼]+초리[尾]'로 분석된다. '초리'는 '꼬리'와 의미가 같으므로, '눈초리'는 '눈꼬리'라고도 한다. 15세기 문헌에 '쇼리'가 나타나며, 이 말은 현대국어 '꼬리'로 이어진다. 반면에 '초리'는 17세기 문헌에 처음 등장하므로, '쇼리'보다 유래가 깊지 않다.

囙 17세기 문헌인『마경초집언해(馬經抄集諺解)』(1682)에 '눈초리'란 말이 처음 나타난다. '초리'는 '꼬리'와 같은 뜻이다. 15세기 문헌인『월인석보(月印釋譜)』(1459)에 '쇼리'가 나타나며, 이 말은 현대국어 '꼬리'로 이어진다. 반면에 '초리'는 17세기 문헌에 처음 등장하므로, '쇼리'보다 유래가 깊지 않다.『역어유해(譯語類解)』(1690)에도 'ᄆᆞᆯ초리(馬尾子)'와 함께 '눈초리(眼角)'가 있으므로, '초리'란 말은 동물의 '꼬리'를 가리키는 말로도 사용되었음을 알 수 있다. 일찍부터 15세기에 등장한 '쇼리'는 18세기 이후에 '쇼리'와 '꼬리'의 두 가지로 표기되었지만, 발음이 바뀐 것은 아니므로 현대까지 형태의 변화가 없었던 셈이다.

囯 근대국어의 '초리'가 '쇼리/꼬리'에서 음운적 변용을 거쳐 형태가 바뀌었다고 하기에는 변화 과정의 설명에 어려움이 있다. 그러나 이러한 어려움에도 불구하고, 근대국어에 'ᄆᆞᆯ초리, 龍의 초리'의 '초리'는 '쇼리/꼬리'의 용법과 구분하기 어렵다. '초리'는 동물의 '꼬리'를 가리키는 경우도 있지만, 18세기 말의 문헌인『왜어유해(倭語

類解)』에 '蘖 초리 얼'이라고 한 바와 같이 주로 '식물의 가느다란 가지'를 지칭하는 경우가 많다. 반면에 'ᄭᅩ리/꼬리'는 식물에 대해서는 사용되지 않으므로, 'ᄭᅩ리/꼬리'와 '초리'의 의미 기능에는 분명한 차이가 있는 것도 사실이다. 이와 같이 'ᄭᅩ리/꼬리'와 '초리'의 음운적 또는 의미적 차이를 무시할 수 없으므로, 두 말의 어원이 같다고 쉽게 말하기는 어렵지만, 같은 어원일 가능성이 더 크다. '눈초리'는 17세기에 등장한 이후 현대에까지 그대로 사용되었다. 다만 19세기와 20세기에 모음이 교체된 '눈추리'가 나타나며, 유의적 관계에 있는 '꼬리'로 대체된 '눈꼬리'란 말이 20세기에 등장한 것이 특징이다. 현대국어에서 '눈초리'와 '눈꼬리'는 신체 부위로서 눈의 가장자리를 가리킬 때는 같은 의미로 사용되지만, '어떤 대상을 바라볼 때 눈에 나타나는 표정'을 지칭할 경우에는 '눈초리'만 쓰므로, 의미가 완전히 같지는 않다.

[원] 눈[眼]+초리[尾]

[변] 눈초리

[예] • 눈초리(眼角, 역어유해 상-32)

눋다[눌으니, 눌어] [동] 누른빛이 나도록 조금 타다.

[一] 중세국어 형태도 '눋다'이다. 어간 '눋'은 '누르다, 노르다, 누렇다, 노랗다' 등의 '눌/놀'과 같은 어원이다.

[二] 해명되어야 할 문제는 '놀/눌'과 '눋/놋'에서 어떤 형태가 어원적으로 기본형인가 하는 것이다. '눋다'가 'ㄷ' 불규칙 용언임 점을 감안하면 'ㄷ'이 'ㄹ'로 변화되었다고 하는 것이 현재의 관점에서는 이치에 맞다.

[원] 눋[黃]+다(어미)

[변] 눋다

[예] • 숫브레 ᄣᅵ여 눋게 ᄒᆞ야(구급간이방 1-81)

☞ 놋

뉘 [명] 세상이나 때.

[一] 중세국어 문헌에서 '뉘'란 말이 나타난다. 그런데 『훈몽자회(訓蒙字會)』(1527)에는 '世 누리 셰'라고 하여 2음절어인 '누리'를 보여 준다. 비록 문헌에서는 '뉘'가 먼

저 나오고, '누리'가 나중에 나타나지만, '뉘'는 '누리'에서 변화된 말이다. '누리'에서 'ㄹ'이 탈락하고, 두 번째 음절의 '이'가 반모음이 되어 1음절어 '뉘'가 된 것이다.

三 15세기의 문헌인 『석보상절(釋譜詳節)』(1447)에 '千萬 뉘예 子孫이 니어가물 위흐시니'라고 하여 '뉘'란 말이 오래전에 사용되었음을 알 수 있다. 비록 문헌에서는 '뉘'가 먼저 나오고, '누리'가 나중에 나타나지만, '뉘'는 '누리'에서 변화된 말이다. '누리'에서 'ㄹ'이 탈락하고, 두 번째 음절의 '이'가 반모음이 되어 1음절어 '뉘'가 된 것이다. 이러한 변화는 국어의 역사에서 가끔 나타난다. '나리[川]'가 '내'가 되는 것도 '누리'에서 '뉘'가 되는 과정과 완전히 같다. 다만 주의할 것은 '뉘'의 발음이 15세기에는 [nuj]로서 현대와 같지 않다는 점이다. '뉘'가 현대국어에서는 단모음화된 [ny]로 발음되는 것이 표준이고, 또는 [nwi]로 발음되기도 하므로, 중세국어나 근대국어의 발음과는 분명한 차이가 있다.

三 '뉘'의 어원적 소급 형태인 '누리'는 더 이상 분석되지는 않는다. 다만 동사 '누리다'의 어간 '누리-'와는 같은 어원인 것으로 생각된다. 아마도 명사 '누리'에서 동사 '누리다'가 바로 파생되었을 것으로 생각된다. 명사에서 바로 동사로 파생되는 것은 종종 나타나는 현상이다. '신[履]'에서 '신다', '품[懷]'에서 '품다', '씌[帶]'에서 '씌다' 등이 되는 것을 참조할 수 있다. 15세기 형태 '뉘'는 16세기에 나타난 '누리'와 함께 20세기까지 사용되다가 이후에는 '누리'만 쓰게 되었다. 현대국어에서 단일어 '뉘'는 옛말로 처리하고 있으므로, 거의 생명을 잃었다. 그러나 '한뉘'가 '한평생'의 의미로서 사용되고 있으므로 완전히 명맥이 끊긴 것은 아니다. '누리'에서 음운의 간소화에 의한 형태인 '뉘'는 그 지나친 간소화에 의하여 스스로의 운명을 재촉한 셈이 되었다.

웡 누리[世]

뱐 누리> 뉘[nuj]> 뉘[ny]

옝 • 千萬 뉘예 子孫이 니어가물 위흐시니(석보상절 6-7)
   • 누리 셰(世, 훈몽자회 중-1)

느끼다 图 자극을 받아 감각이 일어나다. (주로 슬픈) 감정이 우러나다.

三 '느끼다'의 중세국어 형태는 찾을 수 없지만, 근대국어에 '늘기다, 늣기다'가 나타

난다.

㉡ 중세국어에는 '죽사리를 버서날 느지오(월인석보 1-17)'에서 보는 바와 같이 '늦[徵]'이란 말이 있는데, 이 말은 현대국어의 '조짐'이나 '징조(徵兆)'에 해당하는 말이다. 근대국어에 나타나는 '늗기다, 늣기다'는 중세국어의 명사 '늦[徵]'에 동사화 접사 '-기'가 연결되어 생긴 말로 이해된다.

㉢ 현대국어에서 '느끼다'는 '슬픔이 복받쳐 느껴 울다'와 같은 자동사 용법과 '책임을 느끼다'처럼 타동사 용법이 있으나, 어원적으로 다른 것은 아니다.

㉮ 늦[徵]+기(동사화 접사)+다(어미)

㉯ *늦기다> 늣기다/늗기다> 느끼다

㉤ • 늗길 감(感, 천자문-석봉 24)
　　• 므른 쁘들 늗기게 호매 여트며 기프미 잇도다(백련초해 1)
　　• 늣겨 ᄀ장 셜워(계축일기 109)
　　• 더옥 뼈 늣기믈 더으니(가례언해 10-48)

느티나무 ㉱ 느릅나뭇과의 낙엽 교목. 예부터 그늘이 넓어 정자나무로 흔히 심으며, 높이 30m 지름 3m가량에 이름. 나무의 질이 단단하고 결이 고와서 가구와 건축 재료 등으로 많이 쓰임. 귀목나무. 규목.

㉠ '느티나무'의 중세국어 형태는 '누튀나모'이다. 이 말은 '눋[黃]+회(槐)+나모(木)'로 분석할 수 있다. 이와 같은 어원 분석을 할 수 있는 것은 『훈몽자회』의 '楡(유)'에 대한 설명이 '누튀나모 靑楡樹又黃楡樹'로 되어 있고, 『역어유해』에는 '느틔나모(黃槐樹, 하-42)'로 되어 있으며, 아울러 『천자문-광주』에 '누튀 괴(槐, 21)'로 되어 있어서 '黃'과 연결된 '눋[黃]'을 가려낼 수 있기 때문이다. 어근 '눋[黃]'은 '눋다, 누르다' 등에서 나타나는 '눋/누르'와 같은 것이다.

㉡ 한자 '槐'는 국어 한자음에서 '괴'나 '회'로 넘나들 수 있다. 한어(漢語) 중고음(中古音)을 기준으로 하면 '槐(괴)'는 '懷(회)'와 반절(反切)이 같은 음이며, 성모(聲母)는 '匣母(갑모/ɣ)'이다.

㉮ 눋[黃]+회(槐)+나모(木)

㉯ *눋회나모> 누튀나모> 느틔나모> 느티나무

[예] • 누튀나모(훈몽자회 상-10)

• 느틔나모(黃槐樹, 역어유해 하-42)

☞ 눗, 눋다

늑대 [명] 갯과의 동물. 이리와 승냥이의 중간종. 몸길이 130cm 정도, 빛은 황갈색, 등에 검은 띠가 있음. 머리뼈는 가늘고 길며 앞다리가 짧음. 성질이 사납고 육식성임.

[一] 늑대는 옛날부터 우리나라에 살고 있었을 것이지만, 근대국어 후기의 문헌에 비로소 나타난다. '늑대'의 어원은 퉁구스제어의 'nekte[늑대]'에서 온 것으로 이해되고 있다(한국문화상징사전 2).

[원] (퉁구스제어)nekte

[변] nekte> 늑대

[예] • 늑대(국한회어 65)

늑장 [명] 당장 볼일이 있는데도 딴 일을 하거나 느긋하게 행동하는 일.

[一] '느긋하다'와 같은 뜻의 '늑하다[裕]'란 말이 있다. '늑장'은 '늑하다'의 어간 '늑-'에 접미사 '-장'이 결합된 말이다. '늑장'과 '늦장'은 같은 뜻으로 사용되지만, 어원적 의미에 있어서는 차이가 있다. 즉 '늑장'은 '늑하다'에서 온 말이므로 어떤 일을 하는 데에 느긋하게 천천히 하는 것을 가리키지만, '늦장'은 '늦다[遲]'에서 온 말이므로 어떤 일을 뒤늦게 하는 것을 말한다.

[원] 늑[裕]+장(접사)

[변] 늑장

늦마 [명] 제철이 지난 뒤에 지는 장마. '늦장마'의 준말.

[一] '늦마'는 '늦장마'의 준말로 처리되고 있으나, 중세국어나 근대국어에서 '마/마ㅎ'가 바로 '장마'나 '비[雨]'의 뜻으로 쓰였으므로, '늦[遲]+마ㅎ[雨]'로 바로 분석하는 것이 옳다. '늦마'는 비통사적 합성어이다.

[원] 늦[遲]+마ㅎ[雨]

ⓥ 늦마ㅎ > 늦마

☞ 장마

니코틴 圐 주로 담뱃잎에 들어 있는 알칼로이드. 본디는 무색의 액체이지만 공기
에 닿으면 갈색이 됨. 수용성이며 독성이 강하여 신경 계통의 조직을 자극하여 마비
시킴.

⊟ 1560년 포르투갈 리스본에 주재하던 프랑스 대사 장 니코(Jean Nicot)는 아메
리카 대륙에서 전래된 진귀한 식물에 흥미를 갖게 되어 그 종자를 얻어 귀국하여 심
었는데 이것이 담배였다. 이 식물의 학명을 니코 대사의 이름을 따서 니코티아나
(Nicotiana)라고 했고, 이 식물이 가진 독성 수액을 니코틴이라고 부르게 되었다.

ⓦ (프랑스어)Jean Nicot+ine(접사)

ⓥ Nicot(인명)+ine(접사)> (영어)nicotine> 니코틴

님 圈 남의 이름이나 호칭, 또는 다른 명사의 뒤에 붙어 높임의 뜻을 나타내는 말.

⊟ 중세국어 형태도 '님'이다. 중세국어의 '님'은 명사와 접미사의 두 가지 용법을 가
지고 있었다. 명사로 쓰일 때는 '주인, 임금'의 뜻이며, 접미사의 경우는 현대국어와
차이가 없다. 명사로 사용된 '님'이 접미사 '-님'의 어원이다.

⊟ 중세국어에서 '명사'로 쓰인 '님'은 두음법칙이 적용되어 현대국어의 '임'으로 바
뀌었고, 두음법칙이 적용되지 않은 접미사 '-님'은 형태가 변하지 않았다. 그러므로
현대국어의 '임'과 접미사 '-님'의 어원은 같다.

ⓦ 님[主]

ⓥ 님

ⓔ • 아ᄃ닔긔 衰服 니피ᅀᆞᇦ니(용비어천가 25장)

　　• 님님을 모ᄅᆞᆯ씨(월인천강지곡 상-2)

☞ 임, 임금

다[다:] 團 남김없이. 모조리. 몽땅. 전부.

☐ 중세국어 형태도 '다'이다. 이 말은 중세국어 '다ᄋ다[盡]'의 활용형인 '다아'의 축약 형태이므로 '다ᄋ[盡]+아(어미)'로 분석되며, 동사의 활용형인 '다'가 부사화한 것이다. 중세국어에서 '다'는 성조가 상성이므로 현대국어의 장음으로 이어진다.

☐ 현대국어 '다하다'의 중세국어 형태는 '다ᄋ다'이다.

㉿ 다ᄋ[盡]+아(어미)

㉿ 다아> 다

㉿ • 天命이 다아 갈씨(將失天命, 용비어천가 84장)

　• 興望이 다 몯ᄌᄫᆞ나(興望咸聚, 용비어천가 11장)

　• 다 구디 줌겨 뒷더시니(석보상절 6-2)

☞ 다하다

다가가다 團 어떤 대상 쪽으로 더 가까이 옮겨 가다.

☐ 현대국어에서는 '다가가다, 다가서다, 다가오다' 등과 같이 '다가'는 합성어 형식으로 뒷말과 함께 쓰이지만, 중세국어에서 '다가'는 '도로 다가 두어라 ᄒᆞ야늘(월인석보 7-8), 내 두 쌍 새 훠를 다가(把我的兩對新靴子, 번역박통사 상-35)' 등에서와 같이 '가져, 가져서' 등의 의미로 독립적으로 사용되었다.

☐ 중세국어 '다가'는 현대국어의 동사 '다그다'를 참조하면, 모음조화를 고려하여 '다ᄀ[把,接]+아(어미)'로 분석하는 것이 가장 이치에 맞으며, 이후에 '다ᄀ다> 다

그다'의 변화를 겪었을 것이다.
㉯ 다ᄀᆞ[把, 接]+아(어미)
㉻ 다가 가다> 다가가다

다니다 동 (일터나 학교 등에서) 근무하거나 배우다. (어떤 곳을) 지나가고 지나오고 하다.
㊀ '다니다'의 중세국어 형태는 'ᄃᆞᆮ니다'이다. 이 말은 'ᄃᆞᆮ[走]+니[行]+다(어미)'로 분석된다. 그러므로 'ᄃᆞᆮ니다'의 어원적 의미는 '달리고 걷다'이다.
㊁ 중세국어 'ᄃᆞᆮ다'는 현대국어의 '닫다[走]'로 이어지며, '달리다'와 뜻이 같다. 중세국어의 '니다'는 '가다[行]'의 의미이다. 현대국어에서 단독 형태로 쓰이지는 않지만, '거니다, 노니다, 다니다, 우니다' 등의 어휘에 접미사 형태로 남아 있다.
㊂ 'ᄃᆞᆮ니다'는 자음 동화를 입어 중세국어 시기에 이미 'ᄃᆞᆫ니다'가 되었고, 이어서 동음 생략에 의해 'ᄃᆞ니다'가 되었으며, 이후 'ᆞ'가 '아'로 바뀌어 '다니다'가 되었다.
㉯ ᄃᆞᆮ[走]+니[行]+다(어미)
㉻ ᄃᆞᆮ니다> ᄃᆞᆫ니다> ᄃᆞ니다> 다니다
㉰ • 攻戰에 ᄃᆞᆮ니샤(용비어천가 113장)
• 有情을 어버 ᄃᆞᆫ녀(월인석보 9-61)
• 길 녀 ᄃᆞ뇨맨 모미 엇더ᄒᆞ뇨(跋涉體如何, 두시언해-초간 20-34)

다달이 부 달마다. 매달. 매삭(每朔). 매월(每月).
㊀ 현대국어 '달[月]'의 중세국어 형태는 'ᄃᆞᆯ'이므로, '다달이'를 중세국어 형태를 기준으로 하면 'ᄃᆞᆯ[月]+ᄃᆞᆯ[月]+이(접사)'로 분석된다. 'ᄃᆞᆯᄃᆞᆯ이'가 'ᄃᆞᄃᆞᆯ이'로 변하는 것은 치경음 'ㄷ' 앞에서 'ㄹ'이 탈락한 까닭이다.
㊁ 'ᄃᆞᆯᄃᆞᆯ이'나 'ᄃᆞᄃᆞᆯ이'가 중세국어 문헌에 나타나지 않지만, 비슷한 구조인 '날ᄃᆞᆯ'과 'ㄹ' 탈락 형태인 '나ᄃᆞᆯ'이 중세국어 문헌에 모두 나타나므로, 합성어 내부에서 일어나는 'ㄹ' 탈락 현상이 중세국어 시기에 진행되었음을 알 수 있다.
㉯ ᄃᆞᆯ[月]+ᄃᆞᆯ[月]+이(접사)
㉻ *ᄃᆞᆯᄃᆞᆯ이> *ᄃᆞᄃᆞᆯ이> 다달이

☞ 나달

다라니 [명] 산스크리트어로 된 긴 문구를 번역하지 않고 음(音) 그대로 읽거나 외는 일. 진언(眞言).

[一] 산스크리트어 'dhāraṇī'는 모든 악법을 막고 선법을 지킨다는 의미이며, 이 말을 한어(漢語)에서 '陀羅尼'로 음역한 것을 국어의 불교 용어에서 '다라니'로 받아들인 것이다.

[二] '陀羅尼'를 국어 한자음인 '타라니'로 읽지 않고 '다라니'가 된 것은 불교식 한자어의 특수성이다. '陀'는 한어(漢語) 근대음에서는 성모(聲母)가 유기음화하여 [tʰuɔ]이지만, 중고음(中古音)에서는 성모(聲母)가 정모(定母/d)이므로 그 음이 [dɑ]이다. 그러므로 한어(漢語) 중고음을 기준으로 하면 '陀羅尼'를 '다라니'로 읽은 것은 음역(音譯)의 관점에서는 적절한 독음이다. 아마도 불교식 용어 '다라니'는 고대국어 시기에 불교 용어의 전파 과정에서 현실음이 용어 정착에 작용하였을 것으로 판단된다.

[원] (산스크리트어)dhāraṇī

[변] dhāraṇī> (漢語)陀羅尼> 다라니

다락 [명] 부엌 천장 위에 이층처럼 만들어서 물건을 두게 된 곳.

[一] 중세국어 형태도 '다락'이며, 이 말은 '달[高, 山]+악(접사)'의 구조로 분석된다.

[二] 어근으로 처리한 '달'은 '土山縣 本高句麗息達縣(삼국사기)'에서 알 수 있는 바와 같이 특히 고구려 지명 표기에서 '達'로 표기된 말이며, 그 의미는 '山(산), 高(고/높다)'에 해당한다. 접미사 '-악'은 '뜨락(뜰+악), 무르팍(무릎+악), 조각(족+악)' 등에서도 나타난다.

[원] 달[高, 山]+악(접사)

[변] 달악> 다락

[예] • 樓는 다라기라(석보상절 6-2)

다람쥐 [명] 다람쥣과의 동물. 쥐와 비슷하며 몸길이 12~16cm, 꼬리 12cm가량으로 털이 많음. 몸빛은 황갈색으로 등에 다섯 줄의 암흑색 줄무늬가 있음. 나무 타기를 좋아하고, 앞니가 발달되어 도토리나 밤 따위를 즐겨 먹음.

㊀ '다람쥐'에 해당하는 중세국어 단어는 'ᄃᆞ라미'이다. 이 말은 'ᄃᆞᆮ[走]+아미(접사)'로 분석된다. 그러므로 중세국어 'ᄃᆞ라미'는 '달리기 잘하는 짐승'이라는 의미에서 생긴 말이라는 것을 알 수 있다. 접미사 '-아미'는 '동그라미, 올가미' 등에서도 쓰이는 바와 같이 명사를 만드는 역할을 한다. 18세기의 문헌에 비로소 'ᄃᆞ롬쥐'가 나타나며, 19세기에 '다람쥐'가 되어 현대로 이어졌다.

㊁ 15세기 문헌인『능엄경언해(楞嚴經諺解)』(1461)의 '鼺ᄂᆞᆫ 늆ᄃᆞ라미오 鼠ᄂᆞᆫ 쥐라(鼺는 날다람쥐고 鼠는 쥐이다)'에서 'ᄃᆞ라미'의 형태로 처음 나타난다. 18세기의 문헌에 비로소 'ᄃᆞ롬쥐'가 나타나며, 19세기에 '다람쥐'가 되어 현대로 이어졌다. '다람쥐'는 달리기를 잘하는 동물이라는 뜻에서 만들어진 말이며, 15세기의 'ᄃᆞ라미'는 'ᄃᆞᆮ-+-아미'의 구조로 분석된다. 접미사 '-아미'는 '귓도라미(귀뚜라미), 동그라미' 등에서도 찾을 수 있는데, 다시 '-암+-이'로 분석할 필요는 없을 것이다. 비록 '꾸지람, 주검, 마감' 등에서 접사 '-엄/-암'을 찾을 수 있고, 명사를 만드는 접미사 '-이'가 뚜렷하지만, '-아미'는 그 자체로서 '어떤 성질을 지닌 것'이라는 접미사 역할을 수행한다고 생각되기 때문이다. 15세기 형태인 'ᄃᆞ라미'는 이후 19세기에 '다라미'로 표기의 변화가 생긴 것을 제외하고는 19세기까지 계속 사용되었다.

㊂ 18세기 후기의 문헌인『한청문감(漢淸文鑑)』(1779)에 'ᄃᆞ롬쥐'가 나타나는데, 이에 대해서는 설명이 필요하다. 제2 음절 이하에서 'ㆍ'가 'ㅡ'로 바뀌게 된 것은 16세기부터 생긴 현상이며, 제1 음절에서 'ㆍ'가 'ㅏ'로 바뀐 것은 18세기 중반을 전후한 시기이다. 그러므로 18세기 중반을 전후하여 음운으로서의 'ㆍ'는 완전히 소멸되었다. 문제는 18세기 후반의 표기인 'ᄃᆞ롬쥐'의 발음이 [다름쥐]인지, 아니면 [다람쥐]인지 하는 것이다. 'ᄃᆞ롬쥐'가 표기된 18세기에도 그 이전의 형태를 이어받은 'ᄃᆞ라미, ᄃᆞ람이'가 나타나고, 특히 'ᄃᆞ람이'로 표기된 것은 'ᄃᆞ라미'를 'ᄃᆞ람+-이'로 분석하려는 형태 의식이 작용한 것이다. 이러한 사정을 감안하면 18세기 후반의 표기인 'ᄃᆞ롬쥐'는 [다람쥐]로 발음되었을 것으로 생각된다. 19세기에는 옛 형태를 이어받은 '다라미'가 존속하면서, '다람쥐, 다롬쥐'가 세력을 확장하는 경향이다. 이때의 '다롬쥐'도 [다람쥐]로 발음되었을 것임이 확실하다. 20세기 문헌에는 '다람쥐'만 나

타나 오랜 세월 유지되었던 '드라미' 계통의 말이 소멸하였다.

㉻ 둗[走]+아미(접사), 둗[走]+옴(접사)+쥐[鼠]

㉠ (드라미) > 드름쥐 > 다람쥐

㉡ • 鼺는 놊드라미오 鼠는 쥐라(능엄경언해 8-119)

　　• 드라미 오(鼺, 훈몽자회 상-10)

　　• 드름쥐(豆鼠, 한청문감 14-9)

☞ 다니다

다르다[다르니, 달라] 혱 같지 않다. 예사롭지 않은 점이 있다.

▣ '다르다'의 중세국어 형태는 '다ᄅᆞ다'이다. 그런데 중세국어에서는 '왼녁 피 닫 담고(월인석보 1-7), 닫 아랫 그를 니ᄅᆞ와드시니라(능엄경언해 4-75)' 등에서 알 수 있는 바와 같이 '닫[別]'이란 말이 '따로'라는 뜻의 부사로 사용되었다. 중세국어 '다ᄅᆞ다'는 이 '닫'으로부터 파생된 말이므로, '닫[別]+ᄋᆞ(매개모음)+다(어미)'로 분석된다. 다만 'ᄋᆞ'의 기능이 형용사를 만드는 접사인지, 아니면 단순한 매개모음인지는 확인하기 어렵다. 중세국어에서 '살다[生]~사ᄅᆞ다, 일다[成]~이르다' 등의 파생 과정에서 알 수 있는 바와 같이 '-ᄋᆞ-/-으-'는 사동 접사로 사용되지만 형용사화 접사로 사용되지는 않기 때문에 매개모음으로 처리한 것이다.

▣ '닫'에서 '다ᄅᆞ다'가 되는 것은 '놀/눌[黃]'에서 '노ᄅᆞ다/누르다'로 파생되는 것과 마찬가지로, 'ㄷ'이 'ㄹ'로 바뀌는 과정을 거친 것이다.

㉻ 닫[別]+ᄋᆞ(매개모음)+다(어미)

㉠ 다ᄅᆞ다 > 다르다

㉡ • ᄂᆞᄆᆡ 뜯 다ᄅᆞ거늘(용비어천가 24장)

　　• 다를 이(異, 천자문-광주 35)

다비(茶毘) 몡 불에 태운다는 뜻으로, 불교에서 시체를 화장(火葬)하는 일을 이르는 말. 육신을 본디 이루어진 곳으로 돌려보낸다는 의미가 있음

▣ '다비'는 산스크리트어의 'jhāpita'를 한어(漢語)에서 음역한 말이다. 'jhāpita'는 '다비(茶毘)' 외에 '도비(闍毘), 사비(闍毘), 사비(闍鼻多), 사유(闍維)' 등으로도 음

역되었다. 한자 '闍'는 반절 '東徒切'에 의한 '도'와 반절 '時遮切'에 의한 '사'의 두 음이 있다.

[원] (산스크리트어)jhāpita

[변] jhāpita> (漢語)荼毘> 다비

다스 [명] 물품 열두 개를 한 묶음으로 하여 세는 단위. 타(打).

[一] 외래어 '다스'는 영어 'dozen'을 어원으로 하지만, 영어 'dozen'을 일본어에서 'ダ-ス[da:su]'로 음역한 것을 국어에서 '다스'로 받아들인 것이다.

[二] 한자어로 '타(打)'라고 하는 것은 한어(漢語)에서 영어 'dozen'을 '打[ta]'로 음역 차용한 까닭이다.

[원] (영어)dozen

[변] dozen> (일본어)ダ-ス[da:su]> 다스

다스리다 [동] (나라, 사회, 집안 등의 일을) 보살펴 관리하거나 처리하다.

[一] '다스리다'의 중세국어 형태는 '다ᄉᆞ리다'이다. 중세국어에는 '다ᄉᆞᆯ다'란 자동사가 있으므로, '다ᄉᆞ리다'는 '다ᄉᆞᆯ[治]+이(사동접사)+다(어미)'로 분석된다.

[二] 중세국어 '다ᄉᆞᆯ다'는 자동사이므로 현대국어로 옮기면 '다스려지다'이지만, 문맥에 따라서는 타동사 '다스리다'에 해당하는 경우도 있다.

[원] 다ᄉᆞᆯ[治]+이(사동접사)+다(어미)

[변] 다ᄉᆞ리다/다ᄉᆞᆯ이다> 다슬이다> 다스리다

[예] • 四天下 다ᄉᆞ료미 아바님 ᄠᅳ디시니(월인천강지곡 상-17)

• 德으로 ᄡᅧ 빅셩을 다ᄉᆞᆯ이ᄂᆞ니(소학언해-선조 4-34)

• 장기 연장 다슬여라(고시조, 해동가요)

다스하다 [형] 좀 다습다.

[一] 중세국어나 근대국어에서 'ᄃᆞᆺ다, ᄃᆞᆺᄒᆞ다, ᄃᆞᄉᆞ다, ᄃᆞᄉᆞᄒᆞ다' 등은 현대국어의 '사랑하다, 다스하다, 따스하다' 등의 의미에 해당한다. 현대국어 '다스하다'는 'ᄃᆞᄉᆞᄒᆞ다'에서 변화된 말이므로, 이 말은 'ᄃᆞᆺ[溫, 愛]+ᄋᆞ(매개모음)+ᄒᆞ[爲]+다(어미)'로 분

석되거나, 또는 'ᄃᆞᆺ'를 어근으로 하여 'ᄃᆞᆺ[溫, 愛]+ᄒᆞ[爲]+다(어미)'로 분석될 것이다. 'ᄃᆞᆺᄒᆞ다'에서 첫 음절의 'ᄋᆞ'는 '아'로 변화되고, 둘째 음절의 'ᄋᆞ'는 '으'로 바뀌어 근대국어 '다스ᄒᆞ다'가 되고, 현대국어 '다스하다'로 이어진다.

㊂ 중세국어에서 'ᄃᆞᆺ다'는 주로 '사랑하다[愛]'의 의미로 쓰이지만, 그 기본적 의미는 '따뜻하게 하다'에 해당한다.

㋲ ᄃᆞᆺ/ᄃᆞᆺ[溫, 愛]+ᄒᆞ[爲]+다(어미)

㋫ ᄃᆞᆺᄒᆞ다> ᄃᆞᆺᄒᆞ다> 다ᄉᆞᄒᆞ다> 다스ᄒᆞ다> 다스하다

㋞ • 가ᄉᆞ미 ᄃᆞᆺ닌 훌리라도 ᄯᅩ 어루 살리라(구급방언해 상-25)
 • ᄃᆞᆺᄒᆞ다(暖和, 동문유해 상-5)
 • ᄃᆞ스ᄒᆞᆫ 믈의 ᄀᆡ야 머기되(두창경험방언해 2)
 • 언어제 다ᄉᆞᄒᆞᆫ 히비치야 쐬야 볼 쑐 잇시라(고시조, 해동가요)
 • 다스ᄒᆞᆫ 아름묵과 돗가온 니불 속의(고시조, 청구영언)

다음 ㈐ 어떤 차례의 바로 뒤.

㊀ '다음'은 중세국어를 기준으로 하면 어원적으로 '다ᄋᆞ[盡]+ㅁ(명사화접사)'으로 분석된다.

㊁ 현대국어 '다하다[盡]'에 해당하는 말은 중세국어의 '다ᄋᆞ다'이다. '다ᄋᆞ다'는 '다으다, 다ᄒᆞ다' 등의 형태로도 사용되었지만, 어원적 형태는 '다ᄋᆞ다'이다. 그러므로 현대국어의 '다음'은 어원적으로 '(어떤 것을) 다함'의 의미를 갖는 말이다.

㊂ 중세국어에서는 '다ᄋᆞᆷ, 다ᄋᆞᆷ, 다ᄒᆞᆷ' 등이 현대국어 '다음'에 해당하는 의미로 쓰이지는 않았지만, 근대국어에서 '다함'이란 말이 '다음'의 의미로 사용되었다.

㋲ 다ᄋᆞ[盡]+ㅁ(명사화 접사)

㋫ 다ᄋᆞᆷ > 다함, 다음

㋞ • 다함 손가락의 니르러(到次指, 무예도보통지언해 22)

다하다 ㈑ (있던 것이 없어져서) 더는 남아 있지 않거나 이어지지 않게 되다. 끝나다.

㊀ '다하다'의 중세국어 형태는 '다ᄋᆞ다'이다. 이미 중세국어에서 '다으다, 다ᄒᆞ다'

등의 형태가 나타나지만, 모음조화를 고려하면 기본 형태는 '다ᄋᆞ다'이다.

[三] 중세국어 '다ᄒᆞ다'는 '다ᄋᆞ[盡]+아(연결 어미)+ᄒᆞ[爲]+다(종결 어미)'로 분석하는 것이 타당하다.

[원] 다ᄋᆞ[盡]+아(연결 어미)+ᄒᆞ[爲]+다(종결 어미)

[변] 다ᄋᆞ다/다으다> 다ᄒᆞ다> 다하다

[예] • 窮은 다ᄋᆞᆯ 씨라(월인석보 서-17)
• 滅ᄒᆞ야 다으게 호ᄃᆡ(滅盡, 능엄경언해 1-4)
• ᄌᆞᆺ 그 말 다ᄒᆞ니(석보상절 6-36)
• 다할 궤(匱, 아학편 하-10)

다홍(一紅) [명] 짙은 붉은빛. 다홍색.

[一] '다홍'의 어원은 한자어 '대홍(大紅)'에 있으며, '大紅'의 근대 한어음(近代漢語音) [ta-huŋ]에서 '大'는 한어음(漢語音)을 차용하고, '紅'은 국어 한자음으로 읽은 것이다.

[원] (漢語)大紅

[변] 大紅[ta-huŋ]> 다홍

단골 [명] ① 늘 정해 놓고 거래하는 곳. 단골집. ② 단골손님. ③ '단골무당'의 준말.

[一] 근대국어 형태도 '단골'이며, 이 말은 어원적으로 '堂(당)+골[谷]'에서 온 말이라고 하는 것이 일반적인 견해이다.

[三] '당골'은 '서낭당이 있는 곳'이란 의미에서 '무당'을 가리키는 말이 된 듯하며, 여기에서 형태가 변하여 '단골'이 되었다고 하겠다. '단골무당'은 '굿을 할 때마다 늘 정해 놓고 불러다 쓰는 무당'을 이르는 말이므로, 여기에서 '단골'의 의미도 파생된 것이라고 생각된다.

[원] 堂(당)+골[谷]

[변] 당골> 단골

[예] • 단골(主顧, 물보)
• 너모 욕심이 과ᄒᆞ여 단골 삼지 몯ᄒᆞ게 ᄒᆞ연ᄉᆞᆸᄂᆡ(인어대방 4-5)

단내 图 물체가 높은 열이나 불에 눌어서 나는 냄새. 신열(身熱)이 높거나 숨이 가쁠 때 콧구멍에서 나는 냄새.

㊀ '단내'는 '달[焦, 熱]+ㄴ(관형사형 어미)+내[臭]'로 분석된다.

㊁ 중세국어에서부터 '달다[焦, 熱]'란 말은 단독 형태로 사용되었다. 현대국어에서 '달다[焦, 熱]'란 말은 '다리미가 달다, 얼굴이 화끈 달다, 애가 달다' 등의 용법을 참조할 수 있고, 또는 '(약을) 달이다'에서와 같이 대개 파생어 형태로도 쓰이는 것을 참조할 수 있다. '내'는 '냄새'와 같은 말이다.

㉮ 달[焦, 熱]+ㄴ(관형사형 어미)+내[臭]

㉯ 단내

단말마(斷末魔) 图 (불교에서) 숨이 끊어질 때의 괴로움을 이르는 말. '죽을 때'를 이르는 말.

㊀ '단말마'는 '단(斷)+말마(末魔)'의 구조로 이루어진 말이다. '末魔'는 산스크리트어 'marman'에 대한 한어(漢語) 음역(音譯)으로서, 산스크리트어 'marman'은 치명적인 '급소(急所)'를 가리키는 말이다. 그런데 한자 '단(斷)'의 의미가 '끊다'이기 때문에 '단말마'를 어원적으로 설명하면서 급소인 '말마(末摩)'를 끊음[斷]'으로 해석하는 것이 보통이다. 그러나 이러한 해석은 정확한 것이 아니다. '단말마(斷末摩)'를 올바르게 해석하면 '급소에 수풍화(水風火)의 어느 것이 닿아 목숨이 끊어짐'을 의미한다.

㊁ '단말마'는 20세기 문세영 편찬의 『조선어사전(朝鮮語辭典)』(1938)에서 처음으로 확인된다. 그러나 '단말마(斷末摩)'라는 말이 중국에서 불경을 번역하면서 만들어진 말이기 때문에, 우리나라에서도 일찍부터 사용되었을 것으로 추정된다. 『불학대사전(佛學大辭典)』(丁福保, 1991)에 의하면 사람이 죽을 때는 수(水), 풍(風), 화(火)의 세 가지 중에서 한 종류가 특별히 많아지고, 그것이 말마(末摩)와 부딪쳐 목숨이 끊어진다는 것이며, 이 경우의 '명종(命終)', 즉 목숨이 끊어지는 것을 '단(斷)'이라고 한다고 하였다. 그러므로 '급소를 자를 때의 고통'이라고 해석하는 것은 후대에 문자(文字) 이끌린 해석이고, '단말마(斷末摩)'를 올바르게 해석하면 '급소에 수풍화(水風火)의 어느 것이 닿아 목숨이 끊어짐'을 의미한다고 해야 한다.

㉮ 斷(단)+(산스크리트어)marman[急所]

ᴮ 斷(단)+marman> (漢語)斷末魔> 단말마

단무지 图 무로 담근 일본식 짠지(시들시들하게 말린 통무를 소금을 섞은 쌀겨에 묻고 돌로 눌러서 담금).

㊀ '단무지'는 '달[甘]+ㄴ(관형사형 어미)+무[菁]+지[漬]'로 분석된다.

㉮ 달[甘]+ㄴ(관형사형 어미)+무[菁]+지[漬]

ᴮ 단무지

☞ 무, 지

달걀 图 닭이 낳은 알. 계란(鷄卵).

㊀ '달걀'의 중세국어 형태는 '둘기알'이며, 이 말은 '둙[鷄]+이(관형격 조사)+알[卵]'의 구조로 분석된다. 16세기 이후 제2 음절 이하에서 'ᄋ'가 'ᄋ'로 바뀌는 변화에 의하여 17세기 문헌에서는 '둘기알'보다는 '둘긔알'의 표기가 대세를 이룬다. 19세기에는 나타나는 '닭의알, 닭알' 등의 표기는 18세기 중반 이후 어두 음절의 'ᄋ'가 'ᅡ'로 바뀐 음운 변화를 반영하고 있다. 20세기에 등장하는 '달걀'은 '닭의알'에서 먼저 '달긔알'이 되고, 이어서 '긔'가 '기'로 변하여 '달기알'이 된다. 이어서 '달기알'에서 음절 축약에 의하여 '달걀'이 되는 과정을 밟은 것이다.

㊂ 15세기의 문헌인 『월인석보(月印釋譜)』(1459)의 '이는 前生애 둘기알 숢는 사람미니(이는 前生에 달걀 삶는 사람이니)'에서 '둘기알'은 '둘기 알(닭의 알)'이라는 단어 연결로 보아도 가능하다. 그러나 『구급간이방언해(救急簡易方諺解)』(1489)의 '鷄子黃'의 주석에 '둘긔알 소뱃 누른 믈(달걀 속의 누런 물)'이라고 한 것은 '둘긔알'이 한 단어로 사용되었음을 보여 준다. 특히 15세기 문헌에 '둘기알, 둘긔알, 둙의알' 등의 표기가 빈번히 사용된 것은 한 단어로서의 위상을 갖추었기 때문에 가능하다. '둘기알, 둘긔알'은 '둙+이/의+알ㅎ'으로 이루어진 말이다. '알ㅎ[卵]'의 'ㅎ'은 이 경우에 나타날 수 없는 환경이므로 '알'만 표기된 것이다. 17세기 문헌에는 '둘기알'보다는 '둘긔알'의 표기가 대세를 이루고, 아울러 '둙의알, 둙긔알' 등과 같이 분철(分綴) 및 중철(重綴) 표기가 등장하여 18세기에는 '둙의알'로 굳어진다. 이것은 형태를 고정시키려는 맞춤법 의식을 표기에 반영한 결과이다. 19세기에 나타나는 '닭

의알, 닭알’ 등의 표기는 18세기 중반 이후 어두 음절의 ‘ᄋᆞ’가 ‘아’로 바뀐 음운 변화를 반영하고 있다. 20세기에 등장하는 ‘달걀’은 ‘닭의알’에서 먼저 ‘달긔알’이 되고, 이어서 ‘긔’가 ‘기’로 변하여 ‘달기알’이 된다. 이어서 ‘달기알’에서 음절 축약에 의하여 ‘달걀’이 되는 과정을 밟은 것이다. 한편 19세기와 20세기 문헌에 나오는 ‘닭알’은 당시에 [다갈]로 발음되었는지, 아니면 [달갈]로 발음되었는지 궁금하다. 다만 북한에서는 ‘닭알’로 표기하면서 발음은 [달갈]로 하기 때문에 참조할 수 있을 따름이다. 한자어 ‘계란(鷄卵)’은 19세기 문헌에서부터 나타난다.

[원] ᄃᆞᆰ[鷄]+ᄋᆡ(관형격 조사)+알[卵]

[변] ᄃᆞᆯᄀᆡ알> *ᄃᆞᆯ기알> 닭의알/달긔알> 달기알> 달걀

[예] • 이ᄂᆞᆫ 前生애 ᄃᆞᆯᄀᆡ알 ᄉᆞᆱ는 사ᄅᆞ미니(월인석보 23-80)
• ᄃᆞᆰ의알만 뭉긔니(구급간이방 1-56)

달구다 [동] 불에 대어 뜨겁게 하다. 불을 많이 때어 방을 뜨겁게 하다.

[一] 현대국어 ‘달구다’에 해당하는 중세국어 형태는 ‘달오다’이다. 이 말은 ‘달[焦, 煎]+오(사동접사)+다(어미)’로 분석된다.

[二] ‘달오다’에 나타나는 중세국어의 접미사 ‘-오-/-우-’는 어간 말음이 모음이거나 ‘ㄹ’일 때 연결되므로, 접미사 ‘-고-/-구-’와는 형태음소론적으로 상보적 관계를 이룬다. 그러나 현대국어에서는 모음이나 ‘ㄹ’ 다음에서 ‘ㄱ’으로 시작하는 접미사가 연결될 수 있으므로, 중세국어의 파생어 형성 과정과 다르다.

[원] 달[焦, 煎]+오(사동접사)+다(어미)

[변] 달오다> 달우다> 달구다

[예] • 다리우리ᄅᆞᆯ 달오고 사ᄅᆞᄆᆞ로 들라 ᄒᆞ니 소니 데어늘(내훈-선조 서-4)
• 블에 쇠ᄅᆞᆯ 달워(마경초집언해 상-67)

달마(達磨) [명] 불교에서 법(法), 진리(眞理), 본체(本體), 궤범(軌範), 이법(理法), 교법(敎法) 따위의 뜻.

[一] ‘법(法)’을 뜻하는 산스크리트어의 ‘dharma’를 한어(漢語)에서 ‘達磨’로 음역한 것이다.

웬 (산스크리트어)dharma[法]

변 dharma> (漢語)達磨> 달마

달맞이꽃 閉 바늘꽃과의 두해살이풀. 화원에서 재배함. 높이 60cm가량, 잎은 가늘고 길며 끝이 뾰족함. 여름에 큰 백색 꽃이 저녁때 피었다가 이튿날 아침에 시들어 오므라짐.

曰 바늘꽃과에 속하는 달맞이꽃의 학명은 'Oenothera odorata'이며, 영어로는 밤에 피는 이 꽃의 특성을 살려 'evening primrose'라고 한다. 한어(漢語)에서는 이 꽃을 '月見草(월견초)'라고 하는데, 국어의 '달맞이꽃'은 이것을 번역 차용한 이름이다.

웬 (漢語)月見草

변 月見草> 달맞이꽃

달무리 閉 달 언저리에 둥글게 둘린 구름 같은 테.

曰 '달무리'의 중세국어 형태는 '돌모로'이다. 이 말은 '돌[月]+모로[暈]'로 분석된다.

曰 현대국어에서 '무리[暈]'는 단독으로 잘 쓰이지 않고, '달무리, 햇무리' 등과 같이 합성어 형태로 나타난다. 그러나 중세국어에서는 '모로 운(暈, 훈몽자회 하-1)'에서와 같이 '모로[暈]'가 단독 형태로 쓰였다. '모로'가 '무리'가 된 과정을 설명하기는 힘들다. 아마도 단일어 '모로'가 잘 쓰이지 않고 그 의미도 모호해지면서, 형태가 비슷한 '무리[群]'라는 말에 유추되었을 가능성도 있다.

웬 돌[月]+모로[暈]

변 돌모로> 달무리

예 • 돌모로(月暈, 훈몽자회 하-1)

　• 돌모로(月暈, 역어유해 상-1)

달아나다 图 빨리 뛰어가다. 빨리 내닫다. 위험을 피하여 도망치다.

曰 '달아나다'의 중세국어 형태는 '드라나다'이다. 이 말은 '둗+아(어미)+나[出]+다(어미)'로 분석된다. 중세국어 '둗다'는 현대국어 '닫다[走]'에 해당되며, 모음으로 시

작하는 어미 앞에서 어간 말음의 'ㄷ'이 'ㄹ'로 바뀌는 불규칙 동사이다.

㊂ 현대국어에서는 '달아나다'만 쓰이고 있지만, 중세국어에서는 'ᄃᆞ라가다, ᄃᆞ라나다, ᄃᆞ라들다, ᄃᆞ라오다' 등의 다양한 합성어가 함께 사용되었다.

㉚ 돋+아(어미)+나[出]+다(어미)

㉝ ᄃᆞ라나다> 달아나다

㉔ • 王이 드르시고 즉자히 禮服 니브시고 ᄃᆞ라나샤 比丘ㅅ 알ᄑᆡ 나ᅀᅡ가샤(월인석보 8-90)

달음질 ㈜ 뛰어 달리는 것. 뛰어 달리는 경기의 총칭.

㊀ '달음질'의 근대국어 형태로는 이른 시기에 'ᄃᆞ롬질'이 나타나며, 후기 형태는 'ᄃᆞ름질'이다.

㊁ 중세국어에서는 파생명사 'ᄃᆞ롬'이 사용되었다. 'ᄃᆞ롬'은 '돋[走]+옴(명사화 접사)'으로 분석되며, 'ᄃᆞ롬질'은 여기에 다시 접미사 '-질'이 연결된 것이다.

㉚ 돋[走]+옴(명사화 접사)+질(접사)

㉝ ᄃᆞ롬질> ᄃᆞ름질> 달음질

㉔ • 젼년에 牢子들희 ᄃᆞ르질을 네 본다(박통사언해 중-52)
　• ᄃᆞ름질 나기ᄒᆞ다(한청문감 9-15)

달팽이 ㈜ 달팽잇과의 연체동물. 나선형의 껍데기를 지고 다니며, 암수한몸으로 알을 낳음. 머리에 두 개의 촉각이 있고 그 끝에 명암만 판별하는 눈이 있음. 여름철 습기가 많을 때나 밤에 나무에 올라 세균이나 어린잎 등을 먹음.

㊀ '달팽이'의 중세국어 형태는 '돌팡이'이다. 이 말은 우선 '돌[懸]+팡이[陀螺]'의 구조로 분석될 것으로 생각된다(小倉進平 1939.4.). 이러한 분석이 옳다면 '달팽이'는 장난감 '팽이'가 나뭇가지에 매달려 있다는 의미에서 조어(造語)된 것이다.

㊁ 그런데 '팡이'는 현대국어 '팽이'의 중세국어 형태라고 하겠으나, 중세국어에서 '팡이'가 단독으로 쓰인 용례가 나타나지는 않는다. 그런데 현대국어 '팽이'에 해당하는 어휘로 근대국어에 '핑이(역어유해 하-23, 한청문감 9-17)'가 나타나며, 중세국어 '돌팡이'의 근대국어 형태가 '돌핑이[蝸]'이므로, 근대국어 '핑이'와 현대국어 '팽

이'의 형태적 연관성이 잘 해명되지 않는다.

⑩ 둘[懸]+팡이[陀螺]

⑭ 둘팡이> 둘핑이> 달팽이

㉠ • 둘팡이(蝸牛, 구급간이방 3-9)

　 • 둘핑이 와(蝸, 아학편 상-8)

달포 圐 한 달 이상이 되는 동안. 삭여(朔餘).

▱ 근대국어 후기의 문헌에 '둘포'가 나오며, 이 말은 '둘[月]+ᄑᆞ[累, 重, 疊]+오(부사화 접사)'의 구조로 분석된다. 19세기와 20세기의 문헌에는 '달포'로 나타나므로, 'ᄋᆞ'가 '아'로 바뀐 것을 반영한 표기이다. '둘포'는 '둘[月]'에 '포'가 결합된 것인데, '포'는 15세기의 동사 'ᄑᆞ다'의 어간 'ᄑᆞ-'에 접미사 '-오'가 결합된 것이다. '둘포'는 '둘+ᄑᆞ+오'의 구조에서 'ᄑᆞ-'의 말음 'ᄋᆞ'가 탈락하여 '둘포'가 된 것이다. 중세국어에 사용된 'ᄑᆞ다'는 '거듭되다/거듭하다[重疊]'의 뜻이다. 중세국어 및 근대국어에서 '둘포'는 한자어로 풀면 '누월(累月)'에 해당되므로 '여러 달'을 뜻한다. 그러나 현대국어에서 '달포'는 '월여(月餘)'에 해당하여, '한 달 남짓'의 의미로 쓰이고 있다.

▱ 조선의 제19대 왕인 숙종(肅宗, 1661~1720, 재위 1674~1720)의 언간(諺簡)에 '나도 못 뵈안 디 둘포 되오니'라고 하였으므로, 18세기를 전후한 표기가 남아 있다. 중세국어에 사용된 'ᄑᆞ다'는 '거듭되다/거듭하다[重疊]'의 뜻이다. 그러므로 '포 싈오'는 '겹쳐 깔고'의 뜻이며, 이 경우의 '포'는 'ᄑᆞ+오'의 구조로 분석된다. 또 '둘 파'는 '달[月]이 거듭되어, 달을 거듭하여'의 뜻이며, 이때의 '파'는 'ᄑᆞ+아'로 분석된다. '날이 ᄑᆞ니'는 '날[日]이 거듭되니, 날을 거듭하니'의 뜻이며, 'ᄑᆞ니'는 'ᄑᆞ+니'로 분석되어, 어간 모음 'ᄋᆞ'가 탈락하지 않은 온전한 어간 'ᄑᆞ-'를 보여 준다. 'ᄑᆞ다'는 근대국어 후기에 사어(死語)가 되어 이제는 쓰이지 않는 말이지만, 현대국어에서는 '포개다, 달포, 해포' 등의 어휘에 옛 형태가 화석이 되어 남아 있다. 현대국어의 '달포'는 옛 문헌의 용법과 의미 차이가 있다. 중세국어 및 근대국어에서 '둘포'는 한자어로 풀면 '누월(累月)'에 해당되므로 '여러 달'을 뜻한다. 그러므로 앞에 보인 숙종의 언간에서는 '둘포'를 '여러 달'로 해석해야 한다. 그러나 현대국어에서 '달포'는 '월여(月餘)'에 해당하여, '한 달 남짓'의 의미로 쓰이고 있다. 이러한 의미 변화는 19

세기와 20세기의 문헌에서 이미 실현되어 있는 것으로 파악된다.

웬 돌[月]+ㅍ[累, 重, 疊]+오(부사화 접사)

뿐 돌포> 달포

예 • 나도 못 뵈안 디 돌포 되오니(숙종 언간)

　　• 달포만에 비로쇼 황셩에 이르니(림화뎡연 6-하-110)

☞ 포개다, 해포

닮다[담:따] 图 절로 비슷하게 생기다. 어떤 것을 본떠 그와 같아지다.

⃞ '닮다'의 중세국어 형태는 '덞다'이다. 근대국어 시기에는 음성 모음 형태인 '덞다'도 역시 나타나지만, 양성 모음 형태인 '닮다'란 형태도 나타난다.

⃞ 그런데 중세국어의 '덞다'나 근대국어의 '덞다, 닮다'는 '물들다, 더러워지다, 전염되다' 등의 의미로 쓰였고, 현대국어에서와 같은 의미는 아직 나타나지 않았다. 어원적으로 '덞다, 닮다'의 기본적인 의미는 '물들다'이다. 그러므로 현대국어 '닮다'의 의미는 '물들다'에서 변화된 것이다. 중세국어 동사 '덞다'에서 파생된 형용사가 '더럽다'이다.

웬 덞[染]+다(어미)

뿐 덞다> 닮다

예 • 오직 덞디 아니ᄒᆞ며(월인석보 13-14)

　　• 世間法에 덞디 아니호미(不染世間法, 법화경언해 5-119)

　　• 덥단 병을 닮디 아니케 ᄒᆞᄂᆞ니(令人不染溫病, 분문온역이해방 7)

☞ 더럽다

담배 图 가짓과의 한해살이풀. 남아메리카 원산의 재배 식물. 높이 1.5~2m가량, 잎은 가늘고 길며 끝이 뾰족한데 매우 크고 어긋나게 나며, 잎은 '담배'의 재료로 사용됨. 또는, 담뱃잎을 말려서 만든 기호품. 남초(南草).

⃞ 17세기의 근대국어 문헌에 '담바괴'의 형태로 처음 나타난다. 18세기에는 '담비, 다븨' 등이 나타난다. 19세기에는 '담베, 담빅, 담배, 담파귀' 등이 나타나지만, '담파귀'는 淡婆姑(담바고)'와 같은 한자 표기에 영향받은 표기일 것이다. 20세기에

는 단지 '담배'로만 표기되어 통일이 이루어졌다. 담배는 17세기를 전후하여 일본을 통하여 우리나라에 전래된 것으로 보인다. 남아메리카 원산인 담배를 일본어에서는 'タバコ[煙草, tabako]'라고 하는데, 이 말은 포르투갈어 'tabaco'를 차용한 외래어이다. 일본어 'タバコ[tabako]'를 근대국어 시기에 '담바고/담바괴'로 받아들이고, 이 말이 '담뷔(동문유해 상-61)'를 거쳐 '담배'가 된 것이다. 『지봉유설(芝峰類設)』(1614)에 담배를 '淡婆姑'라고 한 것을 보면 우리나라에 담배가 수입된 것은 1614년 이전인 것을 알 수 있다.

[三] 17세기 문헌인 『병자일기(丙子日記)』(1636)에 '담바괴'의 형태로 처음 나타나지만, 그 이전의 문헌인 『지봉유설(芝峰類設)』(1614)에 담배를 '淡婆姑'라고 하였고, 18세기 문헌인 『재물보(才物譜)』(1798)에는 '澹泊塊'라고 하였다. 근대의 문헌에 나타나는 '담배'에 대한 기록을 유추하면, 우리나라에 담배가 수입된 것은 17세기를 전후한 시기로 생각된다. '담바고/담바괴'의 직접적인 어원인 일본어 'タバコ[tabako]'는 포루투갈어 'tabaco'에서 왔으며, 'tabaco'는 남아메리카 인디언의 언어를 차용한 것이라고 한다. 일본어 'タバコ[tabako]'를 근대국어 시기에 '담바고/담바괴'로 받아들이고, 이 말이 '담뷔'를 거쳐 '담배'가 된 것을 음운론적으로 설명하기에는 어려움이 있다. 근대국어의 기본 형태를 '담바고'라고 한다면, 아마도 일본어 'タバコ[tabako]'의 둘째 음절이 유성음인 까닭으로 비음 'ㅁ'이 첨가되었을 것이며, 셋째 음절을 탈락시킨 '담바'라는 형태에서 모음이 첨가되어 현대국어 '담배'가 되었다고 생각된다.

[三] 담배를 '남초(南草), 남령초(南靈草)'라고도 하는 것은 남쪽에서 들어온 산물인 까닭으로 붙여진 이름이며, '왜초(倭草)' 역시 일본에서 들어온 것을 명칭에 반영한 것이다. 다만 '호랑이 담배 먹을 적'이란 속담으로 '까마득한 옛날'을 가리키는 것은 우리나라에서 담배의 유래가 그리 길지 않은 것을 고려할 때 어불성설(語不成說)에 가깝지 않을까 생각된다.

[원] (포르투갈어)tabaco

[변] tabaco> (일본어)タバコ[煙草, tabako]> 淡婆姑> 담바고/담바괴> 담뷔/담바> 담배

[예] • 淡婆姑(지봉유설)

- 심양 갈 유무 담바괴 다섯 덩이 포육 두 엽(병자일기 82)
- 담빈(동문유해 상-61)
- 담바(南草, 동언고략)

닷새 명 다섯 날. 초닷샛날.

① 중세국어 문헌에 '다쐐, 닷쐐' 등으로 나타난다. '닷쐐, 다쐐'는 18세기까지 이어지지만, 18세기에 현대국어와 같은 '닷새'가 등장하여 현대국어로 이어졌다. '닷쐐'에서 '오(五)'를 의미하는 '닷'을 분리하면 남는 요소는 '쐐'이다. '쐐'는 현대국어 '엿새'의 옛말인 '엿쐐'에도 그대로 사용되었다. 그러므로 '닷쐐'는 어원적으로 '닷[五]+쐐[日]'로 분석하는 것이 가능하다.

② 15세기 문헌인 『석보상절(釋譜詳節)』(1447)에 '다쐐'로 나오지만, 『구급간이방언해(救急簡易方諺解)』(1489)에는 '닷쐐'로 표기되어 있다. '다쐐'는 받침 'ㅅ'이 초성으로 옮겨 표기된 것이며, 15세기 중세국어 표기법에서는 흔히 있는 일이다. 그러므로 '닷쐐'와 '다쐐'는 같은 형태로 취급할 수 있는 것이다. '다쐐'보다는 '닷쐐'가 어원을 잘 보여 주는 표기이다. 왜냐하면 '다섯'의 중세국어 형태인 '다숫', 그리고 '소, 말, 개 따위의 다섯 살'을 이르는 '다습' 등의 형태를 살펴보면 기본 형태인 '닷'을 추출할 수 있기 때문이다. 참고로 '소, 말, 개 따의 한 살'을 이르는 말에 '하릅'이 있으므로, '다습'과 비교하면 후부 요소 '읍'이 공통으로 사용되고 있음을 알 수 있다. '닷쐐'에서 '오(五)'를 의미하는 '닷'을 분리하면 남는 요소는 '쐐'이다. '쐐'는 현대국어 '엿새'의 옛말인 '엿쐐'에도 그대로 사용되었다. 그러므로 '닷쐐'는 어원적으로 '닷[五]+쐐[日]'로 분석하는 것이 가능하다. 후부 요소인 '쐐'는 국어의 역사에서 하나의 단어나 어근으로 사용된 경우를 찾을 수 없기 때문에, 접사로 분류하는 것이다.

원 닷[五]+쐐[日]

변 닷쐐 > 닷새

예 • 닐웨어나 스믈흘리어나 셜흔다쐐어나 마순 아ㅎ래어나 디내오(석보상절 9-31)
  • 나ᄋ리어든 토ㅎ고 닷쐐어든 즈히요미 맛당ㅎ니라(구급간이방언해 1-103)

당나귀(唐—) 명 말과의 짐승. 말과 비슷하나 몸이 좀 작고 귀가 크며 머리에 긴 털이 있음. 체력이 강하고 병에 대한 저항력이 높아 부리기에 알맞음. 나귀.
[一] '나귀'에 '당(唐)'을 접두시킨 것은 중국산(中國産)임을 나타내기 위한 것이다. '당나귀'라는 어형은 근대국어 후기에야 나타나며, 중세국어 형태는 '라귀, 나귀' 등이었다.
[원] 唐(당)+나귀[驢]
[변] 당나귀
[예] • 당나귀 밀밀치ᄒᆞ고(청구영언)
☞ 나귀

대가리 [명] ① (속어) 머리. ② 동물의 머리. ③ 주로 길쭉한 물건의 앞이나 윗부분.
[一] 중세국어 형태는 'ᄃᆡ골'이다. 그러므로 현대국어 '대가리'는 일차적으로 'ᄃᆡ골+이'의 구조로 분석된다. 중세국어 문헌에 나타나는 'ᄃᆡ고리'는 주로 'ᄃᆡ골'에 주격 조사 '-이'가 연결된 형태이지만, 어원 분석에 있어서는 접사 '-이'의 연결로 처리되어야 한다.
[二] 중세국어 'ᄃᆡ골'은 어원적으로 '帒/袋(ᄃᆡ)+골[腦]'에 의해 형성된 것으로 생각된다. 근대국어의 문헌에 'ᄃᆡ골 腦帒(역어유해 상-32)'이 나타나기 때문이다. '帒/袋'의 중세국어 한자음은 'ᄃᆡ'이며, 의미는 '자루, 주머니'이다.
[三] 중세국어에 사용된 '대가리'는 '無明ㅅ 대가리예 ᄣᅵ일씨(월인석보 14-8)'에서 보는 바와 같이 '껍질[殼]'의 뜻이었다. 중세국어의 '대가리'란 단어는 현대국어에서는 사용되지 않으며, 현대국어의 '대가리'는 중세국어의 'ᄃᆡ골'을 이어받은 말이다.
[원] 帒/袋(ᄃᆡ)+골[腦]+이(접사)
[변] ᄃᆡ골> ᄃᆡ골이> ᄃᆡ고리> 대가리
[예] • 명바깃 ᄃᆡ고리 구드시며(월인석보 2-55)
• ᄃᆡ골 로(顱, 훈몽자회 상-24)
• ᄃᆡ골 (腦帒, 역어유해 상-32)

대공 [명] 들보 위에 세워 마룻보를 받치는 짧은 기둥.
[一] 중세국어 형태도 '대공'이다. 이 말은 한자어 '斗拱(또는 枓栱)'에서 온 것이며, 한

어 근대음(漢語近代音)을 차용하면서 국어에서 변용된 것이다.
[三] '斗拱(또는 枓栱)'의 한어 근대음은 [təu-kuŋ]이므로, 국어에서 '대공'이 된 것을 명확하게 파악할 수는 없다. 다만 '拱/栱'의 경우는 국어 한자음이 적용되었을 가능성이 있다.

[원] (漢語)斗拱/枓栱[təu-kuŋ]

[변] 斗拱/枓栱[təu-kuŋ]> 대공

[예] • 블근 대공앳 뜬 구루믄 ᄀᆞᄂᆞ라 가ᄇᆡ얍도다(朱栱浮雲細細輕, 두시언해-초간 14-11)
• 대공 졀(棁 梁上短柱, 훈몽자회 중-6)

대꾸[대:꾸] [명] 남의 말을 받아 자기 의사를 나타냄. 또는 그 말. 말대꾸.
[一] '대꾸'는 한자어 '對句'에서 온 말이다. 한자어 '대구(對句)'는 원래의 의미대로 쓰이고 있지만, 발음은 [대:꾸]로서 고유어화된 '대꾸[대:꾸]'의 발음과 다르지 않다.
[二] '對句'는 '비슷한 어조나 어세를 가진 것으로 짝을 맞춘 글귀'를 뜻하는 용어인데, 문학에서 '대구법'이라고 하는 표현법은 병렬되는 두 표현을 서로 맞추는 데 그 본질이 있다. 이 맞추어진 표현에 의해 운율(韻律)의 효과가 나타나며, 그 뜻을 분명하게 드러내 주는 효과가 있다. 대구법은 '콩 심은 데 콩 나고, 팥 심은 데 팥 난다'에서 보듯이 산문에서도 쓰이긴 하지만, '돌담에 속삭이는 햇살같이 / 풀 아래 웃음짓는 샘물같이'에서 보듯이 운문에서 더 널리 쓰인다. 특히 한시(漢詩)에서 매우 광범위하게 사용되는데, '天高日月明 地厚草木生(천고일월명 지후초목생: 하늘이 높으니 해와 달이 밝고, 땅이 두터우니 풀과 나무가 자란다)'와 같은 것이 대구의 전형적인 예이다.

[원] (漢語)對句

[변] 對句(대구)> 대꾸

대다[대:다] [동] 서로 닿게 하거나 연결되게 하다. 정해진 시간에 닿거나 맞추다.
[一] '대다'의 중세국어 형태는 '다히다'이다. 이 말은 '닿[接]+이(사동접사)+다(어미)'로 분석된다. 즉 자동사 '닿다[接]'의 사동형이므로 '닿게 하다'의 뜻이다.

[三] 중세국어 '다히다'에서 현대국어 '대다'가 되는 과정은 두 가지로 추정할 수 있다. '다히다> 대히다> 대이다> 대다> 대다'의 과정으로 이해할 수도 있고, '다히다> 다이다> 대다> 대다'의 과정으로 이해할 수도 있다. 음운적 과정으로는 후자의 과정이 간결하고 자연스럽지만, 근대국어 문헌에 '대히다'란 형태가 나오므로 전자의 과정이 현재로서는 실증적이다. 전자의 과정에는 '다히다[tahida]> 대히다[tajhida]'의 움라우트 과정이 개입되어 있고, 후자의 과정에는 '다히다[tahida]> 다이다[taida]'의 'ㅎ' 탈락, '다이다[taida]> 대다[tajta]'의 음절 축약, '대다[tajda]> 대다[tɛda]'의 단모음화 등의 음운 과정이 개재되어 있다.

[원] 닿[接]+이(사동접사)+다(어미)

[변] 다히다> 대히다[tajhida]> *대이다[tajida]> *대다[tajda]> 대다[tɛda]

[예] • 혀에 맛보며 모매 다히며(월인석보 2-15)
• 제 머리를 펴 어믜 머리에 대혀(散其髮承接母首, 속삼강행실도 효-8)

대들보(大—)[대들뽀] [명] 큰 들보. 대량(大樑).

[一] 근대국어 형태도 '대들보'이다. 중세국어 초기에 '들보[樑]'를 뜻하는 말은 그냥 '보ㅎ[樑]'이었다. 이후에 '들'이 첨가되어 '들보'가 되었으며, 여기에 '大(대)'를 접두하여 '대들보'가 되었다.

[二] 18세기 문헌인 『청구영언(靑丘永言)』(1728)에 '대들보'가 처음 나온다. 이 말은 '보ㅎ'로부터 시작하여 '들보'가 되었다가 다시 한자어 '대(大)'를 붙여 '대들보'가 되었으므로, 형태의 계속된 확장이 이 말의 특징이다. '보ㅎ'와 같은 말인 '들보'는 칸과 칸 사이의 두 기둥을 건너질러 도리와는 'ㄴ' 자 모양, 마룻대와는 '十' 자 모양을 이루는 나무로서, 들려 있기 때문에 '들'을 붙인 것이다. '들'은 '들다'의 어간 '들-'에 관형사형 어미 '-ㄹ'이 결합된 것이므로, '들-+-ㄹ'로 분석되며, 어간의 'ㄹ'이 탈락하여 '들'이 된 것으로 설명된다. '들보'를 뜻하는 '보ㅎ'는 현대국어에 'ㅎ'이 탈락한 '보'로 남아 있으며, 15세기의 문헌인 『법화경언해(法華經諺解)』(1463)에 '므ᄅ와 보콰 셔와 긷괘(棟梁椽柱, 마루와 보와 서까래와 기둥이)'라고 표기되어, 그 의미와 형태가 명확히 드러난다. 『훈몽자회(訓蒙字會)』(1527)에는 '樑 보 량'이지만, 『신증유합(新增類合)』(1576)에는 '梁 들보 량'이라고 하여 '보ㅎ'에서 '들보'로의 이행이

감지된다. '보ㅎ'는 17세기 이후부터는 문헌에서 찾을 수 없으므로, 16세기 후반부터 '보ㅎ'는 '들보'란 형태로 대체되어 사용되었다고 하겠다. '대들보'는 작은 들보의 하중을 받기 위하여 기둥과 기둥 사이에 건너지른 큰 들보를 뜻하는 말이며, 한자어로는 '대량(大梁/大樑)'이다. '들보'에 '대(大)'를 붙인 것은 '큰 들보'를 강조한 표현이지만, 일반적으로는 그냥 '들보'라고 하였던 것이다. 그러나 현대국어에서는 '집안의 대들보, 나라의 대들보' 등과 같이 중요한 인물을 비유적으로 표현하면서 '대들보'의 위상이 높아졌다.

웬 大(대)+들[擧]+보ㅎ[樑]

倂 보ㅎ> 들보> 대들보

예 • 王ㄱ 꾸메 집 보히 것거늘(석보상절 24-6)

  • 들보 량(梁, 신증유합 상-23)

  • 들ㅅ보(架樑, 역어유해보 12)

  • 대들보(大樑, 국한회어 71)

대리석(大理石) 명 석회암이 높은 열과 강한 압력을 받아 재결정한 암석. 흰 빛깔의 순수한 것은 건축용이나 조각용 따위에 씀. 마블(marble).

⊟ 대리석은 중국 운남성(雲南省)의 대리(大理)에서 많이 생산된 데에서 명칭이 유래되었다. 대리(大理) 서쪽의 점창산(點蒼山)은 세계적인 대리석 산지로 유명하다. 세공하기가 쉽고, 연마하기가 쉬운 성질 때문에 조각이나 장식, 건축용 석재로 이용된다. 일반적으로 대리석이라 하면 석회암, 종유석, 트래버틴, 석회질 염기성 응회암, 사문암 등이 포함된다. 지중해 이탈리아에서도 양질의 대리석이 많이 산출되고 있다.

웬 (漢語)大理+石

倂 大理石> 대리석

대머리 명 머리털이 많이 빠져 벗어진 머리. 또는 그런 사람. 독두(禿頭).

⊟ 근대국어 후기의 문헌에 '대머리'가 나온다. 이 말은 '대[禿]+머리[頭]'로 분석된다. 고유어 '대'는 한자어 '禿(독)'에 해당하는 말이며, '독수리(禿─)'의 '독(禿)'이다.

[三] '대머리'와 같은 말로 '민머리'가 있으며, '민머리'는 18세기 문헌에 '믠머리'로 나온다.
[원] 대[禿]+머리[頭]
[변] 대머리
[예] • 대머리(한불자전 450)
☞ 민머리

대수롭다[대수로우니, 대수로워] [형] (부정문이나 수사 의문문에 쓰여) 중요하게 여길 만하다.
[一] '대수롭다'의 근대국어 형태는 '대ᄉᆞ롭다'이며, 이 말은 한자어 '大事(대ᄉᆞ)'에 접미사 '-롭다'가 연결되어 형용사가 된 것이다. '大事'의 중세국어 및 근대국어 한자음은 '대ᄉᆞ'이다.
[三] 현대국어에서 '대수롭다'는 부정문이나 수사 의문문에 한정되어 쓰이지만, 근대국어까지는 '道德이 읻ᄂᆞᆫ 사ᄅᆞᆷ은 대ᄉᆞ로이 혜니(인어대방 4-13), 우리들이 時方 이리 대ᄉᆞ로이 구ᄋᆞᆸᄂᆞᆫ 거ᄉᆞᆫ(인어대방 8-15), 대ᄉᆞ롭지 아니ᄒᆞ니(인어대방 1-3)' 등의 용례에서 알 수 있는 바와 같이 긍정문이나 부정문을 가리지 않고 보편적으로 사용되었다.
[원] 大事(대ᄉᆞ)+롭(접사)+다(어미)
[변] 대ᄉᆞ롭다> 대수롭다
[예] • 우리들이 時方 이리 대ᄉᆞ로이 구ᄋᆞᆸᄂᆞᆫ 거ᄉᆞᆫ(인어대방 8-15)
• 대ᄉᆞ롭지 아니ᄒᆞ니(인어대방 1-3)

대충 [부] 어림잡아. 대강.
[一] '대충'은 한자어 '大總(대총)'에서 온 말이다. '大總'은 크게 모아서 묶는다는 뜻이다.
[원] 大總(대총)
[변] 大總(대총)> 대충

대패 [명] 나무를 곱게 밀어 깎는 연장.

[一] '대패'의 중세국어 형태는 'ᄃᆡ파' 또는 'ᄃᆡ패'이지만, 'ᄃᆡ파'가 좀더 이른 시기의 문헌에 나타나며 원형에 가까운 형태이다. 이 말은 근대 한어(近代漢語) '推鉋(또는 推刨)'를 차용한 것이다. '推鉋'의 근대 한어음(近代漢語音)은 [tui-pʰau]이다. 한어(漢語)의 차용어라고 함은 주로 근대 한어의 어휘를 국어 한자음으로 읽지 않고, 중국식 발음으로 받아들인 말을 지칭하는 것이다.

[二] 16세기의 문헌인 『훈몽자회(訓蒙字會)』(1527)에 'ᄃᆡ파'로 나오고, 『신증유합(新增類合)』(1576)에서는 'ᄃᆡ패'로 나타난다. 'ᄃᆡ파'가 어원적 형태에 가까우며, 'ᄃᆡ패'는 반모음 'ㅣ[j]'가 부가된 형태이다. 16세기의 'ᄃᆡ파'는 18세기까지도 이어지지만, 'ᄃᆡ패'란 형태가 18세기에 '대패'가 되어 현대로 계승된다. 16세기의 'ᄃᆡ패'가 18세기에 '대패'가 된 것은 제1 음절에서 'ᆞ'가 '아'로 바뀐 변화를 반영한 것이며, 이후에 'ᄃᆡ패, ᄃᆡ픠' 등의 표기는 18세기의 '대패'를 달리 적은 것에 불과하다. 'ᄃᆡ파'는 근대 중국어인 '推鉋(또는 推刨)'를 차용한 말이며, 당시의 중국어 발음을 차용한 것이어서 국어 한자음과는 차이가 있다. '推鉋'의 근대 중국어음은 [tui-pʰau]이므로, 이것을 한글로 표기하면 '뒤파오' 정도이다. 중세 및 근대국어에서 중국어 차용어는 한자어와는 성격이 다르다. 한자어는 중국어에서 온 것이라도 국어 한자음으로 읽어서 우리말이 된 것이지만, 중국어 차용어는 중국어 발음을 그대로 받아들여 우리말이 된 것을 말하는 것이다. 정약용은 그의 저서 『아언각비(雅言覺非)』(1819)에서 '推鉋者 削木使平之器也 東人誤飜爲大牌 華音推鉋本作뒤퐈聲相近'이라고 하여 이에 대한 정확한 설명을 하였다. '推鉋'의 중국 발음을 '뒤퐈'로 적은 것은 『역어유해』(1690)와 같은 문헌을 참조한 것으로 보인다.

[원] (漢語)推鉋/推刨[tui-pʰau]

[변] 推鉋[tui-pʰau]> ᄃᆡ파> ᄃᆡ패> 대패

[예] • ᄃᆡ파(推鉋, 훈몽자회 중-8)
- ᄃᆡ패 산(鏟, 신증유합 하-42)
- ᄃᆡ패ㅅ밥(鉋花, 역어유해보 45)
- 대패질ᄒᆞ다(鉋, 한청문감 12-5)

대포[대:포] 몡 큰 술잔. 술을 별 안주 없이 큰 그릇으로 마시는 일. '대폿술'의 준말.
🔟 이 말은 고유어로 처리되고 있으나, 한자어 '대포(大匏)'에 어원이 있다고 생각된
다. 한자어 '대포(大匏)'는 '큰 바가지'란 의미이다.
옚 大匏(대포)
옚 大匏> 대포

댑싸리 몡 명아줏과의 한해살이풀. 높이 1.5m 정도, 가지가 많고, 잎은 가늘고 길
며 끝이 뾰족하고, 한여름에 담녹색 꽃이 핌. 비를 만드는 데에 쓰임.
🔟 '댑싸리'의 중세국어 형태는 '대뿌리'나 '댓뿌리'이며, 이 말들은 '대+뿌리[荊]'나
'대+ㅅ(사잇소리)+뿌리[荊]'로 분석된다. '댑싸리'의 어원을 찾는 데에 있어서는 '대'
의 정체를 밝히는 것이 관건이다. 흔히 '대[竹]'로 생각하는 경우가 있으나, 『鄕藥採
取月令』(1431) '댑싸리'를 '唐橘'로 표기하고 있어서 '대'의 의미가 '중국'을 뜻하는
'唐'에 해당한다는 것을 참조할 필요가 있다. 특히 보통의 '싸리'를 '小荊'이라고 하
므로, '댑싸리'의 '대'는 고유어 '대[大]'로 해석하는 것이 온당할 것으로 생각된다.
한자 '唐(당)'은 주로 중국에서 건너온 것을 나타낼 때 접두하는 말이다. '댑싸리'의
받침 'ㅂ'은 '뿌리'의 어두 자음군 'ㅼ'의 'ㅂ'이 받침으로 내려간 것이다. 이것은 중세
국어의 어두 자음군 'ㅼ'이 단지 'ㅅ'의 경음이 아니라, 'ㅂ'과 'ㅅ'의 음가를 모두 지
니고 있었다는 것을 보여 주는 증거이다.
🔟 15세기 문헌인 『구급간이방언해(救急簡易方諺解)』(1489)에 '地膚子 대뿌릿 씨'
라고 하여 '대뿌리'의 형태로 처음 나타난다. 16세기의 『사성통해(四聲通解)』(1517)
에는 '댓뿌리'로 표기되었고, 근대국어 문헌에는 '댑솔이, 댑쓰리' 등으로 나타나 현
대의 형태인 '댑싸리'에 가까워졌다. '대뿌리'에서 '댑솔이, 댑쓰리'가 된 것은 '뿌
리'의 초성 'ㅂ'이 앞말의 받침으로 내려간 것이다. 중세국어 형태인 '대뿌리'나 '댓
뿌리'는 '대+(ㅅ)+뿌리'로 분석된다. '뿌리'는 현대국어 '싸리'의 중세국어 형태이므
로, '대'의 어원을 밝히는 것이 관건이다. 중세국어에서 '대'가 '대나무'를 뜻할 경우
는 성조가 거성(去聲)이며, 한자 '대(大)'일 경우는 성조가 상성(上聲)으로 나타나는
것이 원칙이다. 그런데 '대뿌리'의 '대'는 성조가 평성(平聲)이므로, 우선은 '대[竹]'
나 '대(大)'가 아니라고 해야 한다. 15세기 문헌인 『향약채취월령(鄕藥採取月令)』

(1431)에 이 식물을 '唐欟'로 표기하고 있어서 '대'의 의미가 '중국'을 뜻하는 '唐'에 해당한다는 것을 참조할 필요가 있다. 사물의 이름 앞에 한자 '당(唐)'을 붙이는 경우는 대개의 경우 중국에서 들어온 외래의 것이라는 뜻을 나타내기 위한 것이다. '당나귀, 당나발, 당닭, 당먹, 당멸치, 당면, 당아욱, 당항라' 등으로 다양하다. 한자 '당(唐)'과 비슷한 의미 기능을 하는 접두사에 '대-/댓-'이 있다. 중세국어 및 근대국어의 문헌에서 찾아보면 '대노로, 댓가치, 댓뎌구리, 댓두러기, 댓딜위, 댓무수' 등을 열거할 수 있다. 성조가 표시된 경우 이들 어휘의 '대-/댓-'은 한결 같이 평성이다. 그러므로 '대뽀리, 댓빠리'의 '대-/댓-'은 이들 어휘의 '댓-'과 같은 것이라고 해야 한다. 한자 '당(唐)'이나 '대/댓'이 붙은 말은 외래종(外來種)을 뜻하는 것이 기본 의미이기 때문에 크기의 대소(大小)와는 직접 관련이 없다. '당닭'은 작지만, '당멸치'는 크다. 비록 성조의 차이는 있지만 고유어로 처리되는 접두사 '대-/댓-'의 어원이 한자 '대(大)'에서 왔을 가능성을 완전히 부인하기는 어렵다.

㉮ 대[大]+(ㅅ)+ᄲᅳ리[荊]

㉯ 대ᄲᅳ리/댓ᄲᅳ리> 댑싸리

㉰ • 대ᄲᅳ리(荊條, 훈몽자회 상-10)

　• 댓빠리(사성통해 상-38)

더럽다[더:러우니, 더:러워] 휑 때나 찌꺼기 따위가 있어 지저분하다.

▱ '더럽다'는 중세국어에서부터 현대국어까지 형태의 변화 없이 사용되고 있다. 근대국어 문헌에 '덜업다'가 나오지만 형태가 변한 것은 아니다. 이 말은 중세국어의 동사 '덞다[染]'의 어간 '덞-'에서 'ㅁ'이 탈락한 '덜-'에 형용사를 만드는 접미사 '-업-'이 연결되어 생긴 말이다. 그러므로 어원적으로는 '(어떤 것에) 물들어 있는 상태'를 형용한 말이다. 어간 '덞-'이 '덜-'이 될 수 있는 것은 '덞다'의 활용이 '덜몸(더러워짐), 덜믈(더러워질)' 등으로 표기되면서 '덜-'을 어간으로 유추한 까닭이다.

▱ 중세국어 '덞다'는 현대국어 '더럽다'에 흔적을 남기고 사라졌지만, 모음 교체 형태인 '닮다'는 여전히 쓰이고 있다. 원래 '닮다'도 '덞다'와 마찬가지로 '물들다[染]'의 뜻이었지만, 현대국어에서는 '모습이 비슷하다[相似]'의 뜻으로 전이되어 쓰이고 있다. 모습이 비슷한 것도 원래의 모습에 물들었기 때문이다.

[원] 덜(<덟-)[染]+업(형용사화 접사)+다(어미)

[변] (덟업다)> 덜업다> 더럽다

[예] • 婬欲은 더럽고 佛道는 조커시니(월인석보 9-24)

• ᄒᆞ야곰 덜업게 ᄒᆞ야(여사서언해 2-29)

☞ 덟다

더부살이 [명] 남의 집에서 지내면서 일을 해 주고 삯을 받음. 또는 그런 사람.

[一] '더부살이'는 '더부살다'의 파생명사이다. 그러나 현대국어에서 '더부살다'란 말은 쓰이지 않고, 중세국어에서 '더브살다(번역노걸대 하-44)'란 말이 사용되었다. '더브살다'란 말은 '더블[與]+살[生]+다(어미)'로 분석되며, 치경음 'ㅅ' 앞에서 'ㄹ'이 탈락한 것이다. '더블다'는 현대국어 '더불다'의 중세국어 형태이며, 원순모음화에 의하여 '더불다'가 된 것이다.

[三] 19세기 문헌인 『한불자전(韓佛字典)』(1880)에 '더부살이'가 실려 있어서 현대 어형을 그대로 보여 준다. 역시 19세기의 다른 문헌에는 '더부사리, 더브살이, 더부ᄉᆞ리' 등의 다른 표기가 나타난다. 그러나 '브'와 '부'의 실제 발음이 다르지 않고, 'ᄋᆞ'는 이미 '아'로 바뀐 이후의 표기이기 때문에, 발음을 기준으로 하면 이들은 모두 같은 형태라고 할 수 있다. 역사적으로 뒤늦은 19세기에 파생어 '더부살이'가 나타나지만, 합성 동사인 '더브살다'는 16세기 초기의 문헌인 『번역노걸대(飜譯老乞大)』(1517)에서 '우리 사ᄅᆞ미 서르 둘우며 서르 더브사라(우리 사람이 서로 두르며 서로 더불어 살아)'라고 하여 16세기에 이미 사용된 것을 확인할 수 있다. 이 경우의 동사 '더브살다'는 합성 동사로서 '더블다[與]'와 '살다[生]'가 결합한 말이다. 그러므로 19세기 문헌에 나오는 '더부살이'는 중세국어 형태로 되돌려 어원 분석을 하면 '더블-+살-+-이'의 구조로 이루어진 말임을 알 수 있다. 치음 'ㅅ' 앞에서 '더블-'의 어간 말음 'ㄹ'이 탈락하면 '더브살이'가 되고, 양순 자음 'ㅂ' 아래에서 '으'가 원순모음 '우'로 바뀌어 '더부살이'가 되는 것이다. 원순모음화는 17세기 말엽에 생긴 현상이므로, 19세기에는 이미 원순모음화가 완성되어 있었다. 19세기에 등장한 '더부살이'는 20세기에도 이어지지만, 역시 20세기에도 '더부사리, 더부ᄉᆞ리' 등의 변이 표기가 나타난다. 19세기와 마찬가지로 이러한 변이 표기는 단지 맞춤법의 문제이며 형태적

차이를 반영한 것은 아니다.

㉙ 더블[與]+살[生]+이(접사)

㉰ *더블살이> 더브살이> 더부살이

더위 📖 (여름철의) 더운 기운.

🔲 '더위'의 중세국어 형태는 초기의 '더뷔'와 후기의 '더위'가 있다. '더뷔'와 '더위'는 모두 '덥[暑]+의(명사화 접사)'의 구조로 분석된다.

🔲 '더뷔'는 '덥다'가 'ㅂ' 불규칙 형용사이기 때문에 받침의 'ㅂ'이 'ㅸ'으로 바뀐 것이며, 아울러 접미사 '-의'가 순음 다음에서 원순 모음화에 의하여 '-위'로 바뀐 것이다. '더위'는 'ㅸ'이 소실된 이후에 'ㅂ'이 반모음 '우[w]'로 바뀐 것이다. 그러므로 어원적인 형태는 '더븨'이지만 문헌에 나타나지는 않는다.

㉙ 덥[暑]+의(명사화 접사)

㉰ *더븨> 더뷔> 더위

㉲ • 더뷔 치뷔로 셜버ㅎ다가(석보상절 9-9)

　• 치위와 더위와(내훈-선조 3-16)

　• 더위 가고 치위 오매(暑往寒來, 남명집언해 상-59)

덤[덤:] 📖 물건을 사고팔 때, 제 값어치 외에 조금 더 얹어 주거나 받는 물건.

🔲 '덤'의 중세국어나 근대국어의 형태는 '더음'이다. 이 말은 '더으[加]+ㅁ(명사화 접사)'으로 분석된다. '더음'이 줄어서 '덤'이 되었기 때문에 장음 [덤:]으로 남아 있는 것이다.

🔲 현대국어 '더하다'의 중세국어 형태는 '더으다/더ᅌᆞ다'이며, 모음조화를 고려하면 '더으다'가 어원적 형태이다. 중세국어에서도 '더으다/더ᅌᆞ다'와 함께 '더ㅎ다'가 사용되었으나, 가장 많이 쓰인 형태는 '더으다'이다.

㉙ 더으[加]+ㅁ(명사화 접사)

㉰ 더음> 덤

㉲ • 다시 더음을 許ㅎ고(許更益, 소학언해-선조 6-6)

　• 더음(補錠, 동문유해 하-27)

데다 [동] 불이나 뜨거운 기운에 닿아 살이 상하다. 찬 것에 열을 가하여 덥게 하다.

[一] '데다'의 중세국어 형태는 '데다, 더이다'이다. 아 말은 '덥[暑, 熱]+이(사동접사)+다(어미)'로 분석된다. '덥다'가 'ㅂ' 불규칙 형용사이므로, '더ᄫᅵ다> 더이다> 데다'의 변화 과정에 의한 것이다.

[二] 현대국어에서 '데다'는 자동사로도 쓰이지만, 타동사 '데우다'의 의미로 쓰이기도 한다. '데우다'는 어원적으로 '데다'에 다시 사동 접사 '우'가 첨가된 것이므로, 원칙적으로 '데다'가 '데우다'의 준말은 아니다.

[원] 덥[暑, 熱]+이(동사화 접사)+다(어미)

[변] *더ᄫᅵ다> 더이다> 데다[təjda]> 데다[teda]

[예] • ᄎᆞ거든 다시 더이라(冷卽再煖, 구급방언해 하-76)

• 제 모미 데오(월인석보 7-18)

데릴사위 [명] 처가에서 데리고 사는 사위. 예서(豫壻). 췌서(贅壻).

[一] '데릴사위'의 근대국어 형태는 'ᄃᆞ린사회'이며, 이 말은 'ᄃᆞ리[與, 率]+ㄴ(관형사형 어미)+사회[壻]'로 분석된다. 현대국어 '데리다'의 중세국어 형태가 'ᄃᆞ리다'이며, '사위'의 중세국어 형태가 '사회'이다. 그런데 근대국어 문헌에 '더려오다'가 나오므로, 중세국어의 'ᄃᆞ리다'가 '더리다'로도 바뀌었음을 알 수 있다. 근대국어의 '더리다'가 '이' 모음 역행동화인 움라우트에 의하여 '데리다'로 바뀐 것은 이미 18세기 문헌에 나타나므로, '데릴사위'의 '데릴'이 '더린/더릴> 데릴'의 과정에 의한 형태인 것을 확인할 수 있다. 근대국어 시기에는 관형사형 어미 '-ㄴ'이 사용되었지만, 현대국어 '데릴사위'에는 관형사형 어미로 '-ㄹ'이 사용되고 있다. 이것은 '-ㄴ'이 '-ㄹ'로 교체되는 형태론적인 구조 변화가 있었다는 것을 의미한다.

[二] 18세기 문헌인 『동문유해(同文類解)』(1748)에 '贅壻 ᄃᆞ린사회'라고 하여 'ᄃᆞ린사회'의 형태로 처음 나타난다. 19세기의 『국한회어(國漢會語)』(1895)에는 '다릴사위'로 바뀌었다가 현대의 '데릴사위'가 되었다. 근대국어 형태인 'ᄃᆞ린사회'는 'ᄃᆞ리-+-ㄴ+사회[壻]'로 분석된다. 현대국어 '데리다'의 중세국어 형태가 'ᄃᆞ리다'이며, '사위'의 중세국어 형태가 '사회'이다. 근대국어 시기에는 관형사형 어미 '-ㄴ'이 사용되었지만, 현대국어 '데릴사위'에는 관형사형 어미로 '-ㄹ'이 사용되고 있다. 이것

은 '-ㄴ'이 '-ㄹ'로 교체되는 형태론적인 구조 변화가 있었다는 것을 의미한다. 그런데 근대국어 문헌에 '더려오다'가 나오므로, 중세국어의 'ᄃᆞ리다'가 '더리다'로도 바뀌었음을 알 수 있다. 근대국어의 '더리다'가 '이' 모음 역행동화인 움라우트에 의하여 '데리다'로 바뀐 것은 이미 18세기 문헌에 나타나 현대로 이어졌다. 다만 20세기에도 'ᄃᆞ리다'의 표기가 나타나므로, 'ᄃᆞ리다'의 정상적인 변화 형태인 '다리다'가 현대까지 이어졌음을 알 수 있다. 중세국어 '사회'는 근대국어 문헌에 '사회, 사외, 사휘' 등으로 나타나므로, 현대국어의 '사위'는 '사휘'에서 'ㅎ'이 탈락한 형태이다.

[원] ᄃᆞ리[與, 率]+ㄴ(관형사형 어미)+사회[壻]

[변] ᄃᆞ린사회> 더린사휘> 데릴사위

[예] • ᄃᆞ린사회(贅婿, 동문유해 상-10)

데우다 [동] 찬 것에 열을 가하여 덥게 하다.

[一] 중세국어 형태도 '데우다'이다. 이 말은 '데다'에 사동 접미사 '우'가 연결된 형태이므로, 일차적으로 '데+우+다'로 분석되며, 다시 '데다'의 어원을 고려하면 '데우다'는 '덥[暑, 熱]+이(사동접사)+우(사동접사)+다(어미)'로 분석되어, 사동 접사가 두 번 연결된 형태인 것이다.

[二] 중세국어의 '에'는 하향 이중모음 [əj]이며, 현대국어의 '에'는 단모음화된 [e]이므로, '에'는 비록 표기에 차이가 없다고 하더라도 중세국어와 현대국어에서 그 음가가 각각 다르다.

[원] 덥[暑, 熱]+이(사동접사)+우(사동접사)+다(어미)

[변] *더ᄫᅵ우다> *더이우다> 데우다[təjuda]> 데우다[teuda]

[예] • 骨髓ᄅᆞᆯ 데워 므르게 ᄒᆞᆯ 씨라(燋爛骨髓, 능엄경언해 8-103)

☞ 데다

도가니 [명] ① 쇠붙이를 녹이는 그릇. 단단한 흙이나 흑연 따위로 우묵하게 만든다. 감과(坩堝). ② 흥분이나 감격 따위로 들끓는 상태를 비유적으로 이르는 말.

[一] '도가니'의 중세국어 형태는 '도관'이다. '도관'은 근대국어에도 계속 쓰이면서 한편으로는 반모음 [w]가 탈락한 '도간'이란 형태도 나타난다. '도관'에서 변한 '도간'

에 접미사 '-이'가 연결된 형태가 현대국어 '도가니'이다.

[三] 근대의 문헌에서 '도관'에 해당하는 한자어는 주로 '坩堝, 火罐子' 등이다. 이로써 보면 '도관'이란 말은 한자어 '陶罐(도관)'에 있음이 거의 확실하다. '도가니'는 주로 질그릇을 만드는 흙으로 만들기 때문이다.

[원] 陶罐(도관)

[변] 도관> 도간> 도가니

[예] • 도관(坩堝, 사성통해 하-75)
• 도관(火罐子, 동문유해 하-16)
• 도간의 담고(언해두창집요 하-30)

도끼 [명] 나무를 찍거나 패는 연장의 하나.

[一] '도끼'의 중세국어 형태는 '돗귀(월인석보 1-29), 도치(두시언해-초간 25-2), 도최(능엄경언해 8-85)' 등이다. 李基文(1991: 40)에서는 '돗귀'를 어원에 가장 가까운 표기로 보고, '돗귀'의 어원을 '돌ㅎ[石]+ㅅ(조사)+귀[耳]'로 설명하였다. 이러한 어원 분석은 '돗귀'의 성조(聲調)가 '上聲-去聲'인 것이 '돌ㅎ[石]'이 상성이고, '귀[耳]'가 거성인 것과 그대로 일치한다는 점을 중요시한 것이다. 이렇게 되면 '돗귀'는 '돐귀'에서 'ㅅ' 앞의 받침 'ㄹ'이 탈락한 형태인 것이다. 사이 'ㅅ'은 중세국어에서 관형격 조사로 쓰이는 것이 일반적이었으며, 현대국어에서는 복합어 형성의 '사잇소리'로 쓰이는 것이 보통이다.

[二] 劉昌惇(1971: 32)에서는 '돗귀, 도치, 도최' 등의 중세국어 형태로부터 어원적 어근 '돛[斧]'을 추출하였으므로, 李基文(1991)의 견해와는 다르다.

[三] '도치'와 '도최'는 모음 동화의 측면에서 그 형태 변이가 설명이 되지만, '도치, 도최' 등과 '돗귀'의 변이 관계는 논리적으로 설명하기 힘들다. 다만 'ㅊ'과 'ㄱ'의 변이 관계는 이 밖에 중세국어의 '가찹다~갓갑다'와 같은 어휘에서도 발견되므로, 일종의 음운교체가 있었다고 생각된다.

[원] 돌ㅎ[石]+ㅅ(조사/사잇소리)+귀[耳]

[변] *돓ㅅ귀> *돐귀> 돗귀> 돗긔> 독긔> 도끼

[예] • 돗귀와 톱과로 버히ᄂᆞ니라(월인석보 1-29)

- 돗긔롤 메고(오륜행실도 1-60)
- 독긔(斧子, 역어유해 하-17)

도둑 몡 남의 것을 훔치거나 빼앗는 나쁜 짓. 또는 그런 사람.

⊟ '도적'의 중세국어 형태는 '도죽'이다. 이 말은 한자어 '盜賊(도적)'에서 온 것이 분명하다. 중세국어에서는 '도적(盜賊)'과 '도죽'이 모두 사용되었다.

⊟ 한자어 '盜賊'이 '도죽'이 되고, 다시 '도죽'이 '도즉'을 거쳐 '도둑'이 되는 음운적 과정을 원리적으로 설명하기는 어렵다. 그러나 '賊'의 고대국어 한자음이 '즉'일 가능성이 있다는 것, 그리고 근대국어 이후에 'ㅈ'을 'ㄷ'으로 되돌리는 역구개음화 현상을 예상하면 설명의 실마리를 얻을 수 있다.

옌 盜賊

옌 盜賊> 도죽> 도즉> 도둑

옝 • 쇠 한 도즈글 모르샤(용비어천가 19장)
 • 도즉들히 네의 쳔 이시며 쳔 업슨 주를 엇디 알리오(번역노걸대 상-27)

도랑 몡 폭이 좁은 작은 개울.

⊟ 현대국어 '도랑'에 해당하는 중세국어 단어는 '돓[梁, 渠]'이다. 그러므로 '도랑'은 중세국어를 기준으로 하면 '돓[梁, 渠]+앙(접사)'으로 분석되며, 말음 'ㅎ'이 탈락하여 '도랑'이 된 것이다. 파생 명사를 만드는 접미사 '-앙'은 현대국어 '내[川]'를 뜻하는 방언인 '거랑'에서도 나타난다. 중세국어의 '걸'은 현대국어의 '개천, 도랑'에 해당하므로, '거랑'은 '걸[渠]+앙(접사)'으로 분석된다. 또한 현대국어 '고랑'은 어원적으로 '골[谷]+앙(접사)'으로 분석되므로, 접미사 '-앙'이 역사적인 어형성 과정에서 상당히 생산적이었다는 것을 알 수 있다.

⊟ 18세기 문헌인 『경신록언석(敬信錄諺釋)』(1796)에 '밧도랑'이란 말이 나타난다. 이 문헌에서도 '밧도랑'이라는 합성어 형식으로 표기되어 있으므로, 단일어로서 '도랑'의 쓰임은 19세기에 활발해진 것으로 보인다. 19세기의 문헌인 『한불자전(韓佛字典)』에 '도랑 渠'라고 하였고, 『국한회어(國漢會語)』(1895)에 '도랑 溝澮'라고 한 것에서 '도랑'의 쓰임을 확인할 수 있다. '도랑'이란 말이 뒤늦게 사용된 것은 이 말

이 단일어 '돌ㅎ'에 접미사 '-앙'이 결합된 말로서, 이전에는 단일어 '돌ㅎ'이 널리 사용되었기 때문이다. 그러므로 '돌ㅎ'과 여기에서 파생된 '도랑'은 국어의 역사에서 세력을 다투었다고 할 수 있는 것이다. 현대국어에서 '돌'은 '도랑'의 옛말로 처리되어 더 이상 사용되지 않는다. 15세기의 문헌인 『법화경언해(法華經諺解)』(1463)에 '큰 ᄀᄆ래 쇠 돌히 흐르며(큰 가뭄에 쇠 도랑이 흐르며)'라는 구절에서 '돌ㅎ'을 찾을 수 있으며, 16세기 문헌인 『신증유합(新增類合)』(1576)에는 '渠 돌 거'라고 하여 'ㅎ'이 탈락된 '돌'이 표기되어 있다. 중세국어에 '돌ㅎ'과 같은 'ㅎ' 종성 체언은 약 80여 어휘에 이르지만, 17세기 이후 근대국어에 들면서 차츰 'ㅎ' 종성이 소멸하였다. 17세기 문헌인 『분류두공부시언해(중간본)』(1613)에는 '돌해(돌ㅎ+애)'의 표기가 나타나 여전히 '돌ㅎ'의 용법이 확인되지만, 18세기 이후의 문헌에서는 '도랑'이 쓰이게 되면서 '돌ㅎ/돌'은 자취를 감추었다. 따라서 '돌ㅎ'의 종성 'ㅎ'이 언제 소멸하였는지도 확인하기 어렵다. '돌ㅎ'에서 'ㅎ'이 탈락한 '돌'은 조선총독부의 『조선어사전』(1920)이나, 문세영의 『조선어사전』(1938) 등에 표제어로 올라 있다. 그런데 이들 사전에서는 '돌'을 '도랑의 준말로 처리하여 '돌ㅎ'에서 출발한 '돌'의 역사성을 인식하지 못한 듯하다. 『표준국어대사전』에서 '돌'을 '도랑'의 옛말로 설명하여 전도된 본말을 바로잡았다.

㉲ 돓[梁, 渠]+앙(접사)

㉻ *돓앙> 도랑

㉤ • 이웃 밧도랑 경계를 침졈ㅎ야 갈지 말며(경신론언석 65)
　• 도랑 渠(한불자전 493)

도량 阁 불도를 닦는 곳.

㊀ 중세국어에서도 '도량'이란 말이 쓰였으며, 이 말은 한자어 '道場'에서 온 것이다. '道場'을 중세국어 한자음으로 읽으면 '도댱'과 '도량'인데, 후자가 불가(佛家)에서 사용된 독음이다.

㊁ 불교 용어에서 '道場'이 '도량'으로 발음되는 까닭을 확실히 알 수는 없다. 그러나 산스크리트어 'Bodhi'가 한어(漢語)에서 '菩提'로 음역되고, 이것이 국어에서 '보리'로 발음되는 것도 'ㄷ'이 'ㄹ'로 바뀌는 현상과 관련이 있을 것이며, 이러한 현상은

중세국어 이전에 일어난 것으로 생각된다.

웬 道場

뻰 道場 > 도량

옌 • 直心이 이 道도場량이며(육조법보단경언해 상-4)

☞ 보리

도렷하다[도려타다] 혱 엉클어지거나 흐리지 않고 낱낱이 분명하다.

㊀ '도렷하다'의 중세국어 형태는 '도련ᄒ다'이며, 근대국어 형태는 '도렷ᄒ다'이다.

㊁ 그런데 '도련ᄒ다, 도렷ᄒ다'의 의미는 중세국어나 근대국어에 있어서 모두 '둥글다'에 해당하므로, 현대국어의 의미와 같지 않다. '도렷하다'가 '둥글다'에서 '분명하다'의 의미로 바뀌게 된 것은 근대국어 후기 이후에 생긴 현상이라고 할 수 있다. '둥글다'에서 '분명하다'로 의미가 바뀌게 된 것은 둥글다는 것이 형태의 완전성을 의미하기 때문이다.

㊂ '도련ᄒ다'는 '도련[圓]+ᄒ[爲]+다(어미)'로 분석되지만, 문제는 중세국어나 근대국어에서 '도련'이나 '도렷'이 단독 형태로 쓰인 적이 없다는 것이다.

㊃ '도렷하다'의 큰말인 '두렷하다'는 음성 모음 형태이며, 이들 말의 센말인 '또렷하다, 뚜렷하다'는 경음화된 형태이다.

웬 도련[圓]+ᄒ[爲]+다(어미)

뻰 도련ᄒ다 > 도렷ᄒ다 > 도렷하다

옌 • 環은 도련ᄒᆫ 구스리오(능엄경언해 2-87)
　• 도렷호ᄆᆫ 玉젓 머리와 ᄒ가지로다(圓齊玉筯頭, 두시언해-중간 16-74)

도로 閉 본래와 같이 다시. 행하던 쪽에서 거꾸로 향하여.

㊀ 중세국어 형태도 '도로'이다. 이 말은 동사 '돌다'에서 부사로 파생된 말이므로, '돌[回]+오(부사화 접사)'의 구조로 분석된다.

웬 돌[回]+오(부사화 접사)

뻰 돌오 > 도로

옌 • 所獲을 도로 주샤(용비어천가 42장)

도리깨 閔 곡식의 낟알을 떠는 농구의 하나. 장대 끝에 서너 개의 휘추리를 달아 휘둘러 가며 치는 농구.

㉠ '도리깨'의 중세국어 형태는 '도리채'이며, 근대국어 시기에는 '도리개, 도리쌔, 도로개' 등의 다양한 형태가 나타난다. '도리채'는 '돌[回]+이(접사)+채[鞭]'로 분석되며, '도리개/도로개'는 '돌[回]+이/오(접사)+개(접사)'로 분석된다. 문제는 현대국어 '도리깨'의 직접적인 소급형이라고 할 수 있는 '도리쌔'에 대한 분석의 어려움이다.

㉡ '도리쌔'는 '도릿개'로 적을 수 있으므로, 사이 'ㅅ'이 올 수 있는 것은 '개'가 접미사가 아니라 실질적인 뜻을 갖는 명사일 경우이다. 중세국어 형태 '도리채'는 '채'가 격음으로 시작하는 단어이므로 '도릿채'로 표기한다고 해도 발음에 차이가 없다. 따라서 '도리채'는 사이 'ㅅ'이 생략되었다고 할 수 있다. 아마도 '도리쌔'는 명사 '채[鞭]'가 붙은 '도리채'와 접미사 '-개'가 붙은 '도리개'의 상호 영향을 받아서 형성된 말이라고 할 수 있다. 즉 '도리채/도릿채[도릳채]'의 구조에서 '채'를 제외한 '도릿[도릳]'에 접미사 '-개'를 연결시킨 형태가 '도리쌔'이기 때문이다.

㉠ 돌[回]+이(접사)+채[鞭]

㉮ 돌이채> 도리채> 도리쌔> 도리깨

㉯ • 도리채(連枷, 사성통해 하-30)

　　• 도리채 가(枷, 훈몽자회 중-17)

　　• 도리개(물보)

　　• 도리쌔로 치다(한청문감 4-37)

도시락 閔 밥을 담는 작은 그릇. 플라스틱이나 얇은 나무판자, 알루미늄 따위로 만든다. 흔히 점심밥을 담아 가지고 다니는 데 쓴다.

㉠ '도시락'의 근대국어 형태는 '도슭'이다. 그러므로 현대국어 '도시락'은 '도슭'에서 받침의 'ㄱ'이 탈락하고, 'ㅅ' 다음에서 '으'가 전설 모음이 '이'가 되었으며, 그리고 접미사 '-악'이 연결된 형태인 것이다.

㉠ 도슭[盒飯]

㉮ 도슭> 도시락

⑩ • 點心 도슭 부시이고 곰방딕롤 톡톡 쩌러(고시조, 청구영언)

도토리 阌 떡갈나무, 갈참나무, 상수리나무 등의 참나뭇과의 나무에 열리는 열매.
囗 '도토리'의 중세국어 형태는 15세기 문헌에 '도토밤, 도톨왐'이 나오며, 16세기
문헌에는 '도토리'란 형태가 나타난다. '도톨왐'과 '도토밤'은 어원적으로 같은 것이
므로, 이 말들은 어원적으로 '도토/도톨+밤[栗]'과 '도톨+이(접사)'의 두 가지로 형태
로 소급된다.
囯 15세기 문헌인『분류두공부시언해(초간본)』(1481)에 '도토밤' 또는 '도톨왐'이
나타난다. 그러다가 16세기 문헌인『훈몽자회(訓蒙字會)』(1527)에는 '芧 도토리
셔, 橡 도토리 샹, 栭 도토리 싀' 등으로 현대국어와 같은 '도토리'의 형태를 보여 준
다. 그런데 15세기 초기 문헌인『향약구급방(鄕藥救急方)』(1417)에 '도토리'를 '猪
矣栗'이라고 하였다. 훈민정음 창제 이전에 한자(漢字)를 이용하여 이와 같은 표기
를 차자표기(借字表記)라고 한다. '돼지'의 중세국어 형태가 '돝[猪]'이므로, '猪矣
栗'을 중세국어 형태로 옮기면 '돝의밤'의 표기라는 것을 알 수 있다. '도토리'는 다
람쥐뿐만 아니라 멧돼지도 즐겨 먹으며, '도토리'를 한자어로 '상율(橡栗)'이라고 하
므로, '돝[猪]'과 '밤[栗]'을 조사 '矣'를 매개로 하여 결합한『향약구급방』의 표기 '猪
矣栗'은 '도토리'의 어원을 잘 보여 준다. 그러면『향약구급방』의 '猪矣栗(돝의밤/도
틔밤)'이 중세국어의 '도토밤'으로 변했다고 할 수 있으므로, 중세국어의 형태에서
'도토밤'이 가장 어원적인 형태에 가깝다고 할 수 있다.
囯 '도톨왐'은 '도토밤'에 'ㄹ'이 첨가되어 '도톨밤'이 된 후에 'ㄹ'과 모음 사이에서
'ㅂ'이 'ㅸ'으로 약화되어 '도톨밦'이 되고, 다시 'ㅸ'이 원순 반모음 '오/우[w]'로 약화
되어 '도톨왐'이 되었다고 설명할 수 있다. 그러나 어떤 까닭으로 '도토'에 'ㄹ'이 첨
가된 것인지는 알 수 없다. '도톨도톨'이라는 의태어 때문인지, 아니면 '도토+밤'으
로 분석하면서 관형사형 어미 '-ㄹ'을 첨가시켰는지 지금으로서는 알 수 없다. 'ㄹ'
첨가에 대한 의문은 남게 되지만, 어찌하였거나 첨가된 'ㄹ'의 영향을 받아 어원적
인 '도틔밤'은 15세기 형태인 '도톨왐'으로 바뀌게 된다. 이렇게 되면 '도톨왐'은 '왐'
이 '밤[栗]'에서 왔다는 유연성을 상실하게 되면서, '도톨'이 주요한 형태로 부상한
다. 여기에 명사를 만드는 접미사 '-이'가 첨가되어 '도토리'가 된 것이다. 15세기의

'도토밤, 도톨왐'에 이어서 16세기에 '도토리'가 등장하고, 17세기에는 '도토리, 도톨밤, 도톨왐' 등의 표기가 등장하면서 15세기의 '도톨왐'의 재기를 보는 듯하다. 그러나 이미 '도토리'의 세력에 밀려 18세기 이후에는 '도토밤, 도톨왐, 도톨밤' 등의 형태는 국어 문헌에서 사라졌다. 다만 모음이 바뀐 '도투리'가 19세기와 20세기 문헌에 잠시 등장하였다.

㉞ 돝[猪]+이(조사)+밤[栗], 도톨[橡]+이(접사)

㉗ *돝이밤> 도토밤> 도톨밤> 도톨왐> 도톨+이>도토리

㉓ • 주으려 栯溪옛 도토바를 주스리니(飢拾栯溪橡, 두시언해-초간 24-39)

　　• 히마다 도톨왐 주수믈 나블 조차 든뇨니(歲拾橡栗隨狙公, 두시언해-초간 25-26)

　　• 도토리 샹(橡, 훈몽자회 상-11)

　　• 도토리 싀(栭, 훈몽자회 상-11)

독수리(禿—) 阋 수릿과의 크고 사나운 새. 날개 길이는 70~90cm, 꽁지는 35~40cm, 몸빛은 암갈색, 다리는 회색, 날카로운 부리와 발톱 및 예민한 시력과 후각으로 작은 동물을 잡아먹음.

㊀ 한자 '독(禿)'은 '대머리, 민둥산' 등의 뜻이다. 그러므로 '독수리'는 뒷목 머리 부분이 털이 없이 벗겨진 '수리[鷲]', 즉 '대머리 수리'라는 뜻이다.

㊁ 중세국어에 '독수리'란 형태는 나타나지 않고, 개화기 문헌에 '독쇼리'란 말이 사용되었다. 그러나 '수리[鷲]'라는 말이 중세국어에서 사용되었으므로, '독쇼리'는 어원적 형태에서 멀어진 표기이다.

㊂ '수리[鷲]'란 말이 단오(端午)를 뜻하는 말인 '수리'나 '정수리'의 '수리'와 어원이 같을 가능성이 있다. 단오는 '천중절(天中節)'이라고 하여 해가 가장 높다고 하는 절기이고, '頂+수리'로 분석되는 '정수리'는 인체에서 가장 높은 부분이며, '수리[鷲]'는 날짐승의 으뜸으로서 가장 높이 나는 새이므로, 서로 의미상으로 연관을 지을 수가 있기 때문이다. 중세국어의 성조로도 날짐승인 '수리[鷲]'와 수릿날의 '수리[端午]'는 '평성-거성'으로서 서로 같다.

㉞ 독(禿)+수리[鷲]

[변] 독수리> (독쇼리)> 독수리
[예] • 수리(鷲, 사성통해 하-13)
• 鷲曰 독쇼리(동언고략)

돈가스(豚—) [명] 얇고 넓적하게 썬 돼지고기를 밀가루와 빵가루를 입혀서 기름에 튀긴 음식.
[一] '돈가스'는 일본어 '豚カツ[とんカツ/tonkatsu]'에서 온 것이다. '豚カツ'의 'カツ'는 영어 'cutlet'을 일본어에서 외래어로 받아들인 말이다. 영어 'cutlet'은 '얇게 저민 고기'를 뜻한다.
[二] '돈가스'는 일본에서 개발된 요리로 알려져 있다. 1895년 일본의 도쿄에서 처음으로 '돈가스'가 만들어졌다고 하며, 처음에는 얇게 썰어낸 돼지고기를 기름에 지져서 만들었고, 명칭은 '포크(pork) 가쓰레쓰[カツレツ]'라고 하였다고 한다. 그러다가 '포크'는 돼지를 뜻하는 한자인 '돈(豚)'으로 교체되어 'cutlet'의 일본식 발음인 '가쓰레쓰[カツレツ]'와 함께 '돈가쓰레쓰'가 되었다가 나중에 축약 형태인 '돈가쓰[豚カツ]'가 되었다고 한다.
[원] 豚+(영어)cutlet
[변] 豚+cutlet> (일본어)豚カツ[とんカツ]> 돈가스

돋보기 [명] 노안(老眼)에 쓰는 작은 글자나 물건이 크게 보이는 안경. 확대경.
[一] '돋보기'는 '돋[提高]+보[見]+기(명사화 접사)'로 분석된다. 즉 볼록렌즈를 통하여 사물을 '돋아 보이게 하는 안경'이란 뜻으로 조어된 말이다. '돋다'는 '솟아오르다'의 뜻이며, 중세국어부터 변함없이 사용되고 있다.
[원] 돋[提高]+보[見]+기(명사화 접사)
[변] 돋보기

돌미나리 [명] 논이나 개천 등의 습지에 저절로 나는 야생의 미나리.
[一] 근대국어 형태도 '돌미나리'이다. 이 말은 '돌ㅎ[渠, 梁]+미나리[芹]'로 분석된다. 중세국어 형태인 '돌ㅎ[渠, 梁]'은 '도랑'을 뜻하는 말이다.

⑳ 돌ㅎ[渠, 梁]+미나리[芹]

⑭ *돓미나리 > 돌미나리

⑳ • 돌미나리(野芹菜, 한청문감 12-40)

☞ 도랑, 미나리

돗자리 囝 왕골이나 골풀의 줄기를 잘게 쪼개서 친 자리. 석자(席子).

□ '돗자리'의 중세국어 형태는 '돗ㄱ'이며, 자음 앞에서나 단독으로 쓰일 때는 'ㄱ'이 탈락한 '돗'의 형태로 쓰였다. 그러므로 '돗자리'는 중세국어 형태를 기준으로 하면, '돗ㄱ[筵]+자리[席]'로 분석된다.

⑳ 돗ㄱ[筵]+자리[席]

⑭ *돗ㄱ자리 > 돗자리

⑳ • 筵은 돗기라(능엄경언해 1-29)

　• 돗 연(筵, 훈몽자회 중-11)

　• 돗 셕(席, 훈몽자회 중-11)

동냥 囝 중이 시주를 얻으려고 돌아다님. 또는 그렇게 얻은 곡식. 거지나 동냥아치가 돌아다니며 구걸함. 또는 그렇게 얻은 금품.

□ 근대국어 형태는 현대국어와 같은 '동냥'이 먼저 나타나고, 어원에 가까운 '동녕'이 나중에 나타난다. 이 말들은 한자어 '동령(動鈴)'에서 온 것이다. '동령(動鈴)'은 '방울을 흔듦'이란 뜻이므로, '동냥'은 중이 방울을 흔들며 탁발(托鉢)하는 풍습에서 생긴 말이란 것을 알 수 있다.

□ 비록 '동냥'이란 형태가 '동녕'보다 조금 이른 시기의 문헌에 나타나지만, 어원 '動鈴(동령)'을 고려하면 '동녕'이 '동냥'보다 어원에 가까운 형태라는 것을 알 수 있다.

⑳ 動鈴(동령)

⑭ 動鈴(동령) > 동녕 > 동냥

⑳ • 동냥ㅎ다(역어유해 상-26)

　• 자리치기 신삼기와 보리 동녕ㅎ여다가(만언사)

동산 図 집이나 마을 부근에 있는 작은 산이나 언덕. 큰 집의 정원에 만들어 놓은 작은 산이나 숲.

▣ 중세국어 형태도 '동산'이다. 이 말은 고유어로 처리되고 있으나, 한자어 '東山(동산)'에서 온 것이 분명하다. 중세국어 문헌에는 한자어 '東山'으로 표기된 경우가 있기 때문이다. 한자어 '東山'은 한어(漢語)에서 '隱居之地'의 의미로 쓰인 경우가 있기 때문에 이러한 용법이 '동산'의 의미에 작용했다고 생각된다. 당나라의 왕유(王維)의 시에서 '吾弟東山時 心尙一何遠(「戱贈張五弟諲」)'의 '東山'이 이러한 의미로 쓰였다.

ⓦ 東山(동산)

ⓑ 東山(동산)> 동산

ⓔ • 東山이 따토 푸ㅎ며(석보상절 6-23)

　• 園은 東山이라(월인석보 1-6)

　• 동산 원(苑, 훈몽자회 상-7)

　• 동산 유(囿, 훈몽자회 상-7)

동아 図 박과의 한해살이 덩굴 식물. 줄기가 굵으며 덩굴손으로 다른 것에 기어오름. 잎은 심장형, 여름에 황색 꽃이 피고 가을에 익는 과실은 호박 비슷함. 맛이 좋음. 동과(冬瓜).

▣ '동아'의 중세국어 형태는 '동화'이며, 근대국어 형태는 '동과'와 '동하'이다. 이 말은 한자어 '冬瓜(동과)'에서 온 것이다.

▣ 근대국어 문헌에 나오는 '동과'는 한자어 '冬瓜'의 조선 한자음에 의한 규범적인 형태인 것이므로, 실제의 언어생활에서 일반적으로 사용되었다고 하기는 어렵다.

ⓦ 冬瓜(동과)

ⓑ 冬瓜(동과)> 동화> 동하 > 동아

ⓔ • 동화 삐 글힌 믈(冬瓜子煎湯, 구급간이방 1-39)

　• 동과 뛰움ㅎ랴(炒冬瓜, 박통사언해 중-56)

　• 동하(冬瓜, 유씨물명고 3-草)

동아리 뗑 ① 크거나 긴 물건의 한 부분. ② 뜻이 같은 사람이 한패를 이룬 무리.

囗 '동아리'는 '동[束]+아리(접사)'로 분석된다. '동아리'의 어원적 의미는 '한 덩어리로 묶여진 것'을 뜻하며, 여기에서 '서클(circle)'을 대신한 대학가의 용어가 된 것이다.

囗 현대국어에서 '동'은 '굵게 묶어서 한 덩이로 만든 묶음'을 뜻하는 말이다. 접미사 '-아리'는 '항아리, 주둥아리' 등에서도 확인할 수 있다.

웬 동[束]+아리(접사)

옌 동아리

동안 뗑 어느 때부터 어느 때까지의 사이.

囗 근대국어 형태도 '동안'이며, 이 말은 '동[節]+안[內]'으로 분석된다. 현대국어에서도 사용되는 단일어 '동'은 '마디'나 '동안'의 뜻을 지닌 말이지만, '마디[節]'에 해당하는 뜻이 어원적 의미에 가까울 것으로 생각된다.

웬 동[節]+안[內]

옌 동안

옝 • 고칠 동안은 다른 딕 主人 잡아 읻습니(인어대방 1-28)

동치미 뗑 흔히 겨울에, 통무나 크게 썬 무에 국물을 많이 부어 심심하게 담근 무김치.

囗 근대국어의 문헌에 이 김치를 한자어 '冬沈(동침)'으로 표기하여 어원을 잘 보여 주고 있다. 그러다가 19세기에 접미사 '-이'가 연결된 '동침이'가 나타나고, 이후 '동치미'로 표기하여 오늘에 이르렀다.

囗 18세기에 이의봉(李義鳳)이 편찬한 『고금석림(古今釋林)』의 '동한역어(東韓譯語)'에 이 김치를 한자어 '冬沈'으로 표기하여 어원을 잘 보여 준다. 그러다가 19세기에 빙허각(憑虛閣) 이씨(李氏)가 엮은 가정 살림에 관한 책인 『규합총서』(1809)에 '동침이'로 표기하여 접미사 '-이'의 연결형을 보여 준다. 이후 『한불자전(韓佛字典)』(1880)이나 『국한회어(國漢會語)』(1895), 그리고 조선총독부의 『조선어사전』(1920)까지는 '동침이'로 표기하였지만, 문세영의 『조선어사전』(1938)에서부터는

'동치미'로 표기하여 오늘에 이르렀다.

国 '동침(冬沈)'은 '겨울철에 (통무를 소금물에) 잠그다'의 뜻에서 만든 말이라고 하겠으므로, 일반적으로 '김치를 담그다'의 뜻과는 조금 구분된다. 보통의 김치는 국물이 많지 않으나, 동치미는 통무를 심심한 소금물에 잠그는 것이므로, 특별히 '침(沈)'이라는 한자로써 이 음식의 조리 특징을 나타냈다고 생각된다. 이름에서도 알수 있듯이 '동치미'는 겨울에 만드는 것이 기본이며, 통무를 그대로 쓰기 때문에 '통지'라고도 한다. 그러나 여름 동치미는 통무를 쓰지 않고 무를 적당한 크기로 썰어서 만들게 되는데, 이것은 벌써 이름부터 동치미의 개념에서 멀어진 것이라고 할 수있다.

옌 冬沈(동침)+이(접사)

옌 동침이> 동치미

옌 • 冬沈(고금석림-동한역어)

　• 동침이(규합총셔)

　• 동치미(조선어사전/1938)

동티 몡 ① 땅, 돌, 나무 따위를 잘못 다루어 지신(地神)을 화나게 해서 받는 재앙. ② 공연히 건드려서 스스로 걱정이나 해를 입음을 비유하는 말.

囯 '동티'는 '動土(동토)'에서 변한 말이다. 즉 '땅을 건드려 움직이다'의 뜻에서 비롯된 말이다.

옌 動土(동토)

옌 動土(동토)> 동티

돼지 몡 멧돼짓과의 육용(肉用) 가축. 비대하나 체질이 강하며 사지가 짧고 주둥이가 삐죽함.

囯 '돼지'의 근대국어 형태는 '되아지, 되야지'이다. 중세국어에 '돼지'에 해당하는 말은 '돝'이므로, '되야지'는 '돝[猪]+아지(접사)'의 구조에서 변화된 것이 분명하다. 접미사 '-아지/-아지'는 주로 '송아지, 강아지, 망아지' 등에서 알 수 있는 바와 같이 '새끼'를 의미하지만, '돼지'의 경우는 '돝'이란 말이 표준어에서 쓰이지 않게 되면서

예외가 되었다.

3 15세기 문헌인 『용비어천가(龍飛御天歌)』(1447)의 '苑囿엣 도틀 티샤(苑囿에 돼지를 기르시어)'에서 '돝'의 형태로 처음 나타난다. '돝'이 계속 사용되는 가운데, 17세기에 '도다지'가 나타나고, 18세기에 '되야지'로, 20세기에 '돼지'가 되어 현대로 이어졌다. 매우 친숙한 가축의 하나인 '돼지'라는 말은 20세기의 문헌에서나 확인되므로, 형태만을 기준으로 한다면 최근의 단어라고 할 수 있다. '돼지'를 가리키는 옛말은 '돝'이었으며, '돝'에서 시작하여 여러 과정을 거쳐 '돼지'에 이르는 시간은 반세기가 넘게 걸렸다. '돼지'의 이전 형태는 '돝'을 기원으로 하여 여기에 '-아지'가 결합되면서, 다양하게 전개되었다. '돝, 돋, 돗, 돗ㅎ, 도다지, 도야지, 되아지, 되야지' 등이 역사적인 문헌에 등장하며, '돼지'의 바로 이전 형태는 이 중에서 '되아지, 도야지'이다. 중세 및 근대국어에서 이중모음인 '외'는 [oj]로 발음되기 때문에 '되아지'와 '도야지'의 발음 차이는 거의 없다. 다만 현대국어의 입장에서 '돼지'와 관련하여 알기 쉬운 형태는 '되아지'이다.

3 '되아지'는 '도아지'에서 모음 충돌을 피하기 위하여 반모음 'ㅣ [j]'를 삽입한 형태이다. '도아지'는 기본 어근인 '돝'에 접미사 '-아지'가 결합된 것이며, 이 경우의 '-아지'는 현대국어 '송아지, 강아지, 망아지' 등에서 찾을 수 있는 어린 동물을 나타내는 '-아지'이다. '-아지'는 중세국어에서는 모음으로 시작하는 말이 아니라, 연구개 비음으로 시작하는 '-아지'였다. 그러므로 '송아지, 강아지, 망아지' 등의 말에 받침 'ㅇ'이 생긴 것은 '-아지'의 초성인 연구개 비음이 앞말의 받침으로 내려간 까닭이다. 그러나 17세기 및 18세기에야 비로소 '도다지, 되야지' 등의 말이 나타나기 때문에, 이 때에는 '-아지'의 초성에 연구개 비음이 실현되지 않았을 것으로 생각된다. 그렇다면 '돝'이란 말은 20세기까지도 사용되었기 때문에, '되아지'는 17세기를 전후한 시기에 '돝+아지'에서 'ㅌ'이 탈락하여 '도아지'가 되었다고 생각된다. 'ㅌ'의 탈락에는 어떤 정확한 설명이 어렵지만, 17세기 형태인 '도다지'와 같은 형태는 탈락하는 과정에 나타난 과도적 형태였다고 생각된다. '도아지'에서 반모음 'ㅣ [j]'가 삽입되면 '되아지'가 되고, 이것이 2음절로 축약하여 '돼지'가 되는 과정은 설명에 어려움이 없다. 특이한 것은 19세기나 20세기에도 물론이지만, 17세기에 나타나는 '도다지'나 18세기의 '되야지'가 '돼지의 어린 것'을 가리키지 않았다는 점이다. 이들은 문헌에

서 그냥 '돼지'를 가리키는 말로 사용되었다. '돼지'는 다 자란 것과 어린 것의 구분이 필요하지 않았다는 이러한 조어법의 특징은 매우 흥미로운 과제를 남기고 있다.

㉮ 돝[猪]+아지(접사)

㉯ *돝아지> *도아지> 되아지> 돼지, 되야지, 도야지

㉰ • 되아지(아언각비 1)

　　• 되야지(물보 모충)

되 圄 ① 예전에, 만주 지방에 살던 여진족을 낮잡는 뜻으로 이르던 말. ② 오랑캐.

㊀ 중세국어 형태도 '되'이며, 이 말은 중세국어 '뒤ㅎ[後]'와 같은 어원인 것으로 생각된다. 중세국어에서 '되'와 '뒤ㅎ'은 모두 상성(上聲)으로서 성조도 같다.

㊁ 중세국어에서 '뒤ㅎ'는 현대국어의 '뒤[後]'에 해당하는 말이지만, '뒤 븍(北, 신증유합 상-2)'에서와 같이 '北'의 새김으로도 사용되었다. 오랑캐는 우리나라의 뒤쪽인 북쪽에 살기 때문에 '되'가 '오랑캐'를 지칭하게 되었다고 생각된다.

㉮ 되/뒤ㅎ[後]

㉯ 되/뒤ㅎ> 되

㉰ • 되 反ㅎ야(胡之反, 두시언해-초간 7-28)

된장(―醬) 圄 간장을 담가 떠내고 난 건더기. 메주에 소금물을 알맞게 부어 익혀서 장물을 떠내지 않고 그냥 먹는 장. 토장(土醬). 장재(醬滓).

㊀ '된장'의 근대국어 형태는 '된쟝'이다. 이 말은 '되[硬]+ㄴ(관형사형 어미)+쟝(醬)'으로 분석된다. '醬'의 중세국어 한자음은 '쟝'이다.

㊁ 여기에서 현대국어 '되다'는 '물기가 적어 빡빡하다.'의 의미인데, 중세국어에서도 사용되었다. 그런데 중세국어의 '되다'는 현대국어와 같은 의미로도 사용되었지만, '王ㅅ 病이 되샤(왕의 병이 심하시어, 월인석보 10-5)'에서 보는 바와 같이 주로 '심하다, 위독하다'의 뜻으로 사용되어 현대국어와 약간의 용법 차이가 있었다.

㉮ 되[硬]+ㄴ(관형사형 어미)+쟝(醬)

㉯ 된쟝> 된장

㉰ • 된쟝(盤醬, 역어유해보 31)

두꺼비 명 두꺼빗과의 양서류. 개구리와 비슷하나 크며 피부가 우둘투둘함.

囗 15세기에 '두텁'이 나오며, 16세기에는 '두터비'와 '둗거비'가 나타난다. 17세기에는 '두터비, 둣터비'만 나타나고, 18세기에는 '둣겁이'가 명맥을 유지한 가운데, 19세기와 20세기에는 '둑겁이, 두꺼비' 등이 우세하여 현대의 '두꺼비'로 이어졌다. 중세국어에는 '두틔'라는 단어가 있었다. '두틔'는 '둩+의'로 분석되므로 어간 '둩-'을 추출할 수 있다. 그러면 '두텁'은 '둩+업'으로 이루어진 말이라는 것을 알 수 있으며, 다시 '두터비'는 '둩+업+이'에 의한 어원적 구조로 분석된다. 16세기부터 접미사 '-겁'이 연결된 '둗거비'가 나타나 이후 '두꺼비'가 되었다. 즉 '두터비'는 '둩[厚]+업(접사)+이(접사)'의 어원적 구조로 분석되며, '두꺼비'는 '둩[厚]+겁(접사)+이(접사)'의 어원적 구조를 갖는 말이다.

囗 15세기 문헌인 『훈민정음(해례본)』(1446)에 '두텁 爲蟾蜍'라고 하였다. 16세기의 『훈몽자회(訓蒙字會)』(1527)에는 '蟾 두터비 셤'이라고 하여 '두텁'에 접미사 '-이'가 부가된 형태를 보여 주며, 『사성통해(四聲通解)』(1517)에서는 '둗거비'가 나타난다. 17세기에는 '두터비, 둣터비'만 나타나고, 18세기에는 '두터비, 둣터비, 두텁비, 두텁이' 등이 우세한 가운데 '둣겁이'가 명맥을 유지한 상황이다. 그러다가 19세기에는 '둑거비, 둡거비, 둑겁이, 둑게비, 둡겁이, 둣겁이' 등이 주류를 이루는 가운데, 오히려 '두터비'가 외롭게 되어 처지가 뒤바뀌었다. 20세기에는 '둑겁이, 두꺼비'로만 표기되고, '두터비'는 방언에서나 찾을 수 있는 말이 되었다.

囗 현대국어에는 '두껍다'와 '두텁다'가 의미의 영역에서 중첩되어 사용되고 있다. 지금은 '두껍다'가 '두텁다'보다 사용 양상에 있어서 일반적이지만, 15세기에 있어서는 '둗겁다'보다는 오히려 '두텁다'가 일반적이었다. 이러한 사정 때문에 '두텁다'가 '두껍다'의 옛말로서 처리되고 있는 것이다. '두꺼비'의 옛말이 '두텁, 두터비'였다는 것을 떠올리면, 이 두 형태의 세력 관계는 '두껍다'와 '두텁다'의 상관성과 밀접한 관련이 있는 것이다. 그런데 매우 희소한 용례로서 중세국어에는 '두틔'라는 단어가 있었다. 15세기 문헌인 『구급방언해(救急方諺解)』에 '두틔'란 말이 나오는데, 이 말은 '두께'에 해당한다. '두틔'는 '둩+의'로 분석되므로 어간 '둩-'을 추출할 수 있다. 그러면 '두텁'은 '둩+업'으로 이루어진 말이라는 것을 알 수 있으며, 다시 '두터비'는 '둩+업+이'에 의한 어원적 구조로 분석된다. 현대국어 '두껍다'는 중세국

어 어간 '둩-'에 '-업'이 아닌 '-겁'이 연결되어 생긴 형태이다. '둩-+-겁다'는 팔종성법에 의하여 '둗겁다'로 표기되고, 받침 'ㄷ'이 다음에 오는 'ㄱ'의 영향을 받아 '둑겁다'가 되었다가 결국은 '두껍다'가 된 것이다. '둗겁다'의 표기는 이미 15세기 문헌에서 나타나지만, 받침이 'ㄱ'으로 동화된 형태인 '둑겁다'는 19세기 문헌에서 비로소 나타나며, 이로써 '두껍다'의 시대가 열린 것이다.

[원] 둩[厚]+겁(형용사화 접사)+이(명사화 접사)

[변] *둩겁이> 둗거비> 두꺼비

[예] • 蝦蟆 옴 둗거비(사성통해 하-31)

☞ 두터비

두껍다[두꺼우니, 두꺼워] [형] 두께가 크다.

[一] '두껍다'의 중세국어 형태는 '둗겁다'이며, 이 말은 어원적으로 '둩[厚]+겁(형용사화 접사)+다(어미)'의 구조로 이루어진 말이다. 중세국어에서 '둗겁다'는 '두텁다'와 같은 뜻으로 사용되었다.

[二] 중세 및 근대국어에서 어근 '둩[厚]'은 단독으로 쓰인 일은 없으나, 현대국어의 '두께'에 해당하는 명사인 '두틔(구급방언해 상-71), 두ᄐᆡ(가례언해 7-24)' 등의 용례로부터 어근 '둩[厚]'을 분석해 낼 수 있다. '둗겁다'가 '두껍다'가 된 것은 받침 'ㄷ'이 후행하는 초성 'ㄱ'에 조음위치가 동화되어 'ㄱ'으로 바뀐 현상에 의한 것이며, 이러한 변화는 근대국어에서 일어났다.

[원] 둩[厚]+겁(형용사화 접사)+다

[변] *둩겁다> 둗겁다> 둑겁다> 두껍다

[예] • ᄒᆞᆫ 婆羅門의 ᄯᆞ리 前生 福이 둗거ᄫᅥ 모다 恭敬ᄒᆞ며(월인석보 21-19)
• 너무 둗겁게 말오(박통사언해-초간 상-16)
• 後에 힛빗치 둑겁거다(해동가요 69)

두께 [명] 물건의 두꺼운 정도.

[一] '두께'에 해당하는 중세국어 형태는 '두틔, 둗긔'이다. 중세국어에서 명사를 만드는 접사에 '-ᄋᆡ/-의'가 있으므로, 이러한 어휘 구조로부터 어근 '둩[厚]'을 분석해 낼

수 있다.

🔳 어근 '둩[厚]'에 접사 '-겁'이 연결되면 '둗겁다'가 되며, 이 말은 '두텁다'와 함께 중세국어에서 자주 쓰였다. 언중들이 '두텁다'와 비교되는 '둗겁다'로부터 어근 '둗ㄱ'을 추출한 다음에 여기에 명사화 접사 '-의'를 연결시켜 '둗긔'를 파생시킨 것으로 생각되지만, '둗긔'의 어원적인 시초는 '두틔'에서 찾아야 할 것이다.

🔳 '둗긔'에서 '두께'가 되는 과정에는 받침 'ㄷ'이 후행하는 초성 'ㄱ'에 조음위치가 동화되어 'ㄱ'으로 바뀐 현상과 '의'가 '에'로 바뀌는 단모음화 현상이 개입되어 있으며, 이러한 현상은 국어 음운사에서 자연스러운 과정이다. '後에 힛빗치 둑겁거다(해동가요 69)'를 참조하면 근대국어 시기에 '둗겁다'에서 '둑겁다'로 형태가 변화한 것을 확인할 수 있다.

㉠ 둩[厚]+의(명사화 접사)

㉡ 두틔> 둗긔> *둑긔> 두께

㉢ • 드틔 다숫 寸이에 코(厚五寸, 구급방언해 상-71)

　　• 반잣 둗긔만 질오(구급간이방 1-72)

☞ 두꺼비, 두껍다, 두터비

두더지 🔳 두더짓과의 포유동물. 몸길이 9~18cm, 꼬리 길이 1~3cm로 쥐를 닮았음. 몸은 둥글고 뚱뚱하며 다리가 짧고 발바닥이 유난히 넓은 것이 특징임. 전서(田鼠).

🔳 '두더쥐'의 중세국어 형태는 '두디쥐'이다. 현대국어의 '뒤지다'에 해당하는 중세국어의 동사로 '두디다(翻, 선가귀감언해 상-18)'란 말이 있으므로, 중세국어의 '두디쥐'는 '두디[翻]+쥐[鼠]'로 분석되며, 어원적으로는 '(땅을) 뒤지는 쥐'라는 뜻에서 조어(造語)되었다는 것을 알 수 있다. 17세기 문헌에 현대국어의 형태에 근접한 '두더쥐'가 표기되어 있다. 17세기 말엽을 기준으로 '두디'가 '두더'로 바뀌면서 현대국어까지 변함이 없었다. 20세기에 '두더쥐'와 함께 '두더지'가 등장하여 일시에 세력을 얻었다.

🔳 16세기 문헌인 『훈몽자회(訓蒙字會)』(1527)에 '鼢 두디쥐 분'이라고 하여 '두디쥐'의 형태로 처음 나타난다. 17세기 문헌인 『역어유해(譯語類解)』(1690)에 현대의

형태에 근접한 '두더쥐'가 표기되어 있다. 17세기 말엽을 기준으로 '두디'가 '두더'로 바뀌면서 현대국어까지 변함이 없었다. 19세기에는 '두더쥐'와 함께 '두더쥐'가 나타나 '쥐'의 형태에 균열이 보인다. 20세기에 '두더쥐'와 함께 '두더지'가 등장하여 일거에 세력을 얻은 것은 어휘의 역사에서 보기 드문 일이다.

[三] 중세국어의 동사에 '두디다'란 말이 있으므로, '두디쥐'는 '두디다'의 어간 '두디-'에 '쥐[鼠]'가 결합된 말이라는 것을 알 수 있다. 중세국어 '두디다'는 현대국어 '뒤지다'에 해당하는 말이므로, '두디쥐'는 땅 속을 뒤지고 다니는 쥐라는 뜻에서 만든 말이라는 것을 알 수 있다. 한글 문헌은 아니지만, 15세기 문헌인 『향약집성방(鄕藥集成方)』(1433)에는 한자를 이용하여 두더지를 '豆地鼠'라고 표기하였다. '豆地'를 중세국어 한자음으로 읽으면 '두디'이기 때문에 '豆地鼠'는 '두디쥐'의 표기임을 쉽게 알 수 있다. '두디쥐'에서 '두더지'가 되는 과정에는 아마도 동물의 어린 것을 가리키는 접미사 '-아지'의 영향이 있었을 것으로 생각되지만, 명확하게 실증할 수는 없다.

[원] 두디[翻]+쥐[鼠]

[변] 두디쥐> 두더지

[예] • 두디쥐(훈몽자회 상-10)

• 두더쥐(역어유해 하-33)

두레박 [명] 줄을 길게 달아 우물물을 긷는 기구.

[一] 중세국어의 문헌에 '드레'라고 나온다. 그러므로 고려가요 '쌍화점'의 가사에 나오는 '드레박'은 '드레+박'의 구조를 갖는다는 것을 알 수 있다. 현대국어 '두레박'은 이 '드레박'에서 온 말이다. '박'은 '바가지(박+-아지)'의 '박'이므로 그 정체가 쉽게 드러나지만, '드레'의 어원은 알기 어렵다. 16세기에 나오는 '드레'는 '드레박'으로 어형을 확장하였지만, 한편으로는 앞에 '줄'인 붙인 '즐드레'로 형태를 확장하기도 하였다. 그러므로 19세기 문헌에는 '드레, 줄드레, 드레박, 두레' 등의 다양한 표기가 등장하였다. 20세기에는 '드레박, 두레박, 두레' 등으로, '줄드레'란 말은 사라지고, '드'가 '두'로 변한 형태가 세력을 확장하여, 이후 '두레박'이 표준어가 되었다. 현대국어 '두레박'에 해당하는 중세국어 단어는 '드레, 드레박, 줄드레' 등이다. '드레박'은 '드레'에 '박[瓠]'이 연결된 형태이다.

⊟ 16세기 문헌인 『번역박통사(飜譯朴通事)』(1517)에 '드레'라고 처음 나온다. 그러므로 『악장가사(樂章歌詞)』에 실린 고려가요 '쌍화점'의 가사에 나오는 '드레박'은 '드레+박'의 구조를 갖는다는 것을 알 수 있다. 16세기에 나오는 '드레'는 뒤에 '박'을 연결한 '드레박'으로 어형을 확장하였지만, 한편으로는 앞에 '줄'을 붙인 '즐드레'로 형태를 확장하기도 하였다. 그러므로 19세기 문헌에는 '드레, 줄드레, 드레박, 두레' 등의 다양한 표기가 등장하였다. 20세기에는 '드레박, 두레박, 두레' 등으로, '줄드레'란 말은 사라지고, '드'가 '두'로 변한 형태가 세력을 확장하여, 이후 '두레박'이 표준어가 되었다.

⊟ '두레박'의 '박'은 '바가지(박+-아지)'의 '박'이므로 그 정체가 쉽게 드러나지만, '드레'의 어원은 알기 어렵다. 만약에 '드레'가 '들다'의 어간 '들-[擧]'에 접미사 '-게/-에'가 결합된 것이라면, 중세국어의 상황에서는 '들에'로 표기되어야 한다. 그런데 17세기의 문헌인 『역어유해(譯語類解)』(1690)에는 '鐵落 텨로 ○드레 ○元話'라고 하여 중국어 '鐵落'에 해당하는 우리말 '드레'를 보여 주면서, 또한 '元話'라고 하여 몽골어서 온 말임을 밝히고 있다. 몽골어라고 한 것은 중국어 '鐵落'을 지시하는 것인지, 아니면 '드레'를 지시하는 것인지 분명하지 않지만, 일반적으로 『역어유해』의 주석은 중국어에 대한 것이므로 '鐵落'을 몽골어라고 한 것으로 보인다. 일본 육군성에서 편찬한 『蒙古語大辭典』에 보면 일본어 'つるべ(釣瓶)'에 해당하는 몽골어로 'uthogur, uthoča, uthor, hobogo, hobodal' 등을 열거하였다. 여기에서 'uthor'가 '鐵落'에 해당할지 의문이다. 이러한 의문 속에서 중세국어의 '드레'가 몽골어 기원일 가능성을 제기해 둔다. '드레'가 몽골어에서 왔다면 고려 시대에 몽골어로부터 직접 차용하였을 것이지만, 지금으로서는 단언할 수 없다.

㉿ 드레[汲器]+박[匏]

㉠ 드레박> 두레박

㉞ • 드레 爲汲器(훈민정음 해례본)

　• 죠고맛간 드레바가 네 마리라 호리라(악장가사 쌍화점)

　• 또 여긧 줄드레 흔가지로 믈 긷ᄂᆞ니라(번역노걸대 상-36)

　• 드레박(水斗, 유씨물명고 5)

두렵다[두려우니, 두려워] [형] 마음에 꺼려 무섭다. 염려스럽다.

[一] '두렵다'의 중세국어 형태는 '두립다'이다. 중세국어 '두립다'는 '두리[畏]+ㅂ(형용사화 접사)+다(어미)'로 분석된다.

[二] 근대국어 문헌에 '두렵다'가 나온다. 이 말은 '두리[畏]+업(형용사화 접사)+다(어미)'로 분석되므로, 중세국어 '두립다'와 비교할 때 형용사화 접사의 형태에 차이가 있다. 접사 '-ㅂ'과 '-업'은 기능에 있어서는 차이가 없다.

[三] 중세국어 '두리다'는 타동사로서 현대국어 '두려워하다'에 해당한다. 그러므로 현대국어 '두려워하다'는 동사 '두리다'에서 '두렵다'로 파생 형용사가 된 다음에 다시 동사로 파생된 것이다.

[원] 두리[畏]+ㅂ/업(형용사화 접사)+다(어미)

[변] 두립다> 두렵다

[예] • 옛 禍福ᄋᆞᆯ 닐어든 곧 두리ᄫᅳᆫ ᄠᅳ들 내야(석보상절 9-36)

• 밧ᄭᅳ로 위ᄐᆡ코 두려오매(인조행장 3)

두렷하다[두려타다] [형] 엉클어지거나 흐리지 않고 분명하다.

[一] '두렷하다'의 중세국어 형태는 '두렫ᄒᆞ다'이며, 근대국어 형태는 '두렷ᄒᆞ다'이다.

[二] 그런데 '두렫ᄒᆞ다, 두렷ᄒᆞ다'의 의미는 중세국어나 근대국어에 있어서 모두 '둥글다'에 해당하므로, 현대국어의 의미와 같지 않다. '두렷하다'가 원래의 의미인 '둥글다'에서 '분명하다'의 의미로 바뀌게 된 것은 근대국어 후기 이후에 생긴 현상이라고 할 수 있다.

[三] '두렫ᄒᆞ다'는 '두렫[圓]+ᄒᆞ[爲]+다(어미)'로 분석되며, 근대국어에서 '두렫'이 '두렫 원(圓, 천자문-석봉 35)'에서와 같이 단독 형태로 쓰인 듯하지만, 문장 속에서의 용법이 아니기 때문에 일상 언어에서 단독 형태로 자주 사용되었다고 하기는 어렵다. '두렷하다'의 작은말인 '도렷하다'는 음성 모음 형태이며, 이들 말의 센말인 '또렷하다, 뚜렷하다'는 경음화된 형태이다.

[원] 두렫[圓]+ᄒᆞ[爲]+다(어미)

[변] 두렫ᄒᆞ다> 두렷ᄒᆞ다> 두렷하다

[예] • 두렫두렫ᄒᆞ야 양ᄌᆡ 술위옛 蓋 ᄀᆞᆮ도다(童童狀車蓋, 두시언해-초간 18-15)

- 모난 민틔 두련ᄒ 두에 ᄀ튼디라(소학언해-선조 5-71)
- 달아 두렷ᄒ 달아 임의 동창 비췬 달아(고시조)

☞ 도렷하다

두루마기 명 외투처럼 생긴, 겉옷 위에 입는 한국 고유의 웃옷. 주의(周衣).

⊟ 근대국어 형태는 분철 표기된 '두루막이'이다. 이 말은 '두르[圍]+우(부사화 접사)+막[防]+이(명사화 접사)'로 분석된다.

⊟ '두루마기'를 뜻하는 한자어 '주의(周衣)'는 '두르다[圍]'의 파생 부사 '두루[周]'의 의미를 그대로 반영한 것이다.

웝 두르[圍]+우(부사화 접사)+막[防]+이(명사화 접사)

엔 두루막이 > 두루마기

예 • 두루마기 오(襖, 아학편 상-12)

두어 관 '둘가량'의 뜻.

⊟ '두어'에 해당하는 중세국어 형태는 '두서'가 가장 이른 시기에 나오지만, 좀 더 늦은 시기의 중세 문헌에 '두ᅀᅥ'와 '두어'도 함께 나타난다. 이 말은 '두[二]+섷[三]'의 어원적 구조에서 'ㅅ'의 유지[ㅅ], 약화[ㅿ], 탈락[ㅇ]이 각각 적용된 형태들이 중세국어에서 모두 나타난다는 점에서 특이하다.

⊟ 중세국어에서 '두서, 두ᅀᅥ, 두어' 등이 관형사로 쓰일 때는 조사가 연결될 수 없으므로 'ᇂ' 말음이 생략되지만, 모음으로 시작되는 조사 앞에서 명사로 쓰일 때는 'ᇂ'이 나타난다. 그러므로 현대국어의 수사인 '두엇'은 '두엏'에서 변화된 형태라고 할 수 있다.

웝 두[二]+섷[三]

엔 두섷 > 두서 > 두ᅀᅥ > 두어

예 • 잇 樣子로 두서 히를 그리ᄒ거늘(삼강행실도 열-12)
- 種種 方便으로 두서 번 니르시니(석보상절 6-6)
- 피 두어 되만 나게 ᄒ고(血出數升, 구급간이방 2-90)

두엇 㑀 둘가량 되는 수.

㘋 '두엇'의 중세국어 형태는 '두서ㅎ'이며, 후대의 문헌에는 '두어ㅎ'이 나타난다. 이 말은 '두[二]+서ㅎ[三]'의 어원적 구조에서 'ㅅ'이 'ㅿ'으로 약화되고, 이어서 탈락한 것이다.

㘀 두[二]+서ㅎ[三]

㘁 *두서ㅎ> 두ㅿㅓㅎ> 두어ㅎ> 두엇

㘂 • 數는 두서히라(삼강행실도 효-14)

  • 겨집종 두어흘 서르 ᄀ라내야 뵈니(태평광기언해 1-19)

두터비 㑄 '두꺼비'의 옛말.

㘋 중세국어에서는 '두텁, 두터비, 둗거비' 등이 같은 뜻으로 함께 쓰였으나, '두터비'의 용례가 가장 풍부하다. '두터비'는 '둩[厚]+업(형용사화 접사)+이(명사화 접사)'의 어원적 구조를 갖는 말이다.

㘃 중세 및 근대국어에서 어근 '둩[厚]'은 단독으로 쓰인 일은 없으나, 현대국어의 '두께'에 해당하는 '두틔(구급방언해 상-71), 두틱(가례언해 7-24)' 등의 용례로부터 어근 '둩[厚]'을 분석해 낼 수 있다.

㘀 둩[厚]+업(형용사화 접사)+이(명사화 접사)

㘁 *둩업이> 두터비

㘂 • 두터비 ᄉᆞ론 직롤(구급방언해 하-67)

  • ᄃᆞ래 두터비 이실식(남명집언해 상-11)

  • 두터비 여(蜍, 훈몽자회 상-24)

  • 두터비 셤(蟾, 신증유합 상-15)

☞ 두꺼비

두텁다[두터워, 두터우니] 㑇 '두껍다'의 옛말.

㘋 '두텁다'는 '둩[厚]+업(접사)+다(어미)'의 구조로 이루어진 말이다. 중세국어에서 '두텁다'는 '둗겁다'와 같은 뜻으로 사용되었다.

㘃 중세 및 근대국어에서 어근 '둩[厚]'은 단독으로 쓰인 일은 없으나, 현대국어의

'두께'에 해당하는 '두틔(구급방언해 상-71), 두틔(가례언해 7-24)' 등의 용례로부터 어근 '둩[厚]'을 분석해 낼 수 있다.

[원] 둩[厚]+업(형용사화 접사)+다(어미)

[변] *둩업다> 두텁다

[예] • 우리나랏 소리예서 두터ᄫᅳ니(훈민정음)

• 두텁다(厚了, 동문유해 하-54)

드디어 [부] 무엇으로 말미암아 그 결과로. 마침내. 결국.

[一] '드디어'의 중세국어 형태는 '드듸여'이지만, 약간 후대의 중세 문헌에는 '드ᄃᆡ여'도 나타난다. 이 말은 '드듸/드ᄃᆡ[踏]+어(어미)'로 분석된다. 중세국어 '드듸다/드ᄃᆡ다'는 현대국어 '디디다'의 역사적 소급 형태이다. 근대국어에는 '드드여, 드듸어' 등의 형태도 함께 나타난다.

[二] 중세국어 '드듸여, 드ᄃᆡ여'는 주로 한자 '就(취), 遂(수)' 등에 대응한다. 그러므로 '드듸여, 드ᄃᆡ여'는 '(어떤 것을) 밟고 (다음 단계로) 나아가'의 의미인 동사의 연결형에서 부사화한 것이다.

[三] '드듸/드ᄃᆡ[踏]+어(어미)'의 구조에서 반모음 'ㅣ[j]'가 첨가되어 '드듸여/드ᄃᆡ여'가 되는 것은 '드듸/드ᄃᆡ'가 반모음 'ㅣ[j]'로 끝나는 음절이므로, 반모음 'ㅣ[j]'의 순행동화에 의하여 어미 '어'가 '여'로 바뀐 것이다.

[원] 드듸/드ᄃᆡ[踏]+어(어미)

[변] 드듸어/드ᄃᆡ어> 드듸여/드ᄃᆡ여> 드디어

[예] • 드듸여 예서 화를 지후리라(就這裏上了這弓着, 번역노걸대 하-32)

• 드ᄃᆡ여 우리 私애 及ᄒᆞ라(遂及我私, 맹자언해-선조)

든벌 [명] 집 안에서만 입는 옷이나 신발 따위. ↔난벌.

[一] '든벌'은 중세국어 형태를 기준으로 '들[入]+ㄴ(관형사형 어미)+ᄫᅥᆯ[襲]'으로 분석된다. 의존명사 '벌'의 중세국어 형태는 'ᄫᅥᆯ'이었다.

[원] 들[入]+ㄴ(관형사형 어미)+ᄫᅥᆯ[襲]

[변] 든ᄫᅥᆯ> 든벌

[예] • 各 흔 불옴 더 주시다(各賜一具, 內訓 2-70)

들깨 [명] 꿀풀과의 한해살이풀. 높이는 약 80cm, 잎은 크고 잔털이 있음. 여름에 흰 꽃이 핌. 씨는 들기름을 짬. 임자(荏子).

[一] '들깨'의 중세국어 형태는 '두리쌔'이다. 17세기에는 '듧쌔, 들빼, 들쌔' 등이 나타난다. '듧쌔'나 '들빼'는 형태가 다르다고 할 수 없으므로, 이 말은 '들+빼'로 분석된다. 여기서는 이미 '두리'가 '들'로 바뀌어 나타나는데, '두리[圓]'라는 어원 의식이 희박해지면서, '참깨'와 대비되는 야생(野生)의 의미로서 '들ㅎ[野]'과의 유연성이 개입된 것이다. 17세기의 형태는 18세기에도 그대로 이어지다가, 19세기에는 '들씌, 들쌔'로만 나타나 형태의 통일이 이루어지고 있다. 20세기 이후에는 경음 표기 'ㅆ'이 'ㄲ'으로 바뀌면서 '들깨'가 되었다. 중세국어의 '두리쌔'는 '두리[圓]+쌔/빼[荏]'로 분석된다. 중세국어에서 '두리'는 '둥근 것'을 뜻하는 말이다. '참깨'는 씨의 모양이 납작하지만, '들깨'는 씨의 모양이 둥글기 때문에 '두리[圓]'와 '쌔/빼[荏]'를 합하여 '두리쌔'라고 한 것이다.

[二] 15세기 문헌인 『월인석보(月印釋譜)』(1459)에 '두리쌔'로 처음 나온다. 이 말은 '두리[圓]+쌔/빼[荏]'로 분석된다. 중세국어 문헌인 『천자문(광주)』(1575)에 '圓 두리 원'이라고 한 것을 참조하면, '두리'는 '둥근 것'을 뜻하는 말이라는 것을 알 수 있다. '참깨'는 씨의 모양이 납작하지만, '들깨'는 씨의 모양이 둥글기 때문에 '두리[圓]'와 '쌔/빼[荏]'를 합하여 '두리쌔'라고 한 것이다. 그러므로 현대국어에서 '들깨'를 '들[野]+깨[荏]'로 이해하는 것은 어원에서 벗어난 잘못된 해석이다.

[三] '깨[荏]'의 중세국어 형태는 '쌔'와 '빼'이다. 어느 것이 어원적 형태인지 확실치 않다. 형태 변화의 관점에서는 최대 형태를 기준으로 하여 '빼> 쌔> 깨'의 변화를 생각하는 것이 무난할 것으로 생각된다. 그러나 '쌔'가 이른 시기의 문헌에 나타나며, 아울러 '빼'가 어원적 형태라면 '*두립쌔'가 아닌 '두리쌔'가 될 수 없으므로, '쌔'를 '빼'에서 변화된 것이라고 쉽게 단정하기도 어렵다.

[원] 두리[圓]+쌔/빼[荏]

[변] 두리쌔/두리빼> 들빼/듧쌔/듧빼> 들쌔> 들깨

[예] • 蘇油는 두리쌔 기르미라(월인석보 10-120)

- 구렁이 믈여든 두리ᄢᅢᆺ 니ᄑᆞᆯ 므르디허(구급간이방 6-54)
- 들ᄢᅢ(蘇子, 훈몽자회 상-14)
- 듧ᄭᅢ 심(荏, 훈몽자회 상-13)
- 듧ᄢᅢ(蘇子, 사성통해 상-40)

☞ 참깨

들리다 [동] ① '듣다'의 피동. 소리가 귀청을 울려 감각이 일어나다. ② '듣다'의 사동. 남을 시켜서 듣게 하다.

[一] '들리다'의 중세국어 형태는 '들이다'이며, 후대의 문헌에 '들리다'도 나타난다. 이 말은 '듣[聞]+이(접사)+다(어미)'로 분석된다. 동사 '듣다[聞]'가 'ㄷ' 불규칙 활용을 하기 때문에 접미사 '-이' 앞에서 'ㄷ'이 'ㄹ'로 교체되어 '들이다'가 된 것이다.

[원] 듣[聞]+이(접사)+다(어미)

[변] 들이다> 들리다

[예] • 일후미 너비 들여(석보상절 13-4)

• 말솜이 들리거든 들고(소학언해-선조 3-10)

들보[들뽀] [명] 칸과 칸 사이의 두 기둥을 건너질러서 도리와는 'ㄱ' 자, 마룻대와는 '+' 자 모양을 이루는 나무.

☞ 대들보

들이켜다 [동] 세게 들이마시다.

[一] '들이켜다'의 중세국어 형태는 '드리ᅘᅧ다, 드리혀다'이다. 이 말은 '들[入]+이(사동접사)+ᅘᅧ/혀[引]+다(어미)'로 분석된다.

[二] 중세국어에서 'ᅘᅧ다/혀다'는 의미로는 현대국어 '끌다, 당기다'에 해당하는 말이며, 현대국어 '켜다'의 역사적 소급 형태이다.

[원] 들[入]+이(사동 접사)+ᅘᅧ/혀[引]+다(어미)

[변] 드리ᅘᅧ다/드리혀다> 들이켜다

[예] • 안햇 드트를 드리ᅘᅧ 가져(吸攝內塵, 능엄경언해 3-15)

• 塵을 드리혈씨(吸塵, 능엄경언해 3-2)

등신(等神) 몡 어리석은 사람을 가리키는 말.
⊟ '등신(等神)'은 나무, 돌, 흙, 쇠 따위로 사람의 크기대로 만든 형상이라는 뜻이다. 이 '등신'이 실제로는 아무런 일도 할 수 없기 때문에 몹시 어리석은 사람을 낮잡아 이르게 된 것이다. 한어(漢語)에서는 쓰이지 않는 말이다.
⑧ 等神(등신)
⑭ 等神(등신) > 등신

따뜻하다[따뜨타다] 혱 견디기에 알맞게 덥다. 감정이나 분위기가 정답고 포근하다.
⊟ 중세국어 형태는 'ᄃᆞ시'라는 부사가 나타나므로, 'ᄃᆞᆺᄃᆞᆺ(ᄒᆞ)다'란 말이 사용되었을 것으로 추정할 수 있다. 이 말은 'ᄃᆞᆺ[溫, 愛]+ᄃᆞᆺ[溫, 愛]+(ᄒᆞ[爲])+다(어미)'로 분석된다. 중세국어에서 'ᄃᆞᆺ다, ᄃᆞᆺᄒᆞ다'는 현대국어의 '따스하다, 사랑하다'에 해당하는 말이며, 형태적으로는 경음화되지 않은 현대국어 '다스하다'에 그대로 이어진다. 중세국어 'ᄃᆞᆺ다, ᄃᆞᆺᄒᆞ다'의 원래의 뜻은 '따스하다[溫]'이며, 이로부터 '사랑하다[愛]'의 의미까지 전이된 것이다.
⊟ 중세국어의 'ᄃᆞᆺᄃᆞᆺᄒᆞ다'가 근대국어에서 경음화되어 'ᄯᆞᆺᄯᆞᆺᄒᆞ다'로 바뀐 다음에 현대국어의 '따뜻하다'로 변하게 된 것은 'ᄋᆞ'의 역사적 변화 원리에 의한 것이다. 즉 근대국어 이후에 제1 음절의 'ᄋᆞ'는 '아'로 바뀌고, 제2 음절 이하의 'ᄋᆞ'는 '으'로 변한 원리에 의한 것이다.
⑧ ᄃᆞᆺ[溫, 愛]+ᄃᆞᆺ[溫, 愛]+ᄒᆞ[爲]+다(어미)
⑭ ᄃᆞᆺᄃᆞᆺ(ᄒᆞ)다 > ᄯᆞᆺᄯᆞᆺᄒᆞ다 > 따뜻하다
⑩ • ᄌᆞ싀 앗고 ᄃᆞᆺᄃᆞ시 ᄒᆞ야 ᄌᆞ조 머그라(구급간이방 1-4)
  • ᄯᆞᆺᄯᆞᆺᄒᆞ다(溫啊, 동문유해 하-19)

따라지 몡 ① 키와 몸이 작아 보잘것없는 사람. ② 노름판에서, 한 끗.
⊟ '따라지'는 20세기 문헌에 처음 나온다. 20세기 사전에서 '따라지'의 풀이를 보

면, 기본적으로 '왜소한 사람'에서 그 의미를 찾을 수 있다. 그런데 20세기 초에 간행된 자전에서는 '鰍'를 '싸라지 추'라고 하였으므로, 여기에서는 '싸라지'가 '보잘것없는 작은 물고기'를 뜻하는 말이었음을 알 수 있다. '따라지'는 단어의 형태 구성으로 볼 때, '딸+-아지'로 이루어진 말로 생각된다. 과연 국어에는 '딸보'라는 말이 있는데, 국어사전에서는 '키도 작고 몸집도 작은 사람'으로 '딸보'를 풀이하고 있다. '따라지'의 의미가 애초부터 '보잘것없는 작은 물고기'를 가리키는 말은 아니었을 것이다. 오히려 '따라지'는 일반적으로 '보잘것없는 작은 것'을 뜻한다고 하는 것이 어원에 가까울 것이다.

㉡ 조선총독부 편찬의 『조선어사전』(1920)에는 '싸라지'를 '왜소한 사람'이라고 풀이하였고, 조선어학회(한글학회)의 『큰사전』에는 '따라지'를 '키와 몸이 작은 사람의 일컬음'과 '노름판에서 한 끗의 일컬음'이란 두 가지 풀이를 하였다. 『표준국어대사전』에서 '삼팔따라지'에서 '삼팔'이 생략된 것을 주요 풀이로 삼은 것은 '따라지'의 현대적 용법을 잘 보여 준다. 20세기의 사전에서 '따라지'의 풀이를 보면, 기본적으로 '왜소한 사람'에서 그 의미를 찾을 수 있다. 그런데 1905년에 간행된 『자전척독 완편(字典尺牘 完編』에는 '鰍'의 풀이에 '송샤리 추, 雜小魚 싸라지 추 小人鰍生'이라고 하였다. 이를 보면 '싸라지'가 '보잘것없는 작은 물고기'를 뜻하는 말이었음을 알 수 있다. '따라지'는 단어의 형태 구성으로 볼 때, '딸+-아지'로 이루어진 말로 생각된다. 과연 국어에는 '딸보'라는 말이 있는데, 국어사전에서는 '키도 작고 몸집도 작은 사람'으로 '딸보'를 풀이하고 있다. '딸보'는 또한 '딸+-보'로 분석되는 말이므로, 어근 '딸'의 가능성은 충분하다.

㉢ '따라지'의 의미가 애초부터 '보잘것없는 작은 물고기'를 가리키는 말은 아니었을 것이다. 이에 대한 풀이도 1905년 간행의 자전(字典)에서 하고 있으므로, 옛날 문헌의 풀이라고 할 수도 없기 때문이다. 오히려 '따라지'는 일반적으로 '보잘것없는 작은 것'을 뜻한다고 하는 것이 어원에 가까울 것이다. 작고 보잘것없는 '따라지'로부터 여러 가지 의미의 전이 현상이 생긴 것은 당연한 일이다. 노름판에서 한 끗의 보잘것없음, 그리고 한국전쟁의 과정에서 생긴 삼팔선, 그리고 그로부터 파생된 비극적 운명 등등이 '따라지'에 붙으면서, '따라지 인생, 따라지 신세' 등과 같은 비유적 표현이 가능해졌다. 인생에는 기쁨보다는 슬픔이, 멋진 것보다는 보잘것없는 것이

더 많은 것이 현실이어서, '따라지'의 쓰임은 폭이 넓어진 듯하다.

[원] ᄡᆞᆯ [小]+아지(접사)

[변] ᄡᆞᆯ아지> ᄶᅡ라지> 따라지

[예] • 본국 사ᄅᆞᆷ은 진 소위 ᄶᅡ라지 목숨이라(독립신문 1899. 9. 22.)

• ᄶᅡ라지 추(鯫, 자전척독)

따로 [부] 한데 뒤섞이지 않고 떨어져서.

[一] '따로'의 중세국어 형태는 'ᄠᆞ로'이다. 이 말은 'ᄠᆞ[摘, 別]+로(부사화 접사)'의 구조로 분석된다.

[二] 'ᄠᆞ다'란 말은 중세국어에서 사용되었으며, 의미는 현대국어 '떼어내다, 따다, 가르다' 등에 해당한다. 중세국어 'ᄠᆞ다'는 근대국어에 'ᄯᆞ다'로 변하고, 이어서 현대국어 '따다'가 되었다.

[원] ᄠᆞ[摘, 別]+로(부사화 접사)

[변] ᄠᆞ로> ᄯᆞ로> 따로

[예] • 特은 ᄂᆞᄆᆡ 므리예 ᄠᆞ로 다ᄅᆞᆯ 씨라(석보상절 6-7)

• ᄯᆞ로 ᄎᆡ오다(역어유해보 38)

딴 [관] 어떤 사물과 관계가 없는 별개의.

[一] '딴'의 근대국어 형태는 'ᄠᆞᆫ'이다. 이 말은 'ᄠᆞ[摘, 別]+ㄴ(관형사형 어미)'의 구조로 분석된다.

[二] 현대국어에서는 '딴'과 '다른'이 같은 의미로 사용되는 경우가 있으나, '딴[別]'과 '다른[異]'은 어원적으로 같지 않으며, 그 의미에 있어서도 본질적인 차이가 있다.

[원] ᄠᆞ[摘, 別]+ㄴ(관형사형 어미)

[변] ᄠᆞᆫ> 딴

[예] • 사ᄅᆞᆷ이 ᄠᆞᆫ 財物을 엇디 못ᄒᆞ면 가ᅀᆞᆷ여디 못ᄒᆞᆫ다 ᄒᆞᄂᆞ니(노걸대언해 상-29)

☞ 따로

딴전 [명] 그 일과는 전혀 관계가 없는 일이나 행동. 딴청.

□ '딴전'은 중세국어 형태를 기준으로 'ᄠᅳ[摘, 別]+ㄴ(관형사형 어미)+廛(뎐)'으로 분석된다. '廛'의 중세국어 한자음이 '뎐'이다.

□ 그러므로 '딴전'의 어원적 의미는 '별개의 가게'를 뜻하며, 주로 '딴전 보다, 딴전 부리다, 딴전 피우다' 등의 구를 이루어 관용적 용법으로 사용된다.

⊕ ᄠᅳ[摘, 別]+ㄴ(관형사형 어미)+廛(뎐)

⊎ *ᄠᅳ뎐> 딴전

☞ 따로, 딴

딴죽 ⌷ 씨름이나 태견에서, 발로 상대방의 다리를 옆으로 치거나 끌어당겨 넘어뜨리는 기술.

□ '딴죽'은 '딴족'에서 변화한 형태이며, 중세국어를 기준으로 '딴족'은 'ᄠᅳ[異]+ㄴ(관형사형 어미)+足(죡)'으로 분석된다.

□ 현대국어 '따로, 딴'의 중세국어 형태는 각각 'ᄠᅡ로, ᄯᅡᆫ'이므로, 어간으로서 'ᄠᅳ-[異]'를 설정하는 것이다. '足'의 중세국어 한자음은 '죡'이다.

⊕ ᄠᅳ[異]+ㄴ(관형사형 어미)+足(죡)

⊎ ᄯᅡᆫ죡> ᄭᅡᆫ죡> 딴족> 딴죽

땀띠 ⌷ 땀을 많이 흘려 피부가 자극되어 생긴 발진(發疹).

□ '땀띠'의 중세국어 형태는 'ᄯᆞᆷ되야기, ᄯᆞᆷ도야기'이다. 이 말은 우선 'ᄯᆞᆷ[汗]+되야기/도야기[疹]'로 분석된다. 그런데 '두드러기'를 뜻하는 중세국어 '되야기/도야기[疹]'의 형태는 현대국어 '뙤약볕'에 남아 있으므로, '되약/도약[疹]+이(접사)'의 구조라는 것을 알 수 있다. 그러므로 'ᄯᆞᆷ되야기'는 'ᄯᆞᆷ[汗]+되약/도약[疹]+이(접사)'로 분석하는 것이 최선이다. 중세국어 'ᄯᆞᆷ되야기, ᄯᆞᆷ도야기'는 근대국어에서 'ᄯᆞᆷᄯᅩ야기, ᄯᆞᆷ도역이' 등으로도 나타나지만, 'ᄯᆞᆷ되, ᄯᆞᆷ뙤, ᄯᆞᆷᄯᅴ' 등의 축약 형태도 함께 나타난다. 현대국어 '땀띠'는 축약 형태를 이어받은 것이다. 중세국어에서 '되'는 하향 이중모음인 [toj]로 발음되므로, '도야기'와 '되야기'의 발음은 표면에서 거의 변별되지 않는다. 따라서 'ᄯᆞᆷ되야기'와 'ᄯᆞᆷ도야기'의 두 가지 형태가 문헌에 나타나는 것이 가능하다.

[三] 16세기 문헌인 『훈몽자회(訓蒙字會)』(1527)에 '疿'에 대한 새김으로 'ᄯᆞᆷ되야기'라고 하였으며, 『사성통해(四聲通解)』(1517)에는 역시 '疿'에 대한 풀이를 'ᄯᆞᆷ도야기'라고 하였으므로, '땀띠'의 옛날 형태가 'ᄯᆞᆷ되야기' 또는 'ᄯᆞᆷ도야기'였음을 보여 준다. 중세국어에서 '외'는 [oj]로 발음되므로, 현실적인 발음에서 '되야기, 도야기, 되야기' 등은 비록 표기에 차이가 있더라도 거의 구분되지 않는다. 그러므로 'ᄯᆞᆷ되야기'나 'ᄯᆞᆷ도야기'는 중세국어 발음을 기준으로 하면 같은 형태라고 해도 무방하다. 16세기에 나타난 'ᄯᆞᆷ되야기/ᄯᆞᆷ도야기'는 17세기 문헌에는 'ᄯᆞᆷ도약기, ᄯᆞᆷ도역, ᄯᆞᆷᄯᅩ야기' 등으로 나타나고, 18세기에는 'ᄯᆞᆷᄯᅩ야기'도 나타나지만, 축약 형태인 'ᄯᆞᆷ되, ᄯᆞᆷᄯᅴ'가 나타나 거의 현대의 형태를 예고하였다. 19세기에는 'ᄯᆞᆷᄯᆡ, ᄯᆞᆷᄯᅴ, ᄯᅡᆷᄯᅴ, ᄯᅡᆷ듸, ᄯᅡᆷᄯᅢ' 등으로 나타나 축약 형태인 2음절어가 자리를 잡았음을 알 수 있다. 20세기에 경음 표기의 변화와 함께 '땀띠'로 통일되어 현대로 이어졌다.

[三] 'ᄯᆞᆷ도야기/ᄯᆞᆷ되야기'는 'ᄯᆞᆷ'에 '도야기/되야기(되약/도약+이)'가 결합한 단어이다. 'ᄯᆞᆷ'은 현대국어 '땀'의 중세국어 형태이며, '되야기'는 천연두를 앓을 때 피부에 생기는 마마꽃을 말하는 옛말이다. 마마꽃은 천연두로 인하여 살갗에 부스럼처럼 불긋불긋하게 돋는 것을 이르는 말이다. 그러므로 'ᄯᆞᆷ도야기/ᄯᆞᆷ되야기'는 따가운 햇볕으로 인하여 피부에 생기는 발진이 마마꽃 같다고 해서 생긴 말이라는 것을 알 수 있다. 역사적인 문헌을 검토하지 않는다면 '땀띠'의 후부 요소 '띠'가 '도야기/되야기'로 소급된다는 것을 알기는 어렵다. 아마도 '도야기/되야기'가 후부 요소인 까닭으로 접미사처럼 취급되어 형태의 축소를 야기했을 것으로 생각된다. '뙤약볕'의 '뙤약'도 '도야기/되야기'와 같은 어원이지만, 후부가 아닌 전부에 위치하여 형태의 약화를 경험하지 않은 것이다.

[원] ᄯᆞᆷ[汗]+되약/도약[疹]+이(접사)

[변] ᄯᆞᆷ되야기/ᄯᆞᆷ도야기> ᄯᆞᆷᄯᅬ야기> ᄯᆞᆷᄯᅬ> ᄯᆞᆷᄯᅴ> 땀띠

[예] • ᄯᆞᆷ되야기 불(疿, 훈몽자회 중-33)
- ᄯᆞᆷ도야기(疿, 사성통해 상-17)
- ᄯᆞᆷᄯᅩ야기(역어유해 상-62)
- ᄯᆞᆷ되(동문유해 하-8)
- ᄯᆞᆷᄯᅬ(한청문감 8-10)

• 쑴씍(왜어유해 상-51)

☞ 뙤약볕

땅콩 图 콩과의 한해살이풀. 줄기는 높이가 60cm 정도이고 기는줄기와 땅속줄기의 두 가지가 있으며, 잎은 우상 복엽이다. 7~9월에 나비 모양의 노란 꽃이 잎겨드랑이에서 핀다. 열매는 씨방 밑부분이 길게 자라 땅속으로 들어가 익는 협과(莢果)이다. 브라질이 원산지로 주로 모래땅에서 나는데 북아메리카, 프랑스, 중국을 거쳐 우리나라에 들어와 널리 재배된다. 낙화생(落花生). 남경두(南京豆). 향우(香芋). 호콩.

□ '땅콩'은 20세기 문헌에 '쌍콩'으로 나온다. 단지 경음 표기가 바뀌어 현대국어에서는 '땅콩'으로 표기되지만, '쌍콩'과 '땅콩'의 형태적 차이가 있는 것은 아니다. '땅콩'은 '땅+콩[豆]'으로 분석되므로, '땅'의 어원을 찾는 것이 관건이다.

□ '땅콩'의 '땅'이 '땅[地]'이라는 견해가 있고, 한자어 '唐(당)'에서 왔다는 견해가 있다. 전자의 견해는 '땅에서 나는 콩'이란 어원적 의미로 해석하는 것이고, 후자의 견해는 '중국에서 들어온 콩'이란 뜻에서 조어(造語)된 것으로 보는 견해이다. '땅콩'의 생물학적 특징과 '땅콩'을 영어로 'groundnut'이라고 하는 것을 참조한다면 '땅[地]+콩[豆]'으로 풀이하는 것이 무난해 보이고, '땅콩'을 '南京豆(남경두), 호콩(胡—)' 등으로 부르는 것을 참조하면 '땅콩'이 '唐(당)+콩[豆]'에서 왔다는 것도 일리가 있어 보인다. 그러나 '唐(당)-'이 '땅-'으로 바뀌었다는 것을 설명하기가 쉽지 않고, '땅콩'의 생육 상황이 '땅[地]'을 쉽게 떠올리게 한다는 점에서 '땅[地]+콩[豆]'으로 해석하는 것이 무난할 것으로 생각된다.

㉿ 쌍/땅[地]+콩[豆]

㉰ 쌍콩> 땅콩

㉡ • 쌍콩(조선어사전)

때다[때:다] 图 아궁이 속에 불을 지펴 타게 하다.

□ 중세국어 문헌에서 '다히다'의 형태로 처음 나타난다. 17세기에 '대히다, 따히다'로 바뀌었다가 18세기에는 2음절어 '째다'로 바뀌었다. 19세기에는 '때다'로 경음 표

기가 바뀌어 현대로 이어졌다. 중세국어 '다히다'는 '닿다'의 어간 '닿-'에 사동을 표현하는 접미사 '-이-'가 연결된 말이다. 그러므로 '다히다'는 '닿게 하다'의 뜻이며, '불 다히다'는 '불을 (조리 기구에) 닿게 하다'의 어원적 의미를 지닌다.

▣ 15세기 문헌인 『구급방언해(救急方諺解)』(1466)의 '붑 두드리며 블 다히게 ᄒ며 (북 두드리며 불 때게 하며)'에서 '다히다'의 형태로 처음 나타난다. 15세기의 '다히다'는 17세기에 '대히다, 싸히다'로 바뀌었다가 18세기에는 2음절어 '쌔다'로 바뀌었다. 19세기에는 『계축일기(癸丑日記)』에 복고적인 '싸히다'가 표기되기도 하였으나, '쌔다'가 '때다'로 경음 표기가 바뀌어 현대로 이어졌다. 중세국어 '블 다히다'는 현대국어로 그대로 옮기면 '불 닿게 하다'에 해당한다. 15세기 국어의 '다히다'는 '닿다'의 어간 '닿-'에 사동을 표현하는 접미사 '-이'가 연결된 말이다. 그러므로 '다히다'는 '닿게 하다'의 뜻이다. 이렇게 되면 '무엇을 어디에 닿게 하다'의 '대다'와 '(불을) 때다'의 '때다'는 어원적으로 같은 말이라는 것을 알 수 있다. '때다'는 '불 때다'와 같이 '불'에 연결되어 쓰이면서 발음상으로는 마치 한 단어와 같이 인식되어 경음화된 것이다. 과연 17세기의 문헌에는 '싸히다'란 표기가 등장하여 경음화된 형태를 보여 준다. 경음화와는 별개로 '다히다'에서 바뀐 '대히다'도 나타나는데, 이 말은 '다히다'에서 'ㅣ' 모음 역행 동화에 의하여 '대히다'가 된 것이다. '다히다'에서 '때다'가 되는 과정은 '다히다> 싸히다> 싸이다> 쌔다> 때다'의 과정을 밟을 수 있고, 또는 '다히다> 대히다> 쌔히다> 쌔이다> 쌔다> 때다'의 과정을 거칠 수도 있다. 다만 '무엇을 어디에 닿게 하다'의 '대다'는 '불'과 함께 사용되지 않아서 경음화 과정이 생략되었을 뿐이다. 현대의 가정에서는 아궁이가 거의 사라졌으므로, 전통적 의미의 '불 때다'의 광경은 볼 수 없다. 다만 '연탄(을) 때다, 보일러(를) 때다' 등과 같이 새로운 영역으로 쓰임이 전이되면서 어원적인 의미에서 멀어지고 있다.

㋳ (블[火])+닿[接]+히(사동접사)+다(어미)

㋰ (블)다히다> (불)싸히다> (불)때다> 때다

㋲ • 붑 두드리며 블 다히게 ᄒ며(구급방언해 상-15)
　　• 손조 블 대혀 졔므롤 쟝만ᄒ더라(삼강행실도 효-4)
　　• 불 싸히다(燒火, 동문유해 상-63)
　　• 불 때다 炊火(국한회어 153)

☞ 불 때다

떳떳하다[떨떠타다] 휑 반듯하고 굽힘이 없다. 언행이 바르고 어그러짐이 없다.

▣ '떳떳하다'의 중세국어 형태는 '덛덛ᄒᆞ다'이다. 이 말은 '덛[時]+덛[時]+ᄒᆞ[爲]+다(어미)'로 분석된다. 중세국어에서 '덛'은 '밥 머긇 덛만 ᄒᆞ여도(월인석보 21-87)'에서 보는 바와 같이 '때, 동안'의 뜻으로 쓰인 명사이다.

▣ 중세국어의 '덛덛ᄒᆞ다'는 주로 한자 '상(常)'의 의미에 해당하며, 현대국어로는 '한결같다'의 의미에 가깝다. 현대국어의 떳떳하다'는 이러한 중세국어의 의미와 비교하면 성격이나 성품과 관련되어 추상화된 것이다.

⑳ 덛[時]+덛[時]+ᄒᆞ[爲]+다(어미)

⑭ 덛덛ᄒᆞ다> 떳떳하다

⑩ • 應化ᄒᆞ시논 모미 나토미 덛덛ᄒᆞᆫ 法이 업스시니(應化之身現無常準, 선종영가집언해 서-3)

또렷하다[또려타다] 휑 엉클어지거나 흐리지 않고 썩 분명하다.

☞ 도렷하다

뙤약볕 휑 되게 내리쬐는 여름날의 뜨거운 볕.

▣ '뙤약볕'은 '뙤약+볕[陽]'으로 분석되므로, '뙤약'의 어원적 의미를 찾는 것이 관건이다. '뙤약볕'의 '뙤약'은 중세국어 '되야기[疹]'에서 그 의미를 찾을 수 있으며, 현대국어로는 '홍역(紅疫), 두드러기[疹]' 등에 해당한다. 그러므로 '뙤약볕'은 어원적으로 '두드러기를 일으킬 만한 따가운 햇볕'이란 의미에서 조어(造語)되었다는 것을 알 수 있다. 중세국어에서 '되야기'는 단독 형태로도 사용되었지만, '쏟되야기'와 같이 합성어를 이루어 사용되기도 하였다. '뙤약볕'에서는 '뙤약'으로 나타나므로, 중세국어 '되야기'는 '되약[疹]+이(접사)'로 분석하는 것이 가능하다. 근대국어에 '쏘약이'란 말이 나타나므로 *되약볕의 경음화된 형태 '쬐약볕/쏘약볕'이 근대국어에 사용되었을 가능성이 충분하다.

▣ 20세기 문헌인 문세영 편찬의 『조선어사전』(1938)에 '뙤약볕'으로 처음 나타난

다. 그러므로 이 말 자체로서는 역사적 유래가 깊지는 않다. 그러나 '뙤약볕'은 '뙤약+볕'으로 분석되고, '되약'의 옛말이 '되야기'인 것을 참조하면, '뙤약볕'이 문헌에 나타나지 않았을 뿐이고, 실제 언어생활에서는 충분히 오래전부터 사용되었을 것으로 생각된다. '뙤약볕'에서 '볕'의 의미는 '햇볕'으로 확실하므로, 문제는 '되약'의 어원을 밝히는 것이 관건이다. 중세국어 문헌인 『번역노걸대(飜譯老乞大)』에 '네 그 져믄 쏘리 되야기 내여 잇다니'라고 하였고, 근대의 문헌인 『역어유해(譯語類解)』(1690)에 '疹子 되야기'라고 하여 '되야기'의 용례를 보여 준다. '되야기'는 천연두를 앓을 때 피부에 생기는 마마꽃을 말하며, 마마꽃은 천연두로 인하여 살갗에 부스럼처럼 불긋불긋하게 돋는 것을 이르는 말이다. 16세기 문헌인 『훈몽자회(訓蒙字會)』(1527)에 '疿(불)'에 대한 새김으로 '쏨되야기'라고 한 것은 따가운 햇볕으로 인하여 피부에 생기는 발진이 마마꽃 같다고 해서 생긴 말이다. '쏨되야기'는 현대국어 '땀띠'의 옛말이다. '뙤약볕'을 제대로 이해하기 위해서눈 중세국어의 '되야기'를 '되약+이'로 분석할 필요가 있다. 결국 '뙤약볕'은 어원적으로는 '되약+볕'으로 이루어진 말이며, 초성이 경음화되어 '뙤약볕'이 된 것이다. '뙤약볕'은 발진을 야기할 정도로 따가운 햇볕이라는 의미에서 생긴 말이라는 것을 알 수 있다. 초성이 경음화된 것은 '땀띠'의 옛 형태인 '쏨쏘야기'에서 '도야기'가 경음화된 것에서 그 원인을 찾을 수도 있고, 아니면 특별한 이유 없이 경음화되는 우연에 원인을 돌릴 수도 있다.

㉢ 되약[疹]+볕[陽]

㉣ *되약볕 > *쐬약볕 > 뙤약볕

㉺ • 뙤약볕(조선어사전 402)

☞ 땀띠

뚜껑 몡 그릇이나 상자 따위의 아가리를 덮는 물건. 개자(蓋子). 덮개.

▱ 근대국어 문헌에서 '두겅, 둣겅, 둑겅' 등으로 나타나며, 20세기에 '뚜껑'이 되어 현대로 이어졌다. 현대국어 '덮개'에 해당하는 15세기 형태는 '둡게'였으며, 이 말은 '둪+게'로 이루어진 말이다. '둡게'의 받침 'ㅂ'이 뒤에 오는 'ㄱ'의 조음 위치에 동화되면 '둑게'가 되는데, 이 말은 근대국어 문헌에 나타난다. '둪-'에서 변한 '둑-'에 접미사 '-엉'이 연결되면 '두겅'이 되어야 한다. 실제로 19세기 문헌에는 '둣게, 둣

경, 둑경' 등과 함께 '두경'이 실려 있어서 당시의 상황이 간단치 않았음을 알 수 있다. 아마도 '둑게'의 발음은 [두께]이므로, 여기에서 '둑ㄱ/두ㄲ'이 추출되고, 여기에 접미사 '-엉'이 결합하여 '둑경'과 같은 형태가 나왔을 것으로 생각된다. '둑경'은 [두껑]으로 발음되고, 여기에 다시 초성이 경음화되어 '뚜껑'이 되었다.

[三] 19세기 문헌인 『한불자전(韓佛字典)』(1880)에서 '두경, 둣경, 둑경' 등으로 나타나며, 20세기에 '뚜껑'이 되어 현대로 이어졌다. 이 말들이 19세기에야 나타나므로 역사적 유래가 깊어 보이지는 않으나, '덮다'의 15세기 형태가 '둪다'인 것을 참조하면, '뚜껑'의 역사적 실상은 일천(日淺)하지 않을 것으로 생각된다. 15세기 문헌인 『월인석보(月印釋譜)』(1459)에 '마리롤 펴 두퍼시늘'이라 하였고, 『남명집언해(南明集諺解)』(1482)에 '머리돌 글어 더픈대'라고 하였다. 이로써 보면 15세기 국어에 같은 뜻으로 쓰인 '둪다'와 '덮다'를 확인할 수 있다. 그런데 현대국어 '덮개'에 해당하는 15세기 형태는 '둡게'였으며, 이 말은 '둪-+-게'로 이루어진 말이다. 그러나 '덮-+-게'에 의해 파생된 말은 중세국어에 나타나지 않는다. 이것을 보면 중세국어에서 '덮다'보다는 '둪다'가 더 잘 쓰이는 말이었다고 생각된다. '둡게'의 받침 'ㅂ'이 뒤에 오는 'ㄱ'의 조음 위치에 동화되면 '둑게'가 되는데, 이 말은 근대국어 문헌에 나타난다. 그리고 19세기 문헌에 '둣경, 둑경' 등이 나타나서 현대국어 '뚜껑'의 시작을 알리고 있다. '둣경, 둑경'에서 '둣경'과 '둑경'의 실제 발음 차이는 거의 없으므로, '둣경'은 '둑경'을 달리 적은 것이라고 해도 무방하다. '둪-'에서 변한 '둑-'에 접미사 '-엉'이 연결되면 '두경'이 되어야 한다. 실제로 『한불자전(韓佛字典)』(1880)에는 '둣게, 둣경, 둑경' 등과 함께 '두경'이 실려 있어서 당시의 상황이 간단치 않았음을 알 수 있다. 아마도 '둑게'의 발음은 [두께]이므로, 여기에서 '둑ㄱ/두ㄲ'이 추출되고, 여기에 접미사 '-엉'이 결합하여 '둑경'과 같은 형태가 나왔을 것으로 생각된다. '둑경'은 [두껑]으로 발음되고, 여기에 다시 임의적인 경음화가 일어나 '뚜껑'이 되는 것인데, '뚜껑'은 20세기 문헌에서 일거에 등장하여 현대로 이어졌다.

[원] 둑(<둪[蓋])+엉(접사)

[변] 둑엉> 두경> 둑경> 두껑> 뚜껑

[예] • 두경/둑경/둣경(한불자전 501, 505)

뚜렷하다[뚜려타다] [형] 엉클어지거나 흐리지 않고 똑똑하고 분명하다.
☞ 도렷하다

뜨뜻하다[뜨뜨타다] [형] 알맞을 정도로 덥다.
[一] '뜨뜻하다'의 중세국어 형태는 '듯듯(ᄒᆞ)다'이다. 이 말은 '듯[溫]+듯[溫]+(ᄒᆞ[爲])+다(어미)'로 분석된다.
[二] 중세국어에서 '듯다[溫]'란 말이 단독으로 쓰이지는 않았으나, '듯다'는 'ᄃᆞᆺ다[溫, 愛]'란 말의 음성 모음 형태이기 때문에 그 어원적 의미는 'ᄃᆞᆺ다'와 다르지 않으며, 다만 어감의 차이만 있을 뿐이다.
[원] 듯[溫]+듯[溫]+(ᄒᆞ[爲])+다(어미)
[변] 듯듯(ᄒᆞ)다> 뜨뜻하다
[예] • ᄇᆞ석 아래 더운 ᄌᆡ를 체로 처 숫글 업게코 ᄂᆞᆫ화 뵈쟈ᄅᆡ 녀허 듯듯게 ᄒᆞ야(구급간이방 2-29)
☞ 따뜻하다

뜨물 [명] 곡식을 씻어 내 부옇게 된 물. 뜨물국.
[一] 이 말의 중세국어 형태는 'ᄹᅳ믈'이며, 'ᄹᅳ+믈[水]'로 분석될 것이므로 'ᄹᅳ'의 정체를 찾는 것이 관건이다.
[二] 'ᄹᅳ믈'에 해당하는 한자어를 중세국어 및 근대국어에서 찾으면 '泔水'가 가장 많이 나온다. '泔(감)'의 뜻은 명사로는 그대로 '뜨물'에 해당하지만, 동사 및 형용사로는 '(음식을) 삶다, (음식이) 쉬다, (맛이) 달다' 등에 해당한다. 중세국어에는 'ᄹᅳ다'가 있고 'ᄠᅳ다'가 있다. 이들은 모두 현대국어 '뜨다'로 이어졌지만, '泔水'의 의미를 고려하면 '발효되어 뜬 물'이라는 어원적 의미가 가장 이치에 맞다. 이러한 어원적 의미에 적당한 동사는 중세국어 'ᄠᅳ다'이며, 비록 근대국어 문헌이긴 하지만 'ᄠᅳ믈'이 나타난다. 중세국어 'ᄹᅳ믈'과 중세국어 'ᄠᅳ다'의 관련성이 농후해 보이지만 현재로서는 확실하다고 말하기 어렵다.
[원] ᄹᅳ[泔]+믈[水]
[변] ᄹᅳ믈> (ᄠᅳ믈)> ᄹᅳ물> 뜨물

예 • 쓰믈와 菜蔬ㅅ 니플 싸해 브리디 말며(월인석보 21-110)

  • 쓰믈 감(泔, 훈몽자회 하-11)

  • 쁘믈(泔水, 역어유해보 31)

  • 쓰물(유씨물명고 3)

띄우다[띠우다] 图 물에나 공중에 뜨게 하다. 물건과 물건 사이를 뜨게 하다. 물건에 훈김이 생겨서 뜨게 하다.

囗 '띄우다'의 중세국어 형태는 '띄우다/띄오다'이다. 이 말은 '쁘[浮]+이(사동접사)+우/오(사동접사)+다(어미)'로 분석되므로, 사동접사가 겹쳐 있음을 알 수 있다. 이와 같이 사동접사가 겹쳐 나타나는 경우는 '재우다, 세우다' 등에서도 찾을 수 있다.

웬 쁘[浮]+이(사동접사)+우/오(사동접사)+다(어미)

옌 띄우다/띄오다> 씌우다/씌오다> 띄우다

예 • 므리 能히 띄우디 몯ᄒᆞ야(월인석보 18-56)

  • 므레 띄오고 그 우희 안자(월인석보 8-99)

  • 그 아래 븨룰 씌워(성산별곡)

  • 이 몸 허러 내여 낸물에 씌오고져(고시조)

띠 图 허리를 둘러매는 끈.

囗 중세국어 형태는 '씌'이다. 이 말은 '帶'의 한어음(漢語音)을 차용하여 고대국어의 어느 시기에 고유어화한 것으로 생각된다.

囙 한어(漢語)에서 '帶'의 상고음은 [tat], 중고음은 [tɑi], 근대음은 [tai]이기 때문에 '帶'의 한자음과 중세국어 '씌'의 차용 과정을 음운적으로 해명하기는 쉽지 않다. 그러나 '帶'의 중세국어 한자음 '딩'를 참조하면 '帶 : 씌'의 연결이 충분히 가능하다는 것을 알 수 있다.

웬 (漢語)帶

옌 帶[tɑi/tai]> 씌> 띠

예 • 씌예 ᄂᆞ리면 시름 ᄀᆞᆮ고(내훈-선조 1-6)

띠다 통 ① 띠나 끈 따위를 두르다. ② 물건을 몸에 지니다. 용무나, 직책, 사명 따위를 지니다. 빛깔이나 색채 따위를 가지다. 감정이나 기운 따위를 나타내다. 어떤 성질을 가지다.

▱ 중세국어 형태는 '띄다'이다. 이 말은 명사 '띄[帶]'에서 바로 동사로 파생된 것이다. 명사 '띄'는 거성이지만, 동사 '띄다'의 어간 '띄-'는 평성이다. 명사에서 동사로 파생된 말을 중세국어를 기준으로 찾으면 'ㄱ몰[早]-ㄱ몰다, 깃[巢]-깃다, 너출[蔓]-너출다, 누비[衲]-누비다, 띄[帶]-띄다, 빗[櫛]-빗다, 신[履]-신다, 품[懷]-품다' 등을 열거할 수 있다.

卫 띄[帶]+(다)

卫 띄> 띄다> 띠다

卫 • 큰 띄 띄며(소학언해 2-2)

☞ 띠, 빗다, 배다, 신다, 품다

ㄹ

라면 图 기름에 튀겨서 말린 국수에 양념 봉지를 따로 넣어 간단하게 조리할 수 있도록 만든 즉석 식품.

☐ '라면'은 한자어 '拉麵(랍면)'의 중국식 발음 [lamian]을 일본식으로 발음한 'ラーメン[rāmen]'에서 온 말이다. 그러나 '*라멘'이라 하지 않고 국어에서 '라면'이라고 하는 것은 '국수'를 뜻하는 한자인 '麵(면)'에 대한 인식이 강하게 작용하여 국어 한자음으로 교체시킨 것이다.

☐ 한자어를 직접 받아들였다면 두음법칙이 적용되었을 것이지만, 일본어를 통해서 들어온 외래어이기 때문에 '라면'은 두음법칙의 적용을 받지 않는다.

☐ 한어(漢語)에서 한자 표기 '拉麵'은 경우에 따라 '老麵'이나 '柳麵'으로도 쓰이고 있다. 일종의 취음 표기의 성격이다.

㉺ 拉麵[lamian]을 일본식으로 발음한 ラーメン[rāmen]

㉻ 拉麵[lamian] > (일본어)ラーメン[rāmen] > 라면

레미콘 图 물, 모래, 시멘트를 믹서차(mixer車)로 배합한 콘크리트. 또는 그 믹서차.

☐ '레미콘'은 'ready mixed concrete(미리 혼합한 콘크리트)'가 일본어에서 'remicon'으로 축약된 것을 받아들인 것이다. 레미콘은 1903년 독일의 마겐스에 의해 최초로 제조되었다고 하며, 일본은 1949년에 레미콘을 도입하면서 영어인 'ready mixed concrete'라는 말을 줄여서 '레미콘'이라는 어휘를 사용하였다고 한

다. 우리나라는 1965년에 국내 최초의 레미콘 회사인 '대한양회'가 생겼다.

㉺ (영어)ready mixed concrete

㉯ ready mixed concrete> (일본어)remicon> 레미콘

레즈비언 ㊅ 여성 동성애자를 이르는 말.

㉢ '레즈비언'은 영어의 'lesbian'을 그대로 차용한 말이다. 영어에서 'lesbian'은 고대에 여성의 동성애가 성행하였다는 에게해의 레스보스(Lesbos) 섬과 관련지어 생긴 형용사이다.

㉢ 영어에서 'lesbian'은 '① 레스보스 섬의, ② (여성간의) 동성애(의), ③ 관능적인' 등의 의미를 가진 말이다.

㉺ (영어)lesbian

㉯ lesbian> 레즈비언

레지 ㊅ 다방 같은 데서 손님을 접대하며 음료를 나르는 여자.

㉢ '레지'의 어원은 영어 'register'에 있다. 그러나 영어로부터 직접 들어온 말은 아니고, 'register'를 축약한 형태인 일본어 'レジ[reʒi]'에서 온 것이다.

㉢ 다방의 여종업원이 음료를 나르기도 하지만, 돈의 수납이나 장부 정리와 같은 경리 역할도 하기 때문에 '금전등록기'의 의미인 'レジ(register)'로써 다방 종업원을 부르게 된 것이다. 이것은 다방의 여종업원에 대한 호칭에 있어서 단순한 서비스 역할보다는 전문 직종이라는 측면을 강조하고자 하여 붙인 명칭이라는 것을 알 수 있다.

㉺ (영어)register

㉯ register> (일본어)レジ[reʒi]> 레지

로봇 ㊅ ① 인간과 비슷한 형태를 가지고 걷기도 하고 말도 하는 기계 장치. 인조인간. ② 어떤 조작이나 작업을 자동적으로 하는 기계 장치. ③ 남의 지시대로 움직이는 사람. 권한이 없이 어떤 지위에 앉아만 있는 사람. 허수아비. 바지저고리.

㉢ '로봇'은 영어 'robot'을 그대로 차용한 말 이다.

[三] 영어의 'robot'은 체코의 극작가 차페크(Capek)가 그의 작품(R.U.R.)에서 주인공 이름을 'Robota'라고 한 데서 유래한다. 주인공 이름 'Robota'는 체코어에서 '노예(奴隸, serf)'를 뜻하는 'robotnik'에서 온 말이다.
[원] (체코어)robotnik
[변] robotnik> Robota> (영어)robot> 로봇

로스구이 [명] 고기 따위를 불에 굽는 일. 또는 그렇게 한 고기.
[一] '로스'는 '굽다'의 의미인 영어 'roast[roust]'에서 온 말이다. '구이'는 '굽[炙]+이(명사화 접사)'에서 온 말이므로, '춥[寒]+이(접사)'에서 온 '추위'와 마찬가지로 '구위'가 되어야 어법에 맞다. 그러나 모음 '우[u]' 뒤에서 변별성을 잃은 반모음 '우[w]'가 탈락하여 '구이'가 된 것이다.
[원] (영어)roast+굽[炙]+이(명사화 접사)
[변] roast+굽이> 로스구이

로써 [조] 받침이 없거나 'ㄹ' 받침이 붙는 체언에 붙어 '…를 가지고서'의 뜻을 나타내는 부사격 조사.
[一] '로써'의 중세국어 형태는 '로ᄡᅥ'이다. 이 말은 '로(조사)+ᄡᅳ[用]+어(어미)'로 분석된다.
[二] 중세국어 'ᄡᅳ다'는 현대국어 '쓰다[用]'의 역사적 소급 형태이다.
[원] 로(조사)+ᄡᅳ[用]+어(어미)
[변] 로ᄡᅥ> 로써
[예] • 七寶로ᄡᅥ 布施ᄒᆞ면(금강경언해 122)
• 듕낭댱 벼슬로ᄡᅥ(以中郎將, 오륜행실도 2-11)

루주 [명] 여자들이 입술 화장에 쓰는 손가락만 한 막대기 모양의 연지. 립스틱.
[一] '루주'는 프랑스어 'rouge'를 그대로 차용한 말이다. 프랑스어에서 'rouge'는 원래 '붉다[紅]'란 뜻의 형용사이다.
[원] (프랑스어)rouge

ⓗ rouge> 루주

룸펜 ⓝ 부랑자 또는 실업자를 이르는 말.

ⓓ '룸펜'은 독일어 'Lumpen'을 그대로 차용한 말이다. 독일어에서 'Lumpen'은 '누더기, 넝마'의 뜻이므로, 부랑자의 행색과 관련되어 국어에서는 그러한 행색을 한 사람을 가리키는 말로 차용되었다는 것을 알 수 있다.

ⓦ (독일어)Lumpen

ⓗ Lumpen> 룸펜

리어카 ⓝ 자동차나 자전거 뒤에 달거나, 사람이 직접 끌기도 하는, 바퀴가 둘 달린 작은 수레. 손수레.

ⓓ '리어카'는 'rear car'에서 온 외래어이지만, 'rear car'는 영어에서는 사용되지 않는 일본식 영어 표현이다.

ⓔ 'rear car'를 일본어에서는 'リヤカー'라고 한다.

ⓦ (일본식 영어)rear car

ⓗ rear car> (일본어)リヤカー> 리어카

린치 ⓝ 법의 정당한 절차를 밟지 않고 사사로이 가하는 잔인한 폭력. 사형(私刑).

ⓓ '린치'는 영어 'lynch'를 그대로 차용한 말이다.

ⓔ 미국 독립 혁명 때에, 반혁명 분자를 즉결 재판으로 처형한 버지니아주의 치안 판사 린치(Lynch, C. W. 1742~1820)의 이름에서 유래한다.

ⓦ (영어) C. W. Lynch

ⓗ C. W. Lynch> 린치

ㅁ

마고자 圏 저고리 위에 덧입는 옷. 저고리와 비슷하나 앞을 여미지 아니하고 두 자락을 맞대기만 함.

㊀ '마고자'는 한어(漢語) '馬褂[makua]'에서 온 말이며, 여기에 접미사 용법의 '자(子)'를 첨가하여 '馬褂子'가 된 것이다. '馬褂子'의 현대국어 한자음은 '마괘자'이다.

㊁ 淸趙翼 陔餘叢考: 馬褂凡扈從及出使 皆服短褂缺襟袍 及戰裙 短褂亦曰馬褂 馬上所服也. 이에 따르면 '마고자'는 청나라 시대에 말 위에서 입는 옷의 한 종류였다는 것을 알 수 있다. 마고자는 원래 만주족이 말을 탈 때 입는 옷이었다.

㉿ (漢語)馬褂

㉾ 馬褂 > 馬褂子 > 마고자

마냥 閉 전과 다름없이 사뭇. 언제까지나 줄곧.

㊀ '마냥'의 중세국어 형태는 '민샹, 민샹, 민양' 등이다. 이 말들은 모두 한자어 '每常'에 어원을 두고 있으며, 중세국어 시기에 이미 다양한 변화 형태가 사용되었다.

㊁ '每常'을 중세국어 한자음으로 읽으면 '민샹'이지만, 'ㅅ'이 약화되어 '민샹'이 되고, 다시 'ㅿ'이 탈락하여 '민양[mʌjjaŋ]'이 된다. 이렇게 되면 '민'의 후행하는 반모음 'ㅣ[j]'와 '양'의 선행하는 반모음 'ㅣ[j]'가 겹치게 되어 동음 생략에 의해 'ㅁ양'이 된다. 다시 첫 음절의 'ㅇ'는 '아'가 되고, 여기에 'ㄴ'이 첨가되어 현대국어 '마냥'이 된 것이다.

㉿ 每常(민샹)

[변] 每常(믹샹)> 믹샹> 믹양> 무양> 마냥
[예] • 녀름짓는 사름도 믹샹의 빅 골프고(야운자경 50)
• 아비 믹샹 아드롤 念호딕(월인석보 13-9)
• 믹양 フ숤 외롤 보고(두시언해-초간 15-20)
• 됴명이 무양 보채여(계축일기 89)

마냥모 [명] 늦게 심는 모. 늦모.
[一] '마냥모'는 '晩移秧(만이앙)+모[苗]'에 어원이 있으며, '만이앙'의 음절 축약에 의해 '마냥모'가 된 것이다.
[원] 晩移秧(만이앙)+모[苗]
[변] *만이앙모> 마냥모

마누라[마:누라] [명] 중년이 넘은 아내를 허물없이 이르는 말.
[一] 중세국어 문헌에서 '마노라'가 처음 나타나고, 그 의미는 '상전(上典)'의 뜻으로 쓰였다. 특히 17세기부터 19세기 문헌에 나타나는 '마노라'는 궁중에서 지체 높은 사람을 가리키는 호칭으로 사용된 경우가 있어서 주목을 끈다. 그러나 19세기 문헌의 '마노라'는 '아내'를 가리킨다. '마누라'의 어원적 의미는 문헌을 기준으로 하여 '상전(上典)'에 두는 것이 무난할 것으로 생각된다. '마누라'는 애초의 존귀한 신분을 지칭하는 말에서 '연로(年老)의 여자'로 바뀌고, 최종적으로는 '아내'를 가리키는 속어가 되는 과정으로 의미 변화를 요약할 수 있겠다.
[二] 15세기 문헌인 『삼강행실도(三綱行實圖)』(1481)의 '제 죵이 또 닐오딕 마노랏 父母ㅣ 늘그시니(제 종이 또 이르되 상전의 부모가 늙으셨으니)'라고 하여 '마노라'가 처음 나타나고, 그 의미는 '상전(上典)'의 뜻으로 쓰였다. 특히 17세기부터 19세기 문헌에 나타나는 '마노라'는 궁중에서 지체 높은 사람을 가리키는 호칭으로 사용된 경우가 있어서 주목을 끈다. 17세기 『서궁일기』에 '션왕마노라', 18세기 『역어유해(譯語類解)』(1778)에도 '太太마노라', 19세기의 『한중록(閑中錄)』에 '셰손이 마노라 아들인딕' 등의 용법은 궁중에서 사용된 지체 높은 사람을 가리키는 '마노라'의 용례들이다. 19세기 문헌인 『배비장전』에 '우리 마누라 속곳이 없어'에서는 현대

국어와 같은 형태의 '마누라'를 보여 주며, 그 의미도 현대와 같다. 20세기 이후에는 '마노라'는 보이지 않고, '마누라'로 통일되었으며, 의미도 현대의 '마누라'와 다르지 않다. '상전(上典)'의 의미는 19세기 후반부터 사라졌다고 생각된다. '마노라'의 용법이 주로 상전을 지칭한다고 할 수 있지만, 16세기의 『순천김씨간찰』에 '마노라ᄒᆞ고 웅젼 녀돌 ᄃᆞ려다 주고'의 '마노라'는 누구를 지칭하는지 의미가 분명하지 않지만, '상전'을 의미하는 것 같지는 않다. 19세기 『한중록(閑中錄)』에 '집의 마노라 슈젹이 머믄 거시 업ᄉᆞ니'의 '마노라'는 분명히 '아내'를 가리키는 것이어서, 일찍부터 '마노라'의 의미는 '상전(上典)'과 '아내'의 두 가지 용법으로 함께 사용되었다고 보인다. 아마도 처음부터 두 가지 의미로 쓰이지는 않았을 것이기 때문에, 기본 의미는 문헌을 기준으로 하여 '상전(上典)'에 두는 것이 무난할 것으로 생각된다. 『한불자전(韓佛字典)』(1880), 조선총독부의 『조선어사전』(1920), 문세영 편찬의 『조선어사전(1938) 등에서 '마누라'의 뜻풀이를 보면 '늙은 부인'을 가리키는 것을 기본 의미로 삼고 있다. 이로써 보면 '마누라'는 애초의 존귀한 신분을 지칭하는 말에서 '연로(年老)의 여자'로 바뀌고, 최종적으로는 '아내'를 가리키는 속어가 되는 과정으로 의미 변화를 요약할 수 있겠다.

[원] 마노라[上典]

[변] 마노라> 마누라

[예] • 제 죵이 ᄯᅩ 닐오ᄃᆡ 마노랏 父母ㅣ 늘그시니(삼강행실도 충-18)

• 우리 마누라 속곳이 없어 한 벌 얻어 입힐까 하고 나왔더니(배비장전 17)

마당 [명] 집의 앞뒤나 어떤 곳에 닦아 놓은 단단하고 평평한 땅.

[三] 중세국어 문헌에서 '맡'으로 처음 나온다. 16세기의 문헌에 '場 맏 댱'이라고 한 것은 '맡'의 받침을 팔종성 표기법에 의해 'ㅌ'을 'ㄷ'으로 표기한 것이다. 18세기에는 '마당'이란 말이 등장하였다. 18세기의 '마당'은 '맡'에서 변한 '맏'에 접미사 '-앙'이 결합되어 2음절 형태가 된 것이다. 이 시기에도 '맏'이란 말이 문헌에 나타나지만, 주로 한자 학습서에서 한자 '場'의 새김으로 쓰인 것이기 때문에, 일상 어휘에서는 18세기에 이미 '마당'이 자리를 잡은 것으로 보인다. 18세기의 '마당'은 '맡/맏'을 소멸시키면서 그대로 현대로 이어졌다.

[三] 15세기 문헌인 『분류두공부시언해(초간본)』(1481)의 '마톨 다ᄋᆞ고(築場, 마당을 쌓고)'에서 '맡'의 형태로 처음 나타난다. 16세기의 『훈몽자회(訓蒙字會)』(1527)에 '場 맏 댱'이라고 한 것은 '맡'의 받침을 팔종성 표기법에 의해 'ㅌ'을 'ㄷ'으로 표기한 것이다. 17세기까지도 '맡'의 형태는 변함이 없었으나, 18세기에는 '마당'이란 말이 등장하였다. 18세기의 '마당'은 '맡'에서 변한 '맏'에 접미사 '-앙'이 결합되어 2음절 형태가 된 것이다. 접미사 '-앙/-엉'은 '고랑(골+-앙), 벼랑(별+-앙), 도랑(돌+-앙), 구멍(굼+-엉)' 등의 파생어에서 알 수 있듯이 1음절 어근에 잘 붙는 접미사이다. 19세기에는 '마당'만이 문헌에 나타나고, 이러한 경향은 20세기에도 계속되어 그대로 현대로 이어졌다. 안정적인 2음절어 '마당'은 원래의 1음절어 '맡/맏'과 의미에서 전혀 차이가 없었다는 것도 1음절어 '맡/맏'의 소멸을 재촉한 하나의 요소가 될 것이다.

[원] 맡/맏[場]+앙(접사)

[변] 맡> 맏+앙> 마당

[예] • 마톨 다오매 굼긔 개야밀 어엿비 너기고(築場憐穴蟻, 두시언해-초간 7-18)
• 맏 댱(場, 훈몽자회 상-7)
• 마당(打糧場, 동문유해 하-1)

마도위(馬—)[마:도위] [명] 말을 사고팔 때에 흥정을 붙이는 사람.

[一] '마도위'는 어원적으로 '마(馬)+도의[販]'의 구조로 분석된다. 중세나 근대국어의 문헌에 '마도의'란 합성어가 나타나지는 않으나, '도의 판(販, 훈몽자회 하-21)'이라고 하였으므로 '도의'란 고유어가 중세국어에서 사용되었음을 알 수 있다.

[三] '마도의'에서 '마도위'가 되는 것은 '도'의 모음 '오'가 후행하는 '의'를 동화시켜 '위'가 되게 한 것이므로, 원순모음화 현상이 일어난 것이다.

[원] 마(馬)+도의[販]

[변] *마도의> 마도위

마되 [명] 말과 되. 두승(斗升).

[一] '마되'는 '말[斗]+되[升]'의 구조에서 치경음 'ㄷ' 앞의 'ㄹ'이 탈락한 것이다. '말[斗]'과 '되[升]'는 중세국어에서 사용되었다.

囯 치경음이나 경구개음 앞에서 'ㄹ'이 탈락하는 것은 '마소, 싸전, 화살, 소나무, 바느질' 등의 어휘에서 볼 수 있는 일반적인 음운 현상이다.

㉒ 말[斗]+되[升]

㉗ *말되> 마되

㉙ • 여듧 셤 너 마리러시니(석보상절 23-51)
 • 믈 ᄒᆞᆫ 되 닷 홉과(구급간이방 1-2)

마땅찮다[마땅찬타] 혱 '마땅하지 아니하다'의 준말.

囝 중세국어에서는 '맛당[宜]'이 명사로 사용되었으며, 이로부터 형용사인 '맛당ᄒᆞ다'가 파생되었다. 그러므로 '마땅찮다'는 중세국어 형태를 기준으로 '맛당[宜]+ᄒᆞ[爲]+지(어미)+아니[不]+ᄒᆞ[爲]+다(어미)'로 분석된다.

㉒ 맛당[宜]+ᄒᆞ[爲]+지(어미)+아니[不]+ᄒᆞ[爲]+다(어미)

㉗ 맛당ᄒᆞ지아니ᄒᆞ다> 맛당치않다> 맛당찮다> 마땅찮다

㉙ • ᄉᆞ랑ᄒᆞ샤ᄆᆞᆯ 맛당ᄋᆞᆯ 得ᄒᆞ샤(思得其宜, 법화경언해 1-239)
 • 맛당ᄒᆞᆫ 고ᄃᆞᆯ 조차 니르논 마리(석보상절 13-37)

마땅하다 혱 사물이나 행동이 어떤 조건에 잘 어울리게 알맞다.

☞ 마땅찮다

마련 몡 ① 헤아려서 갖춤. ② 어떤 일을 하기 위한 속셈이나 궁리.

囝 '마련'은 고유어로 처리되고 있으나, 한자어 '磨鍊(마련)'에서 온 것임이 확실하다. 중세국어의 문헌에 '지술 이룔 磨鍊ᄒᆞ더니(석보상절 6-26)'의 용례가 한자로 나오며, 근대국어의 문헌에는 여기에 해당하는 '마련ᄒᆞ여(산성일기)'가 나오기 때문이다.

囯 한자어 '磨鍊(마련)'은 '갈고 단련함'의 의미이다.

㉒ 磨鍊(마련)

㉗ 磨鍊(마련)> 마련

㉙ • 지술 이룔 磨鍊ᄒᆞ더니(석보상절 6-26)

- 마련ᄒᆞ여(산성일기)
- 마련ᄒᆞ다(한청문감 12-1)

마렵다[마려우니, 마려워] 혱 대소변이 나오려는 느낌이 있다.

☐ 중세국어에 '몰[糞]'이란 말이 있다. '차바ᄂᆞᆯ 머거도 自然히 스러 몰보기를 아니
ᄒᆞ며(월인석보 1-26)'에서 '몰'은 현대국어 '똥[糞]'에 해당하는 말이다. 그러므로 '마
렵다'는 중세국어의 명사 '몰[糞]'에서 형용사로 파생된 말임을 알 수 있다.

☐ 전라도 방언에 '소마, 소매'란 말이 있는데, 현대국어의 '소변(小便)'에 해당한다.
이 말은 '소(小)+마/매[糞]'으로 분석되므로, '마/매[糞]'가 중세국어 '몰'에서 왔다는
것을 알 수 있다. '누리[世]'가 줄어 '뉘'가 되고, '나리[川]'가 줄어 '내'가 되는 현상을
적용하면, '소매'의 '매'는 'ᄆᆞ리> ᄆᆞ이> ᄆᆡ> 매'의 과정을 거쳤다고 유추할 수 있
다. 이렇게 되면 '마렵다'는 '몰[糞]'에 'ㅣ' 모음이 첨가된 명사 'ᄆᆞ리'에서 형용사로
파생되었다고 하게 되므로, 'ᄆᆞ리[糞]+업(형용사화 접사)+다(어미)'로 분석된다.

㉚ 몰/ᄆᆞ리[糞]+업(형용사화 접사)+다(어미)

㉠ *ᄆᆞ렵다> 마렵다

마루 몡 ① 집채 안의 널빤지로 바닥을 깔아 놓은 곳. ② 등성이를 이룬 지붕이나
산 따위의 꼭대기.

☐ 현대국어의 '마루'는 두 가지 의미로 분화되어 있지만, 어원적으로는 모두 중세
국어 'ᄆᆞᄅᆞ[宗]'에서 온 것이다.

☐ 중세국어 'ᄆᆞᄅᆞ[宗]'에서 온 '마루'가 '집채 안의 널빤지로 바닥을 깔아 놓은 곳'을
뜻하게 된 것은 이곳이 대개 집의 '대청 마루'에 해당하여, 보꾹(지붕 안쪽의 겉면)
에 '마룻대'가 노출되어 있는 공간이기 때문이다.

☰ 중세국어 'ᄆᆞᄅᆞ'가 근대국어에 'ᄆᆞ르'가 되고, 이어서 '마르'가 되는 것은 제2 음
절 이하에서 '으'가 되고, 제1 음절에서 '아'가 되는 'ᄋᆞ'의 역사적 변화 원리에 의한
것이다. 그런데 '마르'가 '마로'나 '마루'가 되는 것은 명사의 말음절 모음으로 '으'를
기피하는 국어의 음절 구조와 관련이 있으므로, 일정한 음운 현상의 원리로 설명하
기는 어렵다.

[원] ᄆᆞᄅᆞ[宗]

[변] ᄆᆞᄅᆞ> ᄆᆞ르> *마르> 마로/마루

[예] • 엇뎨 ᄆᆞᄅᆞ 사모미 몯ᄒᆞ리오(법화경언해 1-15)
• ᄆᆞ르(역어유해 상-17)
• 하 두려 마로 아ᄅᆡ 숨으며(계축일기 83)
• 마루(地塘板, 역어유해 상-16)

마름[1] [명] 지주(地主)를 대리하여 소작권을 관리하는 사람. 사음(舍音).

[一] 중세국어 문헌에서 'ᄆᆞᄅᆞᆷ'의 형태로 처음 나타난다. 제2 음절 이하에서 'ᆞ'가 '으'로 변함에 따라 'ᄆᆞᄅᆞᆷ'에서 'ᄆᆞ름'이 되고, 다시 제1 음절에서 'ᆞ'가 '아'로 바뀜에 따라 현대의 '마름'이 되었다. 중세국어에서 '집'이나 '별저(別邸)'의 의미에 해당하는 'ᄆᆞᄅᆞᆷ'이 근대국어에서는 의미가 바뀌어 현대국어와 거의 같은 용법으로 사용되기 시작하였다. 근대국어의 문헌에 '庄頭'를 우리말로 'ᄆᆞᄅᆞᆷ' 또는 'ᄆᆞᆯ음'이라 하였으므로, 'ᄆᆞᄅᆞᆷ, ᄆᆞᆯ음'이 '농장 관리인'의 뜻으로 사용되고 있음을 확인할 수 있다. 이러한 의미의 전환은 원래의 '집, 별장'의 뜻에서 '농장이나 집을 지키는 사람'으로, 다시 '지주를 대리하여 소작권을 관리하는 사람'으로 그 의미의 전환이 순차적으로 이루어졌음을 알 수 있다.

[二] 15세기 문헌인 『용비어천가(龍飛御天歌)』(1447)에서 '舍音洞'을 'ᄆᆞᄅᆞᇝ골'이라고 하였으므로, 한자 표기 '舍音'이 'ᄆᆞᄅᆞᆷ'으로 읽혔다는 것을 알 수 있다. 또 『월인석보(月印釋譜)』(1459)에 '莊ᄋᆞᆫ ᄆᆞᄅᆞ미라'라고 하였으므로, 'ᄆᆞᄅᆞᆷ'이 집을 뜻하는 '舍(사)'나 별저(別邸)를 의미하는 '莊(장)'에 해당한다는 것을 알 수 있다. 18세기 문헌에는 'ᄆᆞᄅᆞᆷ, ᄆᆞ름, ᄆᆞᆯ음, 마름' 등으로 다양한 표기가 등장한다. 그러나 비록 표기는 다를지라도 18세기의 상황이라면 'ᄆᆞᄅᆞᆷ, ᄆᆞ름, ᄆᆞᆯ음' 등의 세 형태의 발음 차이는 없었다. 다만 이들과는 다르게 '마름'은 제1 음절의 'ᆞ'의 변화를 표기한 것이므로, 가장 새로운 형태를 보여 주는 것이다. 19세기와 20세기 문헌에는 '마름'만이 나타나서 현대로 이어진다.

[三] 중세국어에서 '집'이나 '별저'의 의미에 해당하는 'ᄆᆞᄅᆞᆷ'이 근대국어에서는 현대국어와 거의 같은 용법으로 사용되었다. 『역어유해(譯語類解)』(1715)에 '庄頭 ᄆᆞᆯ

음'이라 하였고, 『동문유해(同文類解)』(1748)에도 '庄頭 ᄆᆞᄅᆞᆷ'이라고 하였으므로, 'ᄆᆞᄅᆞᆷ, ᄆᆞᆯ음'이 '농장 관리인'의 뜻으로 사용되고 있음을 확인할 수 있다. 이러한 의미의 전환은 원래의 '집, 별장'의 뜻에서 '농장이나 집을 지키는 사람'으로, 다시 '지주를 대리하여 소작권을 관리하는 사람'으로 그 의미의 전환이 순차적으로 이루어졌음을 알 수 있다.

[원] ᄆᆞᄅᆞᆷ[舍, 莊]

[변] ᄆᆞᄅᆞᆷ> ᄆᆞ름/ᄆᆞᆯ음> 마름

[예] • 莊ᄋᆞᆫ ᄆᆞᄅᆞ미라(월인석보 21-92)
• ᄆᆞᄅᆞᆷ(庄頭, 동문유해 상-14)
• ᄆᆞ름(莊頭, 한청문감 5-31)

마름[2] [명] 마름과의 한해살이풀. 연못 등에 나는데, 뿌리는 흙 속에 박으나 잎은 물 위에 뜨고, 여름에 흰 꽃이 핌. 마름모꼴로 된 열매는 식용함.

[一] '마름'의 중세국어 형태는 '말ᄫᅡᆷ'과 '말왐'이지만, '말ᄫᅡᆷ'이 어원에 가까운 형태이다. '말'이 '수조(水藻)'를 뜻하므로, '말ᄫᅡᆷ'은 '말[藻]+밤[栗]'으로 분석된다.

[二] 어원적 형태인 '말밤'에서 'ㅂ'이 약화되어 '말ᄫᅡᆷ'이 되고, 다시 '말왐'이 된다. 근대국어에서 '말왐'이 단모음화를 거쳐 '말암'이 되는 것까지는 설명하기 쉬우나, '말암'에서 '말음/마름'이 되는 것은 유추(類推)이거나 이화(異化)에 해당하므로, 자연스러운 음운 과정으로 설명되지는 않는다. 아니면 근대국어 형태에 '말ᄋᆞᆷ'이 있으므로 '말ᄋᆞᆷ'에서 '마름'이 되었다고 할 수도 있겠으나, '아'가 'ᄋᆞ'로 변화한 것을 설명하기 어려운 점이 역시 과제로 남는다.

[三] '말밤'이 원래 물풀의 이름을 지칭하는 것이 아니라, '말[藻]의 열매[實]'를 지칭하였다는 것은 '水藻俗云勿(향약구급방), 菱實鄕名末栗(농가월령가)'의 기록을 통해서 확인할 수 있다.

[四] 『월인석보』에 나오는 '말ᄫᅡᆷ'은 '마름쇠[菱鐵]'를 뜻하는 말이므로, '수조(水藻)'에 해당하지 않는다. 그러나 '마름쇠'는 '마름'의 열매와 유사한 모양을 하고 있어서 붙여진 이름이므로, 중세국어 '말왐'의 소급 형태가 될 수 있는 것이다.

[원] 말[藻]+밤[栗]

㉻ *말밤> 말밤> 말왐> 말암> 말음> 마름

㉮ • 말바미라(월인석보 21-80)
• 藻는 말와미니(능엄경언해 9-56)
• 쁘는 말암 조(藻, 시경언해 물명-2)
• 말음 릉(菱, 왜어유해 하-6)

마리 명 물고기나 짐승 따위의 수효를 세는 단위.

㊀ 현대국어에서는 '마리'와 '머리'의 뜻에 차이가 있으나, 중세국어에서는 '마리'와 '머리'가 같은 뜻으로 사용되었으며, '마리'와 '머리' 중에서 어느 형태가 더 기원적인 것인지는 알기 어렵다. 중세국어의 의미에 비교한다면, 현대국어의 '머리'는 그 용법이 그대로인 반면에 '마리'는 의존 명사 용법으로 의미가 축소된 것이다.

㊁ '마리/머리[頭]'의 어원을 중세국어 '몯[昆]'이나 '뭍[宗]'에서 찾는 경우도 있으나, 모음 차이를 설명할 수 없는 난점이 있으므로, 이러한 어원설은 성립하기 어렵다.

㊂ 중세국어에 '머리ᄏ락, 머리터럭, 머리털' 등의 어휘도 사용되었지만, '마리/머리' 역시 머리털[頭髮]'의 의미로도 쓰인 것은 현대국어와 상황이 같다. '마리털(동문유해 상-14)'은 근대국어 문헌에 나오지만, 중세국어에서는 '*마리ᄏ락, *마리터럭, *마리털' 등의 용례는 나오지 않는다. 이러한 복합어를 참조한다면, '마리'보다는 '머리'가 어원적 형태에 가까울 것으로 생각된다.

㊃ 중세국어에서 시(詩)를 세는 단위로는 '마리[首]'가 주로 쓰였으며, 동물을 세는 단위로 쓰인 용례는 확인하지 못하였다. 그러나 용례가 풍부한 편이 아니므로, 의존 명사 용법에 대한 귀납적인 결과를 말하기는 어렵다.

㉯ 마리/머리[頭, 首]

㉻ 마리/머리> 마리

㉮ • 太子ㅅ 마리를 塔애 ᄀ초ᅀᆞᄫᆞ니(월인천강지곡 56)
• 마리와 손톱과를 바혀(석보상절 6-44)
• ᄲᆞᆯ리 짓는 그른 즈믄 마리오(敏捷詩千首, 두시언해-초간 21-42)
• 龍올 지ᅀᆞ니 머리 열히러니(석보상절 6-32)
• 出家는 집 ᄇᆞ리고 머리 갓골씨라(월인석보 1-17)

• 열 머리 龍올 내니(월인천강지곡 161)

마마(媽媽)[마:마] 冏 ① (임금 및 그의 가족과 관련된 명사 뒤에 붙어) '존대'의 뜻을 나타내는 말. ② 벼슬아치의 첩을 높여 이르던 말. ③ '호구별성(戶口別星)'이나 '천연두'를 일상적으로 이르는 말.

㉡ '마마'는 한자어 '媽媽(마마)'이며, 중국에서 건너온 말이다. 국어사전의 뜻풀이를 통해서 알 수 있는 바와 같이 우리나라에서 '마마(媽媽)'는 매우 특수한 의미로 쓰였다. 중국어에서 '媽媽'는 첫째 모친(母親), 둘째 나이든 기혼 여자, 셋째 늙은 아내, 넷째 늙은 여종 등을 가리키는 말이다. 중국어에서 '媽媽(마마)'는 어느 정도의 친근성과 함께 높임의 의미는 없다고 하겠는데, 우리나라에서는 높임의 뜻이 매우 특별하게 첨가되어 있다. 민속어로서 '마마'는 '호구별성(戶口別星)이나 천연두'를 가리킨다. 여기에서도 '마마'는 높임의 의미가 적용되어 있다. 중세 및 근대국어 문헌에서는 '천연두'를 단지 '힝역(行疫)'이라고 했으며, '마마'라고 한 기록을 찾을 수는 없다.

㉢ '媽媽'는 중국어 구어(口語)에서 잘 사용하는 말이다. 비록 중국에서 건너온 말이지만, 국어사전의 뜻풀이를 통해서 알 수 있는 바와 같이 우리나라에서 '마마(媽媽)'는 매우 특수한 의미로 쓰였다. 우리나라에서 사용하는 '마마'는 첫째 임금과 그 가족들의 칭호 밑에 붙이어 높임을 나타내는 말, 둘째 벼슬아치의 첩을 높여 이르는 말, 셋째 천연두를 이르는 말 등으로 요약할 수 있다. 여기에서 중국어의 원래 의미에 가장 근접한 것은 벼슬아치의 첩에 해당하며, 나머지의 의미는 국어에서 특수하게 사용되는 용법이다. 특히 중국어에서 '媽媽(마마)'는 어느 정도의 친근성과 함께 높임의 의미는 없다고 하겠는데, 우리나라에서는 높임의 뜻이 매우 특별하게 첨가되어 있다. 민속어로서 '마마'는 '호구별성(戶口別星)이나 천연두'를 가리킨다. 여기에서도 '마마'는 높임의 의미가 적용되어 있다. 천연두는 민간에서 매우 무서운 전염병이었으므로, 그것을 '마마'로 높여 부름으로써 무탈하게 지나가기를 기원했던 것이다. 우리나라에서 '마마'의 뜻은 앞에서 열거한 것 중에서 첫째와 둘째는 그 유래가 오랜 것으로 보이지만, '천연두'를 가리키게 된 것은 조선 후기의 일로 생각된다. 중세 및 근대국어 문헌에서는 '천연두'를 단지 '힝역(行疫)'이라고 했으며, '마마'

라고 한 기록을 찾을 수 없기 때문이다.

㉿ (漢語)媽媽

㉰ 媽媽> 마마

㉢ • 머리롤 브드쳐 우르시며 마마 보새 하다가(계축일기 104)

　• 싱일이 마마 탄일과 동일이라(한중록 516)

마무리 圐 일의 끝맺음.

㉠ '마무리'는 '마무르다'에서 파생된 명사이므로, '마무르+이(명사화 접사)'의 구조에서 어간 말음의 '으'가 탈락하여 이루어진 것이다.

㉡ '마무르다'의 중세국어 형태는 '마물오다(번역노걸대 상-14)'이다. 중세국어 '마물오다'나 근대국어 형태인 '마모로다'는 한자 '繳(작/격/교)'의 번역어로 쓰였다. 즉 '마물와 헤니(繳計, 번역노걸대 상-14), 마물오다(史語繳報, 훈몽자회 중-17), 마물라 혜여(繳計, 노걸대언해 상-13)' 등이 그것인데, 이 경우의 '마물오다, 마모로다'는 세금이나 금전 등을 '납부하다'의 의미이다. 그러므로 현대국어 '마무르다'의 본래의 뜻이 이와 같은 '(금전을) 납부하다'인지, 아니면 '어떤 것을 가다듬어 끝내다'에서 '납부하다'의 의미가 파생된 것인지 알기 어렵다.

㉢ '마무리'는 현대국어 형태인 '마무르다'에서 파생된 것이므로, 현대국어 형태를 기준으로 어원을 처리하는 것이 옳다.

㉿ 마무르[齊]+이(명사화 접사)

㉰ *마무르이> 마무리

㉢ • 마물와 헤니(繳計, 번역노걸대 상-14)

　• 마물라 혜여(繳計, 노걸대언해 상-13)

마시다 圐 물이나 술 따위 액체를 목구멍으로 넘기다. 공기 등을 빨아들이다.

㉠ 중세국어 형태도 '마시다'이다. 이 말은 명사 '맛[味]'에서 동사로 파생된 것이 분명하므로, '맛[味]+이(접사)+다(어미)'로 분석하는 것이 무난하다.

㉡ 그러나 접사로 처리한 '이'의 성격과 기능에 대해서 설명하기 어려운 것이 문제점이다. 명사에서 동사로 직접 파생된 경우는 '신[履]-신다, 씌[帶]-씌다, 빈[腹]-빈

다' 등과 같이 접사의 첨가 없이 이루어지는 것이 보통이기 때문이다.

[三] 혹시 '맛[味]'의 받침 'ㅅ'이 외파음으로 발음된 고대국어의 상황에서 '맛'에 어미 '-다'가 연결되면, 그 발음은 '마스다'에 가까울 것이며, 다시 치경음 'ㅅ' 다음에서 전설모음화가 일어나 '마시다'가 되었을 가능성이 있다.

[원] 맛[味]+이(접사)+다(어미)

[변] 맛이다> 마시다

[예] • 그 못 므를 다 마시니(석보상절 6-31)

마음씨 [명] 마음을 쓰는 태도.

[一] '마음[心]'의 중세국어 형태는 'ᄆᆞᅀᆞᆷ'이며, '쓰다[用]'의 중세국어 형태는 'ᄡᅳ다'이다. 그러므로 중세국어 형태를 기준으로 하면, '마음씨'는 'ᄆᆞᅀᆞᆷ[心]+ᄡᅳ[用]+이(명사화 접사)'로 분석된다.

[三] 중세국어에 'ᄆᆞᅀᆞᆷᄡᅳ다'란 동사가 사용되었으므로, 비록 문헌에 나타나지는 않으나 'ᄆᆞᅀᆞᆷᄢᅵ'와 같은 파생 명사가 사용되었을 가능성이 있다.

[원] ᄆᆞᅀᆞᆷ[心]+ᄡᅳ[用]+이(명사화 접사)

[변] *ᄆᆞᅀᆞᆷᄡᅳ이> *ᄆᆞᅀᆞᆷ씨> 마음씨

☞ 솜씨

마전(—廛) [명] 예전에, 장터에서 삯을 받고 곡식을 마질하던 곳.

[一] '마전'은 '말[斗]+廛'의 구조에서 '말'의 'ㄹ'이 탈락하여 이루어진 것이다.

[三] '廛'의 중세국어 한자음은 '뎐'이므로, '말뎐'에서 'ㄹ' 탈락이 먼저 일어나 '마뎐'이 되고, 'ㄷ'의 구개음화에 의하여 '마젼'이 된 다음에, 경구개 자음인 'ㅈ' 뒤에서 변별적 기능을 하지 못하는 반모음 'ㅣ[j]'가 탈락하여 현대국어 '마전'이 된 것이다.

[원] 말[斗]+廛(뎐)

[변] *말뎐> *마뎐> *마젼> 마전

마주 [부] 서로 똑바로 향하여.

[一] '마주'의 중세국어 형태는 '마조'이며, 이 말은 '맞다[迎]'의 어간에 '맞-'에 부사화

접미사 '-오'가 결합되어 생긴 말이다. '맞[迎]+오(부사화 접사)'로 분석된다.
[원] 맞[迎]+오(부사화 접사)
[변] 맞오> 마조> 마주
[예] • 둘히 손소 줄 마조 자바 터 되더니(석보상절 6-35)

마중 [명] 자기한테 오는 사람을 맞으러 나감. 나가서 맞이함.
[一] 근대국어 문헌에서 '마죵'이라는 형태로 처음 등장한다. 19세기에 '마중, 마즁'이 되고, 20세기에 '마중'이 된 것은 모음 교체와 함께, 경구개음인 'ㅈ' 다음에서 반모음 'ㅣ[j]'의 탈락이 적용되었기 때문이다. 중세국어에서 현대국어 '마중'에 해당하는 말은 '마쯧비'와 '마지'였다. 이 말들은 '맞-+-좁-+-이'와 '맞-+-이'로 각각 분석되어, 선어말어미 '-좁-'의 삽입 여부로 형태가 갈린 것이다. 근대국어 형태인 '마죵'은 파생 명사 '맞이/마지'에 다시 접미사 '-옹'이 결합되어 2차적으로 파생된 명사라고 하는 것이 가장 합리적이다.
[二] 17세기 문헌인 남평조씨(南平曺氏)의 『병자일기(丙子日記)』(1636)에 '니좌랑딕 셔울로셔 오신다 ᄒᆞ고 마죵간다 ᄒᆞᆫ다(이 좌랑댁 서울에서 오신다고 하고 마중 간다고 한다)'라는 문구에 '마죵'이라는 형태로 처음 등장한다. 19세기에 '마중, 마즁'이 되고, 20세기에 '마중'이 되었다. 중세국어에서 현대국어 '마중'에 해당하는 말은 '마쯧비'와 '마지'였다. 이 말들은 '맞-+-좁-+-이'와 '맞-+-이'로 각각 분석되어, 선어말어미 '-좁-'의 삽입 여부로 형태가 갈린 것이다. 다만 '마지'는 '마지ᄒᆞ다'의 형태로 사용되어 '마쯧비'와 용법에서 차이가 있다. '맞다[迎]'의 어간 '맞-'에 명사화 접미사가 '-이'가 결합하면, 파생 명사 '맞이/마지'가 된다. 여기에 다시 접미사 '-옹'이 결합하여 '마죵'이 되었다고 생각된다. 여기에는 명사를 만드는 점미사 '-이'와 '-옹'의 연속적인 결합을 설명해야 하는 어려움이 있다. 그런데 15세기의 '마쯧비'에서 음운 변화를 겪은 '맛조이'라는 형태가 근대국어 문헌에 나타난다. '맛조이'라는 형태에서 음운이 첨가되어 17세기의 '마죵'이 나온 것이라고 해석할 수도 있다. 그러나 '마죵'에 들어 있는 반모음 'ㅣ[j]'의 정체를 밝힐 수 없으며, 또한 '맛조이'는 [마쪼이]로 발음되므로 두 번째 음절의 경음 'ㅉ'이 '마죵'에서는 평음 'ㅈ'이 된 것도 설명하기 어렵다. '맞다'의 파생 명사 '맞이/마지'에 접미사 '-옹'이 결합되었다고 하는 것이 현재로

서는 가장 합리적인 해결이다. 접미사 '-옹'은 15세기의 '기동(긴+-옹)'에서도 찾을 수 있으므로, 파생 명사 '맞이'에 연결되는 것이 충분히 가능한 일이기 때문이다.

[원] 맞[迎]+이(접사)+옹(접사)

[변] 마죵> 마즁> 마중

[예] • 마죵 간 다(병자일기 140)

• 마즁ᄒᆞ다(한불자전 227)

• 마중 가다(국한회어 105)

마지기 [명] (한 말의 씨앗을 뿌릴 만한 땅이라는 뜻으로) 논밭의 넓이를 나타내는 단위. 두락(斗落).

[一] 근대국어 문헌에서 '말디기'란 형태로 나타난다. '말디기'에서 'ㄷ' 앞의 'ㄹ'이 탈락하고, '이' 모음 앞에서 'ㄷ'이 'ㅈ'으로 구개음화하여 '마지기'가 되는 것은 모두 근대국어에서 일어난 일이다. 아마도 근대국어 초기에 '마디기'가 쓰였을 것이며, 근대국어 중반 이후에 '마지기'로 바뀌었을 것으로 생각된다. '말디기'는 '말+디-+-기'로 분석된다. '말'은 한 되의 열 배에 해당하는 부피, 또는 그러한 분량을 되는 데 쓰는 그릇으로서 한자어 '두(斗)'에 해당한다. 동사 '디다[落]'는 구개음화를 거쳐 현대어 '지다'가 된 말이며, '-기'는 명사를 만드는 접미사이다.

[二] 17세기 문헌인 남평조씨(南平曺氏)의 『병자일기(丙子日記)』(1636)에 '오늘 돌십골 논 닐굽 말디기 가다(오늘 돌샘골 논 일곱 마지기 갈다)'라고 하여 '말디기'란 형태로 나타난다. '말디기'에서 'ㄷ' 앞의 'ㄹ'이 탈락하고, '이' 모음 앞에서 'ㄷ'이 'ㅈ'으로 구개음화하여 '마지기'가 되는 것은 모두 근대국어에서 일어난 일이므로, '마지기'가 19세기 문헌인 『국한회어(國漢會語)』(1895)에 처음 나오는 것은 뒤늦은 것이다. 아마도 근대국어 초기에 '마디기'가 쓰였을 것이며, 근대국어 중반 이후에 '마지기'로 바뀌었을 것으로 생각된다. 근대국어 '말디기'는 '말+디-+-기'로 분석된다. '말'은 한 되의 열 배에 해당하는 부피, 또는 그러한 분량을 되는 데 쓰는 그릇으로서 한자어 '두(斗)'에 해당한다. 동사 '디다[落]'는 구개음화를 거쳐 현대어 '지다'가 된 말이며, '-기'는 명사를 만드는 접미사이다.

[三] 일찍부터 사용된 이두 용어 '斗落' 또는 '斗落只'는 '말디기'로 읽히는 말이다.

'斗'와 '落'은 한자의 새김을 이용한 것이며, '只'는 이두 문헌에서 '기'로 읽히므로 한자의 음(音)을 이용한 표기라는 것을 알 수 있다. 그렇다면 한자어 '두락(斗落)'은 애초부터 한자어가 아니고, 단지 고유어 '말디기'를 표기하기 위한 차자표기였으므로, 애초에 한자의 음으로 읽는 '두락'이란 말은 국어에 존재하지 않았던 것이다. 즉 언어로서는 '말디기'가 먼저이고, 한자어 '두락(斗落)'은 이두 표기로부터 생겨난 말인 것이다.

[원] 말[斗]+디[落]+기(접사)

[변] 말디기> 마디기> 마지기

마지기(馬—)[마:지기] [명] 조선 때, 내수사(內需司)와 각 궁방(宮房)의 하인. 노자(奴子).

[一] '마지기'는 '馬(마)+直(딕)+이(접사)'의 구조로 분석된다. '直'의 중세국어 한자음은 '딕'이며, 구개음화를 거쳐 '직'이 되었다.

[二] '直'은 동사로서 '번(番)을 서다'의 의미가 있으며, 여기에 접사가 붙어 '直+이(접사)'가 되면 '번을 서는 사람'이란 뜻이 된다. 한자어 '당직(當直)'이 '근무하는 곳에서 숙직이나 일직 따위의 당번이 됨. 또는 그런 차례가 된 사람'을 뜻하는 말이므로, 이러한 용법에 '直'의 의미를 찾을 수 있다.

[원] 馬(마)+直(딕)+이(접사)

[변] *말딕이> 마디기> 마지기

마지노선(—線) [명] ①1936년 독일과의 국경에 만들어진 프랑스의 요새선(제2차 세계 대전 때 독일 공군에 의해 파괴됨. ② 더는 물러설 수 없는 처지나 경우의 비유.

[一] '마지노선'은 영어의 'Maginot line'을 그대로 차용한 말이며, 'Maginot'는 프랑스의 육군 장관 'Andre Maginot(1877~1932)'의 이름에서 유래한 것이다.

[二] 'Maginot line'은 1936년에 독일의 침공에 대비하여 라인강을 따라 동부의 국경에 쌓은 프랑스의 요새선(要塞線)을 가리킨다.

[원] (프랑스어)Andre Maginot+(영어)line

[변] Andre Maginot line> Maginot line> 마지노선

마찬가지 [명] 서로 똑같음. 매한가지.

[一] '마찬가지'는 '마치 한가지'가 줄어서 된 말이므로, 중세국어 형태를 기준으로 하면 어원적으로 '마치[恰]+ᄒᆞᆫ[一]+가지[種]'로 분석된다.

[원] 마치[恰]+ᄒᆞᆫ[一]+가지[種]

[변] 마치ᄒᆞᆫ가지> 마찬가지

마치다 [동] 어떤 일의 절차나 과정이 끝나다. 또는 그렇게 하다.

[一] '마치다'의 중세국어 형태는 'ᄆᆞᆾ다[終]'이다.

[二] 중세국어의 'ᄆᆞᆾ다'가 활용하면 'ᄆᆞᄎᆞᆫ, ᄆᆞᄎᆞ니, ᄆᆞᄎᆞᆯ' 등으로 매개모음 'ᄋᆞ'가 개입되어 나타나므로, 기본형을 'ᄆᆞᄎᆞ다'로 인식하는 오류가 발생한다. 'ᄆᆞᄎᆞ다'에 먼저 제2 음절 이하에서 'ᄋᆞ'가 '으'로 변하여 'ᄆᆞ츠다'가 되고, 그 다음에 제1 음절에서 'ᄋᆞ'가 '아'로 변하여 '마츠다'가 된다. 이후에 'ㅊ' 다음에서 '으'가 '이'로 바뀌는 전설모음화에 의하여 '마치다'가 된 것이다.

[원] ᄆᆞᆾ[終]+다(어미)

[변] ᄆᆞᆾ다> ᄆᆞᄎᆞ다> ᄆᆞ츠다> 마츠다> 마치다

[예] • 終은 ᄆᆞᄎᆞ미라(훈민정음 주해본)
• 목숨 ᄆᆞᄎᆞᆫ 仙이(壽終仙, 능엄경언해 9-110)
• 太公釣魚勢ᄅᆞᆯ ᄒᆞ고 ᄆᆞ츠라(무예도보통지언해 2)

마파람 [명] (본디 뱃사람 말) 남쪽에서 불어오는 바람. 마풍(麻風). 앞바람.

[一] 19세기의 문헌에서야 비로소 '마파람, 맛파람' 등으로 표기되어 있다. 이 말은 의미에 의거하여 일단 '마ㅎ+바람(ᄇᆞᄅᆞᆷ)'으로 분석하게 된다. 18세기에 집필된 문헌에 '南風爲之麻卽景風'이라고 하였다. 음차 표기인 '麻(마)'에 의하여 '마(또는 마ㅎ)'라는 말이 17세기에 존재했음을 알 수 있다. 국어사전의 풀이에서도 알 수 있지만, '마파람'은 고유어로는 '앞바람'과 같은 말이다. 그러므로 이 경우에는 '마/마ㅎ'와 '앞[前]'의 대응이 주목된다. '마/마ㅎ'의 뜻은 '남쪽'과 '앞'이라는 두 가지 중에 하나일

것이다. 즉 '마/마ㅎ'가 애초에 '앞'이라는 뜻에서 '남쪽'을 지시하게 되었을 수도 있고, 아니면 처음부터 '남쪽'의 방위를 가리키는 말이었을 수도 있다. 중세국어를 기준으로 '마ㅎ[南, 前)+ᄇᆞ람[風]'으로 분석된다.

[二] 이 말은 민간에서 사용되었을 고유어이므로 옛날 문헌에 나타날 것이 예상되지만, 19세기의 문헌에서야 비로소 '마파람, 맛파람' 등으로 표기되어 있다. 현대의 국어사전에는 '마파람'을 뱃사람들의 은어로서 '남풍(南風)'을 의미한다고 풀이하고 있다. 이러한 의미에 따라 '마ㅎ+바람(ᄇᆞᄅᆞᆷ)'으로 분석하게 되지만, '남쪽'을 뜻하는 '마ㅎ'의 존재가 국어 문헌에서 쉽게 실증되지는 않는다. 그런데 이익(李瀷, 1681~1763)의 『성호사설(星湖僿說)』에 '南風爲之麻卽景風'이라고 하였다. 음차 표기인 '麻(마)'에 의하여 '마(또는 마ㅎ)'라는 말이 17세기에 존재했음을 알 수 있다. 한자어 '경풍(景風)'은 '남풍(南風)'을 뜻하는 말이다. 국어사전의 풀이에서도 알 수 있지만, '마파람'은 고유어로는 '앞바람'과 같은 말이다. 그러므로 이 경우에는 '마/마ㅎ'와 '앞[前]'의 대응이 주목된다. 우리나라의 주거 환경에서 '남쪽'은 '앞쪽'이며, '북쪽'은 '뒤쪽'이다. 15세기의 『용비어천가(龍飛御天歌)』(1447)에 '北泉洞'을 '뒷심골'이라고 하여 '뒤'가 방위를 가리키는 데에 사용되었음을 참조할 수 있다. 16세기의 『신증유합(新增類合)』(1576)에서는 '앒 남(南), 뒤 북(北)'이라고 하여 방위의 새김으로 '앒'과 '뒤'를 이용하였다. '마/마ㅎ'의 뜻은 '남쪽'과 '앞'이라는 두 가지 의미를 지닌 말임을 알 수 있다. '마/마ㅎ'가 애초에 '앞'이라는 뜻에서 '남쪽'을 지시하게 되었을 수도 있고, 아니면 처음부터 '남쪽'의 방위를 가리키는 말이었을 수도 있다.

[三] '마파람'을 이용한 속담에서 가장 친근한 것은 '마파람에 게 눈 감추듯'이다. 이 속담은 '음식을 매우 빨리 먹어 버리는 모습을 비유적으로 이르는 말'로서 '마파람'이란 단어가 민간에 친숙하게 쓰였음을 말해 주고 있다. 방위를 가리키는 '마/마ㅎ'와 같은 계열의 어휘로는 동쪽을 가리키는 '새', 서쪽을 지칭하는 '하늬', 북쪽을 뜻하는 '높' 등을 열거할 수 있다. 주로 뱃사람의 말이나 변방의 방언에서 들을 수 있는 정겨운 우리말이다. '마ㅎ'가 남쪽이나 앞을 뜻하는 고유어인 것을 염두에 두면, '이마[額]'를 속어에서 '마빡'이라고 하고, 일본어에서 'まえ[前]'란 말이 있다는 것 등으로 어원과 관련한 추측이 나아간다.

[원] 마ㅎ[南, 前)+ᄇᆞ람[風]

㊋ 마ㅎ부람> 맛파람/마파람> 마파람

☞ 이마

막걸리 ㊅ 우리나라 고유한 술의 하나. 맑은술을 떠내지 아니하고 그대로 걸러 짠 술로 빛깔이 흐리고 맛이 텁텁하다. 탁주(濁酒).

㊀ 이 술은 우리나라의 민간에서 애용하는 대중적인 음료지만, 19세기의 문헌에서 '막걸이'로 나타나 비로소 그 존재를 확인할 수 있다. 그런데 18세기 문헌에 '달괸 술 막걸러 酒樽에 다마 두고'라는 구절이 있다. 이로부터 '막걸리'의 어원이 '막거르다'의 어간 '막거르-'에 명사를 만드는 접미사 '-이'의 결합에 의한 것임을 알 수 있다. '막거르-'의 '막-'은 '주저 없이, 함부로' 등의 뜻을 더하는 접두사이다. 19세기에는 '막걸이'였지만, 20세기 문헌에는 '막걸리, 막거리' 등의 약간 다른 표기로 나타난다. '막거리'는 19세기 형태인 '막걸이[막거리]'와 발음이 같으므로 다른 형태가 아니지만, '막걸리'는 발음에서 차이가 나므로 형태가 달라진 것이다. 현대국어는 '막걸리'를 이어받았다.

㊁ 조선 순조 9년(1809)에 빙허각(憑虛閣) 이씨(李氏)가 편찬한 부녀자의 생활 지침서인『규합총서』(1809)에 '막걸이'라고 하였고,『국한회어(國漢會語)』(1895)에 '막걸이 濁酒'라고 하여 두 문헌에서 같은 형태를 보여 준다. 그런데 18세기 문헌인 『청구영언(靑丘永言)』의 시조에 '달괸 술 막걸러 酒樽에 다마 두고'라는 구절이 있다. 이로부터 '막걸리'의 어원이 '막거르다'의 어간 '막거르-'에 명사를 만드는 접미사 '-이'의 결합에 의한 것임을 알 수 있다. '막거르-'의 '막-'은 '주저 없이, 함부로' 등의 뜻을 더하는 접두사이다. 접두사 '막-'은 '막고무신, 막노동' 등과 같이 명사에 붙기도 하고, '막가다, 막살다' 등과 같이 동사에 붙기도 한다. 현대국어의 접두사 '막-'은 '거칠거나 품질이 낮은, 닥치는 대로 하는, 주저없이 함부로' 등의 뜻을 부여하거나, 또는 '마지막, 끝'의 뜻을 부여하는 말이다. 전자의 경우는 '막담배, 막발, 막노동, 막벌이, 막일, 막되다, 막살다' 등이 있고, 후자의 경우는 '막둥이, 막차' 등에서 그 용법을 확인할 수 있다.

㊝ 막[粗]+거르[濾]+이(접사)

㊋ 막거르이> 막걸이> 막걸리

[예] • 막걸이에 취겨 반 일 만에 번쳘에 참기름을 고붓지거 ᄯᅳ리고(규합총서 17)
• 막걸이 濁酒(국한회어 106)
• 막걸리 ᄉᆞ발이 두 잔이 더웠다(운수조흔날 145)

막둥이 [명] ① '막내아들'을 귀엽게 이르는 말. 막내둥이. ② 잔심부름을 하는 사내아이.

[一] '막둥이'는 어원적으로 '막[終, 粗]+童(동)+이(접사)'로 분석된다.

[二] 현대국어의 접두사 '막-'은 '거칠거나 품질이 낮은, 닥치는 대로 하는, 주저없이 함부로' 등의 뜻을 부여하거나, 또는 '마지막, 끝'의 뜻을 부여하는 말이다. 전자의 경우는 '막담배, 막발, 막노동, 막벌이, 막일, 막되다, 막살다' 등이 있고, 후자의 경우는 '막둥이, 막차' 등에서 그 용법을 확인할 수 있다.

[원] 막[終]+童(동)+이(접사)

[변] 막동이> 막둥이

만나다 [동] 서로 마주 보게 되다. 어떤 때나 일을 당하다.

[一] 중세국어 문헌에서 '맛나다, 맞나다'로 나타난다. '맛나다'는 받침의 'ㅈ'을 팔종성법에 따라 'ㅅ'으로 표기한 것이므로, '맛나다'는 '맞나다'를 달리 적은 것에 지나지 않는다. '맞나다'는 '맞-+나-+-다'로 이루어진 말이다. 중세국어에서 '맞다[迎]'와 '나다[出]'는 현대국어에서도 그대로 쓰이는 말이다. 중세국어의 '맞나다'는 어원적으로 풀이하면, '마주하여 나가다/나오다'에 해당한다. 15세기의 '맞나다'는 팔종성 원리에 의하여 '맛나다'로 표기되고, 16세기를 전후하여 받침의 'ㅅ'은 'ㄷ'으로 발음된다. 발음이 [맏나다]가 되면서, 드디어 다음에 오는 'ㄴ'에 의해 비음으로 동화되어 [만나다]에 이른다. 16세기에 '만나다'가 되면서 이 말의 발음 및 형태는 현대까지 그대로 이어졌다. 현대국어 '만나다'는 어원적으로 '맞[迎, 對面]+나[出]+다(어미)'로 분석된다.

[二] 15세기 문헌인 『석보상절(釋譜詳節)』(1447)에 '부텨 맛나미 어려ᄫᅳ며(부처 만남이 어려우며)'라고 하였고, 『월인석보(月印釋譜)』(1459)에는 '아바님 맛나시니(아버님 만나시니)'라고 하였다. 이로부터 '만나다'의 15세기 형태는 '맛나다'와 '맞나다'

인 것을 알 수 있다. ‘맛나다’는 받침의 ‘ㅈ’을 팔종성법에 따라 ‘ㅅ’으로 표기한 것이므로, ‘맛나다’는 ‘맞나다’를 달리 적은 것에 지나지 않는다. ‘맞나다’는 ‘맞-+나-+-다’로 이루어진 말이다. 15세기의 ‘맞나다’는 팔종성 원리에 의하여 ‘맛나다’로 표기되고, 16세기를 전후하여 받침의 ‘ㅅ’은 ‘ㄷ’으로 발음된다. 발음이 [맏나다]가 되면, 드디어 다음에 오는 ‘ㄴ’에 의해 비음으로 동화되어 ‘만나다’에 이른다. 16세기에 ‘만나다’가 되면서 이 말의 발음은 현대에 그대로 이어진다. 이후 17세기부터 20세기에 이르기까지 ‘맞나다, 맛나다, 맏나다, 만나다’ 등으로 표기에 혼란은 있었지만, 발음은 한결같이 [만나다]로서 다르지 않다.

[三] 중세국어에서 ‘맞다[迎]’는 ‘방문객을 맞다, 적을 맞아 싸우다, 새해를 맞다’ 등과 같이 현대국어에서도 그대로 쓰이는 말이다. 중세국어의 ‘나다[出]’ 역시 ‘수염이 나다, 홍수가 나다, 소문이 나다, 햇빛이 나다’ 등과 같이 현대국어에서도 그대로 쓰인다. 다만 ‘밖으로 나오거나 나가다’의 의미일 경우에는 대개 ‘오다’와 ‘가다’를 결합하여 ‘나오다, 나가다’ 등으로 쓰이는 약간의 차이가 있을 뿐이다. 그러므로 중세국어의 ‘맞나다’는 어원적으로 풀이하면, ‘마주하여 나가다/나오다’에 해당한다. 그런데 ‘맞나다’의 ‘맞-’은 동사 ‘맞다[迎]’의 어간 ‘맞-’에서 온 것이 확실하지만, 15세기 국어에서 이미 접두사 역할을 한 것으로 보인다. 즉 ‘맛돋다, 맛보다, 맛졉다’ 등의 15세기 어휘에서 ‘맞-’의 쓰임을 확인할 수 있고, 이러한 ‘맞-’은 현대국어 ‘맞겨누다, 맞닿다, 맞물다, 맞고소, 맞담배, 맞바둑’ 등의 동사나 명사에 붙은 접두사 ‘맞-’으로 이어지기 때문이다.

[원] 맞[迎, 對面]+나[出]+다(어미)

[변] 맞나다> 맛나다> 맏나다> 만나다

[예] • 世尊ᄋᆞᆯ 맞나ᄉᆞᄫᆞ며(월인천강지곡 상-65)
• 부텨를 맛나 잇ᄂᆞ니(석보상절 6-11)
• 나히 칠십이 너머셔 부모상을 맏나(年踰七十遭父母喪, 동국신속삼강행실도 효4-59)
• 만날 봉(逢, 신증유합 하-43)

만다라 [명] 우주 법계(法界)의 온갖 덕을 망라한 것이라는 뜻으로, 부처가 증험(證

驗)한 것을 그린 불화(佛畫).

[一] '만다라'는 산스크리트어 'Maṇḍala'를 한어(漢語)에서 '曼陀羅/曼荼羅'로 음역한 것을 국어 한자음으로 읽은 것이다.

[원] (산스크리트어)Maṇḍala

[변] Maṇḍala> (漢語)曼陀羅/曼荼羅> 만다라

만들다 [동] 기술과 힘을 들여 목적하는 사물을 이루다. 새로 장만하여 내다.

[一] '만들다'의 중세국어 형태는 일반적으로 'ᄆᆡᇰᄀᆞᆯ다'이지만, 후대의 중세국어에서는 'ᄆᆡᇰ글다, ᄆᆡᇰᄃᆞᆯ다, ᄆᆡᆫ들다' 등의 형태도 나타난다. 'ᄆᆡᇰᄀᆞᆯ다'와 'ᄆᆡᇰᄃᆞᆯ다'의 형태 차이는 음운적 원리에 의하여 설명할 수 없으며, 어원적 차이도 있다고 할 수 없으므로, 우연한 발화 상황에서 생긴 단순한 형태 차이로 이해된다. 현대국어 '만들다'는 'ᄆᆡᇰᄃᆞᆯ다'에서 변화한 것이다.

[二] 'ᄆᆡᇰᄃᆞᆯ다'에서 'ᄆᆡᆫ들다'가 되는 것은 치경음 'ㄷ'의 조음 위치에 동화되어 연구개 비음 'ㅇ'이 치경 비음 'ㄴ'으로 바뀌고, 어간말(語幹末)에서 일어나기 쉬운 양성모음과 음성모음 간의 모음 교체에 의하여 'ᄋᆞ'가 '으'로 바뀐 것이다.

[三] 방언에서 흔히 나타나는 '맹글다'는 중세국어 'ᄆᆡᇰᄀᆞᆯ다'에 그 형태의 기원을 두고 있다.

[원] ᄆᆡᇰᄀᆞᆯ/ᄆᆡᇰᄃᆞᆯ[作]+다(어미)

[변] ᄆᆡᇰᄀᆞᆯ다> ᄆᆡᇰᄃᆞᆯ다> ᄆᆡᆫ들다> 만들다

[예] • 爲ᄂᆞᆫ ᄆᆡᇰᄀᆞᆯ 씨라(석보상절 서-4)
- ᄆᆡᇰ그롬이 崔浩로 말ᄆᆡ암으니(소학언해-선조 6-41)
- 넉 량 은을 드려 ᄆᆡᆫ그랏고(노걸대언해 하-47)
- 般若 正ᄒᆞᆫ 因을 기피 ᄆᆡᇰᄃᆞᆫ ᄆᆞᆺ 上根性이니(목우자수심결언해 45)
- 네 그저 남향ᄒᆞ여 문을 ᄆᆡᆫ들고(박통사언해 하-5)

많다[만:타] [형] 사물의 수효나 분량이 일정한 기준을 넘다. 적지 않다.

[一] '많다'의 중세국어 형태는 '만ᄒᆞ다'이다. 이 말은 한자어 '萬(만)'에 'ᄒᆞ다'가 붙어서 파생된 형용사라고 하는 것이 옳을 것이다. 이것은 '萬(만)'의 중세국어 성조가

방점이 두 점인 상성이고, '만ᄒ다'의 '만' 역시 상성이기 때문이다.

㊂ '만ᄒ다'에서 '많다'가 되는 것은 '아니ᄒ다'가 '않다'가 되는 것처럼 '-ᄒ다'가 접미된 어휘에서 흔히 일어나는 음절 축약 현상이다. 중세국어에서 '만ᄒ다'의 활용을 보면 '만케, 만타라' 등으로 나타난다. 이것은 '만ᄒ게, 만ᄒ다라'에서 'ᄋ'가 탈락되고, 'ᄒ'이 'ㄱ'이나 'ㄷ'과 축약되어 생긴 형태이다. 그러므로 중세국어에서는 현대국어와 같은 '많-'이라는 어간이 기본형으로 확립되어 있지 않았다. '만케, 만타라' 등과 같은 활용 형태로부터 '많-'이라는 어간이 기본형으로 형성된 것은 좀 더 후대의 일일 것으로 생각된다.

㊅ 萬(만)+ᄒ[爲]+다(어미)

㊗ 만ᄒ다> 만타> 많다

㊆ • 세 하ᄂᆞᆫ 煩惱ㅣ 만ᄒ고(석보상절 6-36)

　　• 買客이 ᄯ 甚히 만터니(법화경언해 2-186)

말 ㊅ 말과(科)에 속하는 동물의 총칭. 아시아·유럽 원산으로 몸집이 크며 목덜미에 갈기가 있음. 힘이 세며 인내력이 강해 운반용, 농경용, 승용(乘用) 등으로 씀.

㊀ '말'의 중세국어 형태는 'ᄆᆞᆯ'이며, 성조는 평성이다. 중세국어 'ᄆᆞᆯ[馬]'은 몽고어 'morin[馬]'과 어원이 같다고 알려져 있다.

㊁ 중세국어 'ᄆᆞᆯ'이 몽고어 'morin'과 어원이 같다면, 아마도 중세국어의 'ᄆᆞᆯ'은 몽고어를 차용했을 가능성이 있다. 그러나 차용 시기가 중세국어 이전의 어느 시대까지 소급될 것인지는 추측하기 어렵다.

㊂ 몽고어 'morin'과 중세국어 'ᄆᆞᆯ'을 음운적으로 비교한다면, 중세국어의 'ᄋᆞ'의 음가가 원순 모음에 가까운 [ʌ]로 추정된다는 것을 참조할 수 있다. 모음 'ᄋᆞ'가 원순 모음에 가깝다면 몽고어 'morin'의 원순모음 [o]에 대응할 수 있는 가능성이 커지기 때문이다. 'ᄋᆞ'의 발음이 남아 있는 제주도 방언에서 현대국어 '말[馬]'은 [mal]이 아니라, 'ᄆᆞᆯ[mʌl]'이므로 참조할 수 있다.

㊅ (몽골어)morin[馬]

㊗ morin> ᄆᆞᆯ> 말

㊆ • 人間애 나고도 쇠어나 ᄆᆞ리어나 약대어나 라귀어나 ᄃᆞ외야(석보상절 9-15)

• 말 탈 긔(騎, 아학편 하-6)

말갛다[말가타][말가니, 말가오] 톙 흐리지 않고 맑다. 국물 따위가 진하지 않고 묽다.

☐ 근대국어에 '말가ᄒ'이란 활용 형태가 있으므로, 기본형은 '말가ᄒ다'이다. 이 말은 중세국어 형태를 기준으로 하면 'ᄆᆞᆰ[淸]+아(연결어미)+ᄒ[爲]+다(어미)'로 분석된다. '맑다'의 중세국어 형태는 'ᄆᆞᆰ다'이다.

☐ 근대국어 이후에 '말가ᄒ다'의 축약된 활용 형태인 '말가코, 말가케' 등으로부터 '말갛다'라는 기본형이 성립된 것이다.

⑳ ᄆᆞᆰ[淸]+아(연결어미)+ᄒ[爲]+다(어미)

⑭ *ᄆᆞᆰ아ᄒ다> 말가ᄒ다> 말갛다

⑩ • 말가ᄒ 기픈 소희 온갇 고기 뛰노ᄂᆞ다(고시조)

☞ 맑다

말개미 톙 큰 개미.

☐ '말개미'의 근대국어 형태는 'ᄆᆞᆯ가얌이'이다. 이 말은 한자어로 '馬蟻(마의)'이므로, 중세국어 형태를 기준으로 'ᄆᆞᆯ[馬]+가야미[蟻]'로 분석된다는 것을 쉽게 알 수 있다.

☐ 중세국어의 'ᄆᆞᆯ[馬]'에 어원이 있는 현대국어의 접두사 '말-'은 이 밖에도 '말거미, 말벌, 말매미' 등에서도 사용되며, 그 의미는 '크다[大]'에 해당한다.

⑳ ᄆᆞᆯ[馬]+가야미[蟻]

⑭ ᄆᆞᆯ가야미> ᄆᆞᆯ개야미> 말개미

⑩ • ᄆᆞᆯ가얌이(馬蟻, 유씨물명고 2)

☞ 개미

말구유 톙 말먹이를 담아 주는 그릇.

☐ '말구유'의 중세국어 형태는 'ᄆᆞᆯ구쇠'이지만, 'ᄆᆞᆯ구슈'란 형태도 함께 사용된 것으로 보인다. 이 말은 'ᄆᆞᆯ[馬]+구쇠/구슈[槽]'로 분석된다.

ㅌ 현대국어 '말구유'는 '물구슈'를 이어받은 형태이지만, '구싀'와 '구슈'의 형태 차
이가 어디에서 비롯된 것인지는 알 수 없다. 다만 '구덩이'를 뜻하는 '굿(坑, 구황촬
요 15)'이란 말이 중세국어에 사용되었으므로, '구싀'나 '구슈'에서 '굿'이라는 어근
(語根)을 추출할 수 있을 것이다.

웬 물[馬]+구싀/구슈[槽]

볜 물구싀/물구슈> 물구유> 말구유

옛 • 물구싀(馬槽, 훈몽자회 중-12)
   • 물구슈(馬槽, 훈몽자회-광문회 중-12)
   • 물구유(馬槽, 역어유해 상-19)

말다[마니, 말아] 图 밥이나 국수 등을 물이나 국물 같은 데에 넣어서 풀다.

ㅌ '말다'의 중세국어 형태는 '물다'이다. 중세국어 '믈[水]'의 모음 교체 형태가 '물'
이므로, '물다'는 '믈/물[水]+다(어미)'로 분석될 것이다. 이렇게 되면 '물다'는 명사
'물'에서 바로 동사로 파생되었다고 할 수 있다.

ㅌ '물'이 '믈[水]'의 음성모음과 양성모음 간의 모음 교체라고 할 수 있는 근거는 '묽
다[淸]'와 '맑다[稀]'의 존재로부터 확인할 수 있다. '묽다'의 어간 '묽'은 '믈[水]'에서
파생되었고, '맑다'의 어간 '맑'은 '믈[水]'의 양모음 형태인 '물'에서 형용사로 파생
된 어휘임이 분명하기 때문이다.

ㅌ '믈[水]'과 '묽다[淸]'의 파생 관계는 '플[草]'과 'ㅍ른다[靑]'의 관계나, '블[火]'과
'붉다[明]'의 관계와 같다.

웬 믈[水]+다(어미)

볜 물다> 말다

옛 • 추메 무라 브르라(唾和塗之, 구급방언해 상-7)

말대꾸[말:대꾸] 图 남의 말을 받아 자기 의사를 나타냄. 또는 그 말.

ㅌ '말대꾸'는 우선 '말+대꾸'로 분석되며, '대꾸'는 한자어 '對句'에서 온 말이다. 한
자어 '대구(對句)'는 원래의 의미대로 쓰이지만, 발음은 [대:꾸]로서 '말대꾸'와 같은
뜻인 '대꾸[대:꾸]'의 발음과 다르지 않다.

囯 '對句'는 '비슷한 어조나 어세를 가진 것으로 짝을 맞춘 시의 글귀'를 뜻하는 용어인데, '대꾸'로 고유어화하여 쓰이게 된 것이다.

㉢ 말[言]+(漢語)對句

㉖ 말+對句(대구)> 말대꾸

말미 囯 일에 매인 사람이 다른 일로 말미암아 얻는 겨를. 수유(受由). 휴가(休暇).

囯 '말미'의 중세국어 형태는 '말미, 말믜'이다. 대개 '말믜'보다는 '말미'가 이른 시기의 문헌에 나타나므로, '말미'가 기본형이라고 할 수 있겠으나, 중세국어에서 '말미'와 '말믜'는 모음조화에 의한 공시적인 교체형이기 때문에 통시적인 형태 변화로 볼 수는 없다.

囯 중세국어에서 '말미/말믜'의 의미는 '까닭, 연유(緣由)' 등에 해당한다. 그러다가 중세국어 후기나 근대국어에서는 '까닭, 연유'의 본래의 의미보다는 '까닭을 여쭈어 얻는 휴가'의 뜻으로 쓰이는 경우가 더 많아졌으며, 현대국어에 들어서는 이러한 의미로 완전히 고정되었다.

㉢ 말미[緣由]

㉖ 말미> 말믜> 말미

㉖ • 말미 엳줍고 쳔량 만히 시러(석보상절 6-15)

　　• 말믜 연(緣, 천자문-광주 10)

　　• 더우믈 어느 말믜로 열리오(鬱蒸何由開, 두시언해-중간 10-19)

☞ 말미암다

말미암다[말미암따] 图 원인이나 이유가 되다. 계기가 되다. 인연이 되다.

囯 16세기 문헌에 '말미삼다, 말믜삼다, 말미암다, 말믜암다' 등으로 나온다. 이 말들은 15세기 형태를 기준으로 '말미[緣由]+삼다[爲]'에서 온 말이므로 어원적인 의미는 '까닭을 만들다'에 해당한다. 중세국어에서 '말미, 말믜'는 물론 현대국어의 '말미'에 해당하지만, 그 의미는 약간 다르다. 현대국어의 '말미'는 '다른 일로 인하여 얻는 겨를'의 뜻으로서, 일정한 시간의 동안을 의미한다. 그러나 중세국어의 '말미, 말믜'는 '까닭, 사유(事由), 연유(緣由)' 등에 해당하는 말이다. 어원적 형태인 '말미삼다'는 16세기 말엽에 'ㅅ'이 약화되어 'ㅿ'이 되고, 모음조화에 의한 표기의 융통에 의하여, '말믜삼다'나 '말믜삼다'로 표기되었다. 곧이어 반치음 'ㅿ'이 탈락하면서 '말믜암다, 말믜암다'가 되었다. 20세기의 '말미암다, 말믜암다, 말매암다, 말미암다' 등에서 정상적인 단모음화를 경험한 '말미암다'가 언중이 선택한 최종 형태가 되었다.

㊂ 반치음 'ㅿ'은 16세기 말엽에 탈락하게 되므로, 16세기 형태인 '말믜삼다, 말믜삼다, 말믜암다, 말믜암다' 등에서 '말믜삼다, 말믜삼다'가 어원적인 형태에 가깝다. 반치음 'ㅿ'이 탈락한 '말믜암다, 말믜암다'는 18세기까지 그대로 이어진다. 19세기에 '말믜암다, 말무암다, 말매암다' 등이 나타나 다양한 형태 변화가 있었음을 말해 주고 있다. '말무암다'는 '말믜암다'에서 '말므암다'가 되었다가 원순 모음화에 의한 '으 > 우'의 변화를 보여 주는 것이고, '말매암다'는 '말믜암다'의 'ㅇ'가 '아'로 바뀐 예외적 변화를 보여 주는 표기이다. 20세기에 나타나는 '말미암다, 말믜암다, 말매암다, 말미암다' 등에서 정상적인 단모음화를 경험한 '말미암다'가 언중이 선택한 최종 형태가 되었다.

㊂ 현대국어의 '말미'는 '다른 일로 인하여 얻는 겨를'의 뜻으로서, 일정한 시간의 동안을 의미한다. 그러므로 '말미를 얻다, 말미를 주다' 등과 같은 표현으로 쓰이는 것이 일반적인 용법이다. 그러나 중세국어의 '말믜, 말믜'는 '까닭, 사유(事由), 연유(緣由)' 등에 해당하는 말이기 때문에, 『분류두공부시언해(초간본)』에 '사호믄 어느 말믜로 定ㅎ리오(戰伐何由定)'는 '싸움은 어떤 까닭으로 정하리오'로 해석되는 것이다. 그러므로 '말믜삼다/말믜삼다'의 의미는 '연유(緣由)를 짓다, 까닭을 만들다' 등과 같은 어원적 의미를 갖는다. 현대국어에서 '어떠한 연유로 얻는 겨를'에 해당하는 '말미'의 의미는 중세국어의 '말믜/말믜'와 비교하여 의미의 전이가 이루어졌다. 그러나 '말미암다'는 중세국어의 '말믜삼다'로부터 의미의 변화가 없다는 것이 특징이다. 어원적 형태인 '말믜삼다'는 16세기 말엽에 'ㅅ'이 약화되어 'ㅿ'이 되고, 모음조화에 의한 표기의 융통에 의하여, '말믜삼다'나 '말믜삼다'로 표기되었다. 곧이어 반치음 'ㅿ'이 탈락하면서 '말믜암다, 말믜암다'가 되었다. 형태소 결합에서 나타나는 약화 현상에 의한 'ㅿ'은 일정한 조건에 의해 생겼다. 즉 'ㄹ, ㄴ, ㅁ, 반모음 ㅣ[j]' 등과 모음 사이라는 특수한 음운론적 조건이 있다. 그러므로 어원적 형태인

‘말ᄆᆡ삼다’는 반모음 ‘ㅣ[j]’와 모음 사이라는 조건에서 ‘ㅅ’이 ‘ㅿ’으로 변했다는 것을
알 수 있다.

㉲ 말ᄆᆡ/말믜[由]+삼[作, 爲]+다

㉺ *말ᄆᆡ삼다> 말ᄆᆡ삼다/말믜삼다> 말ᄆᆡᅀᅡ다/말믜ᅀᅡ다> 말믜암다> 말미암다

㉖ • 반ᄃᆞ시 이를 말ᄆᆡᅀᅡ마 ᄇᆡ호면(必由是而學焉則, 번역소학 8-31)

　• 堯舜으로 말ᄆᆡᅀᅡ마 湯애 至홈이 五百이오(맹자언해 6-37)

　• 설으 외다ᄒᆞ야 원망홈을 말믜삼아(소학언해 6-90)

　• 사나히ᄂᆞᆫ 올ᄒᆞᆫ녁흐로 말믜암고(男子由右, 소학언해 2-52)

　• 다 順코 正홈ᄋᆞᆯ 말믜암아(皆由順正, 소학언해 3-7)

☞ 말ᄆᆡ, 삼다

말혁 ㎧ 말안장 양쪽에 꾸밈새로 늘어뜨린 고삐. 혁(革).

一 중세국어 형태는 ‘ᄆᆞᆯ 셳’이다. 이 말은 ‘ᄆᆞᆯ[馬]+셳[轡]’으로 분석된다.

二 ‘ᄆᆞᆯ 셳’이 ‘ᄆᆞᆯ 셕’으로 되면서, ‘셕’이 革(혁)의 구개음화된 형태로 잘못 인식되어
‘ᄆᆞᆯ 혁’으로 과잉 교정하는 오류가 생겼다.

三 중세국어 ‘셳’은 ‘고삐’를 뜻하는 고유어이며, 한자 ‘革(혁)’과는 아무런 관계가 없
다. 그러므로 국어사전에서 ‘말혁(—革)’이라고 하여 ‘혁’을 한자 ‘革’으로 처리하고
있는 것은 어원의 측면에서 잘못된 것이다.

㉲ ᄆᆞᆯ[馬]+셳[轡]

㉺ ᄆᆞᆯ 셳> ᄆᆞᆯ 셕> ᄆᆞᆯ 혁> 말혁

㉖ • ᄆᆞᆯ 셕슬 ᄀᆞᄌᆞ기ᄒᆞ며 燭ㅅ블 자보ᄆᆞᆯ 조쳐 ᄒᆞ고(齊轡兼秉燭, 두시언해-초간 20-
　　17)

　• ᄆᆞᆯ 셕 굴에예(구급방언해 하-16)

　• ᄆᆞᆯ 혁을 노하 ᄇᆞ린ᄃᆡ(오륜행실도 1-2)

맑다[막따] ㎧ 잡스럽거나 더러운 것이 섞이지 않아 깨끗하다.

一 ‘맑다’의 중세국어 형태는 ‘ᄆᆞᆰ다’이다. ‘ᄆᆞᆰ다’의 음성모음(陰性母音) 형태가 ‘ᄆᆞᆰ다’
이며, ‘ᄆᆞᆰ다’는 ‘ᄆᆞᆯ[水]’에서 파생된 형용사이다.

㊀ 아마도 '믈[水]'에서 '묽다'가 파생된 이후에 '묽다'의 모음조화 교체형인 '몱다'가 파생되었을 것으로 생각된다. '믈[水]'에서 '묽다'가 파생된 경우에 받침에 첨가된 'ㄱ'은 접미사로 처리되지만, 접미사 'ㄱ'의 형태와 기능에 대해서는 자세히 알 수 없다.

㉔ 믈[水]+ㄱ(접사)+다(어미)

㉡ 묽다> 몱다> 맑다

㉖ • ㄱㄹ ㅁㄷ라 믈근 미음의 타 머기면(두창경험방언해 24)

  • 湛ㄴ 몰굴 씨오(월인석보 서-1)

맙소사[맙:쏘사] ㉕ 어처구니없는 일을 보거나 당할 때 탄식조로 내는 소리.

㊀ 이 말은 동사 '말다'의 활용형에서 생긴 감탄사이다. 19세기에 나타나는 '마읍쇼셔'는 '말-+-읍-+쇼셔'로 이루어진 말인데, 현대국어의 '맙소사'는 이로부터 축약에 의해 변화된 형태이다. 겸양과 공손의 문법적 의미를 지닌 선어말어미 '-읍-'은 중세국어 '-숩-'에서 온 것이다. '-숩-'은 모음이나 'ㄴ, ㅁ, ㄹ' 다음에 연결되면서, 앞에 오는 'ㄹ'을 탈락시키는 음운적 역할을 한다. 그러므로 '말-'에 '-숩-'이 연결되면, 어간 '말-'은 받침의 'ㄹ'이 탈락하여 '마'가 되는 것이다. 19세기의 '마읍쇼셔'는 '(그렇게 하지) 마십시오'라는 어원적인 의미가 파악된다. 20세기의 '맙소사, 맙시사'는 '그만두십시오'라는 청유의 의미는 거의 찾을 수 없고, 감탄의 의미로만 파악되어 완연한 감탄사임이 확인된다. 19세기 형태인 '마읍쇼셔'는 어원적으로 '말+숩+쇼셔'로 소급된다.

㊁ '맙소사'는 '어떤 일이나 행동을 하지 않거나 그만두다'의 의미를 지닌 동사 '말다'의 활용형에서 생긴 감탄사이다. 19세기에 나타나는 '마읍쇼셔'는 '말-+-읍-+쇼셔'로 이루어진 말인데, 현대국어의 '맙소사'는 이로부터 축약에 의해 변화된 형태이다. 우선 설명이 필요한 것은 어간 '말-'의 받침인 'ㄹ'의 탈락이다. 겸양과 공손의 문법적 의미를 지닌 선어말어미 '-읍-'은 중세국어 '-숩-'에서 온 것이다. 중세국어에서 객체를 존대하는 문법적 의미를 지녔던 선어말어미 '-숩-'은 모음이나 'ㄴ, ㅁ, ㄹ' 다음에 연결되면서, 특히 앞에 오는 'ㄹ'을 탈락시키는 음운적 역할을 한다. 그러므로 '말-'에 '-숩-'이 연결되면, 어간 '말-'의 받침인 'ㄹ'이 탈락하여 '마'가 되는 것이다.

19세기 형태인 '마옵쇼셔'는 역사적으로 이러한 음운적 변천 원리가 숨어 있다. 형태의 변화와 함께 해결해야 할 다른 문제는 언제부터 이 말이 감탄사가 되었나 하는 것이다. 20세기 형태인 '맙소사, 맙시사'는 이미 감탄사로 굳어진 것으로 이해된다. 그러나 19세기의 '마옵쇼셔'는 거의 감탄사로 굳어진 듯하지만, '(그렇게 하지) 마십시오'라는 어원적인 의미가 파악된다. 그러므로 19세기의 '마옵쇼셔'는 청유의 의미와 함께 감탄의 두 가지 해석이 가능할 것으로 생각된다. 15세기의 '마ᄅ쇼셔'를 비롯하여 이후에 나타나는 '말ᄋ쇼셔, 말으쇼셔, 마라쇼셔, 마로쇼셔, '마르쇼셔, 마옵쇼셔, 마옵쇼셔, 마오쇼셔, 마옵소서' 등의 다양한 형태는 모두 청유와 탄식의 이중적 의미를 지닌 것으로 이해된다. '마옵쇼셔'에서 축약에 의해 변화된 형태인 20세기의 '맙소사, 맙시사'는 '그만 두십시오'라는 청유의 의미는 거의 찾을 수 없고, '(이런 일이 일어나다니) 어처구니가 없습니다'라는 감탄의 의미로만 파악되어 감탄사로 분류된다.

ⓦ 말[勿]+ᄉᆞᆸ(객체존대선어말어미)+쇼셔(어미)

ⓗ *말ᄉᆞᆸ쇼셔> 마옵쇼셔/마옵쇼셔> 맙쇼셔> 맙소서> 맙소사

ⓔ • 념녀 마옵쇼셔(개수첩해신어 10-하-8)

　• 슬허 마옵쇼셔(당퇴종전 6)

　• 에그 하느님 맙소서(국경의밤 119)

망나니 圐 예전에, 죄인의 목을 베던 사람. 성질이 아주 못된 사람의 별명.

▭ '망나니'는 '막[粗]+나[出]+ㄴ(어미)+이(접사)'의 구조로 분석할 수 있으며, '막난이'에서 비음동화를 거쳐 '망나니'가 되었을 것이다.

▭ 부사나 접두사 용법이라고 할 수 있는 '막[粗]'은 '마구'의 준말로 처리되고 있으나, 그 어원에 대해서는 자세하지 않다.

▤ '망나니'의 어원을 한자어 '魍魎(망량)'에서 찾는 경우도 있으나, 확인하기 어렵다. 한자어 '魍魎(망량)'은 '도깨비'를 뜻하는 말이다.

ⓦ 막[粗]+나[出]+ㄴ(어미)+이(접사)

ⓗ *막난이> 망나니

망둥이[망ː둥이] 圏 망둥잇과의 바닷물고기의 총칭. 몸은 소형으로, 흔히 바닷가의 모래땅에 살며, 좌우의 배지느러미가 합쳐져서 흡반(吸盤)처럼 되어 있는 것이 특징임. 망둥어(—魚). 망둑어(—魚).

㋤ 이 말은 '망둥+이(접사)'로 분석되므로, '망둥'의 어원을 찾는 것이 관건이다.

㋤ 망둥이는 눈이 머리 위로 튀어나와 있고 두 눈이 붙어 있는 모양이므로, '망둥'의 어원을 '望瞳(망동)'에서 찾는 경우가 있다. 그런데 '망둥이'를 '망둑어'라고도 하므로 이러한 어원설이 신뢰할 수 있는 것인지는 의문이다.

망아지 圏 말의 새끼.

㋤ 중세국어 문헌에서 'ᄆᆞ야지'의 형태로 처음 나타난다. 근대국어 초기 문헌에서는 'ᄆᆡᆼ아지'로 표기되었고, 후기 문헌에서는 '망아지'가 되어 바로 현대의 형태를 보여 준다. 근대국어 'ᄆᆡᆼ아지'는 '말[馬]'의 중세국어 형태인 'ᄆᆞᆯ'에 작음을 나타내는 '-아지'가 결합된 것이다. 즉 'ᄆᆞᆯ+아지'의 구조에서 접미사 '-아지'의 초성이 연구개 비음인 'ㆁ[ŋ]'이기 때문에 받침의 'ㄹ'이 탈락하여 'ᄆᆡᆼ아지'가 된 것이다. 18세기 이후에 어두의 'ᆞ'가 '아'로 바뀌어 '망아지'가 되었다. 지소 접사(指小接辭)인 '-아지'는 초성이 연구개 비음 'ㆁ[ŋ]'이기 때문에 '강아지, 망아지, 송아지' 등의 받침 'ㅇ[ŋ]'은 '-아지'의 초성이 내려간 것이다.

㋤ 15세기 문헌인 『분류두공부시언해(초간본)』(1481)의 '머에 아랫 ᄆᆞ야지ᄅᆞᆯ 티디 말라(멍에 아래의 망아지를 치지 마라)'에서 'ᄆᆞ야지'의 형태로 처음 나타난다. 17세기 문헌인 『시경언해(詩經諺解)』(1613)에 'ᄆᆡᆼ아지'로 표기되었고, 18세기에는 『몽어노걸대(蒙語老乞大)』(1790)에 '망아지'로 나타나 바로 현대의 형태를 보여 준다. 그런데 '망아지'에 해당하는 중세국어의 형태는 'ᄆᆞ야지'였다. 그러므로 중세국어의 'ᄆᆞ야지'와 근대국어의 'ᄆᆡᆼ아지'의 관계를 설명해야 하는 것이 문제로 남는다. 'ᄆᆞ야지' 역시 어원적으로는 'ᄆᆞᆯ+아지'에서 왔음이 확실하다. 'ᄆᆞᆯ+아지'에서 'ᄆᆞ야지'가 되기 위해서는 받침의 'ㄹ'과 초성의 'ㆁ[ŋ]'이 함께 탈락하고, 반모음 'ㅣ[j]'가 삽입되는 음운 과정이 필요하다. 모음의 연결에서 'ㅣ[j]'가 삽입되는 것은 임의적으로 가능한 현상이지만, 받침의 'ㄹ'과 초성의 'ㆁ'이 동시에 탈락하는 것은 쉽게 설명이 되지 않는다. 이러한 형태 변화에 대한 설명의 어려움으로 인하여 'ᄆᆞ야지'를 'ᄆᆞᆯ+

이+아지'의 구성으로 보는 경우도 있다. 아마도 '물+아지'에서 먼저 'ㄹ'이 탈락하여 'ᄆᆞ아지'가 되고, 연구개 비음 'ㅇ'이 받침으로 내려오는 상황에서 탈락하고 말았다고 생각된다. 초성이 연구개 비음 'ㅇ'인 어미 '-이다, -잇가' 등의 경우에도 16세기를 전후한 문헌에서는 초성의 'ㅇ'이 모음으로 끝나는 앞말의 받침으로 내려가지 않고, 탈락하는 것이 나타나기 때문이다. 아무튼 17세기의 'ᄆᆞᆼ아지'는 이전 형태의 불투명함을 소거시킨 간명한 형태인 점은 분명하다.

③ 중세국어 형태인 'ᄆᆞ야지'나 근대국어의 다른 형태인 '미야지, 미아지'는 형태적으로 그 계통이 동일하다. 즉 중세국어나 근대국어의 음운 체계에서 'ᄆᆞ야지[mʌjadʒi]'나 '미아지[mʌjadʒi]'는 음운 연쇄에 의한 음가가 같으며, '미야지'는 [mʌjjadʒi]로서 반모음 [j]가 겹쳐 있을 뿐이므로 표면형에서 이들은 변별되지 않는다. 근대국어 형태인 '미야지, 미아지'를 참조한다면, 중세국어와 근대국어에서 'ㅇ[ŋ]' 받침이 없는 'ᄆᆞ야지' 계통과 'ㅇ[ŋ]' 받침이 있는 'ᄆᆞᆼ아지' 계통이 서로 세력을 다투었다고 생각된다.

㉠ 물[馬]+아지(접사)

㉡ *물아지 > ᄆᆞ야지/ᄆᆞᆼ아지 > 망아지

㉢ • ᄆᆞ야지 구(駒, 훈몽자회 상-18)
 • 그 ᄆᆞᆼ아지를 먹요리라(시경언해 1-10)
 • ᄒᆞᆫ 술 미아지는 니 둘히오(一歲駒齒二, 마경언해 상-12)
 • 몸과 世間ㅅ 이른 흰 미야지 ᄲᆞᆯ리 가는 ᄃᆞᆺ도다(身世白駒催, 두시언해-중간 3-8)
 • 이 망아지ᄅᆞᆯ 불친ᄃᆞᆯ 졀짜ᄅᆞᆯ 공골ᄃᆞᆯ(몽어노걸대 5-11)

망태(網—) 몡 '망태기'의 준말.

☞ 망태기

망태기(網—) 몡 가는 새끼나 노로 엮어 만든 그릇으로, 물건을 담아 들고 다니는 데 씀.

㉠ 근대국어에 '망태'란 말이 나오며, 한자어로 '網袋'라고 한 경우가 있으나, 이 말

은 한자어 '網橐(망탁)+이(접사)'의 구조에서 온 것으로 보는 것이 옳다.

[二] 중세국어를 기준으로 하면 '網袋'의 한자음은 '망ᄃᆡ'이므로 '망태'가 되는 것을 설명하기 어렵다. '網橐(망탁)+이(접사)'에서 'ㅣ' 모음 역행동화(움라우트)에 의하여 '망태기'가 되고, 여기에서 '망태'라는 준말이 생겼다고 하는 것이 합리적이다.

[원] 網橐(망탁)+이(접사)

[변] *망탁이> 망태기> 망태

[예] • 망태(網袋, 물보)

매가리 [명] 맥이나 기운을 속되게 이르는 말.

[一] '매가리'는 '脈(맥)+아리(접사)'의 구조에서 온 말이다.

[二] 접미사 '-아리'는 무엇을 속되게 이르거나 조그만 것을 가리키는 말인데, '주둥아리, 병아리' 등에서도 나타난다.

[원] 脈(맥)+아리(접사)

[변] *맥아리> 매가리

매무새 [명] 옷을 입은 맵시.

[一] 중세국어에 'ᄆᆡ뭇다'란 동사가 있으며, 이 말은 'ᄆᆡ다[結]'와 '묽다'의 합성 동사이다. 그러므로 현대국어 '매무새'는 중세국어 형태를 기준으로 'ᄆᆡ[結]+뭇/뭈[束]+새/애(접사)'의 어원적 구조로 분석된다는 것을 알 수 있다. 그러나 '매무새'는 뒤늦은 20세기의 문헌에서야 나타난다. 이 말은 15세기의 동사 'ᄆᆡ뭇다'에서 나온 파생어임에도 불구하고, 20세기 문헌에서 나오는 것은 '매무새'의 기원에 대하여 의문을 갖게 한다. 왜냐하면 'ᄆᆡ뭈다/ᄆᆡ뭇다'란 동사가 17세기 이후에는 소멸하여 사용되지 않았기 때문이다. 중세국어의 'ᄆᆡ뭇다'는 'ᄆᆡ다[結]'의 어간 'ᄆᆡ-'와 '뭈다[束]'가 결합한 합성 동사이다. 그런데 '매무새'와 관련되는 말에 '매무시'가 있다. 이 말은 어원적으로 'ᄆᆡ뭇-+-이'로 풀이하여 아무런 어려움이 없다. 그러나 '매무새'는 단지 'ᄆᆡ뭇-+-애'로 풀이할 경우 접미사 '-애'의 연결을 설명하기 어렵다. 접미사 '-애'는 역사적으로 '-개'에서 'ㄹ'이나 반모음 'ㅣ[j]' 뒤에서 'ㄱ'이 탈락한 형태인데, 'ᄆᆡ뭇-'에 연결시키기 어렵기 때문이다. 그런데 현대국어에서 생산적인 접미사로 등장한 '-새'

가 있다. '꾸밈새, 모양새, 생김새, 쓰임새' 등에 붙는 '-새'가 그것이다. 그러나 '-새'
는 명사에 붙는 것이 특징이므로, '매무새'의 '매무'가 명사가 아니라는 것이 또한 문
제이다. '매무새'의 뜻으로 볼 때는 이와 같은 '-새'의 용법과 잘 맞아서 그 관련성을
포기하기 어렵다. 혹시라도 '매무새'보다 일찍 만들어졌을 '매무시'에서 '시'를 '새'로
교체한 것인지도 모르겠다. 단지 기계적으로만 풀이한다면 '미뭇-+-애'로 해석하는
것도 가능하다.

㊂ 중세국어의 '미뭇다'는 '미다[結]'의 어간 '미-'와 '묶다[束]'가 결합한 합성 동사
이다. 중세국어의 '미다'는 현대국어 '매다'로, '묶다'는 현대국어 '묶다'로 각각 이어
졌지만, 합성 동사 '미뭇다'에 해당하는 동사는 현대국어에 없으며, 단지 '매무새'에
서 그 흔적을 남기고 있다. 합성 동사 '미묶다'는 15세기이 이미 'ㄱ'이 탈락한 '미뭇
다'로 쓰였으며, 'ㅅ' 불규칙 용언에 속한다. 그런데 '매무새'와 관련되는 말에 '매무
시'가 있다. 이 말은 '옷을 입을 때 매고 여미는 따위의 뒷단속'을 의미하므로, '옷이
나 머리 따위의 모양새'를 뜻하는 '매무새'와는 의미 차이가 분명하다. 그러므로 '매
무시하다'는 괜찮지만 '매무새하다'는 바른 표현이 아니다. '매무새'는 '매무새가 흐
트러지다, 매무새가 단정하다' 등으로 써야 옳은 표현이다. 다만 '매무시를 가다듬
다'와 '매무새를 가다듬다'는 모두 가능하다. 그러나 의미에 있어서는 각각 '옷차림
의 뒷단속을 가다듬다'와 '옷이나 머리의 모양새를 가다듬다' 등으로 차이가 있음에
유의할 필요가 있다. '매무시'도 20세기 문헌에서야 비로소 나타나지만, 이 말은 어
원적으로 '미뭇-+-이'로 풀이하여 아무런 어려움이 없다. 그러나 '매무새'는 단지 '미
뭇-+-애'로 풀이할 경우 접미사 '-애'의 연결을 설명하기 어렵다. 접미사 '-애'는 역사
적으로 '-개'에서 'ㄹ'이나 반모음 'ㅣ[j]' 뒤에서 'ㄱ'이 탈락한 형태인데, '미뭇-'에 연
결시키기 어렵기 때문이다. 그런데 현대국어에서 생산적인 접미사로 등장한 '-새'
가 있다. '꾸밈새, 모양새, 생김새, 쓰임새' 등에 붙는 '-새'가 그것이다. 그러나 '-새'
는 명사에 붙는 것이 특징이므로, '매무새'의 '매무'가 명사가 아니라는 것이 또한 문
제이다. '매무새'의 뜻으로 볼 때는 이와 같은 '-새'의 용법과 잘 맞아서 그 관련성을
포기하기 어렵다. '매무새'보다 일찍 만들어진 '매무시'에서 '시'를 '새'로 교체하였을
가능성이 가장 높다.

㉓ 미[結]+뭇/묶[束]+새/애(접사)

㉲ *ᄆᆡ뭇애/ᄆᆡᆱ애 > *ᄆᆡ뭇애 > 매무새

㉖ • ᄆᆡ무슨 사ᄅᆞ미 紅粉이 하니 歡娛호매 셴 머리를 슬노라(結束多紅粉歡娛恨白頭, 두시언해-초간 15-31)

매무시 ㉴ 옷을 입을 때 매고 여미는 뒷단속을 하는 일. 옷매무시.

㉲ ᄆᆡ[結]+뭇/ᄆᆞᆰ[束]+이(접사)

㉲ *ᄆᆡ뭇이/ᄆᆡᆱ이 > ᄆᆡ뭇이 > 매무시

☞ 매무새

매미[매:미] ㉴ 매밋과 곤충의 총칭. 몸길이는 2~7cm 정도, 빛은 어두운 녹색, 날개는 투명함. 가늘고 긴 관(管) 모양의 입을 가져 나무진을 빨아 먹으며, 수컷은 배에 발성기(發聲器)와 공명기(共鳴器)가 있어 맴맴 하고 욂. 보통 6~7년 걸려 성충이 됨.

㠯 중세국어 문헌에 'ᄆᆡ야미'의 형태로 처음 나타나며, 어원적으로 'ᄆᆡ얌+-이'로 이루어진 것이다. 'ᄆᆡ야미'에서 첫 번째 변화는 제1 음절의 'ᄋᆞ'가 '아'로 바뀌는 변화에 따라 'ᄆᆡ[mʌj]'가 '매[maj]'로 발음되는 것이며, 두 번째 변화는 '매[maj]'가 단모음화하여 '매[mɛ]'로 바뀌는 것이다. 마지막 변화는 음절 축약에 의해 '매암'이 1음절 '맴'이 되는 것이다. 17세기의 'ᄆᆡ야미, ᄆᆞ얌이'는 특별할 것이 없지만, 'ᄆᆡ여미'는 모음조화에 의한 교체를 보여서 이채로우며, 19세기의 '마야미'는 'ᄋᆞ'의 변화를 표기에 반영한 최초의 형태인 점에서 주목된다.

㠯 15세기 문헌인 『구급방언해(救急方諺解)』(1466)에 'ᄆᆡ야미'의 형태로 처음 나타난다. 중세국어에서 'ᄆᆡ얌'의 발음은 [mʌjjam]이다. 즉 반모음 'ㅣ[j]'가 연속된 음운 연결이어서 실제로는 'ᄆᆡ암'이나 'ᄆᆞ얌'과 발음에서 차이가 나지 않는다. 실제로 17세기 형태에 'ᄆᆞ얌이'가 있으며, 18세기에 'ᄆᆡ암이'가 나타나는 것은 이러한 발음에 의한 형태를 적는 방법에 여러 가지 가능성이 있기 때문이다. 발음 변화의 실상에 따라 15세기부터 20세기에 이르도록 형태의 변화를 관찰하면 일목요연(一目瞭然)하게 변화의 자취를 감지할 수 있다. 17세기의 'ᄆᆡ야미, ᄆᆞ얌이'는 특별할 것이 없지만, 'ᄆᆡ여미'는 모음조화에 의한 교체를 보여서 이채로우며, 19세기의 '마야미'

는 'ᄋᆞ'의 변화를 표기에 반영한 최초의 형태이다. 마지막으로 20세기의 'ᄆᆡ미, 매미'는 현대에 이르는 최종적인 결과를 보여 주는 형태이다. 매미는 예전이나 지금이나 울음소리에 변함이 없건마는 소리를 언어화하는 인간의 작용은 시대별로 차이가 난다. 언어로서 매미의 울음소리는 앞으로도 계속 변할 것이 분명하다. 현대국어 '매미가 맴맴 운다'를 중세국어로 옮기면 'ᄆᆡ야미 ᄆᆡ얌ᄆᆡ얌 우ᄂᆞᆫ다'이다.

[원] ᄆᆡ얌(의성어)+이(접사)

[변] ᄆᆡ야미> ᄆᆡ아미/ᄆᆡ암이> 매미

[예] • ᄆᆡ야ᄆᆡ 소리ᄂᆞᆫ 녯 뎌레 모댓고(蟬聲集古寺, 두시언해-초간 9-34)

• ᄆᆡ얌이 션(蟬, 왜어유해 하-26), ᄆᆡ암이(물보)

• ᄆᆡ아미 ᄆᆡᆸ다 ᄒᆞ고 쓰르람미 쓰다 ᄒᆞ네(고시조)

매섭다[매서우니, 매서워] [형] 남이 겁을 낼 만큼 성질이나 됨됨이 따위가 모질고 독하다.

[一] 현대국어의 동사 '무서워하다'의 중세국어 형태는 '므ᅀᅴ다'이며, 현대국어의 형용사 '무섭다'의 중세국어 형태는 'ᄆᆞᅀᅴ엽다'이다. 'ᄆᆞᅀᅴ엽다'는 '므ᅀᅴ[畏]+업(형용사화 접사)+다(어미)'의 구조로 분석되며, '므ᅀᅴ엽다'는 현대국어의 '무섭다'로 바뀌었고, 다른 한편으로는 근대국어에서 '므ᅀᅴ엽다> ᄆᆞ싀엽다'의 변화 후에 '매섭다'로 바뀌었다.

[二] 중세국어의 '므ᅀᅴ엽다'가 '무섭다[畏]'와 '매섭다[烈]'로 바뀌면서 각각 의미 차이가 생긴 것은 'ᄆᆡᆸ다[烈]'의 영향도 있었을 것으로 생각된다.

[三] '므ᅀᅴ+업+다'에서 반모음 'ㅣ[j]'가 첨가되어 '므ᅀᅴ엽다'가 되는 것은 'ᅀᅴ[mɨj]'의 하향 반모음 'ㅣ[j]'가 다음 음절에 이어서 발음되기 때문이다.

[원] 므ᅀᅴ[畏]+업(형용사화 접사)+다(어미)

[변] *므ᅀᅴ업다> 므ᅀᅴ엽다> ᄆᆞ싀엽다> 매섭다

[예] • 므ᅀᅴ여ᄫᅳᆫ 이리 이셔도 고즉ᄒᆞᆫ ᄆᆞᅀᆞᄆᆞ로 뎌 부텨 念ᄒᆞ야(석보상절 9-24)

• 므ᅀᅴ여운 화ᄅᆞᆯ 能히 시울 연디 몯ᄒᆞ니(威弧不能弦, 두시언해-초간 22-32)

• ᄆᆞ싀엽다(利害, 노박집람)

☞ 무섭다

매우 [부] 표준 정도보다 퍽 지나치게. 대단히. 몹시.

[一] '매우'의 중세국어 형태는 'ᄆᆡ오'이다. 이 말은 'ᄆᆡᆸ다'에서 파생된 부사이므로, 'ᄆᆡᆸ[烈]+오(부사화 접사)'의 구조로 분석된다.

[二] 그러나 중세국어에서 현대국어 '매우'에 해당하는 말은 일반적으로 'ᄆᆡ오'가 아니라 'ᄆᆡᄫᅵ, ᄆᆡ이'이다.

[원] ᄆᆡᆸ[烈]+오(부사화 접사)

[변] *ᄆᆡᄫᅩ> ᄆᆡ오> 매우

[예] • 위광이 ᄇᆞᆯ가 ᄆᆡ오 비최샤(지장경언해 상-2)

맨 [관] '더 할 수 없이 가장'의 뜻을 나타내는 말.

[一] '맨'의 중세국어 형태는 'ᄆᆞᆺ[最]'이며, 이 말이 근대국어 형태 'ᄆᆡᆫ'을 거쳐 현대국어 '맨'으로 바뀌었다.

[二] 'ᄆᆞᆺ'의 형태가 근대국어에 'ᄆᆡᆫ'으로 바뀌게 된 것을 설명하기는 어렵다. 아마도 'ᄆᆞᆺ 몬져'와 같은 어휘 연결에서 비음 동화를 거쳐 'ᄆᆡᆫ'이 되었을 것으로 추측된다.

[三] 중세국어에서 'ᄆᆞᆺ'은 'ᄆᆞᆺ 처ᅀᅥ믜'와 같이 체언을 꾸미는 관형사로 쓰이기도 하지만, 'ᄆᆞᆺ 尊ᄒᆞ시닷 ᄠᅳ디라'에서와 같이 용언을 꾸미는 부사로도 사용되어 현대국어와는 용법에 차이가 있다.

[四] 중세국어의 'ᄆᆞᆺ[最]'이 'ᄆᆞᆮ[孟]'과 같은 어원일 것으로 생각되지만, 'ㅅ'과 'ㄷ'의 받침 차이를 해명하기가 쉽지 않다. 성조는 모두 평성으로서 같다.

[원] ᄆᆞᆺ[最]

[변] ᄆᆞᆺ> ᄆᆡᆫ> 맨

[예] • 鹿野苑에 ᄆᆞᆺ 몬져 니ᄅᆞ시니(월인천강지곡 상-34)
• ᄆᆞᆺ 벼슬 놉고(석보상절 6-15)
• 塔 ᄆᆡᆫ 그테 올아(속삼강행실도 열-5)

맨몸 [명] 옷을 입지 않고 벌거벗은 몸. 알몸.

[원] ᄆᆡᆫ(접사/純)+몸[身]

[변] *ᄆᆡᆫ몸> 맨몸

☞ 맹물

맨발 [명] 아무것도 신지 않은 발.
[一] '맨발'의 근대국어 형태는 'ᄆᆡᆫ발'이며, 'ᄆᆡᆫ(접사/純)+발[足]'의 구조로 분석된다.
[二] 중세국어에서 'ᄆᆡᆫ[純]'은 접두사로 사용되었으며, 'ᄆᆡᆫ믈, ᄆᆡᆫ밥, ᄆᆡᆫ손, ᄆᆡᆫ술' 등의 용례가 더 있다.
[원] ᄆᆡᆫ(접사/純)+발[足]
[변] ᄆᆡᆫ발> 맨발
[예] • ᄆᆡᆫ발로 가다(역어유해 하-50)
☞ 맹물

맨손 [명] 아무것도 갖지 않은 손. 빈손.
[원] ᄆᆡᆫ(접사/純)+손[手]
[변] ᄆᆡᆫ손> 맨손
[예] • ᄆᆡᆫ손으로 도ᄌᆞᆨ을 두드리니(동국신속삼강행실도 열-6-13)
☞ 맹물

맵시 [명] 곱게 매만진 모양새.
[一] 중세국어에 '모양'을 뜻하는 'ᄆᆡ[貌]'라는 말이 있다. 그러므로 '맵시'는 'ᄆᆡ[貌]+ᄡᅳ[用]+이(명사화 접사)'의 구조로 이루어진 말임을 알 수 있다.
[二] 'ᄆᆡ+ᄡᅳ+이'에서 'ᄡᅳ다[用]'의 어두 자음군 'ㅄ'의 'ㅂ'이 'ᄆᆡ'의 받침으로 내려가고, 어간의 'ᅳ' 모음이 탈락하여 'ᄆᆡᆸ시'가 된 후에 단모음화를 거쳐 '맵시'가 된 것이다.
[원] ᄆᆡ[貌]+ᄡᅳ[用]+이(명사화 접사)
[변] ᄆᆡᄡᅳ이> ᄆᆡᆸ시> 맵시
☞ 솜씨

맷돌 [명] 곡식을 가는 데 쓰는 기구. 둥글넓적한 돌 두 짝을 포개고 윗돌 아가리에 갈 곡식을 넣으면서 손잡이를 돌려서 간다. 돌매. 마석. 매. 석마. 연애.

ㄹ '맷돌'과 같은 말로 중세국어에는 '돌매'가 쓰였고, 근대국어에는 '매돌'이 사용되었다. 중세국어에서부터 현대국어까지 형태의 변화가 없는 '매[碾]'는 중세국어에서 자주 사용된 말이었다. 중세국어 형태를 기준으로 근대국어의 '매돌'은 '매[碾]+돌ㅎ[石]'로 간단히 분석되며, 현대국어 '맷돌'은 여기에 'ㅅ'이 첨가된 형태이다.

ㄹ 『훈몽자회(訓蒙字會)』에는 '매 마(磨)'라고 하여 '磨(마)'의 새김으로 '매'를 달았고, 『역어유해(譯語類解)』에는 한어(漢語) '磨兒'를 '매'로 풀이하였다. 이러한 용례를 참고하면 중세국어의 '매'는 한자어 '磨(마)'에서 왔을 가능성이 있다. 아마도 '매[碾]'는 '磨(마)'에 조사 'ㅣ'가 연결되어 굳어진 형태일 가능성이 있다고 생각되는 것이다. 특히 '맷돌'과 같은 뜻으로 쓰이는 한자어에 '마석(磨石), 석마(石磨)' 등이 있는 것은 이러한 추정을 뒷받침한다. 그러나 이것은 단지 추측으로서 하나의 견해일 뿐이다.

㉩ 매[碾]+(ㅅ)+돌ㅎ[石]

㉥ 매돌> 맷돌

㉦ • 매와 가롤과 フ로미 잇ᄂ니(능엄경언해 8-92)

　　• 흔 돌매 地獄올 보니(월인석보 23-79)

　　• 매돌(磑子, 물보)

맹물 圐 아무것도 타지 않은 물.

ㄹ 중세국어 문헌에서 '민믈'로 처음 나타나며, 이 말은 '민-+믈'로 분석된다. 접두사 '민-'은 '아무것도 없는'이라는 뜻을 부여하며, 현대국어의 접두사 '맨-'으로 이어졌다. 16세기 형태인 '민믈'은 17세기까지 그대로 쓰이다가, 18세기 말엽에 '민믈'과 함께 '밍물'이 나타나 현대국어 '맹물'이 되는 막바지 단계를 보여 준다. 접두사 '민-'의 받침 'ㄴ'이 연구개음 'ㅇ'으로 바뀌는 것은 필수적인 현상은 아니다. 그러나 'ㅁ' 앞에서는 'ㄴ'보다 'ㅇ'의 발음이 편리하기 때문에 곧잘 일어나는 음운 변화이다. 양순음 'ㅁ' 다음에서 '으'가 '우'로 바뀌는 원순모음화는 근대국어 후기에 일어났다. 19세기에 '맹물'이 나타나면서 현대에 이르는 형태 변화가 마무리되었다.

ㄹ 16세기 문헌인 『번역노걸대(飜譯老乞大)』(1517)에서 '민믈'로 처음 나타나며, 이 말은 '민-+믈'로 분석된다. '아무것도 없는'이라는 뜻을 부여하는 접두사 '민-'은

그 형태로 보아서는 어간 'ᄆᆡ-'에 관형사형 어미가 연결된 듯하지만, 중세국어에서 'ᄆᆡ다'란 말이 사용되지 않았기 때문에 그냥 접두사로 처리하는 것이다. 접두사 'ᄆᆡᆫ-'이 연결된 어휘를 중세 및 근대국어에서 찾으면, 'ᄆᆡᆫ기름, ᄆᆡᆫ등, ᄆᆡᆫ몸, ᄆᆡᆫ발, ᄆᆡᆫ밥, ᄆᆡᆫ술' 등을 열거할 수 있다. 당연히 접두사 'ᄆᆡᆫ-'은 현대국어의 접두사 '맨-'으로 이어졌다. 16세기 형태인 'ᄆᆡᆫ믈'은 17세기까지 그대로 쓰이다가, 18세기 말엽에 'ᄆᆡᆫ믈'과 함께 'ᄆᆡᆼ물'이 나타나 현대국어 '맹물'이 되는 막바지 단계를 보여 준다. 접두사 'ᄆᆡᆫ-'의 받침 'ㄴ'이 연구개음 'ㅇ[ŋ]'으로 바뀌는 것은 필수적인 현상은 아니다. 그러나 'ㅁ' 앞에서는 'ㄴ'보다 'ㅇ[ŋ]'의 발음이 편리하기 때문에 일어나기 쉬운 음운 변화이다. 양순음 'ㅁ' 다음에서 'ㅡ'가 'ㅜ'로 바뀌는 원순모음화는 근대국어 후기에 일어났다. 19세기에는 18세기의 형태인 'ᄆᆡᆼ물'이 그대로 표기되면서도, 제1 음절의 'ㆎ'가 'ㅐ'로 바뀐 '맹물'이 나타난다. 『국한회어(國漢會語)』(1895)의 '맹물 淡水'가 그것이며, 이로써 현대에 이르는 형태 변화가 마무리되었다.

[三] 중세국어의 접두사 'ᄆᆡᆫ-'과 관련하여 추가적으로 언급할 것은 접두사 'ᄆᆡᆫ-'과의 어원적 관련성이다. 중세 및 근대국어에서 'ᄆᆡᆫ비단, ᄆᆡᆫ머리, ᄆᆡᆫ산' 등의 어휘를 검토하면 접두사 'ᄆᆡᆫ-'과 'ᄆᆡᆫ-'의 의미에 유연성이 있어서 어원적 관련성이 있어 보인다. 접두사 'ᄆᆡᆫ-'의 경우는 'ᄆᆡ다[禿]'라는 동사가 있어서, 어간 'ᄆᆡ-'에 어미 '-ㄴ'이 결합되어 접두사 'ᄆᆡᆫ-'이 되었다는 것을 알 수 있다. 접두사 'ᄆᆡᆫ-'은 현대국어 '맨-'으로 이어지고, 접두사 'ᄆᆡᆫ-'은 단모음화를 거쳐 현대국어 '민-'으로 이어졌다.

[원] ᄆᆡᆫ(접사/純)+믈[水]

[변] ᄆᆡᆫ믈> 맹물

[예] • ᄆᆡᆫ므레 글혀 머거도 또 됴ᄒᆞ니라(白煮亦佳, 구급간이방 3-105)

머리 [명] 사람이나 동물의 목 위의 부분.

[一] 현대국어에서 '머리'와 '마리'는 용법이 다르지만, 중세국어에서는 거의 같은 뜻으로 사용되었다. 흥미로운 것은 짐승이나 물고기 따위를 세는 의존명사가 중세국어에는 '마리'가 아니라 '머리'였다는 점이다. '마리'가 단위성 의존명사로 쓰이게 되는 17세기가 '머리'와 '마리'의 용법이 분화되는 하나의 이정표가 되지만, 여전히 '머리'와 '마리'는 19세기까지 의미의 중복이 계속되었다. 20세기 이후에는 현대국어와

같은 의미의 분화가 이루어졌다. '머리'와 '마리'는 모음조화에 의한 교체 형태이기 때문에 어원적으로는 어느 한 형태로 귀결되어야 한다. 그러나 어느 형태가 원조인가에 대해서는 확실한 단서가 없다.

[三] 현대국어에서 '머리'와 '마리'는 용법이 다르다. '마리'는 집승이나 물고기, 벌레 따위를 세는 단위성 의존명사이지만, 중세국어에서는 '머리'와 같은 뜻으로 사용되었기 때문이다. 즉 『석보상절(釋譜詳節)』(1447)의 '太子ㅣ 왼 소ᄂᆞ로 마리ᄅᆞᆯ 자ᄇᆞ시고 發願ᄒᆞ샤ᄃᆡ', 『내훈(內訓)』(1475)의 '大夫人이 어엿비 너겨 마리ᄅᆞᆯ 갓ᄀᆞ실ᄊᆡ' 등에서 '마리'는 현대국어 '머리'에 해당한다. 더욱 흥미로운 것은 짐승이나 물고기 따위를 세는 의존명사가 중세국어에는 '마리'가 아니라 '머리'였다는 점이다. 『월인천강지곡(月印千江之曲)』(1447)에 '열 머리 龍ᄋᆞᆯ 내니(열 마리 용을 만들어내니)'라고 하여 '머리'가 단위성 의존명사로 사용되었음을 잘 보여 준다. '마리'가 현대국어 용법과 같이 단위성 의존명사로 사용된 용례는 『병자일기(丙子日記)』(1636)에 '두 마리 조긔'에서 처음 확인할 수 있다. 단위성 의존명사의 용법이 '마리'에 부여된 17세기가 '머리'와 '마리'가 갈리는 하나의 이정표가 되지만, 여전히 '머리'와 '마리'는 19세기까지 의미의 중복이 계속되었다. 19세기의 문헌인 『이언(易言)』(1875)에 '통일 텬하 ᄒᆞ시미 남ᄌᆞᄂᆞᆫ 마리ᄅᆞᆯ 싹게 ᄒᆞ시고(통일 천하 하심에 남자는 머리를 깎게 하시고)'에서 '마리'는 현대국어라면 '머리' 또는 '머리털'에 해당하기 때문이다. 20세기 이후에는 현대국어와 같은 의미의 분화가 이루어졌다.

[원] 마리/머리[頭, 首]

[변] 마리/머리> 머리

[예] • 太子ㅅ 마리ᄅᆞᆯ 塔애 ᄀᆞ초ᅀᆞᄫᆞ니(월인천강지곡 56)
- 마리와 손톱과ᄅᆞᆯ 바혀(석보상절 6-44)
- ᄲᅳ리 짓ᄂᆞᆫ 그른 즈믄 마리오(敏捷詩千首, 두시언해-초간 21-42)
- 龍ᄋᆞᆯ 지ᅀᅳ니 머리 열히러니(석보상절 6-32)
- 出家ᄂᆞᆫ 집 ᄇᆞ리고 머리 갓ᄀᆞᆯ씨라(월인석보 1-17)
- 열 머리 龍ᄋᆞᆯ 내니(월인천강지곡 161)

머리맡 [명] 누웠을 때의 머리의 옆이나 윗자리. 침상(枕上).

[一] 현대국어에서 '맡'은 단독으로 쓰이지 않지만, 중세국어에서 '맡'은 '마당'이란 뜻의 명사로 사용되었다. '머리맡'은 '머리[頭]+맡[場]'으로 분석된다.

[원] 머리[頭]+맡[場]

[변] 머리맡

[예] • 마ᄐᆞᆯ 다오매 굼긔 개야미 어엿비 너기고(築場憐穴蟻, 두시언해-초간 7-18)

• 부텨와 難陀와ᄂᆞᆫ 머리마ᄐᆡ 셔시고(월인석보 10-10)

☞ 마당

먹 [명] 벼루에 물을 붓고 갈아서 글씨를 쓰거나 그림을 그리는 데 쓰는 검은 물감. 아교를 녹인 물에 그을음을 반죽하여 굳혀서 만듦.

[一] 중세국어 형태도 '먹'이다. '먹'은 고유어로 인식되고 있지만, 이 말은 한자 '墨(묵)'의 한어 고음(漢語古音)인 [mək]에서 온 것이다.

[二] 15세기 문헌인 『능엄경언해(楞嚴經諺解』(1461)의 '世界옛 ᄯᅡᄒᆞᆯ ᄀᆞ라 먹 ᄆᆡᆼᄀᆞ라(世界의 땅을 갈아 먹 만들어)'에서 '먹'이란 말이 쓰이고 있음을 확인할 수 있다. 이 말에 해당하는 한자(漢字) 표기가 없기 때문에 고유어처럼 인식되지만, 실상은 중국어 '墨'에서 온 말이다. 특히 16세기의 『훈몽자회(訓蒙字會)』(1527)에 '먹 믁(墨)'이라고 하였다. 이것은 한자어 '믁(墨)'과 이에 대한 새김인 '먹'이 한자어와 고유어처럼 대비를 이루어 사용되고 있음을 말해 주는 것이다. 한자 '墨'은 중세국어 한자음이 '믁'이며, 근대국어 시기에 원순모음화를 거쳐 현대국어 한자음으로는 '묵'으로 읽는다.

[三] 중세국어 한자음은 대체적으로 중국의 당대(唐代) 한자음을 기반으로 하여 형성된 것으로 보고 있다. 중국어에 있어서 한자음의 역사를 '상고음, 중고음, 근고음, 근대음, 현대음' 등으로 구분한다면, 여기에서 중세국어 한자음의 기반이 된 당대(唐代)의 한자음은 중고음(中古音)에 해당한다. 상고음은 대개 B.C. 3세기 이전의 한자음이다. 중국에서 '墨'의 한자음은 상고음에서 중고음에 이르는 동안 큰 변화가 없었던 것으로 알려져 있으며, 일반적으로 [mək]으로 추정되고 있다. 그러므로 한자 '墨'에서 생긴 국어 한자음이 역사적으로 '먹'과 '믁'이라면, '먹'은 옛날 음이고 '믁'은 새로운 음이다. 한자 '墨'과 같은 운(韻)에 '德'과 '得'이 있다. 특히 '德'과 '得'은

반절이 '多則切'로서 같으므로, 중세국어 한자음에서도 같아야 정상이다. 그러나 중세국어 한자음으로 '德'은 '덕'이고, '得'은 '득'이다. 여기에서도 '德/덕'은 옛날 한자음이고, '得/득'은 새로운 음이다. 그러므로 '墨[mək]'에 대하여 '먹'이라는 고음(古音)과 이후에 생긴 '믁'이라는 신음(新音)이 국어 한자음의 역사에 따라 달리 있었던 것이다. 다만 '德/덕'은 한자음으로 계속 유지되었지만, '墨'의 옛날 한자음인 '먹'은 새로운 한자음인 '믁'에 밀리면서, 한자음의 지위를 잃고 고유어화하는 새로운 길로 들어선 것이다.

[원] (漢語)墨

[변] 墨[mək]> 먹

[예] • 먹이 다ᄋᆞ거든(능엄경언해 1-5)
• 먹 믁(墨, 훈몽자회 상-34)

먹다 [동] 귀가 들리지 않게 되거나, 코가 막히다.

[一] '귀가 먹다, 코가 먹다' 등의 '먹다'는 '食[식/먹다]'의 뜻이 아니라, '塞[색/막다]'의 뜻이다. 그러므로 이 경우의 '먹다'는 '막다[塞]'와는 모음 교체에 의한 파생 관계로 보아야 한다. '(귀가) 먹다'와 '(밥을) '먹다'는 동음이의어(同音異義語)이다.

[원] 먹/막[塞]+다

[변] 먹/막다> 먹다

[예] • 귀 머그니와(능엄경언해 7-43)
• 고 머근 놈(사성통해 상-5)

먼지 [명] 가늘고 보드라운 티끌.

[一] '먼지'의 중세국어 형태는 '몬ᄌᆡ'이며, 이 말은 '몬[?]+ᄌᆡ[灰]'로 분석된다. '몬ᄌᆡ'의 'ᄌᆡ'가 현대국어 '재'의 중세국어 형태인 'ᄌᆡ [灰]'인 것은 분명하지만, '몬'의 어원을 확인하기 어렵다.

[二] 근대국어 문헌에 나타나는 '몬(物, 동언해)'이란 말은 '물건(物件)'이란 뜻이었는데, '몬ᄌᆡ'의 '몬'과 관련이 있을 가능성이 있다.

[원] 몬[?]+ᄌᆡ[灰]

ⓥ 몬지 > 몬지 > 먼지

ⓔ • 몬지 무티시고(석보상절 1 1-21)

　• 몬지(埃, 한불자전 245)

멀다[멀ː다][머니, 멀어] ⓕ 눈이 보이지 않게 되다.

⊟ '눈이 멀다'할 때의 '멀다'는 '遠[원/멀다]'의 뜻이 아니라, '粗濁[조탁/거칠고 흐리다]'의 뜻이다. 이것은 현대국어 '거칠다'에 해당하는 중세국어 '멀텁다'의 존재로부터 알 수 있다. '멀터이 보미라(능엄경언해 2-7), 멀텁고 흐리며(麤濁, 능엄경언해 1-42)' 등에서 '멀텁다'의 의미를 확인할 수 있다. 그러므로 '눈이 멀다'는 '눈이 흐릿하게 되어 잘 보이지 않다'가 원래의 뜻이라는 것을 알 수 있다.

ⓦ 멀[粗濁]+다

ⓥ 멀다

ⓔ • 눈 머니 아롬 업숨 ᄀᆞᄒᆞ니(금강경언해 88)

멋 ⓝ 차림새, 행동, 생김새 등이 세련되고 아름다움. 격에 어울리게 맵시가 있거나 운치있는 맛.

⊟ 근대국어에 '멋'이란 말이 쓰였다. 이 말은 중세국어 '맛[味]'의 모음조화에 의한 교체형이며, 형태 분화에 의하여 기본적인 '맛[味]'의 의미에서 '세련된 취향이나 아름다움'을 뜻하는 '멋'으로 의미가 전이되었다는 것을 알 수 있다.

⊟ 국어의 역사에서 어원적으로 가능한 모음의 교체는 양성모음과 음성모음의 교체만 인정된다. 즉 'ᆞ : 으, 아 : 어, 오 : 우' 등의 모음조화에 의한 교체에 의하여 의미상으로 유연성(有緣性)이 있는 어휘의 분화가 일어날 때에 모음 교체를 인정하는 것이다. '늙다 : 낡다, 쟉다 : 젹다, 녹다 : 눅다' 등이 이러한 경우에 해당된다.

ⓦ 맛[味]

ⓥ 맛 > 멋

ⓔ • 마ᄉᆞᆫ 뜯 마시라(味意味也, 능엄경언해 6-56)

　• 우리 멋대로 사괴여(화음방언자의해 하-17)

멍석 명 날실은 새끼로 하고 씨실은 짚으로 하여 엮은 큰 자리. 흔히 곡식을 너는
데 씀.

囗 '멍석'의 근대국어 형태는 '멍셕'이다. 이 말은 고유어로 처리되고 있지만, 한자어
'網席(망셕)'에서 모음 교체를 통하여 형태가 변화된 것으로 보는 것이 옳을 것이다.

囗 '網席'을 중세국어 한자음으로 읽으면 '망셕'이다.

卿 網席(망셕)

卿 網席(망셕)> 멍셕> 멍석

卿 • 보리 멍셕 싀 날리기(만언사)

메리야스 명 면사나 모사로 신축성 있고 촘촘하게 짠 직물(내의, 장갑, 양말 따위
를 만듦).

囗 '메리야스'는 에스파냐어 'medias'에서 온 말이다. 에스파냐어 'medias'는 원래
'양말(洋襪)'을 뜻하는 말이었으며, 나아가 '신축성 있는 직물(織物)'을 뜻하게 되었
다. 'medias'에서 '메리야스'가 된 것은 모음 사이에서 'ㄷ'이 'ㄹ'로 바뀌는 음운 현
상을 반영한 것이다.

囗 한어(漢語)에서 'medias'를 '莫大小'라고 번역하여 차용한 것은 음상을 고려하
면서 신축성 있는 직물의 성격을 나타낸 것이다.

卿 (에스파냐어)medias[襪]

卿 medias> 메리야스

메밀 명 마디풀과의 한해살이풀. 잎은 삼각형의 심장형이고 초가을에 흰 꽃이 피
며, 세모진 열매는 가루를 내어 먹고, 줄기는 가축의 먹이로 씀.

囗 '메밀'의 중세국어 형태는 '모밀'이다. 중세국어 '모밀'은 근대국어에서 한자어로
'木麥(목맥)'이라고 하므로, 중세국어 '모밀'은 '木+밀[小麥]'의 어원적 구조를 갖는
말이다. '木(목)'이 '모'로 발음되는 것은 '木瓜'를 '모과'로 발음하고, '木棉'을 '무명'
으로 발음하는 것과 같으며, 아마도 '木'의 한어(漢語) 근대음 [mu]에서 온 것으로
생각된다.

囗 '모밀'의 어원을 '뫼[山]+밀[小麥]'에서 찾는 경우도 있다.

圁 현대국어 '메밀'은 '모밀'에서 변화한 형태로 보기 어렵기 때문에 '뫼[山]+밀[小麥]'에 그 어원이 있다고 하는 것이 합리적이다. 이렇게 되면 중세국어(또는 메밀의 방언)의 '모밀'과 현대국어 '메밀'은 비록 같은 사물을 지칭하는 말이지만, 어원을 달리하고 있으므로, 두 가지의 어원으로 처리하는 것이다.

逺 ① 木+밀[小麥] ② 뫼[山]+밀[小麥]

逻 ① 木밀> 모밀 ② *뫼밀> 메밀

逽 • 蕎麥者 吾東乃以此物名之曰 木麥 方言云 毛密(아언각비 1)

　　• 모밀(蕎麥, 사성통해 하-13)

☞ 메벼, 모과, 모시

메벼 圐 차지지 않고 메진 벼.

逜 '메벼'의 근대국어 형태는 '뫼벼'이며, 이 말은 '뫼[山]+벼[稻]'로 분석된다.

逺 뫼[山]+벼[稻]

逻 뫼벼> 메벼

逽 • 뫼벼(粳, 유씨물명고 3)

메아리 圐 골짜기나 산에서 소리를 지르면 잠시 후에 되울려 나는 소리.

逜 중세국어 문헌에서 '뫼ᅀᅡ리'의 형태로 처음 나타난다. 반치음 'ᅀ'은 16세기에 소실되었으므로, 17세기 문헌에서는 '뫼아리'가 되었다. 19세기에 '메아리'가 나타나 현대로 이어졌다. '뫼아리'가 19세기에 '메아리'가 된 것은 당시에 '뫼'는 [mwe]로 발음되었기 때문일 것이다. 양순음 'ㅁ' 다음에서 원순 반모음 [w]는 변별력이 약화되기 때문에 19세기의 상황에서 '뫼아리'는 발음이 비슷한 '메아리'가 될 수 있다. 중세국어의 '뫼ᅀᅡ리'는 어원적으로 '뫼ㅎ[山]+살-[生]+-이'로 이루어진 말이다. '뫼ㅎ+살-+-이'에서 'ㅎ' 종성은 자음 앞이므로 자연 탈락하게 되고, 반모음 'ㅣ[j]' 다음에서 'ㅅ'이 'ᅀ'으로 약화된다. 그리고 받침의 'ㄹ'이 연철되면 15세기의 형태 '뫼ᅀᅡ리'가 된다. 중세국어에서 '뫼ᅀᅡ리'는 대개 현대국어와 같은 뜻으로 사용되었지만, '산의 정령(精靈)'이란 뜻으로도 사용되어, '산에서 사는 이'라는 어원적 의미가 드러나 있다.

☶ 15세기 문헌인 『월인석보(月印釋譜)』(1459)의 '響은 뫼ᅀᅡ리니'에서 '뫼ᅀᅡ리'의 형태로 처음 나타난다. 반치음 'ㅿ'은 16세기에 소실되었으므로, 17세기의 문헌에 'ㅿ'이 탈락한 '뫼아리'가 나오는 것은 당연한 일이다. 18세기에 '뫼아리'와 함께 나타나는 '뫼왈'은 제1 음절 '외'의 영향으로 '아'가 '와'로 바뀌고, 여기에 접미사 '-이'를 분리시키면서 나타난 표기이다. 19세기에 현대국어와 같은 '메아리'가 『한불자전(韓佛字典)』(1880)에 나타난다. '뫼아리'가 '메아리'가 되는 것은 간단히 처리할 문제가 아니다. 왜냐하면 근대국어 후기 이전이라면 '뫼'의 발음은 [moj]이고, '메'는 [məj]로서 차이가 크기 때문이다. 근대국어 후기 이후에 '뫼'는 단모음 [mø]이거나, 아니면 [mwe]로 바뀌었다. '메'는 근대국어 후기 이후부터는 단모음화된 [me]로 발음되었다. '뫼아리'가 19세기에 '메아리'가 된 것은 당시에 '뫼'는 [mwe]로 발음되었기 때문일 것이다. 양순음 'ㅁ' 다음에서 원순 반모음 [w]는 변별력이 약화되기 때문에 19세기의 상황에서 '뫼아리'는 발음이 비슷한 '메아리'가 될 수 있는 것이다.

☵ 중세국어 '뫼ᅀᅡ리'는 어원적으로 '뫼ㅎ[山]+살-[生]+-이'로 이루어진 말이다. '뫼ㅎ[山]+살-[生]+-이'의 어원적 의미는 '산에 사는 것'이므로, 이 말은 동화와 같은 상상력이 결부되어 만들어진 말임을 알 수 있다. 예부터 산에 가깝게 살았던 우리나라 사람들은 울려 되돌아오는 소리를 산속에 사는 사람의 목소리로 생각하고 싶었던 모양이다. '뫼ㅎ+살-+-이'에서 'ㅎ' 종성은 자음 앞이므로 자연 탈락하게 되고, 반모음 'ㅣ[j]' 다음에서 'ㅅ'이 'ㅿ'으로 약화된다. 그리고 받침의 'ㄹ'이 연철되면 15세기의 형태 '뫼ᅀᅡ리'가 된다.

㉞ 뫼[山]+살[生]+이(접사)

㉗ *뫼살이> 뫼ᅀᅡ리> 뫼아리> 메아리

㉖ • 듣논 소리 뫼ᅀᅡ리 ᄀᆞᆮᄒᆞ야(월인석보 2-53)

　• 뫼ᅀᅡ리ᄂᆞᆫ 나ᄌᆡ 갈맷도다(山精白日藏, 두시언해-초간 15-9)

　• 뫼아리(響應聲, 역어유해보 5)

메우다 ㈜ 구멍이나 빈 곳을 채워 메게 하다.

☶ '메우다'의 중세국어 형태는 '메우다/몌오다'이다. 이 말은 '몌[塡, 充]+오/우(사동접사)+다(어미)'로 분석된다.

囯 중세국어 '몌다'는 현대국어 '메다'에 이어지며, '목이 메다, 가슴이 메다' 등과 같이 '막히다[塡, 充]'의 의미이다.

㉮ 몌[塡, 充]+오/우(사동접사)+다(어미)

㉯ 메우다/메오다> 메우다/메오다> 메우다

㉰ • 마새 몌우ᄂᆞ니라(以充味, 능엄경언해 8-105)

　• 내 다 ᄦᅳ히 몌오ᄃᆡ 시혹 ᄃ리룰 ᄆᆡᆼᄀᆞᆯ며(我皆平塡或作橋梁, 능엄경언해 5-68)

　• 술윗 기르믈 몌오ᄃᆡ(구급방언해 하-5)

　• 보셕에 금 젼 메워 바근 곳갈와(번역박통사 상-45)

메조 圀 알이 굵고 빛이 노르며 끈기가 적은 차지지 않고 메진 조.

囯 '메조'의 근대국어 형태는 '뫼조'이며, 이 말은 '뫼[山]+조[粟]'로 분석된다.

㉮ 뫼[山]+조[粟]

㉯ 뫼조> 메조

㉰ • 뫼조(粟, 유씨물명고 3)

메주 圀 무르게 삶은 콩을 찧어, 뭉쳐서 띄워 말린 것. 간장, 된장, 고추장을 담그는 원료임.

囯 중세국어 문헌에서 '며주'와 '며조'의 형태를 확인할 수 있다. 17세기 문헌에서는 '며조'와 함께 '몌조'가 등장하는 것이 특징이다. 17세기 당시에 '몌'의 발음은 [mjəj]이므로, 반모음 'ㅣ[j]'가 음절 말에 첨가된 것인데, 첨가의 음운적 원리는 분명하지 않다. 18세기의 문헌에는 '몌조'만 나타난다. 19세기에는 단모음화한 '메죠, 메쥬, 메주' 등이 등장하였다. 20세기에는 '며쥬, 메주'가 나타나지만, 결국은 '메주'가 표준의 지위를 차지하였다.

囙 16세기 문헌인 『훈몽자회(訓蒙字會)』(1527)에 '며주'가 나오며, 『구황촬요(救荒撮要)』(1554)의 '스이스이 며조ᄭᆞ룰 녀허 ᄃᆞᄆᆞ면 쟝이 도외여 ᄯᅩ흔 됴ᄒᆞ니라(사이사이 메줏가루를 넣어 담그면 장이 되어 또한 좋다)'에서는 '며조'의 형태를 확인할 수 있다. 16세기의 '며조'는 17세기 문헌에서는 '며조'와 함께 '몌조'가 등장하는 것이 특징이다. 17세기 당시에 '몌'의 발음은 [mjəj]이므로, 반모음 'ㅣ[j]'가 음절 말에 첨가된 것인데, 첨가의 음운적 원리는 분명하지 않다. 18세기의 문헌에는 '몌조'만 나타난다. 19세기에는 옛 형태인 '며조'도 나타나지만, 단모음화한 '메죠, 메쥬, 메주' 등이 등장하였다. 이미 이시기에는 '에'가 단모음 [e]로 발음되었으며, 'ㅈ'은 경구개음이었으므로, '죠, 쥬'는 실제 발음에서 '조, 주'와 구분되지 않았다. 20세기에는 '며쥬, 메주'가 나타나 '며조'를 잇는 '며쥬'의 생명력인 돋보이기도 했지만, 결국은 '메주'가 표준의 지위를 차지하였다.

[三] 『계림유사(鷄林類事)』(1103)는 고려에 사신으로 왔던 중국 송나라의 손목(孫穆)이 지은 것으로, 고려 시대의 풍습, 제도, 언어 따위를 소개한 책이다. 여기에서 '醬曰 密祖'라고 하였는데, 한자음을 이용한 표기인 '密祖'는 지금의 '메주'를 가리키는 것으로 이해되고 있다. '메주'의 어원은 '장(醬)'을 뜻하는 만주어 'misun'에서 찾는 경우도 있으나(劉昌惇 1973: 51), 확실한 것은 아니다.

[원] ① 며주/며조[豉] ② (만주어)misun[醬]

[변] 며주> 며조/메ᄌᆞ/몌조> 메주

[예] • 며주(醬麴, 훈몽자회 중-21)

• 며조 ᄯᅴ우다(유씨물명고 3)

• 호쵸와 메ᄌᆞ를(여사서언해 3-22)

• 몌조ᄅᆞᆯ 올ᄒᆡ 어들 ᄃᆡ 업더니(박통사언해 중-17)

메지다 [형] 밥, 떡, 반죽 따위가 끈기가 적다. 차지지 않다.

[一] '메지다'는 어원적으로는 '뫼[山]+디[落]+다(어미)'에서 온 것이다.

[二] 중세국어의 'ᄎᆞᆯ'에는 이미 '차지다[粘]'의 의미가 있으므로, 접미사 '-디다'가 연결되어 '차진 성격을 지닌'의 형용사 어휘로 파생된 것이 가능하고 당연하다. 그러나 '뫼ᄡᆞᆯ'의 어원이 '뫼[山]+ᄡᆞᆯ[米]'인 것에서 알 수 있는 바와 같이 '메'의 중세국어 형태인 '뫼'는 '산(山)'을 뜻하는 말이므로, 원래부터 '찰기가 없는'의 뜻을 지닌 말이 아니다. 그러므로 중세국어나 근대국어에서 '뫼디다, 뫼지다, 메지다' 등과 같은 파생어가 나타날 수 없는 것이다.

[三] '밥, 떡, 죽 따위가 끈기가 적다. 차지지 않다.'의 뜻을 가진 현대국어의 '메지다'는 '찹쌀 : 차지다 = 멥쌀 : X'의 등식 관계에 의하여 현대국어에서 조어(造語)된

어휘이다. 그러므로 어휘 형성의 선후 관계에 의하면, 메진 쌀이기 때문에 '멥쌀'인 것이 아니라, 멥쌀이 차지지 않아서 '메지다'란 말이 새로 생겼다고 하는 것이 옳다. 즉 '멥쌀'의 '메'는 본래 '산(山)'의 의미였지만, 시간이 지나면서 그 의미가 모호해지고, 다시 '멥쌀'의 식물학적 성격에 의하여 '차지지 않는'이라는 '메'의 의미가 새롭게 부여되면서, 접사 '-지다'의 연결에 의하여 '메지다'가 조어된 것이다. 현대국어에서 접미사로 분류되는 '-지다'는 중세국어의 동사 '디다[落]'에서 온 말이다.

원 뫼[山]+디[落]+다(어미)

변 *뫼디다> 메지다

☞ 멥쌀, 차지다

멥쌀 몡 메벼에서 나온, 끈기가 적은 쌀. 경미(粳米).

[이] '멥쌀'의 중세국어 형태는 '뫼ᄡᆞᆯ'이며, 이 말은 '뫼[山]+ᄡᆞᆯ[米]'로 분석된다. 그러므로 어원적으로는 '산에서 나는 쌀'이란 뜻이다.

[삼] '뫼ᄡᆞᆯ'에서 'ᄡᆞᆯ'의 어두 초성인 'ㅂ'이 앞말의 받침으로 내려가 '뫼ᇡᆞᆯ'이 되고, 다시 '뫼'의 단모음화와 'ㅇ'의 변화, 그리고 경음화를 거쳐 '멥쌀'이 된 것이다.

원 뫼[山]+ᄡᆞᆯ[米]

변 뫼ᄡᆞᆯ> *뫼ᇡᆞᆯ> 멥쌀

예 • 뫼ᄡᆞᆯ 경(粳, 훈몽자회 상-12)

☞ 메지다

며칠 몡 몇째 되는 날. 몇 날.

[이] '며칠'의 중세국어 형태는 '며츨, 며츨'이다. 이 말은 '몇[幾]+을/ᄋᆞᆯ(접사)'로 분석된다.

[삼] 접미사 '-을/-ᄋᆞᆯ'은 '이틀, 사ᄋᆞᆯ, 나ᄒᆞᆯ, 열흘' 등에서 추출되는 '을/ᄋᆞᆯ'과 같은 말이며, '날[日]'을 의미하는 고유어이다.

[삼] 현대국어 '며칠'의 어원을 '몇[幾]+日(일)'로 오해하는 경우도 있다. 그러나 '몇+日(일)'이라면 그 발음이 '며칠'이 아니라 [면닐]이 되어야 하며, 아울러 중세국어 형태도 '며츨/며츨'인 것을 고려하면 이와 같은 어원설이 잘못이라는 것을 쉽게 알 수

있다. '日'의 중세국어 한자음은 '싈'이며, 이후 반치음(ㅿ)의 탈락을 거쳐 '일'이 되지만, 고유어처럼 인식되는 어휘에서는 '삼질, 명질' 등에서와 같이 '질'로 바뀌기도 하였다.

四 '며츨'에서 '며칠'이 되는 것은 경구개 자음인 'ㅊ' 다음에서 '으'가 '이'로 바뀌는 전설모음화에 의한 것이다.

㉿ 몇[幾]+을/울(접사)

㉿ 몇을/몇울 > 며츨/며츨 > 며칠

㉿ • 며츠를 셜웝ᄒ리러뇨(번역박통사 상-75)

　　• 내 요ᄉᄉ이 도로 가고쟈 ᄒ니 며츳나리 됴ᄒ고(번역노걸대 하-71)

　　• 오늘이 몃츨고(今日幾, 박통사신석언해 2-58)

멱살 圐 ① 사람의 멱 아래의 살. 또는 그 부분. ② 목 아래에 여민 옷깃.

二 '멱'은 '목의 앞쪽'을 가리키므로, '멱살'은 어원적으로 '목의 앞쪽에 있는 살'을 뜻한다. 근래에는 '멱살을 잡다'라고 하는 것이 주로 목의 앞쪽에 여민 옷깃을 잡는 것을 말하기 때문에 '멱살'이 '목 아래에 여민 옷깃'의 뜻도 지니게 되었다.

三 현대국어 '멱'에 해당하는 중세국어는 '멱'과 '며개'가 있었으며, '살'에 해당하는 중세국어 형태는 '솔ㅎ'이다. 중세 및 근대국어에는 '멱 잡다'란 말이 관용구로 쓰였다.

㉿ 멱[頸]+살[肉]

㉿ *멱솔ㅎ > 멱살

㉿ • 如意ᄂᆞᆫ 며개예 如意珠 이실 씨라(석보상절 13-11)

　　• 禪床이 ᄂᆞ려 멱 잡고 니ᄅ샤ᄃᆡ(남명집언해 하-16)

명질 圐 민속적으로 해마다 일정하게 지키어 즐기는 날. 설, 단오, 한가위 등.

二 '명질'의 중세국어 형태는 '명싈'이며, 이 말은 한자어 '名日'이다.

三 '名日'을 중세국어 한자음으로 읽으면 '명싈'이며, 이후에 '싈'은 고유어처럼 인식되는 경우 '질'이 되기도 하고, 표준적인 한자음의 변화에 따르면 한자어 '명일'이 된다.

[원] 名日

[변] 名日(명실)> 명질

[예] • 솔 시므고 名日이어든 사ᄒᆞᄅᆞᆯ 밥 아니 먹더라(삼강행실도 효-24)

명태(明太) [명] 대구과의 바닷물고기. 몸의 길이는 40~60cm이며, 등은 푸른 갈색, 배는 은빛을 띤 백색이다. 몸이 길고 등지느러미가 세 개 있다. 눈과 입이 큰데 아래턱이 위턱보다 길다. 맛이 담백하고 어획량이 많아 중요한 수산 자원 가운데 하나이다. 한류성 어류로 한국 동해안, 오호츠크해, 베링해, 아메리카 서해안, 일본 북부 연해 등지에 분포한다. 명태어. 태어.

[一] 이 고기의 이름은 옛 문헌에서 '無泰魚, 明太魚, 明鮐魚' 등으로 기록하였다. 19세기의 문헌에서는 한자어 '명태(明太)'를 찾을 수 있어서 '어(魚)'라는 말이 붙지 않은 '명태'를 확인할 수 있다. '명태(明太)'라는 이름의 유래에 대해서는 함경북도 명천(明川) 사람인 태씨(太氏)가 처음으로 이 고기를 잡았기 때문에 '明太(명태)'라고 불렀다는 것이 널리 알려져 있으나, 이와 같은 어원은 민간에 퍼진 이야깃거리를 수집한 것이어서 그대로 믿기가 어렵다. 이 고기를 부르는 다른 이름 중에서 '북어(北魚), 동태(凍太), 황태(黃太)' 등이 가장 일반적이다.

[二] 『신증동국여지승람(新增東國輿地勝覽)』(1530)의 '경성도호부(鏡城都護府)' 편에 '신증(新增)'하면서 '無泰魚'를 올렸고, 『곤륜집(昆侖集)』(1725)에는 '漁夫日捉明太魚'라고 하여 '明太魚'를 기록하였다. 19세기의 『국한회어(國漢會語)』(1895)에는 한자어 '명태(明太)'를 올려 '어(魚)'가 붙지 않은 '명태'를 확인할 수 있다. 그러므로 이 고기는 일찍부터 우리의 식탁에 올랐던 것으로 생각된다. '명태(明太)'라는 이름의 유래에 대해서는 함경북도 명천(明川) 사람인 태씨(太氏)가 처음으로 이 고기를 잡아서 '明太(명태)'라고 불렀다는 것이 널리 알려져 있다. 19세기에 조재삼(趙在三)이 편찬한 『송남잡지(松南雜識)』, 이유원(李裕元)이 편찬한 『임하필기(林下筆記)』 등에 이러한 어원이 기록되어 있다. 그러나 아무래도 '명태'에 대한 이와 같은 어원은 민간에 퍼진 이야깃거리를 수집한 것이어서 그대로 믿기가 어렵다. 그런데 1820년경에 서유구(徐有榘)가 저술한 『난호어목지(蘭湖漁牧志)』는 어류(魚類)에 관해 자세히 기록한 책인데, 여기에서는 명태를 '명태어(明鮐魚)'로 기록하였다.

그리고 앞에서 소개한 '無泰魚'를 참조하면, '명태'는 한자어 이름 '태(鮐, 太, 泰)'와 일차적 관련이 있음을 알 수 있다. 특히 '無泰魚'를 참조하면 명천의 '태씨(太氏)' 이야기는 근거가 없음을 알 수 있다.

[三] 이 고기를 부르는 다른 이름 중에서 '북어(北魚)'와 '동태(凍太)'가 가장 일반적이다. 명태의 말린 것을 대개 '북어'라고 하지만, 실상은 이 고기가 한류성 어종으로서 북쪽에서 나는 고기이기 때문에 붙여진 이름이며, '동태'는 문자 그대로 얼린 명태인 것이다. 얼어서 부풀어 올라 더덕처럼 마른 북어를 '황태(黃太)'라고 하는 것은 빛깔이 누렇다고 하여 붙여진 이름이다.

[원] 명태[未詳]

[변] 명태

[예] • 無泰魚(신증동국여지승람)

• 明太(곤륜집)

• 明鮐魚(난호어목지)

모과 [명] 모과나무의 열매. 목과(木瓜).

[一] 중세국어 형태도 '모과'이다. 이 말은 한자어 '木瓜'에서 온 말이며, '木'이 '모'로 발음된 것은 한어 근대음(漢語近代音)의 영향을 받았을 것으로 생각된다. '木'의 한어 근대음은 [mu]이다.

[원] (漢語)木瓜

[변] 木瓜[mukwa]> 모과

[예] • 모과 달힌 믈(煎木瓜湯, 구급간이방 2-56)

☞ 무명

모금 [의] 물이나 술 따위가 입 안에 머금는 분량.

[一] '모금'의 중세국어 형태는 '머굼'이며, 이 말은 '먹[食]+움(접사)'의 구조로 분석된다.

[三] '머굼'이 '모금'이 되는 것은 양순음 'ㅁ' 다음에서 '어'가 원순 모음화에 의하여 '오'가 되고, 일반적인 명사형 접사(또는 어미) '-음'에 견인된 까닭이다.

[원] 먹[食]+움(접사)

[변] 머굼> 모금

[예] • 그 아비 죽거늘 믓 머굼도 아니 먹고(삼강행실도 효-14)

모꼬지 [명] 놀이나 잔치 그 밖의 일로 여러 사람이 모임.

[一] '모꼬지'의 중세국어 형태는 '몯ᄀᆞ지'이다. 17세기에도 '몯ᄀᆞ지'는 그대로 표기되지만, 받침에서 'ㄷ'과 'ㅅ'이 분간되지 않음에 따라 '못ᄀᆞ지'란 표기도 등장하고, 특히 'ᆞ'가 'ㅗ'로 바뀐 '몯고지'가 나타나 현대의 형태를 예고하였다. 20세기에 '모꼬지'가 되어 현대로 이어졌다. 중세국어 '몯ᄀᆞ지'는 '몯-+ᄀᆞᆽ-+-이'로 이루어졌다. '몯-'은 '모이다'의 뜻을 가진 중세국어 '몯다'의 어간이고, 'ᄀᆞᆽ-'은 '갖추다'의 뜻을 가진 중세국어 'ᄀᆞᆽ다'의 어간이다. 그러므로 '몯ᄀᆞ지'는 두 동사로 이루어진 합성어 '몯ᄀᆞᆽ-'에 접미사 '-이'가 결합된 것이다. 어원적 의미는 '모여 갖추는 일', 또는 '모임을 갖추는 일' 정도가 될 것이다.

[二] 16세기 문헌인 『번역소학(飜譯小學)』(1517)의 'ᄯᆞ리 婚姻ᄒᆞᆫ 몯ᄀᆞ지예 녀러 와셔(딸이 婚姻한 잔치에 다녀와서)'에서 '몯ᄀᆞ지'의 형태로 처음 나타난다. 17세기에도 '몯ᄀᆞ지'는 그대로 표기되지만, 받침에서 'ㄷ'과 'ㅅ'이 분간되지 않음에 따라 '못ᄀᆞ지'란 표기도 등장하고, 특히 'ᆞ'가 'ㅗ'로 바뀐 '몯고지'가 나타나 현대의 형태를 예고하고 있다. 'ᆞ'가 'ㅗ'로 바뀐 것은 제1 음절의 'ㅗ'에 제2 음절의 'ᆞ'가 동화를 입었기 때문이다. 19세기에 '못고지'와 함께 나타난 '몯거지'는 돌출적이다. 아마도 '몯다[會]'와 'ᄀᆞᆽ다[備]'에 의한 이 말의 어원적 유연성이 사라지면서, 제2 음절의 발음이 동요를 입었을 것으로 생각된다. 20세기에 발음에 충실한 '모꼬지'가 되면서 현대로 이어졌다. 이미 16세기에 '몯ᄀᆞ지'는 어원적 의미에서 발전하여 '잔치'의 의미로 쓰였다. 특히 '혼인(婚姻)'과 결합하여 '婚姻 몯ᄀᆞ지'란 표현이 눈에 띈다. '婚姻 몯ᄀᆞ지'는 '혼인 잔치'란 뜻이다.

[三] 현대에서 '모꼬지'란 말은 거의 사라질 뻔하였다. 그러다가 1980년대 이후 대학가에서 외래 풍조를 배제하려는 의도로 '엠티(MT, membership training)'라는 외래어 대신에 사용하기 시작하여 '모꼬지'란 말은 신조어처럼 급속도로 확산되었다. 이 말의 확산이 용이했던 것은 역설적으로 '모꼬지'의 쓰임이 일상에서 그만큼 희미

해진 까닭이다. 대학가에서 '연합엠티'를 단순하게 '연합잔치'라고 했다면 신선한 맛
이 없어서 성공하기가 어려웠을 것이다.

㉫ 몯[集]+곷[具備]+이(접사)

㉫ 몯ㄱ지> 못ㄱ지> 모꼬지

㉐ • 두어 둘 마닉 ᄯ리 婚姻ᄒᆞᆫ 몯ㄱ지예 녀러와셔(번역소학 10-17)
　　• 남잡히 허비ᄒᆞ야 못ㄱ지ᄒᆞ야(경민편언해 20)

모내기 ⓜ 모를 못자리에서 논으로 옮겨 심는 일. 이앙(移秧). 모심기.

㉠ 이 말은 우선 '모[苗]+나[出]+이(사동접사)+기(명사화 접사)'의 구조로 분석된다.

㉡ '모[苗]'의 어원을 한자 '苗(묘)'에서 왔다고 보면, '모내기'의 어원 분석은 '苗
(묘)+나[出]+이(사동접사)+기(명사화 접사)'로 소급되지만 확실하지는 않다.

㉫ 모[苗]+나[出]+이(사동접사)+기(접사)

㉫ 모내기

모닥불 ⓜ 잎나무나 검불 따위를 모아 놓고 피우는 불.

㉠ 근대국어 후기의 문헌에 '모닥불'로 처음 나타나므로 역사적인 유래는 깊지 않아
보인다. 그러나 북한에서 쓰는 말에 '무덕불'이 있는 것을 보면, '모닥불'의 유래도
깊다고 생각된다. 이 말은 쉽게 생각하여 '모이다'의 옛말인 '몯다'의 어간 '몯-'에 접
미사 '-악'과 '불'이 결합한 것으로 풀이하는 것이 보통이다. 그러나 이러한 어원 풀
이는 '무덕불'을 고려할 때 재고되어야 할 것이다. 현대국어 '무더기'는 중세국어 '무
적'으로 소급된다. 이 말들의 의미는 예나 지금이나 '한데 수북이 쌓였거나 뭉쳐 있
는 더미나 무리'를 뜻한다. '무더기'는 일차적으로 '무덕+-이'로 이루어진 말이므로,
'무덕+불'은 자연스러운 결합이다. 즉 '무덕불'은 '검불이나 잎나무 같은 것을 무더
기로 모아 놓고 태우는 불'인 것이다. '모닥불'은 '무덕불'에서 모음 교체에 의해 파
생된 말이다.

㉢ 19세기 문헌인 『한불자전(韓佛字典)』(1880)이나 『국한회어(國漢會語)』 등에 '모
닥불'로 처음 나타나므로 역사적인 유래는 깊지 않아 보인다. 그러나 북한에서 쓰
는 말에 '무덕불'이 있는 것을 보면, '모닥불'의 유래도 깊다고 생각된다. 이 말은 쉽

게 생각하여 '모이다'의 옛말인 '몯다'의 어간 '몯-'에 접미사 '-악'과 '불'이 결합한 것으로 풀이하는 것이 보통이다. 그러나 이러한 어원 풀이는 '무덕불'을 고려할 때 재고되어야 한다. 특히 접미사 '-악'은 동사 어간에 바로 붙는 일이 없다는 것도 염두에 두어야 한다. '-악'은 '뜨락(뜰+악), 무르팍(무릎+악), 아낙(안+악)' 등에서 알 수 있는 바와 같이 명사에 연결되는 접미사이다. 현대국어 '무더기'는 중세국어 '무적'으로 소급된다. 이 말들의 의미는 예나 지금이나 '한데 수북이 쌓였거나 뭉쳐 있는 더미나 무리'를 뜻한다. '무더기'는 일차적으로 '무덕+이'로 이루어진 말이므로, '무덕+불'은 자연스러운 결합이다. 즉 '무덕불'은 '검불이나 잎나무 같은 것을 무더기로 모아 놓고 태우는 불'인 것이다. '무더기'가 첩어가 되면 명사나 부사로 쓰이는 '무더기무더기'가 된다. 이 말이 모음 교체에 의해 작은말이 되면 부사로만 쓰이는 '모다기모다기'가 되어 '자잘한 무더기가 여기저기 있는 모양'을 나타낸다. 이와 같은 모음 교체에 의해 어감이 분화되는 것은 국어의 역사에서 매우 활발하게 일어난 어휘 증식의 방식이다. 그러므로 '모닥불'은 '무덕불'에서 모음 교체에 의해 파생된 말이라고 해야 한다. '무덕불'에서 바로 '모닥불'이 나왔는지, 아니면 '모다기모다기'와 같은 말이 생긴 이후에 '모닥불'이 되었는지는 알 수 없다.

㉙ 무덕/모닥[積]+불[火]

㉛ 무덕불/모닥불> 모닥불

㉚ • 모닥불(한불자전 247)

모두 몡 일정한 수효나 양에서 빠짐이 없는 전체. 끰 일정한 수효나 양을 한데 합하여.

㉠ '모두'의 중세국어 형태는 '모도'이다. 이 말은 '몯[集]+오(부사화 접사)'의 구조로 분석된다.

㉡ 부사화 접사 '오'의 음성모음 형태가 '우'이며, 현대국어 '모두'는 음성모음 형태의 접사가 연결된 것이다.

㉙ 몯[集]+오(부사화 접사)

㉛ 모도> 모두

㉚ • 攝은 모도 디닐 씨라(월인석보 서-8)

모든 [관] 빠짐이나 남김없이 전부의. 여럿을 다 합친.

[一] '모든'의 중세국어 형태는 일반적으로 '모ᄃᆞᆫ'이나, 예외적으로 '모든'도 나타난다. 이 말은 '몯[集]+ᄋᆞᆫ/은(관형사형 어미)'의 구조로 분석된다.

[원] 몯[集]+ᄋᆞᆫ/은(관형사형 어미)

[변] 모ᄃᆞᆫ/모든> 모든

[예] • 모ᄃᆞᆫ 사ᄅᆞᆷ과 六師왜 보고 ᄀᆞ마니 몯 이셔(석보상절 9-30)

• 모든 션븨 일후믈(번역노걸대 상-4)

모란 [명] 미나리아재빗과의 낙엽 활엽 관목. 중국 원산. 관상용으로 재배하는데, 잎은 크며 늦봄에 여러 겹의 붉고 큰 꽃이 핌. 뿌리의 껍질은 약재로 씀.

[一] 중세국어 형태도 '모란'이다. 이 말은 한자어 '牡丹(모단)'에서 온 것이다. 한자어 '牧丹(목단)'에서 왔다고 하는 것은 잘못이다.

[二] '牡丹(모단)'에서 '모란'이 되는 것은 '道場(도댱)'에서 '도량'이 되는 것과 같이 모음 사이에서 'ㄷ'이 'ㄹ'로 바뀐 설측음화 현상에 의한 것이다.

[원] (漢語)牡丹

[변] 牡丹> 모단> 모란

[예] • 계피 두 량과 모랎 불휘 ᄒᆞᆫ 량(구급간이방 2-44)

• 모란(牡丹, 역어유해 하-39)

모래무지 [명] 잉엇과의 민물고기. 모래 위나 속에서 사는데, 몸길이는 15cm 정도. 은백색으로 홀쭉하고 머리가 큰 편이며, 등과 옆구리에 황갈색 반점이 있고 배 쪽은 흼.

[一] 16세기 문헌에서 '몰애부리'로 나오는 것이 최초이다. 17세기의 근대국어 문헌에서는 '모래므디'로 나타나며, 18세기 문헌에는 구개음화된 '모래무지'가 등장하여 현대의 형태와 같아졌다. 19세기에는 '모ᄅᆡ무지'인데 발음을 기준으로 '모래무지'와 형태가 다르지 않다. 중세국어의 '몰애부리'는 '몰애[沙]+불-[吹]+-이'에 의하여 만들어진 말이다. 문제는 근대국어 형태인 '모래므디'이다. 이 말이 '모래+므디'로 분석

되는 것은 당연하지만, 이 물고기가 모래에 묻히는 습성을 이름에 반영했다면, '므디'가 아닌 '무디'가 되어야 하기 때문이다. 양순음 아래에서 '으'가 '우'로 바뀌는 원순 모음화는 대체적으로 17세기 말엽에 이루어진 것으로 알려져 있다. '모래므디'가 17세기 말엽의 문헌에 나오므로, '모래무디'와 '모래므디'는 서로 변별되지 않는다. 이에 따라 '모래므디'의 표기가 나타났다고 생각된다. 중세국어의 '몰애부리'는 이 물고기가 모래를 주둥이로 부는 습성에 따라 붙여졌다면, 근대국어의 '모래므디'는 이 물고기가 모래에 묻히는 습성에 의하여 붙여진 것이다.

[三] '모래무지'와 직접 관련된 형태는 17세기 문헌인 『역어유해(譯語類解)』(1690)에 나오는 '모래므디'이다. 이보다 이전의 문헌에서 이 물고기를 가리키는 말은 16세기 문헌인 『시경언해(詩經諺解)』(1588)의 '물명(物名)'에 나오는 '몰애부리'이다. 18세기 문헌에는 구개음화된 '모래무지'가 등장하여 현대의 형태와 같아졌다. 19세기에는 '모릐무지'인데 발음을 기준으로 '모래무지'와 형태가 다르지 않다. 이 물고기의 생태를 보면 모래 속에 몸을 숨기고 있다가 모래를 입으로 부는 습성이 있다. 그러므로 중세국어 '몰애부리'는 '몰애[沙]+불-[吹]+-이'에 의하여 만들어진 말이라는 것을 알 수 있다. 현대국어의 동사 '불다'는 15세기부터 형태의 변화가 없이 쓰이고 있다. 문제는 '모래므디'이다. 이 말이 '모래+므디'로 분석되는 것은 당연한 것이지만, 후부 요소 '므디'의 어원에 대한 것이다. 이 물고기가 모래에 묻히는 습성을 이름에 반영했다면, '므디'가 아닌 '무디'가 되어야 하기 때문이다. 양순음 아래에서 '으'가 '우'로 바뀌는 원순 모음화는 대체적으로 17세기 중엽 이후에 이루어진 것으로 알려져 있다. 『역어유해(譯語類解)』(1690)의 편찬 시기는 '므'와 '무'의 변별성이 중화되는 시기이므로, '모래무디'를 '모래므디'로 표기했다고 할 수 있다. 그래도 '묻다[埋]'를 '믇다'로 표기한 문헌 용례가 없기 때문에 단언할 수는 없다.

[원] ① 몰애[沙]+불[吹]+이(접사) ② 몰애[沙]+묻[埋]+이(접사)

[변] 몰애부리> 모래므디> 모래무지

[예] • 몰애부리(鯊, 시경언해 물명 15)
• 모래므디(역어유해 하-38)

모밀 [명] '메밀'의 방언.

☞ 메밀

모습 몡 사람의 생긴 모양. 사물의 드러난 모양.

⊟ '모습'은 고유어로 알려져 있지만, 한자어 '貌襲(모습)'에 그 어원이 있다는 견해가 있다(박홍준 1964. 11.). 중세국어나 근대국어에 '모습'이란 단어가 나타나지 않으므로, 한자어일 가능성이 높다고 생각된다.

㉿ 貌襲(모습)

㉻ 貌襲> 모습

모시 몡 모시풀 껍질의 섬유로 짠 피륙. 저포(紵布). '모시풀'의 준말.

⊟ 중세국어 형태도 '모시[苧]'이다. 이 말은 한어(漢語) '木絲'에서 온 말이다.

⊟ '木絲'의 한어 근대음은 [musi]이며, 중세국어의 '모시'는 한어(漢語)를 차용한 것이다.

㉿ (漢語)木絲

㉻ 木絲[musi]> 모시

㉞ • 삼과 모시를 자ᄇᆞ며(내훈-선조 3-3)
　• 모시 뎌(苧, 훈몽자회 상-9)

모으다 동 흩어져 있는 것을 한데 합치다.

⊟ '모으다'의 중세국어 형태는 '모토다'이며, 이 말은 '몯[集]+호(사동 접사)+다(어미)'로 분석된다.

⊟ '몯호다[모토다]'에서 받침 'ㄷ'이 탈락하여 근대국어 형태 '모호다'가 되며, 이어서 'ㅎ'의 약화와 모음의 이화(異化)를 거쳐 현대국어 '모으다'에 이른다.

㉿ 몯[集]+호(사동 접사)+다(어미)

㉻ 몯호다[모토다]> 모호다> 모으다

㉞ • 모토고 아풀브터 쏜 노토다(금강경삼가해 5-2)
　• 여러 관원들을 챠일 아ᄅᆡ 모호고(삼역총해 4-5)

모자라다 동형 어떤 표준에 미치지 못하다.

一 15세기의 중세국어 문헌에서 '모ᄌ라다'의 형태로 처음 나타난다. 16세기 문헌에는 어원적 형태인 '몯ᄌ라다'를 보여 주며, 20세기에는 'ㄹ'이 중첩된 '모잘라다'도 나타나지만, '모ᄌ라다'의 형태가 꾸준히 계승되어 현대국어 '모자라다'로 이어졌다. '모ᄌ라다'는 어원적으로는 '몯[不能]+ᄌ라[充足]+다(어미)'로 분석된다. '몯'의 받침 'ㄷ'은 치음 'ㅈ' 앞에서 탈락하여 '모ᄌ라다'가 된 것이다. '몯'은 현대국어의 '불능(不能)'을 뜻하는 부사 '못'의 중세국어 형태이다. 어간이 '평성-평성'인 중세국어 'ᄌ라다'는 '넉넉하다'의 뜻을 가진 형용사이다. 그러므로 중세국어의 '모ᄌ라다'는 어원적으로 '불능(不能)'을 뜻하는 '몯'에 '넉넉하다'의 뜻을 가진 'ᄌ라다'가 결합된 것이다. 그러므로 어원적인 의미는 '족하지 않다' 또는 '넉넉하지 않다'에 해당한다.

二 15세기 문헌인 『월인석보(月印釋譜)』(1459)의 '오히려 모ᄌ라디 아니 ᄒ리어니(오히려 모자라지 아니하니)'에서 '모ᄌ라다'의 형태로 처음 나타난다. 16세기 초기 문헌인 『이륜행실도(二倫行實圖)』(1518)에는 어원적 형태인 '몯ᄌ라다'를 보여 주며, 20세기에는 'ㄹ'이 중첩된 '모잘라다'도 나타나지만, '모ᄌ라다'의 형태가 꾸준히 계승되어 현대국어 '모자라다'로 이어졌다. 중세국어에서 'ᄌ라다'의 어간 'ᄌ라'는 성조가 '거성-거성'인 것이 있고, 성조가 '평성-평성'인 것이 있다. 어간이 '거성-거성'인 'ᄌ라다'는 '점점 커지다'의 뜻을 가진 동사이며, 어간이 '평성-평성'인 'ᄌ라다'는 '넉넉하다'의 뜻을 가진 형용사이다. 그러므로 『분류두공부시언해(초간본)』(1481)의 '프른 믌겨리 쯤겨 尺度ㅣ ᄌ라도다(蒼波噴浸尺度足, 푸른 물결이 뿜어져 尺度가 넉넉하도다)'에서 'ᄌ라다'는 한자 '足(족)'에 해당하여 '넉넉하다, 족하다'로 풀이된다. 현대국어에서도 후자에 해당하는 '자라다'가 있으나, 문학 작품에서나 가끔 볼 수 있을 뿐이며 실제 언어생활에서는 거의 사용되지 않는다. 다만 현대국어에서는 '까치발을 해야 겨우 선반에 손이 자란다'의 '자라다'는 '어떤 것에 미치거나 닿다'에 해당하는 동사이고, '돈이 자라다'는 '돈이 넉넉하다'의 뜻이므로 이 경우의 '자라다'는 형용사이다. 그러므로 중세국어의 '모ᄌ라다'는 어원적으로 '불능(不能)'을 뜻하는 '몯'에 '넉넉하다'의 뜻을 가진 'ᄌ라다'가 결합된 것이다. 그러므로 어원적인 의미는 '족하지 않다' 또는 '넉넉하지 않다'에 해당한다.

옌 몯[不能]+ᄌ라[充足]+다(어미)

[변] 몯ᄌᆞ라다> 모ᄌᆞ라다> 모자라다

[예] • 기론 찻 므리 모ᄌᆞ랄씨(월인석보 8-92)

• 虛空ᄋᆞᆫ 몯ᄌᆞ란 ᄡᅡ 업스며(칠대만법 15)

목구멍 [명] 입 안의 깊숙한 안쪽. 곧, 기관(氣管)이나 식도(食道)로 통하는 곳. 인후(咽喉).

[一] '목구멍'의 중세국어 형태는 '목구무'이며, 이 말은 '목[頸]+구무[穴]'로 분석된다.

[二] 현대국어 '구멍'의 중세국어 형태는 '구무'이므로, '구무'에서 '구멍'으로 변했다고 하기보다는 접사가 연결된 '구무/굼[穴]+엉(접사)'의 구조로 분석하는 것이 옳다. 국어에서 '앙/엉'은 '마당, 바탕, 구렁, 시렁' 등에서 볼 수 있는 바와 같이 명사를 파생시키는 접사이다.

[三] 근대국어에 '목구멍'과 함께 '목궁'이란 형태도 나타난다. '목궁'이란 형태는 '목구멍'에서 축약된 형태일 것이다.

[원] 목[頸]+구무[穴]

[변] 목구무> 목구무+엉(접사)> 목구멍

[예] • 목 아래 목구무 마ᄌᆞᆫ ᄃᆡ(구급간이방 2-72)

• 목구멍과 목을 딜너(무예도보통지언해 20)

목로주점(木壚酒店) [명] 목로를 차려 놓고 술을 파는 집. 목로술집. 목롯집.

[一] '목로(木壚)'는 선술집에서 술잔을 놓기 위하여 쓰는, 널빤지로 좁고 기다랗게 만든 상이다.

[二] '목로주점(木壚酒店)'이란 말은 1877년에 발표된 에밀 졸라(Emile Zola, 1840~1902)의 소설 'L'Assommoir'가 국어에서 '목로주점'으로 번역되면서 낭만적인 색채로 널리 쓰이게 되었다. 프랑스어 'Assommoir'는 '선술집'이란 뜻이며, 일본에서는 'L'Assommoir'를 'いざかや(居酒屋)'로 번역하였다.

☞ 선술집

목숨 [명] 숨을 쉬며 살아 있는 힘. 살아가는 원동력. 명(命). 생명.

▣ 중세국어 형태도 '목숨'이며, 이 말은 '목[頸]+수/쉬[息]+ㅁ(명사화 접사)'의 구조로 분석된다.

▣ '숨을 쉬다'에서 '숨'과 '쉬다'의 어원적 관계를 밝히는 것이 문제이다. '꿈을 꾸다'에서는 '꿈'은 '꾸다'의 파생 명사인 것을 쉽게 확인할 수 있으나, '숨'과 '쉬다'는 모음 차이로 인하여 설명이 필요하기 때문이다. 아마도 '*수다[息]'라는 동사에서 'ㅅ' 다음의 '우'가 전설모음화하여 '쉬다'가 되었다고 하는 것이 이치에 맞는 알기 쉬운 설명일 것이다.

⊗ 목[頸]+수[息]+ㅁ(명사화 접사)

⊎ 목숨

⊜ • 命終은 목숨 ᄆᆞ출 씨라(석보상절 6-3)

목청 뎡 후두의 중앙부에 위치한 소리를 내는 부분. 성대(聲帶). 목에서 울려 나오는 소리. 노래 부르는 목소리.

▣ 중세국어에 '목[頸]'과 '청[膜]'이란 말이 사용되었으므로, '목청'은 중세국어 형태를 기준으로 하여 '목[頸]+청[膜]'의 구조로 분석된다.

▣ 현대국어에서 '청'은 '목청'의 준말로 사용되는 것이 보통이지만, '膜은 누네 낀 청이라(원각경언해 하-3)'에서 알 수 있는 바와 같이 '膜(막)'을 뜻하는 말이었다. 현대국어에서도 '귀청, 대청' 등에서는 일반적인 '膜(막)'의 의미로 쓰인다.

⊗ 목[頸]+청[膜]

⊎ 목청> 목청

몸매 뎡 몸의 맵시.

▣ 중세국어(또는 근대국어)에 '몸[身]'과 'ᄆᆡ[貌]'라는 말이 각각 단일어로 사용되었으므로, '몸매'는 중세국어 형태를 기준으로 '몸[身]+ᄆᆡ[貌]'로 분석된다. '몸ᄆᆡ'는 '몸의 모양'이란 뜻이다.

⊗ 몸[身]+ᄆᆡ[貌]

⊎ 몸ᄆᆡ> 몸매

⊜ • 모맷 病 업스샤ᄃᆡ(용비어천가 102장)

• 믜온 미룰 아니코 됴혼 례ᄒ더니(계축일기 189)

☞ 맵시

몸살 ⟨명⟩ 몹시 피로하여 일어나는 병.

☐ 어원적으로 이 말은 '몸[身]+煞(살)'에서 왔을 것으로 생각된다.

☐ 한자어 '살(煞)'은 국어에서 '살을 맞다, 살이 끼다, 살이 나가다, 살이 붙다, 살이 세다' 등에서 알 수 있는 바와 같이 다양한 관용구를 이루어 쓰이면서 마치 고유어 처럼 인식되는 말이다.

⑨ 몸[身]+煞(살)

⑪ 몸살

몸피 ⟨명⟩ 몸통의 굵기.

☐ 근대국어 문헌에서 '몸픠'라는 말을 말을 확인할 수 있으며, 이 말이 현대국어 '몸 피'로 바뀌었다. 근대국어에서 '몸픠'는 '둘레[圍]'라는 의미로 쓰였으므로 '몸체나 몸통의 굵기'를 뜻하는 현대국어 '몸피'와 의미의 큰 차이는 없다. '몸픠'는 우선 '몸+ 픠'로 분석되므로, 어원 풀이의 요점은 '픠'의 정체를 밝히는 데에 있다. 중세국어에 '프다'라는 동사는 현대국어의 '펴다, 풀다'에 해당하는 말이다. '몸픠'의 '픠'는 '프 다'의 어간 '프-'에 명사를 만드는 접미사 '-ㅣ'가 연결된 것이다. 그러므로 이 말은 어떤 몸체를 쫙 펴서 재면 둘레의 길이를 알 수 있다는 데서 만들어진 말이라는 것 을 알 수 있다. 현대로 오면서 의미가 약간 전이되어 '몸통(또는 몸체)의 굵기나 부 피'를 뜻하게 되었다.

☐ 17~18세기 문헌으로 추정되는 『태평광기언해(太平廣記諺解)』에 '몸픠 ᄒ 아룸 이나 ᄒ디라(圍一丈, 몸피가 한 아름이나 한지라)'에서 '몸픠'라는 말을 확인할 수 있으며, 이 말이 현대국어 '몸피'에 해당한다. 이 문헌에서 '몸픠'는 '둘레[圍]'라는 의미로 쓰였으므로 '몸체나 몸통의 굵기'를 뜻하는 현대국어 '몸피'와 의미의 큰 차 이는 없다. 근대국어 '몸픠'에서 '으' 모음이 탈락하여 현대국어 '몸피'가 되는 것은 자연스러운 음운 과정이지만, 탈락한 형태가 역사적인 문헌에서 확인되지는 않는 다. 근대국어 형태인 '몸픠'는 우선 '몸+픠'로 분석되므로, 어원 풀이의 요점은 '픠'의

정체를 밝히는 것이다. 중세국어에 '프다'라는 동사가 있다. 15세기 문헌인『월인석보(月印釋譜)』(1459)에 '마리롤 퍼 두퍼시눌'은 '머리털을 펴 덮었거늘'로 해석되며, 16세기 문헌인『속삼강행실도(續三綱行實圖)』(1514)의 '제 머리를 퍼'는 '자기의 머리를 풀어'로 해석된다. 그러므로 중세국어의 '프다'는 현대국어의 '펴다, 풀다'에 해당하는 말이다. '몸픠'의 '픠'는 '프다'의 어간 '프-'에 명사를 만드는 접미사 '-ㅣ'가 연결된 것이다. 어떤 몸체를 좍 펴서 재면 둘레의 길이를 알 수 있다는 데서 만들어진 말이라는 것을 알 수 있다. 현대로 오면서 약간 의미가 전이되어 '몸통(또는 몸체)의 굵기나 부피'를 뜻하게 된 것이다.

㉿ 몸[身]+프[展]+이(명사화 접사)

㉣ 몸픠> 몸피

㉠ • 몸픠 흔 아룜이나 흔디라(圍一丈, 태평광기언해 1-10)

몹시 ㉠ 더할 수 없이 심하게.

㉠ 이 말은 15세기 문헌에서 '모삑, 몹시'이다. 그러나 15세기의 '모삑, 몹시'는 '못 쓰게'의 뜻이므로 현대국어 '몹시'와는 의미 차이가 크다. 중세국어 '몹시'는 '몯 +쓰-+ㅣ'의 구조로 이루어진 말이다. '몯'은 '불능(不能)'을 뜻하는 현대국어 '못'의 중세국어 형태이며, '쓰다'는 현대국어 '쓰다[用]'의 중세국어 형태이다. 그리고 '-ㅣ' 는 부사를 만드는 접미사이다. 그러므로 '몯+쓰-+ㅣ'는 결합된 말 그대로 '못쓰게' 의 뜻으로 풀이된다. 18세기에 들어 '몹시'는 '못쓰게'의 의미를 떠나 '더할 수 없이 심하게'의 뜻으로 바뀌어 현대국어로 이어졌다.

㉢ 15세기 문헌인『삼강행실도(三綱行實圖)』(1471)의 '님금이 왼 사룸 쓰샤 샤직을 ᄒ마 몹시 밍ᄀ르실ᄉㅣ(임금이 그릇된 사람을 쓰시어 사직을 이미 못쓰게 만드셨으므로)'에서 중세국어의 '몹시'는 이 말이 만들어진 어원적인 구조에 충실한 의미이며, 18세기 이후에 의미가 바뀌기 시작하였다. 중세국어 '몹시'는 '몯+쓰-+ㅣ'의 구조로 이루어진 말이다. '몯'은 '불능(不能)'을 뜻하는 현대국어 '못'의 중세국어 형태이며, '쓰다'는 현대국어 '쓰다[用]'의 중세국어 형태이다. 그리고 '-ㅣ'는 부사를 만드는 접미사이다. 그러므로 '몯+쓰-+ㅣ'는 결합된 말 그대로 '못쓰게'의 뜻으로 풀이된다. 18세기에 들어 '몹시'는 '못쓰게'의 의미를 떠나 '더할 수 없이 심하게'의 뜻

으로 바뀌었다. 18세기 문헌인 『주생연사응진경언해(注生延嗣應進經諺解)』에 '싯진는 몹시 취ᄒᆞ는 죄악을 경계ᄒᆞ미라'는 '셋째는 몹시 취하는 죄악을 경계함이다'로 풀이되므로, 여기에서의 '몹시'는 현대국어 용법과 차이가 없음을 알 수 있다. 20세기에 '몹씨'로 표기된 경우가 있으나, '몹시'의 발음을 그대로 표기한 것이므로 형태의 변화가 생긴 것은 아니다.

[三] '몹시'는 어원적으로 '못 쓰게'의 뜻에서 출발하였으므로, 좋지 않은 상황에서 쓰이는 말이다. 그러므로 현대국어에서도 '몹시 안타깝다, 몹시 아프다' 등과 같은 표현은 적절하지만, '몹시 아름답다, 몹시 행복하다' 등과 같은 표현은 적절치 않다.

[원] 몯[不能]+ᄡᅳ[用]+ㅣ(명사화 접사)

[변] *몯ᄡᅵ> 모ᄡᅵ> 몹시

[예] • 社稷을 ᄒᆞ마 모ᄡᅵ ᄆᆡᆼᄀᆞᄅᆞ시릴ᄊᆡ(將危社稷, 삼강행실도 충-22)

• 샤직을 ᄒᆞ마 몹시 ᄆᆡᆼᄀᆞᄅᆞ실ᄉᆡ(삼강행실도 충-32)

• 몹시 삼긴 것(賤貨, 한청문감 8-34)

몽고(蒙古) [명] 중국 본토의 북쪽, 만주의 서쪽, 시베리아의 남쪽, 신장성 동쪽에 있는 지역. 몽골.

[一] 이 말은 'Mongol'의 한어 표기(漢語表記)인 '蒙古'를 국어 한자음으로 읽은 것이다.

[원] (몽골어)Mongol

[변] Mongol> (漢語)蒙古> 몽고

뫼 [명] 사람의 무덤. 묘(墓).

[一] '뫼'는 중세국어 '뫼ㅎ[山]'에 어원이 있다.

[二] 중세 및 근대국어에서 '뫼ㅎ/뫼'가 '무덤'의 뜻으로 사용된 문헌 용례를 확인할 수는 없다. 그러나 '무덤[墓]'을 '산소(山所)'라고 한 것을 참조하면 일찍부터 '뫼'의 의미가 '무덤'을 뜻했다는 것을 짐작할 수 있다.

[원] 뫼ㅎ[山]

[변] 뫼ㅎ> 뫼

[예] • 深山ᄋᆞᆫ 기픈 뫼히라(월인석보 1-5)

무[무:] [명] 십자화과의 한해살이 또는 두해살이의 재배 초본. 줄기의 높이는 60cm 정도이며, 봄에 담자색이나 흰 꽃이 줄기 끝에 핌. 뿌리는 빛이 희고 살이 많음. 잎과 뿌리는 중요한 채소이고 중앙아시아가 원산지임.

[어] '무'의 중세국어 형태는 '무ᅀᅮ'이다. 이 말은 한자어 '蕪菁'에서 왔을 가능성도 있지만, 확인하기 어렵다. 한자어 '무(蕪)'와 '수(菁)'는 모두 '순무'라는 뜻이며, 한어(漢語)의 '무청(蕪菁)'에 해당하는 말이다.

[원] 무ᅀᅮ[菁]

[변] 무ᅀᅮ> 무우/무오> 무

[예] • 겨ᅀᅳᆺ 무ᅀᅮ는 밥과 半이니(冬菁飯之半, 두시언해-초간 16-70)

• 무우 ᄏᆡ다(起蘿蔔, 역어유해 하-12)

• 쟝에 ᄃᆞᆷ은 무오(醬蘿蔔, 역어유해 상-52)

무겁다[무거우니, 무거워] [형] 무게가 많다.

[어] '무겁다'의 중세국어 형태는 '므겁다'이다. '므겁다'는 '믁[重]+업(형용사화 접사)+다'로 분석된다.

[원] 믁[重]+업(형용사화 접사)+다

[변] 믁업다> 므겁다> 무겁다

[예] • 목숨 므거버 손소 몯 죽노이다(월인천강지곡 142)

☞ 무게

무게 [명] 물건의 무거운 정도.

[어] '무게'는 어원적으로 단일어가 아니다. '무게'의 중세국어 형태는 '므긔'이며, 또한 형용사 '무겁다'의 중세 어형인 '므겁다'를 참조하면, 어근(語根) '믁[重]'을 추출할 수 있기 때문이다. 현대국어의 '묵직하다'도 같은 어근에서 파생된 말이다. 어원적으로 보면 현대국어 '무게'는 중세국어를 기준으로 '믁[重]+의(명사화 접사)'로 분석되는 파생어이며, '므긔'는 원순 모음화와 단모음화를 거쳐 '무게'가 되었다.

[二] 현대국어에서는 명사화 접사 '-이'와 부사화 접사 '-이'가 형태에 있어서 구분되지 않아서, '길다[長]'에서 파생된 명사 '길이'와 파생된 부사 '길이'의 형태가 같으나, 중세국어에서는 '길다'에서 파생된 명사는 '기릐(월인석보 9-53)'이고, 파생된 부사는 '기리(석보상절 11-3)'로서 차이가 있었다. 즉 중세국어에서는 형용사의 명사화 접사가 '-ᄋᆡ/-의'이고 부사화 접사는 '-이'였다.

[三] 중세국어에는 '므기다'란 동사가 있었으며, 그 의미는 '무겁게 하다'이다. 이 말은 '믁[重]+이(사동접사)+다'의 구조임이 분명하므로, 역시 어근 '믁'을 분간할 수 있다. 그러나 단독 형태 '믁'이 동사나 형용사의 어간이었다고 속단할 수는 없다. 고대로 소급할수록 명사와 동사(또는 형용사)의 형태가 구분되지 않는 경우가 많기 때문이다. '신[履]-신다, 배[腹]-배다[妊], 자ㅎ[尺]-자히다[尺量](재다), ᄒᆡ[太陽]-ᄒᆡ다[白](희다)' 등은 명사에서 동사나 형용사로 바로 전환되어 쓰이는 말들이다. 그러므로 어근 '믁[重]'은 명사, 동사, 형용사 등에서 원래 어떤 품사였는지 속단할 수 없다.

[원] 믁[重]+의(명사화 접사)

[변] 믁의> 므긔> 무게

[예] • 므긔 닐굽 돈(구급방언해 상-38)

☞ 무겁다, 묵직하다

무궁화(無窮花) [명] 아욱과의 낙엽 활엽 관목. 관상용이나 울타리용으로 심음. 높이 2~3m이며, 가지가 많음. 여름에 꽃이 피는데, 빛깔은 담자색, 백색, 자색, 홍색 등으로 다양함. 무궁화나무의 꽃. 한국의 국화(國花)임. 근화(槿花).

[一] 중세국어 형태도 '무궁화'이다. 그러나 이 말은 한자어 '無窮花'에서 온 것이 아니라, 한자어 '木槿花'의 한어 근대음(漢語近代音)을 차용하여 생긴 말이다. '木'의 한어 근대음은 [mu]이다.

[二] '무궁화'를 '無窮花'로 표기한 것은 단순한 취음 표기(取音表記)이지만, 중세국어 문헌에 '木槿 鄕名無窮花(향약집성방 3)'라고 하였으므로 그 표기의 유래가 깊다고 할 수 있다.

[원] (漢語)木槿花

[변] 木槿花> 무궁화

[예] • 무궁화(木槿花, 사성통해 상-55)

무꾸리 [명] 무당이나 판수 등에게 가서 길흉을 점치는 일.

[一] 중세국어에 '묻그리ᄒᆞ다'란 말이 쓰였으므로, '묻그리'를 중세국어의 명사로 삼을 수 있다. 이 말은 '묻다[問]'와 '그리다[畵]'의 합성에 의해 생긴 말이다.

[二] 중세국어 '묻그리ᄒᆞ다(上去平平去)'의 성조와 '묻다(上去)'와 '그리다(去平去)'의 성조를 비교하면 '묻그리ᄒᆞ다'의 어원이 이들 동사에서 왔음을 알 수 있다.

[三] '묻그리'는 어간 '묻그리'에 명사화 접사 'ㅣ'가 첨가된 형태로 이해하는 것이 좋을 것이나, '묻그리ᄒᆞ다'의 '리'가 상성이 아닌 평성이므로 문제가 된다. 그러므로 어간 '묻그리'가 그대로 명사가 된 것으로 처리해 둔다.

[원] 묻[問]+그리[畵]

[변] 묻그리(ᄒᆞ다)> 무꾸리

[예] • ᄆᆞᄉᆞ미 正티 몯ᄒᆞ야 됴쿠주믈 묻그리ᄒᆞ야 種種 즁ᄉᆡᆼ 주겨(석보상절 9-36)

무너뜨리다 [동] 무너지게 하다. 무너트리다.

[원] 믄흐[壞]+어(어미)+뜨리(강세 접사)+다(어미)

[변] 믄허뜨리다> 무너뜨리다

☞ 무너지다

무너지다 [동] 포개어 있거나 쌓인 물건이 허물어져 내려앉다.

[一] 중세국어 문헌에서 '믈어디다'의 형태로 처음 나타난다. 이 형태는 17세기까지 그대로 이어지지만, 16세기에는 'ㅎ'이 첨가된 '믈허디다'가 나타나고, 17세기에는 '믈어디다, 물허디다'와 함께 '믄허디다, 문허디다'가 등장하여 받침의 'ㄹ'이 'ㄴ'으로 바뀐 새로운 형태가 나타났다. 18세기와 19세기에도 '믈허디다'가 명맥을 유지하였으나, '문허디다, 문어지다, 무너지다' 등이 대세를 이루면서 현대의 '무너지다'로 이어졌다. 15세기에 '므르다'가 있으므로 '믈어디다'는 '므르-+-어+디-+-다'로 구성된 말임을 알 수 있다. 그런데 중세국어에 '므느다'란 말도 있었다. 이 말은 근대국어에 '믄흐다'의 형태로 나타나기도 하지만, 현대국어 '무느다'로 이어졌다. 그러므로

근대국어에 '믄허디다'가 나타난 것은 '믈어디다'에서 그대로 변한 형태라기보다는 '믄흐다'란 말을 토대로 재구성된 말이라고 해야 한다. 즉 '믄허디다'는 '믄흐+-어+디+-다'로 분석되며, 현대국어 '무너지다'로 이어진다.

㊂ 15세기 문헌인 『석보상절(釋譜詳節)』(1447)의 '須彌山이 믈어디며 四海 바닷 므리 여위오(須彌山이 무너지며 四海 바닷물이 마르고)'에서 '믈어디다'의 형태로 처음 나타난다. 이 형태는 17세기까지 그대로 이어지지만, 16세기에는 'ㅎ'이 첨가된 '믈허디다'가 나타나고, 17세기에는 '믈어디다, 물허디다'와 함께 '믄허디다, 문허디다'가 등장하여 받침의 'ㄹ'이 'ㄴ'으로 바뀐 새로운 형태가 나타났다. 18세기와 19세기에도 '믈허디다'가 명맥을 유지하였으나, '문허디다, 문어지다, 무너지다' 등이 대세를 이루면서 현대의 '무너지다'로 이어졌다. 15세기의 동사 또는 형용사인 '므르다'는 여러가지 뜻이 있다. '약하다, 부드럽다, 뒤떨어지다, 무르다' 등에 해당한다. 그러므로 '믈어디다'는 '므르+-어+디-+-다'로 구성된 말임을 알 수 있다. '디다'는 '지다[落]'의 중세국어 형태이다. 그런데 중세국어에 '므느다'란 말도 있었다. 그 의미는 '물러나다, 늦추다' 등의 뜻이며, 이 말은 근대국어에 '믄흐다'의 형태로 나타나기도 하지만, 현대국어 '무느다'로 이어졌다. 근대국어의 '믄흐다'는 '무너뜨리다'의 뜻에 해당한다. 그러므로 근대국어에 '믄허디다'가 나타난 것은 '믈어디다'에서 그대로 변한 형태라기보다는 '믄흐다'란 말을 토대로 재구성된 말이라고 해야 한다. '므르다'와 '므느다'의 두 형태가 어원적으로 관련이 있어 보이지만, 확실하게 같은 것이라고 말하기는 어렵다. 다만 중세국어의 '믈어디다'는 '므르다'를 기반으로, 근대국어의 '믄허디다'는 '므느다, 믄흐다'를 기반으로 이루어진 말인 것은 분명하다. 물론 현대국어 '무너지다'는 '믄허디다'를 기반으로 한 것이다.

㊅ ① 므르[退]+어(어미)+디[落]+다(어미)
　　② 믄흐[壞]+어(어미)+디[落]+다(어미)

㊇ 믈어디다> 믄허디다> 믄허지다> 문허지다> 문어지다> 무너지다

㊊ • 그 뫼히 흔 것도 업시 믈어디거늘(석보상절 6-31)
　　• 뎌 人間 墻壁을 보니 다 믄허뎌시니(박통사언해 상-10)
　　• 과뷔 셩 미틔 가 우니 셩이 믄허지고(여범 2)
　　• 문허질 퇴(頹, 왜어유해 하-36)

• 셩이 쟝ᄎ 문어짐이(여사서언해 4-27)

무녀리 뗑 한배의 새끼 중에서 맨 먼저 태어난 새끼.
㊀ 이 말은 '門(문)+열[開]+이(명사화 접사)'의 구조로 분석되며, 처음으로 어미의
문을 열고 나온 새끼라는 의미에서 생긴 말이다.
㊃ 門(문)+열[開]+이(명사화 접사)
㊧ 문열이> 무녀리

무논 뗑 물이 늘 있는 논. 물을 쉽게 댈 수 있는 논. 수전(水田). 수답(水畓).
㊀ 이 말은 '물[水]+논[畓]'의 구조에서 치경음 'ㄴ' 앞의 'ㄹ'이 탈락한 것이다.
㊃ 물[水]+논[畓]
㊧ 물논> 무논

무늬 뗑 물건의 거죽에 어룽진 형상이 나타난 모양. 직물이나 조각 등을 장식하기
위한 여러 가지 문양.
㊀ '무늬'의 중세국어 형태는 '문'이며, 이 말은 한자어 '紋(문)'이다. 현대국어의 '무
늬'는 '紋(문)'에 접미사 '-의'가 첨가된 형태이다.
㊃ 紋(문)+의(접사)
㊧ 紋(문)> 무늬
㊁ • 류쳥비쳇 무릅도리로 문흔 비단(번역노걸대 하-24)

무더위 뗑 찌는 듯한 더위. 증열(蒸熱). 증염(蒸炎). 증서(蒸暑).
㊀ 중세국어 형태를 기준으로 '무더위'는 '믈[水]+더뷔[暑]'로 분석된다. 현대국어
'더위'를 중세국어 형태로 분석하면 '덥[暑]+의(명사화 접사)'가 되므로, '무더위'는
'믈[水]+덥[暑]+의(명사화 접사)'의 어원적 구조로 소급된다.
㊂ '덥다'는 'ㅂ' 불규칙 동사이므로, 파생명사인 '덥+의'의 중세국어 형태는 '더븨'가
예상되지만, 원순모음화된 형태인 '더뷔'가 초기 형태이며, 이후에 'ㅸ'이 탈락한 '더
위'로 이어진다. '믈'의 받침 'ㄹ'은 치경음 'ㄷ' 앞에서 탈락한 것이다.

ⓦ 믈[水]+덥[暑]+의(명사화 접사)

ⓥ *믈덥의> *므더븨> *므더뷔> 무더위

☞ 더위

무덤 圐 송장이나 유골을 땅에 묻어 놓은 곳. 분묘(墳墓).

▣ 중세국어 형태도 '무덤'이며, 이 말은 '묻[埋]+엄(접사)'으로 분석된다.

ⓦ 묻[埋]+엄(접사)

ⓥ 묻엄> 무덤

ⓔ • 무더멧 神靈을 請ᄒ고(석보상절 9-17)

무덥다[무더우니, 무더워] 圗 찌는 듯이 덥다.

ⓦ 믈[水]+덥[暑]+다(어미)

ⓥ *믈덥다> *므덥다> 무덥다

ⓔ • 샷 긔우니 무더워 사ᄅ미 믄득 병호되(구급간이방 1-102)

☞ 무더위

무랍 圐 무당이나 판수가 굿을 하거나 물릴 때에, 귀신에게 준다고 물에 말아 던지는 밥. 물밥.

▣ '무랍'은 '믈[水]+밥[食]'의 구조에서 'ㅂ'이 약화되어 탈락한 형태이다.

ⓦ 믈[水]+밥[食]

ⓥ 믈밥> 믈밥> 물압> 무랍

무르다[무르니, 물러] 圗 굳은 물건이 푹 익거나 하여 녹실녹실하게 되다.

▣ '무르다'의 중세국어 형태는 '므르다'이다. 이 말은 '믈[水]+으(접사/첨가음)+다(어미)'의 구조로 분석된다.

ⓦ 믈[水]+으(접사/첨가음)+다(어미)

ⓥ 므르다> 무르다

ⓔ • 骨髓를 데워 므르게 홀 씨라(능엄경언해 8-103)

무명 명 무명실로 짠 피륙. 무명베. 목면(木綿). 면포(綿布). 백목(白木).

⊟ '무명'의 중세국어 형태는 '무면'이며, 이 말은 한어(漢語) '木棉[mumian]'의 근대음(近代音)을 부분적으로 차용한 말이다.

㋑ (漢語)木棉

㋥ 木棉[mumian]> 무면> 무명

㋐ • 쏘 굴근 무면 일빅 필와(麤木棉一白疋, 번역노걸대 하-69)

　• 의장과 무명을 훔쎄 가져가디 아니리 몯홀 거시라(동국신속삼강행실도 열-6-83)

무살 명 탄탄하지 못하고 물렁물렁하게 찐 살. 두부살.

⊟ '무살'은 '믈[水]+살[肉]'의 구조로 분석되며, 양순음 다음의 원순모음화와 치경음 'ㅅ' 앞의 'ㄹ' 탈락에 의하여 '무살'이 된 것이다.

㋑ 믈[水]+살[肉]

㋥ *믈살> *물살> 무살

무서리 명 늦가을에 처음 내리는 묽은 서리.

⊟ 근대국어 문헌에 '므서리'로 먼저 나타나고 이후에 '무서리'가 되어 현대국어로 이어졌다. '므서리'는 중세국어 형태를 기준으로 '믈[水]+서리[霜]'의 구조로 분석되며, 치경음 'ㅅ' 앞에서 'ㄹ'이 탈락하고, 'ㅁ' 다음에서 '으'가 원순 모음이 되어 '무서리'가 된 것이다.

⊟ 『역어유해(譯語類解)』에서 '므서리'에 해당하는 한어(漢語)는 '甜霜'이며, 『유씨물명고(柳氏物名考)』에는 '甜霜'을 '露如霜者'라고 하여 '서리 같은 이슬'이라고 풀이하였다. 이로써 보면 '무서리'는 이슬과 서리의 중간쯤에 해당하는 존재로 여겼음을 알 수 있다. '무서리'의 반대말은 '된서리'이다.

㋑ 믈[水]+서리[霜]

㋥ 믈서리> 므서리> 무서리

㋐ • 므서리(甜霜, 역어유해 상-2)

　• 무셔리(甜霜 露如霜者, 유씨물명고 5)

• 무서리 술이 되어 滿山을 다 勸ᄒ니(고시조, 가곡원류)

무섭다[무서우니, 무서워] 團 상대방의 위력에 눌려 마음이 약해져서 두렵다.
□ 현대국어의 동사 '무서워하다'에 해당하는 말은 중세국어 '므싀다'이며, 현대국어의 형용사 '무섭다'의 중세국어 형태는 '므싀엽다'이다. '므싀엽다'는 동사 '므싀다'에서 파생된 형용사이므로, '므싀[畏]+업(형용사화 접사)+다(어미)'의 구조로 분석된다.
□ '므싀+업+다'에서 반모음 'ㅣ [j]'가 첨가되어 '므싀엽다'가 되는 것은 '싀[mij]'의 하향 반모음 'ㅣ [j]'가 다음 음절에 이어서 발음되기 때문이다.
㉮ 므싀[畏]+업(형용사화 접사)+다(어미)
㉯ *므싀업다> 므싀엽다> 무섭다
㉰ • 므싀여본 이리 이셔도 고ᄌᆨᄒᆞᆫ ᄆᆞᅀᆞᄆᆞ로 뎌 부텨 念ᄒᆞ야(석보상절 9-24)
　　• 므싀여운 화ᄅᆞᆯ 能히 시울 엱디 몯ᄒᆞ니(威弧不能弦, 두시언해-초간 22-32)
☞ 매섭다

무소 團 코뿔솟과에 속하는 짐승의 총칭. 몸의 길이는 4m 정도, 높이는 1.2~2m. 보통 잿빛 갈색에 다리가 짧고 살갗은 두꺼우며 털이 적음. 코 위 또는 이마에 한두 개의 뿔이 있음. 남아시아에 3종, 아프리카에 2종이 있음. 코뿔소.
□ '무소'의 중세국어 형태는 '므쇼'이며, 이 말은 '믈[水]+쇼[牛]'의 구조로 분석된다.
□ 치경음 'ㅅ' 앞에서 'ㄹ'이 탈락하여 '므쇼'가 되고, 이후 원순모음화에 의하여 '무쇼'가 된 다음에 단모음화를 거쳐 현대국어 '무소'에 이른 것이다.
□ 현대국어에서 '무소'는 '코뿔소'에 해당하고, '물소'는 '수우(水牛, buffalo)'에 해당하여 의미 차이가 있으나, 중세국어의 '므쇼'는 두 종류의 소를 모두 지칭한다. 그러다가 근대국어에 들어서 전자의 '므쇼'는 '무쇼'가 되고, 후자의 '므쇼'는 '믈쇼'가 되어 의미의 차이에 따른 형태의 분화가 이루어졌다.
㉮ 믈[水]+쇼[牛]
㉯ *믈쇼> 므쇼> 무쇼> 무소

[예] • 므쇼 셔(犀, 훈몽자회 상-18)
• 므쇼(水牛, 우마양저염역병치료방 12)
• 무쇼 셔(犀, 왜어유해 하-23)
• 믈쇼(水牛, 역어유해보 48)
☞ 물소

무쇠 [명] ① 철에 2.0% 이상의 탄소가 들어 있는 합금. 빛이 검고 바탕이 연함(강철보다 녹기 쉬워 주조에 적합하므로 솥, 철관, 화로 등을 만드는 재료로 씀). ② 정신적으로나 육체적으로 굳건함의 비유.

[一] 근대국어 형태도 '무쇠'이며, 이 말은 어원적으로 '믈[水]+쇠[鐵]'로 분석된다. 치경음 'ㅅ' 앞에서 'ㄹ'이 탈락하여 '*므쇠'가 되고, 다시 원순모음화에 의하여 '무쇠'가 된 것이다.

[二] '무쇠'는 원래 '물처럼 무른 쇠'라는 뜻에서 만들어진 말이므로, 현대국어에서 '정신적으로나 육체적으로 굳건함'을 비유하는 말로 쓰이는 것은 어원적 의미에서 벗어난 것이다.

[원] 믈[水]+쇠[鐵]
[변] *믈쇠> *므쇠> 무쇠
[예] • 生鐵 무쇠 鐵漿 무쇠 담가 우린 믈(동의보감 탕액-3)

무수리 [명] 황샛과의 물새. 날개 길이 약 80cm, 부리 33cm 정도로, 키가 큼. 목은 굵은데 흰 깃털이 목도리 모양으로 둘렸음. 몸의 등 쪽은 흑갈색, 배는 흼. 개구리, 게, 물고기 등을 즐겨 잡아먹음.

[一] '무수리'의 중세국어 형태는 '므수리'이며, 이 말은 '믈[水]+수리[鷲]'의 어원적 구조로 분석된다. 근대국어에는 'ㄹ'이 탈락하지 않은 '믈수리'의 형태도 나타난다.

[二] 현대국어에서는 '무수리'와 '물수리'의 뜻이 다르다. 그러나 중세국어나 근대국어의 '므수리, 믈수리'는 특별한 구분 없이 이들 모두를 지칭하는 것으로 보인다.

[원] 믈[水]+수리[鷲]
[변] 믈수리> 므수리> 무수리

예 • 므수리 독(鵰, 훈몽자회 상-15)
　　• 므수리 츄(鷲, 훈몽자회 상-15)
☞ 물수리

무술 몡 제사 때에 술 대신으로 쓰는 맑은 찬물. 현주(玄酒).
⊟ '무술'은 '믈[水]+술[酒]'의 어원적 구조로 분석되며, 양순음 다음의 원순모음화와
치경음 'ㅅ' 앞의 'ㄹ' 탈락에 의하여 '무술'이 된 것이다.
웬 믈[水]+술[酒]
볜 *믈술> *물술> 무술

무엇 떼 이름이나 속내를 모르거나 작정하지 못한 사물을 이르는 부정칭 대명사.
⊟ '무엇'의 중세국어 형태는 '므스것'이다. 이 말은 '므스[何]+것[物]'으로 분석된다.
⊟ '므스것'에서 'ㄱ'이 탈락하여 '므스엇'이 되고, '으'가 탈락하여 '므섯'이 되며, 'ㅅ'
의 탈락에 의하여 '므엇'이 되었다가, 원순모음화에 의하여 현대국어 '무엇'이 된 것
이다.
웬 므스[何]+것[物]
볜 므스것> *므스엇> 므섯> 므엇> 무엇
예 • 므스거시 不足ᄒ료(석보상절 6-24)
　　• 므서시 사ᄅᆞᆷ ᄀᆞ톰이 이시리오(맹자언해-선조 13-4)
　　• 쪼 무어슬 求ᄒ여 얻디 몯ᄒ며(소학언해-선조 5-99)

무자위 몡 물을 높은 데로 끌어 올리는 기계. 양수기.
⊟ '무자위'의 중세국어 형태는 '믈자새'이다. 이 말은 '믈[水]+잣[汲]+애(접사)'의 구
조로 분석된다.
⊟ 중세국어에 '잣다'란 말이 단독으로 쓰인 용례가 없다. 'ᄌᆞ술 방(紡, 훈몽자회
하-19)'의 '겻다'와는 모음 차이가 있어서 같은 어원으로 볼 수 없다. 아마도 중세국
어에서는 '잣다[汲]'와 '겻다[紡]'의 어휘가 형태를 달리하여 따로 사용되었을 것으
로 생각된다. 그렇지만 실을 잣는 물레[紡車]와 물을 퍼 올리는 수차(水車)의 형태

와 기능이 유사하여 '잣다'와 'ᄌᆞᆺ다'의 어원적 관련성은 매우 높다고 생각된다.

[三] 현대국어에서 '잣다'는 '물을 긷다, 실을 뽑다'의 두 가지 의미를 모두 가지고 있다.

[원] 믈[水]+잣[汲]+애(접사)

[변] 믈자ᅀᅢ> 믈ᄌᆞᅀᆡ> 무자의> 무자위

[예] • 믈자ᅀᅢ 길(桔, 훈몽자회 중-15)

• 믈ᄌᆞᅀᆡ(水車, 한청문감 10-9)

• 무자의(水車, 유씨물명고 5)

무장(—醬) [명] 뜬 메주에 물을 붓고 2, 3일 후에 물이 우러나면 소금으로 간을 맞추어 3, 4일간 익힌 것. 다 익으면 동치미 무, 배, 편육 따위를 납작하게 썰어 섞는다. 담수장.

[一] 근대국어 문헌에 '무장'이 나타나며, 중세국어 형태를 기준으로 '믈[水]+醬(쟝)'으로 이루어진 말이다. '믈'은 치음 'ㅈ' 앞에서 'ㄹ'이 탈락하고, 'ㅁ' 다음에서 원순 모음이 되어 '무'가 되었고, 중세국어 한자음 '쟝(醬)'은 'ㅈ'이 경구개음이 됨에 따라 반모음 [j]가 탈락하여 '장'이 되었다.

[원] 믈[水]+醬(쟝)

[변] 믈쟝> 므쟝> 무장

[예] • 덜 쓰른 보리밥의 무장 ᄶᅧᆼ이 ᄒᆞᆫ 좀ᄌᆞ라(만언사)

무좀 [명] 백선균이나 효모균이 손바닥이나 발바닥, 특히 발가락 사이에 잘게 물이 잡히어 몹시 가려운 피부병.

[一] 이 말은 '믈[水]+좀[蠹]'의 구조에서, 양순음 다음의 원순 모음화와 'ㅈ' 앞의 'ㄹ' 탈락에 의하여 '무좀'이 된 것이다.

[원] 믈[水]+좀[蠹]

[변] *믈좀> *물좀> 무좀

무지개 [명] 비가 그친 뒤, 태양의 반대 방향에 반원형으로 길게 뻗쳐 나타나는 일곱 가지 빛의 줄. 대기 중의 물방울에 햇빛이 굴절 반사되어 일어남. 홍예(虹霓).

① 중세국어 문헌에 '므지게'로 나타난다. 중세국어 '므지게'는 '믈+지게'로 이루어진 말이다. '믈'은 현대국어 '물[水]'의 15세기 형태이며, '지게[戶]'는 현대국어 '지게문'에 해당하는 말이다. '지게문'은 옛날에는 그냥 '지게'였으며, 의미의 표현을 확실하게 하여 '문(門)'을 덧붙인 것이다. 그러므로 중세국어 '므지게'는 '물로 만들어진 지게문'이라는 어원적 의미를 갖는다. 어원적인 '믈+지게'의 구조에서 치음 앞의 받침 'ㄹ'이 탈락하는 것은 자연스러운 음운 현상이며, 17세기부터 나타나는 '무지게'는 양순음 'ㅁ' 다음에서 '으'가 '우'로 바뀐 것이다. '무지게'에서 '무지개'로 바뀌는 것은 모음 '에'가 '애'로 변한 것이며, 19세기에 '무지개'로 바뀌어 현대로 이어졌다.

② 15세기 문헌인 『석보상절(釋譜詳節)』(1447)의 '西方애 흰 므지게 열둘히 南北으로 ᄀᄅ 뻬여 잇더니(西方에 흰 무지개 열둘이 南北으로 가로 꿰어 있더니)'에서 '므지게'의 형태가 처음 나타난다. 17세기부터 나타나는 '무지게'는 양순음 'ㅁ' 다음에서 '으'가 '우'로 바뀐 것이며, 이러한 변화를 반영한 표기가 『산성일기(山城日記)』에 '무지게'로 나타난다. 『산성일기』는 병자호란(1636)과 관련된 일기이므로 제법 이른 시기의 원순 모음화를 보여 주는 표기이다. '무지게'에서 '무지개'로 바뀌는 것은 모음 '에'가 '애'로 변한 것이며, 19세기에 '무지개'라는 형태가 처음 나온다. 19세기에 모음 '에'와 '애'가 교체될 수 있었던 것은 '에'와 '애'가 단모음이 되어 서로 발음이 비슷해졌기 때문이며, 특히 변별력이 약한 제3 음절이기 때문에 모음 '에'와 '애'의 교체가 용이했다고 생각된다.

③ 중세국어 '므지게'는 '믈+지게'로 이루어진 말이다. '믈'은 현대국어 '물[水]'의 15세기 형태이며, '지게[戶]'는 현대국어 '지게문'에 해당하는 말이다. '지게문'은 옛날식 가옥에서, 마루와 방 사이의 문이나 부엌의 바깥문을 이르는 말이다. '지게문'은 옛날에는 그냥 '지게'였으며, 의미의 표현을 확실하게 하여 '문(門)'을 덧붙인 것이다. 그러므로 중세국어 '므지게'는 '물로 만들어진 지게문'이라는 어원적 의미를 갖는다. 무지개가 비 온 뒤의 수증기에 의하여 생기므로 '물'과 관련시켰으며, 무지개의 모양이 둥글게 반원형으로 나타나 마치 하늘에 생긴 '지게문'이라고 생각했던 모양이다. 어원적인 '믈+지게'의 구조에서 치음 앞의 받침 'ㄹ'이 탈락하는 것은 자연스러운 음운 현상이며, '무자위, 무좀' 등에서도 'ㄹ'의 탈락을 확인할 수 있다. 중세

국어에서 '지게'는 '지게문[戶]'의 뜻으로만 사용된 말이며, 근대국어에서 처음 나오는 짐을 지는 기구로서의 '지게[背挾子]'와는 같은 말이 아니다.
[원] 믈[水]+지게[戶]
[변] *믈지게> 므지게> 무지게> 무지개
[예] • 힌 므지게 열둘히(석보상절 23-22)
• 무지게 홍(虹, 왜어유해 상-2)

묵직하다[묵찌카다] [형] (어떤 물건이) 보기보다 꽤나 무겁다.
[一] '묵직하다'는 중세국어의 형태를 기준으로 '믁[重]+직(접사)+ᄒᆞ[爲]+다'로 분석된다. 어근(語根) '묵[重]'은 중세국어의 형태 '믁[重]'에 소급되며, 순음(脣音) 아래에서 모음 '으'가 원순 모음화된 것이다. 그러나 '믁직ᄒᆞ다'는 옛 문헌에서 찾을 수 없으므로, 어휘의 생성 시기를 알 수는 없다.
[원] 믁[重]+직(접사)+ᄒᆞ[爲]+다
[변] 믁직ᄒᆞ다> 묵직하다
☞ 무게

문둥이 [명] 한센병에 걸린 사람. 나환자(癩患者).
[一] 근대국어 후기의 문헌에 '문둥이'가 나온다. 이 말은 중세국어의 형태를 기준으로 '므르/믈[爛/문드러지다/헐다]+ㄴ(관형사형 어미)+童(동)+이(접사)'의 구조로 분석된다.
[二] 현대국어 '무르다'는 중세국어 '므르다'로 소급된다. 현대국어의 '물다'는 '물쿠다'의 준말로 처리되고 있으나, 중세국어 '므르다'와 어원이 같다. 중세국어의 동사 '므르다[爛]'는 명사 '믈[水]'에서 동사로 파생된 것이다.
[三] 현대국어 '문덕문덕'에 해당하는 말이 근대국어의 '문둥문둥'이다. '문덕문덕'은 '꽤 큰 덩이로 자꾸 뚝뚝 떨어지는 모양'을 나타내는 부사로서, '문둥이'이란 말과 관련이 있어 보인다. 그러나 근대국어 '문둥문둥'의 어원을 알 수 없으므로, '문둥이'와의 관련성을 확인하기 어렵다.
[원] 므르/믈[爛/문드러지다/헐다]+ㄴ(관형사형 어미)+童(동)+이(접사)

[변] *믄동이> 문둥이

[예] • 문둥이(광재물보 1)

☞ 무르다

물꼬 [명] 논에 물이 넘나들도록 만든 좁은 통로.

[一] 근대국어 문헌에서 '믈ᄭᅩᆯ'로 처음 나타난다. 15세기에 '곬'은 '한쪽으로 트여 나가는 길'의 의미를 갖는 말이었다. 그러므로 18세기 문헌에 나오는 '믈ᄭᅩᆯ'은 15세기를 기준으로 다시 어원적으로 구성하면 '믈[水]+ㅅ+곬[向路]'이 되며, 여기서의 'ㅅ'은 관형격 조사이다. 어원적 의미는 '물이 한쪽으로 트여 나가는 길'이 된다. 18세기의 형태인 '믈ᄭᅩᆯ'은 양순음 'ㅁ' 다음에서 '으'가 '우'로 원순 모음이 되어 19세기에는 '물곬, 물ᄭᅩᆯ, 물골, 물고' 등의 형태로 바뀌었다. 이러한 형태 가운데 어말의 받침 'ㄹ'이 탈락한 '물고'가 나타난다. 'ㄹ'이 탈락하는 것은 음운론적 이유를 찾을 수 없으므로, 우연한 탈락으로 생각할 뿐이다. 20세기 문헌에는 '물골, 물ᄭᅩ, 물고, 물꼬' 등이 나타나며, '물꼬'가 현대로 이어졌다.

[二] 18세기 문헌인 『한청문감(漢淸文鑑)』(1779)에서 '河身 믈ᄭᅩᆯ'로 처음 나타난다. 양순음 'ㅁ' 다음에서 '으'가 '우'로 원순 모음이 되어 19세기에는 '물곬, 물ᄭᅩᆯ, 물골, 물고' 등의 형태로 바뀌었다. 이러한 형태 가운데 우리의 주목을 끄는 것은 받침의 'ㄹ'이 탈락한 '물고'이다. 'ㄹ'이 탈락하는 것은 음운론적 이유를 찾을 수 없으므로, 우연한 탈락으로 생각할 뿐이다. 그런데 『한영자전(韓英字典)』(1897)에서는 '물고(-ᄭᅩ)'라고 표기하여 '물고'가 [물꼬]로 발음되었음을 나타내고 있다. 20세기 문헌에는 '물골, 물ᄭᅩ, 물고, 물꼬' 등이 나타나 19세기와는 상황이 역전되었다. 즉 '골/ᄭᅩᆯ'의 받침 'ㄹ'이 19세기에는 넷 중에 한 형태에서 탈락을 보이지만, 20세기에는 넷 중에 세 형태가 탈락을 보이기 때문이다. '물꼬'가 현대로 이어졌다. '논의 물꼬'를 줄인 말은 '논꼬'이다.

[三] 근대국어의 '믈ᄭᅩᆯ'은 '믈+ㅅ+골'로 분석된다. '믈'은 현대국어 '물[水]'의 옛 형태이며, 'ㅅ'은 사잇소리이다. 'ㅅ'은 중세국어 상황이라면 '믌 골'로 분석하여 조사가 되겠지만, '믈ᄭᅩᆯ'이 한 단어가 된 것이므로 사잇소리로 분류하는 것이다. '믈'과 'ㅅ'은 그 정체가 분명하므로, 이 말의 어원은 '골'의 의미를 찾는 것이 관건이다. 15세기

에 '곬'은 '한쪽으로 트여 나가는 길'의 의미를 갖는 말이었다. 15세기 문헌인 『구급간이방언해(救急簡易方諺解)』(1489)에 '브ᅀᅥᆨ 구듨 골샛 거믜영(竈突內煤, 부엌 구들 골의 검댕)'이라고 하였으므로, '곬'의 형태를 확인할 수 있다. 그러므로 18세기 문헌에 나오는 '믈ᄭᅩᆯ'은 15세기를 기준으로 다시 어원적으로 구성하면 '믈+ㅅ+곬'이 되며, 여기서의 'ㅅ'은 관형격 조사이다. 어원적 의미는 '물이 한쪽으로 트여 나가는 길'이 된다. 19세기의 형태인 '물곬'은 '곬'의 형태를 보여 주어서 흥미롭다.

[원] 믈[水]+ㅅ(조사/사잇소리)+곬[向路]

[변] 믈ᄭᅩᇝ> 물ᄭᅩᇝ> 물골[물꼴]> 물꼬

[예] • 믈ᄭᅩᆯ(河身, 한청문감 1-44)
- 믈골ᄉᆞ로 드러ᄀᆞᆯᄉᆡ(홍루몽 17)
- 물골(水道, 국한회어 124)
- 물ᄭᅩᆯ(광재물보)

물매 [명] 수평을 기준으로 한 경사도.

[一] 이 말은 옛날의 국어 문헌에 나타나지 않는다. 그러나 옛날부터 사용된 말이라고 생각되므로, 옛날의 형태로 되돌리면 '믈+ᄆᆡ'가 된다. '믈'은 현대국어 '물[水]'의 중세국어 형태이고, 'ᄆᆡ'는 근대국어에서는 '모양'을 뜻하는 명사로 사용되었지만, 현대국어에서는 '생김새' 또는 '맵시'의 뜻을 더하는 접미사 '-매'가 되었다. 17세기 문헌에서 'ᄆᆡ'는 '모양'이라는 의미의 명사로 사용되었다. 그러므로 '믈[水]+ᄆᆡ[貌]'는 '물의 모양'이라는 어원적 의미로서 만들어진 말이며, 지붕의 기울기를 가리키는 말로 사용되면서, 수평에 대한 기울기를 뜻하는 건축 용어가 된 것이다.

[二] 근대국어에서 'ᄆᆡ'는 17세기의 『계축일기(癸丑日記)』에 'ᄆᆡ온 ᄆᆡ롤 아니코 됴흔 톄ᄒᆞ더니(미운 모양을 아니하고 좋은 체하더니)'라고 하여 명사로 사용된 예를 찾을 수 있다. 그러므로 '믈[水]+ᄆᆡ[貌]'는 '물의 모양'이라는 어원적 의미로서 만들어진 말이며, 지붕의 기울기를 가리키는 말로 사용되면서, 수평에 대한 기울기를 뜻하는 건축 용어가 된 것이다. '물매가 싸다'고 하면 비탈진 정도가 급하다는 뜻이며, '물매가 뜨다'고 하면 비탈진 정도가 완만하다는 뜻이다. 지금은 일상생활에서 잘 사용하지 않는 이러한 말들은 옛날에 집을 지으면서 지붕의 기울기를 맞추면서 썼던 표현

들이다. 옛날 형태 '믹'에서 변화된 현대국어의 접미사 '-매'는 '눈매, 몸매, 입매, 옷매' 등에서 쓰이고 있지만, '맵시'와 같은 말에도 어원적 어근으로 남아 있다. 현대국어 '맵시'는 어원적으로 '믹+쓰-+-ㅣ'로 이루어진 말이며, '모양을 사용하기'에 해당하는 어원적 의미를 갖는다.

[원] 믈[水]+믹[貌]

[변] 믈믹> 물매

☞ 맵시

물소 [명] 솟과의 짐승. 소와 비슷하며 길이 2m가량, 털은 회색이나 회흑색, 드물게 흰 것도 있음. 검은 뿔은 반달형으로 휘었고 길이 1m가량임. 머리는 길고 귀는 짧음. 인도 등지의 수전 지대에서 운반용, 유용(乳用), 경작용 등으로 사육함. 수우(水牛).

[원] 믈[水]+쇼[牛]

[변] 믈쇼> 물소

[예] • 믈쇼(水牛, 역어유해보 48)

☞ 무소

물수리 [명] 물수릿과의 새. 강이나 바다에서 사는데 날개 길이 45cm가량, 부리는 길고 검으며 갈고리 모양이고 발가락은 날카로움. 등은 암갈색, 머리와 배는 희며, 가슴에 갈색 반점이 있음. 징경이.

[원] 믈[水]+수리[鷲]

[변] 믈수리> 물수리

[예] • 믈수리 츄(鷲, 시경언해 물명-15)

☞ 무수리

물써다 [동] 조수가 물러 나가다.

[三] 근대국어 형태는 '믈혀다'이다. '믈혀다'는 18세기까지 그대로 쓰이다가, 19세기에 '물써다'로 바뀌어 현대로 이어졌다. '믈혀다'는 '믈+혀다'로 이루어진 말이다.

'믈'은 현대국어 '물'의 중세국어 형태이며, 근대국어 형태인 '혀다'는 중세국어의 '혀다[引]'에서 온 것이다. '당기다'의 뜻을 가진 중세국어 '혀다'는 'ㅎ'의 경음인 'ㆅ'이 당시에 변별적 기능을 하는 하나의 음운이었음을 보여 주는 예이다.

▣ 17세기 문헌인『역어유해(譯語類解)』(1690)에 '潮退 믈혀다 潮落 믈혀다'로 나타난다. '믈혀다'는 18세기까지 그대로 쓰이다가, 19세기에 '물써다'로 바뀌어 현대로 이어졌다. 양순음 'ㅁ' 아래에서 '으'가 '우'로 바뀌는 원순 모음화는 17세기에 일어난 음운 현상이지만, 이 말에서는 뒤늦게 표기에 적용되었다. '형(兄)'이나 '힘'이 방언에서 '성'과 '심'으로 발음되는 것처럼, '믈혀다'에 'ㅎ' 구개음화가 적용된 것이 '물써다'이다. 다만 '물서다'가 아닌 '물써다'가 된 것은 '혀다'의 원래 형태가 '혀다'로서 초성이 경음이었던 것이 여전히 남아 있었다고 생각된다. '믈혀다'는 '믈+혀다'로 이루어진 말이다. '믈'은 현대국어 '물'의 중세국어 형태이며, 근대국어 형태인 '혀다'는 중세국어의 '혀다[引]'에서 온 것이다. '당기다'의 뜻을 가진 중세국어 '혀다'는『훈민정음(해례본)』(1446)에 '혀爲舌而혀爲引'이라고 하여 'ㅎ'과 'ㆅ'의 변별적 대립을 명확히 설명하였다. 이후 '혀다'는 '혀다, 혀다, 켜다, 써다' 등의 다양한 형태로 변하였다. '혀다'는 중세국어부터 '혀다'로 표기되기도 하여, 이 말에 있어서 평음 'ㅎ'과 경음 'ㆅ'의 대립이 명확하지 않았던 것으로 보인다. '혀다'는 17세기에 '혀다'를 달리 적은 것이므로 발음 차이는 없다. '혀다'를 보면 경음 'ㆅ'의 발음이 17세기에도 변별적 기능을 하고 있었다고 생각된다. '켜다'는 '(불을) 켜다, (물을) 켜다, (나무를) 켜다' 등에서 알 수 있는 것처럼 'ㆅ'이 격음 'ㅋ'으로 바뀐 것이다. '써다'는 '밀물이 나가다'나 '고인 물이 새어서 줄다'의 경우와 같이 주로 '물'의 빠짐과 관련하여 쓰이거나, 또는 '켜다'의 방언으로 쓰인다. '물써다'는 '바닷물을 달[月]이 끌다'라는 자연 현상을 조어(造語)에 적용한 것이다.

㋅ 믈[水]+혀/혀[引]+다(어미)
㋰ 믈혀다/믈혀다> 물써다
㋈•믈혀다(潮退, 역어유해 상-7)
☞ 썰물

묽다[묵따] 📖 죽이나 반죽 따위에 물기가 너무 많다.

ㄷ '묽다'의 중세국어(또는 근대국어) 형태는 '믉다'이며, 이 말은 명사 '믈[水]'에서 파생된 형용사임이 분명하다.

ㄹ '믈[水]'에서 파생된 형용사인 '믉다[淡]'는 '블[火]'에서 파생된 형용사인 '븕다[紅]'와 파생의 형태론적 성격이 같다. 그러므로 받침에 첨가된 'ㄱ'은 형용사화 접사로 처리될 수 있겠으나, 활용 과정에서 생긴 단순한 첨가음일 가능성도 있다. '플[草]'에서 파생된 형용사인 '프르다[靑]'는 '으'가 첨가되어 있으므로 파생의 다른 과정을 보여 준다.

웬 믈[水]+ㄱ(접사/첨가음)+다(어미)

변 믉다> 묽다

예 • ᄀ른 ᄆᆞᄃᆞ라 믉근 미음의 타 머기면(두창경험방 24)

　• 물글 담(淡, 왜어유해 하-12)

뭇 팬 수효가 매우 많은.

ㄷ '뭇'의 중세국어 형태는 '믌'이며, 이 말은 '물[衆]+ㅅ(관형격 조사)'의 구조로 분석된다. 즉 '믌'은 한 단어가 아니라 '믌 모딘 사ᄅᆞ미(群凶, 두시언해-초간 24-49)'에서와 같이 명사에 조사가 연결된 형태인 것이다.

ㄹ '믌'이 관형사로 굳어져 쓰이게 된 것은 중세국어에서 이미 생긴 일이며, '믌'에서 받침의 'ㄹ'이 탈락하여 '뭇'이 되었다.

웬 물[衆]+ㅅ(관형격 조사)

변 믌> 뭇

예 • 믌 모딘 사ᄅᆞ미 嗜慾이 슬지도다(群凶嗜慾肥, 두시언해-초간 24-49)

　• 뭇 셔(庶, 신증유합 상-16)

뭇매 몡 여러 사람이 한꺼번에 덤비어 때리는 매. 몰매.

ㄷ '뭇매'는 근대국어 문헌에 같은 형태로 나오며, 중세국어 형태를 기준으로 '물[衆]+ㅅ(조사/사잇소리)+매[鞭]'로 이루어진 말이다. '믌'이 관형사로 굳어져 쓰이게 된 것은 중세국어에서 이미 생긴 일이며, '믌'에서 받침의 'ㄹ'이 탈락하여 '뭇'이 된 것도 중세국어에서 일어났다.

㉮ 물[衆]+ㅅ(조사/사잇소리)+매[鞭]
㉯ 뭀매> 뭇매
㉰ • 뭇매로 티다(역어유해 상-67)

미꾸라지 📖 기름종갯과의 민물고기. 논이나 개천 등의 흙바닥 속에 사는데, 몸 길이 20cm 정도로 가늘고 길며 미끄러움. 등은 암녹색에 검은 점이 산재하며 배는 흼. 추어(鰍魚).

㊀ 근대국어 문헌에 '믳그라지'로 나타나며, 20세기에 '미꾸라지'가 되어 현대로 이어졌다. 이 말이 19세기 문헌에서야 비로소 나타나는 것은 그 이전에 이 물고기를 가리키는 말은 '믳구리, 믳그리, 밋구리' 등이었던 까닭이다. 어원적인 형태를 잘 보여 주는 것은 '믳그리'이다. 왜냐하면 이 말은 '믳글[滑]+-이'로 이루어진 말이기 때문이다. 현대국어 '미끄럽다'의 중세국어 형태는 '믳그럽다'이며, 이 말은 의태어 어근인 '믳글'에서 파생된 말이다. '믳그리, 믳구리, 밋구리' 등이 19세기까지 쓰였고, 19세기에야 나타나는 '믳그라지'는 '믳글+-아지'로 이루어진 것이다.

㊁ 19세기 문헌인 『물명유고(物名類考)』(1824)에 '믳그라지'로 나타나며, 20세기에 '미꾸라지'가 되어 현대로 이어졌다. 이 말이 19세기 문헌에서야 비로소 나타나는 것은 그 이전에 이 물고기를 가리키는 말은 '믳구리, 믳그리, 밋구리' 등이었던 까닭이다. 16세기의 '믳구리', 17세기의 '믜쑤리, 믳그리', 18세기의 '믳그리', 19세기의 '밋구리' 중에서 어원적인 형태를 잘 보여 주는 것은 '믳그리'이다. 왜냐하면 이 말은 '믳글+-이'로 이루어진 말이기 때문이다. 현대국어 '미끄럽다'의 중세국어 형태는 '믳그럽다'이며, 이 말은 의태어 어근인 '믳글'에서 파생된 말이다. 즉 '미꾸라지'는 몸이 가늘고 몹시 미끄럽기 때문에 '믳그리'라고 했다는 것을 알 수 있다. '믳그리, 믳구리, 밋구리' 등이 19세기까지 쓰였고, 19세기에야 나타나는 '믳그라지'는 '믳글 +-아지'로 이루어진 것인데, 아마도 19세기를 전후하여 만들어진 것으로 생각된다.

㊂ 현대국어에서 '미꾸라지'와 '미꾸리'는 함께 쓰이지만, 그 의미가 좀 다르다. '미꾸라지'와 '미꾸리'는 모두 미꾸릿과의 민물고기로 같지만, '미꾸라지'는 '미꾸리'보다 좀 작으며, 생김새도 색깔이나 모양에서 약간 차이가 있다고 한다. 그러나 근대국어 이전에는 이름에서 차이가 없었으므로, '믳그리' 계통의 말로 함께 지칭했다고

생각된다. 아마도 19세기를 전후하여 크기에서 차이가 나는 두 물고기의 생태를 관찰하면서, 좀 더 작은 것에 접미사 '-아지'를 붙여서 이름을 만들었다고 생각된다. 몸의 길이가 미꾸라지는 10~20cm 정도이고, 미꾸리는 20cm 정도이므로 '미꾸라지'가 더 작다.

[원] 믯글[滑]+아지(접사)

[변] 믯글(이)> 믯글+아지(접사)> 미꾸라지

☞ 미꾸리

미꾸리 [명] 기름종갯과의 민물고기. 미꾸라지와 비슷하나 비늘이 더 많고 큼. 몸빛은 등 쪽의 반이 어두운 남갈색, 배 쪽의 반이 연한 청색임. 연못이나 논두렁 및 수로에 많이 삶.

[원] 믯글[滑]+이(접사)

[변] 믯글이> 믯그리> 믯구리> 믜ᄭᅮ리> 미꾸리

[예] • 믯구리 츄(鰍, 훈몽자회 상-20)

• 믯그리(泥鰍魚, 역어유해 하-37)

• 믜ᄭᅮ리(鰍魚, 동의보감 탕액-2)

☞ 미꾸라지

미끼 [명] 낚시 끝에 꿰어 물리는 물고기의 밥.

[ㅡ] '미끼'의 중세국어 형태는 '밋ㄱ'이다. 여기에 접사 '-이'가 첨가되어 근대국어에 '밋기'가 되었다.

[원] 밋ㄱ[誘子]

[변] 밋ㄱ> 밋ㄱ+이(접사)> 밋기> 미끼

[예] • 고기 밋글 貪ᄒᆞ면 제 몸 주글 ᄯᅮᆯ 모ᄅᆞᄂᆞ니이다(월인석보 7-18)

• 게 잡ᄂᆞᆫ 슈슈 이삭 밋기(捕蟹誘子, 한청문감 10-28)

미나리 [명] 미나릿과의 여러해살이풀. 연못가나 습지 등에 나는데, 높이 30cm가량, 잎은 어긋나고 달걀꼴이며, 잎과 줄기는 식용함.

[一] 중세국어 형태도 '미나리'이며, 이 말은 '믈[水]+나리[百合]'의 어원적 구조에서 변화된 것이다.
[二] '믈[水]'과 '미'의 어원적 관련성은 분명하지만, 형태의 변화가 어떻게 이루어졌는지 자세히 밝히기는 어렵다. 아마도 '믈나리> 므나리> 미나리'의 변화를 겪었다고 하는 것이 가장 무난할 것으로 생각된다.
[三] 삼국사기의 고구려 지명 표기에서 '買忽 一云水城, 水入縣 一云買伊縣' 등을 검토하면 음차 표기 '買'는 훈차 표기 '水'에 대응하여 '買'가 '水(수)'를 뜻하는 고구려 어휘임을 알 수 있다. 고구려 지명 표기에서 '買'는 '米, 彌'와 이표기(異表記) 관계에 있으므로, '미나리'의 '미'가 고구려 계통의 어휘를 이어받았을 가능성도 있다. 이 문제는 좀 더 연구되어야 한다.
[원] 믈[水]+나리[百合]
[변] *믈나리> *므나리> 미나리
[예] • 곳다온 미나리로다(두시언해-초간 15-7)
• 미나리 근(芹, 훈몽자회 상-13)

미닫이[미다지] [명] 문이나 창 따위를 옆으로 밀어 여닫는 방식. 또는 그런 문이나 창.
[一] '미닫이'는 '밀[推]+닫[閉]+이(접사)'의 구조에서 치경음 'ㄷ' 앞의 'ㄹ'이 탈락한 것이다.
[원] 밀[推]+닫[閉]+이(접사)
[변] *밀닫이> 미닫이

미루나무 [명] 버드나뭇과의 낙엽 활엽 교목. 강변이나 밭둑에 심는데, 줄기는 높이 30m가량으로 곧게 자라며 잎은 광택이 남. 포플러(poplar). 은백양(銀白楊).
[一] '미루나무'는 처음에는 그냥 '미류(美柳)'라고 불렀으나, 나중에 '미류(美柳)'가 '미루'로 발음되어 버드나무의 일종이라는 어원 의식이 약해졌다. 이에 따라 의미를 확실하게 하기 위하여 '나무'를 덧붙여 '미루나무'라고 하게 되었다. '미류(美柳)'는 '미국에서 들어온 버들'이란 뜻이다.

[원] 美柳(미류)+나무[木]
[변] 美柳(미류)> 미루나무
[예] 미류(美柳, 큰사전)

미륵(彌勒) [명] 여러 경전에 나타나는 관세음보살과 함께 가장 유력한 보살 중의 한 분.
[一] '미륵'은 산스크리트어 'Maitereya[慈]'를 한어에서 '彌勒'으로 음역(音譯)한 것을 국어 한자음으로 읽은 것이다.
[二] '미륵'은 산스크리트어에 의하면 '사랑' 또는 '자비(慈悲)'의 뜻이다. 석가여래의 불법이 절멸될 위기에 처했을 때, 인류 구제에 임할 대구세주이다. 부처의 부활이라고 할 수 있는 사람이 난세에 나타나 또다시 불법을 부흥시키고, 용화세계를 이 땅 위에 이룩할 인물로 지목되어 있는 것이 미륵불이다. 자씨불(慈氏佛)이라고도 한다.
[원] (산스크리트어)Maitereya[慈]
[변] Maitereya> (漢語)彌勒> 미륵

미리내 [명] 은하수(銀河水).
[一] 중세국어에 '龍(용)'을 뜻하는 말로 '미르(훈몽자회 상-20)'와 '미ᄅ(천자문-광주 4)'가 있으며, 근대국어에는 '미리(화음방언자의해)'로 그 형태가 바뀌었다. 그러므로 현대국어의 '미리내'는 중세국어 형태를 기준으로 하면, '미르/미ᄅ[龍]+내ㅎ[川]'로 분석된다. '내[川]'의 중세국어 형태는 '내ㅎ'이다.
[二] 남해(南海)의 섬이나 제주도에서는 '미리내'가 '용이 살고 있다거나, 또는 용처럼 구불구불하게 생긴 내[川]'를 가리키므로, 어원적 의미가 잘 살아 있다고 할 수 있다.
[원] 미르/미ᄅ[龍]+내ㅎ[川]
[변] *미르내ㅎ/미ᄅ내ㅎ> 미리내

미숫가루 [명] 찹쌀이나 다른 곡식을 볶거나 쪄서 간 가루.

[一] '미숫가루'에 해당하는 중세국어의 말은 '미시'이므로, '미숫가루'의 어원적 구조는 '미시[麨, 糗]+ㅅ(사잇소리)+가루[粉]'로 분석된다.

[원] 미시[麨, 糗]+ㅅ(사잇소리)+가루[粉]

[변] 미시> 미숫가루

[예] • 미시(糗, 사성통해 하-16)
• 미시 쵸(麨, 훈몽자회 중-20)
• 미시 구(糗, 훈몽자회 중-21)

☞ 가루

미어지다 [동] 팽팽하게 켕긴 종이나 가죽 따위가 해져서 구멍이 나다.

[一] '미어지다'의 중세국어 형태는 '믜여디다'이며, 이 말은 '믜[裂]+어(어미)+디[落]+다(어미)'로 분석된다. 중세국어 '믜다'는 현대국어 '미다'의 역사적 소급형이다.

[二] '믜어디다'에서 '믜[mɨj]'의 하향 반모음 'ㅣ[j]'가 연음되어 '믜여디다'가 된 것이다.

[원] 믜[裂]+어(어미)+디[落]+다(어미)

[변] 믜어디다> 믜여디다/믜어디다> 미어지다

[예] • 시러곰 아니 玄圃山이 믜여뎌 왓ᄂᆞ니아(得非玄圃裂, 두시언해-초간 16-29)
• 가ᄉᆞᆷ이 믜어디ᄂᆞᆫ ᄃᆞᆺ ᄎᆞ마 보ᄋᆞᆸ디 못ᄒᆞᆯ너라(계축일기 73)

미장이 [명] 건축 공사에서 벽이나 천장, 바닥 따위에 흙이나 회, 시멘트 따위를 바르는 일을 업으로 하는 사람. 미장공.

[一] 근대국어 문헌에 '泥水匠 니쟝이'이라고 하여 '니쟝이'의 형태로 처음 나온다. 그런데 다른 문헌에는 '泥水匠 미쟝이'로 되어 있으므로, 같은 한자어 '泥水匠'에 대한 우리말 표기에 차이가 있다. 국어의 자전(字典)에는 '泥'의 한자음으로 '미'를 제시한 경우가 없지만, 중국어 방언에서는 '泥'를 [mi]로 읽는 경우가 있어서 주목된다. 중국어 방언사전을 참조하면 산동(山東), 합비(合肥) 등의 지역에서 '泥'를 [mi]로 읽는다고 한다. 그러므로 중국어 어휘를 국어로 풀이한 근대국어의 문헌에 '泥俗呼미'라고 한 것을 보면, '泥'를 '미'로 읽는 당시의 중국 한자음이 우리나라에 알려져

있었다는 것을 의미한다. 한자 '泥'가 '미'로 읽힐 수도 있다는 것을 전제로 하면, 이제 '泥水匠 니쟝이'가 '미쟝이'로 발음되어 국어에 정착하였다고 말할 수 있다. 18세기에 나타난 '니쟝이'와 '미쟝이'에서는 새로운 형태인 '미쟝이'가 세력을 얻었다. 경구개음 'ㅈ'에 의하여 '쟝'과 '쟝'의 발음이 중화되면서, 19세기에는 '미쟝이, 미장이'가 함께 나타나고, 20세기에는 '미장이'로 단일화가 이루어져 현대로 이어졌다.

三 18세기 문헌인『역어유해보(譯語類解補)』(1775)에 '泥水匠 니쟝이'이라고 하여 '니쟝이'의 형태로 처음 나온다. 그런데『방언유석(方言類釋)』(1778)에는 '泥水匠 미쟝이'로 되어 있으므로, 같은 한자어 '泥水匠'에 대한 우리말 표기에 차이가 있다. 18세기에 나타난 '니쟝이'와 '미쟝이'에서 새로운 형태인 '미쟝이'가 세력을 얻었다. 경구개음 'ㅈ'에 의하여 '쟝'과 '쟝'의 발음이 중화되면서, 19세기에는 '미쟝이, 미장이'가 함께 나타나고, 20세기에는 '미장이'로 단일화가 이루어져 현대로 이어졌다. 19세기 문헌인『한불자전(韓佛字典)』(1880)에는 '미장이 土役匠',『국한회어(國漢會語)』(1895)에는 '미장 泥匠',『광재물보(廣才物譜)』에는 '泥匠 미쟝이' 등으로 표기되어, 19세기부터는 '니쟝이'란 형태가 더 이상 문헌에 나타나지 않는다. 그럼에도 불구하고 한자어 '泥匠'을 여전히 보여 주고 있어서 '미쟝이/미장이'는 '니쟝이'에서 온 것이 아닐까 추측되는 것이다. 국어의 내부에서 '니쟝이'의 'ㄴ'이 'ㅁ'으로 바뀌어 '미쟝이'가 되는 것을 설명할 수 있다면 문제가 없겠으나, 국어의 내부에서 이러한 변화는 성립하기 어려우므로 다른 요인을 찾아야 한다.

三 그런데 근대국어 문헌인『역어유해(譯語類解)』(1690)에 '鐵鏝○쇠손 泥鏝○上손'으로 풀이하면서, 그 주석에 '泥俗呼미'라고 하였다. 즉 '泥'는 본음이 '니'지만, 속음으로는 '미'라고 한다는 것을 기록하고 있다. 국어의 자전(字典)에는 '泥'의 한자음으로 '미'를 제시한 경우가 없지만, 중국어 방언에서는 '泥'를 [mi]로 읽는 경우가 있어서 주목된다. 중국어 방언사전을 참조하면 산동(山東), 합비(合肥) 등의 지역에서 '泥'를 [mi]로 읽는다고 한다. 그러므로 중국어 어휘를 국어로 풀이한 근대국어의 문헌에 '泥俗呼미'라고 한 것을 보면, '泥'를 '미'로 읽는 당시의 중국 한자음이 우리나라에 알려져 있었다는 것을 의미한다. '泥'의 한자음이 '니'인 것은 물론이지만, '미'로 읽을 수 있다는 것을 전제로 하면, 이제 '泥水匠 니쟝이'가 '미쟝이'로 발음되어 국어에 정착하였다고 말할 수 있다. 이렇게 되면 '니'가 '미'로 바뀌는 것은

국어 자체의 문제가 아니라, 당시 중국 한자음의 영향에 의한 것이라고 할 수 있다. '泥匠'의 중세국어 한자음은 '니쟝'이다.

[원] 泥匠(니쟝)+이(접사)

[변] 니쟝이> 미쟝이> 미장이

[예] • 니쟝이(泥水匠, 역어유해보 19)
• 미쟝이(泥水匠, 동문유해 상-13)

미처 [부] (못하다, 않다, 모르다 따위의 부정어와 함께 쓰여) 아직. 채.

[一] 현대국어 '미치다[及]'의 중세국어 형태는 '및다'이다. '미처'는 '및[及]+어(어미)'의 구조에서 부사로 전성된 것이다.

[二] 중세국어에서 사용된 '미처'나 '밋(및)'은 현대국어 '미치다[及]'의 활용형인 '미치어/미쳐'의 뜻이므로, 부정어와 호응하는 현대국어의 부사 '미처'와는 용법이 다르다.

[원] 및[及]+어(어미)

[변] 및어> 미처

[예] • 우리 미처 가 보ᅀᆞᄫᅡ(월인석보 10-6)

민둥산(一山) [명] 나무가 없는 산. 벌거숭이산.

[一] '민둥산'에 해당하는 근대국어 형태는 '믠뫼, 믠산' 등이다. '믠뫼'는 '믜[禿]+ㄴ(관형사형 어미)+뫼[山]'로 분석되며, '믠산'은 고유어 '뫼' 대신에 한자어 '山(산)'이 결합한 것이다. 중세국어의 동사 '믜다'는 '(털이) 빠지다'에 해당하는 말이며, 근대국어에 '뮈다'로도 나타나고, 현대국어 '미다'로 이어졌지만 잘 사용되지 않는 말이다.

[二] 현대국어의 형용사에 '민둥하다'란 말이 있다. '민둥하다'의 '민'은 중세국어 '믜+ㄴ'으로 소급되지만, '둥'의 어원적 정체는 알 수 없으므로, 접미사로 처리할 수밖에 없다.

[원] 믜[禿]+ㄴ(관형사형 어미)+뫼[山]/山(산)

[변] 믠뫼/믠산> 민둥산

[예] • 믠뫼(禿山, 역어유해보 5)

• 믠산(荒山, 한청문감 1-39)

민머리 몡 ① 벼슬하지 못한 사람. 백두(白頭). ② 정수리까지 벗어진 대머리. ③ 쪽 찌지 않은 머리.

▱ '민머리'의 근대국어 형태는 '믠머리'이며, 이 말은 '믜[禿]+ㄴ(관형사형 어미)+머리[頭]'로 분석된다.

▱ 중세국어 '믜다'는 현대국어 '미다'의 역사적 소급 형태이며, 그 의미는 '털이 빠져 살이 드러나다.'이다.

⑧ 믜[禿]+ㄴ(관형사형 어미)+머리[頭]

⑭ 믠머리> 민머리

⑩ • 믠머리(禿子光頭, 역어유해 상-29)

민며느리 몡 장래에 며느리로 삼으려고 관례를 하기 전에 데려다 기르는 계집아이.

▱ 근대국어 형태도 '민며느리'이다. 이 말은 '밀[預]+ㄴ(관형사형 어미)+며느리[婦]'의 어원적 구조로 분석된다(이기문 1997: 새국어생활 7-4)). 어원적으로 '민며느리'는 '미리 얻은 며느리'란 뜻이다.

▱ 17세기의 문헌인 『역어유해(譯語類解)』(1690)에 '豚養媳婦 민며느리'라고 하여 이 말이 처음 나타난다. 18세기에 '민며ᄂ리, 민몌ᄂ리' 등으로 나타나고, 19세기에는 '밋며ᄂ리, 민며ᄂ리' 등으로도 표기되었지만, 20세기에는 원래의 형태인 '민며느리'로 돌아가 현대로 이어졌다. 이 말은 '밀-+-ㄴ+며느리'의 구조로 이루어진 말이므로, 어원적으로 '민며느리'는 '미리 얻은 며느리'란 뜻이다. 어간 '밀-'은 중세국어의 부사 '미리[預]'에서 추출한 것이며, '민'은 '밀-+-ㄴ'에서 'ㄹ'이 탈락한 형태이다. 의미의 관점에서 '민'은, 『훈몽자회(訓蒙字會)』(1527)의 '민갑 드릴 렴(貝+僉)', 『신증유합(新增類合)』(1576)에 '민빋 샤(賖)', 『인어대방(隣語大方)』(1790)에 '민빋으로 주ᄂ 거시 아니라' 등에 나오는 '민'과 의미가 같다. 위의 예에서 '민갑'은 '선금(先金)'이라는 뜻이며, '민빋'은 '외상'이라는 뜻이다. 여기에서 '민갑', '민빋', '민며느리'의 '민'이 모두 '미리, 먼저'의 뜻을 가지고 있음을 알 수 있다.

[三] '민며느리'의 '민'이 '밑'의 뜻이라는 견해가 있고, '꾸미거나 딸린 것이 없는'의 뜻인 접사 '민-'이라는 견해도 있다. 그러나 전자의 견해에서는 『역어유해(譯語類解)』(1690)의 '민사회(養老女壻)'의 '민'을 설명할 수 없다. 여기에서 '민사회'는 '데릴사위'의 뜻이 아니라 '예서(預婿)'의 뜻이다. 한편 후자의 견해는 중세국어의 '믜-[禿]'를 생각할 때 '독(禿, 대머리)'이라는 의미에서 '예(預, 미리)'라는 의미로 변한 것을 설명할 수 없다. '미리[預]'에서 추출한 어간 '밀-'은 '밀다[推]'의 어간과 같은 어원일 가능성이 있다.

[원] 밀[預]+ㄴ(관형사형 어미)+며느리[婦]

[변] 민며느리

[예] • 민며느리(豚養媳婦, 역어유해 상-41)

믿다 [동] 꼭 그렇게 여겨서 의심하지 않다.

[一] 중세국어 형태도 '믿다'이다. 이 말은 중세국어의 명사 '밑[本, 底]'에서 바로 동사로 파생된 것으로 보는 것이 가능할 것으로 생각된다. 명사 '믿/밑'과 동사 '믿다'의 어간 '믿-'은 성조가 평성으로서 같다.

[二] 중세국어에 '믿/밑'은 단일어로 사용되었고, '믿곧, 믿근원, 믿나라' 등의 합성어를 이루어 사용되기도 하였다. '믿'으로 적은 것은 팔종성 표기법에 의한 것이다.

[원] 밑[本, 底]+다(어미)

[변] *밑다> 믿다

[예] • 모ᄆᆞᆯ 몯 미듫 거시니 목수믈 미더(석보상절 6-11)

밀물 [명] 육지로 향해 조수가 밀려오는 현상. 또는 그 조류.

[一] '밀물'의 중세국어 형태는 '밀믈'이며, 이 말은 '밀[推]+ㄹ(관형사형 어미)+믈[水]'로 분석된다. 즉 '달이 미는 물'이라는 의미이다.

[二] '밀믈'의 '밀'은 '밀다'의 어간이 아니라, 어간 '밀-'에 관형사형 어미 'ㄹ'이 연결된 형태이며, 이것은 '썰물'의 옛 형태인 '혈믈'의 구조와도 같다.

[三] 양순음 'ㅁ' 다음에서 '으'가 '우'로 원순모음화하여 '밀믈'에서 '밀물'이 되었다.

[원] 밀[推]+ㄹ(관형사형 어미)+믈[水]

ⓦ 밀믈> 밀물

ⓔ • 밀므리 사ᅌ리로ᄃᆡ(용비어천가 67장)

☞ 썰물

밀월 ⓜ 결혼 초의 즐겁고 달콤한 동안. '밀월여행'의 준말.

▭ 한자어 '밀월(蜜月)'은 영어 'honeymoon'을 한어(漢語)에서 번역하여 차용한 말이다. 즉 'honeymoon'을 '꿀[蜜]'을 뜻하는 'honey'와 '달[月]'을 뜻하는 'moon' 으로 나누어 번역한 것이다. 'honeymoon'이란 말은 옛날 스칸디나비아 지방에서 신혼부부가 결혼 직후부터 약 한 달 동안 벌꿀 술(mead)을 마시는 풍습에 어원을 두고 있다.

▱ 국어에서 '밀월관계'라는 말을 쓰면서, 잘못 '은밀한 관계'로 풀이하는 것은 '밀' 의 한자를 '蜜'이 아닌 '密'로 착각한 까닭이다.

ⓦ (영어)honeymoon

ⓦ honeymoon> (漢語)蜜月> 밀월

밉다[미우니, 미워] ⓗ 생김새가 볼품이 없다. 하는 짓이나 말이 마음에 거슬려 싫다.

▭ '밉다'의 중세국어 형태는 '믭다'이며, 이 말은 '믜[憎]+ㅂ(형용사화 접사)+다(어미)'의 구조로 분석된다.

▱ 중세국어에 동사 '믜다[憎]'가 있으며, 여기에서 형용사 '믭다'가 파생된다. 중세 국어 '믭다'는 단모음화하여 근대국어에 '밉다'가 되고, 여기에서 다시 동사 '미워하다'가 파생된 것이다.

ⓦ 믜[憎]+ㅂ(형용사화 접사)+다(어미)

ⓦ 믭다> 밉다

ⓔ • 믜본 사ᄅᆞᄆᆡ 일훔 쓰며(석보상절 9-17)
  • 둇온 믜운 ᄆᆞᅀᆞ미 업스며(법화경언해 3-41)
  • 미울 징(憎, 아학편 하-11)

밑천 🖲 장사나 무슨 일을 경영하는 데 필요한 재물, 또는 기술이나 실력 따위. 자본.

⊟ '밑천'의 중세국어 형태는 '믿쳔'이며, 이 말은 '밑[本, 底]+錢'에서 온 말이다.

⊟ '錢'의 중세국어 한자음은 '젼'이지만, 한어 근대음(漢語近代音)을 직접 차용하여 '쳔'이 된 것이다.

㉮ 믿/밑[本, 底]+錢

㉯ 밑錢> 믿쳔> 밑천

㉰ • 다믄 내 믿쳔만 갑고(只還我本錢, 번역박통사 상-34)

바 [의] '방법' 또는 '일'의 뜻으로 쓰는 말.

[一] 중세국어 형태도 '바'이다.

[二] 의존명사 '바'는 만주어 'pa[土地]'나 일본어 'ば[ba, 場]'와 어원이 같은 것으로 여겨지고 있다(劉昌惇 1973: 41). 그러나 어원 및 의미의 역사적인 선후 관계는 밝힐 수 없다. 다만 국어의 '바[所]', 만주어 'pa[土地]', 일본어 'ば[ba, 場]'를 비교하면 만주어나 일본어의 경우는 그 의미가 구체적이지만, 국어의 경우는 약간 추상화되어 있으므로, '바'의 어원적 의미는 구체적인 '토지(土地), 마당[場]' 등에서 찾을 수 있을 것으로 생각된다.

[원] 바[場所]

[변] 바

[예] • ᄆᆡᆼᄀᆞ론 바ᄅᆞᆯ 브터(석보상절 서-5)
• 바 소(所, 훈몽자회 중-8)

바가지 [명] 물을 푸거나 물건을 담는 그릇.

[一] '바가지'의 근대국어 형태는 '박아지'이다. 이 말은 '박[匏]+아지(접사)'의 구조로 분석되며, '아지'는 중세국어에서 '아지'의 형태로도 나타나며, 어떤 말에 붙어 '작은 것[指小]'을 나타낸다. '박'은 물론 식물의 이름이지만, '바가지'의 뜻으로 쓰일 때 '박'은 준말로 처리된다. '-아지'는 '작은 것'을 가리키는 접미사이므로, '박+-아지'는 어원적으로는 '박의 작은 것'을 뜻한다. 아마도 물을 푸거나 무엇을 퍼 담을 때 사용

하는 기구로서의 '바가지'는 대개의 경우 손에 쥐게 알맞도록 작은 박을 이용해서 만들었기 때문일 것으로 생각된다.

🔼 17세기 문헌인 『가례언해(家禮諺解)』(1632)의 '흔 박으로써 分ᄒᆞ야 두 박아지를 밍글믈 닐온 쫌(근)이니(하나의 박으로써 두 바가지를 만듦을 쫌이라고 이르니)'에서 분철된 표기인 '박아지'를 보여 준다. '박아지'는 20세기까지 계속 표기되었지만, 19세기부터는 연철하여 표기된 '바가지'가 나타나서 현대로 이어졌다. '박아지'와 '바가지'의 발음은 같으므로 형태가 변한 것은 아니다. '바가지'를 이용한 관용구에 '바가지(를) 긁다, 바가지(를) 쓰다, 바가지(를) 차다' 등의 재밌는 표현들이 있다. '바가지(를) 긁다'는 옛날에 쥐통(콜레라)이 돌아다닐 때 귀신을 쫓는다고 하여 바가지를 득득 문지르던 데서 비롯한 말이며, 그 소리가 시끄러워서 '아내가 남편에게 잔소리를 짜증스럽게 하다'는 뜻으로 쓰이고 있다. '바가지(를) 쓰다'는 개화기에 중국에서 들어온 놀음에서 유래한 표현이며, 이 놀음은 1에서 10까지의 숫자가 적힌 바가지를 엎어 놓고, 바가지에 적힌 수를 맞추지 못할 때는 돈을 잃기 때문에 손해를 보는 것을 '바가지(를) 쓰다'라고 하게 되었다. '바가지(를) 차다'는 거지가 밥을 얻기 위하여 차고 다니는 쪽박을 두고 하는 말이며, '거지가 되다'라는 뜻으로 사용되는 표현이다.

🔵 박[匏]+아지(접사)

🔵 박아지 > 바가지

🔵 • 흔 박으로써 分ᄒᆞ야 두 박아지를 밍그믈(가례언해 4-20)

☞ 강아지

바가지를 쓰다 (관용) 속임수에 걸려 부당하게 많은 값을 치르거나 어떤 일을 도맡아 책임을 지게 되다.

🔼 갑오경장 이후의 개화기에 외국 문물이 물밀듯이 들어오면서 각국의 도박도 여러 가지가 들어왔다. 그중에서 일본에서 들어온 화투, 중국에서 들어온 마작과 십인계(十人契) 등이 대표적이었다. 그중 십인계는 1에서 10까지의 숫자가 적힌 바가지를 이리저리 섞어서 엎어놓고 각각 자기가 대고 싶은 바가지에 돈을 걸면서 시작하는 노름이다. 그런 뒤에 물주가 어떤 숫자를 대면 바가지를 뒤집어 각자 앞에 놓인

숫자를 확인하고 그 숫자가 적힌 바가지에 돈을 댄 사람은 맞히지 못한 사람의 돈을 모두 갖는다. 손님 중에 아무도 맞히지 못했을 때에는 물주가 모두 갖는다. 이렇게 해서 바가지에 적힌 숫자를 맞히지 못할 때 돈을 잃기 때문에 손해를 보는 것을 '바가지 썼다.'라고 하게 되었다.

바깥 [명] 밖이 되는 곳. 밖으로 향한 쪽. 밖.

[一] '바깥'의 근대국어 형태는 '밧겻티라'의 용례가 있으므로, '밧겯'이라고 할 수 있다. 이 형태를 기준으로 하면 '밧[外]+겯[傍]'으로 분석된다. 이 경우의 '겯'은 '옆[側]'이라는 개념보다는 '언저리, 주위(周圍), 부근(附近)' 등의 뜻으로 사용된 것이다.

[二] '밖[外]'의 중세국어 형태는 단독형이거나 자음 앞에서는 '밧'이지만, 모음으로 시작되는 조사 앞에서는 '밝'이다. 처음부터 '밝'이 어원적 형태였는지, 아니면 '밧'에서 나중에 'ㄱ'이 첨가되었는지는 알 수 없다.

[원] 밧/밝[外]+겯[傍]

[변] *밝겯> 밧겯> 바깥

[예] • 밧겻티라(外間, 어록해 17)

바꾸다 [동] 어떤 것을 주고 다른 것을 받다.

[一] '바꾸다'의 중세국어 형태는 '밧고다'이다. 이 말은 우선 '밧[脫]+고(사동접사)+다(어미)'로 분석된다.

[二] 현대국어 '벗다'에 해당하는 중세국어 형태는 '밧다'와 '벗다'가 있으며 특별한 의미 차이 없이 함께 사용되었다.

[三] 중세국어 '밧다'와 '벗다'가 명사 '밝[外]'에서 파생된 동사인지는 단언할 수 없으나, 가능성이 없는 것은 아니다.

[원] 밧[脫]+고(사동접사)+다(어미)

[변] 밧고다> 밧꼬다> 바꾸다

[예] • 머리와 ᄭᅩ리와ᄅᆞᆯ 서르 밧고니(首尾相換, 능엄경언해 2-13)

• 밧골 환(換, 훈몽자회 하-20)

• 밧골 역(易, 훈몽자회 상-34)

바느질 圏 바늘로 옷을 짓거나 꿰매는 일. 침선(針線).

日 '바느질'의 중세국어 형태는 '바ᄂ질'이다. 이 말은 어원적으로 '바놀[針]+질(접사)'로 분석되며, 치경음 'ㅈ' 앞에서 'ㄹ'이 탈락하여 '바ᄂ질'이 된 것이다.

日 중세국어에서 'ㅈ, ㅊ, ㅉ'은 조음 위치가 치경음이며, 근대국어 후기에 들어서 경구개음으로 바뀌었다.

㉞ 바놀[針]+질(접사)

㉝ *바놀질> 바ᄂ질> 바느질

㉚ • 바ᄂ질자(번역노걸대 하-28)

　• 셰답ᄒ며 바ᄂ질ᄒ디(洗濯紉縫, 가례언해 2-28)

　• 바ᄂ질(裁縫, 동문유해 상-56)

바다 圏 지구 위에서 육지를 제외한 부분으로 짠물이 괴어 하나로 이어진 넓고 큰 부분. 지구 표면적의 약 70.8%를 차지하는데, 이는 육지 면적의 2.43배이다. 해원.

日 중세국어 문헌에서 현대국어 '바다[海]'에 해당하는 말은 '바롤'과 '바다ㅎ'의 두 형태이다. '바롤'과 '바다ㅎ'은 매우 유사한 형태를 지니고 있음에도 불구하고, 어원적으로 해석하기가 쉽지 않다. 중세국어의 관점에서는 '바롤'과 '바다ㅎ'의 두 형태의 공존으로 이해하는 것이 최선이다. '바롤'과 '바다ㅎ'의 두 형태의 공존은 17세기까지 그대로 이어지다가, 18세기에는 '바라'와 '바다(ㅎ)'로 압축된다. 그러다가 19세기에는 '바다(ㅎ)'으로 통일되고, 20세기에는 말음 'ㅎ'이 나타나지 않아서 단일한 형태 '바다'가 되면서 현대국어로 이어졌다.

日 15세기 문헌인 『용비어천가(龍飛御天歌)』(1447)의 '내히 이러 바ᄅᆞ래 가ᄂᆞ니(냇물이 이루어져 바다에 가니)'란 구절로부터는 '바롤'을, 『분류두공부시언해(초간본)』(1481)의 '노피 바ᄅᆞ 우횟 들구를 좃놋다(높이 바다 위의 뗏목을 좇는구나)'에서는 '바ᄅᆞ'를, 『몽산화상법어약록언해』(1467)의 '바라히 흔 거품 나ᄃᆞᆺᄒᆞ니(바다에 하나의 거품 나듯 하니)'로부터는 '바라ㅎ'을, 『월인석보(月印釋譜)』(1459)의 '娑竭羅ᄂᆞᆫ 뿐 바다히라 혼 ᄠᅳ디니(娑竭羅는 짠 바다라고 한 뜻이니)'에서는 '바다ㅎ'을 찾을 수 있다. '바ᄅᆞ'는 '바ᄅᆞᆯ'에서 'ㄹ'이 탈락된 형태로 이해되고, '바라ㅎ'은 '바다ㅎ'에서 'ㄷ'이 'ㄹ'로 바뀐 형태로 이해되므로, 15세기에 있어서 현대어 '바다[海]'에 해당하는 말은 '바ᄅᆞᆯ'과 '바다ㅎ'의 두 형태로 압축된다. '바ᄅᆞᆯ'과 '바다ㅎ'의 두 형태의 공존은 17세기까지 그대로 이어지다가, 18세기에는 '바라'와 '바다(ㅎ)'로 압축된다. 그러다가 19세기에는 '바다(ㅎ)'으로 통일되고, 20세기에는 어느 경우에도 말음 'ㅎ'이 나타나지 않아서 단일한 형태 '바다'가 되면서 현대국어로 이어졌다.

[三] '바ᄅᆞᆯ'과 '바다ㅎ'은 매우 유사한 형태를 지니고 있음에도 불구하고, 어원적으로 해석하기가 쉽지 않다. 첫째는 제2 음절에 나타나는 'ᄋᆞ'와 '아'의 모음 차이를 해결하기 어렵고, 둘째는 마지막 음운인 'ㄹ'과 'ㅎ'의 관계를 설명하기 힘들다. 그러므로 15세기의 관점에서는 '바ᄅᆞᆯ'과 '바다ㅎ'의 두 형태의 공존으로 이해하게 된다. 『삼국사기(三國史記)』(1145)의 '波珍飡一云海干'의 기록을 참고하면, '波珍'과 '海'가 대응하므로, 당시의 형태를 '바ᄃᆞᆯ'로 재구할 수 있을 것으로 생각된다. 재구된 '바ᄃᆞᆯ'이란 형태는 모음 사이에서 'ㄷ'이 'ㄹ'로 바뀔 수 있기 때문에 '바ᄅᆞᆯ'의 옛 형태가 될 수 있다. 그러나 '바ᄃᆞᆯ'이란 형태도 15세기의 '바다ㅎ'와 연결시키기 어렵다. 다만 '바ᄃᆞᆯ'이란 재구 형태와 '바다ㅎ'을 비교하면 '받'이라는 공통 요소를 추출할 수는 있다. 이렇게 되면, '바ᄅᆞᆯ'은 '받+-ᄋᆞᆯ'로 구성된 것이고, '바다ㅎ'은 '받+-아ㅎ'으로 구성되었다는 견해를 피력할 수 있다. 즉 공통 어근 '받'에 형태가 다른 접미사가 각각 결합하여 '바ᄅᆞᆯ'과 '바다ㅎ'이 되었다고 하는 것이 현재로서는 가능한 어원적 해석이지만 의문이 해소되는 것은 아니다.

[원] 바ᄅᆞᆯ/바다ㅎ[海]

[변] 바ᄅᆞᆯ/바다ㅎ > 바다

[예] • 내히 이러 바ᄅᆞ래 가ᄂᆞ니(용비어천가 2장)
• 香水 바다히니(월인석보 1-23)
• 바다의 ᄇᆡ가 오니 샤문 가즌 관셴인가(만언사)

바둑 [명] 두 사람이 검은 돌과 흰 돌을 나누어 가지고 바둑판 위에 번갈아 하나씩 두어 가며 승부를 겨루는 놀이. 두 집 이상이 있어야 살며, 서로 에워싼 집을 많이 차지하면 이긴다. 오로, 혁기.

□ 중세국어 문헌에서 '바독'의 형태를 보여 준다. '바독'은 17세기까지 그대로 이어지다가 18세기에 모음이 교체된 '바둑'이 '바독'과 함께 사용되었다. 20세기 초반까지도 '바독'과 '바둑'은 공존하였으나, 중반 이후에는 '바둑'으로 통일되는 양상을 보이면서 그대로 현대로 이어졌다. 이 말의 어원에 대해서는 아직 정설이 없으나, '바독'의 후부 요소인 '독'이 '돌[石]'과 같은 말일 것으로 추정하는 것에는 대체로 견해를 같이하고 있다. '바독'의 '바'에 대해서는 몇 가지 견해가 있다. 첫째는 '밭[田]'에서 왔다는 것, 둘째는 한자 '배(排)'에서 왔다는 것, 셋째는 '겉[表]'을 의미하는 중세국어 '밭'에서 왔다는 것 등의 견해가 있다. 이 중에서 가장 이치에 근사하다고 할 수 있는 것은 '밭[田]'에서 '바'가 왔다는 견해이다.

□ 15세기 문헌인 『내훈(內訓)』(1475)에 '奕은 바독이오'라고 하여 '바독'의 형태를 보여 준다. '바독'은 이후 모음이 교체된 '바둑'이 '바독'과 함께 사용되다가, 20세기 중반 이후에는 '바둑'으로 통일되는 양상을 보이면서 그대로 현대로 이어졌다. 이 말의 어원에 대해서는 아직 정설이 없으나, '바독'의 후부 요소인 '독'이 '돌[石]'과 같은 말일 것으로 추정하는 것에는 대체로 견해를 같이하고 있다. 주로 남부 방언에서 '독'은 '돌'의 의미로 쓰이고 있는데, 이러한 방언이 15세기까지 소급할 것인지는 확실치 않다. 다만 '돌'을 의미하는 '독'이란 말이 18세기 무렵의 근대국어 문헌인 『만언사(萬言詞)』에 나타나며, 방언에서 광범위하게 퍼져 있으므로, 15세기에도 이말이 사용되었을 가능성은 높다. 더불어 방언에서는 '바둑'을 '바돌'이라고 하는 곳이 많다는 점도 이러한 견해의 뒷받침이 된다. '바독'의 '바'에 대해서는 몇 가지 견해가 있다. 첫째는 '밭[田]'에서 왔다는 것, 둘째는 한자 '배(排)'에서 왔다는 것, 셋째는 '겉[表]'을 의미하는 중세국어 '밭'에서 왔다는 것 등의 견해가 있다. 이 중에서 가장 이치에 근사하다고 할 수 있는 것은 '밭[田]'에서 '바'가 왔다는 견해이다. 바둑판이 마치 잘 구획된 '밭'과 같고, 그 위에 흑백의 '돌'을 번갈아 놓아 가는 놀음에서 이러한 어원적 견해가 유력하게 제기된 것이다. 그러나 아직 중세국어 '바독'의 어원은 미상이라고 해야 옳다.

㉿ 밭[田]+돌/독[石]

㉠ 바독> 바둑

㉤ • 奕은 바독이오(내훈 1-28)

바라문(婆羅門) 몡 인도 카스트 가운데 가장 높은 지위인 승족(僧族). 브라만 (Brahman).

▯ '바라문'은 산스크리트어 'Brahman'을 한어(漢語)에서 '婆羅門'으로 음역한 것 이며, 국어의 불교 용어에서 '바라문'으로 받아들였다.

웬 (산스크리트어)Brahman

옌 Brahman> (漢語)婆羅門> 바라문

바라밀다(波羅蜜多) 몡 보살(菩薩)의 수행. 현실의 생사의 차안(此岸)에서 열반의 피안(彼岸)으로 건넌다는 뜻. 준말은 '바라밀'.

▯ 산스크리트어 'Paramita'를 한어(漢語)에서 '波羅蜜多'로 음역한 것이다. 산스크 리트어 'Paramita'는 피안의 경지에 이르고자 하는 보살 수행을 뜻하는 말이다.

웬 (산스크리트어)Paramita

옌 Paramita> (漢語)波羅蜜多> 바라밀다

바라지 몡 ① 온갖 일을 돌보아 주는 일. ② 음식이나 옷을 대어 주는 일.

▯ '바라지'는 중세국어의 동사 '발다[依支, 隨從]'에서 파생된 명사로 생각된다. 중 세국어의 '발다'는 '실에롤 바라 書帙을 ㄱㅈ기 ᄒ고(傍架齊書帙, 두시언해-초간 7-6), 몰애 우횟 올히 삿기ᄂ 어미롤 바라셔 ᄌ오ᄂ다(沙上鳧雛傍母眠, 두시언해-초간 10-8)' 등의 용례에서 알 수 있는 바와 같이 '의지하다, 곁따르다'에 해당하는 동사이다.

▯ 불교에서 '바라지'는 '영혼을 위하여 시식(施食)할 때 시식 법사(法師)가 송구(頌 句)의 경문을 읽으면 옆에서 그 다음의 송구를 받아 읽거나 시식을 거들어 주는 사 람'을 뜻하는 말이다. 여기에서 '옥(獄)바라지, 자식바라지'와 같은 말로 일반화되어 쓰인 것으로 생각된다.

웬 발[依支, 隨從]+아지(접사)

옌 발아지> 바라지

바람 몡 기압의 고저에 의하여 일어나는 공기의 움직임.

㊀ 중세국어 문헌에서 'ㅂ룸'의 형태로 처음 나타난다. 제1 음절과 제2 음절에 '으'를 가진 이 형태는 정상적인 변화라면 16세기 이후에 'ㅂ름'이 되었다가, 18세기 이후에는 '바름'이 되어야 한다. 그런데 17세기 문헌에 'ㅂ람'으로 표기되어 예외적인 음운 변화의 양상을 보인다. 15세기 형태인 'ㅂ룸'의 어원은 크게 두 가지 견해가 있다. 하나는 동사 '불다[吹]'의 어간 '불-'에 명사를 만드는 접미사 '-음'이 연결된 것으로 보는 것이고, 다른 하나는 한자 '風'의 중국 고음(古音)인 [pljəm], [pjwəm] 등에서 왔다는 견해이다.

㊁ 15세기 문헌인 『용비어천가(龍飛御天歌)』(1447)의 '불휘 기픈 남ᄀᆞᆫ ㅂᄅᆞ매 아니 뮐씨'에서 'ㅂ룸'의 형태로 나타난다. 'ㅂ룸'이 예외적 변화를 겪은 17세기 형태인 'ㅂ람'은 18세기 및 19세기에는 'ㅂ룸, ㅂ람, 바름, 바람' 등으로 혼란을 보이다가, 20세기에 '바름, 바람'으로 간소화되고, 이어서 현대의 '바람'이 되었다. 이러한 변화의 과정에서 아무래도 의심스러운 것은 18세기의 표기인 '바름'의 발음이 과연 [바름]이 아니고 [바람]인 것인지 하는 점이다. 제1 음절과 제2 음절에서 모두 '으'를 갖는 'ᄀᆞ독, ᄀᆞ술, ᄀᆞ물, ᄆᆞᅀᆞᆷ' 등은 이후에 '가득, 가을, 가물(<가믈), 마음' 등으로 변하였으므로, 확실히 'ㅂ룸'에서 'ㅂ람'이 된 것은 예외적인 변화이다. '으'의 예외적인 변화로서는 'ᄀᆞᄂᆞᆯ'이 '그늘'이 된 것에서도 찾을 수 있으나, 국어의 음운 변화에서는 매우 드문 일이다.

㊂ 중세국어 'ㅂ룸'의 어원은 크게 두 가지 견해가 있다. 하나는 동사 '불다[吹]'의 어간 '불-'에 명사를 만드는 접미사 '-음'이 연결된 것으로 보는 것이고, 다른 하나는 한자 '風'의 중국 고음(古音)에서 왔다는 견해이다. 전자는 국어 내부에서 어원을 찾고자 한 것이고, 후자는 외부의 언어에서 차용한 것으로 해석한 것이다. 전자의 견해는 어간 '불-'의 이전 형태를 '볼-'로 추정하여, '볼-+-음'의 구성에 의하여 중세국어 'ㅂ룸'이 되었다는 것인데, 가장 큰 문제는 어간 '불-'이 '볼-'이었다는 것을 실증할 수 없다는 데에 있다. 후자의 중국어 '風'의 발음을 차용했다는 것은 과연 기초 어휘라고 할 수 있는 'ㅂ룸'을 외국어에서 차용했을까 하는 점에 있다. '風'의 상고음은 [pljəm], [pjwəm] 등으로 재구되므로, 'ㅂ룸'의 음상과 비슷한 것은 사실이다. 이것 역시 개연성이 있을 뿐이므로 차용 관계가 확실한 것은 아니다.

㊍ ㅂ룸[風]

㉺ ᄇᆞᄅᆞᆷ> ᄇᆞ람> 바람

㉞ • 風은 ᄇᆞᄅᆞ미라(월인석보 1-38)
  • ᄇᆞ람 블면 여름 여ᄂᆞᆫ 거시여(박통사언해 상-36)

바람맞다 圄 상대가 만나기로 한 약속을 지키지 아니하여 헛걸음하다. 풍병에 걸리다. 몹시 마음이 들뜨다.

㊂ 이 말의 중세국어 형태는 'ᄇᆞᄅᆞᆷ맞다'이므로, 'ᄇᆞᄅᆞᆷ[風]+맞다[的中]'로 구성된 말임을 알 수 있다. 중세국어에서 'ᄇᆞᄅᆞᆷ맞다'는 '중풍에 걸리다'의 뜻으로만 쓰였으며, 현대국어의 '헛걸음하다'에 해당하는 의미는 없었다.

㊂ 현대국어의 '만날 사람을 만나지 못하여 헛걸음하다'의 뜻은 오히려 '바람맞다(<ᄇᆞᄅᆞᆷ맞다)'의 직접적인 의미로 쓰인 것이다. 오지 않을 사람을 애타게 기다리면서 썰렁한 찬바람을 맞는 심정이 그대로 적용된 것이다. 이렇게 썰렁한 바람을 맞게 되어 마음이 상하게 되면 정말로 중풍(中風)에 걸릴 수도 있다. 중세국어에서 한자어 '中風, 風病, 風疾' 등을 고유어로는 'ᄇᆞᄅᆞᆷ마존병'이나 'ᄇᆞᄅᆞᆷ앳병'이라고 한다. 근대국어에는 이를 줄여서 'ᄇᆞᄅᆞᆷ병'이라는 말도 쓰였다. 중세국어에서 '바람맞다'는 '풍병에 걸리다'에 해당하고, 'ᄇᆞᄅᆞᆷ들다'는 '감기에 걸리다'의 뜻이다.

㉓ ᄇᆞᄅᆞᆷ[風]+맞[敵中]+다(어미)

㉺ ᄇᆞᄅᆞᆷ맞다> 바람맞다

㉞ • ᄇᆞᄅᆞᆷ마ᄌᆞ 믄득 어즐ᄒᆞ야(구급간이방 1-5)
  • ᄇᆞᄅᆞᆷ마잔병(中風, 구급간이방-목록)

바람벽(—壁)[바람뼉] 圐 방이나 칸살의 옆을 둘러막은 둘레의 벽.

㊂ 이 말의 근대국어 형태는 'ᄇᆞ람벽, ᄇᆞ람ㅅ벽' 등이지만, 중세국어 형태를 기준으로 하면 'ᄇᆞᄅᆞᆷ+벽'이나 'ᄇᆞᄅᆞᆷ+ㅅ(조사/사잇소리)+벽'으로 분석된다. 중세국어의 고유어 'ᄇᆞᄅᆞᆷ'은 한자어 '壁(벽)'과 같은 뜻이며, 뜻이 다른 'ᄇᆞᄅᆞᆷ[風]'과는 성조도 같으므로 완전한 동음이의어(同音異義語)이다.

㊂ 같은 뜻의 고유어와 한자어가 결합하는 경우는 일상 언어에서 '역전앞(驛前—), 처갓집(妻家—), 하얀 소복(素服)' 등과 같이 부분 결합이 종종 눈에 띄지만, 'ᄇᆞ람

벽(<ᄇᆞᄅᆞᆷ벽)'과 같이 완전한 중복 표현은 흔치 않다. 근대국어 시기에 'ᄇᆞ람벽, 바람ㅅ벽'이 나타난 것은 'ᄇᆞ람(<ᄇᆞᄅᆞᆷ[壁])'이라는 단어가 'ᄇᆞ람(<ᄇᆞᄅᆞᆷ[風])'에 밀려 잘 쓰이지 않게 되면서, 의미를 뚜렷하게 나타내기 위한 중복 표현이었다고 생각된다.

[원] ᄇᆞᄅᆞᆷ[壁]+壁(벽)

[변] ᄇᆞᄅᆞᆷ벽> ᄇᆞ람벽/ᄇᆞ람ㅅ벽> 바람벽

[예] • 혜 ᄇᆞ람벽의 글을 뻐 닐오ᄃᆡ(여범 3)
• ᄇᆞ람ㅅ벽(壁, 동문유해 상-35)

바래다 [동] 가는 사람을 중도까지 따라가거나 바라보면서 보내다.

[一] 중세국어에 '발다'란 동사가 있다. 'ᄃᆞᆯ비츤 九霄애 바라 하도다(月傍九霄多, 두시언해-초간 6-14)'에서 '바라'는 '곁따라, 의지하여'의 뜻이다. 그러므로 '바래다'는 '발[傍]+애(사동접사)+다(어미)'로 분석된다는 것을 알 수 있다. 사동 접미사 '-애-'는 '없애다'에서도 찾을 수 있다.

[원] 발[傍]+애(사동접사)+다(어미)

[변] *발애다> 바래다

바로 [부] 바르게. 곧게.

[一] '바로'의 중세국어 형태는 '바ᄅᆞ'이다. 이 말은 중세국어의 형용사 '바ᄅᆞ다[直]'의 어간이 직접 부사로 파생된 것이다.

[二] '바ᄅᆞ'에서 '바로'가 된 것은 '바ᄅᆞ'에서 음운 변화에 의해 '바로'가 되었다기보다는 부사화 접미사 '-오/-우'의 영향을 받아 형태가 바뀌었다고 하는 것이 이치에 맞다.

[三] 중세국어에서는 동사나 형용사의 어간이 바로 부사로 쓰이는 경우가 종종 있다. 'ᄀᆞᆮ, ᄇᆡ브르, 하' 등은 'ᄀᆞᆮ(ᄒᆞ)다, ᄇᆡ브르다, 하다' 등의 어간에서 부사로 바로 파생된 것이다.

[원] 바ᄅᆞ[直]

[변] 바ᄅᆞ> 바르+오(접사)> 바로

[예] • 바ᄅᆞ 自性을 ᄉᆞᄆᆞᆺ 아ᄅᆞ샤(直了自性, 월인석보 서-18)
• ᄇᆡ 우흐로셔 바르 디나시다 ᄒᆞ면(첩해신어 6-18)

• 바로 반이라(노걸대언해 상-6)

바루다 [동] 비뚤어지거나 구부러진 것을 바르게 하다.
[一] 근대국어 형태도 '바루다'이며, 이 말은 '바르[直]+우(사동접사)+다(어미)'의 구조로 분석된다.
[원] 바르[直]+우(사동접사)+다(어미)
[변] 바르+우+다> 바루다
[예] • 어듸로 조ᄎᆞ 션을 가리며 몸을 진실히 ᄒᆞ야 그 그름을 바루랴(여사서언해 4-2)
☞ 바로

바리 [명] ① 놋쇠로 만든 여자의 밥그릇. ② '바리때'의 준말.
[一] 중세국어 형태도 '바리'이며, 이 말은 한자 '鉢(발)'에 접미사 '-이'가 붙은 말이다.
[원] 鉢(발)+이(접사)
[변] *발이> 바리
[예] • 옷 니브시고 바리 가지샤(著衣持鉢, 금강경언해 상-3)

바쁘다[바쁘니, 바빠] [형] 일이 많거나 급하여 쉴 겨를이 없다. 몹시 급하다.
[一] '바쁘다'의 중세국어 형태는 '밧ᄇᆞ다'이다. 이 말은 '밫[忙]+ᄇᆞ(형용사화 접사)+다(어미)'로 분석된다. 15세기에 이미 모음 교체 형태인 '밧브다'도 나타나지만, 이 경우는 'ᆞ'가 'ㅡ'로 변한 것이 아니라, 모음조화에 의한 'ᆞ'와 'ㅡ'의 상호 교체에 의한 것이다. 그러나 16세기 후반부터 나타나는 '밧브다'는 이제 제2 음절 이하에서 'ᆞ'가 'ㅡ'로 바뀌는 음운 변화를 반영한 것으로 해석해야 한다. 17세기 이후에 나타나는 '밧ᄇᆞ다'와 '밧브다'는 발음에서 서로 다르지 않은 것이다. 18세기에는 '밧ᄇᆞ다, 밧브다' 외에 '밧보다, 밧부다, 받부다' 등의 'ㅂ' 아래에서 원순 모음화를 반영한 형태가 나타나고, 이러한 경향은 20세기까지도 이어진다. 20세기에 '바쁘다, 바쁘다' 등이 표기되어 현대국어 '바쁘다'로 이어졌다. 중세국어에는 지금은 쓰이지 않는 '밫다'라는 동사가 있었다. 그러므로 15세기 형태인 형용사 '밧ᄇᆞ다'는 동사 어간 '밫-'에 형용사를 만드는 접미사 '-ᄇᆞ-'가 연결되어 만들어진 말이라는 것을 알 수 있다.

'밧부다'로 표기된 것은 8종성 원리에 따라 'ㅊ'을 'ㅅ'으로 적은 것이다.

�三 15세기 문헌인 『월인석보(月印釋譜)』(1459)의 '世間앳 밧ᄇ디 아니흔 이ᄅᆞᆯ 흔ᄃᆡ 니르디 아니홀씨오(世間에의 바쁘지 아니한 일을 함께 이르지 아니한다는 것이고)'에서 '밧부다'를 확인할 수 있다. 중세국어에는 지금은 쓰이지 않는 '밫다'라는 동사가 있었다. 『월인천강지곡(月印千江之曲)』(1447)의 '比丘僧을 보시고 더욱 바ᄎ시니'에서 '바ᄎ시니'는 '바빠하시니'로 풀이된다. 그러므로 15세기 형태인 형용사 '밧부다'는 동사 어간 '밫-'에 형용사를 만드는 접미사 '-ᄇ-'가 연결되어 만들어진 말이라는 것을 알 수 있다. '밧부다'로 표기된 것은 8종성 원리에 따라 'ㅊ'을 'ㅅ'으로 적은 것이다. 형용사를 만드는 접미사 '-ᄇ-/-브-'는 현대국어에서는 생산적이진 않지만, '바쁘다' 외에도 접미사 '-ᄇ-/-브-'에 의하여 파생된 '기쁘다(<짔-+-브-+-다), 슬프다(<슳-+-브-+-다), 미쁘다(<믿-+-브-+-다)' 등의 어휘가 현대에도 잘 사용되고 있다.

㉒ 밫[忙]+ᄇ(형용사화 접사)+다(어미)

㉖ *밫ᄇ다> 밧ᄇ다> 밧브다> 바쁘다

㉕ • 世間앳 밧ᄇ디 아니흔 이ᄅᆞᆯ 흔ᄃᆡ 니르디 아니홀 씨오(월인석보 10-21)
  • 밧븐 제 가져오라 ᄒᆞ야 보시거든(倉卒取視, 내훈-선조 2-하-35)

바사기 㗊 사물에 어두워 아는 것이 없고 똑똑하지 못한 사람.

㉣ '바사기'의 근대국어 형태는 '바삭'과 '바삭이'이므로, '바사기'는 '바삭'에 접미사 '-이'가 부가된 형태라는 것을 알 수 있다. '바삭'은 한자어 '八朔(팔삭)'에서 온 말이지만, '八(팔)'이 '바'로 반영된 것에 대해서는 그 연유를 자세히 알 수 없다. 다만 '八'의 근대 한어음(近代漢語音)이 [pa]이므로, 한어음의 영향일 가능성이 있지만 확인하기는 어렵다.

�三 '바사기'는 어원적으로 '팔삭둥이'와 같은 말이다.

㉒ 八朔(팔삭)+이(접사)

㉖ 八朔(팔삭)> 바삭> 바삭이> 바사기

㉕ • 바삭(고금석림 동한역어)
  • 요놈이 일되고 바삭이가 아니니(한중록 416)

바이러스(virus) 몡 동물, 식물, 세균 따위의 살아 있는 세포에 기생하고, 세포 안에서만 증식이 가능한 비세포성 생물. 핵산과 단백질을 주요 성분으로 하고, 세균 여과기에 걸리지 않으며, 병원체가 되기도 한다.

▢ 라틴어 'virus'에서 온 말로 원래의 의미는 '점액(粘液, slime)'이나 '독(毒, poison)'에 해당한다.

㉟ (라틴어)virus[粘液/slime, 毒/poison]

㉥ virus> (영어)virus> 바이러스

바이블(Bible) 몡 ① 성서. ② 어떤 분야에서 가장 권위가 있고 지침이 될 만한 책.

▢ 영어 'Bible'의 어원은 '책/book'을 뜻하는 그리스어 'biblion'에서 온 말이다. 그리스어 'biblion'은 영어의 접두사 'biblio-'의 직접적인 어원이며, 이로부터 다시 'Bible'이 나오게 된 것이다. 접두사 'biblio-'에 의해 파생되는 어휘에는 'bibliography, bibliology, bibliophile' 등이 있다.

▣ 그리스어 'biblion'은 종이 수출로 유명했던 페니키아의 도시 '비블로스/Byblos'에 그 어원이 있으며, 도시의 이름인 '비블로스/Byblos'는 최초의 종이인 '파피루스/papyrus'의 그리스식 명칭이다. '파피루스/papyrus'는 지중해 연안의 습지에서 자라는 식물의 이름이다. 이 식물의 섬유를 이용하여 종이를 만들었기 때문에 이후에 '파피루스'가 종이나 문서를 뜻하게도 되었다.

㉟ (그리스어)biblion[冊/book]

㉥ biblion> (영어)Bible> 바이블

바자[1] 몡 대, 갈대, 수수깡, 싸리 따위로 발처럼 엮거나 결어서 만든 물건. 울타리를 만드는 데 쓰인다. 파자.

▢ '바자'의 중세국어 형태는 '바ᄌ'이며, 이 말은 한자어 '笆子'이다. '笆子'를 중세국어 한자음으로 읽으면 '파ᄌ'이지만, '笆'의 한어(漢語) 중고음(中古音)은 방모(幫母)인 [pa]이거나 병모(並母)인 [ba]이므로, 국어 한자음에서 '笆'의 고음(古音)이 '바'인 경우가 있었다는 것을 알 수 있다. '바자'와 같은 말인 '파자(笆子)'는 현실 한자음으로 읽은 것이다.

ⓦ 笆子(바즈)

ⓥ 바즈> (바조)> 바자

ⓔ • 바즈문 남녁(번역노걸대 하-1)

　　• 바즈(籬笆, 동문유해 상-35)

　　• 바조(笆子, 역어유해 상-19)

☞ 울바자

바자² 몡 공공 또는 사회사업 따위의 자금을 모으기 위하여 벌이는 시장. 바자회.

⊟ '바자'는 '市場(시장/market)'을 뜻하는 페르시아어 'bāzār'에 어원이 있으며, 영어 표기로는 'bazaar'이다.

ⓦ (페르시아어)bāzār[市場]

ⓥ bāzār> (영어)bazaar> 바자

바지게 몡 발채를 얹은 지게.

⊟ '바지게'는 '발(또는 발채)을 얹은 지게'란 뜻에서 조어된 것이다. '발[籬]+지[負]+게(접사)'의 어원적 구조로 분석되며, 'ㅈ' 앞에서 'ㄹ'이 탈락한 것이다.

⊟ '발지게'나 '바지게'란 말은 옛 문헌에 나타나지 않지만, '지게'는 근대국어 문헌에 나타난다. '발채'는 지게에 얹어서 짐을 싣는 제구로서, 싸리나 대오리로 둥글넓적하게 조개 모양같이 결어서 접었다 폈다 할 수 있게 만든 것이다.

ⓦ 발[籬]+지[負]+게(접사)

ⓥ *발지게> 바지게

바치 쩝 어떤 물건을 만드는 것으로 업을 삼는 사람.

⊟ 접미사 '-바치'의 중세국어 형태는 '바지'와 '바치'가 함께 나타나지만, '바지'가 이른 시기의 문헌에 나타난다.

⊟ '장인(匠人)'을 뜻하는 중세국어의 '바지'와 '바치'는 접미사 용법 외에 명사로도 쓰였지만, 현대국어의 '-바치'는 접미사로만 사용된다.

ⓦ 바지[匠]

ⓥ 바지> 바치

ⓔ • 匠은 바지라(법화경언해 서-21)

　• 셩냥바지와 흥졍바지왜라(능엄경언해 3-88)

　• 바치 공(工, 신증유합 하-60)

　• 여러 가짓 로롯바치둘(번역박통사 상-5)

바치다 ⓕ 웃어른에게 드리다. 자기의 정성이나 힘을 남을 위해서 아낌없이 다하다.

ⓐ '바치다'의 중세국어 형태는 '바티다'이다. 이 말은 어원적으로 '받[獻, 受]+히(사동접사)+다(어미)'로 분석되는 파생 동사이다.

ⓒ 중세국어에서 '받다'는 현대국어의 '바치다[獻]'와 '받다[受]'의 두 가지 의미로 다 쓰였으나, 현대국어에서는 '바치다[獻]'와 '받다[受]'로서 형태의 분화에 따른 의미 차이가 생겼다.

ⓦ 받[獻, 受]+히(사동접사)+다(어미)

ⓥ 받히다> 바티다> 바치다

ⓔ • 보빅 어더 와 바티ᅀᆞᄫᅥ며(월인석보 2-45)

　• 疑心을 바티게 ᄒᆞ샤(呈疑, 능엄경언해 4-1)

바캉스 ⓖ 휴가. 주로 피서지나 휴양지 등에서 지내는 여름휴가를 이름.

ⓐ '바캉스'는 프랑스어 'vacance'를 그대로 차용한 말이다. 프랑스어 'vacance'는 단순히 '휴가(休暇)'를 뜻하는 말이며, 영어 'vacation'과 어원이 같다.

ⓦ (프랑스어)vacance

ⓥ vacance> 바캉스

바탕 ⓖ 타고난 성질이나 체질 또는 모든 재질. 사물의 근본을 이루는 토대.

ⓐ 중세국어 형태도 '바탕'이다. 중세국어나 근대국어에서 '바탕'은 현대국어보다 폭넓은 의미를 가지고 있다. 문맥에 따라 '본질, 마당, 토대, 일터' 등의 의미로 해석된다.

[三] 그런데 중세국어에는 '바탕' 외에 '바닥[底]'과 '바당[底, 場]'이란 말도 쓰였으며, 이 말들은 '받[底, 場]+악/앙(접사)'의 구조로 분석된다. 따라서 '바탕'도 어원적으로는 '밭[場]+앙(접사)'보다는 '받[底, 場]+ㅎ(첨가음)+앙(접사)'의 구조로 분석하는 것이 옳을 것이다.

[원] 받[底, 場]+ㅎ(첨가음)+앙(접사)

[변] 받ㅎ앙> 바탕

[예] • 본ᄃᆡ 이 노니논 바탕이니(元是遊戲之場, 금강경삼가해 2-19)
 • 믈결 바탕애(번역노걸대 하-50)
 • 바탕 질(質, 아학편 하-13)

바투 [부] 두 물체의 사이가 썩 가깝게. 시간이나 길이가 매우 짧게.

[一] '바투'는 '밭[至近]+우(부사화 접사)'의 구조로 분석된다. 현대국어에서 '밭다'는 '매우 가깝다, 인색하다, 급하다, 까다롭다' 등의 의미로 쓰이는 말이다.

[원] 밭[至近]+우(부사화 접사)

[변] 밭우> 바투

박수 [명] 남자 무당.

[一] '박수'의 근대국어 형태는 '박ᄉᆞ'이며, 19세기의 문헌에 '박슈'로 나온다. 이 말은 몽고어 'faksi'나 만주어 'baksi'와 같은 어원인 것으로 추정되고 있다(小倉進平 1944). 몽고어 'faksi'나 만주어 'baksi'는 '스승[師], 智者(지자)'의 의미를 지닌 말이다.

[三] 한편 '박수'의 어원을 한자어 '卜師'에서 찾는 경우도 있다.

[원] (몽골어)faksi/(만주어)baksi[師]

[변] faksi/baksi> 박수>

[예] • 박ᄉᆞ(端公, 역어유해 상-27)
 • 박슈(覡/화랑이, 한불자전 297)

박쥐 [명] 박쥣과의 짐승. 비행 동물로 쥐와 비슷한데, 앞다리가 날개처럼 변형되어 날아다님. 성대로부터 초음파를 내어 그 반사로 방향을 조정함. 야간 활동성으로 갑충이나 나비 등을 포식함.

□ '박쥐'의 중세국어 형태는 '붉쥐(上去)'이다. '붉쥐'는 18세기까지 그대로 사용되다가, 19세기에는 의고적인 '붉쥐'와 함께 '박쥐'가 등장한다. '박쥐'는 제1 음절에서 'ᄋ'가 '아'로 바뀌는 음운 변화가 적용되고, 받침의 'ㄹ' 탈락을 표기에 반영한 것이다. 받침의 'ㄹ'을 표기하지 않음으로써 어원적 형태에서 멀어진 '박쥐'가 현대로 이어졌다. '붉쥐'는 '붉다[明]'의 어간 '붉-'에 바로 '쥐'가 연결된 것이며, 옛날에는 이와 같이 용언의 어간이 바로 명사에 붙는 경우가 종종 있었다. '붉쥐'의 어원적 의미는 '밝은 쥐'라고 하겠다. 이것은 어두운 곳에서 잘 날아다니는 박쥐의 생태를 보고 옛날 사람들은 박쥐의 눈이 '밝다'라고 생각했기 때문이다.

□ 15세기 문헌인 『구급간이방언해(救急簡易方諺解)』(1489)에 '붉쥐 똥을 ᄂᆞᆯ 기르메 ᄀᆞ라 ᄇᆞᄅ라'라고 하여 '붉쥐'의 형태를 보여 주면서, 아울러 박쥐의 똥이 민간에서 의약품으로 사용되었음을 알게 해 준다. '붉쥐'는 '붉다[明]'의 어간 '붉-'에 바로 '쥐'가 연결된 것이며, 옛날에는 이와 같이 용언의 어간이 바로 명사에 붙는 경우가 종종 있었다. 17세기 문헌인 『역어유해(譯語類解)』(1690)에 '蝙蝠 붉쥐 或云 벼부'라고 하여 '벼부'를 보인 것은 중국어 '蝙蝠'의 당시 발음을 차용하여 보인 것인데, 당시에 이 차용어가 실제로 사용되었는지는 의문이다. '붉쥐'의 어원적 의미는 '밝은 쥐'이다. 이것은 어두운 곳에서 잘 날아다니는 박쥐의 생태를 보고 옛날 사람들은 박쥐의 눈이 '밝다'라고 생각했기 때문이다. 특히 앞의 의학 서적에서도 언급되었지만, 약품으로 쓰이는 '박쥐의 똥'을 한자어로는 '야명사분(夜明砂糞)'이라고 한다. 여기서도 '밝다'의 뜻을 가진 한자 '명(明)'이 등장하여 '붉쥐'의 '붉'이 '붉다[明]'의 어간에서 온 것임을 알 수 있다. 사실 박쥐의 눈은 퇴화하여 시력은 거의 없고, 초음파를 이용한 청각에 의하여 활동하고 있다.

□ 민속에서는 박쥐가 오복(五福)을 상징한다고 하여 박쥐의 문양(文樣)을 선호하고 있다. 아마도 '박쥐'가 '복(福)'을 상징하게 된 것은 우리나라에서 생긴 민속이 아니라, 중국에서 전래된 민간 문화이다. '박쥐'를 한자로는 '蝠(복)'이라고 하며, 한자 '蝠'은 '福(복)'과 성조를 포함한 독음(讀音)이 같기 때문에 문자의 상징성이 작용한 것이다.

ᄋ 붉[明]+쥐[鼠]

ᄖ 붉쥐> 박쥐

ᄒ •붉쥐 똥을 ᄂᆞᆯ 기르메 ᄀᆞ라 ᄇᆞᄅᆞ라(구급간이방 6-68)

반드시 ᄞ 꼭. 틀림없이.

ㅡ '반드시'에 해당하는 중세국어는 '반ᄃᆞ기, 반ᄃᆞ시' 등이다. 중세국어 동안에서도 15세기에는 '반ᄃᆞ기'가 쓰였고, 16세기에는 '반ᄃᆞ시'가 주로 쓰였으므로, 시기적으로 본다면 가장 이른 형태는 '반ᄃᆞ기'이다. 역시 중세국어에 형용사 '반둑ᄒᆞ다'는 나타나지만, '반둣ᄒᆞ다'는 보이지 않으므로, '반드시'의 기원적 형태는 '반ᄃᆞ기'임을 알 수 있다.

ᄐ '반ᄃᆞ기'가 '반ᄃᆞ시'로 바뀌게 되는 것은 먼저 어근 '반둑'이 '반둣'으로 바뀌게 된 것을 전제로 하는 것이다. 국어 음운사에서 받침의 'ㄱ'이 'ㅅ'으로 바뀌게 되는 것은 종종 볼 수 있는 현상이지만, 음운론적 필연성이 있는 것은 아니며, 일종의 유추 현상에 기인하는 것이다. 즉 보조적으로 쓰이는 '둣ᄒᆞ다'와 같은 어형에 이끌려 받침이 변화했을 가능성이 있는 것이다(李基文 1991: 39).

ᄅ 그런데 중세국어의 '번득ᄒᆞ다[宛然]'와 '반둑ᄒᆞ다[楷正]'는 모음 교체에 의한 어형 분화이며, 이에 따라 약간의 의미 차이가 생겼다. '번득ᄒᆞ다'는 중세국어의 '번게, 번ᄒᆞ다' 등의 어휘와 동원어(同源語)임이 분명하므로, '반둑ᄒᆞ다'는 '번득ᄒᆞ다'를 기본형으로 하여 분화된 어형으로서, 그 의미도 좀 더 추상화되었다고 하겠다.

ᄋ 반둑[正]+이(부사화 접사)

ᄖ 반ᄃᆞ기> 반ᄃᆞ시> 반드시

ᄒ •이 四生애 반ᄃᆞ기 三菩提를 得ᄒᆞ며(월인석보 17-26)

　•ᄆᆡ샹 밥 머글 제 ᄂᆞ치 반ᄃᆞ시 눉므를 흘리더라(每食臉必泣, 두시언해-초간 24-32)

　•다시 홍화 달인 믈에 ᄑᆞ러 머기면 반드시 알리라(태산집요 9)

☞ 번개, 번하다

반야(般若) ᄝ 대승 불교에서, 모든 법의 진실상을 아는 지혜.

[一] '반야(般若)'는 산스크리트어 'prajñā' 또는 팔리어 'paññā'를 한어(漢語)에서 음역한 것으로, '般若'의 한자음을 고려할 때, 산스크리어보다는 팔리어의 영향을 더 받은 것으로 보인다. 산스크리트어나 팔리어는 같은 계통의 언어이기 때문에 'prajñā'와 'paññā'는 같은 어원이다. 'prajñā'나 'paññā'의 뜻은 지혜(智慧)이다.
[二] 한자어 '般若'를 국어에서 '반약'으로 읽지 않고, '반야'로 읽는 것은 불교 용어의 특수성에 의한 것이다. 즉 불교 용어를 중국에서 받아들이면서 당시의 불교적 발음이 차용어에 적용된 까닭이다.
[원] (팔리어)paññā
[변] paññā> (漢語)般若> 반야

반죽 [명] 가루에 물을 부어서 이겨 갬. 또는 그렇게 한 것.
[一] 국어사전에서 고유어로 처리되고 있는 '반죽'의 근대국어 형태는 '반쥭'이다. 한자어 '죽(粥)'의 중세국어 형태는 '쥭(粥)'이므로, '반죽'의 '죽'은 한자어 '粥'임이 분명하다.
[二] 남은 문제는 '반죽'의 '반'의 어원을 찾는 데에 있다. 쉽게 생각할 수 있는 한자 '반(半)'은 장음(長音)이어서 제외되며, 가장 근사한 것은 '소반'을 뜻하는 한자 '반(盤)'일 것으로 생각된다. 대개 '반죽'은 소반이나 대야를 이용하여 만들기 때문에 '반쥭(盤粥)'이라고 했을 것으로 생각된다.
[원] 盤粥(반쥭)
[변] 盤粥(반쥭)> 반죽
[예] • 長者ㅣ 뚤이 粥을 받ᄌᆞᄫᆞ니(월인천강지곡 상-3)
• 쥭(粥, 훈몽자회 중-20)
• 반쥭ᄒᆞ다(和麵, 동문유해 상-60)

반지(斑指) [명] 한 짝으로만 손가락에 끼게 된 가락지.
[一] '반지'는 '반지환(斑指環)'에서 '환(環)'이 생략된 말이다. '반지'는 비록 한자어이지만 중국에 없는 우리나라에서 만든 한자어이다. '가락지'는 짝으로 된 것을 말하고, '반지'는 한 짝으로 된 것을 일컫는다. 그러므로 반지는 한 쌍을 나눈 반이라는

뜻으로 쓴 한자어이다. '반(斑)'은 '반(班)'과 통용자로서 '나눈다'라는 뜻도 있다. 또한 '半指'라고 하여 한자 '半(반)'을 쓰는 것은 '가락지'의 절반(折半)이 '반지'이기 때문이며, 한자 '半'에는 절반으로 나눈다는 뜻도 있는 까닭이다.

🄯 '가락지'의 '가락'은 손가락, 발가락의 '가락'으로서, 한 군데서 갈라져 나간 부분인 갈래의 뜻이다. 여기에 손가락을 나타내는 한자어 '지(指)'가 더해졌으므로, 가락지는 손가락의 겹말이다. 한 짝만 끼는 것은 반지, 쌍으로 끼는 것은 가락지라 부른다. 조선 시대에 반지는 처녀가 끼고, 혼인한 부인은 가락지를 끼는 것이 원칙이었다. 지금은 이러한 법도가 없어져 '가락지'와 '반지'의 의미도 구분하기 어렵게 되었고, 혼인 여부를 떠나 모든 여성들이 다양한 종류의 반지를 종류에 상관없이 애용하게 되었다. 그런데 '가락지'와 '반지'의 구분이 생긴 것은 조선 시대에 들어 생긴 일이라고 한다. 왜냐하면 가락지의 유물은 조선 시대 이후의 것만 볼 수 있기 때문이다. 이로써 볼 때 가락지와 반지의 구분은 조선 시대가 유교를 지도이념으로 삼으면서, 혼례 여부를 상징하는 반지와 가락지 문화가 생겨난 것이라고 생각된다.

㉿ 斑指環(반지환)

㉾ 반지환> 반지

반짇고리 🄼 바늘, 실, 골무, 헝겊 같은 바느질 도구를 담는 그릇. 바느질고리.

🄴 '반짇고리'는 중세국어 형태를 기준으로 하면 '바늘[針]+질(접사)+ㅅ(사잇소리)+고리[栲, 筥]'로 분석된다.

🄴 '바ᄂ질/바느질'이 줄어서 '반질'이 되고 이것이 '고리'와 결합하여 '반짒고리'가 되는데 '짒'의 ㄹ이 탈락한 '반짓고리'의 발음을 '질'의 'ㄹ'이 'ㄷ'으로 바뀌어 된 발음이라 여겨 표기한 것이 '반짇고리'이다. 이와 같은 처리는 '이튿날, 숟가락, 며칟날' 등의 표기법에서도 확인된다.

㉿ 바늘[針]+질(접사)+ㅅ(사잇소리)+고리[栲, 筥]

㉾ *바늘짒고리> *바늘짒고리> *바느짒고리> *바느짓고리> 반짇고리

발톱 🄼 발가락 끝을 보호하는 뿔같이 단단한 물질.

🄴 '발톱'의 중세국어 형태는 '밠톱'과 '밧돕'이다. '밧돕'은 '밠톱'에서 변화된 것으로

생각되지만, '톱'이 '돕'이 된 것을 설명하기는 힘들다. '밠톱'은 '발[足]+ㅅ(조사/사잇소리)+톱[甲, 爪]'으로 분석된다.

[三] 중세국어에서 '톱'은 '손톱'과 '발톱'을 모두 가리키는 말이다. 중세국어의 '톱'은 연장으로서의 '톱[鋸]'과 '손톱, 발톱'의 '톱[甲, 爪]'이 있다. 두 단어는 모두 거성(去聲)으로서 성조가 같고, 의미의 유연성도 충분하기 때문에 같은 어원임이 분명하다.

[원] 발[足]+ㅅ(조사/사잇소리)+톱[甲, 爪]

[변] 밠톱> 발톱

[예] • 밠톱도 쏘 ᄒᆞ리라(구급방언해 상-49)
  • ᄒᆞ다가 大地로 밧돕 우희 연저(법화경언해 4-143)
  • 발돕 다ᄃᆞᆷ기ᄂᆞᆫ 다ᄉᆞᆺ 낫 돈이니(박통사언해 상-47)

밝다[박따] [형] 불빛 같은 것이 환하다. 어둡지 않고 환하다.

[一] '밝다'의 중세국어 형태는 'ᄇᆞᆰ다'이며, 'ᄇᆞᆰ다[明]'의 모음 교체형으로 '븕다[赤]'가 있다. '븕다'는 명사 '블[火]'에서 형용사로 파생된 것이며, 형용사 '븕다'의 모음 교체에 의한 형태가 'ᄇᆞᆰ다'이다.

[二] 어원적인 기본 명사의 형태가 '블[火]'이므로, 여기에서 먼저 '븕다'가 나오고, '븕다'에 모음 교체가 적용되어 다시 'ᄇᆞᆰ다'가 파생된 것으로 설명하는 것이 이치에 맞다. 그러므로 어휘 생성의 순서는 '블 → 븕다 → ᄇᆞᆰ다'이다.

[三] 어원적 기본 명사인 '블[火]'에서 'ᄇᆞᆰ다, 븕다'가 파생되는 경우, 'ㄱ'이 첨가되는 것은 활용 과정에서 생긴 첨가음일 것으로 생각되지만, 정확하게 그 유래를 알 수는 없다.

[원] 블[火]+ㄱ(첨가음)+다(어미)

[변] (븕다)> ᄇᆞᆰ다> 밝다

[예] • 聖性에 ᄇᆞᆯᄀᆞ실씨(용비어천가 124장)
  • 동졍호 발근 달의 악양누 오르라냐(만언사)

☞ 묽다

방귀[방:귀] [명] 배 속의 음식물이 부패·발효되면서 항문으로 나오는 구린내 나는

가스.
[一] 고유어로 처리되고 있는 '방귀'는 한자어 '放氣'에서 온 것이 분명하다. 국어사전의 표제어에 한자어 '방기(放氣)'가 있으며, 그 의미는 '방귀'와 같다. 한어(漢語)에서도 '放氣'란 말이 쓰이고 있으며, 역시 그 의미는 국어의 '방귀'와 같다.
[二] '放氣'를 중세국어 한자음으로 읽으면 '방긔'인데, 근대국어의 문헌에 '방긔'가 나오므로 '방긔'가 한자어 '放氣'임이 확인된다. 그런데 『훈몽자회(訓蒙字會)』에 '방귀'가 나오므로, 일찍부터 '방긔'에 원순 모음화가 적용되어 '방귀'가 되었다는 것을 알 수 있다.
[원] 放氣(방긔)
[변] 放氣(방긔)> 방귀
[예] • 방긔ᄒᆞ다(사성통해 상-16)
• 방귀 비(糟, 훈몽자회 상-30)
• 방긔(屁, 동문유해 상-20)

방죽 [명] 물을 막기 위해 쌓은 둑.
[一] '방죽'은 한자어 '防築'에서 온 말이다.
[二] '防築'을 중세국어 한자음으로 읽으면 '방튝'이다. 근대국어 시기에 구개음화 현상에 의해 '방튝'이 '방츅'이 되었다가, 이후 반모음 'ㅣ[j]'의 탈락과 평음화에 의해 '방죽'이 된 것이다.
[원] 防築(방튝)
[변] 방튝> *방츅> *방축> 방죽
[예] • 집 앏 방튝 므레 가 드러 주그려 커늘(속삼강행실도 열-20)

밭고랑 [명] 밭작물이 늘어서 있는 줄과 줄 사이의 고랑을 통틀어 이르는 말.
[一] 중세국어 '고랑'은 어원적으로 '골+-앙'으로 이루어진 말이므로, '밭고랑'은 '밭+골+-앙'으로 분석된다. '골'은 '골짜기'의 '골[谷]'과 같은 말이고, '-앙'은 명사에 붙어 작은 것을 나타내는 접미사이다.
[二] 16세기 문헌인 『훈몽자회(訓蒙字會)』(1527)에 '畎 고랑 견 田中溝'라고 하여 옛

날에는 '밭고랑'을 그냥 '고랑'이라고 했음을 알 수 있다. 이것은 '사공'을 '뱃사공'이라고 하는 것과 비슷한 이치이다. '고랑'과 혼동하기 쉬운 말에 '도랑'이 있다. 그래서 '밭고랑'과 '밭도랑', 그리고 '논고랑'과 '논도랑' 등의 의미를 잘 분간하지 못하는 경우가 많다. 그러나 '고랑'은 '두둑한 땅 사이에 길고 좁게 들어간 곳'이며, '도랑'은 '매우 좁고 작은 개울'이다. 그러므로 '밭고랑'은 비가 와서 물이 흐를 수는 있지만, 원래 물이 흐르는 곳은 아니다. 반면에 '논도랑'은 가뭄이거나 물을 빼서 마를 수는 있지만, 보통의 경우는 물이 흐르는 곳이다. 그러므로 의미를 잘 따져 보면 물이 없는 '밭'의 '밭고랑'은 자연스럽지만 '밭도랑'은 어색하고, 물이 있는 '논'의 '논도랑'은 자연스럽지만 '논고랑'은 어색하다. '고랑'과 마찬가지로 '도랑'도 '돌+앙'으로 이루어진 말이다. 현대국어에서 '돌'은 '도랑'의 옛말로 처리되고 있지만, 중세국어에서는 '돓'의 형태로 쓰이는 말이었다. '골'은 중세국어 형태도 그대로 같으며, 현대국어에서 여전히 쓰이고 있다.

㉿ 밭[田]+골[谷]+앙(접사)

㉻ 고랑> 밭고랑

㉠ • 고랑 견(畎, 훈몽자회 상-4)

배꼽 ⑬ 탯줄을 끊은 자리.

㊀ '배꼽'의 중세국어 형태는 '빗복'이다. '빗복'은 18세기까지 계속 문헌에 표기되었지만, 18세기에는 나타난 '빗곱, 비꼽'이 중요한 변화를 보여 주는 표기이다. 즉 '빗복'의 후부 요소 '복'의 초성과 종성이 서로 자리를 바꾸어 '곱'으로 나타났기 때문이다. 이러한 변화는 어떤 필연적인 원리가 있는 것은 아니다. 19세기에는 음운 도치가 일어난 '비꼽'만 나타나고, 20세기에 'ᄋ'가 'ᅡ'로 바뀌고, 경음 표기 'ㅅ'이 'ㄲ'으로 바뀐 '배꼽'이 되어 현대로 이어졌다. '비'는 현대국어 '배[腹]'이므로, 마지막 요소인 '복'의 의미를 파악하는 것이 요점이다. '빗복'의 '복'의 의미를 유추하는 데에는 '복판'이라는 단어를 생각하는 것이 가능한 방법이다. '복판'이란 말은 '일정한 공간이나 사물의 한가운데'를 의미하며, '한가운데'의 의미는 '복판'에서도 앞 요소인 '복'에 있다고 생각된다. 이렇게 되면 '빗복'은 '비[腹]+ㅅ+복[中]'으로 풀이된다. 그러나 이 경우의 '복'이 단일어로 사용되지는 않는다.

[三] 15세기 문헌인 『월인석보(月印釋譜)』(1459)에 '빗보ᄀᆞ로 放光ᄒᆞ샤(배꼽으로 放光하시어)'라고 하여, 이 말의 형태가 중세국어에는 '빗복'이었음을 알려 준다. 중세국어 '빗복'은 'ᄇᆡ+-ㅅ+복'으로 이루어졌다. 'ᄇᆡ'는 현대국어 '배[腹]'의 중세국어 형태이며, 'ㅅ'은 사이시옷이지만, 원래는 조사에서 온 것이므로 별 문제가 되지 않는다. 문제는 마지막 요소인 '복'의 의미를 파악하는 것이 요점이다. '빗복'의 '복'의 의미를 유추하는 데에는 '복판'이라는 단어와 한자 '腹(복)'을 생각하는 것이 가능한 방법이다. '복판'이란 말은 '일정한 공간이나 사물의 한가운데'를 의미하는 고유어이므로, '한가운데'의 의미는 '복판'에서도 앞 요소인 '복'에 있다고 생각된다. 이렇게 되면 '배[腹]'의 중간인 '빗복'은 'ᄇᆡ[腹]+-ㅅ+복[中]'으로 풀이된다. 다른 하나는 '복판'이란 말을 한자어 '腹板(복판)'에서 왔다고 가정하면, '복'은 결국 한자 '腹'으로 소급되는 결과를 낳는다. 한자어 '복판(腹板)'이 동물의 '가슴판'을 뜻하기 때문에 이러한 추리가 아주 불가능한 것은 아니다. 그러나 '복'을 한자 '腹'에서 왔다고 하면 '빗복'은 '배의 배'라는 중첩 구조이면서 의미상으로도 어울리지 않는다.

[원] ᄇᆡ[腹]+ㅅ(조사/사잇소리)+복[中]

[변] 빗복> 빗곱> ᄇᆡᆺ곱> 배곱

[예] • 빗보ᄀᆞ로 放光ᄒᆞ샤(월인석보 2-29)

• 빗곱(臍, 증수무원록언해 1-26)

• ᄇᆡᆺ곱 졔(臍, 왜어유해 상-17)

배다[배:다] [동] 배 속에 아이나 새끼 또는 알을 가지다.

[一] '배다'의 중세국어 형태는 'ᄇᆡ다[孕]'이며, 이 말은 명사 'ᄇᆡ[腹]'에서 바로 동사로 파생된 것이다. 명사 'ᄇᆡ'의 성조는 거성이지만, 동사 'ᄇᆡ다'의 어간 'ᄇᆡ-'는 평성이다. 명사에서 동사로 파생된 말을 중세국어를 기준으로 찾으면 'ᄀᆞ몰-ᄀᆞ몰다, 깃-깃다, 너출-너출다, 누비-누비다, ᄢᅴ-ᄢᅴ다, 빗-빗다, 신-신다, 품-품다' 등을 열거할 수 있다.

[원] ᄇᆡ[腹]+(다)

[변] ᄇᆡ> ᄇᆡ다> 배다

[예] • 悉達太子ᄅᆞᆯ ᄇᆡ여 나하(석보상절 23-27)

☞ 띠다, 빗다, 신다, 품다

배알 [명] '창자'를 비속하게 이르는 말.

[一] '배알'의 중세국어 형태는 'ᄇᆡᅀᆞᆯ'이다. 이 말은 'ᄇᆡ[腹]+ᄉᆞᆶ[肉]'의 어원적 구조에서 'ㅅ'이 약화되어 생긴 형태이다.

[二] 'ᄇᆡᅀᆞᆯ'에서 'ㅿ'이 탈락하여 'ᄇᆡᄋᆞᆯ'이 되었다가 '배알'이 된 것이지만, 'ᄇᆡᄋᆞᆯ'의 형태는 문헌에 나타나지 않는다. 현대국어에서는 흔히 '배알이 꼬이다'라는 관용 용법으로 사용된다.

[원] ᄇᆡ[腹]+ᄉᆞᆶ[肉]

[변] *ᄇᆡᄉᆞᆶ > ᄇᆡᅀᆞᆶ > *ᄇᆡᄋᆞᆯ > 배알

[예] • ᄯᅩ 구리 토빈 거시 ᄇᆡᅀᆞᆯᄒᆞᆯ ᄲᅢᅘᅧ며(월인석보 21-43)

배추[배:추] [명] 십자화과의 두해살이풀. 잎이 여러 겹으로 포개져 자라고 긴 타원형임. 봄에 담황색의 꽃이 핌. 잎, 줄기, 뿌리를 식용하며, 특히 잎은 김치를 담그는 데 씀.

[一] '배추'의 중세국어 형태는 'ᄇᆡᄎᆡ'이다. 16세기에 이미 'ᄇᆡᄎᆡ'의 마지막 반모음 'ㅣ[j]'가 탈락한 'ᄇᆡᄎᆞ'가 나오기도 하지만, 20세기까지 'ᄇᆡᄎᆡ'란 형태는 꾸준히 문헌에 등장하였다. 19세기에 나타난 'ᄇᆡ치, ᄇᆡᄎᆞ, 배쵸, ᄇᆡ초' 등에서 '배쵸'와 'ᄇᆡ초'는 'ᄇᆡᄎᆞ'에서 변화된 것이다. 20세기에 나타난 '배추'가 현대로 이어졌다. 19세기에 이미 'ᆞ'의 '아'로의 변화는 완료되었고 'ㅊ'은 경구개음이었으므로, '배쵸'와 'ᄇᆡ초'의 발음은 같았다고 해야 한다. 이러한 관점에서 20세기의 'ᄇᆡᄎᆡ'와 '배채' 역시 발음이 다를 수 없다. 20세기에 나타난 '배추'는 이제 현대국어의 형태를 보여 주는 것이며, '배추'는 '배초'에서 모음 교체에 의해 바뀐 형태이다. 'ᄇᆡᄎᆡ'는 '하얀 채소'라는 의미의 중국어 '白菜'에서 온 말이며, 우리나라 한자음으로 읽지 않고, 당시의 중국어 발음을 그대로 받아들인 말이므로 차용어이다. '白菜'의 당시 중국어 발음은 [paj-tsʰaj]로서, 중세국어 'ᄇᆡᄎᆡ[pʌj-tsʰʌj]'에 비교하면 음운 대응이 비교적 잘 이루어진다는 것을 알 수 있다.

[二] 16세기의 형태인 'ᄇᆡᄎᆡ'가 그대로 현대로 이어졌다면 '배채'가 되는 것인데, '배채'는 북한의 거의 전 지역에서 사용되고 있다. 또한 16세기의 'ᄇᆡᄎᆡ'에서 반모음이 탈락한 형태인 'ᄇᆡᄎᆞ'는 '배차'의 발음으로 국어의 남부 방언에 남아 있다. 방언에 남

아 있는 '배채'나 '배차'의 형태를 생각하면, '배추'라는 형태는 오히려 특이한 변화를 겪은 형태라고 해야 한다.

[원] (漢語)白菜

[변] 白菜[pajts^{h}aj]> 빅치> 빅ᄎᆡ/빅차> 배추

[예] • 빅치 숑(菘 俗呼白菜, 훈몽자회 상-14)

• 빅ᄎᆡ(물보), 빅차(유씨물명고 3)

백병전(白兵戰) [명] 칼이나 창 따위를 가지고 적과 직접 몸으로 맞붙어서 싸우는 전투.

[二] 한어(漢語)에서 '백병(白兵)'의 뜻은 '칼이나 창과 같은 예리한 무기'를 뜻하는 말이며, 여기에서 나아가 '그러한 무기를 손에 든 병사'를 뜻하기도 한다. 그러므로 '백병전'은 '칼과 창과 같은 기본적인 무기를 손에 들고 싸우는 전투'를 가리키는 말이다. 중국(淸代)의 郭孝成이 쓴 「江蘇光夏紀事」에 '衆議僉謂南京大局, 斷不可望平和了結, 縱無子彈, 寧利用夜間, 以白兵決戰'이란 구절이 있다.

[원] (漢語)白兵+戰

[변] 白兵戰> 백병전

백서(白書) [명] 정부가 정치, 외교, 경제 따위의 각 분야에 대하여 현상을 분석하고 미래를 전망하여 그 내용을 국민에게 알리기 위하여 만든 보고서.

[二] '백서(白書)'는 영국 정부의 외교 정책 보고서의 표지가 하얀색이었던 데서 유래한 말이다.

[원] (영어)white paper

[변] white paper> 白書(백서)

백설기(白—) [명] 멥쌀가루를 고물 없이 시루에 안쳐 쪄 낸 시루 떡. 백설고.

[二] '백설기'의 근대국어 형태는 '빅셜고'이며, 이 말은 한자어 '白雪餻(빅셜고)'이다. 애초에는 '白(빅)'을붙이지 않고 그냥 '雪餻(셜고)'란 말이 사용되었다. '雪餻(셜고)'가 '눈처럼 하얀 떡'이란 뜻이므로, '白(백/희다)'을 접두한 것은 중복 표현이다. '餻

(고)'의 뜻은 '떡'이며, '糕(고)'로도 쓴다. '白雪餻'를 중세국어 한자음으로 읽으면 'ᄇᆡᆨ셜고'이다.

[三] 'ᄇᆡᆨ셜고'에서 '백설기'가 되는 과정을 설명하기는 힘들다. 다만 근대국어에서 한자어 '雪餻'를 '셜교'로 표기한 경우가 있다. '셜교'는 '셜고'에 반모음 'ㅣ[j]'가 첨가된 형태이므로, 여기에서 '셜교>셜기>설기'의 형태 변화가 생겼다고 추측된다.

[원] 白雪餻(ᄇᆡᆨ셜고)

[변] ᄇᆡᆨ셜고> ᄇᆡᆨ셜교> 백설기

[예] • ᄇᆡᆨ셜고(두창경험방 13)
• 셜교(雪餻, 역어유해 상-51)

백일장(白日場)[배길짱] [명] ① 글짓기 대회. ② 조선 때, 유생의 학업을 장려하려고 각 지방에서 베풀던 시문을 짓는 시험.

[一] '백일장(白日場)'이란 말은 한어(漢語)나 일본어(日本語)에서는 쓰지 않는 말이며, 우리나라에서 조어된 한자어이다. 조선왕조실록(태종 14년/1414년)에 '命河崙 趙庸 卞季良 卓愼監收試券 以酉初一刻爲限 辰時還宮 對策者五百四十餘人 擧子白日場 自此始'란 기록이 있다. 조선 시대의 백일장은 관리의 임용과는 직접 관계없이 대낮(유시 이전까지)에 행해지던 문장시험의 일종이었다. '白日'은 '밝은 해'란 뜻과 함께 '해가 떠 있는 낮'이란 뜻도 있다.

[三] '白日場'을 중세국어 초기의 한자음으로 읽으면 'ᄇᆡᆨ실댱'이다. 'ᄇᆡᆨ실댱'이 중세국어 후기에 'ᄇᆡᆨ일댱'이 되었다가 근대국어 후기 이후에 '백일장'이 되었다.

[원] 白日場(ᄇᆡᆨ실댱)

[변] 白日場(ᄇᆡᆨ실댱)> ᄇᆡᆨ일댱> 백일장

뱅어 [명] 뱅엇과의 바닷물고기. 몸은 10cm가량이며, 몸빛은 백색 반투명임. 봄에 하천 하류에서 산란함. 백어(白魚).

[一] '뱅어'의 중세국어 형태는 'ᄇᆡ어'이며, 근대국어 형태는 'ᄇᆡᆼ어'이다. 이 말은 한자어 '白魚'에서 온 말이다.

[三] 한어(漢語)에서 '魚'의 초성이 연구개 비음 'ㆁ[ŋ]'이기 때문에 '魚'를 '어[ŋə]'로

받아들이면, '白魚'는 'ᄇᆡᆨ어[pʌjkŋə]'가 되며, 여기에서 비음동화를 거쳐 'ᄇᆡᆼ어'가 되고, 이어서 단모음화에 의하여 '뱅어'가 된 것이다.

[원] (漢語)白魚

[변] 白魚(ᄇᆡ어)> ᄇᆡᆼ어> 뱅어

[예] • ᄇᆡ어 됴(鰷, 훈몽자회 상-20)
• ᄇᆡᆼ어(膾殘魚, 유씨물명고 2)

버금 [명] 서열이나 차례에서 으뜸의 다음.

[一] 15세기 문헌에서 '버굼'의 형태로 처음 나타난다. 16세기에는 모음이 교체된 '버곰'이 나타나고, 17세기에는 중세국어의 명사를 만드는 접미사 '-음'을 부활시킨 듯한 '버금'이 나타나서 현대로 이어졌다. 15세기에는 지금은 쓰지 않는 '벅다'라는 동사가 있었다. 그러므로 '버굼'은 '벅다'의 어간 '벅-'에 명사를 만드는 접미사 '-움'이 연결된 것이다. 중세국어에서 동사 '벅다'의 뜻은 첫째가 '다음으로 하다'라는 뜻이고, 둘째는 '버금가다'에 해당한다. 그러므로 중세국어의 '버굼'은 현대국어의 '다음'과 '버금'의 두 가지 뜻을 모두 가지고 있는 것이다. 그런데 현대국어 '버금'에는 어떤 순서에 있어서 '다음'이라는 뜻으로는 쓰이지 않는다.

[二] 15세기 문헌인 『선종영가집언해(禪宗永嘉集諺解)』(1464)의 '버구매 各別히 펴샤 詰難ᄋᆞᆯ 마ᄀᆞ시니(다음에 各別히 펴시어 詰難을 막으시니)'에서 '버굼'의 형태로 나타난다. 16세기에는 모음이 교체된 '버곰'이 나타나고, 17세기에는 중세국어의 명사를 만드는 접미사 '-음'을 부활시킨 듯한 '버금'이 나타나서 현대로 이어졌다. 19세기에는 잠시 옛 형태인 '버곰'이 나타났지만, 이미 대세는 '버금'으로 기울었다. 20세기까지도 '명년(明年)'을 '버금히'라고 하여 중세국어의 의미가 살아 있었으므로, 의미의 축소가 일어난 것은 최근의 일로 생각된다.

[三] 중세국어에는 지금은 쓰지 않는 '벅다'라는 동사가 있었다. 그러므로 '버굼'은 '벅다'의 어간 '벅-'에 명사를 만드는 접미사 '-움'이 연결된 것이다. 중세국어에서 명사를 만드는 접미사는 일반적으로 '-옴/-음'이었고, 명사형 어미는 '-옴/-움'이었으나, '버굼'에 있어서는 '-움'이 접미사로 사용되어 예외적인 경우에 속한다. 중세국어에서 동사 '벅다'의 뜻은 첫째가 '다음으로 하다'라는 뜻이고, 둘째는 '버금가다'에 해

당한다. '다음으로 하다'는 한자 '次(차)'에 해당하여 어떤 일을 하는 순서에 있어서 그 다음으로 한다는 것이고, '버금가다'는 한자 '副(부)'에 해당하여 으뜸의 바로 아래에 위치한다는 뜻이다. 물론 이 두 가지 의미는 서로 관련이 있는 것이지만, 첫 번째 뜻에서 두 번째의 의미가 파생되었다고 하겠다. 그러므로 중세국어의 '버굼'은 현대국어의 '다음'과 '버금'의 두 가지 뜻을 모두 가지고 있는 것이다.

웬 벅[次]+움(명사화 접사)

옌 버굼> 버굼/버곰> 버금

예 • 버구매 各別히 펴샤(其次別申, 선종영가집언해 상-117)

　 • 그 버곰은 曲으로 致ᄒᄂ니(중용언해-선조 35)

　 • 버금 부(副, 왜어유해 하-40)

버드나무 뗑 ① 버드나뭇과의 낙엽 활엽 교목. 개울가나 들에 나는데, 높이는 8~10m, 가늘고 긴 가지가 축 늘어지며, 봄에 꽃이 핌. ② 버들을 통틀어 이르는 말. 양류(楊柳).

□ '버드나무'의 중세국어 형태는 '버드나모'이며, 이 말은 '버들[柳]+나모[木]'의 어원적 구조에서 치경음 'ㄴ' 앞의 'ㄹ'이 탈락한 것이다.

巪 근대국어 문헌에는 오히려 '버들나모'란 형태가 있으므로, 'ㄹ'이 탈락하지 않은 형태도 지속되었음을 알 수 있다.

웬 버들[柳]+나모[木]

옌 버들나모> 버드나모> 버드나무

예 • 잣 西ㅅ녁 버드나모 미틔 쉬더니(월인석보 23-73)

　 • 버들나모(楊柳, 동문유해 하-43)

번갈다(番―) 图 (주로 '번갈아'의 꼴로 쓰여) 차례로 갈마들거나 돌려가다.

□ '번갈다'의 근대국어 형태는 '번글다, 번ᄀ다'이며, 이 말은 '番(번)+굴[替]+다(어미)'로 분석된다. '번ᄀ다'는 '번글다'에서 'ㄹ'이 탈락한 형태이다. '番(번)'은 '차례대로 숙직이나 당직을 하는 일'을 뜻하며, 주로 '番(번)을 서다'라는 구를 이루어 사용된다.

ⓦ 番(번)+굴[替]+다(어미)

ⓥ 번굴다> 번갈다

ⓔ • 번ᄀ라 노홀 양으로 ᄒᆞ고(연병지남 30)

　• 번ᄀ다(遞番, 동문유해 상-51)

번개 ⓝ 양전(陽電)과 음전(陰電)의 구름 사이의 방전 현상으로 몹시 빠르게 번쩍이는 빛.

🞏 '번개'의 중세국어 형태는 '번게'이다. '번게'는 '번[光, 明]+게(접사)'의 구조로 이루어진 말이다. 어근(語根) '번'은 '번ᄒᆞ다, 번히' 등의 파생어를 통하여 쉽게 추출할 수 있으며, 그 의미 역시 '빛[光], 밝음[明]'에 해당한다.

🞏 중세국어에서 '에, 애'는 단모음이 아니라 하향 이중모음으로서, 그 발음은 각각 [əj]와 [aj]였다. 근대국어 후기에 이들 이중모음은 단모음화되어 '에[e], 애[ɛ]'가 되었다. 그러므로 '번게'가 '번개'로 바뀐 것은 근대국어 후기 이후에 생긴 현상인 것이다. 근대국어 후기의 문헌에 '번기'로 표기된 것은 실제의 발음이 '번개'와 다르지 않은 것인데, 이미 근대국어 후기에는 모음 'ᄋᆞ'가 소멸되었기 때문이다. 하향 이중모음은 반모음이 뒤에 오는 모음이며, 상향 이중모음은 반모음이 앞에 오는 모음이다. 현대국어에는 하향 이중모음이 없으나, 중세국어에는 '에, 애, 의, 위, 외' 등과 같은 하향 이중모음이 많이 있었다.

🞏 '번[光, 明]'이 단독으로 쓰이진 않았지만, 중세국어에 '번ᄒᆞ다'란 말이 사용되었다. 이 말은 현대국어 '번하다'로 이어지고 있지만, 현대국어에서는 센말인 '뻔하다'로 쓰이는 것이 보통이다. 현대국어의 형용사 '번하다'는 '어두운 가운데 밝은 빛이 비치어 조금 훤하다'의 뜻이다.

ⓦ 번[光, 明]+게(접사)

ⓥ 번게> 번기/번개> 번개

ⓔ • 업던 번게를 하ᄂᆞᆯ히 ᄇᆞᆯ기시니(용비어천가 30)

　• 번기 뎐(電, 아학편 상-3)

번히 ⓟ 어두운 가운데 조금 훤하게. (무슨 일의 결과가) 뚜렷하게.

□ 중세국어 형태도 '번히'이며, 이 말은 '번[光, 明]+히(접사)'로 분석된다. '번히'의
센말이 '뻔히'이다. 현대국어의 형용사 '번하다'는 '어두운 가운데 밝은 빛이 비치어
조금 훤하다'의 뜻이다.
㉻ 번[光, 明]+히(접사)
㉻ 번히
㉞ • 뫼히 ᄎ고 비 번히 여디 아니ᄒᄂ다(山寒雨不開, 두시언해-초간 15-28)
☞ 번개, 뻔하다

벗다 图 옷, 모자, 신 등을 몸에서 떼어 내다. 의무나 누명 또는 책임 등을 면하다.
□ 현대국어 '벗다'에 해당하는 중세국어 단어로는 '밧다'와 '벗다'가 함께 쓰였으며,
이 말은 명사 '밧/밨[外]'에서 동사로 파생된 것이다.
□ 중세국어 단어로는 '밧다'와 '벗다'가 함께 쓰였지만, '옷, 쁴' 등을 벗는 경우의 일
차적인 의미로는 '밧다'가 주로 쓰이고, '罪, 輪廻' 등에서 벗어나는 경우의 추상적인
의미로는 '벗다'가 주로 사용되었다. 그러므로 '벗다'보다는 '밧다'의 형태가 더 기원
적이라는 것을 알 수 있다.
㉻ 밧/밨[外]+다(어미)
㉻ 밧다> 벗다
㉞ • ᄌᆞ걋 오ᄉᆞᄅᆞ 밧고(월인석보 1-5)
   • 罪ᄅᆞᆯ 버서 地獄ᄋᆞᆯ 굴아 나니(월인천강지곡 상-28)

벙어리 图 선천적 또는 후천적으로 청각과 언어 능력을 잃은 사람. 아자(啞子).
□ '벙어리'의 중세국어 형태는 '버워리'이다. 15세기의 '버워리'는 16세기 후반에
'벙어리'가 되어 이후 현대까지 이어졌다. 중세국어에는 '버우다'라는 동사가 있었으
며, '입 버우다'는 '말을 하지 못하다'의 뜻이었다. 그러므로 '버워리'는 '버우다'의 어
간 '버우-'에 '그러한 사람'을 가리키는 접미사 '-어리'의 연결에 의한 형태임을 알 수
있다.
□ 15세기 문헌인『석보상절(釋譜詳節)』(1447)의 '百千萬世예 버워리 아니 ᄃᆞ외며
(百千萬世에 벙어리가 되지 아니하며)'에서 '버워리'란 형태를 확인할 수 있다. 15

세기의 '버워리'는 16세기 후반에 '벙어리'가 되어 이후 현대까지 이어졌다. 여기에는 뚜렷한 음운 변화의 규칙이 있는 것은 아니지만, '버워리'가 '벙어리'가 되면서 반모음 '우[w]'가 탈락하고, 대신에 연구개 비음 'ㅇ[ŋ]'이 생긴 것을 눈여겨 볼 만하다. 즉 반모음 '우[w]'는 소리나는 위치가 입술과 연구개이므로 연구개 비음으로 교체될 수 있는 여지가 있는 것이다. 15세기의 『법화경언해(法華經諺解)』(1463)의 '귀 먹고 눈 멀오 입 버우며(귀먹고 눈멀고 말 못하며)'에서는 '버우다'라는 동사를 확인할 수 있다. 그러므로 '버워리'는 '버우다'의 어간 '버우-'에 '그러한 사람'을 가리키는 접미사 '-어리'의 연결에 의한 형태임을 알 수 있다. 접미사 '-어리'는 '귀머거리(귀+먹-+-어리)'에서도 똑같은 용법으로 쓰였다.

[三] '버우다'라는 동사 자체가 직접 '말을 하지 못하다'의 뜻은 아니었을 가능성도 있다. '귀'에는 '먹다'가 연결되고, '눈'에는 '멀다'가 연결되는 것처럼, '입'에는 '버우다'가 결합하여 말을 하지 못한다는 전체적인 의미를 구성하기 때문이다. '버우다'의 정확한 의미는 아직 확인할 수 없다. 그런데 현대국어에서 중부 지역을 제외한 이남이북의 나머지 지역에 '벙어리'를 '버버리'라고 한다. '버버리'를 분석하면 '버브-+-어리'가 될 것이므로, 동사 '버브다'를 재구할 수 있다. '버브다'에서 모음 사이의 'ㅂ'이 약화되면 일차로 '버ᄫᅳ다'가 되고 이어서 '버우다'가 되는 것은 국어의 역사에서 자연스러운 음운 과정이다. 15세기의 '버워리'가 16세기에 '벙어리'가 된 이후에는 '벙어리'가 줄곧 안정된 형태를 유지하였다. 18세기에 잠시 나타난 '벙얼'은 '벙어리'를 '벙얼+이'로 잘못 분석하여 '벙얼'을 어근으로 추출한 결과이다. 20세기 문헌에 나타나는 '버어리'란 형태는 '벙어리'에서 받침 'ㅇ'이 탈락한 것인지, 아니면 중세의 형태인 '버워리'를 계승한 것인지 확인하기 어렵다.

[四] 중세국어에 쓰인 '버우다'는 만주어 '부부연[語不淸楚]'에서 차용된 말이라는 견해도 있다(劉昌惇 1973: 49).

[원] 버브[啞]+어리(접사)

[변] *버브어리> *버ᄫᅳ어리> 버워리> 벙어리

[예] • 根源이 ᄂᆞᆯ카ᄫᅡ 智慧ᄒᆞ야 百千世界에 버워리 아니 ᄃᆞ외며(석보상절 19-6)

• 숫글 먹움어 벙어리 되어 저제 ᄃᆞ니며 비니(呑炭爲啞行乞於市, 소학언해-선조 4-31)

베 명 삼실, 무명실, 명주실 등으로 짠 피륙.

囯 '베'의 중세국어 형태는 '뵈'이다. 이 말은 원래 고유어가 아니라, 한자 '布'의 한어음(漢語音)에서 차용한 말임이 분명하다.

囯 한자 '布'는 한어사(漢語史)에서 상고음은 [pua]로 재구되고, 중고음 이후에는 [pu]이므로, 초성이 평음인 'ㅂ'과 원순모음의 중성으로 반영된 것은 당연하다.

卿 (漢語)布

卿 布[pua/pu]> 뵈 > 베

卿 • 옷과 뵈와로(석보상절 13-52)

　　• 베 짜다가 칼로 그 베를 싣으니(여사서언해 4-44)

베개 명 누울 때에 머리를 괴는 물건.

囯 '베게'의 중세국어 형태는 '벼개'이며, 이 말은 우선 '벼[枕]+개(접사)'의 구조로 분석된다.

囯 현대국어 '베다'의 중세국어 형태는 '볘다'이므로, 중세국어에 '*볘개'가 사용되었을 것으로 짐작되지만, 문헌에 나타나지는 않는다. 중세국어 '볘다'는 근대국어에는 '벼다'로도 사용되었으며, 중세국어에서 이미 '벼개'가 나타나므로, 중세국어에서도 '볘다'의 변이 형태인 '벼다'가 사용되었을 가능성이 있다.

卿 볘/벼[枕]+개(접사)

卿 *볘개/벼개> 벼개 > 베개

卿 • 블근 벼개 노코 힌 쇼 메우니(安置丹枕駕以白牛, 법화경언해 2-73)

베다 동 (날이 있는 연장으로) 자르거나 끊다.

囯 '베다'의 중세국어 형태는 '버히다'이다. '버히다'는 중세국어 '벟다'에 사동 접사 '-이'가 첨가되어 변화한 말이다. 중세국어 '벟다'는 '머리 ᄒᆞ마 버흟시(원각경언해)'와 같이 기본적으로 자동사로 쓰이는 것이 원칙이며, '벟다'에서 사동 접사가 첨가되면 타동사 '버히다'가 된다.

囯 중세국어 '버히다'에서 'ㅎ'이 탈락하여 '버이다'가 되고, 다시 음절이 축약되어 '베다'가 된다. 비록 음절이 축약되어 이음절어(二音節語)가 되었을지라도 중세 및

근대국어의 '베다'는 그 발음이 [pəjda]로서 모음 '에'는 하향 이중모음이었다. '에'가 현대국어에서와 같이 단모음(單母音) [e]가 된 것은 근대국어 후기에 생긴 일이다.

[원] 벟[斷, 割]+이(사동접사)+다(어미)

[변] 버히다> 버이다> 베다[pəjda]> 베다[pe:da]

[예] • 버흘가 전노니(恐斷, 두시언해-초간 10-41)
• 비록 그 고기를 버혀도(縱割其肉, 능엄경언해 9-60)
• 절로 베여디여(삼강행실도 효-17)

벼락 [명] 공중에 있는 전기와 지상에 있는 물건과의 사이에 방전하는 현상. 벽력(霹靂). 낙뢰.

[一] 중세국어 형태도 '벼락(去去)'이다. 이 말은 한자어 '霹靂(벽력)'에서 왔다고 하는 견해가 유력하지만, 실증적으로 확인되지는 않는다.

[원] (漢語)霹靂

[변] 霹靂(벽력)> 벼락

[예] • 큰 둘에를 벼라기 빼티니(두시언해-초간 18-19)
• 벼락 벽(霹, 신증유합 상-14)
• 벼락 력(靂, 신증유합 상-14)

벼랑 [명] 깎아지른 듯이 험하고 가파른 언덕.

[一] '벼랑'의 중세국어 형태는 '별ㅎ'이다. 그러므로 현대국어 '벼랑'은 어원적으로 '별ㅎ[崖]+앙(접사)'의 구조로 분석된다.

[二] 15세기에 편찬된 『악학궤범(樂學軌範)』(1493)의 고려가요 '동동'에 '六月ㅅ 보로매 아으 별해 ᄇᆞ룐 빗 다호라'라고 하여 '벼랑에'의 뜻으로 풀이되는 '별해'가 나온다. 『악장가사(樂章歌詞)』에 실린 고려가요 '정석가'에는 역시 '벼랑에'의 뜻인 '별헤'를 보인다. 이 말들은 '별ㅎ+-애/-에'로 분석되므로, 현대국어 '벼랑'에 해당하는 형태인 '별ㅎ'을 얻을 수 있다. 그러므로 '벼랑'은 1음절어 '별ㅎ'에 접미사 '-앙'이 결합되어 형성된 것으로 이해된다. 그러나 '벼랑'이란 말은 뒤늦은 19세기 후반의 문

헌에 비로소 나타나므로, 문헌으로만 본다면 어휘의 역사가 짧은 편이다. 만약에 19세기에 이 말이 생겼다면, 그 당시에 '별+-앙'의 구조에 의해서 파생되었을 것이므로, '별'이라는 단어의 존재를 생각해야 하는 것이다. 이미 17세기부터 19세기까지 '벼랑'에 해당하는 말은 '벼로'였으므로, '별+-앙'의 파생을 가정한다는 것이 시대에 맞지 않는다고 생각되기 때문이다. 문제 해결 방법은 두 가지이다. 하나는 '벼로+-앙'에서 '벼랑'이 되었다고 하는 것이고, 다른 하나는 비록 문헌에 나타나지는 않지만, '별ㅎ+-앙'에 의한 '벼랑'이란 말이 민간에서 계속 사용되었다고 가정하는 것이다. '벼랑'이라는 형태의 구조로 볼 때는 후자의 가능성이 높다.

[三] 15세기 문헌인 『용비어천가(龍飛御天歌)』(1447)의 지명에 '淵遷 쇠벼ᄅᆞ'라는 기록이 있고, 19세기의 『광재물보(廣才物譜)』에 '遷 벼로길'이라고 하였다. 한자어에 대한 이러한 풀이를 고려하면 '벼랑'에 해당하는 15세기의 형태에 '벼ᄅᆞ'가 있었음을 알 수 있다. '벼ᄅᆞ'가 근대국어의 '벼로'로 이어진 것이다. 기원적인 '별ㅎ'에서 안정적인 2음절어를 만드는 과정에서 모음 'ᄋᆞ'가 부가되거나, 아니면 접미사 '-앙'을 연결하는 두 가지 조어법이 '별ㅎ'에 적용된 것이다.

[원] 별ㅎ[崖]+앙(접사)

[변] 별ㅎ> 별+앙> 벼랑

[예] • 六月ㅅ 보로매 아으 별해 ᄇᆞ룐 빗 다호라(악학궤범 동동)

벼룩시장(—市場) [명] 온갖 중고품을 팔고 사는 만물 시장.

[一] '벼룩시장'은 프랑스어 'marché aux puces'를 그대로 번역 차용한 말이다. 'marché'는 '시장(市場)'이며, 'puces'는 '벼룩'이다.

[二] 프랑스 파리 근교의 노천시장(露天市場)인 'marché aux puces'는 19세기부터 있었다고 하며, 이곳에서 파는 각종 물건에는 벼룩이 들끓어서 이러한 명칭이 생겼다고 한다. 영어에서도 그대로 번역하여 'flea market'이라고 한다.

[원] (프랑스어)marché aux puces

[변] marché aux puces> 벼룩시장

벽창우(碧昌牛) [명] ① 평안북도의 벽동(碧潼)과 창성(昌城)에서 나는 크고 억센

소. ② '벽창호'의 본딧말.

⊟ '벽(碧)'과 '창(昌)'은 지명인 '벽동(碧潼)'과 '창성(昌城)'의 첫 글자를 딴 것이다. 우리나라의 북쪽 끝 압록강 연안에 벽동군(碧潼郡)이 있고, 그 남쪽에 창성군(昌城郡)이 있는데, 이 두 고을에서 나는 큰 소는 대체로 몸집도 크고 힘이 세다고 한다. 그런데 이 소들이 한결같이 말을 잘 안 듣고 제 고집대로 행동하여 이 고을에서 나는 소는 모두가 고집불통이고 무뚝뚝하고 말 안 듣는 것으로 소문이 났다. 여기에서 벽동군의 '벽(碧)'과 창성군의 '창(昌)'을 따고, 여기에 소 '우(牛)'를 합하여 '벽창우(碧昌牛)'가 되었다. 소에게만 쓰이던 이 말의 뜻이 차차 확대되어 고집 세고 무뚝뚝하고 말 안 듣고 심술궂은 사람에게까지 번져 널리 쓰이게 되었고, 나중에 이 말이 와전되어 '벽창호'가 된 것이다.

㉻ 碧[碧潼]+昌[昌城]+牛

㉢ 碧昌牛> 벽창우

벽창호(碧昌—) 뗑 고집이 세고 무뚝뚝한 사람의 비유.

⊟ 이 말은 '벽창우(碧昌牛)'라는 한자어 표기와 함께 20세기 문헌에서야 비로소 나타난다. '벽창우'는 한자어 '碧昌牛'이며, 여기에서 '벽창호'가 나온 것이다. '벽창우(碧昌牛)'에서 '벽창호'로 바뀌게 된 것은 한자어 '벽창호(壁窓戶)'의 영향도 작용했을 것으로 생각된다. '벽창호(壁窓戶)'는 벽에 창문 모양을 내고 벽을 쳐서 막은 것인데, 이로부터 꽉 막힌 느낌이 생긴다. '벽창우'의 억세고 힘센 기질과 '벽창호(壁窓戶)'의 꽉 막힌 이미지가 결합하여 새로운 말인 '벽창호(碧昌−)'가 생겼다고 생각된다.

㉻ 碧昌牛(벽창우)

㉢ 벽창우(碧昌牛)> 벽창호

☞ 벽창우

변두리(邊—) 뗑 어떤 지역의 가장자리가 되는 곳.

⊟ '변두리'는 '邊(변)+둘/두르[圍]+이(접사)'의 어원적 구조로 분석된다. 어간 '둘/두르'는 '둘레, 두르다' 등에 나타난다.

ⓦ 邊(변)+두르[圍]+이(접사)

ⓥ *변두르이 > 변두리

볍쌀 ⓝ 입쌀이나 찹쌀을 잡곡에 대하여 일컫는 말.

ⓛ '볍쌀'은 '벼[稻]+뿔[米]'의 어원적 구조를 갖는다. '뿔'의 어두 초성인 'ㅂ'이 앞 말의 받침이 되면 '볍술'이 되고, 여기에 경음화와 'ㅇ'의 변화가 적용되어 '볍쌀'이 된 것이다.

ⓣ 문헌에 '벼뿔'이나 '볍술'이 나타나지는 않지만, 중세국어에 '벼[稻]'라는 단어가 사용되었고, '쌀'의 중세국어 형태인 '뿔'로부터 어두 자음군 'ㅄ'의 존재를 확인할 수 있으므로, '벼뿔'이란 단어는 이미 중세국어 시기에도 쓰였을 것으로 추정된다.

ⓦ 벼[稻]+뿔[米]

ⓥ *벼뿔 > *볍술 > 볍쌀

볍씨 ⓝ 못자리에 뿌리는 벼의 씨. 씨벼.

ⓛ '볍씨'는 '벼[稻]+삐[種]'의 어원적 구조를 갖는다. '삐'의 어두 초성인 'ㅂ'이 앞 말의 받침이 되면 '볍시'가 되고, 여기에 경음화가 적용되어 '볍씨'가 된 것이다.

ⓣ 문헌에 '벼삐'나 '볍시'가 나타나지는 않지만, 중세국어에 '벼[稻]'라는 단어가 사용되었고, '씨'의 중세국어 형태인 '삐[種]'로부터 어두 자음군 'ㅄ'의 존재를 확인할 수 있으므로, '벼삐'라는 단어는 이미 중세국어 시기에도 쓰였을 것으로 추정된다.

ⓦ 벼[稻]+삐[種]

ⓥ *벼삐 > *볍시 > 볍씨

병아리 ⓝ 닭의 새끼.

ⓛ '병아리'의 중세국어 형태는 '비육'이다. 그러므로 현대국어 '병아리'는 '비육[鷄雛]+아리(접사)'의 구조에서 생긴 말임을 알 수 있다.

ⓣ 17세기 문헌으로 알려진 『계축일기(癸丑日記)』(또는 『서궁일기(西宮日記)』)의 '벼개 속의셔 병알의 소리 나거늘(베게 속에서 병아리의 소리가 나거늘)'이란 구절에서 '병알'의 표기를 찾을 수 있으며, 19세기 문헌인 『유씨물명고(柳氏物名考)』

(1824)에 현대국어와 같은 '병아리'가 나타난다. 이 말은 이후 변화 없이 그대로 현대로 이어졌다. 그런데 15세기에는 『훈민정음(해례본)』(1446)에 '비육 爲鷄雛'라고 하여 '병아리[鷄雛]'에 해당하는 '비육'을 보여 주어 흥미를 끈다. 대개의 연구에서 '비육+-아리'의 구성에 의하여 '병아리'가 나왔을 것으로 추정하고 있다. 접미사 '-아리'는 '주둥아리, 항아리' 등에서도 찾을 수 있으므로, '비육+-아리'의 연결은 충분히 가능한 구성이다.

▣ 15세기의 '비육'은 현대국어의 의성어 '삐악삐악'을 연상하게 한다. '비육'을 만주어나 일본어의 차용으로 설명하려는 시도가 있지만, 실증적이지 않아서 아직은 믿을 수 없다. 의성어 '삐악삐악'이 15세기 '비육'에서 왔다는 것도 역시 실증적이진 않다. 대개 의성어로서 동물의 이름을 나타낼 때는 '매미, 꾀꼬리, 개구리' 등에서 볼 수 있는 것처럼 접미사 '-이'가 연결되는 것이 보통인데, '비육'은 그렇지 않기 때문이다. 그럼에도 불구하고 '비육'과 '삐악삐악'의 음상이 매우 유사하여 '비육'은 병아리의 울음소리를 나타낸 것이라고 하는 것을 무시하기 어렵다. '비육+-아리'에서 '병아리'가 되는 중간 단계의 형태를 문헌에서 찾을 수는 없다. '비육아리'가 '병아리'가 되는 데에는 알 수 없는 우연이나 음운 과정이 개입되어 있을 것이지만, 지금으로서는 구체적으로 해명하기가 어렵다.

㋲ 비육[鷄雛]+아리(접사)

㋫ 비육> 비육+아리> 병아리

㋞ • 비육 爲鷄雛(훈민정음 해례)
  • 벼개 속의셔 병알의 소릐 나거늘(계축일기 86)
  • 병아리 깐 속겁질(유씨물명고 1)

보라매 ㋑ 난 지 1년이 채 안 되는 새끼를 잡아 길들여 사냥에 쓰는 매.

㋐ 중세국어 형태도 '보라매'이다. 이 말은 '보라+매'로 이루어진 말이며, '보라'는 중세 몽골어 'boro'에서 온 말이다. 몽골어 'boro'는 날짐승(특히 매)의 어린 새끼를 가리키므로, '어린 매'를 부르는 명칭으로 삼았음을 알 수 있다. 그런데 중세 몽골어 'boro'는 그 이전의 형태는 'bora'였다고 하며, 당시에도 이 두 형태가 공존했다고 한다. 그러면 중세국어의 '보라매'는 'bora'에서 온 것이라는 것을 알 수 있다(李基

文 1991: 130, 141).

国 16세기 문헌인 『훈몽자회(訓蒙字會)』(1527)에 '秋鷹 보라매'라고 하여, 이 말이 일찍부터 사용되었음을 알 수 있다. 그리고 고려 시대의 저작(著作)으로 알려진 『응골방(鷹鶻方)』을 새롭게 편찬한 것으로 보이는 조선 시대의 『신증응골방(新增鷹鶻方)』에 역시 한자 표기로 '甫羅'라고 되어 있어서 참조할 수 있다. 우리나라에서 볼 수 있는 대표적인 매로는 참매, 송골매, 황조롱이 등이 있다. 참매는 다시 나이에 따라 보라매, 초진이, 재진이로 나누어지는데, '보라매'는 태어난 지 1년이 되지 않은 매를 가리키며, 어려서 길들이기가 쉽다고 한다.

国 고려 시대에는 '응방(鷹坊)'이라는 관청이 있었다. 응방은 몽골이 고려를 지배하던 시기에 몽골에서 조공품(朝貢品)으로 요구하는 해동청(海東靑: 사냥매)을 잡고 길러서 몽골에 보내기 위해 설치한 관청이다. 조선 시대에서도 응방은 계속 설치되어 있었다. 이것은 매를 이용한 사냥을 왕실에서 즐겼기 때문이다. 응방은 그 폐단이 논란이 되어 18세기 초엽에 폐지되었다.

㋧ (몽골어)bora[雛]+매[鷹]

㋩ bora+매> 보라매

㋠ • 보라매(훈몽자회 상-15)

☞ 보랏빛

보라색(—色) 圐 보랏빛.
☞ 보랏빛

보람 圐 ① 조금 드러나 보이는 표적. ② 다른 물건과 구별하거나 잊지 않기 위해서 해 두는 표. ③ 한 일에 대해 나타나는 좋은 결과나 만족스러운 느낌. 효력.

囗 중세국어 문헌에서 '보람'은 '표지(標識)'로 해석된다. 또한 '보람'이 일차적으로 '표지'의 뜻이지만, 15세기 문헌에서 '보람'이 '징조'라는 의미로 쓰인 경우도 있다. '표지'는 눈으로 보는 것이므로, 이 말의 어원은 동사 '보-[視]'에서 시작된다고 하는 것이 일반적인 견해이다. 현대국어 사전에서 이 말의 풀이를 보면 중세국어 의미가 여전히 살아 있음을 알 수 있지만, 대개의 경우는 '삶의 보람을 느끼다'에서와 같이

'만족감이나 일의 가치'의 뜻으로 사용되고 있다. 이러한 의미를 갖게 된 것은 19세기의 문헌에서 확인할 수 있다. 그러므로 이 말의 의미는 '표지'에서 '징조'로 의미가 추상화되고, 이어서 '(좋은) 효험'으로 발전했다는 것을 알 수 있다. 이 말의 어원은 확실하진 않지만 '보[視]+람(접사)'으로 분석해 두기로 하겠다.

[二] 15세기 문헌인 『석보상절(釋譜詳節)』(1447)의 '즘게 우희 드라 보람 두니라(큰 나무 위에 달아 표지로 삼았다)'에서 '표지(標識)'에 해당하는 '보람'을 확인할 수 있다. 그러므로 '보람'은 현대국어와 형태는 다르지 않지만, 의미에 있어서는 상당한 차이가 있음을 알 수 있다. 또한 앞의 용례에서는 '보람'이 '표지'의 뜻이지만, 『능엄경언해(楞嚴經諺解)』(1461)의 '이릐 몬졋 보라미니'는 '일에 앞선 징조이니'로 풀이되어, '보람'이 '징조'라는 의미로 약간 추상화되었음을 보여 준다. '표지'는 눈으로 보는 것이므로, 이 말의 어원은 동사 '보-[視]'에서 시작된다고 하는 것이 일반적인 견해이다. 특히 어간 '보-'의 성조가 거성이고, '보람'의 '보'도 거성인 것이 이러한 견해를 뒷받침해 준다. 그러나 '보-+-람'으로 이루어진 것인지, 아니면 '보-+-ㄹ+-암'으로 이루어진 것인지, 또한 접미사 '-람'과 '-암'의 형태론적 성격은 어떻게 설명할 것인지 등에 대해서 아직 일치된 견해가 없다. 접미사가 '-람'이라면 다른 어휘에서 사용된 경우를 찾을 수 없다는 것이 난점이다. 또한 접미사가 '-암/-엄'이라면, 이 접미사는 '마감, 주검, 무덤' 등에서 볼 수 있는 바와 같이 주로 동사 어간에 바로 붙는 것이므로, '보-+-ㄹ+-암'의 구조를 생각하기 어렵다. 그러므로 이 말의 어원은 반은 해결되고 반은 미결인 상태인 것이다.

[三] 현대국어에서 '보람'의 의미는 대개의 경우 '삶의 보람을 느끼다'에서와 같이 '만족감이나 일의 가치'의 뜻으로 사용되고 있다. 이러한 의미를 갖게 된 것은 19세기의 문헌인 『한중록(閑中錄)』에서 '오날날이야 인군 아드님 두엇든 보람이 잇고 구추이 산 낫치 잇노라'의 구절에서 확인할 수 있다. 그러므로 이 말의 의미는 '표지'에서 '징조'로 의미가 추상화되고, 이어서 '(좋은) 효험'으로 발전했다는 것을 알 수 있다.

[원] 보[視]+람(접사)

[변] 보람

[예] • 幟는 보라미니(월인석보 21-217)

• 標는 보라미라(금강경언해 48)
• 흉흔 이릐 몬졋 보라미니(凶事前驗, 능엄경언해 8-119)

보랏빛 [명] 남빛과 자줏빛이 섞인 중간 빛. 보라.

[一] '보랏빛'은 우선 '보라[紫青]+ㅅ(사잇소리)+빛[光]'으로 분석된다. 색을 가리키는 말로서 '보라, 보랏빛, 보라색' 등은 옛날 문헌에서 나타나지 않는다. 그럼에도 불구하고, 색을 지칭하는 '보라'는 매의 종류인 '보라매'의 보라'와 그 어원이 같으므로, 일찍부터 사용되었을 것으로 생각된다. '보라'가 색(色)의 명칭으로 쓰이게 된 것은 '어린 매', 즉 '보라매'의 앞가슴에 난 털의 색깔이 청회색이나 담홍색인 까닭이다. 우리나라에서 색깔의 명칭으로 이 말이 언제부터 쓰이게 된 것인지는 알 수 없다. 그러나 몽골어에서도 'boro'가 '회색(灰色)'의 뜻으로 쓰였다고 한다. 현대 몽골어의 'бор'는 '회색의, 잿빛의, 갈색의' 등의 의미이며, 특히 'бор харцага'라고 하면 '잿빛 매'를 가리킨다. 몽골어 표기인 'бор'를 로마자로 옮기면 'bor'이다.

[二] '보라매'의 '보라'는 중세 몽골어 'boro'나 그 이전 형태인 'bora'에서 온 것인데, 'boro'나 'bora'는 '날짐승의 어린 새끼'를 뜻하는 말이다. '보라매'라는 말이 중세국어 문헌에 이미 나오고, '매[鷹]'에 관련된 용어가 몽골어로부터 차용된 것은 원(元)의 지배를 받던 고려시대의 일이다. 그러므로 '보라'라는 형태가 우리나라에 들어온 것은 고려시대라고 할 수 있는 것이다. '보라매'에서 '보랏빛'이 나오듯이 사물에서 색깔의 이름이 나오는 것은 흔히 있는 일이다. '하늘색, 바다색, 살색, 병아리색' 등이 있는가 하면, '핏빛, 구릿빛, 먹빛' 등도 있다.

[원] (몽골어)bora[雛, 灰色]+ㅅ(조사/사잇소리)+빛[光]

[변] bora> 보라+ㅅ+빛> 보랏빛

☞ 보라매

보루[보:루] [명] 담배 열 갑을 묶어 세는 단위.

[一] '보루'의 어원은 영어 'board'에 있으며, 영어 'board'가 일본에서 'ボ-ル[bo-ru]'로 차용된 것을 국어에서 '보루'로 받아들인 것이다.

[二] 영어 'board'는 '판자'나 '마분지'를 뜻하며, 담배 열 갑을 마분지로 만든 상자에

넣어서 판매하면서 '보루'란 말이 단위 명사로 쓰이게 되었다.
[원] (영어)board
[변] board> (일본어)ボール[bo-ru]> 보루

보리 [명] 불교 최고의 이상인 불타 정각의 지혜.
[一] 산스크리트어에서 지혜를 뜻하는 'Bodhi'를 한어(漢語)에서 '菩提'로 음역하였으며, '菩提'를 국어의 불교 용어에서 '보리'로 받아들인 것이다.
[二] '菩提'는 중세국어 한자음으로 읽으면 '보뎨'이며, 근대 한어음(近代漢語音)으로는 [pʰu-ti]이다. 불가(佛家)에서 '보리'로 독음한 것은 아마도 중고음(中古音) 이후의 한어음(漢語音)을 차용하여 받아들였기 때문인 것으로 생각된다.
[원] (산스크리트어)Bodhi[智慧]
[변] Bodhi> (漢語)菩提> 보리

보배 [명] 귀중한 물건.
[一] '보배'의 중세국어 형태는 '보ᄇᆡ'이며, 이 말은 한자어 '寶貝'에서 온 말이다.
[二] '寶貝'는 중세국어 한자음으로 읽으면 '보패'이지만, 근대 한어음(近代漢語音)은 [pao-pej]이다. 그러므로 특히 '보배'의 '배(貝)'는 근대 한어음의 영향에 의한 것으로 생각된다.
[원] (漢語)寶貝[pao-pej]
[변] 寶貝[pao-pej]> 보ᄇᆡ> 보배
[예] • 金銀 보ᄇᆡ 잡디 마롬괘라(석보상절 6-10)

보살(菩薩) [명] ① 부처의 다음가는 성인. 보리살타(菩提薩埵). ② '보살승(菩薩乘)'의 준말. ③ 여자 신도를 대접해 부르는 말. ④ '고승'의 존칭. ⑤ '보살할미'의 준말.
[一] '보살'은 '菩提薩埵(보리살타)'의 준말이며, 한자어 '菩提薩埵'는 산스크리트어 'Bodhisattva'를 한어(漢語)에서 음역한 것이다.
[二] 산스크리트어에서 'bodhi'는 '깨달음, 지혜, 불지(佛智)' 등의 의미를 지니며, 'sattva'는 생명 있는 존재, 곧 중생(衆生)을 뜻한다. 보살의 일반적인 정의(定義)는

'구도자(求道者)' 또는 '지혜를 가진 사람' 등으로 풀이할 수 있다.
[원] (산스크리트어)Bodhisattva
[변] Bodhisattva> (漢語)菩提薩埵> 菩薩> 보살

보시기 [명] 김치나 깍두기 따위를 담는 반찬 그릇.
[一] '보시기'에 해당하는 중세국어는 '보ᅀᆞ'이다.
[二] 중세국어 '보ᅀᆞ'의 'ᅀ'이 탈락하여 근대국어에 '보ᄋᆞ(벽온신방 2)'가 되는 것이 일반적인 형태 변화이지만, 방언에 따라서는 '보시'가 되기도 하였다. '보시'에 접미사 '-기'가 연결되어 '보시기'가 되었다.
[원] 보ᅀᆞ[甌]+기(접사)
[변] 보ᅀᆞ> 보시> 보시기
[예] • 봇근 소곰 두 보ᅀᆞᄅᆞᆯ 죠ᄒᆡ예 ᄡᆞ고(구급방언해 상-34)

보이콧 [명] ① 어떤 일을 공동으로 받아들이지 않고 물리치는 일. ②불매 동맹(不買同盟).
[一] '보이콧'은 영어 'boycott'을 그대로 차용한 말이다.
[二] 영어 'boycott'은 '불매에 의한 배척 운동'의 대상자가 된 영국인 C. C. Boycott의 이름에서 온 말이다. C. C. Boycott은 영국의 육군 군인이었다가 나중에 토지 관리인 노릇을 하면서 농민들의 배척을 받았다. 1870년대 말, 아일랜드에서 토지 관리인 퇴역 육군 대위 보이콧(Charles Cunningham Boycott, 1832~1897)의 악정(惡政)에 대해 소작인이 조직적으로 대위와의 접촉을 모두 거절한 것에서 생겨난 용어이다.
[원] (영어)C. C. Boycott
[변] C. C. Boycott> 보이콧

보자기(褓子—) [명] 물건을 싸는 작은 보. 보자(褓子).
[一] '보자기'에 해당하는 중세국어는 '보ㅎ'이며, 이 말은 비록 'ㅎ' 종성 체언이긴 하지만, 한자어 '褓(보)'에서 온 말임이 분명하다. '褓(보)'에 접미사 역할을 하는 '子

(ᅎ)'가 연결된 '보ᅎ'가 근대국어 문헌에 나타나며, 다시 접미사 '-기'가 붙어서 '보자기'가 된 것이다. '子'의 중세국어 및 근대국어 한자음이 'ᅎ'이다.

⬚ 접미사 '-기'가 붙는 말은 '막대기, 보시기' 등에서도 찾을 수 있다. '막대기'는 중세국어 '막다히'에서 변한 '막대'에 '-기'가 붙은 것이며, '보시기'는 중세국어 '보ᅀᅳ'가 방언에서 '보시'로 되었다가 여기에 접미사 '-기'가 연결된 것이다.

㉮ 褓子(보ᅎ)+기(접사)

㉯ 보ᇹ> 보ᅎ> 보자기

㉱ • 보호로 ᄲᅡ 드리더라(번역소학 7-14)

   • 보ᅎ을펴고(규합총서 14)

보조개 몡 흔히 웃거나 말할 때에 볼에 오목하게 우물져 들어가는 자국. 볼우물.

⬚ '보조개'의 중세국어 형태는 '보죠개'이다. 이 말은 '볼[頰]+죠개[?]'의 어원적 구조에서 치경음 'ㅈ' 앞의 'ㄹ'이 탈락한 것이다.

⬚ '죠개'의 어원은 알 수 없다. 흔히 '죠개'의 어원을 현대국어의 '조개[蛤]'와 같은 것으로 생각하는 경우가 있으나, 현대국어 '조개'에 해당하는 중세국어 형태는 그대로 '조개'이기 때문에 이러한 어원 설명은 성립할 수 없다. 그리고 중세국어에서 '볼죠개'는 현대국어와 같은 의미가 아니라 그냥 '뺨[頰]'에 해당하여 의미에 차이가 있었다는 점도 고려할 사항이다.

㉮ 볼[頰]+죠개[?]

㉯ *볼죠개> 보죠개> 보조개

㉱ • 보죠개 협(頰, 훈몽자회 상-25)

보헤미안(Bohemian) 몡 사회의 관습이나 규율 따위를 무시하고 방랑하면서 자유분방한 생활을 하는 시인이나 예술가 등.

⬚ 'Bohemia'는 체코의 서부 지방을 가리키는 말이며, 수도인 프라하(Prague)를 포함한 중서부 지역이 이에 해당된다. 여기에 접미사 '-an'을 붙여서 'Bohemian'이 되었으므로, 직접적인 뜻은 '보헤미아의 (사람)'이다. 체코를 동서로 나누어 동부를 체코명으로 '모라바/모라비아(Moravia)'라 부르고, 서부를 '체히(Cechy)'라 부르는

데, 이 '체히'를 라틴어로 '보헤미아'라고 한다.

目 보헤미아 지역에 유랑 민족인 집시들이 많이 거주하고 있었으므로, 프랑스인들이 '집시'라는 의미로서 '보헤미안'이란 말을 사용하게 되었다. 그러므로 '보헤미안'이 갖는 의미는 보헤미아의 사람들과는 직접 관련이 없다.

㋨ (라틴어)Bohemia(지명)+an(접사)

㋫ Bohemia+an> Bohemian> 보헤미안

☞ 집시

본곳(本—)㋤ '본고장'의 준말.

目 이 말의 근대국어 형태는 '본곧, 본곳' 등이므로, 중세국어 형태를 기준으로 하면 '本(본)+곧[處]'으로 분석된다. 현대국어 '곳[處]'의 중세국어 형태가 '곧'이다. 『동국신속삼강행실도(東國新續三綱行實圖)』(1617)에서 한자어 '本處'를 '본곧'으로 언해하여 어원적 의미를 잘 보여준다.

目 원래의 어원적 형태인 '본곧'을 현대국어에서 '본곳'으로 표기하지 않고 '본곳'으로 쓰게 된 것은 '본곳'이 '본고장'의 준말이라고 하여, '고장'의 'ㅈ'을 받침으로 살려 표기한 까닭이다. 그렇지만 근대국어에 나타난 '본곧'이나 '본곳'의 형태를 이어받아서 현대국어에서도 '본곳'으로 표기하는 것이 어원적 이치에는 적절하다. 현대국어에서 고유어로 처리되고 있는 '고장'이란 말은 중세국어 및 근대국어의 문헌에 나타나지 않으며, 그 어원도 미상이다.

㋨ 本(본)+곧[處]

㋫ 본곧> 본곳> 본곳

㋡ • 본곧애 수당 셰시고(本處立祠, 동국신속삼강행실도 충-6)

　• 本곳에셔 언마 갑스로 사 언마 갑시 ᄑᆞ눈다(몽어노걸대 1-18)

봉사[봉:사] ㋤ 맹인(盲人).

目 '봉사(奉事)'는 원래 조선조 때 관상감(觀象監), 전옥서(典獄署), 사역원(司譯院) 등에 딸린 종8품의 낮은 벼슬 이름이다. 그런데 이 봉사 직책에 장님들이 많이 기용되었기 때문에 그후 벼슬 이름이 그냥 장님을 뜻하는 말로 되었다.

[원] 奉事(봉사)
[변] 奉事> 봉사

봉숭아 [명] 봉선화과의 한해살이풀. 정원에 심는데, 줄기의 높이는 60cm 정도, 잎은 피침형, 여름철에 적색, 백색, 황색, 분홍색 등의 꽃이 핌. 타원형의 삭과는 익으면 터져서 튀어나옴. 꽃잎을 따서 어린아이들의 손톱에 붉게 물을 들임. 봉선화.
[一] '봉숭아'의 근대국어 형태는 '봉션화'와 '봉슈화'이다. 이 말들은 한자어 '鳳仙花'에서 온 것이며, 여기에서 현대국어 한자음에 의한 '봉선화'와 변화된 형태의 '봉숭아'로 분화되었다.
[원] 鳳仙花(봉션화)
[변] 鳳仙花(봉션화)> 봉선화, 봉숭아
[예] • 봉션화(鳳仙花, 역어유해 하-39)
• 봉슈화(鳳仙花, 유씨물명고 3)

봉우리 [명] 산꼭대기의 뾰족한 부분. 산봉. 산봉우리.
[一] '봉우리'는 '峰(봉)+수리[頂]'의 어원적 구조에서 'ㅅ'이 탈락하여 이루어진 것이다.
[二] '수리'는 '정수리'에서도 확인할 수 있다. '정수리'의 '頂(정)'과 고유어 '수리'는 그 의미가 같다.
[원] 峰(봉)+수리[頂]
[변] *봉수리> *봉ᅀᅮ리> 봉우리

부끄럽다[부끄러우니, 부끄러워] [형] 양심에 거리낌이 있어 남을 대할 면목이 없다. 스스러움을 느껴 수줍다.
[一] '부끄럽다'의 중세국어 형태는 '붓그럽다'이다. 현대국어 '부끄러워하다'에 해당하는 중세국어의 동사는 '붓그리다'이므로, '붓그럽다'는 '붓그리[羞]+업(형용사화 접사)+다(어미)'의 구조를 갖는 파생어이다.
[二] '붓그리+업+다'는 '붓그렵다'가 되어야 하겠으나, 중세국어 형태는 '붓그럽다'이

므로 형태 변화에 대한 설명에 어려움이 있다. 다만 근대국어에는 어원적 형태를 보여주는 '붓그렵다'가 있으므로 참고가 된다.

[원] 붓그리[羞]+업(형용사화 접사)+다(어미)

[변] *붓그리업다> 붓그렵다, 붓그럽다> 붓ᄭᅳ럽다> 부끄럽다

[예] • 붓그러우며 辱ᄃᆞ윈 일(羞辱, 내훈-선조 1-58)

• 용모ᄅᆞᆯ 붓ᄭᅳ럽게 말며(소학언해-선조 2-59)

• 오히려 붓그려온 줄을 모ᄅᆞ고(산성일기 63)

부나비 [명] 불나방과의 곤충. 몸길이는 약 3cm, 편 날개 길이는 4cm가량이며, 온몸에 암갈색 털이 빽빽이 났으며, 배는 적색, 앞날개는 흑갈색, 뒷날개는 적색에 네 개의 검은 무늬가 있음. 콩, 머위, 뽕나무 등의 해충임. 불나방.

[一] '부나비'의 근대국어 형태는 '부납ᄋᆡ, 부나븨'이다. 현대국어 '나비[蝶]'의 중세국어 형태는 '나ᄫᆡ'이므로, 중세국어 형태를 기준으로 하면 '부나비'는 '블[火]+나ᄫᆡ[蝶]'의 어원적 구조를 갖는다.

[二] 양순음 'ㅂ' 아래에서 원순 모음화에 의하여 '으'가 '우'로 되고, 치경음 'ㄴ' 앞에서 'ㄹ'이 탈락하여 '부나ᄫᆡ'가 된 다음에 단모음화에 의하여 현대국어 '부나비'가 된 것이다.

[원] 블[火]+나ᄫᆡ[蝶]

[변] *블나ᄫᆡ> *브나ᄫᆡ> 부나ᄫᆡ> 부나븨> 부나비

[예] • 부납ᄋᆡ(撲燈蛾, 역어유해보 49)

• 부나븨(撲燈蛾, 동문유해 하-42)

부대찌개(部隊—) [명] 햄이나 소시지 따위를 재료로 하여 끓인 찌개.

[一] 해방 직후 미군(美軍)이 우리나라에 주둔하기 시작하면서 미군들에게 보급되는 물자가 민간으로 많이 유출되었다. 그중에서 미군 부대에서 먹다가 남거나 몰래 빼낸 햄이나 소시지 따위의 고기를 부대고기라고 부르고, 그 부대고기로 끓인 찌개를 부대찌개라고 하게 되었다.

[원] 部隊(부대)+찌개[湯]

(번) 部隊찌개> 부대찌개

☞ 찌개

부랴부랴 (부) 매우 급히 서두르는 모양.

(ㅁ) 이 말은 20세기 문헌에 비로소 나타나기 때문에 옛날에는 한 단어로 사용되지 않은 듯하다. 이 말은 행동을 급히 서둘러서 하는 모양을 표현할 때 사용되므로, '부랴부랴'는 동사를 수식하는 부사가 된 것이다. '부랴부랴'는 '불이야+불이야'에서 줄어서 된 말이다. 불이 났을 때 외치는 소리는 '불이야 불이야'이므로, 엄밀히 말하여 문장의 중첩이다. 이 표현이 한 단어가 되어 부사로 쓰인 것은 20세기 문헌에서 확인된다. 20세기에 부사로 쓰인 형태에는 '부랴부랴, 불야불야, 불이야불이야'의 세 가지가 모두 있었다.

(ㅁ) 현대국어에서 불이 났을 때 외치는 소리는 '불이야 불이야'이므로, 문장의 중첩이다. 이 문장 표현은 17세기 문헌인 『서궁일기(西宮日記)』(또는 『계축일기(癸丑日記)』)에 '불이야 불이야 웨거늘'이란 구절이 있으므로 옛날부터 지금까지 변함없이 사용되었다. 문제는 한 단어인 부사로 쓰인 것을 문헌에서 확인하는 일이다. 앞에서 언급한 바와 같이 동사를 꾸미는 부사로 쓰인 것은 20세기 문헌에서 확인된다. 20세기에 부사로 쓰인 형태에는 '부랴부랴, 불야불야, 불이야불이야'의 세 가지가 모두 있었다. '부랴부랴 서울을 떠났다'에서는 '부랴부랴'를, '불야불야 밥을 다 지어서는'에서는 '불야불야'를, '그는 불이야불이야 구두를 닦기 시작하얏다'에서는 '불이야불이야'를 각각 확인할 수 있다. 어원적인 원래의 형태인 '불이야불이야'에서, 중간 단계의 분철 표기인 '불야불야'를 거쳐, 최종적인 연철 표기 '부랴부랴'까지 이르는 과정이 20세기 전반기에 모두 나타난다는 것은 매우 흥미로운 일이다.

(원) 불[火]+야/이야(조사)

(변) 불야불야/불이야불이야> 부랴부랴

(예) • 무엇이 그리 급ᄒᆞ여서 불야불야 쟝가를 드리더니(홍도화 상-5)

부삽 (명) 아궁이나 화로의 재를 치거나 불을 담아 옮기는 데 쓰이는 기구.

(ㅁ) '부삽'은 중세국어 형태를 기준으로 하면 '블[火]+삷[鍤]'으로 분석된다. 치경음

'ㅅ' 앞에서 '블'의 'ㄹ' 탈락, '삷'의 받침 'ㄹ'의 탈락, 양순음 'ㅂ' 아래에서 '으'의 원순 모음화 등의 과정을 거쳐 '부삽'이 된 것이다.

▣ 현대국어 '삽'의 어원을 한자 '鍤(삽)'에서 찾는 경우가 있으나, '삽'의 중세국어 형태가 '삷'이므로 이러한 견해는 성립할 수 없다.

㉮ 블[火]+삷[鍤]

㉯ *블삷> *브삷> *브삽> 부삽

부손 뗑 화로에 꽂아 두고 쓰는 작은 부삽.

▣ '부손'은 중세국어 형태를 기준으로 하면 '블[火]+손[手]'으로 분석된다. 치경음 'ㅅ' 앞에서 '블'의 'ㄹ'이 탈락하고, 양순음 'ㅂ' 아래에서 '으'가 원순 모음화되어 '부손'이 된 것이다.

㉮ 블[火]+손[手]

㉯ *블손> *브손> 부손

☞ 삽

부스럼 뗑 피부에 나는 종기의 통칭.

▣ '부스럼'의 중세국어 형태는 '브스름'이다. 이 말은 중세국어의 동사 '븟다[腫]'에서 파생된 명사이므로, '븟+으(매개모음)+름(접사)'의 구조로 분석할 수 있다. 아마도 '븟+으(매개모음)+음(명사화 접사)'의 구조에서 음조(音調)를 좋게 하기 위하여 'ㄹ'이 첨가된 것으로 생각된다.

▣ '브스름'에서 'ㅿ'이 탈락한 형태인 '브으름, 브으롬' 등이 근대국어에 나타나지만, 현대국어 '부스럼'은 원래의 'ㅅ'으로 되돌아간 형태이다.

㉮ 븟+으(매개모음)+름(접사)

㉯ 브스름> 브스럼> (브으름, 브으롬)> 부스럼

㉠ • 슈멧 모맷 브스르믈 보아(원각경언해 상-2-1-51)

㉮ • 아비 쏘 브스럼 내엿거늘(속삼강행실도 효-5)

  • 브으름(癤子, 역어유해 상-61)

  • 초애 ᄆᆞ라 브으롬 우희 ᄇᆞᄅᆞ면 즉제 됸ᄂᆞ니라(마경초집언해 하-106)

부싯깃 圐 부시를 칠 때 불똥이 박혀서 불이 붙도록 부싯돌에 대는 물건. 수리취, 쑥 잎 따위를 불에 볶아 곱게 비벼서 만들기도 하고, 흰 종이나 솜 따위에 잿물을 여러 번 묻혀서 만들기도 한다. 화용(火茸). 화융(火絨).

㊀ '부싯깃'의 근대국어 형태는 '부쇳깃'이다. 역시 같은 문헌에 '부쇠'라고 하여 '부쇠'가 현대국어 '부시'로 변화했음을 알 수 있다. 그런데 '부쇠'나 '부쇳깃'은 그 용도로 보아서 근대국어 이전부터 사용되었음이 확실하다. 그러므로 '부쇳깃'을 중세국어 형태로 분석하여 어원적으로 구성하면 '블[火]+쇠[鐵]+ㅅ(조사/사잇소리)+깃[毛]'이 된다. 원순 모음화에 의하여 '블'이 '불[火]'이 되고, 치음 'ㅅ' 앞의 'ㄹ'이 탈락하여 '부쇳깃'이 된다. '부쇳깃'의 '깃'은 '(부드러운) 천'의 뜻으로 쓰인 것이다. '부쇠'가 '부시'가 된 것은 19세기 문헌에 나타난다. '부쇠'가 '부시'로 바뀜에 따라 '부쇳깃'은 '부싯깃'이 되어 현대로 이어졌다.

㊁ 17세기 문헌인 『역어유해(譯語類解)』(1690)에 '火絨 부쇳깃'으로 나타난다. 근대국어 형태인 '부쇳깃'은 일차적으로 '부쇠+ㅅ+깃'으로 분석된다. 역시 같은 문헌에서 '火鐮 부쇠'라고 하여 '부쇠'가 현대국어 '부시'로 변화했음을 알 수 있다. 어원적 구성인 '블+쇠+ㅅ+깃'에서, 먼저 'ㅂ' 다음에서 '으'가 '우'로 바뀌는 원순 모음화에 의하여 '블'이 '불[火]'이 되고, 치음 'ㅅ' 앞의 'ㄹ'이 탈락하여 '부쇳깃'이 된다. 원순 모음화는 17세기 중반 이후에 일어났지만, 'ㄹ' 탈락은 15세기에 이미 나타나는 현상이다. 중세국어에서 성조가 거성인 '깃'은 '새집', '포대기', '옷깃' 등의 세 가지 의미로 쓰였는데, '부쇳깃'의 '깃'은 '(부드러운) 천'의 뜻으로 쓰인 것이다. 현대국어 '부시'의 근대국어 형태인 '부쇠'는 '불을 일으키는 쇠'라는 뜻에서 만들어진 말이며, 여기에 '깃'이 결합된 '부쇳깃'은 불이 잘 붙도록 '부쇠'에 대는 부드러운 천이다. 나중에는 천 대신에 식물의 잎, 종이, 솜 등을 사용하기도 했다고 한다. '부쇠'가 '부시'가 된 것은 19세기 문헌에 나타난다. '부쇠'는 오히려 [부세]로 발음되는 것이 자연스러울 것인데, '부시'로 바뀐 것은 쉽게 설명하기 어렵다. '부쇠'가 '부시'로 바뀜에 따라 '부쇳깃'은 '부싯깃'이 되어 현대로 이어졌다.

㊉ 블[火]+쇠[鐵]+ㅅ(조사/사잇소리)+깃[毛]

㊋ *블쇳깃 > *브쇳깃 > 부쇳깃 > 부싯깃

㊌ • 부쇳깃(火絨, 역어유해 하-18)

부싯돌 閱 석영의 하나. 단단하여 부싯깃을 놓고 부시로 쳐서 불을 일으키는 데 씀.

⊟ '부싯돌'의 근대국어 형태는 '부쇳돌'이다. 이 말은 중세국어 형태를 기준으로 하면 '블[火]+쇠[鐵]+ㅅ(조사/사잇소리)+돌ㅎ[石]'의 어원적 구조로 분석된다. 여기에서 'ㅂ' 다음의 '으'가 '우'로 바뀌어 '블'이 '불[火]'이 되고, 치음 'ㅅ' 앞의 'ㄹ'이 탈락하여 '부쇳돌'이 된 것이다. '부쇠'는 '불을 일으키는 쇠'라는 뜻에서 만들어진 말이며, 여기에 '돌'이 결합된 '부쇳돌'은 '불을 일으키는 쇠의 돌'이라는 어원적인 의미를 지닌다. 그러나 사실은 단지 '불을 일으키는 돌'이다. 이것은 불을 일으키는 재료가 '쇠'에서 '돌'로 바뀐 것을 반영하면서도, '부쇠'란 말은 그대로 사용한 결과이다.

⊟ 17세기 문헌인『역어유해(譯語類解)』(1690)에 '火石 부쇳돌'로 처음 나타난다. 역시 같은 문헌에서 '火鎌 부쇠'라고 하여 '부쇠'가 현대국어 '부시'로 변화했음을 알 수 있다. 그런데 '부쇠'나 '부쇳돌'은 생활 필수품인 것으로 보아서 근대국어 훨씬 이전부터 사용되었음이 확실하다. 현대국어 '부시'의 근대국어 형태인 '부쇠'는 '불을 일으키는 쇠'라는 뜻에서 만들어진 말이며, 여기에 '돌'이 결합된 '부쇳돌'은 '불을 일으키는 쇠의 돌'이라는 것이 어원적인 의미이다. 그러나 사실은 단지 '불을 일으키는 돌'이다. 이것은 불을 일으키는 재료가 '쇠'에서 '돌'로 바뀐 것을 반영하면서도 '부쇠'란은 그대로 사용한 결과이다. '부쇠'가 '부시'가 된 것은 19세기 문헌에 나타난다. '부쇠'는 오히려 [부세]로 발음되는 것이 자연스러울 것인데, '부시'로 바뀐 것은 쉽게 설명하기 어렵다. '부쇠'가 '부시'로 바뀜에 따라 '부쇳돌'은 '부시돌'이나 '부싯돌'로 표기되다가 '부싯돌'이 현대로 이어졌다.

⑧ 블[火]+쇠[鐵]+ㅅ(조사/사잇소리)+돌ㅎ[石]

⑭ *블쇳돌ㅎ> *브쇳돌> 부쇳돌> 부싯돌

⑩ • 부쇳돌(火石, 역어유해 하-18)

부아 閱 ① 노엽거나 분한 마음. ② 가슴안의 양쪽에 있는, 원뿔을 반 자른 것과 비슷한 모양의 호흡을 하는 기관. 허파.

⊟ 중세국어의 문헌에 '부하'의 형태로 처음 나타나며, 16세기와 17세기 문헌에는 '부화'로도 나타난다. '부하'는 이후 모음 사이의 'ㅎ'이 약화되어 탈락하면서 '부아'가 된다. '부아'는 19세기 문헌에서 나타나 20세기를 거쳐 현대로 이어졌다.

[三] 15세기 문헌인 『월인석보(月印釋譜)』(1459)에 '부하와 콩풋기라(허파와 콩팥이다)'이라고 하여, '부하'의 형태로 처음 나타난다. '부하'는 이후 20세기까지 계속되었지만, 16세기와 17세기 문헌에 '부화'가 나타난 것은 제1 음절의 '우'에 동화되어 제2 음절에 반모음 [w]가 첨가되어 '부화'가 된 것이다. '부하'에서 모음 사이의 'ㅎ'이 약화되어 탈락하면 '부아'가 된다. '부아'는 19세기 문헌에서 나타나 20세기를 거쳐 현대로 이어졌다. 현대국어의 일상 언어에서 '부아'는 '허파'를 의미하기보다는 '부아가 나다, 부아를 내다, 부아를 돋우다, 부아가 끓다, 부아가 치밀다' 등의 관용적 용법으로 쓰이고 있다. 화가 났을 때 호흡을 크게 하면서 '허파'가 팽창하는 것을 언어 표현에 이용한 것이라고 생각된다. '부아'를 대신하여 몸의 장기를 의미하는 경우는 고유어 '허파'나 한자어 '폐(肺)'가 대신하게 되었다. 고유어 '허파'는 19세기 문헌인 『한불자전(韓佛字典)』(1880)에 처음 나타난다.

[원] 부하[肺]

[변] 부하> 부하/부화> 부아

[예] • 부하와 콩풋기라(월인석보)
• 부화(肺, 사성통해 상-17)
• 부하(肺子, 역어유해 상-35)

부엉이 [명] 올빼밋과의 솔부엉이, 수리부엉이, 칡부엉이 따위를 통틀어 이르는 말. 야행성이거나 박모성(薄暮性) 종이 많지만 쇠부엉이같이 낮에 활동하는 종도 있다. 전 세계에 23속 130여 종이 알려져 있다. 목토. 부엉새. 치효. 휴류.

[一] '부엉이'의 중세국어 형태는 '부헝'으로 나타나는 것이 최초이다. 이후 '부훵이'로도 나타나며, 근대국어 문헌에 나타나는 형태는 '부헝이, 부훵이' 등이다. '부헝'은 의성어로서 이 새가 우는 소리를 묘사한 것이다. 근대국어에는 '부헝부헝'이라고 하였으나, 현대국어에서는 형태의 변화에 따라 '부엉부엉'이라고 한다. 실제로 부엉이의 소리를 들어보면 의성어로서 '부헝, 부훵, 부엉' 등이 모두 그럴듯하다는 것을 알 수 있다.

[三] '부헝'이 '부훵'이 되는 것은 제1 음절의 '우'가 제2 음절에 영향을 주어 반모음 [w]가 덧생긴 것이다. 이것은 순행하는 모음동화 현상이며, '기어'가 '기여'로 발음

되는 것에서도 이러한 현상을 찾을 수 있다. 중세국어 '부헝'으로부터 현대국어 '부엉이'에 이르는 과정에는 접미사 '-이'의 연결과 'ㅎ' 탈락이 있지만, 음운 현상으로서의 'ㅎ' 탈락은 부엉이의 소리가 변한 것이 아니라, 인간의 발음 상황이 관여한 것이다.

[원] 부헝(의성어)

[변] 부헝> 부훵이/부헝이> 부엉이

[예] • 부헝 爲鵂鶹(훈민정음)

• 부훵이(鵂鶹, 사성통해 하-70)

• 부헝이(鵂鶹, 역어유해 하-27)

• 뉘 집을 向ᄒᆞ여 부헝부헝 우노(고시조, 가곡원류)

부엌 [명] 음식을 만드는 곳. 취사장(炊事場).

[一] 중세국어 문헌에 '브ᅀᅥᆸ'이란 형태로 처음 나타나고, 다른 문헌에는 '브ᅀᅥᆨ'과 '브섭'으로 약간 다른 표기가 나타난다. 형태 변화의 요점은 세 가지이다. 첫째는 'ㅿ'의 변화, 둘째는 모음 '으'가 '우'로 바뀌는 것, 셋째는 받침 'ㅂ'이 'ㄱ'이나 'ㅋ'으로 바뀌는 것 등이다. 16세기에는 받침이 'ㄱ'으로 바뀐 형태가 나타난다. 받침 'ㄱ'이 'ㅋ'으로 바뀐 '부엌'은 20세기에야 나타나며, 원순 모음화를 반영한 '부업, 부억, 부엌' 등의 표기도 20세기에 비로소 나타난다.

[三] 15세기 문헌인 『훈민정음(해례본)』(1446)에는 '브ᅀᅥᆸ 爲竈'라고 하여 '브ᅀᅥᆸ'이란 형태로 처음 나타나고, 『분류두공부시언해(초간본)』(1481)에는 '브ᅀᅥᆨ'과 '브섭'으로 약간 다른 표기가 나타난다. 최초의 형태인 '브ᅀᅥᆸ'에서 'ㅿ'이 탈락하면 '브업'이 되고, 'ㅅ'이 되면 '브섭'이 된다. 그러나 비록 '브ᅀᅥᆸ'이 먼저 나타나긴 하지만, '브섭'이 어원적인 형태일 가능성도 있다. '브섭'이 원래의 형태라면 'ㅅ'이 약화되어 '브ᅀᅥᆸ'이 되었다고 설명하게 된다. 16세기에는 받침이 'ㄱ'으로 바뀐 '브ᅀᅥᆨ, 브석, 브억' 등의 형태가 나타난다. 17세기에 '브섭, 브업'이란 표기가 다시 등장하지만, 이후 18세기와 19세기에 '브억'만 나타나므로, 받침이 'ㄱ'으로 바뀌는 것이 이 어휘에 있어서 변화의 대세라고 할 수 있다. 받침의 'ㅂ'이 'ㄱ'으로 바뀌는 것은 '거붑> 거북[龜], 붑> 북[鼓], 솝> 속[裏]' 등에서도 관찰되는 현상이다. 받침 'ㅂ'이 'ㄱ'으로 바뀐 것

은 15세기부터 나타나지만, 받침 'ㄱ'이 'ㅋ'으로 바뀐 '부엌'은 20세기에야 나타난다. 뒤늦게 생긴 '부엌'이 곧바로 현대의 표준 형태가 되었다. 양순음 'ㅂ' 아래에서 '으'가 '우'로 바뀌는 변화는 다른 어휘의 경우에는 17세기 말엽에 나타나기도 하지만, 이 말에 있어서는 19세기까지 표기에 반영되지 않았다. 20세기 문헌에서야 비로소 원순 모음화를 반영한 '부업, 부억, 부엌' 등의 표기가 나타난다.

三 '브섭'이나 '브섭'을 기원적인 형태로 보면서 이 말의 어원을 '블[火]+섭[側]'으로 보는 견해가 가장 많다. 즉 어원적 의미는 '불의 옆'이라는 것인데, '섭'을 '옆'의 옛말로 보고자 한 것이다. 북한 지역인 평안도와 함경도의 방언에 '옆'을 뜻하는 '섶[側, 傍]'이 있으므로 하나의 근거가 된다. 그러나 여기에는 해결해야 할 문제가 많고, 다른 견해도 있어서, '부엌'의 어원은 아직 미해결의 상황이다.

四 16세기의 문헌에는 '부엌'에 해당하는 '붓'이 나온다. 이 경우의 '붓(廚, 번역소학 9-99)'을 만주어 'fushu'나 퉁구스어의 'pusku'와 비교하기도 한다(조항범 2009: 386). 그러나 '부엌'에 해당하는 가장 오래된 국어 형태가 '브섭'이므로, 이러한 견해를 받아들이기는 쉽지 않다. 16세기의 '붓'은 아마도 '브섭'이나 '브섭'에서 생긴 준말 형태일 가능성이 있다.

㉠ ① 브섭[竈] ② 블[火]+섭[側, 傍]

㉤ 브섭> 브석> 브업/브억> 부엌

㉥ • 브섭 爲竈(훈민정음 해례-25)

　• 브석 굼기(두시언해-초간 22:50)

　• 브석 조(竈, 훈몽자회 중-9)

　• 브억(신증유합 상:23)

　• 브어븨 사르 믄 바미 다ᄋ도록 말ᄒ놋다(두시언해-중간 2-12)

부지(敷地) 몡 건물이나 도로에 쓰이는 땅. 대지. 터.

☞ 고수부지(高水敷地)

부지깽이 몡

一 근대국어 후기의 문헌에 '부집강', 또는 '부집강이'로 나타난다. 20세기 초기에

는 '부짓갱이, 부지깽이, 부지깡이, 부지씽이, 부짓깽이' 등으로 표기되고, 이 중에서 '부지깽이'가 현대로 이어졌다. 이 말은 '불+집-+-개+-앙이'의 어원적 구조로 이루어진 것이며, 어원적 의미는 '불을 집는 도구'에 해당한다.

[三] 19세기 문헌인 『한불자전(韓佛字典)』(1880)에 '부집강'으로, 『국한회어(國漢會語)』(1895)에 '부집강이'로 나타난다. 얼마 지나지 않은 20세기 초기에는 '부짓갱이, 부지깽이, 부지깡이, 부지씽이, 부짓깽이' 등으로 표기되고, 이 중에서 '부지깽이'가 현대로 이어졌다. 이 말은 '불+집-+-개+-앙이'의 어원적 구조로 이루어진 것이며, 어원적 의미는 '불을 집는 도구'에 해당한다. 어원적 형태를 그대로 옮기면 '불집개앙이'가 되는 것인데, 치음 'ㅈ' 앞에서 'ㄹ'이 탈락하고, 'ㅂ' 다음에서 'ㄱ'이 경음으로 발음되는 것은 자연스러운 음운 현상이다. 그리고 어간 '집-'의 받침 'ㅂ'이 탈락하는 것은 경음 'ㄲ' 앞에서 변별적 청취감이 약하게 된 결과이다. 다만 접미사의 구조인 '-개앙이'에서 '-강, -강이, -갱이' 등의 변이 형태가 나온 것은 일정한 음운 현상에 의한 것이 아니라, 형태의 축약 과정에서 나타난 예기치 않은 변화의 결과들인 것이다. 그런데 18세기의 문헌인 『동문유해(同文類解)』(1748)의 '부지ㅅ대'나 『역어유해보(譯語類解補)』(1775)의 '부짓대'는 바로 '부지깽이'를 가리키는 말이다. '부짓대'는 '불+집-+대'에서 온 것이 아닌가 생각되지만, 어간 '집-' 다음에 바로 '대'를 연결시킬 수 없다는 것이 설명의 어려운 점이다. 아마도 '부짓갱이'에서 '부짓'을 추출하고, 여기에 '막대'를 의미하는 '대'를 결합시킨 것으로 생각하는 것이 가장 좋은 설명 방법이다. 그러나 '부짓대'가 '부집강, 부집강이'보다 시기적으로 먼저 나타난다는 것이 문제이다. 비록 문헌의 출현에 있어서 시기의 문제가 있기는 하지만, 출현 시기의 차이가 크지 않기 때문에 이러한 설명이 가능하다.

[원] 블[火]+집[拈]+개(접사)+앙이(접사)

[변] 블집개앙/블집개앙이> 부집강/부집강이> 부짓갱이> 부지깽이

[예] • 부집강 火杖(한불자전 350)
• 부집강이 火杖(국한회어 152)

부채 [명] 손으로 흔들어 바람을 일으키는 간단한 기구. 선자(扇子).

[一] '부채'의 중세국어 형태는 '부채, 부체'이며, 이 말은 '붗[扇]+애/에(접사)'로 분석

된다. 어원적으로는 '부치는 것(도구)'이라는 의미이다. 현대국어 '부치다'에 해당하는 중세국어 단어는 '붗다'였다. 'ᄇᆞᄅᆞ미 어느 方ᄋᆞ로브터 부처 뮈여 이에 오뇨(능엄경언해 3-85)'를 참고할 수 있다.

[三] 15세기 문헌인 『구급방언해(救急方諺解)』(1466)의 '부체로 부츠라(부채로 부쳐라)'에서 '부체'로 나타나고, 『분류두공부시언해(초간본)』(1481)의 'ᄃᆞ른 나 처ᅀᅥᆷ 부채ᄅᆞᆯ ᄇᆡ호고(月生初學扇, 달은 생겨 처음 부채를 배우고)'에서는 '부채'로 나타난다. '부체'와 '부체'의 두 형태는 이후 19세기까지 계속 공존하지만, 18세기까지는 '부체'가 우세하고, 19세기에는 '부채'가 우위를 점하게 되면서 현대국어로 이어졌다. 이 말은 '붗-+-에/-애'로 이루어진 말이므로, 어원적으로는 '부치는 것(도구)'이라는 의미이다. 일반적으로 어간에 붙어 도구를 나타내는 접미사 '-개/-게'는 'ㄹ'이나 반모음 'ㅣ[j]' 다음에서 'ㄱ'이 탈락한 '-애/-에'로 나타난다. 그러므로 어간 '붗-'에 '-에/-애'가 연결된 것은 중세국어의 일반적인 조어법에 맞지 않는다. 아마도 중세국어에서 '놀애'와 '놀개'가 공존한 것처럼, 예외적인 '붗-+-에/-애'의 구성도 가능했다고 생각된다.

[원] 붗 [扇]+애/에(접사)

[변] 부채/부체> 부채

[예] • ᄃᆞ른 나 처ᅀᅥᆷ 부채ᄅᆞᆯ ᄇᆡ호고(月生初學扇, 두시언해-초간 25-24)
• 녀르미면 벼개와 돗과ᄅᆞᆯ 부체 붓고(삼강행실도 효-9)

부처 [명] ① 불교의 교조인 석가모니. ② 불도를 깨달은 성인. ③ 불상.

[一] 중세국어 문헌에서 '부텨'라는 형태가 처음 나타난다. 이 말은 근대국어에서 구개음화되어 '부쳐'가 되었다가, 경구개음 'ㅊ' 다음에서 반모음 'ㅣ[j]'가 탈락하여 현대국어의 '부처'가 되었다. 산스크리트 'Buddha'를 『균여전(均如傳)』(1075)의 향가(鄕歌)에서는 '佛体(佛體)'라고 썼다. 이 말을 고대국어 한자음으로 읽으면 '불텨'가 되고, 여기에서 'ㄹ'이 탈락한 형태가 중세국어 '부텨'이다.

[三] 15세기 문헌인 『석보상절(釋譜詳節)』(1447)의 '부텨 ᄀᆞᄐᆞ시긔 ᄒᆞ리이다(부처 같으시게 하겠습니다)'에서 '부텨'라는 형태가 나타난다. 산스크리트 'Buddha'를 중국어에서 음역한 것이 '佛陀, 浮屠, 浮圖, 勃馱' 등인데, '佛陀'가 가장 일반적으로

사용되며, 줄여서 '佛'이라고 한다. 'Buddha'는 '깨달은 사람[覺者]'을 뜻한다. 『균여전(均如傳)』(1075년)의 향가(鄕歌)에서는 '佛体(佛體)'라고 썼다. 중국어에서는 산스크리트어 'Buddha'의 음역 한자어를 '佛體'로 쓰는 경우는 없으므로, '佛體'는 국어에서 'Buddha'의 의미로 사용한 한자어라고 할 수 있다. '佛體'를 중세국어 한자음으로 읽으면 '불톄'인데, 고대국어의 시기에 치경음 'ㅌ' 앞에서 'ㄹ'이 탈락하는 일반적인 음운 현상을 겪었을 것이므로, '불'이 '부'가 된 것은 자연스러운 변화이다. '體'가 '텨'로 읽히는 것은 '體'의 고대국어 한자음이 '텨'인 것인지, 아니면, '톄'에서 음절말 반모음 'ㅣ[j]'가 탈락한 것인지 확인할 필요가 있다. 고대국어의 이두에서 '齊(졔)'가 '져'로 읽히는 경우가 있다는 것을 참조하면, 고대국어 시기에 '體'의 한자음이 '텨'였다고 하는 것이 가능하다. 즉 '體'는 고대국어 한자음이 '텨'이고, 중세국어 한자음은 '톄'로서 서로 차이가 있었다고 해야 한다. 이에 따라 중세국어 '부텨'는 한자어 '佛體'를 고대국어 한자음으로 읽은 '불텨'에서 'ㄹ'이 탈락한 형태이다.

[三] 중국의 문헌인 『조당집(祖堂集)』(952)에 '佛體'라는 말이 '身現圓月相 以表諸佛體'와 '圓相則表諸佛體也'의 구절에서 쓰였지만, 이 경우에는 '佛陀'와 같은 의미의 단어가 아니라, '부처의 몸'이라는 의미로 쓰인 것이다. 그러나 『균여전(均如傳)』의 향가에 거듭 출현하는 '佛體'는 '佛陀/Buddha'의 뜻으로 쓰였으므로, 중국 문헌의 '佛體'와는 의미 차이가 있다. 『균여전(均如傳)』은 1075년에 편찬되었으나, 『균여전』의 향가는 균여(均如, 923~973)의 작품이므로 '佛體'가 쓰인 시대는 10세기 이전으로 소급될 것이 분명하다.

[원] 佛體(불텨)

[변] *불텨> 부텨> 부쳐> 부처

[예] • 心未筆留 慕呂白乎隱佛體前衣(禮敬諸佛歌)
• 부텨 나샤몰 나토아(월인천강지곡 상-10)
• 佛은 부톄시니라(석보상절 서-1)
• 부쳐 불(佛, 왜어유해 상-53)

부터 [조] 어떤 일이나 상태 따위의 '시작'을 나타내는 보조사.

[一] '부터'의 중세국어 형태는 '브터'이며, 이 말은 '븥[附]+어(어미)'의 동사 활용형에

서 조사로 용법이 바뀐 것이다.
[원] 븥[附]+어(어미)
[변] 븥어> 브터> 부터
[예] • 일로브터 子孫이 니스시니(월인석보 1-8)
• 볼셔부터 기드리오되(인어대방 1-4)

부피 [명] 입체(立體)가 차지한 공간 부분의 크기. 입체의 크기. 용적. 체적.
[一] '부피'는 중세국어의 '붚[鼓], 부플다[泡]' 등의 어휘와 어원적으로 관련이 있다. 특히 근대국어에 '털 븝다(厚, 동문유해 하-40)'란 말이 쓰였는데, 이 말도 '붚다'에서 팔종성법에 의하여 '븝다'로 표기된 것으로 생각된다. 이와 같은 근거에 의하여 중세국어의 명사 '붚[鼓]'은 형용사인 '*붚다[厚]'로 바로 파생되었다고 할 수 있다.
[二] 중세국어에 형용사를 명사로 만드는 접미사는 '기픠, 노픠, 킈' 등에서 알 수 있는 바와 같이 '-의/ᄋᆡ'였으므로, '붚다'가 명사로 될 경우에는 '*부픠'가 된다.
[원] 붚[厚]+의(접사)
[변] *부픠> 부피

북 [명] 타악기의 하나. 둥근 나무 통의 양쪽 마구리에 가죽을 팽팽하게 매고 두드려 소리를 냄.
[一] '북'의 중세국어 형태는 '붚'이다. 이 말은 중세국어의 동사 '부플다'나 근대국어의 형용사 '븝다'와 어원적으로 관련이 있다.
[二] 중세국어에서 '붚'은 현대국어 '북[鼓]'의 역사적 소급형이지만, 원래의 어원적인 의미는 '용적(容積), 두터움[厚], 부풂[泡]' 등의 의미였을 것으로 생각된다. 이러한 의미로부터 유연성(有緣性)이 있는 '붚[鼓]'의 의미로 전이되었다는 것을 추측할 수 있다.
[三] '붚'이 '북'으로 되는 형태 변화는 국어의 역사에서 흔히 볼 수 있다. '거붑[龜]> 거북, 솝[裏]> 속' 등의 용례를 참조할 수 있다.
[원] 붚[鼓]
[변] 붚> 북

⑩ • 부플 텨 닐오니(월인천강지곡 상-57)
　• 풍류히오 붑 티며(석보상절 23-57)
　• 북 흔 바탕을 티고(연병지남 11)
☞ 부피

북바치다 图 속에서 들고 오르다. 밑에서 솟아오르다.
▱ '북바치다'의 근대국어 형태는 '붑바티다'이다. 이 말은 '붚[厚, 泡]+받[受]+히(접
사)+다(어미)'로 분석된다.
⑩ 붚[厚, 泡]+받[受]+히(접사)+다(어미)
⑭ *붚받히다> 붑바티다> 북받치다
⑩ • 긔우니 붑바티면 즉재 살리라(구급간이방 1-62)
☞ 부피, 북

불때다 图 아궁이 속에 불을 지펴 타게 하다.
▱ '불때다'의 중세국어 형태는 '블다히다'이며, 이 말은 '블[火]+닿[接]+이(사동접
사)+다(어미)'로 분석된다. 그러므로 '불때다'는 어원적으로 '불을 닿게 하다'란 의미
에서 조어된 것이다.
⑩ 블[火]+닿[接]+이(사동 접사)+다(어미)
⑭ 블다히다> 불싸히다> 불싸이다> 불때다
⑩ • 붑 두드리며 블다히게 ᄒ며(구급방언해 상-15)
　• 불싸히다(燒火, 동문유해 상-63)
☞ 때다

불쌍하다 图 가엾고 애처롭다.
▱ '불쌍하다'의 중세국어 형태는 '블샹ᄒ다'이며, 어근이 되는 '블샹'은 한자어 '不
常'에서 온 것이다. '不常'을 중세국어 한자음으로 읽으면 '블샹'이다. '不常(블샹)'이
'불쌍'이 되는 과정에는 원순모음화(블>불), 반모음 탈락(샹>상), 경음화(상>쌍)
등이 적용되었으며, 이러한 음운 과정은 국어 음운사에서 정상적인 현상이다.

[三] 현대국어에 '불상놈, 불상년' 등의 말이 있는데, 국어사전에서는 '불상놈, 불상년' 등에서 '상'만을 한자 '常'에서 온 것으로 처리하고, '불, 놈, 년'은 고유어로 다루고 있다. 이 경우에도 '불상'은 한자어 '不常'에서 온 것으로 보아야 한다. 한자어 '不常(불상)'의 본래의 뜻은 '한결같지 않음, 떳떳하지 못함' 등이며, 비하의 표현으로 쓰이게 되면 '변변치 못함, 저급함, 나쁨' 등의 뜻을 갖게 된다.

[원] 不常(블샹)+ᄒᆞ[爲]+다(어미)

[변] 블샹ᄒᆞ다> 불샹ᄒᆞ다> 불쌍하다

[예] • 대군이 ᄋᆡ연이 블샹ᄒᆞ고 어엿브리오마ᄂᆞᆫ(계축일기 24)

• 그 겻ᄒᆡ 안자 죽으니 사ᄅᆞᆷ이 블샹히 너겨(여사서언해 4-25)

불알 [명] 포유동물의 수컷 생식기의 한 부분. 음낭 속에 싸여 있는 좌우 두 개의 타원형의 알. 고환(睾丸). 불.

[一] '불알'의 중세국어 형태는 '불알ㅎ'이다. 이 말은 '불[腎, 睾]+알ㅎ[卵]'의 구조로 분석된다.

[원] 불[腎, 睾]+알ㅎ[卵]

[변] 불알ㅎ> 불알

[예] • ᄆᆞ리 사ᄅᆞᄆᆡ 불알홀 므러(구급방언해 하-16)

• 불알(外腎, 유씨물명고 1)

불치다 [동] '불까다'의 방언.

[一] '불치다'의 근대국어 형태는 '불티다'이며, 이 말은 '불[睾丸]+티[打]+다(어미)'로 분석된다.

[二] '불티다'에 해당하는 중세국어 단어는 '불앗다'이며, 이 말은 '불[睾丸]+앗[脫]+다(어미)'로 분석된다. '불앗다'는 근대국어에서도 사용되었다.

[원] 불[睾丸]+티[打]+다(어미)

[변] 불티다> 불치다

[예] • 올ᄉᆡᆷ의 새로 불틴 ᄀᆞ장 져믄 ᄆᆞᆯ이라(노걸대언해 하-7)

• 불치다(去勢, 유씨물명고 1)

• 불아쇼 션(騸, 훈몽자회 하-7)

불현듯이 〔부〕 갑자기 생각이 치밀어서 걷잡을 수 없게. 불현듯.

〔一〕 근대국어 후기인 19세기 문헌에서 '블현ᄃ시, 블현다시, 블현듯이, 블현듯' 등이 한 단어인 부사로 사용된 것이 확인된다. 20세기에는 '불현듯이, 불현듯'으로 'ㅂ' 다음에서 '으'가 '우'로 바뀐 원순 모음화가 표기에 반영되어 현대로 이어졌다. 중세국어 형태를 기준으로 분석하면, '블+혀-/혀+-ㄴ+듯+이'가 된다. 어원적 의미는 결합된 단어의 의미 그대로 '불을 켠 듯이'이다. 중세국어에 '혀다[引]'란 말이 있으며, '혀다'도 같은 의미로 사용되었다. '혀다'와 '혀다'는 '당기다[引]'의 뜻이며, '블을 혀다/혀다'는 '불을 켜다'로, '혈믈'은 '썰물'로 각각 바뀌었으나 '불현듯이'에서는 그대로 'ㅎ'을 유지하고 있다. 현대국어에서 '불현듯'은 '불현듯이'의 준말로 처리된다.

〔三〕 현대국어 '불현듯이'를 중세국어 형태를 기준으로 분석하면, '블+혀-/혀+-ㄴ+듯+이'가 된다. 어원적 의미는 결합된 단어의 의미 그대로 '불을 켠 듯이'이다. '블'은 근대국어 후반에 '불[火]'로 바뀌었고, '혀다/혀다'는 '당기다'의 뜻으로 현대국어 '켜다'에 해당한다. 현대국어 '불켜다'에 해당하는 중세국어의 '블혀다(/블혀다)'란 말은 '블(을) 혀다/혀다'의 구성에서 하나의 단어가 된 것이다. 『분류두공부시언해(초간본)』에 '블현 알픠셔 춤츠던 이롤 내 웃노니(自笑燈前舞, 불켠 앞에서 내가 웃으니)'의 '블현'을 보면, 15세기에 이미 하나의 단어처럼 사용되었다는 것을 알 수 있다. 19세기의 '블현ᄃ시, 블현다시, 블현듯이, 블현듯' 등이 한 단어인지의 여부는 '갑자기'의 뜻으로 사용되었는가 하는 데에 있다. 19세기 문헌인 『남원고사』에 '갈 ᄆ음이 블현ᄃ시 잇것마ᄂᆞᆫ(갈 마음이 불현듯이 있건마는)'을 검토하면 '블현ᄃ시'가 '갑자기'에 의미에 해당하여 한 단어로서 부사가 되었다는 것을 확인할 수 있다.

⑩ 블[火]+혀/혀[引]+ㄴ(관형사형 어미)+듯/ᄃᆺ[似]+이(접사)

⑭ 블현듯이/블현듯이 > 불현듯이

⑩ • 七層燈의 블혀고(석보상절 9-30)

☞ 썰물

붉다 〔형〕 빛이 핏빛과 같다.

囗 '붉다'의 중세국어 형태는 '븕다'이다. 이 말은 명사 '블[火]'에서 형용사로 파생된 것이다.

囗 기본 명사의 형태가 '블[火]'이므로, 여기에서 먼저 '븕다'가 나오고, '븕다'에 모음 교체가 적용되어 다시 '붉다'가 파생되었다.

囯 어원적 기본 명사인 '블[火]'에서 '붉다[赤], 븕다[明]'가 파생되는 경우, 'ㄱ'이 첨가되는 것은 활용 과정에서 생긴 첨가음일 것으로 생각되지만, 정확하게 그 유래를 알 수는 없다.

㋒ 블[火]+ㄱ(첨가음)+다(어미)

㋟ 븕다> 붉다

㋠ • 블근 새 그를 므러(용비어천가 제7장)
　　• 붉다(紅, 동문유해 하-25)

☞ 밝다

붓 囝 가는 대 끝에 털을 꽂아서 글씨를 쓰거나 그림을 그리는 물건. 털붓.

囗 '붓'의 중세국어 형태는 '붇'이다. 이 형태는 17세기와 18세기에는 받침에서 'ㄷ'과 'ㅅ'의 차이가 없어짐에 따라 '붇'과 '붓'의 두 가지 표기가 나타나다가, 19세기 이후에 '붓'으로 통일되어 현대로 이어졌다. 이 말은 한자 '筆'의 한어(漢語) 고음(古音)을 고대국어 시기에 '붇'으로 받아들인 것이다. 중세국어 한자음은 한자의 종성 [-t]를 'ㄹ'로 받아들였지만, '붇'은 한자의 종성(終聲) [-t]를 'ㄷ'으로 받아들인 경우이다. 한어(漢語)에서 '筆'의 중고음 이전의 음은 [pjet]이므로, 어떠한 음운 대응에 의하여 '붇'이 되었는가 하는 것은 설명하기가 쉽지 않다. 아마도 '*븓[pit]' 정도의 형태에서 원순모음화에 의하여 '붇'이 되었을 것으로 생각된다.

囗 15세기 문헌인 『훈민정음(해례본)』(1446)에 '붇 爲筆'이라고 하여 '붇'의 형태를 보여준다. 이 형태는 17세기와 18세기에는 받침에서 'ㄷ'과 'ㅅ'의 차이가 없어짐에 따라 '붇'과 '붓'의 두 가지 표기가 나타난다. 19세기 이후에 '붓'으로 통일되어 현대로 이어졌다. 중세국어의 '붇'은 『훈몽자회(訓蒙字會)』(1527)의 '筆 붇 필'에서 알 수 있는 바와 같이 한자 '筆(필)'의 새김으로 쓰이므로, 우리말에서 고유어로 생각하는 사람이 대부분이다. 그러나 이 말은 한자 '筆'의 한어(漢語) 고음(古音)을 고대국어 시기에 '붇'으로 받아들였다는 견해가 지배적이다. 이것은 마치 한자 '墨(묵)'에 대한 새김인 '먹'이 역시 한자 '墨'의 한어(漢語) 고음(古音)에서 온 것과 비슷하다. 중국어에서 한자 '筆'의 상고음(上古音)은 [pjet]이며, 중고음은 [pjət]이므로, 시대에 따른 음가의 차이는 크지 않다. 오히려 한자의 종성(終聲) [-t]를 국어에서 받아들이면서 '-ㄷ'으로 받아들인 경우가 있었다는 것이 더 중요하다. 중세국어 한자음은 한자의 종성 [-t]를 '-ㄹ'로 받아들였기 때문이다. 그런데 고대국어 한자음에서도 일반적으로 한자의 종성 [-t]를 '-ㄹ'로 받아들였다고 생각되기 때문에, 고대국어 한자음의 측면에서도 '筆'에서 온 '붇'은 예외적인 것임이 분명하다. 그러므로 '筆'에서 '붇'이 온 것이 확실하다고 하더라도, '붇'은 정상적인 한자음이라기보다는 중국어 구어(口語)를 차용한 형태일 가능성도 있는 것이다.

[원] (漢語)筆

[변] 筆[pjet]> 붇> 붓

[예] • 草木이어나 부디어나 손토보뢰어나(석보상절 13-52)

• 붓(筆, 동문유해 상-63)

붕대(繃帶) [명] 헌데나 상처에 감는, 소독한 헝겊. 면포나 거즈 따위로 만듦.

[三] 한어(漢語)에서 '붕대(繃帶)'는 기본적으로 '소아용(小兒用) 포대기'를 뜻하는 말이나, 나중에 영어의 'bandage'를 번역하여 '繃帶'라고도 하게 되었다. 'bandage'를 '繃帶'라고 하게 된 것은 한자의 뜻도 고려한 것이지만, 무엇보다도 영어의 음상(音相)에 맞추어 어휘를 선택하였기 때문이다.

[원] (영어)bandage

[변] bandage> (漢語)繃帶> 붕대

붕어[붕:어] [명] 잉엇과의 민물고기. 몸의 길이는 20~43cm이며, 등은 푸른 갈색이고 배 쪽은 누르스름한 은백색이다. 폭이 넓고 머리는 뾰족하며 주둥이는 둥글고 수염이 없다. 배지느러미는 붙어 있고 비늘은 둥근비늘인데 머리에는 비늘이 없다. 산란기는 4~5월이고 얕은 물가의 풀잎에 알을 낳는다. 한국, 일본, 중국, 시베리아 등지에 분포한다. 부어, 즉어.

[二] 중세국어의 문헌에 'ᄇᆞᆼ어, 부어, 부어' 등이 함께 나타난다. 20세기까지 '부어'와 '붕어'의 표기는 공존하였지만, 현대국어에서는 '부어'가 밀려나고 '붕어'가 표준의 위치에 올랐다. 이 말은 한자어 '鮒魚(부어)'에서 온 것이다. 현대국어 한자음의 관점에서만 보면, '부어'에 받침 'ㅇ[ŋ]'이 첨가되어 '붕어'가 되었다고 생각하기 쉽다. 그러나 중국 한자음에서 '魚'의 초성은 연구개 비음 [ŋ]을 가진 한자였으며, 중세국어 한자음에서도 처음에는 '어'로 발음되었던 것이다. 그러므로 '鮒魚'는 발음이 '부어'인 것이므로, 초성 'ㆁ[ŋ]'이 앞말의 받침으로 내려가면 '붕어'가 된다.

[三] 16세기 문헌인 『사성통해(四聲通解)』(1517)에 '鮒 붕어'가 나타나며, 『훈몽자회(訓蒙字會)』(1527)에는 '鮒 부어 부, 鯽 부어 즉'이라고 하여 같은 시기에 '붕어, 부어, 부어' 등이 함께 나타난다. 16세기 이후에도 20세기까지 '부어'와 '붕어'의 표기는 공존하였지만, 전반적으로 '부어'보다는 '붕어'가 우세하였다. 이에 따라 현대국어에서는 '부어'가 밀려나고 '붕어'가 표준의 위치에 올랐다. 단어의 끝에 '어(魚)'를 가진 고기의 이름들을 보면, '잉어'가 '鯉魚'에서, '숭어'가 '秀魚'에서, '상어'가 '鯊魚'에서, '농어'가 '鱸魚'에서, '뱅어'가 '白魚'에서 온 것 등등을 열거할 수 있다. 이들 물고기 이름들에서 받침에 'ㅇ'이 있는 것은 모두 '魚(어)'의 초성이 연구개 비음 [ŋ]이었기 때문이다. 다만 '白魚'는 '백어'에서 받침 'ㄱ'이 'ㆁ'에 동화된 것이다. 중세국어 표기에서는 종성의 연구개 비음 'ㆁ'을 다음 음절의 초성으로 쓰는 경우가 종종 있었다. '스스이(스승+이), 쳔랴이(쳔량+이), 쥬이라(즁+이라)' 등이 그러한 예이다. 이것은 현대국어와는 달리 연구개 비음 'ㆁ[ŋ]'을 초성으로 쓰는 표기가 중세국어에서는 가능했기 때문이다.

[원] 鮒魚(부어)

[변] 부어 > 붕어

[예] • 붕어(鯽魚, 사성통해 하-52)
• 부어(鮒, 훈몽자회 상-20)

비구(比丘) [명] 출가하여 구족계(具足戒)를 받은 남자 중. 비구승.

[一] 중세국어 형태도 '비구(比丘)'이다. 이 말은 팔리어 'bhikku'를 한어(漢語)에서 '比丘'로 음역(音譯)한 것을 국어에서 그대로 받아들인 것이다.

[三] 팔리어 'bhikku'는 '탁발하는 남자 수행자'를 뜻하는 말이다.
[원] (팔리어)bhikku
[변] bhikku> (漢語)比丘> 비구
[예] • 比丘는 쥬이라(월인석보 1-18)

비구니(比丘尼) [명] 출가하여 머리를 깎고 구족계를 받은 여자 중.
[一] 중세국어 형태도 '비구니(比丘尼)'이다. 이 말은 팔리어 'bhikkunī'를 한어(漢語)에서 '比丘尼'로 음역한 것을 국어에서 그대로 받아들인 것이다.
[三] 팔리어 'bhikkunī'는 '탁발하는 여자 수행자'를 뜻하는 말이다.
[원] (팔리어)bhikkunī
[변] bhikkunī> (漢語)比丘尼> 비구니
[예] • 남진죵ᄋᆞᆫ 沙門이 ᄃᆞ외오 겨집죵ᄋᆞᆫ 比丘尼 ᄃᆞ외오(석보상절 23-34)

비누 [명] 때나 더러움을 씻어 내는 데 쓰는 물건. 물에 녹으면 거품이 일며 미끈미끈해짐(고급 지방산의 알칼리 금속염(金屬塩)을 주성분으로 하여 만듦).
[一] '비누'의 근대국어 형태는 '비노, 비누'이며, '비노'가 좀 더 이른 시기의 문헌에 나온다. 근대국어의 '비노'에 해당하는 한자어는 '肥皂'이며, 이 말은 송대(宋代)의 한어(漢語) 문헌에서 찾을 수 있다.
[三] 근대국어 시기에 근대 한어(近代漢語)에서 차용하였을 '비노'란 말은 한자 '비'가 '肥'임은 분명하지만, '노'의 어원을 알기는 어렵다. 아마도 '肥皂(비조)'의 발음이 근대국어에서 '비노'로 변용되었을 것으로 생각되지만, 문헌에서 확인할 수는 없다.
[원] (漢語)肥皂
[변] 肥皂(비조)> 비노> 비누
[예] • 비노 잇ᄂᆞ냐(肥棗, 박통사언해-중간 하-23)
• 비노(皂角, 역어유해 상-48)
• 비노(膩容, 동문유해 상-54)
• 향 비누(肥皂, 한청문감 338)

비단 명 명주실로 광택이 나게 짠 피륙의 총칭. 견포(絹布).

□ 중세국어 형태도 '비단'이며, 이 말은 한어(漢語)의 '匹段'에서 차용한 것이다. '匹段'의 근대 한어음은 [pʰi-twon]이며, 현대 한어음은 [pʰi-twan]이다. 음운 대응에서는 원래 입성자였던 '匹(필)'의 입성 운미가 반영되지 않은 것이 요점이라고 할 수 있다.

□ 15세기 문헌인 『월인석보(月印釋譜)』(1459)의 '비단과 노와 깁과 眞珠ㅣ 庫애 ᄀᆞ득ᄒᆞ고(비단과 나와 깁과 진주가 창고에 가득하고)'에서 현대국어와 같은 '비단'을 확인할 수 있다. 이 말은 중세국어부터 현대국어까지 형태의 변화가 없었다. 중세국어의 초기 문헌에서부터 사용된 '비단'이란 말이 중국어의 '匹段'에서 왔다고 하는 것은 황윤석(黃胤錫, 1729~1791)의 『이수신편(理藪新編)』(1774)에서 이미 밝히고 있으며, 중국어에서도 '匹段'이란 말은 '포백(布帛)'을 일반적으로 지칭하는 말로서, 당대(唐代)의 문헌에 이미 나타나는 역사성을 지니고 있다. 중국어에서 '匹'의 중고음은 [pʰjet], 근대음과 현대음은 [pʰi]이며, '段'의 중고음은 [dwan], 근대음과 현대음은 [twan] 등이다. '비단'이 '匹段'의 중국음에서 온 것이라면, 입성이 탈락한 근대 중국어에서 차용되었다고 하는 것이 가장 무난하다.

□ 국어사전에서 '비단'을 한자어 '緋緞'이라고 표기하고 있다. 이것은 고시조(古時調)에 '緋緞 치마'라는 구절이 사용된 것을 보면 이미 근대국어의 시기에 있었던 일이다. '비단'을 '緋緞'이라고 표기하게 된 까닭은 한자에 대한 어원 의식이 작용했다고 하겠으나, 올바른 표기는 아니다. 특히 중국어에서 '緋緞'이란 용어는 옛날부터 지금까지 사용되지 않았다. 그리고 중세국어에서는 '비단'과 거의 같은 의미를 가진 '깁'이란 말이 있으며, 이 말은 현대국어에서도 그대로 사용된다. 이 두 어휘를 놓고 보면 중세국어 이후 '깁'이란 고유어에 '비단'이라는 차용어가 대립한다고 할 수 있다.

원 (漢語)匹段[pʰi-twon/pʰi-twan]

변 匹段[pʰi-twon/pʰi-twan] > 비단

예 • 各色 金線 비단과 풍류와롤 싁싀기 ᄭᅮ미며(석보상절 23-50)

　• 大緞 長옷 緋緞 치마(고시조)

비로소 [부] (어떤 일이 있고 난 다음에야) 처음으로.

[一] '비로소'의 중세국어 형태는 '비르서, 비르소'가 있으며, 그 밖에도 '비루수, 비루소' 등의 형태 사용되었다. 이 말은 기본적으로 '비릇[始]+어/오(부사화 접사)'로 분석된다.

[二] 현대국어 '비롯하다'에 해당하는 중세국어 형태는 '비릇다/비릇다'이며, 이후에 '비롯다'의 형태도 함께 사용되었다.

[원] 비릇[始]+어/오(부사화 접사)

[변] 비르서/비르소> 비로소

[예] • 비르서 뎌레 드러(석보상절 11-1)
• 世예 업슨 직조를 비르소 알리로소니(두시언해-초간 8-18)
• 비로소 ᄉᆞ양ᄒᆞ기를 ᄀᆞᄅᆞ칠디니라(소학언해-선조 1-4)

비바리 [명] 바다에서 해산물을 채취하는 일을 하는 처녀.

[一] '비바리'는 '비[鰒]+바리(접사)'로 분석된다. 어원적으로는 '전복을 따는 (하찮은) 사람'이란 뜻이다.

[二] 『계림유사(鷄林類事)』에 '鰒曰 必'이라고 하였는데, 이 경우의 '必'이 '비바리'의 '비'에 해당하는 말을 음차(音借)로 적은 것이다. 지금도 제주도 방언에서는 '전복(全鰒)'을 '비' 또는 '빗'이라고 하므로, 『계림유사』의 표기를 신뢰할 수 있다.

[三] 접사로 처리한 '-바리'는 '군바리, 샘바리, 악바리, 트레바리' 등에서 볼 수 있는 접미사이며, 그 의미는 '(어떤 일에 종사하는) 하찮은 사람'이란 뜻이다. 접미사 '-바리'가 어원적으로 '발[足]+이(접사)'에서 왔을 가능성이 있다.

[원] 비[鰒]+바리(접사)

[변] 비바리

비싸다 [형] 상품의 값이 정도에 지나치게 많다.

[一] 15세기 중세국어 문헌에서 '빋ᄉᆞ다'의 형태로 처음 나타난다. 이 말은 16세기에 '빋ᄉᆞ다, 빋ᄊᆞ다'로 나타나고, 19세기에 '빗ᄉᆞ다, 빗싸다, 비싸다' 등으로 바뀌었다. 이 중에서 '비싸다'가 20세기를 거쳐 현대로 이어졌다. 중세국어의 '빋ᄉᆞ다, 빋ᄊᆞ다'

는 '빋+ᄉ다/ᄊ다'로 이루어진 말이다. 중세국어에서 '빋'은 현대국어의 '값[價]'이나 '빚[債]'에 해당하는 말이며, 'ᄉ다/ᄊ다'는 '(그만한) 값이 있다'의 뜻이다. 현대국어의 '싸다'는 '값이 적다'의 뜻이므로, 중세국어의 'ᄊ다/ᄉ다'와는 반대의 의미로 변하였다. 현대국어에서 '비싸다'는 '고가(高價)'의 뜻에 해당하므로, '값이나 값어치가 있다'라는 원래의 뜻과는 달라진 것이다.

㊂ 15세기 문헌인 『석보상절(釋譜詳節)』(1447)의 '衒賣色ᄋ 겨지븨 ᄂᆞᄎᆞᆯ 빗어 빋ᄊ게 ᄒᆞ야 풀 씨라(衒賣色은 계집의 낯을 꾸며 값이 있게 하여 판다는 것이다)'에서 '빋ᄉ다'의 형태로 처음 나타난다. 이 말은 16세기에 '빋ᄉ다, 빋ᄊ다'로 나타나고, 19세기에 '빗ᄉ다, 빗싸다, 비싸다' 등으로 바뀌었으며, 이 중에서 '비싸다'가 20세기를 거쳐 현대로 이어졌다. 중세국어의 '빋ᄉ다, 빋ᄊ다'는 '빋+ᄉ다/ᄊ다'로 이루어진 말이다. 중세국어에서 '빋'은 현대국어의 '값[價]'이나 '빚[債]'에 해당하는 말이며, 'ᄉ다/ᄊ다'는 '(그만한) 값이 있다'의 뜻이다. 그러므로 『석보상절(釋譜詳節)』(1447)의 '오시 갑시 千萬이 ᄊ며'는 '옷의 값이 千萬에 해당하며'의 뜻이고, 『분류두공부시언해(초간본)』(1481)의 '지븻 音書ᄂᆞᆫ 萬金이 ᄉ도다(家書抵萬金)'은 '집의 音書는 (값이) 萬金에 해당하도다'로 풀이되는 것이다. 그러나 현대국어의 '싸다'는 '값이 적다'의 뜻이므로, 중세국어의 'ᄊ다/ᄉ다'와는 반대의 의미로 변하였다. 이것은 현대국어에서 '비싸다'와 '싸다'가 서로 대응하게 됨에 따라, '비싸다'의 의미에 상대되는 개념으로 '싸다'의 의미를 유추한 까닭이다. 의미의 변화에 있어서 'ᄉ다/ᄊ다'에서 온 '싸다'처럼 극단적인 정도는 아니지만, '비싸다' 역시 의미 변화가 있었다. 현대국어에서 '비싸다'는 상대적으로 비용이나 값이 높다는 뜻에 해당하므로, '값이나 값어치가 있다'라는 원래의 뜻과는 달라진 것이다. '비싸다'와 '싸다'의 의미는 서로 대응하면서 변화가 되었으며, 이 말들이 현대적 의미로 쓰이게 된 것은 19세기에 들어서의 일이다.

㉿ 빋[價, 債]+ᄊ/ᄉ[有價]+다(어미)

㉻ 빋ᄊ다/빋ᄉ다> 빗ᄊ다/빗ᄉ다> 비싸다

㉖ • 빋낸 사ᄅᆞ미 지븨 믈읫 잇ᄂᆞᆫ 빋쏜 거시라도(번역박통사 상-61)

　　• 빋ᄉ다(노박집람 단자해-2)

　　• 편안홈이아 빗ᄊ미 하니라(노걸대언해 하-4)

• ᄃᆞᆯᄂᆡ 갑 빗ᄉᆞ다 말이라(가체신금사목 7)

비오리 [명] 오릿과의 물새. 항만이나 연못에 삶. 쇠오리와 비슷한데 좀 크고 날개는 오색찬란한 자줏빛임(암수가 항상 함께 놂).

[一] '비오리'의 중세국어 형태는 '빗올히'이며, 이 말은 '빛[光]+올히[鴨]'로 분석된다.

[二] '빛올히'는 날개가 화려한 자줏빛이어서 붙여진 이름이며, 어원적 형태인 '빛올히'를 팔종성법에 따라 표기한 것이 '빗올히'이다. 이후 받침의 'ㅅ'이 탈락하고, 다시 공명음 사이에서 'ㅎ'이 탈락하여 '비오리'가 된 것이다.

[원] 빛[光]+올히[鴨]

[변] 빛올히> 빗올히> 비올히> 비오리

[예] • 빗올히 ᄒᆞᆰ 무든 ᄃᆡ 업스니(花鴨無泥滓, 두시언해-초간 17-23)

• 비올히(동의보감 탕액-1), 비오리 계(鸂, 왜어유해 하-21)

빈대떡 [명] 녹두를 맷돌에 갈아서 전병처럼 부쳐 만든 음식. 녹두전병.

[一] '빈대떡'에 해당하는 근대국어 단어는 '빙쟈'이다. 이 말은 근대 한어(近代漢語) '餠饌[piŋtʂə]'를 차용한 것이며, '빈대떡'의 어원은 여기에서 시작된다. 이후에 '빙쟈'의 음(音)에 유추되어 '빈자ᄡᅧᆨ'이라는 말이 생겼는데, 이 경우는 '빙쟈'를 '貧者(빈자)'로 유추했음을 알 수 있다.

[二] '빈자ᄡᅧᆨ'에서 '빈대떡'이 된 것은 분명하지만, 여기에 얽힌 언중(言衆)의 인식 작용을 자세히 알 수는 없다.

[원] (漢語)餠饌[piŋtʂə]

[변] 餠饌[piŋtʂə]> 빙쟈> 빈자+ᄡᅧᆨ[餠]> 빈대떡

[예] • 빙쟈(餠饌, 역어유해 상-51)

• 빈자ᄡᅧᆨ(자전석요 하-104)

빌미 [명] 재앙이나 탈 따위가 생기는 원인.

[一] 이 말의 중세국어 형태는 '빌믜'이다. 중세국어에서 '빌믜'의 의미는 '귀신이 내리는 재앙'을 뜻하며, 중세국어 문헌에서는 대개 한자 '祟(수)'의 풀이에 해당하는 고

유어였다. 그러므로 '재앙'이 아니라 '재앙의 원인'으로 바뀐 현대국어 '빌미'의 의미는 중세국어로부터 의미의 변화가 생긴 것이다.

[三] 중세국어의 뜻을 고려하면, '빌믜'의 어원이 동사 '빌다[祈]'에 있을 가능성이 있다. 즉 '빌-+ㅁ+-의(접사)'의 구조에 의하여 '빌어야 할 것' 정도의 어원적 의미를 생각할 수 있기 때문이다. 그러나 확실하지 않은 추정일 뿐이다.

[원] 빌믜[祟]

[변] 빌믜> 빌미

[예] • 지븨 빌믯 것 만호믈 니ᄅ시니라(言宅多祟物也, 법화경언해 2-114)

빗다 [동] 머리털을 빗 따위로 가지런히 고르다.

[一] 중세국어 형태도 '빗다'이며, 이 말은 명사 '빗[梳]'에서 바로 동사로 파생된 것이다. 명사 '빗'의 성조는 평성이며, 동사 '빗다'의 어간 '빗-'도 평성이어서 품사의 변화에 따른 성조의 변화는 생기지 않았다. 반면에 명사 '신[履]'에서 동사로 파생된 '신다'의 경우는 명사의 성조가 거성이고, 동사 어간 '신-'의 성조는 상성이다. 그런가 하면 명사 '품[懷]'에서 동사로 파생된 '품다'의 경우는 명사의 성조는 평성이지만. 동사 어간 '품-'의 성조는 거성이다. 이러한 용례들을 참고하면, 명사에서 동사로 파생된 경우의 성조 변화는 어떤 원칙이 있는 것은 아니다.

[三] '빗다'와 비슷한 형태의 중세국어 '비스다[飾]'가 있다. '빗다'는 '빗고, 비스니, 비슨' 등으로 활용하고, '비스다'는 '비ᅀᅳ고, 비ᅀᅳᆫ, 빗어/빙어' 등으로 활용하여 두 단어의 형태론적 차이가 분명하다. 그러므로 '빗다'와 '비스다'의 어원적 동일성을 논하기는 어렵다.

[원] 빗[梳]+(다)

[변] 빗> 빗다

[예] • 老夫ㅣ 몰ᄀ 새배 셴 머리롤 빗다니(老夫淸晨梳白頭, 두시언해-초간 16-32)

☞ 띠다, 배다, 신다, 품다

빨치산 [명] 정규군이 아닌, 민간인으로 조직된 유격대. 파르티잔(partizan).

[一] '빨치산'은 '유격대(遊擊隊)'를 뜻하는 러시아어 'партизан/partizan'에서 온 외

래어이다.

㉝ (러시아어)партизан/partizan[遊擊隊]

㉖ партизан/partizan> 빨치산

빼다 图 속에 들어 있는 것을 밖으로 나오게 하다. 덜어 내다.

▭ '빼다'의 중세국어 형태는 '쌔혀다, 쌔혀다'이며, 이 말은 '쌘[選]+아(어미)+혀/혀[引]+다(어미)'로 분석된다.

▤ 중세국어의 '쌘다'는 '가리다/뽑다[選]'의 뜻이며, '혀다/혀다'는 '당기다[引]'의 뜻이므로, '쌔혀다/쌔혀다'의 어원적 의미는 '가려 당기다, 뽑아 당기다'의 뜻에서 조어된 것임을 알 수 있다.

▥ 중세국어 '쌔혀다/쌔혀다'가 근대국어에 '쌔히다'가 되고, 이어서 'ㅎ'이 탈락하여 '빼다'가 된 것이다.

㉝ 쌘[選]+아(어미)+혀/혀[引]+다(어미)

㉖ 쌔혀다/쌔혀다> 쌔히다> 쌔이다> 쌔다> 빼다

㉙ • 拔은 쌔혈 씨라(월인석보 서-10)

　　• 어려이 쌔혈 거신 젼츠로 부톄 쌔혀시과뎌 願ᄒᆞ니라(능엄경언해 2-22)

　　• 임의셔 굽에 피 쌔히리라(박통사언해 상-38)

　　• 홍언이 몸올 쌔야 ᄃ라드러 어미를 ᄀ리와(동국신속삼강행실도 효-6-80)

빼앗다 图 남의 것을 억지로 제 것으로 만들다.

▭ 이 말은 '빼[拔]+앗[奪]+다(어미)'의 구조로 이루어진 말이다.

㉝ 빼[拔]+앗[奪]+다(어미)

㉖ 빼앗다

☞ 빼다

뻔하다 囹 '번하다'의 센말.

▭ 현대국어에서 잘 쓰지 않는 '번하다'란 형용사가 있으며, 그 뜻은 '어두운 가운데 밝은 빛이 비치어 조금 훤하다'이다. '번하다'의 중세국어 형태는 '번ᄒᆞ다'이며, 이

말은 '번[光, 明]+ㅎ[爲]+다(어미)'의 어원적 구조로 분석된다. '뻔하다'는 '번하다'에서 경음화로 생긴 센말이다.

㉻ 번[光, 明]+ㅎ[爲]+다(어미)

㉻ 번ㅎ다> 번하다> 뻔하다

㉻ • 精誠이 고죽ㅎ니 밤누니 번ㅎ거늘(석보상절 6-19)

☞ 번개, 번히

뻔히 ㉻ '번히'의 센말.

☞ 번히

뽐내다 ㉻ ① 기를 펴고 잘난 체하다. ② 보라는 듯이 능력을 자랑하다.

㉻ 근대국어 문헌에 '쏩내다'란 형태로 나타나며, 거의 같은 시기의 문헌에 'ㅂ'이 비음 'ㄴ'에 동화된 '쏨내다'의 형태도 나타난다. 19세기에 '쏩내다, 쏩늬다, 쏨내다' 등이 나타나고, 20세기에 '쏩내다, 뽐내다, 뽐내다' 등이 나타나지만, 표기상의 차이일 뿐이며 발음은 현대의 '뽐내다'와 동일한 [뽐내다]이다. '쏩내다'는 동사 어간 '쏩-'과 '내-'가 결합된 복합 형태이므로, 이 말은 '뽑아서 내다'의 뜻이다. 주로 '손목', '팔' 등과 결합하여 손목이나 팔을 뽑아서 내는 행위를 가리킨다. 뽑아서 내는 행동은 힘을 과시하거나 우쭐대는 행위로 해석된다. 바로 이러한 행위의 비유적 의미가 바탕이 되어 '우쭐대다'라는 의미로 발전한 것이다.

㉻ 18세기 문헌인 『역어유해보(譯語類解補)』(1775)의 '攘臂 폴 쏩내다(팔을 뽑아내다)'에 '쏩내다'란 형태가 나타난다. 역시 18세기의 문헌인 『천의소감언해(闡義昭鑑諺解)』(1756)에 '풀을 쏨내고'라고 하여, 'ㅂ'이 '비음 ㄴ'에 동화되어 'ㅁ'으로 바뀐 형태를 보여준다. 19세기에 '쏩내다, 쏩늬다, 쏨내다' 등이 나타나고, 20세기에 '쏩내다, 뽐내다, 뽐내다' 등이 나타나지만, 표기상의 차이일 뿐이며 발음은 현대의 뽐내다'와 동일한 [뽐내다]이다. '쏩내다'는 동사 어간 '쏩-'과 '내-'가 결합된 복합 형태이므로, '쏩내다'는 '뽑아서 내다'의 뜻이다. 구체적인 행위를 나타내던 '쏩내다'가 앞에 '폴(팔), 손목, 팔쑥(팔뚝), 주머귀(주먹)' 등의 목적어 없이 한 단어로서 우쭐대는 비유적 의미로만 쓰이게 된 것은 19세기 이후로 추정된다. 19세기 문헌인 『한불

자전(韓佛字典)』(1880)의 'ᄲᆡᆸᄂᆡ다'라는 하나의 단어에 대하여 '奮勇(분용)'이라고 하여 '용기를 떨침'이라는 비유적 의미로만 풀이되어 있다. 근대국어에서도 '풀을 ᄲᆡᆸ내다'라고 하여 '용기를 내다'의 관용적 표현으로 쓰인 경우가 대부분이며, 『한불자전』의 '奮勇'이라는 풀이도 여기에 해당한다. 그러나 현대국어에서 '뽐내다'는 용기를 내는 것보다는 잘난 체 자랑하는 의미로 쓰이기 때문에, 이 말의 용법과 의미는 근대국어 초기에서 후기, 그리고 현대국어로 오면서 계속 변화한 것이다.

[원] ᄲᆡᆸ[拔]+나[出]+이(사동접사)+다(어미)

[변] ᄲᆡᆸ내다> 뽐내다

[예] • ᄑᆞᆯ ᄲᆡᆸ내다(동문유해 하-28)
- 攘臂 ᄑᆞᆯ ᄲᆞᆷ내다(몽어유해 하-23)
- 그 장사는 그릇을 노와 두고 팔뚝을 ᄲᆡᆸ내면서 범에게로 달려드니(소강절10)

삐라 [명] 선전이나 광고를 하기 위해 나누어 주는 종이쪽. 순화어는 전단(傳單).

[一] '삐라'는 일본어 'ビラ[bira]'에서 온 말이며, 일본어 'ビラ[bira]' 는 영어의 'bill'에서 왔다.

[二] 영어 'bill'은 '계산서, 청구서, 목록' 등의 뜻도 있지만, '삐라'에 해당하는 '전단, 벽보, 광고' 등의 뜻도 지니고 있으며, '어음, 지폐, 법안, 신고서' 등의 다양한 의미도 함께 지니고 있다.

[원] (영어)bill

[변] bill> (일본어)ビラ[bira]> 삐라

사공 명 '뱃사공'의 준말.

□ '사공'의 중세국어 형태는 '샤공'이다. 17세기에 '샤공'과 함께 단모음화된 형태인 '사공'이 나타나서 현대로 이어졌다. 현대의 국어사전에서 '사공'은 한자어 '沙工/砂工'으로 처리하고 있다. 그러나 이 말은 중국어 '艄公'이나 '梢公'에서 차용한 것임이 분명하다. 중국어에서 '艄公'은 '梢公'으로도 쓰며, 중국어 발음은 [ʃao-koŋ]으로서 같다. 중국어에서 '艄公[ʃao-koŋ]'은 정확하게는 '키잡이, 조타수'의 뜻이다. '公(공)'과 '工(공)'은 국어 한자음으로 같고, 중국어에서도 모두 [koŋ]이며 성조도 같다. 우리나라에서는 일찍부터 '장인(匠人)'에 대한 직업의 귀천 의식이 강하여 '사공'의 '공'을 '公'으로 쓸 수 없었을 것이다.

□ 15세기 문헌인 『분류두공부시언해(초간본)』(1481)의 '샤공이 幸혀 둠디 아니ᄒ야(사공이 다행히 빠지지 아니하여)'에서 '샤공'의 형태로 처음 나타난다. 17세기에 '샤공'과 함께 단모음화된 형태인 '사공'이 나타나서 현대로 이어졌다. '샤공'이란 형태는 19세기까지 문헌 표기에 등장한다. 현대의 국어사전에서 '사공'은 한자어 '沙工/砂工'으로 처리하고 있다. 모래를 뜻하는 '沙/砂'를 쓴 것은 사공이 일하는 물가에 모래가 많아서 그런 것 같으며, '工(공)'은 장인을 가리키는 말이어서 기술직이라고 할 수 있는 사공에 적용한 것이다. 그러나 이 말은 중국어 '艄公'이나 '梢公'에서 차용한 것임이 분명하다. 중국어에서 '艄公'은 '梢公'으로도 쓰며, 중국어 발음은 [ʃao-koŋ]으로서 같다. 한자 '艄(소)'는 배의 고물을 뜻하는 말이며, '梢(초)'는 '艄(소)'의 뜻으로 쓰이므로, 기본적으로 '샤공'은 '艄公'에서 왔다고 하는 것이 옳다. 그

러므로 '艄(소)'나 '艄(초)'는 국어 한자음으로는 서로 다르지만, 근대 이후의 중국어에서는 발음이 같으며, '고물[船尾]'을 가리키는 경우는 '艄'와 '艄'는 용법이 같다. 『훈몽자회(訓蒙字會)』(1527)에서 '샤공 艄子'라고 하였고, 『사성통해(四聲通解)』(1576)에서는 '샤공 艄子'라고 하였다. 아울러 정약용(丁若鏞)의 『아언각비(雅言覺非)』(1819)에서는 '샤공'이 '艄工'의 중국어 발음인 '삿공'에서 왔음을 지적하였다.

三 중국어에서 '艄公[ʃao-koŋ]'은 정확하게는 '키잡이, 조타수'의 뜻이다. 그러므로 작은 배에서는 사공이 혼자이므로 키잡이 역할을 수행하지만, 큰 배인 경우는 역할이 나뉘어 '艄公'은 단지 '키잡이'가 되는 것이다. '公(공)'과 '工(공)'은 국어 한자음으로 같고, 중국음으로도 [koŋ]으로서 성조도 같다. 우리나라에서는 일찍부터 '장인(匠人)'에 대한 직업의 귀천 의식이 강하여 '사공'의 '공'을 '公'으로 쓸 수 없었을 것이다.

㉮ (漢語)艄公/艄公[ʃao-koŋ]

㉯ 艄公/艄公[ʃao-koŋ]> 샤공> 사공

㉰ • 샤공이 幸혀 듣디 아니ᄒ야(두시언해-초간 15-33)

사나이 ㉲ 남자. 특히, 한창 혈기 왕성한 남자. 장정(壯丁).

一 중세국어 문헌에서 '산아히'의 형태로 나타난다. 이 말은 연철되어 16세기에 '산나히'로 표기되다가, 제2 음절 이하의 'ᄋ'가 '으'로 바뀌어 17세기에는 '산나희'로 바뀐다. 이어서 같은 시기에 단모음화에 의해 '산나히'가 된다. 여기에서 제1 음절의 'ᄋ'가 '아'로 변하고, 모음 사이에서 'ᄒ'이 탈락하여 '사나이'가 된다. '산아히'는 '산[丁]+아히[兒]'로 이루어진 말이다. '산'은 한자어 '장정(壯丁)'에 해당하며, '아히'는 '아이[兒]'의 중세국어 형태이다. 그러므로 '산아히'의 어원적 의미는 '남자아이'이다. 이 말의 어원적 의미는 '남자아이'지만, 지금은 혈기가 왕성한 남자를 가리키므로 의미 변화가 있었다.

二 15세기 문헌인 『구급간이방언해(救急簡易方諺解)』(1489)의 '산아히 더운 오줌애 프러 머그라(사내아이의 더운 오줌에 풀어서 먹어라)'에서 '산아히'의 형태로 나타난다. '사나이'란 형태는 20세기에 나타나지만, 이미 19세기에 축약 형태로 나타난 '사내'의 표기로 볼 때, 19세기를 전후하여 '사나이'의 형태가 사용되었을 것으로

생각된다. '사내'는 '사나히'가 '사나이'로 바뀐 후에 축약될 수 있기 때문이다. 중세
국어 '사아히'는 '산+아히'로 이루어진 말이다. '산'은 16세기 문헌인 『훈몽자회(訓
蒙字會)』(1527)에 '丁 산 뎡'이라고 하여 '산'이 한자어 '장정(壯丁)'에 해당함을 알
수 있다. '아히'는 '아이[兒]'의 중세국어 형태이다. 그러므로 '사아히'의 어원적 의미
는 '남자아이'이다. 이 말의 어원적 의미는 '남자아이'지만, 지금은 혈기가 왕성한 남
자를 가리키므로 의미 변화가 있었다. 이미 중세국어에서 혼인하기 전의 남자를 가
리키는 말로 쓰였지만, '혈기 왕성한 남자'라는 의미로 쓰이지는 않았다. 그러다가
17세기 문헌인 『동국신속삼강행실도』(1617)의 '사나희 엇디 도적의 손애 욕되이 주
그리오(사니이가 어찌 도적의 손에 욕되이 죽으리오)'에서는 '남자다운 남자'라는
의미로서 쓰이고 있음을 확인할 수 있다.

㋲ 산[丁]+아히[兒]

㋹ 사아히 > 사나히 > 사나희 > 사나히 > 사나이

㋸ • 사아히 오좀(男兒尿, 구급간이방 1-105)

　　• 사나히들히 다 東녀크로 征伐 가니라(두시언해-초간 2-67)

　　• 사나희와 겨집이(男女, 경민편언해 15)

　　• 사나히 되닷던고(계축일기 34)

사냥 ㋻ 산이나 들의 짐승을 잡는 일. 수렵(狩獵).

㊀ '사냥'의 중세국어 형태는 '산힝'이다. 이 말은 한자어 '山行'이며, '山行(산힝)'에
서 '산영'이 되었다가 '사냥'으로 형태가 변하였다.

㋲ 山行

㋹ 山行(산힝) > 산영 > 사냥

㋸ • 산힝 슈(狩, 훈몽자회 하-9)

　　• 산영을 됴히 너기거시늘(好狩獵, 내훈-중간 2-17)

사돈(査頓) ㋻ 혼인한 두 집의 부모들끼리 또는 그 두 집의 같은 항렬되는 사람끼리
서로 부르는 말.

㊀ 중세국어 문헌에 '사돈'이란 형태가 처음 나타난다. 이 말은 현대까지 변화가 없

으나, 다만 20세기에 모음이 교체된 '사둔'이란 형태도 등장하여 현대에도 방언에 남아 있다. 이 말은 만주어 'sadun[어른]'에서 온 것이라는 견해가 지배적이다. 한자어로 '査頓(사돈)'으로 표기한 것은 단순한 취음 표기(取音表記)에 불과하므로, 국어사전에서 한자어 '査頓'으로 처리한 것은 어원에 맞는 표기는 아니다.

㊂ 16세기 문헌인 『여씨향약언해(呂氏鄕約諺解)』(1518)의 '사돈 잔취어든 사돈짒 사름으로 위두 손을 사모딕(혼인 잔치면 사돈집 사람으로 주빈을 삼되)'에서 '사돈'이란 형태가 처음 나타난다. 중세 및 근대국어 시기에 '사돈'은 한자 '婚(혼), 姻(인), 親(친)' 등의 새김으로 사용되었는데, 이것은 혼인에 의하여 맺어진 양가의 어른을 서로 지칭하기 때문이었다. 특히 근대국어에서 '결친(結親)'이란 말을 '사돈짓다'라고 하고, '親家公(친가공), 親家母(친가모)'를 각각 '사돈짓아비, 사돈짓어미'라고 하였으므로, '親(친)'의 새김이 '사돈'이 된 것을 이해할 수 있다. 19세기 문헌인 『국한회어(國漢會語)』(1895)에 '사돈 査頓 婚姻家'라고 하여 한자어 표기를 보여 준다.

㉯ (만주어)saddun[어른]

㉥ saddun> 사둔

㉤ • 사돈 잔취어든 사돈짒 사름으로 위두손을 사모딕(如婚禮則姻家爲上客, 여씨향약언해 24)
• 사돈 혼(婚, 훈몽자회 상-33)

사또 명 ① 부하인 장졸이 그들의 주장(主將)을 높이어 일컫던 말. ② 백성이나 하관이 자기 고을의 원(員)을 높여 일컫던 말.

㊀ '사또'는 한자어 '使道(ᄉᆞ도)'에서 변한 말이다. '使道'의 중세국어 한자음이 'ᄉᆞ도'이다.

㊂ 한자어 '使道'는 한어(漢語)에서는 사용하지 않는 말이므로, 국어에서 조어(造語)된 것으로 생각된다.

㉯ 使道(ᄉᆞ도)

㉥ 使道(ᄉᆞ도)> 사또

사라지다 동 형적(形跡)이 차차 없어지다.

[一] '사라지다'의 중세국어 형태는 'ᄉᆞ라디다'이며, 이 말은 'ᄉᆞᆯ[燒]+아(어미)+디[落]+다(어미)'로 분석된다.

[二] 중세국어 'ᄉᆞᆯ다'는 현대국어 '사르다'의 중세국어 형태이다.

[원] ᄉᆞᆯ[燒]+아(어미)+디[落]+다(어미)

[변] ᄉᆞ라디다> 사라지다

[예] • 비와 구룸괘 ᄉᆞ라디여 업슬 씨오(월인석보 10-85)

사람 [명] 지구상에서 가장 지능이 발달한 고등 동물. 서서 다니며 말과 글, 그리고 기구 따위를 만들어 쓰고, 사회생활을 영위함. 인류(人類). 인간(人間).

[一] '사람'의 중세국어 형태는 '사ᄅᆞᆷ'이다. 이 말은 동사 '살다'의 어간 '살-'에 명사를 만드는 접미사 '-ᄋᆞᆷ'이 결합된 것이다. 이후 이 말은 제2 음절의 'ᄋᆞ'의 변화에 따라 세 가지 형태로 바뀐다. 'ᄋᆞ'가 '으'로 바뀐 '사름', '오'로 바뀐 '사롬', '아'로 바뀐 '사람' 등이 그것이다. '사ᄅᆞᆷ'이 '사람'으로 변화된 형태는 16세기 문헌에서 확인할 수 있다. '사ᄅᆞᆷ'에서 'ᄋᆞ'가 '으'로 변하지 않고 '아'로 바뀐 것은 제2 음절의 'ᄋᆞ'가 '으'로 바뀌는 변화에 앞서서, 선행 음절의 '아'에 불안정한 'ᄋᆞ'가 동화를 입었기 때문이다.

[二] 15세기 문헌인 『훈민정음(언해본)』(1447)의 '사ᄅᆞᆷ마다 ᄒᆡᅇᅧ 수ᄫᅵ 니겨 날로 ᄡᅮ메 便뼌安한킈 ᄒᆞ고져 ᄒᆞᇙ ᄯᆞᄅᆞ미니라(사람들로 하여금 쉽게 익혀 나날이 씀에 편안하게 하고자 할 따름이다)'에서 '사ᄅᆞᆷ'이란 형태로 처음 나타난다. '사ᄅᆞᆷ'에서 제2 음절의 'ᄋᆞ'가 '으'로 바뀌게 되는 것은 음운의 변화에 충실한 변화이다. 즉 16세기부터 제2 음절의 'ᄋᆞ'는 '으'로 바뀌게 되는데, 여기에 따른 것이 16세기에 나타난 '사름'이다. 'ᄋᆞ'가 '오'로 바뀌게 된 것은 명사형 어미 '-옴/-움'에 영향을 받은 것이다. 중세국어에서 어간에 붙는 '-옴/-움'은 명사형 어미이고, '-ᄋᆞᆷ/-음'은 명사를 만드는 접미사로서 서로 구분되었는데, 가끔 이러한 구분이 무시되는 경우가 있기 때문이다. 예를 들어 중세국어 '버굼'은 '벅다'의 어간 '벅-'에 명사를 만드는 접미사 '-움'이 연결된 것이다. '사ᄅᆞᆷ'이 '사람'으로 변화된 형태는 16세기 문헌인 『분문온역이해방(分門瘟疫易解方)』(1542)의 '립츈 나래 ᄉᆞᆯ마 머고ᄃᆡ 다ᄅᆞᆫ 사람 주디 말라(입춘 날에 삶아 먹되 다른 사람 주지 말라)'에서 '사람'을 확인할 수 있다. '사ᄅᆞᆷ'에서 'ᄋᆞ'가 '으'로 변하지 않고 '아'로 바뀐 것은 제2 음절의 'ᄋᆞ'가 '으'로 바뀌는 변화에 앞서서, 선행 음

절의 '아'에 불안정한 'ᄋ'가 동화를 입었기 때문으로 생각된다. 특히 이 변화가 16세기 전반기 문헌에 보인다는 것은 'ᄋ'가 '으'로 변화하는 와중에 일어난 것으로서, 'ᄋ'가 불안정한 상태에 있었기 때문이다. 20세기까지도 '사롬, 수룸, 사람, 사람' 등의 다양한 표기가 등장하는 것은 역사적 표기의 영향이겠지만, 이들 표기의 발음은 [사람]으로서 다르지 않다.

㉄ 살[生]+ᄋᆷ(접사)

㉦ 사룸> (살옴)> 사람

㉲ • 人ᄋᆫ 사ᄅᆞ미라(석보상절 서-1)

　　• 집 살옴ᄃᆞ려 닐러 ᄀᆞᆯ오ᄃᆡ(謂家人曰, 동국신속삼강행실도 열-8-3)

사랑 ㉤ 아끼고 위하는 따뜻한 마음.

㊀ '사랑'의 중세국어 형태는 'ᄉᆞ랑'이다. 이 형태는 20세기까지도 표기에 나타나지만, 이미 16세기 말엽의 문헌에 'ᄋ'가 '아'로 바뀐 '사랑'이 등장하여 오랜 세월 'ᄉᆞ랑'과 동행하였다. 중세국어의 'ᄉᆞ랑(ᄒᆞ다)'의 기본 의미는 '생각(하다)'였다. 어떤 사람을 생각하다 보면 그리워하게 되며, 그리워하다 보면 사랑하게 된다. 이러한 의미의 발전, 즉 '사(思)> 모(慕)> 애(愛)'의 변화 과정이 'ᄉᆞ랑'에 그대로 적용되었다. 'ᄉᆞ랑'의 어원에 대하여 한자어 '思量'에서 왔다는 견해가 많아서 눈길을 끈다. '思量'을 중세국어 한자음으로 읽으면, 'ᄉᆞ량'이므로, 'ᄉᆞ량'에서 'ᄉᆞ랑'이 된 단모음화 과정을 설명해야 하지만, 그 변화 과정의 원리를 밝히기는 어렵다.

㊁ 15세기 문헌인 『석보상절(釋譜詳節)』(1447)의 '손소 머리 갓고 묏고래 이셔 道理 ᄉᆞ랑ᄒᆞ더니(손수 머리 깎고 산골에서 도리 생각하더니)'에서 'ᄉᆞ랑'이라는 형태를 확인할 수 있다. 중세국어의 'ᄉᆞ랑(ᄒᆞ다)'의 기본 의미는 '생각(하다)'였다. 어떤 사람을 생각하다 보면 그리워하게 되며, 그리워하다 보면 사랑하게 된다. 이러한 의미 발전, 즉 '사(思)> 모(慕)> 애(愛)'의 변화 과정이 'ᄉᆞ랑'에 그대로 적용되었다. 같은 문헌인 『석보상절(釋譜詳節)』(1447)의 '어버ᅀᅵ 子息 ᄉᆞ랑호ᄆᆞ 아니한 ᄉᆞᅀᅵ어니와(어버이가 자식 사랑함은 잠깐이지만)'에서는 'ᄉᆞ랑(ᄒᆞ다)'가 지금의 '사랑(하다)'에 해당하여 의미의 변화를 보여준다. 그러면서도 17세기 문헌인 『분류두공부시언해(중간본)』(1632)의 '桃源ㅅ 안홀 아ᄋᆞ라히 ᄉᆞ랑ᄒᆞ고(도원의 안을 아득히 생

각하고)'에서는 아직도 '생각(하다)'의 뜻이 남아 있음을 볼 수 있다. 18세기부터 'ᄉ랑(ᄒ다)'는 지금의 '사랑(하다)'로 해석되어 의미 변화가 완료되었음을 보여 준다.

▣ 'ᄉ랑'의 어원에 대하여 한자어 '思量'에서 왔다는 견해가 많아서 눈길을 끈다. '思量'을 중세국어 한자음으로 읽으면, 'ᄉ량'이므로, 이러한 견해를 실증하기 위해서는 'ᄉ량'에서 'ᄉ랑'이 되는 음운 과정이 설명되어야 한다. 아직 이에 대한 해답이 없기 때문에 'ᄉ랑'의 어원은 완전하게 해결된 것은 아니다. 다만 16세기의 문헌인 『천자문(광주천자문)』(1575)의 'ᄉ량 ᄉ(思)'에서 'ᄉ량'이라는 말이 '思(ᄉ)'의 새김으로 쓰였으며, 한자어 '思量(ᄉ량)'이 문헌에서 종종 쓰인 것은 'ᄉ랑'의 어원이 '思量'에 있다는 견해를 뒷받침한다.

㉛ 思量(ᄉ량)

㉚ 思量(ᄉ량)> ᄉ랑> 사랑

㉖ • 어즈러운 ᄉ랑ᄋᆯ 닐오ᄃᆡ 想이오(능엄경언해 4-28)

　• ᄉ량 ᄉ(思, 천자문-광주 12)

사랑니 ㉤ 입속의 맨 구석에 다른 어금니가 다 난 뒤, 성년기에 새로 나는 작은 어금니. 지치(智齒).

▭ 이 말은 '사랑[愛]+니[齒]'로 분석된다. '이[齒]'의 중세국어 형태는 '니'이다.

▤ 사랑니는 대개 다른 어금니가 다 난 뒤, 성년기에 새로 나는 것이 일반적이다. 따라서 이 시기에는 사람마다 이성(異性)에 대한 호기심이 많을 때며, 특히 새로 어금니가 날 때 마치 첫사랑을 앓듯이 몹시 아프다고 하여 '사랑니'라는 명칭이 붙게 되었다고 생각된다.

▣ 영어에서는 '사랑니'를 'a wisdom tooth'라고 한다. 이것을 한자어로 번역한 것이 '智齒(지치)'이다.

㉛ 사랑[愛]+니[齒]

㉚ 사랑니

사로잡다 ㉦ 산 채로 붙잡다.

▭ '사로잡다'의 중세국어 형태는 '사ᄅᆞ잡다'이다. 이 말은 '살[生]+ᄋᆞ(사동접사)+잡

[執]+다(어미)'의 구조로 분석된다. 중세국어에서 '살다[生]'의 사동(使動)으로는 '사ᄅᆞ다, 살오다, 살이다'의 세 가지가 있으며, 모두 현대국어 '살리다'에 해당한다.

[三] 근대국어에 '사로잡다'란 말이 쓰였다. 그러므로 '사로잡다'는 '살다'의 사동사인 '사ᄅᆞ다, 살오다, 살이다' 중에서 '살오다'에 기반을 둔 말인 것이며, 중세국어 '사ᄅᆞ잡다'에서 그대로 변화된 형태가 아님을 알 수 있다.

[원] ① 살[生]+ᄋᆞ(사동접사)+잡[執]+다(어미)

② 살[生]+오(사동접사)+잡[執]+다(어미)

[변] 살ᄋᆞ잡다/살오잡다> 사로잡다

[예] • 사ᄅᆞ자ᄇᆞᆯ 부(俘, 훈몽자회 하-25)

• 사로잡을 금(擒, 왜어유해 상-39)

사리(舍利, 奢利) [명] 부처나 성자의 유골(후세에는 화장한 뒤에 나오는 구슬 모양의 것을 일컬음). 사리골(舍利骨). 불사리(佛舍利).

[一] '사리'는 산스크리트어 'śarīra'를 한어(漢語)에서 '舍利'나 '奢利'로 음역하였으며, 이것이 국어에 들어온 것이다.

[원] (산스크리트어)śarīra

[변] śarīra> (漢語)舍利/奢利> 사리

사립짝 [명] 잡목의 가지로 엮어 만든 문짝. 경비(扃扉).

[一] '사립짝'의 근대국어 형태는 '사립작, 사립ᄧᅡᆨ'이다. 이 말은 'ᄡᆞ리[荊]+ᄧᅡᆨ[隻]'의 어원적 구조를 갖는다. 'ᄧᅡᆨ'의 어두 자음군에서 'ㅂ'이 앞 말의 받침으로 내려 간 것이다.

[원] ᄡᆞ리[荊]+ᄧᅡᆨ[隻]

[변] ᄡᆞ리ᄧᅡᆨ> ᄡᆞ립작> 사립짝

[예] • 사립ᄧᅡᆨ(어록해 23)

• 사립작(아언각비 3)

사뭇 [부] 거리낌 없이 마구. 마음대로 마냥.

□ '사뭇'의 중세국어 형태는 'ᄉᆞᄆᆞᆺ'이다. 이 말은 동사 'ᄉᆞ몿다[通徹]'의 어간이 그대로 부사로 쓰인 것이며, 'ᄉᆞ몿'을 'ᄉᆞᄆᆞᆺ'으로 쓴 것은 팔종성법에 의한 받침표기이다. 중세국어 'ᄉᆞ몿다'는 '통하다, 투철하다, 사무치다'의 뜻이며, '(밤이) 새다'의 뜻으로 쓰인 경우도 있다.

□ 중세국어에서 'ᄉᆞᄆᆞᆺ'은 '매우, 투철히, 영롱하게' 등의 뜻으로 쓰였으므로, 현대국어와 비교하면 약간의 의미 차이가 있다.

④ ᄉᆞ몿[通徹]+(다)

⑪ *ᄉᆞ몿> ᄉᆞᄆᆞᆺ> ᄉᆞᄆᆞᆺ> ᄉᆞ뭇> 사뭇

⑩ • 구스리 ᄉᆞᄆᆞᆺ 불곰 ᄀᆞᆮᄒᆞ야(원각경언해 상-1-2-140)
   • ᄉᆞ뭇 젓다(淋透, 역어유해보 2)
   • 쓸히 ᄉᆞ뭇 보ᄂᆞᆫ 디러니(계축일기 116)

사바(娑婆) 圐 중생이 갖가지 고통을 참고 견뎌야 하는 이 세상. 인간 세계. 속세계. 사바세계.

□ 산스크리트어 'sahā(또는 sabhā)'를 한어(漢語)에서 '沙河, 索訶, 娑婆' 등으로 음역하며, 뜻으로 풀어서는 '忍土'로 의역하였는데, 국어에서는 '娑婆(사파)'를 받아들여 불교식 독음에 의하여 '사바'로 읽은 것이다. 산스크리트어에서 'sahā(또는 sabhā)'는 '대지(大地)', 또는 '잡다한 모임'을 뜻한다고 한다.

④ (산스크리트어)sahā/sabhā

⑪ sahā/sabhā> (漢語)娑婆> 사바

사발(沙鉢) 圐 사기로 만든 국그릇이나 밥그릇.

□ 중세국어 형태도 '사발'이다. 국어에서 조어된 한자어 '沙鉢'에 그 어원이 있다.

□ '沙鉢(사발)'이라 적기 때문에 단순히 한자어로 생각하기 쉬우나 한어(漢語)에서는 찾아보기 어려운 단어이다. 그러므로 이 단어는 고유어일 가능성도 배제할 수 없으며, 또는 우리 나라에서 조어(造語)된 한자어일 수도 있다. 한편 몽고어에 '그릇'의 의미를 가진 'saba'란 말이 있으니 차용 관계로 연결될 수도 있다(李基文 1991: 248).

[원] 沙鉢[椀]

[변] 沙鉢> 사발

[예] • 두서 沙鉢을 머그면 便安ᄒᆞᄂᆞ니라(구급방언해 하-21)
• 더운 사바래(금강경삼가해 2-41)

사보타주(sabotage) [명] 노동 쟁의 수단의 하나. 노동자들이 일을 하면서도 노동 능률을 낮아지게 하여 사용자에게 손해를 끼치는 방법. 태업(怠業).

[⊟] '나막신'을 뜻하는 프랑스어 'sabot[사보]'에서 나온 말로, 중세 유럽 농민들이 영주의 부당한 처사에 항의하여 수확물을 '사보'로 짓밟은 데서 연유한다. 국어에서는 흔히 태업(怠業)으로 번역하지만, 영어나 프랑스어에서 'sabotage'는 태업이란 뜻도 있지만, 이보다는 쟁의 중에 기계나 원료를 고의적으로 파괴하는 행위를 뜻하는 것이 일차적이다. 그러므로 'sabotage'는 '과격한 태업'에 해당하며, 국어에서 사용하는 '(일반적인) 태업'에 해당하는 영어는 'slowdown' 또는 'go-slow'이다.

[원] (프랑스어)sabot+age(접사)

[변] sabotage> 사보타주

사슬 [명] ① '쇠사슬'의 준말. ② 화학 구조식에서, 여러 개의 원자가 고리를 이루지 않고 한 줄로 곧게 이어진 짜임새. 직쇄(直鎖).

[⊟] '사슬'의 중세국어 형태는 '솨줄'이며, 이 말은 한자와 고유어의 결합인 '鎖(솨)+줄[線]'의 구조로 분석된다. 중세국어에서 한자 '鎖'는 '솨(훈몽자회 중-16)'와 '쇄(신증유합 하-43)'의 두 음이 있지만, '솨'가 정칙음이다.

[원] 鎖(솨)+줄[線]

[변] 鎖줄> 솨줄> 사슬

[예] • 鎖는 솨주리라(법화경언해 7-56)
• ᄌᆞ믈쇠 솨(鎖, 훈몽자회 중-16)

사이 [명] 한 곳에서 다른 한 곳까지의 거리. 또는 그 거리 안의 어떤 곳.

[⊟] '사이'의 중세국어 형태는 'ᄉᆞᅀᅵ'이다. 이 말은 'ᄉᆞᆺ[間]+이(접사)'의 어원적 구조로

분석된다.

[三] ‘ᄉᆞᆺ’은 현대국어에 ‘샅[股間]’과 같은 말이 있으므로 어근으로 설정한 것이다.

[원] ᄉᆞᆺ[間]+이(접사)

[변] ᄉᆞ시> ᄉᆞᅀᅵ> ᄉᆞ이> 사이

[예] • 도ᄌᆞ기 ᄉᆞ실 디나샤(용비어천가 제60장)

- 수픐 ᄉᆞ이예 鳳ᄋᆡ 터리ᄅᆞᆯ ᄇᆞᆲ노라(두시언해-초간 15-47)
- 하ᄂᆞᆯ콰 ᄯᅡ콰 ᄉᆞ시예 젓디 아니ᄒᆞᄂᆞᆫ ᄆᆞ리라(칠대만법 4)

사이다(cider) [명] ① 설탕물에 탄산나트륨과 향료를 섞어 만든, 달고 시원한 청량음료. ② 사과즙을 발효시켜 만든 독한 술.

[一] 영어의 ‘cider’는 ‘사과즙, 사과술’을 뜻한다. 원래는 다른 과일로도 만들었으며, 발효시키지 않은 것을 ‘sweet cider’라고 하고, 발효시킨 것을 ‘hard cider’라고 한다.

[三] 일본의 한 식품 회사에서 탄산음료에 사과의 향을 섞어 만든 제품의 이름을 ‘サイダ’라고 하였으며, 20세기 초에 이 음료가 우리나라에 들어오면서 ‘사이다’가 ‘무색투명한 탄산음료’를 뜻하게 되었다.

[원] (영어)cider

[변] cider> (일본어)サイダ> 사이다

사이렌 [명] 시간이나 경고를 알리기 위한 음향 장치. 많은 공기구멍 이 뚫린 원판(圓板)을 빠른 속도로 돌려 공기 진동으로 소리 나게 함.

[一] ‘사이렌’은 영어 ‘siren’을 그 대로 차용한 말이다.

[三] 영어 ‘siren’은 그리스 신화에 나오는 바다의 요정 ‘Seiren’에 그 어원을 두고 있다. 시실리 섬 근처의 작은 섬에 살았다는 ‘Seiren’은 상반신은 여자이고 하반신은 새의 모습을 한 바다의 요정으로서, 아름다운 노랫소리로 뱃사람들을 유혹하였다고 한다.

[원] (그리스어)Seiren

[변] Seiren> (영어)siren> 사이렌

사타구니 뗑 '샅'을 낮잡아 이르는 말. 준말은 사타귀.

⊟ 이 말은 우선 '샅[股間]+아구니(접사)'로 분석된다. 접사로 처리한 '아구니'는 어근일 가능성도 있으나 확실치 않다.

㉔ 샅[間, 股間]+아구니(접사)

㉖ 샅아구니> 사타구니

사탕 뗑 설탕.

⊟ 중세국어 및 근대국어에서 '사당'과 '사탕'이 함께 사용되었다. 이 말은 한어(漢語) '砂糖/沙糖'에서 온 말이다. '사당'은 국어 한자음으로 읽은 것이고, '사탕'은 근대 한어음(近代漢語音)을 차용한 것이다. '糖'의 근대 한어음(近代漢語音)은 [tʰaŋ]이므로, '사탕'의 '탕'과 잘 대응된다.

㉔ (漢語)砂糖/沙糖

㉖ 사당/사탕> 사탕

㉘ • 사탕을 므레 프러(구급방언해 하-64)

　　• 스과롤 달혀서 사당 빠 머기라(언간-선조 13)

사태 뗑 소의 오금에 붙은 살덩이. 흔히 곰거리로 쓴다. 사태고기.

⊟ '사태'는 어원적으로 '샅+애'로 분석된다. '샅'은 두 다리의 사이를 뜻하는 말이지만, 일반적으로는 갈라진 곳을 의미한다. 그러므로 소의 갈라진 부위인 오금에 붙은 고기를 '사태'라고 한 것이다. 사태에도 아롱사태, 앞사태, 뒷사태 등으로 세분하여 부르기도 한다. '아롱사태'는 고기의 결이 아롱지기 때문에 생긴 이름이다.

⊟ '사태'는 '샅[間]+애(접사)'로 분석하여 '-애'를 접사로 처리하지만, 처소를 나타내는 조사일 가능성도 있다. 조사로 처리하면 '샅에 있는 고기'란 뜻에서 '사태고기'란 말이 생기고, 이것을 줄여서 '사태'라고 한 것으로 설명하게 된다.

㉔ 샅[間]+애(접사)

㉖ 샅애> 사태

사흗날 뗑 그달의 셋째 날. 초사흗날. 초삼일. 초사흘.

[一] '사흗날'의 중세국어 형태는 '사ᄒᆞᆺ날'이다. 이 말은 '사ᄒᆞᆯ[三日]+ㅅ(조사/사잇소리)+날[日]'의 구조로 분석된다.
[二] '사ᄒᆞᆳ날'에서 'ㄹ'이 탈락하여 '사ᄒᆞᆺ날'이 되고, 'ᆞ'의 변화와 'ㅅ'의 불파음화에 의하여 '사흗날'이 된 것이다.
[원] 사ᄒᆞᆯ[三日]+ㅅ(조사/사잇소리)+날[日]
[변] *사ᄒᆞᆳ날> 사ᄒᆞᆺ날> *사흣날> 사흗날
[예] • 사ᄒᆞᆺ나래 큰 이바디ᄒᆞ야 ᄆᆞᄎᆞ면(번역박통사 상-46)
☞ 사흘

사흘 [명] 세 날. '초사흘'의 준말.
[一] '사흘'의 중세국어 형태는 '사ᄋᆞᆯ'이다. 이 말에 'ㅎ'이 첨가된 '사ᄒᆞᆯ'이나 제2 음절의 모음이 교체된 '사을'이 역시 15세기 문헌에 나타나지만, '사ᄋᆞᆯ'이 가장 어원적인 형태이다. 이후 제2 음절의 'ᆞ'가 '으'로 되는 변화와 함께 날짜를 가리키는 같은 계열의 말들인 '이틀, 열흘' 등에 맞추어 후부 요소가 '-흘'로 통일됨에 따라 '사흘'이란 형태가 대세가 되어 현대로 이어졌다. '사ᄋᆞᆯ'은 '사+-ᄋᆞᆯ'로 분석된다. '사'는 '서[三]'에서 모음 변화를 일으킨 어형이며, '-ᄋᆞᆯ/-을'은 일수(日數)를 가리키는 어휘, 즉 '이틀, 나ᄋᆞᆯ, 열흘, 며츨' 등에 공통적으로 붙는 말이다.
[二] 15세기 문헌인 『용비어천가(龍飛御天歌)』(1447)의 '밀므리 사ᄋᆞ리로ᄃᆡ 나거ᅀᅡ ᄌᆞᄆᆞ니이다(밀물이 사흘이로되 나가고서야 잠겼습니다)'에서 '사ᄋᆞᆯ'이란 형태로 처음 나타난다. '사ᄋᆞᆯ'은 일단 '사+-ᄋᆞᆯ'로 분석된다. '사'는 '서[三]'에서 모음 변화를 일으킨 어형이다. '너[四]'가 '나ᄋᆞᆯ'에서 '나'로 변한 것과 성격이 같다. 그러나 이러한 모음 교체가 실사의 어근에서 일어난 것은 흔한 일이 아니다. 단지 날짜를 가리키는 말에서 '서[三]'가 '사'가 되고, '너[四]'가 '나'가 되는 이유를 아직은 알 수 없다. 접미사로 처리한 '-ᄋᆞᆯ/-을'은 일수(日數)를 가리키는 어휘, 즉 '이틀, 나ᄋᆞᆯ, 열흘, 며츨' 등에 공통적으로 붙는 말이다. '사ᄋᆞᆯ'이 'ㅎ'이 첨가되어 '사ᄒᆞᆯ'로 바뀐 것은 '이틀, 열흘' 등의 관련 어휘에 유추된 것이다.
[원] 사[三]+ᄋᆞᆯ[日/접사]
[변] 사ᄋᆞᆯ> 사ᄒᆞᆯ> 사흘

예 • 오늘 사ᄋ리 디나니(월인석보 21-28)

　• 사ᄒᆞᆯ 바ᄆᆞᆯ ᄌᆞ조 그듸ᄅᆞᆯ ᄭᅮ메 보니(두시언해-초간 11-52)

　• 호곡ᄒᆞ다가 사흘 만의 스스로 목졸라 주그니라(동국신속삼강행실도 열-1-49)

☞ 며칠

산지니(山—) 명 산에서 자라 여러 해를 묵은 매나 새매. 산진(山陳). 산진매.

☐ '산지니'의 근대국어 형태는 '산진이'이며, '산진ᄆᆡ'라는 말도 같은 뜻으로 사용되었다. 근대국어 '산진이'는 '山陳(산진)+이(접사)'의 구조로 분석되며, 현대국어 '산지니'는 연철 표기된 것이다. '산진(山陳)'은 산에서 오래 묵었다는 의미이다.

㉻ 山陳+이(접사)

㉻ 山陳(산진)이 > 산진이 > 산지니

예 • 산진이(한청문감 13-51)

살 의 나이를 세는 말.

☐ '살'의 중세국어 형태는 '설[歲]'이다. '살'은 '설[元旦, 歲]'에서 모음 교체에 의하여 생긴 말이다. 중세국어에서는 '설'이 새해의 첫날을 뜻하는 '설[元旦]'과 나이를 세는 단위 명사인 '설[歲]'로도 쓰였다. 그러던 것이 현대국어와 같이 자립 명사 '설[元旦]'과 의존 명사 '살[歲]'로 분화된 것은 근대국어 후기에 들어서의 일이다. 다만 근대국어 문헌에서는 '살'이 아닌 'ᄉᆞᆯ'로 나타나지만, 당시에 이미 'ᄋ'의 음가는 '아'에 합류되었으므로 이러한 변이 표기가 가능하였다. 그러므로 음운적 형태는 '살'과 다르지 않다.

☐ '설~살'과 같이 모음 교체에 의해 어휘의 분화가 일어나는 것은 국어 음운사에서 쉽게 찾을 수 있다. '마리~머리, 늙다~늙다, 남다~넘다, 맛~멋' 등이 모음 교체에 의해 분화가 일어난 것들이다.

㉻ 설[元旦, 歲]

㉻ 설 > 살

예 • 그 아기 닐굽 설 머거 아비 보라 니거지라 ᄒᆞ대(월인석보 8-101)

　• 열두 ᄉᆞᆯ 먹은 거슬(계축일기 77)

• 계요 스므 슬 남고(삼역총해 2-16)

☞ 설

살갗 몡 살가죽의 겉면. 피부.

▣ 중세국어에 '슬ㅎ[肉]'과 '갖[皮]'이란 말이 쓰였으므로, '살갗'은 중세국어 형태를 기준으로 '슬ㅎ[肉]+갖[皮]'으로 분석된다. 중세국어의 '갖[皮]'은 현대국어 '가죽'에 해당한다.

㉲ 슬ㅎ[肉]+갖[皮]

㉰ *슬ㅎ갖> 살갗

살지다 혱 몸에 살이 많다. 땅이 기름지다.

▣ '살지다'의 중세국어 형태는 '슬지다/숧지다/슬찌다'이며, 이 말은 '슬ㅎ[肉]+지[肥]+다(어미)'로 분석된다. 현대국어에서 '살지다'는 형용사이며 '살찌다'는 동사이지만, 중세국어에서는 '슬지다/숧지다'가 동사와 형용사로 함께 사용되어 형태상의 차이가 없다.

▣ 중세국어의 표기인 '숧지다'를 참조하면, 중세국어에서 '슬지다, 숧지다, 슬찌다' 등은 비록 표기의 차이는 있을지라도 발음은 [슬찌다]로서 서로 다르지 않았다. 그러므로 현대국어의 형용사 '살지다[살지다]'는 동사인 '살찌다'에 대응하여 형태 분화를 겪은 것이며, 동사 '살찌다'는 중세국어의 형태를 정상적으로 이어받은 것이다.

㉲ 슬ㅎ[肉]+지[肥]+다(어미)

㉰ 슬지다/숧지다> 살지다

㉤ • 큰 힌 쇠 슬지고(법화경언해 2-140)

• 숧지고 거믄 겨지비 마시 됴타 ᄒᄂ니(吾聞婦人肥黑者味美, 삼강행실도 열-28)

살찌다 동 몸에 살이 많아지다. 살이 오르다.

▣ '살찌다'의 중세국어 형태는 '슬지다/숧지다/슬찌다'이며, 이 말은 '슬ㅎ[肉]+지

[肥]+다(어미)'로 분석된다. 현대국어에서 '살지다'는 형용사이며 '살찌다'는 동사이지만, 중세국어에서는 '술지다/숣지다'가 동사와 형용사로 함께 사용되었다.
[원] 술ㅎ[肉]+지[肥]+다(어미)
[변] 술지다/숣지다/술찌다> 살찌다
[예] • 肥는 술질 씨라(능엄경언해 6-97)
• 도티며 羊이며 거유 올히며 돍 가히롤 만히 사오라 ᄒᆞ야 됴히 쳐 술찌게 ᄒᆞ야 두고(월인석보 23-73)
• 그 얼구리 숣지리니(능엄경언해 9-106)
☞ 살지다

살코기 [명] 기름기, 힘줄, 뼈 등이 없는 살로만 된 쇠고기나 돼지고기 등. 정육.
[Ⅱ] 근대국어에 '술고기'란 말이 나타나지만, '살코기'는 중세국어 형태를 기준으로 '술ㅎ[肉]+고기[肉]'로 분석된다. '술ㅎ'의 'ㅎ' 종성이 'ㄱ'과 합하여 '술코기'가 되었다가 'ᄋᆞ'의 변화에 의하여 '살코기'가 된 것이다. 'ㅎ' 종성 체언이 현대국어의 합성어에 남아 있는 경우는 이 밖에도 '수탉, 암탉, 수캐, 암캐' 등을 열거할 수 있다.
[원] 술ㅎ[肉]+고기[肉]
[변] *술ㅎ고기> *술코기> (살고기)> 살코기
[예] • 육은 술고기라(가례언해 10-10)
• 술고기(精肉, 한청문감 12-32)

살쾡이 [명] 고양잇과의 산짐승. 고양이보다 좀 크며, 빛은 갈색, 등에 흑갈색 반문이 얼룩짐. 성질이 사납고 꿩, 다람쥐, 닭 등을 잡아먹음. 들고양이. 삵. 야묘(野貓).
[Ⅱ] 중세국어 문헌에서 '숡'의 형태로 처음 나타난다. '숡'은 'ᄋᆞ'가 '아'로 바뀌어 현대국어 '삵'이 되었지만, 같은 의미의 '살쾡이'에게 기본 표제어의 자리를 내주었다. 중세국어 형태인 '숡'은 이후 19세기까지 그대로 문헌에 나타나고, 모음 'ᄋᆞ'가 '아'로 바뀐 '삵'이란 형태는 19세기에 나타나서 현대로 이어졌다. '살쾡이'는 '숡[狸]+괭이[猫]'의 어원적 구조로 분석되며, '괭이'는 '고양이'의 준말이다. '숡'에 '괭이'를 붙여 말을 만든 것은 일찍부터 '삵'이란 동물을 고유어로 '들고양이'이라 하고, 한자어로

는 '야묘(野貓)'라고 하였다는 것을 참조할 수 있다.

[三] 'ᄉᆞᆰ'은 '삵'으로 바뀌었으므로, '삵+괭이'의 정상적인 발음은 [살꽹이]가 되어야 한다. 그럼에도 불구하고 '살쾡이'가 된 것은 '살코기, 암탉, 수퇘지' 등의 합성어에 남아 있는 'ㅎ'에 유추한 것으로 보인다.

[원] ᄉᆞᆰ[狸]+괴[猫]+앙이(접사)

[변] *ᄉᆞᆰ괴앙이> 삵괭이> 살쾡이

☞ 고양이

삼(蔘) [명] 인삼과 산삼의 총칭.

[一] 중세국어에서는 '人蔘(ᅀᅵᆫᄉᆞᆷ)'을 '심'이라고 하였다. '심'은 한자 '蔘'에서 온 것이 아니라 국어의 고유어이며, 오히려 국어의 고유어 '심'을 한어(漢語)에서 '蔘'으로 표기한 것이다.

[二] 현대국어의 '삼'은 고유어 '심'을 버리고 한자 '蔘'의 한자음에 맞춘 형태이다. '蔘'의 중세국어 한자음은 'ᄉᆞᆷ'이다. 고유어 '심[人蔘]'은 지금도 산삼을 캐러 다니는 심마니의 용어에 그대로 남아 있다.

[三] 고대 한어(古代漢語)에서 '蔘'은 '나무줄기가 긴 모습'을 뜻하는 말이었으며, '人蔘'을 뜻하게 된 것은 후대의 용법이다.

[원] 심[人蔘]

[변] 심> ᄉᆞᆷ(蔘)> 삼(蔘)

[예] • 심과 ᄆᆞ른 ᄉᆡᆼ앙(人蔘乾薑, 구급간이방 1-29)

삼매(三昧) [명] 불교에서 잡념을 버리고 한 가지에만 마음을 집중시키는 경지. 삼매경(三昧境).

[一] '三昧'는 산스크리트어 'samādhi'에 대한 한어(漢語) 음역(音譯)으로서, 삼마지(三摩地), 삼마제(三摩提), 삼매지(三昧地) 등으로 음역하기도 한다. 산스크리트 'samādhi'의 뜻은 '마음을 한곳에 모아 평정하게 유지하는 것'이기 때문에, '정(定), 등지(等持), 정수(正受), 정심행처(正心行處)' 등으로 의역하는 경우도 있다.

[원] (산스크리트어)samādhi

ⓢ samādhi> (漢語)三昧> 삼매

☞ 선(禪)

삼삼하다 ⓗ ① 음식 맛이 조금 싱거운 듯하면서 맛이 있다. ② 당구에서, 공이 너무 흩어졌거나 겹쳐 있어 칠 엄두도 못 낼 상태에 있다. ③ 잊히지 않고 눈앞에 보이는 듯 또렷하다. ④ 사물의 됨됨이나 사람의 생김새가 마음에 끌리게 그럴듯하다.

☐ '삼삼하다'의 근대국어 형태는 '슴슴ᄒᆞ다'이며, 이 말은 '슴슴[淡]+ᄒᆞ[爲]+다(어미)'로 분석된다. '슴슴ᄒᆞ다'는 '맛이 담백하다'는 뜻이다.

☐ 중세국어에는 '슴슴ᄒᆞ다'란 말이 사용되었으므로, '슴슴ᄒᆞ다'는 '슴슴ᄒᆞ다'의 모음 교체에 의하여 어감이 분화된 말이라는 것을 알 수 있다. 그러므로 '슴슴ᄒᆞ다'에서 변화된 현대국어 '심심하다'와 '슴슴ᄒᆞ다'에서 변화된 현대국어 '삼삼하다'는 서로 어원이 같다는 것을 알 수 있다.

ⓦ 슴슴[淡]+ᄒᆞ[爲]+다(어미)

ⓥ 슴슴ᄒᆞ다> 삼삼하다

ⓔ • 슴슴ᄒᆞᆫ 술(淡酒, 언해두창집요 하-29)

삼수갑산(三水甲山) ⓘ 함경남도의 삼수와 갑산이 교통이 불편한 오지(奧地)라는 뜻으로, '몹시 어려운 지경'을 이르는 말.

☐ '삼수(三水)'는 함경남도 북서쪽 압록강의 지류에 접한 지역이며, '갑산(甲山)'은 함경남도 북동쪽 개마고원의 중심부에 있는 지역이다. 이 두 지역은 교통이 매우 불편하고 겨울에 몹시 추워서 예로부터 사람이 살기 어려운 오지였으며, 중죄인을 귀양 보내는 유배지였다.

ⓦ 三水(삼수)+甲山(갑산)

ⓥ 三水甲山> 삼수갑산

삼짇날(三—) ⓘ 음력 삼월 초사흗날. 겨우내 집 안에 갇혔다가 이날 꽃놀이를 하고 새 풀을 밟으며 봄을 즐김. 중삼(重三). 삼질.

☐ 19세기 문헌에 나타나는 '삼짇날'은 '삼짓[삼진]+날'에서 비음동화를 표기한 것이

므로 현대국어의 형태와 발음에서 다르지 않다. 이 말은 20세기에 '삼짇날'로 표기되어 현대로 이어졌다. 중세국어 형태를 기준으로 '삼짇날'을 어원적으로 구성하면 '삼싈(三日)+ㅅ+날[日]'이 된다. 한자어 '三日'을 중세국어 한자음으로 읽으면 '삼싈'이다. 이후에 정상적인 음운 변화에서 '싈(日)'은 'ㅿ'이 탈락하여 '일'로 바뀌지만, '삼짇날'에서는 '삼싈'이 예외적으로 '삼질'로 변한 경우이다.

[二] 중세국어 한자음에서 초성이 'ㅿ'인 경우에 탈락하지 않고 'ㅈ'으로 바뀐 경우는 '남신(男人)'이 '남진'이 된 경우이다. 현대국어에서 '남진'은 '사내'나 '남편'의 옛말로 처리되고 있다. '삼질'이나 '남진'은 한자음의 변화에서 예외적인 과정을 거치면서 의미도 특수화되었다. 일반 어휘에서도 'ㅿ'이 'ㅈ'으로 바뀐 경우가 있다. 중세국어의 '호ᅀᅡ'가 현대국어의 '혼자'가 된 것이 여기에 속한다. 음운 강화의 일종이다.

[三] '삼싈+ㅅ+날'의 변화 과정은 먼저 'ㅅ' 앞에서 'ㄹ'이 탈락하여 '삼싓날'이 되고, 이어서 'ㅿ'이 'ㅈ'으로 바뀌어 '삼짓날'이 되는 것이 정상이다. 그런데 표준어에서 '삼짇날'을 맞춤법으로 채택한 것은 '삼싈'의 받침 'ㄹ'이 'ㄷ'으로 바뀌었다고 해석한 까닭이다. 이러한 표기 원칙이 적용된 어휘는 '사흗날, 숟가락, 이튿날' 등을 더 들 수 있다. 이들 어휘가 '삼싈'과 마찬가지로 '사흘, 술, 이틀' 등에서 받침에 'ㄹ'을 가지고 있기 때문이다. 그러나 역사적인 변화 과정에 따른다면, 현대국어에서 '삼짓날, 사흣날, 숫가락, 이틋날' 등으로 표기하는 것이 옳다.

[원] 三日(삼싈)+ㅅ(사잇소리)+날[日]

[변] *삼싌날> 삼싓날> 삼짓날> 삼짇날

☞ 숟가락

삼질(三—) [명] '삼짇날'의 준말.

[원] 三日(삼싈)

[변] 삼싈> 삼질

☞ 삼짇날

삽 [명] 땅을 파고 흙을 뜨는 데 쓰는 연장.

[一] 이 말의 중세국어 형태는 '삷'이므로, 근대국어에서는 중세국어의 형태가 유지

된 '삷'과 'ㄹ'이 탈락한 형태인 '삽'이 나타나서 현대로 이어졌다. 중세국어 형태를 기준으로 하면 현대국어 '삽'은 한자어 '鍤(삽)'과는 관련이 없다. 『광운(廣韻)』에서 '鍤'은 함섭 엽운(咸攝葉韻 徹母)과 함섭 흡운(咸攝洽韻 初母)에 속해 있으며, 그 의미는 농기구의 '가래'나 '삽'에 해당한다. 중세국어 '삷'이 한자 '鍤'과 어떤 관련성이 있는 것인지 확실하지 않으므로 고유어로 처리되고 있는 것이다.

[원] 삷[鍤]

[변] 삷> 삽

[예] • 무딘 살ᄇᆞ로(금강경삼가해 4-49)

• 삷 삽(鍤, 훈몽자회 중-17)

• 삷 쵸(鍫, 훈몽자회 중-17)

• 삽 삽(鍤, 아학편 상-11)

삿갓 [명] 비나 햇볕을 가리기 위해 대오리나 갈대로 거칠게 엮어서 만든 갓.

[一] '삿갓'의 중세국어 형태는 '삳갇'이다. 이 말은 '삳[簟]+갇[笠]'으로 분석되며, '삳갇'을 팔종성법에 의하여 '삳갇'으로 표기한 것이므로 실질적인 의미에서 형태의 변화에 해당되지 않는다. 중세국어에서 '삳'은 현대국어 '삿' 또는 '삿자리'에 해당하는 말이며, '갈대로 엮은 것'을 말한다. 머리에 쓰는 '갇'은 현대어 '갓[笠]'으로 변하였다.

[三] 16세기의 문헌인 『사성통해(四聲通解)』(1517)의 '삳갇 斗蓬'에서 '삳갇'의 형태를 확인할 수 있다. 17세기 문헌인 『역어유해(譯語類解)』(1690)에서는 받침의 'ㄷ'이 모두 'ㅅ'으로 바뀐 '삿갓'으로 표기되었고, 이후 형태의 변화 없이 현대로 이어졌다. 16세기의 '삳갇'은 어원적인 구성인 '삳+갇'에서 받침의 'ㅌ'이 팔종성 표기에 따라 '삳갇'으로 표기된 것이다. 중세국어에서 '삳'은 현대국어 '삿' 또는 '삿자리'에 해당하는 말이며, 머리에 쓰는 '갇'은 현대어 '갓[笠]'의 소급 형태이다. 그러므로 '삿갓'의 어원적 의미는 '삿으로 만든 갓'이다. 그런데 '삿갓'이란 말은 아주 일반적으로 쓰인 결과 그냥 '갓'의 의미로 사용되기도 하였다. 이에 따라 '삿갓'에 다른 재료의 이름을 붙인 '늘삿갓, 대삿갓' 같은 말이 생겨났다. '늘삿갓'은 '부들로 만든 갓'이고, '대삿갓'은 '대나무로 만든 갓'이다.

[원] 삳[簟]+갇[笠]

[변] *삳갇> 삳갇> 삿갓

[예] • 삳갇(斗蓬, 사성통해 상-3)

• 삳갇(篛笠, 훈몽자회 중-15)

• 삿갓(篾笠, 역어유해 상-43)

상두꾼(喪—) [명] 상여를 메는 사람. 상여꾼. 향도(香徒).

[一] '상두꾼'의 근대국어 형태는 '샹도ㅅ군'이며, 이 말은 '喪徒(샹도)+ㅅ(사잇소리)+軍(군)'으로 분석된다.

[二] 현대국어의 접미사 '-꾼'은 그 어원이 한자 '軍(군)'에 있다.

[원] 喪徒(샹도)+ㅅ(사잇소리)+軍(군)

[변] 샹도ㅅ군> 상두꾼

[예] • 샹도ㅅ군(扛擡軍, 역어유해보 27)

상어(—魚) [명] 연골어강 악상어목의 물고기를 통틀어 이르는 말. 몸의 길이는 0.4~18미터이고 방추형이며, 방패 비늘로 덮여 있다. 지느러미가 발달하고 날카로운 이빨이 있다. 체내 수정을 하고 난생과 난태생이 있으며 민첩하고 사납다. 고래상어, 괭이상어, 별상어, 수염상어, 악상어 따위가 있다. 교어. 사어.

[一] 중세국어 형태는 '상어'이며, 이 말은 한자어 '鯊魚(또는 沙魚)'에서 온 것이다. 원래 한어(漢語)에서 한자 '魚'의 초성은 연구개 비음 [ŋ]이므로, '사어[sa-ŋə]'에서 연구개 비음 'ㆁ[ŋ]'이 앞 음절의 받침으로 내려간 것이다. 이것은 '붕어, 잉어, 숭어' 등이 한자어 '鮒魚, 鯉魚, 秀魚' 등에서 온 것과 동일하다.

[二] 한자어 '鯊魚(또는 沙魚)'는 '상어' 외에도 잉엇과의 민물고기인 '모래무지'를 뜻하기도 한다.

[원] (漢語)鯊魚/沙魚

[변] 鯊魚/沙魚(사어[sa-ŋə])> 상어

[예] • 상엇 사(鯊, 훈몽자회 상-21)

• 사어(鯊, 물보)

상추 [명] 국화과의 한해살이 또는 두해살이풀. 잎은 크고 타원형, 초여름에 담황색 꽃이 핌. 잎은 먹음.

[一] '상추'의 근대국어 형태는 'ᄉᆞᆼᄎᆡ'이며, 이 말은 한자어 '生菜'에서 온 말이다. '生菜'의 중세국어 한자음은 'ᄉᆡᆼᄎᆡ'이므로, 'ᄉᆡᆼᄎᆡ'에서 'ᄉᆞᆼᄎᆡ'로의 형태 변화가 있었음을 알 수 있다.

[二] 근대국어의 형태인 'ᄉᆞᆼᄎᆡ'와 현대국어 '상추'를 비교하면 'ᄎᆡ> 추'의 변화를 설명하기 어렵다. 아마도 '배추, 고추' 등의 관련 어휘에 유추되었을 가능성이 있다. 반면에 방언 형태인 '상치'는 'ᄎᆡ> 최> 치'의 자연스러운 음운 과정으로 설명할 수 있다.

[원] 生菜(ᄉᆡᆼᄎᆡ)

[변] *ᄉᆡᆼᄎᆡ> ᄉᆞᆼᄎᆡ> 상추

[예] • ᄉᆞᆼᄎᆡ(生菜, 동문유해 하-3)

상투 [명] 예전에, 장가든 남자가 머리털을 끌어올려서 정수리 위에 틀어 감아 매던 것. 대개 망건(網巾)을 쓰고 동곳을 꽂아 맴.

[一] '상투'의 중세국어 형태는 '샹투, 샹토'이며, 이 말은 한자어 '上頭'의 근대 한어음(近代漢語音)에서 온 말이다.

[二] '上頭'의 근대 한어음은 [ṣaŋtʰou]이므로, 중세국어 한자음과 비교하면 '上(샹)'은 큰 차이가 없지만, '頭(두)'는 한어음(漢語音) [tʰou]와는 평음과 격음의 차이가 있으므로, 한어(漢語)의 영향을 받아 '투'나 '토'가 된 것이다.

[원] (漢語)上頭[ṣaŋtʰou]

[변] [ṣaŋtʰou]> 샹투/샹토> 상투

[예] • 샹투 계(髻, 훈몽자회 중-25)

• 깁을 ᄢᅵ여 샹토 믿ᄐᆞᆯ ᄆᆡ고(소학언해-선조 2-2)

샅바 [명] 씨름할 때 다리에 걸어 상대편의 손잡이로 쓰는 포목의 바.

[一] 이 말은 '샅[股間]+바[索]'로 분석된다.

[二] '사타구니'는 '샅'을 속되게 이르는 말이다. 현대국어에서 '바'는 '참바'의 준말로

처리되고 있으나, 중세국어에서는 '줄'이나 '새끼'의 의미로 사용되었다.

㉮ 샅[股間]+바[索]

㉯ 샅바

☞ 사타구니

샅샅이[삳싸치] 團 틈이 있는 곳마다. 빈틈없이 모조리. 속속들이.

▭ 근대국어 후기의 문헌에 '삿삿치'라는 형태로 처음 나타나며, 그 이전의 문헌에서는 찾을 수 없다. 20세기에는 '삿삿이, 삿삿히' 등으로도 표기되었으나, 『조선어사전』(1938)에서 '샅샅이'로 표기하여 오늘에 이르렀다. 이 말은 '샅+샅+-이'로 이루어진 말이다. 현대국어의 '샅'에 해당하는 말은 18세기 문헌의 '손삿헤'에 나오는 '삿ㅎ'이지만, '삿ㅎ'은 원래의 형태인 '샅'을 달리 적은 표기이다. '샅'의 의미는 '물건과 물건의 틈새'를 뜻하는 말이다. '샅샅이'는 어원적으로 '샅[股間]+샅[股間]+이(접사)'의 구조로 분석된다.

▭ 19세기의 문헌인 『한불자전(韓佛字典)』(1880)에 '삿삿치'라는 형태로 처음 나타나며, 그 이전의 문헌에서는 찾을 수 없다. 20세기에는 '삿삿이, 삿삿히' 등으로도 표기되었으나, 문세영 편찬의 『조선어사전』(1938)에서 '샅샅이'로 표기하여 오늘에 이르렀다. 19세기나 20세기의 음운적 상황에서 '삿삿치'와 '샅샅이'의 발음은 다르지 않다. 이 말의 어원을 푸는 핵심은 현대국어 '샅'의 옛날 형태를 찾는 것이다. 현대국어의 '샅'에 해당하는 말은 18세기 문헌인 『오륜전비언해(伍倫全備諺解)』(1721)의 '손삿헤'에 나오는 '삿ㅎ', 그리고 『역어유해보(譯語類解補)』(1775)에 나오는 '삿깃'의 '삿'이다. '삿'은 '삿깃'에서만 나타나는 형태이므로, '삿ㅎ'을 18세기의 기본 형태라고 할 수 있다. 그런데 현대국어의 '샅'은 '샅샅이'는 물론이지만, '사타구니, 샅바, 고샅' 등의 말에서도 두루 확인할 수 있다. 비록 '삿ㅎ'이 시기적으로는 옛 형태임이 분명하지만, 이 말은 원래의 형태인 '샅'을 달리 적은 표기라고 생각된다. 즉 '손삿헤'는 '손샅에'나 '손사테'로 표기될 수 있기 때문이다. '샅'의 의미는 '물건과 물건의 틈새'를 뜻하는 말이다. 그러므로 '고샅'은 '골목 사이', '손샅'은 '손가락 사이' 등의 어원적 의미로 풀이되는 것이다.

㉮ 샅[股間]+샅[股間]+이(접사)

[변] 샅샅이

새다 [동] 날이 밝아 오다.

[一] 중세국어 형태도 '새다(上去)'이다. 이 말은 동쪽을 뜻하는 명사 '새[東]'에서 직접 동사로 파생된 것이다.

[二] 동풍(東風)을 '샛바람'이라 하고, 동남풍(東南風)을 '샛마'라고 하며, 새벽에 동쪽에서 뜨는 별을 '샛별'이라고 하는 것 등을 참조하면 명사 '새[東]'의 존재를 확인할 수 있다.

[三] '새다[曙]'의 어간(또는 어근) '새[東]'가 '새[新]'와 같은 어원인가 하는 것은 확실하지 않다. 중세국어에서 '새[新]'는 성조가 거성(去聲)으로서 '새다'의 어간 '새'가 상성(上聲)인 것과 합치되지 않기 때문이다. 반면에 '샛별'의 중세국어 형태인 '새별(上上)'의 '새'는 상성(上聲)이어서 '새다[曙]'의 어근 성조와 일치한다.

[원] 새[東]+다(어미)

[변] 새다

[예] • 曙는 샐 씨오(능엄경언해 10-45)

새벽 [명] 날이 밝을 녘. 먼동이 트기 전.

[一] 중세국어 문헌에 '새배'와 '새박'이 함께 사용되었다. '새배'와 '새박'의 공존은 16세기까지 그대로였지만, 17세기에는 '새배, 새뷔, 새베, 사배' 등으로 '새배' 계열의 형태만 등장하고, 18세기에는 역시 '새배, 새베, 새볘, 사볘' 등으로 이어지는 가운데, 『오륜전비언해(伍倫全備諺解)』(1721)에 '새벽'이 나타나서 현대의 형태를 보인 것이 특기할 만하다. 19세기에는 '새벽, 새박, 새배, 싀뷔, 사볘' 등으로 15세기의 공존 양상이 재현되는 듯하다가, 20세기에 '새벽'만이 나타나서 현대로 이어졌다. 이 말의 어원은 미상이다.

[二] 15세기의 문헌인 『선종영가집언해(禪宗永嘉集諺解)』(1462)에 '새배'란 형태로 처음 나타나고, 『원각경언해(圓覺經諺解)』(1465)에는 '새배'와 '새박'이 함께 나타나므로, 15세기에는 시간 차이 없이 '새배'와 '새박'이 함께 사용되었다. '새배'와 '새박'의 공존은 이후 계속되었지만, 『오륜전비언해(伍倫全備諺解)』(1721)에 '새벽'이

나타나서 현대의 형태를 보인 것이 특기할 만하다. '새벽'이란 형태는 18세기의 형태인 '새볘'와 15세기부터 나타나는 '새박'이 서로 영향을 주고받으면서 이루어진 것으로 생각되지만, 자세한 내막을 알 수는 없다.

[三] 15세기 형태인 '새배, 새박'을 놓고 어원적 형태를 구성한다면, '샙+-애'와 '샙+-악'으로 분석하는 것이 가능하다. 그러나 어근으로 설정한 '샙'의 형태와 의미를 실증하거나 파악할 수 없으므로, 이러한 분석 자체가 가설적이다. 이 말의 어원을 '새[新]+붉-[明]'으로 이해하려는 견해가 있다. 그러나 용언의 어간이 바로 명사가 된다는 것도 예외적이고, 무엇보다도 이로부터 15세기 형태인 '새배, 새박' 등으로 변한 과정을 설명하기도 어렵다. 그러므로 이러한 어원 해석은 믿을 만하지 않다.

[원] 새배/새박[曉]

[변] 새배/새박> 새벽

[예] • 어르누근 남긴 새배 프르도다(錦樹曉來靑, 두시언해-초간 7-14)

• 믄득 새바기 거우루로 ᄂᆞᄎᆞᆯ 비취오(원각경언해 서-46)

새치[새:치] [명] 젊은 사람 머리에 난 센 머리카락.

[一] '새치'의 근대국어 형태는 '샤티'이다. 이 말은 '샤[白]+티(접사)'로 분석될 것이지만, 어근(語根) '샤'의 어원을 확인하기 어렵다는 점, 그리고 현대국어 '새치'의 '새'로 이어지는 형태론적 변화 과정을 설명하기 어렵다는 점 등이 문제이다. 그러나 근대국어의 '샤향쥐'가 '새앙쥐'가 되는 것과 같이 '샤티> 샤치> 사치> 새치'의 변화를 상정하는 것이 불가능한 것은 아니다.

[二] '머리가 세다'의 '세다'는 '머리털이 희어지다'의 뜻이므로, '새치'의 '새'와는 같은 어원일 것으로 생각된다. 그렇지만 '세'와 '새'의 어느 것이 어원적인 형태인지는 알기 어렵다.

[三] '희다[白]'의 중세국어 형태는 'ᄒᆡ다/희다'이며, 이 말은 'ᄒᆡ[日]'에서 형용사로 바로 파생된 것이다. 만약 'ᄒᆡ'에서 '새'가 왔다면, 'ᄒᆡ> 새'의 음운론적 변화가 가능하다. 어휘의 형태 변화에서 'ㅎ'과 'ㅅ'의 변이는 자주 목격되기 때문이다. 이렇게 되면 '새치'는 최종적으로 'ᄒᆡ[日]+티(접사)'로 소급될 것이지만, 근대국어 형태인 '샤티'와 관련시킬 수 없으므로, 이러한 어원론은 유보할 수밖에 없다.

ⓔ 샤[白]+티(접사)

ⓥ 샤티> 샤치> *사치> 새치

ⓔ • 샤티(雜頭髮, 역어유해 상-34)

　　• 샤치 잇다(한청문감 6-10)

☞ 희다

색시 ⓜ 시집 안 간 처녀. '새색시'의 준말.

🈁 '색시'의 근대국어의 초기 형태는 '새각시'이며, 후기의 형태는 'ㄱ'이 탈락한 '새악시'이다. '새악시'가 줄어서 '색시'가 된 것이다. '새각시'는 '새[新]+각시[少女]'로 분석된다. '각시'는 원래 '어린 계집'이나 '젊은 계집'을 뜻하는 말이며, 근대국어에서 '새각시'는 '갓 시집온 젊은 여자', 또는 '어린 계집'을 가리키는 말이었다. 이 말이 '새악시'를 거쳐 '색시'가 되면서 그냥 '젊은 여자'를 지칭하게도 되고, 더 나아가 현대에서는 '술집 접대부'를 '색시'라고 하게 되어 '색시'의 의미가 타락하였다. 이에 따라 '색시'의 원래 의미는 새롭게 '새'를 덧붙인 '새색시'나 '새댁'이 차지하게 되었다.

🈁 17세기 문헌인『박통사언해(朴通事諺解)』(1677)의 '또 큰 이바디ㅎ면 새각시 집 권당들히 다 가 會親ㅎᄂ니라(또 큰 잔치하면 새색시 집 친척들이 다 가서 모인다)'에서 '새각시'의 형태로 나타난다. 역시 17세기 문헌인『역어유해(譯語類解)』(1690)에는 '女孩兒 새악시'라고 하여 '새악시'가 나타나므로, 이 시기에는 'ㄱ'이 탈락한 형태와 탈락하지 않은 형태가 공존하였다. 18세기 문헌에는 '새각시'만 나타나다가, 19세기에는 '색시, 색씨, 새악시, 새악씨' 등이 나타나서 'ㄱ'이 자취를 감추었다. '색시/색씨'는 '새악시/새악씨'가 축약한 형태이다. 20세기에는 '색시, 색씨, 새악씨' 등의 기존의 형태가 유지되지만, '새-'를 덧붙인 '새색시, 새색씨' 등이 출현하여 어원적인 형태의 중복을 보이는데, 이것은 '갓 결혼한 여자'를 강조하여 구분하기 위한 의도가 있었던 것이다. 현대국어에서는 '색시'가 '술집 접대부'를 뜻하는 경우도 있어서 '색시'의 의미가 타락하였다. '색시'의 원래 의미는 '새색시'나 '새댁'이 차지하게 되었다. 중세국어에 '각시[少女]'란 말과 함께 '갓/가시[妻, 女]'란 말도 사용되었다. 이들 어휘가 어원적으로 관련되어 있을 가능성이 있으나, 중세국어에 이미 형태

를 달리하여 쓰였고 의미에 있어서도 차이가 있으므로, 서로 다른 어원으로 처리하는 것이 합리적일 것이다.

[원] 새[新]+각시[少女]

[변] 새각시> 새악시> 색시

[예] • 올히 ㄱ 十六歲엣 새각시러라(박통사언해 상-40)

• 새악시(女孩兒, 역어유해 상-41)

☞ 각시

샌님[샌:님] [명] ① '생원님'의 준말. ② 얌전한 사람의 별칭. ③ 소심하고 보수적이며 고루한 사람을 얕잡아 이르는 말.

[一] '샌님'은 '생원(生員)님'이 줄어서 된 말이다. 생원이라고 하면 대개 공부도 많이 하고 행실도 점잖은 선비에 속했으므로, 선비처럼 얌전한 사람을 일컬어 '생원님'이라고 부르게 되었다. 지금은 여자처럼 숫기가 없고 활발하지 못한 성격의 남자를 얕잡아 이르는 말로 주로 쓰인다.

[二] 19세기 문헌인 『한불자전(韓佛字典)』(1880)에 '싄님 上典主 싱원님'이라고 하여 '싄님'의 형태를 보여 주면서, 아울러 어원적 형태인 '싱원님'도 함께 보여 준다. 즉 '싄님'은 '싱원님'이 줄어서 된 말이다. '싱원님'은 한자어 '生員'에 '-님'을 붙인 말이며, '生員'을 중세국어 한자음으로 읽으면 '싱원'이다. '싱원'을 '싄'이라고 하지는 않으므로, '싱원님'의 경우에서만 '싄님'으로 축약된 변화가 일어났다고 해야 한다.

[三] 본래 중국에서 '生員'은 국자감(國子監)에서 공부하는 학생을 일컫는 명칭이었다. 송대(宋代) 이후에는 현시(縣試), 부시(府試), 원시(院試) 등의 시험에 합격하여 해당 학교에 들어간 생도를 생원이라 하여 감생(監生)과 구별해 사용하였다. 우리나라에서는 조선시대에 소과(小科)인 생원시(生員試)에 합격한 사람을 '生員(싱원)'이라고 하였으므로, 좀 더 의미가 특수화되었다. 생원시(生員試)에 합격한 사람은 진사(進士)와 마찬가지로 성균관에 입학할 수 있는 자격이 부여되었다. 조선 후기에는 특별한 벼슬이 없는 선비의 존칭으로 성씨의 뒤에 붙여서 사용하였다. '싱원님'이 '싄님'이 되면서 형태가 달라진 두 말은 각각의 의미 영역을 확보하게 된다. 처음에는 '싱원님'과 '싄님'의 의미가 같았으나, 20세기 중반 이후에는 중립적인 '생원님'에

대비하여 '샌님'은 의미가 격하된 놀림조가 되었다.
[원] 生員(싱원)+님(접사)
[변] *싱원님> 생원님> 샌님

샘[1][샘:] [명] 물이 땅에서 솟아 나오는 곳. 또는 그 물.
[一] '샘'의 중세국어 형태는 '심'이며, 이 말은 '싀[漏]+ㅁ(명사화 접사)'의 구조로 분석된다.
[二] 중세국어 '싀다[漏]'는 현대국어의 '새다'로 바뀌었다.
[원] 싀[漏]+ㅁ(명사화 접사)
[변] 심> 샘
[예] • 심 爲泉(훈민정음 해례)
• 싀미 기픈 므른(용비어천가 2장)

샘[2][샘:] [명] 남의 일이나 물건을 탐내거나 자기보다 나은 처지에 있는 사람을 미워함. 또는 그 마음. 시기. 질투.
[一] '샘'의 중세국어 형태는 '새옴'이며, 이 말은 '새오[妬]+ㅁ(명사화 접사)'의 구조로 분석된다. '새옴ᄒᆞ다'로도 사용된다.
[二] 중세국어 '새오다'는 현대국어의 '새우다'에 해당하는 말이다. 현대국어에서 '새우다'는 잘 쓰이지 않는 말이며, 그 대신에 '샘하다, 시기하다, 샘을 내다' 등의 표현이 흔히 쓰이고 있다.
[원] 새오[妬]+ㅁ(명사화 접사)
[변] 새옴> 샘
[예] • 이바딜 머구리라 새옴 ᄆᆞᅀᆞᄆᆞᆯ 낸대 닐웨ᄅᆞᆯ 숨엣더시니(월인천강지곡 상-39)
• 앗기고 貪ᄒᆞ고 새옴ᄒᆞ고(월인석보 10-86)

샛강(—江) [명] 큰 강에서 줄기가 갈려 나가서 중간에 섬을 이루고, 아래에 가서 다시 본류와 합류하게 되는 지류.
[一] '샛강'을 중세국어 형태로 분석하면 'ᄉᆞᅀᅵ[間]+ㅅ(사잇소리)+江(강)'이며, 어원적

으로는 '섬과 뭍 사이에 있는 작은 강'이란 뜻에서 조어된 것이다.

[三] '샛강'은 국어사전의 뜻풀이에서 알 수 있는 바와 같이, 본류에서 갈려 나간 지류로서, 하류에서 다시 본류와 합류하는 강이다. 그러므로 단순히 '작은 강'을 뜻하는 말이 아니다.

[원] ᄉᆞᅀᅵ[間]+ㅅ(사잇소리)+江(강)

[변] *ᄉᆞᅀᅵᆺ강> *ᄉᆞ잇강> *사잇강> 샛강

샛바람 [명] '동풍(東風)'의 뱃사람 말.

[一] '샛바람'은 중세국어 형태를 기준으로 하면 '새[東]+ㅅ(사잇소리)+ᄇᆞᄅᆞᆷ[風]'의 구조로 분석된다. 근대국어에 'ᄉᆡ바람'이라고 표기되어 있지만, 이것은 중세국어의 '새배[曉]'를 근대국어에서 'ᄉᆡᄇᆡ'로 표기한 것과 마찬가지로 'ᄉᆡ'와 '새'의 발음이 구분되지 않은 근대국어의 음운 상황을 반영한 것이다.

[三] 국어사전에서는 뱃사람들의 은어로 취급하고 있다. 그러나 '샛바람'은 민간에서 친숙하게 사용했던 말이다. 이 말은 강원도의 동해안은 물론이고, 충남의 서해안, 그리고 북한 지역으로는 평안도와 함경도 해안의 거의 모든 지역에서 사용하고 있다. 다만 '샛바람'이 거의 '동풍(東風)'을 뜻하는 말로 쓰이고 있지만, 서풍(西風)이나 서남풍(西南風)을 가리키는 경우도 있다는 점이 특이하다. 이익(李瀷, 1681~1763)이 쓴 『성호사설(星湖僿說)』에 '東風 謂之沙 卽明庶風也'란 구절이 있어서 '새'에 해당하는 한자 표기 '沙'를 18세기 문헌에서 확인할 수 있다. '애'의 발음은 중세국어에 [aj]이므로 이중모음이다. 그러던 것이 현대국어와 같이 단모음 '애[ɛ]'로 변화된 것은 18세기를 넘어선 시기이다. 그러므로 이익(李瀷)이 살았던 시기에 '애'의 단모음화는 한창 변화의 와중에 있었다고 하겠다. '애'에 대한 보수적 관점에서 뒤따르는 반모음 'ㅣ[j]'를 생략하고, '새'를 '沙[sa]'로 표기했다고 이해된다. 이를 보더라도 바람의 방향을 가리키는 '새'란 말이 옛날부터 사용되었다는 것을 알 수 있다. 방위의 이름인 '새'가 '동(東)'을 의미하는 것은 다른 말에서도 확인할 수 있다. '샛바람' 외에도 '샛마, 샛별, 된새' 등의 고유어에서 '샛마'는 '동남풍(東南風)'을, '샛별'은 새벽에 동쪽 하늘에 뜨는 '금성(金星)'을, '된새'는 '동북풍'을 각각 뜻하므로 '새'가 방위로는 '동(東)'임이 분명하다.

㉴ 새[東]+ㅅ(조사/사잇소리)+ᄇᄅᆷ[風]

㉻ *샛ᄇᄅᆷ > 싀바람 > 샛바람

㉸ • 싀바람 아니 불고 물결이 고요하여(만언사)

샛별 ㉝ 새벽 동쪽 하늘에 반짝이는 금성(金星). 계명성(啓明星). 명성(明星).

㉠ '샛별'의 중세국어 형태는 '새별'이며, 이 말은 '새[東]+별[星]'의 구조로 분석된다. 중세국어에서 조사나 사잇소리 기능을 하는 'ㅅ'은 표기에서 생략되지 않는 것이 원칙이다. 그러므로 중세국어의 '새별(上上)'은 표기대로 [새별]로 발음된 것이다. 이것은 근대국어에도 이어지므로 사잇소리가 첨가된 '샛별'은 근대국어 후기나 현대국어에 들어서의 변화라고 하겠다. 19세기까지도 사이 'ㅅ'이 없는 이 형태가 계속 쓰였지만, 18세기에 사이 'ㅅ'이 첨가된 '새ㅅ별, 샛별'이 나타나서 주도적인 형태가 되었다. '새별'의 '새'는 '동쪽'의 방위를 가리키는 말이므로 '동쪽에 뜨는 별'이란 뜻이다. 여기에 사이 'ㅅ'을 덧붙인 것이 '샛별'이다.

㉡ 15세기 문헌인 『용비어천가(龍飛御天歌)』(1447)의 '새벼리 나ᄌᆡ 도ᄃᆞ니(샛별이 낮에 돋으니)'에서 '새별'이란 형태로 처음 나타난다. 19세기에는 '새별'이나 '샛별' 외에 '새벽별'이 새로 쓰이기 시작하여, 20세기에는 '샛별'과 '새벽별'의 두 형태가 공존하였다. 현대의 국어사전에서 '샛별'과 '새벽별'은 모두 표제어로 올라 있지만, '샛별'이 기본 표제어이다. '샛별'은 새벽에 동쪽 하늘에서 반짝이는 별로, 한자어로는 '금성(金星), 명성(明星), 계명성(啓明星)' 등으로 불린다. 19세기에 새롭게 나타난 '새벽별'은 '새별, 샛별' 등의 '새'의 어원적 의미가 모호해지면서, 좀 더 명확하게 '새벽에 뜨는 별'이란 의미에서 만든 것으로 생각된다. 방위의 이름인 '새'가 '동(東)'을 의미하는 것은 다른 어휘에서도 확인할 수 있다. '샛별' 외에도 '샛마, 샛바람, 된새' 등의 고유어에서 '샛마'는 '동남풍(東南風)'을, '샛바람'은 '동풍(東風)'을, '된새'는 '동북풍'을 각각 뜻하므로 '새'가 방위로는 '동(東)'에 해당한다.

㉴ 새[東]+별[星]

㉻ 새별 > 샛별

㉸ • 새벼리 나ᄌᆡ 도ᄃᆞ니(용비어천가 101장)

　　• 새별(明星, 역어유해 상-1)

☞ 새다

샛서방 [명] 남편 있는 여자가 남편 몰래 관계하는 남자. 간부(間夫).

[一] 이 말은 '새[間]+ㅅ(사잇소리)+서방[夫]'으로 분석된다. '새'는 '사이'의 준말이며, 현대국어 '사이'의 중세국어 형태는 'ᄉᆞᅀᅵ'이다. '서방'의 중세국어 형태는 '셔방'이다. '서방'은 대개의 국어사전에서 한자어 '書房'으로 쓰고 있으나, '서방'의 어원은 확실하지 않다. 조선 시대의 문헌을 보면 '西房(조선왕조실록 문종 1년), 書房(고시조, 청구영언)' 등으로 엇갈리고 있기 때문이다.

[二] '샛서방'의 뜻에 해당하는 한자어 '간부(間夫)'는 한어(漢語)에서는 사용되지 않는 말이다. 조선 시대의 문헌에 '間夫(조선왕조실록 영조 7년)'란 말이 나오므로 '샛서방'이란 말의 유래가 오래되었다는 것을 알 수 있다. 흥미로운 것은 일본어에서도 '間夫[まぶ/mabu]'란 말을 사용하면서 '間'을 훈으로 읽고 있다는 점이며, 그 의미는 '창녀의 정부(情夫)'에 해당한다. 일본어의 '間夫'는 '眞夫[まぶ/mabu]'라고 쓰는데, 이것은 일본어에서 'ま[ma]'의 뜻이 '사이[間]'와 '참[眞]'의 두 가지 뜻이 있기 때문이다. 그렇다면 일본어에서 'まぶ[mabu]'는 '(어느 여자의) 진짜 남자'라는 의미에서 생긴 말일 가능성이 있다. 이것이 사실이라면 한자어에 있어서 국어의 '間夫'와 일본어의 '間夫'는 우연에 의한 표기의 일치라고 해야 할 것이다. 국어에서 '샛서방'은 어원적으로 '부부 사이에 낀 남자'라는 뜻이며, 일본어의 'まぶ[mabu]'는 관계하는 여러 남자 중에서 '진실로 마음을 준 남자'라는 뜻이기 때문이다.

[원] 새[間]+ㅅ(사잇소리)+서방[夫]

[변] 새ㅅ서방> 샛서방

☞ 서방

생기다 [동] 없던 것이 있게 되다. 어떤 일이 일어나다.

[一] '생기다'의 중세국어 형태는 '삼기다'이다. '생기다'는 중세국어 '삼기다'로부터 변화된 형태이므로, 그 어원적 출발은 '삼다[爲, 作]'에서 시작된다. 현대국어에서 '삼다'는 '제자로 삼다, 경쟁의 대상으로 삼다' 등에서와 같이 '무엇을 무엇으로 하거나 무엇으로 여기다'의 뜻이므로 타동사 용법으로 쓰인다. 중세국어에서도 물론 '삼다'

는 이러한 뜻으로 사용되었으나, 현대국어보다는 용법이 일반적이고 쓰이는 범위가 넓었다.

㉣ 16세기 문헌인 『번역소학(飜譯小學)』(1517)의 '하ᄂᆞᆯ 삼긴 셩오로브터 나니(하늘에서 생긴 성으로부터 나오니)'에서 '삼기다'의 형태로 처음 나타난다. 이 형태는 20세기까지도 문헌에 나타나지만, 19세기에 '생기다, 싱기다'가 등장하여 현대로 이어졌다. '삼기다'의 발음은 일상적인 상황에서 '상기다'와 잘 구분되지 않는다. 이것은 '감기'와 '강기'가 표면 발음에서 잘 분간되지 않는 것과 같다. 이러한 현상은 받침 'ㅁ'이 뒤따르는 연구개음 'ㄱ'에 조음위치가 동화되어 연구개 비음 'ㅇ'으로 바뀌어 발음되는 것을 말한다. 그러나 이러한 현상은 수의적인 현상이기 때문에 필수적인 것은 아니다. '상기다'는 첫 음절의 모음 '아'가 두 번째 음절의 '이'에 동화되어 '애'로 바뀌는 경우가 있다. 마치 '당기다'가 일부 방언에서 '댕기다'가 되는 이치와 같다. 그래서 결국 부주의한 발음을 전제로 '생기다'에 이르게 되었다고 할 것인데, 이 시점에서 언중(言衆)은 '생기다'의 어원을 한자 '생(生)'과 관련시켜 어휘 형태를 고정시키게 된 것이다. 한자어 '생(生)'과 관련시킨 오류 작용이 없었다면, '삼기다'의 형태가 변하지 않고 현대국어에까지 지속되었을 것으로 생각된다. 왜냐하면 앞에서 설명한 '삼기다'에 작용한 음운 현상들은 다른 어휘에 있어서는 대개의 경우 수의적인 발음 현상에 머물러 어휘 형태의 변화에 이르게 하지는 않았기 때문이다. 『독립신문』에 쓰인 '싱기다'는 자전(字典)에 나타나는 '生'의 옛날 한자음 '싱'을 잘 보여주는 표기이다.

㉢ 중세국어 '삼기다'의 어원적 출발은 '삼다[爲, 作]'에서 시작된다. 현대국어에서 '삼다'는 '제자로 삼다, 경쟁의 대상으로 삼다' 등에서와 같이 '무엇을 무엇으로 하거나 무엇으로 여기다'의 뜻이므로 타동사 용법으로 쓰인다. 중세국어에서도 물론 '삼다'는 이러한 뜻으로 사용되었으나, 현대국어보다는 용법이 일반적이고 쓰이는 범위가 넓었다. '삼기다'는 타동사 '삼다'에 접사 '-기-'가 연결된 형태인데, 타동사 용법인 '생기게 하다'의 뜻으로 쓰이기도 하지만, 자동사 용법인 '생기다'의 의미로도 쓰였다. 그러므로 타동사 용법인 '삼기다'는 사동사(使動詞)가 되는 것이고, 자동사 용법인 '삼기다'는 피동사(被動詞) 용법에 의한 것이다. 즉 『청구영언』의 '뉘라셔 離別을 삼겨 사ᄅᆞᆷ 죽게 ᄒᆞᄂᆞᆫ고(누구라서 이별을 생기게 하여 사람을 죽게 하는가)'에서

의 '삼겨'는 '생기게 하여'의 뜻인 반면에, 『송강가사』의 '天地 삼기실 제 自然히 되연마 는(천지가 생기실 때에 자연히 되었지만)'에서의 '삼기실'은 '생기실'에 해당하는 자동사이다.

㉚ 삼[爲, 作]+기(접사)+다(어미)

㉙ 삼기다> 상기다> 싱기다> 생기다

㉘ • 하늘 삼긴 셩오로브터 나니(번역소학 8-9)
   • 이 몸 삼기실 제 님을 조차 삼기시니(송강가사)
   • 뉘라셔 離別을 삼겨 사룸 죽게 ᄒᆞᄂᆞᆫ고(청구영언)
   • 노래 샹긴 사룸 시름도 하도할샤(해동가요)
   • 쳬골이 더 튼튼히 싱겨스니(독립신문 12호)

생쥐 명 쥐의 일종. 인가(人家)나 농경지에 사는데 몸길이 6~10cm, 꼬리 5~10cm. 쥐 종류 중에 제일 작으며 귀가 큼. 곡물이나 야채 등을 해침.

☐ '생쥐'는 '麝香(샤향)+쥐[鼠]'의 어원적 형태에서 변화된 말이다. 방언에 '새앙쥐'가 있으므로, '생쥐'는 '샤향쥐> 사향쥐> 새앙쥐> 생쥐'와 같은 변화 과정을 통하여 이루어졌다는 것을 알 수 있다. 한자어 '麝香'을 중세국어 한자음으로 읽으면 '샤향'이다.

☐ '생쥐'에는 사향(麝香)이 없으므로, '麝香(샤향)쥐'라고 하게 된 연유를 밝히는 것이 과제이다. 그러나 쥐 가운데는 '사향뒤쥐'도 있으며, '머스크렛(muskrat)'이라고 하는 '사향쥐'도 있으므로, 애초에 '샤향쥐'라고 한 것은 지금의 '생쥐'와는 약간 다른 종류의 쥐였을 것으로 생각된다.

㉚ 麝香(샤향)+쥐[鼠]

㉙ 샤향쥐> 사향쥐> 새앙쥐> 생쥐

㉘ • 샤향쥐(교본역대시조전서 1254-15)

생철(―鐵) 명 안팎에 주석을 입힌 얇은 쇠. 석유통 등을 만들며, 다시 아연을 입혀 함석을 만듦. 양철(洋鐵).

☐ '생철'은 '西洋鐵(서양철)'이 줄어서 된 말이다. 서양에서 들어온 철이란 의미로

조어된 것이며, 일반적으로는 '양철(洋鐵)'이라고 한다.

㋳ 西洋鐵

㋓ 西洋鐵(서양철)> 생철

샤부샤부 ㋨ 일본식 수육. 저민 쇠고기와 야채 등을 끓는 물에 살짝 데쳐 양념 국물에 찍어 먹는 일본식 요리.

㋶ '샤부샤부'는 일본의 요리 이름인 'しゃぶしゃぶ[sjabusjabu]'에서 온 것이다.

㋳ しゃぶしゃぶ[살짝 헹굼]

㋓ しゃぶしゃぶ[sjabusjabu]> 샤부샤부

샴페인 ㋨ 이산화탄소를 함유한 발포성 포도주로 프랑스의 샹파뉴(Champagne) 지방에서 처음 만든 술. 거품이 많고 상쾌한 향미가 있음. 삼편주(三鞭酒).

㋶ '샴페인(champagne)'은 프랑스 동북부 지방인 '샹파뉴(Champagne)'에서 처음 만들었기 때문에 생긴 이름이다. 'champagne'의 영어 발음인 [ʃæmpéin]의 영향으로 '샴페인'이란 외래어가 생긴 것이다.

㋳ (프랑스어)Champagne

㋓ Champagne> (영어)champagne> 샴페인

서까래 ㋨ 도리에서 처마 끝까지 건너지른 나무. 그 위에 산자(橵子)를 얹음. 연목(椽木). (준말) 서.

㋶ 중세국어 문헌에서 '셔'의 형태로 처음 나타난다. '셔'는 18세기까지 그대로 사용되었지만, 17세기에 '혀'와 '혓가래'가 같은 의미로 사용되었다. '셔'의 모양이 마치 동물의 '혀'와 같다고 생각하면서, '셔[椽]'를 '혀[舌]'로 되돌리려는 의도가 작용한 것으로 보인다. 18세기에는 '셧가래'가 등장하면서 이후 '서까래'가 표준이 되고, '혀까래'는 방언으로 남았다. '셔'나 '혀'에 연결된 '가래'는 '떡이나 엿 따위를 둥글고 길게 늘여 만든 토막'을 뜻하는 말이다. 불안정한 1음절어 '셔'나 '혀'에 '가래'를 덧붙여 형태를 안정시키고, 아울러 의미를 좀 더 구체화하려는 의도가 작용한 것이다.

㋶ 15세기 문헌인 『법화경언해(法華經諺解)』(1463)의 '셔는 쎄를 가줄비시니(서까

래는 뼈를 비유하시니)'에서 '셔'의 형태로 처음 나타난다. '셔'는 18세기까지 그대로 사용되었지만, 17세기에 '혀'와 '혓가래'가 같은 의미로 사용되었다. 18세기에는 '셧가래'가 등장하면서, 19세기에는 '셧가래'와 '혓가래'의 형태가 공존하였다. 20세기에도 '서까래, 혓가래, 혀ㅅ가릐' 등으로 19세기의 상황이 이어졌으나, 이후 '서까래'가 표준이 되고, '혀까래'는 방언으로 남았다. 중세국어에서 '셔[橡]'와 '혀[舌]'는 성조는 같지만 서로 다른 단어이다. 그런데 17세기에 '셔'가 '혀'로 표기된 경우도 있고, '셧가래'보다 '혓가래'가 먼저 문헌에 나타난다. 중세국어에 '혀> 셔'의 음운 변화를 생각할 수는 없으므로, '셔'와 '혀'의 교체는 다른 각도에서 해석해야 한다. 즉 '셔'의 모양이 마치 동물의 '혀'와 같다고 생각하면서, '셔[橡]'를 '혀[舌]'로 되돌리려는 의도가 작용했다고 생각된다. 혹시라도 중세국어의 '셔'와 '혀'가 같은 어원일 가능성도 염두에 둘 수 있겠으나, 'ㅎ' 구개음화가 적용되지 않은 중세국어 상황을 고려하면 별개의 단어라고 해야 한다. 일반적으로 'ㅎ' 구개음화라는 음운 현상은 19세기 이후에나 관찰되지만, 16세기 문헌으로 추정되는 『박통사언해(朴通事諺解)』(초간본)에 '입씨름'을 뜻하는 '입 힐훔'이 나오며, 중간본(重刊本)인 『박통사언해(朴通事諺解)』(1677)에 '씨름'을 뜻하는 '시름'이 나오므로, 17세기를 전후하여 'ㅎ'과 'ㅅ'의 교체가 비로소 가능했던 것으로 생각된다.

三 '셔'나 '혀'에 연결된 '가래'는 '떡이나 엿 따위를 둥글고 길게 늘여 만든 토막'을 뜻하는 말이다. 불안정한 1음절어 '셔'나 '혀'에 '가래'를 덧붙여 형태를 안정시키고, 아울러 의미를 좀 더 구체화하려는 의도가 작용한 것이다. '가래'는 '떡이나 엿 따위를 둥글게 길게 늘여 놓은 토막'을 뜻하는 말이며, 이 말은 현대국어 '가르다'의 중세국어 형태인 '가ᄅᆞ다[分岐]'에서 파생된 말이다.

㉞ 셔[橡]+ㅅ(조사/사잇소리)+가ᄅᆞ[分岐]+애(접사)

㉲ 셔> 셧가래/혓가래> 서까래

㉠ • 셰 칙여 ᄲᅡ디며(법화경언해 2-104)
  • 혓가래 굴긔예 네 오리 노흐로(박통사언해 하-46)
  • 셧가래(橡, 동문유해 상-35)

서낭 图 ① 서낭신이 붙어 있다는 나무. ② '서낭신'의 준말.

ⓓ '서낭'은 한자어 '城隍(셩황)'에서 온 것이다. '城隍'을 중세국어 한자음으로 읽으면 '셩황'이다.

ⓔ '城隍(셩황)'은 '성(城)과 물 없는 해자(垓子)'가 일차적인 뜻이며, 여기에서 발전하여 이차적으로 '성(城)을 지키는 신(神)'의 뜻을 갖게 되었다.

ⓦ 城隍

ⓗ 城隍(셩황) > 서낭

ⓔ • 셩황ㅅ(山路神, 동문유해 하-11)
　• 셩황에 가다(한청문감 9-6)

서라말 ⓝ 흰빛에 거뭇한 점이 섞인 말. 흰말.

ⓓ '서라말'의 중세국어 형태는 '셜아ᄆᆞᆯ'이며, '셜아[白]+ᄆᆞᆯ[馬]'로 분석된다. '셜아'는 만주어 'suru[白]'에서 왔으며, 'ᄆᆞᆯ'은 몽고어 'morin[馬]'에서 온 것이다.

ⓦ (만주어)suru[白]+(만주어)morin[馬]

ⓗ suru-morin > 셜아ᄆᆞᆯ > 서라말

ⓔ • 셜아ᄆᆞᆯ(白馬, 번역노걸대 하-9)

☞ 말

서랍 ⓝ 책상, 문갑, 장롱, 경대 따위에 붙어 있어, 빼었다 끼웠다 하게 만든 뚜껑이 없는 상자.

ⓓ '서랍'의 근대국어 형태는 '셜합'이며, 이 말은 한자어 '舌盒(셜합)'에서 온 것이다. '舌盒'을 중세국어 한자음으로 읽으면 '셜합'이다. '셜합'은 이후에 'ㅎ'의 탈락, 그리고 'ㅅ' 다음에서 반모음 'ㅣ[j]'의 탈락 등의 여부에 따라 '셔랍, 설합, 서랍' 등의 형태가 19세기에 나타난다. 역시 19세기에 나타나는 '혈합'은 'ㅎ' 구개음화의 역작용에 의한 형태이므로 정상적인 변화 과정은 아니다. 20세기에도 역시 '셜합, 설합, 서랍' 등이 공존하다가 현대의 '서랍'으로 이어졌다. 이 말은 19세기의 문헌에 '舌盒'으로 표기되어 있어서 주목을 끈다. 우선 '셜합'의 '합'은 한자어 '盒(합)'이 분명하다. '서랍'이란 것은 가구의 몸체에서 '혀[舌]'처럼 나왔다가 들어가는 구조이기 때문에 '舌과 같은 盒'이라는 의미에서 조어(造語)된 것이다.

🔟 18세기 문헌인 『역어유해보(譯語類解補)』(1775)의 '抽替 셜합'에서 '셜합'의 형태를 확인할 수 있다. '셜합'은 이후에 'ㅎ'의 탈락, 그리고 'ㅅ' 다음에서 반모음 'ㅣ [j]'의 탈락 등의 여부에 따라 20세기까지 '셔랍, 설합, 서랍' 등의 형태가 공존하다가 현대의 '서랍'으로 이어졌다. 근대국어 형태인 '셜합'의 어원을 '당기다'의 의미인 '혀-'에 어미 '-ㄹ'과 한자어 '합(盒)'의 결합으로 보는 경우도 있다. 이렇게 되면 19세기의 '혈합'은 어원적인 형태를 보여 주는 표기가 되겠으나, 뒤늦게 나타난 '혈합'은 어원적인 형태라기보다는 구개음화를 매개로 한 'ㅅ'과 'ㅎ'의 교체로 보는 것이 합리적이다. 19세기에 나타나는 같은 의미의 '빼다지'는 아직도 국어의 여러 지역에서 사용되는 방언이며, 빼고 닫을 수 있도록 만들어진 '서랍'의 구조를 잘 반영한 말이다.

㉿ 舌盒

⑭ 舌盒(셜합) > 서랍

㉠ • 셜합(抽替, 역어유해보 44)
　 • 셜합(抽屜, 한청문감 11-31)

서방 🔟 ① 남편의 낮춤말. ② 성 뒤에 붙여, 사위나 손아래 친척 여자의 남편, 아래동서(同壻) 등을 호칭할 때 쓰는 말.

🔟 '서방'의 중세국어 형태는 '셔방'이다. '서방'은 대개의 국어사전에서 한자어 '書房'으로 쓰고 있으나, '서방'의 어원은 확실하지 않다. 조선 시대의 문헌을 보면 '西房(조선왕조실록), 書房(고시조, 청구영언)' 등으로 엇갈리고 있기 때문이다. '西'와 '書'의 중세국어 한자음은 모두 '셔'이다.

🔟 15세기 문헌인 『석보상절(釋譜詳節)』(1447)의 '댱가들며 셔방 마조물 다 婚姻ㅎ다 ㅎᄂ니라(장가들며 서방 맞이함을 다 혼인한다고 한다)'에서 '셔방'의 형태로 처음 나타난다. 이후 형태의 변화 없이 20세기까지 그대로 쓰이다가, 역시 20세기 초기에 'ㅅ' 다음에서 반모음 'ㅣ [j]'가 탈락한 '서방'이 되어 현대로 이어졌다. 이 말의 어원에 대해서는 고유어라는 견해와 한자어라는 견해가 대립하고 있다. 고유어라는 견해에는 매우 다양한 논의가 있고, 믿을 만한 것이 없어서 소개하기가 어렵다. 어원이 한자어라는 견해는 '書房'과 '西房'으로 갈린다. '書房'과 '西房'을 중세국어 한

자음으로 읽으면 모두 '셔방'으로서 같고, 성조도 '書, 西, 房' 모두 평성이며 '셔방'도 '평성-평성'이어서 음운 대응에도 문제가 없다. 19세기 이후의 국어 문헌에서는 '셔방'의 한자 표기는 '書房'으로 하여 현대의 국어사전에서는 이것을 따른 것이다. 그러나 『조선왕조실록』(世祖實錄)에서는 '西房'이라고 하여 이 말의 유래까지 기록하였다. 그러므로 한자어로는 '書房'보다 '西房'의 유래가 더 깊다. '書房'은 '글방에 머무는 남자'라는 의미에서 생긴 말이라면, '西房'은 사위가 오면 서쪽의 방에 묵게 했다는 풍습에서 생긴 말이라고 한다. 고유어 어원에 의한 해결책이 전혀 없는 상황에서 권위 있는 옛날 문헌의 '西房'이라는 표기를 '書房'이라는 표기보다 존중할 필요가 있다고 생각된다.

㉞ 西房/書房(셔방)

㉠ 셔방> 서방

㉙ • 댱가들며 셔방마조몰 婚姻ᄒ다 ᄒᄂ니라(석보상절 6-16)

서커스(circus) ㉟ 여러 가지 곡예와 마술, 동물의 묘기 따위를 보여 주는 흥행물. 또는 그것을 공연하는 흥행 단체. 곡마(曲馬). 곡예. 곡마단.

㉘ 영어 'circus'는 라틴어 'circ(us)'에서 온 말이다. 라틴어 'circ(us)'는 '원(圓)'을 뜻하는 말이며, 이로부터 '원형 경기장'이나 '원형 광장'을 뜻하게 되었으며, 나아가 '곡예(단)'의 의미도 갖게 되었다.

㉞ (라틴어)circ(us)[圓]

㉠ circ(us)> (영어)circus> 서커스

석쇠 ㉟ 고기나 생선 따위를 굽는 기구. 쇠테에 철사로 그물 뜨듯이 만듦.

㉘ '석쇠'의 근대국어 형태는 '섯쇠'이다. 이 말은 '섯ㄱ[交, 混]+쇠[鐵]'의 어원적 구조에서 표기에 'ㄱ'이 나타나지 않은 형태이다. 중세국어 '섯ㄱ다'는 현대국어 '섞다[交, 混]'에 해당하는 말이다. 그러므로 '섯쇠'는 철사를 교차하여 그물처럼 엮은 기구라는 의미에서 조어(造語)된 것이라는 것을 알 수 있다.

㉣ 중세 및 근대국어에서 '섯글이다, 섯느리다, 섯닐다, 섯돌다, 섯듪다, 섯듣다, 섯디르다, 섯ᄃ니다, 섯몯다, 섯ᄆ다, 섯블다, 섯얽다' 등에서 보는 바와 같이 '섯-[交,

混]’과 합성한 어휘가 많이 쓰였다.

目 근대국어에 ‘젹쇠’가 나타나며, 현대국어에도 ‘석쇠’의 방언(충청 지역)에 ‘적쇠’
가 있다. 이 형태는 한자 ‘炙(적)’에 ‘쇠[鐵]’가 연결된 것으로 풀이하는 것이 가능하
다. ‘炙’의 중세국어 한자음은 ‘쟈’와 ‘젹’이 있다. ‘쟈’는 『광운(廣韻)』의 가섭 마운
(假攝禡韻)을 반영한 것이고, ‘젹’은 경섭 석운(梗攝昔韻)을 반영한 한자음이다. 혹
시라도 ‘젹쇠’에서 근대국어의 ‘섯쇠’가 왔을 가능성이 있겠으나, ‘젹쇠> 섯쇠’의 변
화를 설명하기 어렵다.

웬 섯ㄱ[交, 混]+쇠[鐵]

변 섯쇠> 석쇠

예 • 고기 굽는 섯쇠(炙床, 역어유해 하-13)

　　• 젹쇠(鐵撑, 역어유해 하-13)

선[선:] 젭 ‘익숙하지 못한’, ‘덜된’, ‘격에 안 맞아 서투른’의 뜻을 부여하는 접두사.

一 접두사 ‘선-’의 근대국어 형태는 ‘션’이다. 이 말은 현대국어 ‘설다’의 중세국어 형
태인 ‘셜다[未熟]’의 관형사형에서 온 말이므로, ‘셜[未熟]+ㄴ(관형사형 어미)’로 분
석된다.

웬 셜[未熟]+ㄴ(관형사형 어미)

변 션> 선

예 • 松壇의 션즁 씌야 醉眼을 드러 보니(고시조)

　　• 어듸셔 술 실은 벗님늬는 선즁 씌와 노쟈ᄂ니(고시조)

선(禪) 몡 ① 삼문(三門)의 하나. 마음을 가다듬어 번뇌를 끊고 진리를 깊이 생각해
서 무아(無我)의 경지에 드는 일. ② ‘선종(禪宗)’의 준말. ③ ‘좌선’의 준말.

一 ‘선(禪)’은 팔리어 ‘jhāna’에 대한 한어(漢語) 음역이며, 완전한 음사인 ‘禪那’의
준말이다. 같은 뜻의 산스크리트어의 ‘dhyāna’는, ‘타연나(馱衍那)’로 음역된다. 또
는 ‘정(定), 정려(靜慮), 기악(棄惡), 사유수(思惟修)’ 등으로 의역하기도 하며, 음역
과 의역을 합하여 ‘선정(禪定)’이라고도 한다.

웬 (팔리어)jhāna

ⓑ jhāna> (漢語)禪那> 선(禪)

☞ 삼매(三昧)

선다님 圐 '선달(先達)'의 높임말.

▱ '先達'을 중세국어 한자음으로 읽으면 '션달'이다. '先達(션달)'의 높임말인 '선다님'은 '션달+님'에서 치경음 'ㄴ' 앞의 'ㄹ'이 탈락하고, 이어서 단모음화를 겪어 이루어진 말이다. 치경음 'ㄴ' 앞에서 'ㄹ'이 탈락하는 음운 현상은 중세국어 시기에 일어난 현상이므로, '션달님'에서 '션다님'이 되고, 이어서 '선다님'이 되는 변화를 겪었다.

ⓦ 先達(션달)+님(접사)

ⓑ 션달님> 션다님> 선다님

☞ 선달(先達)

선달(先達) 圐 문무과에 급제하고 아직 벼슬하지 않은 사람(조선 중기 이후에는 주로 무과에 급제하고 벼슬을 받지 못한 사람만을 가리켰음).

▱ '선달(先達)'이란 말은 문자 그대로 풀면 '먼저[先] (어떤 곳에) 다다름[達]'이란 뜻이며, 원래는 후진(後進)의 반대되는 말인 선진(先進)을 의미했다. 고려시대에는 예부시(禮部試)에 급제한 선배를 일컬었으나, 조선시대에는 과거에 급제하고도 관직에 진출하지 못한 사람을 일컬었다. 대개 문과 급제자들은 관직에 진출하지 아니한 사람이 거의 없었으나, 무과에 급제한 사람은 한 평생 벼슬하지 못한 사람이 허다했으므로, 선달은 무과 출신자의 경우에만 쓰이는 것으로 인식되기도 하였다.

▤ '先達'을 중세국어 한자음으로 읽으면 '션달'이다.

ⓦ 先達

ⓑ 先達(션달)> 선달

선반 圐 물건을 얹어 두기 위해서 까치발을 받쳐 벽에 달아맨 널빤지.

▱ '선반'의 근대국어 형태는 '션반'이다. 이 말은 한자어 '懸盤(현반)'이 'ㅎ' 구개음화를 거쳐서 변화된 형태이다. '懸盤'은 '매단 널판'이란 뜻이다.

[원] 懸盤

[변] 懸盤(현반)> 션반> 선반

[예] • 션반(閣板子, 역어유해 상-19)

선술집[선술찝] [명] 술청 앞에 선 채로 술을 마시게 된 술집.

[一] '선술집'은 '서서 간단하게 마시는 술집'이란 뜻이므로, 이 말은 '서[立]+ㄴ(어미)+술[酒]+집[屋]'으로 분석된다.

[二] '선술집'이란 말은 일제 강점기 시대에 생긴 말이며, 일본어 'たちのみや(立ち飲み屋)'나 'いざかや(居酒屋)'를 번역하면서 생긴 것으로 추정된다.

[원] 서[立]+ㄴ(어미)+술[酒]+집[屋]

[변] 선술집

☞ 목로주점

섣달 [명] 음력으로 한 해의 마지막 달. 극월(極月).

[一] '섣달'의 중세국어 형태는 '섯ᄃᆞᆯ'이다. 이 말은 어원적으로 '설[元旦]+ㅅ(사잇소리)+ᄃᆞᆯ[月]'로 분석되므로, '설의 달'이라는 뜻이다. 어원적 형태인 '섨ᄃᆞᆯ'에서 받침 'ㄹ'은 'ㅅ' 앞에서 탈락하여 '섯ᄃᆞᆯ'이 된 것이다.

[二] 15세기 문헌인 『구급방언해(救急方諺解)』(1466)의 'ᄯᅩ 섯ᄃᆞ래 牛馬猪羊雞狗의 ᄆᆞᄅᆞᆫ ᄯᅩᇰᄋᆞᆯ 細末ᄒᆞ야 므레 프러 머그면(또 섣달에 소, 말, 돼지, 양, 닭, 개의 마른 똥을 잘게 갈아 물에 풀어서 먹으면)'에서 '섯ᄃᆞᆯ'이란 형태로 처음 나타난다. 16세기에 나타나는 '섣달'은 '섯ᄃᆞᆯ'의 받침 'ㅅ'이 발음에서 'ㄷ'과 구분되지 않은 것을 표기에 반영된 것이며, 'ᄃᆞᆯ'이 '달'이 된 것은 16세기의 상황에서는 예외적이다. 17세기에는 '섣ᄃᆞᆯ, 섯ᄃᆞᆯ, 섯ᄯᆞᆯ' 등으로 표기되었지만 이들 형태의 발음은 모두 같다. 18세기의 '섯ᄃᆞᆯ, 섯달'을 거쳐, 이후 19세기와 20세기 초기까지는 '섯달'로만 표기되었다. 중세국어 형태인 '섯ᄃᆞᆯ'은 '설+ㅅ+ᄃᆞᆯ'로 이루어진 말이다. 'ㅅ' 앞에서 'ㄹ'이 탈락하는 중세국어의 음운 현상에 의하여 '섯ᄃᆞᆯ'이 되고, 받침에서 'ㅅ'과 'ㄷ'의 구분이 없어짐에 따라 '섣ᄃᆞᆯ'이 되기도 한 것이다. 비록 제2 음절에 위치한 'ㆍ'이지만, '섯ᄃᆞᆯ'의 경우는 'ᄃᆞᆯ[月]'의 변화에 따라 18세기부터는 '섯달'이 된 것이다.

三 현대국어의 맞춤법에서 그동안의 '섯달'을 '섣달'로 표기하고 있다. 이것은 16세기와 17세기에 걸쳐 나타난 '섣달, 섣둘' 등의 표기와는 성격이 다르다. 즉 16세기와 17세기의 'ㄷ' 받침은 'ㅅ'을 달리 적은 것에 불과하지만, 현대국어 '섣달'의 받침 'ㄷ'은 '설'의 받침 'ㄹ'에서 온 것이라고 해석하여 'ㄷ'으로 표기하고 있기 때문이다. 이러한 해석에 의한 표기는 '삼짇날, 숟가락' 등에도 적용되었지만, 역사적 관점에서 보면 옳지 않은 표기이다. 즉 'ㅅ' 앞에서 'ㄹ'이 탈락하여 '섨둘> 섯둘'의 과정을 거친 것이므로 현대국어 표기에서도 '섯달'이 되는 것이 옳다.

四 옛날의 중국의 역법에서 음력 12월이 정월(正月)이었으므로, 이러한 풍습의 영향을 받아 음력 12월이 '설의 달'의 어원적인 뜻을 가진 '섣달[臘月]'이 된 것이다. 중국의 은(殷) 나라 때에는 음력 12월이 정월이었다.

㋅ 설[元旦]+ㅅ(조사/사잇소리)+둘[月]

㋫ *섨둘> 섯둘> 섣둘> 섣달

㋭ • 섯ᄃ래 봀 ᄠᅳ디 뮈니(臘月春意動, 두시언해-초간 10-45)
　• 시절을 섣둘을 만난ᄂᆞ디라(동국신속삼강행실도 효-1-12)

☞ 설

설 ㊅ 새해의 첫날, 또는 그날을 명절로 이르는 말.

㊀ 중세국어 형태도 '설'이다. 중세국어에서 '설'은 자립 명사와 의존 명사의 두 용법이 있다. 현대국어에서는 '한 살[一歲], 두 살[二歲]' 등과 같이 쓰지만, 중세국어에서는 '흔 설, 두 설' 등으로 표기된다. '설[元旦, 歲]'에서 의존 명사 '살[歲]'이 분화되어 나온 것은 근대국어 후기의 일이다.

㊁ '설'의 어원을 한자 '歲(세)'의 상고음인 [*sjwat]에서 찾는 경우도 있고(崔昌烈 1984), 고유어 '새[新]'와 관련시키는 경우도 있다(천소영 1986). 아마도 전자(前者)의 가능성이 좀 더 높아 보이지만 확인할 수 없다는 것이 난점이다.

㋅ 설[元旦]

㋫ 설

㋭ • 梅花ㅅ 부리 설 아래 ᄠᅥ디니(梅藥臘前破, 두시언해-초간 18-4)
　• 그 아기 닐굽 설 머거 아비 보라 니거지라 흔대(월인석보 8-101)

☞ 살

설거지 圐 ① 먹고 난 뒤 그릇을 씻어 치우는 일. 뒷설거지. ② '비설거지'의 준말.

⊟ 중세국어에 '설엊다[收拾]'란 동사가 사용되었다. 그런데 15세기에는 동사 '설다' 가 있었으며, '설다'는 '정리하다, 거두다' 등의 의미로 파악되므로, 중세국어 '설엊 다'는 최종적으로 '설+겆다'의 구조인 것이 확인된다. 19세기에 나타난 '설거지'는 중세국어의 '설엊-+-이'와는 달리 'ㄱ'을 탈락시키지 않은 형태라는 점에서 주목된 다. 이것은 'ㄱ'을 탈락시키지 않은 '설겆-+-이'가 19세기 이전부터 민간에서 사용되 고 있었다는 것을 의미한다.

⊟ 19세기 문헌인 『국한회어(國漢會語)』(1895)에 현대국어와 같은 '설거지'가 나 타나며, 20세기에는 '설겆이'로도 표기되었다. 그러나 15세기 문헌인 『월인석보(月 印釋譜)』(1459)의 '갸ᄉ를 몯 다 설어젯더이다(그릇을 다 설거지하지 못하였습니 다)'에서 알 수 있는 바와 같이 '설엊다'란 동사가 중세국어에 사용되고 있음을 확인 할 수 있다. 중세국어 표기에서 '서렂다'로 적지 않고, '설엊다'로 표기한 것은 이 말 이 '설겆다'에서 왔다는 것을 말해 준다. 즉 중세국어의 '몰애[沙]'와 '놀애[歌]' 등은 각각 '몰개'와 '놀개'에서 'ㄱ'이 탈락한 형태이기 때문에 '모래, 노래'로 적지 않는다. 그러므로 '설거지'는 '설겆-+-이'의 어원적인 구조로 파악된다. 아마 15세기에 '설엊 다'의 파생 명사가 있었다면 '설어지'로 표기되었을 것이다. 그런데 15세기 문헌인 『월인석보(月印釋譜)』(1459)의 '갸ᄉ를 몯 다 서러 잇는 ᄃ시 ᄒ옛더니(그릇을 다 정리하지 못한 듯이 하였더니)'에서 동사 '설다'를 확인할 수 있다. '설다'는 '정리하 다, 거두다' 등의 의미로 파악되므로, '설엊다'는 '설+겆다'의 구조인 것이 확인된다. 다만 '겆다'의 용례를 확인할 수는 없으므로, '겆다'의 어원적 의미를 확정할 수 없 다는 것이 난점이다. 19세기에 나타난 '설거지'는 중세국어의 '설엊-+-이'와는 달리 'ㄱ'을 탈락시키지 않은 형태라는 점에서 주목된다. 이것은 'ㄱ'을 탈락시키지 않은 '설겆-+-이'가 19세기 이전부터 민간에서 사용되고 있었다는 것을 의미한다.

⑳ 설겆[收拾]+이(접사)

⑪ *설겆이> 설엊이> 설거지

⑳ • 즁님낸 다 나가시고 갸ᄉ를 몯 다 설어젯더이다(월인석보 23-74)

- 우리 샐리 짐돌 설어즈라(번역노걸대 상-38)
- 설엊다(收拾, 어록해 23)

설렁탕(一湯) 圀 소의 머리·내장·족·무릎도가니 등을 푹 고아서 만든 국. 또는 그 국에 밥을 만 음식. '설농탕(雪濃湯)'으로 씀은 취음 표기이다.

囯 이 말의 어원에 대해서는 크게 네 가지 견해가 엇갈린다. 첫째는 '셜넝탕'의 '셜넝'이 '션농단(先農壇)'의 '션농'에서 왔다는 견해이다. 둘째는 중세 몽골어에 'šülen'에서 왔다는 견해이다. 중세 몽골어 'šülen'은 음식의 종류로서 '탕(湯)'을 뜻한다. 셋째는 한자어 '셜롱(雪濃)'에서 왔다는 견해이다. 국물이 하얗고 진하기 때문이라는 것이다. 넷째는 '설렁설렁 끓인 탕'이라는 것이다. 이러한 견해들은 아직 결정적인 것이 없어서 '설렁탕'의 어원은 미상이다. 그러나 '국물 음식'을 의미하는 중세 몽골어 'šülen[湯]'에서 온 것이라는 것이 가장 유력한 어원이다. 이렇게 되면 어원적으로 '설렁탕'은 같은 의미인 '설렁'과 '탕(湯)'이 중첩된 말이다.

囯 19세기 문헌에 '셜넝탕'으로 나타나고, 20세기의 문학 작품에 '설렁탕, 설넝탕' 등으로 이어지다가 현대국어의 '설렁탕'이 되었다. 이 말의 어원에 대해서는 크게 네 가지 견해가 엇갈린다. 첫째는 '셜넝탕'의 '셜넝'이 '션농단(先農壇)'의 '션농'에서 왔다는 견해이다. '先'의 중세 및 근대국어 한자음이 '션'이다. 경칩이 지난 첫 해일(亥日)에 동대문 밖에 '션농단(先農壇)'을 쌓고 풍년을 비는 제사를 지낸 다음 소를 잡아서 끓인 국을 나누어 먹었다는 것인데, 이로부터 '션농탕'이란 말이 생기고, 이 말이 '셜넝탕'을 거쳐 '설렁탕'이 되었다는 견해이다. 둘째는 중세 몽골어에 'šülen' 에서 왔다는 견해이다. 중세 몽골어 'šülen'은 음식의 종류로서 '탕(湯)'을 뜻한다. 셋째는 한자어 '셜롱(雪濃)'에서 왔다는 견해이다. 국물이 하얗고 진하기 때문이라는 것이다. '雪濃'의 중세 및 근대국어 한자음이 '셜롱'이다. 넷째는 설렁설렁하게 끓인 탕이어서 '설렁탕'이라는 것이다. '션농(先農)'에서 '셜넝'이 되는 것도 음운적으로 설명이 쉽지 않고, 더욱이 선농단(先農壇)과 관련된 이러한 견해는 거의 민간어원의 성격이기 때문에 믿기 어렵다. 중세 몽골어 'šülen'에서 왔다는 것이 제법 그럴듯하지만, 'šülen'에서 '셜넝'이 되는 것을 설명하기 어렵고, 그 차용 과정이 문헌에서 밝혀진 것이 없어서 실증적이지는 않다. 음운적으로는 '셜롱(雪濃)'이나 '설렁설렁' 등에서 왔다는 것이 형태적으로는 근사하지만, 이것 역시 문헌 근거가 없어서 믿기 어렵다. 아직까지 '설렁탕'의 어원은 미상이므로, 언어학적으로는 미지의 음식을 먹고 있는 셈이다.

[원] (몽골어)šülen[湯]+湯

[변] šülen+湯(탕)> 설렁탕

☞ 수라

설마 [부] 아무리 그러하기로(부정적인 추측을 강조할 때 씀). 설마하니. 설마한들.

[一] '설마'의 중세국어 형태는 '현마'이며, 이 말은 '현[幾]+마[程度]'로 분석된다. 중세국어의 '현'은 현대국어 '몇[幾]'에 해당하며, '마'는 중세국어에서 '만큼'에 해당하는 조사로 사용되었다.

[二] 15세기 문헌인 『석보상절(釋譜詳節)』(1447)의 'ᄂᆞ외야 현마 모딘 罪業을 짓디 아니ᄒᆞ리니(다시는 차마 모진 죄업을 짓지 아니할 것이니)'에서 '현마'의 형태로 나타난다. 이 형태는 19세기까지도 명맥이 유지되었으나, 17세기에 이미 '셜마, 설마'로 표기되어 일찍부터 'ㅎ'이 'ㅅ'으로 구개음화되고, 받침의 'ㄴ'이 'ㄹ'로 바뀐 변화가 진행되었음을 알 수 있다. 19세기에는 '현마, 혈마, 셜마' 등으로 'ㅎ' 유지 형태가 우세하다가, 20세기에는 '설마, 셜마, 혈마' 등으로 'ㅅ'으로 바뀐 형태가 우세하였다. 중세국어 형태인 '현마'는 '현+마'로 분석된다. 중세국어의 '현'은 현대국어 '몇[幾]'에 해당하며, 중세국어의 '마'는 『석보상절(釋譜詳節)』(1447)의 '사ᄅᆞᄆᆡ 무레 사니고도 즁싱마도 몯호이다(사람의 무리에 살고 있으면서도 짐승만도 못합니다)'에서와 같이 '만큼'에 해당하는 조사로 사용되었다. 중세국어에서 '현마'의 기본적 의미는 '현맛 衆生이(얼마의 중생이)'에서와 같이 현대국어 '얼마'에 해당하여 명사에 해당하지만, 중세국어에서도 이미 현대국어와 같은 부사 용법으로 사용되었다. 근대국어에서 '현마, 혈마, 셜마, 설마' 등은 명사적 용법은 없어지고 완전히 부사적 용법만 남았다.

[원] 현[幾]+마[程度]

[변] 현마> 혈마> 셜마> 설마

[예] • 如來ㅅ긔 현맛 衆生이 머리 조ᄾᆞᄫᅡ뇨(월인석보 2-48)

- 현마 七寶로 수며도 됴타 호리잇가(월인천강지곡 상-44)
- 혈마 고살리를 먹그려 캐랴시라(고시조)
- 셜마 업스랴 ᄒᆞ더라(고시조)

☞ 얼마

설빔 圐 설에 새로 차려입거나 신는 옷이나 신발 따위.

☐ '설빔'은 '설[元旦]+빗[飾]+음(명사형 접사)'의 어원적 구조로 분석되므로, '설빔'은 원래 '설날의 꾸밈'이라는 뜻에서 조어된 것임을 알 수 있다. 중세국어에서 '빗다[飾]'는 'ㅅ' 불규칙 동사이므로, '설비슴> 설비음> 설빔'의 변화 과정을 겪은 것이다.

☐ 20세기 문학 작품에서 비로소 등장하는 '설빔'은 옛날 문헌에 나타나지 않는다. 그러나 이 말은 '설빔'의 후부 요소인 '빔'의 역사성을 고려할 때, 그리고 '혼인빔, 추석빔, 명절빔, 단오빔' 등의 관련 어휘를 생각할 때 오래전부터 사용된 말임이 분명하다. 중세국어 형태를 기준으로 이 말은 어원적으로 '설+빗-+-음'으로 분석된다. '설'은 옛날이나 지금이나 계속 쓰이는 말이므로 설명이 필요하지 않다. 중세국어에서 '빗다'는 '꾸미다, 장식하다'의 뜻을 가진 말이었다. 『석보상절(釋譜詳節)』(1447)의 '겨집의 ᄂᆞᄎᆞᆯ 빗어'는 '계집의 낯을 꾸며'로 해석되고, 역시 같은 문헌의 '위두ᄒᆞᆫ 오소로 빗이시고'는 '가장 좋은 옷으로 꾸미게 하시고'로 풀이되므로 중세국어의 동사 '빗다'를 확인할 수 있다. 'ㅅ' 불규칙 동사 어간 '빗-'에 명사를 만드는 접미사 '-음/-옴'이 연결되면 '비슴/비숨, 비슴/비솜' 등이 될 것인데, 16세기 문헌에는 'ㅿ'이 탈락한 '비옴, 비음, 비움' 등이 나타나며, 현대국어의 방언에는 '비슴'이 남아 있다. 다만 중세국어에 나타나는 '빗옴, 빗움' 등은 원래 명사형 어미 '-옴/-움'의 연결형이지만 파생 명사로도 사용되었으며, 16세기의 '비옴'은 이들 형태에서 'ㅿ'이 탈락한 것이다. '비옴, 비음'은 '비음'으로 통일되고, 다시 '빔'으로 축약되기도 한다. '비음'과 '빔'은 현대까지 그대로 이어졌다. 다만 사전의 표제어 처리에서 '비음, 설비음' 등이 올라 있기는 하지만, 기본 표제어는 '빔, 설빔' 등이므로 축약 형태의 지위가 더 확고하다.

㉮ 설[元旦]+빗[飾]+음(명사형 접사)

ⓟ *설비슴> 설비음> 설빔

섭씨(攝氏) ⓜ 섭씨온도계의 눈금의 명칭. '섭씨온도'의 준말. 'C'로 표시함.
ⓔ 이 말은 섭씨온도의 측정 눈금을 고안한 스웨덴의 천문학자 셀시우스(A. Celsius, 1701~1744)의 한어(漢語) 음역 이름인 '攝爾思'에서 유래한 것이며, 줄여서 '섭씨(攝氏)'라고 하게 된 것이다.
ⓦ (스웨덴어)A. Celsius
ⓟ Celsius> (漢語)攝爾思> (漢語)攝氏> 섭씨
☞ 열씨(列氏), 화씨(華氏)

성가시다 ⓗ 자꾸 들볶거나 번거롭게 굴어 괴롭고 귀찮다.
ⓔ '성가시다'의 중세국어 형태는 '셩가시다'이다. 16세기부터 'ㅇ' 모음이 탈락한 '셩가시다'가 나타나 19세기까지 '셩가시다'와 공존하고, 20세기에는 '셩가시다'와 함께 'ㅅ' 다음에서 반모음 'ㅣ [j]'가 탈락한 '성가시다'가 등장하여 현대로 이어졌다. 중세국어에서 '셩가ᄉ다'의 의미는 '파리하다, 초췌하다'의 뜻이다. '가시다'는 '변하다, 고치다'의 뜻이므로, '셩가시다'는 '性(셩)+가시다'의 구조로 분석된다는 것을 알 수 있다. 그러므로 '셩가시다'의 어원적 의미는 '성질이나 성품이 바뀌다'에 해당한다.
ⓔ 15세기 문헌인 『월인석보(月印釋譜)』의 '스믈여슷차힌 셩가신 양직 업스시며(스물여섯째는 초췌한 모습이 없으시며)'에서 '셩가시다'의 형태로 처음 나타난다. 중세국어에서 '셩가ᄉ다'의 의미는 '파리하다, 초췌하다'로서 현대국어의 '괴롭고 귀찮다'와는 차이가 있다. 중세국어에서 '가시다'는 '변하다, 고치다'의 뜻이므로, '셩가시다'는 '性(셩)+가시다'의 구조로 분석된다는 것을 알 수 있다. 중세국어의 '가시다'는 근대국어의 '가싀다'를 거쳐 현대국어의 '가시다'로 바뀌었으므로, 현대국어 '가시다'의 '시'가 주체존대를 나타내는 선어말어미가 아니라는 것을 알 수 있다. 현대국어의 '가시다'는 '흥분이 가시다, 핏기가 가시다' 등에서 '변하다, 달라지다'의 의미로 사용된다. '性'의 중세국어 한자음은 '셩'이며, 성조는 상성(上聲)과 거성(去聲)의 두 가지가 있다. 중세국어에서 '셩가시다'의 '셩'은 거성이다.

ⓔ 性(셩)+가시[變, 改]+다(어미)

ⓗ 셩가시다> 셩가싀다> 셩가시다

ⓔ • 만히 머그닌 양직 셩가서더니(월인석보 1-42)

　　• 셩가실 쵸(憔, 훈몽자회 중-33)

　　• 셩가실 췌(悴, 신증유합 하-14)

성냥 ⓝ 마찰하여 불을 켜는 물건.

▣ '성냥'의 중세국어 형태는 '셔류황'이고, 근대국어 형태는 '셕류황'이다. 이 말은 한자어 '石硫黃'에서 온 말이다. '石硫黃'을 근대국어 한자음으로 읽으면 '셕류황'이다. 근대국어 형태가 어원에 충실한 표기이다.

▣ 중세의 '셔류황' 이후에 17세기 문헌인 『언해태산집요(諺解胎産集要)』(1608)의 '셕류황과 오슈유를 ᄀ티 ᄀᄅ 빙ᄀ라(석류황과 오수유를 같이 가루 만들어)'에서 '석류황'의 형태로 나타난다. 이 말은 같은 시대의 다른 문헌에서는 한자어 '石硫黃'을 보여 주고 있으므로, 이 말이 한자어에서 왔다는 것을 알 수 있다. 19세기 문헌에는 '셕류황, 셕뉴황, 셕냥' 등으로 표기되었는데, 축약 형태인 '셕냥'이 나타나 현대의 형태와 거의 유사하게 되었다. '셕냥'은 발음이 [셩냥]이므로 '성냥'과는 반모음 'ㅣ[j]'의 차이밖에 없다. 20세기에는 한자어 형태에 충실한 '셕류황'과 함께 '셕냥, 성냥'이 나타나면서 현대국어 '성냥'으로 이어졌다. '셕류황'의 표기가 계속된 것은 이 말이 한자어 '石硫黃'이면서 한약재로서 민간에서 계속 사용되었기 때문이다. '석류황'이 불을 켜는 데 이용된 것은 18세기 문헌인 『역어유해(譯語類解)』에 '取燈 뭇친 셕류황'을 통해서 확인할 수 있다. 그러나 여기에서도 '셕류황'은 불을 켜는 도구라기보다는 불을 켜는 데 사용하는 재료라는 뜻이다. 불을 켜는 편리한 도구로서 현대국어 '성냥'의 성립은 20세기 이후의 일이다. 한자어로서 화학 원소를 가리키는 '셕류황'은 현대국어 '석유황(石硫黃)'으로 이어졌다. 이 말은 '석+유황'으로 분석되는 말이므로, '유황'의 표기에 두음법칙을 적용한 것이다.

ⓔ 石硫黃

ⓗ 石硫黃(석류황)> 석뉴황> 성냥

ⓔ • 셔류황(硫黃, 구급간이방 1-52)

• 셕류황(石硫黃, 동의보감 탕액 3)

• 셕뉴황(硫黃, 동문유해 하-23)

세로 [명][부] 위에서 아래로 곧게 내려오는 모양. 또는 그렇게 놓인 상태. 종(縱).

[一] '세로'의 중세국어 형태는 '셰'이다. 이 말은 '셔다[立]'의 사동 형태인 '셰다'의 어간이 그대로 명사와 부사로 사용된 것이다.

[二] 현대국어의 '세로'는 중세 및 근대국어의 '셰'에 조사 '로'가 연결된 형태이다.

[원] 셔[立]+이(사동접사)

[변] 셰> 셰+로(조사)> 세로

[예] • ᄒᆞ녁 셰부터 프롤 다 뷔여 어드니라(금강경삼가해 4-31)

• ᄀᆞᄅᆞ 쒸고 셰 쒸다(橫跳竪跳, 역어유해보 60)

☞ 세우다

세우다 [동] 눕거나 넘어진 것을 바로 서게 하다. 일으켜 서게 하다.

[一] 현대국어 '서다[立]'의 중세국어 형태는 '셔다'이며, 사동 접사(使動接辭) '이'가 결합된 형태는 '셰다'이다.

[二] 중세국어에서 '셔다'의 사동 형태는 '셰다'가 주로 사용되었지만, 사동 접사 '오/우'가 '셰다'에 결합된 '셰오다/셰우다'가 중세국어의 후기 문헌에 나타난다. 그러므로 '셰오다/셰우다'는 '셔다'에 사동 접사가 이중으로 결합된 형태이며, 현대국어 '세우다'의 소급 형태이다.

[원] 셔[立]+이(사동접사)+우(사동접사)+다(어미)

[변] 셰다> 셰오다/셰우다> 세우다

[예] • 中興主를 셰시니(용비어천가 11장)

• 제 아ᄃᆞᆯ 셰오져 ᄒᆞ야(내훈-선조 서-5)

• 셰울 수(竪, 신증유합 하-54)

셋째 [명][수][관] 세 개째. 세 번째.

[一] '셋째'의 중세국어 형태는 '세차히'이며, 이 말은 '세ㅎ[三]+자히[次](접사)'의 구

조로 분석된다. 중세국어에서 '세차히'가 온전한 형태지만, 준말이라고 할 수 있는 '세차'란 형태도 함께 쓰였다.

[三] 중세국어의 '차히/차'가 어원적으로 한자 '次'에서 온 듯하지만, '-차히'의 원래 형태는 '-자히'이며 아울러 '次'의 중세국어 한자음이 'ᄎᆞ'이므로 이러한 견해는 성립할 수 없다.

[원] 세ㅎ[三]+자히[次](접사)

[변] 세차히/세차> 셋재/세재> 셋째

[예] • 세차힌 니마히 넙고 平正ᄒᆞ시며(월인석보 2-56)

• 슬프다 세찻 놀애 블로매 놀애롤 세 번 브르노니(두시언해-초간 25-27)

• 셋재(번역소학 8-21)

• 세재(번역박통사 상-4)

소 [명] 송편이나 만두 따위를 만들 때, 맛을 내기 위하여 익히기 전에 속에 넣는 여러 가지 재료.

[一] '소'의 중세국어 형태는 '소ㅎ'이다. 이 말은 중세국어의 '솝/속[裏]'에서 형태 변화를 거쳐 분화된 말로 생각된다.

[二] 중세국어에서 '솝'은 '속'보다 널리 사용되었고, '솝서근플, 솝우틔' 등과 같은 합성어를 참조하면 '속'이 '솝'에서 변화된 형태라는 것을 알 수 있다. 음운 변화의 관점에서도 '솝> 속'의 변화가 자연스러운 과정이며, '거붑[龜]> 거북'과 같은 변화도 함께 참조하면 '솝'이 어원적 형태임을 알 수 있다. 이렇게 되면 '솝> 속> 소ㅎ'과 같은 변화 과정을 설정하게 되며, 특히 근대국어에서 '소ㅎ'이 '속[裏]'의 뜻으로 사용된 경우가 있으므로, 이러한 변화 과정의 설정에 무리가 없다.

[원] 솝[裏]

[변] 솝> 속> 소ㅎ> 소

[예] • 상홧 소해 쓰다(번역노걸대 하-39)

• 고기 소 녀흔 상화(肉包, 역어유해 상-51)

☞ 속

소나기 [명] 갑자기 세차게 쏟아지다가 곧 그치는 비. 소낙비. 백우(白雨). 취우(驟雨).

[一] '소나기'의 중세국어 형태는 '쇠나기'이다. 이 말은 18세기까지 그대로 쓰이다가, 19세기부터는 제1 음절에서 반모음 'ㅣ[j]'가 탈락한 '소나기'가 되어 현대로 이어졌다. '쇠나기'는 '쇠+나-+-기'로 이루어진 말이다. 중세국어에서 '쇠'는 '몹시'의 뜻에 해당하는 부사이다. '나-'는 '나다[出]'의 어간이므로, '쇠나기'의 어원적 의미는 '몹시 나오는 것'에 해당한다. 이 의미를 비에 적용하면 '몹시 내리는 비'가 된다.

[二] 15세기 문헌인 『분류두공부시언해(초간본)』(1481)의 '쇠나기예 흐르ᄂᆞᆫ 지니 듣ᄂᆞ니(凍雨落流膠, 소나기에 흐르는 액이 떨어지니)'에서 '쇠나기'의 형태로 처음 나타난다. 이 말은 18세기까지 그대로 쓰이다가, 19세기부터는 제1음절에서 반모음 'ㅣ[j]'가 탈락한 '소나기'가 되어 현대로 이어졌다. '쇠나기'는 '쇠+나-+-기'로 이루어진 말이다. '쇠'는 『번역소학(飜譯小學)』(1517)의 '쇠 치운 저기며 덥고 비오ᄂᆞᆫ 저긔도(몹시 추운 때며 덥고 비오는 때에도)'에서 알 수 있는 바와 같이 '몹시'의 뜻에 해당하는 부사이다. '나-'는 '나다[出]'의 어간이므로, '쇠나기'의 어원적 의미는 '몹시 나오는 것'에 해당한다. 근대국어 문헌에서 '쇠나기'는 한자어 '過雨(과우)'로 표기되기도 하므로, '쇠나기'의 '쇠'가 정도가 지나치다는 뜻이라는 것을 다시 확인할 수 있다.

[三] 현대국어에서 '소나기'와 같은 뜻의 '소낙비'가 있다. 19세기 문헌인 『화어유초(華語類抄)』에 '쇠ᄂᆡᆨ비'란 표기가 있으므로, '소낙비'의 역사성도 무시할 수 없다는 것을 알 수 있다. '쇠ᄂᆡᆨ비'는 '쇠나기'의 'ㅏ'가 뒤에 오는 'ㅣ' 모음에 동화된 '쇠내기'를 '쇠ᄂᆡ기'로 적으면서, 여기에 '비'를 붙인 '쇠ᄂᆡ기비'가 줄어서 된 말이다. 그렇다면 '소낙비'는 '쇠나기'가 '소나기'가 되고, 여기에 '비'를 붙인 '소나기비'가 줄어서 된 말임을 알 수 있다.

[원] 쇠[强]+나[出]+기(접사)

[변] 쇠나기> 소나기

[예] • 쇠나기에 흐르ᄂᆞᆫ 지니 듣ᄂᆞ니(두시언해-초간 18-19)

• 쇠나기(驟雨, 동문유해 상-2)

소나무 [명] 소나뭇과의 상록 침엽 교목. 높이는 30m, 둘레는 6m 정도, 껍질은 검붉고 비늘 모양이며 잎은 바늘 모양으로 두 개씩 모여 남. 꽃은 늦봄에 피고 다음 해 가을에 구과(毬果)를 맺음. 중요한 삼림 식물로, 건축재, 침목, 도구재 따위의 여러 가지 용도로 씀.

[一] '소나무'의 중세국어 형태는 '소나모'이며, 이 말은 '솔[松]+나모[木]'의 구조로 분석된다. 치경음 'ㄴ' 앞에서 'ㄹ'이 탈락한 것이다. 중세국어에서는 '소나모'보다는 '솔'이란 단독 형태가 주로 사용되었다.

[원] 솔[松]+나모[木]

[변] 솔나모> 소나무

[예] • 손소 ᄒᆞᆰ 지며 솔 시므고(삼강행실도 효-24)

• 소나못 수프렛 뎌리 ᄀᆞᅀᆞᆳ ᄇᆞᄅᆞᆷ 나조히로다(두시언해-초간 9-19)

소낙비 [명] 소나기

☞ 소나기

소라 [명] 소랏과의 연체동물. 껍데기의 지름은 8cm, 높이는 10cm 정도이며 두껍고 단단함. 해초를 먹고 삶. 살은 식용하고 껍데기는 자개, 단추, 바둑돌 따위를 만듦.

[一] '소라'의 근대국어 형태는 '쇼라'이며, 이 말은 한어(漢語) '小螺'에서 온 것으로 생각된다. '小螺'를 중세 및 근대국어 한자음으로 읽으면 '쇼라'이다.

[원] (漢語)小螺

[변] 小螺(쇼라)> 소라

[예] • 쇼라(螺螄, 역어유해 하-38)

소바 [명] 일본식 메밀국수.

[一] '소바'는 일본어 'そば[soba, 蕎麥]'에서 온 말이다.

[二] '소바[soba]'는 소바를 만드는 재료인 'そばむぎ[sobamugi, 稜麥]'에서 온 말이며, 이 곡물은 稜角(능각)[そば]이 있기 때문에 이러한 명칭으로 불린다.

[원] (일본어)そば(蕎麥)

⑪ そば[soba] > 소바

소주 몡 곡식을 쪄서 누룩과 물을 섞어 발효시켜 증류한 무색 투명의 술.

① 16세기의 중세국어 문헌에서 '쇼쥬'의 형태로 나타난다. 19세기에 제1 음절에서 반모음 'ㅣ [j]'가 탈락한 '소쥬'가 되었다가, 20세기에는 경구개음 'ㅈ' 다음에서 변별성을 잃은 반모음 'ㅣ [j]'가 표기에서 제외되어 '소주'가 되었다. 이 말은 한자어 '燒酒'이다. '燒酒'를 중세 및 근대국어 한자음으로 읽으면 '쇼쥬'이다. 이 '소주'는 중국 원나라 시대에 들어왔다는 설이 유력하다. 소주를 아라비아어로 '아락'이라 하고, 만주어로는 '아르키'라고 한다. 그런데 소주를 이북에서는 '아랑주'나 '아락주'라고 하고, 이남에서는 '아롱주, 아랭이, 아래기' 등으로 부르는 것을 참조하면, '소주'가 들어오면서 외국어 명칭도 함께 들어왔다는 것을 짐작할 수 있다.

② 16세기 문헌인 『순천김씨간찰(順天金氏簡札)』(1565)의 '쇼쥬를 딥게 히여 먹고 죽고쟈(소주를 맵게 하여 먹고 죽고자)'에서 '쇼쥬'의 형태로 나타난다. 19세기 이후에 '소쥬'가 되었다가 다시 '소주'가 되었다. 'ㅅ' 다음에서 반모음 'ㅣ [j]'가 탈락한 것은 비변별성 때문은 아니지만, 일반 어휘 및 국어 한자음에서 '샤, 셔, 쇼, 슈' 등의 음절 구조가 '사, 서, 소, 수' 등이 되는 일관된 현상에 의한 것이다.

③ '소주(燒酒)'는 중국 원나라 시대에 들어왔다는 설이 유력하다. 이수광(李睟光)은 『지봉유설(芝峯類說)』(1614)에서 '燒酒出於元時 而唯爲藥用不堪放飮 故俗爲小盂曰燒酒盞(소주는 원나라 시기에 들어왔다. 오직 약용으로 조금만 먹을 뿐이므로, 민간에서 작은 그릇을 소주잔이라고 한다)'라고 하였는데, 상당히 믿을 만한 기록이라고 생각된다. 과실이나 곡물을 원료로 하여 술을 빚은 것은 오래된 일이지만, 이것을 다시 증류하여 만든 소주 제조법은 후대의 산물이다. 술의 증류법은 중세기 페르시아에서 발달되었다고 하며, 아라비아에서 원나라를 거쳐 우리나라에 전해진 것으로 추측된다. 소주를 아라비아어로 '아락'이라 하고, 만주어로는 '아르키'라고 한다. 그런데 소주를 이북에서는 '아랑주'나 '아락주'라고 하고, 이남에서는 '아롱주, 아랭이, 아래기' 등으로 부르는 것을 참조하면, '소주'가 들어오면서 외국어 명칭도 함께 들어왔다는 것을 짐작할 수 있다. 지금도 우리나라에서 소주를 전통의 비법으로 제조하고 있는 지역인 개성, 안동, 진도, 제주 등이 몽골군의 주둔지였던 점을 감

안하면 고려 후기에 원나라로부터 소주가 들어왔다는 견해는 믿을 만한 것이다.

㉭ 燒酒(쇼쥬)

㉫ 쇼쥬> 소쥬> 소주

㉠ • 쇼쥬를 밉게 히여 먹고 죽고쟈(순천김씨간찰)

   • 다만 쇼쥬과 술이라(삼역총해 8-17)

소쩍새 圀 올빼밋과의 새. 깊은 숲 속에 살며, 온몸에 회색 바탕에 갈색 줄무늬가 있음. 머리 위에 귀깃이 있고 짧은 부리는 끝이 안으로 구부러짐. 벌레를 잡아먹음. '소쩍소쩍' 하고 욺. 천연기념물 제324호임.

㊀ 근대국어 문헌에서 '솟젹다싀'로 나타난다. 20세기에는 '솟적새, 소쩍새' 등으로 표기되어 현대국어 '소쩍새'로 이어진다. 아마도 애초부터 이 새의 울음소리는 '소쩍'에 가까웠을 것이며, 울음소리에 의한 이 새의 이름도 '솟젹새'였을 가능성이 크다. 이로부터 근대국어 시기에 '솟젹'을 하나의 어구로 이해한 민간어원에 의하여 어미 '-다'를 붙인 '솟젹다'가 되고, 결국 '솟젹다싀'까지 되었다고 생각된다. '싀'의 중세국어 형태는 '새[鳥]'이다.

㊁ 18세기 문헌인 『청구영언(靑丘永言)』(1728)의 '草堂 뒤에 와 안저 우는 솟젹다싀야(초당 뒤에 와 앉아 우는 소쩍새야)'에서 '솟젹다싀'로 나타난다. 그리고 연대 미상의 조선시대의 시가집인 『고금가곡(古今歌曲)』의 '山中의 ᄉᆞ쟈ᄒᆞ니 杜鵑이도 붓그럽다 / 내 집을 구버보며 솟젹다 ᄒᆞᄂᆞ고야 / 君子는 安貧樂道니 긔 分인가 ᄒᆞ노라(山中에 살자하니 두견이도 부끄럽다 / 내 집을 굽어보며 솥 작다 하는구나 / 君子는 安貧樂道이나 그것이 분수인가 하노라)'에서는 '솟젹다'가 '솥이 작다'라는 뜻임을 분명히 보여 준다. 또한 조선 정조 때에 편찬된 것으로 추정되는 『병와가곡집(甁窩歌曲集)』의 '솟젹다 솟젹다 커눌 그 시 말를 고지듯고(솥 작다 솥 작다 하거늘 그 새 말을 곧이듣고)'에서도 이 새의 울음소리를 '솟젹다(솥이 작다)'의 의미로 사용하고 있음을 알 수 있다. 20세기에는 '솟적새, 소쩍새' 등으로 표기되어 현대국어 '소쩍새'로 이어진다. 아마도 애초부터 이 새의 울음소리는 '소쩍'에 가까웠을 것이며, 울음소리에 의한 이 새의 이름도 '솟젹새'였을 가능성이 크다. 이로부터 근대국어 시기에 '솟젹'을 하나의 어구로 이해한 민간어원에 의하여 어미 '-다'를 붙인 '솟젹다'

가 되고, 결국 '솟젹다식'까지 되었다고 보아야 할 것이다. '솥이 작다'라고 하는 것은 이제 풍년이 들 것이니 큰 솥을 마련하라는 예고인 것이다. 이러한 민간어원에 의하여 이 새의 한자 이름을 '풍년조(豊年鳥)'라고도 한다. 더욱 재미있는 것은 민간에서는 이 새가 '솟적' 하고 울면 흉년이 들고, '솟적다'라고 울면 풍년이 온다는 이야기가 전하기도 한다.

[원] 솟젹다/솟젹+새[鳥]

[변] 솟젹다새/솟젹새> 솟적새> 소쩍새

[예] • 草堂 뒤에 와 안저 우는 솟젹다식야(고시조, 청구영언)

• 杜鵑鳥 솟적다식(동한역어)

소쿠리 [명] 대나 싸리로 엮어 테가 있게 만든 그릇. 오합.

[一] 근대국어 형태는 '속고리'이므로, 이 말은 '속[裏]+고리[栲栳]'로 분석된다는 것을 알 수 있다. 원래 '고리'는 껍질을 벗긴 키버들을 지칭하며, 또는 이것으로 만든 광주리 같은 그릇을 말한다. '속고리'라고 한 것은 껍질을 벗긴 '고리'를 다시 강조한 말이다. '고리'는 한자어 '栲栳(고로)'에서 온 것이다.

[二] '속고리'가 '소코리'가 된 것은 '속> 소ㅎ'의 변화에 의한 것이다. '솝[裏]'에서 '속'이 된 것이 변화의 주류라고 한다면, '솝> 속> 소ㅎ/소'의 변화는 특수한 경우이다. 송편이나 만두의 속을 '소'라고 하는데, 이때의 '소'가 '솝> 속> 소ㅎ/소'의 변화에 의한 것이다.

[원] 속[裏]+고리[栲栳]

[변] 속고리> 소코리> 소쿠리

[예] • 광즈리며 속고리예(계축일기)

• 소코리(계축일기)

• 속고리(飯帚, 물보)

☞ 고리, 소

속 [명] 물체의 안쪽 부분.

[一] 중세국어에서는 '솝'과 '속'이 함께 사용되었지만, 초기 문헌을 중심으로 '솝'의

쓰임이 우세하다.

🔼 음운 변화의 관점에서 '솝> 속'의 변화가 자연스러운 과정이며, '거붑[龜]> 거북'과 같은 변화도 참조하면 '솝'을 어원적 형태라고 할 수 있다.

㋞ 솝[裏]

㋪ 솝> 속

㋙ • 瓶ㄱ 소배 ㄱ초아 뒷더시니(월인석보 24-50)
　 • 骨髓는 뼛소개 잇ᄂᆫ 기르미라(월인석보 1-13)

손톱 🔲 손가락 끝에 있어 그 부분을 보호하는 딱딱하고 얇은 조각.

🔼 중세국어 형태도 '손톱'이며, 이 말은 '손[手]+톱[爪]'으로 분석된다. 중세국어에서는 '손톱' 외에도 '솞돕'의 형태도 나타나지만, '손톱'이 어원적 형태이다.

🔼 중세국어의 '톱(성조는 去聲)'은 나무를 자르는 기구인 '톱[鋸]'과 손톱과 발톱을 의미하는 '톱[爪]'의 두 가지 뜻으로 사용되었지만, 어원이 다른 것은 아니다. 문제는 어느 것이 더 어원적인 의미인가 하는 것이지만, 신체의 명칭에 관련된 '톱[爪]'이 어원적 의미에 가까울 것으로 생각된다.

㋞ 손[手]+톱[爪]

㋪ 손톱

㋙ • 손토ᄇᆞᆯ 쏘 주시니(월인천강지곡 상-33)
　 • 솞돕 양ᄌᆞᄂᆞᆫ 鼻相이오(爪形鼻相也, 능엄경언해 3-43)

솜씨 🔲 손으로 무엇을 만들거나 어떤 일을 하는 재주.

🔼 '솜씨'의 근대국어 형태는 '손삐'이다. 18세기 문헌에는 '손삐, 손시' 등으로, 그리고 19세기에는 '손삐, 손시, 솜삐, 솜씨' 등의 다양한 형태로 표기되었다. 20세기에 '솜씨'로 통일되어 현대로 이어졌다. 이 말은 중세국어 형태를 기준으로 '손+ᄡᅳ-+-이'로 이루어진 말이다. 중세국어 'ᄡᅳ다'는 현대국어 '쓰다[用]'에 해당하는 말이므로, 어원적 의미는 '손을 사용하기'에 해당한다. 어원적 형태는 '손ᄡᅴ'이다. 여기에서 '으'가 탈락하여 '손삐'가 되고, 받침의 'ㄴ'이 뒤에 오는 'ㅂ'에 동화되어 '솜삐'가 된다. 이어서 'ㅄ'이 경음 'ㅆ'이 되어 최종적으로 '솜씨'가 된 것이다.

☰ 17세기 문헌으로 추정되는 『태평광기언해(太平廣記諺解)』의 '그 겨집의 손삐과 굿거눌(그 계집의 솜씨와 같거늘)'에서 '손삐'의 형태로 처음 나타난다. 어원적 의미는 '손을 사용하기'에 해당한다. 무슨 일이든지 손을 이용하여 재주껏 물건이나 음식을 만들기 때문에 이런 말을 만들어 사용했음을 알 수 있다. 이 말이 17세기에 '손삐'로 처음 나타나기 때문에, '손삐'에서 '솜삐'를 거쳐 '솜씨'가 되는 과정이 뒤늦었다고 생각하기 쉽다. 그러나 15세기의 '흔쁴'가 16세기 초엽에 '홈끠'로 나타나는 것을 참조한다면, '손삐'가 '솜삐'를 거쳐 '솜씨'로 된 것은 훨씬 이전에 일어난 변화로 추정된다. '손삐'의 표기가 17세기, 18세기, 19세기 등에 걸쳐 계속 문헌에 나타난 것은 당시의 발음을 충실히 표기했다기보다는 보수적인 표기를 유지한 것으로 해석된다. 특히 18세기의 '손시'는 '쁘다'의 어두 자음 'ㅂ'이 탈락한 형태이므로, 이미 '손시'가 어원 파악이 쉽지 않을 정도로 하나의 단어로 굳어졌음을 보여 준다.

㉿ 손[手]+쁘[用]+이(명사화 접사)

㉧ *손쁴> 손삐> 솜삐> 솜씨

㉠ • 저제 드러가 분 포는 디롤 두로 보니 그 겨집의 손삐과 굿거눌(태평광기언해 1-9)
  • 모옴이 령통ㅎ고 솜씨 민쳡ㅎ야(이언 2-12)
  • 솜씨(手才, 한불자전 427)

솜털 ㉲ 솜에서 일어나는 잔털. 썩 잘고 보드랍고 고운 털.

☐ '솜털'의 중세국어 형태는 '소옴터리'이며, 이 말은 '소옴[綿]+터리[毛]'로 분석된다.

☰ '소옴'은 현대국어 '솜'의 중세국어 형태이다. 현대국어 '털[毛]'의 중세국어 형태는 '터리'와 '털'이 함께 쓰였으나, 초기의 문헌을 중심으로 하면 '터리'가 주로 사용되었다.

㉿ 소옴[綿]+터리[毛]

㉧ 소옴터리> 솜털

㉠ • 소옴터리로 뷔 밍ㄱ니(번역박통사 상-44)

송골매(松鶻―) [명] 맷과의 맹조(猛鳥)의 총칭. 수리보다 작고 부리가 짧으며 발과 발톱이 가늘고, 날개와 꽁지는 비교적 폭이 좁으나 수리보다 빠르게 낢. 매. 송고리. 송골. 해동청(海東靑).

[一] '송골매'의 근대국어 형태는 '숑골ᄆᆡ'이다. 이 말을 중세국어 형태로 분석하면 '숑골[鷹]+매[鷹]'가 된다. 중세국어 '숑골[鷹]'은 '매'를 뜻하는 몽골어 'sinqor/sonqor[鷹]'에서 온 것이므로, 근대국어 '숑골ᄆᆡ'는 의미가 중첩된 조어라는 것을 알 수 있다.

[二] 중세국어에서는 '숑골, 숑고리' 등의 형태가 나타난다. 근대국어에서 '매'를 'ᄆᆡ'로 표기한 것은 'ᄋᆞ'의 음가가 '아'와 구분되지 않은 까닭이다.

[三] '송골매'의 '송골'은 설명한 바와 같이 몽골어 'sinqor/sonqor[鷹]'에서 온 말이므로, 국어사전에서 한자어 '松鶻(송골)'로 표기하고 있는 것은 어원에 맞지 않는다.

[원] (몽골어)sinqor/sonqor[鷹]

[변] sinqor/sonqor> 숑골> 숑골+매[鷹]> 숑골ᄆᆡ> 송골매

[예] • 숑골(海靑, 훈몽자회 상-15)

• 이ᄂᆡ 몸이 숑골ᄆᆡ 도여 ᄎᆞ고 올가 ᄒᆞ노라(고시조)

송곳 [명] 작은 구멍을 뚫는 데 쓰는 연장.

[一] 15세기 중세국어 중세국어 형태는 '솔옷'이다. 이 말은 16세기 문헌에서는 '솔옺'으로 나타나므로, 15세기의 '솔옷'은 팔종성 표기에 의하여 '솔옺'을 '솔옷'으로 적은 것임을 알 수 있다. 그런데 역시 16세기의 문헌에서는 '錐 송곳 츄'라고 하여 현대국어와 같은 '송곳'을 보여 준다. '솔옷/솔옺'은 '솔-[細, 窄]+곶[串]'의 구조로 분석되며, '송곶'은 '솔-[細, 窄]+-ㄴ(어미)+곶[串]'의 구조로 이루어진 말이다. '솔-+-ㄴ+곶'은 '손곶'이 되며, '손곶'에서 연구개음 'ㄱ' 앞의 치경 비음 'ㄴ'이 조음 위치 동화를 입어 연구개 비음 'ㅇ'이 되면 '송곶'이 된다. 그리고 받침 'ㅈ'이 'ㅅ'으로 표기되어 '송곳'이 된 것이다. 중세국어부터 사용된 '솔다'는 '좁다'라는 뜻이다.

[二] 15세기 문헌인 『분류두공부시언해(초간본)』(1481)의 '집마다 솔옷 긑 니르리 ᄃᆞ토미 ᄡᆞᄅᆞ도다(家家急競錐, 집마다 송곳 끝에 이르도록 다툼이 빠르도다)'에서 '솔옷'의 형태로 처음 나타난다. 이 말은 16세기 문헌인 『번역박통사(飜譯朴通事)』

(1517)의 '하ᄂᆞᆯ 듧ᄂᆞᆫ 솔오재(하늘 뚫는 송곳에)'에서는 '솔옺'으로 나타나므로, 15세기의 '솔옷'은 팔종성 표기에 의하여 '솔옺'을 '솔옷'으로 적은 것임을 알 수 있다. 그런데 16세기 문헌인 『신증유합(新增類合)』(1576)에서는 '錐 송곳 츄'라고 하여 현대국어와 같은 '송곳'을 보여 준다. 그러므로 중세국어에서는 '솔옷/솔옺'과 '송곳'이라는 형태적 차이가 있는 두 말이 공존하였다는 것을 알 수 있다. '솔옺/솔옷'과 '송곳'의 동행은 중세국어로 끝이 나고, 근대국어부터는 '송곳'만이 사용되었다. '솔옷/솔옺'은 '솔-[細, 窄]+곶[串]'의 구조로 분석되며, '송곳'은 '솔-[細, 窄]+-ㄴ(어미)+곶[串]'의 구조로 이루어진 말이다. '솔-+-ㄴ+곶'은 'ㄹ'이 탈락하여 '손곶'이 되며, '손곶'에서 연구개음 'ㄱ' 앞의 치경 비음 'ㄴ'이 조음위치 동화를 입어 연구개 비음 'ㅇ'이 되면 '송곶'이 된다. 그리고 받침 'ㅈ'이 'ㅅ'으로 표기되어 '송곳'이 된 것이다.

[三] '솔다'란 말은 현대국어에서 사용되고 있으며, 중세국어의 '솔옺'을 참조하면 중세국어 이전부터 '솔다'란 말이 사용되고 있었음을 알 수 있다. '솔다'가 '좁다'라는 뜻인 것은 『용비어천가(龍飛御天歌)』(1477)의 '손돌'이란 어휘로부터 짐작할 수 있다. '손돌'은 '솔-[細, 窄]+-ㄴ(어미)+돌[梁]'의 구조로 분석되며, 그 의미는 '좁은 도랑(또는 여울, 해협)'이다.

[원] ① 솔[細, 窄]+곶[串] ② 솔[細, 窄]+ㄴ(관형사형 어미)+곶[串]

[변] *솔곶> 솔옷/솔옺, *손곶> 송곳

[예] • 집마다 솔옷 근 니르리 ᄃᆞ토미 ᄲᆞᄅᆞ도다(家家急競錐, 두시언해-초간 3-5)

• 송곳 츄(錐, 신증유합 상-28)

송아지 [명] 어린 소.

[一] '송아지'의 중세국어 형태는 '숑아지'이다. 이 말은 '쇼[牛]+아지(접사)'의 구조로 이루어진 말이며, '-아지'는 '작은 것'을 나타내는 접미사이다. 접사 '-아지'의 'ㆁ[ŋ]' 초성이 받침으로 내려가 '숑아지'가 된 것이다.

[원] 쇼[牛]+아지(접사)

[변] 쇼아지> 숑아지> 송아지

[예] • ᄀᆺ난 숑아지 플 먹디 아니ᄒᆞ야셔(구급간이방 2-113)

• 숑아지 독(犢, 훈몽자회 상-18)

송진(松津) 図 소나무나 잣나무에서 분비되는 끈적끈적한 액체. 독특한 향기가 있으며 굳으면 황갈색의 무른 유리와 같은 상태가 된다. 송고. 송방. 송지.

⊟ 중세국어에서는 고유어 '솔[松]'과 한자어 '津(진)'의 결합인 '솘진, 솑진'이란 말이 사용되었다. 그러므로 그 발음은 [솔진]이 아니라 [솔찐]이었음을 알 수 있다. 그런데 중세국어의 다른 문헌에서는 받침이 모두 탈락한 '소진'이란 형태도 나타난다. 그러므로 고유어와 한자어의 결합인 '솘진'으로부터 한자어 '숑진(松津)'으로 교체된 것은 받침이 탈락한 '소진'으로부터 그 교체가 용이하게 되었다고 생각된다. 한자어 '松津(숑진)'은 근대국어의 문헌으로 추정되는 『낙천등운(落泉登雲)』에 나온다.

㋲ 솔[松]+ㅅ(조사/사잇소리)+津(진)

㋫ 솘진/솑진> 소진> 松津(숑진)> 송진

㋈ • 琥珀은 솘지니 따해 드러 一千年이면 茯苓이 ᄃᆞ외오(월인석보 8-10)

  • 솘지눌 니겨 쩍 빙ᄀᆞ라 브티라(구급방언해 하-63)

  • 茯苓은 소진이 따해 드러 千年이면 化ᄒᆞ야(남명집언해 상-67)

  • 초상을 송진의 ᄭᅵ야 눗처 ᄇᆞ라고(낙천등운 1-1)

송편 図 반죽한 멥쌀가루에 팥·콩·밤·깨 따위 소를 넣고 빚어 솔잎을 깔고 찐 떡. 송병(松餅).

⊟ 18세기 근대국어 문헌에서 '숑편'이란 형태로 처음 나타난다. '숑편'은 19세기에도 나타났으나, 20세기부터는 '송편'으로만 표기되었다. 한자 '松'의 중세 및 근대국어 한자음은 '숑'이므로, '숑편'의 '숑'은 한자 '松'임이 분명하다. '숑편'의 '편'을 '䭏'으로 표기한 경우가 있지만, 한자 '䭏(편)'은 우리나라에서 만든 글자이므로 어원 파악에 도움이 되지 않는다. '숑편'의 '편'은 떡의 한 종류인 '절편'의 '편'과 같은 말임이 분명하다. '절편'은 고유어로 처리되고 있으므로, '송편'의 '편'도 고유어라고 해야 한다. 그러나 조각을 뜻하는 한자 '片(편)'이 '절편'이나 '송편'의 '편'이 아닐까 생각하게 된다.

⊟ 18세기 문헌인 『동문유해(同文類解)』(1748)의 '菓子餑餑 숑편'에서 '숑편'이란 형태로 처음 나타난다. 그리고 19세기 문헌인 『한불자전(韓佛字典)』(1880)의 '숑편

松䭏',『국한회어(國漢會語)』(1895)의 '송편 松餅' 등에서는 한자어 '松䭏'과 '松餅'을 확인할 수 있다. 한자 '松'의 중세 및 근대국어 한자음은 '숑'이므로, '숑편'의 '숑'은 한자 '松'임이 분명하다. 더구나 이 음식은 '솔잎'을 깔고 쪄서 만들기 때문에 '松'이 이 떡의 이름에 붙는 것은 매우 당연하다. '숑편'의 '편'을『한불자전(韓佛字典)』에서는 '䭏'으로 표기하였는데, 한자 '䭏(편)'은 우리나라에서 만든 글자이므로 어원 파악에 도움이 되지 않는다. 한자어 '松餅'이라고 한 것도 떡을 뜻하는 한자 '餅(병)'으로 표기한 것이므로 역시 '편'의 어원이 아니다. '숑편'의 '편'은 떡의 한 종류인 '절편'의 '편'과 같은 말임이 분명하다. '절편'은 고유어로 처리되고 있으므로, '송편'의 '편'도 고유어라고 해야 한다. 그러나 아무래도 조각을 뜻하는 한자 '片(편)'이 '절편'이나 '송편'의 '편'이 아닐까 생각하게 된다. 이러한 추정은 어디까지나 가능성만 있을 뿐이며, 문헌에서 실증되지 않았으므로, '송편'의 어원은 절반이 미해결인 상황이다.

㉮ 松(숑)+편[餅]

㉯ 숑편> 송편

㉰ • 葉子餻餻 숑편(동문유해 상-59, 역어유해보 30)

쇠심 圕 소의 힘줄.

㋒ '쇠심'의 중세국어 형태는 '쇠힘'이며, 이 말은 '쇼[牛]+ㅣ(관형격 조사)+힘[筋, 力]'의 구조로 분석된다.

㋓ 중세국어에서 '힘'은 두 가지 뜻으로 사용되었다. 하나는 그대로 현대국어의 '힘[力]'에 해당하고, 다른 하나는 '근육(筋肉)'의 뜻으로 쓰였다. 성조는 거성(去聲)으로서 차이가 없다. 아마도 '힘'의 어원적 의미는 구체적인 대상을 지칭하는 '근육(筋肉)'에 있었다고 생각되며, 이로부터 추상적인 '힘[力]'의 의미로 발전되었을 것이다.

㉮ 쇼[牛]+ㅣ(관형격 조사)+힘[筋, 力]

㉯ 쇠힘> 쇠심> 쇠심

㉰ • 또 쇠히믈 므레 둠가(又方以牛筋水浸, 구급방언해 상-49)
　• 쇠심(牛筋, 몽어유해 하-32)

쇤네 [명] (소인네의 준말로) 예전에, 상전(上典)에 대하여 하인이나 하녀 등이 자신을 낮추어 일컫던 말.

[一] '쇤네'는 '소인네'의 준말이므로 중세국어 형태를 기준으로 하여 '小人(쇼신)+네(복수 접미사)'로 분석된다. '小人'을 중세국어 한자음으로 읽으면 '쇼신'이다. 중세국어의 복수 접미사 '-네/-내'는 모음조화에 의하여 교체되었다.

[원] 小人(쇼신)+네(복수 접미사)

[변] 쇼신네> 소인네> 쇤네

[예] • 쇼신이 쏘 훈 마리 이시니(小人又有一句話, 번역노걸대 상-52)

수라 [명] 임금께 올리는 진지.

[一] '수라'의 중세국어 형태는 '슈라[御膳]'이며, 이 말은 중세 몽골어 'šülen[湯]'에서 온 것이다(李基文 1991: 156~159).

[二] 몽골어 'šülen'을 한자의 음(音)을 이용하여 표기한 것이 '水剌'이다. '水剌'의 '剌(랄)'이 '라'의 표기에 쓰인 것은 원대(元代)의 한어음(漢語音)에 의한 취음 표기인 까닭이다.

[원] (몽골어)šülen[湯]

[변] šülen> (漢語)水剌> 슈라> 수라

[예] • 王季ㅣ 水剌를 녜ᄀ티 ᄒ신 後에ᅀ 쏘 처섬ᄀ티 ᄒ더시다(내훈-선조 1-40)

• 슈라나 먹어도 마시 업술가 일ᄏ르며(언간-인선왕후 57)

수라장 [명] 아수라왕이 제석천과 싸운 마당. 전란이나 싸움 따위로 큰 혼란에 빠진 곳. 또는 그런 상태.

[一] '수라장'은 '아수라장'의 준말이지만, 국어사전에서는 '수라장'을 기본 표제어로 삼고 있다. '아수라(阿修羅)'는 산스크리트어 'asura'를 중국어로 음역(音譯)한 것이다. 'asura'는 마신(魔神)의 한 부류이지만, 어원적(語源的)으로는 페르시아어의 아후라(ahura)와 같은 말로서 신격(神格)을 뜻한다. '아수라장(阿修羅場)'이나 '수라장(修羅場)'이란 말은 '아수라'와 '수라'에 장소를 나타내는 '장(場)'을 덧붙인 것이며, 기본 의미는 '악신(惡神)과 천신(天神)이 싸우는 장소'이다. '修羅場'과 '阿修羅

場'을 중세국어 한자음으로 읽으면 '슈라댱'과 '아슈라댱'이다.

⊟ 산스크리트어 'asura'를 중국어로 음역(音譯)한 것에는 '아수라(阿修羅)' 외에도 아소라(阿素羅), 아소락(阿素洛), 아수륜(阿須倫) 등이 있다. '아수라(阿修羅)'의 약칭인 '수라(修羅)'는 중국에서 오래전부터 사용되었던 말이므로, 그대로 우리나라에 불교 한자어로서 들어온 것이다. '수라'나 '아수라'는 비천(非天), 비류(非類), 부단정(不端正) 등으로 의역하기도 하며, 천룡팔부중(天龍八部衆)의 하나로서 마신(魔神)의 한 부류이다. 그러나 어원적(語源的)으로는 페르시아어의 아후라(ahura)와 같은 말로 신격(神格)을 뜻한다. 아마도 인도 아리아인(人)이 신앙하는 신격 가운데 아수라의 일군(一群)과 데바[天]의 일군이 있어, 인드라를 비롯한 데바의 무리가 제사의 대상으로서 우세해짐에 따라, 아수라가 마신(魔神)으로 취급된 것으로 추측된다. '아수라장(阿修羅場)'이나 '수라장(修羅場)'이란 말의 기본 의미는 '악신(惡神)과 천신(天神)이 싸우는 장소'이며, 이로부터 참혹한 장면을 형용하는 데에 이 말을 사용하였다. 그러나 국어에서 '수라장/아수라장'은 참혹한 이미지보다는 혼란스럽고 시끄러운 이미지가 더 우세하다.

㉮ (산스크리트어)asura+場

㉯ asura> (漢語)阿修羅> 阿修羅場> 修羅場(수라장)

수릿날 ㉻ 우리나라 명절의 하나. 음력 5월 5일로 그네뛰기, 씨름 등을 함. 단오(端午). 단양(端陽). 단옷날. 중오절(重午節).

⊟ 중세국어 형태도 '수릿날'이며, 이 말은 '수리[頂]+ㅅ(조사/사잇소리)+날[日]'의 구조로 분석된다.

⊟ '수릿날'의 의미는 해가 정수리에 오는 날이라는 뜻을 나타내는 말이다. 단오(端午)는 단양(端陽) 또는 천중절(天中節)이라고도 하며, 이 말 자체가 정수리 바로 위에 있는 태양을 뜻하는 것임에서도 '수릿날'의 어원적 의미를 알 수 있다.

㉮ 수리[頂]+ㅅ(사잇소리)+날[日]

㉯ 수리ㅅ날> 수릿날

㉰ • 수릿나래 발 블그니로 자뱃던 거슬 섯거 니기 디허 쉰 짜해 브티라(구급방언해 하-74)

• 五月 五日애 아으 수릿날 아춤 藥은 즈믄 힐 長存ㅎ샬 藥이라 받줍노이다 아으
動動다리(악학궤범 동동)

수무지개 圈 쌍무지개에서 유난히 맑고 고운 쪽의 무지개. ↔암무지개.

一 '수무지개'의 중세국어 형태는 '수므지게'이며, 이 말은 '수[雄]+므지게[虹]'로 분
석된다.

二 중세국어의 문헌을 보면, '수므지게'는 밝은 무지개이고, '암므지게'는 어두운 무
지개를 가리키므로, 밝고 어둠의 차이에 의하여 무지개의 암수를 구분한 것임을 알
수 있다.

三 중세국어 '므지게'는 '믈[水]+지게[戶]'로 분석된다. 자세한 것은 '무지개'를 참조.

웬 수[雄]+므지게[虹]

뱐 수므지게> 수무지개

몐 • 시혹 볼가 虹이 두외며 어두워 霓ㅣ 두외ᄂᆞ니라 虹ᄋᆞᆫ 수므지게오 霓ᄂᆞᆫ 암므지
게라(능엄경언해 2-87)

☞ 무지개

수박 圈 박과의 한해살이 덩굴풀. 여름에 연한 누런색 꽃이 핌. 열매는 둥글고 크며
무게는 5~6kg까지 나가고, 속살은 붉고 맛이 달며 물이 많음. 아프리카 원산.

一 '수박'의 중세국어 형태는 '슈박'이다. 이 말은 '水(슈)+박[匏]'의 어원적 구조에서
온 말임이 분명하다. '水'의 중세국어 한자음은 '슈'이다.

二 '슈박(上去)'의 성조에서 '슈'가 상성(上聲)이다. 그런데 중세국어의 한자음에서
'水(슈)'는 대개의 경우 거성(去聲)이며, 일부의 문헌에서 상성(上聲)으로 나타나는
경우가 있다. '슈박'의 '슈'가 거성이 아니고 상성인 것에 대해서는 확실치는 않지만,
'水(슈)'가 상성인 경우도 있다는 것이 하나의 근거가 된다.

웬 水(슈)+박[匏]

뱐 슈박> 수박

몐 • 슈박(西瓜, 번역노걸대 하-38)

수수 뗑 볏과의 한해살이풀. 줄기 높이는 1.5~3m 정도이며, 한여름에 줄기 끝에 원추꽃차례의 꽃이 피고 가을에 열매가 익음. 열매는 곡식이나 과자, 술 따위의 원료로 쓰고 줄기는 비를 만들거나 건축재로 씀. 인도 원산. 고량(高粱). 촉서(蜀黍).

▤ '수수'의 중세국어 형태는 '슈슈'이다. 이 말은 한어(漢語) '蜀黍'에서 온 것이다.

▤ '蜀黍'의 한어 근대음(漢語近代音)이 [ʃuʃu]이며, 중세국어에서 '슈슈'로 차용한 것이다.

㋻ (漢語)蜀黍

㋹ 蜀黍[ʃuʃu] > 슈슈 > 수수

㋞ • 슈슈(蜀黍, 훈몽자회 상-12)

수육(一肉) 뗑 삶아 내어 물기를 뺀 고기.

▤ '수육'은 한자어 '熟肉'에서 온 것이다.

▤ '熟肉'의 중세국어 한자음은 '슉슉'이므로, '슉슉 > 수육'의 변화 과정이 설명되어야 한다. 이러한 변화, 특히 '熟'의 운미(韻尾) '-ㄱ[k]'이 반영되지 않은 것이 국어의 내부에서 생긴 것인지, 아니면 '熟肉'의 근대 한어음(近代漢語音)인 [ʂju-ɽjəu]의 영향을 받은 것인지는 확인할 수 없다.

㋻ (漢語)熟肉

㋹ 熟肉(슉슉) > 수육

수작(酬酌) 뗑 술잔을 주고받음. 말을 주고받음. 또는 그 말.

▤ 17세기 근대국어 문헌에서 '슈작'을 확인할 수 있다. 이 말은 원래 '술잔을 주고받음'을 뜻하는 한자어 '酬酌'을 당시의 한자음으로 적은 것이다. '酬酌'을 중세국어 한자음으로 읽으면 '슈쟉'이므로, 이미 17세기에 '슈작'으로 바뀌었음을 알 수 있다. 18세기, 19세기, 20세기까지 '슈쟉, 슈작, 수쟉, 수작' 등의 가능한 모든 형태가 문헌에 나타난다. 한자어 '酬酌'의 문자대로의 의미는 '잔을 돌리고 술을 따름'이다. 여기에서 맨 먼저 나온 이차적인 의미는 '응대(하다)'이며, 여기서 한발 나아가 '말을 주고받음'으로 발전한다. 그런데 현대국어에서는 '수작을 떨다, 수작을 부리다, 수작을 꾸미다, 엉뚱한 수작, 뻔한 수작' 등과 같이 관용적으로 사용되면서 '수작'의 의미가

격하되었다. 이러한 의미의 추락은 현대에 들어서의 일이다.

[三] 17세기 문헌인 『인조행장(仁祖行狀)』의 '슈작ᄒᆞ시기를 가인녜ᄀᆞ티 ᄒᆞ시고(응대하시기를 가인내같이 하시고)'에서 '슈작'을 확인할 수 있다. 이 말은 원래 '술잔을 주고받음'을 뜻하는 한자어 '酬酌'을 당시의 한자음으로 적은 것이다. '酬酌'을 중세국어 한자음으로 읽으면 '슈쟉'이므로, 이미 17세기에 '슈작'으로 바뀌었음을 알 수 있다. 한자어 '酬酌'은 16세기 문헌인 『주역언해(周易諺解)』의 '이런 故로 可히 더브러 酬酌ᄒᆞᆯ 거시며(이런 까닭으로 가히 더불어 응대할 것이며)'에서 그 쓰임을 확인할 수 있다. 18세기, 19세기, 20세기까지 '슈쟉, 슈작, 수쟉, 수작' 등의 가능한 모든 형태가 문헌에 나타난다. 이것은 치음 'ㅅ, ㅈ' 다음에서 'ㅠ, ㅑ'의 이중모음에 대한 국어 표기에 과도기적인 혼란이 있었기 때문이다. 한자어 '酬酌'의 문자대로의 의미는 '酬: 잔 돌리다, 酌: 술 따르다'이므로 '잔을 돌리고 술을 따르다'이다. 여기에서 맨 먼저 나온 이차적인 의미는 '응대(하다)'이며 이것은 앞에 인용한 문헌에서 확인된다. 여기서 한발 나아가 '말을 주고받음'으로 발전한다. 근대국어 후기의 문헌인 『한중록(閑中錄)』의 '말을 슈작ᄒᆞ엿거나(말을 나누었거나)'에서 확인할 수 있다. 그런데 현대국어에서는 '수작을 떨다, 수작을 부리다, 수작을 꾸미다, 엉뚱한 수작, 뻔한 수작' 등과 같이 관용적으로 사용되면서 '수작'의 의미가 격하되었다. 이러한 의미의 추락은 현대에 들어서의 일이다.

[三] 중국어에서는 '酬酌'으로 쓰지 않고 '酬酢, 酧酢, 醻酢' 등으로 쓴다. 그러므로 국어 한자어와는 '酌'과 '酢'의 차이가 있다. 그리고 중국어에서 '酬酢'의 의미는 첫째 주인과 손님이 예를 갖추어 술을 나누는 것, 둘째 응대(應對)(하다), 셋째 짐작(하다) 등이므로, 처음과 두 번째의 의미는 중세 및 근대국어의 용법과 다르지 않다.

[원] 酬酌(슈쟉)

[변] 슈쟉> 슈작> 수작

[예] • 슈작ᄒᆞ시기를 가인녜ᄀᆞ티 ᄒᆞ시고(인조행장 28)

수잠[수:잠] [명] 깊이 들지 않은 잠. 겉잠. 선잠.

[一] '수잠'의 중세국어 형태는 '수흐좀'이며, 근대국어 형태는 '수후좀'이나 '수우좀'의 형태로 바뀌었다. 이 말은 '수흐+좀[睡]'으로 분석되는데, '수흐'의 어원을 알기 어

렵다.

[二] 형태의 변화는 '수흐ᄌᆞᆷ> 수후ᄌᆞᆷ> 수우ᄌᆞᆷ> 수잠'의 과정을 거친 것이다.

[三] 한편 '수흐, 수후, 수우'의 어원을 남가일몽(南柯一夢)의 주인공 이름인 순우분(淳于棼)의 '순우'가 변한 것이라는 견해가 있다. 그러나 중세국어의 형태 '수흐ᄌᆞᆷ'을 고려하면 이러한 견해는 성립될 수 없다.

[원] 수흐[?]+ᄌᆞᆷ[睡]

[변] 수흐ᄌᆞᆷ> 수후ᄌᆞᆷ> 수우ᄌᆞᆷ> 수잠

[예] • 수흐ᄌᆞᆷ 자며 안부를 아더라(이륜행실도 15)
- 萬古興亡이 수후ᄌᆞᆷ에 ᄉᆞᆱ이여ᄂᆞᆯ(고시조, 청구영언 27)
- 萬古興亡이 수우ᄌᆞᆷ에 ᄉᆞᆱ이여ᄂᆞᆯ(고시조, 청구영언 42)

수저 [명] 숟가락과 젓가락. 시저(匙箸).

[一] '수저'의 중세국어 형태는 '수져'이며, 근대국어 문헌에는 '수져' 외에도 '술져'란 형태도 나타난다. 이 말은 '술[匙]+筯/箸(뎌)'의 구조로 분석된다고 하는 것이 타당해 보이지만, 중세국어에 '箸/筯'의 한자음이 '뎌'이며, 문헌에 '져 뎌(箸/筯, 훈몽자회 중-6, 신증유합 상-27)'라고 되어 있어서 쉽게 처리할 수가 없다.

[二] '*술뎌'가 어원적 형태라고 한다면, 치경음 'ㄷ' 앞에서 'ㄹ'이 탈락하고, 'ㄷ'이 구개음화되어 '수져'가 된 것이라고 설명해야 된다. 그러나 'ㄷ' 구개음화는 근대국어 시기에 일어난 것으로 알려져 있으므로, 중세국어에서 '수져'의 형태가 나타난 것은 예외적인 경우가 되어 설명에 어려운 점이 있다. '箸/筯'의 중세국어 한자음이 '뎌'이며, 중세국어 시기에 구개음화를 인정할 수 없다면 '수져'의 '져'를 한자 '箸/筯'에서 온 것이라고 말할 수 없다. 현대국어에서 '수저'를 완전한 고유어로 취급하고 있는 것은 이러한 까닭이다.

[원] 술[匙]+져[筯/箸(뎌)]

[변] 술져> 수져> 수저

[예] • 그어긔 수제 섯드러 잇고(월인석보 23-74)
- 제ᄒᆞᆯ 시예 술제 믄득 깅연히 소릐 이시니(동국신속삼강행실도 열-2-84)
- 술져(匙筯, 박통사언해 중-11)

☞ 숟가락

수제비 [명] 밀가루를 반죽해서 맑은장국 따위에 적당한 크기로 떼어 넣어 익힌 음식.
[一] '수제비'의 중세국어 형태는 '슈져비'이다. 이 말은 '手(슈)+摺(졉)+이(접사)'로 분석하는 것이 가능하다. 현대국어 '접다'의 중세국어 형태는 '뎝다'이므로, '슈져비/슈졉이'의 '졉'과는 관련이 없다.
[二] 중세국어 한자음에서 '手(슈)'는 대개의 문헌에서 거성(去聲)이고 예외적으로 상성(上聲)인 경우가 있으나, '슈져비'의 '슈'는 평성(平聲)인 것이 문제이다. 그러나 '手巾(슈건)'의 '슈'가 상성임에 대하여, '手足(슈족)'의 '슈'는 평성이므로 '슈져비'의 '슈'가 평성인 것이 문제가 되지는 않는다. '摺'은 성모(聲母)가 정치음(正齒音)인 장모(章母/tɕ)이고 3등운(三等韻)이므로, 중세국어 한자음은 '졉'임이 분명하다. 따라서 '슈져비'를 '手(슈)+摺(졉)+이(접사)'로 분석하는 것이 이치에서 벗어나지 않는다.
[원] 手(슈)+摺(졉)+이(접사)
[변] 슈져비/슈졉이> 수제비
[예] • 슈져비(사성통해 상-61)
• 슈졉이(물보)

수지니(手—) [명] 사람의 손으로 길들인 매나 새매. 수진매(手陳—). ↔산지니.
[一] '수지니'의 근대국어 형태는 '슈진이'이며, 이 말은 '手陳(슈진)+이(접사)'로 분석된다.
[二] '手陳'의 중세국어 한자음은 '슈딘'이지만, 근대국어 한자음은 'ㄷ'이 구개음화되어 '슈진'이다. 그러므로 '수지니'를 중세국어 형태로 소급시키면 '슈딘이'가 된다.
[원] 手陳(슈진)+이(접사)
[변] *슈딘이> 슈진이> 수지니
[예] • 슈진이(籠鷹, 한청문감 13-51)

수채 [명] 집 안에서 버린 허드렛물이 흘러 나가게 한 시설.
[一] '수채'의 근대국어 형태는 '슈채'이다. 이 말은 '水(슈)+채[荊]'에서 온 것으로 생

각된다. 다른 문헌의 '슈치'는 'ㆍ'와 '아'의 음가에 차이가 없어서 생긴 형태이며, 어원적 형태는 '슈채'이다.

㊂ 고유어 '채'는 곡식이나 음식 가루를 치는 엮은 그릇이지만, '슈채'는 물 속의 찌꺼기를 거르는 장치이기 때문에 이러한 말이 생긴 것으로 생각된다.

㊝ 水(슈)+채[荊]

㊫ 슈채> 수채

㊞ • 슈채(물보)

　　• 슈치(水溝, 한청문감 9-76)

수캐 冏 개의 수컷. ↔암캐.

㊀ 근대국어 형태는 '수캐'와 '수개'이다. 이 말들은 중세국어 형태를 기준으로 하면 '수ㅎ[雄]+가히[狗]'로 소급되므로, '*수카히'에서 변화된 형태들이다.

㊁ '*수카히'란 말이 중세국어 문헌에 나타나지 않지만, '암카히(월인석보 23-90)'란 말이 중세국어에서 사용되었으므로, '수카히'란 단어도 중세국어에서 사용되었다는 것을 충분히 짐작할 수 있다.

㊂ 국어의 형태 '수캐'는 단모음화 이전의 [sukʰaj]와 단모음화 이후의 [sukʰɛ]의 두 발음이 있다. 음운사에서 '애'와 '에'의 단모음화는 18세기 이후에 일어난 현상이다.

㊝ 수ㅎ[雄]+가히[狗]

㊫ *수카히> *수카이> 수캐[sukʰaj]> 수캐[sukʰɛ]

㊞ • 동지 후에 누른 수캐 흔 나흘 자바(태산집요언해 6)

　　• 수개의 음깅(狗陰莖, 동의보감 탕액-1)

　　• 수개(牙狗, 역어유해 하-32)

　　• 수기(公狗, 화어유해 55)

숙맥(菽麥)[숭맥] 冏 콩과 보리. '숙맥불변(菽麥不辨)'의 준말.

㊀ '그 사람은 숙맥이다.'라고 할 때의 '숙맥'은 '숙맥불변(菽麥不辨)'이 줄어서 된 말이다. 즉 어떤 사람이 똑똑하지 못하여 콩[菽]과 보리[麥]도 구분하지 못한다는 데서 생긴 말이다.

㉥ '菽麥'의 중세국어 한자음이 '슉뫽'이므로, 중세국어를 기준으로 하면 '슉뫽'이 변하여 '숙맥'이 된 것이다.

㉝ 菽麥(不辨)

㉑ 菽麥(不辨) > 슉뫽(불변) > 슉뫽 > 숙맥

숙이다 图 '숙다'의 사동. 숙게 하다.

㉠ '숙이다'의 중세국어 형태는 연철 표기에 의한 '수기다'이며, 이 말은 '숙[垂]+이(사동접사)+다(어미)'로 분석된다.

㉢ 현대국어에서 자동사 '숙다'보다는 사동 접미사가 연결된 타동사 '숙이다'가 주로 쓰이며, 이것은 중세국어나 근대국어에서도 마찬가지이다.

㉝ 숙[垂]+이(사동접사)+다(어미)

㉑ 숙이다 > 수기다 > 숙이다

㉞ • 머리 수겨 合掌ᄒᆞ야(월인석보 18-18)
　• 머리ᄅᆞᆯ 숙여 자는 ᄃᆞ시 업혀 가시더라(계축일기 104)

순대 图 돼지의 창자 속에 쌀, 두부, 숙주나물, 선지 따위를 양념하여 넣고 삶은 음식.

㉠ '순대'의 근대국어 형태는 '순타'이며, 이 말은 만주어 [sunt^{h}a]에서 온 차용어이다.

㉢ '순타'는 이후에 '슌ᄃᆡ'를 거쳐 현대국어 '순대'로 바뀌었다. '순타'는 『한청문감』에서 '小肉帒 盛肉帒'라고 풀이하고 있으므로, '순타'가 '슌ᄃᆡ'로 바뀐 것은 한자 '帒(ᄃᆡ)'의 영향을 받은 것이라는 것을 알 수 있다.

㉝ (만주어)sunt^{h}a[肉帒]

㉑ [sunt^{h}a] > 순타 > 슌ᄃᆡ > 순대

㉞ • 순타(小肉帒 盛肉帒, 한청문감 11-43)
　• 슌ᄃᆡ(한영자전 617)

순무 图 십자화과의 한해살이풀 또는 두해살이풀. 무의 하나로 뿌리가 큼. 봄에 노란 꽃이 피고, 잎과 뿌리는 채소로 먹음. 만청(蔓菁).

㊀ '순무'의 중세국어 형태는 '쉿무수'이며, 이 말은 '쉬[禾]+ㅅ(조사/사잇소리)+무수[菁]'의 구조로 분석된다.

㊁ '쉬'가 '곡식(穀食)'의 뜻이라는 것은 '쉬 화(禾, 穀之總名, 훈몽자회 하-3), 쉬 화(禾, 신증유합 상-10)' 등의 문헌 기록에 의하여 '禾(화)'의 새김이 '쉬'인 것을 통해 알 수 있다. 아울러 『향약집성방(鄕藥集成方)』(1433)에 보이는 훈독 표기에 중세국어의 '쉿무수'에 해당하는 식물을 '禾菁'이라고 하였으므로, '쉬'가 '禾', '무수'가 '菁'에 대응된다는 것을 분명히 알 수 있다.

㊂ '순무'에 대한 조선의 의학서, 즉 아래에 용례로 든 『구급간이방』이나 『구황보유방』 등을 보면 '곡식의 대용'으로 기록하고 있으므로, '순무'가 구황식물(救荒植物)이었음을 알 수 있다.

㋞ 쉬[禾, 穀]+ㅅ(조사/사잇소리)+무수[菁]

㋟ 쉿무수> 쉰무수> 쉿무우/쉰무우> 쉰무> 순무

㋠ • 쉿무수 즙 머고미 쏘 됴ᄒᆞ니라(구급간이방 6-37)

  • 쉰무수 나박 팀칏 구글(간이벽온방언해 16)

  • 또 쉰무우 줄기 닙 불휘 스시에 머그면 가히 비 고프디 아니ᄒᆞ니라(구황보유방 8)

  • 쉰무(조선어사전 869)

숟가락 ㋐ 밥이나 국물을 떠먹는 식사용 기구.

㊀ 중세국어 문헌에서 '술'의 형태로 나타난다. 지금은 '밥 두어 술'과 같이 의존명사로서만 쓰이고 있지만, 15세기부터 19세기까지 '술'은 '숟가락'을 뜻하는 말로 꾸준히 사용되었다. 19세기부터 1음절 형태인 '술, 슐'과 함께 '술가락, 슈가락, 슉갈' 등이 비로소 나타난다. '술ㅅ가락'에서 'ㅅ' 앞의 'ㄹ'이 탈락하여 '숫가락'이 된다. 이때 받침 'ㅅ'은 'ㄷ'으로 발음되므로, 20세기 초기의 '숟가락'은 '숫가락'을 발음대로 표기한 것이다. 그런데 현대의 맞춤법에서 '숟가락'으로 표기하고 있다. 이것은 20세기 초기에 나타난 '숟가락'의 표기와는 성격이 다르다. 즉 20세기의 'ㄷ' 받침은 'ㅅ'을 달리 적은 것에 불과하지만, 현대국어 '숟가락'의 받침 'ㄷ'은 '술'의 받침 'ㄹ'

에서 'ㄷ'이 유래한 것이라고 해석하여 표기에 적용했기 때문이다. 역사적 관점에서 보면 옳지 않은 표기법이다. '숟가락'은 중세국어 형태를 기준으로 하면 '술[匙]+ㅅ(조사/사잇소리)+가락[가늘고 긴 것/細長物]'으로 분석된다.

㉢ 15세기 문헌인 『분류두공부시언해(초간본)』(1481)의 '金ㅅ 수렛 藥을 슬허셔 브라노라(恨望金匕藥, 금 숟가락에의 약을 슬퍼하며 바라본다)'에서 '술'의 형태로 나타난다. 지금은 '밥 두어 술'과 같이 의존명사로서만 쓰이고 있지만, 15세기부터 19세기까지 '술'은 '숟가락'을 뜻하는 말로 꾸준히 사용되었다. 19세기부터 1음절 형태인 '술, 숟'과 함께 '술가락, 슈가락, 숙갈' 등이 비로소 나타나므로, '술'에 '가락'이 연결된 것은 그리 오래된 일이 아니다. 20세기 초기에는 '술, 숟, 술가락, 숤가락, 슈가락, 수까락, 숫까락, 숫가락, 숟가락, 술갈, 숫갈, 숟갈' 등으로 다양한 표기가 등장하여, '술+(ㅅ)+가락'으로부터 파생될 수 있는 거의 모든 표기가 나타난 느낌이 들 정도이다. '숟, 슈'는 근대국어에서 'ㅅ' 다음에 단모음 '아, 어, 오, 우'와 이중모음 '야, 여, 요, 유'의 대립이 중화되면서 나타난 형태이며, '갈'은 '가락'이 준 형태이다. 현대국어는 '숟가락'으로 표준 형태를 정했지만, 지금도 이러한 다양한 표기에 의한 발음은 현대국어의 방언에 남아 있는 경우가 많다.

㉣ '술+ㅅ+가락'에서 'ㅅ'은 사이시옷이며, '가락'은 길고 가늘게 생긴 물건을 이르는 말이다. '술ㅅ가락'에서 'ㅅ' 앞의 'ㄹ'이 탈락하여 '숫가락'이 된다. 이 때 받침 'ㅅ'은 'ㄷ'으로 발음되므로, 20세기 초기의 '숟가락'은 '숫가락'을 발음대로 표기한 것이다. 그런데 현대의 맞춤법에서 '숟가락'으로 표기하고 있다. 이것은 20세기 초기에 나타난 '숟가락'의 표기와는 성격이 다르다. 즉 20세기 초기의 'ㄷ' 받침은 'ㅅ'을 달리 적은 것에 불과하지만, 현대국어 '숟가락'의 받침 'ㄷ'은 '술'의 받침 'ㄹ'에서 'ㄷ'이 유래한 것이라고 해석하여 'ㄷ'으로 표기하고 있기 때문이다. 이러한 해석에 의한 표기는 '삼짇날, 섣달, 이튿날' 등에도 적용되었지만, 역사적 관점에서 보면 옳지 않은 표기법이다. 국어 형태 변화의 역사적 관점에서는 '숫가락, 삼짓날, 섯달, 이틋날' 등으로 표기하는 것이 옳다.

㉮ 술[匙]+ㅅ(사잇소리)+가락[가늘고 긴 것/細長物]

㉯ *숤가락> *숫가락> 숟가락

㉰ • 술가락(匙, 한불자전 444)

• 슈가락(匙, 한불자전 439)

• 숙갈을 들던니(게우사 493)

☞ 가락

술래 [명] 술래잡기에서, 숨은 아이들을 찾아내는 아이.

[一] '술래'는 한자어 '巡邏(슌라)'에서 온 말이다. '巡邏'의 중세국어 한자음이 '슌라'이다.

[二] 조선 시대에 도둑이나 화재 따위를 경계하기 위하여 밤에 사람의 통행을 금하고 순찰하던 군졸을 '巡邏軍(슌라군)'이라고 하였으며, '巡邏(슌라)'는 '巡邏軍(슌라군)'의 준말이다.

[원] 巡邏軍

[변] 巡邏軍(슌라군)> 巡邏(슌라)> 순라> 술래

[예] • 巡邏ᄒᆞ기룰(몽어노걸대 2-14)

숨[숨ː] [명] 사람이나 동물이 코나 입으로 공기를 들이마시고 내쉬는 기운. 또는 그렇게 하는 일.

[一] 중세국어 형태도 '숨[息]'이다.

[二] 명사 '숨'은 중세국어의 동사 '쉬다[息]'를 참조하면, 동사 '*수다[息]'의 파생 명사인 것으로 생각된다. 이러한 추측이 옳다면 중세국어의 동사 '쉬다'는 '*수다> 쉬다'의 변화를 겪었다고 할 수 있다. 이러한 변화는 치경음 'ㅅ' 다음에서 일어나기 쉬운 '우> 위'의 전설모음화이므로, 음운 현상의 관점에서 설명하는 데 어려움이 없다.

[원] *수[息]+ㅁ(명사화 접사)

[변] 숨

[예] • 고ᄒᆞ 수미 나며 드로매 맏고(석보상절 19-20)

• 숨(氣息, 동문유해 상-19)

☞ 쉬이

숨바꼭질 똉 숨은 사람을 찾아내는 아이들의 놀이. 헤엄칠 때 물속으로 숨는 짓. 무엇이 숨었다 보였다 하는 일.

⊟ 중세국어 문헌에서 '숨막질'의 형태로 처음 나타난다. 근대국어 문헌에서는 '숨박질'로 바뀐 형태가 나타난다. 그러다가 19세기에 '숨박금질, 숨박곡질, 숨박꿈질' 등으로 다시 형태가 바뀌어 이후 현대의 '숨바꼭질'이 되었다. 16세기와 17세기 형태인 '숨막질, 숨박질'은 호흡을 뜻하는 고유어 '숨[息]'에 접미사 '-막-, -박-'과 '-질'이 연결된 형태이다. 그런데 19세기의 '숨박금질, 숨박곡질, 숨박꿈질' 등은 '숨박질'에 대한 어원 해석을 달리하여 '숨을 바꾸는 것'이란 의미로 재해석하면서 형태를 바꾼 것이다. '숨바꼭질'은 어원적인 의미로 볼 때 원래 '무자맥질[潛]'에서 비롯된 놀이로서, 이후 한자어 '迷藏(미장)'으로 풀이되는 '숨은 사람 찾기 놀이'로 주요 의미가 옮아갔다. 아직도 국어사전에서는 '무자맥질'의 풀이가 달려 있다.

⊟ 16세기 문헌인『번역박통사(飜譯朴通事)』(1517)의 '녀름내 숨막질ᄒᆞᄂᆞ니(여름내 숨바꼭질하니)'에서 '숨막질'의 형태로 처음 나타난다. 17세기 문헌인『어록해(語錄解)』(1657)에서는 '숨박질'로 바뀐 형태가 나타난다. 그런데 19세기의『류씨물명고(柳氏物名考)』(1824)에서는 '숨박딜'에 해당하는 의미가 한자 '潛(잠)'에 해당하여 이 말이 '무자맥질'을 뜻한다는 것을 보여 준다. 그러다가 19세기에 '숨박금질, 숨박곡질, 숨박꿈질' 등으로 형태가 바뀌어 이후 현대의 '숨바꼭질'이 되었다. 16세기와 17세기 형태인 '숨막질, 숨박질'은 호흡을 뜻하는 고유어 '숨[息]'에 접미사 '-막-, -박-'과 '-질'이 연결된 형태이다. 약간 특이한 접미사 '-막-, -박-'은 근대국어의 '근두막질'이나, 현대국어의 '달음박질, 뜀박질' 등에서 찾을 수 있다. 그런데 19세기의 '숨박금질, 숨박곡질, 숨박꿈질' 등은 '숨박질'에 대한 어원 해석을 달리하여 '숨을 바꾸는 것'이란 의미로 재해석하면서 형태를 바꾼 것이다. 그러므로 '숨박질'의 '박'은 접미사 '-박-'이지만, '숨박금질, 숨박곡질, 숨박꿈질' 등에서의 '박'은 '밧고다, 밧구다'의 '밧'과 관련이 있는 것이다. 현대국어 '바꾸다'의 중세국어 형태는 '밧고다'이며, 18세기 이후에 '밧구다'로 형태 변화가 일어나서 현대의 '바꾸다'가 되었다. '숨바꼭질'은 어원적인 의미로 볼 때 원래 '무자맥질[潛]'에서 비롯된 놀이로서, 이후 한자어 '迷藏(미장)'으로 풀이되는 '숨은 사람 찾기 놀이'로 주요 의미가 옮아갔다. 아직도 국어사전에서는 '무자맥질'의 풀이가 달려 있다.

[원] 숨[息]+막(접사)+질(접사)

[변] 숨막질> 숨박질> 숨박금질/숨박곡질/숨박쑴질> 숨바꼭질

[예] • 녀름내 숨막질ᄒᆞᄂᆞ니(번역박통사 상-18)

• 숨박질(迷藏, 물보)

숫구멍 [명] 갓난아이의 정수리가 굳지 않아서 숨 쉴 때마다 발딱발딱 뛰는 곳. 숨구멍. 신문. 정문.

[一] 이 말의 중세국어 형태는 '숫구ᇚ/숫구무'이며, 어원적으로 '숨[息]+ㅅ(조사/사잇소리)+구ᇚ/구무[孔]'의 구조로 분석된다. '수ᇝ구ᇚ/수ᇝ구무'에서 'ㅁ'이 탈락하여 '숫구ᇚ/숫구무'가 되었으며, 이후 '숫구무' 형태로 통일되어 '숫구멍'으로 이어졌다. '구무'에 접미사 '-엉'이 연결된 '구멍'이란 형태는 근대국어 초기 문헌에 나타나지만, '구무'란 형태도 근대국어 후기까지 계속 사용되었다.

[二] '수ᇝ구ᇚ/수ᇝ구무'에서 'ㅅ' 앞의 'ㅁ'이 탈락하는 것은 중세국어에서 종종 볼 수 있는 현상이다. '소ᇇ돕/소ᇇ톱'에서 'ㅅ' 앞의 'ㄴ'이 탈락하여 '솟돕/솟톱'이 되는 것도 같은 현상이다. 중세국어에서는 '소ᇇ돕/소ᇇ톱'과 '솟돕/솟톱'이 모두 쓰였으나, 현대국어에는 '손톱'만 쓰이고 있으므로, '숫구멍'의 경우와는 반대 양상이다.

[원] 숨[息]+ㅅ(조사/사잇소리)+구ᇚ/구무[孔]

[변] 수ᇝ구ᇚ/수ᇝ구무> 숫구ᇚ/숫구무> (쉿구무, 쉬구멍)> 숫구멍

[예] • 즉재 숫굼그로 올아 ᄇᆡᆨᄆᆡᆨ애 헤여디여(분문온역이해방 18)

• 숫구무 우희 브티면(두창집요 하-35)

• 쉿구무(天門, 역어유해 상-32)

• 쉬구멍(顖, 물보)

☞ 구멍

숫돌 [명] 칼 따위의 연장을 갈아서 날을 세우는 데 쓰는 돌. 여석(礪石). 지석(砥石).

[一] '숫돌'의 중세국어 형태는 'ᄲᅩᆾ돓'이며, 이 말은 'ᄲᅩᆾ[磨]+돓[石]'로 분석된다. 팔종성 표기에 의하여 받침의 'ㅊ'이 'ㅅ'으로 표기된 것이다. 17세기에 어두 자음군의 'ㅂ'이 탈락하여 '숫돓'이 되었다가, 18세기부터는 'ㅎ' 종성이 완전히 탈락하여

'숫돌'이 되었으며, 그대로 현대로 이어졌다. 15세기의 동사 '뭊-'은 '비비다'나 '문지르다'에 해당하므로, '뭊돓ㅎ'의 어원적 의미는 '문지르는 돌'에 해당한다.

㊂ 15세기 문헌인 『월인석보(月印釋譜)』(1459)의 '長者ㅣ 怒ㅎ야 손소 安樂國의 ㄴ출 피좇고 뭊돓 므를 ㅂᄅ니라(장자가 노하여 손수 안락국의 낯을 자자하고 숫돌의 물을 발랐다)'에서 '뭊돓'의 형태로 처음 나타난다. 『능엄경언해(楞嚴經諺解)』(1461)에서는 '礪ᄂ 뭊돌히니'로 나타나므로 15세기의 기본 형태는 '뭊돓ㅎ'임을 알수 있다. '뭊돓ㅎ'은 '뭊+돓ㅎ'로 이루어진 말이다. 15세기의 동사 '뭊-'은 『능엄경언해(楞嚴經諺解)』(1461)의 '서르 뿌츨씨(서로 비비므로)'에서 확인할 수 있다. '뭊-'의 어간 말음인 'ㅊ'은 받침에서 팔종성 표기에 따라 '뭊돓ㅎ'로 표기된 것이다. '돓ㅎ[石]'은 'ㅎ' 종성을 가진 말이었으나, 근대국어에서 종성 'ㅎ'이 사라져 현대의 '돌'이되었다. 그러므로 '뭊돓ㅎ'의 어원적 의미는 '문지르는 돌'에 해당한다. '뭊돓ㅎ'의 어두 자음군 'ㅄ'이 경음인 'ㅆ'으로 변하지 않고, 그냥 'ㅂ'이 탈락하여 'ㅅ'이 된 것은 예외적이다. 즉 '뿔, 쁘다' 등이 '쌀, 쓰다' 등으로 변한 것이 일반적이기 때문이다. 아마도 자음군(子音群) 'ㅄ'이 단일 음운인 경음 'ㅆ'으로 바뀌기 전에 'ㅂ'이 탈락되었다고 생각된다.

㉒ 뭊[磨]+돓ㅎ[石]

㉕ *뭊돓ㅎ> 뭊돓ㅎ> 숫돌

㉙ • 礪ᄂ 뭊돌히니(능엄경언해 1-37)
   • 뭊돌 려(礪, 신증유합 하-42)
   • 숫돌(磨刀石, 동문유해 상-48)

숫되다 ㊼ 순진하여 약지 않고 어수룩하다.

㊂ 중세국어 문헌에서 '숟도외다'란 형태를 확인할 수 있다. 18세기에는 받침의 'ㄷ'이 'ㅅ'으로 바뀌고, '되외다'가 '되다'로 변화함에 따라 '숫되다'로 형태가 바뀌어 그대로 현대로 이어졌다. 이 말은 '숟+도외다'로 이루어진 말이다. '도외다'는 'ᄃᆞ뷔다> ᄃᆞ외다> 도외다> 되다'의 변화 과정을 거친 말이므로, 어원 파악의 요점은 '숟'의 의미를 확인하는 데에 있다. 근대국어에서 '숟간나히'가 '숫처녀'에 해당한다는 것, 그리고 현대국어의 접미사 '숫-'의 용법을 통해서 '숟'이나 '숫'의 의미가 '더럽

혀지지 않아 순수한'에 해당한다는 것을 알 수 있다. 현대국어에서 '숫'은 접두사로 처리되고 있지만, '숫하다'란 말이 있는 것을 참조하면, 중세국어의 '숟'은 어근(語根)이었을 가능성이 있다.

㊂ 16세기 문헌인 『신증유합(新增類合)』(1576)의 '朴 숟도욀 박'에서 '숟도외다'란 형태를 확인할 수 있다. 중세 및 근대국어에서 '숟' 또는 '숫'이 단독 형태로 쓰인 적이 없어서 이 말의 유래를 확인하기 힘들지만, 『박통사언해(朴通事諺解)』(1677)의 '숟갇나히'가 '숫처녀'에 해당한다는 것, 그리고 현대국어의 '숫것, 숫눈, 숫백성, 숫보기, 숫사람, 숫음식, 숫접다, 숫제, 숫지다' 등의 다양한 어휘를 통해서 '숟'이나 '숫'의 의미가 '더럽혀지지 않아 순수한'에 해당한다는 것을 알 수 있다. 현대국어에서 '숫'은 접두사로 처리되고 있지만, '숫하다'란 말이 있는 것을 참조하면, 중세국어의 '숟'은 어근(語根)이었음이 분명하다.

㊂ 중세국어 형태인 '숟'을 생각하지 않고, 현대국어의 '숫-'만을 생각한다면, 이 말이 '암수'의 '수'와 관련이 있지 않을까 궁금할 수도 있다. 실제로 '암되다'란 말이 있는데, 이 말은 수줍음이 많은 남자의 성격을 가리킬 때 사용된다. 그런데 '숫되다'의 의미가 '암되다'와 오히려 유사하고, 중세국어 형태가 '숟'이었다는 것을 생각하면, 수컷을 가리키는 '수'와 '숫되다'는 전혀 관련이 없는 말인 것을 알 수 있다.

㊅ 숟[純]+드욀다[爲]

㊊ *숟드욀다> 숟도외다> 숫되다

㊎ • 숟도욀 박(朴, 신증유합 하-2)

숭늉 몡 밥을 지은 솥에서 밥을 퍼내고 물을 부어 데운 물. 숙랭(熟冷).

㊀ '숭늉'의 중세국어 형태는 '슉링'이며, 이 말이 한자어 '熟冷'에서 왔음을 잘 보여 주고 있다. '熟冷'의 중세국어 한자음이 '슉링'이다. '熟冷(슉링)'의 그대로의 뜻은 '찬 것을 익힘'이다.

㊁ 15세기 문헌인 『구급간이방언해(救急簡易方諺解)』(1489)의 '드슨 슉링애 두 돈만 프러 머그라(따뜻한 숭늉에 풀어서 먹어라)'에서 '슉링'의 형태로 처음 나타난다. 이 말은 한자어 '熟冷'이다. '熟冷'을 중세국어 한자음으로 읽으면 '슉링'이므로, 당시의 한자음을 정확하게 표기한 것이다. '熟冷(슉링)'이란 말은 찬물을 익혔다는 뜻

이다. 17세기에는 '슉ᄂᆡᆼ, 슝ᄂᆡᆼ, 슝농' 등으로 표기로 나타난다. '슉ᄂᆡᆼ, 슝ᄂᆡᆼ'은 중세국어의 '슉ᄅᆡᆼ'과 발음에 있어서 차이가 없지만, '슝농'은 현대의 형태로 가는 단계를 밟고 있어서 주목된다. '슝ᄂᆡᆼ'에서 제2 음절의 반모음 'ㅣ[j]'가 탈락하고, 'ᆞ'가 앞 음절의 원순모음에 동화를 입어 '슝농'이 된 것이다. 18세기에는 '슉ᄂᆡᆼ'과 함께 제2 음절에 선행하는 반모음 'ㅣ[j]'가 첨가된 '슝뇽'이 나타나서 거의 현대의 형태에 접근하였다. 다만 19세기에는 한자어 의식이 강하여 '슉ᄂᆡᆼ, 숙랭, 숙랭, 숙륭' 등으로 한자음과 가까운 표기가 우세하였다. 이렇게 한자어 발음에 가까운 표기가 우세한 것은 19세기의 해당 문헌이 주로 사전(辭典)의 성격을 지녔기 때문으로 이해된다. 19세기의 '숙륭'을 발음대로 표기한 20세기의 '숭늉'이 현대로 이어졌다.

[원] 熟冷

[변] 熟冷(슉ᄅᆡᆼ)> 슉ᄂᆡᆼ> 슝ᄂᆡᆼ> 슝뇽> 숭늉

[예] • ᄃᆞᄉᆞᆫ 슉ᄅᆡᆼ애 두 돈만 프러 머그라(구급간이방 2-107)

- 무근 슉ᄂᆡᆼ 믈(동의보감 탕액-1)
- 감초 닷 돈 혹 오픈 믈의 달혀 슝ᄂᆡᆼ 먹듯 튜일 그 즙을 임의로 머그면(두창경험방 20)
- 슝뇽(鍋巴水, 방언유석 29)

쉬이 [부] 쉽게. (준말)쉬.

[一] '쉬이'의 중세국어 형태는 '수ᄫᅵ'와 '쉬ᄫᅵ'이다. 중세국어 문헌에서 '수ᄫᅵ'가 '쉬ᄫᅵ'보다 자주 사용되었으므로, '수ᄫᅵ'를 '쉬ᄫᅵ'에서 변화된 형태라고 쉽게 처리하는 것은 문제가 있다.

[二] 중세국어에 '쉽다'란 말이 있지만, 아마도 그 이전에는 '*숩다[易]'란 형태가 사용되었을 가능성이 있다. 음운 변화의 관점에서도 치경음 'ㅅ' 다음에서 '우> 위'의 전설모음화 현상이 일어나는 것이 용이하므로, '숩다> 쉽다'의 변화를 설명하기에 어려움이 없다. 이와 같은 견해는 '숨[息]'과 '쉬다[息]'의 관계에서도 적용된다. 즉 명사 '숨'은 동사 '*수다'의 파생어인 것이므로, 동사 '쉬다'는 '*수다> 쉬다'의 변화를 겪었다고 하는 것이 적절하기 때문이다. 이러한 사정을 감안하여 '수ᄫᅵ, 쉬ᄫᅵ'는 '숩/쉽[易]+이(부사화 접사)'의 어원적 구조로 분석하기로 하겠다.

㊂ 'ㅂ' 불규칙 형용사인 '쉽다'는 중세국어 초기에는 '쉽다~쉬ᄫᅳ니'와 같이 'ㅂ'이 'ㅸ'으로 교체되었으나, 15세기 중반 이후에는 'ㅸ'의 소멸로 인하여 '쉽다~쉬우니'와 같이 'ㅂ~오/우[w]'의 교체로 바뀌었다.

㊃ 중앙어를 기준으로 하면 중세국어 형태는 '수ᄫᅵ, 쉬ᄫᅵ'로서 'ㅂ'이 'ㅸ'으로 약화된 형태가 정상이지만, 문헌에 따라서는 'ㅂ'이 약화되지 않은 '수비, 쉬비'의 형태도 있음이 확인된다. 이것은 'ㅂ' 불규칙 활용에 있어서 지역에 따른 차이가 중세국어에도 이미 있었다는 것을 말하는 것이다.

㋐ 숩/쉽[易]+이(부사화 접사)

㋑ 수ᄫᅵ/쉬ᄫᅵ> 수비/쉬비> 수이/쉬이> 쉬/쉬이

㋒ • 사ᄅᆞᆷ마다 ᄒᆡ여 수ᄫᅵ 니겨(훈민정음)

  • 옷밥 쉬ᄫᅵ 어드니만 몯다 ᄒᆞ다가(월인석보 13-13)

  • 수비 키 아로ᄆᆞᆯ 得ᄒᆞ야(몽산화상법어약록언해-송광사 5)

  • ᄒᆞ나ᄒᆞᆫ 가ᅀᆞ며니ᅀᅡ 수이 布施ᄒᆞ리라 너기고(능엄경언해 1-34)

  • 쉬이 親ᄒᆞᄂᆞ니(易親, 선종영가집언해 하-109)

  • 사ᄅᆞᆷ마다 쉬 알에 ᄒᆞ시니(간이벽온방언해 서-3)

쉬파리 ㊇ 쉬파릿과의 곤충. 수컷은 암컷보다 작음. 길이 1~1.5cm, 빛은 회색. 여름에 육류나 부패 식품에 쉬를 깔김. 왕파리.

㊀ '쉬파리'의 근대국어 형태는 '쉬ᄑᆞ리'이며, 이 말은 '쉬[白蚱, 蛆]+ᄑᆞ리[蠅]'로 분석된다.

㊁ '쉬'는 '파리의 알'이나 '구더기'를 뜻하는 말이다. '쉬'는 근대국어 문헌에 '쉬(白蚱, 동문유해 하-42), 쉬 스다(下蚱子, 동문유해 하-43)' 등의 용례가 있으며, 'ᄑᆞ리'는 중세국어 문헌에서 이미 나타난다. 그러므로 '쉬파리'는 '쉬를 스는 파리'란 것을 알 수 있다.

㋐ 쉬[白蚱, 蛆]+ᄑᆞ리[蠅]

㋑ 쉬ᄑᆞ리> 쉬파리

㋒ • 五六月 伏더위예 쉬ᄑᆞ린가 ᄒᆞ노라(고시조, 해동가요)

  • 쉬ᄑᆞ리(綠豆蠅, 한청문감 14-52)

스라소니 뗑 고양잇과의 짐승. 깊은 삼림에 삶. 살쾡이와 비슷한데 몸의 길이는 1m 정도임. 앞발보다 뒷발이 길며 귀가 크고 뾰족함. 나무에 잘 오르고 헤엄을 잘 침. 토표. 학명은 'Lynx lynx cervaria'이다.

⊟ '스라소니'의 중세국어 형태는 '시라손'이며. 근대국어 문헌에는 접미사가 첨가된 '시라손이'로 나온다. 이 말은 여진어 'šilasun'에서 온 것으로 보이는데, 스라소니가 한반도 북부와 만주 지역에 주로 서식하기 때문에 여진어에서 차용한 것이 확실해 보인다.

⊟ 16세기 문헌인 『훈몽자회(訓蒙字會)』(1527)에서 '土豹(토표)'의 뜻으로 '시라손'을 확인할 수 있다. 18세기가지 이 형태가 그대로 쓰였으며, 19세기에 접미사 '-이'가 첨가된 '시라손이'와 'ㅅ' 다음에서 '이'가 '으'로 바뀐 '스라손'이 나타난다. 일반적인 음운 변화에서는 '스'가 '시'로 바뀌는 것이 정상이다. 즉 치경음 'ㅅ'의 영향을 받아 후설모음인 '으'가 전설모음 '이'로 이동하는 것이 음운 현상의 원리에 맞기 때문이다. 이에 따라 '스골'이 '싀골'을 거쳐 '시골'이 되고, '슴겁다'가 '싱겁다'가 되며, '쏫다'가 '씻다'가 되는 것이다. 아마도 근대국어 후기에 나타난 '스라손'은 이러한 음운 현상을 참조하면서, '시라손'이 '스라손'에서 왔을 것이라는 유추에 의한 역작용의 결과로 이해된다. 20세기에는 '스라손이, 스라소니, 시라손이, 시라소니' 등으로 접미사 '-이'가 부가된 형태로 굳어졌으며, '스리소니'가 현대로 이어졌다.

☰ 중세국어 '시라손'의 어원에 대해서는 『女眞文辭典』(김계종, 1984)에서 여진어 'šilasun'이 이 말의 어원이라고 하였는데 정설로 받아들여지고 있다. 스라소니는 몽골, 시베리아, 사할린 등의 추운 지방의 삼림 지대에 주로 살고 있다. 우리나라에서도 북부 지방에서 살고 있는 동물이므로, 여진어에서 이 동물의 이름이 유래한 것은 충분한 이유가 있다고 생각된다.

㉠ (여진어)šilasun

㉥ šilasun> 시라손> 시라손이> 스라소니

㉤ • 시라손(土豹, 훈몽자회 상-18)

　　• 시라손이(貍, 물보)

스러지다 뗑 나타난 형태가 차츰 희미해지면서 없어지다. 사위어 없어지다.

⊟ '스러지다'의 중세국어 형태는 '스러디다'이며, 이 말은 '슬[消, 銷]+어(어미)+디[落]+다(어미)'의 구조로 분석된다.

⊟ 현대국어에서 잘 쓰이지 않는 '슬다[消, 銷]'는 중세국어 및 근대국어에서는 자주 사용되는 동사였다. '色의 性이 반두기 슬리니(色性應銷, 능엄경언해 3-19), 六根이 스러 도라가샤(六根消復, 법화경언해 7-54)' 등의 용례를 참조할 수 있다.

⑧ 슬[消, 銷]+어(어미)+디[落]+다(어미)

⑭ 스러디다> 스러지다

㉞ • 믈을 다 마셔 그 모시 스러디니(월인천강지곡 상-58)
　　• 스러딜 쇼(消, 신증유합 하-58)

스승 图 자기를 가르쳐 주는 사람. 선생.

⊟ 중세국어 문헌에서 '스승'의 형태로 처음 나타난다. 17세기부터 시작되는 근대국어 이후에 연구개 비음 'ㆁ'은 표기에서 'ㅇ'으로 바뀌었다. 이에 다라 '스승'은 '스승'이 되었지만 단순한 표기의 변화에 불과하므로 현대까지 형태의 변화는 없었다. 현대국어에서 '스승'은 '가르치는 사람'이라는 의미로 단순하지만, 중세국어에서는 세 가지 의미로 나뉜다. 첫째는 앞에서 용례로 든 한자 '師(사)'에 해당하는 '가르치는 사람'이라는 의미이다. 둘째는 한자 '巫(무)'에 해당하는 '무당'의 뜻이다. 셋째는 한자 '僧(승)'에 해당하는 '스님'의 뜻이다. '스승'의 원래의 의미는 고대 사회에서 신(神)과 인간(人間)을 중재하는 사람에게 부여했던 명칭이라고 생각할 수 있다. 그러다가 불교(佛敎)가 들어오면서 이러한 역할은 자연스럽게 '스님'에게 돌아가고, 또 유학(儒學)이 성행하면서는 지금과 같은 선생(先生)의 역할자에게 '스승'의 명칭을 부여했다고 생각된다.

⊟ 15세기 문헌인 『석보상절(釋譜詳節)』(1447)의 '六師는 外道이 스승 여스시라(六師는 外道의 스승 여섯이다)'에서 '스승'의 형태로 처음 나타난다. 현대국어에서 '스승'은 '가르치는 사람'이라는 의미로 단순하지만, 중세국어에서는 세 가지 의미로 나뉜다. 첫째는 앞에서 용례로 든 한자 '師(사)'에 해당하는 '가르치는 사람'이라는 의미이다. 이 뜻에 해당하는 '스승'이 현대국어로 이어졌음은 물론이다. 둘째는 한자 '巫(무)'에 해당하는 '무당'의 뜻이다. 『분류두공부시언해(초간본)』(1481)의 '녯

님그미 스승 스로믈 삼가시고(前聖愼焚巫, 옛 임금이 무당 불사름을 삼가시고)'에서 '스승'이 '巫'의 풀이에 해당함을 확인할 수 있다. 셋째는 한자 '僧(승)'에 해당하는 '스님'의 뜻이다. 『석보상절(釋譜詳節)』(1447)의 '和尙ᄋᆫ 스스ᄋᆯ 니르니라(和尙ᄋᆫ 스승을 이른 것이다)'에서 '스스ᄋᆯ'은 '스승+ᄋᆯ'을 연철 표기한 것이며, 이 경우의 '스승'은 '스님'을 가리킨다.

三 『삼국사기(三國史記)』(1145)의 '次次雄 或云慈充 金大問云 方言謂巫也(次次雄은 혹간에 慈充이라고도 한다. 金大問이 세간에서 巫를 이르는 말이라고 하였다)'에서 '慈充'은 중세국어의 '스승'과 같은 말로 추정하는 견해가 많다. 이로써 보면 '스승'의 원래의 의미는 고대 사회에서 신(神)과 인간(人間)을 중재하는 사람에게 부여했던 명칭이라고 생각할 수 있는 것이다. 그러다가 불교(佛敎)가 들어오면서 이러한 역할은 자연스럽게 '스님'에게 돌아가고, 또 유학(儒學)이 성행하면서는 지금과 같은 선생(先生)의 역할자에게 '스승'의 명칭을 부여했다고 생각된다.

㉞ 스승[師, 巫, 僧]

㉟ 스승> 스승

㉠ • 法 ᄀᆞᄅ치ᄂᆞ닌 스승이오 ᄇᆡ호ᄂᆞ닌 弟子ㅣ라(월인석보 1-9)

슬겁다[슬거우니, 슬거워] 혱 ① 집이나 세간 따위가 겉으로 보기보다 속이 너르다. ② 마음씨가 너그럽고 미덥다.

一 중세국어 형태도 '슬겁다'이다. '미덥다, 느껍다, 무겁다' 등에 나타나는 형용사화 접미사 '-업'을 고려하면, 이 말은 '슭[慧]+업(형용사화 접사)+다(어미)'로 분석하는 것이 가능하다.

二 어근 '*슭'을 설정하는 것은 중세국어의 명사 '슬긔'에서 '슭[慧]+의(명사화 접사)'으로 분석할 수 있는 가능성이 있기 때문이다.

㉞ 슭[慧]+업(형용사화 접사)+다(어미)

㉟ 슭업다> 슬겁다

㉠ • 도국과 슬거오미 몯졔오(번역소학 10-11)

  • 그 슬겁기 귀신 ᄀᆞᄐᆞ니(십구사략언해 1-10)

☞ 슬기

슬기 [명] 사리를 밝혀 일을 잘 처리해 가는 능력.

[一] '슬기'의 근대국어 형태는 '슬긔'이다. 이 말은 '슭[慧]+의(명사화 접사)'로 분석하는 것이 가능하다.

[二] 문헌에서 실증할 수 없는 어근 '*슭'을 설정하는 것은 중세국어의 명사 '슬긔'가 'ᄆᆞ긔'와 마찬가지로 '슭[慧]+의(명사화 접사)'으로 분석할 수 있는 가능성이 있기 때문이다. 이것은 중세국어의 명사 'ᄆᆞ긔[重]'와 파생 형용사 'ᄆᆞ겁다'의 어원적 분석에서 어근 'ᄆᆞᆨ'을 추출할 수 있는 원리와 같다.

[三] 근대국어에 '슭곰(熊, 물보)'이란 말이 있다. '슭곰'의 '슭'이 어근으로 재구한 '*슭[慧]'과 같은 것인지는 앞으로 연구할 과제이다. 근대국어의 '슭곰'이 대체로 '큰곰'을 뜻하는 말이며, '슬겁다'의 의미에는 '지혜롭다' 외에도 '너르다, 관대하다'의 뜻도 있으므로, 그 가능성이 있다고 생각된다.

[원] 슭[慧]+의(명사화 접사)

[변] 슬긔> 슬기

[예] • 여ᄃᆞᆲ 돌이면 그 ᄠᅳᆮ과 슬긔 나며(부모은중경언해 9)

• 슬긔ᄂᆞᆫ 글의셔 나ᄂᆞᆫ 일이오(계축일기 38)

☞ 슬겁다, 무겁다, 무게

슬프다[슬퍼, 슬프니] [형] 원통한 일을 당하거나 불쌍한 일을 보고 마음이 아프고 괴롭다. ↔기쁘다.

[一] 중세국어 형태도 '슬프다'이며, 이 말은 '슳[悲]+브(형용사화 접사)+다(어미)'로 분석된다. 그러므로 '슬프다'는 동사 '슳다'에서 파생된 형용사이다.

[二] 중세국어의 '슳다[悲]'는 현대국어의 '슬퍼하다'에 해당하는 동사이다. 현대국어의 '슬퍼하다'는 '슬프[悲]+어(어미)+하[爲]+다(어미)'로 분석되며, 형용사 '슬프다'에서 파생된 동사이다.

[원] 슳[悲]+브(형용사화 접사)+다(어미)

[변] 슳브다> 슬프다

[예] • 뎌 말도 슬프실ᄊᆡ 兩分이 ᄀᆞ장 우르시니(월인석보 8-81)

승(僧) 명 ① 비구와 비구니의 총칭. 출가 사문(出家沙門). 승려. ② '승가(僧伽)'의 준말.

▱ 중세국어에서 '승(僧)'은 '승려'라는 일반 명칭으로 사용되기도 하였지만, '즁'과 '승'이라는 구분을 지을 때는 '비구니[女僧]'의 뜻으로만 쓰였다. 즉 '城 밧긔 닐굽 뎔 일어 즁 살이시고 城 안해 세 뎔 일어 승 살이시니라(성 밖에 일곱 절 이루어 비구 살게 하시고, 성 안에 세 절 이루어 비구니 살게 하셨다. 월인석보 2-77)'에서 '즁'과 '승'은 각각 '비구'와 '비구니'의 뜻으로 쓰인 것을 확인할 수 있다.

㉿ (산스크리트어)saṃgha

㉾ saṃgha> (漢語)僧伽> 승

㉸ • 三寶ᄂᆞᆫ 佛와 法과 僧괘라(석보상절 서-6)

　• 승 니(尼, 훈몽자회 중-2)

☞ 승가(僧伽)

승가(僧伽) 명 절에 살면서 불도를 닦고 실천하는 사람들의 집단.

▱ 산스크리트어 'saṃgha'를 한어(漢語)에서 '僧伽'로 음역한 것이다. 산스크리트어에서 'saṃgha'는 본래 일정한 목적을 위하여 사람들이 하나로 연합된 단체를 일컫는 일반적인 말이었으나, 불교에서는 출가 수행자(出家修行者)의 교단(教團)을 가리키는 말로 특수화되었다. 줄여서 '승(僧)'이라고 한다.

㉿ (산스크리트어)saṃgha

㉾ saṃgha> (漢語)僧伽> 승가

시골 명 도시에서 떨어진 지방.

▱ '시골'의 중세국어 형태는 '스ᄀᆞᄫᆞᆯ'이다. 여기에서 현대국어 '고을'의 중세국어 형태인 'ᄀᆞᄫᆞᆯ[村]'을 추출할 수 있으므로, '스ᄀᆞᄫᆞᆯ'은 '스+ᄀᆞᄫᆞᆯ[村]'로 분석된다. '스ᄀᆞᄫᆞᆯ'은 순경음 'ᄫ'이 곧 소멸함에 따라 15세기에 '스ᄀᆞ올'로 바뀌고, 다시 축약 형태인 '스골, 스굴' 등이 되었다. 16세기에 제1 음절에 반모음 'ㅣ[j]'가 덧붙은 '싀골'이 등장하였으며, '싀골'에서 불안정한 '으'가 탈락하여 '시골'이 된 것은 19세기의 일이다. 이 형태가 20세기를 거쳐 현대로 이어졌다. 중세국어 형태인 '스ᄀᆞᄫᆞᆯ'은 '스+ᄀ

불'로 이루어진 말이다. 여기에서 후부 요소인 'ᄀᄫᆞᆯ'은 나중에 '鄕村(향촌)'을 뜻하는 '고을'이 되었으므로, 어원 파악의 요점은 앞 요소인 'ᄉ'의 의미를 찾는 데에 있다. 'ᄉ'의 의미에 대해서는 '멀다[遐], 후미지다[僻]'의 뜻으로 'ᄉ'를 이해하는 것이 가장 그럴 듯하다. 이러한 어원 설명이 옳은 것이라면 'ᄉᄀᄫᆞᆯ'의 어원적 의미는 '멀리 떨어진 후미진 고을'에 해당한다.

ᄐ 15세기 문헌인 『용비어천가(龍飛御天歌)』(1447)의 'ᄉᄀᄫᆞᆯ 軍馬ᄅᆞᆯ 이길ᄊᆡ ᄒᆞᄫᅡ 믈리조치샤 모딘 도ᄌᆞᄀᆞᆯ 자ᄇᆞ시니이다(시골 군마를 이기므로 혼자 물러나 쫓기시어 모진 도적을 잡으셨습니다)'에서 'ᄉᄀᄫᆞᆯ'의 형태로 처음 나타난다. 'ᄉ'의 의미에 대해서는 아직까지 견해가 엇갈리고 있지만, 이기문(1991)에서 주장한 '멀다[遐], 후미지다[僻]'의 뜻으로 'ᄉ'를 이해하는 것이 가장 그럴 듯하다. 이러한 견해는 김소월의 시어나 평안도 방언의 '시메산골'의 '시'가 'ᄉᄀᄫᆞᆯ'의 'ᄉ'와 어원이 같다고 본 데에서 나온 것이다. 이 견해가 옳은 것이라면 'ᄉᄀᄫᆞᆯ'의 어원적 의미는 '멀리 떨어진 후미진 고을'에 해당하므로, '시골'의 의미에 적절하게 어울린다.

ᄐ 'ᄀᄫᆞᆯ'의 용례는 『용비어천가』(2-22)에 '粟村 조ᄏᆞᆯ(조ᄒᆞ+ᄀᄫᆞᆯ)'이란 기록을 통하여 다시 확인할 수 있으며, 'ᄀᄫᆞᆯ> ᄀᆞ올> 고을(골)'의 변화 과정을 거쳤다.

㉑ ᄉ[僻]+ᄀᄫᆞᆯ[村]

㉓ ᄉᄀᄫᆞᆯ> ᄉᄀᆞ올> ᄉ골/ᄉ굴> 싀골> 시골

㉖ • ᄉᄀᄫᆞᆯ 軍馬ᄅᆞᆯ 이길ᄊᆡ(용비어천가 35장)

　• 辭狀ᄒᆞ고 ᄉᄀᆞ올 갯더니(삼강행실도)

　• ᄉ골 ᄆᆞ술 서리예 약 살 ᄴᅡ히 업거든(구급간이방 1-103)

　• ᄆᆞᅀᆞᆷ 길히 通ᄒᆞ면 셔울 ᄉ굴히 엇뎨 다ᄅᆞ리오(선종영가집언해 하-113)

　• 싀골 도라가(歸鄕里, 소학언해-선조 6-81)

시궁 몡 더러운 물이 빠지지 않고 썩어서 질척질척하게 된 도랑.

ᄃ '시궁'의 중세국어 형태는 '쉬궁'이며, 이 말은 우선 '쉬[白蛆, 蛆]+궁[?]'으로 분석될 것이지만, '궁'의 어원적 의미를 밝히는 것이 관건이다.

ᄃ 현대국어 '구멍[穴]'에 해당하는 중세국어 형태는 '구무/구모, 굼ㄱ'이다. 그러므로 '궁'은 '굼ㄱ'에서 변화된 말이라고 생각된다. '굼ㄱ'에서 받침의 'ㅁ'이 후행하는

'ㄱ'의 영향을 받아 'ㆁ'으로 바뀌었다고 하는 설명이 가능하기 때문이다. 비록 중세국어 문헌에는 나타나지 않지만, 근대국어에서 '궁글(두시언해-중간 21-20), 궁긔(쌍벽가)' 등의 용례가 있으며, 또한 '싀금(두창경험방 14)'에서는 'ㅁ' 받침이 확인된다.

[三] '쉬궁'과 같은 뜻인 중세국어의 '슈구(瀆, 신증유합 하-30)'는 아마도 '水溝'와 같은 한자어에 이끌린 형태일 것으로 생각된다.

[四] 현대국어에서는 '시궁' 외에도 '시궁발치, 시궁치, 시궁창' 등이 사용된다. '발치'는 '발[足]+치(접사)'로 분석되고, '시궁치'는 '시궁발치'의 준말이다. '창'은 '신발의 바닥에 까는 물건'을 뜻하는 말이므로, 기본적인 의미는 '밑[底], 바닥[底]' 등에 해당한다는 것을 알 수 있다.

[원] 쉬[白蚱, 蛆]+굼ㄱ[穴]

[변] *쉬굼ㄱ> 쉬궁> 싀공, 싀금> 시궁

[예] • 쉬구에 ᄇᆞ리며(월인석보 18-40)

• 싀공(溝子, 역어유해 상-6)

• 싀금을 처(通溝渠, 두창경험방 14)

☞ 쉬파리

시금치 [명] 명아줏과의 한해살이풀 또는 두해살이풀. 뿌리는 담홍색, 줄기는 비었고 여름에 녹색의 잔 꽃이 핌. 잎은 어긋나고 세모진 달걀꼴을 하고 있는데 비타민과 철분이 많아 널리 식용함.

[一] '시금치'의 중세국어 형태는 '시근칙'이며, 이 형태는 19세기까지 변하지 않고 쓰였으나, 19세기에 나타난 '싀근취'에 이어 20세기에 '시금치, 시금초' 등으로 변화된 형태를 보여 준다. 중세국어 '시근칙'란 말은 당시의 중국어 '赤根菜'에서 차용한 것이다. '赤根菜'는 '붉은 뿌리의 채소'라는 뜻이며, 당시의 중국어 발음은 [tʂʰi-kən-tsʰaj]이다. 이것을 중세국어에서 '시근칙'로 차용한 것이다.

[二] 16세기 문헌인 『훈몽자회(訓蒙字會)』(1527)의 '菠 시근칙 파, 薐 시근칙 릉'에서 '시근칙'의 형태로 처음 나타난다. 중세국어 '시근칙'란 말은 당시의 중국어 '赤根菜'에서 차용한 것이다. '赤根菜'는 '붉은 뿌리의 채소'라는 뜻이며, 당시의 중국어 발음

은 [tʂʰi-kən-tsʰaj]이다. 이것을 중세국어에서 '시근치'로 차용한 것이다. '根'과 '菜'의 중세국어 한자음이 각각 '근'과 '칙'이며, 중국어 발음과 국어 한자음의 차이가 크지 않다. 다만 '赤'의 중세국어 한자음은 '젹'이며, 중국어 발음은 [tʂʰi]이므로, 국어로는 '치'나 '츠'에 가까웠을 것으로 생각된다. 어떠한 연유로 중국어 '赤[tʂʰi]'가 '시'로 옮겨졌는지 자세한 내막을 알 수 없다. '시근치'의 마지막 음절의 '치'는 '취'를 거쳐 '치'가 되는 것이 자연스러운 과정이지만, '근'이 '금'이 된 것은 설명하기 어렵다. 다만 19세기의 『한불자전(韓佛字典)』(1880)에서 '싀근치 酸菜'라고 하여 한자 '酸(산)'을 이 채소의 이름으로 쓰고 있는 것이 주목된다. 중세국어에 '싀다[酸]'란 말이 쓰였으며, 현대국어에는 '시금하다'란 말이 있다. 이러한 '酸菜(산채)'와의 관련이 형태에 영향을 미쳤을 가능성이 있다. 실제로 시금치에는 수산, 사과산, 구연산 등 각종 유기산(有機酸)이 많이 함유된 것으로 알려져 있다.

[원] (漢語)赤根菜[tʂʰi-kən-tsʰaj]

[변] 赤根菜[tʂʰi-kən-tsʰaj]> 시근치> 시근취> 시금치

[예] • 시근치(赤根, 번역노걸대 하-38)

• 시근취(赤根菜, 물보)

시내 [명] 산골짜기나 평지에서 흐르는 자그마한 내.

[一] '시내'의 중세국어 형태는 '시내ㅎ'이며, 이 말은 '실[谷]+내ㅎ[川]'의 어원적 구조에서 치경음 'ㄴ' 앞의 'ㄹ'이 탈락한 것이다(李熙昇 1932).

[二] 『삼국유사』의 '絲浦 今蔚州谷浦'란 기록에서 '谷'의 훈이 '실'인 경우에 '絲'의 훈 '실'과 일치된다. 그러므로 '谷'에 해당하는 역사적인 어원 형태인 '실'을 옛 문헌에서 확인할 수 있다.

[원] 실[谷]+내ㅎ[川]

[변] *실내ㅎ> 시내ㅎ> 시내

[예] • 시내히 서늘커놀(두시언해-초간 8-51)

• 시내 간(澗, 훈몽자회 상-4)

시답다[시다우니, 시다워] [형] ('시답지 않다', '시답지 못하다' 구성으로 쓰여) 마음

에 차거나 들어서 만족스럽다.

[一] '시답다'의 중세국어 형태는 '실답다'이며, 이 말은 '實(실)+답(형용사화 접사)+다(어미)'의 구조로 분석된다. 치경음 'ㄷ' 앞에서 'ㄹ'이 탈락하여 '시답다'가 된 것이다.

[원] 實(실)+답(형용사화 접사)+다(어미)

[변] 실답다> 시답다

[예] • 行이며 相이며 實다ᄫᅵ 알 씨라(월인석보 9-20)

• 實다이 니ᄅ쇼셔(법화경언해 1-165)

시렁 [명] 물건을 얹기 위해 방이나 마루의 벽에 가로지른 두 개의 긴 나무.

[一] 중세국어 형태도 '시렁'이다. 이 말은 '싣[載]+엉(접사)'의 어원적 구조에서 '싣다[載]'가 'ㄷ' 불규칙 동사이기 때문에 'ㄷ'이 'ㄹ'로 바뀐 것이다.

[二] '시렁'에 해당하는 또 다른 중세국어 단어는 '실에'이다. 이 말은 '싣[載]+에(접사)'로 분석되므로, '시렁'과 비교하면 접미사에서 차이가 있음을 알 수 있다.

[원] 싣[載]+엉(접사)

[변] *싣엉> 시렁

[예] • ᄉᆞ나ᄒᆡ와 겨집이 옷홰며 시렁을 ᄒᆞᆫ ᄃᆡ 아니ᄒᆞ야(男女不同椸枷, 소학언해-선조 2-50)

시앗 [명] 남 편의 첩.

[一] '시앗'의 근대국어 형태는 '싀앗'이며, 이 말은 어원적으로 '남편의 여자'라는 의미인 '싀[男便]+갓[女]'으로 분석된다.

[二] '妻는 가시라(월인석보 1-12), 臣下ᄋᆡ 갓ᄃᆞᆯ히 다 모다 夫人 侍衛ᄒᆞᄉᆞᄫᅡ(월인석보 2-28)' 등에서 알 수 있는 바와 같이 중세국어 의 '갓'은 '아내'나 '여자'를 가리키는 말이었다. 근대국어의 '싀앗' 은 어원적 형태인 '*싀갓'에서 'ㄱ'이 탈락한 형태이다.

[원] 싀[男便]+갓[女]

[변] *싀갓> 싀앗> 시앗

[예] • 어ᄂᆡ 개ᄯᆞᆯ년이 싀앗 새옴ᄒᆞ리오(고시조, 청구영언)

☞ 시집

시위 囘 '활시위'의 준말.
一 '시위'의 중세국어 형태는 '시울'이며, 어원적 의미는 '줄[絃]'이다.
二 근대국어에서는 '시울, 시욹, 시위' 등의 변이 형태가 나타나지만, 형태 변화의 과
정을 원리적으로 설명하기는 어렵다.
㉠ 시울[絃]
㉡ 시울> 시욹> 시위
㉢ • 箭篗는 모기 구븓ᄒᆞ고 鳳이 머리 밍골오 시울 ᄒᆞᆫ 거시라(석보상절 13-53)
　• 몬져 조각을 시울와 거플 앗고(구급간이방 1-2)
　• 이 활과 시욹을 다 사다(노걸대언해 하-29)
　• 시위(弓弦, 동문유해 상-47)

시중 囘 옆에서 여러 가지 심부름을 하는 일.
一 '시중'의 근대국어 형태는 '시죵'이며, 이 말은 한자어 '侍從(시죵)'이다.
二 한자어 '侍從'의 한자음은 중세 및 근대국어에 '시죵'이었으며, 현대국어에 '시종'
으로 바뀌었다. 그러므로 현대국어에는 한자어 '侍從'이 그대로 쓰이는 '시종'이 있
고, 형태가 변하여 고유어화한 '시중'도 있다.
㉠ 侍從
㉡ 侍從(시죵)> 시중
㉢ • 시죵 드ᄂᆞᆫ 이(역어유해보 57)

시집 囘 시부모가 사는 집. 남편의 집안. 시가(媤家).
一 '시집'의 근대국어 형태는 '싀집'이며, 이 말은 '싀[男便]+집[家]'으로 분석된다.
二 '싀아비[媤父], 싀앗, 싀어미[媤母], 싀집' 등에 나타나는 '싀'의 어원에 대해서는
'싀[新]'에서 온 것이라는 견해가 유력하지만 확인할 수 없다. 오히려 현대국어 '시앗
[男便의 妾]'의 근대국어 형태인 '싀앗'이 어원적으로 '싀+갓[女]'에서 온 것이므로,
고유어 '싀'의 의미는 '남편(男便)'이라고 하는 것이 단순하고 정확하다. '媤家(시

가), 媤宅(시댁)' 등에서와 같이 '시'를 한자 '媤'로 쓰는 것은 어원과는 관련이 없는 단순한 취음 표기이다.

㉝ 싀[男便]+집[家]

㉙ 싀집> 시집

㉘ • 宋氏 아기 업고 逃亡ᄒ야 싀지븨 가 여러 ᄒᆡ를 도라오디 아니 ᄒ더니(동국신속 삼강행실도 열-2)

☞ 시앗

신나무 ㉤ 단풍나뭇과의 낙엽 소교목. 높이는 3미터 정도이며, 잎은 마주나고 타원형이다. 6~7월에 담녹색의 꽃이 피고 가을에 단풍이 들며, 열매는 시과(翅果)로 9월에 익는다. 줄기는 기구나 지팡이의 재료로, 잎은 염료로 쓴다. 개울이나 습지에 나는데 한국, 일본, 중국, 몽골 등지에 분포한다.

▱ 현대국어 '신나무'는 중세국어의 형태 '싄나모'로 소급되며, 이 말은 '싄[楓]+나모[木]'로 이루어진 말이다. 단독 형태인 '싄'은 중세국어에서 그대로 사용되었으나, 1음절어의 불안정성을 해소하기 위하여 중세국어 후기에 '나모'를 붙여서 형태가 길어진 것이다.

㉝ 싄[楓]

㉙ 싄> 싄나모> 신나무

㉘ • 싄 爲楓(훈민정음)
  • 싄나모 풍(楓, 훈몽자회 상-10)
  • 신나모(茶條樹, 역어유해 하-41)

신다 ㉞ 신이나 버선 따위를 발에 꿰다.

▱ 중세국어 형태도 '신다'이다. 이 말은 명사 '신[履]'에서 바로 동사로 파생된 것이다.

▤ 중세국어에서 명사 '신[履]'의 성조는 거성(去聲)이며, 동사 '신다'의 어간 '신-'은 상성(上聲)이다. 이러한 성조의 차이가 생긴 이유는 설명하기 어렵다. 그러나 중세국어의 평성인 '품[懷]'에서 바로 동사로 파생된 '품다'의 어간 '품-'이 거성인 것에

서도 역시 성조의 변화가 있으며, 거성인 'ᄯᅴ[帶]'에서 바로 동사가 된 'ᄯᅴ다'의 어간 'ᄯᅴ-'는 평성이다. 그러므로 품사를 달리하면서 성조의 변화가 생긴 것은 오히려 일반적인 현상이라고 생각된다.

[원] 신[履]+(다)

[변] 신> 신다

[예] • 신 신고 거러 다봇 서리예 오ᄂᆞ다(두시언해-초간 7-21)

☞ 띠다, 배다, 빗다, 품다

실[실:] [명] 고치, 솜, 삼 따위를 길고 가늘게 자아내어 꼰 것.

[一] 중세국어 형태도 '실'이다. '실'과 관계있는 어휘를 들면 한어(漢語)의 '絲(상고음 sjəg)', 고대 슬라브어 [šelkŭ], 몽고어 [sirkeg], 라무트어 [sirən], 에벤키어 [sirən, sirəktə] 등을 열거할 수 있다(李基文 1991: 24). 그리고 이들 동방계 어휘를 기반으로 하여 영어의 [silk]도 생겨났다. 그러고 보면 국어의 '실'과 영어의 [silk]는 직접적인 차용 관계는 아니나, 어원적으로 그 근원을 같이하는 어휘인 것이다.

[二] 李基文(1991: 24)에서 논의한 바와 같이 몽고어도 퉁구스 제어에 닿아 있으므로, 퉁구스 제어인 라무트어와 에벤키어의 공통 형태를 '실'의 어원으로 설정해 둔다.

[원] (퉁구스어)sirən[絲]

[변] sirən> 실

[예] • 고팃 시ᄅᆞᆯ 다 ᄲᅢᅘᅧ 내ᄂᆞ니라(능엄경언해 1-5)

실루엣 [명] ① 윤곽의 안을 검게 칠한 얼굴 그림. ② 그림자 그림만으로 표현한 영화 장면. ③ 옷의 전체적인 윤곽.

[一] '실루엣'이란 말은 프랑스의 정치가이자 아마추어 종이오리기 공예가였던 실루엣(Etienne de Silhouette, 1709~1767)이 재무장관으로 재임할 당시 값싼 그림자 그림의 초상화를 권장하여, 검은 종이를 가위로 잘라 엷은 색의 두꺼운 바탕 종이 위에 붙인 옆모습 초상화를 제작하도록 하였다는 데에서 유래한다. 그 후 이 말은 사물의 외곽선을 지칭하는 말이 되었고, 특히 윤곽이 뚜렷이 드러나는 흑백으로 된 그림이나 빛과 어둠의 대조를 통해 표현한 여러 형태의 미술 작품을 뜻하게 되었다.

ꄲ (프랑스어)Etienne de Silhouette

ꄳ Etienne de Silhouette> (프랑스어/영어)silhouette> 실루엣

실마리 ꄕ 감겨 있거나 헝클어진 실의 첫머리. 일이나 사건의 첫머리. 단서(端緖).
단초(端初).

ꄵ '실마리'의 중세국어 형태는 '실머리'이며, 이 말은 '실[絲]+머리[頭]'로 분석된다.
중세국어에서 '마리'와 '머리'는 같은 뜻으로 사용되었으므로, '실마리'란 말도 '실머
리'와 함께 사용되었을 것으로 생각된다.

ꄵ 중세국어에서 '머리'와 '마리'는 같은 뜻으로 사용되었으나, '마리'는 '샐리 짓는
그른 즈믄 마리오(敏捷詩千首, 두시언해-초간 21-42)'에서와 같이 시가(詩歌)를 세
는 단위 명사로 사용된 것이 특징이다.

ꄲ 실[絲]+머리/마리[頭]

ꄳ 실머리/실마리> 실마리

ꄶ • 실머리 통(統, 신증유합 하-59)

실컷 ꄔ 하고 싶은 대로 한껏. 아주 심하게.

ꄵ 현대국어 '싫다'의 중세국어 형태는 '슳다'이다. 중세국어의 '슳다'는 현대국어의
'슬퍼하다[悲]'와 '싫다[厭]'의 두 가지 뜻을 함께 지니고 있었다. 아마도 '슳다[悲]'의
용례가 중세국어에서 일반적이므로, '슳다[厭]'의 의미는 '슳다[悲]'에서 발전된 것
으로 보인다.

ꄵ '싫다'는 중세국어 '슳다'에 소급되므로, '실컷'은 우선 어원적으로 '슳+것'으로 분
석된다. 근대국어에서는 '실컷'에 해당하는 말로서 '슬컷(계축일기)'도 쓰였지만, '슬
ᄏ장(송강가사), 슬ᄏ지(고산유고), 슬커시(청구영언)' 등의 다양한 형태가 쓰였으
므로, '슳+것'의 후부 요소인 '것'은 중세국어 'ᄀᆞᆺ[邊]'에서 온 것임을 알 수 있다. 그
러므로 '실컷'의 어원적 의미는 '싫도록 끝까지'에 해당한다.

ꄲ 슳[厭]+ᄀᆞᆺ[邊]

ꄳ *슳ᄀᆞᆺ> 슬컷> 실컷

ꄶ • 슬컷 확논ᄒᆞ야 뭇고(계축일기 54)

☞ 가, 가장, 갓, 까지

실톳 [명] 피륙을 짤 때 북에 넣어 쓰는 방추형(紡錘形)으로 감아 놓은 실뭉치.

[一] 근대국어 형태는 그냥 '톳(紆繼, 물보)'이다. '실톳'은 '실[絲]+톳[團]'으로 분석된다. '톳'은 '실뭉치'를 뜻하는 '실톳'의 '톳'과 같은 말로서, '한 덩어리의 물건'을 뜻한다.

[二] 현대국어에서 '실톳'과 같은 뜻으로 사용되는 말인 '토리'가 있다. '톳'과 '토리'는 같은 어원임이 분명하므로, 기원적인 어근으로는 '*톨'이었을 가능성이 있으나 확인하기 어렵다.

[원] 실[絲]+톳[團]

[변] 톳> 실톳

[예] • 톳(紆繼, 물보)

☞ 실

심부름 [명] 남의 시킴을 받아 해 주는 일.

[一] '심부름'의 근대국어 형태는 '심브림'이며, 이 말은 어원적으로 '힘[力]+브리[使]+ㅁ(명사화 접사)'으로 분석된다. 현대국어 '부리다[使]'의 중세국어 형태가 '브리다'이다.

[二] '힘[力]'이 구개음화되어 '심'이 되고, '브림'이 '부름'으로 바뀌어 '심부름'이 된 것이다.

[원] 힘[力]+부리[使]+ㅁ(명사화 접사)

[변] *힘브림> 심브림> 심부름

[예] • 호 번 심브림호매(계축일기 38)

심심하다 [형] ① 맛이 조금 싱겁다. ② 하는 일이 없어 지루하고 재미가 없다.

[一] '심심하다'의 중세국어 형태는 '슴슴ᄒᆞ다'이며, 이 말은 '슴슴[淡]+ᄒᆞ[爲]+다(어미)'로 분석된다.

[二] '슴슴ᄒᆞ다'가 근대국어에 '심심ᄒᆞ다'가 되는 것은 치경음 'ㅅ' 다음에서 '으'가 조

음 위치 동화에 의하여 전설모음화한 까닭이다.

㉮ 슴슴[淡]+ᄒ[爲]+다(어미)

㉯ 슴슴ᄒ다> 심심ᄒ다> 심심하다

㉰ • 슴슴혼 전국 스믈흔 낫과(구급간이방 3-64)

　　• 어제는 하 심심ᄒ매(첩해신어 9-6)

☞ 삼삼하다

심지 图 남포등, 초, 등잔 따위에 불을 붙이기 위해 꼬아서 꽂은 실이나 헝겊. 등심 (燈心).

㊀ '심지'의 중세국어 형태는 '심ᅀᆞ'이며, 이 말은 한자어 '心兒'이다. '心兒'의 중세국 어 한자음이 '심ᅀᆞ'이다.

㊁ 중세국어의 '心兒(심ᅀᆞ)'가 현대국어 한자음으로 바뀌었다면 '심아'가 되어야 한 다. 그러나 중세국어의 반치음(ᅀ)은 음가가 없어지는 것이 정상이지만, '심ᅀᆞ> 심 지'에서와 같이 고유어처럼 취급되어 'ㅈ'으로 바뀐 경우도 있다. 중세국어 '三日(삼 실)'이 정상적인 현대국어 한자음에서는 '삼일'로 발음되지만, '삼짇날'의 준말일 경 우에는 '삼질'로 바뀐 것도 이와 같은 예에 속한다. 한편으로 '심ᅀᆞ'가 '심지'가 되는 과정에는 국어에 일반적인 접미사 '-지'에 유추되었을 수도 있고, 의미적으로 유연 성이 있는 한자어 '심지(心志, 心地)'의 영향을 받았을 가능성도 있다.

㉮ 心兒(심ᅀᆞ)

㉯ 심ᅀᆞ> 심지

㉰ • 즈셔피로 심ᅀᆞ ᄒ고 쳥셔피로 시울 도로고(번역박통사 상-28)

　　• 큰 죠희 심지 ᄆᆡᆼᄀ라(언해태산집요 67)

☞ 삼질

십상 图 꼭 알맞은 일이나 물건을 두고 이르는 말. 및 꼭 맞게. 썩 잘 어울리게.

㊀ '십상'은 '十成(십셩)'에서 온 말이다. '十成'의 중세국어 한자음이 '십셩'이다.

㊁ '十成(십셩)'은 '금의 품질을 10등분한 첫째 등급'을 지칭하는 말로서, 비유적으 로 훌륭한 물건이나 잘된 일을 가리킨다.

㉮ 十成
㉯ 十成(십셩) > 십성 > 십상

십상(十常) 〔명〕 '십상팔구(十常八九)'의 준말.
㊀ '十常八九(십샹팔구)'는 '열에 여덟이나 아홉'이라는 뜻이며, '十中八九'와 같은 뜻이다. '十常'의 중세국어 한자음이 '십샹'이다.
㊁ 그러므로 '주머니칼로는 십상이다. 재떨이로 쓰기엔 십상 좋다.' 등의 '십상'은 한자어 '十成'에서 온 것이고, '술을 늘 마시다가는 몸 버리기 십상이다.'의 '십상'은 한자어 '十常'이다.
㉮ 十常八九
㉯ 十常八九(십샹팔구) > 십샹 > 십상

십팔번(十八番) 〔명〕 가장 자랑으로 여기는 재주. 특히, 가장 즐겨 부르는 노래. 장기(長技).
㊀ 재주나 기술에서 어떤 사람이 가장 잘하는 것을 '십팔번'이라고 곧잘 표현하곤 하는데, 이것은 일본의 가부키[歌舞伎]로 유명한 가문인 이치가와케[市川家]의 인기 있는 교겐[狂言]이 18번까지, 즉 18종이 있었던 데에서 유래한 것이다.
㊁ '十八番'이 일본에서는 가장 능한 재주나 기술을 뜻하지만, 우리나라에서 '십팔번'은 즐겨 부르는 '애창곡'을 뜻하는 것이 보통이다. '十八番'의 일본어 발음은 두 가지인데, [おはこ]와 [じゅはちばん]이다.
㉮ (일본어)十八番[おはこ][じゅはちばん]
㉯ 十八番[おはこ][じゅはちばん] > 십팔번

싱겁다[싱거우니, 싱거워] 〔형〕 짜지 않다. 맛이 독하지 않다.
㊀ '싱겁다'의 중세국어 형태는 '슴겁다'이다. 중세국어에 '슴슴ᄒᆞ다'란 말이 있으므로, '슴겁다'는 '슴[淡]+겁(형용사화 접사)+다(어미)'로 분석할 수 있다. 어근으로 설정한 '슴[淡]'이 단독으로 사용된 용례는 찾을 수 없다.
㊁ '슴겁다'의 받침 'ㅁ'이 후행하는 'ㄱ'의 조음 위치에 동화되어 '승겁다'가 되고,

'ㅅ' 다음의 '으'가 'ㅅ'의 조음 위치에 이끌려 전설모음화되면서 현대국어의 '싱겁다'가 된 것이다.

[원] 슴[淡]+겁(형용사화 접사)+다(어미)

[변] 슴겁다> 승겁다> 싱겁다

[예] • 네 맛보라 ᄧᆞ녀 슴거우녀(번역노걸대 상-22)

• 승거울 담(淡, 왜어유해 상-48)

싱숭생숭 [부] 마음이 들떠서 갈팡질팡하는 모양.

[一] 근대국어 시존 문헌에 '심슝샹슝'으로 나온다. 반복되는 '슝슝'의 의미는 잘 알 수 없지만, '심샹'은 한자어 '尋常(심샹)'에서 온 것으로 보인다. '대수롭지 않음'을 뜻하는 '尋常'을 중세국어 및 근대국어 한자음으로 읽으면 '심샹'이다. 접미사처럼 쓰이는 '슝슝'의 어원을 한자어 '洶洶(흉흉)'에서 찾는 경우도 있지만 확인하기는 어렵다.

[二] '이셩져셩 다 지내고 흐롱하롱 인일 업ᄂᆡ / 功名도 어근버근 世事도 심슝샹슝 / 每日에 ᄒᆞᆫ盞두盞ᄒᆞ여 이렁져렁 ᄒᆞ리라' 『청구영언(靑丘永言)』에 나오는 이 시조에서 '심슝샹슝'은 현대국어 '싱숭생숭'의 '갈팡질팡하는 모양'이라기보다는 '그럭저럭 하는 모양'을 나타낸다고 하는 것이 적당하다. 이러한 뜻풀이로부터 '심슝샹슝'의 중심적인 어원을 한자어 '尋常(심샹)'에서 찾게 된다.

[원] 尋(심)+슝(접사)+常(샹)+슝(접사)

[변] 심슝샹슝> 싱숭생숭

[예] • 功名도 어근버근 世事도 심슝샹슝(고시조, 청구영언)

싱싱하다 [형] 시들거나 상하지 않고 생기가 있다.

[一] '싱싱하다'는 한자어 '生生(ᄉᆡᆼᄉᆡᆼ)ᄒᆞ다'에서 변한 말로 생각된다. '生'의 중세국어 한자음이 'ᄉᆡᆼ'이다.

[二] 현대국어에서 '싱싱하다'는 '생생하다'보다 어감이 큰 말로 풀이된다.

[원] 生生+ᄒᆞ[爲]+다(어미)

[변] 生生(ᄉᆡᆼᄉᆡᆼ)ᄒᆞ다> 싱싱하다

싸가지 몡 '싹수'의 방언.

囯 '싸가지'는 '싹[苗]+아지(접사)'의 구조로 분석된다.

囯 현대국어 '싹'의 중세국어 형태는 '삯'이며, 접미사 '-아지'는 작은 것이나 동물의 새끼를 나타내는 말이므로, 중세국어 형태를 기준으로 하면 '삯[苗]+아지(접사)'로 분석된다.

옌 삯[苗]+아지(접사)

옌 *삯아지> 싸가지

써레[써:레] 몡 갈아 놓은 논의 바닥을 고르거나 흙덩이를 잘게 하는 데 쓰는 농구.

囯 중세국어 문헌에서 '서흐레'의 형태로 처음 나타난다. 18세기에는 '뻐흐레, 써흐레' 등으로 표기되어 어두 초성이 경음화되었음을 보여 준다. 19세기에는 2음절로 축약된 '써레'가 나타나 현대국어로 이어졌다. '서흐레'는 '서흘-+-에'로 이루어진 말이다. '서흘다'는 현대국어 '썰다'에 해당하는 말이다. 현대국어 '썰다'의 15세기 및 16세기 형태는 주로 '사홀다, 싸홀다' 등이었는데, 이미 16세기에 '서흘다'가 나타난다. 그러므로 '서흐레'는 '(흙덩이를 잘게) 써는 도구'라는 어원적 의미로 만들어진 말이라는 것을 알 수 있다.

囯 16세기 문헌인『훈몽자회(訓蒙字會)』(1527)의 '杷 서흐레 파'에서 '서흐레'의 형태로 처음 나타난다. 18세기에는 '뻐흐레, 써흐레' 등으로 표기되어 어두 초성이 경음화되었음을 보여 준다. 19세기에는 2음절로 축약된 '써레'가 나타나 현대국어로 이어졌다. 18세기 형태인 '써흐레'에서 모음 사이의 'ㅎ'이 탈락하여 '써으레'가 되었다가 '써레'로 축약된 것이다. 20세기에 나타난 '뻐을에'는 경음 표기가 의고적이긴 하지만, 'ㅎ'이 탈락한 형태를 뒤늦게나마 보여 준다. 16세기 형태인 '서흐레'는 '서흘-+-에'로 이루어진 말이다. '서흘다'는 현대국어 '썰다'에 해당하는 말이다. 현대국어 '썰다'의 15세기 및 16세기 형태는 주로 '사홀다, 싸홀다' 등이었는데, 이미 16세기에 '서흘다'가 나타난다. 17세기에는 '서흘다, 써흘다' 등으로 음성 모음 형태만 나타나고, 18세기에는 경음 형태인 '써흘다'로 통합되었다가, 19세기부터는 '썰다'가 되어 현대로 이어졌다.

囯 중세국어의 조어법으로 볼 때, '서흘-'에 접미사 '-게/-에'가 연결되면, 어간이 음

성 모음이고, 받침이 'ㄹ'인 경우에는 '-에'가 연결되면서, 표기는 '서흘에'로 연철되지 않아야 한다. 따라서 16세기의 '서흐레'는 접미사의 연결 측면이나 표기에서 예외적이다. 그러나 이미 15세기에도 접미사 '-개/-게, -애/-에'의 연결에 있어서 '부체(붗-+에), 눌개(눌-+개), 벼개(벼-+개)' 등과 같은 예외적인 경우가 있으므로, '서흐레'는 가능한 예외성으로 이해할 수 있다. 특히 '서흐레'가 15세기가 아니고 16세기 형태라는 점을 고려하면, 이러한 접미사 연결 및 표기에서 예외의 가능성은 좀 더 커졌다고 생각된다.

㉝ 서흘[切]+에(접사)

㉕ 서흐레> 써흐레> 써으레> 써레

㉘ • 서흐레 파(杷, 훈몽자회 중-17)

썰매 圀 눈 위나 얼음판에서 사람이나 짐을 싣고 끌고 다니는 기구.

囗 근대국어 문헌에서 '셜마'의 형태로 처음 나타난다. '셜마'는 19세기에도 사용되었지만, 19세기에 '썰매'로 바뀐 형태가 나타나서 현대로 이어졌다. 19세기 문헌인 『광재물보(廣才物譜)』에 '雪馬 셜마'라고 하여 '셜마'가 한자어 '雪馬'임을 잘 보여 준다. 한자어 '雪馬'는 우리나라에서 만들어 사용한 한자어로 생각된다. 『조선왕조실록(朝鮮王朝實錄)』(세종 17년)에서 '썰매'를 뜻하는 '雪馬'란 한자어가 등장한 것을 보면 일찍부터 이 말이 사용되었다는 것을 알 수 있다. '雪馬'를 중세 및 근대국어 한자음으로 읽으면 '셜마'이다.

囯 18세기 문헌인 『한청문감(漢淸文鑑)』(1779)의 '눈 우희 셜마 산힝ㅎ다(雪上趨獸, 눈 위에서 썰매타고 사냥하다)'에서 '셜마'의 형태로 처음 나타난다. '셜마'가 '썰매'가 되는 과정에는 세 가지 음운 현상이 개입하고 있다. 첫째 'ㅅ'의 경음화, 둘째 반모음 'ㅣ[j]'의 탈락, 셋째 마지막 음절에서 '아'가 '애'로 바뀐 것 등이다. 여기에서 'ㅅ' 다음에서 반모음 'ㅣ[j]'가 탈락한 것은 어근 및 한자음에서 일어난 일관된 음운 현상이지만, 나머지 두 가지는 필연적인 것은 아니다. 19세기 문헌인 『광재물보(廣才物譜)』에 '雪馬 셜마'라고 하여 '셜마'가 한자어 '雪馬'임을 보여 준다. 눈 위에서 말처럼 달릴 수 있는 도구라서 이러한 말을 만들어 사용한 것으로 보인다. 한자어 '雪馬'는 중국어 문헌에서는 찾을 수 없으므로, 우리나라에서 만들어 사용한 한자어로 생각된다. 『조선왕조실록(朝鮮王朝實錄)』(세종 17년 3월 12일)의 '且新徙之民 未得通路 令騎雪馬者 齎米糧救恤(또 새로 이사 온 백성들이 길을 통행하지 못하옵 기에 썰매를 타는 자들을 시켜 미곡을 가지고 가서 이들을 구제하고 있습니다)'에 서 '雪馬'란 한자어가 등장한 것을 보면 일찍부터 이 말이 사용되었다는 것을 알 수 있다.

㉮ 雪馬

㉯ 雪馬(셜마) > 썰매

㉰ • 눈 우희 셜마 산힝ᄒᆞ다(한청문감 4-52)

썰물 ㉳ 달의 인력(引力)으로 조수가 밀려 나가 해면이 낮아지는 현상. 또는 그 바 닷물. ↔밀물.

㊀ '썰물'의 근대국어 형태는 '혈믈'이다. 중세국어 형태를 기준으로 하면 '혀[引]+ㄹ (관형사형 어미)+믈[水]'로 분석된다. 즉 어원적 형태인 '혈믈'은 '달[月]에서 당기는 물'이란 뜻에서 조어된 것이다.

㊁ 19세기 문헌인 『가곡원류(歌曲源流)』(1876)의 '밀물에 東湖 가고 혈믈에란 西 湖 가쟈(밀물에 동호가고 썰물에는 서호 가자)'에서 '혈믈'이란 형태로 뒤늦게 나타 난다. 역시 19세기의 문헌인 『국한회어(國漢會語)』(1895)에는 '썰물 退潮'라고 하 여 현대국어의 형태를 보여 준다. '썰물'에 나타난 경음 'ㅆ'은 '혈믈'의 'ㅎ'에서 바로 경음화하였다고 설명하기는 어렵다. 오히려 중세국어의 '혀다[引]'를 고려한 '혈믈' 이란 형태에서 '썰물'이 되었다고 하는 것이 이치에 맞다. 중세국어 문헌에서 '혈믈' 은 나타나지 않지만, '밀믈'이란 말이 중세국어에서 사용되었으므로 이에 상대되는 '혈믈'이란 단어가 사용되었다는 것을 짐작할 수 있다. 특히 17세기 문헌인 『역어유 해(譯語類解)』(1690)의 '潮退 믈 혀다 潮落 믈 혀다 潮上了 믈 미다 漲潮 믈 미다'에 서 '믈 혀다'와 '믈 미다'가 대등하게 상대하여 쓰였으므로 이러한 추정을 뒷받침한 다. 19세기의 '혈믈'은 '혀-+-ㄹ+믈'로 이루어진 말이므로, 어원적 의미는 '당기는 물' 이다. 즉 '밀물'은 달에서 미는 물이고, '썰물'은 달에서 당기는 물인 것이다. 동사 '혀 다'의 중세국어 형태는 '혀다'이며, 이 말은 '(불을) 켜다'로 변하기도 했지만, 조수 (潮水)의 경우에는 '써다'로 바뀌었다.

㉮ 혀[引]+ㄹ(관형사형 어미)+믈[水]

㉯ 혈믈> 혈물> 썰물

㉰ • 밀물에 東湖 가고 혈물에란 西湖 가쟈(가곡원류)

  • 썰물(退潮, 국한회어 180)

쏘가리 몡 꺽짓과의 물고기. 몸의 길이는 40~50cm이고 옆으로 납작하며 보라색, 회색의 다각형 아롱무늬가 많다. 머리가 길고 입이 크다. 관상용으로도 기르며 우리나라 서남해에 흘러드는 여러 하천의 중류, 상류에 분포한다. 궐어. 금린어. 수돈. 어궐.

▱ 중세국어 형태는 '소과리'이다. 근대국어 시기에 단모음화하여 '소가리'가 되고, 경음화하여 현대국어 '쏘가리'가 되었다. 『훈몽자회(訓蒙字會)』에서 '소과리 궐(鱖, 상-20)'이라고 하였으며, 『역어유해(譯語類解)』에서는 '소과리(鱖魚, 하-38)'이라고 하였으므로, 중세국어 및 근대국어에서 '소과리'란 말과 함께 '궐어(鱖魚)'란 한자어가 쓰였음을 알 수 있다. 아마도 중세국어 '소과리'는 '소+鱖(궐)+이(접사)'에서 '소궐이> 소과리'의 변화를 거친 것으로 추정된다. 그러나 '소과리'의 '소'가 무엇인지는 미상이다. 다만 중세국어의 명사 '소ㅎ[淵]'나 동사 '소다[射, 刺]'와 관련이 있어 보이지만 확인할 수 없다. 한자 '小'와는 관련이 없다. '小'의 중세국어 한자음이 '쇼'이며, 성조는 상성과 거성이다.

㉮ 소+鱖(궐)+이(접사)

㉯ *소궐이> 소과리> 소가리> 쏘가리

㉰ • 소과리 궐(鱖, 훈몽자회 상-20)

  • 소가리(鱖魚, 동의보감-탕액 2)

쓰나미 몡 '쓰나미'는 '지진 해일(地震海溢)'을 뜻하는 일본어 'つなみ'를 국어의 외래어 표기법에 따라 표기한 것이다.

▱ 일본어 'つなみ'는 한자 표기로는 '津波'이며 훈독하여 'つなみ'로 읽는다. 일본어에서 'つ[津]'는 '항구, 나루터'의 뜻이며, 'なみ[波]'는 '파도'의 뜻이다.

㉮ (일본어)津波(つなみ)

⑪ つなみ> 쓰나미

쓰다듬다 图 손으로 살살 쓸어 어루만지다.
⊟ 이 말의 근대국어 형태는 '쓰다둠다'이므로, 중세국어 형태를 기준으로 하여
'쓸+다둠다'로 분석된다. 치경음 'ㄷ' 앞에서 'ㄹ'이 탈락하여 '쓰다둠다'가 된 것이
다. 중세국어 및 근대국어 '쓸다'는 현대국어 '쓸다'의 소급 형태이다. '쓸다'의 기본
적인 의미는 '비로 쓰레기 따위를 한데 모아서 버리다'에 해당하지만, 이로부터 '가
볍게 문지르다'의 뜻으로도 전이되어 쓰인다. '다둠다'는 근대국어에 '다듬다'로 바
뀌어 현대로 이어졌다.
⑧ 쓸[掃]+다둠[修]+다(어미)
⑪ 쓸다둠다> 쓰다둠다> 쓰다듬다> 쓰다듬다
⑩ • 后ㅣ 이예 ᄆᆞᅀᆞᆷ을 다ᄒᆞ야 쓰다ᄃᆞ마 기르샤(내훈-중간 2-35)

쓰레질 图 비로 쓸어서 집 안을 깨끗이 하는 일.
⊟ 이 말의 중세국어 형태는 '쓸에질'이므로, '쓸+-에+-질'의 구조로 이루어진 말임
을 알 수 있다. 접미사 '-에'는 'ㄹ' 뒤에서 '-게'의 'ㄱ'이 탈락한 형태이므로, 중세국
어에서는 '쓰레'로 표기되지 않고, '쓸에'로 표기된다. 중세국어에서 '쓰레'와 '쓸에'
의 발음은 같지 않다. 즉 '쓰레'의 'ㄹ'은 탄설음화하여 [ɾ]로 발음되지만, 분철 표기
한 '쓸에'의 'ㄹ'은 설측음 [l]로 발음된다. 중세국어 '쓸에질'은 근대국어에 '쓰레질'
이 되고, 현대국어 '쓰레질'로 이어졌다. 현대국어 '쓸다'의 중세국어 형태가 '쓸다'
이다.
⑧ 쓸[掃]+에(접사)+질(접사)
⑪ 쓸에질> 쓰레질> 쓰레질
⑩ • 아ᄎᆞ미어든 드러 쓸에질ᄒᆞ거늘(삼강행실도 효-7)
  • 무덤의 뵈여 쓰레질ᄒᆞ며(동국신속삼강행실도 효-29)

쓸개 图 쓸개즙을 일시적으로 저장하고 농축하는, 얇은 막(膜)의 주머니로 된 내장.
가지 모양으로 간의 밑에 있으며, 이 쓸개의 수축에 의하여 쓸개즙을 수담관으로 보

냄. 담(膽). 담낭(膽囊).

囗 '쓸개'의 중세국어 형태는 '쁠게'이며, 이 말은 '쁘[苦]+ㄹ(관형사형 어미)+게(접사)'의 구조로 분석된다. 쓸개즙이 매우 쓴 까닭으로 이러한 말이 생겼을 것으로 생각된다.

⑳ 쁘[苦]+ㄹ(관형사형 어미)+게(접사)

⑭ 쁠게> 쁠개/쁠기> 쓸개/쓸기> 쓸개

⑩ • 膽은 쁠게라(금강경삼가해 2-60)

　• 돗틔 쁠개(마경초집언해 하-66)

　• 쁠기 담(膽, 아학편 상-2)

　• 쓸기(膽, 왜어유해 상-18)

　• 쓸개(膽, 한청문감 5-57)

씨름 몡 두 사람이 샅바를 넓적다리에 걸어 서로 잡고 재주를 부려 넘어뜨리는 우리나라 고유의 경기. 비유하여 어떤 일을 극복하기 위하여 노력하는 일.

囗 중세국어 문헌에서 '실홈'이란 형태로 처음 나타난다. 17세기에 'ㅎ'이 탈락하고, 제2 음절 모음이 '으'로 바뀐 '시름'이 되어 19세기까지 이어졌다. 한편으로는 18세기 이후에 '찌름, 씨룸' 등의 경음화된 형태가 나타나 '씨름'이 되면서, 현대국어 '씨름'으로 이어졌다.

囯 15세기 문헌인 『석보상절(釋譜詳節)』(1447)의 '調達이와 難陁왜 서르 실홈ᄒᆞ니 둘희 히미 ᄀᆞᆮ거늘(調達이와 難陁가 서로 씨름하니 둘이 힘이 같거늘)'에서 '실홈'이란 형태로 처음 나타난다. 『법화경언해(法華經諺解)』(1463)에서는 '相撲은 실훔이라'라고 하여 '실훔'으로 표기되면서, '相撲(상박)'에 해당하는 '실훔'의 뜻을 보여 주고 있다. '실홈, 실훔'은 형태의 구성으로 볼 때, '싫-+-옴/-움'이나 '실후-/실호-+-ㅁ'으로 분석될 수 있다. 그러나 15세기 국어에서 '씨름'의 어원이 될 만한 동사 '싫다'나 '실후다/실호다' 등을 찾을 수 없다는 것이 난점이다. 그런데 15세기의 동사 '힐후다'와 '실홈, 실훔'을 관련시키려는 견해가 있다. 15세기의 동사 '힐후다'는 '힐난하다, 다투다' 등의 뜻이며, 중세국어에서 '입힐훔'이나 '입힐홈'은 '입씨름'에 해당하는 말이어서, 이러한 견해가 그럴듯하다는 것을 알 수 있다. 그러나 근대국어가 아닌

15세기의 중세국어에서 'ㅅ'과 'ㅎ'이 넘나드는 음운 현상을 설정할 수 없기 때문에, 동사 '힐후다'에 의한 '실훔/실훔'의 어원 해석은 유보할 수밖에 없지만, 중세국어의 동사 '힐후다'와의 관련성을 배제하기는 힘들다.

웬 힐후/실후[爭]+옴/움(접사)

빤 실훔/실훔> 시름> 씨름

예 • 서르 실훔ᄒᆞ니 둘희 히미 ᄀᆞᆮ거늘(석보상절 3)

  • 相撲ᄋᆞᆫ 실훔이라(법화경언해 5-13)

  • 씨름(角抵, 물보)

씨앗 몡 곡식이나 채소의 씨.

☐ 근대국어 후기의 문헌에서 '씨앗'이 처음 나타난다. 그 이전 문헌에는 이 말은 나타나지 않으며, 중세국어에서는 단일어 '삐'가 사용되었다. '삐'는 19세기까지도 표기에 나타나지만, 17세기에 '씨'로 바뀌었다.

☐ 18세기 문헌인 『한청문감(漢淸文鑑)』(1779)의 '籽粒 씨앗'에서 이 말이 처음 나타난다. 그 이전에는 이 말은 사용되지 않았으며, 중세국어에서는 단일어 '삐'가 사용되었다. '삐'는 19세기까지도 표기에 나타나지만, 17세기에 '씨'로 바뀐 표기가 나타나므로, 근대국어 이후에는 중세국어 '삐'가 '씨'로 변하였음을 알 수 있다. '씨'에 '앗'이 연결된 '씨앗'에서 '앗'의 정체를 알기가 어렵다. 다만 강원, 경남, 전남, 평북, 함경 등지의 방언에 이 말에 해당하는 형태가 '씨갓'이어서 '씨앗'은 '씨갓'에서 'ㄱ'이 탈락한 형태라고 생각된다. 이 경우의 '갓'은 중세국어에서 '物(물)'을 뜻하는 '갓'과 관련성이 있다고 생각된다. 중세국어에서 『석보상절(釋譜詳節)』(1447)에 나오는 '풍륫 갓'은 '악기'를 뜻하는 말이며, 『악학궤범(樂學軌範)』(1493)의 '熱病神이아 膾ㅅ 가시로다(熱病神이야 회갓이로다)'에서도 '갓'을 찾을 수 있다. '씨앗'이 '씨갓'에서 변화된 형태이며, '씨갓'의 '갓'이 중세국어의 '갓'에서 온 것이라면 '씨앗'의 어원적 의미는 '씨라는 물건'에 해당할 것이다. 그러나 이러한 해석은 개연성만 있을 뿐이므로, 단언할 수는 없다.

웬 삐[種]+갓[物]

빤 *삐갓> 삐앗> 씨앗

예 • 됴ᄒᆞᆫ 삐 심거든 됴ᄒᆞᆫ 여름 여루미(월인석보 1-12)
  • 씨앗(籽粒, 한청문감 10-3)

아가리 명 (속어) 입. 그릇·자루 등의, 물건을 넣고 내고 하는 구멍의 어귀.

□ '아가리'는 '악[口]+아리(접사)'의 구조로 분석된다. 어근 '악[口]'은 '아가미, 아궁이, 아귀, 악머구리, 악쓰다' 등의 어휘에서도 찾을 수 있으며, '입'을 뜻하는 고유어이다.

웬 악[口]+아리(접사)

옌 악아리> 아가리

아가미 명 물속에 사는 동물, 특히 어류(魚類)에 발달한 호흡 기관. 붉은 빗살 모양으로 여기에 혈관이 분포하여 물속의 산소를 흡수함.

□ '아가미'의 근대국어 형태는 '아감이'이며, 아 말은 '악[口]+암이(접사)'의 구조로 분석된다. 어근 '악[口]'은 '아가리, 아궁이, 아귀, 악머구리, 악쓰다' 등의 어휘에서도 찾을 수 있으며, '입'을 뜻하는 고유어이다. 접사로 처리한 '-암이'는 어떤 뜻을 가진 실사(實辭)일 가능성도 있으나 확인하기 어렵다.

웬 악[口]+암이(접사)

옌 *악암이> 아감이> 아가미

예 • 고기 아감이(魚閤顋, 역어유해 하-38)

아가씨 명 처녀나 젊은 여자를 대접하여 부르는 말.

□ 현대국어 '아가씨'에 해당하는 중세 및 근대국어의 어휘는 '아기씨, 아씨, 이기씨,

악씨' 등이다. 중세국어의 '아기씨'는 '아기[兒]+씨(氏)'로 분석될 것인데, '氏'의 중세국어 한자음이 '씨'가 아닌 '시'이기 때문에 문제가 된다. 그렇다면 중세국어 '아기씨'는 '아기[兒]+ㅅ(조사/사잇소리)+시(氏)'의 구조로 분석되어야 할 것으로 생각되지만, 속단하기가 어렵다. 근대국어의 형태는 '아기시'이다.

⑤ 현대국어 '아가씨'는 우선 '아가[兒]+氏(씨)'로 분석된다. '아가'는 '아기[兒]+아(호격 조사)'에서 온 말로 생각하는 것이 보통이지만, 어원적으로는 '악[兒]+아(호격 조사)'에서 왔다고 하는 것이 옳을 것이다. 이렇게 되면 '아기'도 어원적으로는 단일 형태소가 아닌 '악[兒]+이(조사/접사)'로 분석될 것이다. 중세국어에서 '아기'에 관형격 조사 '의/이'가 연결된 형태가 '아긔/아기'인 것도 '악+의/이'의 구조에서 왔다고 설명하는 것이 합리적이다. 이것은 '아비[父], 어미[母]'도 각각 '압[父], 엄[母]'에 주격 조사가 연결된 형태인 것과 마찬가지이다.

㉿ 악[兒]+아(호격 조사)+氏(씨)

㉾ *악아씨> 아가씨

아궁이 📖 방이나 솥 따위에 불을 때기 위하여 만든 구멍. 아궁.

⊟ 근대국어에 '아궁이'를 뜻하는 말은 '아귀'였다. '아궁이'는 '악[口]+웅이(접사)'의 구조로 분석된다.

⊟ 접사 '-웅이'는 다시 '웅+이'로 분석될 수 있으므로 접사의 중첩인 것이다. 접사 '-웅'은 '지붕(집+웅)'에서도 찾을 수 있다.

㉿ 악[口]+웅이(접사)

㉾ *악웅이> 아궁이

☞ 아귀

아귀[1] 📖 ① 사물의 갈라진 곳. ② 두루마기나 여자 속곳의 옆을 터 놓은 구멍. ③ 씨의 싹이 트고 나오는 곳. ④ 활의 줌통과 오금이 닿는 오긋한 부분.

⊟ 근대국어에서 '아귀'는 '(주로 동물의) 입[口]'과 '아궁이[竈口]'를 뜻하였다. '아귀'는 '악[口]+위(접사)'의 구조로 이루어진 말이다.

㉿ 악[口]+위(접사)

ⓑ *악위 > 아귀

ⓔ • 아귀 센 몰(口硬馬, 노걸대언해 하-8)

　　• 부억 아귀(竈火門, 역어유해 상-18)

　　• 솟 아귀(竈口, 동문유해 하-37)

아귀² ⓜ 아귓과의 바닷물고기. 암초나 해조가 있는 바다 밑에 살며, 길이 60cm가량. 황아귀와 비슷한데 넓적하고 등은 회갈색, 배는 흰색이며 비늘이 없이 피질 돌기로 덮였음. 안강(鮟鱇). 안강어.

ⓛ 어원적으로는 '아귀¹'과 다르지 않다. 이 고기는 입이 커서 '아귀'라는 이름이 붙여진 것이다.

ⓦ 악[口]+위(접사)

ⓑ *악위 > 아귀

아그배 ⓜ 아그배나무의 열매(손톱만 한데 먹을 수 있음).

ⓛ '아그배'는 '악[兒]+으(매개모음)+배[梨]'의 구조로 분석된다. 즉 '아기처럼 작은 배'라는 뜻이다.

ⓦ 악[兒]+으(매개모음)+배[梨]

ⓑ 악으배 > 아그배

☞ 아가씨

아기 ⓜ 젖먹이 아이.

ⓛ 중세국어 형태도 '아기'이며, 이 말은 어원적으로 '악[兒]+이(조사/접사)'의 구조로 분석된다.

ⓦ 악[兒]+이(조사/접사)

ⓑ 악이 > 아기

ⓔ • 겨지비 아기 나홇 時節을 當ᄒ야(석보상절 9-25)

☞ 아가씨

아깝다[아까우니, 아까워] [형] 소중하고 값진 것을 잃어 서운하거나 섭섭한 느낌이 있다. 소중하여 버리거나 내놓기가 싫다.

[一] '아깝다'의 중세국어 형태는 '앗갑다'이며, 이 말은 '앛[少]+갑(형용사화 접사)+다(어미)'로 분석된다(劉昌惇 1973: 36). '앛갑다'에 팔종성표기법을 적용하면 '앗갑다'이다.

[二] 중세국어의 '앛다'는 '물 사ᄅᆞ미 믜여 두리 아ᄎᆞ니라(群猜鮮有存者, 내훈-선조 1-33)'의 용례에서 알 수 있는 바와 같이 '적다, 드물다'의 뜻을 지닌 말이다. 그러므로 '앛갑다'의 어원적 의미는 '드물고 적어서 소중하다'에 해당한다고 하겠다.

[원] 앛[少]+갑(형용사화 접사)+다(어미)

[변] 앛갑다> 앗갑다> 아깝다

[예] • 太子ㅣ 무로ᄃᆡ 앗가ᄫᅳᆫ ᄠᅳ디 잇ᄂᆞ니여(석보상절 6-25)
• 앗갑다(可惜, 동문유해 상-34)

아낙네 [명] 남의 부녀의 통칭. 준말은 '아낙'.

[一] '아낙'은 '안[內]+악(접사)'의 구조로 분석된다. 접미사 '-악'은 '뜨락(뜰+악), 바닥(받+악)' 등의 어원적 구조에서 알 수 있는 바와 같이 일정한 공간을 뜻하는 말이다. 20세기의 문학 작품에서 '아낙네, 안악네' 등이 나타나지만, 그 이전의 문헌에서 '아낙네/안악네'는 나타나지 않는다. 대신에 접미사 '-네'가 붙지 않은 '아낙'이란 말은 『한불자전(韓佛字典)』(1880)에 표제어로 올라 있다. '아낙'은 '안[內]+-악'으로 이루어진 말이다. 접미사 '-악/-억'은 앞 명사에 붙어 다시 명사를 만들므로, '아낙'은 '안의 공간' 또는 '안에 있는 무엇'을 가리킨다.

[二] 접미사 '-악/-억'은 '쪼각(쪽+-악), 터럭(털+-억), 주먹(줌+-억), 뜨락(뜰+-악)' 등에서 알 수 있는 바와 같이 앞 명사에 붙어 다시 명사를 만들고, 그 의미는 구체성을 띠면서 좀 작은 것을 나타낸다. 그러므로 '아낙'은 '안의 공간' 또는 '안에 있는 무엇'을 가리킨다고 하겠다. 실제로 현대국어에서 '아낙'의 기본 의미는 '부녀자가 거처하는 곳'을 이르는 말이다. 특히 이북에서는 '안[內]'의 뜻으로 '아낙'이 쓰이고 있다. 복수 접미사 '-네'가 붙은 '아낙네'는 안쪽에 거처하는 사람들을 지칭하는 말이다. 복수를 나타내는 접미사 '-네'는 '동갑네, 여인네, 철수네, 아저씨네' 등에서 알 수 있는 바와

같이 사람의 무리를 나타낼 때 사용된다. 그러므로 '아낙네'는 그 자체로서 복수의 개념이므로, 여기에 '-들'을 붙여 '아낙네들'이라고 하면 이중 표현이 된다.

원 안[內]+악(접사)+-네(접사)

변 안악네> 아낙네

예 • 아낙네(한영자전 6)

아내 명 결혼한 여자를 그 남편에 상대하여 이르는 말. 처(妻). ↔남편.

一 '아내'의 중세국어 형태는 '안해'이며, 이 말은 '안ㅎ[內]+애(조사)'의 어원적 구조로 분석된다. 이 형태는 20세기까지 그대로 사용되었으며, 남한에서는 'ㅎ'이 탈락한 '아내'로, 북한에서는 옛 형태대로 '안해'로 표기하고 있다. 'ㅎ'이 탈락한 형태인 '아내'는 19세기 문헌에 처음 나타난다.

二 15세기 문헌인 『삼강행실도(三綱行實圖)』(1471)의 '번언팀의 안해ᄂᆞ 위시니 양쥐 사ᄅᆞ미라(樊彦深의 아내는 魏씨니 楊州의 사람이다)'에서 '안해'의 형태로 처음 나타난다. 이 말은 '안ㅎ+애'로 이루어진 말이며, 접미사 역할을 하는 '애'는 처소를 나타내는 조사이다. 중세국어에서 현대국어 '안[內]'에 해당하는 형태는 'ㅎ' 종성을 가진 '안ㅎ'이었다. 중세국어에서 처소를 나타내는 조사에는 '애/에'가 대표적이며, 가끔은 관형격 조사인 '이/의'가 처소의 기능으로 사용되는 경우도 있었다. 『용비어천가(龍飛御天歌)』(1447)의 '셤 안해(섬 안에)', 『능엄경언해(楞嚴經諺解)』(1461)의 '뷔 안햇 벌에라(배 안에의 벌레이다)' 등은 '안ㅎ'에 '애'가 연결된 것이며, 『번역소학(飜譯小學)』(1517)의 '안히 이실 거시라(안에 있을 것이다)'에서는 '안ㅎ'에 '의'가 연결된 것이다.

三 '안해'가 '妻(처)'를 의미하는 것은 15세기에 이미 나타나지만, 15세기에는 '갓'과 '겨집'이 더 많이 사용되었다. '갓'은 16세기 이후 잘 쓰이지 않게 되고, '겨집'은 그냥 '여자'를 뜻하는 쪽으로 의미가 확장되면서 '아내'의 의미는 축소되었다. '갓'과 '겨집'의 이러한 변화에는 '안해'라는 말의 역할이 컸을 것으로 생각된다.

원 안ㅎ[內]+애(조사)

변 안ㅎ애> 안해> 안히 > 아닉> 아내

예 • 帝의 두 ᄯᆞᆯ올 안해 삼ᄋᆞ샤디(소학언해-선조 4-9)

- 눔의 안히(역어유해 상-30)
- 첩은 어진 사룸의 아닉오(여사서언해 3-2)

아녀자(兒女子) 몡 ① 어린이와 여자. ② 여자를 낮추어 이르는 말. 아녀(兒女).

⊟ 원래 한어(漢語)에서 '兒女'는 '사내아이와 계집아이'를 뜻하는 말이며, 단지 '계집아이'를 지칭하기도 한다. '兒女子'도 마찬가지이다.

⊟ 중세국어나 근대국어 시기까지도 한어(漢語)에서의 뜻을 그대로 유지하고 있었으나, 현대국어에서는 '兒'를 어린아이로, '女(子)'를 '여자'로 풀어서 '어린이와 여자'의 뜻을 갖게 된 것이다. 중세국어에서는 '兒女子'보다는 '兒女'란 말을 주로 사용하였다. '兒女子'를 중세국어 한자음으로 읽으면, 'ᅀᅡ녀ᄌᆞ'이다.

윈 兒女子

옌 兒女子(ᅀᅡ녀ᄌᆞ)> ᄋᆞ녀ᄌᆞ> 아녀자

옘 • ᅀᅡ ᄉᆞᆯ히 兒女(ᅀᅡ녀)들 히 밧과 와 놀애 추믈 歲時예 새로이 ᄒᆞ 놋다(두시언해-초간 6-31)
  • 효근 兒女(ᄋᆞ녀)롤 아ᄋᆞ라히 憐愛ᄒᆞ노니(두시언해-중간 12-4)

아드님 몡 남의 아들의 존칭. ↔따님.

⊟ '아드님'의 중세국어 형태는 '아둘님, 아ᄃᆞ님'이며, 이 말은 '아둘[子]+님(존칭 접사)'으로 분석된다.

⊟ '아ᄃᆞ님'은 치경음 'ㄴ' 앞에서 'ㄹ'이 탈락한 형태이며, 근대국어에 'ᄋᆞ'가 '으'로 바뀌어 '아드님'이 된 것이다.

윈 아둘[子]+님(존칭 접사)

옌 아둘님> 아ᄃᆞ님> 아드님

옘 • 아둘님 誕生ᄒᆞ시고(월인천강지곡 상-12)
  • 몬아ᄃᆞ니믄 釋迦如來시고 아ᅀᆞ아ᄃᆞ니믄 難陀ㅣ라(월인석보 2-1)

아롱사태 몡 쇠고기 뭉치사태의 한가운데에 붙은 살덩이.

⊟ 사태고기 중에서 부위의 결이 아롱지기 때문에 '아롱사태'라고 한 것이다. '사태'

는 어원적으로 '샅[間]+애(접사)'로 분석되며, 소의 오금에 붙은 고기를 말한다.

웬 아롱[斑]+샅[間]+애(접사)

뻔 아롱샅애> 아롱사태

☞ 사태

아뢰다 图 ① '말하여 알리다'의 경어. ② 윗사람 앞에서 풍악을 연주하여 드리다.

囗 '아뢰다'의 중세국어 형태는 '알외다'이며, 이 말은 '알[知]+오(사동접사)+이(사동접사)+다(어미)'로 분석된다.

囯 중세국어 '알외다'는 사동 접미사 '-오'와 '-이'가 이중으로 결합된 구조이며, 이러한 접미사의 중첩은 현대국어의 '세우다, 재우다' 등에서도 찾을 수 있다.

웬 알[知]+오(사동접사)+이(사동접사)+다(어미)

뻔 알외다> 알뢰다> 아뢰다

옌 • 쑤므로 알외시니(용비어천가 13장)

　 • 긔롤 흔드러 경을 알뢰라(연병지남 22)

아름 图 두 팔을 벌려 껴안은 둘레의 길이.

囗 '아름'의 중세국어 형태는 '아놈'이며, 이 말은 '안[抱]+옴(명사화 접사)'으로 분석된다.

囯 중세국어에서 명사화 접사는 '-옴/-움'이며, 명사형 어미는 '-옴/-움'으로서 구분되는 것이 보통이지만, '우숨, 우룸, 주오롬, 춤' 등에서는 '-옴/-움'이 명사화 접사이므로 명사형 어미와 형태에 있어서 구분되지 않는다.

囲 중세국어 '아놈'은 근대국어에 '아눔, 아룸, 아름' 등으로 나타나다가 현대국어 '아름'으로 귀결되었다. 모음 사이에서 'ㄴ'이 'ㄹ'로 바뀌는 것은 일종의 활음조(滑音調, euphony) 현상이다.

웬 안[抱]+옴(명사화 접사)

뻔 안옴> 아놈> 아눔> 아룸> 아름

옌 • 서리 마즌 거프리 비 저저 마손 아노미오(두시언해-초간 18-12)

　 • 서리 마즌 거프리 비 저저 마온 아누미오(두시언해-중간 18-12)

• 허리 너르기 세 아름이나 ᄒᆞ니(박통사언해 하-31)
• 네 아름(四摟, 역어유해보 36)

아름답다[아름다우니, 아름다워] [형] 보거나 듣기에 즐겁고 좋은 느낌을 가지게 할 만하다.

[一] '아름답다'의 중세국어 형태는 '아ᄅᆞᆷ답다'이며, 이 말은 '알[長, 善]+ᄋᆞᆷ(명사화 접사)+답(형용사화 접사)+다(어미)'의 구조로 분석된다(劉昌惇 1973: 358).

[二] 중세국어의 『금강경삼가해』(4-45)에 나오는 '알온 거스란 그 알오ᄆᆞᆯ 므더니 너기고 뎌른 거스란 그 뎔오ᄆᆞᆯ 므더니 너기고(長者란 任其長ᄒᆞ고 短者란 任其短ᄒᆞ고)'란 문구를 참조하면 '알다'란 말의 의미가 '長(잘하다), 善(착하다)'에 해당한다는 것을 알 수 있다.

[원] 알[長, 善]+ᄋᆞᆷ(명사화 접사)+답(형용사화 접사)+다(어미)

[변] 알ᄋᆞᆷ답다> 아ᄅᆞᆷ답다> 아름답다

[예] • 美ᄂᆞᆫ 아ᄅᆞᆷ다ᄫᆞᆯ 씨니(석보상절 13-9)
• 겨지븐 弱호모로ᄡᅥ 아ᄅᆞᆷ다오ᄆᆞᆯ 삼ᄂᆞ니(내훈-선조 2-상-8)
• 아름답다(美, 한청문감 6-2)

아리다 [형] ① 혀끝이 알알한 느낌이 있다. ② 다친 살이 찌르는 것처럼 아프다. ③ 마음이 몹시 고통스럽다.

[一] '아리다'의 중세국어 형태는 '알히다'이며, 이 말은 '앓[痛]+이(접사)+다(어미)'로 분석된다.

[二] 접미사 '-이'는 사동사를 만드는 기능을 하지만, '알히다'의 경우는 '어떤 것이 아프게 하는 상태'를 뜻하게 되어 형용사가 되었다.

[원] 앓[痛]+이(접사)+다(어미)

[변] 앓이다> 알히다> 아리다

[예] • 信티 아니ᄒᆞ면 제 몸 알효ᄆᆞᆯ 사ᄆᆞᆯ씨(법화경언해 2-162)

아멘 [감] 기독교나 가톨릭에서 기도나 찬미의 끝에 그 내용에 동의하거나 이루어지길 바란다는 뜻으로 하는 말.

㊂ 영어의 'amen'은 히브리어 'āmēn'에서 온 말이다. 히브리어 'āmēn'은 영어의 명사 'certainty(확실함)'나 부사 'certainly(확실히)'에 해당하는 말이며, 영어에서 'amen'은 'It is so(그러합니다)'나 'So be it(그렇게 되기를 빕니다)'에 해당하는 뜻으로 사용된다.

㊅ (히브리어)āmēn

㊆ āmēn> (영어)amen> 아멘

아버님 ㊐ '아버지'의 높임말.

㊀ '아버님'의 중세국어 형태는 '아바님'이며, 이 말은 '압[父]+아(호격 조사)+님(존칭 접사)'의 어원적 구조로 분석된다.

㊁ 중세국어 '아바님'의 '아바'와 현대국어 '아버지'의 '아버'는 어원적 구조가 같지 않다. 그런데도 중세국어의 '아바님'이 근대국어나 현대국어에 '아버님'이 된 것은 '아버지'에 이끌린 형태 변화일 것으로 생각된다.

㊅ 압[父]+아(호격 조사)+님(존칭 접사)

㊆ 압아님> 아바님> 아버님

㊌ • 아바닚 뒤헤 셔샤(용비어천가 28장)
　　• 아바님도 어이어신 마 는(악장가사, 사모곡)
　　• 아버님 업스신 일은 간댱이 버히 는 둣 ᄒᆞ나(계축일기 88)

☞ 아버지

아버지 ㊐ 남자인 어버이. 부친(父親).

㊀ 근대국어의 문헌에 이 말이 처음 나타난다. 15세기에는 '아비'란 말이 가장 일반적이었고, 호칭으로는 '아바'가 쓰였으며, '아바'에 존칭 접미사 '-님'을 붙인 '아바님'도 사용되었다. 19세기 이후로 '아버지'는 방언에 따라 '아부지, 아바지' 등으로도 나타난다. '아버지'의 어원에는 몇 가지 견해가 엇갈린다. 첫째는 '압[父]+어ᅀᅵ[親]'으로 보는 것, 둘째는 '아비+-아+-지'로 이루어졌다고 보는 것, 셋째는 '압+-어지/-아지'로 보는 것 등이다. '아버지'의 어원은 아직 미상이지만, 첫 번째의 견해가 가장 믿을

만하다.

㊁ '아버지'의 어원에는 몇 가지 견해가 엇갈린다. 첫째는 '압[父]+어시[親]'으로 보는 것, 둘째는 '아비+-아+-지'로 이루어졌다고 보는 것, 셋째는 '압+-어지/-아지'로 보는 것 등이다. 첫 번째 견해는 '어시'가 부모를 뜻하는 말이기 때문에 그럴듯하지만, 이후의 음운 변화를 설명하기 어렵다는 점, 두 번째 견해는 호격 조사 '-아'에 사람을 뜻하는 접미사 '-지'가 연결된 것이 부자연스럽다는 점, 세 번째 견해는 접미사 '-어지/-아지'가 부모를 뜻하는 말에 붙는다는 것이 어울리지 않는다 점 등이 문제점으로 지적된다. 방언 형태인 '아부지'는 'ㅂ'에 의해 모음이 동화된 형태이기 때문에 예외로 하면, '아버지'와 '아바지' 중에서 어느 것이 어원적 형태에 가까운가 하는 것도 흥미로운 문제이다. '압+어시'로 보면 '아버지'가 선택되고, '아비+-아+-지'로 보면 '아바지'가 원형이며, '압+-어지/-아지'로 보면 중립적이 된다. 이러한 여러 가지 어원적인 문제점이 '아버지'에 있다.

㊂ '아버지, 아비, 아빠' 등의 공통 요소는 '압[父]'이다. '어시'는 '어시 다 눈 멀어든 菓實 ᄠᅡ 머기더니(월인석보 2-12), 우리 어시 아ᄃ리 외롭고 입게 ᄃ외야(석보상절 6-5)' 등의 용례에서 알 수 있는 바와 같이 중세국어에서 그 의미가 '부모(父母)'이거나 또는 '모친(母親)'이었다. 그러므로 '아버지'는 '압[父]+어시[親, 父母]'에 의한 구조로 이루어진 말이라면, '어버이'란 말과는 그 어원이 같다. 국어 음운사에서 'ㅿ'은 약화되어 탈락하는 것이 일반적이지만, 가끔 강화되어 'ㅅ'이나 'ㅈ'이 되기도 한다. 중세국어 '마ᅀᅩᆫ[四十]'은 '마ᅀᅩᆫ> 마ᅀᆫ> 마은> 마흔'의 변화 과정을 거쳤고, '손ᅀᅩ[自]'는 '손ᅀᅩ> 손소> 손수'가 되었으며, '호ᅀᅡ[獨]'는 '호ᅀᅡ> 호자> 혼자'의 과정을 거쳤다.

㊃ 압[父]+어시[親]

㉠ *압어시> 아버시> 아버지

㉡ • 아버지(한불자전)

☞ 어버이

아비 ㊅ '아버지'의 낮춤말.

㊀ 중세국어 형태도 '아비'이며, 이 말은 어원적으로 '압[父]+이(접사)'로 분석된다.

□ 현대국어에서 '아비'는 '아버지'의 낮춤말로 정의되지만, 중세국어에서는 그냥 '아버지'를 뜻하는 말로서 낮춤말이 아니었다. 중세국어에도 '아비'의 높임말인 '아바님'이 있었으며, '아바님'은 현대국어 '아버님'에 해당한다.

㋒ 압[父]+이(접사)

㋫ 압이 > 아비

㋙ • 父는 아비오(월인석보 서-14)

　• 아비 어미 날 기롤 저긔(父母養我時, 두시언해-초간 8-67)

☞ 아버지

아비규환(阿鼻叫喚) 뗑 아비지옥의 고통을 못 참아 울부짖는 소리. 심한 참상의 형용.

□ '아비(阿鼻)'는 산스크리트어 'Avīci'를 중국어에서 음역(音譯)한 것이다. 의역(意譯)으로는 '무간(無間)'이며, '고통이 끊임이 없다'는 뜻이다. '아비(阿鼻)'는 '팔열지옥(八熱地獄)' 가운데 맨 밑에 있는 가장 괴롭고 무서운 지옥의 이름이다. 산스크리트어에서는 이 말 자체로서 '지옥(地獄)'의 뜻이 있으나, 중국어에서는 '아비지옥(阿鼻地獄)' 또는 '무간지옥(無間地獄)'이라고도 한다. '규환(叫喚)'은 산스크리트어 'Raurava'에서 온 말로 '팔열지옥(八熱地獄)' 가운데 네 번째 지옥이다. '누갈(樓獲, 樓葛, 樓喝)'이라 음역하며 고통을 견디지 못하고 울부짖는다고 하여 '규환(叫喚)' 또는 '호규(号叫)' 등으로 의역한다. 이 말에도 지옥을 붙여 '규환지옥(叫喚地獄), 호규지옥(号叫地獄)' 등이라고 한다. 이렇게 '아비규환(阿鼻叫喚)'은 불교 용어로서 두 종류의 지옥 이름에서 온 것이지만, 지금은 비유적 의미로 비참한 지경에 빠져 울부짖는 참상을 말할 때 사용하는 것이 보통이다.

㋒ (산스크리트어)Avīci+Raurava

㋫ Avīci+Raurava > (漢語)阿鼻叫喚 > 아비규환

아수라(阿修羅) 뗑 팔부중(八部衆)의 하나. 악귀의 세계에서 싸우기를 좋아하는 귀신. (준말)수라(修羅).

□ '阿修羅(아수라)'는 산스크리트어 'asura'에 대한 한어 음역(漢語音譯)이다.

囯 '아수라(阿修羅)' 외에도 아소라(阿素羅), 아소락(阿素洛), 아수륜(阿須倫) 등으로 음사(音寫)하며 수라(修羅)라고 약칭하기도 한다. 비천(非天), 비류(非類), 부단정(不端正) 등으로 의역하는데, 천룡팔부중(天龍八部衆)의 하나로서, 마신(魔神)의 한 부류이다. 그러나 어원적(語源的)으로는 페르시아어의 아후라(ahura)와 같은 말로 신격(神格)을 뜻한다. 아마도 인도 아리아인(人)이 신앙하는 신격 가운데 아수라의 일군(一群)과 데바[天]의 일군이 있어 인드라를 비롯한 데바의 무리가 제사의 대상으로서 우세해짐에 따라, 아수라가 마신(魔神)으로 취급된 것으로 추측된다.

㉿ (산스크리트어)asura[神]

㉦ asura> (漢語)阿修羅> 아수라

☞ 수라장

아수라장(阿修羅場) 圀 ① 아수라왕이 제석천과 싸운 마당. ② 전란이나 싸움 따위로 큰 혼란에 빠진 곳. 또는 그런 상태. (준말)수라장(修羅場).

☞ 수라장, 아수라

아얌 圀 지난날, 겨울에 부녀자가 나들이할 때 추위를 막으려고 머리에 쓰던 쓰개(좌우에 털을 대고 위는 터졌으며, 뒤에는 아얌드림이 달렸음). 액엄(額掩).

囯 '아얌'은 한어(漢語) '額掩'에서 온 말이다. '額掩'의 한어 근대음(漢語近代音)은 [aiyɛm]이며, 이것을 '아얌'으로 차용한 것이다.

囯 정약용(丁若鏞, 1762~1836)의 『아언각비(雅言覺非)』에 '額掩者 貂鼠之帽也 華音額讀如耳 中國今無入聲 東俗訛傳 遂以爲耳掩'이라고 기록한 것을 보면 '아얌'이란 말이 근대국어 시기에 차용되어 사용되었다는 것을 알 수 있다.

㉿ (漢語)額掩[aiyɛm]

㉦ 額掩[aiyɛm]> 아얌

아양 圀 귀염을 받으려고 알랑거리는 몸짓이나 말. 주로 '아양을 떨다, 아양을 부리다' 등의 관용구에 쓰인다.

囯 '아양'은 '아얌'이 변한 것이다.

㊀ '아얌'은 겨울에 부녀자들이 나들이할 때 추위를 막으려고 머리에 쓰던 물건을 말한다. 좌우에 털을 붙이고 위는 틔었으며 뒤에는 비단으로 길게 만든 아얌드림이 있다. 현란하게 생긴 이 아얌을 떨면 자연히 주위 사람들의 시선을 끌게 되므로, 남에게 잘 보이려고 간사스럽게 구는 모양을 빗대는 말로 쓰이게 되었다.

㉿ (漢語)額掩[aiyεm]

㉾ 額掩[aiyεm] > 아얌 > 아양

☞ 아얌

아예 ㉿ 애초부터. 당초부터.

㊀ 근대국어 문헌에서 '아이에'의 형태로 처음 나타난다. '아이에'의 두 번째 음절의 모음 '이'가 연이어 발음되어 뒤의 모음에 영향을 주면 '아이예'가 되고, 반모음이 되어 음절 축약이 일어난 형태가 '아예'이다. '아이예'는 18세기에 나타나고, '아예'는 19세기부터 나타나 현대로 이어졌다. '아이에'는 '아이+에'로 이루어진 말이며, '아이'는 '처음'에 해당하는 명사이므로 '처음에'라는 뜻이다. 근대국어 '아이'는 중세국어의 '처음'을 뜻하는 '아싀[初]'에서 변화된 것이다.

㊁ 18세기 문헌인 『여사서언해(女四書諺解)』(1736)의 '性애 損홈이 업슨 者ㅣ 아이에 가히 뻐 德을 칠 거시며(性에 損함이 없는 자가 애초에 德을 기를 것이며)'에서 '아이에'의 형태로 처음 나타난다. '아이에'의 두 번째 음절의 모음 '이'가 연이어 발음되어 뒤의 모음에 영향을 주면 '아이예'가 되고, 반모음이 되어 음절 축약이 일어난 형태가 '아예'이다. '아이예'는 18세기에 나타나고, '아예'는 19세기부터 나타나 현대로 이어졌다. 그런데 18세기에 나타난 '아이에'는 '아이+에'로 이루어진 말이며, '아이'는 '처음'이라는 뜻의 명사이다. 18세기 문헌인 『인어대방(隣語大方)』(1790)의 '아이부터 말을 그리 ᄒᆞ시더면(처음부터 말을 그렇게 하셨으면)'에서 '아이'는 명사이다. 그러므로 근대국어에서 '아이에'를 한 단어로 볼 것인가는 쉬운 문제가 아니다. 형태적으로만 본다면 '아이에'의 축약 형태인 '아예'에서부터 하나의 부사로 완전히 굳어진 것으로 보아야 할 것이다.

㊂ 18세기의 형태인 '아이'는 중세국어의 '아싀'에서 변화된 것이다. 16세기 문헌인 『훈몽자회(訓蒙字會)』(1527)의 '饋 아싀 뼐 분'에서 '아싀[初]'의 형태를 확인할 수

있다. 중세국어 '아시'는 현대국어 '애벌, 애당초' 등의 '애'에 그 흔적을 남기고 있으며, '아시> 아이> 애'의 변화 과정을 거친 것이다. 방언에서는 '애벌'을 '아시'라고 하는데, 이 말은 '아시> 아시'로 변화한 것이다. 그러므로 '애빨래'나 '애벌빨래'는 처음에 대충 빨래를 하는 것을 말하며, 역시 방언에서는 '아시빨래'라고 한다. 현대국어에서 '아예'는 시간을 나타내는 '처음에'라는 어원적 의미보다는 '전적으로' 또는 '순전하게' 등의 의미로 쓰이기 때문에 구체적 의미가 추상적 의미로 전환되었다.

㉮ 아시[初]+에(조사)

㉯ 아시에> 아이에> 아이예> 아예

㉰ • 아이에 건너지 마던들 쎤질 줄이 이실야(고시조, 해동가요)

  • 만일 아이예 訟官티 아니코(증수무원록언해 1-8)

아우 圀 같은 항렬의 남자끼리나 여자끼리에서 나이가 적은 사람을 나이가 많은 사람에 상대하여 부르는 말.

囗 중세국어 문헌에서 '아ᅀᆞ'의 형태로 처음 나타난다. 이 말은 모음 앞에서는 '앗이라(앗+-이라), 앗이(앗+이)'와 같이 '앗, 앗'의 형태로 바뀌어 나타난다. 15세기 후반에 이미 'ㅿ'이 탈락한 형태가 나타나며, '아ᄋᆞ'는 '아ᅀᆞ'가 '앗/앗'으로 바뀌는 것처럼 모음 앞에서 '아'가 되는데, 『삼강행실도(三綱行實圖)』(1471)의 '아이며(아+-이며)'를 통해 확인할 수 있다. '아ᅀᆞ'에서 'ㅿ'이 탈락한 '아ᄋᆞ'는 이후 '아으'가 되는 것이 정상적인 변화이다. 이 형태는 17세기와 18세기에 나타난다. 그러나 19세기에는 제2 음절의 '으' 모음이 '오'나 '우'로 바뀌어 '아오'나 '아우'가 되었다. 끝 모음 '으'가 '오'나 '우'가 된 것은 어근의 끝 모음이 '으'인 것을 기피하려는 구조적인 제약에 의한 것이다. '아ᅀᆞ'의 어원을 '앗/앗+ᄋᆞ'으로 이루어진 것으로 보고, '앗/앗'을 '小(소)'의 뜻으로 풀이하는 견해가 있으나 아직은 불확실하다.

囙 15세기 문헌인 『훈민정음(해례본)』(1446)의 '아ᅀᆞ 爲弟'에서 '아ᅀᆞ'의 형태로 처음 나타난다. '아ᅀᆞ'에서 'ㅿ'이 탈락한 '아ᄋᆞ'는 이후 '아으'가 되는 것이 정상적인 변화이다. 이 형태는 17세기와 18세기에 나타난다. 그러나 19세기에는 제2 음절의 '으' 모음이 '오'나 '우'로 바뀌어 '아오'나 '아우'가 되었다. 끝 모음 '으'가 '오'나 '우'

가 된 것은 어근의 끝 모음이 '으'인 것을 기피하려는 구조적인 제약에 의한 것이다. 중세국어 '서르'가 '서로'가 되고, '여ᅀᅮ/여ᇫ'가 '여으'를 거쳐 '여우'가 되는 것 등이 모두 이러한 구조적 제약에 의한 것이다.

三 중세국어에서 '아ᅀᅳ'에 상대되는 말에 '형(兄)'이 있는 것은 현대국어와 같다. 그러나 의미에 있어서는 미묘한 차이가 있었다. 중세국어에서는 '형'이 동성(同性)의 손윗사람을 가리키고, '아ᅀᅳ'는 동성(同性)의 손아랫사람을 가리킨다. 그러므로 여자 동기간에서도 '형'과 '아ᅀᅳ'란 말이 사용되는 것이다. '아ᅀᅳ'의 어원을 '앗/앚+ᄋ' 으로 이루어진 것으로 보고, '앗/앚'을 '小(소)'의 뜻으로 풀이하는 견해가 있다. 관련 어휘로는 '아ᅀᅵ, 아자비, 아춘설' 등을 들면서 논증을 시도하기도 하지만, 아직은 불확실하다.

옌 아ᅀᅳ[弟]

옌 아ᅀᅳ > 아으 > 아오 > 아우

예 • 迦葉의 앗이라(석보상절 13-2)

　• 아ᅀᅳ 爲弟(훈민정음)

　• 아ᄋ 뎨(弟, 석봉천자문)

　• 당신 아오님을 먼니 ᄉᆞ랑ᄒᆞ오시ᄂᆞ 쯧이오(한중록)

아우성 명 여럿이 기세를 올리며 악써 지르는 소리.

一 근대국어 문헌에서 '아오셩'의 형태로 처음 나타난다. 20세기에 음성 모음 형태로 바뀐 '아우셩, 아우성' 등으로 바뀌고, '아우성'이 현대로 이어졌다. 이 말은 '아오+셩'으로 분석할 수 있다. '셩'은 한자 '聲(셩)'임이 분명하므로, '아오'의 뜻을 해명하는 것이 어원 풀이의 관건이다. '聲'의 중세국어 및 근대국어 한자음은 '셩'이다.

二 18세기 문헌인『삼역총해(三譯總解)』(1703)의 '비 우히셔 북치고 아오셩 ᄒᆞ니 魯肅이 놀라 니로되(배 위에서 북 치고 아우성 하니 魯肅이 놀라서 이르되)'에서 '아오셩'의 형태로 처음 나타난다. 20세기에 음성 모음 형태로 바뀐 '아우셩, 아우성' 등으로 바뀌고, '아우성'이 현대로 이어졌다. 이 말의 구성을 보면 '아오+셩'으로 분석할 수 있다. '셩'은 한자 '聲(셩)'임이 분명하므로, '아오'의 뜻을 해명하는 것이 어원 풀이의 요점이다. 여기에 대해서는 두 가지 견해를 제시할 수 있다. 하나는 '아오'를 의성어(擬聲語)로 보는 것이고, 다른 하나는 중세 및 근대국어의 동사 '아올다'의 어간 '아올-'이나, '아올-'의 관형사형 '아올'에서 'ㄹ'이 탈락한 것으로 보는 것이다. 치경음 'ㅅ' 앞에서 'ㄹ'의 탈락은 자연스러운 음운 현상이기 때문이다. 전자의 견해에 의하면 '아오아오 하는 소리'라는 뜻이고, 후자의 견해에 의하면 '여럿이 함께 내는 소리'라는 뜻이 된다. 어느 견해도 확실한 것은 아니지만, 현대국어의 뜻풀이를 참조하면 후자의 견해가 더 근사하다. 『조선어사전(朝鮮語辭典)』(1920)에는 '아우성(聲)'이라고 하여 한자 '聲'을 표기하였다.

㉠ 아올[垃]+ㄹ(어미)+聲(셩)

㉡ 아올셩> 아오셩> 아우성

㉢ • 빅 우희셔 북치고 아오셩 ㅎ니(삼역총해 4-13)

  • 아우셩(조선어사전)

아욱 圈 아욱과의 한해살이풀. 높이 50~70cm, 잎은 어긋나는데 다섯 갈래로 갈라져 있음. 여름에 흰색 또는 엷은 붉은색의 작은 다섯잎꽃이 피고 삭과(蒴果)는 모가졌음. 연한 줄기와 잎은 죽이나 국을 끓여 먹음.

㉢ '아욱'의 중세국어 형태는 '아혹, 아옥'이다. 이 말은 만주어 'abuha[葵]'와 같은 어원으로 이해되고 있다(小昌進平 1939).

㉣ 『향약구급방(鄕藥救急方)』에서 아욱의 향명을 '阿夫'로 표기하고 있으므로, 만주어 'abuha[葵]'와 비교적 잘 대응된다. 중세국어 '아혹, 아옥'은 여기에서 바뀐 형태로 생각된다.

㉠ (만주어)abuha[葵]

㉡ abuha> 阿夫> 아혹> 아옥> 아욱

㉢ • 아혹 글힌 므를(煮葵菜汁, 구급간이방 6-18)

  • ᄀᆞᆺ옰 아오글 글히니 ᄯᅩ 새롭도다(秋葵煮復新, 두시언해-초간 7-38)

  • 아옥 규(葵, 훈몽자회 상-15)

아이 圈 나이가 어린 사람. 아자(兒子).

㉢ '아이'의 중세국어 형태는 '아히'이며, 이 말은 한자어 '兒孩'에서 온 것이라는 어

원론이 우세하다(南廣祐 1957). 그러나 '兒孩'의 중세국어 한자음은 'ᅀᆞ히'로서 '兒'의 한자음에 차이가 있으므로, 단순히 '아ᄒᆡ'가 '兒孩'에 왔다고 하는 것은 문제가 있다. 'ᅀᆞ'가 16세기 이후에는 'ㅿ'이 탈락하여 'ᄋᆞ'가 되지만, 여전히 모음의 차이를 설명하기 어렵다.

㊂ 중세국어의 '아기'를 고려하면 '아ᄒᆡ'의 '아'는 '아기'의 '아'에 영향을 받은 고유어 형태일 것으로 생각된다.

㊉ 아[아기/兒]+孩(ᄒᆡ)

㊊ 아ᄒᆡ> 아희> 아히> 아이

㊋ • 즉자히 쉰 아ᄒᆡ 몯거늘(석보상절 6-9)

• 얼운과 아희 ᄎᆞ례를 볼키니라(소학언해-선조 2-65)

• 져젯 아히돌히 과ᄒᆞ여(번역소학 6-26)

☞ 아기

아재비 명 '아저씨'의 낮춤말.

㊀ 중세국어 문헌에서 '아자비'의 형태로 나타난다. 이 말은 '아잡이, 아ᄌᆞ비' 등으로 표기상의 변이가 있었지만, 근본적인 형태의 변화 없이 20세기까지 그대로 사용되었다. '아자비'에서 두 번째 음절의 '자'가 뒤에 오는 '이' 모음의 동화를 입어 '아재비'가 되는 것이 현대의 형태이다. 현대국어에서 '아재비'는 '아저씨'의 낮춤말로 풀이되고 있으나, '아저씨'의 원래 형태인 '아자씨'가 나타난 것은 19세기의 문헌이다. 그러므로 애초부터 '아자비'와 '아자씨'가 함께 사용된 것은 아니며, '아자비'가 원래의 말이었다. '아자비'는 '앚+아비'로 이루어진 말이다. 접두사처럼 쓰인 '앚'은 친족 호칭에서 직계가 아닌 '방계(傍系)'를 호칭할 때 앞에 붙이는 말이며, 기본 의미는 '작다[小]'에 해당한다.

㊂ '앚+아비'에서 접두사처럼 쓰인 '앚'은 친족 호칭에서 직계가 아닌 '방계(傍系)'를 호칭할 때 앞에 붙이는 말이다. 어머니 계열의 'ᄋᆞᄌᆞ미', 아들 계열의 '아ᄌᆞᆫ아ᄃᆞᆯ/아촌아ᄃᆞᆯ', 딸 계열의 '아촌ᄯᆞᆯ' 등이 있다. 특히 18세기 문헌이라고 할 수 있는 『화음방언자의해(華音方言字義解)』에는 '숙부(叔父)'를 뜻하는 '아츤아바'를 싣고 있어서 '앚'과 '앛'의 넘나듦을 보여 주고 있다. 또 친족 용어는 아니지만, '아촌설'은 '작은설'을

뜻하는 말이므로 여기서도 같은 의미의 '앛'을 찾을 수 있다. 그러므로 '앛/앚'의 기본 의미는 '작다[小]'에 해당한다고 할 수 있다. 중세국어의 '아자비'에서 온 현대국어의 '아재비'는 낮춤말이 되었지만, 중세국어 '아자비'는 백부(伯父)나 숙부(叔父)를 뜻하는 말로서 낮춤말이 아니었다. '앛[小]+아비[父]'로 분석되는 어원 구조에 의하면 '아자비'는 '작은아비'인 숙부(叔父)의 의미에 맞으므로, 백부(伯父)의 뜻으로는 사용될 수 없겠으나, 중세국어에 이미 '아버지의 형제'로 그 의미의 확대가 이루어졌다.

웬 앛[小]+아비[父]

변 아자비 > 아재비

예 • 네 아자비는 어느 말미로 머리터리 옷 フ투리오(汝伯何由髮如漆, 두시언해-초
　　간 8-31)

　• 아자비 슉(叔, 신증유합 상-20)

아저씨 图 아버지와 같은 항렬의 남자를 일컫는 말. 혈연 관계가 없는 남자 어른을 친근하게 부르는 말.

⊟ 중세국어에서 이 말에 해당하는 말은 '아자비'였다. 그런데 19세기 문헌인 『한불자전(韓佛字典)』(1880)에 '아자씨 叔父'가 나타나서 '아자비'와 같은 뜻으로 쓰이기 시작하였다. 20세기에는 '아자비, 아자씨'도 계속 사용되었지만, 제2 음절 모음이 '어'로 바뀐 '아저씨'가 나타나서 현대로 이어졌다. '아자씨'는 '아자비'에서 제3 음절의 '비'를 '씨'로 교체하여 나타난 형태이다. 접미사 용법처럼 사용된 '-씨'는 존칭의 의미가 있기 때문에 집안 어른을 부르는 말에 붙인 것이다. 다만 '아자비'는 어원적으로 '앛[小]+아비[父]'로 분석되는 말이므로, '아자비'에서 '아자'를 분리하여 여기에 '-씨'를 붙인 것은 형태론적으로 옳은 것은 아니다.

⊟ 15세기 문헌인 『내훈(內訓)』(1475)의 '모든 아자비를 封爵호려커늘 太后ㅣ 듣디 아니 ᄒ시다(모든 아저씨를 封爵하려 하니 太后가 듣지 않으셨다)'에서 '아저씨'에 해당하는 '아자비'가 나온다. 이 말은 '아잡이, 아즈비' 등으로 표기상의 변이가 있었지만, 근본적인 형태의 변화 없이 20세기까지 그대로 사용되었다. '아자비'에서 두 번째 음절의 '자'가 뒤에 오는 '이' 모음의 동화를 입어 '아재비'가 되는 것이 현대

의 형태이다. 그런데 19세기 문헌인 『한불자전(韓佛字典)』(1880)에 '아자씨 叔父'가 나타나서 '아자비'와 같은 뜻으로 쓰이기 시작하였다. 20세기에는 '아자비, 아자씨'도 계속 사용되었지만, 제2 음절 모음이 '어'로 바뀐 '아저씨'가 나타나서 현대로 이어졌다. '아자씨'는 '아자비'에서 제3 음절의 '비'를 '씨'로 교체하여 나타난 형태이다. 접미사 용법처럼 사용된 '-씨'는 존칭의 의미가 있기 때문에 집안 어른을 부르는 말에 붙인 것이다. 다만 '아자비'는 어원적으로 '앚+아비'로 분석되는 말이므로, '아자비'에서 '아자'를 분리하여 여기에 '-씨'를 붙인 것은 형태론적으로 옳은 것은 아니다. 아마도 방언에서 사용되는 '아바씨, 어마씨' 등에 유추된 것으로 생각된다. '아자비'의 대신으로 쓰이게 된 '아자씨'가 20세기 이후에 '아저씨'가 되면서, 그 의미도 일반 남자 어른에 대한 존칭으로 바뀌었다. 이에 따라 '아자비'에서 바뀐 '아재비'도 그 쓰임이 제한되면서 구어(口語)에서 거의 사라졌다.

㉿ 앚[小]+아('압[父]'의 '아')+씨(氏)

㉻ 아자비> 아자씨> 아저씨

㉩ • 아자씨(한불자전)

☞ 아버지, 아재비

아주머니 ㎎ 부모와 같은 항렬의 부인.

㊀ '아주머니'에 해당하는 중세국어 형태는 '아ᄌᆞ미'와 '아ᄌᆞ마님'이다. 이들 어휘는 일차적으로 '앚[小]+ᄋᆞ마님, 앚[小]+ᄋᆞ미' 등으로 분석될 수 있겠으나, 후부 요소에 대한 어원적 처리에 어려움이 있다. 중세국어 '아자비'를 참고하면 '앚[小]'에 '어미[母]'나 '어마님[母]' 등이 붙는 것이 예상되어 둘째 음절에 모음 '어'가 예상되지만, '아ᄌᆞ미, 아ᄌᆞ마님'에는 'ᄋᆞ'가 나타나기 때문이다.

㊁ 아마도 어원적 형태인 '아저미, 아저마님' 등에서 모음조화의 불균형을 해소하기 위하여 둘째 음절의 모음이 변화의 압력을 받았을 것으로 생각된다. 그 불균형의 해소는 양성 매개모음 형태인 'ᄋᆞ'로의 변화인 것으로 추측되지만, 무리한 단정은 보류해 두는 것이 좋을 것이다.

㊂ '아ᄌᆞ마님'에서 '아주머니'로의 변화는 어느 정도 설명이 가능하다. 제2 음절의 'ᄋᆞ'는 근대국어에서 '으'로 변하게 되므로 '아즈마님'이 되고, 다시 셋째 음절은 앞

모음에 의한 모음조화에 의해 '아즈머님'이 되며, '아즈머님'은 선행하는 경구개 자음과 후행하는 순음(脣音)의 영향으로 '으'가 '우'로 변하여 '아주머님'으로 변했다고 할 수 있는 것이다. '아즈마님, 아즈마니, 아즈마, 아즈미' 등의 형태는 현대국어의 평북 방언에 남아 있다.

㉙ 앚[小]+어미/어마님[母親]

㉑ *앚어마님 > 아ᄌ마님 > 아즈머님 > 아주머니

㉚ • 아ᄌ마니ᄂ 大愛道ᄅᆞᆯ 니르시니(석보상절 6-1)

☞ 어머니, 어미

아침 ㉙ 날이 새어서 아침밥을 먹을 때까지의 동안. 날이 새고 얼마 되지 않은 때.
㋡ 중세국어 문헌에서 '아ᄎᆞᆷ'의 형태로 처음 나타난다. 17세기에 두 번째 음절의 'ᄋᆞ'가 '으'로 바뀌어 '아츰'이 되었고, 18세기에는 치음 'ᄎ' 아래에서 '으'가 '이'로 변화되어 '아침'이 되었다. 19세기나 20세기에도 '아ᄎᆞᆷ, 아츰' 등의 표기가 계속 나타나지만, '아ᄎᆞᆷ > 아츰 > 아침'에 의한 정상적인 형태의 변화가 대세를 이루어, '아침'이 현대로 이어졌다. '아ᄎᆞᆷ'은 '앛-+-ᄋᆞᆷ'으로 이루어진 말임이 분명하다. 어간 '앛-'의 뜻은 '작다, 드물다'의 뜻에서 발전하여 '이르다[早]'의 뜻으로 사용되었다고 생각된다.
㋡ 15세기 문헌인 『석보상절(釋譜詳節)』(1447)의 'ᄒᆞᄅᆺ 아ᄎᆞ미 命終ᄒᆞ야 모딘 길헤 ᄠᅥ러디면(하루아침에 죽어서 모진 길에 떨어지면)'에서 '아ᄎᆞᆷ'의 형태로 처음 나타난다. '아ᄎᆞᆷ'은 '앛-+-ᄋᆞᆷ'으로 이루어진 말임이 분명하다. 형용사 어간 '앛-'은 『내훈(內訓)』(1475)의 '뭀 사ᄅᆞ미 믜여 두리 아ᄎᆞ니라(뭇 사람이 미워하여 둘 이가 드물다)'에서 '앛-/아ᄎ-'란 말을 확인할 수 있다. '아ᄎᆞᆫ아ᄃᆞᆯ, 아ᄎᆞᆫ설' 등에서도 '앛-/아ᄎ-'를 확인할 수 있다. '앛-/아ᄎ-'의 뜻은 '작다, 드물다'의 뜻에서 '이르다[早]'의 뜻으로 사용되었다고 생각된다. '아침'이란 말과 함께 17세기에는 '아적'이란 말이 같은 의미로 사용되어 흥미롭다. 이 말은 현대국어에서 중부 지역을 제외한 나머지 지역 방언에서 '아적'으로 쓰이고 있다. 이 말은 역시 '아침'과 어원적으로 관련이 있을 것이지만, 형태적으로 어떠한 관련이 있는 것인지 확실하지 않다.

㉙ 앛[小, 微, 早]+ᄋᆞᆷ(접사)

㉑ 아ᄎᆞᆷ > 아츰 > 아침

예 • 히 東녀긔 이시면 아추미오(월인석보 2-50)

　• 아츰ㅅ 힛비치 곧다온 郊甸에 소앗도다(두시언해-중간 14-3)

　• 아침과 젼역을 아지 못ᄒᆞ고(여사서언해 3-9)

아편(阿片, 鴉片) 똉 덜 익은 양귀비 열매의 껍질을 칼로 에어서 흘러나오는 진을
모아 말린 갈색 물질(마취제 또는 설사나 이질 등에 쓰며, 코데인이나 모르핀 등의
원료임).

ⓣ '아편'은 영어 'opium'을 한어(漢語)에서 '阿片, 鴉片'으로 음역(音譯)한 것이다.

ⓣ 영어 'opium'은 말레이시아어 'apium'에서 차용된 말이다.

웬 (말레이시아어)apium

倂 apium> (영어)opium> (漢語)阿片/鴉片> 아편

아프다[아프니, 아파] 휑 몸에 이상이 생겨 통증이 있거나 괴롭다. 마음이 괴롭고
쓰리다.

ⓣ '아프다'의 중세국어 형태는 '알프다, 알ᄑᆞ다'이며, 이 말은 '앓[痛]+ᄇᆞ/브(형용사
화 접사)+다(어미)'로 분석된다.

ⓣ 중세국어에서 '알프다'가 쓰인 경우는 많지 않으며, 'ㄹ'이 탈락한 '아ᄑᆞ다, 아프
다'는 근대국어에 나타난다.

웬 앓[痛]+ᄇᆞ/브(형용사화 접사)+다(어미)

倂 앓ᄇᆞ다/앓브다> 알ᄑᆞ다/알프다> 아ᄑᆞ다/아프다> 아프다

예 • 발올 바사매 아니 알프시리(월인천강지곡 상-43)

　• 븨 알프거든(구급간이방 1-32)

　• 븨 ᄀᆞ장 아ᄑᆞ고(언해두창집요 상-61)

　• 머리 아프고(벽온신방 4)

악대 똉 불깐 짐승.

ⓣ 중세국어 형태도 '악대'이며, '만주어/몽골어'의 'akta'에서 차용한 말이다.

웬 (만주어/몽골어)akta[犍]

働 akta> 악대

예 • 암흐란 사디 말오 다 악대로 ᄒ라(번역박통사 상-2)

　• 악대 건(犍, 훈몽자회 하-7)

악머구리 뎽 잘 우는 개구리라는 뜻으로, '참개구리'를 일컫는 말.

日 이 말은 '머구리'란 말 앞에 '악'을 붙인 것이다. 15세기 문헌에서 '머구리'란 말이 처음 나타난다. '머구리'는 이후 형태의 변화 없이 근대국어에도 사용되었으며, 현대의 함경 방언에도 남아 있다. 16세기 문헌에는 '개고리'가 나타나며, 이 말은 17세기부터는 모음이 바뀐 '개구리'란 형태로도 쓰였다. '머구리'와 '개고리'는 언어의 형태를 떠나서 근본적인 어원이 같다. 즉 이 말들은 이 동물의 울음소리인 '머굴머굴'과 '개골개골'에서 온 것이기 때문이다. 근대국어 문헌에 나오는 '악머구리'는 '머구리'에 '입[口]'을 뜻하는 '악'을 붙인 것이다. 특히 '참개구리'가 잘 우는 습성을 강조하여 '악머구리'라고 했다는 것을 알 수 있다. '악'은 '입[口]'을 뜻하는 고유어인데, '아가리, 아가미, 아구, 아궁이' 등의 어휘는 모두 어근 '악[口]'에 접미사가 연결되어 생긴 말이다. 그리고 '악쓰다'라는 말은 '소리를 지르다'의 뜻인데, '악머구리'에 '악쓰다'의 '악'의 의미가 잘 살아 있다.

曰 15세기 문헌인 『법화경언해(法華經諺解)』(1463)의 '우믌 머구리ᄃ려 바ᄅᆞᆯ롤 니ᄅᆞ디 몯호믄(우물의 개구리에게 바다를 이르디 못함은)'에서 '머구리'란 말이 처음 나타난다. '머구리'는 이후 형태의 변화 없이 근대국어에도 사용되었으며, 현대의 함경 방언에도 남아 있다. 16세기 문헌인 『신증유합(新增類合)』(1576)의 '蛙 개고리 와'에서 '개고리'가 나타나며, 이 말은 17세기부터는 모음이 바뀐 '개구리'란 형태로도 쓰였다. 같은 동물을 지칭하는 '머구리'와 '개고리/개구리'는 이 동물의 울음소리인 '머굴머굴'과 '개골개골'에서 온 것이다. 두 의성어의 형태 차이는 크다고 생각되지만, 같은 소리에 대한 사람의 청각이 언어화의 과정에서 차이가 났을 뿐이다. '논개구리'라고도 하는 '참개구리'는 우리의 주변에서 가장 친근하게 접할 수 있었던 대표적인 개구리이다. 아마도 여러 종류의 개구리 중에서 '머굴머굴'이나 '개골개골'의 소리를 내며 우는 개구리를 '머구리, 개고리'라고 하면서, 특히 이 개구리가 잘 우는 습성을 강조하여 '악머구리'라고 했다는 것을 알 수 있다.

ⓦ 악[口]+머구리[蛙]

ⓥ 악머구리

ⓔ • 머구리 와(蛙, 훈몽자회 상-22)

　　• 머구리밥(浮萍, 동의보감 탕액-3)

　　• 악머구리(鼉, 물보)

악쓰다 图 악을 내어 소리 지르거나 행동하다.

▤ 근대국어 형태는 '악쓰다, 악쁘다'인데, '악쁘다'가 어원적 형태에 가깝다. 이 말은 중세국어를 기준으로 '악[口]+쁘[用]+다(어미)'로 분석된다.

▤ '악'이 '입[口]'을 뜻한다는 것은 '아가리, 아구, 아궁이, 악머구리' 등에 공통으로 나타나는 '악'에서 알 수 있다. '악쁘다'가 근대국어나 현대국어 '악쓰다'로 변하면서, 동시에 어원적 의식이 한자어 '惡(악)'과 관련되어 의미의 전이가 이루어졌을 것으로 생각된다.

ⓦ 악[口]+쁘[用]+다(어미)

ⓥ 악쁘다> 악쓰다

ⓔ • 악쓰다(用强, 동문유해 상-32)

　　• 악쁘다(한청문감 66)

안성맞춤 图 생각한 대로 튼튼하게 잘 된 물건을 일컫는 말. 계제에 들어맞게 잘 된 일을 두고 하는 말.

▤ 현대 이전에 이 말을 한 단어로 사용한 기록을 찾을 수는 없다. 이 말은 일차적으로 '안성'과 '맞춤'이라는 단어로 이루어졌다. '안성'은 경기도 지명인 '安城(안성)'이며, 후부 요소인 '맞춤'은 '맞추-'에 명사를 만드는 접미사 '-ㅁ'이 붙은 것이다. 돈 있는 집안에서는 직접 안성 유기점에 유기를 주문해서 사용하였다고 한다. 안성에 직접 주문해서 만든 유기가 바로 '안성맞춤 유기'인 것이다. 여기에서 '유기'를 생략한 '안성맞춤'이라는 말이 생겼다.

▤ 예전의 '안성'은 대구, 전주 지역과 더불어 큰 장(場)이 서던 상업의 요충지였다. 조선 후기에 경기도 지역에 한정하여 대동법을 시행하였다. 이 법이 실시되면서 경

기도에 속했던 안성(安城) 유기점들은 방납을 바칠 필요가 없게 되었고, 그 대신 조정과 관아의 주문을 받아 제품을 제조하여 판매하기 시작했다. 방납이 사라지면서 조정이나 관아에서 필요한 물품은 직접 구매를 했기 때문에 잘 팔기 위해서는 품질이 좋을 필요가 있었다. 이에 따라 맞춤형 제품의 안성 유기가 인기를 끌면서 '안성맞춤'이라는 말이 생겼다. '안성'의 '유기'에는 장에다 내다 팔기 위해 대량으로 만든 '장내기 유기'와 주문에 의해 만든 '맞춤 유기'의 두 종류가 있었다. '안성맞춤'은 바로 '맞춤 유기'와 관련해서 생긴 말이다. 보통의 집안에서는 장날에 나는 '장내기 유기'를 사서 이용하였지만, 돈 있는 집안에서는 직접 안성 유기점에 주문해서 사용하였다고 한다. 안성에 직접 주문해서 만든 유기가 바로 '안성맞춤 유기'인 것이다. 여기에서 '유기'를 생략한 '안성맞춤'이라는 말이 생기고, 그 의미도 추상적으로 변하였다.

㉮ 안성(安城)+맞[的中]+추(사동접사)+ㅁ(접사)

㉯ 안성맞춤

안심 圈 쇠갈비 안쪽 채끝에 붙은 연하고 부드러운 고기(주로 전골 요리에 씀).

▱ '안심'은 '안[內]+힘[筋]'에서 왔다. '안쪽 근육'이란 의미의 '안힘'에서 'ㅎ'이 'ㅅ'으로 구개음화되어 '안심'이 된 것이다.

㉮ 안[內]+힘[筋]

㉯ *안힘> 안심

안타깝다[안타까우니, 안타까워] 圈 뜻대로 되지 않아 애타고 답답하다.

▱ '안타깝다'의 근대국어 형태는 '안탓갑다'이며, 이 말은 중세국어 형태를 기준으로 하면 우선 '안ㅎ[內]+닶갑[悶]+다(어미)'로 분석된다. 근대국어의 '안탓갑다'는 '*안타닶다'에서 받침의 'ㅂ'이 탈락한 형태이다.

▱ 중세국어에는 '안닶기다/안닶끼다'란 말이 있는데, 동사로서 '안따까워하다'에 해당한다. 중세국어에서 잘 쓰인 '닶기다/닶끼다'란 말은 '답답해지다'에 해당하는 동사이다. 중세국어에서 사용된 '답답ㅎ다, 답사하다, 답깝다/닶갑다, 답끼다/닶기다' 등의 어휘를 검토하면 어근 '답[重疊]'을 추출할 수 있다. 이렇게 되면 '*안닶갑다/안

타깝다'는 '안ㅎ[內]+답[重疊]+갑(형용사화 접사)+다(어미)'의 어원적 구조로 분석할 수 있다. 어중에 표기된 'ㅅ'은 '답-갑'의 연결에서 생기는 경음화 현상을 표기에 반영한 것이므로, 형태론적인 구조에서는 제외된다.

[원] 안ㅎ[內]+답[重疊]+갑(형용사화 접사)+다(어미)

[변] *안탑갑다> 안탓갑다> 안타깝다

[예] • 하 안탓가오니 아ᄂᆞᆫ 일을 아니 알외디 못ᄒᆞ야(한중록 182)

안팎 [명] 안과 밖. 내외(內外).

[一] '안팎'의 중세국어 형태는 '안팟ㄱ'이며, 이 말은 '안ㅎ[內]+밧ㄱ[外]'으로 분석된다.

[二] 현대국어 '밖[外]'에 해당하는 중세국어 '밧ㄱ'은 '萬里 밧기라(월인석보 1-1), 밧物에 제 迷커뇨(법화경언해 2-226)' 등과 같이 모음으로 시작하는 조사가 연결되지 않을 때는 '밧'으로 표기된다.

[원] 안ㅎ[內]+밧ㄱ[外]

[변] 안ㅎ밧ㄱ> 안팟> 안팟, 안밧> 안팎

[예] • 안팟기 비취니(월인천강지곡 상-67)

• 년ᄒᆞ여 안팟 상ᄉᆞᄂᆞᆯ 만나(동국신속삼강행실도 효-5-20)

• 안밧 大小佛殿과(박통사언해 상-61)

앉다 [동] 궁둥이를 바닥에 붙이고 윗몸을 세우다.

[一] '앉다[坐]'의 중세국어 형태는 '앚다'와 '앉다'로서 쌍형(雙形)이었으나, '앚다'의 사용 범위가 더 넓었다.

[二] 국어 음운사에서 모음과 'ㅈ, ㅊ' 사이에 'ㄴ'이 첨가되는 음운 현상이 있다는 것은 '앚다'에서 변화된 '앉다'의 설명을 용이하게 한다. 이러한 'ㄴ' 첨가 현상은 'ᄒᆞ오ᅀᅡ[獨]> ᄒᆞ오자> ᄒᆞ온자> 혼자, 더디다[投]> 더지다> 던지다, 어텽이[割脣]> 어청이> 언청이> 언청이' 등에서 찾을 수 있다. 그런데 기본형 '앚다'에서 바로 '앉다'가 되었다기보다는 '아자> 안자'에서와 같이 어미 연결 형태에서 'ㄴ'이 첨가되어 기본형으로 인식되었다고 하는 것이 이치에 맞다. 중세국어에서 받침의 'ㅈ'은

팔종성 법칙에 의하여 'ㅅ'으로 표기되는 것이 원칙이나 'ㅿ'으로 나타나기도 한다.

웹 앗[坐]+다

변 앗다> 앉다

예 • 帝釋 앗는 싸히어나(석보상절 19-6)
  • 마조 앗노라 ㅎ니라(능엄경언해 1-3)
  • 寢室 이페 안즈니(용비어천가 7장)

앗/엇 (어미) 동사나 형용사의 양성 모음 어간 뒤에 덧붙는 선어말 어미로서, 어떤 일이나 행동, 상태 등이 과거에 속함을 나타냄.

Ⅲ 선어말 어미 '-았/었-'의 근대국어 형태는 '-앗/엇-'이다. 과거 시제를 나타내는 선어말 어미 '-앗/엇'은 중세국어에는 없었으며, 근대국어에 들어 발달된 어미이다.

Ⅲ 근대국어에서 발달된 선어말 어미 '-앗/엇-'은 어원적으로는 중세국어의 '-아/-어(연결 어미)+잇[有]'의 구조에서 하나의 문법 형태소로 발전한 것이다.

웹 -아/어(연결 어미)+잇[有]

변 아잇/어잇> 앗/엇> 았/었

예 • 샤ㅎ시믈 一入 미덧습ᄂ이다(첩해신어 9-16)
  • 널로 壯元의 娘子롤 삼앗도다(오륜전비언해 4-5)

앞 옙 (바른 자세로 있을 때) 얼굴이 향한 쪽. 지금보다 먼저. 다가올 장래.

Ⅲ '앞'의 중세국어 형태는 '앒'이었다. 중세국어 후기인 16세기 말기에 받침의 'ㄹ'이 탈락하여 현대국어와 같은 형태인 '앞'이 되었다.

Ⅲ 劉昌惇(1971: 21)에 의하면 '앒'의 기원적 형태는 '알'로 추정된다고 하였다. 중세국어에서 '아래(上聲-去聲)'는 시간상으로 지금보다 먼저인 '앞[前]'의 뜻이고, '아래(平聲-去聲)'는 현대국어에 그대로 '아래[下]'에 해당하여 '위[上]'의 상대어이다. 그러므로 '앞[前]'을 뜻하는 '아래(上聲-去聲)'는 어원적으로 '알[前]+애(助詞)'로 분석될 여지가 충분하며, 이렇게 되면 '알[前]'은 '앞'의 어원이 된다는 것이다. '알[前]'을 최초의 형태로 추정하면, 여기에 'ㅍ'이 첨가되어 '앒'이 되고, 다시 'ㄹ'이 탈락하여 현대국어 '앞'이 된 것으로 설명하게 된다. 그러나 이러한 어원론은 아직 확인할 수

없으므로, 어원적 어근은 '앒[前]'으로 처리해 둔다.

[三] 현대국어에서 '앞'의 의미는 시간과 관련될 때는 과거와 미래를 모두 뜻하는 경우가 있으나, 본래의 어원적 의미를 생각한다면 과거에 한정되는 것이 옳다. '앞'이 '다가올 장래'를 뜻하게 된 것은 '앞'의 공간적 의미가 시간적 의미로 전이(轉移)된 데서 그 원인을 찾을 수 있을 것이다.

[원] 앒[前]

[변] 앒> 앞

[예] • 千載 아래 盛德을 ᄉᆞᆯᄫᆞ니(용비어천가 76장)
• 알ᄑᆞᆫ 고ᄃᆞᆫ 말도 ᄒᆞ시며 雜말도 ᄒᆞ샤(월인석보 9-11)
• 아프로 옷기슬 ᄃᆞᆼ기고(소학언해 5-70)

애꿎다 [형] 아무런 잘못 없이 억울하다. (주로 '애꿎은'의 꼴로 쓰여) 그 일과는 아무런 상관이 없다.

[一] '애꿎다'의 근대국어 형태는 'ᄋᆡᆨ굿다'이다. 이 말은 18세기에 'ᄋᆡ숯다'로 바뀌어 어원적인 형태에서 멀어지기 시작하였다. 19세기에 '애숯다'가 되었다가 20세기에 '애꿎다'로 표기가 바뀌었다. 'ᄋᆡᆨ굿다'는 'ᄋᆡᆨ+굿다'로 이루어진 말이다. 'ᄋᆡᆨ'은 한자 '厄'이며, '厄'의 중세 및 근대국어 한자음이 'ᄋᆡᆨ'이다. '굿다'는 '궂다'를 팔종성법에 따라 'ㅈ'을 'ㅅ'으로 표기하여 '굿다'로 적은 것이다.

[三] 17세기 문헌인 『역어유해(譯語類解)』(1690)의 '晦氣 ᄋᆡᆨ굿다, 忌會 ᄋᆡᆨ굿다' 등에서 'ᄋᆡᆨ굿다'의 형태로 처음 나타난다. 'ᄋᆡᆨ굿다'는 'ᄋᆡᆨ+굿다'로 이루어진 말이다. 'ᄋᆡᆨ'은 한자 '厄'이며, '厄'의 중세 및 근대국어 한자음이 'ᄋᆡᆨ'이다. '굿다'는 '궂다'를 팔종성법에 따라 'ㅈ'을 'ㅅ'으로 표기하여 '굿다'로 적은 것이다. '궂다'는 형태의 변화 없이 현대까지 그대로 사용되는 말이다. '궂다'는 의미에 있어서 한자로는 '惡(악)'이나 '凶(흉)'에 해당한다. 즉 '언짢고 나쁘다'의 뜻이다. 'ᄋᆡᆨ궂다'는 어원적으로 '액운이 나쁘다'로 풀이할 수도 있고, '액운으로 나쁘다'로 풀이할 수 있다. 아무튼 매우 나쁜 상황을 가리키기 위해서 '厄(익)'과 '궂다'를 합성한 말임을 알 수 있다. 그런데 현대국어에서는 상황이 나쁘다는 원래의 의미보다는 '억울하다'의 뜻으로 사용되고 있어서 의미가 많이 바뀌었다. 이것은 '액운'을 당하여 나쁘게 된 것이 우연의 소치라

고 생각하여 '억울하다'의 의미로 나아가게 되고, 또 그러한 일이 본래의 자신과는 직접적인 관련이 없다는 의미로 변화한 것이라고 할 수 있다.

㉬ 厄(익)+궂[惡]+다(어미)

㉫ 익궂다> 애궂다> 애꿎다

㉭ • 익궂다(忌會, 역어유해 하-44)

　　• 익구즌 우리 모지(명듀보월빙 12-411)

　　• 화를 내여 애쑤진 내게(림화졍연 1-136)

애당초(―當初)】 圏 '애초(―初)'의 힘줌말.

㊀ 이 말과 어원적으로 관련이 있는 어휘로는 '당초, 아예, 애초' 등을 들 수 있다. '당초(當初)'는 한자어로서 '일이 당초의 생각과는 다르게 풀렸다'에서와 같이 '처음'이란 뜻으로 사용된다. 한자어 '當初(당초)'는 '처음에 해당(하다)'의 뜻이다. '애당초'의 '애'는 중세국어 '아싀'에서 온 것이다. '아싀'는 '처음[初]'이라는 뜻이며, '아싀> 아이> 애'의 변화 과정을 거친 것이다. '애당초'는 한자 '當(당)'을 사이에 두고 뜻이 같은 말인 한자 '初(초)'와 고유어 '애'가 앞뒤로 연결된 특이한 구조이다. 한자 '當(당)'을 빼면 우리에게 친숙한 '애초'라는 단어가 되며, 역시 '애당초'와 뜻이 같다. '애당초'는 중세국어 형태를 기준으로 하면 '아싀[初]+當初(당초)'로 분석된다.

㉬ 아싀[初]+當初(당초)

㉫ *아싀당초> *아이당초> 애당초

☞ 아예

애벌 圏 같은 일을 되풀이할 때의 첫 번째 차례. 초벌.

㊀ 이 말은 '애+벌'로 이루어진 말이다. 중세국어 형태를 기준으로 '애벌'을 옛 형태로 되돌려 분석하면, '아싀+ᄫᅳᆯ'이 된다. 중세국어 '아싀'는 '처음[初]'이라는 뜻이며, '아싀> 아이> 애'의 변화 과정을 거친 것이다. 중세국어 'ᄫᅳᆯ'은 현대국어의 '벌'로 변화하였으며, 단위를 나타내는 의존명사 '벌'이다. 중세국어 형태를 기준으로 '아싀ᄫᅳᆯ'로 재구성되는 현대국어 '애벌'은 '첫 번'이라는 어원적 의미를 가진 말이다.

㊁ '김매기도 애벌을 마쳐 갈 무렵이었다'에서 '애벌'은 여러 번 거듭되는 김매기

에서 첫 번 김매기를 뜻하는 말이며, 도자기를 만들 때, '애벌구이'는 '초벌구이'와 같은 말이다. 중세국어 형태를 기준으로 '애벌'을 옛 형태로 되돌려 분석하면, '아ᅀᅵ+벌'이 된다. 중세국어 '아ᅀᅵ'는 '처음[初]'이라는 뜻이며, 16세기 문헌인 『훈몽자회(訓蒙字會)』(1527)의 '饙 아ᅀᅵ 뗼 분'에서 '아ᅀᅵ'의 형태와 의미를 확인할 수 있다. 중세국어 '아ᅀᅵ'는 현대국어 '애벌, 애당초' 등의 '애'에 그 흔적을 남기고 있으며, '아ᅀᅵ> 아이> 애'의 변화 과정을 거친 것이다. 중세국어 '벌'은 현대국어의 '벌'로 변화하였으며, 두 가지의 뜻이 있다. 첫 번째는 '옷을 벌로 맞추었다'와 '옷 한 벌, 그릇 세 벌' 등에서 쓰이는 명사 또는 의존명사의 '벌'이다. 두 번째는 '김을 세 벌 매다'에서 쓰이는 단위를 나타내는 의존명사 '벌'이다. 현대국어 '애벌'의 '벌'은 단위를 나타내는 말이므로, 후자의 용법을 이어받은 말이다. 중세국어의 '벌'도 이러한 두 가지의 뜻으로 사용되었다. 『석보상절(釋譜詳節)』(1447)의 '세 벌 값도ᄉᆞᆸ고(세 번을 감돌고)'에서 '벌'은 후자의 용법에 해당한다.

[원] 아ᅀᅵ[初]+벌[件]

[변] *아ᅀᅵ벌> *아이벌> 애벌

☞ 아예, 애당초

애초(一初) [명] 맨 처음. 애당초. 당초(當初).

[一] 이 말은 '애+초(初)'로 이루어진 말이며, '초'는 처음을 뜻하는 한자 '初'이므로, 어원 풀이의 관건은 '애'의 뜻을 해명하는 데에 있다. '애초'의 '애'는 중세국어 '아ᅀᅵ'에서 온 것이다. 중세국어 '아ᅀᅵ'는 '처음[初]'이라는 뜻이며, '아ᅀᅵ> 아이> 애'의 변화 과정을 거쳤다. '아ᅀᅵ'에서 온 '애'가 '처음[初]'이라는 뜻이므로, '애초'는 '처음+처음'이라는 중첩된 어원적 의미를 가진 말이다.

[三] '애초'의 '애'는 중세국어 '아ᅀᅵ'에서 온 것이다. 중세국어 '아ᅀᅵ'는 '처음[初]'이라는 뜻이며, 16세기 문헌인 『훈몽자회(訓蒙字會)』(1527)의 '饙 아ᅀᅵ 뗼 분'에서 '아ᅀᅵ'의 형태와 의미를 확인할 수 있다. 중세국어 '아ᅀᅵ'는 현대국어 '아예, 애벌, 애당초' 등에도 그 흔적을 남기고 있다. 중세국어 '아ᅀᅵ'에서 온 '애'가 '처음[初]'이라는 뜻이므로, '애초'는 '처음+처음'이라는 중첩된 어원적 의미를 가진 말이다. 아마도 '아ᅀᅵ'가 '아이'를 거쳐 '애'가 되는 과정에서, '애'의 어원적 의미가 모호해지고, 1음

절 단어가 됨에 따라 형태적 안정성이 떨어졌다. 여기에 한자 '初(초)'를 붙여서 의미가 확실하게 되고, 이로 인해 2음절 단어가 되면서 형태의 안정성이 높아진 것이다. 국어에서 고유어와 한자어의 결합에 의해 생기는 의미의 중첩 현상은 자주 발견된다. '처갓집, 역전앞, 주일날, 고목나무' 등에서도 한자어와 고유어 사이의 의미의 중첩이 있으며, 문장 구성으로는 '부담감을 느끼다. 결실을 맺다, 피해를 입다' 등에서도, '感(감) : 느끼다, 結(결) : 맺다, 被(피) : 입다' 등과 같은 중첩 현상을 찾을 수 있다.

㉠ 아싀[初]+初(초)

㉡ 아싀초> 아이초> 애초

☞ 아예, 애당초

앵미(—米) 몡 쌀에 섞여 있는, 겉이 붉고 질이 낮은 쌀. 적미(赤米).

㉠ '앵미'는 '악미(惡米)'에서 온 것이다.

㉡ '악미> 앙미> 앵미'의 변화 과정을 거친 것이다. 비음동화와 움라우트 현상이 차례로 적용되었다.

㉠ 惡米(악미)

㉡ 악미> 앙미> 앵미

야단법석(惹端法席) 몡 여러 사람이 한데 모여서 서로 다투고 떠들고 하는 시끄러운 판.

㉠ '법석(法席)'은 원래 불교 용어로 '법회석중(法會席中)'이 줄어서 된 말이다. 대사의 설법을 듣는 법회에 회중(會衆)이 둘러앉아서 불경을 읽는 법연(法筵)을 일컫는 말로서 매우 엄숙한 자리를 뜻하던 말이다. 그런데 이러한 엄숙한 자리에서 무슨 괴이한 일의 단서(端緒)가 야기(惹起)되어 매우 소란한 형국이 되었다는 의미로 '야단법석'이라는 말을 사용하게 되었다. 이의봉(李儀鳳)의 『고금석림(古今釋林)』에서 '야단(惹端)'에 대해 '諺稱惹起事端曰惹端'이라고 하여 '야단'은 곧 '야기사단'의 준말임을 밝히고 있다. '惹端法席'을 중세 및 근대국어 한자음으로 읽으면 '야단법셕'이다.

ⓦ 惹端(惹起事端)+法席(法會席中)
ⓥ 惹端法席(야단법석)＞ 야단법석

야호 ⓐ 등산하는 사람이 서로 부르거나 외치는 소리.
⊟ 감탄사 '야호'는 독일어 'jo[이봐]-hoo[힘내]'나 영어 'yo-ho'에서 온 말이다.
ⓦ (독일어)jo-hoo/(영어)yo-ho
ⓥ jo-hoo/yo-ho＞ 야후

얌체 ⓝ 얌치없는 사람을 낮추어 이르는 말.
⊟ '얌체'는 한자어 '廉恥(염치)'가 변한 말이다.
⊟ '염치(廉恥)'에 어원이 있으므로 '얌체'도 같은 뜻이어야 하지만, '얌체가 없다'와 같은 관용화된 문장 구성에서 부정적인 의미가 '얌체'에 전이된 것이다. 이러한 현상은 '주책이 없다'와 같은 경우의 '주책'에서도 발견된다.
ⓦ 廉恥(염치)
ⓥ 廉恥(염치)＞ 얌치＞ 얌체
☞ 얌치

얌치 ⓝ 마음이 깨끗하여 부끄러움을 아는 태도.
⊟ '얌치'는 한자어 '廉恥(염치)'에서 모음 교체에 의한 형태이다.
⊟ 어감에 있어서 '염치'는 큰 말이며, '얌치'는 어감이 작은 말이다.
ⓦ 廉恥
ⓥ 廉恥(염치)＞ 얌치

양달(陽—) ⓝ 볕이 잘 드는 곳. ↔응달.
⊟ '양달'은 '陽(양)+달[地]'로 분석된다.
⊟ '양달'의 '달'이 뜻하는 바는 '난달, 산달, 양달, 응달' 등의 어휘에서 그 의미가 '땅[地]'에 해당한다는 것을 짐작할 수 있다. '양달'의 '달'은 고구려 지명 표기에서 나타나는 차자(借字) '達(달)'에서 그 역사성을 알 수 있다. '土山縣 本高句麗息達(삼국

사기), 高木根縣 本高句麗達乙斬(삼국사기)' 등의 기록에서 '達(달)'은 '山, 高'의 의미에 대응하며, 이러한 의미로부터 일정한 '장소(場所)'나 '땅[地]'의 의미로 일반화되었을 것으로 생각된다.

[원] 陽(양)+달[地]

[변] 양달

양말(洋襪) [명] 맨발에 신도록 실이나 섬유로 짠 것.

[一] 이 말은 한자어 '洋襪(양말)'이다. 양말은 20세기를 전후하여 서양에서 들어온 문물(文物)이므로, 20세기 개화기 문헌에서 처음 나타나는 것은 당연한 일이다. '양말(洋襪)'의 '양(洋)'은 '서양(西洋)'의 '양'이고, '말(襪)'은 '버선'을 뜻하는 한자이다.

[二] '버선'은 『분류두공부시언해(초간본)』(1481)의 '보션 업스며 頭巾 업시(不襪不巾, 버선 없으며 두건 없이)'에서 '보션'의 형태로 나타난다. 『훈몽자회(訓蒙字會)』(1527)나 『신증유합(新增類合)』(1576)에도 '韈/襪 보션 말'이라고 하여 '襪/韈(말)'의 새김이 '보션'임을 확인할 수 있다. '보션'은 18세기에 '버션'으로 바뀌기 시작하여 19세기의 '버선'을 거쳐 현대로 이어졌다. '양말'은 어원적으로 '서양의 버선'이란 뜻이다. '버선'과 '양말'은 생김새도 다르고, 어울리는 옷도 달라서, 양말은 양복에 버선은 한복에 갖추어 입게 되었다. 그래서 현대의 사름들은 '양말'의 '말(襪)'이 '버선'을 뜻한다는 것을 거의 알지 못하고 있다. '양말'처럼 '서양의 문물'을 뜻하는 말로는 '양궁(洋弓), 양배추(洋—), 양복(洋服), 양주(洋酒), 양철(洋鐵), 양초(洋—), 양파(洋—)' 등으로 다 열거하기가 어려울 정도이다. 서양의 문물이 들어오기 이전에는 중국에서 들어온 문물에 '호떡, 호밀, 호박, 당나귀, 당면' 등과 같이 '호(胡)'나 '당(唐)'을 붙이는 경우가 있었고, 일본에서 들어온 경우는 '왜간장, 왜철쭉, 왜콩' 등과 같이 '왜(倭)'를 붙이는 경우가 있었으나, 개화기 이후처럼 '양(洋)'에 의한 수많은 어휘의 가짓수를 능가하지는 않는다.

[원] 洋襪

[변] 洋襪(양말)> 양말

양아치 [명] '거지'를 속되게 이르는 말. 품행이 천박하고 못된 짓을 일삼는 사람을 속되게 이르는 말.
[⊟] 이 말은 '동냥아치'가 줄어서 된 말이며, '동냥아치> 냥아치> 양아치'의 과정을 거친 것이다. 원래는 '동냥아치'의 은어(隱語)로서 쓰이던 것인데, 은어의 경계를 넘어 일반어가 되면서 '동냥아치'의 속어가 되었다.
[三] '동냥아치'의 '동냥'은 한자어 '動鈴(동령)'에서 왔으며, '아치'는 중세국어 '바지/바치[匠人]'에서 온 것이다. '바지/바치'가 접미사로 쓰이면서 공명음(共鳴音) 뒤에서 '바지/바치> ᄫᅡ치> 아치'의 형태 변화를 겪었다.
[원] 動鈴(동령)+바지/바치[匠人]
[변] 동령바지/동령바치> 동냥아치> 양아치
☞ 동냥

양은(洋銀) [명] 구리·아연·니켈을 합금하여 만든 쇠(빛이 희고 녹이 나지 않음. 시계·식기·장식품 등에 쓰임).
[⊟] 서양에서 들어온 이 금속의 빛깔이 은(銀)처럼 희기 때문에 '양은(洋銀)'이라고 부르게 된 것이다.
[원] 洋銀
[변] 洋銀(양은)> 양은

양재기(洋—) [명] 안팎에 법랑을 올린 그릇(지금은 알루미늄이나 알루마이트 그릇도 말함).
[⊟] '양재기'는 한자어 '洋磁器(양자기)'가 '이' 모음 역행동화에 의한 움라우트에 의하여 변한 말이다.
[원] 洋磁器
[변] 洋磁器(양자기)> 양재기

양치 [명] 소금이나 치약으로 이를 닦고, 물로 입 안을 가셔 내는 일. '양치질'의 준말.
[⊟] '양치'의 중세국어 형태는 '양지'이며, 이 말은 한어(漢語) '楊枝(양지)'에서 온 것이다. '楊枝(양지)'는 '버드나무의 가지'로서, 옛날에 이를 닦는 데 사용한 것이다. 즉

지금의 칫솔에 해당한다. '楊枝(양지)'가 근대국어 이후 '양치'가 된 것은 민간에서 '養齒(양치)'에 그 어원이 있다고 생각한 까닭이다. '양지'가 '양치'가 된 것은 근대국어 시기이다.

[三] 15세기 문헌인 『월인천강지곡(月印千江之曲)』(1447)의 '양지ㅅ믈호려 ᄒᆞ시니(양치질하려 하시니)'에서 '양지ㅅ믈ᄒᆞ다'의 구성으로 처음 나타나며, 『구급간이방언해(救急簡易方諺解)』(1489)의 '회초밋불휘 글힌 므를 머구머 ᄌᆞ조 양지ᄒᆞ라(관중뿌리 끓인 물을 머금어 자주 양치하라)'에서는 '양지하다'로 쓰였다. '양지'는 이후 17세기에 '양치'로 바뀌어 그대로 현대로 이어졌다. '양지ㅅ믈ᄒᆞ다'나 '양지ᄒᆞ다'는 모두 현대국어 '양치하다/양치질하다'에 해당하는 말이다. 중세국어의 '양지'는 한자어 '楊枝(양지)'이다. 옛날에는 버드나무 가지를 잘게 잘라서 이를 닦는 데 사용했기 때문에, '양지ᄒᆞ다'라고 하면 지금의 '양치하다'에 해당하는 말이었다. 또 『구급간이방언해』에서 알 수 있는 바와 같이 식물의 뿌리를 끓인 물이나, 식물의 즙 등을 이용하여 이를 닦았기 때문에 '양짓믈ᄒᆞ다'라는 말을 썼음을 알 수 있다. '양짓믈ᄒᆞ다'의 경우엔 이미 버드나무 가지와는 직접적 관련이 없으므로, '양지(楊枝)'라는 표현이 '이를 닦음'이라는 일반 명사의 뜻으로 사용되었음을 알 수 있다. '양지'가 '양치'로 된 것은 한자어 '楊枝'에 대한 어원 의식이 희미해짐에 따라, 이 말을 '養齒(양치)'로 생각한 탓일 것이다. 현대국어에서는 '양치'란 말이 이미 17세기부터 나타나는 역사성을 존중하여 '양치'를 표준 형태로 인정하였지만, 어원이 '楊枝(양지)'에 있음을 의식하여 표제어에 대한 한자어 표기는 하지 않고 있다.

[三] '楊枝(양지)'를 일본어로 읽으면 [yôzi]이며, 국어에서는 '이쑤시개'를 뜻하는 '요지'로 차용되어 한동안 사용되기도 하였다.

[원] (漢語)楊枝

[변] 楊枝(양지)> 양치

[예] • 양지ᄒᆞ야 숨씨라(구급방언해 상-51)

• 셔슈ᄒᆞ고 양치홈을(여사서언해 3-10)

양치질 [명] 소금이나 치약으로 이를 닦고, 물로 입 안을 가셔 내는 일. 양치.

[一] '양치질'의 근대국어 형태는 '양지질'이며, 이 말은 '楊枝(양지)+질(접사)'로 분석

된다.

三 '양지질ㅎ다'와 같은 뜻으로 '양짓믈ㅎ다'란 말도 중세국어에서 사용되었다.

㉲ (漢語)楊枝+질(접사)

㉦ 양지질> 양치질

㉠ • 져기 믈 가져오라 내 양지질ㅎ쟈(박통사언해 하-2)

　　• 양치질홀 수(漱, 왜어유해 상-44)

☞ 양치

어둠 몡 어두운 상태. 또는 그런 때.

一 '어둠'은 '어두움'이 준 것이다. '어둡다'의 중세국어 형태는 '어듭다'이므로, 중세국어 형태를 기준으로 하면 이 말은 '어듭[暗]+음(명사화 접사)'의 어원적 구조로 분석된다.

㉲ 어듭[暗]+음(명사화 접사)

㉦ *어드봄> 어두움> 어둠

어르신네 몡 남의 아버지나 나이 많은 사람에 대한 경칭.

一 중세국어 문헌에서 '얼우신네'의 형태로 처음 나타난다. 이 말은 '얼우신'에 복수를 나타내는 접미사 '-네'가 붙은 말이다. '얼우신'이란 말도 중세국어 문헌에서 확인할 수 있다. '얼우신'은 '얼-+-우-+-시-+-ㄴ'의 구조로 이루어진 말이다. '얼우다'는 '얼-'에 사동 접미사 '-우-'가 연결된 말이며, 그 의미는 '혼인하다'에 해당한다.

二 16세기 문헌인 『번역소학(飜譯小學)』(1517)의 '얼우신네를 인ㅎ야 어버싯긔 권ㅎ여(어르신네를 인하여 어버이께 권하여)'에서 '얼우신네'의 형태로 처음 나타난다. 이 말은 '얼우신'에 복수를 나타내는 접미사 '-네'가 붙은 말이므로, '얼우신'이란 말의 어원을 이해하는 것이 관건이다. '얼우신'이란 말도 『번역소학(飜譯小學)』의 '부모와 얼우신의 겯틔 이셔는 곳갈와 보션과 힝뎐을 밧디 아니ㅎ야(부모와 어르신의 곁에서는 관과 버선과 행전을 벗디 아니하여)'에서 그 쓰임을 확인할 수 있다. '얼우다'는 '얼-'에 사동 접미사 '-우-'가 연결된 말이며, 그 의미는 '혼인하다'에 해당한다. 그러므로 '얼우신'의 어원적 의미는 '혼인하신'에 해당한다. 원칙적으로는 관형사형 어미로 끝나는 말이지만, 파생 명사로 쓰이기 때문에 이 단어의 어미 '-ㄴ'은 명사를 만드는 접미사라고 해야 한다. '얼우신'이 '어르신'이 된 것은 20세기 이후의 문헌에서 확인된다. 따라서 '얼우신네'가 '어르신네'가 되는 것도 20세기 이후의 일이다.

[원] 얼[交接]+우(사동접사)+시(접사)+ㄴ(어미)+네(접사)

[변] 얼우신네> 어르신네

[예] • 얼우신네롤 인ᄒᆞ야 어버ᅀᅵ긔 권ᄒᆞ여(번역소학 9-88)

어른 [명] 다 자란 사람. 성년(成年)이 된 사람. 성인(成人).

[一] '어른'의 중세국어 형태는 '얼운'이다. '어른'의 어원은 일반적으로 중세국어 '얼다[婚, 交接]'의 관형사형(또는 명사적 용법) '얼운'에서 온 것으로 이해하여, '어른'이란 말은 '결혼한 사람'이란 의미에서 생긴 것으로 생각되고 있다.

[二] 劉昌惇(1971: 26~27)에서는 '알다/얼다[尊長]'의 명사형(또는 관형사형의 명사적 용법)에서 '어른'이 온 것이라고 하였으므로, 상식적으로 쉽게 처리되고 있는 '어른'의 어원도 간단치 않음을 알 수 있다. 중세국어에서 '얼다[交接]'의 용례는 '나괴 어러 나ᄒᆞᆫ 노미(驢養下來的, 박통사언해-초간 상-34), 그위실 가 다ᄅᆞᆫ 겨집 어러늘(삼강행실도 열-2)' 등에서 찾을 수 있고, '알다/얼다[尊長]'의 용례는 '알온 거스란 그 알오ᄆᆞᆯ 므더니 너기고(長者란 任其長ᄒᆞ고, 금강경삼가해 4-45), 얼우ᄂᆡ 술윗 자최ᄅᆞᆯ 도로 ᄉᆞ랑ᄒᆞ간마ᄅᆞᆫ(還思長者轍, 두시언해-초간 21-6)' 등을 들 수 있다. 이러한 용례를 감안한다면, '어른'의 어원은 '얼다[婚, 交接]'에서 왔다고 간단히 처리할 것이 아니라, 특히 『금강경삼가해』에 나오는 '알온 것[長者]'의 용례도 중요시해야 할 것으로 생각된다. 여기에서는 두 가지의 견해를 모두 가능성이 있는 것으로 처리해 두기로 하겠다.

[원] ① 얼[交接]+오/우(선어말어미)+ㄴ(관형사형어미/명사적용법)
② 알/얼[尊長]+오/우(선어말어미)+ㄴ(관형사형어미/명사적용법)

[변] 얼운> 어룬/어론> 어른

[예] • 얼우ᄂᆡ 술윗 자최ᄅᆞᆯ 도로 ᄉᆞ랑ᄒᆞ간마ᄅᆞᆫ(還思長者轍, 두시언해-초간 21-6)
• 智慧ᄅᆞᄫᆡᆫ 사ᄅᆞ미 얼우니며 져므니 이 經 듣고(석보상절 19-1)
• 아히 어룬 업시(벽온신방 1)

• 草野에 뭇친 어론 消息이 엇더ᄒᆞ고(해동가요)

어리석다 匽 슬기롭지 못하고 둔하다.

▭ 15세기의 '어리다'는 '어리석다'의 뜻이므로, 중세국어의 '어리다'가 지금과는 뜻이 달랐음을 알 수 있다. 16세기의 '어리다'는 15세기의 뜻을 그대로 보이면서도, '나이가 적다'의 뜻으로 사용된 경우가 있어서 앞으로의 의미 변화를 예감하게 된다. '어리다'가 '나이가 어리다'의 뜻으로만 쓰이면서 '어리석다'의 뜻에서 벗어난 것은 17세기부터이다. 이때부터 한자 '愚(우)'에 해당하는 말은 '어리셕다'가 담당하게 되었다. '어리셕다'는 '어리-'와 '셕다'가 결합된 말이다. '셕다'는 중세국어 '혁다'에서 'ㅎ' 구개음화를 거친 말이며, '적다[少]'의 뜻이다. 그러므로 17세기 이후에 만들어졌을 이 말은 어원적으로 '어리-[愚/幼]+혁다[少]'로 이루어진 말이지만, 그 의미는 15세기의 '어리다'를 그대로 이어받았다.

▭ 15세기 문헌인 『훈민정음(언해본)』(1446)의 '愚는 어릴 씨라(愚는 어리석다는 것이다)'에서 '어리다'의 형태가 처음 나타난다. 한자 '愚(우)'는 '어리석다'의 뜻이므로, 중세국어의 '어리다'가 지금과는 뜻이 달랐음을 알 수 있다. 16세기의 '어리다'는 15세기의 뜻을 그대로 보이면서도, '나이가 적다'의 뜻으로 사용된 경우가 있어서 주목된다. 『소학언해(小學諺解)』(1586)의 '어린 ᄌᆞ식을 샹녜 소기디 말오모로 뵈며(幼子常視毋誑, 어린 자식에게 항상 속이지 않음을 보이며)'에서 '어리다'는 한자 '幼(유)'에 해당함을 알 수 있다. 한자 '愚(우)'와 한자 '幼(유)'를 '어리다'가 담당할 수 있었던 것은 '나이 어린 사람'은 아직 배우지 못하여 '어리석다'라고 하는 옛날의 통념에 의한 것이다. 15세기에는 '졈다'라는 단어가 있었다. 이 말은 현대의 '젊다'로 이어졌지만, 역시 의미는 약간 달랐다. 현대의 '젊다'는 나이가 한창때에 있는 사람을 형용하는 말이어서 '늙다'에 대비되는 말이다. 그러나 15세기의 '졈다'는 '나이가 어리다'에 해당하면서, 역시 '늙다'에 대비되는 말이었다. 그러므로 중세국어의 '졈다'는 유소년기부터 청년기까지를 아우르는 연령의 범위를 포괄하였다. 그러다가 '어리다'가 유소년기를 가리키게 되면서 '졈다'는 주로 청년기의 사람을 형용하는 범위로 의미가 축소되었다. '어리다'가 '나이가 어리다'의 뜻으로만 쓰이면서 '어리석다'의 뜻에서 벗어난 것은 17세기부터이다. 이때부터 한자 '愚(우)'에 해당하는 말은

'어리셕다'가 담당하게 되었다. '어리석다'의 이전 형태는 '어리셕다'이지만, 그 이전부터 이 말은 쓰였을 것으로 생각된다. 이 말은 '어리-'와 '셕다'가 결합된 말이다. '셕다'는 중세국어 '혁다'에서 'ㅎ' 구개음화를 거친 말이며, '적다[少]'의 뜻이다.
[三] 중세국어의 '혁다'는 '小王ᄋᆞᆫ 혀근 王이라(석보상절 1-22)'에서 와 같이 '작다'의 의미로 쓰였으며, 근대국어에서는 'ㅎ'이 'ㅅ'으로 구개음화되어 '셕다'가 되었다.
[원] 어리[愚]+혁[小]+다(어미)
[변] *어리혁다> 어리셕다> 어리석다
[예] • 어리셕은 겨집의(여사서언해 3-17)

어린이 [명] 어린아이를 대접하여 이르는 말.
[一] 중세국어의 15세기 문헌에서 '어리니(어린+이)'가 나타나기는 하지만, 이 경우의 '어리니'는 '어리석은 사람'을 뜻하므로, 지금의 '어린이'와는 의미가 달랐다. 16세기 문헌에서 '어리다'는 한자 '幼(유)'의 풀이로 사용된 경우가 있다. 16세기부터 '어리다'가 '나이가 적다'의 뜻을 지니게 되면서, '어린'에 '아ᄒᆡ'를 붙인 '어린아ᄒᆡ'란 말이 쓰이게 되었다. 17세기에 '어린아ᄒᆡ'와 함께 여기에서 변한 '어린아이'가 함께 쓰였고, 인칭 의존명사 '이'가 붙은 '어리니, 어린이'란 말이 '어린아이'와 같은 뜻으로 비로소 쓰이기 시작하였다. 20세기 이후에 '어린이'는 '어린아이'를 좀 더 대접하여 이르는 말이 되었다.
[三] 15세기 문헌인 『월인석보(月印釋譜)』(1459)의 '知ᄂᆞᆫ 모ᄅᆞᄂᆞ니ᄅᆞᆯ 對ᄒᆞ야 니ᄅᆞ고 覺ᄋᆞᆫ 어리니ᄅᆞᆯ 對ᄒᆞ야 니ᄅᆞ니라(知는 모르는 이를 대하여 이르고, 覺은 어리석은 이를 대하여 이른 것이다)'에서 '어리니(어린+이)'가 나타나기는 하지만, 이 경우의 '어리니'는 '어리석은 사람'을 뜻하므로, 지금의 '어린이'와는 의미가 달랐다. 16세기의 '어리다'는 15세기의 뜻인 '어리석다[愚]'를 그대로 유지하면서도, '나이가 적다'의 뜻으로 사용된 경우가 있어서 앞으로의 의미 변화가 예감된다. 『소학언해(小學諺解)』(1586)의 '어린 ᄌᆞ식을 샹녜 소기디 말오모로 뵈며(幼子常視毋誑, 어린 자식에게 항상 속이지 않음을 보이며)'에서 '어리다'는 한자 '幼(유)'에 해당함을 알 수 있다. 이렇게 '어리다'가 '나이가 적다'의 뜻을 지니게 되면서 '어린'에 '아ᄒᆡ'를 붙인 '어린아ᄒᆡ'란 말이 쓰이게 되었다. 16세기 문헌인 『소학언해(小學諺解)』(1586)의

'나히 닐흔에 어린아히 노릇술 ᄒᆞ야(나이 일흔에 어린이 장난을 하여)'에서 지금의 '어린이'에 해당하는 '어린아히'를 찾을 수 있다. '아히'는 나중에 '아이'로 변하였다. 17세기에 '어린아히'와 함께 여기에서 변한 '어린아이'가 함께 쓰였고, 인칭 의존명사 '이'가 붙은 '어리니, 어린이'란 말이 같은 의미로 비로소 쓰이기 시작하였다. 『경민편언해(개간본)』(1656)의 '어론이 맛당이 어리니ᄅᆞᆯ 스랑ᄒᆞ며(어른이 마땅히 어린이를 사랑하며), 어린이ᄅᆞᆯ 에엿비 너겨(어린이를 불쌍히 여겨)' 등에서 '어리니/어린이'가 현대의 '어린이'와 같은 의미로 사용되었음을 확인할 수 있다. 17세기 이후 20세기까지도 '어린아히'는 계속 사용되었으므로, 17세기부터 지금까지 '어린아히'와 여기에서 변한 '어린아이', 그리고 '어리니/어린이'의 두 계열이 공존하는 상황이 되었다. 20세기 이후에는 '어린아이'와 '어린이'의 의미 차이도 미묘하게 생겨났다. '어린이'는 '어린아이'를 좀 더 대접하여 이르는 말이 되었는데, 이것은 소파 방정환(1899~1931)이 『어린이』라는 아동 잡지를 간행하고, '어린이날'을 제정하면서, '어린이'의 의미 상승에 기여한 것과 관련이 있을 것으로 생각된다.

㉮ 어리[愚]+ㄴ(관형사형 어미)+이(접사)

㉯ 어린이

㉠ • 늙은이ᄅᆞᆯ 공경ᄒᆞ고 어린이ᄅᆞᆯ 스랑ᄒᆞ며(경신록언석 1)

☞ 어리석다

어머니 ㈐ 자기를 낳은 여자. 모친(母親).

㉠ 중세국어 문헌에서 '어마님'이란 형태와 함께 제2 음절 모음이 '어'로 바뀐 '어머님'이란 형태도 나타난다. 19세기까지 이 두 가지 형태가 공존하지만, 17세기와 18세기에는 받침의 'ㅁ'이 탈락한 '어마니'와 '어머니'가 나타났다. 이에 따라 20세기에는 '어마니, 어머니, 어머님' 등의 세 형태가 공존하였다. 15세기의 '어마님'은 '어마'에 존칭 접미사 '-님'이 결합된 것이다. '어마님'에서 '어머님'이 되는 것은 제1 음절의 모음 '어'에 동화되어 제2 음절의 모음이 같은 '어'로 바뀐 것이다. 그리고 '어마님, 어머님' 등에서 받침의 'ㅁ'이 탈락하여 결국 '어마니, 어머니'가 되었으며, '어머니'가 현대로 이어졌다.

㉡ 15세기 문헌인 『용비어천가(龍飛御天歌)』(1447)의 '어마님 드르신 말 엇더ᄒᆞ시

니(어머니 들으신 말 어떠하십니까)'에서 '어마님'이란 형태로 나타난다. 얼마 지나지 않은 『삼강행실도(三綱行實圖)』(1471)의 '아ᄃᆞ님이 아바님 명 거슬오 어머님 ᄇᆞ료미 올ᄒᆞ니잇까(아드님이 아버지 명 거스르고 어머니 버림이 옳습니까)'에서는 '어머님'이란 형태도 나타난다. 19세기까지 이 두 가지 형태가 공존하지만, 17세기와 18세기에는 받침의 'ㅁ'이 탈락한 '어머니'와 '어마니'가 나타났다. 이에 따라 20세기에는 '어머니, 어마니, 어머님' 등의 세 형태가 공존하였다. 15세기의 '어마님'은 우선 '어마'에 존칭 접미사 '-님'이 결합된 것으로 보아야 한다. 그리고 중세국어에서 '모친(母親)'에 대한 일반적인 명칭은 『석보상절(釋譜詳節)』(1447)의 '어미를 濟渡ᄒᆞ야(어머니를 제도하여)'에서 알 수 있는 바와 같이 '어미'였다. 그러므로 '어마님'의 '어마'는 '어미'에 호격 조사 '아'의 결합으로 보면서 제2 음절의 모음 '이'가 탈락한 것이라고 설명할 수도 있고, 아니면 '어미'를 어원적으로 '엄[母]+-이'로 분석하여 어근 '엄'에 바로 호격 조사 '아'가 결합한 것으로 볼 수도 있다. '어마님'에서 '어머님'이 되는 것은 제1 음절의 모음 '어'에 동화되어 제2음절의 모음이 같은 '어'로 바뀐 것이다. 그리고 '어마님, 어머님' 등에서 받침의 'ㅁ'이 탈락하여 결국 '어마니, 어머니'가 된 것이다. 이와 같은 받침의 'ㅁ' 탈락은 『여사서언해(女四書諺解)』(1736)의 '왕의 아바니 무숙왕의게 청ᄒᆞ야(왕의 아버지 무숙왕에게 청하여)'에서 '아바님'이 '아바니'가 된 것에서도 찾을 수 있다.

[원] 엄[母]+아(호격조사)+님(존칭접미사)

[변] 어마님> 어마니> 어머니

[예] • 어마님 드르신 말 엇더ᄒᆞ시니(용비어천가 90장)
• 어마니ᄅᆞᆯ 濟渡ᄒᆞ야 네 가짓 受苦ᄅᆞᆯ 여희여(석보상절 6-3)
• 그 어마니ᄂᆞᆫ(염불보권문 14)
• 우리 아바님 어머님 몯아ᄌᆞ바님(我父親母親伯父, 번역노걸대 하-3)

어미 [명] '어머니'의 낮춤말. (새끼를 낳은) 동물의 암컷을 이르는 말.

[一] 중세국어 형태도 '어미'이며, 이 말은 '엄[母]+이(접사)'로 분석된다. '어미'는 현대국어에서는 '어머니'의 낮춤말이지만, 중세국어에서는 낮춤말이 아니었다.

[二] '어머니, 엄마, 어미' 등의 어휘에서 공통 요소 '엄[母]'을 가려낼 수 있다. 중세국

어에서는 주로 일반적인 '어미'와 존칭인 '어마님'이 쓰였으며, 근대국어에서는 받침의 'ㅁ'이 탈락한 '어마니, 어머니'란 말을 찾을 수 있다.

三 어근 '엄[母]'은 동물의 경우에 주로 쓰이는 '암[雌]'과는 모음 교체에 의한 변이형 관계에 있다.

원 엄[母]+이(접사)

변 엄이> 어미

예 • 아비 어미 날 기를 저긔(父母養我時, 두시언해-초간 8-67)

　• 어미를 濟渡ᄒ야(석보상절 6-1)

어버이 명 아버지와 어머니를 아울러 이르는 말.

一 '어버이'의 중세국어 형태는 '어버ᅀᅵ'이며, 이 말은 어원적으로 '업[父]+엇[親]+이(접사)'로 분석된다.

二 '아버지, 아비, 아빠' 등의 공통 요소는 '압[父]'이며, '어머니, 어미, 엄마' 등의 공통 요소는 '엄[母]'이다. 그리고 '엄[母]'은 동물의 경우에 사용되는 '암[雌]'과는 모음 교체에 의한 의미 분화임이 분명하므로, '압[父]' 역시 모음 교체 형태인 '업[父]'을 생각할 수 있겠는데, 과연 중세국어의 문헌에서 '아비[父]'와 함께 '어비[父]'도 나타난다. '아비 어미 날 기를 저긔(父母養我時, 두시언해-초간 8-67), 바ᄂᆞᆯ 아니 마치시면 어비 아ᄃᆞ리 사ᄅᆞ시리잇가(용비어천가 52장)' 등에서 '아비[父]'와 '어비[父]'의 모음 교체에 의한 변이 형태를 확인할 수 있다.

三 '어버이'의 중세국어 형태는 주로 '어버ᅀᅵ'이며, 간혹 '어버시'로도 나타난다. '어ᅀᅵ'는 '어ᅀᅵ 다 눈 멀어든 菓實 ᄣᅡ 머기더니(월인석보 2-12), 우리 어ᅀᅵ 아ᄃᆞ리 외ᄅᆞᆸ고 입게 ᄃᆞ외야(석보상절 6-5)' 등의 용례에서 알 수 있는 바와 같이 중세국어에서 그 의미가 '부모(父母)'이거나 또는 '모친(母親)'이었다. 그러므로 '어버ᅀᅵ, 어버시'는 '업[父]+어ᅀᅵ[親, 母親], 업[父]+어시[親, 母親]'에 의한 구조로 이루어진 말임을 알 수 있으며, '아버지'란 말과는 그 어원이 같다.

四 중세국어의 '어ᅀᅵ[親, 母親]'는 다시 '엇[親, 母親]+이(접사)'로 분석될 수 있다. 『시용향악보』에서 '思母曲'을 '俗稱 엇노래'라고 하였기 때문이다. 이 때의 '엇'은 '모친(母親)'의 뜻이다. 이렇게 되면 중세국어의 '어ᅀᅵ'는 제1차적인 '어시'에서 모음

사이의 'ㅅ'이 유성음화한 제2차적 형태인 것이다.

㉜ 업[父]+엇[親]+이(접사)

㉝ 업엇이> 어버시> 어버싀> 어버이

㉠ • 어버싯 든 차바늘 아릭 充足게 몯 ᄒ더니(내훈 3-50)
   • 어버싀 여희ᅀᆞᆸ고 ᄂᆞᆷ 올 브터 이쇼ᄃᆡ(월인천강지곡 142)
   • 어버이 셤기ᄂᆞᆫ 배 아니니라(소학언해 2-9)

☞ 아버지

어여쁘다[어여쁘니, 어여뻐] 〔형〕 '예쁘다'를 예스럽게 이르는 말.

㉠ '어여쁘다'의 중세국어 형태는 '어엿브다'이며, 그 의미는 '불쌍하다[憐]'로서 현대국어의 의미와 달랐다.

㉢ 중세국어의 '어엿브다'는 주로 윗사람이 아랫사람에 대한 연민(憐憫)의 감정을 나타내는 경우에 사용된 말이었으므로, 윗사람의 아랫사람에 대한 애정(愛情)의 감정도 함께 실리게 된 것은 자연스러운 현상이다. 현대국어에서는 원래의 '불쌍하다'란 의미는 사라지고 애정 표현의 대상을 형용한 '아름답고 귀엽다'는 의미로 바뀌게 된 것이다.

㉣ '어엿브다'의 '브'는 형용사를 만드는 접미사이므로, 어원 모색의 초점은 어근(語根) '어엿'의 의미와 용법을 밝히는 일이지만 확인할 수 없다. 우선은 어근 '어엿[憐]'으로 처리해 둔다.

㉜ 어엿[憐]+브(형용사화 접사)+다

㉝ 어엿브다> 어엳부다> 어여쁘다

㉠ • 어엿브신 命終에 甘蔗氏 니ᅀᅥ 샤ᄃᆞᆯ 大瞿曇이 일우니이다(월인천강지곡 5)
   • 어엿블 휼(恤, 훈몽자회 하-32)
   • 어엳불 련(憐, 왜어유해 상-21)

☞ 예쁘다

어음 〔명〕 ① 일정한 금액을 일정한 날짜와 장소에서 지급하기로 약속한 유가 증권(환어음과 약속 어음이 있음). ② (역사) 돈을 주기로 약속하는 표 쪽(채권자와 채무자가 지급을 약속한 표시를 가운데 적고, 한 옆에 날짜와 채무자의 이름을 적어 수결이나 도장을 지르고 두 쪽으로 나누어 가졌음).

[一] '어음'의 중세국어 형태는 '어험'이며, 이 말은 '엏[割, 切]+엄(접사)'으로 분석된다. 증서를 반으로 절단하여 각자가 보관했던 데서 '어험'이란 말이 생겼다는 것을 알 수 있다.

[二] 중세국어에서 '엏다[割, 切]'라는 어휘는 잘 쓰이지는 않았지만, '입시우리 어티 아니ᄒᆞ며(월인석보 17-52)'에서 '어티'는 '엏+디'의 구조이므로, '엏다'의 용례를 확인할 수 있다. '엏다'를 현대 국어로 풀면 '갈라지다'에 해당한다. 현대국어 '에다'의 중세국어 형태인 '어히다'는 '엏[割, 切]+이(사동접사)+다(어미)'로 분석되므로, 여기에서도 어간 '엏-'의 존재를 확인할 수 있다.

[三] 어음'의 중세국어 형태인 '어험'이 한자어 '魚驗(어험)'에서 온 것이라는 견해도 있다. 옛날에 물건 또는 금전을 보관하는 경우에 그 증서의 대신으로 목재로 어형(魚形)을 만들고, 그 목어(木魚)에 물건의 명칭과 수량, 혹은 금액을 기재한 후에 그것을 반으로 쪼개서 맡긴 사람과 맡은 사람이 각각 한 쪽씩 보관하였다고 한다. 이후에 맡긴 물건이나 금전을 찾을 때에 그 어편(魚片)을 맞추어 증표로 삼은 데서 '어험(魚驗)'이란 말이 유래했다고 하며, 한편으로는 종이로 보관 증서를 작성하는 경우에 그 증서의 가운데를 지느러미처럼 절단하여 쌍방이 각각 보관하였다가 찾을 때에 증표로 하였다는 데서 '어험(魚驗)'이라는 말이 유래했다는 견해도 있다.

[원] 엏[割, 切]+엄(접사)

[변] 엏엄> 어험> 어음

[예] • 어험 계(契, 신증유합 하-36)

☞ 에다

어이딸 [명] 어머니와 딸. 모녀(母女).

[一] 중세국어에서 '엇, 어시, 어ᅀᅵ, 어이' 등은 모친(母親)이나 부모(父母)를 뜻하는 말이다. '思母曲 俗稱 엇노래(시용향악보), 어버시 머기ᄆᆞᆯ(은중경언해 16), 우리 어ᅀᅵ 아ᄃᆞ리(석보상절 6-5), 어ᅀᅵ 다 눈 머러든(월인석보 2-12), 아버님도 어이어신마ᄅᆞᄂᆞᆫ(악장가사)' 등의 문헌 용례를 통해서 의미를 확인할 수 있다. '어이딸'의 '어이'

는 모친(母親)의 뜻이며, '어이'는 다시 어원적으로 '엇[親, 母親]+이(접사)'로 분석
된다.

㉙ 엇[母]+이(접사)+딸[女息]

㉠ *엇이딸> 어싀딸> 어이딸> 어이딸

㉡ • 朱氏의 어싀딸 ᄀᆞ르쳐 닐오딕(삼강행실도 열-27)

☞ 어버이

어이며느리 𝕞 시어머니와 며느리. 고부(姑婦).

☞ 며느리, 어이딸

어이새끼 𝕞 짐승의 어미와 새끼.

☞ 새끼, 어이딸

억새 𝕞 볏과의 여러해살이풀. 줄기 높이 1~2m, 잎은 긴 선 모양이고 여름에 자색
을 띤 황갈색 꽃이 핌. 잎은 지붕을 이는 데나 마소의 먹이로 씀.

🔲 '억새'의 근대국어 형태는 '어웍새'이며, 이 말은 '어웍[罷王根草]+새[草, 茅]'로
분석된다.

🔲 '새'는 '띠나 억새 따위의 총칭'이며, 중세국어에서 '草家'를 '새집'이라고 했으므
로 그 사용의 유래가 오래되었다.

🔲 근대국어 시기에 '어웍새'가 '어욱새'가 되었다가 다시 음절이 축약되어 '억새'가
된 것이다.

㉙ 어웍[罷王根草]+새[草, 茅]

㉠ 어웍새> 어욱새> 억새

㉡ • 어웍새(罷王根草, 역어유해 하-40)

　　• 어욱새(송강-장진주사)

억척 𝕞 어렵고 힘든 일에 버티는 태도가 끈질기고 억셈. 또는 그런 사람.

🔲 '억척'은 한자어 '齷齪(악착)'에서 모음교체에 의해 바뀐 형태이다.

[원] 齷齪

[변] 齷齪(악착)> 억척

언니 [명] ① 형(兄)을 정답게 부르는 말. ② 여형제 사이에서, 손윗사람을 지칭하는 말.

[一] 근대국어 후기의 문헌에 '어니'로 나온다. 20세기부터는 '언니'로 나타나므로, '어니'에서 'ㄴ' 첨가에 의해 '언니'가 된 것으로 보인다. 지금은 '언니'라는 말이 거의 여성의 동기간에서 손윗사람을 지칭하는 말이지만, 처음에는 남녀의 구분이 없이, 동성(同性)의 동기간에서 손윗사람을 가리켰다. 현대의 국어사전에도 아직 이러한 뜻풀이가 남아 있다. '어니/언니'의 어원에 대해서는 몇몇 견해가 있으나 확실한 것은 없다.

[二] 19세기 문헌인 『한영자전(韓英字典)』(1897)의 표제어에 '어니'라고 되어 있다. 20세기부터는 '언니'로 나타나므로, '어니'에서 'ㄴ' 첨가에 의해 '언니'가 된 것으로 보인다. 이러한 동일 음운의 첨가는 '어마'에서 '엄마', '아바'에서 '압바'를 거쳐 '아빠', '아주마'에서 '아줌마' 등의 친족 호칭에서도 발견된다. 지금은 '언니'라는 말이 거의 여성의 동기간에서 손윗사람을 지칭하는 말이지만, 처음에는 남녀의 구분이 없이, 동성(同性)의 동기간에서 손윗사람을 가리켰다. 현대의 국어사전에도 아직 이러한 뜻풀이가 남아 있다. '언니'가 여성의 동기간으로 뜻의 중심이 옮아간 것은 남성의 동기간에 쓰이는 '형(兄)'이라는 말 때문일 것이다. '형(兄)'도 원래는 남성과 여성의 구분이 없이 사용되었으나, 현대에 들면서 남성의 동기간에 사용하는 쪽으로 의미가 기울었다. 이렇게 보면 '어니/언니'와 '형(兄)'은 원래 같은 의미와 용법이었으므로, 고유어와 한자어의 대립만이 있었던 것이다. 그러다가 20세기 이후에 '언니'는 여성쪽으로 기울고, '형(兄)'은 남성쪽으로 기울어 각각 역할이 나뉜 것이다.

[三] '어니/언니'의 어원에 대해서는 '앗/엇[始初]+-니'의 구조로 풀이하려는 견해가 있으나 믿을 수 없고, 일본어의 '형(兄), 오빠'를 뜻하는 'あに[ani]'와 관련을 지으려는 견해도 있으나, 아직은 확실하지 않다. 한자어 '형(兄)'의 고유어인 '어니'로 처리하는 것이 아직까지는 최선이다.

[원] 어니[兄]

[변] 어니> 언니
[예] • 어니(한영자전)

언덕 [명] 땅이 비탈지고 조금 높은 곳. 구릉(丘陵).
[一] 중세국어 형태도 '언덕'이며, 이 말은 어원적으로 '언ㅎ[堤]+덕[高阜]'으로 분석된다. 근대국어에는 '언덕'이 계속 사용되었지만, 'ㅎ' 종성이 유지된 '언턱'이란 형태도 사용되었다. '덕'이 어근으로 인식되었을 때는 합성어 구성이므로 'ㅎ'이 탈락하여 '언덕'이 되었을 것이며, '덕'이 접미사로 인식되었을 경우에는 파생어 형성에 의하여 '언턱'이 되었을 것으로 생각된다. 'ㅎ'의 탈락과 유지에 관련된 두 가지 형태가 시간 차이를 두고 나타난 것은 '덕'에 대한 형태론적 의식이 중세국어에서는 어근으로, 근대국어에서는 접미사로 변화된 까닭일 것이다.
[二] 중세국어에서 '언(堰)'은 '언막이[堤], 언덕[岸]' 등의 뜻으로 단일어로 사용되었으며, '덕'은 현대국어에서 '더기[高阜]'의 준말로 사용되는 말이다. '언ㅎ'이 한자어 '堰(언)'에서 왔을 가능성도 있으나, 'ㅎ' 종성 체언인 점에서 고유어로 처리해 둔다.
[三] '棚은 더기라(금강경삼가해 2-25)'에서 알 수 있는 바와 같이 중세국어에서 '시렁[棚]'의 뜻으로 사용된 '덕'이 있다. 이 경우의 '덕'이 '언덕'의 '덕'과 같은 어원일 가능성이 있다.
[원] 언ㅎ[堤]+덕[高阜]
[변] 언덕/언턱> 언덕
[예] • 언덕 애(崖, 훈몽자회 상-3)
• 북편 언덕 우희(北岸上, 박통사언해 상-61)
• 언턱의 떠러뎌 주그니라(동국신속삼강행실도 열-4-67)

언제 [명][부] 의문문에서, 잘 모르는 때. 어느 때.
[一] '언제'의 중세국어 형태는 '어느제'와 '언제'이며, '언제'는 '어느제'의 준말이다. 이 말은 어원적으로 '어느[何]+적[時]+의(조사)'의 구조에서 음운의 탈락과 축약을 거쳐 이루어진 것이다.
[二] 중세국어에서 '어느적의'란 말이 사용되었으나, 이 말은 명사 '어느적'에 조사

'의'가 연결된 형태이므로, 하나의 단어가 아니다.

[원] 어느[何]+적[時]+의(조사)

[변] 어느적의> 어느제> 언제/언지> 언제

[예] • 東녁 ᄆᆡᇂ ᄋᆞᆫ 어느저긔 열려뇨(東郊何時開, 두시언해-초간 7-25)
- 어느제 다시 山河大地를 냀다 ᄒᆞ던다(능엄경언해 4-37)
- 如來ㅅ 正法이 언제 滅ᄒᆞ리라 ᄒᆞ더시뇨(석보상절 23-31)
- 언지(幾時, 역어유해 상-5)

언짢다[언짠타] [형] 마음에 마뜩지 않다. 심기가 좋지 않다.

[一] '언짢다'라는 말은 중세국어의 형태로 소급시키면 '읻디 않다'이다. 중세국어에서 '읻다[善]'는 현대국어의 '좋다, 잘하다'에 해당하는 말로서, '이든 工巧를 貪ᄒᆞ야(貪善巧, 능엄경언해 9-87)'에서 용례를 확인할 수 있다.

[二] '읻디 않다'는 모음 교체에 의하여 '엇디않다(얻디않다)'가 되었지만, 모음 교체에 대한 정확한 이유는 알 수 없다. 다만 형용사 '읻다[善]'가 근대국어에서 단독으로는 쓰이지 않게 되면서, 부사 '엇디[何]'의 형태에 유추된 것으로 생각된다. 문헌에서 용례를 확인할 수는 없으나, 아마도 근대국어의 시기에 '얻디않다'는 구개음화되어 '어찌않다'가 되었으며, 이후 모음과 구개자음 사이에 'ㄴ' 첨가가 일어나 '언찌않다'로 변했다고 생각된다. 현대국어의 '언짢다'는 음절 축약과 반모음 'ㅣ[j]'의 생략에 의한 것이다.

[三] 劉昌惇(1971: 23)에 의하면 현대국어 '언짢다'에 해당하는 평북 방언은 '엣디않다'라고 한다. 평북 방언에서는 구개음화가 일어나지 않기 때문에 'ㄴ' 첨가가 일어나지 않은 것이다.

[원] 읻[善]+디(어미)+않[否]+다

[변] 읻디않다> 얻디않다(엇디않다)> 엇지않다(어찌않다)> 언찌않다 > 언짷다> 언짢다

언청이 [명] 윗입술이 날 때부터 갈라져 있는 사람.

[一] 중세국어에서 '어히다'는 현대국어의 '베다[割]'에 해당하는 말이다. 단어 구조의

측면에서 '어히다'는 기본 어근(語根) '엏다'에서 파생된 말이라는 것을 알 수 있는데, 중세국어에서 '엏다'라는 어휘는 잘 쓰이지는 않았지만, '입시우리 어티 아니ᄒ며(월인석보 17-52)'에서 '어티'는 '엏+디'의 구조이므로, 동사 '엏다'의 용례를 확인할 수 있다. 그러므로 '언청이'의 어원적 의미는 '갈라진 사람'이란 뜻이다.

㊀ 현대국어 '언청이'의 가장 이른 형태는 근대국어의 '엇텽이(역어유해 상-29)'에 소급되며, '엇텽이'는 어원적으로 '엏[割]+뎡이(접사)'의 구조로 분석된다. '엏뎡이'는 '어텽이'가 되고, 다시 구개음화되어 '어청이'가 되는데, 근대국어 시기에 모음과 구개자음(口蓋子音) 사이에 'ㄴ' 첨가가 일어나 '언청이'가 되었다. 그리고 경구개자음(硬口蓋子音)과 반모음 'ㅣ [j]'의 조음 위치는 거의 같기 때문에 구개자음 뒤에서 반모음 'ㅣ [j]'가 생략되어 '언청이'가 되는 것은 자연스러운 음운 현상이다.

㊁ '그러한 사람'이라는 의미를 부여하는 접사 '뎡이'는 흔히 쓰이는 형태는 아니지만, 중세국어의 '먹뎡이[聾子, 귀머거리](月釋 13-18)'에서도 '뎡이'의 용례를 찾을 수 있다.

㋒ 엏[割]+뎡이(접사)

㋫ 엏뎡이> 어텽이> 어청이> 언청이> 언청이

㋒ • 엇텽이(豁脣子, 역어유해 상-29)
　• 언청이(豁脣, 동문유해 하-8)

얼 ㊌ 정신. 넋.

㊀ 현대국어에서는 '얼'을 '정신(精神), 넋[魂]'의 뜻으로 쓰고 있으나, 중세국어에서는 '얼'이란 명사가 '넋'의 뜻으로 쓰인 일이 없다. 이것은 아마도 '얼빠지다'를 '넋이 빠지다'로 잘못 해석한 데서 연유한 것이 아닌가 한다. '얼'을 '정신, 혼'으로 해석하고, '얼빠지다'를 '정신이 없어지다'로 해석한 최초의 사전은 문세영(文世榮)의 「朝鮮語辭典」(1938)이다. 그러나 '얼빠지다'를 '넋이 빠지다[魂拔]'로 해석한 것은 잘못이요, 이는 '어리석음에 빠지다[迷陷]'으로 해석해야 어원적으로 맞다(양주동 1962: 279~286, 劉昌惇 1973: 42).

㊂ 현대국어에서 '얼뜨기, 얼버무리다, 얼보이다, 얼치다' 등에 사용된 접두사 '얼-'은 '덜된, 똑똑하지 못한, 대충' 등의 뜻을 부여하고 있다. 이것은 '얼'의 어원적 의미

가 현대국어에서도 유지되어 있는 경우이다. '얼간이'의 경우도 마찬가지이다.

三 중세국어나 근대국어의 '어리, 어리다, 어리롭다, 어리셕다' 등의 어휘에서 어근 (語根) '어리[愚, 迷]'의 의미를 파악할 수 있으며, 현대국어의 어휘를 참조하면 어원적 어근은 '얼[愚, 迷]'임을 확인할 수 있다.

㉮ 얼[愚, 迷]

㉯ 얼

얼간이 몡 됨됨이가 똑똑지 못하고 덜된 사람의 별명. (준말)얼간.

一 '얼간이'는 '얼[愚, 迷]+간[鹽度]+이(접사)'의 어원적 구조로 분석된다.

三 소금에 약간 절이는 것을 '얼간'이라고 한다. 제대로 절이지 못하고 대충 간을 맞춘 것처럼 다소 모자라는 사람이라는 뜻에서 만든 말이다.

㉮ 얼[愚, 迷]+간[鹽度]+이(접사)

㉯ 얼간이

☞ 얼

얼굴 몡 ① 눈·코·입 따위가 있는 머리의 앞면. ② 얼굴의 생김새. 용모.

一 중세국어 문헌에서 '얼굴'의 형태로 처음 나타난다. 이 말은 현대에까지 계속 사용되었지만, 17세기에 제2 음절의 모음이 '오'로 바뀐 형태인 '얼골'도 20세기 문헌까지 계속 나타났다. 중세국어에서 '얼굴'은 '형상(形狀), 형색(形色), 틀[型], 양식(樣式), 몸뚱이, 용모(容貌), 안면(顔面)' 등의 다양한 의미를 가졌다는 것이 흥미롭다. 특히 앞에서 제시한 여러 의미 중에서 '안면(顔面)'을 제외한 나머지 의미는 모두 중세국어 문헌에서 확인된다. 그러나 '얼굴'이 '안면(顔面)'을 뜻하게 된 것은 오히려 중세국어에서는 찾을 수 없고, 근대국어 문헌에서 확인할 수 있으므로, 지금과 같은 현대적 의미의 '얼굴'은 17세기 이후에 확립된 것이다.

三 15세기 문헌인 『석보상절(釋譜詳節)』(1447)의 '얼구를 밍ㄱ라(형상을 만들어)'에서 '얼굴'의 형태로 처음 나타난다. 이 말은 현대에까지 계속 사용되었지만, 17세기에 제2 음절의 모음이 '오'로 바뀐 형태인 '얼골'도 20세기 문헌까지 계속 나타났다. 중세국어에서 '얼굴'은 '형상(形狀), 형색(形色), 틀[型], 양식(樣式), 몸뚱이, 용모(容貌), 안면(顔面)' 등의 다양한 의미를 가졌다는 것이 흥미롭다. '色은 비치니 얼구를 니르니라(色은 빛이니 형색을 이른 것이다)'에서는 '형색'을, '型 얼굴 형'에서는 '틀'을, '式 얼굴 식'에서는 '양식'을, '흔 양의 얼굴 사다가'에서는 '몸뚱이'를, '容顔 얼굴'에서는 '안면'을 각각 뜻하고 있는 것이다. 특히 앞에서 제시한 여러 의미 중에서 '안면(顔面)'을 제외한 나머지 의미는 모두 중세국어 문헌에서 확인된다. 그러나 '얼굴'이 '안면(顔面)'을 뜻하게 된 것은 오히려 중세국어에서는 찾을 수 없고, 근대국어 문헌에서 확인할 수 있으므로, 지금과 같은 현대적 의미의 '얼굴'은 17세기 이후에 확립된 것이다. 흔히 민간에서 '얼굴'은 '얼의 꼴'을 뜻하는 것이라고 하여 어원 분석을 시도하는 것은 잘못이다. 15세기에 '정신(精神)'을 뜻하는 '얼'이란 말이 아예 사용되지 않았으며, 현대의 '꼴'에 해당하는 말은 중세국어에서 '굴'이 아니라 '골'이었기 때문이다.

[원] 얼굴[形]

[변] 얼굴> 얼굴/얼골> 얼굴

[예] • 얼구를 뮝ᄀ라(석보상절 9-17)
• 업슝은 얼고리 ᄀ장 곱고(동국신속삼강행실도 열-3-40)

얼마 [명] 잘 모르는 수량이나 정도. 정하지 않은 수량이나 정도. 밝힐 필요가 없는 적은 수량이나 값 또는 정도.

[一] '얼마'의 중세국어 형태는 '언마'이며, 이 말은 어원적으로 '언[幾何]+마[程度, 分量]'로 분석된다. 어근 '언[幾何]'은 중세국어 '어느/어ᄂ/어누'에 공통으로 나타나는 '언'이며, 중세국어에서 조사나 의존명사로 사용된 '마'는 '즁싱마도 몯호이다(석보상절 6-5, 짐승만도 못합니다.), 劫火를 몃 마 디내야뇨(남명집언해 상-31, 겁화를 어느 만큼 지내었느냐?)' 등에서 알 수 있는 바와 같이 '정도(程度), 분량(分量), 만큼/만치' 등의 의미를 지닌 말이다.

[二] 중세국어에서는 '언마'와 같은 뜻으로 '언머'도 사용되었다. 이것은 중세국어 '마'의 존재를 고려하면, '언마'에서 모음 교체에 의한 변이 형태라고 할 수 있으므로, 기본 형태는 '언마'인 것이다. '언마'에서 '얼마'가 된 것은 일종의 활음조(滑音調) 현상이며, '곤난(困難)'에서 '곤란'이 되고, '회녕(會寧)'에서 '회령'이 되는 것과 유사한

현상이다.

㉮ 언[幾何]+마[程度, 分量]

㉯ 언마/언머> 얼마(얼매)/얼머> 얼마

㉰ • 언맛 福올 어드리잇고(법화경언해 6-3)

　• 네 언머를 줄다(번역노걸대 하-27)

　• 이 비단을 얼머에 풀려 ᄒᆞᄂᆞᆫ다(박통사언해 중-37)

　• 사롬이 얼매 오랜고(염불보권문 11)

얼빠지다 ⟦동⟧ 정신이 없어지다.

⊟ 현대국어에서는 '얼'을 '정신(精神), 넋[魂]'의 뜻으로 쓰고 있으나, 중세국어에서는 '얼'이란 명사가 '넋'의 뜻으로 쓰인 일이 없다. 이것은 아마도 '얼빠지다'를 '넋이 빠지다'로 잘못 해석한 데서 연유한 것이 아닌가 한다. '얼'을 '정신, 혼'으로 해석하고, '얼빠지다'를 '정신이 없어지다'로 해석한 최초의 사전은 문세영(文世榮)의 「朝鮮語辭典」(1938)이다. 그러나 '얼빠지다'를 '넋이 빠지다[魂拔]'로 해석한 것은 잘못이요, 이는 '어리석음에 빠지다[迷陷]'으로 해석해야 어원적으로 맞다(양주동 1962: 279~286, 劉昌惇 1973: 42).

㉮ 얼[愚, 迷]+빠지[陷]+다(어미)

㉯ 얼빠지다

☞ 얼

엄마 ⟦명⟧ '어머니'의 어린이 말. '어머니'를 친근하게 이르는 말.

⊟ '엄마'란 말은 '아바 어마 昭昭ᄒᆞ고(염불보권문부편)'에서 확인할 수 있는 바와 같이 '엄[母]+아(호격 조사)'에서 'ㅁ'이 덧생긴 것이다.

㉮ 엄[母]+아(호격 조사)

㉯ 엄아> 어마> 엄마

㉰ • 아바 어마 昭昭ᄒᆞ고(염불보권문부편)

☞ 어머니, 어미

엄지 [명] 엄지손가락이나 엄지발가락. 엄지가락. 거지(巨指).

[一] 중세국어 형태도 '엄지'이며, '엄지가락, 엄짓가락, 엄지발' 등의 합성어 형태로 사용되었다. 이 말은 어원적으로 '엄[母]+指(지)'로 분석되며, 그 의미는 '어미 손가락, 어미 발가락'이다. '엄지가락'을 한자어로는 '拇指(무지)'라고 한다.

[二] '指'의 중세국어 한자음은 '지'이며 성조는 거성(去聲)이다. 중세국어에서 '엄지'의 성조는 '평성-거성'이므로 한자 '指'의 성조와 일치한다.

[원] 엄[母]+指(지)

[변] 엄지

[예] • 엄지가락(구급방언해 상-2)
• 엄짓가락(구급방언해 상-76)
• 엄지가락(拇指, 동문유해 상-16)
• 게 엄지발(蟹鉗, 동문유해 하-42)

업진 [명] 소의 가슴에 붙은 고기. 양지머리와 같이 편육이나 탕의 재료로 쓰인다.

[一] '업진'은 몽골어 'ebči'ün'에서 온 말이다. 몽골어 'ebči'ün'은 '가슴[胸]'을 뜻하는 말이다. 『몽어노걸대(蒙語老乞大)』에 '업지운'이란 말이 나온다.

[원] (몽골어)ebči'ün[胸]

[변] ebči'ün> 업지운> 업진

[예] • 업지운(몽어노걸대 7-4,5)

엉거시 [명] 국화과의 두해살이풀. 높이는 1미터 정도이며, 잎은 어긋나고 지느러미 모양이다. 6월에 가지 끝에 붉은 자주색의 두상화(頭狀花)가 피고 열매는 수과(瘦果)를 맺는다. 연한 줄기와 어린잎은 식용한다. 유럽이 원산지로 야산에서 자라는데 아시아, 유럽 등지에 분포한다. 지느러미엉겅퀴.

[一] 중세국어 형태는 '한거싀, 항가시'이다. 이 말들은 한자어 '大薊(대계)'에 해당하므로, 우선 '한[大]+가싀[薊]'로 분석되며, '한'은 '하+-ㄴ'으로, '가싀'는 중세국어 '가싀[棘]'이다. 이 식물은 잎이 지느러미 모양으로 생겼고, 잎과 줄기에 가시가 많아서 붙여진 이름이며, 키가 작은 '小薊(소계)'와 키가 큰 '大薊(대계)'가 있다. 그러므로

'엉거시'에 대한 어원 분석의 핵심은 '엉거시'의 '엉'이 크다는 의미의 중세국어 '한[大]'에서 왔다는 것에 있다.

[원] 하[大]+ㄴ(관형사형 어미)+가싀/거싀[薊, 棘]

[변] 한가싀/한거싀> 항가싀/항거싀> 엉거시

[예] • 大薊ᄂᆞᆫ 한거싀 小薊ᄂᆞᆫ 조방거싀(구급간이방 3-97)

• 항가싀(大薊, 동의보감-탕액 3)

☞ 엉겅퀴

엉겅퀴 [명] 국화과의 여러해살이풀. 높이는 50~100cm이며, 잎은 깃 모양으로 깊이 갈라지고 잎자루가 없다. 6~8월에 자주색 꽃이 피고 열매는 수과(瘦果)이며 잎은 식용한다. 한국, 일본, 중국 등지에 분포한다. 귀계. 야홍화.

[一] 중세국어 문헌에 '항것괴, 항것귀' 등이 나타나며, 약간 다른 형태인 '한거싀, 항가싀' 등이 나타난다. '항것괴, 항것귀'는 근대국어 및 현대국어 '엉겅퀴'로 이어지며, '한거싀, 항거싀'는 현대국어 '엉거시'로 이어진다. 중세국어에서 '항것괴, 항것귀'나 '한거싀, 항거싀'는 모두 '엉겅퀴'를 지칭하여 의미 차이가 나타나지는 않는다. 이들 어휘는 한자어 '大薊(대계)'에 해당하므로, 네 형태 중에서 어원이 분명하게 드러나는 것은 '항가싀'이다. 이 말은 우선 '한[大]+가싀[薊]'로 분석되며, '한'은 '하+-ㄴ'으로, '가싀'는 중세국어 '가싀[棘]'이다. '한거싀, 항가싀'는 현대국어 '엉거시'로 이어지며, '항것괴, 항것귀'는 근대국어 및 현대국어 '엉겅퀴'로 이어진다. 'ㅎ'의 탈락은 자연스러운 과정이지만, 받침의 'ㅇ[ŋ]'이 덧생긴 것은 우연의 소치이다. '엉겅퀴, 엉거시'에 대한 어원 분석의 핵심은 '엉겅퀴, 엉거시'의 '엉'이 크다는 의미의 중세국어 '한[大]'에서 왔다는 것에 있다.

[三] '엉겅퀴[大薊]'와 같은 종류이면서 키가 좀 작은 것이 '삽주[小薊]'이며, 이들 식물은 잎이 지느러미 모양으로 생겼고, 잎과 줄기에 가시가 많다. 그러므로 중세국어에서 키가 작은 것인 '삽주[小薊]'는 그냥 '가싀'라고 해다면, 키가 큰 '대계(大薊)'는 '한'을 붙여 '한가싀'라고 했다는 것을 알 수 있다. '한/항' 뒤에 붙은 '것괴/것귀'는 근대국어 문헌에 나오는 '갓괴[錺]'와 관련이 있음이 분명하다. 근대국어 '갓괴'는 현대국어 '까뀌'로 이어지며, 그 생김새가 날카롭기 때문에 '가싀'라는 말과 유연성이 생

긴 것이다.

㉠ 하[大]+ㄴ(관형사형 어미)+것괴/것귀[薊, 鎊]

㉡ 한것괴/한것귀> 항것괴/항것귀> 엉겅퀴

㉢ • 항것괴(大薊, 사성통해 상-23)

　• 항것귀(大薊, 훈몽자회 상-8)

　• 엉것귀(野紅花, 역어유해 하-39)

　• 엉겅퀴(大薊, 유씨물명고 3)

☞ 엉거시

에게 ㊗ ① 사람을 나타내는 체언 뒤에 붙어, 행동이 미치는 상대편을 나타내는 부사격 조사(내, 네, 제 등 인칭 대명사 뒤에서는 '게'로 줄어 내게, 네게, 제게 등으로 쓰임). ② 체언 뒤에 붙어 상대격을 나타내는 부사격 조사.

㉠ 조사 '에게'의 중세국어 형태는 '의그에/이그에'이며, 이 말은 '의/이(소유격 조사)+그[其]+에(처소격 조사)'로 분석된다. 그러므로 어원적 의미는 '(무엇/누구)의 그곳에/거기에'에 해당한다.

㉡ 중세국어에서 '의그에/이그에'와 같은 용법의 조사에 '의거긔/이거긔'도 있다.

㉠ 의/이(소유격 조사)+그[其]+에(처소격 조사)

㉡ 의그에/이그에> 의게/이게> 에게

㉢ • 겨지븨그에 브튼 더러본 이스리 업스며(월인석보 1-26)

　• 누믜그에 브터 사로ᄃᆡ(석보상절 6-5)

　• 衆生의게 브튼 ᄆᆞ숨(월인석보 8-28)

　• 내 엇뎨 阿羅漢이게 새옴 ᄆᆞᅀᆞ물 내리오(월인석보 9-35)

에다 ㊁ 예리한 날 따위로 도려내듯 베다.

㉠ '에다'의 중세국어 형태는 '어히다'이며, 이 말은 어원적으로 '엏[割]+이(사동접사)+다(어미)'로 분석된다.

㉡ 중세국어에서 '어히다'는 현대국어의 '베다[割]'에 해당하는 말이며, '어히다'는 기본 어근(語根) '엏다'에서 파생된 말이다. 중세국어에서 '엏다'라는 어휘는 잘 쓰

이지는 않았지만, '입시우리 어티 아니ᄒ며(월인석보 17-52)'에서 '어티'는 '엏+디'의 구조이므로, 동사 '엏다'의 용례를 확인할 수 있다.

㉿ 엏[割]+이(사동접사)+다(어미)

㉿ 어히다> 어이다> 에다

㉿ • 빅 어혀 갈 어두미며(刻舟求劍, 금강경삼가해 5-38)

엑스세대(X世代) ㉿ ① 미국에서 1965년 이후에 태어난 세대를 이르는 말. 1991년에 나온 더글러스 쿠플런드의 소설 제목에서 비롯된 말이다. ② 자기주장이 강한 신세대를 이르는 말.

㉿ 쿠플런드가 처음 사용한 '엑스세대(Generation X)'란 말은 1980년대의 불경기에 의하여 미래가 불투명하고 불안과 공포에 내몰린 불확실한 세대의 뜻으로 만든 것이다. 이러한 세대의 특징은 전통적인 행복의 추구보다는 간편하고 현실적인 생활을 통하여 개성적인 자아를 추구하려는 경향을 보인다.

㉿ (영어)Generation X

㉿ Generation X> 엑스세대

여남은 ㉿ 열이 조금 넘는 수.

㉿ '여남은'의 중세국어 형태는 '열나믄/열남은'이며, 이 말은 '열[十]+남[餘]+ᄋᆞ/은(관형사형 어미)'으로 분석된다.

㉿ 치경음 'ㄴ' 앞에서 'ㄹ'이 탈락하여 '여나믄/여남은'이 된 것은 근대국어에 생긴 일이다.

㉿ 열[十]+남[餘]+ᄋᆞ/은(관형사형 어미)

㉿ 열나믄/열남은> 여나믄/여남은> 여남은

㉿ • 그제 公이 ᄀᆞᆺ 열나믄 서리러니(내훈-선조 3-18)

　• 보야호로 열남은 설이러니(方十餘歲, 소학언해-선조 6-4)

　• 그를 보내요ᄆᆞ로브터 ᄒᆞ마 여나믄 ᄒᆡ오(自枉詩已十餘年, 두시언해-중간 11-5)

　• 허믈며 여남은 少丈夫ㅣ야 닐너 무슴ᄒᆞ리오(고시조, 청구영언)

여닫이[여다지] 圐 열고 닫고 하는 방식. 또는 그런 방식의 문이나 창.

ⶀ '여닫이'의 근대국어 형태는 '여다지'이며, 이 말은 '열[開]+닫[閉]+이(명사화 접사)'의 어원적 구조로 분석된다.

ⶀ 치경음 'ㄷ' 앞에서 'ㄹ'이 탈락하여 '여닫이'가 되고, 'ㅣ' 모음 앞에서 'ㄷ'이 구개음화하여 '여다지'가 된 것이다. 근대국어 '여다지'는 현대국어 '여닫이'와 발음이 같으므로, 형태가 다르다고 할 수 없다.

㉿ 열[開]+닫[閉]+이(명사화 접사)

㉡ *열닫이 > 여다지/여닫이

㉢ • 가로닫지 여다지에 암돌져귀 수돌져귀(고시조, 청구영언)

여보 ㉴ ① '여보시오'의 좀 낮춤말. ② 자기 아내, 또는 남편을 부르는 말.

ⶀ 19세기 문헌인 『춘향전』에 '여보'란 말이 처음 나타난다. 현대국어와 마찬가지로 사람을 부를 때 사용하는 말이기는 하지만, 몇 가지 점에서 현대국어와 용법의 차이가 있었다. 『춘향전』에서 '여보 도련임, 여보소 장모, 여보 사쏘, 여보 어만이' 등과 같이 '여보' 뒤에 부르는 대상의 호칭이나 이름이 함께 나타나는 경우가 보통이며, 그 대상도 아랫사람부터 윗사람까지 다양하다. '여보'가 단독으로 쓰인 예는 쉽게 찾을 수 없지만, 같은 『춘향전』에서도 '여보 하날님이 드르시면'에서는 '여보'가 단독으로 사용되고 있어서 이 말이 하나의 단어가 되었음을 확인할 수 있다. '여보'는 '여기 보오'의 준말이므로, '여'는 '여기'의 준말이고, '보'는 '보오'에서 어간의 동일 모음이 탈락한 형태이다. '여기'의 준말로 '여'가 쓰일 수 있는 것은 방언에서도 '여'가 '여기'의 뜻으로 사용되고 있음을 참조할 수 있다.

㉿ 여(기)+보(오)

㉡ 여보

㉢ • 여보 도련임, 여보 하날님(춘향전)

여송연(呂宋煙) 圐 필리핀의 루손 섬에서 나는 향기 좋고 독한 엽궐련. 시가(cigar).

ⶀ 필리핀의 섬인 '루손(Luzon)'을 명나라 시기에 취음(取音) 표기하여 '呂宋'이라

고 하였다. 필리핀의 루손에서 품질이 좋은 엽궐련(←葉卷煙/엽권연)이 많이 생산되므로 한어(漢語)에서 '呂宋煙'이라고 하게 되었다.

▣ '엽궐련'은 영어의 'cigar'에 해당하는 담배이며, 한어(漢語)에서 'cigar'를 취음 표기하여 '雪茄(煙)'라고 한다. 그러므로 한어(漢語)에서 '呂宋煙'은 '雪茄(煙)'의 특별한 종류인 것이다.

㉴ (필리핀어)Luzon+煙

㉵ Luzon+煙> (漢語)呂宋煙> 여송연

여쭙다[여쭈우니, 여쭈워] 图 어른께 말씀을 올리다.

▣ 중세국어 문헌에서 '엳줍다'의 형태로 처음 나타난다. 16세기에 '엳'의 받침 'ㄷ'을 'ㅅ'으로 표기한 '엿줍다'가 되었다. 15세기 형태인 '엳줍다'는 'ㅂ' 불규칙 용언이기 때문에 처음에는 '엳ᄌᆞᄫᆞ니'와 같이 'ㅂ'이 'ㅸ'으로 변동되었으나, 나중에는 '엳ᄌᆞ오니'와 같이 활용하였다. 16세기 이후에 'ㄷ'이 'ㅅ'으로 바뀐 이후에는 '엿ᄌᆞ온대, 엿ᄌᆞ오려' 등과 같이 활용하였다. 이러한 활용형으로부터 발음대로 표기한 '여쭈오되'와 같은 표기가 19세기에 나타나면서, 이제 언중들은 '여쭈오되'의 경우 '여쭈-'만을 어간으로 파악하게 된 것이다. 이와 아울러 자음 앞에서는 'ㅂ'이 유지된 '엳줍다/엿줍다'의 형태가 사용되었으므로, '여쭈다'에 받침 'ㅂ'이 유지된 '여쭙다'도 함께 사용되었다. 현대국어에서 '여쭙다'와 '여쭈다'가 모두 표준어가 된 것은 이러한 역사적인 이유가 있는 것이다. 중세국어에서는 '엱다[奏, 啓]'란 동사가 있었다. 그런데 '엱다'란 말은 '아뢰다'의 의미로서 주로 윗사람에게 쓰이면서, 단독 형태로 쓰이기보다는 객체존대 선어말어미 '-줍-'을 붙인 '엳줍다'의 형태로 사용되는 것이 일반적이었다. '엱줍다'로 표기하지 않은 것은 팔종성표기법에 의하여 'ㅌ'을 'ㄷ'으로 적었기 때문이다.

▣ 중세국어에서 객체존대 선어말어미 '줍'은 문장의 객어(부사어나 목적어)를 높이는 역할을 하는 어미였으나, 근대국어 시기에는 그 객체존대의 역할은 소멸되고 상대존대 어미에 융합되었다. 중세국어의 객체존대 선어말어미는 '숩, 줍, 숩'의 세 형태가 있다. 앞 말의 받침이 '-ㄱ, -ㅂ, -ㅅ, -ㅎ' 등일 때 '숩'이, '-ㅈ, -ㅊ, -ㄷ' 등일 때 '줍'이, 그리고 공명음일 때 '숩'이 연결된다. '그 ᄢᅴ 王이 부텨를 請ᄒᆞᅀᆞᄫᅡ(월인석보

7-37)'의 문장에서 '請ᄒᆞ-'에 연결된 'ᅀᆞᆸ'은 주체인 '왕'에 대하여 객체인 '부텨'를 높이기 위한 선어말어미이다.

[원] 엳[奏, 啓]+ᄌᆞᆸ(객체존대 선어말어미)+다

[변] 엳ᄌᆞᆸ다> 연ᄌᆞᆸ다> 엿ᄌᆞᆸ다> 여쭙다

[예] • 朝集을 因ᄒᆞ야 엳ᄌᆞᆸ져 ᄒᆞ고 表 지ᅀᅥ 엳ᄌᆞᄫᆞ니(월인석보 2-69)

• ᄌᆞ셔히 엿ᄌᆞ오링이다(첩해신어 8-32)

여태 [부] 지금에 이르기까지. 이때까지.

[一] '여태'의 근대국어 형태는 '엳ᄐᆡ'이다. 그리고 중세국어에는 명사로서 '엳(今, 훈몽자회 하-2)'이란 말이 있었으므로, '엳ᄐᆡ'는 '엳'으로부터 파생된 부사란 것을 짐작하기 어렵지 않다. 그런데 '엳ᄐᆡ'는 '*엳히'를 달리 적은 말로 생각되므로(劉昌惇 1971: 29), '엳[今]+ᄒᆞ[爲]+이(부사화 접사)'로 분석된다. '엳ᄒᆞ이'는 현대국어의 구조로 바꾸면 '엳하게'이다.

[원] 엳[今]+ᄒᆞ[爲]+이(부사화 접사)

[변] *엳ᄒᆞ이> *엳히> 엳ᄐᆡ> 여태

[예] • 엳ᄐᆡ 드러 주지 아니ᄒᆞ시니(인어대방 1-27)

• 쇼칠 아ᄒᆡᄂᆞᆫ 여태 아니 니럿ᄂᆞ냐(청구영언)

여편네 [명] 결혼한 여자. '아내'의 비칭.

[一] 중세국어 문헌에서 '녀편'이란 말이 처음 나타난다. 이 경우의 '녀편'은 '아내'라고 풀어야 할지, 아니면 그냥 '여자'라고 풀어야 할지 애매하지만, '여자'로 보는 것이 무난하다. 16세기 문헌에서 복수를 나타내는 접미사 '-네'가 연결된 '녀편네'가 나타난다. 이 경우의 '녀편네'는 한문의 '婦女(부녀)'를 언해한 것이므로, '결혼했거나 성숙한 여자들'을 가리키는 말임을 알 수 있다. '女'에 두음법칙을 적용하여 어두에서 '여편네'로 적게 된 것은 20세기에 들어서의 일이다. '녀편(女便)'과 상대되는 말인 '남편(男便)'도 15세기 문헌에 나타나며, 여기에서의 뜻은 '남자'에 가깝다. 그러나 다른 문헌에서의 '남편'은 자신의 '남편'의 뜻으로 사용된 경우도 있다.

[二] 15세기 문헌인 『월인석보(月印釋譜)』(1459)의 '俱夷ᄂᆞᆫ 볼긴 녀펴니라 ᄒᆞ논 ᄠᅳ

디니(俱夷는 밝은 여자라는 뜻이니)'에서 '녀편'이란 말이 처음 나타난다. 이 경우의 '녀편'은 '여자'로 보는 것이 무난하다. 16세기 문헌인 『소학언해(小學諺解)』(1586)의 '江東 녀편네는 잠깐도 사괴여 놀옴이 업서(江東의 여편네는 잠깐도 사귀며 놂이 없어)'에서 복수를 나타내는 접미사 '-네'가 연결된 '녀편네'가 나타난다. 이 경우의 '녀편네'는 한문의 '婦女(부녀)'를 언해한 것이므로, '결혼했거나 성숙한 여자들'을 가리키는 말임을 알 수 있다. 이후 근대국어 문헌에서도 '녀편'에 해당하는 한자는 주로 '婦(부)'이므로, '녀편'이 '결혼한 여자' 또는 '아내'의 뜻으로 사용되었다. 그러므로 한자어 '女便(녀편)'은 본래 '여자'를 가리키는 말에서, '婦女子(부녀자)'로 옮아가고, 좀 더 내밀하게 변하여 '아내'를 뜻하는 말이 되었다고 요약할 수 있다. '女'에 두음법칙을 적용하여 어두에서 '여편네'로 적게 된 것은 20세기에 들어서의 일이다.

三 '녀편(女便)'과 상대되는 말인 '남편(男便)'도 15세기 문헌에 나온다. 『월인석보(月印釋譜)』(1459)의 '鴛鴦夫人이 울며 比丘의 닐오디 王과 즁님과는 남펴 氣韻이 실씨 길흘 깃디 아니커시니와(鴛鴦夫人이 울며 비구께 이르되 王과 스님은 남편의 氣韻이 있으므로 길을 힘들어 하지 않으시거니와)'에서 '남편'이 처음 나타나며, 여기에서의 뜻은 '남자'에 가깝다. 그러나 『내훈(內訓)』(1475)의 '오직 婦人의 남편 셤교믄 삼가디 아니호미 몯ᄒ리며(오직 부인이 남편 섬김은 삼가지 아니하지 못할 것이며)'에서의 '남편'은 자신의 '남편'이라는 뜻이다. 이로써 보면 애초의 '녀편'과 '남편'은 그냥 '(성인) 여자'와 '(성인) 남자'라는 뜻에서 출발하여, 각각 '아내'와 '남편'의 뜻으로 옮겨간 것임을 알 수 있다. 특히 근대국어 초기 문헌에는 '남편'에 복수 접미사 '-내/-네'를 붙인 '남편내' 또는 '남편네'라는 말이 쓰였으므로, '녀편네, 녀편내'와 동일한 양상이다. 18세기 이후에 '남편네/남편내'의 표기는 보이지 않으며, 반대로 '녀편'이란 단어는 점차 사라지고, 역시 18세기 이후에는 '녀편네/녀편내'만 쓰였으므로, 복수 접미사 '-내/-네'의 연결에 있어서는 두 단어가 반대 방향으로 움직였다. 이러한 움직임으로 인하여 '남편'의 위상은 그대로 유지되었지만, '여편네'의 위상은 싸잡아 부르는 복수 접미사의 의미로 인하여 낮아지게 되었다.

㉠ 女便(녀편)+네(접사)

㉡ 녀편네 > 여편네

예 • 俱夷는 볼군 녀펴니라 ㅎ논 쁘디니(월인석보 1-9)
  • 江東 녀편네는 잠깐도 사괴여 놀옴이 업서(소학언해 5-68)

열매 뗑 식물이 수정한 후 씨방이 자라서 생기는 것. 대개는 이 속에 씨가 들어 있다. 과실. 과자.

□ 현대국어 '열매'를 뜻하는 중세국어는 '여름'이며, 이 말은 동사 '열다[結]'의 어간 '열-'에 명사화 접미사 '-음'이 연결된 것이다. 현대국어의 '열매'란 형태는 근대국어 '열믜'에서 온 것이다. 근대국어 '열믜'는 '열-+-믜'로 분석되며, '-믜'는 접미사로 처리되지만 실사(實辭)일 가능성도 배제할 수 없다.

웬 열[結]+믜(접사)

옌 (여름)> 열믜> 열매

예 • 곳과 여름괘(석보상절 6-30)
  • 열믜 실(實, 왜어유해 하-6)

열무 뗑 어린 무.

□ 근대국어 형태는 '열무우'이며, 이 말은 중세국어 형태를 기준으로 하면 '열/여리[弱]+무수[菁]'으로 분석된다.

웬 열/여리[弱]+무수[菁]

옌 *열무수> 열무우> 열무

예 • 열무우 술졋는듸(고시조, 청구영언)

열반(涅槃) 뗑 ① 모든 번뇌에서 벗어난, 영원한 진리를 깨달은 경지. 멸도(滅度). ② 특히 덕이 높은 승려가 죽음. 입적(入寂). 니르바나.

□ 산스크리트어의 'nirvāna'를 한어(漢語)에서 '涅槃'으로 음역한 것이다. '열반'은 '불어서 끄는 것', 또는 '불어서 꺼진 상태'를 뜻하며, 마치 타고 있는 불을 바람이 불어와 꺼버리듯이, 타오르는 번뇌의 불꽃을 지혜로 꺼서 일체의 번뇌와 고뇌가 소멸된 상태를 가리킨다.

웬 (산스크리트어)nirvāna

범 nirvāna> (漢語)涅槃> 열반

열쇠[열:쐬] 몡 자물쇠를 돌려 잠그거나 열 수 있게 하는 도구. 개금(開金). 약건
(鑰鍵).

㉠ 중세국어 형태도 '열쇠'이며, 이 말은 '열[開]+ㄹ(관형사형 어미)+쇠[鐵]'로 분석
된다. '열쇠'의 받침 'ㄹ'은 어간의 'ㄹ'이 아니라 관형사형 어미 'ㄹ'이다.

㉡ 근대국어에는 '열쇠' 외에도 '엷쇠'란 표기도 있으나, 이들의 발음은 같기 때문에
형태론적으로 서로 다른 것은 아니다.

㉝ 열[開]+ㄹ(관형사형 어미)+쇠[鐵]

범 열쇠> (엷쇠)> 열쇠

예 • 열쇠라 ᄒᆞᄂᆞ니(몽산화상법어약록언해 53)

　　• 엷쇠(鑰匙, 역어유해 상-14)

열흘 몡 ① 열 날. ② 그 달의 열째 날. 열흘날.

㉠ '열흘'의 중세국어 형태는 '열흘/열흘'이며, 이 말은 어원적으로 '열ᄒᆞ[十]+을/
을(접사)'의 구조로 분석된다.

㉡ 접사 '-을/올'은 '사올[三日], 나올[四日], 이틀[二日]' 등의 어원적 구조에서 알 수
있는 바와 같이 '날[日]'을 뜻하는 접사이다.

㉝ 열ᄒᆞ[十]+을/올(접사)

범 열흘/열흘> 열흘

예 • ᄒᆞ나홀 어더다 가두니 열흐리로ᄃᆡ 우루믈 아니 울씨(석보상절 24-20)

　　• 열홀이 몯 ᄒᆞ여실 제(소학언해-선조 6-27)

염소 몡 솟과의 동물. 양 비슷한데 뒤로 굽은 뿔이 있고 수컷에는 턱 밑에 긴 수염
이 있음. 산양(山羊).

㉠ '염소'에 해당하는 중세국어 형태는 '염, 염쇼'이다. '염'은 단일어이며 '염쇼'는 어
원적으로 '염[山羊]+쇼[牛]'의 구조로 된 합성어이다. '염쇼'의 '쇼'는 현대국어 '소
[牛]'의 중세국어 형태이다. 1음절어 '염'은 18세기까지 문헌에 표기되었지만, 19세

기부터는 '염쇼, 염소'의 표기만 나타나고, 'ㅅ' 다음에서 '요'가 '오'로 바뀜에 따라
현대의 '염소'가 되었다.

⊟ 15세기 문헌인 『분류두공부시언해(초간본)』(1481)의 '나를 프른 염의 갓오슬 주
ㄴ다(贈我靑羔裘, 나에게 푸른 염소의 갖옷을 준다)'에서 '염'이란 형태로 처음 나타
난다. 16세기 문헌인 『번역노걸대(飜譯老乞大)』에서는 '염쇠 삿기(염소의 새끼)'라
고 하여 '염'에 '쇼'를 덧붙인 '염쇼'가 나타난다. '염쇼'의 '쇼'는 현대국어 '소[牛]'의
중세국어 형태이다. '염쇼'의 '쇼'도 성조가 거성이고, '쇼[牛]'의 성조도 거성이어서
의심할 바가 없다. 염소는 솟과의 동물이므로 이러한 지식이 '염+쇼'란 말을 만드는
데 작용한 것이다. 특히 1음절어인 '염'은 좀 더 안정적 구조인 2음절어 '염쇼'를 선
호했을 것으로 생각된다. '염'의 어원에 대해서는 원시알타이어 '*jama'에서 온 것
으로 본 견해가 있어서 주목된다.

㉻ 염[山羊]+쇼[牛]

㉻ 염〉 염쇼〉 염소

㉲ • 양 염 흘워 나흔 것(殺攉, 노박집람)

　• 攉羊 염쇼 又曰 山羊(사성통해 상-36)

　• 염쇼 고(羔, 신증유합 상-14)

엿기름 ㉥ 보리에 물을 부어 싹이 트게 한 다음에 말린 것. 녹말을 당분으로 바꾸는
효소를 함유하고 있으며, 식혜나 엿을 만드는 데에 쓰인다. 건맥아. 맥아. 맥얼. 엿길
금.

⊟ '엿기름'에 해당하는 중세국어 형태는 '보리길움'이며, 이로부터 이어지는 근대국
어 형태는 '보릿기룸'이다. 중세국어 및 근대국어 형태는 '보리[麥]+(ㅅ)+길[長]+우
(사동접사)+ㅁ(명사화 접사)'으로 분석된다. 중세국어와 근대국어의 차이는 'ㅅ(조
사/사잇소리)'의 유무에 있으며 발음에 있어서도 차이가 있었음을 알 수 있다. 어원
적인 의미는 '보리를 기른 싹'이며 한자어로는 '麥芽(맥아)'이다. 중세국어에서 '기
르다/기ᄅᆞ다'가 있고, '길우다/길오다'가 있다. 이들은 모두 '길다[長]'에 어원을 두고
있지만 '기르다/기ᄅᆞ다'는 자동사와 타동사 용법으로 모두 쓰이고, '길우다/길오다'
는 타동사 용법으로만 쓰여서 어느 정도 형태적 분화를 이루고 있다. 중세국어 '보

리길움'의 '길움'은 '길우다'에서 파생된 것이다.

[三] '엿기름'은 근대국어 문헌에 나타나며 한자어 '糖芽子, 麥芽' 등에 대응하는 고유어이다. 한자어 '糖芽子'에서 알 수 있는 바와 같이, '糖(당)'의 뜻은 '엿'이나 '사탕'에 해당한다. 따라서 중세국어 '보리길움'이나 근대국어 '보릿기룸'이 '엿기름'으로 바뀐 것은 이 식품이 주로 식혜나 엿을 만드는 데에 쓰이는 재료가 되기 때문이다. 또한 '길움'에서 바뀐 '기룸'이 유지되지 못하고 '기름'이 된 것은 보편적인 명사화 접미사 '-음'에 맞춘 유추 변화이다. '보리길움'이나 '보릿기룸'은 '보리를 기른 것'이라는 통사적 의미가 잘 살아 있지만, '엿기름'은 엿을 기를 수는 없는 것이어서 어원적 의미 구조가 무너져 있다.

[원] 보리[麥]+길[長]+우(사동접사)+ㅁ(명사화 접사)

[변] 보리길움> 보릿기룸> 엿기름

[예] • 보리길움(糱, 신증유합 상-26)
• 보릿기룸(大麥糱, 동의보감-탕액 1)
• 엿기름(糖芽子, 역어유해보 30)

엿보다 [동] 남몰래 대상을 살펴보다. 때를 노려 기다리다.

[一] 중세국어 형태도 '엿보다'이지만, 어미가 통합된 '여ᅀᅥ보다'란 형태도 사용되었다. 이 말들은 '엿[竊]+보[見]+다(어미)'와 '엿[竊]+어(어미)+보[見]+다(어미)'로 각각 분석된다. 두 가지 형태에 의미 차이는 없지만, 형태론적 구성에 있어서 전자는 비통사적 합성어이며, 후자는 통사적 합성어이다.

[二] 중세국어에 '엿다[竊]'란 말이 단독으로 사용되었다. '窓ᄋᆞ로 여ᅀᅥ 지블 보니(竊窓觀室, 능엄경언해 5-72), 여을 규(竊, 신증유합 하-34)' 등에서와 같이 'ㅅ' 불규칙 활용을 하는 '엿다'의 용례를 확인할 수 있다.

[원] ① 엿[竊]+보[見]+다(어미)
② 엿[竊]+어(어미)+보[見]+다(어미)

[변] 엿보다/여ᅀᅥ보다> 엿보다/여어보다> 엿보다

[예] • 그ᄉᆞᆨ훈 이를 엿보디 말며(내훈-선조 1-9)
• 盜賊 여ᅀᅥ보매(두시언해-초간 21-3)

- 여어볼 쳐(覤, 신증유합 하-20)

영감(令監)[영:감] 몡 ① 옛날에 정삼품과 종이품의 관원을 일컫던 말. 영공(令公).
② 나이 든 남편이나 남자 노인을 일컫는 말. ③ 급수 높은 공무원이나 지체 높은 사
람을 높여 일컫는 말.

㊀ 근대국어 문헌에서 '녕감'의 형태로 처음 나타난다. '녕감'은 19세기까지 그대로
사용되었으나, 19세기에는 한자 표기인 '令監'의 한자음에 따라 '령감'으로 표기되
기도 하고, 두음 'ㄹ'과 'ㄴ'이 완전히 탈락한 '영감'도 나타나서, '령감, 녕감, 영감'의
세 형태가 공존하는 시기였다. 20세기에는 '영감'만 나타나서 현대로 이어졌다. '令
監(령감)'은 조선시대에 당상관을 이르던 말이었으나, 현대국어에서는 일반적으로
는 노인을 부를 때나 나이든 부인이 자기의 남편을 부를 때 사용되고 있다.

㊁ 17세기 문헌인 『병자일기(丙子日記)』(1636)의 '꿈의 녕감 보오니 반갑습고 든든
ᄒ다(꿈에 영감 보니 반갑고 든든하다)'에서 '녕감'의 형태로 처음 나타난다. '녕감'
은 19세기까지 그대로 사용되었다. 한자음에 적용되는 국어의 두음법칙은, 첫째 어
두의 'ㄹ'이 'ㄴ'으로 바뀌는 것, 둘째 '이' 모음이나 반모음 'ㅣ [j]' 앞에서 'ㄴ'이 탈락
하는 것으로 나눌 수 있다. '令監(령감)'이 17세기에 '녕감'으로 나타난 것은 첫 번째
법칙이 적용된 것이고, 19세기에 '영감'이 된 것은 두 번째 법칙이 적용된 것이다. 이
로써 보면 시대적으로는 첫 번째 규칙이 먼저 적용되고, 나중에 두 번째 규칙이 적
용되었다는 것을 알 수 있다. '令監(령감)'은 조선시대에 종2품이나 정3품의 당상관
을 이르던 말이었다. 현대에도 이러한 의미가 남아서 지체가 높은 관리를 지칭하기
도 하지만 거의 쓰이지 않고 있으며, 일반적으로는 노인을 부를 때나 나이든 부인이
자기의 남편을 부를 때 사용하고 있다. 일반적인 호칭인 경우 '영감'은 친근한 느낌
을 주며, '영감탱이, 영감쟁이' 등으로 쓰이는 경우는 비하적인 느낌이 들기 때문에
옛날에 누리던 '영감'의 권위는 사라졌다.

㉙ 令監(령감)

㉝ 령감> 녕감> 영감

㉕ • 내 가며 녕감 가며(고시조, 청구영언)

영계(—鷄) 똉 병아리보다 조금 큰 어린 닭. 약병아리. (속어) 젊고 어린 여자.

▱ '영계'는 '연한 닭'이라는 의미의 한자어 '軟鷄(연계)'에서 왔다. 받침 'ㄴ'이 다음에 오는 연구개음 'ㄱ'에 동화되어 연구개 비음 'ㅇ'으로 동화되어 '영계'가 된 것이다.

▱ '연계(軟鷄)'가 '영계'가 된 것은 앞에서 말한 조음위치 동화가 일차적인 원인이지만, 속어에서 사용되는 '젊은 여자'란 의미와 관련해서는 영어 'young'에 이끌린 까닭도 있다.

웬 軟鷄(연계)

뻔 연계> 영계

옆구리 똉 몸의 양쪽 갈비가 있는 부분.

▱ '옆구리'의 중세국어 형태는 '녑구레'이며, 이 말은 '녑[側]+구레[腔]'로 분석된다.

▱ 현대국어 '옆[側]'의 중세국어 형태는 '녑'이며, 근대국어에 들어 '녚'으로 변화하였다. 중세국어 '구레'는 한자로는 '구레 강(腔, 훈몽자회 상-28)'에서 알 수 있는 바와 같이 '腔(강/속이 비다)'의 뜻에 해당한다. 또 중세국어에서 '댱곳구레(사성통해 하-34)'란 말은 '장구의 빈 속'을 뜻하므로, '구레'는 '어떤 막으로 둘러싸인 빈 공간'을 의미한다는 것을 알 수 있다. 그러므로 중세국어 '녑구레'는 어원적으로 '(몸에서) 옆의 빈 곳'이란 의미이다.

웬 녑[側]+구레[腔]

뻔 녑구레> 옆구리

예• 녑구레 협(脇, 훈몽자회 상-25)

예쁘다[예쁘니, 예뻐] 똉 (생김새나 하는 짓 따위가) 아름답고 귀엽다.

▱ '예쁘다'의 중세국어 형태는 '어엿브다'이며, 그 의미는 '불쌍하다[憐]'로서 현대국어의 의미와 달랐다.

▱ 어원 해석과 용례에 대해서는 '어여쁘다' 참고.

웬 어엿[憐]+브(형용사화 접사)+다(어미)

뻔 어엿브다> 어엳부다> 어여쁘다> 예쁘다

☞ 어여쁘다

오금 [명] 무릎의 구부러지는 안쪽.

[一] 중세국어 문헌에서 '오곰'의 형태로 처음 나타난다. 이 말은 19세기에 '오곰, 오굼, 오금' 등으로 변화된 표기가 나타나고, '오금'이 현대에까지 이어졌다. 중세국어 '오곰'은 형용사 '옥다'의 어간 '옥-'에 접미사 '-옴'이 붙은 말이다. '오곰'에서 '오굼'이 되는 것은 모음조화의 관련에서 모음 교체가 일어난 것이다. 그러나 '오곰, 오굼' 등이 '오금'이 되는 것은 명사형 접미사 '-음/-ㅁ'에 유추되어 일어난 변화로 생각된다.

[二] 16세기 문헌인 『훈몽자회(訓蒙字會)』(1527)의 '오곰 곡, 오곰 츄(脙)'라고 하여 '오곰'의 형태로 처음 나타난다. 중세국어 '오곰'은 형용사 '옥다'의 어간 '옥-'에 접미사 '-옴'이 붙은 말이다. 중세국어 및 근대국어에서 '옥다'가 용언으로 쓰인 예가 없지만, '오곰, 오굼, 오금' 등의 파생 명사를 통해서, 그리고 현대국어 '옥다, 오그라들다, 오그리다' 등을 통해서 이 말이 중세국어 및 근대국어에서 사용되었다는 것을 충분히 짐작할 수 있다. '오곰'에서 '오굼'이 되는 것은 모음조화의 관련에서 모음 교체가 일어난 것이다. 그러나 '오곰, 오굼' 등이 '오금'이 되는 것은 명사형 접미사 '-음/-ㅁ'에 유추되어 일어난 변화로 생각된다. 이러한 변화는 중세 및 근대국어의 '소곰'이 '소금'으로 교체되는 것에서도 찾을 수 있으며, 역시 중세 및 근대국어의 '우숨, 우숨, 우솜' 등이 현대의 '웃음'으로 바뀐 것에서도 확인할 수 있다.

[원] 옥[曲]+옴(명사화 접사)

[변] 오곰> 오금

[예] • 오곰 츄(脙, 훈몽자회 상-28)

오누이 [명] 오라비와 누이. 남매(男妹).

[一] '오누이'의 근대국어 형태는 '오누의'이며, 이 말은 '오라비[兄弟]+누의[姉妹]'의 어원적 구조에서 축약되어 '오누의'가 된 것이다.

[원] 오라비[兄弟]+누의[姉妹]

[변] *오라비누의> 오누의> 오누이

[예] • 닌샹의 오누의ᄂᆞᆫ 드러오니(인선왕후언간)

☞ 오라비

오늬 🔲 화살의 머리를 시위에 끼도록 에어 낸 부분(광대싸리로 짧은 동강을 만들어 화살의 머리에 붙임).

🔲 '오늬'의 중세국어 형태는 '오뇌, 오늬'이며, 이 말은 몽골어 'onu/oni'에서 차용한 것이다.

⊛ (몽골어)onu/oni[矢筈]

⊛ onu/oni> 오뇌/오늬> 오늬

⊛ • 括괄은 삸오뇌라(능엄경언해 9-20)
　　• 활오늬 구(彄, 훈몽자회 중-28)
　　• 활오늬(弓彄子, 역어유해 상-21)

오라비 🔲 여자와 같은 항렬의 손위 남자. 오라버니. 오빠.

🔲 중세국어 형태도 '오라비'이며, 이 말은 '올(접사)+아비[父]'로 분석된다.

🔲 접두사로 처리한 '올'은 어떤 실사에서 유래한 것이겠으나 어원을 알 수 없다. '올'의 어원적 의미에 대해서는 '門(劉昌惇 1954), 부(崔昌烈 1986, 趙恒範 1996)' 등의 견해가 있다.

⊛ 올(접사)+아비[父]

⊛ 오라비> 오라비

⊛ • 오라비 殺戮을 맛나니라(兄弟遭殺戮, 두시언해-초간 8-65)

☞ 아비

오랑캐 🔲 예전에, 두만강 일대에 살던 여진족을 낮잡아 이르던 말.

🔲 중세국어 문헌에서 '오랑캐'란 말이 나타난다. 받침의 'ㆁ'이 'ㅇ'으로 바뀜에 따라 17세기부터는 '오랑캐'로 표기되면서 그대로 현대로 이어졌다. 조선시대의 문헌에서 '오랑캐'에 대한 한자 표기는 '兀良合(올량합), 斡郞改(알랑개), 兀狄合(올적합)' 등으로 다양하다. 원래 '오랑캐'는 두만강 건너편의 여진의 종족을 가리키는 고유명사의 성격이었으나, 일찍부터 야만족을 뜻하는 보통명사가 되었다. '오랑캐'는 몽골어에서 이민족의 하나를 가리켰던 'uriyangqai'에서 온 말이다.

🔲 15세기 문헌인 『용비어천가(龍飛御天歌)』(1447)의 '兀良哈 오랑캐'에서 이 말이

처음 나타난다. 표기에서 'ㆁ'이 'ㅇ'으로 바뀜에 따라 17세기부터는 '오랑캐'로 표기되면서 그대로 현대로 이어졌다. 18세기와 19세기에 나타나는 '오랑킈'는 '오랑캐'를 달리 적은 것이며, 발음이 다른 것은 아니다. 원래 '오랑캐'는 두만강 건너편의 여진의 종족을 가리키는 고유명사의 성격이었으나, 일찍부터 '남쪽 오랑캐[南蠻], 북쪽 오랑캐[北狄]' 등과 같이 야만족을 뜻하는 보통명사가 되었다. 특히 우리나라에서는 이민족(異民族)을 얕잡아 이르는 명칭으로 이 말이 쓰이면서, 서양인이나 중국인도 '오랑캐'로 지칭하는 경우가 있었다. 15세기 형태인 '오랑캐'는 몽골어에서 이민족의 하나를 가리켰던 'uriyangqai'에서 온 말이다.

[원] (몽골어)uriyangqai

[변] uriyangqai> 오랑캐

[예] • 오랑캐(兀良哈, 용비어천가 1-7)

오로지[오:로지] [부] 오직 한 곬으로.

[一] '오로지'란 말은 중세국어까지는 소급되지 않고 근대국어의 형태 '오로시, 오로디, 오로지'에 다다른다. 이들 근대국어 형태를 기준으로 하면, 접미사 '-이'의 첨가를 전제로 하여 '오롯+이'와 '오롣+이'의 두 가지 형태 분석이 가능하며, '오로지'는 '오로디'의 구개음화된 형태이다.

[二] 중세국어에서 형용사인 '오ᄋᆞᆯ다, 오올다, 올다'는 모두 현대국어의 '온전하다'에 해당하여 같은 의미이며, 부사 파생형은 '오ᄋᆞ로(석보상절 13-28), 오오로(두시언해-초간 21-11), 오로(월인석보 18-14)' 등이다. 그리고 '오록ᄒᆞ다(신증유합 하-49), 오롯ᄒᆞ다(여사서언해 3-2)' 등의 용례를 통해서 '오록, 오롯'이 접미사 '-옥, -옷'을 첨가하여 어간화했음을 알 수 있다. 중세국어에서 형용사인 '오ᄋᆞᆯ다, 오올다, 올다'의 파생 동사는 주로 사동 접사(使動接辭) '-오-'의 첨가를 통해 이루어진다. 따라서 'ᄋᆞᆯ오다(금강경삼가해 3-60), 오올오다(두시언해-초간 20-18), 올오다(법화경언해 2-78)'는 '온전하게 하다'란 의미로서 중세국어에서 빈번하게 쓰였다. '오로지'의 어원적 기본 형태는 '오롯이'라고 할 수 있다. 근대국어에서 '오롯'의 발음은 '오롣'과 다르지 않으므로, 이로부터 '오로디'라는 변이 형태가 나타나게 되며, 이로부터 구개음화를 거쳐 '오로지'에 이르게 된 것이다.

ⓦ 올[全, 專]+옷(접사)+이(접사)

ⓥ 오롯이/오로시> 오로디> 오로지

ⓔ • 졍졀을 오로시 ᄒ고(여사서언해 4-20)

　• 그 本은 오롯이 誠홈애 이시니(本專在于誠事, 어제상훈언해 13)

　• 몸롤 오로디 ᄒ 즉(專己, 증보삼략직해 상-24)

　• 오로지 슉뎨의게 무르시고(한중록)

☞ 오롯이, 온

오롯이 　ⓟ 고요하고 쓸쓸하게.

▣ 중세국어에서 형용사인 '오ᄋᆞ다, 오올다, 올다'는 모두 현대국어의 '온전하다'에 해당하여 같은 의미이며, 부사 파생형은 '오ᄋᆞ로(석보상절 13-28), 오오로(두시언해-초간 21-11), 오로(월인석보 18-14)' 등이다. 그리고 '오록ᄒ다(신증유합 하-49), 오롯ᄒ다(여사서언해 3-2)' 등의 용례를 통해서 '오록, 오롯'이 접미사 '-옥, -옷'을 첨가하여 어근화했음을 알 수 있다. '오롯이'는 어간화한 '오롯'에 접사 '-이'가 첨가된 형태이다.

▣ 현대국어의 '오롯이'는 '오로지'와 어원이 같고 그 형태 구성도 다르지 않지만, 형태에 따른 의미 분화가 이루어졌다.

ⓦ 올[全, 專]+옷(접사)+이(접사)

ⓥ 올옷이> 오롯이

ⓔ • 졍졀을 오로시 ᄒ고(여사서언해 4-20)

　• 그 本은 오롯이 誠홈애 이시니(本專在于誠事, 어제상훈언해 13)

☞ 오로지, 온

오른 　ⓟ '오른쪽'의 뜻. ↔왼.

▣ '오른'의 중세국어 형태는 '올ᄒᆞᆫ'이며, 이 말은 '옳[正]+ᄋᆞᆫ(어미)'의 구조로 분석된다.

▣ '올ᄒᆞᆫ'에서 제2 음절 이하의 'ᄋᆞ'가 '으'로 바뀌어 '올흔'이 되고, 다시 'ㅎ'이 탈락하여 '오른'이 된 것이다. 중세국어에서 현대국어 오른쪽에 해당하는 말은 '올ᄒᆞᆫ녁'

이다. '녁[方]'은 현대국어의 '녘'이다.

⑧ 옳[正]+온(어미)

⑪ 옳온> 올혼> 올흔> 오른

⑩ • 올혼 엇게롤 메왓고(偏袒右肩, 두시언해-초간 16-34)

   • 올흔 주먹으로 앒흘 티고(무예도보통지언해 5)

오솔길[오솔낄] 圄 폭이 좁은 호젓한 길.

㊀ '오솔길'은 '외[單]+솔[細, 窄]+길[道]'의 어원적 구조를 갖는 것으로 풀이된다(劉
昌惇 1973: 36). 그러므로 '오솔길'은 '외따로 난 좁은 길'이란 뜻에서 조어된 것이
다.

㊁ '솔다'가 '좁다'라는 뜻인 것은 중세국어의 '손돌(窄梁, 용비어천가 6-59)'이란 어
휘로부터 확인할 수 있다. '송곳'의 '송'은 바로 이 '솔'이 변한 형태이다. 따라서 '오
솔길'은 '한 줄기 좁다란 길'의 의미에서 조어된 것이라고 할 수 있다.

⑧ 외[單]+솔[細, 窄]+길[道]

⑪ 외솔길> 오솔길

☞ 송곳

오자미 圄 헝겊 주머니에 콩 따위를 넣고 봉해서 공 모양으로 만든 주머니.

㊀ '오자미'는 국어사전에서 고유어로 처리하고 있으나, 이 말은 일본어의 방언인
'おじゃみ'에서 온 것이다. 일본어의 방언 'おじゃみ'는 일본어의 표준어인 'お手玉
[おてだま]'에 해당하는 말이며, 'お手玉[おてだま]'는 '조그만 주머니에 팥 따위를
넣은 공기(또는 그 놀이)'의 뜻이므로, 국어의 '오자미'와 그 뜻이 다르지 않다. 'お
じゃみ'의 방언 분포는 『日本國語大辭典』(2-587) 참고.

⑧ (일본어)おじゃみ

⑪ おじゃみ> 오자미

오징어 圄 오징엇과의 연체동물. 몸은 원통형이고 다섯 쌍의 발이 입 둘레에 있음.
네 쌍의 발은 몸보다 짧고 혹 모양의 빨판이 있으며 한 쌍은 길고 끝에 빨판이 있어

먹이를 잡기에 적당함. 적을 만나면 먹물을 토하고 달아남.

⊟ '오징어'의 중세국어 형태는 '오증어'이며, 근대국어에는 한자음에 충실한 '오즉어'란 형태도 나타난다. 한어(漢語)에서 '오징어'는 '烏賊魚' 또는 '烏鰂魚'라고 하며, 국어의 형태는 '烏鰂魚'에서 온 것이다.

⊟ '오즉어'의 받침 'ㄱ'이 '魚(어)'의 초성인 연구개 비음 'ㆁ[ŋ]'에 동화되어 '오증어'가 되었으며, 이후에 'ㅈ' 다음에서 '으'가 전설 모음이 되어 '오징어'가 되었다.

㉱ (漢語)烏賊魚/烏鰂魚

㉲ 烏鰂魚(오즉어) > 오증어 > 오징어

㉠ • 오증어(烏鰂魚, 사성통해 하-60)

  • 오증어뼈(烏賊魚骨, 동의보감 탕액-2)

  • 오즉어(물보)

옥수수 ㈜ 볏과의 한해살이풀. 높이 약 2~3m로 줄기는 하나고 잎은 수숫잎같이 크고 깊. 열매는 낟알이 여러 줄로 박혀 있으며 녹말이 풍부해서 식량 또는 사료로 씀. 남아메리카 원산. 강냉이. 옥촉서(玉蜀黍).

⊟ '옥수수'의 근대국어 형태는 '옥슈슈'이며, 이 말은 한어(漢語) '玉蜀黍, 玉薥薥'에서 온 것이다.

⊟ '蜀黍'의 국어 한자음은 '쵹셔'이지만, 근대 한어음(近代漢語音)이 [sju-sju]이며, 여기에서 차용한 형태가 '슈슈'이다.

㉱ (漢語)玉蜀黍

㉲ 玉(옥)+蜀黍[sju-sju] > 옥슈슈 > 옥수수

㉠ • 옥슈슈(玉薥薥, 역어유해 하-9)

  • 옥슈슈(玉蜀黍, 물보)

온 ㈜ 전부의. 모두의.

⊟ 중세국어 형태도 '온'이며, 이 말은 '올[全, 專]+ㄴ(관형사형 어미)'의 구조로 분석된다. 치경음 'ㄴ' 앞에서 어간의 받침 'ㄹ'이 탈락한 형태이다.

⊟ '온'은 현대국어에서는 쓰이지 않는 형용사 '올다'에서 온 말이다. 중세국어의 '올

다'는 '완전하다, 온전하다'에 해당하는 말이다. '올며 이져듀믈(全缺, 법화경언해 1-26), 몸 올에 호ᄆ란 ᄆᆯ 바롤 빈호노라(全身學馬蹄, 두시언해-초간 15-17)' 등의 중세국어 문헌 용례로부터 '올다'의 용법과 의미를 확인할 수 있다. 기본 어휘인 '올다'가 근대국어 이후에 쓰이지 않게 되면서, 현대국어에서 '온'은 독립된 관형사가 되었다.

⊟ 중세국어의 '올다[全, 專]'는 문헌에 따라 '오올다, 오올다'로도 나타난다. 어간 '올-'이 상성(上聲)으로서 장음절(長音節)임을 감안하면, 어원적으로 가장 기본적인 형태는 '오올다'인 것으로 생각된다. 실제로 중세국어 문헌에서 '오올다'가 가장 빈번히 나타나는 것은 이러한 추정이 옳다는 것을 말해 준다. 그러므로 '오올다'에서 제2 음절 모음 'ᄋ'가 앞 음절에 동화되어 '오올다'가 됨에 따라, '오올다'의 표기적 변이에 불과한 '올다'에 이른 것이다. '올다'의 어원적 형태가 '오올다'라고 한다면, 현대국어 '온'의 어원적 소급형은 '오올+ㄴ'이 된다.

㉿ 오올[全, 專]+ㄴ(관형사형 어미)

㉪ 오올ㄴ > 오올ㄴ > 오온 > 온

㉠ • 몸과 손과ᄂ 온 體니(법화경언해 2-62)

　• 本性이 온 眞이니(全眞, 선종영가집언해 상-91)

☞ 오로지

올빼미 〔명〕 올빼밋과의 새. 등과 배는 누런빛을 띤 갈색이고 세로무늬가 있다. 눈가의 털은 방사상으로 나고 얼굴은 둥근데 귀깃이 없다. 야행성으로 한국, 일본, 아시아 동북부, 유럽 등지에 분포한다. 천연기념물 제324-1호. 계효, 산효, 치효, 토효, 효치, 훈호.

⊟ 이 말의 중세국어 형태는 '옫바미'이다. 그런데 근대국어 문헌에는 현대국어 '올빼미'에 해당하는 '오도새'라는 말이 나타나서 주목을 끈다. '오도새'는 '오도+새'로 구성된 말임이 분명하여, '오도'가 중세국어 '옫바미'의 '옫'과 같은 말임을 알 수 있다. 이렇게 되면 중세국어 '옫바미'는 '옫[鵈]+바미'로 구성된 말이라는 것을 알 수 있다. 즉 '옫바미'의 '옫'이 원래 '올빼미'를 뜻하는 말이었다고 할 수 있는 것이다. 근대국어 '오도새'는 '옫+의(조사)+새[鳥]'나 '옫+으(매개모음)+새[鳥]'와 같은 구조에

서 변화된 형태라고 할 수 있겠다.

[三] '옫+바미'의 후부 요소인 '바미'의 어원을 확실하게 알 수는 없다. 혹시 야행성 동물인 올빼미의 습성과 관련하여 '바미'는 '밤[夜]+이(접사)'에서 온 것으로 추정할 수 있다. 중세국어 '옫바미'의 성조는 '平-去-去'이며, 중세국어 '밤[夜]'의 성조는 평성이다. 그러나 합성어인 '낮밤'이나 '밤낮'의 성조는 '去-去'로서, 이러한 경우의 '밤'의 성조는 거성이 된다. 이러한 성조의 변화를 토대로 '옫바미(옫+밤+이)'에서 '밤'의 성조가 거성인 것을 해결할 수 있다. '올바미'란 형태가 『시경언해-물명』(1585~1593 언해, 1613 간행)에 나타나므로 '옫바미'에서 '올바미'가 된 것은 중세국어 후기에 일어난 형태 변화이다.

[원] 옫[鴞]+밤[夜]+이(접사)

[변] 옫밤이> 옫바미> 올바미> 올빼미

[예] • 아쳐로ᄫᅳᆯ 쇼로기와 옫바미 ᄀᆞ티 너기리니(번역소학 8-30)
• 옫바밀 對ᄒᆞ야(두시언해-초간 21-40)
• 올바미 오도새(鴞, 시경언해-물명)

왁댓값 [명] 자기 아내를 딴 남자에게 빼앗기고 받는 돈.

[一] '왁댓값'은 어원적으로 '악대[犍]+ㅅ(조사/사잇소리)+값[價]'으로 분석된다.

[二] 불을 깐 소나 짐승을 '악대'라고 하며, '왁댓값'의 '왁대'는 '악대'가 변한 말이다. 근대국어에 '왁듸쇼(閹牛, 유씨물명고 1)'라는 말이 있으므로, '왁대'가 '악대'에서 변한 말이라는 것을 알 수 있다.

[三] 자기 아내를 남에게 빼앗긴 남자는 사내로서 제 구실을 다했다고 할 수 없다. 그러한 무능력한 남자는 불을 까서 생식 능력을 잃어버린 짐승이나 다름없다고 하여, 자기 아내를 남에게 빼앗기고 받는 돈을 짐승이 거세당한 대가로 받는 돈이나 마찬가지라는 뜻으로 '악댓값'이라고 말하게 된 것이다.

[원] 악대[犍]+ㅅ(조사/사잇소리)+값[價]

[변] *악댓값> 왁댓값

왕골 [명] 사초과의 한해살이풀. 높이는 1~2m 정도이며, 잎은 선형, 줄기의 단면은 삼각형임. 껍질을 벗겨 방석·돗자리·기직 등을 만들고, 줄기 속은 끈·제지의 원료가 됨. 완초(莞草).

囯 근대국어 형태도 '왕골'이며, 이 말은 '莞(완)+골[莞草]'에서 온 것이다. 'ㄱ' 앞에서 'ㄴ'이 조음위치 동화에 의하여 'ㅇ[ŋ]'으로 바뀐 것이다.

囯 중세국어의 '골'은 한자어로 '莞草(완초)'이므로, '왕골'의 의미이다. 중세국어에서는 그냥 '골'만 사용되었다. 그러므로 '왕골'은 같은 의미의 두 글자를 합한 것이다.

옙 莞(완)+골[莞草]

옌 완골> 왕골

옝 • 골 관(菅 通作莞, 훈몽자회 상-9)
　　• 왕골(莞草, 유씨물명고 3)

외상 뗑 값은 나중에 치르기로 하고 물건을 사거나 파는 일.

囯 근대국어 문헌에서 '외자'의 형태로 나타난다. '외자'에서 '외상'으로 형태가 변했다기보다는 이두에서 '외자'의 한자어 표기가 '外上'이기 때문에 이 말을 현대국어 한자음으로 그대로 읽어 '외상'이 된 것이다. '외상'은 '外上'으로 표기되는 한자말로서 우리나라의 이두 용법에서 '還上'을 '환자'로 읽듯이 '外上'을 '외자'로 읽었는데, 지금은 '外上'을 현대국어 한자음으로 읽어 '외상'이 되었다. '外上'은 파는 사람의 위치에서는 '上'의 '以外'라는 뜻으로서, 물건은 나갔는데 돈은 안 들어온 것을 의미하는 것이다.

囯 17세기 문헌인 『역어유해(譯語類解)』(1690)의 '외자 내다(賒者來)'에서 '외자'의 형태로 나타난다. 시조집인 『청구영언(靑丘永言)』의 '외자 濁酒 내여라(외상 탁주 내어라)'에서 알 수 있는 바와 같이 '외자'라는 말이 근대국어의 일상어로서 잘 쓰였음을 알 수 있다. '외자'에서 '외상'으로 형태가 변했다가보다는 이두에서 '외자'의 한자어 표기가 '外上'이기 때문에 이 말을 현대국어 한자음으로 그대로 읽어 '외상'이 된 것이다.

囯 신라 때의 『장적(帳籍)』에 보면 '上米 十七斗, 上米 十三斗' 등의 기록이 보인다. 이 경우의 '上'자는 백성들에게서 쌀 열 일곱 말, 또는 쌀 열 서 말이 상납(上納)되어

이것을 받아 들였다는 뜻이다. '上'자는 이와 같이 곡식 또는 물건이나 돈이 자기의
몫으로 들어 온 것을 가리킨다. 『사개송도치부법(四介松都治簿法)』은 개성의 상인
들 사이에 널리 쓰이던 부기법을 설명한 책인데, 이 책에는 '錢 壹圓伍拾錢 上, 廣木
五同 上' 등과 같은 기록이 보인다. 전자는 돈 일원 오십 전이 입금되었다는 뜻이고,
후자는 광목 다섯 동이 입고되었다는 뜻이다. 이와 반대로 '下'자는 돈이나 물건이
지출되었거나 지불된 것을 기록하는 부기 용어이다. 이 '上'자와 '下'자를 합한 '上
下'라는 용어를 우리나라에서는 이두의 독음으로 '차하'라고 읽었는데, 이 말은 관청
의 조달 관계를 나타내는 말로서 하나의 장부에 보통 수백 번씩 쓰일 만큼 흔히 쓰
였다

㉢ 外上

㉣ 外上> 외자> 외상

㉠ • 외자 내다(賖者來, 역어유해 하-50)

　　• 외자ㅅ쟝(賖帳, 역어유해보 38)

외알제기 뗑 마소 따위가 한쪽 굽을 질질 끌면서 걷는 걸음. 또는 그렇게 걷는 마
소. 나귀나 말 따위가 못마땅할 때 한쪽 발로 걷어차는 짓.

㉢ 근대국어 후기의 문헌에 '외알젹이'로 나타난다. 이 말은 중세국어 형태를 기준
으로 하면 '외[單]+발[足]+뎌기[蹄]+이(접사)'로 분석된다. 중세국어의 '뎌기다'는 현
대국어 '제기다'에 해당하는 동사로서 '발로 지르다'의 뜻이다. 그러므로 근대국어
'외알젹이'는 '외발로 제기는 것'에 해당하는 말로서, '외발뎌기> 외발뎌기> 외알
져기> 외알제기'의 변화를 거친 것이다. '외[單]+발[足]+뎌기[蹄]+이(접사)'의 어원
적 구조에서 접미사 '-이'를 설정한 것은 근대국어의 '외알져기'가 파생 명사인 까닭
이다. 어간의 '이' 모음은 파생 명사화 접사 '-이'에 의해 탈락한다고 설명하게 되므
로 '외알져기'의 말음 '이'는 명사화 접미사 로 처리된다.

㉣ 근대국어 문헌에 '외알녜다'란 동사도 나타나며, 또한 같은 의미의 '외알덕이다'
란 동사도 나타난다. '녜다'는 중세국어 '녀다'에서 온 말이며, '다니다'에 해당하는
말이다. 즉 '외발로 다니다'의 뜻이며, 현대국어로는 '외알제기하다'에 해당하는 말
이다. '외알덕이다'는 '외알뎌기다'에서 반모음이 탈락하여 단모음화한 형태이다. 그

러므로 근대국어에서 '외알져기다, 외알더기다, 외알녜다' 등의 같은 의미의 동사들이 함께 사용되었다는 것을 알 수 있다.

[원] 외[單]+발[足]+뎌기[蹈]+이(접사)

[변] 외발뎌기이> 외발뎌기> 외알져기> 외알제기

[예] • 외알젹이(單蹄撣, 유씨물명고 1)

왼 [관] '왼쪽'의 뜻. ↔오른.

[一] 중세국어 형태도 '왼'이며, 이 말은 '외[非]+ㄴ(관형사형 어미)'으로 분석된다.

[二] 중세국어에서 '그르다[非]'의 뜻으로 사용된 '외다'는 현대국어에서는 더 이상 사용되지 않으며, 다만 관형사 '왼[左]'에 흔적을 남기고 있다. 그러므로 중세국어에서 '왼'의 용법을 보면, 형용사 '외다'의 활용형인 '왼'이 있고, '왼쪽'의 의미로 굳어진 관형사 '왼'이 있음에 유의해야 한다.

[원] 외[非]+ㄴ(관형사형 어미)

[변] 왼

[예] • 수히 왼 놀개 드리옛ᄂᆞ니(雄者左翮垂, 두시언해-초간 16-70)

요 [명] 사람이 눕거나 앉을 때 바닥에 까는 침구의 하나(속에 솜·짚·털 등을 넣음).

[一] '요'의 중세국어 형태는 'ᅀᅭ'와 '요ㅎ'이지만, '요ㅎ'는 'ᅀᅭ'에서 'ㅿ'이 탈락한 형태이므로 'ᅀᅭ'가 어원적인 형태이다. 'ᅀᅭ'는 한자어 '褥'에서 온 것이다.

[二] '褥(ᅀᅭᆨ)'에서 'ᅀᅭ'가 된 것은 중세국어 한자음과 입성 운미가 탈락한 근대 한어음(近代漢語音)의 영향을 함께 받아서 생긴 형태이다. '褥(욕)'의 중세국어 한자음은 'ᅀᅭᆨ'이며, 근대 한어음(近代漢語音)은 [zju]이다.

[원] 褥

[변] 褥> ᅀᅭ> 요ㅎ> 요

[예] • 오시며 차바니며 니블 ᅀᅭ히며(석보상절 11-22)

• 요 ᅀᅭᆨ(褥, 훈몽자회 중-11)

• 나믄 깁을 니어 手巾과 요흘 ᄆᆡᆼᄀᆞ라(내훈-중간 2-89)

우거지 명 ① 푸성귀를 다듬을 때 골라낸 겉대. ② 새우젓이나 김치 등의 맨 위에 덮여 있는, 품질이 낮은 것.

囗 근대국어 형태도 '우거지'이며, 이 말은 어원적으로 '우ㅎ[上]+걷[收]+이(접사)'의 구조로 분석된다. 현대국어 '위[上]'의 중세국어 형태는 '우ㅎ'이다.

웬 우ㅎ[上]+걷[收]+이(접사)

옌 우ㅎ걷이> 우거지

몐 • 콩기름 우거지로 죠반 셕쥭 다힝ᄒ다(농가월령가 12월)

우동 명 일본식 가락국수.

囗 '우동'은 일본어 'うどん(饂飩)'에서 온 말이다.

囗 일본어 'うどん[udon]'의 직접적인 어원은 한자어 '溫飩(うんどん)'에서 찾고 있으며, 첫 음절의 말음이 탈락하여 'うどん[udon]'이 되었다고 이해되고 있다(日本語大辭典). 한자 '饂'은 일본의 국자(國字)이며, '溫'의 일본 한자음은 'おん[on]'이다.

囯 '우동(饂飩)'은 일본의 헤이안 시대(平安時代, 794~1185)에 중국으로부터 전해진 '餛飩(혼둔, 만두의 일종)'이 일본식의 뜨거운 국물 음식이 되면서 '溫飩'이라고 불리다가, 점차 오늘날의 우동이 되었으며, 표기도 'うどん(饂飩)'으로 변화한 것이다.

웬 (일본어)うどん(饂飩)

옌 饂飩(うどん)[udon]> 우동

우두머리 명 어떤 일이나 단체의 으뜸인 사람.

囗 중세국어 문헌에서 '爲頭머리'의 형태로 나타난다. '爲頭(위두)'는 '머리가 됨'이라는 의미로서, 중세국어에서는 형용사 '위두ᄒ다'로 주로 사용되었다. '위두'나 '위두ᄒ다'는 18세기까지 사용되었으며, '위두ᄒ다'는 '으뜸가다, 으뜸이 되다'의 의미에 해당하였다. 한자어 '위두(爲頭)'는 17세기에 '우두'로 바뀌기 시작하여, 19세기에 '우두머리'란 말이 비로소 나타나서 현대로 이어졌다. 중세국어의 '위두'가 '우두'가 되는 것은 중세국어의 '위'의 발음이 [uj]로서 '우'가 주요 모음이었기 때문이다.

'우두머리'는 한자어 '위두(爲頭)'에 '머리'가 붙은 말이므로, '머리가 되는 머리'라는 의미의 중첩 표현이다.

㊂ 15세기 문헌인 『법화경언해(法華經諺解)』(1463)의 '大迦葉이 爲頭머릿 弟子ㅣ로딕(大迦葉이 우두머리의 弟子이로되)'에서 '爲頭머리'의 형태로 처음 나타난다. '爲頭(위두)'는 '머리가 됨'이라는 의미로서, 중세국어에서는 형용사 '위두ᄒ다'로 주로 사용되었다. '위두'나 '위두ᄒ다'는 18세기까지 사용되었으며, '위두ᄒ다'는 '으뜸가다, 으뜸이 되다'의 의미에 해당하였다. 한자어 '위두(爲頭)'는 17세기에 '우두'로 바뀌기 시작하여, 19세기에 '우두머리'란 말이 비로소 나타나서 현대로 이어졌다. 17세기에 '우두쟈'라는 말이 나타나는데, 이 말은 한자어 '爲頭者'이며, '으뜸이 되는 자'라는 뜻이다. '우두머리'는 한자어 '위두(爲頭)'에 '머리'가 붙은 말이므로, '머리가 되는 머리'라는 의미의 중첩 구조인 것이다. 17세기에 '우두쟈'와 함께 나타나는 '웃머리[上頭]' 역시 '우두머리'와 같은 뜻이다. 그러므로 '위두'가 '우두'로 변하게 된 것은 음운적인 이유도 있었지만, '위두'의 '위'를 고유어 '우/우ㅎ[上]'와 관련시킨 언중의 의식도 있었을 것으로 생각된다.

㊲ 爲頭(위두)+머리[頭]

㉠ 위두머리> 우두머리

㉡ • 大迦葉이 爲頭머릿 弟子ㅣ로딕(법화경언해 2-175)

　 • 웃으머리(한불자전 69)

　 • 우두머리(국한회어 225)

우레 몡 벼락이나 번개가 칠 때 하늘이 요란하게 울리는 일. 또는 번개가 치며 일어나는 소리. 천둥.

㊂ '우레'의 중세국어 형태는 '울에'이며, 17세기에 받침 'ㄹ'이 연철된 '우레'의 표기가 나타나서 현대로 이어졌다. 역시 17세기부터 나타난 '우뢰'는 현대까지 사용되는 형태지만, 이 형태는 한자어 '雨雷(우뢰)'에 영향을 받은 것이다. 중세국어 형태인 '울에'는 받침의 'ㄹ'이 다음 음절의 초성으로 발음되지 않는다. 이것은 '울에'의 어원적 형태가 '울+-에'가 아니라, '울+-게'였음을 말해 준다. 접미사 '-개/-게'의 초성 'ㄱ'은 역사적으로 'ㄹ, ㅿ, [j]' 다음에서 약화되어 탈락하게 되는데, 중세국어는 그

과도기적 단계로서 'ㄱ' 탈락의 흔적이 유지되고 있었기 때문이다. 이러한 'ㄱ' 탈락의 흔적이 사라진 근대국어부터는 '우레'로 표기가 바뀌었다. '울에'의 어원에 대해서는 일단 '울-+-게'로 분석이 되는 것이지만, 어간 '울-'에 대해서는 두 가지 견해가 있다. 하나는 '울다[泣]'의 어간 '울-'이라는 견해가 있고, 다른 하나는 '우르다[吼]'의 어간 '우르-'에서 온 것이라는 견해가 있다.

[二] 중세국어의 '울다'는 '눈물을 흘리다, (작은) 소리를 내다' 등의 정도에 해당하는 말이지만, 현대국어에서 '울다'는 이러한 의미 외에 '(사나운 짐승 따위가) 큰 소리를 내다'의 의미도 지니고 함께 있다. 그러나 중세국어에 있어서는 이러한 경우에는 '울다'란 말을 사용하지 않고 '우르다'란 말을 썼다. 중세국어에서 '울다'와 '우르다'는 의미의 중복이 없다고는 할 수 없겠으나, 대체로 '울다'는 '눈물을 흘리다, (작은) 소리를 내다' 등에 해당하고, '우르다'는 '큰 소리를 내다, 울부짖다' 등에 해당하는 의미로 사용되었다. 그러므로 현대국어 '우레'는 중세국어 '울다'에서 온 것이 아니라, '우르다'의 어간 '우르-'에 접미사 '-에'가 연결되어 파생된 말이라고 하는 것이 더 적절하다.

[三] 중세국어의 '우르다'는 현대국어의 '우레' 외에도, '우르르, 우르릉, 으르렁' 등과 같은 의성어에도 그 흔적을 남기고 있다. 남은 문제는 중세국어의 '우르다'와 '울다'가 같은 어원인가 하는 것이지만, 같은 어원일 가능성이 높다.

[원] 울/우르[吼]+게/에(접사)

[변] 울/우르+게> 울에> 우레

[예] • 울에 번게ᄒᆞ니 사ᄅᆞ미 다 놀라더니(석보상절 6-32)
• 우레 티며(부모은중경언해 23)

우롱차(一茶) [명] 중국에서 나는 차의 하나. 차의 생잎을 발효 도중에 볶아 만들며, 주로 중국의 푸젠 성(福建省)과 광저우(廣州), 대만 등지에서 난다.

[一] '우롱차'는 한어(漢語) '烏龍茶'의 현대 한어음인 [u-loŋ-tʂʰa]에서 온 것이다.

[원] (漢語)烏龍茶[u-loŋ-tʂʰa]

[변] 烏龍茶[u-loŋ-tʂʰa]> 우롱차

우엉 [명] 국화과의 두해살이풀. 높이는 50~150cm이며, 경엽은 어긋나고 근생엽은 뭉쳐나며 심장 모양에 가깝다. 7월에 검은 자주색 또는 흰색의 통 모양 두상화가 작은 가지에 핀다. 뿌리와 어린잎은 식용하고 씨는 약용한다. 유럽이 원산지로 일본에서 많이 재배하고 시베리아, 만주 등지에 분포한다. 우방(牛蒡).

[一] '우엉'의 중세국어 형태는 '우웡, 우왕'이며, 이 말은 한자어 '牛蒡(우방)'에서 온 것이다.

[二] 한자어 '牛蒡(우방)'에서 '우왕'이 되는 과정은 먼저 'ㅂ'이 'ㅸ'으로 약화되어 '우방'이 되고, 이어서 'ㅸ'이 원순 반모음 [w]로 다시 약화되어 '우왕'이 된다. '우왕'이 '우웡'이 되는 것은 음성 모음화에 의한 것이며, 다시 단모음화에 의하여 '우엉'에 이른 것이다.

[원] 牛蒡

[변] 牛蒡(우방)> 우방> 우왕> 우웡> 우엉

[예] • 우왕(牛蒡菜, 사성통해 하-36)
• 우웡(牛蒡, 구급간이방 2-63)

울바자 [명] 울타리에 쓰는 바자. 바자로 만든 울타리. 바자울.

[一] '울바자'라는 합성어는 옛 문헌에 나타나지 않으나, 중세국어 및 근대국어에 '울ㅎ'과 '바ᄌᆞ'가 쓰였으므로, 이 어휘의 유래가 오래되었음을 짐작할 수 있다. 현대국어에서 '울[籬]'도 쓰이고 있으나, 일반적으로는 '울타리'가 주로 사용되고 있으며, '바ᄌᆞ'의 현대국어 형태는 '바자'이다. '바ᄌᆞ'는 한자어 '笆子'이다. '笆子'를 중세국어 한자음으로 읽으면 '파ᄌᆞ'이지만, '笆'의 한어(漢語) 중고음(中古音)은 방모(幫母)인 [pa]이거나 병모(並母)인 [ba]이므로, 국어 한자음에서 '笆'의 고음(古音)이 '바'인 경우가 있었다는 것을 알 수 있다.

[원] 울[籬]+笆子(바ᄌᆞ)

[변] 울바ᄌᆞ> 울바자

[예] • 울 爲籬(훈민정음)
• 울히 여리니 門을 어드러 向ᄒᆞ리오(籬弱門何向, 두시언해-초간 15-17)
• 바ᄌᆞ문 남녁(번역노걸대 하-1)

- 바즈(籬笆, 동문유해 상-35)
- 바조(笆子, 역어유해 상-19)

움큼 의 손으로 한 줌 움켜쥘 만한 분량을 세는 단위.

□ '움큼'의 중세국어 형태는 '우희윰/우희욤'이며, 이 말은 어원적으로 '우희[掬]+움/옴(명사형 어미/접사)'의 구조로 분석된다. 중세국어 '우희다'는 현대국어 '움키다'의 역사적 소급 형태이다.

□ '우희움/우희옴'에서 '이' 모음 순행 동화에 의하여 '우희윰/우희욤'이 되며, 다시 음운의 탈락과 축약에 의하여 '우훔'이 된 것이다. 다시 음운의 첨가와 격음화에 의하여 현대국어 '움큼'이 되는 것이지만, 형태 변화의 과정에 필연적인 원리가 있는 것은 아니다.

㉮ 우희[掬]+움(명사형 어미/접사)

㉯ 우희움/우희옴〉 우희윰/우희욤〉 우훔/우홈〉 우훔〉 움큼

㉰ • 회횟가지 흔 우희욤을(구급방언해 상-30)
   • 흙 흔 우희요매(영험약초언해 17)
   • 우훔 츠게 가지샤(법화경언해 4-129)
   • 흔 우훔 쁠을(박통사언해 상-11)
   • 흔 우흠(一掬, 동문유해 하-21)

원숭이[원:숭이] 명 원숭잇과의 하나. 사람 다음가는 고등 동물로 지능이 발달되어 있으며, 늘보원숭이·비비·긴팔원숭이·성성이·침팬지 등 종류가 많음. 원후(猿猴). 미후(獼猴).

□ '원숭이'의 근대국어 형태는 '원승이, 원셩이' 등이며, 이 말은 한자어 '猿猩'에 접사 '-이'가 붙어서 이루어진 말이다.

□ 18세기 말엽의 문헌인 『전설인과곡(奠說因果曲)』(1796)의 '우마 나귀 원승이며(우마 나귀 원승이며)'에서 '원승이'의 형태로 처음 나타난다. 이어서 19세기 문헌인 『국한회어(國漢會語)』(1895)에서는 '猿申 猿狌 원셩이'라고 하여 한자음에 의한 어원적 형태를 보여 준다. 20세기에는 '원셩이, 원숭이, 원승이' 등이 나타나다가 '원

숭이'가 현대로 이어졌다. '원승이' 이전에 이 동물을 가리키는 말은 '납'이었다. 『훈민정음(해례본)』(1446)의 '납 爲猿'에서 확인할 수 있으며, 이 말은 현대국어 방언인 '잔나비'에 남아 있다. '원싱이'는 한자어 '猿猩(원싱)'에 접미사 '-이'가 붙은 말이다. 한자어 '猿猩'에서 '猩'의 중세국어 한자음은 『훈몽자회(訓蒙字會)』(1527)에 '싱싱이 셩(猩)'으로 나온다. 그런데 옛날 중국어에서 '猩'은 반절이 '所庚切'과 '桑經切'의 둘이다. '所庚切'은 '生(싱)'과 같은 반절이고, '桑經切'은 '星(셩)'과 같은 반절이다. 그러므로 『훈몽자회』의 '싱싱이 셩(猩)'에서 '싱싱이'의 '싱'은 '所庚切'의 '猩(싱)'이고, '셩'은 '桑經切'의 '猩(셩)'이란 것을 알 수 있다. '원승이'의 '원승'은 '猿猩(원셩/원싱)'의 두 가지 한자음 가운데에서 '원셩'이 아니라 '원싱'에서 온 것이다. 이것은 '초승'이 '初生(초싱)'에서, '짐승'이 '衆生(즁싱)'에서, '장승'이 '長柱(댱싱)'에서, '이승'이 '이[此]+生(싱)'에서, '저승'이 '뎌[彼]+生(싱)'에서 온 것과 같은 이치이기 때문이다. 19세기 문헌에 나타나는 '원싱이'는 한자음에 충실한 표기이지만, 18세기에 '원승이'가 나타나므로 이러한 변화에 의한 형태 변화는 이전에 이루어졌음을 알 수 있다.

[원] 猿猩(원싱)+이(접사)

[변] 猿猩(원싱)이> 원승이> 원숭이

[예] • 우마 나귀 원승이며(전설인과곡 4)

• 원싱이(국한회어 243)

☞ 장승, 짐승, 초승

월 [명] 문장(文章).

[어] '월'은 '글월'에서 '월'만을 따서 '문장(文章)'의 의미로 사용한 것이다.

[원] 글월

[변] 글월> 월

☞ 글월

유토피아 [명] 이상적인 사회. 이상향.

[어] 영국의 정치가인 토마스 모어(Thomas More)가 1516년에 쓴 소설의 제목 '유

토피아(Utopia)'에서 유래한 말이다. 이 소설에서 토마스 모어는 법률적으로나 정치적으로 이상적인 국가를 그렸는데, 이 국가가 위치한 섬나라의 이름을 '유토피아(Utopia)'라고 하였다. 토머스 모어는 'Utopia'를 고유명사로 사용하였으나, 이후 'utopia'는 '이상향'을 뜻하는 보통명사로 쓰이게 되었다.

目 'Utopia'는 어원적으로 그리스어 'ou+tóp(us)+ia'의 구조로 분석된다. 'ou'는 영어의 'not'에 해당하고, 'tóp(us)'는 영어의 'place'의 뜻이며, 'ia'는 명사화 접미사이다. 그러므로 어원적인 뜻으로 풀면 '유토피아'는 '실재하지 않은 곳'이란 뜻이다.

웬 (그리스어)ou+tóp(us)+ia

옌 ou+tóp(us)+ia> Utopia> utopia> 유토피아

육개장(肉—醬) 몡 쇠고기를 삶아서 알맞게 뜯어 넣고 고춧가루, 파, 마늘, 후춧가루 따위의 갖은 양념을 하여 얼큰하게 끓인 국. 육개탕.

目 '육개장'은 '肉(육)+개[狗]+醬(장)'으로 분석된다.

目 '개장'이나 '개장국'은 '개고기[狗肉]를 넣고 끓인 탕(湯)'으로서, 옛날부터 우리 민족이 즐겨 먹는 음식이다. '육개장'은 '쇠고기를 넣고 개장국처럼 끓인 탕'이라는 의미에서 만들어진 말이다. 이 말이 옛 문헌에 나타나지는 않는다.

웬 肉(육)+개[狗]+醬(장)

옌 육개장

응달 몡 그늘진 곳. 음지(陰地).

目 '응달'의 근대국어 형태는 '음달'이며, 이 말은 어원적으로 '陰(음)+달[地]'로 분석된다.

目 '응달'의 '달'은 고구려 지명 표기에서 나타나는 차자(借字) '達(달)'에서 그 역사성을 알 수 있다. '土山縣 本高句麗息達(삼국사기), 高木根縣 本高句麗達乙斬(삼국사기)' 등의 기록에서 '達(달)'은 '山(산), 高(고)'의 의미에 대응하며, 이러한 의미로부터 일정한 '장소(場所)'나 '땅[地]'의 의미로 일반화되었을 것으로 생각된다.

웬 陰(음)+달[地]

옌 음달> 응달

예 • 음달(背陰處, 동문유해 상-3)

☞ 양달

의붓아들 몡 ① 후실이나 첩이 데리고 온 전남편의 아들. 가봉자. 의자(義子). ② 남편의 전처가 낳은 아들.

㊂ '의붓아들'은 '義父(의부)+ㅅ(사잇소리)+아들[子]'의 구조로 분석된다. 그러므로 어원적 의미로 본다면 '전 남편의 아들'이 여기에 해당한다.

㊎ 義父(의부)+ㅅ(사잇소리)+아들[子]

㉰ 의붓아들

이끌다[이끄니, 이끌어] 동 앞에서 잡고 끌다. 따라오도록 인도하다.

㊂ '이끌다'는 중세국어의 '잇그다'에서 온 말이다. '잇그다'가 '잇글다, 잇쓸다'가 된 것은 관형사형 어미가 기본형에 융합된 결과이거나, 아니면 모음 충돌을 피하기 위한 유음 'ㄹ'의 삽입에 의한 것이며, 이러한 형태의 변화는 근대국어 시기에 이루어졌다.

㊂ 중세국어의 형태만을 기준으로 할 경우에, '이끌다'는 어원적으로 현대국어의 '끌다[引]'와는 직접 관련이 없다. 현대국어의 '끌다'는 중세국어의 '긋다[引]'에서 온 말이기 때문이다.

㊎ 잇그[牽]+다(어미)

㉰ 잇그다> 잇글다> 이쓸다> 이끌다

예 • 하늜 神靈이 七寶 술위 잇거 오며(월인석보 2-31)

   • 날회여 잇쓰러 가(박통사언해-중간 상-39)

   • 가권을 잇그러(경신록언석 38)

☞ 끌다

이끼 몡 선태식물에 속하는 은화식물을 통틀어 이르는 말. 잎과 줄기의 구별이 분명하지 않고 관다발이 없는 하등 식물로 고목이나 바위, 습지에서 자란다. 녹전(綠錢). 매태(莓苔).

囯 '이끼'의 중세국어 형태는 '잇/잇ㄱ, 잇기'이므로, '이끼'의 역사적 소급 형태인 '잇기'는 어근 '잇ㄱ[苔]'에 접사 '-이'가 연결되어 생긴 형태라는 것을 알 수 있다.

囯 '잇기'의 받침 'ㅅ'이 뒤에 오는 'ㄱ'의 조음위치에 동화되어 근대국어에 '익기'가 되었다.

웬 잇ㄱ[苔]+이(접사)

옌 잇ㄱ> 잇기> 익기> 이끼

옝 • 玉殿엔 이시 퍼러ᄒ도다(玉殿莓苔靑, 두시언해-초간 6-17)

　• 솔 아랫 ᄆᆞᆯᄀᆞᆫ ᄇᆞᄅᆞ미 잇글 ᄡᅳ러 다ᄋᆞ니(松下淸風掃盡苔, 남명집언해 상-72)

　• 잇기 틱(苔, 신증유합 상-8)

　• 담익기(垣衣, 물보)

이따가 冏 조금 지난 뒤에. (준말) 이따.

囯 '이따가'의 근대국어 형태는 '잇다가'이다. 이 말은 '잇[有]+다가(어미)'로 분석되며, 현대국어 형태를 기준으로 하면 '있[有]+다가(어미)'로 분석된다.

웬 잇[有]+다가(어미)

옌 잇다가> 있다가> 이따가

옝 • 잇다가(一回兒, 동문유해 하-49)

이루다 冏 어떤 상태나 결과가 되게 하다.

囯 '이루다'의 중세국어 형태는 '일우다/일오다'이며, 이 말은 '일[成]+우/오(사동접사)+다(어미)'로 분석된다. 중세국어의 동사 '일다[成]'는 자동사로서 현대국어 '이루어지다'에 해당한다.

囯 중세국어에서 '일다'의 사동사에는 '일우다/일오다'와 '이르다/이루다'의 두 가지가 있으므로, '일다'를 사동사로 만드는 접미사는 '-오-/-우-'와 '-ᄋᆞ-/-으-'의 두 종류로 나뉜다.

웬 일[成]+오/우(사동접사)+다(어미)

옌 일오다/일우다> 이로다/이루다> 이루다

옝 • 平生ㄱ ᄠᅳᆮ 몯 일우시니(용비어천가 12장)

• 果를 일오이다(능엄경언해 1-105)
• 이룰 셩(成, 천자문-석봉 2)
• 큰 일 이로지 못ᄒᆞ리라(삼역총해 1-11)

이름 [명] ① 사람의 성 뒤에 붙여 다른 사람과 구별하는 명칭. ② 개념을 대표하고, 그 사물과 딴 사물과를 구별하기 위한 칭호.

[一] '이름'의 중세국어 형태는 '일훔/일홈'이며, 이 말은 어원적으로 '잃[名]+움/옴(명사화 접사)'의 구조로 분석된다.

[二] '이름'의 고형은 '일훔/일홈'이므로, '이름'을 '이르다[謂]'의 명사형으로 처리하는 것은 성립될 수 없다. 중세국어에서 동사의 명사형에는 어미 '-음/-ᄋᆞᆷ'이 쓰인 반면에, 동명사 어미로는 '-움/-옴'이 쓰였으므로 '일훔/일홈'은 우선 '잃+움/옴'으로 분석된다. 그러나 중세국어에는 '名(명)'의 의미를 가진 동사 '잃-/일ᄒᆞ-'가 존재하지 않기 때문에 문제가 된다. 여기에서 문제 해결의 실마리는 '일ᄏᆞᆮ다[稱]'의 어원적 구조로부터 얻을 수 있다. 이 단어는 '잃+ᄀᆞᆮ+다'로 분석된다. 그리고 여기에 나타나는 어간 'ᄀᆞᆮ'은 'ᄀᆞ로ᄃᆡ[曰]'의 기본 어간이며, 'ᄀᆞ로ᄃᆡ'는 'ㄷ' 불규칙에 의한 어간의 변이형이다. 이렇게 분석하면 '名(명)'의 의미와 관련된 동사 어간으로서 '잃-/일ᄒᆞ-'이라는 형태를 재구할 수 있다. 재구한 중세국어 동사 '잃다/일ᄒᆞ다'는 '이름하다, 이름짓다' 등에 해당하는 동사였을 것으로 생각된다.

[원] 잃/일ᄒᆞ[名]+움/옴(명사화 접사)

[변] 일훔/일홈> 이름

[예] • 놀애예 일훔 미드니(용비어천가 16장)
• 후셰예 일홈 베퍼 내여(揚名於後世, 번역박통사 상-50)

이바지 [명] ① 도움이 되게 함. ② 힘들여 음식 등을 보내 줌. 또는 그 음식.

[一] '이바지'의 중세국어 형태는 '이바디'이며, 이 말은 '이받[餉, 宴]+이(명사화 접사)'의 구조로 분석된다.

[二] 중세국어의 동사 '이받다'는 현대국어로 풀면 '이바지하다, 잔치하다'에 해당한다.

[원] 이받[餉, 宴]+이(명사화 접사)

[변] 이바지> 이바디> 이바지

[예] • 이바디예 머리롤 조ᄉᆞᄫᆞ니(當宴敬禮, 용비어천가 95장)

이불 [명] 잘 때에 몸을 덮는 이부자리.

[一] 중세국어 문헌에서 '니블'의 형태로 나타난다. '니블'은 20세기까지도 그대로 사용되었으며, '이불'이란 형태는 19세기에 나타나서 현대로 이어졌다. 중세국어 '니블'은 동사 '닙다[服, 被]'의 어간 '닙-'에 접미사 '-을'이 붙은 것이다. '닙다'는 현대국어 '입다'의 중세국어 형태이다. 한자 '被(피)'는 국어 한자어에서 '被殺(피살), 被襲(피습), 被害(피해)' 등에서와 같이 '(무엇을) 입다/당하다'의 뜻으로 사용되는 것이 보통이지만, 자전(字典)에서 '被(피)'의 뜻풀이를 보면 가장 먼저 명사 '이불'이 나오는 것을 확인할 수 있다. 이것은 중세국어 '닙다'에서 '니블'이 나왔다는 것을 무엇보다도 잘 보여 준다.

[二] 15세기 문헌인 『석보상절(釋譜詳節)』(1447)의 '보비옛 집과 貴ᄒᆞᆫ 니블로 부텨와 즁괏그에 布施ᄒᆞ며(보배의 집과 귀한 이불로 부처와 중에게 보시하며)'에서 '니블'의 형태로 처음 나타난다. '니블'은 20세기까지도 그대로 사용되었다. 그러나 17세기에 '으'가 '우'로 바뀐 '니불'이란 형태와 18세기에 어두의 'ㄴ'이 탈락한 '이블'이란 형태는 현대국어 '이불'이 되는 두 가지 음운 현상을 보여 주는 것이어서 주목된다. 전자는 원순모음화 현상이고, 후자는 두음법칙에 의한 '이' 모음 앞의 두음 'ㄴ'의 탈락이다. '이불'이란 형태는 19세기에 나타나서 현대로 이어졌다. 중세국어 '니블'은 동사 '닙다[服, 被]'의 어간 '닙-'에 접미사 '-을'이 붙은 것이다. '닙다'는 현대국어 '입다'의 중세국어 형태이다. 접미사 '-을'은 '겨를(결+-을), 벼슬(볏+-을), 구들(굳+-을)' 등에서 보듯이 명사를 파생시키는 접사이다.

[원] 닙[被]+을(접사)

[변] 닙을> 니블> 니불> 이불

[예] • 지비며 니블 쇼히며(석보상절 11-22)

• 비단 니불 삼아셰라(만언사)

이빨 [명] ‘이’를 낮추어 이르는 말.

[一] ‘이빨’의 중세국어 형태는 ‘닛발’이며, 이 말은 ‘니[齒]+ㅅ(조사/사잇소리)+발(접사)’의 구조로 분석된다.

[二] ‘닛발’에서 접사로 처리한 ‘-발’은 ‘발[足]’과 같은 어원일 가능성이 있으나, 확인하기는 어렵다. 그러나 중세국어에서 ‘발[足]’의 성조가 거성(去聲)이고, 접미사 ‘-발’의 성조가 거성인 점에서 같은 어원일 가능성이 높다. ‘빗발, 눈발’ 등에서도 접미사 ‘-발’이 나타난다.

[원] 니[齒]+ㅅ(조사/사잇소리)+발(접사)

[변] 닛발> 이빨

[예] • 白玉琉璃ᄀᆞ티 ᄒᆡ여신 닛바래(악학궤범, 처용가)

이승 [명] 지금 살고 있는 세상. 금생(今生). 금세(今世). 이생. 차세(此世). 차생(此生).

[一] ‘이승’의 중세국어 형태는 ‘이ᄉᆡᆼ’이며, 이 말은 ‘이[此]+生(ᄉᆡᆼ)’의 구조로 분석된다. 15세기 문헌인 『월인석보(月印釋譜)』(1459)의 ‘이生애셔 後生 因緣을 지ᅀᅥ(이승에서 後生 인연을 지어)’에서 ‘이生’으로 나타난다. ‘生’의 중세국어 한자음이 ‘ᄉᆡᆼ’이므로, 국어 표기로는 ‘이ᄉᆡᆼ’이다. 이 말이 한 단어인지 정확하지 않으나, 뒤에 나오는 ‘後生’과 비교할 때 거의 한 단어로 굳어졌다고 생각된다. 16세기의 문헌인 『번역박통사(飜譯朴通事)』(1517)의 ‘이런 젼ᄎᆞ로 이ᄉᆡᆼ애 뎌러ᄐᆞ시 편안이 됴히 잇ᄂᆞ니(이런 까닭으로 이승에 저렇듯이 편안히 좋게 있으니)’에서는 ‘이ᄉᆡᆼ’을 확실하게 확인할 수 있다. 중세국어의 ‘이ᄉᆡᆼ’은 19세기까지 계속 사용되었으며, 20세기에는 ‘이승, 이생’으로 나타난다. ‘이승’은 한자어에서 벗어나 고유어 계열로 편입한 것이라면, ‘이생’은 어원적인 ‘이+生(ᄉᆡᆼ)’에서 ‘生’의 현대국어 한자음 ‘생’을 적용한 형태인 것이다.

[二] ‘이승’이 ‘이+生(ᄉᆡᆼ)’에서 온 것이 분명하므로, ‘이ᄉᆡᆼ’에서 ‘이승’이 되는 과정이 설명되어야 한다. 한자음에서 ‘生’은 중세국어의 ‘ᄉᆡᆼ’에서 현대국어 ‘생’으로 바뀌었으므로, ‘이ᄉᆡᆼ> 이승’의 과정은 한자음의 차원에서는 예외적이다. 그러나 ‘이ᄉᆡᆼ’을 고유어처럼 취급하게 되면, 제2 음절의 ‘ᄋᆞ’는 ‘으’가 되므로 ‘이ᄉᆡᆼ’은 ‘이싕’이 되며, 다

시 '이싱'에서 '이승'이 되었다고 보아야 한다. 후부 요소인 경우에 한자 '生(싱)'이 고유어처럼 인식되어 '승'이 되는 어휘로는 이 밖에도, '衆生(즁싱)> 짐승, 長栍(댱싱)> 장승, 初生(초싱)돌> 초승달' 등의 예를 열거할 수 있다. 이러한 용례를 참조하면, '이生(이싱)'에서 '이승'이 되는 것은 이러한 계열의 어휘에 적용된 일관된 현상에 의한 것임을 알 수 있다.

[三] '이승'과 상대되는 말에 '저승'이 있다. 16세기 문헌인 『정속언해(正俗諺解)』(1518)의 '하ᄂᆞᆯ히 올히 아니 너겨 한어버ᅀᅵ도 뎌싱애셔 필연 니마 ᄧᅵᆼ그리오(하늘이 옳게 여기지 아니하여 조부모님도 저승에서 이마 찡그리고)'에서 '뎌싱'의 형태로 처음 나타난다. 이 말은 '뎌+生(싱)'으로 이루어진 말이다. '뎌'는 근대국어에서 구개음화되어 '져'가 되었다가, 'ㅈ' 다음에서 반모음 'ㅣ[j]'가 탈락하여 현대국어 '저'가 되었다. '뎌싱'의 '싱(生)'이 '승'이 되는 것은 위에서 설명한 바와 같다.

[원] 이[此]+生(싱)

[변] 이싱> *이싱> 이승

[예] • 이生애셔 後生 因緣을 지ᅀᅥ(월인석보 1-12)

• 이싱애 뎌러ᄐᆞ시 편안이 됴히 잇ᄂᆞ니(번역박통사 상-31)

☞ 원숭이, 장승, 저승, 짐승, 초승

이윽고 [부] 얼마 있다가. 또는 얼마쯤 시간이 흐른 뒤에.

[一] 중세국어 문헌에서 '이ᅀᅳᆨ고'의 형태로 나타난다. 18세기 문헌에 '이윽고'가 나타나 현대로 이어졌다. 중세국어에는 '이ᅀᅳᆨᄒᆞ다'란 말이 있었으며, '이ᅀᅳᆨ고'는 '이ᅀᅳᆨᄒᆞ다'의 어근 '이ᅀᅳᆨ'에 접미사 '-고'가 붙은 것이다. 어원적 의미는 '시간이 좀 지나서'의 뜻이다.

[三] 15세기 문헌인 『석보상절(釋譜詳節)』(1447)의 '이ᅀᅳᆨ고 波羅㮈王이 한 사ᄅᆞᆷ 더블오 그 뫼해 山行가샤(이윽고 波羅㮈王이 많은 사람과 더불어 그 산에 사냥 가시어)'에서 '이ᅀᅳᆨ고'의 형태로 처음 나타난다. 18세기 문헌에 '이윽고'가 나타나 현대로 이어졌다. 그러나 반치음 'ㅿ'은 17세기 이후에는 나타나지 않으므로, '이ᅀᅳᆨ고'가 '이윽고'가 된 것은 17세기를 전후하여 생긴 일이라고 해야 한다. 중세국어에는 '이ᅀᅳᆨᄒᆞ다'란 말이 있었으며, 그 의미는 '지난 시간이 좀 오래다'에 해당한다. 15세기 문헌인

『구급간이방언해(救急簡易方諺解)』(1489)의 '두 번에 ᄂ화 먹고 이슥ᄒ야 다시 머그면 가히 독을 토ᄒ야(두 번에 나누어 먹고 조금 있다가 다시 먹으면 가히 독을 토하여)'에서 '이슥ᄒ다'를 확인할 수 있다. 이 말은 정상적이라면 '이윽하다'로 바뀌어야 하지만, 17세기부터 '이슥ᄒ다'로 나타나서 현대어 '이슥하다'가 되었다. 'ᅀ'이 탈락한 '이윽하다'는 '이슥하다'의 평안 방언으로 남아 있다. '이슥고'는 '이슥ᄒ다'의 어근 '이슥'에 접미사 '-고'가 붙은 것이다. 그러므로 그 어원적 의미도 '시간이 좀 지나서'의 뜻이다. 현대국어 '이슥하다'는 주로 '밤이 꽤 깊다'의 뜻으로 쓰이고, 원래의 뜻인 '지난 시간이 얼마간 오래다'의 뜻으로는 잘 쓰이지 않는다. 그런데 '이윽고'에는 '밤[夜]'의 경과와는 전혀 관련이 없고, '시간의 경과'로만 쓰이고 있으므로, 중세국어 '이슥ᄒ다'의 뜻을 충실히 이어받고 있는 것이다.

㉿ 이슥[暫時]+고(어미)

㉬ 이슥고> 이윽고

㉠ • 이슥고 부톄 드러오나시ᄂᆞᆯ(월인석보 10-8)

　 • 이윽고 使者ㅣ 니르러 門이 열어늘 나니라(소학언해-선조 4-42)

이제 䢍䢎 바로 이 때. 지금.

㉡ 중세국어 형태도 '이제'이다. 이 말은 중세국어 형태를 기준으로 '이[此]+적[時]+의(조사)'의 구조에서 탈락과 축약을 거쳐 이루어진 것이다.

㉢ 중세국어에서는 '내 지븨 이싫 저긔(석보상절 6-7), 지부로 도라오싫 제(용비어천가 18장)' 등에서 알 수 있는 바와 같이, '저긔(적+의)'와 '제'가 같은 뜻으로 함께 쓰였으며, '제'는 '저긔'에서 탈락과 축약을 거친 형태이다.

㉿ 이[此]+적[時]+의(조사)

㉬ 이적의> 이저긔> 이제

㉠ • 이제 쏘 내 아ᄃᆞᆯ 룰 ᄃᆞ려가려 ᄒ시ᄂᆞ니(석보상절 6-5)

이태 䢍 두 해.

㉡ '이태'의 중세국어 형태는 '읻히'이며, 이 말은 '읻[二]+히[年]'의 구조로 분석된다.

앤 인[二]+히[年]

변 인히> 이태

예 • 인힛자히ᅀᅡ 셔울 드러오ᄂᆞ니라(월인석보 2-66)

☞ 이틀

이튿날 명 어떤 일이 있은 그 다음날. '초이튿날'의 준말.

ㅡ '이튿날'의 중세국어 형태는 '이틄날, 이틋날'이며, 이 말은 '이틀[二日]+ㅅ(조사/사잇소리)+날[日]'의 구조로 분석된다. '이틀'의 어원에 대해서는 해당 표제어 참조.

ㅡ '이틄날'에서 치경음 'ㅅ' 앞의 'ㄹ'이 탈락하여 '이틋날'이 되므로, 현대국어의 표기도 '이틋날'이 되는 것이 맞다. 그러나 맞춤법에서 '이튿날'로 한 것은 '이틀'의 받침 'ㄹ'이 'ㄷ'으로 바뀌어 발음되었다고 생각한 까닭이므로, 역사적 관점에서 올바른 처리가 아니다.

앤 이틀[二日]+ㅅ(사잇소리)+날[日]

변 이틄날> 이틋날> 이튿날

예 • 이틄나래 나라해 이셔 도ᄌᆞ기 자최 바다 가아(월인석보 1-6)

　 • 이틋나래 舍利佛이 보고 무른대(석보상절 6-27)

　 • 이튼날 익(翌, 신증유합 상-3)

이틀 명 두 날. 양일. '이튿날, 초이틀'의 준말.

ㅡ 중세국어 형태도 '이틀'이며, 이 말은 어원적으로 '인[二]+흘(접사)'의 구조로 분석된다.

ㅡ 어근(語根)으로 추출한 '인[二]'은 중세국어의 어휘인 '인히[二年], 이듬해[明年]' 등에서 확인할 수 있으며, 접사 '-흘'은 '사ᄋᆞᆯ[三日], 나ᄋᆞᆯ[四日], 이틀[二日]' 등의 어원적 구조에서 알 수 있는 바와 같이 '날[日]'을 뜻하는 접사 '-ᄋᆞᆯ/-ᄋᆞᆯ'과 같은 것이다.

앤 인[二]+흘(접사)

변 인흘> 이틀

예 • 흘리어나 이트리어나 사ᄋᆞ리어나 나ᄋᆞ리어나 다쐐어나 여쐐어나 닐웨어나(월인석보 7-71)

이팝나무 몡 물푸레나뭇과의 낙엽 교목. 골짜기나 개울가에 남. 암꽃과 수꽃의 구별이 있으며, 봄에 흰 꽃이 피고 가을에 핵과(核果)가 까맣게 익음. 정원수나 풍치목으로 심음.

㉠ '이팝나무'는 중세국어 형태를 기준으로 '니[稻]+밥[食]+나모/낡[木]'으로 분석된다. 현대국어 '입쌀'의 중세국어 형태는 '니뿔'이므로 '이팝'이 '니+밥'의 어원적 구조에서 왔다는 것을 알 수 있다. '니[稻]'은 'ㅎ' 종성이 없기 때문에 '니밥나모'에서 변화한 '이밥나무'가 될 것이 예상되지만, 현대국어에서 '이팝나무'가 된 것은 '조팝나무'와 같은 비슷한 계열의 어휘로부터 영향을 받았기 때문으로 생각된다.

㉡ 민속에서 이 나무의 꽃피는 모습으로 그해 벼농사의 풍흉을 짐작했으며, 치성을 드리면 그해에 풍년이 든다고 믿어 신목으로 받들었다. 나무 이름의 연유도 벼농사가 잘되어 쌀밥을 먹게 되는 데서 유래한 것이라고도 하며, 입하(立夏)무렵에 꽃이 피기 때문에 이팝나무라고 불렀다는 이야기도 있다.

㉮ 니[稻米]+밥[食]+나모/낡[木]

㉯ 니밥나모/니밥낡> 이팝나무

☞ 입쌀, 조팝나무

익숙하다[익쑤카다] 혭 ① 여러 번 해 보아 능란하다. ② 자주 만나 사귀어 친숙하다.

㉠ '익숙하다'의 중세국어 형태는 '닉숙다'이며, 이 말은 중세국어의 동사 '닉다[熟]'와 '숙다[垂]'의 합성어이므로, 어원적으로 '닉 [熟]+숙[垂]+다(어미)'로 분석된다.

㉡ 중세국어에서 '닉다'의 제1차적 의미는 '열매나 씨가 여물다.'이므로, '닉숙다'는 어원적으로 '(열매가) 익어서 숙어진 상태가 되다.'의 뜻임을 알 수 있다.

㉢ 근대국어 후기에 나타나는 '닉숙ㅎ다'는 '닉숙다'의 '숙'을 한자 '熟(슉)'으로 오해한 데서 생긴 의도적인 형태 변화이다. '熟'의 중세국어 및 근대국어 한자음이 '슉'이므로, 중세국어 '닉숙다'의 '숙'이 한자 '熟'과는 관련이 없다는 것을 알 수 있다.

㉮ 닉[熟]+숙[垂]+다(어미)

㉯ 닉숙다> 닉숙하다> 익숙ㅎ다> 익숙하다

㉲ • 만코 닉슉은 양이라(소학언해-선조 4-54)

- 그 길도 닉슉히 알 쑨더러 두 사룸의 쟝뤼 일과 엇더케 될 거슬 알미러라(천로 역정 하-104)
- 가장 익슉ᄒ니 진짓 나의 젹쉬로다(삼국지 사-2)

일깨우다¹ 图 자는 사람을 일찍 깨우다.

▣ '일깨우다'는 '일/이르[早]+깨[醒]+우(사동 접사)+다(어미)'로 분석된다.

⑩ 일/이르[早]+깨[醒]+우(사동 접사)+다(어미)

⑭ 일깨우다

일깨우다² 图 일러 주거나 가르쳐서 깨닫게 하다.

▣ 이 말은 '일/이르[謂]+깨[醒]+우(사동접사)+다(어미)'로 분석된다.

⑩ 일/이르[謂]+깨[醒]+우(사동접사)+다(어미)

⑭ 일깨우다

일석이조(一石二鳥) 图 돌 한 개를 던져 새 두 마리를 잡는다는 뜻으로, 동시에 두 가지 이득을 봄을 이르는 말. 일거양득.

▣ '일석이조(一石二鳥)'는 한어(漢語)에서 유래한 성어(成語)가 아니다. 이 말은 영어의 관용 구문인 'killing two birds with one stone'을 일본어에서 '一石二鳥 (いっせきにちょう)'로 번역하면서 생긴 말이다. 한어(漢語)에서는 '一擧兩得(일거 양득), 一擧兩獲(일거양획), 一箭雙鳥(일전쌍조)' 등과 같은 표현을 사용한다.

⑩ (영어)killing two birds with one stone

⑭ killing two birds with one stone> (일본어)一石二鳥(いっせきにちょう)> 일석이조

일어나다 图 누웠다가 앉거나 앉았다가 서다.

▣ '일어나다'의 중세국어 형태는 '니러나다'이며, 이 말은 어원적으로 '닐[起]+어(어 미)+나[出]+다(어미)'로 분석된다. 중세국어에서 현대국어 '일어나다'에 해당하는 말 은 합성 동사인 '니러나다'와 함께 단일어 '닐다'도 있다. '닐어나다'는 어원적으로

합성 동사이지만, '닐다[起]'가 본용언이라면, 후부 요소인 '나다[出]'는 보조용언의 기능을 한다.

囙 '니러나다'에서 두음 'ㄴ'이 탈락한 '이러나다'는 이미 15세기 문헌에 나타나며, '니러나다, 닐어나다, 이러나다, 일어나다' 등의 변이 형태가 20세기까지 지속되었다. 표기의 세력으로 보면 'ㄴ'이 탈락한 '이러나다, 일어나다'의 형태는 18세기 이후에 일반화되었다.

㉠ 닐[起]+어(어미)+나[出]+다(어미)

㉺ 닐어나다/니러나다> 일어나다/이러나다> 일어나다

㉸ • 그ᄢᅴ 東方ᄋᆞ로셔 大風이 니러나 雲霧를 부러ᄇᆞ리니(월인석보 22-67)
  • 命濁ᄋᆞᆫ 業識이 ᄢᅥ ᄃᆞ외야 이러나 劫을 조차 뎌르며(월인석보 11-12)
  • 아비 병ᄒᆞ야 닐어나디 못ᄒᆞ더니(속삼강행실도 중-효-18)
  • 일즉 일어나 세수ᄒᆞ고 빗질ᄒᆞ고 가사를 간금ᄒᆞ더라(여사수지 25)

일컫다[일컬어, 일컬으니] 图 이름지어 부르다. 칭하다.

囙 '일컫다'의 중세국어 형태는 '일ᄏᆞᆮ다'이며, 이 말은 어원적으로 '잃[名]+ᄀᆞᆮ[曰]+다(어미)'로 분석된다.

囙 어근 '잃[名]'은 '일훔/일홈'에서 찾을 수 있으며, 어근 'ᄀᆞᆮ[曰]'은 활용 형태인 'ᄀᆞ로ᄃᆡ'의 기본 어간이다.

㉠ 잃[名]+ᄀᆞᆮ[曰]+다(어미)

㉺ 잃ᄀᆞᆮ다> 일ᄏᆞᆮ다> 일컫다

㉸ • 구틔여 法身이라 일ᄏᆞᆮᄌᆞᄫᆞ니라(월인석보 서-5)
  • 승이 병들믈 일ᄏᆞᆺ고 나오지 아니ᄒᆞ니(오륜행실도 2-18)

☞ 이름

임 图 사모하는 사람.

囙 '임'의 중세국어 형태는 '님'이다. '님'은 『훈몽자회(訓蒙字會)』에서 '님 쥬(主, 중-1)'라고 한 바와 같이 한자 '主'의 새김으로 쓰였으므로, 그 의미가 확실하다. 중세국어에서 '님' 단독으로 '임금'의 뜻으로 쓰이기도 하였고, 사모하는 사람을 뜻하

기도 하였다. '사모하는 사람'을 자기 마음의 주인이라고 하여 '님'이라고 하였으며, 이 용법이 현대국어로 이어졌다.

国 중세국어 '님'은 두음법칙의 적용을 받아 현대국어 '임'으로 이어졌고, 접미사 '-님'은 두음법칙의 적용을 받지 않으므로 형태의 변화가 없다.

㉿ 님[主]

㉻ 님> 임

㉺ • 님 쥬(主, 훈몽자회 중-1)

  • 이 몸 삼기실 제 님을 조차 삼기시니(사미인곡)

☞ 임금, 님

임금[임:금] 图 군주 국가에서 나라를 다스리는 우두머리. 군상. 군왕. 군장. 성의. 왕. 왕자. 인군. 인주. 주공. 주군.

国 '임금'의 중세국어 형태는 '님금'이며, 이 말은 '님+금'으로 분석된다. '님'은 『훈몽자회(訓蒙字會)』에서 '님 쥬(主, 중-1)'라고 한 바와 같이 한자 '主'의 새김으로 쓰였으므로, 그 의미가 확실하다. 중세국어에서 '님' 단독으로 '임금'의 뜻으로 쓰인 경우도 있다. '금'은 신라 시대 초기의 왕호인 '尼叱今, 尼師今' 등의 '今'에서 그 형태의 역사성과 의미를 확인할 수 있다. 즉 '금'은 한자 '君'에 해당하는 고유어로 파악되며, '今'은 고유어 '금'을 한자의 음(音)을 빌려 표기한 차자표기(借字表記)인 것이다. '금'과 '君'의 음상이 유사하고 의미가 같아서 근대국어에서는 중세국어의 '님금'을 '님군'으로 표기한 용례가 많다. 그러나 고유어 '금'과 한자 '君'은 형태적으로 유래가 다른 말이다.

国 '님'은 두음법칙의 적용을 받아 현대국어 '임'으로 이어졌고, 접미사 '-님'은 두음법칙의 적용을 받지 않으므로 형태의 변화가 없다. 그러므로 '임금님'의 '임과 '님'은 어원이 같다.

㉿ 님[主]+금[君]

㉻ 님금> (님군, 님굼)> (임군)> 임금

㉺ • 數萬里ᅀ 니미어시니(數萬里主, 용비어천가 31장)

  • 내 님금 그리샤(我思我君, 용비어천가 50장)

• 님굼 섬교미(삼강행실도 충-6)
• 다 두 님군을 도아(여사서언해 4-5)
• 임군 군(君, 아학편 상-1)

임파(淋巴) [명] 고등 동물의 조직 사이를 채우는 무색의 액체(혈관과 조직을 연결하며, 장에서는 지방을 흡수하고 운반을 하고, 세균의 침입을 막고 체표(體表)를 보호함). 림프(lymph).
[一] 한자어 '淋巴'는 라틴어 'lympha'를 한어(漢語)에서 취음(取音)하여 표기한 것이다. 영어 'lymph'는 라틴어에서 온 것이다.
[원] (라틴어)lympha
[변] lympha> (漢語)淋巴> 임파

입덧 [명] 임신한 지 이삼 개월쯤 되어 오심(惡心), 구토, 식욕 부진 등을 일으켜 몸이 쇠약해지며 특별한 음식을 좋아하는 증세. 오조증(惡阻症).
[一] 근대국어 형태도 '입덧'이며, 이 말은 '입[口]+덧[病]'으로 분석된다. 현대국어 '덧'은 '빌미, 탈'의 의미로 쓰이는 말이다.
[원] 입[口]+덧[病]
[변] 입덧
[예] • 꼴病도 아니 들고 입덧도 아니 난다(고시조, 청구영언)

입때 [명][부] 이때. 여태. 입때껏.
[一] '입때'의 근대국어 형태는 '입빼'이며, 이 말은 중세국어 형태를 기준으로 하여 '이[此]+ᄢᅢ[時]'로 분석된다.
[二] 'ᄢᅢ[時]'의 초성 'ㅂ'이 앞 말의 받침으로 내려가 '입ᄣᅢ'가 되고, 'ㅆ'이 경음 'ㄸ'으로 바뀜에 따라 '입때'가 된 것이다. 근대국어 형태 '입빼'는 '입ᄣᅢ'의 변이 표기에 해당한다.
[원] 이[此]+ᄢᅢ[時]
[변] 이ᄢᅢ> 입ᄣᅢ/입빼> 입때

⑩ • 입뻬예 혹 놀라 뼈는 증이 나셔(두창경험방 15)

입술 囝 포유동물의 입의 아래위에 도도록하게 붙은 얇고 부드러운 살. 구문(口吻).
구순(口脣).

□ '입술'의 중세국어 형태는 '입시울'이다. 17세기에는 '입시울, 입시올, 입슈얼, 입
슈월, 입시욹' 등의 다양한 표기가 나타나며, 19세기의 '입시율'과 '입술'은 현대의
상황을 예고하는 것이다. 20세기에 '입슐, 입술'을 거쳐 현대의 '입술'로 이어졌다.
중세국어의 '입시울'은 '입[口]'과 '시울[絃]'의 결합으로 이루어진 말이다. '시울'은
현악기의 '줄'을 뜻하는 말이며, '활'의 경우는 '시위[弦]'에 해당한다. 활의 '시위'도
현악기의 '줄'과 유사하다는 것을 생각하면, '시울'의 의미로 함께 쓰인다는 것을 이
해할 수 있다. 그러므로 '입+시울'의 어원적 의미는 비유적으로 '입'에 달린 악기의
'줄'이나 활의 '시위'에 해당한다는 것을 알 수 있다.

□ 15세기 문헌인『석보상절(釋譜詳節)』(1447)의 '一切 믜본 相이 업서 입시울와
혀와 엄과 니왜 다 됴ᄒ며(일체 미운 相이 없어 입술과 혀와 어금니와 이가 다 좋으
며)'에서 '입시울'의 형태로 처음 나타난다. 17세기에는 '입시울, 입시올, 입슈얼, 입
슈월, 입시욹' 등의 다양한 표기가 나타나지만, 주목되는 것은 '입시욹'이다. 18세기
및 19세기에도 이러한 표기 양상이 이어지지만, 19세기의 '입시율'과 '입술'은 현대
의 상황을 예고하는 것이다. 20세기에 '입슐, 입술'을 거쳐 현대의 '입술'로 이어졌
다. 중세국어의 '입시울'에서 '입시욹'이 되는 것은 중세국어의 '시울'이 근대국어에
서 '시욹'으로 나타나는 경우를 반영한 것이다. '입시울'에서 제2 음절의 모음 '이'가
다음 음절에 영향을 주면 '입시율'이 된다. 이렇게 되면 제2 음절의 '이' 모음과 다음
음절의 반모음 'ㅣ[j]'가 겹치게 되어 축약이 일어나 '입슐'이 된다. 이제 어근의 'ㅅ'
다음에서 이중모음 '유'가 '우'로 되는 음절 구조의 제약에 의하여 '입술'이 되는 것
이다. 이러한 과정은 '입시울> 입시율> 입슐> 입술'이 되는 정상적인 음운 과정
을 설명한 것이므로, 기타의 다양한 형태는 이러한 과정에서 예외적인 변화에 의한
것이다.

□ 중세국어의 '입시울'은 '입[口]'과 '시울[絃]'의 결합으로 이루어진 말이다. '시울'
은 현악기의 '줄'을 뜻하는 말이며, '활'의 경우는 '시위[弦]'에 해당한다. 활의 '시위'

도 현악기의 '줄'과 유사하다는 것을 생각하면, '시울'의 의미로 함께 쓰인다는 것을 이해할 수 있다. 그러므로 '입+시울'의 어원적 의미는 비유적으로 '입'에 달린 악기의 '줄'이나 활의 '시위'에 해당한다는 것을 알 수 있다. 여기에서 좀 더 나아가 '시울'은 '뱃전'을 뜻하는 '빗시울[舷]'에도 쓰이는데, 이것도 '시울'의 의미가 비유적으로 사용된 경우이다. '시울'의 뜻에 해당하는 한자가 현악기의 경우에는 '絃(현)', 활인 경우에는 '弦(현)', 배인 경우에는 '舷(현)'이라는 것도 이들의 어원이 같다는 것을 말해 준다.

[원] 입[口]+시울[絃, 弦]

[변] 입시울> 입수얼/입슈얼/입슈월> 입술

[예] • 입시울와 혀와 엄과 니왜 다 됴ᄒᆞ며(석보상절 19-7)
• 말ᄒᆞᆷ이 입수어를 흔들지 말며(여사서언해 3-4)
• 입슈얼 데다(역어유해 상-53)
• 이제 입슈월이며 혀의 죠고만 연고로뼈 ᄃᆞ토기예 니ᄅᆞ며(경민편언해 22)

입쌀 [명] 멥쌀을 잡곡에 대해 일컫는 말. 도미(稻米).

[一] '입쌀'의 중세국어 형태는 '니ᄡᆞᆯ'이며, 이 말은 '니[稻]+ᄡᆞᆯ[米]'로 분석된다.

[二] '니ᄡᆞᆯ'에서 'ᄡᆞᆯ'의 초성 'ㅂ'이 앞 말의 받침으로 내려가 '*닙ᄉᆞᆯ'이 되며, 이어서 두음법칙과 경음화, 그리고 'ᆞ'의 변화에 의하여 현대국어 '입쌀'이 된 것이다. 근대국어에 '니ᄯᆞᆯ'이란 형태도 나타나지만, 이것은 중세국어의 'ᄡᆞᆯ'이 'ᄯᆞᆯ'로 변화된 근대국어 형태를 그대로 반영한 것이다.

[원] 니[稻]+ᄡᆞᆯ[米]

[변] 니ᄡᆞᆯ> *닙ᄉᆞᆯ> *닙� ᄊᆞᆯ> 입쌀

[예] • 니ᄡᆞᆯ(粳米, 사성통해 하-57)
• 니ᄯᆞᆯ(粳米, 한청문감 12-63)

입씨름 [명] ① 어떤 일을 이루려고 말로 애를 쓰는 일. ② 말다툼.

[一] '입씨름'의 중세국어 형태는 '입힐훔'이며, 이 말은 '입[口]+힐후[責]+ㅁ(명사화 접사)'으로 분석된다. 중세국어의 '힐후다'는 현대국어의 '힐난(詰難)하다. 책망(責

望)하다. 꾸짖다’ 등에 해당하는 말이며, 근대국어에도 사용되었으나 현대국어로 이어지지 않았다.

[三] 15세기 문헌인 『월인석보(月印釋譜)』(1459)의 ‘阿蘭若ᄂᆞᆫ 겨르ᄅᆞᆸ고 寂靜ᄒᆞᆫ 處所ㅣ라 ᄒᆞᆫ ᄠᅳ디라 ᄯᅩ 입힐훔 업다 ᄒᆞᆫ ᄠᅳ디니 ᄆᆞᅀᆞᆯ해셔 다ᄉᆞᆺ 理 버은 ᄯᅡ히라(阿蘭若는 한가롭고 조용한 處所이라고 하는 뜻이다. 또 입씨름 없다고 하는 뜻이니 마을에서 5리 떨어진 땅이다)’에서 ‘입힐훔’이란 형태로 처음 나타난다. 16세기에 ‘입힐홈’으로 나타나고, 17세기에는 ‘입힐홈, 입힐흠, 입히름’ 등으로 마지막 음절의 모음이 ‘으’로 바뀌거나, ‘ㅎ’이 탈락하는 형태가 나타난다. 19세기에는 새로운 형태인 ‘입씨름’이 나타나서 현대로 이어졌다. ‘입히름’에서 ‘입씨름’이 되는 것은 우선 ‘ㅎ’의 구개음화에 의해 ‘입시름’이 되고, 받침 ‘ㅂ’ 다음에서는 평음 ‘ㅅ’이 경음 ‘ㅆ’으로 발음되는 것이므로, 발음대로 표기하여 ‘입씨름’이 된 것이다. ‘입힐훔’은 우선 ‘입+힐훔’으로 구성된 말이며, ‘힐훔’은 어간 ‘힐후-’에 명사를 만드는 접미사 ‘-ㅁ’의 결합으로 이루어진 말이다. 어원적인 의미는 ‘입으로 힐난하다’ 또는 ‘입으로 다투다’에 해당한다. 중세국어의 ‘힐후다’는 ‘힐난하다, 다투다’의 뜻이다. 『월인석보(月印釋譜)』(1459)의 ‘世間과 힐후디 아니홀씨라(世間과 다투지 아니한다는 것이다)’에서 ‘힐후다’의 용법을 확인할 수 있다.

[원] 입[口]+힐후[責]+ㅁ(명사화 접사)

[변] 입힐훔> 입힐홈> 입히롬> 입힐음> 입씨름

[예] • ᄯᅩ 입힐훔 업다 ᄒᆞᆫ ᄠᅳ디니(월인석보 7-6)
  • 입힐홈ᄒᆞ리오(박통사언해 상-22)
  • 입히롬ᄒᆞ다(한청문감 3-3)
  • 입힐음ᄒᆞ다(역어유해보 52)

☞ 씨름

잇몸 [명] 이뿌리를 싸고 있는 살. 치경(齒莖). 치은(齒齦).

[一] ‘잇몸’의 중세국어 형태는 ‘닛므윰’이며, 이 말은 ‘니[齒]+ㅅ(조사/사잇소리)+므윰[齗/齦]’으로 분석된다.

[三] 다만 중세국어에서 ‘므윰’은 단독 형태로 사용되지 않았으므로 어원적 의미를 확

정하기가 쉽지 않으나, '닛므윰'의 의미에 의하여 '므윰'의 의미를 '齗/齦(은)'으로 처리해 둔다.

㉢ 중세국어 '닛므윰'이 현대국어 '잇몸'으로 바뀐 것은 '므윰'의 의미가 불분명한 상황에서 '몸[身]'에 유추한 결과이다. 중세 및 근대국어에서 '닛므윰' 외에 '닛믜옴, 닛믜윰, 닛믜욤, 닛믜음, 닛므음, 닛무음' 등의 다양한 형태가 나타난다.

㉜ 니[齒]+ㅅ(조사/사잇소리)+므윰[齗/齦]

㉦ 닛므윰> 닛므음> 잇몸

㉤ • 혓그티 아랫 닛므유메 다ᄂᆞ니라(훈민정음)

자 圏 길이를 재는 기구. 길이 단위의 하나. '치'의 열 배. 약 30.3cm. 척(尺).

㊀ '자'의 중세국어 형태는 '자ㅎ[尺]'이다. 이 말은 한자 '尺'의 상고음에서 왔을 가능성이 높다.

㊂ 한어(漢語)에서 '尺'의 상고음은 [tʰjak]이며 중고음은 [tɕʰjek]이다. '尺'의 상고음에 중세국어 '자ㅎ'의 어원이 있다면, 유기음(有氣音)이 평음(平音)으로 반영된 것은 유기음이 발달하지 않은 고대국어의 자음 체계에 그 원인을 돌릴 수 있다. 그리고 입성 운미 [-k]는 'ㅎ' 종성에 그 흔적을 남겼다고 설명할 수 있다.

㉭ (漢語)尺[tʰjak]

㉤ [tʰjak]>자ㅎ> 자

㉥ • 자ㅎ로 制度ㅣ 날씨(용비어천가 83장)

자개 圏 금조개 껍데기를 썰어 낸 조각(잘게 썰어 가구 등을 장식하는 나전 공예에 널리 씀).

㊀ '자개'의 중세국어 형태는 '쟈개'이며, 이 말은 한어(漢語) '硨磲'의 한어음(漢語音)에서 온 것이다. '硨磲'의 한어 중고음은 [tɕja-gjo]이며, 한어 근대음은 [tɕjɛ-kʰju]이므로 '쟈개'로 차용되는 과정에 어느 정도 음운적 변용이 있었음을 알 수 있다.

㉭ (漢語)硨磲[tɕja-gjo]/[tɕjɛ-kʰju]

㉤ 硨磲[tɕja-gjo]/[tɕjɛ-kʰju]> 쟈개> 자개

㉥ • 쟈개(사성통해 하-27)

자두 몡 자두나무의 열매. 살구보다 조금 크고 껍질 표면은 털이 없이 매끈하며 맛은 시큼하며 달콤하다. 자리(紫李).

㉢ '자두'는 한자어 '紫桃(자도)'에서 왔다. '자도> 자두'의 변화에 의한 것이다.

㉠ 紫桃

㉣ 紫桃(자도)> 자두

자리 몡 ① 사람이나 물체가 차지하고 있는 공간. ② 앉거나 눕도록 바닥에 까는 물건.

㉢ 중세국어 형태도 '자리'이며, 이 말은 '자[寢]+ㄹ(어미)+이(명사화 접사)'의 구조로 분석된다.

㉠ 자[寢]+ㄹ(어미)+이(명사화 접사)

㉣ 잘이> 자리

㉥ • 자리롤 빌이라 ᄒ시니(월인천강지곡 상-36)

자린고비 몡 다라울 정도로 인색한 사람.

㉢ '자린고비'는 '결은 고비'에서 변한 말이라고 하는 견해가 있다(조항범 2005: 95~98). '결은 고비'는 '결[塗油]+은(관형사형 어미)+考妣(고비)'로 분석되며, '결다'는 'ㄷ' 불규칙 동사로서 자동사 용법으로는 '기름기 따위가 흠뻑 묻어 배다'의 뜻이며, 타동사 용법으로는 '물건을 기름에 담그거나 발라 흠뻑 묻어 배게 하다'의 뜻이다.

㉣ 부모의 지방(紙榜, 종이로 만든 신주)에 기름을 먹여 두고서 해마다 사용했다는 이야기에서 인색한 사람을 일컬어 '결은고비'라고 하게 되었다는 것이다.

㉠ 결[塗油]+은(관형사형 어미)+考妣(고비)

㉣ *결은고비> 자린고비

자몽 몡 운향과의 상록 소교목. 열매는 귤과 비슷하며 살이 부드럽고 즙이 많으며 한 가지에 포도처럼 송이를 이룬다. 4~6월에 익으며, 주산지는 미국 플로리다이다. 그레이프프루트(grapefruit).

□ '자몽'은 포르투갈어 'zamboa'에 어원이 있지만, 국어의 '자몽'은 일본어 'ザボン [zabon]'이나 'ジャボン[zyabon]' 등을 거쳐서 들어온 것이다.

㉞ (포르투갈어)zamboa

㉻ zamboa> (일본어)ザボン[zabon]/ジャボン[zyabon]> 자몽

자문(諮問) ⊗ 어떤 일과 관련된 전문가나 전문 기관에 의견을 물음.

□ '諮'의 뜻은 '윗사람이 아랫사람에게 의견을 문의함'이다. 그러므로 아랫사람이 윗사람의 견해를 물으면서 '윗사람에게 자문하다'란 말을 쓰는 것은 옳지 않다.

□ '자문(諮問)'은 다른 사람에게 무엇을 묻는 것이며, 다른 사람의 물음에 답하는 것이 아니다. 그러므로 '전문위원에게 자문을 받았다/구했다/얻었다.' 등으로 쓰는 것은 잘못된 표현이며, '전문위원에게 자문을 했다/자문했다'로 해야 올바른 표현 이다.

㉞ 諮問

㉻ 諮問> 자문

자물쇠 ⊗ 여닫게 된 물건에 채워서 열지 못하게 잠그는 쇠. 자물통.

□ '자물쇠'의 중세국어 형태는 'ᄌᆞ물쇠/ᄌᆞ믌쇠'이며, 이 말은 'ᄌᆞᄆᆞ[鎖]+ㄹ(어미)+(ㅅ)(조사/사잇소리)+쇠[鐵]'의 구조로 분석된다.

□ 중세국어 'ᄌᆞᄆᆞ다'는 현대국어 '잠그다'에 해당하는 말이다. 'ᄌᆞᄆᆞ다'의 변이 형태로서 'ㄱ'이 첨가된 '줌ㄱ다'가 있는데, 현대국어 '잠그다'는 '줌ㄱ다'를 이어받은 형태이다.

㉞ ᄌᆞᄆᆞ[鎖]+ㄹ(어미)+(ㅅ)(사잇소리)+쇠[鐵]

㉻ ᄌᆞ물쇠/ᄌᆞ믌쇠> ᄌᆞ믈쇠/ᄌᆞ믌쇠> ᄌᆞ물쇠> 자물쇠

㉤ • ᄌᆞ물쇠를 섈리 믄듯 닫디 몯ᄒᆞ도다(두시언해-초간 24-30)

   • 鍵은 ᄌᆞ믌쇠라(법화경언해 4-131)

   • 이거슨 이 ᄌᆞ믈쇠로다(박통사언해 상-37)

   • ᄌᆞ믌쇠(鎖子, 역어유해 상-14)

   • ᄌᆞ물쇠(동문유해 하-13)

자반 图 생선을 소금에 절인 반찬감. 또는 그것을 굽거나 쪄서 조리한 반찬.

囗 '자반'은 한자어 '佐飯'에서 온 말이다. '佐飯'의 중세국어 한자음은 '좌반'이므로, '좌반> 자반'의 변화가 있었다고 할 수 있으나, 이것은 그렇지 않다. '佐'와 '左'는 같은 반절자이므로 한자음이 같다. 그런데 중세국어 한자음에서 '左'는 '자'와 '좌'의 두 음이 있다. '左/佐'는 중고음이 [tsɑ]이며 근대음이 [tsuɔ]이므로, '左'의 한자음 '자'는 한어(漢語) 중고음을 반영한 것이며, '좌'는 한어 근대음을 반영한 것이다. 그러므로 '佐飯'을 '자반'으로 읽은 것은 오히려 한자음의 측면에서 전통적인 형태를 보여 주는 것이다.

囯 현대국어 한자음에서 '左/佐'가 '좌'인 것은 중고음 계통의 '자'를 버리고 근대음 계통의 변화된 음인 '좌'를 취한 까닭이다.

卿 佐飯

卿 佐飯> 자반

자장면 图 볶은 중국 된장에 고기와 채소 등을 넣고 비빈 국수. 짜장면.

囗 '자장면'은 현대 한어(漢語) '炸醬麵[tʂatɕjaŋmjɛn]'에서 온 말이지만, '麵'은 국어 한자음으로 읽어서 '자장면, 짜장면'이 된 것이다. '炸醬'은 '장을 볶는다.'는 뜻이다.

卿 炸醬麵[tʂatɕjaŋmjɛn]

卿 炸醬麵[tʂatɕjaŋmjɛn]> 자장면/짜장면

자주 囝 짧은 동안에 여러 번. 같은 일을 연해 잦게.

囗 중세국어 문헌에서 'ᄌᆞ조'의 형태로 나타나며, 역시 같은 문헌에서 'ᄌᆞ로'란 말이 'ᄌᆞ조'와 같은 뜻으로 사용되었다. 'ᄌᆞ조'는 17세기에 '자조'로 바뀐 형태가 나타나며, 19세기에 현대와 같은 '자주'가 되었다. 'ᄌᆞ로'는 18세기에 '자로'가 되어 20세기까지 사용되다가, '자주'에 밀려 사용되지 않게 되었다. 중세국어에서 거의 같은 뜻의 'ᄌᆞ조'와 'ᄌᆞ로'가 20세기까지 공존한 것은 특이한 일이다. 'ᄌᆞ조'는 중세국어의 형용사 '줒다[頻]'의 어간 '줒-'에 부사를 만드는 접미사 '-오'의 결합으로 쉽게 설명이 되지만, 'ᄌᆞ로'는 어간의 형태를 확인할 수 없어서 어원 설명이 용이하지 않다.

Ⓣ 15세기 문헌인 『석보상절(釋譜詳節)』(1447)의 '太子ㅣ ᄌᆞ조 王ㅅ긔 出家ᄒᆞ야지이다 숣거시ᄂᆞᆯ(太子가 자주 王께 出家하고 싶습니다하고 아뢰거늘)'에서 'ᄌᆞ조'의 형태로 나타나며, 역시 같은 문헌의 '羅雲이 져머 노ᄅᆞᆺ술 즐겨 法 드로ᄆᆞᆯ 슬히 너겨 ᄒᆞ거든 부톄 ᄌᆞ로 니ᄅᆞ샤도 從ᄒᆞᆸ디 아니ᄒᆞ더니(羅雲이 젊어 놀이를 즐겨 법 들음을 싫게 여기니 부처가 자주 이르셔도 따르지 아니하더니)'에서는 'ᄌᆞ로'란 말이 'ᄌᆞ조'와 같은 뜻으로 사용되었다. 'ᄌᆞ조'와 'ᄌᆞ로'의 어원적 유사성은 분명해 보이지만, 'ᄌᆞ로'의 어간을 알 수 없다.

ⓦ ᄌᆞᆾ[頻]+오(접사)

ⓥ ᄌᆞᆾ오> ᄌᆞ조> 자조> 자주

ⓔ • 아래 ᄌᆞ조 듣ᄌᆞᄫᆞᆫ 마론 즉자히 도로 니저(석보상절 6-11)
　• 자쥬 삭(數, 아학편 하-6)

작두(斫—) 몡 마소에게 먹일 풀, 짚, 콩깍지 따위를 써는 연장(기름하고 두둑한 나무토막 위에 짤막한 쇠기둥 두 개를 세우고 그 사이에 긴 칼날 끝을 끼워 박음). 작도(斫刀).

Ⓣ '작두'의 중세국어 형태는 '쟉도'이며, 이 말은 한자어 '斫刀'에서 온 것이다. '斫刀'의 중세국어 한자음이 '쟉도'이다.

ⓦ 斫刀(쟉도)

ⓥ 斫刀(쟉도)> 작두

ⓔ • 톱과 쓸와 쟉도와(월인석보 21-45)
　• 쟉도(斫刀, 왜어유해 하-16)

작약(芍藥) 몡 작약과의 여러해살이풀을 통틀어 이르는 말. 꽃이 크고 아름다워 정원에 관상용으로 재배한다. 백작약, 산작약, 적작약, 호작약 따위가 있다.

Ⓣ 이 말의 중세국어 형태는 '샤약'이며 근대국어에서는 '샤약'과 함께 '쟉약'이란 말도 쓰였다. '샤약'이나 '쟉약'은 한자로 표기하면 '芍藥'이다.

Ⓣ 『광운(廣韻)』에서 '芍'은 약운(藥韻)의 입성자로서 성모(聲母)는 지모(知母)와 선모(禪母)의 둘이다. '芍'의 중세국어 한자음에서 '쟉'은 지모(知母)에 속한 음이고,

'쟉'은 선모(禪母)에 속한 음이다. 그런데 현대 한어에 쓰이는 '芍'은 선모(禪母)의 계통을 이어받은 음이 계승되었고, '芍'의 근대 한어음은 [ʂjaw]이다. 그러므로 중세 국어 및 근대국어 '샤약'의 '샤'는 '芍'의 근대 한어음에 의한 것임을 알 수 있다. 반면에 국어 한자음에서 '芍'은 지모(知母)에 속한 음인 '쟉'이 계승되어 근대국어를 거쳐 현대국어 한자음 '작'이 되었다. 이에 따라 '샤약'이란 말도 근대국어 시기에 '쟉 약'으로 교체되기 시작하여 '샤약'은 사라지고 현대국어 '작약'이 확립되었다. 현대 한어에서 '芍藥'은 [ʂaw-jaw]로 발음된다.

㉲ 芍藥(ʂjaw약)

㉾ ʂjaw약> 샤약> 쟉약> 작약

㉞ • 샤약 샥(芍, 훈몽자회 상-7)

　• 샤약 약(藥, 훈몽자회 상-7)

　• 샤약 쟉(芍, 신증유합 상-7)

　• 쟉약(芍藥, 역어유해 하-39)

잔나비 ㉟ 원숭이.

㊀ '잔나비'의 근대국어 형태는 '짓납, 진납, 진납이' 등이다. 17세기 문헌에 나타나는 '짓납'의 형태가 어원 풀이의 힌트를 준다. 즉 '짓납'은 '지+ㅅ+납'으로 이루어진 말이며, 발음대로 표기하면 '진납'이다. 여기서 '지'는 '불에 타고 남는 물질'을 말하며, 현대국어 '재'의 중세국어 형태이다. 그러므로 '잔나비'의 어원적 의미는 '잿빛의 원숭이'라는 뜻이다.

㊁ 17세기 문헌인 『동의보감(東醫寶鑑)』(1613)에 '진납'이란 형태로 처음 나타나며, 『분류두공부시언해(중간본)』(1632)에서는 '짓납'으로 표기되어 있다. 17세기 문헌인 『박통사언해(朴通事諺解)』(1677)의 '진납이라'와 '큰 진납이 되여' 등에서도 '진납'에 조사 '이, 이라'가 연결된 것으로 보아야 한다. 그러나 18세기 문헌인 『어제내훈언해』(1736)의 '진납이롤'에서는 접미사 '-이'가 부가된 '진납이'가 되었음을 확인할 수 있다. 특히 『동문유해(同文類解)』(1748)의 '즌나비'는 거의 현대의 형태에 접근하였다. 19세기에도 '진납이/진나비'의 형태가 나타나기는 하지만, '즌나비'에서 'ㅇ'가 'ㅏ'로 바뀐 '잔나비/잔납이'의 형태가 20세기를 거쳐 현대로 이어졌다. 17

세기 형태인 '진납'은 일단 '진+납'으로 분석된다. 중세국어에서 원숭이의 고유어는 '납'이었으므로, 앞 요소인 '진'의 풀이가 어원 해석의 관건이다. 여기에는 17세기 문헌인 『분류두공부시언해(중간본)』(1632)의 '짓나븨 소리 섯겟고(잔나비의 소리가 섞여 있고)'에서 '짓납'의 형태가 어원 풀이의 힌트를 준다. 즉 '짓납'은 '지+ㅅ+납'으로 이루어진 말이다. 여기서 '지'는 '불에 타고 남는 물질'을 말하며, 현대국어 '재'의 중세국어 형태이다. '짓납'은 발음대로 표기하면 '진납'이 되고, 여기에 접미사 '-이'가 부가되면 '진납이/진나비'가 된다. 제1음절에서 후행하는 반모음 'ㅣ[j]'가 탈락하여 '존나비'가 되었다가, 'ㅇ'가 '아'로 바뀌어 '잔나비'가 된 것이다. '잔나비'의 어원적 의미는 '잿빛의 원숭이'라는 뜻이다. 흔히 '잔나비'를 동작이 빠르다고 하여 '잰 원숭이'라고 풀이하는 경우도 있으나, 중세국어에서 현대국어 '재다'에 해당하는 말은 '지다'가 아니라 '재다'였으므로 이러한 어원 풀이는 옳지 않다.

㉿ 지[灰]+ㅅ(사잇소리)+납[猿]+이(접사)

㉻ 짓납> 진납이> 잔나비

㉠ • 짓나븨 소리 섯겟고(두시언해-중간 5-36)

　　• 큰 진납이 되여(박통사언해 하-23)

☞ 원숭이

잠깐 [명][부] 매우 짧은 동안.

▣ '잠깐'의 중세국어 형태는 '잢간/잠깐'이며, 이 말은 한자어 '暫間'에서 온 것이다.

▣ '暫間'의 중세국어 한자음은 '잠간'이지만, 경음화한 발음대로 표기한 것이 '잢간/잠깐'이며, 현대국어에서는 경음 표기만 바뀌어 '잠깐'이 되었다.

㉿ 暫間

㉻ 暫間(잠간)> 잢간/잠깐> 잠깐

㉠ • 잢간 머리롤 수기숩거나(석보상절 13-53)

　　• 잠깐도 듣디 아니ᄒ실씨(석보상절 6-6)

장구 [명] 국악에서 쓰는 타악기의 하나. 허리가 잘록한 통의 양쪽 두 개의 테에, 하나는 말가죽을 매어 오른쪽 마구리에 대고 다른 하나는 쇠가죽을 매어 왼쪽 마구리

에 대어 붉은 줄로 얽어서 팽팽하게 켕김. 왼쪽은 손, 오른쪽은 채로 침.

囗 '장구'의 중세국어 형태는 '댱고'이며, 이 말은 한자어 '杖鼓'이다. '杖鼓'의 중세국어 한자음이 '댱고'이다.

㉿ 杖鼓

㈜ 杖鼓(댱고)> 댱구> 장구

㉠ • 댱곳 구레(사성통해 하-34)

　• 댱구로 소요ᄒᆞ여(한중록 372)

장난 ⌈명⌋ 아이들의 여러 가지 놀음놀이. 실없이 하는 일. 짓궂게 놀리는 짓.

囗 '장난'의 근대국어 형태는 '작난/작란'이며, 이 말은 한자어 '作亂'이다. '作亂'의 중세국어 한자음은 '작란'이다.

囗 근대국어의 '作亂(작란)'은 한자어의 뜻대로 '난을 짓다'의 뜻이었다. 현대국어에 들면서 비음화 형태인 '장난'으로 형태가 고정되고, 아울러 의미도 변화하였다.

㉿ 作亂

㈜ 作亂(작란)> 작난> 장난

㉠ • 작란ᄒᆞ다(亂閙, 한청문감 3-4)

　• 셔셩을 의거ᄒᆞ야 작난ᄒᆞ거늘(據西京作亂, 동국신속삼강행실도 충-1-20)

장마 ⌈명⌋ 여름철 많은 비가 계속해서 내리는 것. 또는 그 비. 임우(霖雨).

囗 '장마'의 중세국어 형태는 '댱마ㅎ'이며, 이 말은 어원적으로 '長(댱)+마ㅎ[雨]'로 분석된다. '長'의 중세국어 한자음이 '댱'이다. '댱마ㅎ'는 18세기에 'ㄷ'이 구개음화가 되고, 종성의 'ㅎ'이 탈락하여 '쟝마'로 바뀌었다. 19세기에는 경구개음 'ㅈ' 다음에서 변별성을 잃은 반모음 'ㅣ[j]'가 탈락하여 '장마'가 되어 현대로 이어졌다.

囗 16세기 문헌인 『신증유합(新增類合)』(1576)의 '霖 댱마 림'에서 '댱마'의 형태로 처음 나타난다. 그런데 17세기에 편찬된 문헌으로 추정되는 『마경초집언해(馬經抄集諺解)』의 '댱마홀 맛거나'에서는 'ㅎ' 종성이 유지된 '댱마ㅎ'이며, 윤선도(尹善道, 1587~1671)의 시조에 '마히 ᄆᆡ양이라 장기 연장 다ᄉᆞ려라(장마가 계속되니 쟁기 연장 다스려라)'라고 하여 '마ㅎ'으로 나오므로, 16세기의 '댱마'는 '댱마ㅎ'가 원래의 형태임을 알 수 있다. '댱마ㅎ'의 '댱'은 한자 '長'이다. '長'의 중세국어 한자음이 '댱'이다. 한자어로는 '長雨, 久雨, 霖雨, 積雨' 등이 '장마'에 해당한다. '마ㅎ'를 그냥 '비[雨]'라고 할 수 있는지는 쉽게 결정하기 어렵다. 앞에서 보인 윤선도의 시조에서 단일어 '마ㅎ'는 '장마'로 해석하는 것이 보통이지만, 그냥 '비'로 풀어도 문제가 없어 보인다. 중세국어에서 한자 '雨(우)'에 해당하는 말은 '비'이므로, '마ㅎ'는 좀 더 특수한 '비'임이 분명하다. 참고로 16세기 문헌인 『훈몽자회(訓蒙字會)』(1527)에서는 '오란비 림(霖)'이라고 하여 '댱마ㅎ'를 '오란비'라고 했음을 알 수 있다.

[원] 長(댱)+마ㅎ[雨]

[변] 댱마ㅎ> 쟝마> 장마

[예] • 댱마 림(霖, 신증유합 상-4)
• 댱마흘 맛거나(마경초집언해 상-42)
• 가물과 쟝마의 즁인을 창솔ᄒᆞ야(경신록언석 78)

장승 [명] 돌이나 나무에 사람의 얼굴을 새겨서 마을 또는 절 어귀나 길가에 세운 푯말. 10리나 5리 간격으로 이수(里數)를 나타내 이정표 구실을 하거나, 마을의 수호신 역할을 한다. 대개 남녀로 쌍을 이루어 한 기둥에는 '천하대장군(天下大將軍)', 또 한 기둥에는 '지하여장군(地下女將軍)'이라고 새긴다.

[一] '장승'의 중세국어 형태는 '댱승'이며, 이 말은 한자어 '長栍'에서 온 것이다. '長栍'을 중세국어 한자음으로 읽으면 '댱싱'이다. 중세국어 '댱승'은 '댱싱'에서 변화된 형태이다.

[二] 16세기 문헌인 『훈몽자회(訓蒙字會)』(1527)의 '댱승 후(堠)'에서 '댱승'의 형태로 처음 나타난다. '이' 모음(또는 반모음) 앞에서 'ㄷ'이 구개음화하는 것은 17세기 이후에 일반화된 음운 현상이므로, 17세기 이후에 '댱승'이 '쟝승'이 되었을 것이며, 경구개음 'ㅈ' 뒤에서 '야'와 '아'의 변별성이 없어짐에 따라 '장승'이 된 것이다. 중세국어 '댱승'은 한자어 '長栍'에서 온 것이다. '長栍'의 '栍'은 중국어에서 쓰지 않는 한자로서, 우리나라에서 만들어 쓴 것이다. '栍'의 의미는 '장승'이나, 또는 무엇을 표시하기 위한 '찌'에 해당한다. 한자음은 '生'과 같으므로, '長栍'을 중세국어 한자음으로 읽으면 '댱싱'이다. 중세국어에서 이미 '長栍(댱싱)'이 '댱승'이 되었으므로, 한

자음 '싱'에서 '승'이 된 것이 꽤 이른 시기라는 것을 알 수 있다. '衆生(즁싱)'에서 변화된 '즘승'이 나타난 시기도 16세기 문헌이므로, 고유어화 과정에 나타나는 이러한 '싱> 승'의 변화는 16세기를 전후하여 일어난 현상이라고 할 수 있다. 한자어의 고유어화 과정에 나타나는 '싱> 승'의 변화는 이 밖에도 '이生(싱)'에서 '이승'으로, '猿猩(원싱)이'에서 '원승이'를 거쳐 '원숭이'로, '初生(초싱)'이 '초승'으로 되는 것 등에서 일관되게 확인할 수 있다. 제2 음절에서 일어나는 이러한 변화는 '싱> 셩> 승'의 음운 과정으로 이해된다.

⑩ 長栍

⑭ 長栍(댱싱)> 댱승> 장승

⑩ • 댱승 후(堠, 훈몽자회 중-9)

장아찌 뗑 무, 배추, 오이 등을 썰어 말려서 간장에 절이고 양념을 하여 묵혀 두고 먹는 반찬.

⊟ '장아찌'의 중세국어 형태는 '쟝앳디히'이다. 18세기에는 '쟝앗디이'도 표기에 나타나지만, 'ㄷ'이 구개음화된 '쟝앗찌이'로 바뀌어 거의 현대의 형태에 가까워졌다. 19세기에 '쟝앗지, 장엣지', 20세기에 '장앗지, 장아찌' 등을 거쳐 '장아찌'가 현대로 이어졌다. 중세국어 '쟝앳디히'는 '쟝+애+ㅅ+디히'로 이루어진 말이다. '쟝'은 한자 '醬'이며 중세국어 한자음이 '쟝'이다. '디히'는 '김치'를 뜻하는 고유어이다. 현대국어에서 '김치'의 방언으로 처리되는 '지'나, 또는 '오이지, 짠지' 등의 후부 요소인 '지'는 중세국어 '디히'가 '디히> 디이> 지이> 지'의 과정을 통해서 변화된 말이다. '쟝앳디히'는 어원적으로 '장에의 김치'라는 뜻이다.

⊟ 16세기 문헌인 『번역박통사(飜譯朴通事)』(1517)의 '됴흔 쟝앳디히 밥ᄒᆞ야 먹다가(좋은 장아찌 밥하여 먹다가)'에서 '쟝앳디히'의 형태로 처음 나타난다. 18세기에는 '쟝앗디이'도 표기에 나타나지만, 'ㄷ'이 구개음화된 '쟝앗찌이'로 바뀌어 거의 현대의 형태에 가까워졌음을 알 수 있다. 19세기에는 '쟝앗지, 장엣지' 등으로 표기되었는데, '쟝앗지'는 18세기의 형태를 이어받은 것이지만, '장엣지'는 오히려 중세국어의 흔적이 남은 표기이다. 20세기에 '장앗지'나 '장아찌'는 발음이 다르지 않으므로 같은 형태의 다른 표기이며, '장아찌'가 현대로 이어졌다. 중세국어 '쟝앳디히'에

서 '쟝'은 한자 '醬'이며 중세국어 한자음이 '쟝'이다. 중세국어의 처소를 나타내는 조사 '애/에'는 현대국어의 '에'에 해당하며, 조사 'ㅅ'은 현대의 관형격 조사인 '의'에 해당한다. '디히'는 '김치'를 뜻하는 고유어이다. 『분류두공부시언해(초간본)』(1481)에서 '冬菹'를 '겨슯 디히'로 번역하였으며, 근대국어의 『물명고』에서는 '甕菜(옹채)'를 '디이'로 풀었다. 그러므로 현대국어에서 '김치'의 방언으로 처리되는 '지'나, 또는 '오이지, 짠지' 등의 후부 요소인 '지'는 중세국어 '디히'가 변한 말이다.
[三] '쟝앳디히'는 어원적으로 '장에의 김치'라는 뜻이다. 그런데 문헌에 나타난 이 음식의 재료를 보면, '醬瓜, 醬瓜子'라고 하여 주로 '오이[瓜]'가 등장한다. 아마도 조선시대의 사람들은 일반적인 '장아찌'인 경우 '오이'를 장에 절였다가 먹는 것으로 생각했던 것 같다. 지금은 '오이지'라고 하면 '오이소박이'를 연상하게 되지만, 조선시대에는 장에 절인 '오이장아찌'를 말했던 것이다.
[원] 쟝(醬)+애(조사)+ㅅ(조사/사잇소리)+디히[菹]
[변] 쟝앳디히> 쟝앗디이> 쟝앗지이> 장아찌
[예] • 다문 됴흔 쟝앳디히 밥ᄒᆞ야 먹다가(다만 좋은 장아찌 밥하여 먹다가, 飜朴 상-55)
• 쟝앗디이(醬瓜子, 동문유해 하-4)
• 쟝앗지이(醬瓜, 한청문감 12-41)
☞ 김치, 지

장지(障—) [명] 방과 방 사이, 방과 마루 사이에 칸을 막아 끼우는 문(미닫이 비슷하나 운두가 높고 문지방이 낮음).
[一] 근대국어 형태도 '장지'이며, 이 말은 한어(漢語) '障子'에서 온 것이다. 반면에 근대국어의 '장ᄌᆞ'는 국어 한자음에 의한 형태이다.
[三] '障子'를 중세국어 한자음으로 읽으면 '쟝ᄌᆞ'이며, 한어 근대음은 [tʂaŋ-tsi]이므로, 근대국어 '장지'가 한어 근대음을 차용한 것임을 알 수 있다.
[원] (漢語)障子[tʂaŋ-tsi]
[변] [tʂaŋ-tsi]> 장지
[예] • 고모 장지(고시조, 청구영언)

재다 [동] 길이, 높이, 깊이, 너비, 속도, 온도, 무게 따위를 자나 저울 또는 계기로 헤아리다.

[一] '재다'의 중세국어 형태는 '자히다'이며, 이 말은 어원적으로 '자ㅎ[尺]+이(접사)+다(어미)'로 분석된다. 중세국어에 이미 '재다'란 형태가 나오므로, '자히다> 자이다> 재다'의 과정에 의한 형태 변화가 중세국어 시기에 진행되었음을 알 수 있다.

[二] 타동사 '자히다'는 명사 '자ㅎ[尺]'에서 동사로 파생된 것이다. 접사 '-이'는 동사화 접사로서, 사동 접사의 기능도 하고 있다.

[원] 자ㅎ[尺]+이(접사)+다(어미)

[변] 자히다> 자이다> 재다

[예] • 出家ᄒᆞ싫 ᄢᅢ실ᄊᆡ 城 안ᄒᆞᆯ 재요리라 烏蘇慢이 ᄯᅩ 오니이다(월인천강지곡 상-18)

• 자ᄒᆞ로 자히놋다(두시언해-초간 25-50)

☞ 자

재미 [명] 아기자기하게 즐거운 맛이나 기분.

[一] '재미'의 근대국어 형태는 '滋味'이다. 한자어 '滋味(자미)'가 'ㅣ' 모음 역행동화에 의하여 '재미'가 되었다.

[二] '滋味'를 중세국어 한자음으로 읽으면 'ᄌᆞ미'이지만, 근대국어에서 제1 음절의 'ᆞ'가 'ㅏ'로 바뀌어 '자미'가 된 것이다.

[원] 滋味

[변] 滋味(ᄌᆞ미)> 자미> 재미

[예] • 두어라 이 둘에 滋味ᄂᆞᆫ 聖主나 알가 ᄒᆞ노라(고시조)

재우다 [동] 잠을 자게 하다.

[一] '재우다'의 중세국어 형태는 '재다'이며, 이 말은 '자[宿]+ㅣ(사동접사)+다(어미)'로 분석된다.

[二] '자다'의 사동사 '재다'에 다시 사동접사 '우'가 연결된 것이 '재우다'이다. 이렇게 사동접사가 이중으로 연결된 것은 '셔다[立]'의 사동사 '셰다'가 '셰오다/셰우다'가

된 것에서도 찾을 수 있다.

웬 자[宿]+ㅣ(사동접사)+우(사동접사)+다(어미)

® 재다> 재우다

® • 지븨 드려 재더니(석보상절 6-16)

재주(才—) 몡 무엇을 잘할 수 있는 타고난 소질.

▢ '재주'의 중세국어 형태는 '지조'이며, 이 말은 한자어 '才操'에서 왔다. '才操'의 중세국어 한자음이 '지조'이다. 근대국어에서 지쥬'가 되었다가 현대국어 '재주'로 이어졌다.

웬 才操(지조)

® 才操(지조)> 지쥬> 재주

® • 지죄 奇特ᄒ실ᄊᆡ(석보상절 6-7)

   • 지쥬 지(才, 아학편 하-13)

재촉 몡 하는 일을 빨리 하도록 죄어침.

▢ '재촉'의 중세국어 형태는 '최촉'이며, 이 말은 한자어 '催促(최촉)'이다. '재촉'으로 형태가 바뀌면서 고유어화하였다.

웬 催促

® 催促(최촉)> 재촉

® • 최촉 독(督, 신증유합 하-18)

저¹ 떼 '나'의 낮춤말. 자기(自己).

▢ 중세국어에서 일인칭(一人稱) 대명사는 '나' 하나뿐이다. 현대국어에는 일인칭 대명사 '나'의 낮춤말인 '저'가 있어서 존대법에서 서로 대립하고 있다. 그러나 중세 국어에서는 윗사람에게도 '나'를 사용하기 때문에 중세국어의 일인칭 대명사 '나'는 현대국어의 '나'와는 문법적 위상이 달랐다고 할 수 있다.

▣ '나'의 겸칭(謙稱)인 '저'는 중세국어의 삼인칭(三人稱) 재귀대명사(再歸代名詞) '저[自]'에서 왔다고 하는 것이 가장 이치에 맞다. 만약에 지시 대명사 '뎌[彼]> 저'

에서 왔다고 한다면(최현배 1937), 복수형이 '저들'이 되는 것이 정상이겠으나, '나'의 겸칭인 '저'는 복수형이 중세국어의 재귀대명사와 같은 '저희'이기 때문이다(李基文 1991: 46).

㈢ 중세국어의 재귀대명사 '저'는 삼인칭이지만, 문맥에 따라 '자신(自身)'이나 '스스로[自]'의 의미로 해석하는 것이 자연스럽다. 즉 '제 ᄠᅳ들 시러 펴디 몯ᄒᆞᇙ 노미 하니라(훈민정음 서문)'의 문장에서 '제'는 '저의'에 해당하여 그 의미는 '(백성들이) 자신의 뜻을 능히 펴지 못할 사람이 많으니'이며, '廣熾 깃거 제 가져 가아 ᄇᆞᄅᆞᅀᆞᄫᆞ니(월인석보 2-9)'는 '廣熾가 기뻐하여 (자신이) 스스로 가져 가기를 바랐으니'이다. 재귀대명사의 이와 같은 용법은 원래 삼인칭이었으나, '자신, 스스로'에 해당하는 의미로 인하여 현대국어 일인칭의 겸칭으로 전용(轉用)되었다고 생각된다.

㉝ 저[自, 三人稱 再歸代名詞]

㉪ 저

㉡ • 제 ᄠᅳ들 시러 펴디 몯ᄒᆞᇙ 노미 하니라(훈민정음)

　　• 廣熾 깃거 제 가져 가아 ᄇᆞᄅᆞᅀᆞᄫᆞ니(월인석보 2-9)

저² ㉤ 가로로 불게 되어 있는 관악기의 총칭. 적(笛). 횡적(橫笛).

㊀ '저'의 중세국어 형태는 '뎌ㅎ'이며, 이 말은 한자어 '笛'에서 온 것이다. '笛'의 중세국어 한자음은 '뎍'이지만, 고유어화하는 과정에서 '뎌ㅎ'으로 형태가 바뀐 것이다.

㊂ 한자어가 고유어화하는 과정에서 한자의 입성 운미가 'ㅎ' 종성으로 바뀌는 경우가 있다. 중세국어에서 속인(俗人)을 뜻하는 '쇼ㅎ'도 한자 '俗(쇽)'에서 온 것이며, 한자 '褥(쇽)'에서 온 '숑'도 이러한 예에 속한다. 이러한 변화는 중세국어 이전에 성립된 것이다.

㉝ 笛

㉪ 笛(뎍)> 뎌ㅎ> 저

㉡ • 笛은 뎌히라(석보상절 13-53)

☞ 요

저녁 [명] 해가 지고 밤이 되어 오는 때.

[一] 17세기 문헌에 나오는 '저녁'의 근대국어 형태는 '져녁, 뎌녁, 저녁' 등이며, 가장 이른 형태가 '져녁'이다. '뎌녁'은 '져녁'을 과잉 교정한 형태라고 생각되므로 어원에 가까운 형태라고 할 수 없다.

[二] '져녁'은 우선 '져+녁[際, 方面]'으로 분석될 것이므로, '져'의 어원을 밝히는 것이 관건이다. 아마도 '져녁'의 '져'는 중세국어 '져믈다/졈글다[暮]'의 '져'와 같은 것으로 생각된다. 중세국어에서는 '져믈다'와 '졈글다'가 같은 뜻으로 사용되었으므로, '져녁'의 '져'가 어원적인 단독 형태가 될 수 없다는 것을 알 수 있다.

[三] 아마도 '져녁'은 '져믈녁, 졈글녁'과 같은 형태 구성에서 축약된 것으로 생각된다. 이러한 추측을 바탕으로 '저녁'의 어원은 '져[져믈/졈글, 暮]+녁[方面]'으로 분석해 둔다.

[원] 져[져믈/졈글, 暮]+녁[際, 方面]

[변] 져녁> 저녁

[예] • 아ᄎᆞᆷ 져녁 제ᄒᆞᄂᆞᆫ 잔의 술이 다 ᄆᆞᄅᆞ더라(동국신속삼강행실도 효-3-77)
• 家間애 뎌녁 ᄒᆡ예 居喪ᄒᆞᆯ 제(가례언해 9-32)
• 심진ᄉᆞ ᄃᆡᆨ의셔 저녁 진지ᄒᆞ고 편쥬ᄒᆞ여 겨집 죵 왓더라(병자일기 46)
• 져녁(晩夕, 역어유해 상-5)

저승 [명] 사람이 죽은 뒤 그 혼령이 가서 산다는 세상. 황천(黃泉).

[一] '저승'의 중세국어 형태는 '뎌ᄉᆡᆼ'이며, 이 말은 '뎌[彼]+生(ᄉᆡᆼ)'으로 분석된다. '生'의 중세국어 한자음이 'ᄉᆡᆼ'이다.

[二] '뎌ᄉᆡᆼ'이 '저승'으로 되는 것은 '뎌'가 '저'로 변하는 구개음화, 그리고 한자 '生(ᄉᆡᆼ)'이 '승'으로 변화하는 과정에 의한 것이다. 한자어 '生(ᄉᆡᆼ)'이 '승'으로 바뀌는 과정은 '長栍(댱ᄉᆡᆼ)'이 '장승'이 되고, '초ᄉᆡᆼ(初生)ᄃᆞᆯ'이 '초승달'이 되고, '衆生(즁ᄉᆡᆼ)'이 '짐승'이 되는 현상에서도 관찰된다.

[원] 뎌[彼]+生(ᄉᆡᆼ)

[변] 뎌ᄉᆡᆼ> 저승

[예] • 한어버ᅀᅵ도 뎌ᄉᆡᆼ에서 필연 니마 ᄡᅵᆼ그오 뒤 돕디 아니ᄒᆞ리라(정속언해 10)

☞ 이승

저어하다 튄 두려워하다.

囗 이 말의 중세국어 형태는 '저ᄒ다'이며, 뜻은 그대로 '두려워하다'이다. 동사 '저
ᄒ다'는 중세국어 및 근대국어의 문헌에서 많은 용례를 찾을 수 있다. 현대국어에서
'저어하다'가 된 것은 '저ᄒ다'의 활용형인 '저허'가 '저어'로 발음되면서, 여기에 다
시 '-하다'를 붙인 결과이다.

웬 저[恐]+ᄒ[爲]+다(어미)

몐 저ᄒ다> 저어하다

옘 • 公州 ㅣ 江南을 저ᄒ샤(용비어천가 15장)

　　• 곧 저허 가졧던 거슬 일후미라(능엄경언해 2-54)

전라도(全羅道)[절라도] 묑 전라남도와 전라북도를 아울러 이르는 말. 고종 32년
(1895) 이전의 우리나라 행정 구역의 하나.

囗 1018년(고려 현종 9년)에 전주(全州)와 나주(羅州)의 첫 글자를 따서 전라도라고
한 것이 정식 명칭의 시작이다. '全州'와 '羅州'를 중세국어 한자음으로 읽으면 '젼
쥬'와 '라쥬'이다.

웬 젼(젼쥬/全州)+라(라쥬/羅州)+도(道)

몐 全羅道(전라도)> 전라도

절따말 묑 털빛이 붉은 말. 적다마. 절따. 절따마.

囗 '절따말'의 중세국어 형태는 '졀다ᄆᆞᆯ'이며, 이 말은 몽골어의 붉은색을 뜻하는
'je'erde[赤]'에서 온 '졀다'에 'ᄆᆞᆯ[馬]'이 결합된 것이다.

웬 (몽골어)je'erde[赤]+ᄆᆞᆯ[馬]

몐 졀다ᄆᆞᆯ> 졀짜ᄆᆞᆯ> 절따말

옘 • 졀다ᄆᆞᆯ(赤馬, 구급간이방 2-102)

　　• 졀짜ᄆᆞᆯ(赤馬, 역어유해 하-28)

☞ 말

점심(點心) [명] ① 낮에 끼니로 먹는 음식. 중반(中飯). 중식(中食). ② 불교, 특히 선종(禪宗)에서, 배고플 때 조금 먹는 음식. ③ 무당이 삼신에게 음식을 차려 놓고 갓난아이의 젖이나 죽은 사람의 명복을 비는 일.

[一] '점심'의 중세국어 형태는 '뎜심'이며, 이 말은 한자어 '點心'의 중세국어 한자음이다.

[二] '點心(뎜심)'은 원래 선불교(禪佛敎)에서 사용하던 용어로서, '정식 사이의 공복에 점을 찍듯이 먹는 간식'을 뜻하는 말이었다. 중세국어에 이미 '뎜심'이 현대국어와 같은 뜻으로 사용된 것을 보면, 일찍부터 '點心(뎜심)'이 일상 용어가 되면서 의미의 변화도 수반되었다고 생각된다.

[원] 點心

[변] 點心(뎜심)> 졈심> 점심

[예] • 뎜심(순천김씨묘출토간찰 27)

• 졈심(진주하씨묘출토간찰 164)

점잔 [명] 점잖은 태도.

[一] '점잖다'의 어간 '점잖[점잔]'이 명사로 굳어져 '점잔'이 되었다.

[원] 점잖(다)

[변] 점잖> 점잔

☞ 점잖다

점잖다 [형] 몸가짐이 묵중하고 의젓하다.

[一] 근대국어 후기의 문헌에서 '졈잔다'의 형태로 나타나므로, 이 말이 하나의 단어로 사용되었음을 확인할 수 있다. 20세기의 문학 작품에는 '졈쟌치, 점쟎든, 점잖지, 점잔히' 등으로 표기되어 있으므로, 기본 형태가 '점잖다'임을 확인할 수 있다. 이전 문헌에는 '졈디 아니훈 거시, 졈디 아닌 사룸' 등과 같이 나타나서, 통사적 구성을 보이므로, 아직 한 단어로 굳어진 것이 아니다. 현대국어 '젊다'의 15세기 형태는 '졈다'이며, 이 형태는 19세기까지 사용되었다. 16세기에는 '졈다'와 함께 '졂다'가 나타나서, 이후 두 형태가 공존하다가 19세기 이후 '젊다'가 되어 현대로 이어졌다. 그러

므로 '점잖다'는 중세국어 형태를 기준으로 '졈-+디+아니+ᄒ다'의 구성에서 축약을 통해 한 단어가 된 것이다.

㊂ 19세기 문헌인 『천로역정(天路歷程)』(1894)의 '저러ᄒ 졈잔은 사름들이(저러한 점잖은 사람들이)'에서 '졈잔'의 형태로 나타나므로, 이 말이 하나의 단어로 사용되었음을 확인할 수 있다. 현대국어 '젊다'의 15세기 형태는 '졈다'이며, 이 형태는 19세기까지 사용되었다. 16세기에는 '졈다'와 함께 '젊다'가 나타나서, 이후 두 형태가 공존하다가 19세기 이후 '젊다'가 되어 현대로 이어졌다. 그러므로 '점잖다'는 중세국어 형태를 기준으로 '졈-+디+아니+ᄒ다'의 구성에서 축약을 거쳐 한 단어가 된 것이다. '졈디아니ᄒ다'가 정상적으로 줄면 '졈잖다'가 되지만, 이 앞에 소개한 19세기 문헌에서 알 수 있는 바와 같이 'ᄒ'이 탈락한 '졈잔'이 기본형처럼 쓰이게도 되었다. 이에 따라 현대국어의 관용구인 '점잔을 빼다, 점잔을 부리다, 점잔을 부리다' 등의 '점잔'이 하나의 명사가 되어 있는 것이다. 중세국어의 '졈다'는 '연소(年少)', 즉 나이가 어린 것을 가리킨다. 현대에서는 나이가 많은 것을 기피하는 세상이 되었지만, 옛날에는 나이가 적은 것이 오히려 어리석고 경솔함의 소치라고 생각하였다. 현대의 입장에서 보면 '젊지 아니한 것'이 결코 내세울 만한 자부가 못 되지만, 옛날의 풍습에서 '젊지 않다는 것'은 사려가 깊고 지혜로움의 상징이 되었던 것이다.

㊟ 졈[年少]+디(어미)+아니[不]+ᄒ[爲]+다(어미)

㊞ 졈디아니ᄒ다> 졈잖다> 점잖다

㊐ • 점잔타(長者, 한불자전 546)
  • 저러ᄒ 졈잔은 사름들이(천로역정 하-113)

접때 명부 오래지 아니한 과거의 어느 때를 이르는 말. 향시.

㊀ '접때'에 해당하는 중세국어 형태는 '뎌끠'이며, 이 말은 '뎌[彼]+끠[時]'로 분석된다. 중세국어에서 '때[時]'에 해당하는 말에는 '끠/ᄢ'와 '빼'가 있었는데, '끠/ᄢ'는 현대국어 '끼, 끼니'에 이어지고, '빼'는 '때'로 변화하였다. 중세국어에서도 '뎌 빼'의 통사적 구성이 가능하였을 것으로 생각된다. '빼'의 어두 초성 'ㅂ'이 앞말의 받침이 되어 '접때'가 되었다.

㊟ 뎌[彼]+끠/ᄢ[時]

ⓥ 뎌뻬> 뎹째> 접때

ⓔ • 뎌쁴 어러이 드로몰 催促ᄒ던 이룰 ᄉ랑ᄒ니(憶昨狂催促, 두시언해-초간 8-34)
　• 흔 쌔 계도록 긷다가(월인석보 7-9)

☞ 끼, 끼니

접시 ⓜ 운두가 낮고 납작한 그릇. 반찬이나 과실 따위를 담음. 또는 담은 그 분량을 세는 단위.

ⓣ '접시'의 중세국어 형태는 '뎝시'이며, 이 말은 한어(漢語) '楪子'에서 온 것이다. 『노걸대언해』에 한어 '木楪子'를 '나모뎝시'라고 한 것에서 이러한 차용 관계를 확인할 수 있다.

ⓣ 한어(漢語) '楪子'에서 중세국어 '뎝시'가 된 것은 확실하지만, 어떠한 시대의 한자음에 의한 것인지는 확인하기 어렵다. '楪子'를 중세국어 한자음으로 읽으면 '뎝ᄌ'이다.

ⓦ (漢語)楪子

ⓥ 楪子> 뎝시> 졉시> 접시

ⓔ • 사발 뎝시 설어즈라(번역노걸대 상-43)
　• 나모뎝시(木楪子, 노걸대언해 하-30)
　• 접시(楪子, 동문유해 하-13)

젓가락 ⓜ 음식이나 그 밖의 다른 물건을 끼워서 집는 기구(길이가 같은 두 개의 쇠붙이나 나무 따위로 가늘고 짤막하게 만듦). 저.

ⓣ 중세국어 문헌에서 '졋가락'의 형태로 처음 나타난다. 16세기부터 18세기까지는 문헌에 '져'만 나타나고, 19세기에는 '져, 져가락, 젹가락' 등으로 표기되다가, 20세기에는 '젓가락, 졋가락, 저짜락, 적가락' 등으로 '가락'이 붙은 말만 문헌에 나타난다. 15세기의 '졋가락'에서 근대국어의 'ㅈ'이 경구개음이 됨에 따라 'ㅈ' 다음에서 '어'와 '여'의 변별이 없어졌다. '젓가락'의 표기는 20세기에 나타나지만, 실제의 발음에서는 18세기 무렵에 '졋가락'과 '젓가락'의 구분은 어려워졌다고 해야 한다. '젹가락'은 받침의 'ㅅ'이 뒤에 오는 'ㄱ'에 동화된 형태이다. '졋가락'은 '져+ㅅ+가락'으

로 이루어진 말이다. '져'는 흔히 한자 '箸'나 '筯'인 것으로 생각하는 사람이 많다. 그러나 한자 '箸'나 '筯'는 중세국어 한자음이 '뎌'이므로, 이러한 견해는 옳지 않다. 중세국어에서 'ㄷ'의 구개음화는 아직 일어나지 않았기 때문이다. 그러므로 '져'는 우리의 고유어라고 하는 것이 옳다.

⊟ 15세기 문헌인 『구급방언해(救急方諺解)』(1466)의 '白礬과 소곰과ᄅᆞᆯ 等分ᄒᆞ야 細末ᄒᆞ야 졋가락 그테 져기 무텨 목졋 우희 ㅂᄅᆞ라(白礬과 소금을 같은 분량으로 나누어 잘게 갈아 젓가락 끝에 조금 묻혀 목젖 위에 발라라)'에서 '졋가락'의 형태로 처음 나타난다. 중세국어에서는 '져'와 '졋가락'이 함께 쓰였다. 16세기부터 18세기까지는 문헌에 '져'만 나타나고, 19세기에는 '져, 져가락, 젹가락' 등으로 표기되다가, 20세기에는 '젓가락, 졋가락, 저싸락, 적가락' 등으로 '가락'이 붙은 말만 문헌에 나타난다. '졋가락'은 '져+ㅅ+가락'으로 이루어진 말이다. '가락'은 '숟가락, 손가락' 등에도 나타나며, 그 의미는 '가늘고 길게 토막이 난 것'이다. '져'는 흔히 한자 '箸'나 '筯'인 것으로 생각하는 사람이 많으나, 한자 '箸'나 '筯'는 중세국어 한자음이 '뎌'이므로, 이러한 견해는 옳지 않다. 그러므로 '져'는 우리의 고유어라고 하는 것이 옳다. 현대국어에서는 '箸'와 '筯'의 한자음이 '저'이고, 고유어 '져'도 '저'로 변하였기 때문에 '저'를 '箸'로 표기하는 경우가 있어서, 더욱 오해의 소지가 많다. 현대국어에서 1음절어 '저'보다는 거의 '젓가락'이란 말을 사용하고 있다. 오히려 '저'는 '수저'에 남아 있는데, '수저'는 '술+져'에서 변화된 말이다. 'ㅈ' 앞에서 'ㄹ'이 탈락하고, 경구개음 'ㅈ' 다음에서 '여'가 '어'로 바뀌는 과정을 거친 것이다.

㋒ 져[箸]+ㅅ(조사/사잇소리)+가락[竿子]

㋒ 졋가락> 젓가락

㋒ • 졋가락(구급방언해 상-42)

☞ 가락, 수저

정종(正宗) 몡 일본의 상표 이름인 '正宗[まさむね]'에서 유래한 말로서, 일본식으로 빚어 만든 청주(淸酒)의 일컬음.

⊟ 일본주의 상표 이름인 '正宗[まさむね]'은 원래 일본의 鎌倉(かまくら, 1185~1333년) 후기 시대의 유명한 도공(刀工)인 '岡崎正宗[おかざきまさむね]'이

그 어원이다. 이후에 일본에서 '正宗'은 '명도(名刀)'를 뜻하는 보통명사처럼 쓰이기도 하였으며, 천보(天保, 1830~1844년) 연간에는 '山邑氏'라는 사람이 술 이름에 '正宗[まさむね]'을 붙이면서 일본주(日本酒)를 가리키는 말이 되었다.

㉙ (일본어)正宗[まさむね]

㉭ 正宗[まさむね]> 정종

제비초리 閏 뒤통수나 앞이마의 한가운데에 아래로 뾰족하게 내민 머리털.

㉠ '제비초리'의 근대국어 형태는 '져븨초리/졉의초리'이다. 이 말은 '져비[燕]+의(관형격 조사)+초리[尾]'의 구조로 분석된다. '제비'의 중세국어 형태는 '져비'이며, '초리'는 '꼬리'와 같은 말이다. 제비의 꼬리와 같은 모양의 머리털이라고 하여 '져븨초리'라고 한 것이다.

㉡ '꼬리'의 중세국어 형태는 '꼬리(월인석보 1-28)'이며, '초리'는 『마경초집언해』(17세기)에 최초로 나타나므로, '꼬리'를 어원적 형태라고 해야 하지만, 변화의 음운적 원리를 설명하기는 어렵다. 현대국어에서 '초리'는 단독으로 쓰이지 않지만, '눈초리, 회초리' 등과 같은 합성어에 남아 있다.

㉙ 져비[燕]+의(관형격 조사)+초리[尾]

㉭ 져븨초리/졉의초리> 제비초리

㉤ • 져븨초리 털(寸子毛, 역어유해보 48)
  • 졉의초리 털(寸子毛, 유씨물명고 3)

제왕절개(帝王切開) 閏 산도(產道)를 통한 해산이 어려울 때, 배와 자궁을 갈라 태아를 꺼내는 수술. 제왕절개수술. 제왕 절개술.

㉠ '제왕절개'라는 말은 독일어 의학 용어인 '카이저슈니트(Kaiserschnitt)'의 직역이며, 어원은 라틴어인 '섹티오 카이사레아(sectio caesarea)'에서 유래하는데, 이 말이 로마의 황제 율리우스 카이사르(Julius Caesar)가 복벽절개에 의해 태어났다는 데에서 유래한다는 설, 그리고 칼로 벤다는 것(caesarea), 즉 임신한 자궁을 절개한다는 뜻에서 온 중복어(重複語)라는 두 가지설이 있다. 후자의 어원설이 더 믿을 만하지만, 한자 표기인 '帝王切開(제왕절개)'는 '제왕(帝王)'이라는 표현에 의하

여 전자의 어원을 받아들인 셈이다. 영어로는 'cesarean section', 또는 'cesarean delivery'이다.

[원] (독일어)Kaiserschnitt

[변] Kaiserschnitt> 帝王切開(제왕절개)

제육(一肉) [명] 돼지고기.

[一] '제육'의 중세국어 형태는 '뎨슉(豬肉/猪肉)'이다. 그러므로 '제육'은 한자어 '豬肉/猪肉'에서 온 말이다. 한자음을 보여주는 중세국어의 문헌에서 '猪'는 '뎌(소학언해 4-4)'와 '뎨(훈몽자회 상-10)'의 두 가지 음이 있으며, '豬'의 한자음은 '뎌(신증유합 상-14)'로 나타난다. 그리고 '肉'의 중세국어 한자음은 '슉(육조법보단경언해 상-5)'과 '육(번역소학 9-6)'인데, '육'은 '슉'에서 변화한 음이다. 그러므로 '豬肉/猪肉'은 중세국어 한자음으로 읽으면 '뎌슉'이 되는 것이 가장 기본적이다.

[二] '뎌슉'에서 중세국어 후기에 반치음 'ㅿ'이 탈락하여 '뎌육'이 되고, 근대국어 시기에 구개음화가 적용되면 '져육'이 된다. 경구개음 'ㅈ' 뒤에서 'ㅣ[j]' 반모음은 중화되어 비변별적이므로 반모음 'ㅣ[j]'가 탈락하고, 후행하는 반모음 'ㅣ[j]'에 의한 전설모음화에 의하여 현대국어의 '제육'이 된 것이다.

[원] 豬肉/猪肉

[변] 豬肉/猪肉(뎌슉)> 뎌육> 져육> 저육> 제육

[예] • 사ᄒᆞ로니 ᄒᆞᆫ 근 猪肉(뎌슉)에(번역노걸대 상-23)
• 도마엣 猪肉(뎌육)을 사라 가라(노걸대언해 상-18)
• 이 벽 ᄉᆞ잇집의 猪肉(져육)을 사라 가라(몽어노걸대 2-1)

조금 [명] 적은 정도나 분량. 짧은 동안. [부] 정도나 분량이 적게. 시간적으로 짧게.

[一] '조금'의 중세국어 형태는 '죠곰'이며, 이 말은 '죡[小]+옴(접사)'으로 분석된다.

[二] '죡다'는 단독으로 쓰인 적이 없지만, 중세국어 '젹다/쟉다[小]'와 같은 어원이기 때문에 어근 '죡[小]'을 설정할 수 있다. 특히 중세국어에는 '횩다[小]'란 말이 사용되었는데, 동시에 '혁다[小]'란 말도 쓰였다. 이것은 보면 '죡다'와 '젹다'의 관계와 마찬가지로 모음 '요'와 '여'의 교체가 발견된다. 일반적으로 모음의 교체는 모음조화

를 이루는 '오'와 '으', '아'와 '어', '오'와 '우' 사이의 교체가 보통이지만, '쪽다~젹다, 흑다~혁다'의 경우에서는 '요'와 '여'의 교체가 성립되고 있어서 특이한 경우이다.

㈜ 쫙[小]+옴(접사)

㉻ 죠곰> 죠금> 조금

㉙ • 사당 ᄀ라 죠곰 너허 머그면(언해두창집요 상-66)
　• 죠그마흔 실기쳔의 발을 쌔진 소경놈도(만언사)

조끼 圐 배자(褙子)와 같이 생겼고, 저고리나 와이셔츠 위에 덧입는, 소매가 없는 옷. 동의(胴衣).

㉠ 영어의 'jack(/jacket)'을 일본어에서 'チョッキ[chokki]'로 차용한 것을 국어에서 '조끼'로 받아들인 것이다.

㉡ '조끼'는 영어에서 'jack(/jacket)'이라고 하는데 그것은 유럽의 중세기에 입었던 소매 없는 가죽군복의 이름이었다. 일본말에서 이 단어를 받아들여 'チョッキ [chokki]'라고 하여, 소매 없는 길이 짧은 옷을 일반적으로 가리키게 되었다. 이 말이 우리말에 들어와서는 '조끼'라고 하여 저고리나 적삼 위에 또는 양복저고리 밑에 입는, 소매가 없는 옷을 가리키게 된 것이다. 그러므로 현대국어의 '재킷'과 '조끼'는 어원이 같으면서 의미는 다른 말이 되었다.

㈜ (영어)jack

㉻ jack> (일본어)チョッキ[chokki]> 조끼

조용하다 圀 아무 소리도 나지 않고 고요하다.

㉠ '조용하다'의 중세국어 형태는 '죵용ᄒ다'이다. 이 말은 한자어 '從容(죵용)'에 'ᄒ다'가 연결된 것이다. '從容'의 중세국어 한자음이 '죵용'이다.

㈜ 從容(죵용)+ᄒ[爲]+다(어미)

㉻ 죵용ᄒ다> 조용하다

㉙ • 죵용히 고티며 경계ᄒᄂ니ᄂ(從容規戒者, 번역소학 8-36)
　• 죵용커든 보옵새이다(첩해신어 5-21)

조지다 图 짜임새가 느슨하지 않도록 단단히 맞추어서 박다. 일이나 말이 허술하게 되지 않도록 단단히 단속하다. 쫓다.

🗓 이 말은 중세국어 문헌에서도 그대로 나타나며, 주로 머리를 묶을 때 쓰는 말이다. '冠은 머리 조져 冠 슬 시니(원각경언해 서-67), 總角은 머리 다하 가루 조지미라(가례언해 2-26)' 등의 용례에서 알 수 있는 바와 같이 머리카락을 단단하게 틀어매는 것을 이르는 것이다.

🗓 속된 표현에서 '일을 망치다' 또는 '호되게 때리다'로 쓰이고 있는 것은 '조지다'를 남자의 성기인 '좆'과 연관시켜 부정적인 의미로 이해한 까닭이다. '조지다'의 기본 의미인 '단단히 묶다'에서 '단단히 단속하다'로 일반적 상황을 나타내게 되고, 다시 '호되게 때리다'로 의미가 바뀌기도 하였다. 나아가 이러한 상황을 자기가 당한 상황에 빗대어 '일을 망치다'로 의미의 변환이 이루어지기도 한 것이다.

ⓦ 조지[束]+다(어미)

ⓗ 조지다> 조지다, 쫓다

ⓔ • 冠은 머리 조져 冠 슬 시니(원각경언해 서-67)
　• 머리를 조지라(번역박통사 상-44)

조차 图 '도, 마저, 역시' 등의 뜻으로 앞의 말을 강조할 때 쓰는 보조사.

🗓 '조차'의 중세국어 형태는 '조차, 조쳐'의 두 가지가 있으며, 의미 차이는 없다.

🗓 이 말들은 동사 '좇다[從]'와 피동사 '조치다'의 활용 형태에서 조사로 전성된 것이다. 각각 '좇[從]+아(어미)'와 '좇[從]+이(피동접사)+어(어미)'로 분석된다.

ⓦ 좇[從]+아(어미), 좇[從]+이(피동접사)+어(어미)

ⓗ 조차/조쳐> 조차

ⓔ • 쁜 바곤 불휘조차 쁘니라(금강경삼가해 2-50)
　• 도죽 罪주논 法은 주겨 제 겨집조쳐 사루 묻더니(월인석보 10-25)

조카 图 형제 자매의 자식(주로 친조카를 일컬음). 유자(猶子). 종자(從子). 질아(姪兒). 질자(姪子).

🗓 17세기 근대국어 문헌에서 '족하'의 형태로 처음 나타난다. 18세기에는 '족하, 족

하'로 표기되고, 19세기에는 '족하, 죡ᄒᆞ'와 함께 '조카'가 나타났다. 20세기에도 19세기를 이어받아 '족하, 죡하, 조카' 등으로 나타나서, '조카'가 현대로 이어졌다. 중국어에서 '足下'는 대등한 사람에게 쓰는 경칭이다. 중국어에서 '族下'란 말은 사용하지 않지만, '族子'란 말은 바로 '조카'의 뜻이다. 그러므로 '족하'가 한자어라면 '族下'라고 하는 것이 가장 이치에 맞다. 18세기에 '죡하'라고 표기한 것은 '足'의 한자음 '죡'에 영향을 받은 것으로 생각된다. 중세국어 및 근대국어 한자음에서 '族'은 '족'이고, '足'은 '죡'으로서 서로 다르다.

[二] 17세기 문헌인 『동국신속삼강행실도(東國新續三綱行實圖)』(1617)의 '형뎨를 ᄉᆞ랑ᄒᆞ며 족하를 어엿삐 너기며(형제를 사랑하며 조카를 가련히 여기며)'에서 '족하'의 형태로 처음 나타난다. 근대국어 문헌의 한자어 표기에서 '족하'는 '族下'로 표기되는 경우가 있었고, '죡하'는 '足下'로 표기되기도 하였다. 중세 및 근대국어 한자음에서 '族'은 '족'이며, '足'은 '죡'이므로, 이러한 한자의 표기에 차이가 있음을 이해할 수 있다.

[三] 중국어에서 '足下'는 대등한 사람에게 쓰는 경칭이다. 중국어에서 '族下'란 말은 사용하지 않지만, '族子'란 말은 바로 '조카'의 뜻이다. 그러므로 '족하'가 한자어라면 '族下'라고 하는 것이 가장 이치에 맞다. '族下'라는 한자어가 '족하'의 어원이라면, 이 한자어는 '族子'와 '足下'의 두 어휘의 관련성에서 만들어졌다고 생각된다. 중세국어에서 '조카'에 해당하는 말은 '아ᄎᆞᆫ아ᄃᆞᆯ, 아ᄎᆞᆫᄯᆞᆯ'이었으므로, 근대국어의 '족하'가 고유어일 가능성보다는 한자어일 가능성이 더 높다. 18세기에 '죡하'라고 표기한 것은 '足'의 한자음 '죡'에 영향을 받은 것으로 생각된다.

[원] 族下

[변] 族下(족하)> 조카

[예] • 족하를 어엿삐 너기며(동국신속삼강행실도 열-3-58)
• 죡하 딜(姪, 아학편 상-1)

조팝나무 [명] 장미과의 낙엽 활엽 관목. 산기슭이나 밭둑에 나며, 높이 1~2m, 고약한 냄새가 남. 봄에 흰 꽃이 피고 골돌과가 익음. 어린잎은 식용하고 뿌리와 줄기는 약용함.

[三] '조팝나무'의 근대국어 형태는 '조밥나모, 좁팝낡'이다. 현대국어 '조[粟]'의 중세국어 형태는 '조ㅎ'이며, '조ㅎ'이 '밥'에 연결되면 말음 'ㅎ'이 'ㅂ'과 결합하여 '조팝'이 된다. '나무'의 중세국어 형태는 쌍형으로서 조사의 연결에 따라 '나모'와 '낡'으로 나타난다.
[三] 이 나무는 꽃핀 모양이 튀긴 좁쌀을 붙인 것처럼 보이기 때문에 조팝나무라고 한다.
[원] 조ㅎ[粟]+밥[食]+나모/낡[木]
[변] 조팝나모/조팝낡> 조밥나모/좁팝낡> 조팝나무
[예] • 常山 조밥나모(유씨물명고 4)
• 좁팝남긔 피죽새 울고(청구영언 182)

좁쌀 [명] 조의 열매인 쌀. 소미(小米).
[一] '좁쌀'의 중세국어 형태는 '조ᄡᆞᆯ'이며, 이 말은 '조[粟]+ᄡᆞᆯ[米]'로 분석된다. '쌀[米]'의 중세국어 형태가 'ᄡᆞᆯ'이다.
[三] '조ᄡᆞᆯ'의 구조에서 'ᄡᆞᆯ'의 초성 'ㅂ'이 앞 음절의 받침으로 내려가 '좁ᄉᆞᆯ'이 되고, 다시 경음화에 의하여 현대국어 '좁쌀'이 된 것이다.
[원] 조[粟]+ᄡᆞᆯ[米]
[변] 조ᄡᆞᆯ> *좁ᄉᆞᆯ> 좁쌀
[예] • 太倉애 조ᄡᆞᄅᆞᆯ ᄂᆞᆫ화 주미 어려우니(두시언해-초간 10-12)

종지 [명] 간장이나 고추장 등을 담아 상에 놓는, 종발보다 작은 그릇.
[一] '종지'의 근대국어 형태는 '죵ᄌᆞ'이며, 이 말은 한자어 '鍾子'이다. '鍾子'의 중세 및 근대국어 한자음이 '죵ᄌᆞ'이다.
[三] '鍾子(죵ᄌᆞ)'가 정상적인 변화를 거쳤다면 현대국어에 '종자'가 되어야 할 것이다. 그렇지 않고 '종지'인 것은 '子'의 고대국어 한자음에 의한 것이거나, 아니면 한어 근대음(漢語近代音)의 영향을 받았을 것으로 생각된다.
[원] 鍾子
[변] 鍾子(죵ᄌᆞ)> 종지

[예] • 죵ᄌᆞ 죵(鍾, 천자문-석봉 21)
• 죵ᄌᆞ(鍾子, 역어유해 하-13)

주걱 [명] 밥을 푸는 기구. 밥주걱.

[一] 중세국어의 문헌에서 ‘쥭’이란 형태로 나타난다. 16세기에도 그대로 쓰이다가, 17세기에는 접미사 ‘-에’가 결합된 ‘쥬게’로 나타나고, 18세기에는 ‘쥬게’와 함께 접미사 ‘-억’이 연결된 ‘쥬걱’이 나타났다. 19세기 이후 ‘쥬게’는 더 이상 쓰이지 않게 되면서, ‘쥬걱’이 ‘주걱’이 되어 현대로 이어졌다. 1음절의 ‘쥭’은 16세기에 ‘밥쥭, 나므쥭’ 등과 같이 다른 말과 함께 합성어를 이루어 쓰이면서 형태의 안정성을 꾀하였다. 접미사 ‘-에’나 ‘-억’이 결합된 ‘쥬게, 쥬걱’은 2음절어가 되면서 형태가 안정되었다. 다만 접미사 ‘-에/-애’는 원래 동사의 어간에 붙는 것이 보통이며, 접미사 ‘-억/-악’은 명사에 붙는 것이 원칙이다. 아마도 이러한 형태론적 이유에 의해서 ‘쥬게’에서 ‘쥬걱’으로의 교체가 일어났다고 생각된다.

[三] 15세기 문헌인 『훈민정음(해례본)』(1446)의 ‘쥭 爲飯臿’에서 ‘쥭’이란 형태로 처음 나타난다. 1음절의 ‘쥭’은 16세기에 ‘밥쥭, 나므쥭’ 등과 같이 다른 말과 함께 합성어를 이루어 쓰이면서 형태의 안정성을 꾀하였다. 지금도 일부 방언에서 ‘밥죽’이란 말이 쓰이고 있지만, ‘죽’이 단독으로 사용되지는 않는다. 접미사 ‘-에’나 ‘-억’이 결합된 ‘쥬게, 쥬걱’은 2음절어가 되면서 형태가 안정되었다. 다만 접미사 ‘-에/-애’는 원래 ‘부체(붗-+-에), 마개(막-+-애)’ 등과 같이 동사의 어간에 붙는 것이 보통이며, 접미사 ‘-억/-악’은 ‘주먹(줌+-억), 뜨락(뜰+-악)’ 등과 같이 명사에 붙는 것이 원칙이다. 아마도 이러한 형태론적 이유에 의해서 ‘쥬게’에서 ‘쥬걱’으로의 교체가 일어났다고 생각된다.

[원] 쥭[飯臿]+억(접사)

[변] 쥭> 쥬걱> 주걱

[예] • 쥭 爲飯臿(훈민정음)
• 左右 飯匙骨이 쥬걱 뼤라(증수무원록언해 3-98)
• 나모 쥬게(박통사언해중간 중-11)

주낙 몔 물고기를 잡는 기구의 하나. 긴 낚싯줄에 여러 개의 낚시를 달아 물속에 늘어뜨려 고기를 잡음(땅주낙, 뜬주낙, 선주낙 등이 있음). 연승(延繩).

㊀ '주낙'은 중세국어 형태를 기준으로 하면 '줄[繩]+낛[釣]'의 어원적 구조로 분석된다.

㊁ '줄낛'에서 치경음 'ㄴ' 앞의 'ㄹ'이 탈락하고, '낛'의 받침 'ㅅ' 탈락하여 '주낙'이 된 것이다.

㋋ 줄[繩]+낛[釣]

㋫ 줄낛> 주낙

주름 몔 피부가 늘어지거나 노화되어 생긴 잔금. 헝겊이나 종이 따위의 구김살.

㊀ '주름'의 중세국어 형태는 '주룸'이며, 이 말은 '줄다[縮]'에서 파생된 명사이므로, '줄[縮]+움(명사화 접사)'으로 분석된다.

㋋ 줄[縮]+움(명사화 접사)

㋫ 주룸> 주름

㋸ • ㄱ눈 주룸도 유여ᄒᆞ고(번역노걸대 하-28)
   • 주룸 간(襇, 훈몽자회 중-23)
   • 너븐 주룸(노걸대언해 하-46)

주리 몔 죄인의 두 다리를 묶고 그 틈에 두 개의 주릿대를 끼워 비틀던 형벌.

㊀ '주리'의 근대국어 형태는 '쥬뢰'이며, 이 말은 한자어 '周牢(쥬뢰)'에서 온 것이다.

㊁ '周牢'의 중세 및 근대국어 한자음이 '쥬뢰'이며, 이후에 '쥬릐'를 거쳐 현대국어 '주리'로 변하였다.

㋋ 周牢

㋫ 周牢(쥬뢰)> 쥬릐> 주리

㋸ • 쥬뢰 트ᄂᆞᆫ 나모(夾棍, 역어유해 상-66)
   • 쥬릐(동문유해 하-30)

주머니 🏷 돈 따위를 넣으려고 헝겊으로 만들어 끈을 꿰어 허리에 차게 된 물건. 호주머니나 조끼주머니의 총칭.

☐ 15세기 중세국어 문헌인 『능엄경언해(楞嚴經諺解)』(1461)의 '息에 디나면 能히 찌류미 ᄃᆞ외며 주머니 ᄃᆞ외며 相考호미 ᄃᆞ외며 ᄆᆡ요미 ᄃᆞ외오(息에 지나면 능히 묶음이 되며 주머니가 되며 相考함이 되며 매임이 되고)'에서 '주머니'로 처음 나타난다. 근대국어에서 '주먼이, 줌어니' 등으로 분철된 표기가 있지만, 형태가 바뀐 것은 아니다. 이 말의 어원과 관계있는 말로는 '주머귀, 주먹, 줌, 쥐다' 등이 있다. '줌'은 어간 '주-'에 명사를 만드는 접미사 '-ㅁ'이 연결된 것으로 보아야 한다. 그런데 '쥐다'에 해당하는 동사 '주다'란 말인 사용되지 않았으므로, 여기에서 '쥐다'의 어간 '쥐-'와의 관련성을 생각하게 된다. 이것은 '숨을 쉬다'에서도 마찬가지의 상황이다. '숨'을 '쉬다'의 어간 '쉬-'에서 왔다고 할 것인지, 아니면 어원적인 형태인 '수-'를 설정할 것인지 결정하기가 어렵다. 형태의 어원적 간결성을 위하여 어간 '주-'를 설정하는 입장을 취하면, '주머니'는 주+-ㅁ+-어니로 분석된다. 파생 명사 '줌[把]'에 다시 명사를 만드는 접미사 '-어니'가 결합한 것이다.

☐ 중세국어에 '주머니'의 뜻과 같은 말에 'ᄂᆞ뭇'과 '줌치'가 있었다. 'ᄂᆞ뭇'은 '주머니'와 전혀 다른 계통의 말이지만, '줌치'는 '줌+-치'로 이루어진 말이므로 접미사만 다를 뿐이다. 'ᄂᆞ뭇'은 17세기 이후 거의 사용되지 않았고, '줌치'는 20세기까지 문헌에 나타나지만 '주머니'에 밀려 사라졌다.

㉮ 주[握]+ㅁ(접사)+어니(접사)

㉯ 줌어니> 주머니

㉰ • 息에 디나면 能히 찌류미 ᄃᆞ외며 주머니 ᄃᆞ외며(능엄경언해 8-106)

주먹 🏷 다섯 손가락을 오므려 쥔 손.

☐ '주먹'의 중세국어 형태는 '주먹, 주머귀'이며, 이 말들은 어원적으로 '주[握]+ㅁ(명사화 접사)+억/어귀(접사)'의 구조로 분석된다.

☐ 어간으로 설정한 '주-[握]'는 현대국어 '쥐다'에 해당하는 중세국어의 동사 '주이다/쥐다'나, '한 줌'의 '줌'에서의 추출되는 기본 어간 '주'이다.

㉮ 주[握]+ㅁ(명사화 접사)+억/어귀(접사)

[변] 주먹/주머귀> 주먹

[예] • 사르몰 주머귀로 디르고 닐오듸(월인석보 7-8)

• 소니 제 주먹 쥐면 이 주먹 아닌 소니 아니롬 곧ᄒᆞ니라(선종영가집언해 상-66)

주발 [명] 위가 약간 벌어지고 뚜껑이 있는 놋쇠로 만든 밥그릇. 밥주발.

[一] '주발'의 근대국어 형태는 '쥬발'이며, 이 말은 한자어 '鍮鉢'에서 온 것이다. '鍮鉢'을 현대국어 한자음으로 읽으면 '유발'이지만, '鍮'의 중세국어 한자음이 '듀(鍮, 훈몽자회 중-15/31)'이므로, '鍮鉢'을 중세국어 한자음으로 읽으면 '듀발'이다.

[二] 18세기 문헌인 『한청문감(漢淸文鑑)』에 '쥬발(銅碗)'의 형태로 처음 나타난다. 이후 경구개음 'ㅈ' 다음에서 '유'와 '우'의 변별이 없어짐에 따라 '주발'이 되었다. 국어사전에서 '주발'을 한자어 '周鉢(주발)'로 처리하고 있지만, 원래 이 말의 한자어는 '鍮鉢'이다. '놋쇠'를 뜻하는 '鍮'의 현대국어 한자음은 '유'이지만, 『훈몽자회(訓蒙字會)』(1527)에 '듀셕 듀(鍮)'라고 하여 중세국어 한자음이 '듀'임을 알 수 있다. 그러므로 중세국어 한자음을 기준으로 '鍮鉢(듀발)> 쥬발> 주발'의 변화 과정을 거친 것이다. '鉢(발)'은 불교에서 사용하는 밥그릇을 뜻하는 한자이다. '鉢(발)'은 산스크리트어 'patra'를 중국에서 '鉢多羅'로 음역하면서, 줄여서 '鉢'이라고도 하였다. 국어에서 고유어처럼 쓰는 '바리' 또는 '바리때'란 말은 여기에서 온 것이다. 근대의 문헌인 『물명고(物名考)』에 '螗蜩 듀발마얌이'란 명칭이 있다. 이 매미는 현대국어에서는 '씽씽매미' 또는 '털매미'로 부르는 종류인데, '주발'과 무슨 관련이 있는 듯이 보인다. 『李朝語辭典』에서는 '주발매미'로 풀었다.

[원] 鍮鉢

[변] 鍮鉢(듀발)> 쥬발> 주발

[예] • 쥬발(銅碗, 한청문감 11-36)

주섬주섬 [부] 널려 있는 물건을 주워 거두는 모양.

[一] '주섬주섬'은 '줏[拾]+엄(접사)+줏[拾]+엄(접사)'의 구조로 분석된다.

[二] 현대국어 '줍다[拾]'의 중세국어 형태는 '줏다'이다. 현대국어 방언에 남아 있는 '줏어서, 줏으니'와 같은 형태는 중세국어 '줏다'를 이어받은 것이다.

[원] 주ᇫ[拾]+엄(접사)+주ᇫ[拾]+엄(접사)

[변] 주ᇫ엄주ᇫ엄> 주섬주섬

주책 [명] ① 일정한 주견 또는 판단력. ② 일정한 줏대가 없이 되는 대로 하는 짓.

[一] '주책'은 한자어 '主着(주착)'에서 온 말이며, 그 본래의 의미는 뜻풀이 ①에 해당한다.

[二] '주책'이 '없다'와 결합하여 '주책이 없다'가 되면 '주견(主見)이 없다'가 되며, 형용사로 한 단어가 되어 '주책없다'로 쓰이기도 한다. 그러던 것이 '없다'가 생략된 '주책'에 부정적인 의미가 전이되어 ②의 뜻을 갖게 되었다.

[원] 主着

[변] 主着(주착)> 주책

줄잡다 [동] ① 실제의 표준보다 줄여서 헤아려 보다. ② (주로 '줄잡아'의 꼴로 쓰여) 대강 어림잡아 헤아려 보다.

[一] '줄잡다'는 '줄[縮]+잡[執]+다(어미)'로 분석된다.

[二] 통사적인 구성이라면 '줄여잡다'가 되겠으나, 비통사적 구성에 의하여 '줄잡다'가 된 것이다.

[원] 줄[縮]+잡[執]+다(어미)

[변] 줄잡다

줍다[줍:따][주우니, 주워] [동] 바닥에 떨어지거나 흩어져 있는 것을 집다.

[一] 중세국어 형태는 '주ᇫ다'이며, '주ᅀᅳ니, 주ᅀᅥ, 주ᇫ고, 주ᇫ디' 등으로 활용하였다. 그러다가 16세기 이후에 'ㅿ'이 탈락하면서 '주으니, 주어, 주ᇫ고, 주ᇫ디' 등으로 활용 양상이 바뀌었다. '주어, 주으니'와 같은 활용형은 어간 모음 '우'에 동화되어 '주우니, 주워' 등으로 발음되게 되면서, 어간의 재구조화가 이루어졌다. 즉 '주우니, 주워'의 활용형을 '줍-+으니, 줍-+-어'의 활용형으로 인식하게 된 것이다. 이에 따라 현대국어에서는 어간의 재구조화에 따라 기본형이 '줍다'가 되었다.

[二] 'ㅅ' 불규칙이 일어나지 않는 일부 방언(주로 남부 지역)에서는 지금도 '주스니,

ㅈ

주서' 등의 활용형이 남아 있다. 이러한 활용형을 유지한 방언에서는 그 기본형이 여전히 '줏다'이다.

[원] 줏[拾]+다(어미)

[변] 줏다> 줍다

[예] • 能히 거두워 줏디 못ᄒᆞ야(금강경삼가해 5-16)

• 그 穀食을 주ᅀᅥ 어미롤 머기거늘(월인석보 2-12)

• 주을 습(拾, 신증유합 하-46)

지 [명][접] 김치의 뜻. 명사로도 쓰이나, '오이지, 짠지' 등에서와 같이 주로 접미사로 쓰인다.

[一] 김치를 뜻하는 '지'의 어원을 한자 '菹/葅(저)'나 '漬(지)' 등에서 찾으려는 논의가 있으나, 이러한 견해는 옳지 않다. 현대국어의 '지'는 중세국어의 2음절 형태인 '디히'에서 변화된 형태이므로, 1음절어인 한자에서 왔다고 하기 어려울 뿐만 아니라, 한자 '菹'는 한어(漢語)의 상고음(上古音)이나 중고음(中古音)에서 초성인 성모(聲母)가 무성파찰음인 장모(莊母, ʧ)이고, '漬' 역시 성모(聲母)가 유성파찰음인 종모(從母, dz)이기 때문에 중세국어의 '디히'와 관련시킬 수 없다는 것이 명백하다. 중세국어 '디히'로부터 변화한 '지'는 김치를 뜻하는 국어의 고유어이다.

[二] '디히'에서 'ㅎ'이 탈락하여 '디이'가 되고, 다시 'ㄷ' 구개음화에 의하여 '지이'가 된 다음에, 동일 모음 축약에 의하여 '지'가 되었다. 이러한 음운 변화는 국어 음운사의 관점에서 지극히 자연스러운 현상이다.

[원] 디히[菹/葅]

[변] 디히> 디이> 지이> 지

[예] • 겨슰 디히(冬菹, 두시언해-초간 3-50)

• 디이(虀菜, 물명고 3-17)

• 쟝앗지이(醬瓜, 한청문감 12-41)

☞ 김치, 장아찌

지기 [접] 그 사물을 지키는 사람의 뜻.

□ '등대지기, 문지기, 창고지기' 등에 사용하는 접미사 '-지기'는 '直(딕)+이(접사)'에서 온 말이다. '直'의 중세국어 한자음은 '딕'이다. '直(딕)'의 제1 의미는 '곧다[直]'이지만, 동사로 쓰일 때는 '곧게 하다' 또는 '바로잡다'의 뜻이며, 이로부터 발전하여 관청에서는 '당직(當直), 숙직(宿直), 일직(日直), 입직(入直)' 등의 용례에서 알 수 있는 바와 같이 '번들다, 지키다, 근무하다' 등의 뜻으로도 쓰인다. 이러한 용법은 중국 문헌인『晉書』의 '入直殿中'에서 알 수 있는 바와 같이 원래 중국에서 널리 쓰이던 것이며, 우리나라의 고유한 용법은 아니다. 한자 용법으로는 '直'이 '지기'라는 뜻으로도 쓰인다.

ⓔ 直(딕)+이(접사)

ⓥ 딕이 > 디기 > 지기

☞ 지키다

지나(支那) ⓝ '중국(中國)'의 딴 이름.

□ '중국(中國)'을 지칭하는 '지나(支那)'라는 말은 중국 자체에서 사용한 명칭은 아니다. 고대의 인도, 로마, 희랍 등에서 '중국(中國)'을 지칭하여 'Cīna, Thin, Sinae' 등의 명칭을 사용하였는데, 이러한 명칭은 중국 최초의 통일 왕조인 '秦(진, BC221~BC206)'에 대한 음역(音譯)으로 알려져 있다. 이러한 외국 음역에 대한 한자 표기가 '支那'이다. 한역 불경(漢譯佛經)에서 '支那, 至那, 脂那' 등으로 표기되었다.

□ 그러므로 '秦'에서 'Cīna, Thin, Sinae' 등의 음역 표기가 나오고, 이것을 다시 한자로 음역하여 '支那, 至那, 脂那' 등이 된 것이다. 영어 'China'는 로마자 표기 'Cīna'에서 발달된 것이다.

ⓔ (漢語)秦

ⓥ 秦 > (로마자)Cīna/Thin/Sinae > 支那 > 지나

지단 ⓝ 달걀의 흰자와 노른자를 따로 풀어서 번철에 얇게 지진 것(고명으로 씀). 알반대기. 알고명.

□ '지단'은 한자어 '鷄蛋'의 근대 한어음인 [tɕitan]을 그대로 차용한 말이다. 한어(漢語)에서 '鷄蛋'은 '달걀/계란'을 뜻하는 말이다.

윈 (漢語)鷄蛋

閔 鷄蛋[tɕitan]> 지단

지렁이 圖 지렁이목(目) 환형(環形)동물의 총칭. 몸은 원통형이며 많은 마디로 이루어지고, 길이는 10cm 정도이며 등은 암적갈색임. 암수한몸으로, 부식토를 먹고 그 속의 식물질을 영양으로 섭취함. 한방에서 약용하며, 낚싯밥으로 씀. 지룡. 지룡자. 토룡.

⊟ '지렁이'의 중세국어 형태는 '디룡이'이며, 근대국어 형태는 '디룡, 디룡이'이다. '디룡이, 디룡이'는 한자어 '地龍(디룡/디룡)'에 접미사 '-이'가 결합한 형태이다.

⊟ '地龍'을 중세국어 한자음으로 읽으면, '디룡, 디룡'이다. '龍'의 중세국어 한자음은 '룡'과 '룡'의 두 가지가 있으나, 근대국어 이후에 '룡'으로 단일화되었다.

윈 地龍(디룡/디룡)+이(접사)

閔 디룡이> 디룡이> 지룡이> 지렁이

옛 • 쏘 디룡이롤 소곰 불라 노가 믈 되어든 훍 업게 ᄒ고 머그라(분문온역이해방 24)

　• 디룡 즙(地龍汁, 벽온신방 8)

　• 디룡이(蚯蚓, 역어유해 하-35)

　• 지룡이(蚯蚓, 물보)

　• 지렁이 인(蚓, 아학편 상-8)

지레 閔 어떤 일이 일어나기 전이나 어떤 시기가 되기 전에 미리.

⊟ 근대국어 문헌에서 '즐에'의 형태로 나타난다. 이후 치음 'ㅈ' 다음에서 '으' 모음이 '이' 모음이 되는 변화를 입어 '지레'가 된 것이다. '즐에'는 '즈르다'의 어간 '즈르-'에 부사를 만드는 접미사 '-에'를 결합시킨 말이다. 중세국어의 동사 '즈르다'는 현대국어 '지르다'이다.

⊟ 17세기 문헌인 『역어유해(譯語類解)』(1690)의 '起復 거상 즐에 벗기다(거상을 지레 벗기다)'에서 '즐에'의 형태로 처음 나타난다. '기복(起復)'은 부모의 거상(居喪) 중에 벼슬에 나아가는 것을 말한다. 이후 치음 'ㅈ' 다음에서 '으' 모음이 '이' 모

음이 되는 변화를 입어 '지레'가 된 것이다. 치음 다음에서 '으'가 '이'로 되는 변화는 '즁싱> 즘싱> 즘승> 짐승'이나 '아ᄎᆞᆷ> 아츰> 아침' 등에서도 찾을 수 있는 일반적인 현상이었다. '즐에'는 '즈르다'의 어간 '즈르-'에 부사를 만드는 접미사 '-에'를 결합시킨 말이다. 중세국어의 동사 '즈르다'는 현대국어 '지르다'이며, '가깝게 가다' 또는 '잘라서 막다' 등이 기본 의미이다. 중세국어에서는 근대국어의 부사 '즐에'에 해당하는 말은 동사 '즈르-'에 연결어미를 붙인 활용형으로 나타내었다. 즉 '즐어 업스니, 즐어 죽으니' 등으로 사용되었다. 이때의 '즐어'는 '즐에'와 뜻은 같으나, '즈르-'에 어미 '-어'가 연결된 활용형이며 부사는 아니다. 중세 및 근대국어 문헌에는 '즈르들다, 즈르잡다' 등의 합성 동사가 나타난다. 이 경우에는 어간 '즈르-'가 바로 '들다'나 '잡다'에 연결되어 합성 동사가 된 것이다.

[원] 즈르[徑, 先]+에(접사)

[변] 즐에> 즈레> 지레

[예] • 도적을 즈레 보내여 죽이라 ᄒᆞ니(오륜전비언해 4-2)

☞ 지름, 지름길

지루하다 [형] 시간을 너무 오래 끌어 따분하고 싫증이 나다.

[一] '지루하다'의 중세국어 형태는 '지리ᄒᆞ다'이며, 이 말은 한자어 '支離(지리)'에 'ᄒᆞ다[爲]'가 접미한 것이다. 한자어 '支離(지리)'는 '갈라지고 흩어짐'이라는 의미이다.

[원] 支離(지리)+ᄒᆞ[爲]+다(어미)

[변] 지리ᄒᆞ다> 지루하다

[예] • 너모 쉬오면 곧 거즛되오 너모 하면 지리ᄒᆞ며(傷易則誕傷煩則支, 번역소학 8-11)

지름 [명] 원이나 구(球) 등의 중심을 통과하여 원둘레나 구면 위에 두 끝을 가지는 직선의 선분. 직경(直徑).

[一] '지름'은 중세국어 형태를 기준으로 '즈르[徑]+ㅁ(명사화 접사)'으로 분석된다.

[二] 중세국어에서 '즈름'이란 형태는 '즈름길, 즈릆길/즈름ᄭᅵᆯ' 등에 나타나며, 이 경우는 단순하게 '즈르다'의 파생 명사로서 현대국어와 같은 '직경(直徑)'의 뜻을 가진 것

은 아니었다.

[원] 즈르[徑]+ㅁ(명사화 접사)

[변] 즈름> 지름

지름길[지름낄] [명] 가깝게 질러서 통하는 길. 빠르고 쉽게 이룰 수 있는 방법. 첩경(捷徑).

[一] 중세국어 문헌에서 '즈룺길ㅎ'의 형태로 나타난다. 근대국어 표기에는 'ㅅ'이 '즈름길'처럼 표기에 나타나지 않거나, '즈름낄'처럼 경음인 'ㅺ'으로 표기되기도 하였다. '즈름길'로 표기되었다고 하더라도 그 발음은 [즈름낄]이었을 것이다. 중요한 변화는 19세기의 '즈럼길, 지럼길, 지름길' 등에서 엿볼 수 있다. '즈럼길'은 '즈르다'의 활용형인 '즐어/즈러'에 영향을 받은 표기이다. '지럼길, 지름길'에서 '즈'가 '지'로 된 것은 치음 'ㅈ' 다음에서 '으' 모음이 '이' 모음이 되는 변화를 입은 것이다. '즈룺길ㅎ'은 '즈르-+-ㅁ+ㅅ+길ㅎ'로 이루어진 말이다. 현대국어로 풀면 '지름의 길'인 것이다. '-ㅁ'은 명사를 만드는 접미사이고, 'ㅅ'은 관형격 조사이다. 중세국어의 동사 '즈르다'는 현대국어 '지르다'이며, '가깝게 가다' 또는 '잘라서 막다' 등이 기본 의미이다. 즉 '지름길'은 에돌지 않고 최단 거리로 자르듯이 가는 길인 것이다.

[원] 즈르[徑]+ㅁ(명사화 접사)+ㅅ(조사/사잇소리)+길ㅎ[道]

[변] 즈름길ㅎ/즈룺길ㅎ/즈름낄ㅎ> 지름길

[예] • 이 戒는 諸佛菩薩이 修行ᄒᆞ시논 즈룺길히라(석보상절 9-6)

• 즈름길(抄路, 사성통해 하-47)

• 즈름낄(抄路, 훈몽자회 상-6)

지붕 [명] 비, 이슬, 햇빛 등을 막기 위해 가옥 꼭대기 부분에 씌우는 덮개. 옥개(屋蓋).

[一] '지붕'의 근대국어 형태는 '집웅'이며, 이 말은 '집[家]+웅(접사)'의 구조로 분석된다. 그러나 이 말은 어원적으로 '집+우ㅎ'에서 온 말이므로, 이른 문헌에서 용례를 확인할 수 있다. 중세국어 문헌의 '집 우희'는 '집 위의'로 해석되지만, 거의 '지붕'의 의미로 쓰였다. 종성의 'ㅎ'이 'ㅇ'으로 바뀌는 것은 'ᄯᅡㅎ'가 '땅'으로의 바뀌는 것에

서도 확인된다. 19세기 문헌에서 '집웅'으로 표기된 것은 어원을 의식한 표기이다.

③ 19세기 근대국어 문헌인『물보(物譜)』(1802)의 '屋山 지붕무르(지붕마루)'에서 현대국어와 같은 '지붕'이란 형태를 최초로 확인할 수 있다. 그러나 이 말은 어원적으로 '집+우ㅎ'에서 온 말이다. 15세기 문헌인『용비어천가(龍飛御天歌)』(1447) '집 우휫 龍이 御床ᄋᆞᆯ 向ᄒᆞᄉᆞᄫᆞ니(집 위의 龍이 御床을 향하니)'에서 '집 우휫'는 '집 위의'로 해석되지만, 거의 '지붕'의 의미로 쓰였다. 15세기에는 '집'과 '우ㅎ'이 아직 한 단어로 굳어졌다고 보기 어렵지만, 이후 '집'과 '우ㅎ'은 함께 쓰이는 빈도가 높아지면서 합성어가 되었다고 생각된다. 17세기 문헌인『언해두창집요(諺解痘瘡集要)』(1608)의 '패초산은 오란 집우희 니엿던 새초ᄅᆞᆯ ᄆᆞᆯ로여 셰말ᄒᆞ여(패초산은 오랜 집 위에 이었던 풀을 말려 잘게 갈아)'에서는 '집우ㅎ'이 원문의 '屋上'에 해당하지만, '지붕'이라는 개념을 잘 나타내고 있다. 결국 '집우ㅎ'에서 어말의 'ㅎ'이 'ㅇ'으로 바뀌어 '지붕'이 되었다고 해야 한다. 종성의 'ㅎ'이 'ㅇ'으로 바뀌는 것은 '짜ㅎ'가 '땅'으로의 바뀌고, '바다ㅎ'가 방언(제주도)에서 '바당'으로 바뀌는 것에서도 확인된다.

㉿ 집[家]+우ㅎ[上]

㉫ 집우ㅎ> 집웅> 지붕

㉎ • 오란 집우희 니엿던 새초ᄅᆞᆯ(언해두창집요 하-14)

　• 집웅 무르(屋山, 물보)

지아비 ㉤ 웃어른 앞에서 일컫는 자기 남편의 낮춤말. 남편의 예스러운 말.

㉠ '지아비'의 중세국어 형태는 '집아비, 짓아비'이며, 이 말들은 우선 '집/짓[家]+아비[父]'로 분석된다. 현대국어의 '집[家]'에 해당하는 중세국어 형태는 '집'과 '짓'이며, 기본 형태는 '집'이다. 어떻게 해서 '짓'이란 형태가 나왔는가 하는 것은 자세히 알 수 없다. 다만 '집'에 사이시옷이 연결된 '짒'에서 'ㅂ'이 탈락한 것으로 생각되지만 확실하지 않다.

㉢ 16세기 문헌인『정속언해(正俗諺解)』(1518)의 '혼갓 집아븨게 ᄉᆞ랑히오져 ᄒᆞ여(한갓 지아비에게 사랑받고자 하여)'에서 '집아븨게(집아비+-의게)'의 형태로 처음 나타난다. 같은 시대의『순천김씨간찰』(1565)에서는 'ㅂ'이 탈락한 '지아비'로 표기되고,『신증유합(新增類合)』(1576)에서는 '짓아비 부(夫)'라고 하여 'ㅅ' 받침으로

나타난다. 18세기의 '지아비, 지아뷔'에서 새로운 형태인 '지아뷔'는 양순음 'ㅂ'의 영향으로 모음 '이'가 '위'로 바뀐 것이다. 19세기에 '짓아비, 지아비, 지아뷔' 등에서는 '지아비'의 출현이 가장 많으며, 20세기에는 '지아비'만 나타나서 현대로 이어졌다. 어원적 형태인 '집아비'에서 'ㅂ'이 탈락하면 바로 '지아비'가 된다. 그러나 '집아비'의 구조를 '집+ㅅ+아비(집의 아비)'로 분석하게 되면, 'ㅅ' 앞에서 'ㅂ'이 탈락하여 '짓아비'가 된다. 즉 '지(집)'와 '아비' 사이에 'ㅅ'이 있다고 생각한 형태가 '짓아비'인 것이다.

[원] 집[家]+(ㅅ)+아비[父]

[변] 집(ㅅ)아비> 짓아비> 지아비

[예] • 혼갓 집아븨게 ᄉᆞ랑히오져 ᄒᆞ여(정속언해 5)

• 짓아비 부(夫, 신증유합 상-19)

☞ 아비

지어미 [명] 웃어른 앞에서의 자기 아내의 낮춤말. ↔지아비. '남편이 있는 여자'의 예스러운 말.

[一] 16세기 문헌인 『번역노걸대(飜譯老乞大)』의 '사돈짓어미'는 어원적으로 '사돈집+어미'에서 온 것이므로 '짓어미'를 한 단어로 볼 수 없다. 그러므로 17세기 문헌인 『여훈언해(女訓諺解)』(1658)의 '지어미 공경ᄒᆞᄆᆞ로ᄡᅥ 그 지아비ᄅᆞᆯ 셤기며(지어미 공경함으로써 그 지아비를 섬기며)'에 나타나는 '지어미'를 최초의 용례라고 할 수 있다. 이후 '지어미'는 변화 없이 그대로 사용되어 현대로 이어졌다. '지어미'의 어원은 '지아비'에 따라서 처리하면 족하므로, '집+어미'에서 'ㅂ'이 탈락하여 '지어미'가 된 것이다. '집어미'라는 형태는 용례가 없어서 확인할 수 없으며, 혹시 처음부터 없었을 가능성도 있다. 이것은 '지아비'를 준거로 바로 '지어미'라는 말을 바로 만들었다는 것을 의미하는 것이다. 그러나 앞에 예로 든 '사돈짓어미'를 보면, '집어미, 짓어미' 등이 '지어미'에 앞서서 사용되었을 가능성이 더 커 보인다.

[二] 요즘은 보수적 느낌의 '지어미' 대신에 '집사람'이란 말을 쓰는 경우가 보통이다. 그러나 '집사ᄅᆞᆷ'이란 말이 중세국어 문헌에 나타나므로 '지어미'보다도 오래된 어휘이다. 중세국어에서 '집사ᄅᆞᆷ'은 한자어 '家人'에 해당하며, 문자 그대로 '집안사람'

모두를 가리키는 말이었다. 남한에서는 '자기 아내'를 이르는 말로 쓰이지만, 북한에서는 여전히 '집안의 식구'를 뜻하고 있으므로 북한의 경우는 의미의 변화가 없다.

웬 집[家]+(ㅅ)+어미[母]

옌 집(ㅅ)어미> 짓어미> 지어미

예 • 지어미 공경ㅎᄆ로써 그 지아비를 셤기며(여훈언해 하-8)

☞ 어미

지키다 图 (물건 따위를) 잃지 않도록 살피다. 보살펴 보호하다.

一 '지키다'의 중세국어 형태는 '딕ᄒ다'와 '딕희다/딕킈다'의 두 가지가 있다. '딕ᄒ다'는 '딕(直)+ᄒ[爲]+다'로 분석되며, '딕희다'는 '딕(直)+ᄒ[爲]+이(사동접사)+다'의 구조에 의한 것에서 변형된 것이다. 사동 접사의 유무에 의하여 두 말의 형태에 차이가 있으나, 중세 및 근대국어에서 그 의미는 같다. 중세국어의 형태에서 구개음화 및 단모음화를 거쳐 현대국어의 '지키다'가 되었다.

二 15세기 문헌인 『월인천강지곡(月印千江之曲)』(1447)의 '難陁룰 求호리라 比丘 밍ᄀ르시고 빈 房올 딕ᄒ라 ᄒ시니(難陁를 求하리라 比丘 만드시고 빈 房을 지키라고 하시니)'에서 '딕ᄒ다'란 형태로 처음 나타나며, 『석보상절(釋譜詳節)』(1447)의 '쳔랴올 만히 뫼호아 두고 受苦ᄅ비 딕희여 이셔(재물을 많이 모아 두고 수고롭게 지키고 있으면서)'에서는 '딕희다'로 나타난다. '딕희다'는 '딛킈다'로도 표기된다. 15세기의 '딕ᄒ다'와 '딕희다/딕킈다'에서 이후의 형태 변화는 '딕희다/딕킈다'에서 비롯된다. 제2 음절의 모음 '으'가 탈락하여 '딕히다/디키다'가 되는 것이 16세기에 나타난다. 18세기에는 '이' 모음 앞에서 'ㄷ'이 구개음화하여 'ㅈ'이 되면서 '직히다, 지킈다, 직희다' 등의 표기로 바뀌고, 이후 '지키다'가 대세를 이루어 19세기 및 20세기를 거쳐 현대로 이어졌다. 재미있는 것은 15세기에 '딕ᄒ다'와 '딕희다/딕킈다'의 용법 차이를 찾을 수 없다는 점이다. '딕희다'는 '딕ᄒ다'에 사동 접미사 '-이'가 결합된 구조로 생각되지만, '딕히다'가 아닌 '딕희다'인 것이 설명하기 어렵다. 아마도 '(무엇을) 지키다'라는 말은 윗사람으로부터 분부를 받아 수행하는 임무가 많아서 사동 형식이 능동의 의미로 쓰이게 된 것이라고 생각된다. 어원적으로는 최초의 형태인 '딕ᄒ다'를 토대로 설명하는 것이 알기 쉽다. '딕ᄒ다'는 한자 '直(딕)'에 동사를 만드는 '-ᄒᆞ다'를 결합시킨 것이다.

[三] '直'의 중세국어 한자음은 '딕'이다. '直(딕)'의 제1 의미는 '곧다[直]'이지만, 동사로 쓰일 때는 '곧게 하다' 또는 '바로잡다'의 뜻이며, 이로부터 발전하여 관청에서는 '당직(當直), 숙직(宿直), 일직(日直), 입직(入直)' 등의 용례에서 알 수 있는 바와 같이 '번들다, 지키다, 근무하다' 등의 뜻으로도 쓰인다. 이러한 용법은 중국 문헌인 『晉書』의 '入直殿中'에서 알 수 있는 바와 같이 원래 중국에서 널리 쓰이던 것이며, 우리나라의 고유한 용법은 아니다.

[원] 直(딕)+ᄒᆞ[爲]+이(사동접사)+다

[변] 딕ᄒᆞ이다> 딕ᄒᆡ다> 딕희다/딕킈다> 직희다> 지키다

[예] • 어ᅀᅵ ᄯᆞᆯ 딕희라(삼강행실도 열녀-27)
• 졈은 사ᄅᆞᆷ이 ᄀᆞᆺ 구의 딕킈ᄂᆞᆫ ᄃᆡ(소학언해 5-60)
• 분 직희다(守分, 역어유해보 53)

지팡이 [명] 보행을 도우려고 짚는 막대기.

[一] '지팡이'의 근대국어 형태는 '집팡이, 집항이'이며, 이 형태를 기준으로 하면 '짚[扶, 杖]+앙이(접사)'의 구조로 분석된다. 접미사 '-앙'이나 여기에 다시 '-이'를 덧붙인 '-앙이'는 명사에 붙어 좀 작다는 뜻을 보태는 역할을 한다.

[二] 18세기 문헌인 『동문유해(同文類解)』(1748)에서 '拐杖 집팡이'의 형태로 나타난다. 19세기에는 18세기의 형태인 '집팡이, 지팡이, 집항이' 등과 함께 '집핑이, 집행이, 집힝이, 지핑이' 등의 움라우트, 즉 '이' 모음 역행동화에 의한 형태가 나타나고, 특이하게 '디팡이'가 나타나서 중세국어를 떠올리게 한다. 즉 근대국어 '짚다'의 중세국어 형태는 '딮다'였기 때문이다. 20세기에는 '집행이, 집힝이, 지팽이, 지팡이' 등으로 나타나지만, '이' 모음 역행동화를 입지 않은 '지팡이'가 현대로 이어졌다. 비록 19세기 문헌에 '디팡이'가 표기되어 있지만, 과연 중세국어에 '딮-+-앙이'에 의한 파생어가 있었는지는 의문이다. 문헌에서 확인할 수 없으므로, '디팡이'는 구개음화의 역작용에 의한 과도한 교정 표기로 이해하는 것이 좋을 것이다. 특히 지팡이를 뜻하는 한자 '杖'에 대하여 『훈몽자회(訓蒙字會)』(1527)나 『신증유합(新增類合)』(1576)에서 '막대 댱'이라고 하였으며, '拐'에 대하여도 『훈몽자회(訓蒙字會)』(1527)

에서 '갈공막대 괘'라고 하여 이들 한자의 새김으로 '막대'를 사용하고 있다. 이로써 보면 '지팡이'란 말은 근대국어에서 생긴 말이라고 생각된다. 참고로 『석보상절(釋譜詳節)』(1447)의 '杵는 방핫괴니 굴근 막다히 ᄀᆞᄐᆞᆫ 거시라(杵는 방앗공이니 굵은 막대 같은 것이다)에서 '막다히'로 나오므로, '막대'는 '막다히'에서 'ㅎ' 탈락과 음절 축약을 거친 말이다. 근대국어 형태를 기준으로 18세기의 '집팡이'는 어원적으로 '짚-+-앙이'로 이루어진 말이므로, '집팡이'로 표기되는 것은 중철(重綴) 표기로서 '지팡이'를 '집팡이'로 적은 것이다. 접미사 '-앙'이나 여기에 다시 '-이'를 덧붙인 '-앙이'는 명사에 붙어 좀 작다는 뜻을 보태는 역할을 하는데, '고랑(골+-앙), 고양이(괴+-앙이), 도랑(돌+-앙), 마당(맏+-앙), 벼랑(별+-앙)' 등에서도 찾을 수 있다.

[원] 짚[扶, 杖]+앙이(접사)

[변] 짚앙이(집팡이/집항이)> 지팡이

[예] • 집팡이(拐杖, 동문유해 하-13)
• 집항이(扶老, 물보)

진달래 [명] 진달랫과의 낙엽 활엽 관목. 산간 양지에 나며, 봄에 엷은 분홍색 꽃이 다섯 갈래로 깊이 째진 깔때기 모양으로 3-5개씩 핌. 정원수·관상용임. 두견. 산척촉.

[一] 중세국어 문헌에서 '진ᄃᆞᆯ외'의 형태로 처음 나타난다. 16세기 문헌에서는 '진ᄃᆞᆯ위'로 나타나기도 하며, 17세기에 '진ᄃᆞᆯ릐'로 바뀌었다. 19세기에는 '진달늬, 진달ᄂᆡ, 진달래' 등으로 표기되다가, '진달래'가 20세기를 거쳐 현대로 이어졌다. '진달래'의 '진'은 한자 '眞(진)'이다. 그러면 '달래'는 그냥 '달래'하고 같은 것이라고 생각하기 쉽지만, 사실은 그렇지 않다. 백합과에 속하는 '달래'의 15세기 형태는 'ᄃᆞᆯ뢰'였으며, 한자어로는 '小蒜(소산)'에 해당한다. 그러므로 '진ᄃᆞᆯ외'의 'ᄃᆞᆯ외'와는 비록 언어 형태가 유사하긴 하지만 전혀 다른 식물의 이름이다. 다만 '진ᄃᆞᆯ외'에서 'ᄃᆞᆯ외'의 어원을 밝힐 수 없다는 것이 아쉬운 점이다.

[二] 15세기 문헌인 『구급간이방언해(救急簡易方諺解)』(1489)의 '굴근 진ᄃᆞᆯ욋곳 반 근과를 초애 섯거(굵은 진달래꽃 반 근을 초에 섞어)'에서 '진ᄃᆞᆯ외'의 형태로 처음 나타난다. 『천자문(광주천자문)』(1575)에서는 '진ᄃᆞᆯ위'로 표기되어 있다. 『향약집성방

(鄕藥集成方)』(1431)의 한자를 이용한 표기에서는 '盡月背'로 표기하였는데, 이것은 '진돌비'의 표기로 이해되고 있다. 이렇게 되면 15세기의 '진돌외'는 '진돌비'에서 변화된 형태인 것이다. 즉 '진돌비> 진돌뵈> 진돌외'의 질서 정연한 변화 과정이 예측된다. 17세기에 '진돌릐'로 바뀌고, 19세기에는 '진달늬, 진달닉, 진달래' 등으로 표기되다가, '진달래'가 20세기를 거쳐 현대로 이어졌다. '진달래'의 '진'은 한자 '眞(진)'이다. 그래서 이 꽃을 '참꽃'이라고도 한다. 백합과에 속하는 '달래'의 15세기 형태는 '돌뢰'였으며, 한자어로는 '小蒜(소산)'에 해당한다. 그러므로 '진돌외'의 '돌외'와는 비록 형태가 유사하긴 하지만 전혀 다른 식물의 이름이다. 특히 '달래'는 초본식물에 속하고, '진달래'는 목본식물에 속한다. '진돌외'에서 '돌외'의 어원은 아직 알 수 없다. 진달래와 철쭉은 얼른 보아서 구별하기 어렵지만, 진달래는 꽃이 먼저 피고 잎이 나중에 나오지만, 철쭉은 꽃과 잎이 거의 함께 나오고, 꽃이 피는 시기도 진달래보다 늦다. 그런데 16세기의 문헌인 『훈몽자회(訓蒙字會)』(1527)에서는 '철쭉'을 뜻하는 한자 '躪(텩튝 톡)'의 주석에 '一名 羊躑躅 又謂진돌위'라고 하여 '철쭉'과 '진달래'가 당시에 혼동되어 사용되었음을 알 수 있다.

[원] 眞(진)+돌외

[변] 盡月背(진돌비)> 진돌뵈> 진돌외> 진돌릐> 진달래

[예] • 늣거사 픈 굴근 진돌욋곳(구급간이방언해 2-44)
• 진돌릐(杜鵑花, 역어유해 하-39)

진흙 [명] 빛깔이 붉고 차진 흙. 질척질척하게 짓이겨진 흙. 이토(泥土).

[一] '진흙'의 중세국어 형태는 '즌홁'이며, 이 말은 어원적으로 '즐[泥]+ㄴ(어미)+홁[土]'의 구조로 분석된다. 현대국어 '질다'의 중세국어 형태가 '즐다'이다.

[二] '즌홁'에서 먼저 '즌흙'이 되고, 이어서 '으' 모음이 'ㅈ' 다음에서 전설모음화하여 '진흙'이 된 것이다.

[원] 즐[泥]+ㄴ(어미)+홁[土]

[변] 즌홁> 즌흙> 진흙

[예] • 泥는 즌홀기니(석보상절 23-50)
• 즌홁 니(泥, 신증유합 상-6)

• 사병의 담고 즌흙으로 마고 불라(두창집요 상-9)

질그릇 圈 진흙만으로 구워 만들고, 잿물을 입히지 않은 그릇(겉면이 테석테석하고 윤기가 없음).

ⓒ 중세국어 문헌에서 '딜그릇'이란 형태가 나온다. 17세기에는 '딜그릇'이란 표기가 나타나지만, 이것은 제2 음절에서 'ᄋ'가 '으'로 변하였기 때문에 나타난 표기이다. 즉 제2 음절에서 'ᄋ'가 '으'로 변한 상황에서 'ᄋ'로 표기하여도 발음에 차이가 없기 때문이다. 19세기에 '이' 모음 앞에서 'ㄷ'이 구개음화된 '질그릇'이 되었다. '딜그릇'은 '딜+그릇'으로 이루어진 말이다. '딜[陶]'은 그 자체로서 '질그릇'을 뜻하는 말이었다.

ⓒ 15세기 문헌인 『구급간이방(救急簡易方)』(1489)의 '술 담ᄂᆞᆫ 딜그릇 ᄒᆞ나히(술 담는 질그릇 하나에)'에서 '딜그릇'이란 형태로 처음 나타난다. '딜그릇'은 '딜+그릇'으로 이루어진 말이지만, '딜'은 그 자체로서 '질그릇'을 뜻하는 말이었다. 15세기 문헌인 『구급방언해(救急方諺解)』(1466)의 'ᄎᆞᆷ기름 半盞ᄋᆞᆯ 녀허 딜 湯鑵에 봇가 누르거든(참기름 반잔을 넣어 질그릇 탕관에 볶아 누렇게 되면)'에서 '딜'의 용법을 확인할 수 있다.

ⓒ '딜'은 1음절어 그대로 쓰이기도 했지만, 형태의 안정성을 꾀하여 '딜엇'의 형태로 쓰이는 경우가 더 많았다. 『월인석보(月印釋譜)』(1459)의 '陶師ᄂᆞᆫ 딜엇 굽는 사ᄅᆞ미라(陶師는 질그릇 굽는 사람이다)'에서 '딜엇'의 용법을 확인할 수 있다. 그런데 이 '딜엇'은 '딜+것'에서 온 말이며, 'ㄹ' 다음에서 'ㄱ'이 탈락하여 '딜엇'이 된 것이다. 오히려 근대국어 문헌에서는 원래의 어원적 형태인 '딜것'이 쓰였으며, 구개음화된 '질걷'이란 형태도 나타난다.

⑧ 딜[陶]+그릇[器]

⑭ 딜그릇> 질그릇

⑭ • 술 담ᄂᆞᆫ 딜그릇 ᄒᆞ나히(구급간이방 1-74)
　• 질그릇(瓦器, 유씨물명고 5)

짐 圈 들거나 지거나 나르도록 꾸려 놓은 물건.

ⓣ 중세국어 형태도 '짐'이며, 이 말은 '지[負]+ㅁ(명사화 접사)'의 구조로 분석된다.

ⓦ 지[負]+ㅁ(명사화 접사)

ⓥ 짐

ⓔ • 軫은 술위 우흿 앏뒤헷 빗근 남기니 짐 거두는 거시라(월인석보 서-24)

짐승 ⓝ ① 몸에 털이 나고 네 발을 가진 동물. 네발짐승. ② 날짐승, 길짐승의 총칭.

ⓣ '짐승'의 중세국어 형태는 '즁싱'이며, 이 말은 한자어 '衆生'이다. '즁싱'에서 '즘싱'이 되는 것은 음운적 원리가 없으므로 우연의 소치로 생각된다. '즘싱'에서 '즘승'이 되는 것은 한자어가 고유어화 하는 과정에서 흔히 나타나는 '生(싱)> 승'이 적용된 것이다. '즘승'에서 '짐승'이 되는 것은 'ㅈ' 다음의 '으'가 'ㅈ'의 조음위치에 이끌려 전설모음 '이'가 된 현상이다.

ⓣ 15세기 문헌인 『석보상절(釋譜詳節)』(1447)의 '갓가스로 사니노니 비록 사ᄅ
ᄆᆡ 무레 사니고도 즁싱마도 몯호이다(가까스로 살아가니 비록 사람의 무리에 살아가도 짐승만도 못합니다)'에서 '즁싱'의 형태로 나타난다. 이 말은 한자어 '衆生'이며 중세국어 한자음이 '즁싱'이다. 『분류두공부시언해(초간본)』(1481)의 '훤ᄒᆞᆫ ᄆᆡ
해 새 즘싱이 우놋다(훤한 들에 새와 짐승이 우는구나)'에서는 '즘싱'으로 바뀐 표기가 나타나서 이후의 변화를 예측하게 한다. '즘싱'이란 표기는 이후 20세기까지도 그대로 문헌에 나타나지만, 16세기에 이미 '즘승'이 나타나고, 19세기에 '짐승'이 되어 현대로 이어졌다. '즁싱'에서 '즘싱'이 되는 것은 특별한 음운적 원리가 있는 것은 아니다. '즘싱'에서 '즘승'이 되는 것은 한자어가 고유어화 하는 과정에서 흔히 나타나는 '生(싱)> 승'이 적용된 것이다. '長栍(댱싱)'이 '댱승'을 거쳐 '장승'으로, '이生(싱)'에서 '이승'으로, '猿猩(원싱)이'에서 '원승이'를 거쳐 '원숭이'로 , '初生(초싱)'이 '초승'으로 되는 것 등에서 확인할 수 있다. 제2 음절에서 일어나는 이러한 변화는 '싱> 셩> 승'의 음운 과정으로 이해된다.

ⓣ '衆生'의 의미는 살아 있는 모든 것을 가리키는 말이지만, 문헌에 따라 미묘한 차이가 나타난다. 15세기 문헌에서 '즁싱'은 사람을 포함한 모든 생물을 가리키거나, 아니면 사람을 제외한 동물만을 가리켰으므로 약간 중의적이었다. 그러나 '즘싱'은

주로 '동물'을 가리켰으며, 또는 동물 중에서도 날짐승에 상대되는 길짐승만을 가리키기도 하였다. 현대국어에서 '중생(衆生)'은 불교적 의미가 없는 경우엔 사람만을 가리키며, '짐승'에는 사람이 제외된다. 그러므로 일반적인 용법에서 '衆生(즁싱)'에서 한자어 '중생(衆生)'과 한자어에서 이탈한 '짐승'으로의 변화는 의미에 있어서 '사람'을 가리키는가의 여부로 나뉘었다고 할 수 있다.

[원] 衆生

[변] 衆生(즁싱)> 즘싱> 즘승> 짐승

[예] • 뒤헤는 모딘 즁싱(용비어천가 30장)

• 돋ᄂᆞᆫ 즘싱과 ᄂᆞᄂᆞᆫ 새 다 머리 가ᄂᆞ니(남명집언해 하-35)

• 새 즘승이 모다 모다 오더라(삼강행실도 효-18)

• 즘승 슈(獸, 천자문-석봉 19)

☞ 이승, 저승

집시(Gipsy/Gypsy) [명] ① 코카서스 인종의 유랑 민족. 헝가리를 중심으로 유럽 각지에 분포함. 쾌활하며 음악에 뛰어난 재능을 지니고 있음. ② 정처 없이 방랑 생활을 하는 사람의 비유.

[一] 영국에서는 처음 집시를 이집트에서 온 것으로 잘못 알고, 이집트인(Egyptian)이라 했는데, 'Egyptian'에서 어두음이 없어지면서 'gipcyan'이란 말이 생겨났다. 다시 'gipcyan'에서 접미사 역할을 하는 '-an'이 제거되어 'Gipsy/Gypsy'란 말이 생겨났다. 철자법 'Gipsy'는 주로 영국에서 쓴다.

[二] 집시의 자칭(自稱)은, 유럽에서는 롬(Rom), 시리아에서는 돔(Dom), 아르메니아에서는 롬(Lom)이며, 집시어를 로마니(Romany)라고 한다. 집시의 타칭(他稱)은 여러 가지이다. 영국에서는 '집시', 프랑스에서는 '보헤미안', 북구와 북독일에서는 '타타르' 또는 '사라센인', 독일에서는 '치고이너', 헝가리에서는 '치가니', 이탈리아와 에스파냐에서는 '히따노'라고 부르고 있다.

[원] (영어)Egyptian

[변] Egyptian> gipcyan> Gipsy/Gypsy

☞ 보헤미안

징검다리 圀 개천이나 물이 괸 곳에 돌덩이나 흙더미를 드문드문 놓아 만든 다리.

① '징검다리'의 근대국어 형태는 '딩검ᄃ리'이며, 이 말은 어원적으로 '딩그[듬성듬성 놓다/꿰매다]+엄(접사)+ᄃ리[橋]'로 분석된다.

② 현대국어에 '징그다'란 말이 있으며, 그 의미는 '옷이 해지지 않도록 듬성듬성 꿰매다.'이다. 근대국어의 형태 '딩검ᄃ리'를 참조하면, '징그다'의 근대국어 형태는 구개음화를 입지 않은 '딩그다'인 것을 알 수 있다.

③ 근대국어의 재구 형태 '*딩그다'와 'ᄃ리[橋]'를 연결시키면, '딩검ᄃ리'는 '듬성듬성 돌을 놓은 다리'란 뜻에서 조어된 것임을 알 수 있다.

㉞ 딩그[듬성듬성 놓다/꿰매다]+엄(접사)+ᄃ리[橋]

㉠ 딩검ᄃ리> 징검ᄃ리> 징검다리

㉢ • 딩검ᄃ리(跳過橋, 역어유해 상-14)

　• 징검ᄃ리(跳過橋, 동문유해 상-41)

　• 징검다리(跳過橋, 유씨물명고 5)

짜장면 ☞ 자장면

짬뽕 圀 중국 음식의 하나. 국수에 각종 해물과 야채를 섞어 볶은 것에 돼지 뼈나 쇠뼈, 닭 뼈를 우린 국물을 부은 것.

① '짬뽕'은 현대 한어(現代漢語) '攙烹[tʂʰanpəŋ]'의 일본어 차용어인 'ちゃんぽん[chanpon]'을 국어에서 '짬뽕'으로 받아들인 것이다.

② 'ちゃんぽん[chanpon]'은 일본에서 이미 1870년대부터 쓰이기 시작한 말로, 중국인이 전한 '나가사끼짬뽕(長崎攙烹)'이 유명하다고 한다.

㉞ (漢語)攙烹

㉠ 攙烹[tʂʰanpəŋ]> (일본어)ちゃんぽん[chanpon]> 짬뽕

짱깨 圀 '자장면/짜장면'을 속되게 이르는 말.

① 중화요리 식당인 '중국집'을 속되게 '짱깨집'이라고 하는 경우가 있다. '중국집'에서 먹는 음식은 '자장면/짜장면'이 대표적인 것이어서, 이로부터 '짱깨'가 '자장면/짜

장면'을 지칭하게 된 것이다. 그러나 '짱깨'는 '자장면/짜장면'과는 관련이 없는 한어 (漢語) '掌櫃[tʂaŋ-kui]'에서 온 말이다. 한어(漢語)에서 '掌櫃'는 '가게의 주인이나 경리(經理)'를 뜻하는 말이므로, 오히려 '짱깨집'의 '짱깨'는 '중국집 주인장'에 해당 한다는 것을 알 수 있다. '掌櫃'를 국어 한자음으로 읽으면 '장궤'이다.

㉿ (漢語)掌櫃[tʂaŋ-kui]

㉖ 掌櫃[tʂaŋ-kui]> 짱깨

쪽박 ㉙ 작은 바가지.

㉠ '쪽박'의 근대국어 형태는 '쥭박'이며, 이 말은 '쥭[小]+박[瓢]'으로 분석된다.

㉡ 어근 '쥭'은 중세국어 '죠곰'에서 알 수 있는 바와 같이 '작다[小]'의 뜻이다. 현대 국어 '조각[片]'은 중세국어에서도 '조각'이므로, '쪽박'의 '쪽'은 '조각[片]'과는 직접 관련이 없다. 그러므로 현대국어 '쪽박'을 '깨어져 조각난 바가지'로 이해하는 것은 잘못이다.

㉿ 쥭[小]+박[瓢]

㉖ 쥭박> 쪽박

㉣ • 쥭박(瓢子, 역어유해 하-14)

☞ 조금

찌개 ㉙ 고기나 채소에 고추장이나 된장 따위를 풀어 바특하게 끓인 반찬.

㉠ '찌개'의 '찌'는 '찌다[蒸]'에서 온 말이 아니라, 김치를 뜻하는 고유어인 중세국어 '디히'가 변한 것이다. 그러므로 '찌개'는 어원적으로 '디히[菹/葅]+개(접사)'로 분석 되며, 원래의 의미는 '김치로 만든 음식'이란 뜻이다.

㉡ 중세국어 '디히'는 현대국어 '지'의 소급 형태이며, '장아찌'에 서와 같이 후부 요 소로 쓰이면서는 사잇소리 현상에 의해 경음화되어 '찌'의 형태로 나타나기도 한다.

㉿ 디히[菹/葅]+개(접사)

㉖ *디히개> 찌개

☞ 장아찌, 지

차돌 [명] 석영(石英).

[一] '차돌'의 중세국어 형태는 'ᄎᆞ돌'이며, 이 말은 어원적으로 'ᄎᆞᆯ[黏]+돌ㅎ[石]'로 분석된다. 치경음 'ㄷ' 앞에서 'ㄹ'이 탈락한 형태이다.

[二] 접두사 'ᄎᆞᆯ-'은 '끈기가 있고 차진'의 뜻을 첨가하는 것이 보통이지만, 'ᄎᆞ돌'의 경우는 '야무지고 단단한'의 뜻을 부여하고 있다.

[원] ᄎᆞᆯ[黏]+돌ㅎ[石]

[변] ᄎᆞᆯ돌ㅎ> ᄎᆞ돌> 차돌

[예] • ᄯᅩ ᄎᆞ돌 단 량을 ᄀᆞ라(분문온역이해방 25)

차례 [명] 둘 이상의 것이 순서 있게 벌여 나가는 관계나 그 자리. 서차. 서순.

[一] '차례'의 중세국어 형태는 'ᄎᆞ례'이며, 이 형태가 20세기까지도 꾸준히 표기에 나타나지만, 18세기에 'ᄋᆞ'가 '아'로 바뀐 '차례'란 형태가 변화의 최종 단계를 보여 준다. 17세기부터 나타나는 'ᄎᆞ뎨'란 형태는 한자어 '次第'를 당시의 한자음대로 표기한 것이다. '次第'를 중세 및 근대국어 한자음으로 읽으면 'ᄎᆞ뎨'이다. 'ᄎᆞ례'는 한자어 '次第(ᄎᆞ뎨)'에서 온 말이다. 그러므로 이미 중세국어 이전에 'ᄎᆞ뎨> ᄎᆞ례'의 변화가 있었던 것이다.

[二] 15세기 문헌인 『분류두공부시언해(초간본)』(1481)의 '四時 ᄎᆞ례로 가맨 百年 안햇 ᄆᆞᅀᆞ미로다(時序百年心, 四時 차례로 감은 百年 안의 마음이로다)'에서 'ᄎᆞ례'의 형태로 처음 나타난다. 이 형태가 20세기까지도 꾸준히 표기에 나타나지만, 18세기

에 'ᄋ'가 '아'로 바뀐 '차례'란 형태가 변화의 최종 단계를 보여 준다. '츠례'는 한자어 '次第(츠뎨)'에서 온 말이다. 그러므로 이미 중세국어 이전에 '츠뎨> 츠례'의 변화가 있었던 것이다. 모음 사이에서 'ㄷ'이 'ㄹ'로 바뀌는 변화는 다른 어휘에서도 찾을 수 있다. '牡丹(모단)'에서 '모란'이 되는 것, 또는 불교 용어 '道場(도댱)'에서 '도량'이 되는 것 등이 이러한 변화를 입은 것이다. 『동국정운(東國正韻)』의 서문에서 '第'의 초성이 'ㄷ'인데, '次第'의 우리말인 '츠례'에서는 'ㄹ'로 발음된다고 기술하고 있어서, '츠례'가 '次第'에서 온 말임을 분명히 하고 있다. 중국어에서도 우리말의 '차례'에 해당하는 말은 '次第'나 '次序'를 쓰며, '次例'란 말은 쓰지 않는다. 지금의 국어사전에서 '차례'의 한자를 '次例'로 표기하고 있는 것은 일반인의 관습을 존중한 표기이지만, 어원적으로는 옳지 않다.

㉮ 次第

㉯ 次第(츠뎨)> 츠례> 차례

㉰ • 次는 次第 혜여 글왈 밍글 씨라(석보상절 서-5)

　• 第는 次第라(월인석보 1-1)

　• 四時 츠례로 가맨 百年 안햇 ᄆᆞᅀᆞ미로다(時序百年心, 두시언해-초간 10-13)

　• 놉고 나즌 츠뎨롤 어긔릇치며(경신록언석 83)

차마 ㉮ 애틋하고 안타까워서 감히 어찌(뒤에 오는 동사를 부정하는 뜻으로 쓰임).

㉠ '차마'의 중세국어 형태는 '츠마'이며, 이 말은 어원적으로 '춤[忍]+아(어미)'로 분석된다. 동사의 연결형에서 부사가 된 것은 15세기 중세국어에서 이미 이루어졌다.

㉮ 춤[忍]+아(어미)

㉯ 츠마/춤아> 차마

㉰ • 罪苦ㅅ 이른 츠마 몯 니르리로다(월인석보 21-56)

　• 아비 업ᄉᆞ시거든 춤아 아비 칙을 넑디 몯홈은 손찜이 이실ᄉᆞ며(소학언해-선조 2-16)

차반 ㉲ 음식이나 반찬.

㉠ 현대국어의 '차반'은 고유어로 취급되고 있으나, 이 말은 한자어 '茶飯(차반)'에

서 왔음이 확실하다. 중세국어에서는 '음식이나 반찬'을 뜻하였고, 현대국어에서는 의미가 특수화하여 '격식에 맞게 잘 차린 음식'을 뜻하게 되었지만, 이것은 '차반'이 옛 어휘인 까닭으로 생긴 의미 변화에 해당할 것이다. 『번역노걸대』(상-41)에서는 '차반'이 한어(漢語) '茶飯'과 대응하고 있다.

[三] 중세국어에서 고유어처럼 쓰이는 '차(茶)'는 평성(平聲)인 반면에 '차반'의 성조는 '거성-거성(去聲-去聲)'이다. 이들 어휘는 모두 근대 한어(近代漢語)로부터의 차용어인 것이 분명하지만, 성조에 차이가 있는 것은 아마도 어휘 도입의 시기적 차이가 있었기 때문으로 생각된다. 굳이 차용어 도입 시기의 선후를 논한다면, '차반'보다 '차'가 늦을 수는 없다. 이것은 한자 '茶(다)'의 새김이 '차(훈몽자회 중-22)'이기 때문이다.

[원] (漢語)茶飯

[변] 茶飯(차반)> 차반

[예] • 차반 ᄆᆡᆼᄀᆞᆯ 쏘리 워즈런ᄒᆞ거늘(석보상절 6-16)

• 차반 주어 머기시니(與茶飯喫, 번역노걸대 상-41)

차사(差使) [명] ① 임금이 중요한 임무를 위하여 파견하던 임시 벼슬. 또는 그런 벼슬아치. 차사원. ② 고을 원이 죄인을 잡으려고 내보내던 관아의 하인.

[一] 중세국어 형태는 'ᄎᆡᄉᆞ'이다. 한자 '差'는 『광운(廣韻)』에서 평성 마운(麻韻)의 '初牙切', 평성 개운(皆韻)의 '楚皆切', 거성 괘운(卦韻)의 '楚懈切'. 평성 지운(支韻)의 '楚宜切' 등에 들어 있다. 그리고 '임시 관직'의 뜻으로 쓰이는 '差'는 평성 개운(皆韻)의 '楚皆切'에 해당한다. 이에 따라 중세국어 한자음도 평성 마운(麻韻)의 '初牙切'을 반영한 '차(平)'가 있고, 평성 개운(皆韻)의 '楚皆切'을 반영한 'ᄎᆡ(平)'가 있다. 임시 벼슬을 뜻하는 '差使'의 한자음이 중세국어에서 'ᄎᆡᄉᆞ'인 것은 이러한 까닭이 있다. 현대국어에서 '差使'를 '차사'로 읽게 되어 중세국어 'ᄎᆡᄉᆞ'를 계승하지 못한 것이지만, 중세국어 'ᄎᆡ사'를 이어받았다면 '채사'가 되었을 것이다.

[원] (漢語)差使(ᄎᆡᄉᆞ)

[변] ᄎᆡᄉᆞ> 차사

[예] • 吏ᄂᆞᆫ 그윗 ᄎᆡᄉᆡ라(내훈-선조 3-20)

• 그ᄃᆡ 자불 치ᄉᆞ 다ᄉᆞᆺ 귀신이(옥랑전 2)

차이나(China) ☞ 지나(支那)

차지 [명] ① 사물, 공간, 지위 따위를 자기 몫으로 가짐. 또는 그 사물이나 공간, 지위 따위. ② 각 궁방(宮房)의 일을 맡아보던 사람. 또는 옛날에 다른 사람을 대신하여 형벌을 받던 하인.

[一] '차지'는 이두식 한자어 '次知'에서 온 말이며, 이두에서 '次知'는 전래의 이두 독법에서 한자음 그대로 읽지 않고, 새김으로 읽어서 'ᄀᆞᅀᆞᆷ아리/ᄀᆞᅀᆞᆷ알다'가 독법이다. 현대국어를 기준으로 한다면, 이두 용법의 '次'는 한자음으로 읽지 않고 '衣次'를 '옷감'으로 읽는 것에서 알 수 있듯이 '감'으로 읽으며, '知'도 새김인 '알다'로 읽어서 '가말다(감+알다)'로 읽는다. '가말다'의 중세국어 형태는 'ᄀᆞᅀᆞᆷ알다'이다. 다만 이두식 한자어에서 '次'를 'ᄀᆞᅀᆞᆷ[材料]'으로 새겨 읽는 까닭은 잘 해명되지 않는다.

[二] 현대국어 '가말다'는 중세국어 'ᄀᆞᅀᆞᆷ알다'에서 변화된 형태이므로, 이두 한자어 '次知'의 독법도 'ᄀᆞᅀᆞᆷ알다> ᄀᆞᄋᆞᆷ알다> ᄀᆞ말다> 가말다'의 변화를 거친 것이다. 중세국어 'ᄀᆞᅀᆞᆷ알다'는 현대국어 '주관하다'의 뜻이다.

[三] 이두식 한자어 '次知'를 새김으로 읽다가 한자음 'ᄎᆞ디(중세국어 한자음)> ᄎᆞ지> 차지'로 읽어서 어휘화한 것은 '次知'가 명사화하여 '담당자, 주관자'의 뜻으로 굳어진 까닭이다. 새김으로 읽던 이두식 한자어가 한자음으로 전환하여 어휘화하는 경우는 종종 있는 일이다. 새김으로 읽는 경우에 '次知'는 체언인 겨우 'ᄀᆞᅀᆞᆷ아리'로 읽고, 용언인 경우 'ᄀᆞᅀᆞᆷ알다'로 읽는다.

[원] 次知(ᄀᆞᅀᆞᆷ알다/ᄀᆞᅀᆞᆷ아리)

[변] 次知> ᄎᆞ디> ᄎᆞ지> 차지

[예] • 主掌員亦 次知 許給爲旀(대명률직해 5-7)

☞ 가말다

찰나(刹那) [명] ① (불교) 지극히 짧은 시간. ↔겁(劫). ② 어떤 일이나 상태가 이루어지는 바로 그때. 순간.

[一] 산스크리트어에서 '순간(瞬間)'을 뜻하는 'ksana'를 한어에서 '刹那'로 음역한 것이다.

[원] (산스크리트어)ksana

[변] ksana> (漢語)刹那> 찰나

[예] • 刹那ㄴ 아니한 더디라(능엄경언해 2-7)

찹쌀 [명] 찰벼를 찧은 쌀. ↔멥쌀.

[一] '찹쌀'의 중세국어 형태는 'ᄎᆞᆯᄡᆞᆯ, ᄎᆞᄡᆞᆯ'이며, 이 말은 'ᄎᆞᆯ[黏]+ᄡᆞᆯ[米]'로 분석된다.

[二] 'ᄎᆞᄡᆞᆯ'은 'ᄎᆞᆯᄡᆞᆯ'에서 'ㄹ'이 탈락한 형태이다. 'ㄹ'이 탈락한 이후에, 'ᄡᆞᆯ'의 어두 초성 'ㅂ'이 앞 말의 받침으로 내려가 'ᄎᆞᆸᄡᆞᆯ'이나 'ᄎᆞᆸᄊᆞᆯ'이되고, 이것이 현대국어 '찹쌀'로 이어진 것이다.

[원] ᄎᆞᆯ[黏]+ᄡᆞᆯ[米]

[변] ᄎᆞᆯᄡᆞᆯ> ᄎᆞᄡᆞᆯ> ᄎᆞᆸᄡᆞᆯ> ᄎᆞᆸᄊᆞᆯ> 찹쌀

[예] • ᄎᆞᄡᆞᆯ(糯米, 구급간이방 3-18)
• ᄎᆞᆸᄡᆞᆯ ᄃᆞᆯ힌 믈의(두창경험방 25)
• ᄎᆞᆸᄊᆞᆯ(粘米, 동문유해 하-2)

☞ 멥쌀

창자 [명] '작은창자', '큰창자'의 총칭.

[一] '창자'의 중세국어 형태는 '챵ᄌᆞ'이며, 이 말은 근대 및 현대 한어(漢語) '腸子 [tʂʰaŋtsi]'의 한자음에 영향을 받아 생긴 말이다.

[二] '腸子'를 중세국어 한자음으로 읽으면 '댱ᄌᆞ'이므로, '腸-챵'은 한어음(漢語音)의 영향을 받았고, '子-ᄌᆞ'는 국어 한자음에 의한 것임을 알 수 있다.

[원] (漢語)腸子

[변] 腸子[tʂʰaŋtsi]> 챵ᄌᆞ> 창자

[예] • ᄆᆞᄅᆞᆫ ᄯᅩᆼ이 챵ᄌᆞ애 막딜여(구급간이방 3-73)
• 챵ᄌᆞ 댱(腸, 신증유합 상-22)
• 챵ᄌᆞ(腸子, 동문유해 상-17)

ㅊ

채끝 [명] 소 등심 부분의 방아살 아래에 붙은 쇠고기 부위. 채끝살.

[一] 쇠고기의 '채끝'은 소의 등뼈 끝부분에서 바깥쪽으로 형성된 부위의 살코기를 말한다. 이 부분이 채찍의 끝이 닿는 부분이라고 하여 붙여진 명칭이다.

[원] 채[鞭]+끝[末]

[변] 채끝

채비 [명] 갖추어 차림. 또는 그 일.

[一] '채비'는 한자어 '差備(차비)'에서 온 말이다. '差備'는 한어(漢語)에서는 사용되지 않는 말이며, 국어에서 사용되는 한자어이다. 『조선왕조실록』에서 '下人執役者名曰差備(중종실록)'라 하였으므로, '差備'는 '임무를 맡은 하인'의 뜻으로 사용되었다는 것을 알 수 있다.

[二] '差'의 중세국어 한자음으로는 '차'와 '치'의 두 음이 있다. 그러므로 '差備'를 중세국어 한자음으로 읽으면 '차비'와 '치비'가 되는데, '차비'에서 '채비'가 되었을 수도 있고, '치비'에서 '채비'가 되었다고 할 수도 있다. 후자의 변화라면 음운 현상이 개입할 필요가 없다.

[三] 한자 '差'는 『광운(廣韻)』에서 평성 마운(麻韻)의 '初牙切', 평성 개운(皆韻)의 '楚皆切', 거성 괘운(卦韻)의 '楚懈切'. 평성 지운(支韻)의 '楚宜切' 등에 들어 있다. 그리고 '임시 관직'의 뜻으로 쓰이는 '差'는 평성 개운(皆韻)의 '楚皆切'에 해당한다. 이에 따라 중세국어 한자음도 평성 마운(麻韻)의 '初牙切'을 반영한 '차(平)'가 있고, 평성 개운(皆韻)의 '楚皆切'을 반영한 '치(平)'가 있다. 조선 시대에 '差備'가 임무를 맡은 사람을 뜻하므로, 중세국어 한자음으로 읽으면 '치비'가 옳다. 그러므로 현대국어 '채비'는 중세국어 '差備(치비)'에서 온 것이라고 하는 것이 온당하다.

[원] 差備(치비)

[변] 差備(치비)> 채비

[예] • 下人執役者 名曰差備(중종실록)

☞ 차사

채우다[1] [동] 몸에 물건을 달아 차게 하다. '차다'의 사동사.

[一] '채우다'의 중세국어 형태는 'ᄎᆡ이다'이며, 이 말은 'ᄎᆞ[佩]+ㅣ(사동접사)+이(사동접사)+다(어미)'의 구조로 분석된다. 즉 'ᄎᆞ다[佩]'에 사동 접미사 '이'가 이중으로 연결된 것이다.
[二] 중세국어의 형태 'ᄎᆡ이다'가 근대국어에 'ᄎᆡ우다'가 된 것은 'ᄎᆡ오다[使充], 셰오다/셰우다[使立]' 등의 이중 사동 형태의 유형적 영향을 받은 것으로 생각된다.
[원] ᄎᆞ[佩]+ㅣ(사동접사)+이(사동접사)+다(어미)
[변] ᄎᆡ이다> ᄎᆡ우다> 채우다
[예] • 印綬ᄅᆞᆯ ᄎᆡ이거든(삼강행실도 충-8)
• ᄭᅳᆫ을 다라 엽희 ᄎᆡ워(만언사답)

채우다² [동] ① 음식, 과일, 물건 따위를 차게 하거나 상하지 않게 하려고 찬물이나 얼음 속에 넣어 두다. ② 모자라는 수량을 보태다. 정한 높이나 한도까지 이르게 하다.
[一] '채우다'의 중세국어 형태는 'ᄎᆡ오다'이며, 이 말은 'ᄎᆞ[滿]+ㅣ(사동접사)+오(사동접사)+다(어미)'로 분석된다. 즉 'ᄎᆞ다[滿]'에 사동 접미사 '이'와 '우'가 이중으로 연결된 형태이다.
[원] ᄎᆞ[滿]+ㅣ(사동접사)+오(사동접사)+다(어미)
[변] ᄎᆡ오다> 채우다
[예] • 손ᄌᆡ ᄇᆡᄅᆞᆯ 몯 ᄎᆡ와 조ᄎᆞᆫ 귓거슬 자바(석보상절 24-22)

처녑 [명] 소나 양 등의 반추(反芻) 동물에서의 제3위(胃)(잎 모양의 얇은 판이 있음). 백엽(百葉). 천엽(千葉).
[一] '처녑'의 중세국어 형태는 '쳔엽'이다. 수많은 잎 모양의 '처녑'의 생김새에 의하여 한자어로 '百葉(백엽)'이나 '千葉(쳔엽)'이라고 한 것이며, '千葉'의 현대국어 한자음인 '천엽'이 연철 표기되어 '처녑'이 된 것이다. '千葉'을 중세국어 한자음으로 읽으면 '쳔엽'이다. 한자어로는 '千葉'보다는 '百葉'이란 표기가 일반적이었다.
[원] 千葉
[변] 千葉(쳔엽)> 천엽> 처녑

⑩ • 천엽(百葉, 동의보감 탕액-1)

　　• 천엽(百葉, 역어유해 상-50)

처럼 죄 체언 뒤에 붙어서, '…과 같이, … 모양으로' 따위의 뜻을 나타내는 부사격 조사.

⊟ '처럼'의 중세국어 형태는 '톄로'이다. 이 말은 '體(톄)+로(조사)'로 분석된다. '體' 의 중세국어 한자음이 '톄'이며, 성조는 거성(去聲)이다. '톄로'의 성조가 '거성-거성 (去聲-去聲)'이므로, 성조도 일치된다.

⑭ 體(톄)+로(조사)

⑭ 톄로> 텨로> 쳐로>처럼

⑩ • 기러기톄로 돈니고(소학언해-선조 2-64)

　　• 이텨로 ᄒᆞ야 긴 ᄒᆡ를 져므도록 대면을 ᄒᆞ니(계축일기 70)

　　• 네 나라쳐로 긔망ᄒᆞ고 교ᄉᆞᄒᆞ고(산성일기 67)

척지다(隻—) 통 서로 원한을 품어 미워하게 되다.

⊟ '척지다'는 '隻(척)+지[負]+다(어미)'로 분석된다. '隻'의 중세국어 한자음이 '척' 이다. '지-'는 자동사 '지다[負]'의 어간이다. 현대의 국어사전에서 '척지다'의 '지'는 접사로 처리되지만, 어원적으로는 '지다[負]'의 어간에서 온 것이다.

⊟ 조선 시대에 민사(民事)와 관련한 소송이 벌어질 때 피고에 해당하는 사람을 '척 (隻: 원래의 뜻은 한 쪽)'이라고 했다. 따라서 다른 사람을 고소하여 피고로 만드는 관계를 '척지다'로 표현한 것이다.

⑭ 隻(척)+지[負]+다(어미)

⑭ 척지다> 척지다

천둥 명 벼락이나 번개가 칠 때 하늘이 요란하게 울리는 일. 또는 번개가 치며 일어 나는 소리. 우레.

⊟ '천둥'의 중세국어 형태는 '텬동'이며, 이 말은 한자어 '天動'이다. '天動'의 중세국 어 한자음이 '텬동'이다.

[원] 天動

[변] 天動(텬동)> 천둥

[예] • 天動 번게를 사ᄅᆞᆷ이 놀라더니(월인천강지곡 상-59)

• 텬동 진(震, 신증유합 하-56)

천량 [명] 살림살이에 필요한 재물.

[一] '천량'의 중세국어 형태는 '쳔량'이며, 이 말은 한어(漢語) '錢糧[tɕʰiɛn-liɛŋ]'에서 온 것이다. '錢糧'의 중세국어 한자음이 '젼량'이므로, '쳔량'의 '쳔'은 한어(漢語)의 영향을 받았다는 것을 알 수 있다.

[원] (漢語)錢糧

[변] 錢糧[tɕʰiɛn-liɛŋ]> 쳔량> 천량

[예] • 舍衛國 大臣 須達이 가ᄉᆞ며러 쳔랴이 그지업고(석보상절 6-13)

• 쳔량 줄 뢰(賂, 훈몽자회 하-21)

철 [명] ① 일 년을 봄·여름·가을·겨울의 넷으로 나눈 그 한 동안. 계절. ② 한 해 가운데서 어떤 일을 하기에 좋은 때.

[一] 고유어로 처리되는 '철'은 한자 '節'에서 왔을 가능성이 크다. 근대국어의 문헌에 '졀(節)'이 '철'의 뜻으로 사용되었기 때문이다. '節'의 중세국어 한자음은 '졀'이다.

[二] 만약 '졀(節)'에서 '철'이 되었다면 어두 유기음화가 적용된 것이며, 이와 같은 유기음화는 국어 음운사에서 흔히 발견되는 현상이다. 국어 음운사에서 어두 유기음화는 'ᄇᆞᆯㅎ> 팔, 갈ㅎ> 칼, 듣글> 티끌, 닷> 탓' 등에서 찾을 수 있다.

[원] 節

[변] 節(졀)> 철

[예] • 오ᄉᆞᆯ 졀마다 보내오시고(인조행장 13)

철릭 [명] 무관이 입던 공복(公服)의 하나(직령(直領)으로서, 허리에 주름이 잡히고 큰 소매가 달렸음).

[一] '철릭'의 중세국어 형태는 '텰릭'이며, 이 말은 몽골 문어(文語) 'terlig[帖裏]'에서

온 말이다.

㉕ (몽골어)terlig[帖裏]

㉖ terlig> 뎔릭> 철릭

㉙ • 뎔릭(帖裏, 번역박통사 상-27)

청사(靑史) 몡 역사상의 기록.

㉠ '靑史'에서 '靑'은 '대나무 껍질'을 뜻하는데, 대나무 껍질이 푸른빛을 띠었기 때문이다. 종이가 없던 시절에 대나무 껍질에 역사를 기록했던 것에서 '청사(靑史)'란 말이 '역사상의 기록'을 뜻하게 되었다. '靑史'를 중세국어 한자음으로 읽으면 '쳥ᄉᆞ'이다.

㉡ 당대(唐代)의 잠삼(岑參, 715-770)의 시에 '古來靑史誰不見 今見功名勝古人'이라 하였으므로, '靑史'란 말이 '역사(歷史)'의 의미로 사용되었다는 것을 확인할 수 있다.

㉕ (漢語)靑史

㉖ 靑史> 쳥ᄉᆞ> 청사

청설모(◁靑鼠毛) 몡 ① 청서(靑鼠). ② 날다람쥐 따위의 털.

㉠ '청설모'는 한자어 '청서모(靑鼠毛)'에서 온 말이다. '청서(靑鼠)'는 다람쥣과의 하나로서, 몸빛은 잿빛 갈색이며 네 다리와 귀의 긴 털은 검은색이다. '청서(靑鼠)'의 털인 '청설모'는 붓을 만드는 데에 사용된다. '靑鼠毛(청서모)'에서 'ㄹ'이 첨가되어 '청설모'가 되었으며, 지금은 오히려 '청서의 털'이 아닌 '청서(靑鼠)'를 가리키는 말로 주로 쓰이고 있다.

㉡ '靑鼠毛'를 중세국어 한자음으로 읽으면 '쳥셔모'이다. 그런데 근대의 문헌인 『유씨물명고(柳氏物名考)』(1824)에 이미 '청셜모'라고 하여 'ㄹ'이 첨가된 형태로 기록되어 있으며, 또한 의미도 '청서의 털'이 아닌 '靑鼠'를 지칭하고 있다. 그러므로 '청셜모'가 털을 뜻하는 '靑鼠毛'만이 아니라, 동물을 뜻하는 '靑鼠'의 뜻도 함께 지니게 된 것이 오래되었음을 알 수 있다.

㉕ 靑鼠毛

靑鼠毛(쳥셔모)> 쳥셜모> 청설모

 • 청설모 靑鼠(유씨물명고 1)

초 불을 밝히는 데 쓰는 물건의 하나. 밀랍, 백랍(白蠟), 쇠기름 등을 원료로 끓여서 여러 모양으로 굳혀, 실 따위로 그 가운데에 심지를 박음.

 '초'의 중세국어 형태는 '쵸'이며, 이 말은 한자어 '燭'에서 온 것이다.

 '燭'의 중세국어 한자음은 '쵹'이며, '燭'의 한어 근대음(漢語近代音)은 [tɕuo]이다. 한어 근대음의 성모(聲母)는 유기음이 아니므로, '쵸'의 'ㅊ'은 오히려 중세국어 한자음의 성모와 일치한다. 그러므로 중세국어 '쵸'는 한어(漢語)와 중세국어 한자음의 상호 영향에 의하여 생긴 것이라고 하는 것이 적당하다.

 燭

 燭[쵹/tɕuo]> 쵸> 초

 • 大衆이 各各 七寶香쵸 자바(석보상절 23-38)

초승(初—) 음력으로 그달 첫머리의 며칠 동안의 일컬음.

 '초승'의 중세국어 형태는 '초ᄉᆡᆼ'이며, 이 말은 한자어 '初生'이다. '初生'의 중세국어 한자음이 '초ᄉᆡᆼ'이다.

 한자어의 후부 요소를 이루는 '生(ᄉᆡᆼ)'은 고유어화하는 과정에서 '승'으로 바뀌는 경우가 종종 있다. '즁ᄉᆡᆼ(衆生)'이 '짐승'이 되고, '이ᄉᆡᆼ(—生)'이 '이승'이 되는 것을 참조할 수 있다.

 初生

 初生(초ᄉᆡᆼ)> 초승

 • 내 七月ㅅ 초ᄉᆡᆼ애 ᄠᅥ나라(번역노걸대 하-3)

 ☞ 원숭이, 이승, 장승, 저승, 짐승

총각(總角) 결혼하지 않은 성인 남자. ↔처녀.

 중세국어 형태도 '총각'이며, 이 말은 한자어 '總角'이다. 이 말은 18세기까지는 한자로만 표기되다가, 19세기와 20세기에 비로소 '총각'과 '춍각'으로 문헌에 나타난다. '總角'을 중세국어 및 근대국어 한자음으로 읽으면 '총각'이므로, '춍각'이라고 표기한 것은 경구개음 'ㅊ' 다음에서 '오'와 '요'의 변별이 없어졌기 때문이다. '總角(총각)'이란 말은 관례(冠禮)를 치르기 이전의 사내가 머리를 두 갈래로 모아서 귀 뒤에서 뿔처럼 묶는 것을 가리킨다. '總角'이란 말은 중국어에서도 사용되는 말이므로, '총각'은 중국에서 들어온 말이다.

㊂ 『분류두공부시언해(초간본)』(1481)의 주석에 '總角ᄋᆞᆫ 小童이 聚兩髮而結之니라(總角은 小童이 양쪽 머리를 모아 묶는 것이다)'에서 한자어 '總角'으로 나온다. '總角'을 중세국어 및 근대국어 한자음으로 읽으면 '총각'이므로, 중세국어에서부터 현대까지 '총각'이란 말의 형태 변화는 없었다. '總角(총각)'이란 말은 관례(冠禮)를 치르기 이전의 사내가 머리를 양갈래로 모아서 귀 뒤에서 뿔처럼 묶는 것을 가리킨다. 그러므로 『소학언해(小學諺解)』(1586)의 '열 설 넘도록 오히려 總角ᄒᆞ여시리 젹으니(열 살이 넘도록 總角한 이가 적으니)'에서 알 수 있는 바와 같이 '總角ᄒᆞ다'란 동사도 중세 및 근대국어에서 많이 쓰였다. 지금은 '총각'이 결혼 전의 젊은 남자를 가리키는 말이 되었지만, 중세 및 근대국어에서는 관례 전의 머리를 뿔처럼 묶는 행위를 가리켰던 것이다. 그러한 행위에서 그러한 사람으로 의미가 바뀐 것은 19세기를 전후해서 생긴 것으로 생각된다. 중국어에서 '總角'은 머리를 모아 귀 뒤에서 뿔처럼 묶는 행위를 가리키는 것이 기본 의미이고, 비유적으로 그러한 사람, 즉 '어린아이'를 가리키는 말로도 사용된다.

㉝ 總角

㉗ 總角(총각)

㉖ • 總角ᄋᆞᆫ 小童이 聚兩髦而結之니라(두시언해-초간 24-61)

추다 ⑧ (춤 동작을) 나타내다.

㊀ '추다'의 중세국어 형태는 '츠다'이며, 동사 '츠다'의 명사형 또는 파생 명사는 '-움'을 연결한 '춤'이었다. 근대국어에서 언중(言衆)들은 '춤'의 단어 구조를 '추+ㅁ'으로 분석하게 되면서 새로운 어간 '추[舞]'를 만들어 낸 것이다.

㉝ 츠[舞]+우('움'의 '우')

㉗ 츠다 > 추다

예
• 놀애 브르며 춤 츠며(월인석보 1-44)
  • 춤추다(역어유해 상-60)

☞ 춤

추렴 몡 모임이나 놀이 따위의 비용 등으로 각자가 금품을 얼마씩 내어 거둠.

㉠ '추렴'의 근대국어 형태는 '츌렴, 츄렴'이며, 이 말은 한자어 '出斂(츌렴)'에서 온 말이다. '出斂'의 중세국어 한자음이 '츌렴'이다.

㉟ 出斂

㉰ 出斂(츌렴) > 츄렴 > 추렴

예
• 여러 물을 츌렴ᄒ고(박통사언해 중-13)
  • 츄렴ᄒ다(湊斂, 동문유해 상-51)

추위 몡 추운 기운. ↔더위.

㉠ '추위'의 중세국어 형태는 '치뷔, 치위'이며, 이 말은 어원적으로 '칩[寒]+의(명사화 접사)'의 구조로 분석된다.

㉠ 현대국어 '춥다[寒]'에 해당하는 중세국어 형태가 '칩다'이며, 'ㅂ' 불규칙 형용사이다. 중세국어에서 'ㅂ' 불규칙 용언의 활용은 어간의 'ㅂ'이 모음으로 시작되는 어미나 접사를 만나면 'ㅸ'으로 변이되다가, 'ㅸ'이 소멸한 이후에는 반모음 '오/우[w]'로 변이된다.

㉟ 칩[寒]+의(명사화 접사)

㉰ *치븨 > 치뷔 > 치위 > 추위

예
• 더뷔 치뷔로 셜ᄫᅥᄒ다가(석보상절 9-9)
  • 한 치위와 구든 어르미(능엄경언해 8-82)

추파(秋波) 몡 ① 가을철의 잔잔하고 아름다운 물결. ② 은근한 정을 나타내는 여자의 아름다운 눈짓. ③ 이성의 관심을 끌기 위해 은근히 보내는 눈길. 윙크.

㉠ 한어(漢語)에서 '秋波'의 뜻은 ① 가을날의 물결, ② 미녀의 맑은 눈빛, ③ 품고 있는 깊은 마음 등의 세 가지이며, 대체로 긍정적인 문맥에서 사용된다. 그러나 국

어에서는 '(남자를 은근히 유혹하는) 정을 품은 여자의 눈짓'을 뜻하여 주로 부정적인 문맥에서 사용되고 있다. '秋波'를 중세국어 한자음으로 읽으면 '츄파'이다.
[원] (漢語)秋波
[변] 秋波> 츄파> 추파

춤 [명] (가락에 맞추거나 절로 흥겨워서) 팔다리나 몸을 율동적으로 움직여 어떤 감정을 나타내는 동작. 무용(舞踊).
[一] '춤'은 중세국어 '츠다[舞]'에서 명사로 파생된 말이다. 중세국어의 명사형 어미는 '-옴/-움'인데, '춤'은 '츠[舞]+움(명사형 어미)'에서 어간의 '으'가 탈락하여 '춤'이 된 것이다.
[二] 중세국어에서 명사형 어미 '-옴/-움'은 명사화 파생 접사 '-ᄋᆞᆷ/-음/-ㅁ'과 구분된다. 그러므로 '거름 거루미(월인석보 2-57)'에서 '거름'은 '걷[步]+음(명사화 접사)'으로서 파생 명사이고, '거룸'은 '걷[步]+움(명사형 어미)'으로서 품사는 여전히 동사인 것이다. 이러한 단어 형성법에 따르면 '춤'은 동사 '츠다[舞]'의 명사형이므로 파생 명사는 아니지만, 중세국어에서 이미 파생 명사 '춤'과 동사의 명사형 '춤'은 서로 구분되지 않았다.
[원] 츠[舞]+움(명사형 어미, 또는 접사)
[변] 춤
[예] • 놀애 춤 마롬과(석보상절 6-10)
• 놀애 브르며 춤 츠며(월인석보 1-44)
• 醉ᄒᆞ야서 춤 추믄 누를 爲ᄒᆞ야 ᄭᅵ리오(醉舞爲誰醒, 두시언해-초간 7-15)
• 춤 무(舞, 훈몽자회 하-15)

충청도(忠淸道) [명] 충청남도와 충청북도를 통틀어 이르는 말. 충주와 청주에서 따온 말이다.
[一] 1356년(고려 공민왕 5년)에 충주(忠州)와 청주(淸州)의 첫 글자를 따서 충청도라고 한 것이 정식 명칭의 시작이다. '忠州'와 '淸州'를 중세국어 한자음으로 읽으면 '튱쥬'와 '쳥쥬'이다.

원 튱(튱쥬/忠州)+청(쳥쥬/原州)+도(道)
변 忠淸道(튱쳥도)> 충청도

치다 동 동물이 새끼를 낳아 퍼뜨리다. 가축을 기르다. 나무가 자라 가지를 벋다. (영업으로 나그네를) 묵게 하다.

〔一〕 중세국어의 형태도 '치다'이지만, 쓰이는 용법과 의미는 좀 다르다. 중세국어에서는 현대국어와 같은 의미 외에 '(부모를) 봉양하다'의 의미로 자주 쓰인 것이 특징이다. 즉 현대국어에서 '치다[育]'는 기본적으로 '기르다, 사육하다'의 뜻으로서, '닭이나 돼지를 치다'와 같이 주로 가축(家畜)에 대해 사용되고 있으나, '하숙생을 치다, 손님을 치다'와 같이 사람에 대한 용법도 있다. 그러나 중세국어에서는 '늘근 어미를 치다가(삼강행실도 효-5)'와 같이 '봉양(奉養)하다'라는 의미도 있어서 현대의 용법과 차이를 보인다.

원 치[養育]+다(어미)

변 치다

예 • 畜生은 사르미 지븨셔 치는 즁싱이라(월인석보 1-46)
  • 느미 늘근 어미를 치다가(養人老母, 삼강행실도 효-5)
  • 제 겨집과 주식을 치니(노걸대언해 하-49)

침 명 입 안에 괴는 끈끈한 액체. 입 안의 침샘에서 분비되는 소화액의 한 가지임.

〔一〕 '침'의 중세국어의 형태는 '춤'이다. '춤'이 '침'이 된 것은 'ㅊ'에 의한 전설모음화에 의한 것이다.

〔二〕 '춤'의 모음 '우'가 'ㅊ'의 영향에 의하여 전설모음이 된다면 '췸'이 되어야 할 것이므로, 전설모음화 이전의 '침'의 형태는 '츰'이어야 논리적이다. 그런데 중세국어의 『삼강행실도』(충-16)에 '츰'이라는 형태가 나오므로, 중세국어 '춤'과 '츰'은 발화 상황에서 비별적이었다고 생각된다. 이것은 종성의 양순 자음 'ㅁ'에 의하여 '우'와 '으'가 중화된 결과일 것으로 생각된다. '춤'을 원형으로 한다면, 변화의 순서는 '춤> 츰> 침'이 되는 것이 이치에 맞다.

원 춤[涎]

[변] 춤> 츰> 침

[예] • 추믈 ᄂᆞᆯ이디 말라(莫飛涎, 두시언해-초간 20-12)

• 朱泚ᄋᆡ ᄂᆞᄎᆡ 츰 받고 구지조ᄃᆡ(삼강행실도 충-16)

• 침 ᄇᆡ앗다(한영자전)

칩뜨다 [동] 몸을 힘차게 솟구치어 높이 떠오르다.

[一] 이 말의 근대국어 형태는 '칩드다'이며, 중세국어 형태를 기준으로 하여 '치-+ᄠᅳ다'로 분석된다. 중세국어 'ᄠᅳ다'는 '위쪽으로 솟아오르다'가 기본 의미이지만, 이로부터 다양한 의미의 전이가 생겼다. '치ᄠᅳ다'에서 어두 자음군 'ᄠ'의 'ㅂ'이 앞말의 받침으로 내려가 '칩드다'가 된 것이며, 이후 현대국어 '칩뜨다'가 되었다.

[二] 접두사 '치-'는 중세국어의 '치ᅘᅧ시니(용비어천가 8장), 치자ᄫᆞ시니(용비어천가 58장)' 등의 용례가 있지만, '티ᄎᆞ며(월인천강지곡 상-14), 티소앳도다(두시언해-초간 8-3)' 등에서는 '티-'의 형태로 나타난다. 아마도 『용비어천가(龍飛御天歌)』의 '치-'는 순수한 접두사로 생각되지만, 다른 문헌의 '티-'는 '티다[擊]'의 어간 '티-'가 접두사로 쓰인 것으로 이해하는 것이 합리적이다. 구개음화가 적용되지 않는 중세국어에서 접두사 '치-'와 '티-'의 동일성을 말할 수 없기 때문이다.

[원] 치(접사)+ᄠᅳ[浮]+다(어미)

[변] 치ᄠᅳ다> 칩드다> 칩뜨다

[예] • 칩더 올으다(攛上去, 한청문감 7-30)

카디건[카:디건] 圐 칼라 없이 앞자락을 단추로 채우게 된 털로 짠 스웨터.

⊟ '카디건'은 이 옷을 즐겨 입은 영국의 카디건 백작(Earl of Cardigan, 1797~1868)의 이름에서 온 말이다. 카디건 백작은 크림 전쟁(1853~1856)에서 명성을 떨친 인물이다. 카디건은 '카디건 재킷', 또는 '카디건 스웨터'를 줄인 말이다.

㉒ (영어)Earl of Cardigan

㉦ Cardigan＞ 카디건

카리스마 圐 ① 성령의 은사(恩賜). ② 카리스마적 자질. 카리스마적 존재. 비범하거나 특수한 개성.

⊟ '카리스마'는 영어 'charisma'를 그대로 차용한 말이다. 'charisma'는 '신에게서 부여받은 특수한 자질이나 능력'이 원래의 뜻이다.

⊟ 영어 'charisma'는 그리스어 'char[好意, 恩惠]'에 명사를 만드는 접미사 '-isma'가 붙은 말이다.

㉒ (그리스어)char[好意, 恩惠]+isma(명사화 접사)

㉦ charisma＞ 카리스마

카키색(khaki色) 圐 누른빛에 엷은 갈색이 섞인 빛깔(군복에 많이 씀).

⊟ 페르시아어에서 'khāk'는 '먼지(dust)'를 뜻하는 말이었으며, 이 말이 힌두어 및 우르두어에 들어가서 '먼지색(dust-colored)'을 의미하는 'khākī'가 되었다.

ⓌⒻ (페르시아어)khāk

ⓉⒷ khāk> (힌두어/우르두어)khākī> (영어)khaki> 카키색

칼 圐 물건을 베거나 썰거나 깎는 연장으로, 날카로운 날에 자루가 달린 물건.

㊀ '칼'의 중세국어 형태는 '갈ㅎ[刀]'이다. 근대국어에 들면서 어두 자음이 격음화되어 '칼ㅎ'이 되었다가 이어서 종성의 'ㅎ'도 탈락하였다.

㊁ 중세국어의 '갈ㅎ[刀]'이 일본어 かたな[katana, 刀]와 어원적으로 연관이 있을 가능성이 있지만, 확인할 수는 없다.

㊂ 중세국어의 '갈ㅎ[刀]'이 동사 '갈다[磨]'와 어원적으로 연관이 있을 것으로 생각하는 경우가 있으나(安玉奎 1989), 인정하기 어렵다. 현대국어의 '갈다'는 중세국어의 'ᄀᆞᆯ다[磨]'에서 왔으므로 '갈ㅎ[刀]'과는 무엇보다도 모음의 차이가 뚜렷하다. 모음 'ㆍ'와 'ㅏ'의 차이를 현대국어의 관점에서 대수롭지 않게 처리하는 경향이 있으나, 이러한 태도는 현대적 편견에 속한다. 모음의 교체에 의한 형태의 변이는 중세국어를 기준으로 모음조화의 관계를 벗어나면 안 되기 때문이다.

Ⓦ 갈ㅎ[刀]

Ⓣ 갈ㅎ> 칼ㅎ> 칼

Ⓔ • 블와 갈콰 毒과(월인석보 9-43)

　• 칼히 제 히여디ᄂᆞ니라(선가귀감언해 상-49)

　• 됴흔 칼을 달라ᄒᆞ야(태평광기언해)

칼국수 圐 밀가루를 반죽하여 칼로 가늘게 썰어 만든 국수. 손국수.

㊀ '칼[刀]'과 '국수[麵]'의 중세국어 형태인 '갈ㅎ(월인석보 9-43)'과 '국슈(동의보감-탕액편 1-24)'를 생각하면, 중세의 문헌에서 '갈국슈'라는 합성어를 예상하게 되나 찾을 수 없다. 근대국어 초기에 '칼국슈(박통사언해-중간 하-32)'를 찾을 수 있으며, '갈ㅎ'의 격음화한 형태 '칼ㅎ'이 중세국어 후기에 이미 나타나 '갈ㅎ'과 함께 쓰인 점을 감안하면, 중세국어에 '갈국슈'와 '칼국슈'가 모두 쓰였을 가능성은 충분하다.

Ⓦ 갈ㅎ[刀]+국슈[麵]

Ⓣ 갈국슈> 칼국슈> 칼국수

[예] • 제믈엣 칼국슈와 ᄆᆞᄅᆞᆫ국슈와(박통사언해 하-32)

칼자 [명] 지방 관아에 속하여 음식 만드는 일을 맡아보던 하인. 도척. 칼자이.
[一] 근대의 이두 문헌에 '칼자이, 칼ᄌᆞ이' 등으로 나오지만, 중세국어의 형태를 기준으로 분석하면 이 말은 '갈ㅎ[刀]+자[匠人]+이(접사)'의 구조이다. 한자에 의한 이두식 표기로는 '刀尺'이므로, 고유어 '자[匠人]'의 표기에 '尺'의 새김을 이용했다는 것을 알 수 있다. '도척(刀尺)'이란 말은 차자표기를 한자음으로 그대로 읽어서 생긴 말이므로, 원래의 국어가 아니다.
[二] 이두 어휘에 접사 '尺'이 붙은 말은 '斗尺(말자이/마자이), 水尺(무자이), 墨尺(먹자이)' 등을 열거할 수 있으며, 『삼국사기(三國史記)』에는 '歌尺, 舞尺, 琴尺' 등의 어휘가 나온다. 이로써 보면 '-자/-자이'의 쓰임은 그 유래가 오래되었다는 것을 알 수 있다.
[원] 갈ㅎ[刀]+자[匠人]+(이)
[변] 갈ㅎ자> 칼자/칼자이> 칼자
[예] • 刀尺 칼자이(이두편람)
• 刀尺 俗云 칼ᄌᆞ이(동한역어)

커피(coffee) [명] ① 커피나무 열매의 씨를 볶아 갈아서 만든 가루(카페인이 들어 있음). ② 커피로 만든 음료.
[一] 외래어 '커피'는 영어 'coffee'에서 왔으며, 프랑스어 카페(café), 독일어 카페(Kaffee), 네덜란드어 코피(koffie), 이탈리아어 카페(caffè), 터키어 카베(kahve) 등도 모두 같은 어원에서 비롯된 것이다. 이러한 명칭의 출발이 된 말로는 아랍어의 '카와(qahwah)'인 것으로 추정되고 있으며, 역사적으로는 아랍어 'qahwah'가 터키로 전해져서 'kahveh'가 되고, 다시 이탈리아어, 프랑스어, 독일어, 영어 등으로 파급된 것이다.
[二] 다른 어원설로는 에티오피아의 커피 생산지 이름인 '카파(Kaffa)'에서 유래했다는 견해도 있다. 비록 커피의 원산지는 에디오피아로 알려져 있으나, 음료로서의 커피 문화의 원류는 아라비아 지역이며, 이후 커피 문화가 터키로 전파된 것을 고려하

면 'coffee'의 어원은 아랍어 'qahwah'에 두는 것이 옳다. 아랍어 'qahwah'는 원래 '힘, 또는 힘을 솟게 하는 술'이란 뜻이었다고 한다. 유럽에서 커피 문화가 시작된 곳은 17세기 이탈리아의 베네치아이다.

㉮ (아랍어)qahwah

㉯ qahwah> (터키어)kahve> (이탈리아어)caffè> (영어)coffee> 커피

켜다 ⑧ ① 성냥이나 라이터 등으로 불을 일으키다. 또는 촛불, 등불 따위에 불을 붙이다. ② 물이나 술 등을 한꺼번에 많이 마시다. ③ 톱으로 나무를 세로로 썰어서 쪼개다. ④ 누에고치에서 실을 뽑다. ⑤ 현을 활로 쓸어서 소리를 내다. ⑥ (기지개와 함께 쓰여) 팔다리를 뻗으며 몸을 펴다. ⑦ 수컷이 암컷 부르는 소리를 내다. 또는 사람이 짐승을 부를 목적으로 그와 같은 소리를 내다.

□ '켜다'의 중세국어 형태는 '혀다(/혀다)[引]'이며, 원래의 뜻은 '당기다[引]'이다.

□ '켜다'는 '불을 켜다', '톱으로 켜다', '물을 켜다' 등에서 보는 것처럼 여러 의미를 가지고 있다. '켜다'의 중세국어 형태는 '혀다(/혀다)'이다. '혀다(/혀다)'는 본래 '끌어당긴다'는 뜻을 지니고 있으나, 중세 및 현대국어에서 다양한 문맥적 의미로 발전하여 쓰이고 있다.

㉮ 혀(/혀)[引]+다(어미)

㉯ 혀다(/혀다)> 켜다

㉓ • 蘇油燈을 혀딕 쪼 幡數에 맞게 ᄒ고(월인석보 10-119)
　　• 七層燈의 블 혀고(석보상절 9-30)

☞ 썰물

코끼리 ⑨ 코끼릿과의 동물. 육지에 사는 동물 중 가장 크며, 코는 원통형으로 길게 늘어졌음. 키는 크고, 눈은 작으며, 털은 거의 없음. 윗잇몸에 있는 앞니 두 개가 특별히 길고 큰데, '상아'라고 함(인도코끼리와 아프리카코끼리의 두 종류가 있음).

□ '코끼리'의 중세국어 형태는 '고키리'이며. 이 말은 '고ㅎ[鼻]+길[長]+이(접사)'의 구조로 분석된다. 중세 및 근대의 문헌에는 '고키리' 외에도 '코키리, 코기리/코길이' 등의 형태가 나타난다.

ㅌ 코끼리가 우리나라에 들어온 것은 조선의 태종 11년(1411년)이며, 일본에서 대장경을 얻고자 하여 조정에 코끼리를 바친 것이라고 한다.

웬 고ㅎ[鼻]+길[長]+이(접사)

변 고키리> 코키리> 코끼리

예 • 象兵은 ㄱ르쳐 싸호매 브리ᄂᆞᆫ 고키리오(월인석보 1-27)

　• 코키리 샹(象, 왜어유해 하-22)

　• 코기리(象, 화어유초 56)

　• 코길이 샹(象, 주해천자문 36)

코리아(Korea) 몡 '대한민국(大韓民國)'의 영어 이름.

ㅌ '대한민국'의 로마자 표기는 영어로 'Korea(코리아)', 프랑스어로는 'Corée(코레)', 독일어로는 'Korea(코레아)', 에스파냐어로는 'Corea(코레아)' 등이다.

ㅌ 13세기 중엽 교황 인노켄티우스 4세와 프랑스 루이 9세의 친서를 휴대하고 몽골[蒙古]을 다녀갔던 프랑스인 G. 뤼브뤼키의 동방여행기에서 중국의 동쪽에 'Caule(카울레)'라는 나라가 있다고 하였으며, 그 뒤에 원(元) 나라에서 벼슬하고 돌아간 이탈리아인 마르코 폴로의 『동방견문록(東方見聞錄)』에는 '고려'를 'Cauly(카울리)'라고 하였다. 이후, 조선시대인 1606년에는 로마로 간 'Antonio Corea(안토니오 코레아)'라는 조선 소년의 이름이 기록으로 남아 있다.

웬 고려(高麗)

변 高麗(고려)> (프랑스어)Caule/(이탈리아어)Cauly> (이탈리아어)Corea> (영어)Korea

코주부 몡 코가 큰 사람의 별명.

ㅌ 『훈몽자회(訓蒙字會)』(1527)의 '쥬복고 차(皻)'와 '쥬복 포(皰)'를 통해서 '쥬복고'가 지금의 '코주부'의 어원에 해당하는 말임을 알 수 있다. 17세기에는 '고'가 경음화되어 '쥬복코'가 되었으며, 18세기 및 19세기에는 '쥬부코'로 나타난다. 그러다가 20세기에는 '주부(<쥬부)'와 '코'가 도치되어 '코주부'가 되었다. '쥬복고, 쥬뷰코'는 코의 혈관이 확장되어 붉어지면서 두툴두툴하게 된 코를 말하는 것이다. '고'

는 중세국어 '고ㅎ[鼻]'이며, 16세기부터 경음화된 '코'의 형태가 나타났다. '주부코'는 질환이 있는 코를 이르는 말이었지만, '코주부'는 코가 큰 사람을 뜻하게 되었다. '주부코'가 되면 피부 조직이 두툴두툴한 혹처럼 되어 코가 커진다. 이에 따라 코가 큰 사람을 '코주부'라고 하게 된 것이다.

[三] 16세기 문헌인 『훈몽자회(訓蒙字會)』(1527)의 '쥬복고'가 지금의 '코주부'에 해당하는 말이다. 17세기에는 '고'가 경음화되어 '쥬복코'가 되었으며, 18세기 및 19세기에는 '오'가 '우'로 바뀌고 받침의 'ㄱ'이 탈락한 '쥬부코'로 나타난다. 그러다가 돌연히 20세기에는 '주부(<쥬부)'와 '코'가 도치되어 '코주부'가 되었다. 한자 '皰(포)'는 '여드름, 부스럼' 등을 뜻한다. '쥬복'이란 말의 용례는 달리 찾을 수 없기 때문에, 이 말의 의미는 '여드름, 부스럼' 등의 피부 질환을 가리키는 말이라고 할 수밖에 없다. 근대국어 문헌에서 '쥬복코, 쥬부코'는 한자어 '糟鼻子'나 '齇鼻子' 등에 대응하는 말이므로 역시 『훈몽자회(訓蒙字會)』의 용법에서 벗어나지 않는다. 즉 '쥬복고, 쥬부코'는 코의 혈관이 확장되어 붉어지면서 두툴두툴하게 된 코를 말하는 것이다. '고'는 중세국어 '고ㅎ[鼻]'이며, 16세기부터 경음화된 '코'의 형태가 나타났다. '주부코(쥬부코)'가 '코주부'가 됨에 따라 의미의 변화도 초래되었다. '주부코'는 질환이 있는 코를 이르는 말이었지만, '코주부'는 코가 큰 사람을 뜻하게 되었기 때문이다. '주부코'가 되면 피부 조직이 두툴두툴한 혹처럼 되어 코가 커진다. 이에 따라 코가 큰 사람을 '코주부'라고 하게 된 것이다. 여기에는 실무를 맡았던 '주부(主簿)'라는 직책의 이름이 영향을 미쳤을 가능성도 있고, 술파는 사람을 뜻하는 근대국어 '쥬보/쥬부(<酒保)'가 영향을 미쳤을 가능성도 있다. 그러나 '코주부'의 '주부'는 중세국어 '쥬복'이 그 어원임이 분명하다.

[원] 쥬복[皰]+고ㅎ[鼻]

[변] 쥬복고ㅎ> 쥬복고> 쥬부코> 주부코> 코주부

[예] • 쥬복고 차(齇, 훈몽자회 상-32)
• 쥬부고(齇鼻子, 역어유해 상-29)
• 쥬부코(糟鼻子, 방언유석)

콩팥 [명] 척추동물의 오줌 배설 기관(사람에게는 척추 양쪽에 한 쌍이 있는데 강낭콩 모양임). 신장(腎臟). 내신(內腎). 신경(腎經).

㉡ '콩팥'의 중세국어 형태는 '콩ᄑᆞᆺㄱ, 콩ᄑᆞᆺ, 콩ᄑᆞᆾ' 등이며, 이 말은 '콩[豆]+ᄑᆞᆺㄱ/ᄑᆞᆺ/ᄑᆞᆾ[小豆]'으로 분석된다.

㉢ '콩팥'의 모양은 강낭콩처럼 생겼으며, 팥의 빛깔을 띠고 있어서 붙여진 이름이다. 현대국어에서 '콩팥'의 받침이 'ㅊ'이 아닌 'ㅌ'으로 된 것은 언중(言衆)의 구개음화에 대한 분석의 오류에 의한 것이다.

㉟ 콩[豆]+ᄑᆞᆺㄱ/ᄑᆞᆾ[小豆]

⒝ 콩ᄑᆞᆺㄱ/콩ᄑᆞᆺ/콩ᄑᆞᆾ> 콩ᄑᆞᆺ> 콩팟> 콩팥

㉮ • 부하와 콩ᄑᆞᆺ기라(월인석보 4-7)

　　• 콩ᄑᆞᆺ 신(腎, 훈몽자회 상-27)

　　• 콩ᄑᆞ치라(구급간이방 3-75)

키¹ 몡 ① 사람이나 동물의 선 몸의 길이. 신장. 체고(體高). ② 식물이나 물건의 높이.

㉡ '키'의 중세국어 형태는 '킈'이며, 이 말은 '크[大]+의(명사화 접사)'의 구조로 분석된다.

㉢ 중세국어에서 형용사를 명사로 파생시키는 접미사는 '-이/-의'이며, 형용사에서 부사를 파생시키는 접미사는 '-이'로서 구분된다. 그러므로 중세국어 파생 명사 '킈'는 '크[大]+의(명사화 접사)'로 분석되며, 이 과정에서 어간 '크'의 모음 '으'가 탈락하고, 접미사 '-의'가 결합한 것이다.

㉟ 크[大]+의(명사화 접사)

⒝ 킈> 키

㉮ • 킈 석 자히러니(석보상절 6-44)

　　• 킈 젹다(身矮, 동문유해 상-18)

키² 몡 곡식 따위를 까불러 쭉정이나 티끌을 골라내는 기구. 앞은 넓고 평평하게, 뒤는 좁고 우긋하게 고리버들 같은 것으로 결어 만듦.

㉡ 중세국어 형태도 '키'이다. 이 말은 한자어 '箕'에서 왔다고 하는 견해가 있으며,

충분한 개연성이 있다. '箕'의 중세국어 한자음은 '긔'이다. 그런데 한어(漢語)에서 원래 '키'를 뜻하는 한자는 '其'였던 것인데, '其'가 가차(假借)에 의하여 대명사로 쓰임에 따라, '키'를 뜻하는 한자 '箕'가 생겼다. '其'는 고대 한어(古代漢語)에서 '키'의 모양을 본떠 만든 상형문자이다.

[三] '箕'나 '其'의 한자음에서 '키'가 왔다면, 아마도 한어(漢語)의 근대음에서 왔을 것이다. 그러나 '箕'의 한어 근대음은 [ki]로서 성모(聲母)가 유기음이 아니지만, '其'의 근대음은 [kʰi]이므로 중세국어의 '키'에 대응된다.

[원] (漢語)箕[ki], 其[kʰi]

[변] 箕[ki]/其[kʰi]> 키

[예] • 키 爲箕(훈민정음)

• 키 긔(箕, 훈몽자회 중-11)

탑(塔) 圐 사리(舍利)를 모시거나 공양, 보은을 하거나, 또는 영지(靈地)임을 나타내기 위하여 세운 건축물. 탑파(塔婆).

囗 중세국어 형태도 '탑'이며, 이 말은 한자어 '塔(탑)'이다. 산스크리트어의 'stūpa', 팔리(Pali)어의 'thūpa'를 한어(漢語)에서 '塔婆'로 음역하고, 줄여서 '塔'이라고 한 것이다. 산스크리트어의 'stūpa'나 팔리(Pali)어의 'thūpa'는 부처의 진신 사리를 넣고 돌 등으로 쌓아올린 묘를 가리키는 말이다.

㉮ (산스크리트어)stūpa/(팔리어)thūpa

㉯ stūpa/thūpa> (漢語)塔婆> 塔> 탑

㉲ • 太子ㅅ 마리롤 塔애 ㄱ초ᅀᄫᆞ니(월인천강지곡 상-20)

　　• 탑 탑(塔, 훈몽자회 중-19)

탕수육 圐 쇠고기나 돼지고기에 녹말가루를 묻혀 튀긴 것에 초, 간장, 설탕, 야채 따위를 넣고 끓인 녹말 국물을 끼얹은 중화 요리.

囗 '탕수육'은 한어(漢語) '糖水肉'에서 온 것이다. '탕수육'의 '탕'은 '糖(당)'의 한어(漢語) 근대 및 현대음 [tʰaŋ]에서 온 것이며, '수육'은 현대국어 한자음으로 읽은 것이다.

㉮ (漢語)糖水肉

㉯ 糖水肉> 탕수육

태우다[1] 图 불에 타게 하다.

囗 '태우다'의 중세국어 형태는 '틱오다/틱우다'이며, 이 말은 '틱[燒]+이(사동접사)+오/우(사동접사)+다(어미)'로 분석된다. 즉 자동사 '틱다[燒]'에 사동 접미사가 이중으로 통합된 것이다.

㋲ 틱[燒]+이(사동접사)+오/우(사동접사)+다(어미)

㋱ 틱오다/틱우다> 틱우다> 태우다

㋭ • 시혹 地獄이 이쇼되 쇠로 새롤 틱오ᄂᆞ니(월인석보 21-81)
  • 숫글 븕게 틱우고(구급방언해 하-97)

태우다[2] 图 탈것에 몸을 얹게 하다.

囗 '태우다'의 중세국어 형태는 '틱오다'이며, 이 말은 '틱[乘]+이(사동접사)+오(사동접사)+다(어미)'로 분석된다. 즉 자동사 '틱다[乘]'에 사동 접미사가 이중으로 통합된 것이다.

㋲ 틱[乘]+이(사동접사)+오(사동접사)+다(어미)

㋱ 틱오다> *틱우다> 태우다

㋭ • 큰 象 틱오시고 百千 사ᄅᆞ미 侍衛ᄒᆞ야(석보상절 11-29)

태우다[3] 图 재산, 월급, 상 따위를 받게 하다.

囗 '태우다'의 중세국어 형태는 '틱오다'이며, 이 말은 '틱[受]+이(사동접사)+오(사동접사)+다(어미)'로 분석된다. 즉 자동사 '틱다[受]'에 사동 접미사가 이중으로 통합된 것이다.

㋲ 틱[受]+이(사동접사)+오(사동접사)+다(어미)

㋱ 틱오다> *틱우다> 태우다

㋭ • 틱올 부(賦, 훈몽자회 하-2)

탱화(—畵) 图 부처, 보살, 성현들을 그려서 벽에 거는 그림. 탱.

囗 중세국어에서는 '딩(幀)'이란 말이 '탱화'의 뜻으로 쓰였다. 그러므로 현대국어로서는 한자어 '幀畵(정화)'가 '탱화'의 어원이다. 문제는 '幀'의 중세국어 한자음 '딩'

이 어떻게 현대국어 '탱화'에서는 '탱'이 되었는가 하는 것을 밝히는 것이다. 현대국어에서 '幀'의 정상적인 한자음은 '정'이다.

㈂『광운(廣韻)』에서 '幀'은 경섭 영운(梗攝映韻)의 2등운으로서 반절은 '猪孟切'이며, 중세국어 문헌에서는 '딩'으로 나타나 정상적이다. 그런데 같은 운(韻)에 속한 '撐'은 중세국어 한자음이 '팅'이다. '撐'은『광운(廣韻)』에는 수록되지 않았으며,『집운(集韻)』에서 '幀'과 같은 전청음 지모(知母)이지만, 근대 한어(漢語)를 반영한『중원음운(中原音韻)』에서는 차청음으로 바뀌었다. 그런데 중국의 책인『품자전(品字箋)』에서 '幀撐也(幀은 撐이다)'라고 하였으므로, '幀'과 '撐'이 같은 뜻으로 쓰인다는 것을 알 수 있다. 이로부터 '탱화'의 뜻으로 쓰이는 '幀'이 '撐'의 한자음인 '탱(<팅)'에 유추되어 같은 음으로 되었을 것으로 생각된다.

㉿ 幀(畫)

㉾ 幀(딩)> 팅화> 탱화

㉆•世宗ㅅ 일우샨 佛像 다 ᄉᆞᆺ 딩과(世宗所成佛五幀, 금강경언해 하-사실3)

터무니 ㈑ ① 터를 잡은 자취. ② 정당한 이유나 근거.

㈂ '터무니'는 '터[基]+무늬[紋]'에서 온 말이다. '터를 잡은 자취'라는 국어사전의 뜻풀이에 어원적 의미가 나타나 있다.

㉿ 터[基]+무늬[紋]

㉾ 터무늬> 터무니

토시 ㈑ 한복을 입을 때, 팔뚝에 끼는 방한(防寒) 제구. 일할 때 옷소매가 해지거나 더러워지는 것을 막기 위해 소매 위에 덧끼는 물건.

㈂『역어유해(譯語類解)』(1690)에서 한자어 '套手'를 확인할 수 있다. 18세기 문헌에서는 '套手'를 '토슈'라고 표기하였다. 19세기에는 '토슈, 토수, 토시' 등의 형태가 나타나며, 이 가운데 '토시'가 20세기를 거쳐 현대로 이어졌다.『아언각비(雅言覺非)』에서는 '套袖 퇀슈'라고 하여 한자에서 '手'와 '袖'의 차이가 있다.『한어대사전(漢語大詞典)』의 표제어로는 '套袖'만 올라 있어서『아언각비(雅言覺非)』의 기술이 더 정확한 것이라고 생각된다. '토슈'에 대한 중국어 발음의 측면에서도 '套袖[tao-ɕjəu]'가 적절하다. 즉 근대국어 '토슈'는 중국어 '套袖'에서 차용된 말이다.

[三] 17세기 문헌인 『역어유해(譯語類解)』(1690)의 '五指兒 매버러 或云 套톼手식' 에서 한자어 '套手'를 확인할 수 있다. 18세기 문헌에서는 '套手'를 '토슈'라고 했으므로, 당시의 국어 한자음과는 약간 차이가 있었다. 앞에 용례로 든 '套톼手식'에서 '톼식'로 발음을 적은 것은 '套手'의 중국어 발음을 적은 것이므로, '토슈'도 이러한 중국음에 영향을 받았다고 생각된다. 19세기에는 '토슈, 토수, 토시' 등의 형태가 나타나며, 이 가운데 '토시'가 20세기를 거쳐 현대로 이어졌다. 그런데 정약용(丁若鏞, 1762~1836)의 『아언각비(雅言覺非)』에서는 '套袖 톼식'라고 하였으므로, 한자에서 '手'와 '袖'의 차이가 있다. 『역어유해(譯語類解)』의 '套手'도 어떤 근거가 있었을 것이지만, 『한어대사전(漢語大詞典)』의 표제어로는 '套袖'만 올라 있어서 『아언각비(雅言覺非)』의 기술이 더 정확한 것이라고 생각된다. '手'와 '袖'는 중세국어 한자음이 '슈'로서 같지만, 중국어에서는 약간 차이가 있다. 중국어에서 '手'는 근대음이 [ʂjəu]이며, 현대음이 [ʂəu]이다. '袖'는 근대음이 [sjəu]이고, 현대음이 [ɕjəu]이다. 조선 후기의 상황이라면 중국어의 현대음에 가깝기 때문에, '토슈'에 대한 중국어 발음의 측면에서도 '套袖[tao-ɕjəu]'가 적절하다. 즉 근대국어 '토슈'는 중국어 '套袖'에서 차용된 말이라고 하는 것이 옳다. '토시'의 원래의 용도는 매사냥을 할 때 팔에 끼는 물건이었던 것인데, 조선 후기에는 추위를 막기 위한 용도로 쓰였다. 현대에는 주로 작업할 때 팔에 끼는 물건을 지칭하였지만, 최근에는 운전할 때 팔에 착용하여 햇볕을 가리는 용도로 많이 쓰고 있다.

[원] (漢語)套袖[tao-ɕju]

[변] 套袖[tao-ɕju] > 토슈 > 퇴싀 > 토시

[예] • 토슈(套手, 동문유해 상-56)

• 톼식(套袖, 아언각비 2)

• 토시ᄀᆞ치 씨ᄂᆞᆫ 것(물보)

퇴짜(退—) [명] ① 조선 시대에 상납하는 포목(布木)의 품질이 낮아 '退' 자가 찍혀 도로 물려 나온 물건. ② 퇴박맞은 물건.

[一] '퇴짜'의 원래의 뜻은 '퇴(退)라는 글자'이다. '무슨 글자'의 의미인, '일 자(一字),

홍 자(紅字), 만 자(卍字)' 등과 같은 경우에 발음은 경음화하여 [일짜], [홍짜], [만짜] 등으로 발음된다. '退字'도 단순히 '퇴라는 글자'의 의미일 경우는 띄어쓰기하여 '퇴 자'로 쓰는 것이 맞춤법에 맞지만, '퇴짜'는 원래의 뜻에서 바뀌었으므로, 발음대로 표기하여 '퇴짜'로 쓰는 것이다. 중세국어 한자음으로 읽으면 '退'는 '퇴'이고, '字'는 'ᄌᆞ'이다.

㋻ 退字

㋼ 退字(퇴ᄌᆞ) > 퇴ᄍᆞ > 퇴짜

투구 몡 예전에, 군인이 전투할 때에 갑옷과 함께 머리에 쓰던 쇠로 만든 모자.

㉠ 중세국어 형태도 '투구'이며, 이 말은 한어(漢語) '頭盔[tʰou-kʰui]'에서 차용된 것이다.

㋻ (漢語)頭盔[tʰou-kʰui]

㋼ 頭盔[tʰou-kʰui] > 투구

㋠ • 투구 아니 밧기시면(용비어천가 52장)

　　• 투구(頭盔, 동문유해 상-47)

통소 몡 부는 악기의 한가지(가는 대로 만들며, 여섯 구멍이 있는데 한 구멍은 뒤에 있음. 저와 모양이 비슷하나 세로로 부는 것이 다름).

㉠ '통소'의 근대국어 형태는 '퉁쇼'이며, 이 말은 한어(漢語) '洞簫[tʰuŋ-ɕjao]'에서 차용된 것이다. 그러나 '簫'의 중세국어 및 근대국어 한자음이 '쇼'이므로, '퉁쇼'의 '쇼'는 국어 한자음의 영향을 받았다고 하겠다.

㋻ (漢語)洞簫[tʰuŋ-ɕjao]

㋼ 洞簫[tʰuŋ-ɕjao] > 퉁쇼 > 통소

㋠ • 퉁쇼(洞簫, 동문유해 상-53)

티끌 몡 (공기 속에 섞여 날리거나 물체 위에 쌓이는) 매우 잘고 가벼운 물질.

㉠ '티끌'의 중세국어 형태는 '드틀, 듣글'이다. 중세국어에서는 이와 같은 쌍형(雙形, doublet)의 존재가 자주 나타나는 것이 특징이다. '드틀, 듣글'에서 어느 형태가

기본형인가 하는 점이 '티끌'의 어원을 찾는 열쇠이다. 중세국어에서 쌍형은 이 밖에도 '나모~낡[木], 녀느~녀[他], 버믈다~범글다[繞], ᄆᆡᆼᄀᆞᆯ다~ᄆᆡᆫᄃᆞᆯ다[作]' 등과 같은 예가 더 있다.

[二] '드틀, 듣글'에서 기본 어근 '듣[塵]'을 추출하게 되면, '드틀'은 '듣[塵]+을(접사)'의 구조에 의한 것인데, '거플[皮], 수플[林]' 등의 어휘를 참조하면, 접사 '-을'의 일반성을 어느 정도 확인할 수 있다. 이와 같은 견해를 밀고 나가게 되면, '듣[塵]+을(접사)'의 구조에서 'ㄱ'이 첨가되어 '듣글'이 되고, 받침의 'ㄷ'이 후행하는 'ㄱ'에 동화되어 '득글[드끌]'로 변하며, 다시 치경음 'ㄷ' 뒤에서 전설모음화의 경향에 의하여 '이'가 첨가되면 '듸끌'이 된다고 하게 된다.

[三] 단모음화한 '디끌'에서 '티끌, 띠끌'이 되는 것은 격음화나 경음화에 의한 강화 현상이지만 음운론적 논리성이 있는 것은 아니다. 다만 '티끌'은 극소(極小)한 물질을 표현하는 말이므로 강화 현상의 개연성이 크다고 하겠다. 근대국어 문헌에는 '틔ㅅ글' 외에도 'ᄣᅴ글'이란 용례도 나온다. 이것은 초성이 경음화된 형태이면서 전설모음화하는 과정을 보여 주고 있다. 근대국어의 'ᄣᅴ글'은 현대국어의 방언인 '띠끌'에 이어지며, 이것은 초성의 음운론적 강화가 격음화와 경음화의 두 방향으로 모두 진행되었음을 말해 준다.

[四] 李基文(1991: 39)에서는 '드틀, 듣글'의 쌍형에서 '듣글'이 原形에 가까울 것이라는 견해를 나타었다. 이렇게 되면 현대국어의 '티끌'은 '듣글'에 바로 연결시킬 수 있다.

[원] ① 듣[塵]+을(명사화 접사) ② 듣글[塵]

[변] (드틀)> 듣글> 득글[드끌]> 듸끌> 틔ㅅ글, ᄣᅴ글> 티끌, 띠끌

[예] • 智慧ᄅᆞᆯ 드틀 무틸씨(석보상절 13-38)
• 거즛 듣그레 屬ᄒᆞ니(屬妄塵, 법화경언해 6-52)
• 틔ㅅ글 딘(塵, 왜어유해 상-8)
• 塵 ᄣᅴ글(유씨물명고 5)

티오 [명] 인원 편성표. 정원(定員).

[一] '티오'는 영어의 'table of organization'의 약어인 'T.O.'를 그대로 차용한 말이

다. 요즘에는 '조직의 인원 편성표(table of organization)'라는 원래의 뜻보다는 '조직의 인원 구성에서 비어 있는 자리'를 뜻하는 말로 사용되고 있다.

[원] (영어)table of organization

[변] table of organization> T.O.> 티오

파리 몡 파리목(目)의 곤충. 한 쌍의 날개와 관 모양의 주둥이가 있음. 완전 변태를
하며, 여름에 많이 발생하는데 콜레라, 장티푸스 따위의 나쁜 병원균을 옮김.

囗 '파리'의 중세국어 형태는 '풀[蠅]'이며, 여기에 접미사 '-이'가 연결되어 'ᄑᆞ리'가
된 것이다.

웬 풀[蠅]

囲 풀> 풀+이(접사)> ᄑᆞ리> 파리

예 • 풀 爲蠅(훈민정음해례본 용자례)

　 • 天地옌 프른 ᄑᆞ리 잇ᄂᆞ니라(두시언해-초간 20-26)

　 • ᄑᆞ리 승(蠅, 훈몽자회 상-21)

파마 몡 머리를 구불구불하게 하거나 곧게 펴는 일. 또는 그 머리.

囗 '파마'는 영어 'permanent wave'에서 온 외래어이며, 'permanent'를 줄여서
일본어에서 'パ-マ[pa-ma]'라고 한 것을 그대로 받아들였다.

囗 '퍼머넌트(permanent)'는 '영원한'이라는 뜻이고 '웨이브(wave)'는 '물결'이란
뜻이다. '파마'는 '퍼머넌트 웨이브'의 준말로서 물결처럼 구불구불해진 채로 있는
머리를 이르는 말이다. 영어에서도 'permanent wave'의 준말로서 'perm'이란 말
을 사용한다.

웬 (영어)permanent wave

囲 permanent wave> (일본어)パ-マ[pa-ma]> 파마

파투(破鬪) 뗑 ① 화투 놀이에서, 그 판이 무효가 됨. 또는 그리 되게 함. ②일이 잘 못되어 흐지부지됨.

㉠ 한자어 '파투(破鬪)'는 화투(花鬪) 놀이에서 판이 깨지는 것을 말한다. 흔히 '파토 (가) 나다.'라고 하는 것은 잘못이며, '파투(가) 나다.'가 맞는 표현이다.

㉝ 破+(花)鬪

㉙ 破鬪> 파투

팔쇠 뗑 팔목에 끼는, 금 · 은 · 옥 · 백금 · 구리 따위로 만든 고리 모양의 장식품. 팔찌.

㉠ 현대국어 '팔쇠' 및 '팔찌'에 해당하는 말은 중세국어 문헌에 '볼쇠, 풀쇠, 풀지' 등 으로 나타난다. 현대국어 '팔[臂]'에 해당하는 중세국어 형태는 '볼ㅎ'이므로, '볼쇠' 가 가장 기원적인 형태인 것을 알 수 있다. '볼쇠'의 어원적 구조는 '볼ㅎ[臂]+쇠[鐵]' 로 분석된다. '볼ㅎ'이 중세국어 후기부터 '풀'이 됨에 따라 '풀쇠'가 되었으며, 현대 국어 '팔쇠'로 이어진다.

㉝ 볼ㅎ[臂]+쇠[鐵]

㉙ 볼ㅎ쇠> 볼쇠> 풀쇠> 팔쇠

㉚ • 빈혀와 볼쇠롤 자바 풀오(두시언해-초간 20-9)

　　• 훈 쌍 풀쇠(一對釧兒, 번역박통사 상-20)

☞ 팔찌

팔짱 뗑 두 손을 각각 다른 쪽 소매 속에 마주 넣거나, 두 팔을 마주 끼어 손을 두 겨드랑이 밑으로 각각 두는 일.

㉠ 중세국어 형태는 '풀명'이며, 근대국어 이후에 모음이 교체되어 '풀댱'이 되었다. 근대국어 후기에 구개음화에 의하여 '풀쟝'이 되고, 이어서 현대국어 '팔짱'이 되었 다. 중세국어에서는 '풀명 곳다(拱手, 袖手)'란 표현을 주로 썼고, 근대국어에서는 '풀댱/풀쟝 디르다/지르다(叉手, 拱手, 抄手)'란 표현을 주로 썼으나, 현대국어에서 는 '팔짱 끼다'란 표현이 우세하다.

㉡ 최초의 형태인 '풀명'의 '풀'은 중세국어 초기의 '볼ㅎ[臂]'로 소급되지만, 후부 요

소인 '뎡'의 어원은 확실하지 않다. 다만 중세국어의 '長者ㅣ 제 金뎡을 펴니(長者自布金, 두시언해-초간 9-18)'란 구절에서 현대국어 '덩이'에 해당하는 '뎡'이란 말을 찾을 수 있다. 혹시 이 '뎡'이 '풀뎡'의 '뎡'이 아닐까 추측하게 된다. 만약 이 추측이 맞다면 '풀뎡'은 어원적으로 '팔+덩어리'란 뜻이 된다. 그러나 '뎡'의 어원이 확실한 것은 아니다.

[원] 볼ㅎ[臂]+뎡[塊]

[변] 볼ㅎ뎡> 풀뎡> 풀댱> 풀쟝> 팔장

[예] • 풀뎡 고졸 공(拱, 신증유합 하-16)
• 풀뎡 곳고 안자셔 주그믈 기들우디 말라(두창집요 상-37)
• 풀댱 디르논 거시 므슴 법고(어록해 39)
• 풀쟝 지르다(拱手, 동문유해 상-51)

팔찌 [명] 팔목에 끼는, 금 · 은 · 옥 · 백금 · 구리 따위로 만든 고리 모양의 장식품. 비환, 완천, 팔가락지, 팔쇠.

[一] '팔찌'에 해당하는 말은 중세국어 문헌에 '볼쇠, 풀쇠, 풀지' 등으로 나타난다. 현대국어 '팔[臂]'에 해당하는 중세국어 형태는 '볼ㅎ'이므로, '볼쇠'가 가장 기원적인 형태인 것을 알 수 있다. '볼쇠'의 어원적 구조는 '볼ㅎ[臂]+쇠[鐵]'로 분석된다. '볼ㅎ'이 중세국어 후기부터 '풀'이 됨에 따라 '풀쇠'가 되었으며, 현대국어 '팔쇠'로 이어진다. 그러나 현대국어에서 '팔쇠'는 잘 쓰이지 않으며, 대신에 '팔찌'란 말을 쓴다. '팔찌'의 중세국어 형태는 '풀지'이며, 이 말의 어원적 구조는 '볼ㅎ[臂]+指(지)'로 소급되며, 그 의미는 '팔에 착용하는 반지'에 해당한다.

[二] 현대의 국어사전에서 '가락지'가 고유어로 처리되고 있으므로, 역시 '팔찌'도 순수한 고유어로 처리된다. 즉 '가락지'의 '지'를 한자 '指(지)'에서 온 것으로 보지 않는 것이다. 그러나 중세 및 근대국어 문헌에서 '금가락지 金戒指兒(번역박통사 상-20), 가락지 指環(훈몽자회 중-24), 가락지 戒指(역어유해 상-44)' 등의 용례를 참고하면, '가락지' 및 '팔찌(<풀지)'의 '지'가 한자 '指'라는 것을 확인할 수 있다. 특히 중세국어에서 '가락지' 및 '풀지'의 '지'는 성조가 거성이다. 한자 '指'의 중세국어 한자음이 '지'이며, 성조가 거성인 것도 역시 이러한 사실을 뒷받침하고 있다.

ⓔ 볼ᅙ[臂]+指(지)

ⓦ 볼ᅙ지> 볼지> 풀지> 팔찌

ⓔ • 풀지(鞲, 사성통해 하-64)

　　• 풀지(물보)

평안도(平安道) 囝 평안남도와 평안북도를 두루 일컫는 말.

▱ 1416년(조선 태종 16년)에 평양(平壤)과 안주(安州)의 첫 글자를 따서 평안도라고 한 것이 정식 명칭의 시작이다. '平壤'과 '安州'를 중세국어 한자음으로 읽으면 '평샹'과 '안쥬'이다.

ⓔ 평(평샹/平壤)+안(안쥬/安州)+도(道)

ⓦ 平安道> 평안도

포개다 뙤 놓인 위에다 겹치어 놓다.

▱ 근대국어 문헌에서 '포가히다, 포개다'의 형태로 나타난다. '포가히다'에서 'ᅙ'이 탈락하고 음절 축약을 거쳐 '포개다'가 되었다. 근대국어 후기 이후에 '포개다'는 '애'가 이중모음 [aj]에서 단모음 [ɛ]로 바뀌는 내부적인 변화를 겪으면서 현대로 이어졌다. '포가히다'는 '포+가히다'로 분석된다. '가히다'는 현대국어 '개다(겹치거나 포개어 접다)'로 변화된 말이다. 중세국어에서는 '거듭하다'의 뜻으로 쓰인 'ᄑ다[累, 重, 疊]'란 말이 있었다. '포'는 'ᄑ[累]+-오(접사)'의 구조로 분석된다. 그러므로 근대국어의 '포가히다'는 어원적으로 '거듭하여 개다'란 말임을 알 수 있다.

▤ 17세기 문헌인 『가례언해(家禮諺解)』(1632)의 '두 衽이 서ᄅ 포가힌 圖(두 衽이 서로 포갠 圖)', '左右ㅣ 서ᄅ 포개게 ᄒ야(左右가 서로 포개게 하여)', '네흘 合ᄒ야 포가여 네 겹을 ᄆᆡᆼ그라(넷을 합하여 포개어 네 겹을 만들어)' 등에서 '포가히다, 포개다'의 형태로 처음 나타난다. '포가히다'에서 'ᅙ'이 탈락하고 음절 축약을 거쳐 '포개다'가 되었다. 중세 및 근대국어 중반까지는 '애'는 단모음이 아니라 이중모음 [aj]로 발음되었기 때문에, 앞의 문헌 용례에서 '포가여[pʰogajə]'는 '포개어[pʰogajə]'와 발음이 같다. 근대국어 후기 이후에 '포개다'는 '애'가 이중모음 [aj]에서 단모음 [ɛ]로 바뀌는 내부적인 변화를 겪으면서 현대로 이어졌다. '포가히다'는

'포+가히다'로 분석된다. '가히다'는 현대국어 '개다(겹치거나 포개어 접다)'로 변화된 말이므로, 관건은 '포'의 정체를 밝히는 일이다. 중세국어에서는 '거듭하다'의 뜻으로 쓰인 'ᄑᆞ다[累, 重, 疊]'란 말이 있었다. 즉 'ᄒᆡ 디나며 ᄃᆞᆯ 파(經年累月, 해 지나며 달이 거듭되어)'와 같은 문장에서 '파'는 'ᄑᆞ[累]+-아(어미)'의 구조로 분석되며, 또 '쇼ᄒᆞᆯ 포 ᄭᆞᆯ오(요를 거듭 깔고)'에서 부사 '포'는 'ᄑᆞ[累]+-오(접사)'의 구조로 분석된다. 어간말의 'ᄋᆞ/으'가 모음 어미(또는 접사) 앞에서 탈락하는 것은 중세국어에서 일관된 음운 현상이었다. 그러므로 근대국어의 '포가히다'는 어원적으로 '거듭하여 개다'란 말임을 알 수 있다.

[三] '포개다'의 '포'와 관련된 말에 '달포'와 '해포'가 있다. '달포'는 'ᄃᆞᆯ+ᄑᆞ+-오'로 이루어진 말이므로, 어원적 의미는 '달이 거듭되어'에 해당한다. 역시 '해포'는 'ᄒᆡ+ᄑᆞ+-오'로 이루어진 말이며, 어원적 의미는 '해가 거듭되어'이다. 그러므로 어원적 의미로는 '달포'는 '누월(累月)'이며, '해포'는 '누년(累年)'이다. 그러나 현대국어에서 '달포'는 '한 달이 조금 넘는 기간'으로, '해포'는 '한 해가 조금 넘는 동안'의 의미로 쓰이고 있으므로 의미가 약간 변하였다.

[원] ᄑᆞ[累]+오(접사)+가히[疊]+다

[변] 포가히다> 포개다(포괴다, 포긔다)> 포개다

[예] • 두 衽이 서ᄅᆞ 포가힌 圖(兩衽相疊之圖, 가례언해 도-9)
• *左右*ㅣ 서ᄅᆞ 포개게 ᄒᆞ야(가례언해 6-2)
• 포고여 놋타(역어유해 하-45)
• 포긜 텹(疊, 왜어유해 하-36)

☞ 달포, 해포

포도(葡萄) [명] 포도과의 낙엽 활엽 덩굴성 나무. 덩굴은 길게 뻗고 퍼져 나가 덩굴손으로 다른 것에 감아 붙는데, 첫여름에 담녹색의 다섯잎꽃이 핌. 포도나무.

[一] '葡萄'는 한어(漢語)에서 온 말이다. 한자 표기에서 '葡'는 '蒲'로도 쓰고, '萄'는 '陶'나 '桃'로도 쓴다. 이렇게 표기에 변이가 있는 것은 '葡萄'란 말이 원래 한어(漢語)가 아니라 서역 지방에서 들어온 차용어이기 때문이다. 식물로서의 포도가 우리나라에 처음 전래된 것은 고려 시대로 알려져 있다.

㊂ 중국의 한대(漢代)에 대완국(大宛國)에서 포도가 전래되었다고 하며, '葡萄'는 대완국(大宛國)의 말인 'badaga'나 'budaw'의 음차(音借) 표기라고 한다. 대완어(大宛語)의 'bādaga'나 'budaw'는 이란어 'Bātaka'나 'budāwa' 등과 같은 말이므로, '葡萄'의 어원은 중서부 아시아의 언어에 있는 것이 확실하다. 『漢語外來詞詞典』(商務印書館 1985: 279) 참고.

㊅ (大宛語)bādaga/budaw

㊉ bādaga/budaw> (漢語)葡萄> 포도

㊊ • 흔 ᄀᆞ올히 葡萄ㅣ 니겟ᄂᆞ니(一縣葡萄熟, 두시언해-중간 3-23)

   • 포도(蒲桃, 유씨물명고 3)

표주박(瓢—) ㊌ 조롱박이나 둥근 박을 반으로 쪼개어 만든 작은 바가지. 표단. 표자. 표준.

㊂ 근대국어 형태는 '표즈박'이며, 이 말은 한자어 '瓢子'에 '박[匏]'이 연결된 것이다. '瓢子'를 중세국어 및 근대국어 한자음으로 읽으면 '표즈'이다. '瓢子(표즈)'도 '박'의 일종이므로 '표즈박'은 의미의 중첩이다.

㊂ 근대국어에서 제2 음절 이하의 'ᆞ'는 '으'로 바뀌므로 '표즈박'이 되었을 것이지만, 이 형태는 문헌에 나타나지 않는다. 현대국어 '표주박'이 된 것은 제1 음절의 원순 모음과 양순음 'ㅂ' 사이에서 'ᆞ'나 '으'가 원순 모음으로 바뀐 것이다. 'ᆞ'가 원순 모음이 되면 '오'가 되고, '으'가 원순 모음에 되면 '우'가 되기 때문에, 현대국어 '표주박'은 '표즈박'에서 변한 형태라고 하는 것이 이치에 맞다.

㊅ 瓢子(표즈)+박[匏]

㊉ 표즈박> (표즈박)> 표주박

㊊ • 표즈(瓢杯, 물보)

   • 표즈박(椰瓢, 한청문감 11-36)

푸념 ㊌ ① 마음에 품은 불평을 늘어놓음. ② 민속에서 무당이 귀신의 뜻을 받아 옮겨 정성 들이는 사람을 꾸지람함.

㊂ '푸념'이 '(귀신의 뜻을) 풀어서 하는 념(念)'이라고 한다면, '푸념'의 어원은 '풀

[解]+념(念)'에서 찾을 수 있으며, 치경음 'ㄴ' 앞의 'ㄹ'이 탈락하여 '푸념'이 되었다고 할 수 있다. 그런데 '풀+념'의 구조에서 '풀'은 다시 '풀[解]+ㄹ(관형사형 어미)'로 분석할 수 있으므로, 어간의 말음 'ㄹ'이 탈락하여 '푸념'이 되었다고 하는 것이 통사적 이치에 더 맞다.

㊂ 현대국어 '풀다'의 중세국어 형태는 '플다'였으며, 그 의미는 현대국어 '풀다, 없애다, 빌다' 등에 해당한다. '푸닥거리'의 '푸'도 '풀다'의 '풀-'에서 'ㄹ'이 탈락한 것이다.

㉿ 플[解]+ㄹ(관형사형 어미)+념(念)

㉨ *플념> 프념> 푸념

푸닥거리 ⑲ 민속에서 무당이 간단한 음식을 차려 놓고 부정이나 살 따위를 푸는 일.

㊀ '푸닥거리'는 무엇을 '푸는 일'이므로, '풀[解]+닥거리(접사)'의 구조로 분석할 수 있다. 치경음 'ㄷ' 앞에서 'ㄹ'이 탈락한 것이다. '풀다'의 중세국어 형태는 '플다'이다.

㉿ 플[解]+닥거리(접사)

㉨ *플닥거리> 프닥거리> 푸닥거리

☞ 푸념

푸르다[푸르니, 푸르러] ⑲ 맑은 가을 하늘이나 싱싱한 풀의 빛깔과 같이 밝고 선명한 빛이다.

㊀ '푸르다'의 중세국어 형태는 '프르다[靑]'이며, 이 말은 어원적으로 명사 '플[草]'에서 형용사로 파생된 것이다. 그러므로 '프르다'는 어원적으로 '플[草]+으(매개모음)+다(어미)'로 분석된다.

㊁ 중세국어 '플[草]'은 근대국어에 원순 모음화하여 '풀'로 바뀌었다.

㉿ 플[草]+으(매개모음)+다(어미)

㉨ 프르다> 푸르다

㉠ • 紺은 ᄀᆞ장 프른 거긔 블근 겨치 잇ᄂᆞᆫ 비치라(월인석보 10-52)

• 다쳐 푸르다(傷靑, 역어유해보 35)

푸새 몡 산과 들에 저절로 나서 자라는 풀.

□ 근대국어 형태도 '푸새'이며, 이 말은 중세국어 형태를 기준으로 하면 어원적으로 '플[草]+새[茅]'로 분석된다. 치경음 'ㅅ' 앞에서 'ㄹ'이 탈락하고, 'ㅍ' 아래에서 '으'가 원순모음화하여 '푸새'가 된 것이다.

□ 현대국어의 '새'는 '띠나 억새의 총칭'으로 사용되는 말이며, 중세국어에서도 같은 의미로 사용되었다.

웬 플[草]+새[茅]

倒 플새> *프새> 푸새

예 • 아모리 푸새엣 거신들 먹을 줄이 이시랴(고시조, 청구영언)

푸서리 몡 잡초가 무성하고 거친 땅.

□ '푸서리'의 중세국어 형태는 '픐서리, 프서리, 프᠔리' 등이다. '픐서리'는 '플[草]+ㅅ(조사/사잇소리)+서리[間]'로 분석되고, '프서리, 프᠔리'는 사이시옷이 개재하지 않은 '플[草]+서리[間]'로 분석된다. 근대 및 현대국어의 '푸서리'는 후자의 구조를 이어받은 것이다.

□ '프᠔리'는 '프서리'에서 'ㅅ'이 'ㅿ'으로 약화된 형태이며, 근대국어에는 'ㅿ'이 탈락한 '프어리'란 형태도 나타난다.

□ 현대국어의 '사이[間]'에 해당하는 중세국어의 어휘에는 '서리'와 '᠔싀'가 있다. 그러나 '서리'는 '여럿의 가운데'란 뜻이고, '᠔싀'는 현대국어의 '사이'에 해당하여 의미 차이가 있었다.

웬 ① 플[草]+서리[間]
　② 플[草]+ㅅ(조사/사잇소리)+서리[間]

倒 플서리/픐서리> 프᠔리, 프서리> 프어리, 푸서리

예 • 세 분이 프᠔리예서 자시고(월인석보 8-93)
• 거츤 프서리예 녀름지어(두시언해-초간 23-15)
• 치위옛 고즌 어즈러운 플서리예 그윽ᄒᆞ고(두시언해-중간 11-44)

• 프른 프어리예 거로니(두시언해-중간 3-27)

푸솜 [명] 타지 않은 날솜.

[一] '푸솜'의 근대국어 형태는 '픗소옴, 플소옴' 등이다. 중세국어 형태를 기준으로 하여 '픗소옴'은 '플[草]+ㅅ(조사/사잇소리)+소옴[綿]'으로 분석되고, '플소옴'은 '플[草]+소옴[綿]'으로 분석된다. 현대국어 '푸솜'은 후자의 구조를 이어받은 것이다.

[二] '픗소옴'은 '픐소옴'에서 'ㄹ'이 탈락한 형태이다. 다른 어원적 형태인 '플소옴'에서 현대국어 '푸솜'이 되는 것은 치경음 'ㅅ' 앞에서 'ㄹ'의 탈락, 'ㅍ' 아래에서 'ㅡ' 모음의 원순 모음화, '소옴'의 음절 축약 등의 일련의 음운 변화에 의한 것이다.

[원] 플[草]+소옴[綿]

[변] 플소옴> 플소음, 풀소옴, 풀소음> 푸솜

[예] • 픗소옴을 손ᄀ락의 가마(두창집요 상-3)

• 纊은 이젯 새 플소옴이라(가례언해 5-2)

• 흰 플소음을 뼈(가례언해 5-10)

• 풀소옴(雪綿子, 동문유해 하-25)

푸줏간(—廚間) [명] 소나 돼지 따위의 고기를 파는 가게. 고깃간. 푸주.

[一] 『분류두공부시언해(초간본)』(1481)에서 한자어 '庖廚'가 쓰였으며, 『어제자성편언해(御製自省編諺解)』(1746)에서는 '庖廚'를 한자음 '포듀'로 적은 표기가 나타난다. '庖廚'를 중세국어 한자음으로 읽으면 '포듀'이므로, 근대국어 시기에도 한자음의 변화가 없었음을 알 수 있다. '포듀'에서 반모음 'ㅣ[j]' 앞에서 'ㄷ'이 구개음화되어 '포쥬'가 되고, 다시 경구개음 'ㅈ' 다음에서 '유'와 '우'의 변별성이 사라짐에 따라 '포주'가 되었다. 19세기 문헌에는 '포주'와 '푸주'가 모두 나타나므로, 19세기에 '포주'에서 '푸주'로의 변화가 있었다. '푸주'는 '庖廚(포주)'에서 바뀌어 마치 고유어처럼 사용되는 말이다. 여기에 건물의 공간을 뜻하는 한자 '間(간)'이 사이시옷에 의해 결합되어 '푸줏간'이 된 것이다.

[二] 15세기 문헌인 『분류두공부시언해(초간본)』(1481)의 '브섭 닉예 庖廚의 머로믈 알리로라(廚烟覺遠庖, 부엌 연기에 포주의 멂을 알겠도다)'에서 한자어 '庖廚'가 쓰

였으며, 18세기 문헌인 『어제자성편언해(御製自省編諺解)』(1746)의 '군ᄌᆞ는 포듀를 멀리 ᄒᆞᆫ다 하시니(군자는 포주를 멀리한다고 하셨으니)'에서 '庖廚'를 한자음으로 적은 표기가 나타난다. '庖廚'를 중세국어 한자음으로 읽으면 '포듀'이므로, 근대국어 시기에도 한자음의 변화가 없었음을 알 수 있다. '포듀'에서 반모음 'ㅣ[j]' 앞에서 'ㄷ'이 구개음화되어 '포쥬'가 되고, 다시 경구개음 'ㅈ' 다음에서 '유'와 '우'의 변별성이 사라짐에 따라 '포주'가 되었다. 19세기 문헌인 『국한회어(國漢會語)』(1895)에는 '포주'와 '푸주'가 모두 나타나므로, 19세기에 '포주'에서 '푸주'로의 변화가 있었다. 현대국어에서 한자어 '포주(庖廚)'는 '푸주'의 원말로 처리되므로, 현실 언어는 '푸주'이다. '푸주'는 '庖廚(포주)'에서 바뀌어 마치 고유어처럼 사용되는 말이다. 여기에 건물의 공간을 뜻하는 한자 '間(간)'이 사이시옷에 의해 결합되어 '푸줏간'이 된 것이다. 이 말은 20세기 이후에 쓰이기 시작한 것으로 생각된다. 원래 '庖廚(포듀)'는 소나 돼지 등을 잡아서 요리하는 곳을 이르는 말이었으나, 지금은 '정육점(精肉店)'의 옛말로 처리되면서 일상 언어에서는 잘 쓰이지 않는다.

[원] 庖廚+(ㅅ+間)

[변] 庖廚(포듀)> 포쥬> 포주> 푸주> 푸줏간

푼 [명] 옛날 엽전의 단위. 한 돈의 1/10(돈 한 닢의 일컬음).

[ㅡ] 중세국어 형태도 '푼'이다. 이 말은 근대 한어(近代漢語) '分[fuən]'에서 차용된 것이지만, 성모(聲母)를 제외한 부분은 중세국어 한자음 '分(분)'의 영향도 있었을 것이다.

[원] (漢語)分[fuən]

[변] 分[fuən]> 푼

[예] • 여듧 푼 은에(八分銀子, 번역노걸대 상-9)

푼돈 [명] 많지 아니한 몇 푼의 돈.

[ㅡ] '푼돈'의 '푼'은 한자 '分'에서 온 말이므로, 이 말은 어원적으로 '分+돈[錢]'으로 분석된다.

[원] 分[fuən]+돈[錢]

ⓑ 分돈> 푼돈

☞ 푼

풀 몡 주로 전분질로 만드는 접착제의 한 가지. 물건을 붙이거나 피륙에 먹여 빳빳
하게 하는 데 쓰임.

ⓓ '풀'의 중세국어 형태는 '플'이다. 그러나 중세국어의 이른 문헌에 '갓블[膠](석보
상절 13-52, 월인석보 21-85)'이란 말이 쓰였으므로, '플'은 '블'에서 발달된 형태로
생각된다.

ⓦ 블[糊]

ⓑ 블> 플> 풀

ⓔ • 브토미 플와 옷과 근호야(黏如膠漆, 능엄경언해 9-100)

　　• 풀(糨子, 동문유해 상-57)

☞ 갓풀

품다 몽 ① 품속에 넣거나 가슴에 대어 안거나 몸에 지니다. ② 원한, 슬픔, 기쁨,
생각 등을 마음속에 가지다.

ⓓ 중세국어 형태도 '품다'이며, 이 말은 명사 '품[懷]'이 바로 동사로 파생된 것이다.
'품'은 '가슴'과 거의 같은 뜻이다. 이러한 파생이 일어날 경우 흔히 성조가 바뀐다.
중세국어에서 명사 '품'은 평성이지만, 동사 '품다'의 어간 '품-'은 거성이다.

ⓦ 품[懷]+(다)

ⓑ 품> 품다

ⓔ • 毒흔 사루미 푸머 이셔(능엄경언해 8-88)

☞ 띠다, 배다, 빗다, 신다

풋 젭 ① '새로운 것', '덜 익은 것'의 뜻. ② '미숙한', '깊지 않은'의 뜻.

ⓓ '풋-'의 중세국어 형태는 '픗-'이며, 이 말은 어원적으로 '플[草]+ㅅ(조사/사잇소
리)'에서 'ㄹ'이 탈락한 형태이다.

ⓦ 플[草]+ㅅ(조사/사잇소리)

ㄴ 픐> 풋> 풋
ㄷ • 풋소옴(두창집요 상-3)
☞ 푸솜

풋잠 圐 잠든 지 얼마 안 되어 깊이 들지 못한 잠.
ㄱ 정철(鄭澈, 1536~1593)의 송강가사에 '풋ᄌᆞᆷ'이란 말이 나온다. '풋'의 중세국어 형태는 '풋-'이며, 이 말은 어원적으로 '플[草]+ㅅ(조사/사잇소리)'에서 'ㄹ'이 탈락한 형태이다. 그러므로 '풋'은 '풀의'라는 뜻이지만, '풋ᄂᆞ물, 풋소옴, 풋잠' 등의 어휘에 접두하여 쓰이면서, '미숙한, 깊지 않은' 등의 접두사 용법으로 전환되었다.
ㄴ 중세국어에 동사 '자다[宿]'와 명사 'ᄌᆞᆷ'이 있다. 이 두 형태는 동사와 파생명사라는 관계에 있음이 분명해 보이지만, 모음 차이를 설명할 수 없는 난점이 있다.
ㄷ 플[草]+ㅅ(조사/사잇소리)+ᄌᆞᆷ[宿]
ㄴ 픐ᄌᆞᆷ> 풋ᄌᆞᆷ> 풋잠
ㄷ • 松根을 볘여 누어 풋ᄌᆞᆷ을 얼픗 드니(관동별곡)
☞ 풋

피로연(披露宴) 圐 결혼이나 출생 등을 널리 알리는 뜻으로 베푸는 연회.
ㄱ 한자어 '피로(披露)'는 펴서 널리 알린다는 뜻이다. '피로연(披露宴)'은 결혼이나 출생을 일반에게 널리 알리면서 베푸는 잔치이기 때문에 붙여진 이름이다.
ㄷ 披露(피로)+宴(연)
ㄴ 披露宴(피로연)> 피로연

피리 圐 ① 구멍이 8개 있고 피리혀를 꽂아서 부는 관악기의 하나. ② 속이 빈 대에 구멍을 뚫고 불어서 소리를 내는 것의 총칭.
ㄱ 중세국어 형태도 '피리'이며, 이 말은 근대 한어(近代漢語) '觱篥[pi-li]'에서 차용된 것이다.
ㄴ '觱篥'을 중세국어 한자음으로 읽으면 '필률'이다. 그런데 '觱篥'의 한어 근대음은 [pi-li]이므로, 그대로 받아들였다면 '*비리'가 되어야 할 것이지만, '피리'가 된 것은

'觱/필'의 국어 한자음에 영향을 받은 것으로 생각된다.

[원] (漢語)觱篥[pi-li]

[변] 觱篥[pi-li]> 피리

[예] • 비르수 嬴女ㅣ 피리 잘 부로믈 알와라(두시언해-초간 9-40)

• 피리 필(觱, 훈몽자회 중-32)

• 피리 률(篥, 훈몽자회 중-32)

하 [부] '많이, 크게, 매우, 대단히'와 같은 뜻으로 쓰는 말.

⊟ 중세국어 형태도 '하'이며, 이 말은 중세국어 '하다[多, 大]'의 어간이 그대로 부사로 파생된 것이다. 중세국어에서 용언의 어간이 바로 부사로 파생되는 것은 '그르다[誤]'에서 파생된 부사 '그르', '비릇다[始]'에서 파생된 '비릇' 등을 들 수 있다.

[원] 하[多, 大]+다(어미)

[변] 하

[예] • ᄆᆞᅀᆞᆯ히 멀면 乞食ᄒᆞ디 어렵고 하 갓가ᄫᆞ면 조티 몯ᄒᆞ리니(석보상절 6-23)

하고많다 [형] 많고 많다.

⊟ 중세국어에서 '하다'와 'ᄒᆞ다'는 다른 말이다. '하다'는 '많다[多], 크다[大]'의 뜻이며, 'ᄒᆞ다'는 현대국어의 동사 '하다[爲]'로 바뀌었다. '하고많다'의 '하-'는 중세국어 '하다[多, 大]'에서 온 말이다. 이렇게 '하다[多, 大]'에서 온 '하-'가 현대국어에서 화석으로 남아 있는 경우는 '한길, 한낮, 한밤중, 한숨' 등에서도 찾을 수 있다.

[원] 하[多, 大]+고(어미)+많[多]+다(어미)

[변] 하고많다

하나님 [명] 개신교에서 '하느님'을 일컫는 말.

⊟ 근대국어 시기에 '하나님'이란 말이 사용되었다. 중세국어 형태를 기준으로 하면 어원적으로는 '하ᄂᆞᆯ[天]+님(존칭 접사)'으로 분석된다.

▣ '하늘님'에서 치경음 'ㄴ' 앞의 'ㄹ'이 탈락하여 '하ᄂ님'이 되고, 이어서 제2 음절 이하에서 'ᄋ'가 '으'로 변하여 '하느님'이 되는 것이 정상적인 형태 변화이다. 그러나 근대국어에서 예외적으로 'ᄋ'가 '아'로 바뀌어 '하나님'이 되기도 하였다. 근대국어를 기준으로 하면 '하ᄂ님'과 '하나님'이 모두 나타난다. 현대국어에 들어서 '하ᄂ님'을 이어받은 형태는 '하느님'이며, '하나님'은 개신교에서 사용하는 종교적 용어가 되었다. 개신교에서는 유일신(唯一神)의 개념을 강조하기 위해서 '하느님'보다는 '하나님'을 선택해서 사용한 것이다.

㉠ 하ᄂᆞᆯ[天]+님(존칭 접사)

㉡ 하ᄂᆞᆯ님> 하ᄂ님> 하나님

㉢ • 하나님도 무심ᄒ다. 가련ᄒ다, 어마니여(숙영낭자전)

　　• 뎌롤 죽으무로 닐게 ᄒ 아바니 하나님으로 말무아라(예수셩교젼셔 갈라디아셔)

☞ 하느님

하느님 몡 ① 종교적 신앙의 대상. 인간을 초월한 절대자로서 우주를 창조하고 주재하며, 불가사의한 능력으로써 선악을 판단하고 화복(禍福)을 내린다고 하는 신(神). 상제(上帝). 상천(上天). 천제(天帝). ② 가톨릭에서 믿는 유일신(唯一神). 천지를 만든 창조주로서 전지전능(全知全能)하고 영원하며, 우주와 만물을 섭리로써 다스림. 성부(聖父). 신(神). 천주(天主). 하나님. 여호와. ↔마귀, 사탄.

▣ '하느님'의 근대국어 형태는 '하ᄂ님'이며, 이 말은 '하ᄂᆞᆯ[天]+님(존칭 접사)'의 구조로 분석된다.

▣ '하늘님'에서 치경음 'ㄴ' 앞의 'ㄹ'이 탈락하여 '하ᄂ님'이 되고, 제2 음절 이하에서 'ᄋ'가 '으'로 바뀌는 음운 변화에 의하여 '하느님'이 된 것이다.

㉠ 하ᄂᆞᆯ[天]+님(존칭 접사)

㉡ 하ᄂᆞᆯ님> 하ᄂ님> 하느님

㉢ • 평싱의 하ᄂ님 원망ᄒ온 말을 입의 내디 아니ᄒ고(병자일기 144)

하늘 몡 지평선이나 수평선 위에 아득히 넓고 높은 공간.

▣ '하늘'의 중세국어 형태는 '하놀ㅎ'이며, 이 말은 어원적으로 '하[多, 大]+ㄴ(관형사형 어미)+올ㅎ(접사)'의 구조로 분석된다.

▣ 접미사로 처리한 '-올'의 의미에 대해서는 미상이다. 아마도 일정한 뜻을 지닌 어근(語根)일 가능성도 있다.

㉠ 하[多, 大]+ㄴ(관형사형 어미)+올ㅎ(접사)

㉡ 하놀ㅎ> 하놀> 하늘

㉢ • 世子롤 하놀히 길히샤(용비어천가 8장)
  • 하놀애 올옴 곧고(如昇天, 소학언해-선조 5-19)
  • 하늘타리(天瓜, 물보)

하늬바람 ⃞ 농가나 어촌에서 서풍을 이르는 말.

▣ 『한불자전(韓佛字典)』(1880)에 '한의바람 北風'이라고 하였으며, 20세기에 '하늬바람'으로 표기하면서 현대로 이어졌다. 일반적으로 '하늬바람'은 서쪽에서 부는 바람으로 알려져 있지만, 『한불자전』에는 '북풍(北風)'으로 뜻풀이를 하고 있어서 주목된다. 북한에서는 '하늬바람'을 '서북풍'이나 '북풍'의 뜻으로 쓰고 있다. '하늬바람'과 관련하여 15세기에 나타나는 '하놊ㅂ룸'이 주목된다. 『분류두공부시언해(초간본)』(1481)에 나오는 '하놊ㅂ룸'을 '하늬바람'으로 풀 수 있는가 하는 것이다. 『古語辭典』(教學社, 1997)에서는 '하놊ㅂ룸'을 '하늬바람'으로 풀이하였다. 아울러 '하늬바람'의 방언(경북)에 '하늘바람'이 있다는 것이 이러한 가능성을 높여 준다. '하놊ㅂ룸' 또는 '하놀바람'에서 '하늬바람'이 되는 것은 규칙으로 설명하기는 어렵지만, 개연성이 없는 것은 아니다.

▣ 일반적으로 '하늬바람'은 서쪽에서 부는 바람으로 알려져 있지만, 『한불자전』에는 '북풍(北風)'으로 뜻풀이를 하고 있어서 주목된다. 북한에서는 '하늬바람'을 '서북풍'이나 '북풍'의 뜻으로 쓰고 있으므로, 『한영자전』의 뜻풀이는 북한 방언의 영향을 받았을 가능성이 크다. 바람의 방위에 있어서 고유어 계열이라면 동풍(東風)은 '샛바람', 남풍(南風)은 '마파람', 북동풍(北東風)은 '높새바람', 서풍(西風)은 '하늬바람', 북풍(北風)은 '높바람'이나 '된바람' 등이 잘 알려져 있다. '하늬바람'과 관련하여 15세기에 나타나는 '하놊ㅂ룸'이 주목된다. 『분류두공부시언해(초간본)』(1481)

ㅎ

의 '우케ᄂᆞᆫ 하ᄂᆞᆲᄇᆞᄅᆞ매 니겟도다(秔稻熟天風, 메벼는 하늬바람에 익어 있도다)'에서 '하ᄂᆞᆲᄇᆞ롬'을 '하늬바람'으로 풀 수 있는가 하는 것이다. 벼가 익어가는 계절인 가을에 선선하게 부는 건조한 바람은 서풍이나 서북풍이므로, 이러한 '하ᄂᆞᆲᄇᆞ롬(天風)'이 '서풍(西風)'을 지칭하게 되었을 가능성이 높다. 『古語辭典』(敎學社, 1997)에서는 '하ᄂᆞᆲᄇᆞ롬'을 '하늬바람'으로 풀이하였다. '하늬바람'의 방언(경북)에 '하늘바람'이 있다는 것이 이러한 가능성을 높여 준다. '하늬바람'의 '하늬'가 '하늘[天]'과 관계가 있다는 것은 분명해 보이지만 형태적 변화를 설명하기는 어렵다.

㉠ 하늬[西]+ᄇᆞ롬[風]
㉡ 하늬ᄇᆞ롬 > 하늬바람
㉢ • 한의바람(北風, 한불자전)

하루 ⑲ 한 날. 일일(一日). '하룻날'의 준말.

㊀ '하루'의 중세국어 형태는 'ᄒᆞᄅᆞ'이며, 이 말은 어원적으로 'ᄒᆞᆯ[一]+올[日]'로 분석된다.

㊁ 중세국어의 'ᄒᆞᄅᆞ'는 자음으로 시작되는 조사 앞에서 'ᄒᆞᆯ'이며, 모음으로 시작되는 조사와는 'ᄒᆞᆯ리, ᄒᆞᆯ롤, ᄒᆞᆯ틱' 등의 형태가 된다. 그러므로 15세기보다 앞선 어느 시기에 이 말의 단일형은 'ᄒᆞᄃᆞᆯ'로 재구될 수 있다. 중세국어에서 날짜를 가리키는 어휘는 'ᄒᆞᄅᆞ, 이틀, 사ᄋᆞᆯ, 나ᄋᆞᆯ, 다쐐, 여쐐, 닐웨, 여ᄃᆞ래, 아ᄒᆞ래, 열흘' 등이다. 여기에서 '사ᄋᆞᆯ, 나ᄋᆞᆯ'의 '사'와 '나'는 각각 '서[三]'와 '너[四]'의 모음교체에 의한 형태이다. 그런데 위에서 재구한 'ᄒᆞᄃᆞᆯ'을 이러한 체계에 포함시키면 'ᄒᆞᄃᆞᆯ, 이틀, 사ᄋᆞᆯ, 나ᄋᆞᆯ, 열흘' 등은 후부 요소 '-올/-을'을 공통으로 가지고 있음을 알 수 있다. 그러므로 'ᄒᆞᄃᆞᆯ' 역시 '올[日]'을 후부 요소로 가지는 합성어(또는 파생어)의 구조로부터 온 말이므로, 'ᄒᆞᆯ[一]+올[日]'로 분석된다. 이러한 추정을 바탕으로 『계림유사(鷄林類事)』의 '一日 河屯'이나 향가인 제망매가(祭亡妹歌)의 '一等隱'을 참조하면, 'ᄒᆞᆯ'이 결국 'ᄒᆞᆮ'에서 변한 말이라는 것을 충분히 짐작할 수 있다. 그러므로 중세국어의 'ᄒᆞᄅᆞ'는 어원적 형태인 'ᄒᆞᄃᆞᆯ'에서 'ㄷ'이 모음 사이에서 'ㄹ'로 바뀌고, 받침의 'ㄹ'이 탈락한 형태라고 할 수 있는 것이다.

㉠ ᄒᆞᆯ[一]+올[日]

ⓑ *ᄒᆞᄃᆞᆯ> ᄒᆞᄅᆞᆯ> ᄒᆞᄅᆞ> 하루

ⓔ • ᄒᆞᄅᆞᆺ 아ᄎᆞ미 命終ᄒᆞ야 모딘 길헤 ᄠᅥ러디면(석보상절 6-3)

　　• 홀론 아ᄎᆞ미 서늘ᄒᆞ고(월인석보 2-51)

하룻강아지 ⓜ ① 태어난 지 얼마 안 되는 어린 강아지. ② 초보자. 신출내기.

⊟ '하룻강아지'의 어원은 'ᄒᆞᄅᆞ[一日]+ㅅ(조사/사잇소리)+강아지[犬兒]'로 분석하거나, 아니면 'ᄒᆞᄅᆞᆸ[一歲]+강아지[犬兒]'로 분석하는 것이다. 전자에 의하면 '난 지 하루의 강아지'란 뜻이며, 후자에 의하면 '한 살이 된 강아지'란 의미이다. 『한영자전(韓英字典)』(1897)에는 'ᄒᆞᄅᆞᆸ강아지'라는 표제어가 '어린 강아지'의 뜻으로 올라 있으므로 후자의 견해를 지지하는 듯하지만, 『고금석림(古今釋林)』(1789)의 「동한역어(東韓譯語)」에는 '어린 망아지'를 뜻하는 말인 'ᄒᆞ로미아지'가 있는 것은 전자의 견해를 뒷받침한다. 그러므로 '하룻강아지'와 '하릅강아지'는 각각 형태를 존중하여 난 지 하루밖에 안 된 강아지는 '하룻강아지'이고, 이제 한 살이 된 강아지는 '하릅강아지'라고 하는 것이 가장 합리적이다. 다만 '어린 강아지'를 뜻하는 말로서는 두 어휘가 모두 가능하다고 생각된다.

⊟ 『시경언해(물명언해)』(1613)의 'ᄒᆞᄅᆞᆸ 돈 종(豵)'에서 'ᄒᆞᄅᆞᆸ'을 확인할 수 있다. 'ᄒᆞᄅᆞᆸ'은 동물(주로 가축)의 나이를 셀 때, 한 살을 가리키는 말이다. 현대의 국어사전에도 '하릅'으로 실려 있으며, '하릅강아지, 하릅망아지, 하릅비둘기' 등의 합성어도 실려 있다. 동물의 나이를 세는 단위는 하릅/한습(1), 두습/이듭(2), 세습(3), 나릅(4), 다습(5), 여습(6), 이릅(7), 여듭(8), 아습/구릅(9), 담불/열릅(10) 등이다.

ⓦ ᄒᆞᄅᆞ[一日]+ㅅ(조사/사잇소리)+강아지[犬兒]

ⓑ ᄒᆞᄅᆞᆺ강아지> 하룻강아지

ⓔ • ᄒᆞ로미아지 서울 가 ᄃᆞ녀오다(동한역어)

☞ 강아지

하릅 ⓜ 소, 말, 개 등의 한 살 된 것.

⊟ 『시경언해(물명언해)』(1613)의 'ᄒᆞᄅᆞᆸ 돈 종(豵)'에서 'ᄒᆞᄅᆞᆸ'을 확인할 수 있다. 'ᄒᆞᄅᆞᆸ'은 동물(주로 가축)의 나이를 셀 때, 한 살을 가리키는 말이다. 현대의 국어사

전에도 '하릅'으로 실려 있으며, '하릅강아지, 하릅망아지, 하릅비둘기' 등의 합성어가 가능하다. 동물의 나이를 세는 단위는 하릅/한습(1), 두습/이듭(2), 세습(3), 나릅(4), 다습(5), 여습(6), 이롭(7), 여듧(8), 아습/구릅(9), 담불/열릅(10) 등이다.

卽 ㅎ릅[一歲]

㜺 ㅎ릅> ㅎ릅> 하릅

⑨ • ㅎ릅 돈 종(猣, 시경 물명-3)

☞ 하룻강아지

하염없다 휑 시름에 싸여 이렇다고 할 만한 아무 생각이 없이 그저 멍하다.

㈀ '하염없다'의 중세국어 형태는 'ㅎ욤없다'이며, 이 말은 'ㅎ[爲]+이(사동접사)+옴(명사형 어미)+없[無]+다(어미)'로 분석된다. 그러므로 어원적으로는 '하게 함이 없다'란 의미이다.

㈁ 중세국어에서 'ㅎ욤없다'의 의미는 한자어 '不爲'에 해당하므로, 현대국어와는 달리 어원적 의미에 가깝게 사용되었다.

卽 ㅎ[爲]+이(사동접사)+옴(명사형 어미)+없[無]+다(어미)

㜺 ㅎ욤없다> 하염없다

⑨ • ㅎ욤업시 應ㅎ시며(不爲而應, 법화경언해 3-63)

한¹ 졥 ① '크다'는 뜻. ~길. ~시름. ② '바로 또는 한창'의 뜻. ~여름. ~낮. ~복판. ~가운데. ③ '가득하다'는 뜻. ~아름. ~사발.

㈀ 중세국어 형태도 '한-'이며, 이 말은 '하[多, 大]+ㄴ(관형사형 어미)'로 분석된다.

㈁ 중세국어의 '하다'는 '많다[多], 크다[大]'의 뜻이며, 'ㅎ다[爲]'와 구분된다.

卽 하[多, 大]+ㄴ(관형사형 어미)

㜺 한

⑨ • 싸호는 한쇼룰 두 소내 자부시며(용비어천가 87장)

　 • 늘거이 반두시 그 한숨 소리룰 드룸이 잇누니라(소학언해-선조 2-27)

　 • 한어미(婆婆, 역어유해 상-56)

한² [관][접] ① '하나'의 뜻. ② '같다'는 뜻. ~마음. ~집안.

[一] 중세국어 형태는 'ᄒᆞᆫ'이며, 관형사인 'ᄒᆞᆫ'은 수사인 'ᄒᆞ나ㅎ[一]'와 같은 어원이다.

[원] ᄒᆞᆫ[一]

[변] ᄒᆞᆫ> 한

[예] • 白帝 ᄒᆞᆫ 갈해 주그니(용비어천가 22장)

• 몸이 ᄒᆞ나힐씨 ᄇᆡ블옴도 ᄒᆞᆫ가지러니(월인천강지곡 상-49)

한가위 [명] 음력 8월 보름날. 추석. 한가윗날.

[一] 『역어유해(譯語類解)』(1690)에 '中秋 가외'라고 하였으므로, 옛날에는 '한가위'를 그냥 '가외'라고 했음을 알 수 있다. 근대국어 이전에 '가외'에 해당하는 말은 한자 표기로 '嘉俳'라고 하였다. 그러므로 '嘉俳/가ᄫᅵ> 가ᄫᅵ> 가외> 가위' 등과 같은 변화 과정을 통해서 '가위'가 형성되었음을 알 수 있다. 근대국어의 '가외'는 '嘉俳(가ᄫᅵ)'로 소급된다. 한자를 이용한 우리말 표기인 '嘉俳'는 고유어 어근인 '갑'에 조사 '-이'가 연결된 것으로 추정되고 있으며, 어근 '갑'은 '중간(中間)'이나 '반분(半分)'의 의미를 가진 것으로 생각된다. 보름날은 한 달의 중간이며, 특히 팔월 보름은 이러한 보름날 중에 가장 큰 보름이라는 의미에서 '한-'을 붙여서 '한가위'라고 했다고 할 수 있다.

[二] 『삼국사기(三國史記)』(1145)에 팔월 보름을 뜻하는 '嘉俳'에 대한 기록이 있으며, 『악학궤범(樂學軌範)』(1493)에 실린 고려가요 '동동(動動)'의 '八月ㅅ 보로ᄆᆞᆫ 아의 嘉俳 나리마ᄅᆞᆫ(팔월의 보름은 아 가위 날이지만)'에서도 '嘉俳'가 그대로 나온다. 그런가 하면 『동환록(東寰錄)』(1895)에서는 '新羅以八月望日 謂之嘉俳 今俗謂之嘉優者 嘉俳之轉變也(신라에서는 팔월 보름을 嘉俳라고 했다. 지금의 세간에서 嘉優라고 하는 것은 嘉俳가 변한 말이다)'라고 하여, '嘉俳'에서 '嘉優'가 변화된 말임을 지적하고 있다. 이러한 상황을 종합하면, '嘉俳/가ᄫᅵ> 가ᄫᅵ> 가외> 가위' 등과 같은 변화 과정을 통해서 '가위'가 형성되었음을 알 수 있다. '가위'에 '한-'이 결합된 '한가위'는 20세기에서야 나타나므로, 이 말의 형성은 근대 후기나 아니면 현대에 들어서의 일이라고 생각된다. 접두사 '한-'은 '큰[大]'의 뜻을 더하는 접두사이며, 어원적으로는 중세국어 '하다[大, 多]'의 어간 '하-'에 관형사형 어미 '-ㄴ'이 결합된 것

이다. '한길, 한낮, 한밤, 한숨' 등에서도 이 말을 확인할 수 있다.

[三] 근대국어의 '가외'는 역사 문헌의 '嘉俳(가ᄇᆡ)'로 소급된다. 한자를 이용한 우리말 표기인 '嘉俳'는 고유어 어근인 '갑'에 조사 '-ᄋᆡ'가 연결된 것으로 추정되고 있으며, 어근 '갑'은 '중간(中間)'이나 '반분(半分)'의 의미를 가진 것으로 생각된다. 이에 따라 현대국어 '가운데'에 해당하는 15세기 형태 '가ᄫᆞᆫᄃᆡ'는 어근 '갑'에 '-ᄋᆞᆫᄃᆡ'가 연결된 것으로 어원 풀이를 할 수 있다. 보름날은 한 달의 중간이며, 특히 팔월 보름은 이러한 보름날 중에 가장 큰 보름이라는 의미에서 '한-'을 붙여서 '한가위'라고 했다고 할 수 있다.

[원] 하[大]+ㄴ(관형사형 어미)+갑[中]+ᄋᆡ(조사)

[변] *갑ᄋᆡ> 嘉俳/가ᄇᆡ> 가ᄫᆡ> 가외> 한가위

[예] • 가외(中秋, 역어유해 상-4)

• 新羅以八月望日 謂之嘉俳 今俗謂之嘉優者 嘉俳之轉變也(東寰錄)

☞ 가운데, 가위

한글 [명] 우리나라 고유 글자의 이름. 조선 시대 제4대 세종(世宗) 28년(1446)에 '훈민정음'이란 이름으로 국자(國字)로서 반포된 것으로, 처음에는 자모(字母)가 28자였으나, 'ㆁ, ㆆ, ㅿ, ㆍ'의 넉 자는 쓰지 않고, 현재 24자모만 씀.

[一] '한글'이란 용어는 19세기에 만들어진 말이다. '한'의 의미는 '하[大, 多]+ㄴ(관형사형 어미)'이거나, 아니면 한자 '韓(한)'이겠지만, '한글'이란 말을 처음으로 만든 사람의 정확한 의도를 알 수는 없다. 아마도 '한글'이란 말을 만든 사람은 이러한 두 가지 해석의 가능성을 모두 염두에 두고 있었을 것으로 생각된다.

[二] '한글'이란 말이 처음 나오는 문헌은 이종일(李鍾一, 1858~1925) 의 일기문인 『묵암비망록(默菴備忘錄)』(1898. 7. 4.)이라고 한다(조항범 2005: 173). '한글'이란 문자 이름을 만든 사람이 누구인지는 밝혀져 있지 않지만, 주시경(周時經, 1876~1914)에 의해서 '한글'이란 말이 만들어졌을 것으로 생각하는 견해가 우세하다. 주시경은 국문법의 전문 용어를 순우리말로 만드는데 노력한 사람인 까닭이다.

[원] ① 하[大, 多]+ㄴ(관형사형 어미)+글[書]

② 한(韓)+글[書]

㉻ 한글
☞ 한¹

한참 圆 ① 시간이 상당히 지나는 동안. 오랜 동안. 한동안. ② 지난날, 두 역참(驛站) 사이의 거리를 일컫던 말.

㊁『국한회어(國漢會語)』(1895)에 '한참'이 나타나며,『한영자전(韓英字典)』(1897)에는 '흔참'으로 표기되어 있다. 이 말들에는 한자어 '一站(일참)'이 병기되어 있어서 '한참'이나 '흔참'의 어원이 '흔[一]+站(참)'에 있음을 분명하게 보여 준다. '站'의 기본적 의미는 '오래 서 있다'에 해당하며, 이러한 기본 의미에서 '역참(驛站)'의 뜻까지 전이된 것이다. '역(驛)'이란 곳은 옛날에 말이 머물며 서 있는 곳이었기 때문이다. '한참'의 어원적 풀이는 '오래 서 있다'는 기본 의미로 '站(참)'을 해석하는 것이다. 오래 서 있는 것은 하던 일을 멈추는 것이며, 어떤 일과 일 사이의 시간을 헤아리는 개념이기 때문이다.

㊂ '한참'의 어원적인 표기인 '흔참'에서 '흔[一]'의 의미는 명백하므로, 한자 '站(참)'의 의미를 파악하는 것이 관건이다. 현대의 자전(字典)에서 한자 '站'의 풀이를 보면 '우두커니 서다'와 '역마을'의 두 가지이다. 19세기의『자류주석(字類註釋)』(1856)에는 '站 오릭셜 참 久立, 역참 참 驛也'라고 하여 역시 두 가지의 뜻풀이를 제시하였다. 이로써 보면 '站'의 기본적 의미는 '오래 서 있다'에 해당할 것이며, 이러한 기본 의미에서 '역참(驛站)'의 뜻까지 전이되었다고 생각된다. '역(驛)'이란 곳은 옛날에 말이 머물며 서 있는 곳이었기 때문이다. 현대의 국어사전에서 '한참'의 풀이를 보면 명사로 쓰일 경우에 '시간이 상당히 지나는 동안'과 '두 역참(驛站) 사이의 거리'의 두 가지 뜻이 있다. 그래서 보통은 '두 역참 사이의 거리'가 '한참(<흔참[一站])'이므로, 역(驛)과 역(驛) 사이를 가는 시간의 동안을 '한참'이라고 하게 되었다고 어원 풀이를 하고 있다. 그런데 근대국어 문헌에서 한자어 '站(참)'은 '하루의 시간'을 나타내는 말로 사용되어 주목된다.『몽어유해(蒙語類解)』(1768)의 '초ㅎㄹ 初一站, 보롬 十五站'이라고 하여 '站(참)'이 '하루의 시간'에 해당함을 보여 준다. 따라서 이 경우의 '站(참)'을 '한참'에 적용하면 어원적으로는 '일일(一日)의 시간'이라는 뜻이 된다. '역과 역 사이를 가는 시간'이나 '하루의 시간'에서 '한참'이 되었다고 하

기에도 무리가 따른다. 가장 알기 쉬운 것은 '오래 서 있다'는 기본 의미로 '站(참)'을 해석하는 것이다. 오래 서 있는 것은 하던 일을 멈추는 것이며, 어떤 일과 일 사이의 시간을 헤아리는 개념이기 때문이다.

[원] ᄒᆞᆫ[一]+站(참)

[변] ᄒᆞᆫ참> 한참

[예] • 놀뷔 ᄯᅩ 열냥을 션급ᄒᆞ고 ᄒᆞᆫ참을 ᄐᆞ다가 귀ᄅᆞᆯ 기우려 드르니(흥부전 경판-16)

할머니 [명] 아버지의 어머니. 조모(祖母).

[一] 『용비어천가(龍飛御天歌)』(1447)에서 '할미'의 형태로 처음 나타나며, 이 말은 현대까지 그대로 사용되고 있다. 16세기에는 '할마님'이 새롭게 등장하여 20세기까지 이어졌다. 19세기에는 이전의 형태가 계속 쓰이는 가운데, 비로소 '할머니'가 나타났으며, 축약 형태인 '할맘, 할멈' 등도 등장하였다. '할미'는 '하+-ㄴ+어미'에서 '한미'로 축약된 다음 'ㄴ'이 'ㄹ'로 바뀐 형태이며, '할머니'는 '하+-ㄴ+어머니'에서 축약된 형태이다. '한미'에서 '할미'가 되는 과정은 'ㅁ' 앞에서 'ㄴ'이 'ㄹ'로 바뀌는 것이므로, 필연적인 음운 과정은 아니다.

[二] 역사적으로 기본이 되는 형태인 15세기의 '할미'는 '하+-ㄴ+어미'에서 '한미'로 축약된 다음 'ㄴ'이 'ㄹ'로 바뀐 형태이며, 16세기의 '할마님'은 '하+-ㄴ+어마님'에서 축약된 것이라고 할 수 있다. 뒤늦게 나타나는 '할머니'는 '하+-ㄴ+어머니'에서 축약된 형태라고 해야 옳다. 18세기와 19세기에 나타나는 '한미, 한마님' 등은 'ㄴ'이 'ㄹ'로 바뀌지 않은 어원적 형태를 보여 주는 것으로서, 이러한 형태가 그 당시에 사용되고 있었다는 점에서 흥미롭다. '한미'에서 '할미'가 되는 과정은 'ㅁ' 앞에서 'ㄴ'이 'ㄹ'로 바뀌는 것이므로, 필연적인 음운 과정은 아니다. 다만 '언마'에서 '얼마'가 되고, '현마'에서 '설마'가 되는 것을 보면 이러한 음운 과정이 충분히 가능했음을 알 수 있다. 혹시 '한어미'에서 '할어미'를 거쳐 '할미'가 되었다고 생각하는 사람이 있을 것이다. 그러나 할아버지의 15세기 형태인 '한아비'는 16세기까지 그대로 사용되었지만, '할미'는 15세기에 나타나므로 이러한 주장은 성립되지 않는다.

[三] 『계림유사(鷄林類事)』에 '姑曰 漢丫彌'라고 하였으므로, 중세국어 이전에 이미 '한어미'란 말이 사용되었음을 알 수 있다.

ⓦ 하[多, 大]+ㄴ(관형사형 어미)+어미[母]

ⓥ 한어미> 한미> 할미> 할머니

ⓔ • 셴 할미를 하놀히 보내시니(용비어천가 19장)

　• 한어미(婆婆, 역어유해 상-56)

☞ 어머니

할아버지 ⓝ 아버지의 아버지. 조부(祖父).

① 『석보상절(釋譜詳節)』(1447)에서 '한아비'의 형태로 처음 나타난다. 이 말은 20세기까지 그대로 사용되었지만, 17세기에 '할아비'가 나타나서 이후 19세기에 '할아버지'의 형태를 예고하였다. '한아비'는 '하+-ㄴ+아비'로 이루어진 말이며, 중세국어 '하다'는 '크다, 많다'의 뜻이었다. '할미'의 경우는 '한+어미'에서 '한미'로 축약된 다음에 'ㅁ' 앞에서 'ㄴ'이 'ㄹ'로 바뀌는 변화를 입은 것이다. 그러나 '한아비'의 경우는 축약이 일어나지 않아서 'ㄴ'이 'ㄹ'로 바뀌지 않았다. 17세기에 나타나는 '할아비'는 '할미, 할마님'의 '할'에 유추되어 변화된 형태이다.

② '한아비'는 '하+-ㄴ+아비'로 이루어진 말이며, 중세국어 '하다'는 '크다, 많다'의 뜻이었다. '할미'의 경우는 '한+어미'에서 '한미'로 축약된 다음에 'ㅁ' 앞에서 'ㄴ'이 'ㄹ'로 바뀌는 변화를 입은 것이다. 15세기에 '할미'가 나타나므로 이러한 음운 과정이 매우 일찍 적용되었다는 것을 알 수 있다. 그러나 '한아비'의 경우는 축약이 일어나지 않아서 'ㄴ'이 'ㄹ'로 바뀌지 않은 것이다. 그러므로 17세기에 나타나는 '할아비'는 뒤늦게 모음 사이에서 'ㄴ'이 'ㄹ'로 바뀌는 음운 현상이 적용되었다고 하기보다는 15세기부터 17세기까지 나타나는 '할미, 할마님'의 '할'에 유추되어 변화된 형태라고 하는 것이 옳다. 17세기 이후에도 18세기 및 19세기의 '한아비', 20세기의 '한아비, 한아버지' 등은 오히려 중세국어의 형태를 계승하였지만, '할미, 할머니'와 어울린 '할아비, 할아버지'의 세력에 밀려 현대에서 사라졌다.

ⓦ 하[多, 大]+ㄴ(관형사형 어미)+아비[父]

ⓥ 한아비> 할아비> 할아버지

ⓔ • 祖논 한아비니(석보상절 24-4)

　• 할아비 사오나온 병 어덧거놀(동국신속삼강행실도 효-4-67)

☞ 아버지

함경도(咸鏡道) 閔 함경남도와 함경북도를 두루 일컫는 말.
☐ 1509년(조선 중종 4년)에 함흥(咸興)과 경성(鏡城) 첫 글자를 따서 함경도라고
한 것이 정식 명칭의 시작이다. '咸興'과 '鏡城'을 중세국어 한자음으로 읽으면 '함
흥'과 '경셩'이다.
⑪ 함(함흥/咸興)+경(경셩/鏡城)+도(道)
⑭ 咸鏡道> 함경도

함께 閔 같이. 더불어. 동시에. (주로, '…과 함께'의 꼴로 쓰임)
☐ 『석보상절(釋譜詳節)』(1447)에서 'ᄒᆞᆫᄢᅴ'의 형태로 처음 나타난다. 이 형태는 17
세기까지 이어지지만, 16세기에 'ᄒᆞᆷᄢᅴ, ᄒᆞᆷᄢᅴ, ᄒᆞᆷᄭᅴ' 등이 나타나서 받침의 'ㄴ'이
'ㅁ'으로 바뀌는 변화가 진행되었음을 알 수 있다. 18세기에는 제1 음절의 모음 'ᄋ'
가 '아'로 바뀐 'ᄒᆞᆷᄭᅴ'가 주목되며, 19세기에 '함쎄, 함께' 등이 나타나 20세기를 거
쳐 현대의 '함께'로 이어졌다. 'ᄒᆞᆫᄢᅴ'는 'ᄒᆞᆫ+ᄢᅳ+의'로 분석된다. 관형사 'ᄒᆞᆫ'은 '하
나의'라는 뜻이며, 'ᄢᅳ'는 '시간' 또는 '때[時]'의 뜻이다. 그러므로 어원적 의미는 '같은
시간의'에 해당한다.
☐ 중세국어에서 한자 '時(시)'에 해당하는 말은 'ᄢᅢ'와 'ᄢᅳ'가 있었다. 'ᄢᅢ'는 현대국
어 '때'로 변화하였고, 'ᄢᅳ'는 현대국어 '끼니'의 '끼'에 화석처럼 남아 있으므로, 'ᄢᅢ'
와 'ᄢᅳ'의 경쟁에서 'ᄢᅳ'가 'ᄢᅢ'에 밀렸다고 할 수 있다. 특히 중세국어에서 'ᄢᅳ'는 주
격은 'ᄢᅵ', 관형격은 'ᄢᅴ', 목적격은 'ᄢᅳᆯ', 도구의 부사격은 'ᄢᅳ로' 등으로 실현된다. 이
와 같이 조사의 연결에서 기본 형태의 설정이 쉽지 않은 것도 형태를 온전히 유지하
는 데에 어려움이 있었을 것으로 생각된다. 중세국어 'ᄒᆞᆫᄢᅴ'와 이로부터 변화된 현
대국어 '함께'는 의미의 변화도 수반되었다. 전자가 시간 개념이 살아 있는 '동시에'
의 뜻이라면, 후자는 '더불어'의 동반의 개념으로 쓰이기 때문이다.
☐ 중세국어에서 'ᄢᅳ'가 단독으로 쓰인 용례는 많이 찾을 수 있다. 'ᄢᅳ로 서르 보니
(時相見, 두시언해-초간 9-12), 녜 처섬 보던 ᄢᅳᆯ ᄉᆞ랑ᄒᆞ니(憶昔初見時, 두시언해-초
간 8-6), 그 ᄢᅴ 四衆이 圍繞ᄒᆞᅀᆞᄫᆡ더니(월인석보 21-5), 잢간도 ᄇᆞ릴 ᄢᅵ 업스니라

(無時暫捨, 금강경언해 상-83)' 등을 들 수 있다. 기본 형태인 'ᄣᅳ'는 조사 '의, 이' 등과 결합하게 되면 모음 '으'가 탈락하게 된다.

[원] ᄒᆞᆫ[一]+ᄣᅳ[時]+의(조사)

[변] ᄒᆞᆫᄣᅳ의> ᄒᆞᆫᄢᅴ> ᄒᆞᆷᄢᅴ> ᄒᆞᆷᄭᅴ> 함께

[예] • 둘희 힘ᄋᆞᆯ ᄒᆞᆫᄢᅴ 이기시니(월인천강지곡 39)

• 그려긔와 ᄒᆞᆷᄢᅴ 가면(두시언해-중간 17-12)

• ᄒᆞᆷᄭᅴ 發行ᄒᆞ져 ᄒᆞᄂᆞ다(두시언해-중간 1-8)

함박꽃 [명] 함박꽃나무의 꽃. 작약의 꽃. 함박.

[一] '함박꽃'의 어원적 형태는 '한박곶'이며, 이 말은 '하[多, 大]+ㄴ(관형사형 어미)+박[瓠]+곶[花]'으로 분석된다. 현대국어 '꽃[花]'의 중세국어 형태가 '곶'이다.

[二] '한박곶'의 '한'이 '함'이 되는 것은 받침의 'ㄴ'이 다음에 오는 'ㅂ'의 조음 위치에 동화되어 양순음 'ㅁ'이 된 까닭이다.

[원] 하[多, 大]+ㄴ(관형사형 어미)+박[瓠]+곶[花]

[변] 한박곶> 함박곶> 함박쏫> 함박꽃

[예] • 芍藥 鄕名 大朴花(향약채취월령 2월)

• 힌 함박곶 불휘ᄅᆞᆯ ᄀᆞᄂᆞ리 사ᄒᆞ라(白芍藥細切, 구급간이방 6-7)

• 함박쏫(芍藥, 유씨물명고 3)

핫바지 [명] 솜을 두어 지은 바지.

[一] 중세국어에 '핟니블[綿衾], 핟옷[綿衣], 핟져구리[襖子]' 등의 어휘가 사용되었는데, 접두 용법으로 쓰인 '핟'은 '솜[綿]'의 뜻이다. 현대국어 '바지'의 중세국어 형태는 구개음화 이전의 '바디[袴]'이므로, 중세국어 형태를 기준으로 '핫바지'는 어원적으로 '핟[綿]+바디[袴]'로 분석된다.

[二] 흔히 바보 같은 사람을 가리켜 '핫바지'라고 한다. 이것은 두툼한 핫바지를 입은 사람은 행동이 둔하고 모양이 나지 않기 때문에 생긴 용법이다.

[원] 핟[綿]+바디[袴]

[변] 핟바디> 핫바지

☞ 핫옷

핫옷 뎽 솜을 두어 지은 옷. 솜옷.
⊟ '핫옷'의 중세국어 형태는 '한옷'이며, 이 말은 '한[綿]+옷[衣]'으로 분석된다.
㉳ 한[綿]+옷[衣]
㉧ 한옷> 핫옷
㉮ • 져근 한오새 곳다온 프를 繡ᄒ얏더니(두시언해-초간 8-6)

항아리(缸—) 뎽 아래위가 좁고 배가 부른 질그릇.
⊟ 중세국어에서는 한자어 '항(缸)'과 여기에 접사 '-아리'가 붙은 '항아리'가 모두 쓰였다. '항(缸)'에 붙은 접사 '-아리'는 '매가리(맥+아리), 몸뚱어리, 병아리' 등에서도 찾을 수 있으며, 앞에 오는 말을 속되게 이르는 경우에 붙인다. 그러므로 '항아리'는 '항(缸)'을 속되게 이르는 말임을 알 수 있다. 현대국어에서는 '항아리'만 사용되고, '항(缸)'은 사용되지 않는다.
㉳ 缸(항)+아리(접사)
㉧ 항아리
㉮ • 구운 그르시 玉ᄋ로 밍ᄀ론 缸애셔 디디 아니토다(두시언해-초간 1-32)
　 • 하나 져그나 항의 녀코(多少入缸內, 구급간이방 1-112)
　 • 항아리 담(壜, 훈몽자회 중-12)
　 • 항아리와 독에 ᄭ려 담으며(盎瓮粧盛, 여사서언해 2-30)
☞ 병아리

해바라기 뎽 국화과의 한해살이풀. 북아메리카 원산. 높이는 2m 정도이며 잎은 대형의 넓은 달걀꼴인데, 여름에 선황색의 큰 꽃이 핌. 과실은 수과(瘦果), 기름을 짬. 줄기 속은 약재로 씀. 규화(葵花).
⊟ '해바라기'의 근대국어 형태는 '히ᄇ라기'이며, 이 말은 '히[日]+ᄇ라[望, 向]+기(명사화 접사)'로 분석된다.
㉸ 중세 및 근대국어의 'ᄇ라다'는 현대국어의 '바라다'와 '바라보다'의 두 가지의 뜻

으로 사용되었으며, 용례상으로는 '바라보다'에 해당되는 경우가 더 많다. 중세국어에서 '부라보다'는 사용되지 않았고, 18세기 이후의 근대국어에서 비로소 나타난다.

㋒ 히[日]+부라[望, 向]+기(명사화 접사)

㋫ 히부라기> 해바라기

㋕ • 히부라기(向日蓮, 물보)

해장국 명 해장으로 먹는 국. 해장탕.

㊀ '해장국'은 한자어 '解酲'에 고유어 '국[羹]'이 결합한 말이다. 근대의 문헌에 '解酲(히졍)'이 나오며, 그 의미는 '숙취를 풂'이다.

㊁ 19세기 문헌인 『자류주석(字類註釋)』(1856)의 '酲 히졍 졍'에서 '히졍'이란 말이 쓰였음을 확인할 수 있다. 역시 19세기 문헌인 『한영자전(韓英字典)』(1897)에서 '히졍ᄒᆞ다 解酲'이라고 하여 '히졍'이 한자어 '解酲'임을 보여 주고 있다. 『한불자전(韓佛字典)』(1880)이나 『한영자전(韓英字典)』(1897)의 표제어로 '히졍쥬(解酲酒)'가 있으므로, '히졍(解酲)'이나 '히졍쥬(解酲酒)' 등이 19세기에 사용되었음을 알 수 있다. '解酲酒'를 근대국어 한자음으로 읽으면 '히졍쥬'이다. 한자 '酲'은 '숙취'를 뜻하므로 '解酲'은 숙취를 푼다는 의미이다. '히졍, 히졍ᄒᆞ다, 히졍쥬' 등은 19세기 문헌에 나타나지만, '히졍국'이란 말은 보이지 않는다. 『큰사전』(1957)에 '해장국'이 실려 있고, '해졍탕(解酲湯)'도 실려 있다. 그런데 20세기 다른 문헌에는 '해졍국'과 함께 '해졍술, 해장술' 등도 나타난다. 즉 '히졍쥬'가 '해졍술, 해장술'이 되기도 하였고, '해졍국'과 '해장국'이 섞여 쓰이기도 한 것이다. 이로써 보면 원래의 한자어 '히졍(解酲)'에서 '해장'이란 말이 생긴 것이 확실하다. 다만 '해졍술, 해장술'이나 '해졍국, 해장국' 등은 문헌에 나타나는 것을 참조하면 20세기 이후에 생긴 말이라고 해야 한다. '해장국'이란 말은 '해졍탕(解酲湯)'이나 '성주탕(醒酒湯)'과 의미가 같다. 20세기 이전에는 고유어 '국'을 붙인 말보다는 한자어인 '湯(탕)'을 붙인 말이 잘 쓰였을 것으로 생각된다. '히졍> 해졍'에서 '해장'이 된 것은 뜻이 어려운 한자인 '酲(졍)'보다는, '속풀이'를 떠올리면서 창자를 뜻하는 한자 '腸(장)'이나 내장을 뜻하는 한자 '臟(장)'을 어원으로 생각한 까닭일 것이다.

㋒ 解酲(히졍)+국[羹]

㉻ 히졍국> 해졍국> 해장국

㉤ • 히졍(解醒, 자류주석 상-82)

   • 해졍(조선어사전/1938)

해포 명 한 해가 조금 넘는 동안.

㉠ '해포'의 근대국어 형태는 '히포'이며, 이 말은 어원적으로 '히[年]+ᄑᆞ[累, 重, 疊]+오(부사화 접사)'로 분석된다. 그러므로 어원적 의미는 '해를 거듭하여'에 해당한다. 현대국어에서는 주로 '해포를 풀다'의 관용구를 이루어 사용된다.

㉡ 17세기 문헌으로 추정되는 『계축일기(癸丑日記)』의 '히포 미류ᄒᆞ신 증세예 침식을 못 ᄒᆞ오시고(여러 해 낫지 않으신 증세에 침식을 못하시고)'에서 '히포'의 표기를 확인할 수 있다. 이 형태는 현대의 '해포'로 이어졌다. 근대국어의 형태인 '히포'는 '히[年]+ᄑᆞ+오'의 구조로 이루어진 말이다. 옛 문헌에 쓰인 'ᄑᆞ다'의 용례는 『삼강행실도(三綱行實圖)』(1481)의 '요ᄒᆞᆯ 포 ᄭᆞᆯ오 안ᄌᆞ며(요를 겹쳐 깔고 앉으며)', 『불정심다라니경언해』(1485)의 '히 디나며 ᄃᆞᆯ 파(해 지나며 달이 거듭되어)' 등에서 확인할 수 있다. 중세국어에 사용된 'ᄑᆞ다'는 '거듭되다/거듭하다[重疊]'의 뜻이다. 그러므로 '포 ᄭᆞᆯ오'는 '겹쳐 깔고'의 뜻이며, 이 경우의 '포'는 'ᄑᆞ+오(부사화 접사)'의 구조로 분석된다. 'ᄃᆞᆯ 파'는 '달[月]이 거듭되어, 달을 거듭하여'의 뜻이며, 이때의 '파'는 'ᄑᆞ+아(어미)'로 분석된다. 'ᄑᆞ다'는 근대국어 후기에 사어(死語)가 되어 이제는 쓰이지 않는 말이지만, 현대국어에서는 '포개다, 달포, 해포' 등의 어휘에 화석이 되어 남아 있다. 현대국어의 '해포'는 앞에 보인 바와 같이 옛 문헌의 용법과 차이가 있다. 근대국어에서 '히포'는 한자어로 풀면 '누년(累年)'에 해당된다. '누년(累年)'은 '여러 해'를 뜻한다. 그러나 현대국어에서 '해포'는 한자어 '세여(歲餘)'에 해당하여, '한 해 남짓'의 의미로 쓰이고 있다.

㉣ 히[年]+ᄑᆞ[累, 重, 疊]+오(부사화 접사)

㉻ 히포> 해포

㉤ • 히포 미류ᄒᆞ신 증세예 침식을 못ᄒᆞ오시고(계축일기 11)

☞ 달포, 포개다

햄버거(hamburger) [명] ① 햄버그스테이크. ② 햄버그스테이크를 둥근 빵에 끼운 샌드위치.

[一] 미국에서 들어온 패스트푸드인 햄버거는 독일의 도시 이름인 함부르크(Hamburg)에 그 어원이 있다. 'Hamburg'에 접미사 '-er'을 붙여 'hamburger'가 되었으며, 영어 발음에 의하여 '햄버거(hamburger)'가 된 것이다.

[二] 13세기 몽골제국이 모스크바를 점령하면서 러시아에 몽골제국의 고기를 갈아 먹는 문화가 전해졌으며, 이후 러시아인들은 생고기를 갈아 양념한 '타르타르스테이크(tartare steak)'를 만들어 먹었다고 한다. 이후 러시아의 '타르타르스테이크'는 18세기를 전후하여 독일의 항구도시 함부르크(Hamburg)에 전해졌다고 하며, 이후 19세기를 전후하여 독일 이민자들에 의하여 '햄버그스테이크(hamburg steak)'라는 음식 이름으로 미국에 소개되었다고 한다.

[三] '햄버거(hamburger)'란 말을 줄여서 '버거(burger)'란 말을 쓰게 되었다. 그러므로 '버거(burger)'란 말이 애초부터 있었던 것은 아니며, 'hamburger'가 어원적으로 'ham+burger'로 분석되는 것도 아니다.

[원] (독일어)Hamburg+(영어)er(접사)

[변] Hamburg+er> (영어)hamburger> 햄버거

햅쌀 [명] 그해에 새로 난 쌀. ↔묵은쌀.

[一] '햅쌀'은 중세국어 형태를 기준으로 'ᄒᆡ[年]+ᄡᆞᆯ[米]'로 분석된다.

[二] 어원적 형태인 '*ᄒᆡᄡᆞᆯ'이 문헌에 나타나진 않지만, 현대국어 형태인 '햅쌀'에 있는 받침 'ㅂ'은 'ᄡᆞᆯ[米]'의 어두 자음군의 초성 'ㅂ'에서 온 것이므로, 예전부터 '*ᄒᆡᄡᆞᆯ'이란 말이 사용되었다는 것을 알 수 있다.

[원] ᄒᆡ[年]+ᄡᆞᆯ[米]

[변] *ᄒᆡᄡᆞᆯ> *ᄒᆡᆸᄉᆞᆯ> 햅쌀

햇무리 [명] 햇빛이 대기 속의 수증기에 비치어 해의 둘레에 둥그렇게 나타나는 빛깔 있는 테두리. 일훈(日暈).

[一] '햇무리'의 중세국어 형태는 'ᄒᆡᆺ모로'이며, 이 말은 'ᄒᆡ[日]+ㅅ(조사/사잇소리)+모

로[暈]'로 분석된다.

ⓦ 히[日]+ㅅ(사잇소리)+모로[暈]

ⓥ 힛모로> 히무리> 햇무리

ⓔ • 힛모로(日暈, 훈몽자회 하-1)
　• 히무리(아학편 상-3)

행주치마 ⓝ 부엌일을 할 때 덧입는 짧은 치마. 앞치마.

▯ '행주치마'의 중세국어 형태는 '힝ᄌ쵸마'이며, 이 말은 '힝ᄌ[抹布]+쵸마[裳]'로 분석된다. 중세국어의 '힝ᄌ'는 현대국어 '행주'의 소급 형태이다. 현대국어 '치마 [裳]'의 중세국어의 형태는 '치마'와 '쵸마/츄마'이며, '치마'는 15세기 문헌에서부터 나타나지만, '쵸마/츄마'는 16세기 문헌에서 나온다.

▯ 16세기 문헌인 『훈몽자회(訓蒙字會)』(1527)의 '힝ᄌ쵸마 호(屌)'에서 '힝ᄌ쵸 마'의 형태로 처음 나타난다. 근대국어의 여러 문헌에서 '힝ᄌ'는 한자어 '抹布(말 포)'에 해당하는 말로 풀이되고 있으므로, '힝ᄌ'가 '닦는 천'에 해당함을 알 수 있 다. '힝ᄌ'라는 형태는 20세기까지도 표기에 나타나지만, 19세기에 '힝쥬', 20세기 에 '행주'가 나타나 현대로 이어졌다. '힝ᄌ'에서 먼저 '힝즈'가 된 다음에 어말에 서 '으'를 회피함에 따라 '행주'가 된 것이다. 19세기의 '힝쥬'는 음운적으로 '행주'를 달리 적은 것에 불과하다. '쵸마'는 현대의 '치마'에 해당하는 말이다. 그런데 15세기 문헌에는 현대국어와 형태가 같은 '치마'가 있었다. 16세기에 '치마, 쵸마, 츄마, 츄 무' 등이 함께 나타나므로, '치마'와 '쵸마/츄마' 계열의 두 계통이 있었다. 두 어휘 계 열의 어원적 관련성은 분명해 보이지만, 형태적으로 어떤 관련이 있는 것인지 알 수 는 없다. '쵸마/츄마' 계열은 19세기에 '초마'를 끝으로 문헌에서 사라졌다. 그러므로 16세기의 '힝ᄌ쵸마'에서 '힝ᄌ'는 현대어 '행주'로 바뀌었지만, '쵸마'는 '치마'로 변 한 것이 아니라 '치마'에 의해 교체되었다고 해야 한다.

▤ 민간어원에서는 '행주치마'가 '행주대첩(幸州大捷)'에서 생긴 말이라고 한다. 그 러나 행주대첩은 1592년 2월에 있었던 일이며, '힝ᄌ쵸마'가 1527년의 문헌에 나타 나므로 이러한 어원은 잘못된 것이다. 아울러 '幸州'를 중세국어 한자음으로 읽으면 '힝쥬'이므로 '힝ᄌ'와 맞지도 않는다.

ⓦ 힝ᄌ[抹布]+쵸마(츄마/치마)[裳]

ⓥ 힝ᄌ쵸마(치마/츄마)> 힝ᄌ치마> 힝즈치마> 행주치마

ⓔ • 힝ᄌ쵸마(帉巾, 사성통해 상-41)

　　• 힝ᄌ치마(帉裙子, 역어유해 상-47)

　　• 힝즈치마(고시조, 청구영언)

허물다 ⓢ 헌데가 생기다. 짜이거나 쌓인 것을 헐어서 무너지게 하다.

▣ '허물다'의 중세국어 형태는 '헐믓다'이며, 이 말은 '헐[毁]+믓[頹]+다(어미)'로 분석된다. 중세국어의 '헐다'는 그대로 현대국어에 이어졌고, 중세국어의 동사 '믓다'는 현대국어의 '무너지다, 부서지다' 등의 의미로 쓰였다.

ⓦ 헐[毁]+믓[頹]+다(어미)

ⓥ 헐믓다> 헐므으다> 허물다

ⓔ • 헐믓디 아니ᄒ며 이저디디 아니ᄒ며(석보상절 19-7)

　　• 헐므으닐 무르샤믈(두시언해-중간 5-16)

허수아비 ⓝ 막대기와 짚 따위로 사람 모양을 만들어 논밭에 세운 물건(곡식 등을 해치는 새나 짐승을 막기 위한 것임).

▣ '허수아비[偶人]'의 근대국어 형태는 '헤아비, 허아비, 허슈아비, 허수아비' 등으로 다양하다. 아마도 '허아비'는 '虛(허)+아비[父]'의 어원적 구조를 갖는 것으로 생각되며, '허수아비'는 '헛(접사)+으(매개모음)+아비[父]'에서 '허스아비'가 되고, 이어서 '허수아비'가 되었을 것으로 생각된다.

▣ 접두사 '헛'도 어원적으로는 '虛(허)+ㅅ(조사/사잇소리)'으로 분석되므로, '허수아비'의 어원적 골격은 역시 '虛(허)+아비[父]'에 있는 것이다.

ⓦ 虛(허)+ㅅ(조사/사잇소리)+아비[父]

ⓥ 헛아비> 허스아비> 허수아비

ⓔ • 허아비(한불자전 88)

　　• 헤아비(국한회어 353)

　　• 허슈아비(한불자전 91)

• 허수아비(옹고집전)

☞ 아비

헌 [관] '성하지 않은'·'낡은'의 뜻. ~ 옷. ~ 집.

[一] 중세국어 형태도 '헌'이며, 이 말은 '헐[毁]+ㄴ(관형형 어미)'의 구조에서 치경음 'ㄴ' 앞의 'ㄹ'이 탈락한 것이다.

[원] 헐[毁]+ㄴ(관형형 어미)

[변] 헐ㄴ > 헌

[예] • 헌 오솔 니브샤(월인천강지곡 상-35)

헝겊 [명] 피륙의 조각.

[一] '헝겊'의 중세국어 형태는 '헌것'이며, 이 말은 어원적으로 '헐[毁]+ㄴ(관형형 어미)+것[物]'으로 분석된다. 중세국어 '헌것'에서 받침의 'ㄴ'이 뒤에 오는 'ㄱ'의 조음위치에 동화되어 '헝것'이 된다. 그리고 '헝것'에서 '헝겊'이 되는 것은 '깁[絹]'이나 '짚[稿]'과 같은 말의 'ㅂ'이나 'ㅍ' 받침에 영향을 받았을 것으로 생각되지만 확인하기는 어렵다.

[二] 15세기 문헌인 『구급간이방언해(救急簡易方諺解)』(1489)의 '수레 계피 글힌 즙을 눌근 헌 거싀 무텨 병ᄒᆞᆫ ᄃᆡ 브툐ᄃᆡ 평커든 아ᄋᆞ라(술에 계피 끓인 즙을 낡은 헝겊에 묻혀 아픈 데 붙이되 낫거든 그만두어라)'에서 '헌 것'의 형태로 처음 나타난다. 여기에서 '헌 것'을 한 단어로 보기보다는 단어의 연결로 보는 것이 좋을 것이다. 그러나 『훈몽자회(訓蒙字會)』(1527)의 '헝것 완(㡾)'에서는 받침의 'ㄴ'이 뒤어 오는 'ㄱ'의 조음위치에 동화된 형태를 표기한 것이므로, 이제는 '헝것'이 하나의 완전한 단어가 되었음을 보여 준다. 19세기에 '헝겁'이 되었다가 20세기에는 '헝겊'이 되어 현대로 이어졌다. '헝것'에서 '헝겁'이나 '헝겊'이 된 것은 무슨 원리에 의한 것은 아니다. 아마도 비단을 뜻하는 '깁'이나, '짚' 등의 받침에 유추되었을 가능성이 있다. 15세기의 '헌 것'은 어원적으로 '낡은 것'의 뜻이다. 그러나 현대국어의 '헝겊'은 피륙의 자투리를 뜻하므로 반드시 '낡은 것'만은 아니다. 약간의 의미 변화가 있었다.

[원] 헐[毁]+ㄴ(관형형 어미)+것[物]

ⓗ 헌것 > 헝것 > 헝겊
ⓔ • 눌근 헌거싀 무텨(구급간이방 1-27)
　• 헝것 완(帵, 훈몽자회 중-17)

헤엄 圐 물속에서 앞으로 나아가려고 팔다리를 놀려 움직이는 일.

□ '헤엄'의 중세국어 형태는 '헤욤/헤윰'이며, 이 말은 '헤[泳, 披]+옴/움(명사형 어미)'으로 분석된다. 동사 '헤다'는 현대국어에서도 국어사전에 표제어로 올라 있지만 잘 쓰이지는 않으며, 원래의 의미는 현대국어 '헤치다[披, 破]'에 해당한다. '헤엄'을 치는 것이 물살을 가르는 행위이기 때문에 '헤다'가 '수영하다'는 뜻으로 사용된 것이다.

□ 16세기 문헌인『훈몽자회(訓蒙字會)』(1527)의 '헤윰 슈(泅), 헤윰 유(游)'에서 '헤윰'의 형태로 처음 나타난다.『소학언해(小學諺解)』(1588)의 'ᄇᆡ로 ᄒᆞ고 헤욤ᄒᆞ디 아니ᄒᆞ야(배를 타고 헤엄치지 아니하여)'에서는 '헤욤'으로 나타나므로, 모음조화에 따른 형태의 변이가 있었음을 알 수 있다. 17세기의 '헤옴', 18세기의 '헤옴, 헤음' 등으로 조금씩 변화되었지만, 19세기의 '헤영, 헤엄, 헤염' 등은 비교적 새로운 형태로 나아간 것이다. '헤영'의 '영'은 '헤엄치다'의 한자 '泳(영)'의 영향으로 보인다. 그런데 이전의 형태인 '헤욤, 헤윰, 헤옴, 헤음' 등에서는 한결같이 받침이 'ㅁ'이므로 '헤영'의 받침에 영향을 주어 '헤엄, 헤염'이 되었을 것으로 생각된다. 16세기의 '헤욤, 헤윰'은 동사 '헤다'의 어간 '헤-'에 명사를 만드는 접미사 '-옴/-움'이 연결된 것이다. 중세국어에서 '-옴/-움'은 주로 명사형 어미로 쓰이지만, 가끔 명사를 만드는 접미사로도 사용되었다. 중세국어에서 '에'는 단모음이 아니라 이중모음 [əj]로 발음되므로, 반모음 [j]가 뒤에 오는 모음 '오/우'에 덧붙어 '요/유'가 된 것이다. 17세기와 18세기의 '헤옴'은 반모음 표기가 생략된 것이다. 중세국어의 동사 '헤다'는 현대의 국어사전에도 그대로 실려 있지만, 잘 쓰지 않는 단어이다. 오히려 강세 접미사 '-치-'를 붙인 '헤치다'의 형태로 주로 사용되고 있다. 그러므로 '헤욤, 헤윰'은 '(물을) 헤치고 나감'이라는 어원적 의미로서 만들어진 말이다.『월인석보(月印釋譜)』(1459)의 '믈 헤여 걷나샤(물 헤치고 건너시어)'에서 '믈'과 함께 쓴 '헤다'를 확인할 수 있다.

ⓔ 헤[泳, 披]+움/옴(명사형 어미)

ⓥ *헤움/헤옴> 헤윰/헤욤> 헤염> 헤엄

ⓔ • 비로 ᄒ고 헤윰ᄒ디 아니ᄒ야(소학언해-선조 4-18)

　　• 헤윰 슈(泅, 훈몽자회 중-1)

　　• 헤염(游, 유씨물명고 5)

호감자(胡—) 몡 '고구마'의 방언(평안도, 황해도).

▣ '호(胡)'는 북방의 오랑캐를 뜻하는 말이며, 일부 명사 앞에 붙어 쓰일 때는 '중국에서 들여온'의 뜻을 더하는 접두사로 처리된다. 그러므로 '호감자'는 중국에서 들여온 감자란 의미에서 만들어진 말이다.

▣ '감자'는 한자어 '甘藷'에서 온 말이며, '甘藷'의 근대국어 한자음은 '감져'이다.

ⓔ 胡(호)+甘藷(감져)

ⓥ 胡甘藷> 호감져> 호감자

☞ 감자, 고구마

호두 몡 호두나무의 열매. 당추자(唐楸子).

▣ '호두'의 근대국어 형태는 '호도'이며, 이 말의 어원은 한자어 '胡桃'이다.

▣ '胡桃(호도)'가 '호두'가 된 것과 같이 '櫻桃(앵도)'가 '앵두'가 되고, '紫桃(자도)'가 '자두'가 되었다.

ⓔ 胡桃

ⓥ 胡桃(호도)> 호두

ⓔ • 호도(胡桃, 두창경험방 13)

호떡(胡—) 몡 중국식 떡의 하나. 밀가루나 찹쌀가루 반죽에 설탕으로 소를 넣어 둥글넓적하게 구워 냄.

▣ '호(胡)'는 북방의 오랑캐를 뜻하는 말이며, 일부 명사 앞에 붙어 쓰일 때는 '중국에서 들여온'의 뜻을 더하는 접두사로 처리된다. 그러므로 '호떡'은 중국에서 들여온 떡이란 의미에서 만들어진 말이다. '떡'의 중세국어 형태는 '뗙'이다.

ⓦ 胡(호)+썩[餠]
ⓥ 호썩> 호떡

호락호락 ⓟ 일이나 성격이 만만하여 다루기 쉬운 모양.

ⓓ '호락호락'은 한자어 '忽略(홀략)'이 중첩된 '홀략홀략'에서 변한 말이다.

ⓓ '忽略(홀략)ㅎ다'는 중세국어에서도 사용되었으며, 소홀하고 간략하다는 뜻이다. 그러므로 부사 '호락호락'은 '소홀하고 간략하게'란 뜻에서 생긴 말이란 것을 알 수 있다.

ⓦ 忽略忽略(홀략홀략)

ⓥ 홀략홀략> 호락호락

ⓔ • 후엣 사ᄅᆞ미 일ᄒᆞ요ᄆᆞᆫ 허소ᄒᆞ고 홀략호미 하니라(번역소학 8-15)

호랑이(虎狼―) ⓝ 고양잇과의 포유동물. 몸길이는 1.8~2.5m, 몸무게 200~300kg, 등에는 갈색 및 황갈색 바탕에 불규칙한 흑색·황색 반문이, 배쪽에는 순백색에 검은 무늬가 있고, 꼬리에는 보통 여덟 개의 검은 고리 무늬가 둘림. 성질이 사나워 다른 짐승을 잡아먹음. 범.

ⓓ '虎狼(호랑)'은 한자의 뜻 그대로 '범[虎]과 이리[狼]'를 뜻하는 말이었다. '虎狼 (호랑)'이 '범[虎]'의 뜻으로 쓰이게 된 것은 근대국어 시기이며, '虎狼(호랑)'에 접미사 '-이'가 붙어 '호랑이'가 된 것은 근대국어 후기의 일이다.

ⓓ 15세기 문헌인 『월인석보(月印釋譜)』(1459)의 '그 險道 中에 여러가짓 夜叉와 虎狼과 獅子와 蚖蛇 蝮蝎이 만히 잇더니(그 險道 중에 여러 가지의 夜叉와 虎狼과 獅子와 蚖蛇 蝮蝎이 많이 있더니)'에서 마치 한 단어와 같은 '虎狼'이 나온다. 그러나 이 시기엔 아직 '虎狼(호랑)'이 아직 한 단어가 되었다고 할 수 없다. 『능엄경언해(楞嚴經諺解)』(1461)에 '虎와 狼과 師子와'라고 하여 '虎'와 '狼'을 분리시키고 있기 때문이다. 즉 15세기에 있어서 '虎狼'은 '범과 이리(<일히)'라는 뜻이었다. 중세 및 근대의 문헌에서 虎(호)의 새김은 '범'이며, 狼(랑)의 새김은 '일히'였다. '虎狼(호랑)'에 접미사 '-이'가 붙어 한 단어가 된 것은 19세기의 일이다. 『가곡원류(歌曲源流)』(1876)의 '獅子 탄 체괄이며 虎狼이 탄 오랑키며(사자 탄 망석중이며 호랑이 탄

오랑캐며)'에서 '虎狼이', 그리고 『한불자전(韓佛字典)』(1880)의 표제어 '호랑이(虎狼)' 등은 '호랑이'가 한 단어가 되었음을 보여 준다. 이에 따라 '호랑이'는 '범[虎]'만을 가리키게 되었고, 더 이상 '이리[狼]'를 포함하지는 않게 되었다. 동물 이름에서 단음절 한자인 경우는 비슷한 동물끼리 합쳐서 부르는 경우가 많다. '豺虎(시호, 승냥이와 호랑이), 豺狼(시랑, 승냥이와 이리), 豹虎(표호, 표범과 호랑이), 熊虎(웅호, 곰과 호랑이)' 등을 열거할 수 있다. 그렇다고 하더라도 '호랑(虎狼)이'가 '이리'를 제외하고 '범'만을 뜻하는 말이 된 것은 예외적인 일이다.

㉿ 虎狼(호랑)+이(접사)

㉠ 虎狼(호랑)> 호랑이

㉡ • 여러가짓 夜叉와 虎狼과 獅子와(월인석보 21-117)

　• 호랑이(虎狼, 한불자전 113)

호래자식(—子息) 图 배운 데 없이 제풀로 자라 교양이 없는 놈. 호래아들.

⊟ 『한불자전(韓佛字典)』(1880)에 '홀에ᄌᆞ식 無親之子'라고 하여 이 말의 어원을 짐작하게 한다. 19세기 다른 문헌에는 '후레ᄌᆞ식'이 나타나고, 20세기에는 '홀의자식, 후레자식, 홀의아들, 후래아들, 호래아들' 등으로 표기되다가, 현대의 '호래자식, 후레자식', '호래아들, 후레아들' 등으로 이어졌다. '홀에ᄌᆞ식'을 '無親之子'라고 하면 '부모 없는 자식'으로 풀이할 수도 있겠으나, 여기서는 아비가 없이 홀어미가 키운 자식이라는 의미로 푸는 것이 적당하다. 왜냐하면 '홀'이라는 말은 주로 짝이 없는 사람에게 붙이는 말이기 때문이다.

⊟ 현대국어의 '호래자식, 후레자식'이나, '호래아들, 후레아들' 등은 모음조화를 고려하여 현대의 맞춤법에서 규범적으로 조정한 표기이다. 어원을 고려했다면 '호래'는 '홀+에'로 이루어진 말이므로, '호레'로 표기되어야 하기 때문이다. '호래자식, 후레자식'의 어원에 대하여 오랑캐를 뜻하는 '호로(胡虜)+자식'으로 푸는 경우도 있고, 중국어 '胡癩的(후래디)'에서 온 것으로 풀이하는 경우도 있다. 이러한 견해는 '호래, 후레'를 모두 한자어 기반으로 본 것이지만, 실증적 근거가 없으므로 믿기 어렵다. 비록 뒤늦은 19세기 문헌이지만, '無親之子'라고 하는 '홀에ᄌᆞ식'의 의미와 표기가 어원을 잘 보여 준다고 생각된다.

[원] 홀[單]+에(조사)+子息(ᄌᆞ식)
[변] 홀에ᄌᆞ식> 호래자식
[예] • 홀에ᄌᆞ식(無親之子, 한불자전)

호밀(胡―) [명] 볏과의 한해살이풀 또는 두해살이풀. 높이는 1~2 미터이며, 잎은 밀보다 작고 짙은 녹색이다. 5~6월에 원기둥 모양의 꽃이삭이 달리고 열매는 영과(穎果)로 7월에 녹색을 띤 갈색으로 익는다. 열매의 가루는 식용, 양조용, 사료용으로 쓰이고 줄기는 모자의 재료로 쓰인다. 유럽 각지와 시베리아, 미국, 아르헨티나, 아시아 등지에 널리 분포한다. 라이보리. 양맥(洋麥). 흑맥(黑麥).
[一] '호(胡)'는 북방의 오랑캐를 뜻하는 말이며, 일부 명사 앞에 붙어 쓰일 때는 '중국에서 들여온'의 뜻을 더하는 접두사로 처리된다. 그러므로 '호밀'은 중국에서 들여온 밀이란 의미에서 만들어진 말이다. '밀'의 중세국어 형태는 '밀ㅎ'이다.
[二] 중세국어 및 근대국어에서 '밀ㅎ/밀'에 대한 한자는 '밀 ᄆᆡᆨ(麥, 훈몽자회상-12, 신증유합 상-10), 밀히 니겟ᄂᆞ니(小麥熟, 두시언해-초간 22-28), 小麥 밀(유씨물명고 3)' 등이므로, '麥, 小麥' 등이 모두 '밀ㅎ/밀'에 해당하는 한자임을 알 수 있다.
[원] 胡(호)+밀[麥, 小麥]
[변] 胡밀ㅎ> 호밀

호박 [명] 박과의 한해살이 덩굴풀. 덩굴에는 거친 털이 있고 잎은 넓은 심장형임. 여름에 노란 꽃이 피며 큰 담황색 열매를 맺음. 잎과 열매는 식용함. 남과(南瓜).
[一] '호박'은 중국에서 들어온 '박'이란 뜻에서 조어된 것이므로, '胡(호)+박[瓢]'으로 분석된다.
[二] 우리나라의 호박은 조선 시대에 들어온 것으로 보이며, 동남아시아 열대지방에서 왔으므로 '남과(南瓜)'라고도 한다.
[원] 胡(호)+박[瓢]
[변] 胡박> 호박

호주머니(胡―) [명] 옷에 단 주머니.

□ 이 말은 '胡(호)+주머니[囊]'로 분석된다.

□ 원래 주머니는 물품을 넣고 아가리를 졸라매어 차게 만든 것이었다. 그런데 그 후에 주머니를 옷에 달아 만들게 되면서 '호주머니'라고 이름하였다. '호주머니'의 '胡(호)'는 '중국에서 들어온 것'이란 뜻을 나타내는 말이다.

㋒ 胡(호)+주머니[囊]

㋫ 호주머니

☞ 주머니

호콩(胡—) 몡 땅콩

□ '호(胡)'는 북방의 오랑캐를 뜻하는 말이며, 일부 명사 앞에 붙어 쓰일 때는 '중국에서 들여온'의 뜻을 더하는 접두사로 처리된다. 그러므로 '호콩'은 중국에서 들여온 콩이란 의미에서 만들어진 말이다.

㋒ 胡(호)+콩[豆]

㋫ 호콩

☞ 땅콩

호통 몡 몹시 화가 나서 크게 소리 지르거나 꾸짖음. 또는 그 소리.

□ 중세국어 문헌인 『훈몽자회(訓蒙字會)』에 '호통'이 나타나며, 이 말은 '총(銃)'에 대한 새김이다. 그리고 근대국어 문헌인 『역어유해(譯語類解)』에는 '火銃'에 해당하는 말인 '호통'이 나온다. 이로써 보면 '호통'은 한자어 '銃'이나 '火銃'에 해당하는 말임을 알 수 있으며, '호통 소리'의 어원적 의미는 '총소리'인 것이다.

□ '火銃'의 근대 한어음은 [hwɔ-tʂʰjuŋ]이므로, '火'와 '호'의 대응은 가능하지만, '통'과 '銃'의 연결이 순조롭지 않다. 한편 한어에는 '火桶'이라는 말도 있다. '火桶'은 일종의 폭탄과 같은 것으로서 역시 병기의 일종이다. '桶'의 중세국어 한자음은 '통'이며, 근대 한어음은 [tʰuŋ]이다. 이러한 상황을 종합하면 고유어로 처리되고 있는 국어의 '호통'은 한자어 '火銃'이나 '火桶'과 관련성이 있음을 부인할 수 없다.

㋒ (漢語)火銃[hwɔ-ㄷtʂʰjuŋ]/火桶[hwɔ-ㄷtʰuŋ]

㋫ 火銃[hwɔ-ㄷtʂʰjuŋ]/火桶[hwɔ-ㄷtʰuŋ]＞ 호통

예 • 호통 츙(銃, 훈몽자회 중-28)

　• 호통(火銃, 역어유해 상-22)

　• 호통 소리 나며(삼역총해 9-7)

혼나다(魂—) 图 ① 놀라거나 힘들거나 시련을 당해서 정신이 빠질 지경에 이르다. ② 호되게 꾸지람을 듣거나 벌을 받다.

⊟ '혼나다'는 '혼(魂)+나[出]+다(어미)'의 구조로 분석된다. 즉 '혼(魂)이 나가다'의 의미인 것이므로, 넋이 나간 상태가 된다는 뜻이다.

원 혼(魂)+나[出]+다(어미)

변 혼나다

화냥년 图 서방질을 하는 여자를 욕하여 이르는 말.

⊟ 근대국어 형태도 '화냥년'이며, 이 말은 한자어 '花娘(화냥)'에 '년[女]'이 결합된 말이다. '花娘'은 현대국어 한자음이 '화낭'이지만, 중세국어 한자음은 '화냥'이다. 중세국어 문헌에 '겨집 냥(娘, 훈몽자회 상-16)'으로 나온다.

⊟ 17세기 문헌인『박통사언해(朴通事諺解)』(1677)의 '이 도적 화냥년의 난 나괴 씨야(這賊養漢生的小驢精, 이 도적 화냥년이 낳은 나귀의 씨야)'에서 '화냥년'의 형태로 처음 나타난다. 이 말은 이후에 '화냥, 화냥이, 화낭, 화랑, 환양년, 화랑년, 하냥년' 등의 변이 표기가 나타나지만, '화냥년'이 그대로 현대로 이어졌다. 이 말은 '화냥+년'으로 분석되므로, '화냥'의 어원을 파악하는 것이 요점이다. '화냥'의 어원은 한자어 '花娘'에 있다.

⊟ '화냥'이 만주어 'Hayan'에 있다고 하는 것은 이 단어의 유래가 병자호란(丙子胡亂, 1636)에 의한 것이라는 야담(野談)과도 관련이 있다. 즉, 만주족의 청나라 군사가 조선의 부녀자들을 겁탈하면서, 겁탈한 여인들을 'Hayan'이라고 했다는 것이지만, 이 이야기는 근거를 밝히기 어려운 속설이다. '화냥'이란 말이 한자어 '환향(還鄕)'에서 왔다는 이야기도 널리 퍼져 있다. 역시 병자호란에 의하여 청국(淸國)에 끌려갔다 돌아온 조선의 부녀자들을 '환향년(還鄕+년)'이라고 비하하여 부른 데서 '화냥, 화냥년'이란 말이 생겼다는 것이다. 그러나 중국어 학습서인『박통사언해(朴通

ㅎ

事諺解)』(1677)에 '화냥년'이란 말이 나오며, 중국에서는 당대(唐代)의 문헌에 이미 '花娘'이란 말이 나타나므로, 만주족에 의한 병자호란과 '화냥'이란 말의 유래를 연결시키는 것은 옳지 못하다는 것을 알 수 있다. 당대(唐代)와 송대(宋代)의 중국의 문헌에 나타나는 '花娘/花孃'이란 말의 의미를 보면 '기생(妓生)'을 뜻하면서 특히 '가무(歌舞)에 능한 여자'를 지칭하고 있으므로, 이 단어가 애초부터 서방질을 일삼는 '음부(淫婦)'의 의미는 아니었다. 그러나 명대(明代)의 문헌에는 '花娘'을 '창부(娼婦)'라고 하였으므로, 우리말의 '화냥'에 가까운 의미로 쓰였다는 것을 알 수 있다.

四 현대국어 한자음에서 '娘'이 '낭'과 '랑'의 두 음을 가지고 있으므로, '花娘'을 현대국어 한자음으로 읽으면 '화냥'이나 '화랑'이다. 19세기 문헌에서 '화냥'과 '화랑'이 나타나는 것은 이러한 한자음의 변화를 반영한 표기이다. 중세국어 한자음으로 '花娘'을 읽으면 '화냥'이므로, 현대국어의 '화냥'은 '花娘'의 중세국어 한자음인 '화냥'에서 형태가 변하지 않고 그대로 이어졌다. '화냥'의 경우는 한자음의 변화에 영향을 받지 않고 중세국어 한자음에 의한 형태를 유지하고 있다는 점에서 특이한 존재이다. 이것은 '화냥'이 비속어(卑俗語)인 까닭으로 고유어처럼 여겨졌기 때문일 것이다. 즉 '화냥'이란 말은 비속어(卑俗語)로서 주로 '화냥년, 화냥이' 등과 같이 고유어 접미사 '-년, -이' 등과 어울려 쓰이면서 고유어와 같은 위상을 지니게 된 것으로 생각된다. 이러한 까닭으로 인하여 '花娘'의 중세국어 한자음에 바탕을 둔 한자어 '花娘/화냥'은 한자어 위상을 잃으면서, 이후 한자음의 변화에 영향을 받지 않고 그대로 형태를 유지할 수 있었다고 하겠다. 중세국어에서 한자음이 '냥'인 것은 '娘'과 '孃' 둘뿐이며, 이 두 한자는 반절(反切)도 '女良切'로서 서로 같고, 의미적으로도 서로 통용해서 사용된다. 그런데 '良'을 성부(聲符)로 하는 글자들은 '浪(랑), 廊(랑), 郞(랑), 朗(랑), 狼(랑), 琅(랑), 螂(랑)' 등과 같이 중세국어 한자음이 모두 '랑'이며, 현대국어 한자음도 '랑'이다. '襄'을 성부(聲符)로 하는 한자는 '讓(샹/양), 壤(샹), 釀(양), 攘(샹)' 등과 같이 중세국어 한자음이 '샹, 양'이며, 현대국어 한자음은 모두 '양'이다. 성부(聲符)에 의한 유추 작용에 의하여 '娘/냥'은 '낭/랑'이 되고, '孃/냥'은 '양'이 되었다. 다만 현대국어 한자음에서 '娘'이 '랑' 외에 '낭'의 음도 갖게 된 것은 원래의 성모(聲母)가 'ㄴ'인 '냥'에서 영향을 받은 결과이다. '화냥'이란 단어는

한자음의 변화에 따르지도 않고, 또 스스로의 형태를 바꾸지도 않으면서 원래의 형태를 유지하고 있다. 이에 따라 역설적으로 한자음과 거리가 생긴 '화냥'이란 단어는 비록 그 의미에 있어서는 서방질이나 하는 정절(貞節)이 없는 단어이지만, 어휘 형태에 있어서는 몇 백 년, 또는 그 이상의 시대를 견디며 절개를 지킨 지조(志操)가 굳은 단어임에 틀림이 없다.

[원] 花娘(화냥)+년[女]

[변] 花娘(화냥)년> 화냥년

[예] • 이 도적 화냥년의 난 나괴ᄡᅵ야(박통사언해 하-25)

☞ 년

화살 [명] 활시위에 오늬를 메워서 당겼다가 놓으면 멀리 날아가게 된 물건. 시(矢).

[一] '화살'의 중세국어 형태는 '활살'과 '화살'이 함께 사용되었으며, 이 말은 어원적으로 '활[弓]+살[矢]'로 분석된다. 치경음 'ㅅ' 앞에서 'ㄹ'이 탈락하여 '화살'이 된 것이다.

[원] 활[弓]+살[矢]

[변] 활살> 화살

[예] • 활살 ᄎᆞ시고 槍 자ᄇᆞ시고(월인석보 10-27)

• 無數ᄒᆞᆫ 사ᄅᆞᆷ들히 화살와 槍과 여러 가짓 싸호맷 연자ᄅᆞᆯ 가지고(석보상절 23-50)

화씨(華氏) [명] 화씨온도계의 눈금의 명칭(기호는 F.).

[一] '화씨(華氏)'는 화씨온도계를 고안한 독일의 물리학자 'G. D. Fahrenheit(1686~1736)'를 한어(漢語)에서 '華倫海氏'로 음역하고 줄여서 '華氏'라고 한 데서 생긴 말이다.

[원] (독일어)G. D. Fahrenheit

[변] G. D. Fahrenheit> (漢語)華倫海氏/華氏> 화씨

☞ 섭씨

화장(—長) [명] 한복 저고리의 깃고대 중심에서 소매끝까지의 길이.

[一] '화장'의 '화'는 '활개'의 '활'과 같은 어원이다. '활댱(—長)'에서 'ㄹ'이 탈락하고, 'ㄷ'의 구개음화에 의하여 현대국어의 '화장'에 이르렀다. '부도덕(不道德), 부자유(不自由)' 등의 경우와 마찬가지로 'ㄷ'이나 'ㅈ' 앞에서 'ㄹ'이 탈락한 것이다. '長'의 중세국어 한자음 '댱'이 구대음화에 의하여 먼저 '쟝'으로 바뀌고, 이어서 이중모음의 단모음화에 의하여 '장'으로 바뀌었다.

[二] 어근으로 설정한 '활[臂,肢]'이 중세국어의 '불ㅎ[臂]'과 어원적으로 관계가 있을 것으로 생각된다. 어원적으로 관련이 있다면 'ㅂ'과 'ㅎ'의 전환, 그리고 'ㆍ'에서 '와'로의 모음의 변화 등이 논리적으로 설명되어야 하지만, 현재의 상황으로서는 이에 대한 근거를 밝히기가 어렵다. 다만 '불ㅎ'과 '활'의 형태적 선후를 짐작한다면, '활'보다는 '불ㅎ'이 우선될 것으로 생각된다.

[원] 활[臂, 肢]+長(댱)

[변] 활댱> 화장

[예] • 새로 맞춘 한복의 화장이 너무 길었다.

☞ 팔, 활개

환자(還子) [명] 조선 시대에, 곡식을 사창(社倉)에 저장하였다가 백성들에게 봄에 꾸어 주고 가을에 이자를 붙여 거두던 일. 또는 그 곡식. 고종 32년(1895)에 사환으로 고쳤다. 환곡.

[一] 중세국어 형태는 '환자'이며, 이 말은 이두 어휘인 '還上'에서 온 것이다. '還上'의 독법은 예로부터 '환자'이며, 이것은 이두식 독법에서 '上下'를 '자하/차하'로 읽고, '捧上'을 '받자'로 읽는 것 등과 같은 이치이다. '上'의 중세국어 한자음은 '샹'이지만, 고대국어의 한자음에서는 '자'로 독음되는 경우도 있었다고 생각된다(김무림 2015: 148).

[二] '還上'을 중세국어 한자음으로 읽으면 '환샹'이므로, 종래의 독법인 '환자'와 차이가 크다. 이에 따라 조선의 일반 문헌에서는 '환자'를 '還子'로 표기하였다. 그런데 '還子'를 중세국어 한자음으로 읽으면 '환ᄌᆞ'이므로, '還上'의 이두 독음인 '환자'를 정확하게 표기한 것은 아니다. 그러므로 현대국어에서 '환자'의 한자 표기를 '還子'

로 하는 것은 어원의 측면에서는 어긋난 표기이다.

㉠ 還上(환자)

㉫ 환자> 還子(환ᄌ)> 환자(還子)

㉡ • 몯 갑파 잇ᄂᆫ 환자를 받디말며(번역소학 10-14)

　• 환ᄌ 亦曰 還上(농가십이월속시)

황새 閔 황샛과의 새. 백로와 비슷함. 편 날개 길이는 66cm 정도, 몸빛은 순백색, 부리는 흑색, 다리는 암적색임. 물갈퀴가 있고 다리가 길어 물 위를 잘 걸음. 천연기념물 제199호. 관조(鸛鳥).

㊀ '황새'의 중세국어 형태는 '한새'이며, 이 말은 '하[多, 大]+ㄴ(관형사형 어미)+새[鳥]'로 분석된다. 그러므로 어원적으로는 '큰 새'란 뜻이다.

㊂ 15세기 문헌인 『몽산화상법어약록언해』(1467)의 '한새와 춤새와 비둘기와 가치와 곳고리왓 무리 알홀 나하 ᄲᆯ시 닐온 卵난生ᄉᆡᆼ 衆즁生ᄉᆡᆼ이라(황새와 참새와 비둘기와 까치와 꾀꼬리의 무리가 알을 낳아 까므로 이른바 卵生 衆生이다)'에서 '한새'의 형태로 처음 나타난다. 이 형태는 19세기까지도 그대로 나타나지만, 19세기에는 '한새'와 함께 '황새, 황ᄉᆡ'가 등장하여 이후 20세기를 거쳐 현대의 '황새'로 이어졌다. '한새'는 '하+-ㄴ+새'로 이루어진 말이다. 그런데 19세기에 '한새'의 '한'이 '황'이 된 것은 그 자체로서의 변화가 아니라, '한쇼'에서 바뀐 '황소'의 영향을 받은 것이다. '한쇼'에서 '황소'가 된 것은 우리나라에서 소의 빛깔이 대개 누렇기 때문에 생긴 유추 현상이다. 그러나 '황새'의 빛깔은 몸빛이 하얗기 때문에 그 자체로서 '황'이 될 까닭이 없는 것이다. 이것은 같은 형태 구조인 '한쇼'가 '황소'가 되면서, 이에 따라 '한새'가 '황새'가 되었다고 해야 한다.

㉠ 하[多, 大]+ㄴ(관형사형 어미)+새[鳥]

㉫ 한새> 황ᄉᆡ> 황새

㉡ • 한새(老鸛, 사성통해 상-72)

　• 황ᄉᆡ 다리 기나다나(고시조, 청구영언)

황소 閔 큰 수소. 황우(黃牛).

ⓕ '황소'의 중세국어 형태는 '한쇼'이며, '하[多, 大]+ㄴ(관형사형 어미)+쇼[牛]'로 분석된다. 그러므로 어원적으로는 '큰 소'란 뜻이다.

ⓕ 15세기 문헌인 『용비어천가(龍飛御天歌)』(1447)의 '물 우흿 대버믈 흔 소느로 티시며 싸호는 한쇼를 두 소내 자ᄇ시며(말 위의 대범을 한 손으로 치시며, 싸우는 황소를 두 손으로 잡으시며)'에서 '한쇼'의 형태로 처음 나타난다. 이 형태는 18세기까지 그대로 계속되다가, 19세기부터는 '황쇼, 황소'로 바뀌어 현대의 '황소'로 이어졌다. '한쇼'는 '하+ㄴ+쇼'로 이루어진 말이다. 중세국어에서 '하다'는 '크다, 많다'의 뜻이며, 중세국어 '쇼'는 현대국어 '소[牛]'이므로, '한쇼'는 '큰 소'라는 뜻이다. '한쇼'가 19세기에 '황쇼, 황소'가 된 것은 '하다[大, 多]'라는 말이 쓰이지 않게 되면서, '한쇼'의 '한'을 한자어 '黃(황)'으로 인식한 결과이다. 19세기 문헌의 『국한회어(國漢會語)』(1895)에 '황소'에 대해 '黃牛(황우)'라고 하여 이러한 와전된 인식을 잘 보여 준다. 원래 '한쇼'는 '큰 소'인 것이므로 암수의 구분이 없었다. 그런데 현대국어에서 '황소'는 '큰 수소'를 뜻하므로 형태의 변화와 함께 의미도 바뀌었다.

㋒ 하[多, 大]+ㄴ(관형사형 어미)+쇼[牛]

㋫ 한쇼> 황소

㋐ • 싸호는 한쇼를 두 소내 자ᄇ시며(용비어천가 87장)

황아(荒一) 뎡 여러 가지 자질구레한 일용 잡화. 끈목, 담배쌈지, 바늘, 실 따위를 이른다.

ⓕ 근대국어 문헌에서 '황호'가 주로 나타나고, '황후'로도 나타난다. 이 말은 근대의 한어(漢語) '荒貨'를 직접 차용한 말이다. '荒貨'의 근대 한어음은 [hwaŋ-hwɔ]이므로, 근대국어 형태인 '황호/황후'에 잘 대응한다. 그런데 국어에서는 '荒貨'를 국어 한자음으로 읽어 '황화'라고도 하게 되면서, 여기에서 '황화> 황하> 황아'에 의한 음운 탈락의 과정을 거쳐 '황아'가 된 것이다. '황아장수, 황아전' 등의 합성어로도 쓰인다.

㋒ (漢語)荒貨[hwaŋ-hwɔ]

㋫ 荒貨[hwaŋ-hwɔ]> 황호/황후> 황아

㋐ • 우리 황호 다 풀고(我貨物都賣了, 노걸대언해 하-59)

• 네 황후 긔 무서시라 웨는다(청구영언)

황해도(黃海道) 몡 우리나라 중서부에 있는 도. 삼국 시대에는 고구려의 땅이었으며, 조선 태종 때에 지금의 이름이 되었다. 쌀, 사과, 조기 등이 나며, 명승지로 배천 온천 등이 있다.

⊟ 1417년(조선 태종 17년)에 황주(黃州)와 해주(海州) 첫 글자를 따서 황해도라고 한 것이 정식 명칭의 시작이다. '黃州'와 '海州'를 중세국어 한자음으로 읽으면 '황쥬'와 '히쥬'이다.

ⓦ 황(황쥬/黃州)+히(히쥬/海州)+도(道)

ⓥ 黃海道(황히도) > 황해도

횃불 몡 홰에 켠 불. 거화(炬火).

⊟ '횃불'의 중세국어 형태는 '홧블'이며, 이 말은 '홰[炬]+ㅅ(조사/사잇소리)+블[火]'로 분석된다.

ⓦ 홰[炬]+ㅅ(사잇소리)+블[火]

ⓥ 홧블 > 횃불

ⓔ • 밤 어드운 中에 큰 홧블 현 둣ᄒᆞ며(법화경언해 4-138)

회초리 몡 어린아이를 벌주거나 마소를 부릴 때 쓰는 가는 나뭇가지.

⊟ '회초리'의 중세국어 형태도 현대국어와 같으며, 근대국어에서는 '휘초리, 휘추리' 등의 형태도 사용되었다. '초리'는 '꼬리[尾]'와 같은 말이므로, 중세국어를 기준으로 하면 '회초리'는 '회+초리[尾]'로 분석된다. 남은 문제는 '회'의 의미를 파악하는 것이다.

⊟ '회초리'는 나뭇가지로 만들기 때문에 '회'는 나무의 일종일 것으로 생각된다. '회'가 나무의 일종이라면 '회나무', 또는 한자어 '회(檜), 회(栃), 회(欓)' 등을 생각할 수 있겠으나 단언할 수는 없다. 다만 '회나무'의 나무껍질이 새끼의 대용으로 쓰인다는 점을 감안하면, '회'는 '회나무'일 가능성이 가장 높다.

ⓦ 회[회나무]+초리[尾]

ㅂ 회초리> 회추리/휘추리> 회초리

ㅖ • 회초리 얼(蘖, 신증유합 하-50)

　• 뻐 디여 난 휘초리 저ᄀ티 늙도록애(고시조)

　• 뻐 지어 난 휘추리 저곳치 늙도록애(고시조)

후레자식(―子息) 명 배운 데 없이 제풀에 자라서 버릇이 없는 놈. 후레아들.

☞ 호래자식

후추 명 후추나무의 열매. 호초(胡椒).

ㅡ '후추'의 중세국어 형태는 '호쵸'이며, 이 말은 한자어 '胡椒'이다. '胡椒'의 중세국어 한자음이 '호쵸'이다.

ㄷ '고추'의 중세국어 형태는 '고쵸'이다. 그러나 중세국어에 있어서의 '고쵸'는 지금의 '후추'를 가리키는 말이었으나, 근대국어 시기에 지금의 '고추'가 전래됨으로써 의미의 전이가 이루어진 것이다. 고추는 16세기 말에 일본을 통해서 들어왔으며, 처음에는 '예고쵸(역어유해 상-52)'라고 하여, '일본에서 들어온 후추'라는 의미로 명명되었다.

ㅝ 胡椒

ㅂ 胡椒(호쵸)> 후추

ㅖ • 胡椒와 마ᄂᆞᆯ와 生薑과롤(구급방언해 하-80)

　• 호쵸로 ᄇᆞ룬 블근 墻壁에(박통사언해 상-60)

☞ 고추

훌륭하다 형 썩 좋아서 나무랄 곳이 없다.

ㅡ '훌륭하다'는 한자어 '囫圇(홀륜)'에서 온 말이다. '囫圇(홀륜)'은 이지러지지 않고 둥글둥글하다는 의미이다.

ㄷ 중세국어의 문헌에 '今俗語謂全而不破曰揮掄 亦囫圇音훜룬又貫也(사성통해 상-67)'라고 기록되어 있으므로, 당시 한어음(漢語音)의 영향을 받았을 가능성이 있다.

[원] 囫圇(홀륜)+ᄒᆞ[爲]+다(어미)

[변] 囫圇(홀륜/후룬)ᄒᆞ다> 훌륭하다

휩쓸다 [동] 물, 불, 바람 따위가 모조리 휘몰아 쓸다. 경기 따위에서, 상 · 메달 따위를 모두 차지하다.

[一] 이 말은 중세국어 형태를 기준으로 '휫/휘+ᄡᅳᆯ다'로 분석된다. 'ᄡᅳᆯ다'의 초성 'ㅂ'이 앞 음절의 받침으로 내려가 '휩쓸다(<휩슬다)'가 된 것이다. '휩쓸다'의 받침으로 'ㅂ'이 남아 있는 것은 중세국어의 어두 자음군인 'ㅄ'에서 'ㅂ'의 발음이 가능했기 때문이다. 이것은 '멥쌀, 냅뛰다, 냅뜨다' 등의 어휘에 받침 'ㅂ'이 남아 있는 것에서도 확인할 수 있다.

[二] 접두사 '휘-'는 중세국어에서는 '휫-'의 형태로도 나타나다가 근대국어에서 '휘-'로 바뀌어 현대국어로 이어졌다. 그러므로 중세국어 '휫두르다'는 현대국어 '휘두르다'에 해당한다. 근대국어의 '휘젓다'는 그대로 현대국어로 이어졌다.

[원] 휘(접사)+ᄡᅳᆯ[掃]+다(어미)

[변] 휘ᄡᅳᆯ다> 휩슬다> 휩쓸다

[예] • 山林이 휫두르며(법화경언해 6-68)

• ᄇᆡᆨ산이 낟 휘저어 범을 티니(동국신속삼강행실도 효-2-6)

• 믈 ᄲᅳ려 ᄡᅳᆯ며(월인석보 21-194)

☞ 냅뛰다, 냅뜨다, 멥쌀

흐지부지 [부] 끝을 분명하게 맺지 못하고 흐리멍덩하게 넘기는 모양.

[一] '흐지부지'는 한자어 '諱之秘之(휘지비지)'에서 변한 말이다. '諱之(휘지)'는 '어떤 것을 꺼리어 피하다'의 뜻이며, '秘之(비지)'는 '어떤 것을 비밀히 하다'의 뜻이다. 뒤에 붙은 '之(지)'는 동사 '諱(휘)'와 '秘(비)'의 목적어로서 대명사이다.

[二] 20세기의 『큰사전』(1957)에 '흐지부지'가 표제어로 올라 있다. 그런데 조선총독부에서 간행한 『조선어사전』(1920)에는 한자어 '휘지비지(諱之秘之)'를 싣고서 '기탄(忌憚)하여 비밀히 하는 것'이라고 하여, 한자어 의미에 충실한 풀이를 하였다. 문세영의 『조선어사전』(1938)에도 '휘지비지(諱之秘之)'가 실려 있지만, '결과가 분명

히 나타나지 아니하는 것', '꺼려서 비밀히 하는 것' 등의 두 가지 뜻풀이를 하였다. 이로부터 '흐지부지'가 한자어 '휘지비지(諱之秘之)'에서 왔다는 것을 알 수 있다. 20세기의 다른 문헌에서는 '히지부지, 시지부지' 등의 표기가 나타난다. '휘지비지'에서 '히지부지, 시지부지, 흐지부지' 등이 되는 과정에서, '히, 시'로 바뀐 것은 음운론적 과정이라고 할 수 있다. 그러나 '흐'가 된 것은 '흐리다, 흝다' 등의 '흐'의 영향을 받았을 가능성이 있고, '비'가 '부'로 되는 것은 한자어 '부지(不知)'의 영향이 있었을 가능성이 있다. 이러한 형태 변화의 요인으로는 한자어 '휘지비지(諱之秘之)'가 원래의 뜻을 잃고, '일을 마무리하지 못하고 흐리멍덩하게 넘기는 모양'이라는 의미로 전이되면서 생긴 현상이라고 생각된다.

[원] 諱之秘之(휘지비지)

[변] 諱之秘之(휘지비지)> 히지비지/시지부지> 흐지부지

[예] • 휘지비지(諱之秘之, 조선어사전)
• 히지부지(큰사전)
• 시지부지(큰사전)

흥정 [명] ① 물건을 사고팖. ② 물건을 사거나 팔기 위하여 품질이나 가격 따위를 의논함. 흥성. ③ 어떤 문제를 자기에게 조금이라도 더 유리하도록 상대편에게 수작을 겲.

[一] 중세국어 형태는 '흥졍'이다. 이 말은 '흥졍ᄒᆞ다, 흥졍바지' 등의 파생어로도 잘 쓰였다. 현대국어에서 '흥정'은 '어떤 문제를 자기에게 조금이라도 더 유리하도록 상대편에게 수작을 겲'의 뜻으로 주로 쓰이지만, 중세국어 용법은 '물건을 사고 팖'에 해당하여 좀 더 중립적이었다. 중세국어에서 '흥졍바지'는 '장사치'의 뜻이다.

[二] '흥졍'이 한자어에서 왔을 가능성이 있다. 한어(漢語)에서 '興生'의 의미는 '經商求利(장사하여 이익을 구함)'에 해당하기 때문이다. 또한 『이문집람(吏文輯覽)』에서 찾을 수 있는 국어 한자어 '興成(흥뎡 賣買之稱)'이란 말이 현대국어 '흥정'의 의미로 쓰이고 있는 것을 참고할 수 있다. 다만 '興生'이나 '興成'에서 중세국어 '흥졍'이 왔는가의 여부를 검증하는 어려움이 있다. '生'의 한어음(漢語音)이나 중세국어 한자음 '싱'을 고려할 때, '興生'에서 바로 왔을 가능성은 적다. 그러나 '成'의 중세국

어 한자음은 '셩'이지만, 한어 근대음은 [tʂjəŋ]으로서 중세국어 표기로는 [졍]에 가깝다. 이러한 제반 상황에 비추어 '흥졍'의 어원은 한자어 '興成'에 있을 가능성이 높지만, 최종적인 판단은 보류해 두는 것이 좋다.

[원] 흥졍[商]

[변] 흥졍> 흥정

[예] • 흥졍 버리ᄂᆞᆫ 거시니(법화경언해 1-10)

• 흥졍바지 舍衛國으로 가리 잇더니(석보상절 6-15)

희랍(希臘) [명] '그리스'의 한자말.

[一] '그리스(Greece)'를 뜻하는 한자어 '希臘'은 그리스의 고대명(古代名)인 'Hellas'를 취음(取音)하여 표기한 것이다. 지금도 그리스의 정식 국명(國名)은 'The Hellenic Republic'이다. '希臘'을 중국어로 읽으면 'Hellas'의 음과 유사하지만, 국어 한자음으로 읽어서 '희랍'이라고 하는 것이다.

[원] (그리스어)Hellas

[변] Hellas> (漢語)希臘> 희랍

힘껏 [부] 있는 힘을 다하여.

[一] '힘껏'에 해당하는 말은 근대국어의 '힘ᄭᅥᆺ장(두시언해-중간 1-35), 힘ᄭᅥᆺ지(가곡원류)' 등이므로, '힘+ㅅ+것'의 후부 요소 '것'은 중세국어 'ᄀᆞᆺ[邊]'에서 왔음을 알 수 있다.

[三] '힘껏'의 어원적 구성 형식의 파악에는 '실컷'의 어형성 과정을 참조할 수 있다.

[원] 힘[力]+ㅅ(조사/사잇소리)+ᄀᆞᆺ[邊]

[변] 힘ᄭᆞᆺ> 힘껏

☞ 실컷

참/고/문/헌

姜成一. 1966. 「마당(場)과 바닥(掌,底)攷: Cognate words 形成을 中心으로」『東亞論叢』(東亞大) 3. pp.123-146.

姜成一. 1971. 「南海의 風名에 對하여」『藏菴池憲英先生華甲紀念論叢』. pp.439-445.

姜信沆. 1968. 「洋服關係語彙考」『李崇寧博士頌壽紀念論叢』. pp.3-13.

姜憲圭. 1981. 「'處容'의 語意考」『論文集』(公州師大) 19. pp.81-102.

姜憲圭. 1984. 「『三國史記』에 나타난 金富軾의 語源意識 考察」『語文研究』42·43. pp.320-325.

姜憲圭. 1985. 「金富軾의 語源意識과 三國史記 語源資料의 考察」『語文研究』45. pp.36-56.

강헌규. 1985. 「'기생'의 어원」『한글』189. pp.113-122.

姜憲圭. 1986. 「朴慶家의『東言考』에 나타난 語源說의 考察」『韓國言語文學論叢』(湖西文化社). pp.105-112.

姜憲圭. 1986. 「韓國語 語源探究史 研究: 對象 語彙 및 方法論을 中心으로」경희대박사학위논문.

姜憲圭. 1986. 「『三國遺事』에 나타난 一然의 語源意識考察」『徐廷範博士華甲紀念論文集』(集文堂). pp.147-162.

姜憲圭. 1987. 「國語 語源 數題」『論文集』(公州師大) 25. pp.45-62.

姜憲圭. 1989. 「『三國遺事』에 나타난 '見郎, 似如樹, 印如樹, 娑羅樹, 沙羅'에 대하여」『霽曉李庸周博士回甲紀念論文集』(한샘). pp.1-6.

고송무. 1979. 「람스테트와 한국어 연구」『한글』166. pp.185-187.

高永根. 1983. 「'한글'의 유래에 대하여」『白石趙文濟教授華甲紀念論文集』. pp.31-42.

高在然. 1940. 「'담사리'에 관하여」『正音』35. p.40.

權相老. 1961. 『韓國地名沿革考』東國文化社.

金啓孮. 1984. 『女眞文辭典』文物出版社(北京).

金公七. 1980. 「아이누語의 數詞에 대하여: 韓日語와의 비교와 관련하여」『延岩玄平孝博士

回甲紀念論叢』(螢雪出版社). pp.69-89.

金公七. 1982.「아이누語의 代名詞에 대하여: 韓日語와의 對照를 곁들여」『北泉沈汝澤先生 華甲紀念論叢』pp.49-69.

金光海. 1982.「子音交替에 의한 語彙分化 現象에 대하여」『국어교육』(한국국어교육연구회) 42·43. pp.141-164.

金大植. 1984.「派生語의 分化와 磨滅: 'ɔr:aq'의 交替를 중심으로」『首善論集』(성균관대대 학원) 9. pp.27-46.

金大植. 1985.「궁노루의 어원에 대하여」『새국어교육』41. 한국국어교육학회.

金大植. 1986.「新羅語 Sär[新]의 變遷과 그 表記: '元曉'와 新羅國號의 起源과 관련하여」 『大東文化研究』20. pp.25-44.

金大植. 1987.「古代國語 語彙의 變遷에 관한 研究」성균관대박사학위논문.

金銅基. 1960.「하ᄂ님 語源攷」『語文論集』(중앙대) 1. pp.34-53.

金東昭. 1981.「'둘'의 어원학」『語文學』41. pp.11-25.

김동소. 1982.「ㅎ 말음 명사의 어원」『國語學論叢』(肯浦趙奎卨敎授回甲紀念) 螢雪出版社. pp.285-300.

김무림. 2004.『국어의 역사』한국문화사.

김무림. 2015.『고대국어 한자음』한국문화사.

김민수 편. 1997.『우리말 語源辭典』, 태학사.

金芳漢. 1983.『韓國語의 系統』民音社.

김방한. 1980.「한국어 語源 研究를 위하여」『말』5.

김병운. 1990.『리조후반기 조선어휘변화에 대한 연구』김일성종합대학출판사.

金思燁. 1981.『古代朝鮮語と日本語』大興出版.

金三守. 1962.「'契'의 諸學說의 吟味와 그 團體概念에 關한 史的研究」『亞細亞女性研究』1. pp.141-306.

김성규. 1994.「중세국어의 성조 변화에 대한 연구」서울대박사학위논문.

金昇坤. 1970.「'이' 主格助詞의 語源考」『學術志』(建國大) 12. pp.127-143.

金昇坤. 1978.『韓國語 助詞의 通時的 研究』大提閣.

김승곤. 1982.「한국어 조사의 어원연구(Ⅱ)」『學術志』(建國大) 26. pp.25-56.

김승곤. 1984.『한국어의 기원』건국대학교출판부.

김영일. 1988.「'벼(稻)'와 그 단어족 연구」『論文集』(釜山教大) 24-1.

金永鎭. 1982.「加耶語에 對하여」『加羅文化』(慶南大) 1. pp.51-72.

金永鎭. 1983.「韓國 古代語의 *-ɤ에 對하여」『加羅文化』(경남대) 2. pp.65-82.

金榮振. 1983.「'판수'考」『民俗語文論叢』啓明大學校出版部.

金永鎭. 1985.「韓國 古代語의 '買'에 대하여」『국어학』14. pp.99-113.

金永泰. 1983.「地名研究에 대하여」『韓國語系統論訓民正音 研究』(秋江黃希榮博士頌壽紀
    念論叢). pp.119-137.

金永泰. 1987.「駕洛國과 관련된 地名研究」『加羅文化』(경남대) 5. pp.35-54.

金完鎭. 1970.「이른 時期에 있어서의 韓中 言語接觸의 一斑에 대하여」『語學研究』(서울大
    語學研究所) 6-1. pp.1-16.

金完鎭. 1980.『鄕歌解讀法研究』서울大學校出版部.

金完鎭. 1985「高麗歌謠 語義 탐색의 몇 경우」『歷史言語學』(金芳漢先生回甲紀念)(전예원)
    pp.1-14.

金允經. 1938『朝鮮文字及語學史』朝鮮紀念圖書出版館.

金允經. 1939.「興淸의 語源」『博文』11. pp.18-21.

金允經. 1946.『朝鮮文字及語學史』震學出版協會.

金允經. 1963.『새로 지은 국어학사』乙酉文化社.

김인호. 2001.『조선어어원편람』박이정.

金宗澤. 1980.「國語 語彙分化의 機制: mit系 語彙分化의 構造圖」『蘭汀南廣祐博士華甲紀
    念論叢』(서울: 一潮閣) pp.569-576.

김종택. 1986.「'머리, 다리, 허리'의 어원추정」『國語學新研究』pp.855-863.

金鍾塤. 1959.「卑稱에 關한 一考: 特히 賤民階級의 職業을 中心으로」『文耕』(中央大) 7.
    pp.30-36.

金台俊. 1934.「열두달의 別稱」『한글』2-6(통권16). p.12.

金亨奎. 1949.「三國史記의 地名考」『震檀學報』16. pp.165-175.

金亨奎. 1955.『國語史』서울: 白映社.

김형규. 1956.「'계집'에 대하여」『한글』119. pp.39-43.

金亨奎. 1962.『國語史硏究』一潮閣.

金亨奎. 1974.『韓國方言硏究』서울大學校出版部.

金亨奎. 1975.『國語史槪要』一潮閣.

金炯秀. 1994.『蒙古語滿洲語比較語彙辭典』螢雪出版社.

金炯秀. 1995.『滿洲語蒙古語比較語彙辭典』螢雪出版社.

金亨柱. 1983.「바리, 머리, 마리, 비롯, ᄆᆞᄅᆞ'의 語義攷」『國語國文學』(부산대) 21. pp.85-96.

남광우. 1957.「고대 국어 조어법(造語法)의 한 고찰: 수개 어휘의 파생어를 중심으로」『한글』121. pp.7-33.

南廣祐. 1959.「古文獻에 나타난 稀貴語考察: 古語辭典 編纂餘錄」『文耕』(中央大) 8. pp.11-27.

南廣祐. 1960.『國語學論文集』一潮閣.

남광우. 1961.「월인천강지곡(月印千江之曲) 상(上)에 나타난 희귀어(稀貴語)에 대하여」『한글』128. pp.133-140.

南廣祐. 1962.『國語學論文集』一宇社.

南廣祐. 1979.『國語學論文集』一潮閣.

南豊鉉. 1968.「15世紀 諺解 文獻에 나타난 正音 表記의 中國系 借用 語辭 考察」『국어국문학』39・40. pp.39-86.

南豊鉉. 1972.「15世紀 國語의 漢字語 借用攷」『國文學論集』(단국대) 5・6. pp.3-22.

南豊鉉. 1981.『借字表記法硏究』檀大出版部.

南豊鉉. 1985.「國語 속의 借用語: 古代國語에서 近代國語까지」『국어생활』2. pp.6-22.

南豊鉉. 1985.「民間語源 數題」『국어학』14. pp.59-73.

都守熙. 1977.『百濟語硏究』亞細亞文化社.

都守熙. 1980.「百濟地名 硏究」『百濟硏究』(忠南大) 11. pp.5-158.

都守熙. 1982.「百濟前期의 言語에 관한 硏究」『百濟硏究』13.

都守熙. 1984.『百濟語 硏究』홍문각.

리득춘. 1988.『조선어어휘사(朝鮮語詞彙史)』延邊大學出版社.

문효근. 1982.9.15.「영동 영서 방언의 어휘적 비교 연구」『人文科學』(延世大) 46・47. pp.1-28.

朴甲洙. 1978.「東言考略의 네 異本攷」『國語學』7. pp.117-157.

朴甲千. 1965.『말: 百萬人의 言語學』. 翰林閣.

朴甲千. 1973. 『世界의 地名』 正音社.

朴甲千. 1974. 『語源隨筆』 乙酉文化社.

朴魯哲. 1934. 「화랑이: '활량', '화냥'의 語源」 『한글』 2-3(통권13). p.40.

朴魯哲. 1940. 「語原 怪考 數題」 『한글』 8-6(통권79). pp.3-4.

朴炳采. 1968. 「國語에서 차지하는 漢語의 位置」 『高大文化』 9. pp.113-124.

朴炳采. 1968. 「古代 三國의 地名語彙攷: 三國史記 地理志의 複數地名을 中心으로」 『白山學報』 5. pp.51-134.

朴炳采. 1971. 『古代國語의 研究』 高麗大學校出版部.

朴勝彬. 1936. 「語根考(1)」 『正音』 14. pp.19-31.

朴勝彬. 1936. 「語根考(完)」 『正音』 15. pp.23-31.

朴英燮. 1988. 「現代國語에 있어서 白話系 漢字語에 대한 小攷」 『井山柳穆相博士華甲紀念論叢』 pp.187-197.

朴用厚. 1968. 「耽羅名義考」 『제주도』 34. pp.171-174.

朴恩用. 1967. 「'ᄆ시개' 研究」 『全碩在神父銀慶祝紀念論叢』 pp.173-203.

朴恩用. 1968. 「中國語가 漢字語에 미친 影響: 國語音素 體系의 變遷」 『東西文化』(啓明大) 2. pp.3-51.

朴恩用. 1971. 「윷놀이의 '걸'에 對하여: '馬'의 固有語 探究」 『藏菴池憲英先生華甲紀念論叢』 pp.505-532.

朴恩用. 1977. 「莧과 疥癬의 名稱을 通해 본 韓國語와 滿州語의 比較研究」 『研究論文集』(曉星女大) 19. pp.5-12.

박창원. 1987. 「가라어와 관련된 몇 문제」 『加羅文化』(경남대) 5. pp.55-82.

박태권. 1970. 「황윤석의 어학설에 대하여」 『한글』 146. pp.137-152.

박홍준. 1964. 「우리 말에 녹아 든 한자말」 『조선 어학』(평양: 사회 과학원 출판사) 2. pp.8-18.

박홍준. 1964. 「구두어에 깊이 들어 온 한자말」 『조선 어학』 6. pp.36-44.

박희숙. 1987. 「한자차용표기가 고유어 소멸에 미친 영향」 『열 므나 이응호 박사 회갑 기념 논문집』 pp.259-280.

方鍾鉉. 1939. 「方位의 이름」 『한글』 7-2(통권64). pp.12-16.

方鍾鉉. 1940. 「私見 二題: '단오'와 '부채'」 『한글』 8-6(통권79). pp.5-6.

方鐘鉉. 1941.「俗談語源」『한글』9-2(통권84). p.9.

方鍾鉉. 1963.「빙자떡」『一蕢國語學論集』(民衆書館). pp.259-262.

백문식. 2014.『우리말 어원 사전』박이정.

徐在克. 1964.「語頭 /p//m/의 交替와 語辭分化」『국어국문학』27. pp.167-178.

徐在克. 1965.「嘉俳攷」『論文集』(大邱教大) 1. pp.51-60.

서재극. 1968.「계집의 어원 고찰」『향정 이상헌선생 회갑기념 논문집』pp.281-297.

徐在克. 1980.『中世國語의 單語族 研究』啓明大學校出版部.

成光秀. 1980.「嶺東地方 地名에 대한 語源論的 研究: 江陵·溟州를 中心으로」『口碑文學』
        4. pp.63-96.

成煥甲. 1983.「固有語의 漢字 代替에 관한 研究」中央大博士學位論文.

小倉進平. 1920.「國語及朝鮮語のため」『小倉進平博士著作集(四)』(1975)에 재수록.

小倉進平. 1924.『南部朝鮮の方言』朝鮮史學會.

小倉進平. 1929.『鄕歌及び吏讀の研究』(京城帝國大學法文學部紀要 第一) 京城帝國大學.

小倉進平. 1944.『朝鮮語方言の研究』(上下) 岩波書店.

小倉進平. 1964.『增訂補注 朝鮮語學史』(河野六郎 補注) 刀江書院.

宋正錫. 1988.『韓國語의 語源雜記』醫學文化社.

宋喆儀. 1983.「派生語 形成과 通時性의 問題」『國語學』12. pp.47-72.

송하진. 1993.「삼국사기 지리지 지명의 국어학적 연구」동국대박사학위논문.

沈在箕. 1982.『國語語彙論』集文堂.

沈在箕. 1990.「松南雜識의 方言類에 대하여」『姜信沆教授回甲紀念 國語國文學論文集』
        pp.115-134.

沈在箕. 1991.「近代國語의 語彙體系에 대하여: 譯語類解의 分析을 中心으로」『國語學의 새
        로운 認識과 展開』(金完鎭先生 回甲紀念論叢, 民音社) pp.783-801.

安玉奎. 1989.11.『어원사전(詞源辭典)』동북조선민족교육출판사.

梁柱東. 1942.『朝鮮古歌研究』博文書館. 訂補版 1957. 博文書館. 增訂版 1965. 一潮閣.

梁柱東. 1947.『麗謠箋注』乙酉文化社. 訂正版 1955.

梁柱東. 1959.「도령과 아리랑: 古語研究 二題」『民族文化』4-2. pp.4-7.

梁柱東. 1959.「님, 년, 놈考: 古語研究抄」『民族文化』4-3. pp.4-6.

梁柱東. 1965. 『增訂 古歌研究』 一潮閣.

엄익상. 2015. 『한국한자음 중국식으로 다시보기』 한국문화사.

呂增東. 1983. 「'윷놀이'에 대하여」 『民俗語文論叢』(啓明大出版部). pp.95-108.

兪昌均. 1970. 「花郎의 語源」 『新羅伽倻文化』(嶺南大) 3. pp.1-22.

兪昌均. 1984. 『國語學論攷』 啓明大學校出版部.

劉昌惇. 1954. 「族親稱號의 語源的 考察」 『思想界』 2-2. pp.77-99.

劉昌惇. 1957. 「平北語散考: 文獻語와의 聯關을 中心으로」 『一石李熙昇先生頌壽紀念論叢』
        pp.361-378.

劉昌惇. 1957. 「漢淸文鑑 語彙考: 文獻語와의 對比」 『國語國文學』 17. pp.3-14.

劉昌惇. 1961. 『國語變遷史』 通文館. 1980.4. 再版.

劉昌惇. 1964. 『李朝 國語史 研究』 宣明文化社.

劉昌惇. 1971. 『語彙史 研究』 宣明文化社.

李覲洙. 1983. 「語彙上으로 본 高句麗語와 日本 古代語」 『홍익어문』 2. pp.19-30.

李基文. 1958. 「女眞語 地名攷」 『文理大學報』(서울大) 6-1. pp.139-146.

李基文. 1958. 「A Comparative Study of Manchu and Korean」 Ural-Altaische
        Jahrbücher Band 30. Heft 1-2.

李基文. 1964. 「Mongolian Loan-Words in Middle Korean." Ural Altaische Jahrbücher
        35, B.

李基文. 1965. 「近世中國語 借用語에 대하여」 『亞細亞研究』(高麗大) 8-2. pp.191-204.

李基文. 1966. 「鷹鶻名의 起源的 考察」 『가람李秉岐博士頌壽論文集』(同刊行委員會). pp.
        571-581.

李基文. 1968. 「鷄林類事의 再檢討: 주로 音韻史의 觀點에서」 『東亞文化』 8. pp.205-248.

李基文. 1971. 「語源數題」 『金亨奎博士頌壽紀念論叢』(一潮閣) pp.429-440.

李基文. 1991. 『國語 語彙史 研究』 東亞出版社.

이기문. 1997. 「어원탐구 3: 민며느리」 『새국어생활』 7-4, 국립국어원.

李藤龍. 1982. 「突厥語(Uzbek)와 韓國語의 複合動詞(Converb + Descriptive Verb) 比較
        研究」 『大東文化研究』 16. pp.99-136.

李藤龍. 1984. 「알타이 諸語(突厥, 蒙古, 만주, 퉁구스 및 한국어)의 敍述動詞 比較研究」 『大

東文化硏究』18. pp.5-38.

李藤龍. 1985.「靑山別曲 後斂句: ‘얄리얄리 얄라셩 얄라리얄라’의 語彙的 意味硏究」『大東
文化硏究』18. pp.87-110.

李丙燾. 1955.「阿斯達과 朝鮮:特히 그 名稱에 대하여」『論文集』(서울大 人文社會科學篇) 2.
pp.1-8.

李丙燾. 1956.「高句麗 國號考: 高句麗 名稱의 起源과 그 語義에 對하여」『서울大論文集』3.
pp.1-16.

李丙燾. 1966.「‘두레’와 그 語源에 대한 再考察」『가람이병기박사송수논문집』pp.385-392.

李丙燾. 1968.「‘ᄆᆞ을’과 ‘두레’에 대하여」『思想界』16-4. pp.192-197.

李丙燾. 1980.『高麗時代의 硏究』(改訂版) 亞細亞文化社.

李炳銑. 1985.「國語 바다(海)와 日本語 wataru(渡)와의 比較: 水系語와『ㄹ』系 접미사의 比
較를 중심으로」『白旻全在昊博士華甲紀念 國語學論叢』pp.101-118.

李崇寧. 1955.「韓日 兩語의 語彙 比較 試考: 糞尿語를 中心으로 하여」『學術院會報』1.
pp.1-19.

李崇寧. 1957.「國語 造語論 試攷: 特히 語幹形成에서의 한 接尾辭의 體系樹立에 對하여」
『震檀學報』18. pp.47-86.

李崇寧. 1958.「主格 ‘가’의 發達과 그 解釋」『국어국문학』19.

李崇寧. 1961.『國語造語論攷』乙酉文化社.

李愛珠. 1976.「춤사위 語彙考」『冠岳語文硏究』(서울大) 1. pp.245-273.

李日永. 1976.「윷(柶戲)의 由來와 名稱 등에 관한 考察」『韓國學報』2. pp.130-158.

이재운・박숙희. 2008.『뜻도 모르고 자주 쓰는 우리말 100가지(3판)』예담.

李鐸. 1958.『國語學論攷』正音社.

李鐸. 1965.「‘강강수월레’의 由來」『국어교육』(한국국어교육연구회) 11. pp.210-220.

이탁. 1967.「국어 어원 풀이의 일단」『한글』140. pp.22-68.

李勳鍾. 1974.「語源을 통해서 본 韓國人의 모습」『文學思想』19. pp.216-225.

李熙昇. 1932.「地名硏究의 必要」『한글』1-2(통권2). pp.46-48.

李熙昇. 1955.『國語學槪說』民衆書館.

任東權. 1969.「아리랑의 起源에 대하여」『韓國民俗學』創刊號. pp.23-38.

張泰鎭. 1968. 「方向에 관한 風名 語彙의 硏究」『국어국문학』 41. pp.1-46.

鄭文基. 1936. 「명태의 이름과 어원」『한글』 4-6(통권35). pp.7-9.

정병욱. 1982. 『時調文學事典』 신구문화사.

丁福保. 1991. 『佛學大辭典』 上海書店.

정호완. 1991. 『우리말의 상상력』 정신세계사.

趙恒範 編. 1994. 『國語 語源硏究 叢說(Ⅰ)』 太學社.

조항범. 2014. 『국어 어원론(개정판)』 충북대학교출판부.

池春洙. 1972. 「中世國語의 基本語 硏究 序說」『국어국문학』 55-57(합병). pp.507-518.

池春洙. 1987. 「語源散攷」『張泰鎭博士回甲紀念國語國文學論叢』 pp.303-322.

池憲英. 1973. 「鄕歌의 解讀解釋에 關한 諸問題」『崇田語文學』 2. pp.131-136.

陳泰夏. 1978. 「固有語化된 漢語 接尾辭 '지(子)'에 대하여」『언어학』(서울大) 3. pp.227-244.

千素英. 1983. 「古代國語의 音節末子音에 대한 考察: 소위 『받침後生論』의 可能性을 중심으로」『홍익어문』 2. pp.63-106.

千素英. 1983. 「받침後生論의 可能性 再考」『論文集』(水原大) 1. pp.89-114.

천소영. 1986. 「설(元旦)系 語辭에 대하여」『語文論集』(高麗大) 26. pp.345-368.

千素英. 1986. 「'돼지'의 어원에 대하여: 고대국어 終尾音[-t]系 語辭와 관련하여」『畿甸語文學』(水原大) 1. pp.45-63.

千素英. 1987. 「古代人의 姓名攷」『畿甸語文學』(水原大) 2. pp.55-78.

千素英. 1989. 「古代 官職名 攷」『畿甸語文學』(水原大) 3. pp.77-93.

崔南善. 1929. 「朝鮮語男女根名稱語源考」『怪奇』 2. pp.88-97.

崔範勳. 1973. 「國語의 漢字系 歸化語에 대하여」『梁柱東博士古稀紀念論文集』 pp.255-284.

崔範勳. 1985. 『韓國語發達史』 通文館.

崔範薰. 1985. 「國語色彩語의 起源語 探索」『仙巖李乙煥教授 華甲紀念論文集』 pp.77-94.

최범훈. 1987. 「자산어보의 어류명 차자표기연구」『한실이상보박사회갑기념논총』 pp.819-849.

崔範薰. 1990. 「'바위'의 借用表記에 대하여」『延岩玄平孝博士回甲紀念論叢』 pp.611-628.

최영애. 2011. 『최영애 교수의 중국음운학논집』 학고방.

崔昌烈. 1984.「한국어 어원탐색 시고: 새로 익은 우리말의 語源추적」『어학』(전북대) 11. pp.1-16.

崔昌烈. 1986.『우리말 語源研究』一志社.

최창렬. 1987.『어원의 오솔길』한샘.

河野六郎. 1964.『朝鮮方言學試政:『鋏』語考』(京城帝國大學文學會論纂 11) 東都書籍株式會社京城支店.

河野六郎. 1967.「古代の日本語と朝鮮語」『ことばの宇宙』2-4.

河野六郎. 1980.『河野六郎著作集』(1〜3) 平凡社.

韓國文化象徵辭典編纂委員會. 1992.『韓國文化상징사전』東亞出版社.

한태호, 김병운, 박용서, 유용권, 장홍기, 김영철, 허북구. 2006.『원예식물 이름의 어원과 학명 유래집』전남대학교출판부.

許寶華、宮田一郎. 1999.『漢語方言大詞典』中華書局.

玄平孝. 1968.「'나물' 語辭에 對한 語原的 考察」『제주도』37. pp.180-189.

玄平孝. 1969.「濟州道方言에서의 '나무'(木)와 '나물'(菜) 語辭에 대하여」『國語國文學論文集』(東國大) 7·8. pp.19-36.

현평효. 1972.「『耽羅』의 어의(語義)에 대하여」『제주도』53. pp.57-64.

洪淳鐸. 1973.「吏讀名詞攷」『梁柱東博士古稀紀念論文集』pp.145-160.

홍윤표. 2009.『살아있는 우리말의 역사』태학사.

사/료/문/헌

1075. 均如傳.

110?. 鷄林類事. 1103년경.

1145. 三國史記.

123?. 鄕藥救急方. 1236년경.

1285. 三國遺事.

1395. 大明律直解. 重刊(1446).

14??. 朝鮮館譯語. 15세기 초.

1415. 養蠶經驗撮要.

1431. 鄕藥採取月令.

1433. 鄕藥集成方.

1446. 訓民正音(解例本). 訓民正音諺解本은 月印釋譜(1459)에 있음.

1447. 龍飛御天歌. 重刊은 1612, 1659, 1765년 등이 있음.

1448. 東國正韻. 편찬은 1447년.

1449. 舍利靈應記.

1449. 釋譜詳節. 重刊은 1560년(추정)에 권11을 전라도 無量寺에서 간행.

1449. 月印千江之曲.

144?. 訓民正音諺解.

1455. 洪武正韻譯訓.

1459. 月印釋譜. 重刊本이 많음.

1461. 楞嚴經諺解. 校書館. 活字本. 誤謬가 많음.

1462. 楞嚴經諺解. 刊經都監. 木板本.

1463. 法華經諺解. 刊經都監.

1464. 金剛經諺解. 刊經都監.

1464. 般若心經諺解. 刊經都監.

1464. 上院寺御牒·五臺山上院寺重創勸善文.

1464. 禪宗永嘉集諺解. 刊經都監.

1464. 阿彌陀經諺解. 刊經都監.

1465. 圓覺經諺解. 刊經都監.

1466. 周易傳義大全口訣.

1466. 救急方諺解.

1467. 牧牛子修心訣. 刊經都監.

1467. 蒙山和尙法語略錄諺解.

1467. 四法語諺解.

146?. 圓覺經口訣.

146?. 周易傳義口訣.

1471. 海東諸國記. 1512년본이 전함.

1475. 內訓. 重刊本(1573)이 전함.

1481. 分類杜工部詩諺解.

1481. 三綱行實圖.

1482. 南明集諺解.

1485. 靈驗略抄. 重刊(1550)이 전함.

1485. 佛頂心經. 觀音經諺解 또는 다라니경언해라고도 함.

1485.	五大眞言.	1538.	村家救急方.
1489.	救急簡易方. 重刊(16세기 중엽의 복각본)이 전함.	1541.	牛馬羊猪染疫病治療方.
		1542.	分門瘟疫易解方. 諺解가 첨부됨.
1482.	金剛經三家解.	1553.	佛說大報父母恩重經諺解.
1492.	衿陽雜錄.	1554.	救荒撮要.
1492.	伊路波.	1560.	聖觀自在求修六字禪定. 평안남도 平原郡 간행.
1493.	樂學軌範.		
1496.	六祖法寶壇經諺解.	1565.	簡札(1565~1575). 충북 청원군 북일면 순천 김씨묘 출토.
1496.	三壇施食文. 眞言勸供과 합책.		
1496.	眞言勸供.	1567.	蒙山和尙六道普說. 순창 취암사 간행.
1499.	救急易解方. 不傳.		
14??.	慵齋叢話. 成俔(1439~1504)著.	1569.	禪家龜鑑. 諺解本. 한문본은 1579년에 간행.
1500.	改刊法華經諺解.		
1514.	續三綱行實圖.	1569.	地藏經諺解. 1745, 1765, 1791년판 등이 있음.
1517.	四聲通解.		
1517.	新刊農書輯要.	1569.	眞言集. 전라도 安心寺 간행.
1518.	飜譯小學.	1569.	七大萬法. 경상도 喜方寺 간행.
1518.	二倫行實圖. 金山郡(현 金泉)에서 간행.	1572.	念佛作法.
		1575.	光州千字文. 전라도 光州 간행.
1518.	正俗諺解. 경상도 간행.	1576.	新增類合.
1518.	朱子增損呂氏鄕約. 경상도 간행.	1577.	誠初心學人文. 諺解本. 전라도 松廣寺 간행. 발심수행장, 야운자경서와 합책.
151?.	老朴集覽.		
151?.	飜譯老乞大.		
151?.	飜譯朴通事.	1577.	發心修行章. 諺解本. 전라도 松廣寺 간행.
151?.	續添洪武正韻.		
1522.	別行錄節要諺解.	1577.	四法語錄.
1525.	簡易辟瘟方.	1577.	野雲自警序. 諺解本. 전라도 松廣寺 간행.
1527.	訓蒙字會.		

1579. 警民編. 重刊. 원간(1519)은 전하지 않음. 1658년의 重刊과는 영향관계가 없음.

1581. 農事直說. 원간은 不傳.

1583. 誠初心學人文. 경기도 瑞峯寺 간행.

1583. 發心修行章. 경기도 瑞峯寺 간행.

1583. 石峯千字文.

1583. 野雲自警序. 경기도 瑞峯寺 간행.

1588. 書傳諺解.

1588. 小學諺解.

1588. 詩經諺解.

1588. 周易諺解.

1590. 大學諺解. 校正廳.

1590. 論語諺解. 校正廳.

1590. 孟子諺解. 校正廳.

1590. 中庸諺解. 校正廳.

1590. 孝經諺解.

15??. 句解南華眞經口訣.

15??. 南華眞經大文口訣.

15??. 大東韻府群玉. 權文海(1534〜1591) 著.

15??. 禮記集說大全口訣. 15세기 중엽의 추정도 가능.

15??. 論語大文口訣.

15??. 百聯抄解. 漢字의 새김이 光千과 유사함.

15??. 父母恩重經諺解. 전라도 松廣寺간

본(1563)이 현존본으로는 최고.

15??. 小學集說口訣.

1600. 牧牛子修心訣諺解. 重刊.

1601. 石峰千字文. 辛丑重刊(不傳).

1603. 神器秘訣.

1604. 五大眞言隨求經. 瑞山 講堂寺板.

1605. 新增類合. 李壽崙家本.

1606. 三綱行實圖. 重刊.

1606. 周易諺解. 내사본.

1608. 三綱行實圖. 重刊 내사본.

1608. 新增類合. 訂正本.

1608. 諺解救急方. 不傳.

1608. 諺解痘瘡集要.

1608. 諺解胎産集要.

1609. 三經四書釋義.

1610. 誠初心學人文. 松廣寺版.

1610. 梁琴新譜.

1610. 禪家龜鑑諺解. 重刊. 松廣寺板.

1610. 樂學軌範. 복각본. 太白山本.

1611. 內訓. 重刊. 훈련도감자본.

1611. 大學諺解. 重刊.

1612. 論語諺解. 重刊. 내사본.

1612. 龍飛御千歌. 복각본. 萬曆本.

1612. 孟子諺解. 重刊. 내사본.

1612. 小學諺解. 重刊.

1612. 練兵指南.

1612. 中庸諺解. 重刊. 내사본.

1613. 簡易辟瘟方. 重刊. 훈련도감자본.

1613.	東醫寶鑑. 활자본.		板.
1613.	詩經諺解.	1636.	御製內訓.
1613.	訓蒙字會. 重刊. 내사본.	1636.	牛馬羊猪染疫病治療方. 海州板.
1614.	四聲通解. 重刊. 목활자본.		1578년판의 복각.
1614.	芝峰類說. 李睟光(1563~1628) 撰.	1637.	勸念要錄. 華嚴寺板.
1617.	東國新續三綱行實圖	1639.	救荒撮要.
1621.	聖觀自在求修六字禪定. 德山伽耶	1639.	救荒撮要辟瘟方.
	山板. 重刊.	1640.	南征歌.
1623.	妙法蓮華經諺解. 雲興寺板. 重刊.	1644.	觀音經諺解. 梵魚寺板.
1625.	佛說大報父母恩重經諺解. 重刊.	1644.	牛馬羊猪染疫病治療方. 1578년판
1630.	觀音經諺解. 重刊.		의 복각.
1631.	念佛作法. 淸道 水岩寺板.	1644.	鍼灸經驗方. 湖南觀察營板.
1631.	大學諺解. 重刊. 내사본.	1648.	佛說阿彌陀經諺解. 重刊. 水巖寺
1631.	論語諺解. 重刊.		板.
1631.	孟子諺解. 重刊. 내사본.	1653.	辟瘟新方.
1631.	佛頂心經諺解. 重刊. 奉佛庵版.	1654.	童蒙先習. 完山板.
1631.	中庸諺解. 重刊. 내사본.	1655.	農家集成.
1631.	孝經大義. 重刊.	1655.	樂學軌範. 복각본.
1632.	家禮諺解.	1656.	警民編諺解. 重刊.
1632.	分類杜工部詩諺解. 重刊.	1656.	內訓. 重刊.
1633.	鄉藥集成方. 重刊.	1656.	四聲通解. 重刊.
1634.	夙興夜寐箴. 玉泉庵版.	1657.	佛說廣本大藏經. 長興 天冠山板.
1634.	五大眞言. 雙溪寺板.	1657.	佛說天地八陽神呪經. 天冠寺板.
1634.	五大眞言. 重刊. 雙溪寺板.	1657.	語錄解.
1635.	佛說大報父母恩重經諺解. 重刊.	1658.	佛說大報父母恩重經諺解. 江原道
1635.	新傳煮取焰硝方諺解.		襄陽 新興寺板.
1635.	火砲式諺解.	1658.	警民編諺解. 重刊.
1636.	佛說阿彌陀經諺解. 重刊. 水巖寺	1658.	眞言集. 重刊. 新興寺板.

1658.	千手經. 鳳岩寺板.	1679.	排字禮部韻略. 重刊.
1659.	龍飛御天歌. 重刊. 順治本.	1680.	謹齋集.
1659.	子庵集. 金絿(1488~1533) 著.	1680.	佛說大報父母恩重經諺解. 淸道 水
1660.	救荒補遺方.		岩寺板.
1660.	新刊救荒撮要. 西原縣板.	1682.	童蒙先習. 重刊.
1661.	千字文. 七長寺板.	1682.	馬經抄集諺解.
1664.	類合.	1684.	中庸諺解. 重刊. 내사본.
1665.	聾岩集.	1685.	火砲式諺解. 重刊. 黃海監營板.
1666.	佛家日用時黙言作法. 新興寺板.	1686.	農事直說. 重刊.
1666.	孝經諺解. 내사본.	1686.	佛說大報父母恩重經諺解. 慶州 天
1668.	佛說大報父母恩重經諺解. 慶尙道		龍寺板.
	開寧 敲防寺板.	1686.	佛說大報父母恩重經諺解. 梁山 曹
1668.	小學諺解. 重刊.		溪庵板.
1669.	語錄解. 語錄解(1657)를 訂正한 것	1686.	新刊救荒撮要. 武城板.
	임. 改刊本.	1687.	佛說大報父母恩重經諺解. 佛巖寺
1670.	閨壺是議方. 필사본.		板.
1670.	童蒙先習. 重刊.	1687.	松江歌辭. 星州本.
1670.	老乞大諺解. 원간본은 不傳.	1688.	兵學指南. 南原營板.
1670.	佛說天地八陽神呪經. 新興寺板.	1688.	佛說大報父母恩重經諺解. 淸道 磧
1675.	老乞大諺解. 戊申字本.		川寺板.
1676.	救荒補遺方. 重刊.	1688.	佛說大報父母恩重經諺解. 平安道
1676.	佛說大報父母恩重經諺解. 影子庵		妙香山 祖院庵板.
	板.	1688.	眞言集. 佛影臺板.
1676.	捷解新語.	1690.	松江歌辭. 黃州本.
1677.	朴通事諺解.	1690.	譯語類解.
1677.	要路院夜話記.	1691.	石峰千字文. 辛未夏 重刊.
1678.	經世正韻.	1693.	孟子諺解. 重刊. 내사본.
1678.	排字禮部韻略. 重刊.	1693.	中庸諺解. 重刊. 내사본. 元宗木活

字本.

1694. 眞言集. 金山寺版.

1694. 千字文. 甲戌 重刊.

1695. 大學諺解. 重刊.

1695. 書經諺解. 戊申字活字本.

1695. 詩經諺解. 戊申字活字本.

1695. 周易諺解. 戊申字活字本.

1695. 中庸諺解. 重刊.

1696. 千字文. 丙子本.

1698. 新傳煮硝方諺解.

1698. 新增類合. 重刊.

16??. 經驗方.

16??. 戒女書.

16??. 癸丑日記. 서궁일기

16??. 馬經諺解.

16??. 諺解臘藥症治方. 17세기 말.

16??. 女訓諺解. 1620~1630.

16??. 吏文大師.

16??. 吏文輯覽. 복각본. 17세기 중엽.

16??. 太平廣記諺解.

1700. 類合. 靈長寺板.

1700. 千字文. 靈長寺板.

1702. 佛說阿彌陀經諺解. 固城 雲興寺 板.

1702. 三韻補遺.

1704. 念佛普勸文. 慶北 醴泉 龍門寺板.

1704. 三譯總解. 不傳.

1704. 小兒論. 不傳.

1704. 淸語老乞大. 不傳.

1704. 八歲兒. 不傳.

1704. 玄氏行蹟. 彌陀懺略抄(醴泉) 所收.

1705. 佛說大報父母恩重經諺解. 定州 大德 龍藏寺板.

1707. 禮記大文諺讀.

1708. 松江歌辭. 關西本.

1711. 痘瘡經驗方. 尙州板.

1711. 兵學指南. 雲峰營板.

1711. 新增類合. 重刊.

1712. 觀世音菩薩靈驗略抄. 甘露寺板.

1713. 樂學拾零. 甁窩歌曲集.

1715. 譯語類解補.

1716. 觀世音菩薩靈驗略抄. 甘露寺板.

1716. 佛說大報父母恩重經. 龍泉寺板.

1716. 喪禮諺解. 필사본.

1717. 火藥合劑式. 南兵營.

1720. 佛說大報父母恩重經諺解. 金溝 金山寺板.

1720. 增補三韻通考.

1721. 觀世音菩薩靈驗略抄. 證心寺板.

1721. 伍倫全備諺解.

1721. 喜雪. 觀水齋遺稿 所收.

1723. 家範.

1723. 百聯抄解. 重刊.

1724. 東醫寶鑑. 일본간행본.

1724. 辟瘟新方. 重刊.

1727. 內訓. 嶺營本.

1727.	辟瘟新方. 重刊.	1737.	捷解蒙語. 不傳.
1727.	二倫行實圖. 重刊. 箕營本.	1739.	金剛別曲. 필사본.
1728.	난리가.	1741.	大彌陀懺略抄要覽. 修道寺板.
1728.	大悲心陀羅尼.	1741.	臨終正念訣. 修道寺板.
1728.	靑丘永言.	1741.	蒙語老乞大. 不傳.
172?.	警民篇諺解. 重刊. 平安道板.	1741.	普勸念佛文. 修道寺板.
1730.	警民編. 尙州本. 1658년의 복각.	1741.	父母孝養文. 修道寺板.
1730.	警民編諺解. 尙州本. 1658년의 복각본.	1741.	佛說阿彌陀經. 修道寺板.
1730.	三綱行實圖. 重刊. 校書館本. 各道監營本.	1742.	大方廣佛華嚴經普賢行願品.
		1742.	童蒙先習諺解.
1730.	類合. 松廣寺板	1743.	樂學軌範. 重刊.
1730.	二倫行實圖. 重刊. 校書館本. 各道監營本.	1744.	小學諸家集註.
		1744.	御製小學諺解.
1730.	千字文. 松廣寺板.	1745.	老乞大諺解. 平壤監營 重刊.
1731.	警民編諺解. 草溪板.	1745.	御製常訓諺解.
1731.	佛說大報父母恩重經諺解. 泰博山鎭靜寺板.	1746.	御製自省編諺解.
		1747.	松江歌辭. 星州本.
1732.	漆室遺稿. 필사본.	1747.	華東正音通釋韻考.
1734.	注生延嗣妙應眞經諺解.	1748.	改修捷解新語.
1734.	春秋正音.	1748.	警民編諺解. 完營本. 南原板.
1735.	經書正音. 大學, 孟子, 書傳, 詩經, 中庸正音. 목활자본.	1748.	同文類解.
		1748.	臨終正念訣. 晋州板. 修道寺板의 복각.
1735.	李茂實千字文. 不傳.	1749.	大學栗谷先生諺解.
1736.	女四書諺解.	1749.	論語栗谷先生諺解.
1736.	新增類合. 重刊.	1749.	孟子栗谷先生諺解.
1736.	御製內訓. 重刊. 戊申字本.	1749.	中庸栗谷先生諺解.
1737.	兵學指南. 右兵營 重刊.	1750.	訓民正音韻解.

1751. 三韻聲彙.

1752. 註解千字文. 초간본.

1752. 地藏經諺解. 見性寺板.

1752. 洪武正韻. 重刊.

1753. 東醫寶鑑. 嶺營本.

1753. 佛說阿彌陀經諺解. 桐華寺板. 重刊.

1753. 王郎返魂傳. 桐華寺板.

1754. 東醫寶鑑. 重刊. 嶺營改刊本. 完營重刊本.

1755. 海東歌謠. 乙亥本. 不傳.

1756. 御製訓書諺解.

1756. 闡義昭鑑諺解.

1757. 御製戒酒倫音.

1758. 新增類合. 海印寺板.

1758. 種德新編諺解.

1759. 吉夢歌. 溫故錄 所收.

1759. 佛說阿彌陀經諺解. 奉印寺板. 重刊.

1760. 普賢行願品. 雙溪寺板.

1760. 中庸諺解. 重刊.

1761. 老乞大新釋.

1761. 御製經世問答諺解. 필사본.

1762. 觀世音菩薩靈驗略抄. 伽耶寺板.

1762. 大悲心陀羅尼. 重刊.

1762. 御製警民音.

1762. 地藏經諺解. 咸鏡道 文川 見性庵板.

1763. 新釋老乞大諺解. 不傳.

1763. 御製警世問答續錄諺解. 필사본.

1763. 海東歌謠. 癸未本.

1764. 古今歌曲.

1764. 妙法蓮華經諺解. 伽耶寺板.

1764. 御製祖訓諺解. 필사본.

1764. 日東壯遊歌.

1765. 龍飛御天歌. 重刊. 1659년의 복각.

1765. 朴通事新釋.

1765. 朴通事新釋諺解.

1765. 御製百行願.

1765. 念佛普勸文. 九月山 興律寺板.

1765. 地藏經諺解. 藥師殿板.

1765. 淸語老乞大.

1766. 東醫寶鑑. 중국 간행본.

1766. 蒙語老乞大. 改訂板. 不傳.

1767. 禮記大文諺解.

1768. 蒙語類解. 不傳.

1768. 松江歌辭. 關西本.

1769. 佛說天地八陽神呪經. 鳳停寺板.

1769. 三門直指. 隱寂寺板.

1769. 海東歌謠. 改訂本.

1770. 洪武正韻. 重刊.

1771. 남히문견록(南海聞見錄).

1772. 十九史略諺解. 嶺營本.

1774. 三譯總解. 重刊.

1774. 理藪新編.

1775. 菊圃鎖錄.

1775.	譯語類解補.	1784.	經書正音. 重刊. 通文館藏板.
1776.	念佛普勸文. 重刊. 海印寺板.	1784.	密教改刊集. 星州 修道庵板.
1777.	明義錄諺解	1784.	御製賜畿湖別賑資倫音.
1777.	小兒論.	1784.	御製論王世子冊禮後各道臣軍布折
1777.	眞言集. 重刊. 萬淵寺板.		半蕩減倫音.
1777.	八歲兒. 改刊本.	1784.	御製論濟州民人倫音.
1778.	方言類釋/方言集釋. 필사본.	1784.	曉諭倫音.
1778.	續明義錄諺解.	1785.	火砲式諺解. 重刊.
1779.	漢淸文鑑.	1786.	賞春曲. 不憂軒集 所收.
1781.	改修捷解新語. 重刊.	1787.	念佛普勸文. 重刊. 茂長 禪雲寺板.
1781.	御製濟州大靜㫌義等邑父老民人	1787.	兵學指南. 壯營藏板.
	書.	1787.	典律通補.
1782.	御製諭京畿大小民人等倫音.	1787.	華東正音通釋韻考. 秘閣本.
1782.	御製諭海西倫音.	1788.	加髢申禁事目.
1782.	御製諭湖西大小民人等倫音.	1788.	同文彙考.
1782.	御製中大小臣庶倫音.	1788.	御製諭咸鏡南北關大小民人等倫
1783.	御製諭京畿民人倫音.		音.
1783.	御製諭京畿洪忠道監司守令等倫	1789.	古今釋林.
	音.	1790.	隣語大方. 목판본.
1783.	御製諭慶尙道觀察使及賑邑守令倫	1790.	蒙語老乞大. 重刊.
	音.	1790.	蒙語類解. 重刊.
1783.	御製諭慶尙道都事兼督運御史金載	1790.	蒙語類解補編.
	人書.	1790.	武藝圖譜通志諺解.
1783.	御製諭原春道嶺東嶺西大小士民倫	1790.	捷解蒙語. 改訂板.
	音.	1791.	孤山遺稿. 別集에 孤山歌辭가 실려
1783.	御製諭咸鏡南北關大小士民倫音.		있음.
1783.	御製諭湖南民人等倫音.	1791.	兵學指南. 壯勇營板.
1783.	字恤典則.	1791.	音譯地藏經. 松廣寺板.

1791. 華東正音通釋韻考. 完營本.

1792. 御製諭楊州抱川父老民人等書.

1792. 增修無冤錄諺解.

1793. 御製諭濟州父老民人書.

1794. 勸善曲. 佛巖寺板.

1794. 佛說大報父母恩重經諺解. 全州 南
高寺板. 金山寺板 복각.

1794. 御製諭諸道道臣倫音.

1794. 湖南六邑民人倫音.

1795. 老乞大諺解. 重刊.

1795. 佛說天地八陽神呪經. 佛巖寺板.

1795. 御製養老務農頒行小學五倫行實鄉
飮儀式鄉約條禮倫音.

1795. 慈宮樂章.

1795. 靑莊館全書. 李德懋(1741~1793)
撰.

1796. 敬信錄諺釋. 佛巖寺板.

1796. 金剛般若波羅密經諺解. 佛巖寺板.

1796. 佛說大報父母恩重經諺解. 龍珠寺
板.

1796. 新傳煮硝方諺解. 重刊. 원간은
1698.

1796. 御定奎章全韻.

1796. 奠說因果曲.

1796. 增修無冤錄諺解. 重刊.

1796. 捷解新語文釋.

1797. 童蒙先習諺解. 重刊.

1797. 兵學指南. 岡營本.

1797. 佛說十二摩訶般若波羅密多經. 佛
巖寺板.

1797. 五倫行實圖. 古活字整理本.

1797. 增修無冤錄諺解. 嶺營本.

1797. 眞言要抄. 佛巖寺板.

1798. 兵學指南. 溜城.

1798. 才物譜.

1799. 牧牛子修心訣諺解. 松廣寺板.

1799. 妙法蓮華經諺解. 松廣寺板.

1799. 佛說阿彌陀經諺解. 雲門寺板.

1799. 濟重新編. 활자본.

17??. 經世訓民正音圖說.

17??. 東言考略.

17??. 物譜.

17??. 燃藜室記述. 李肯翊(1736~1806)
著.

17??. 倭語類解.

17??. 濟衆新編. 康命吉(1737~1801) 撰.

17??. 朝野輯要.

17??. 華音方言字義解.

17??. 萬言詞.

1800. 奎章全韻.

1800. 兵學指南. 商山.

1800. 眞言集. 望月寺板.

1801. 佛說大報父母恩重經. 南高寺板.

1801. 胎敎新記諺解. 手稿本.

1802. 物譜. 필사본.

1804. 十九史略諺解. 重刊. 京中改板.

1804.	註解千字文. 重刊.		1821.	金剛中庸圖歌.
1805.	新刊增補三略直解. 廣通坊.		1822.	論語諺解. 嶺營藏板.
1805.	畫永編. 전반부 필사본.		1822.	妙法蓮華經諺解. 重刊.
1805.	恨中錄.		1824.	孟子諺解. 嶺營重刊.
1806.	農家集成. 重刊.		1824.	諺文志.
1806.	佛說大報父母恩重經. 高山 安心寺 板.		1824.	類合. 필사본. 일본 京都大本.
1806.	新刊救荒撮要. 重刊.		1824.	造像功德經. 楡岾寺板.
1806.	畫永編. 후반부 필사본.		1825.	增註三字經.
1809.	閨閤叢書. 필사본.		1826.	書傳諺解. 嶺營藏板.
1809.	新傳煮硝方諺解. 重刊.		1826.	周易諺解. 嶺營藏板.
1809.	十九史略諺解. 花谷新刊本.		1828.	大學諺解. 嶺營藏板.
180?.	蘆溪集. 朴仁老(1561~1642).		1828.	詩經諺解. 嶺營藏板.
1810.	蒙喩篇.		1828.	中庸諺解. 嶺營藏板.
1811.	玉彙韻考.		1829.	吏讀便覽.
1813.	交隣須知. 필사본. 일본 沈壽官本.		1829.	頤齋遺稿. 黃胤錫(1729~1791) 著.
1814.	東醫寶鑑. 重刊. 嶺營改刊, 完營重 刊.		1830.	李茂實千字文. 重刊.
1814.	玆山魚譜.		1832.	Remarks on the Corean Language(Ch. Gützlaff).
1814.	千字文. 甲戌重刊.		1834.	韓語訓蒙. 필사본. 일본 沈壽官本.
1819.	雅言覺非.		1835.	四七正音韻考. 필사본.
1820.	大學諺解. 內閣藏板.		1835.	朝鮮偉國字會.
1820.	論語諺解. 內閣藏板.		1836.	東言考. 不傳.
1820.	孟子諺解. 內閣藏板.		1837.	和語類解. 필사본. 일본 京都大本.
1820.	書傳諺解. 內閣藏板.		1839.	諭中外大小民人等斥邪倫音.
1820.	詩經諺解. 內閣藏板.		1842.	交隣須知. 권3. 필사본. 일본 沈壽 官本.
1820.	周易諺解. 內閣藏板.		1844.	언히뉵조대스법보단경. 필사본.
1820.	中庸諺解. 內閣藏板.		1844.	漢陽歌. 甲辰新刊.

1845. 漂民對話. 일본 京都大本.

1846. 淑香傳. 필사본. 일본 京都大本.

1846. 諺音捷考. 필사본.

1847. 千字文. 重刊. 由洞新刊.

1848. 노섬상좌서.

1848. 三說記. 戊申十一月由洞新刊.

1849. 對談秘密手鑑. 필사본. 일본 京都 大本.

1851. 謝氏南征記. 辛亥季多由洞新板.

1851. 玉珠好緣. 咸豊辛亥六月武橋新刊.

1851. 壬辰錄. 完南開板.

1852. 交隣須知. 권4의 일부. 필사본. 일 본 沈壽官本.

1852. 당경전(張景傳). 咸豊壬子七月美 洞.

1852. 太上感應篇圖說諺解.

1854. 漂民對話. 일본 沈壽官本.

1855. 事類博解.

1856. 佛說大報父母恩重經.

1856. 西遊記. 丙辰孟多華山新刊.

1856. 字類註釋. 필사본.

1857. 觀音菩薩呪經諺解.

1857. 됴웅전. 丁巳仲秋改板.

1857. 李茂實千字文. 重刊.

1857. 千手經. 奉恩寺板.

1857. 千字文. 丁巳本.

1858. 唐太宗傳. 戊午紅樹洞新刊.

1858. 淑香傳. 戊午九月冶洞新刊.

1858. 쟝풍운전(張豊雲傳). 咸豊戊午紅 樹洞新刊.

1859. 뇽문전. 石榴坊.

1859. 東寔錄.

1859. 三國志. 石橋新刊.

1859. 五倫行實圖. 重刊 복각본.

1859. 龍門傳. 乙未石橋新刊.

1859. 隣語大方. 필사본. 일본 京都大本.

1860. 숙영낭즈전(淑英娘子傳). 咸豊庚 申二月紅樹洞新刊.

1860. 슈호지(水滸誌). 庚申刊.

1860. 醫宗損益.

1860. 華東正音通釋韻考.

1861. 佛說天地八陽神呪經. 磧川寺板.

1861. 辛未錄. 紅樹洞.

1861. 임진록. 紅樹洞.

1861. 千字文. 完山重刊.

1862. 九雲夢. 55장본. 壬戌孟秋完山改 板.

1862. 九雲夢. 壬戌孟秋完山開刊.

1862. 論語諺解. 嶺營重刊.

1862. 大學諺解. 嶺營重刊.

1862. 書傳諺解. 嶺營重刊.

1862. 詩經諺解. 嶺營重刊.

1862. 周易諺解. 嶺營重刊.

1862. 中庸諺解. 嶺營重刊.

1862. 千字文. 杏谷新刊.

1862. 天主聖教工課.

1863. 南薰太平歌. 石洞刊.

1863. 孝經諺解. 重刊.

1864. L. de Rosny, AperÇu de la langue Coréenne.

1864. 同文彙考. 續刊.

1864. 령세대의(領洗大義).

1864. 聖敎要理問答.

1864. 省察記略.

1864. 셩교졀요(聲敎切要).

1864. 신명초힝(神命初行).

1864. 울치경덕젼. 銅峴.

1864. 尉遲敬德傳. 甲子季秋銅峴新刊.

1864. 主敎要旨.

1864. 天堂直路.

1864. 千字文. 武橋.

1864. 韓語訓蒙. 필사본. 일본 京都大本.

1864. 悔罪直指.

1864. 訓民篇. 필사본.

1865. 金氏世孝圖.

1865. 쥬년쳠례광익.

1865. 天主聖敎禮規.

1866. 됴웅젼(趙雄傳). 杏洞開板.

1866. 聖經直解廣益.

1866. 註解千字文. 武泉.

1868. 醫宗損益.

1868. 朝鮮歌. 필사본. 일본 京都大本.

1869. 閨閤叢書. 목판본.

1869. 東文字母分解. 필사본.

1869. 十九史略諺解. 重刊. 花谷新刊.

1869. 儒胥必知.

1869. 日用作法. 兜率庵.

1870. 大學諺解. 全州河慶龍藏版.

1870. 論語諺解. 全州河慶龍藏版.

1870. 周易諺解. 全州河慶龍藏版.

1870. 周易諺解. 全州河慶龍藏版.

1870. 中庸諺解. 全州河慶龍藏版.

1871. 孤山別曲. 玉鏡軒遺稿 所在.

1871. 佛說阿彌陀經諺解. 水落山 德寺板.

1872. 五倫行實圖. 重刊.

1872. 儒胥必知.

1873. 新刊增補三略直解. 嶺營本.

1874. La langue Coréenne(Ch. Dallet).

1874. 로한ᄌ뎐(푸칠로).

1874. 御定奎章全韻.

1875. 림장군젼.

1875. 易言.

1876. 歌曲源流.

1876. 南宮桂籍.

1877. Corean Primer(J. Ross).

1878. The Corean Language(J. Ross).

1878. 天主聖敎功課. 2판.

1879. A Comparative Study of Japanese and Korean Language(W. G.

Aston).

1879. 地藏經諺解. 경기도 양주 寶晶寺.

1880. Notes on the Corean Language (J. MacIntyre).

1880. 敬信錄諺釋. 후쇄본.

1880. 公敎證略.

1880. 過化存神.

1880. 金剛般若波羅密經. 重刊.

1880. 三聖訓經.

1880. 日韓 善隣通語(上下, 寶迫繁勝).

1880. 太上感應篇圖說諺解. 重刊.

1880. 한불ᄌ뎐(Dictionaire Coréen-FranÇais).

1880. 韓語入門(上下, 寶迫繁勝).

1881. Grammaire Coréenne(F. C. Ridel).

1881. 交隣須知.

1881. 龍潭遺詞.

1881. 佛說阿彌陀經諺解. 普光寺 淨願寺 板.

1881. 善隣通語.

1881. 御製諭大小臣僚及中外民人等斥邪 倫音.

1881. 竈君靈蹟誌.

1881. 天主聖敎功課. 3판.

1882. Corean Speech(J. Ross).

1882. The Corean Language(W. E. Griffis).

1882. 敬惜字紙文.

1882. 女小學. 필사본.

1882. 령세대의(領洗大意).

1882. 佛家日用時黙言作法.

1882. 御製諭八道四都耆老人民等倫音.

1882. 예수셩교누가복음(J. Ross).

1882. 예수셩교요안ᄂᆡ복음젼셔(J. Ross).

1882. 訂正隣語大方. 日本外務省.

1883. 關聖帝君明聖經諺解.

1883. 交隣須知. 日本外務省藏板本.

1883. 마가복음.

1883. 마태복음.

1883. 셩교요리문답. 重刊.

1883. 예수셩교누가복음뎨ᄌ행젹.

1883. 예수셩교요안ᄂᆡ복음.

1883. 易言諺解.

1883. 懸吐漢韓新約聖書.

1883. 華音啓蒙諺解.

1884. 關聖帝君五倫經.

1884. 露韓辭典.

1884. 마가복음.

1884. 物名考. 一蕢文庫本.

1884. 셩교빅문답.

1884. 신약마가복음셔언히.

1884. 예수셩교셩셔말코복음.

1884. 예수셩교셩셔맛디복음.

1884. 正蒙類語.

1884. 重訂方藥合編.

1884. 쥬년쳠례광익.

1884. 텬당직로(天堂直路).

1884. 텬쥬셩교례규(天主聖敎禮規).

1885. 廣見雜錄. 蓮谷集 所收.

1885. 國漢會話.

1885. 긔히년일긔(己亥年日記). 필사본.

1885. 랑ᄌ회기(娘子悔改).

1885. 方藥合編.

1885. 신약마가젼복음셔언히(H. G. Underwood).

1885. 예수셩교요안ᄂᆡ복음이비쇼셔신.

1885. 主敎要旨. 改訂板.

1885. 화원악보(龜隱).

1886. 蠶桑輯要. 필사본.

1886. 텬쥬셩교공과(天主聖敎工課). 4판.

1886. 漢城週報(1886~1888).

1887. 勸農節目. 필사본.

1887. 녀손훈ᄉ, 규문상목. 필사본.

1887. 대쥬보셩요셉셩월.

1887. 林將軍傳. 同治丁亥孟冬.

1887. 마가복음.

1887. 셩교요리문답(聖敎要理問答).

1887. 新約全書.

1887. 御定奎章全韻.

1887. 언문말칙(A Corean Manual, or Phrase Book with Introductory Grammar).

1887. 예슈셩교젼셔. 문광셔원.

1887. 天主聖敎工課.

1888. 蒙語類訓.

1889. Manual de la langue coréenne parlée(M. C. Imbault-Huart).

1889. 女士須知.

1889. 마가의 젼혼 복음셔언히.

1889. ᄉ민필지(士民必知).

1889. 韓英文法(An Introduction to the Korean Spoken Language, H. G. Underwood).

1890. 누가복음젼(路加福音傳).

1890. 物名纂. 필사본.

1890. 보라달로마인셔.

1890. 聖敎撮理.

1890. 셩찰긔략(省察記略).

1890. 全韻玉篇.

1890. 텬쥬셩교공과. 重刊.

1890. 韓英文法(An Introduction to the Korean Spoken Language).

1890. 韓英英韓字典(A Concise Dictionary of the Korean Language).

1891. A Corean Manual, or Phrase Book(2nd ed. J. Scott).

1891. English-Corean Dictionary(J. Scott).

1891. 권즁회개.

1891. 羅韓小辭典.

1891. 婦女必知.

1891. 샹뎨진리(上帝眞理).

1891. 셩묘연월.

1891. 신명초힝.

1891. 예수힝젹(耶蘇行蹟).

1891. 요한복음젼.

1892. 구세론.

1892. 그리스도문답.

1892. 마태복음젼.

1892. 反切

1892. 셩경직히(聖經直解).

1892. 스도힝젼.

1892. 儒胥必知. 重刊.

1892. 趙雄傳. 完山新刊.

1892. 찬미가.

1893. 過化存神. 重刊.

1893. 구약공부.

1893. 권즁론.

1893. 됴웅젼(봉셩에셔).

1893. 龍潭遺詞. 再刊.

1893. 셩경도셜(聖經圖說).

1893. 신덕통론(神德統論).

1893. 의경문답(義經問答).

1893. 장원량우샹론(張袁兩友相論).

1893. 즁싱지도(衆生之道).

1893. 찬양가.

1894. 구셰진젼(救世眞詮).

1894. 李茂實千字文. 重刊.

1894. 복음대지(福音大旨).

1894. 鳳溪集. 필사본.

1894. 삼요록(三要錄).

1894. 스과지남(辭課指南, Korean Grammatical Forms).

1894. 예수영희도문.

1894. 인가귀도(引家歸道).

1894. 죠만민광(照萬民光).

1894. 千字文. 甲午本.

1894. 텬쥬셩교공과. 重刊.

1894. 훈ㅇ진언(訓兒眞言).

1895. 구셰진쥬.

1895. 國民小學讀本.

1895. 小學讀本.

1895. 國漢會語.

1895. 누가복음.

1895. 單語連語 日話朝雋.

1895. 마가복음.

1895. 마태복음젼.

1895. 萬國略史.

1895. 복음요스(福音要史).

1895. 西遊見聞. 日本 東京 交詢社.

1895. 小學萬國地誌.

1895. 夙惠紀略.

1895. 신약젼셔.

1895. 沈淸傳. 完山新刊.

1895. 스민필지.

1895. 진교졀요(眞敎節要).

1895.	眞理便讀三字經.	1897.	賀樂醫員史蹟.
1895.	찬미가.	1897.	韓英字典(A Korean-English Dictionary, Gale).
1895.	天主聖敎功課. 5판.	1898.	고린도젼셔, 후셔.
1895.	치명일기.	1898.	國語文法.
1895.	텬로력뎡(天路歷程). Bunyan 著. Gale 譯.	1898.	누가복음.
1896.	경셰론(經世論).	1898.	뎨국신문(帝國新聞, 1898~1910).
1896.	閨壺要覽. 필사본.	1898.	령셰대의. 重刊.
1896.	독립신문(1896~1899).	1898.	로마인셔.
1896.	마태복음전.	1898.	마가복음.
1896.	萬國略史.	1898.	마태복음.
1896.	복음요ᄉ.	1898.	每日新聞(1898~1910).
1896.	부활쥬일례배.	1898.	베드로젼셔, 후셔.
1896.	新訂尋常小學.	1898.	佛說阿彌陀經諺解. 密陽 表忠寺 板.
1896.	의원의힝젹(醫院의 行蹟).	1898.	사도행전.
1896.	찬미가.	1898.	三經合部.
1896.	텬쥬셩교례규(天主聖敎禮規). 重刊.	1898.	時事叢報.
		1898.	시편촬요.
1896.	텬쥬셩교십이단.	1898.	皇城新聞(1898~1910).
1897.	國文正理.	1899.	舊約撮要.
1897.	대한그리스도인회보.	18??.	啓蒙篇諺解.
1897.	思鄕歌. 필사본.	18??.	廣財物譜.
1897.	성경직히.	18??.	긔힝일기. 1839~1866.
1897.	셩교감략(聖敎鑑略).	18??.	農家月令歌.
1897.	주교요지.	18??.	物名考. 1801~1834.
1897.	증남포목포각국조계쟝정.	18??.	物名考. 柳僖(1773~1837) 著.
1897.	찬송시.	18??.	雅言覺非. 丁若鏞(1762~1836) 著.
1897.	틱셔신ᄉ.		

18??.   烈女春香守節歌.

18??.   五洲衍文長箋散稿. 李圭景(1788~?) 著.

18??.   華語類抄. 19세기 말.

1907.   血의淚.

1908.   鬼의聲.

1908.   鬢上雪.

1908.   雉岳山(상).

1908.   銀世界.

1908.   驅魔劍.

1910.   自由鐘.

1911.   雉岳山(하).

1911.   牧丹屏(모란병).

저자 | **김무림**

학력 | 고려대학교 문학사, 문학석사, 문학박사

경력 | 북경 중앙민족대학 조선어문계 객좌교수
　　　　강릉원주대학교 언론원장
　　　　강릉원주대학교 인문학연구소장
　　　　강릉원주대학교 도서관장
　　　　강릉원주대학교 국어국문학과 교수(현재)

저서 | 국어음운론(1992, 한신문화사)
　　　　우리말 어원사전(1997/공편, 태학사)
　　　　홍무정운역훈 연구(1999, 월인)
　　　　국어지식탐구(1999/공저, 박이정)
　　　　국어의 역사(2004, 한국문화사)
　　　　홍무정운역훈(2006, 신구문화사)
　　　　국어음운론(2009/공저, 새문사)
　　　　고대국어 한자음(2015, 한국문화사)
　　　　현대국어 한자음(2017/공저, 한국문화사)

논문 | 국어사, 음운론, 한자음 관련 80여 편

국어 어원사전

초 판 인 쇄 | 2020년 1월 10일
초 판 발 행 | 2020년 1월 10일

지 은 이 김무림

책 임 편 집 윤수경

발 행 처 도서출판 지식과교양
등 록 번 호 제2010-19호
주 소 서울시 강북구 우이동108-13 힐파크103호
전 화 (02) 900-4520 (대표) / 편집부 (02) 996-0041
팩 스 (02) 996-0043
전 자 우 편 kncbook@hanmail.net

© 김무림 2020 All rights reserved. Printed in KOREA

ISBN 978-89-6764-153-5 91700   **정가** 50,000원